NSCA 퍼스널 트레이닝의 정수

NSCA Essentials of Personal Training

제2판

편집 NSCA 제러드 W. 코번, 모 H. 말렉

옮긴이 김다해, 김대하, 김수웅, 윤동욱, 이우제,
조욱래, 차민기, 최현진, 최혁준, 황현지

Contents

PART VI. 안전과 법적 문제

역자 서문

8년이라는 그리 길지 않은 '트레이너'의 길을 걸어오면서 내가 제대로 알고 있는 건지, 내가 아는 게 정말 맞는 건지 잘 몰라 혼란스러울 때가 많았다. 부끄럽지만 지금도 그러하다.

과거에는 맞다고 생각했던 이론들이 이제까지의 실무 경험에 비춰 생각해보면 고개를 갸우뚱하게 할 만큼 모호하며, 말도 안 된다고 생각했던 운동들이 오늘날에 와서야 비로소 이론적으로 이해가 되기도 한다. 이렇듯 이론과 실제를 모두 겸비한 전문가가 되는 길은 험난하다. 어쩌면 평생 끝나지 않을 이 길을 걸어가면서 가장 기본이 되는 기초 이론과 지식 및 기술의 중요성을 점점 통감하게 된다.

『NSCA 퍼스널 트레이닝의 정수』 제2판은 대학교수, 연구가 등의 이론가들과 퍼스널 트레이너, 선수 트레이너, 물리치료사와 같은 실무자들이 모여 저술한 책으로, 과학과 연구를 기반으로 한 퍼스널 트레이닝 최신 정보 및 실무를 위한 지식과 지침, 기술들이 담겨 있다.

해부학, 생리학, 운동역학, 영양학에 이르는 운동과학, 고객 상담 및 평가 방법, 실제적인 운동기술과 훈련법, 일반인을 위한 운동 프로그램 구성법과 적용법뿐만 아니라 노인, 청소년, 임산부, 운동선수, 대사 또는 정형외과 문제를 가지고 있는 사람들을 위한 훈련 방법에 더해 안전과 법적인 문제에 이르기까지 '정수(精髓)'라는 제목에 꼭 맞도록 퍼스널 트레이닝에 관련된 거의 모든 내용을 총망라한다.

이 책이 NSCA-CPT 시험을 준비하시는 분들뿐만 아니라 운동을 가르치는 모든 분들이 가는 길에 좋은 길잡이가 되었으면 하는 바람이다.

번역을 하는 동안 많은 우여곡절과 고난이 있었으나, 인내로 이 책이 출간되는 것을 도와주신 대성의학사 관계자분들과 험난한 번역 교정에 큰 힘을 보태주신 김다해 선생님께 깊은 감사의 말씀을 전한다.

대표 역자 황현지

대표 역자 **황현지** ....

- POWERZONE Strength & Conditioning 매니저
- StrongFirst Kettlebell Level 2 Instructor
- StrongFirst Bodyweight Instructor
- Forrest Yoga Level 1 Teacher
- Yoga Tune Up Level 1 Teacher
- DNS Yoga 한국 호스트
- 역서: 『롤모델』, 『케틀벨 심플 앤 시니스터』, 『움직임을 위한 가이드』, 『무브 유어 DNA』, 『어드밴시스 인 평셔널 트레이닝』 등

서문

『NSCA 퍼스널 트레이닝의 정수』는 퍼스널 트레이닝의 이론과 실기에 관한 가장 완전하고 권위 있는 책이다. 제1판과 마찬가지로 제2판은 NSCA 공인 퍼스널 트레이너(NSCA-CPT) 시험 준비자료로 사용될 것이다.

이 책의 저자들은 대학교수, 연구가, 퍼스널 트레이너, 선수 트레이너, 물리치료사, 영양학자이다. 이 책은 퍼스널 트레이닝에 대한 응용지식을 포함한 최신 정보뿐만 아니라 실기를 위한 과학적 원칙을 제공한다. 이 교과서의 내용은 퍼스널 트레이너에게 필요한 지식, 기술, 역량을 제공하기 위해 구성되었다. 이 3가지는 6개 세션의 13개 콘텐츠 안에 담겨 있다.

- 파트 1: 운동과학. 이 책의 첫 번째 파트는 해부학, 생리학, 생체에너지학, 생체역학, 훈련 적응 현상, 운동심리학, 동기부여와 목표 설정, 일반적인 영양지침에 관한 운동의 기초적 과학지식을 담고 있다.
- 파트 2: 최초 상담과 평가. 이 세션은 고객 평가, 체력 검사의 선택과 실행, 사실과 표준을 바탕으로 한 결과의 해석에 대한 내용을 포함하고 있다.
- 파트 3: 운동기술. 이 파트 내 챕터에서는 올바른 운동기술과 유연성, 체중지지 운동, 프리웨이트, 기구저항 운동, 심혈관계 운동에 대한 교육방법을 설명한다.
- 파트 4: 프로그램 구성. 이 세션은 안전하고 효과적이면서 목표에 맞는 저항, 유산소, 플라이오메트릭, 스피드 훈련 프로그램을 구성하고 복잡한 과정을 중점적으로 다룬다.
- 파트 5: 특별한 요구사항을 가진 고객. 이 파트에서는 특별한 요구사항이나 제한사항을 가지고 있는 고객(사춘기 전 아동, 임산부, 노인, 선수 등), 또는 신체적 문제를 가진 고객(비만, 고지혈증, 당뇨, 고혈압, 허리 통증, 심장병, 간질 등)에 대해 설명한다. 이 세션에서는 운동 프로그램을 수정하는 방법과 운동 금기사항을 규명한다. 또한 퍼스널 트레이너의 업무 영역에서 벗어나는 이런 고객을 언제, 어떻게, 그리고 누구에게 보내야 하는지에 대해 자세히 설명한다.
- 파트 6: 안전과 법적 문제. 마지막 세션에서는 업장 또는 가정에서 체력단련 시설의 설계와 구성, 기본적인 운동 장비 보수유지에 대한 지침과 퍼스널 트레이너가 반드시 알고 이해해야 할 중요한 법적 문제에 관한 지침사항을 제공한다.

『NSCA 퍼스널 트레이닝의 정수』는 퍼스널 트레이너에게 필요한 기본 원리와 특징을 포함하고 있다.

- 정확한 운동기술을 명확하게 설명하고 분명하게 묘사하는 220개 이상의 컬러 사진
- 챕터별 학습 목표와 요점
- 실용적 설명과 적용을 담은 사이드바
- 고객 평가를 위한 검사 프로토콜과 기준
- NSCA 공인 퍼스널 트레이너 시험 대비를 위한 120개 이상의 학습 문제
- 자주 사용되는 용어 및 개념의 종합적 용어 사전

『NSCA 퍼스널 트레이닝의 정수』는 퍼스널 트레이너와 다른 체력 전문가들을 위하여 매우 종합적인 참고자료를 제공한다. NSCA 공인 퍼스널 트레이너 시험 대비 자료로 필적할 상대가 없다.

제2판의 개정사항

『NSCA 퍼스널 트레이닝의 정수』 제2판은 제1판보다 개정되고 확장된 정보를 제공한다. 퍼스널 트레이너에게 도움이 되는 실용적이며 가장 최신 과학 정보를 제공하기 위해 최선의 노력을 기울였다. 최신판의 개정사항은 다음과 같다.

- 운동과학에 대한 최신 연구 결과의 통합
- NSCA-CPT 시험을 준비하는 독자들을 위한 수정된 새로운 문제들
- 근육, 뼈, 심폐 및 다른 계통의 구조와 기능에 대한 최신 정보(Chapter 1, 2)
- 새롭게 개정된 그림과 표
- 퍼스널 트레이닝의 올바른 영양에 관한, 확장되고 개정된 정보(Chapter 7)
- 저명한 운동과학협회가 제시한, 고객 검사에 대한 최신 지침(Chapter 9, 10, 11)
- 유연성 훈련, 저항 훈련, 유산소성 지구력, 플라이오메트릭과 스피드 훈련의 처방 및 기술에 관해 개정되거나 새로 쓰여진 챕터들(Chapter 12~17)
- 훈련 적용과 주기화에 대한 최신 정보가 포함된 저항 훈련 프로그램 구성에 대해 새롭게 쓰여진 챕터(Chapter 15)
- 대사적 문제가 있는 고객을 위한 영양 원칙의 적용에 대하여 개정, 확장된 정보(Chapter 19)
- 부상, 재활 그리고 심혈관계, 폐 또는 다른 정형외과적 문제를 가지고 있는 고객에 대한 새로운 정보(Chapter 20, 21)
- 선수 고객의 훈련부하 결정에 대한 새로운 지침(Chapter 23)

지도자 자료

개정된 내용과 더불어 제2판에는 새롭게 만들어진 지도자 자료 또한 제공하고 있다. www.humankinetics.com/NSCAsEssentialsofPersonalTraining에서 볼 수 있다.

- 지도자 지침. 브래드 쉔펠드(Brad Schoenfeld)가 쓴 이 지도자 지침에는 챕터 요약, 온라인 샘플 강좌(숙제, 실험 활동, 클래스 프로젝트를 위한 아이디어), 토론 또는 에세이 토픽에 대한 아이디어, 추가적으로 추천하는 읽기 자료와 웹사이트, 핵심 개념을 제시하는 팁 등이 포함되어 있다.
- 이미지 뱅크. 여기서는 강의와 발표에 사용할 수 있도록 책에 있는 그림, 표, 사진 등의 종합적인 자료를 제공한다.

퍼스널 트레이닝의 정수의 학습, 시험 준비, 전문가의 참고 자료, 그 어떤 것으로 사용하건 간에 『NSCA 퍼스널 트레이닝의 정수』 제2판을 통해 현장에서 일하고 있는 사람들과 과학계는 안전하고 효과적인 퍼스널 트레이닝 프로그램의 개발과 실행방법을 더 잘 이해할 수 있을 것이다.

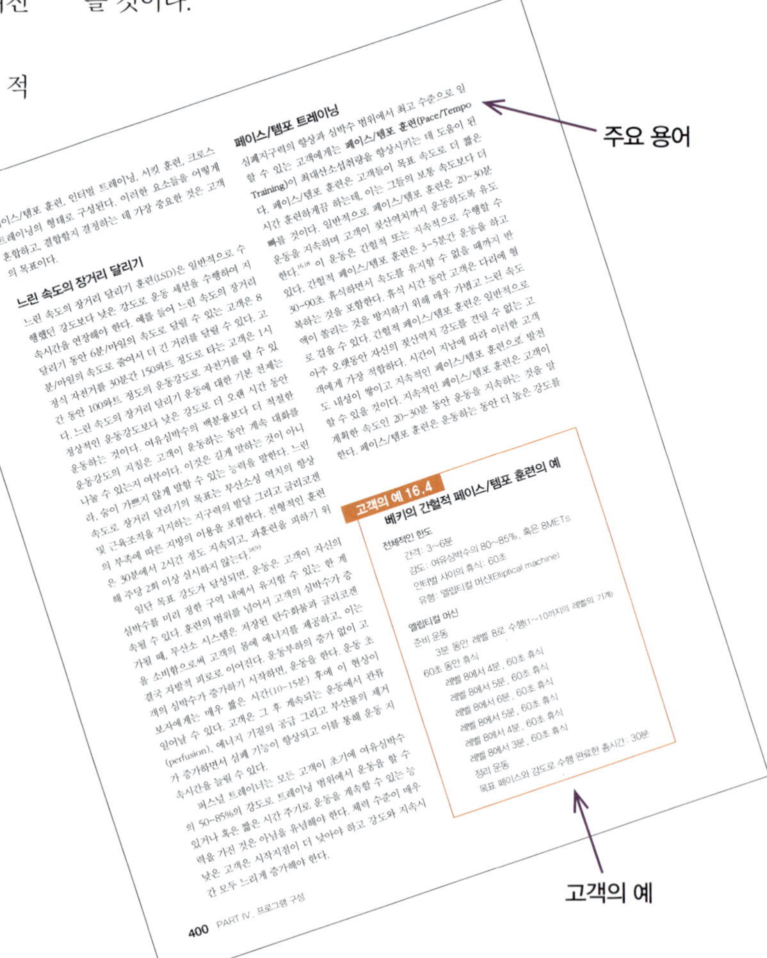

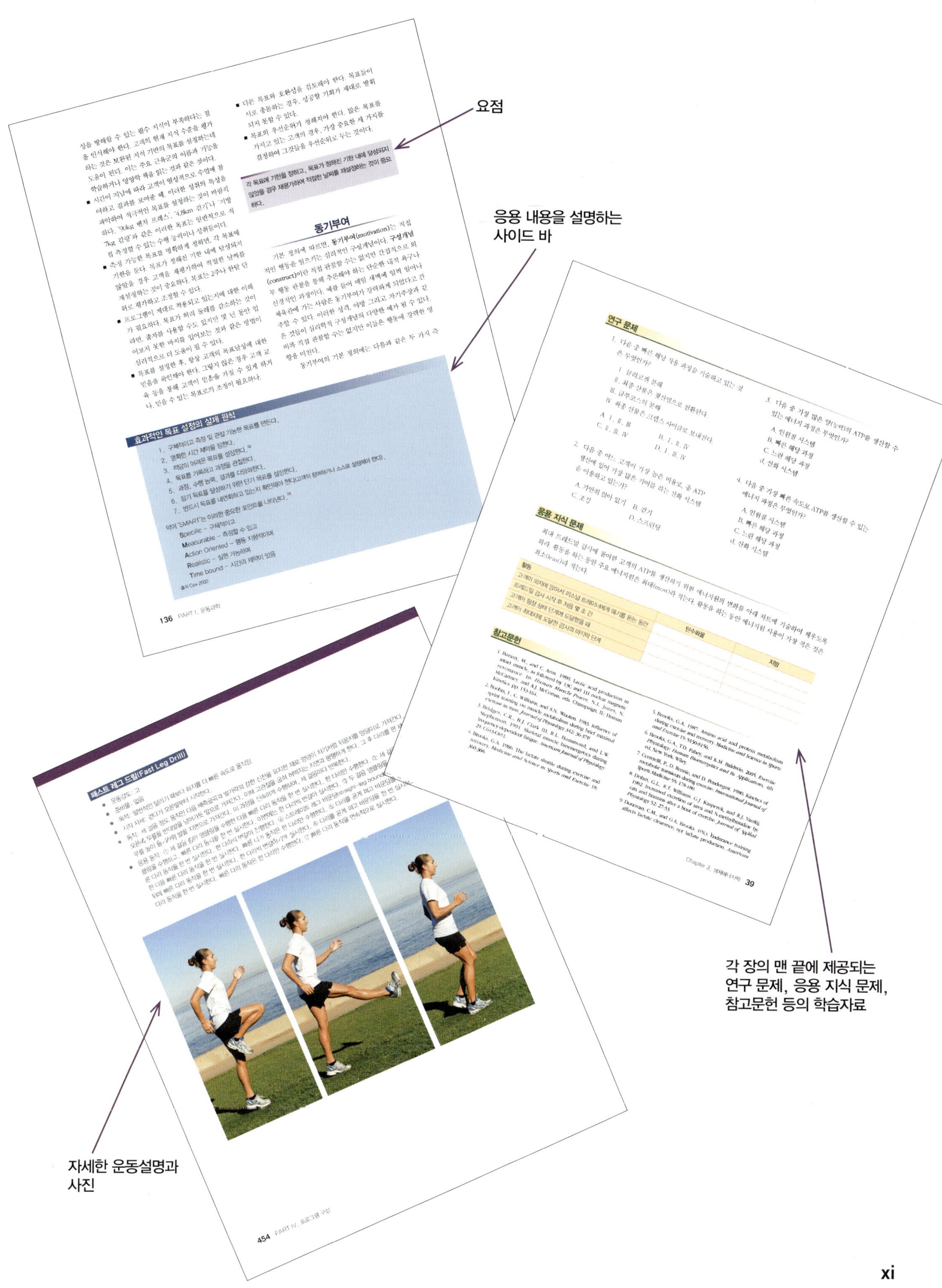
요점
응용 내용을 설명하는
사이드 바
각 장의 맨 끝에 제공되는
연구 문제, 응용 지식 문제,
참고문헌 등의 학습자료
자세한 운동설명과
사진

감사의 글

먼저 이 책에 참여한 모든 저자들에게 감사드린다. 지난 수년 동안 기꺼이 수많은 검토와 조언을 아끼지 않았음에 심심한 감사의 말씀을 전한다. 우리는 저자들의 전문지식이 이 훌륭한 책을 만들었으며, 이 책이 퍼스널 트레이닝 분야에 긍정적인 기여를 하리라는 사실을 믿어 의심치 않는다. 또한 검토를 도와준 제이 도스(Jay Dawes), 크리스티 리차드슨(Kristy Richardson), 트레비스 트리플렛(Travis Triplett), 캐리 화이트(Carry White)에게 감사드린다.

또한 이 책의 완성까지 많은 시간을 투자해준 휴먼 키네틱스 스탭들, 그리고 많은 도움과 인내, 세심한 주의를 아끼지 않은 크리스 드루스(Chris Drews)와 브렌든 시아(Brendan Shea)에게 또한 감사드린다.

NSCA 스탭들은 이 책을 최신 정보로 유지하고, 정확도를 확인하고, 전문적인 도움과 정보가 필요한 이들을 만족시키기 위해 큰 역할을 해왔다. 특히나 토리 스미스(Torrey Smith)와 키스 시니아(Keith Cinea)에게 감사드린다. 처음 이 책의 편집을 제안한 전 NSCA협회장 리 브라운(Lee Brown)에게도 매우 감사드린다.

마지막으로 우리의 가족들에게 감사의 말을 전한다. 우리 부모님들, 돌아가신 데럴과 마리 코번(Darrel and Mary Coburn), 프리다 말렉(Frida Malek), 우리 부인 타마라 코번(Tamara Coburn), 그리고 브리짓 말렉(Bridget Malek), 더불어 우리 아이들 다라와 젠슨 코번(Dara and Jansen Coburn)에게 감사드린다.

자료 출처 및 제공자

그림 1.1, 4.5, 4.6, 4.7, 4.8, 4.10, 4.13, 4.16 Reprinted, by permission, from NSCA, 2008, Biomechanics of resistance exercise, by E. Harman. In Essentials of strength training and conditioning, 3rd ed., edited by T. Baechle and R. Earle (Champaign, IL: Human Kinetics), 68, 69, 69, 70, 76, 73, and 81.

그림 1.2, 1.3, 1.4, 2.3, 2.4, 2.5, 2.8, 2.9 Reprinted, by permission, from NSCA, 2008, Struc- ture and function of the muscular, neuromuscular, cardiovascular, and respiratory systems, by G.R. Hunter and R.T. Harris. In Essentials of strength training and conditioning, 3rd ed., edited by T. Baechle and R. Earle (Champaign, IL: Human Kinet- ics), 5, 5, 6, 15, 14, 15, 17, and 18

그림 1.5, 1.6, 1.7, 1.8, 2.1, 2.6, 2.11, 3.1, 6.2, 6.3, 6.4, 6.5, 6.6과 표 6.2, 6.4 Adapted, by permission, from J.H. Wilmore, D.L. Costill, and W.L. Kenney, 2008, Physiology of sport and exercise, 4th ed. (Champaign, IL: Human Kinetics), 32, 80, 81, 95, 140, 139, 148, 50, 172, 230, 226, 228, 285, 237, 415 and 103 and 239.

그림 1.9 Reprinted from R. Behnke, 2006, Kinetic anatomy, 2nd ed. (Champaign, IL: Human Kinetics), 5.

그림 1.10a, 4.1, 21.3, 21.12, 21.13 Reprinted, by permission, from J. Watkins, 2010, Structure and function of the musculoskeletal system, 2nd ed. (Champaign, IL: Human Kinetics), 8, 25, 122, 193, and 312.

그림 1.10b Reprinted from L. Cartwright and W. Pitney, 2011, Fundamentals of athletic training, 3rd ed. (Champaign, IL: Human Kinetics), 34.

그림 2.2, 4.11, 4.12, 4.14 Adapted, by permission, from W.C Whiting and S. Rugg, 2006, Dynatomy: Dynamic human anatomy (Champaign, IL: Human Kinetics, Inc.), 15, 76, 77, and 123.

그림 2.7 Reprinted, by permission, from P.O. Åstrand et al., 2003, Textbook of work physiology: Physiological bases of exercise, 4th ed. (Champaign, IL: Human Kinetics), 136.

그림 3.2, 3.3, 3.4, 3.5, 3.6, 3.7, 3.8, 3.9 Reprinted, by permission, from NSCA, 2008, Bioenergetics of exercise and training, by J.T. Cramer. In Essentials of strength training and conditioning, 3rd ed., edited by T. Baechle and R. Earle (Champaign, IL: Human Kinetics), 25, 26, 28, 29, 30, 31, 35, 36.

그림 4.2 Reprinted, by permission, from E.A. Harman, M. Johnson, and P.N. Frykman, 1992, "A movement oriented approach to exercise prescription," NSCA Journal 14(1): 47-54.

그림 4.3, 4.4, 4.9 Adapted, by permission, from W.C. Whiting and R.F. Zernicke, 1998, Biomechanics of musculoskeletal injury (Champaign, IL: Human Kinetics), 108, 109, 67.

그림 4.15 Reprinted, by permission, from NSCA, 2000, Biomechanics of resistance exercise, by E. Harman. In Essentials of strength training and conditioning, 2nd ed., edited by T. Baechle and R. Earle (Champaign, IL: Human Kinetics), 43.

그림 5.1, 5.2 Reprinted, by permission, from NSCA, 2008, Adaptations to anaerobic training programs, by N.A. Ratamess. In Essentials of strength training and conditioning, 3rd ed., edited by T. Baechle and R. Earle (Champaign, IL: Human Kinetics), 97, 152.

그림 6.1 Reprinted, by permission, from J. Hoffman, 2002, Physiological aspects of sport training and performance (Champaign, IL: Human Kinetics), 50.

PAR-Q Form From Physical Activity Readiness Question- naire (PAR-Q) © 2002. Reprinted with permission for the Canadian Society for Exercise Physiology. http://www.csep.ca/forms.asp

건강 위험 요소 분석 B. Sharkey and S. Gaskill, 2007, Fitness and health, 7th ed. (Champaign, IL: Human Kinetics), 64-68; Data for Life Expectancy from CDC, 2010, National Vital Statistics Reports.

YMCA 사이클 에르고미터 검사 Adapted, by permission, from American College of Sports Medicine, 2010, ACSM's resource manual for guidelines for exercise testing and prescription, 6th ed. Philadelphia: Lippincott Williams & Wilkins

표 11.3, 11.9 Reprinted, by permission, from V. Heyward, 2010, Advanced fitness and exercise prescription, 6th ed. (Champaign, IL: Human Kinetics), 32 and 204.

표 11.10 Reprinted, by permission, from V. Heyward and D. Wagner, 2004, Applied body composition assessment, 2nd ed. (Champaign, IL: Human Kinetics), 9.

표 11.14, 11.15, 11.16 Adapted, by permission, from P.O. Åstrand, 1960, "Aerobic work capacity in men and women with special references to age," Acta Physiologica Scandanavia 49 (suppl 169): 45-60.

표 11.24 Source: The Canadian Physical Activity, Fitness & Lifestyle Approach: CSEP-Health & Fitness Program's Health-Related Appraisal and Counselling Strategy, 3rd Edition © 2003. Reprinted with permission of the Canadian Society for Exercise Physiology.

그림 14.11 Adapted, by permission, from E.W. Maglischo, 2003, Swimming fastest (Champaign, IL: Human Kinetics), 181.

Photos on pages 434, 446, 451, 453, and 454 are courtesy of Stacy Peterson of Acceleration Sports, San Diego.

그림 18.1 Reprinted, by permission, from W. Westcott, 2003, Building strength and stamina, 2nd ed. (Champaign, IL: Human Kinetics), 9.

그림 18.2 Reprinted, by permission, from W. Westcott and T. Baechle, 2010, Fitness professional's guide to strength training older adults, 2nd ed.(Champaign, IL: Human Kinetics), 22.

그림 19.1 Reprinted, by permission, from C.W. Baker and K.D. Brownwell, 2000, Physical activity and maintenance of weight loss. In Physical activity and obesity, edited by C. Bouchard (Champaign, IL: Human Kinetics), 315.

신경성 식욕부진증과 폭식증의 경고 징후 Reprinted, by permission, from C. Otis and R. Goldingay, 2000, The athletic women's survival guide (Champaign, IL: Human Kinetics), 74.

표 23.1 Adapted, by permission, from NSCA, 2000, Resistance training, by T.R. Baechle, R.W. Earle, and D. Wathen. In Essentials of strength training and conditioning, 2nd ed., edited by T.R. Baechle and R.W. Earle (Champaign, IL: Human Kinetics), 400.

표 24.1 Adapted, by permission, from NSCA, 2008, Facility organization and risk management, by M. Greenwood and L. Greenwood. In Essentials of strength training and conditioning, 3rd ed., edited by T.R. Baechle and R.W. Earle (Champaign, IL: Human Kinetics), 551.

PART I

운동과학
Exercise Sciences

근육계, 신경계 그리고 골격계의 구조와 기능

Jared W. Comburn, PhD, and Moh H. Malek, PhD

학습 목표

- 골격근의 구조와 기능을 설명할 수 있다.
- 근육 작용에서 근수축 활주설의 단계들을 나열하고 설명할 수 있다.
- 골격근에 작용하는 신경계의 구조와 기능을 설명한다.
- 뼈 건강에 대한 운동의 역할과 신체적 활동에서의 건과 인대의 기능에 대해 설명할 수 있다.

신체적 활동은 근육, 신경, 그리고 골격계의 복합적이고 협동적인 작용에 의해 일어난다. 신경계는 근육 활성을 시작하고 소설하는 역할을 한다. 근육은 뼈를 관절 주위로 회전시키는 힘을 발생하여 움직임을 만들어낸다. 이번 장에서는 퍼스널 트레이닝에 적용되는 이러한 시스템들의 기본적 구조와 기능에 대해 알아볼 것이다.

근육계

근육이 활성화하면 힘이 발생한다. 이를 '근수축' 또는 '근활동'이라고 부른다. 근육의 세 가지 형태(평활근, 심근, 그리고 골격근) 중에서, 골격근은 뼈에 붙어 뼈가 관절 주위를 회전하도록 만든다. 이와 같은 작용을 통해 골격근은 우리가 달리고, 점프하고, 그리고 물건을 던지거나 들어올릴 수 있게 한다. 근육의 기능은 그 구조에 의해 정해진다.

골격근의 육안해부학

그림 1.1은 골격근 시스템을 묘사한 것이다. 각 골격근(예: 삼각근, 대흉근, 비복근)은 **근외막**(epimysium)으로 불리는 한 층의 결합 조직에 싸여 있다. 하나의 근육은 여러 뭉치의 **근섬유**(muscle fiber)로 나뉜다. 하나의 근섬유 뭉치를 **근속** 혹은 **근섬유 다발**(fasciculus, fascicle)이라고 부른다. 각 근섬유 다발은 **근육다발막**(perimysium)이라고 부르는 결합 조직에 둘러싸여 있다. 근섬유 다발 안에 있는 각각의 근섬유는 **근내막**(endomysium)이라 부르는 한 층의 결합 조직에 둘러싸여 있고, 이 결합 조직에 의해 인접한 섬유들과 분리된다. 이러한 결합 조직들이 함께 작용하여 또 다른 결합 조직 구조인 건(tendon)을 거쳐 근육활동에 의해 발생한 힘을 뼈에 전달한다. 그림 1.2는 이러한 결합 조직 구조들과 근육과의 관계를 묘사하고 있다.

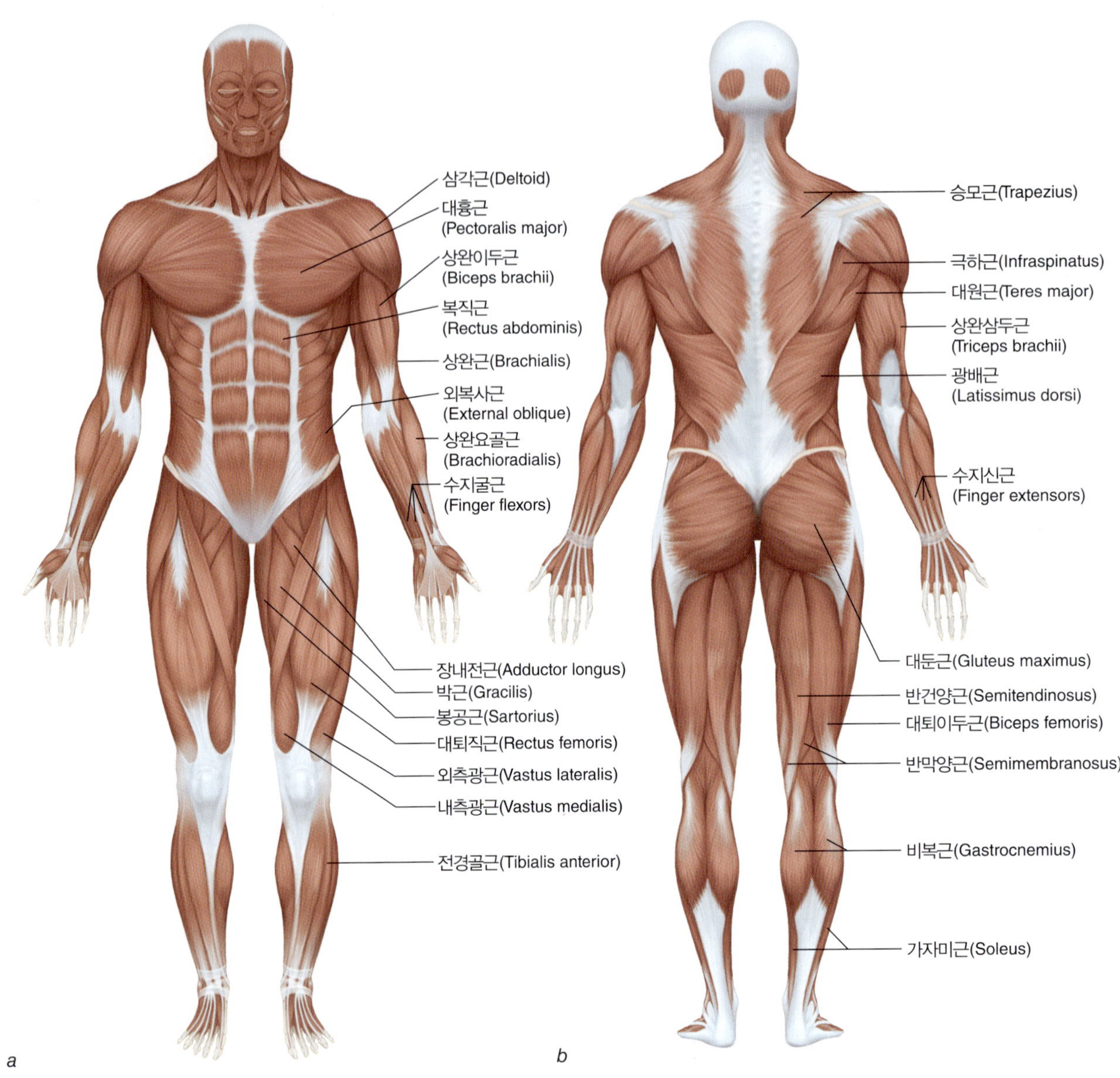

그림 1.1 성인 남성의 골격근. (a) 앞면, (b) 뒷면

골격근의 현미경적 해부학

각각의 근섬유는 하나의 세포로, 다른 세포들과 같은 구조적 구성을 가지고 있다(그림 1.3). 예를 들어 각각의 근섬유는 '근초(sarcolemma)'라 부르는 원형 질막에 감싸여 있다. 근초는 세포 내용물을 감싸고 글루코스와 같은 물질들이 세포 안팎을 이동하는 것을 조절하며, 전기 임펄스나 **활동전위**(action potentials)와 같은 형태의 자극을 받아들이거나 전도한다. 골격근 세포는 다핵성 세포인데, 핵의 숫자가 하나보다 많다는 뜻이다. 사실 골격근 세포들은 발달 과정 중, 개별 유핵세포의 초기 융합 결과로 인해 여러 개의 핵을 가지게 된 것이다. 이 핵들은 세포의 유전 물질 혹은 DNA를 포함하고 있고 근세포의 확장 혹은 비대와 같은 운동적응 현상과 관련된 과정의 시작에서 중요한 역할을 맡고 있다. 저항성 훈련과 유산소성 지구력 훈련에 대한 적응과정에 관련된 내용은 각각 5, 6장에서 논의할 것이다.

근초가 둘러싸고 있는 부분을 근육의 '근형질(sarcoplasm)'이라고 부르는데, 핵은 근형질에서 제외된다. 이 수용질에는 아데노신 3인산(ATP, 근육활동에서 유일한 직접적인 에너지원), 크레아틴인산, 글리코겐, 그리고 지방방울(fat droplets)과 같은 세포의 에너지원들이 함유되어 있다. 또한 여러 세포소기관들이 근형질에 매달

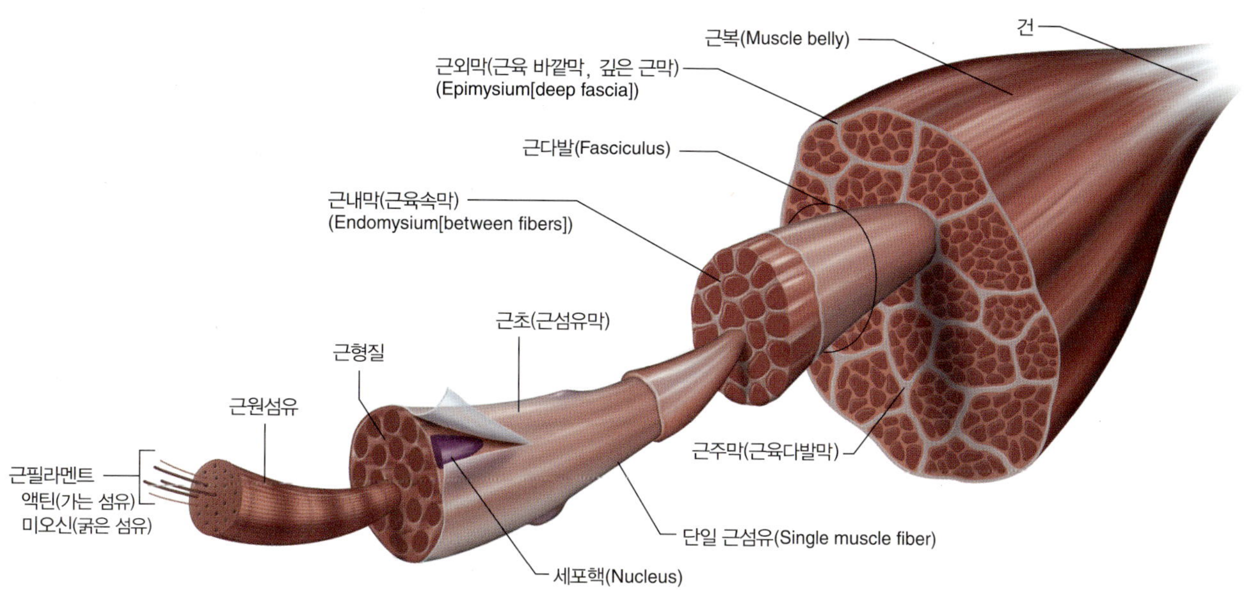

그림 1.2 골격근의 구조. 전체 근육, 근섬유 다발, 그리고 각각의 근섬유들은 근외막, 근주막, 그리고 근내막이라 불리는 결합 조직에 싸여있다.

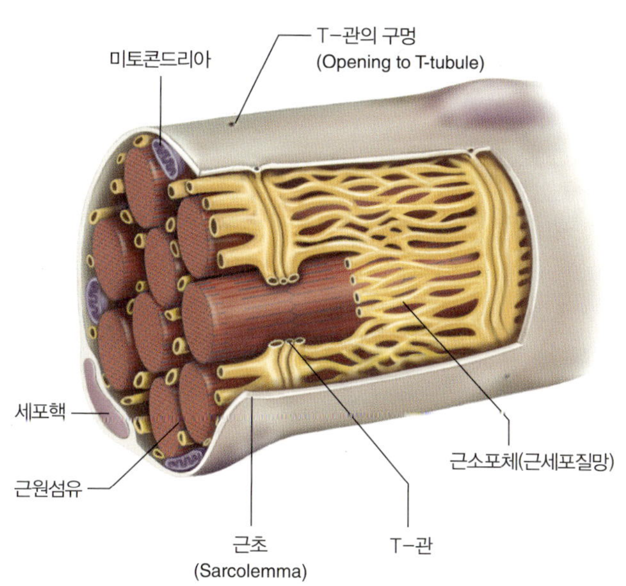

그림 1.3 단일 근섬유의 해부학적 모습

려 있다. 이러한 세포소기관에는 유산소성 ATP 생산 장소라 유산소 운동 수행 능력에 중요한 역할을 하는 **미토콘드리아**(mitochondria)가 있다. 또 다른 중요한 세포소기관으로는 **근소포체**(sarcoplasmic reticulum)가 있다. 이 세포소기관은 칼슘을 저장하고 세포 내 칼슘 농도를 바꿔 근육활동 과정을 조절한다. 구체적으로 말하자면 활동전위가 '횡소관(transverse tubules)' 혹은 'T-관'이라고 부르는 구조물을 통해 세포 내부를 지나게 되면 근소포체가 칼슘을 세포질 내로 방출하게 되는 것이다. T-관은 근육세포의 근초에 입구를 가지고 있다.

> 근섬유는 수축을 하고 힘을 생성(긴장도)를 만드는 데 특화된 세포이다.

근원섬유

각 근육세포는 근육섬유의 길이와 평행하게 배열되어 있는 기둥 모양의 단백질 구조체들을 가지고 있다. 이러한 구조체들은 **근원섬유**(myofibil)라고 알려져 있다(그림 1.4). 각각의 근원섬유는 한 뭉치의 **근필라멘트**(myofilament)로 이루어져 있는데, 근필라멘트 뭉치는 주로 **미오신**(myosin, 두꺼운 근필라멘트)와 **액틴**(actin, 얇은 근필라멘트)으로 구성된다. 미오신과 액틴 필라멘트는 근원섬유의 길이를 따라 일정한 패턴을 이루어 배열되어 있는데, 이러한 배열로 인해 특정 선 모양이나 줄무늬를 띈다.

미오신 필라멘트들은 미오신 분자들의 집합으로 이루어져 있다. 각 미오신 분자들은 머리, 목, 꼬리로 이루어져 있다. 미오신 분자의 머리는 액틴 필라멘트에 붙어 당길 수 있다. 분해 과정, 혹은 가수분해로 인해 발생한

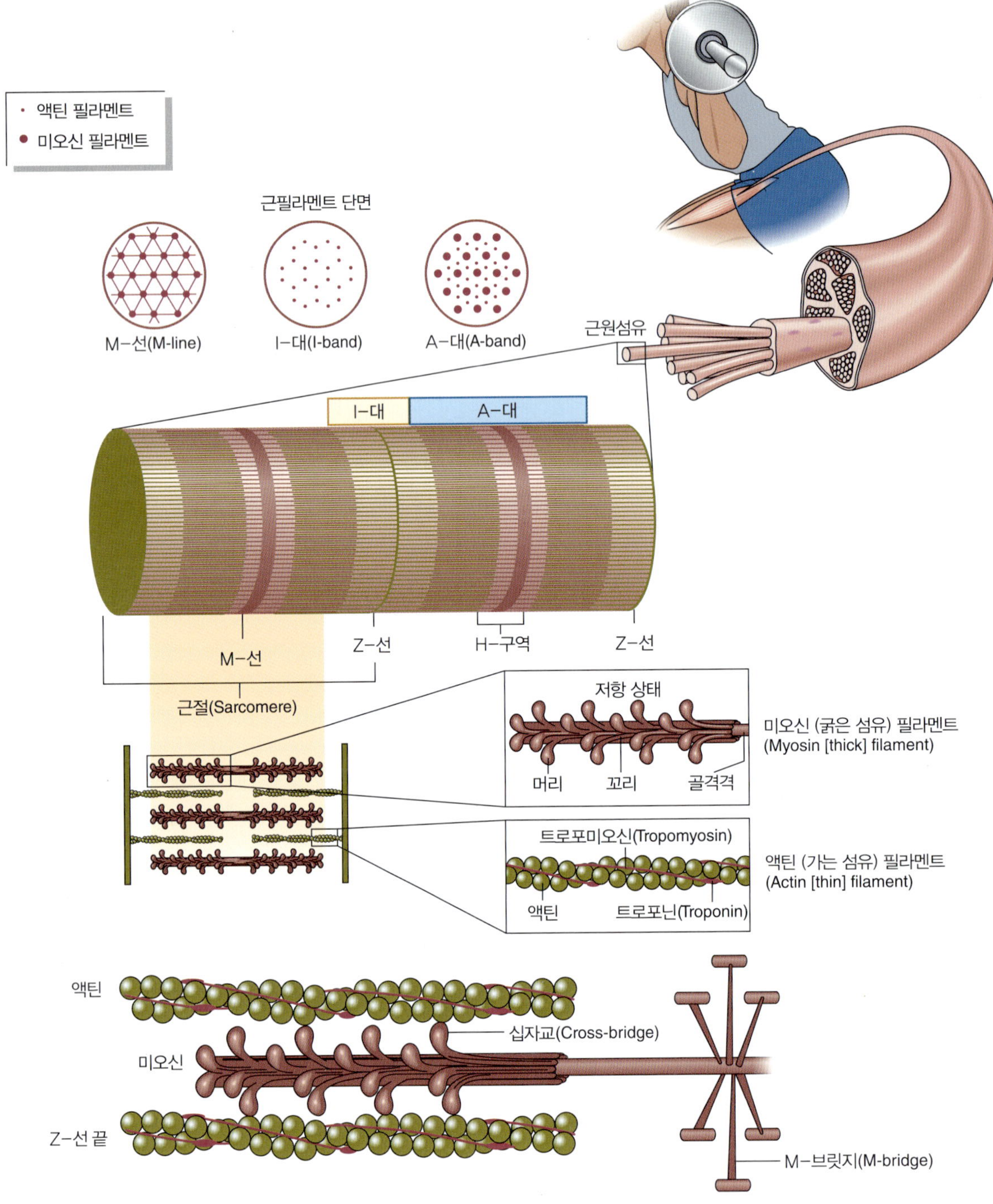

그림 1.4 골격근의 기능적 기본 단위인 근절 안의 근필라멘트 액틴과 미오신의 구조적 배열

ATP의 에너지는 근육활동 과정에서 중요한 단계인 이 파워 스트로크에 사용된다. 미오신 분자의 목은 머리와 꼬리를 연결한다.

미오신 필라멘트의 중간은 꼬리-꼬리가 붙어 있는 구조로, 머리 부분은 필라멘트의 끝에서 바깥으로 향해 있다(그림 1.4). 단백질 티틴(protein titin)은 액틴에 대한 미오신 필라멘트의 위치를 유지하기 위한 작용을 한다.

각 액틴 필라멘트는 개별적인 공 모양 혹은 G-액틴 단백질(그림 1.4)로 이루어져 있다. 각 G-액틴은 미오신 머리를 위한 결합 장소를 가지고 있다. G-액틴은 필라멘트를 이루는 선, 혹은 F-액틴으로 합쳐진다. 액틴 필라멘트는 다른 두 개의 단백질 구조인 **트로포미오신**

(tropomyosin)과 **트로포닌**(troponin)과 관련 있다. 트로포미오신과 트로포닌은 수축성 단백질인 미오신과 액틴의 상호작용을 조절하는 조절성 단백질로 여겨진다. 트로포미오신은 막대 모양의 단백질로 액틴 필라멘트를 따라 7개의 G-액틴 단백질에 걸쳐 있다. 근육세포가 휴식 상태일 때, 트로포미오신은 액틴에 있는 미오신 결합 부위를 가린다. 트로포닌은 트로포미오신 필라멘트의 각 말단에 붙어 있다. 트로포닌이 칼슘과 결합을 하면 트로포닌은 액틴과 미오신 결합 장소를 가리고 있는 트로포미오신을 그 장소로부터 떨어지게 한다. 이 작용에 의해 근육활동 과정의 핵심적 단계인 미오신 머리가 액틴에 붙었다가 당기는 활동이 일어날 수 있게 된다. 네뷰린 단백질(protein nebulin)은 액틴 필라멘트의 적절한 길이를 만드는 역할을 한다.

근절

근절(sarcomere)은 근육에 있는 기본 수축 단위이다(그림 1.4). 근절은 한 Z-선(z-line)에서 인접한 Z-선 사이에 있다. A-대(A-band)는 미오신 필라멘트의 넓이를 의미한다. 골격근에서 보이는 짙은 줄무늬는 이 A-대이다. 액틴 필라멘트의 한쪽 끝은 Z-선에 붙고 나머지 끝은 근절 중심을 향하여 안쪽으로 배열되어 있다. A-대에서 (액틴과 겹쳐 있지 않고) 미오신만 있는 부위를 H-구역(H-zone)이라고 한다. H-구역 가운데 보이는 검은 선을 M-선(M-line)이라고 부른다. M-선은 인접한 미오신 필라멘트들의 정렬을 돕는 부위이다. I-대(I-band)는 인접한 미오신 필라멘트 말단 사이에 펴져 있다. 보통 각 I-대는 두 근절 사이에 겹쳐 있다. I-대는 A-대보다 조밀하지 못하기 때문에, 골격근에서 엷은 색 줄무늬로 보인다.

골격근의 기본 기능적 단위, 기본 수축 단위를 근절이라 부른다.

신경근 접합부

근섬유가 수축하기 위해선 정상적으로 신경계로부터 자극을 받아야만 한다. 신경계와 근육계 사이의 전달이 이루어지는 특정 부위를 '신경근 접합부(neuromuscular junction)'(그림 1.5a)라고 부른다. 각각의 근섬유는 하나의 신경근 접합부를 가지고 있으며, 신경근 접합부는 대략 근육세포의 중간쯤에 접한다. 신경근 접합부는 신경세포의 축삭 종말(axon terminal)을 포함한다. 근육세포의 세포막에 있는 특수한 부위를 '운동 종말판(motor endplate)'라 부른다. 그리고 축삭 종말과 운동 종말판 사이의 공간을 '시냅스 간극(synaptic cleft)' 혹은 '신경근 간극(neuromuscular cleft)'이라고 부른다.

근활주설

비록 정확한 세부 내용들은 여전히 논의중이지만, 근육활동에 대해 가장 널리 받아들여지고 있는 이론은 근활주설(sliding filament theory)이다.[9] 이 이론에 따르면, 근육의 길이가 늘어나고 줄어드는 것은 필라멘트 자체의 길이 변화에 의해서가 아니라, 필라멘트(액틴과 미오신)들이 서로에게 미끄러져 들어가서 발생한다. 근활동이 일어나는 동안 다음과 같은 일련의 작용들이 단계적으로 일어난다.

1. 활동전위가 신경세포를 따라 흘러, 신경근 접합부에서 흥분성 신경전달물질인 아세틸콜린(ACh)을 분비하게 한다. 신경이 휴식을 취하고 있을 때, ACh는 신경세포의 축삭 종말의 '시냅스 소포(synaptic vesicles)'에 저장된다. 활동전위는 신경세포의 축삭 종말과 근육섬유 사이의 시냅스 간극으로 저장된 ACh를 분비하도록 한다.
2. ACh는 시냅스 간극을 지나 근섬유의 운동 종말판에 있는 ACh 수용체와 결합한다(그림 1.5a).
3. 이로 인해 근섬유의 근초를 따라 활동전위가 발생한다. 또한 이 활동전위는 T-관을 통해 근섬유 안쪽을 이동하게 된다. T-관을 따라 아래로 내려간 활동전위는 근소포체로부터 칼슘을 분비하도록 한다(그림 1.5b).
4. 근형질로 분비된 칼슘은 액틴 필라멘트를 따라 나열된 트로포닌 분자들로 이동해 결합한다(그림 1.5c).
5. 칼슘과 트로포닌이 결합하면 트로포닌의 형태에 변화가 생긴다. 이로 인해 트로포닌에 부착되어 있는 트로포미오신이 움직이고 액틴의 결합 장소가 미오신 머리에 노출된다.
6. 근활동 휴식기에 미오신 머리는 '에너지를 품고 있는' 상태인데, 이 에너지는 ATP가 아데노신 2인산(ADP)과 무기인산(P)으로 분리될 때 발생한 것이다. 액틴에 있는 결합 장소가 미오신 머리에 노출되면, 미오신 머리는 그 장소에 부착될 수 있고, 연결교(cross-bridge)를 형성하여 액틴 필라멘트를 근절 중심으로 당긴다. 이 당김 작용과 근육이

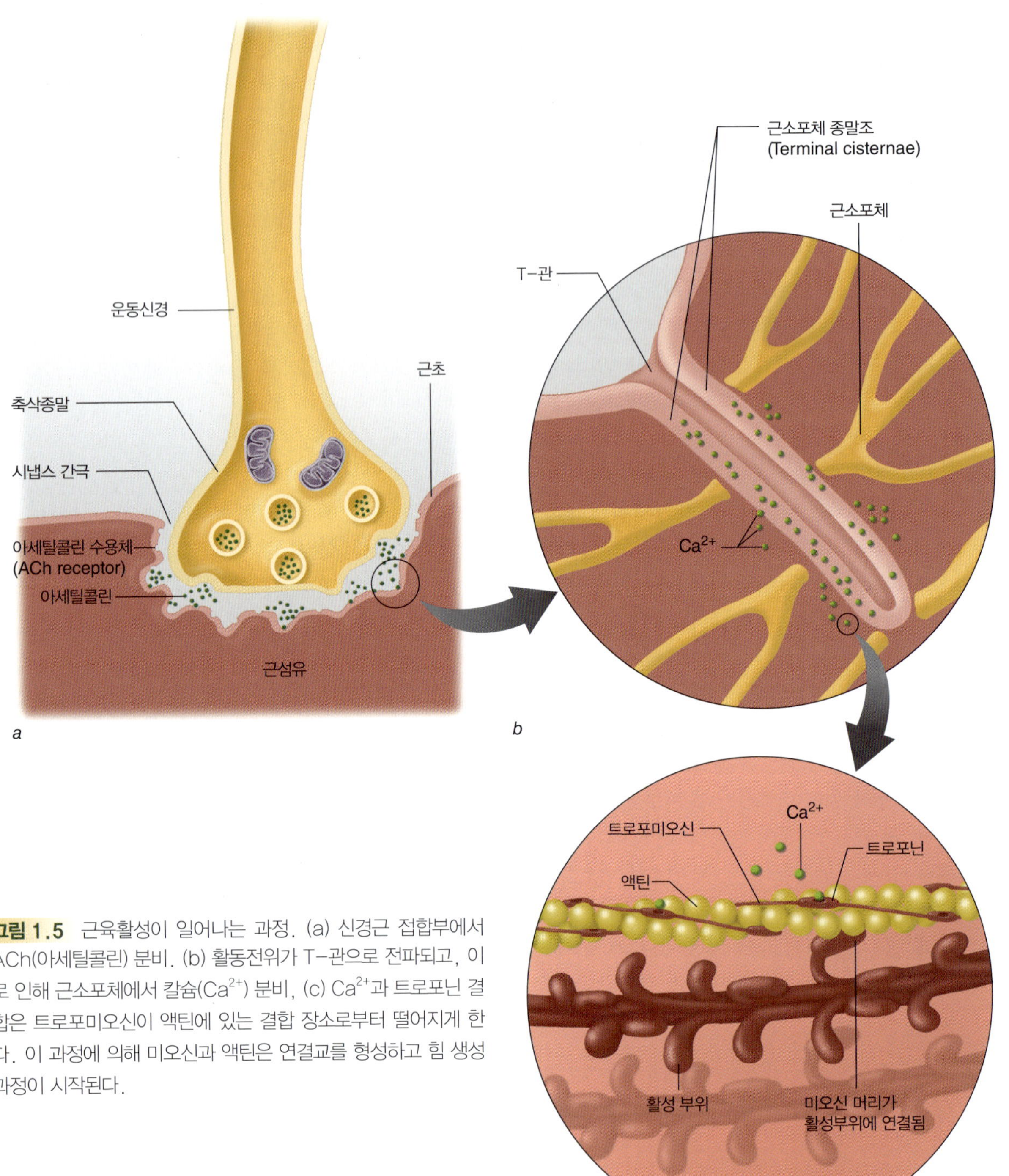

그림 1.5 근육활성이 일어나는 과정. (a) 신경근 접합부에서 ACh(아세틸콜린) 분비. (b) 활동전위가 T-관으로 전파되고, 이로 인해 근소포체에서 칼슘(Ca^{2+}) 분비, (c) Ca^{2+}과 트로포닌 결합은 트로포미오신이 액틴에 있는 결합 장소로부터 떨어지게 한다. 이 과정에 의해 미오신과 액틴은 연결교를 형성하고 힘 생성 과정이 시작된다.

짧아지는 것의 성공 여부는 연결교가 당기는 작용과 연결교에 반대로 작용하는 외부 힘에 대항해 생성되는 힘의 양에 달려 있다.

7. 미오신 머리의 에너지 상태는 액틴을 당긴 이후 낮아진다. 미오신 머리가 결합 장소에서부터 떨어지고 원래 위치로 돌아가기 위해선 신선한 ATP 분자가 반드시 결합되어야 한다. ATP 분자가 결합되면 미오신 머리는 액틴으로부터 떨어지고, 미오신에 있는 효소인 **아데노신 트리포스파타아제**(ATPase)가 ATP를 분해한다. 이 과정에 의해 미

오신 머리는 다시 활성화된다. 만약 액틴에 있는 결합 장소가 여전히 노출되어 있다면, 미오신 머리는 한 번 더 액틴과 연결교를 형성할 것이고, 액틴을 근절 중심부로 당길 것이다. 운동신경세포에 의해 근섬유가 수축되도록 자극받는다면 이 과정은 계속될 것이다.

근활주 이론에 따르면, 근육이 길어지고 짧아지는 작용은 액틴과 미오신 필라멘트 자체의 길이가 변해서가 아니라, 두 종류의 필라멘트가 서로 미끄러져 들어가 발생한다.

근육활동의 형태

근섬유들은 자극을 받을 때 항상 짧아지려 한다는 것을 인식하는 것이 중요하다. 즉, 연결교는 항상 액틴을 근절 중심으로 당기려 하고, 이로 인해 근절이 짧아지며, 이는 곧 근육이 짧아지게 되는 것이다. 그러나 근육은, 예를 들어 덤벨과 바벨과 같이 근육이 작용하는 힘과 반대로 적용되는 특정한 외부 저항의 종류에 따라 수축하는 방식이 다르다. 외부 저항의 반대 방향으로 근육이 발휘하는 힘이 큰 경우는 **단축성 근활동**(concentric muscle action)이라고 부른다. 단축성 근활동이 일어나는 동안에는 외부 저항을 이겨내고 근육은 짧아진다. 만약 근육에서 만들어내는 힘의 크기가 이에 대응하는 외부 저항보다 작다면, 근육은 짧아지려고 시도하지만 결국 길어질 것이다. 이와 같이 길이가 늘어나는 근육 활성 상태를 **신장성 근활동**(eccentric muscle action)이라고 부른다. 마지막으로 근육의 힘과 외부 저항이 동등한 상태를 이룬다면, 이때는 **등척성(정적) 근활동**(isometric muscle action)이 일어나게 된다. 이 경우에 근육은 길어지거나 짧아지지 않고 같은 길이를 유지한다.

저항성 트레이닝을 수행하는 동안, 운동을 하는 사람에게는 단축성 단계가 신장성 단계보다 더 어렵게 느껴질 것이다. 예를 들어 벤치 프레스를 하는 동안, 바벨을 가슴으로부터 떨어뜨려 위로 들어올리는 것(대흉근, 전삼각근, 상완 삼두근의 단축성 근활동)이 바벨을 가슴 쪽으로 내리는 것(같은 근육의 신장성 근활동)보다 더 힘들다. 이러한 인식은 때때로 신장성 근활동이 단축성 근활동보다 덜 중요하다는 잘못된 생각으로 이끈다. 그러나 저항성 트레이닝의 유익한 점을 최대한 이끌어내기 위해서는 단축성과 신장성 활성 단계 모두가 중요하다는 연구들이 있다.[3,8]

지연성 근육통과 신장성 근활성

우리는 운동 프로그램을 시작하거나 새로운 운동을 시작하면 24~48시간 뒤에는 흔히 근육통이나 불편감을 느끼곤 한다. 예전에는 이 지연성 근육통(DOMS, delayed-onset muscle soreness)의 원인이 젖산 축적의 결과라 믿었다. 그러나 최근 연구에서는 지연성 근육통이 생기는 것은 연부조직과 근육조직의 복합적인 손상에 따른 염증 반응이 통증 수용체를 활성화시켰기 때문이라고 제시하고 있다.[2] 이 손상은 주로 신장성 근육활성에 의해 발생하고 결합 조직과 근육 조직의 미세한 상처들에 의한 것이다. 통증은 며칠간 지속되며, 움직임 가동범위, 근력, 그리고 신속하게 힘을 발휘할 수 있는 능력을 줄어들게 한다.[2,13] DOMS에 의한 통증과 수행 능력 저하에 대응하는 전략으로는 영양공급, 마사지, 아이싱, 그리고 초음파적 치료를 포함한다.[1,2] 그러나 비록 그 진통 효과가 일시적이긴 하나, DOMS와 관련한 통증을 줄이는 최선의 수단은 운동 자체일 수 있다.

근육섬유의 종류

모든 근섬유들은 수축하고 힘을 발생시키도록 설계되어 있지만, 수축 능력과 기본적인 생리학적 특성은 다른 성격을 가지고 있다. 예를 들어 같은 근육 내에 있는 섬유들이라도 생산하는 힘, 최대 힘을 내는 시간, 유산소성 대사를 선호하는지 무산소성 대사를 선호하는지, 그리고 피로에 대한 내성은 서로 다르다. 즉, 근육섬유들은 서로 다른 성격에 의해 '종류'가 나뉜다. 근육섬유의 종류를 알기 위해선 근육 생검(muscle biopsy)을 해야만 한다. 이 기술은 근육 생검용 바늘을 근육에 찔러넣어 작은 양의 근육을 채취하는 과정을 포함하는데, 근육을 채취한 뒤에 반드시 빠른 시간 안에 냉동시키고 처리해야 한다. 근육 생검을 이용하여 많은 종류의 분석법들이 실행되지만, 근섬유의 상태가 생화학적으로 어떠한지 그리고 근섬유의 수축요소가 어떤지를 알아내는 것이 퍼스널 트레이너에게는 가장 실용적인 의미를 가진다.

근육섬유의 생화학적 요소 중 하나는 유산소적 ATP 생산 능력으로, 유산소성 대사에는 산소가 필요하기 때문에 '산화적 능력(oxidative capacity)'이라고 부르는 특성이다. 크고 많은 양의 미토콘드리아를 가지고, 혈액과 산소를 공급하는 모세혈관의 분포가 충분한 섬유는 산화적 섬유라고 할 수 있다. 또한 이러한 섬유들은 많은 양의 **미오글로빈**(myoglobin)을 함유하는데, 미오글로빈은 근육세포막에서 미토콘드리아로 산소를 공급하여 유산소성 능력을 강화시키고 무산소성 ATP 생산 의존도를 낮추는 역할을 한다.

앞에서 설명하였듯, 미오신 ATPase 효소는 ATP를 분해하는 역할을 하여 에너지가 근육활동을 위해 사용가능하도록 한다. 미오신 ATPase 효소는 여러 형태로 존재하며, ATP 분해 속도에 따라 구분된다. 높은 ATPase 활동을 보이는 미오신 ATPase 효소를 함유한 섬유들은 근육 활성 과정을 돕는 신속한 에너지 활용 능력 덕분에 높은 수축 속도를 보이는데, 이런 신속한 에너지 활용 능력은 ATP로부터 에너지를 만드는 속도 덕분이다. 낮은 ATPase 활동을 보이는 섬유에서는 반대의 작용이 나타난다. 미오신 ATPase 효소의 형태가 근육섬유의 최대 수축 속도에 영향을 미친다는 개념은 근육의 생화학적 특성(미오신 ATPase 효소의 형태)과 수축 특성(수축 속도) 간의 연결고리에 대한 이해를 제공한다.

최대 수축 속도에 덧붙여, 근육 수축에 대한 다른 두 가지 특성은 최대 힘 생산과 근섬유 효율이다. 예를 들어 근섬유들은 힘 생산양의 크기에 따라 달라진다(단면적에 따라). 이를 '특정 긴장(specific tension)'이라 부른다. 근섬유들은 또한 효율성 측면에서 설명되곤 한다. 효율적인 근섬유는 가지고 있는 ATP 소비보다 더 많은 일을 할 수 있다.

생리학자들은 근육섬유의 생화학적 특성과 수축 성분의 차이로 근육섬유의 형태를 분류하였다. 일반적으로 한 섬유는 느린 섬유, 두 섬유는 빠른 섬유로 여겨진다. 느린 섬유는 **type I**, '느린 수축을 하는 유산소성(SO, slow oxidative)' 섬유, 혹은 지근섬유라고도 부른다. 그 이름에서 알 수 있듯이 이러한 섬유들은 높은 산화 능력과 피로저항성을 가지고 있으나, 수축과 이완은 느리게 일어난다. 나머지 두 개의 빠른 섬유들은 **type IIa**, '빠른 수축을 하는 산화적 해당 작용(FOG, fast oxidative glycolytic)'을 하는 섬유와 **type IIx**, '빠른 수축을 하는 해당 작용(FG, fast glycolytic)'을 하는 섬유이다. 빠른 두 섬유간의 주요한 차이점은 FOG 섬유는 중간 정도의 산화 능력과 무산소 능력을 가졌으며, 순수하게 무산소적이고 쉽게 지치는 FG 섬유와 비교해 어느 정도 피로에 대한 저항도를 가졌다는 것이다.

그러나 이러한 섬유들의 특성이 칼로 잘리듯 나뉘어진 것이 아니라, 연속성을 띠고 있다는 것을 알아야 한다. 예를 들어 어떤 근섬유가 산화적 섬유라고 불리기 위해선 어느 정도의 미토콘드리아를 함유하고 있어야 할까? 실제적인 측면에서 근섬유들은 그 섬유가 처한 생리학적 스트레스에 대응하여 적응할 것이다. 예를 들어 type I 섬유와 type II 섬유 모두 정기적인 저항성 훈련에 반응하여 그 크기가 증가할 것이다. 저항성 훈련과 유산소성 지구력 훈련에 대한 적응 관련 내용은 각각 5장과 6장에서 다룰 것이다.

신경계

근골격계가 힘을 만들어 우리로 하여금 움직이고 운동을 할 수 있게 해주는 반면, 신경계는 움직임을 지시하고 조절한다.

신경계의 구성

해부학적으로 전체 신경계는 중추신경계와 말초신경계로 나뉜다(그림 1.6). 중추신경계는 뇌와 척수로 구성되어 있다. 말초신경계는 그 이름에서 알 수 있듯 중추신경 바깥에 위치하고 있다. 말초신경계는 중추신경계로부터 나오는 신경 신호를 말초(예: 골격근으로)로 보내거나 말초의 신호를 중추신경계로 보내는 기능을 한다. 신경계는 또한 체성(수의적) 기능과 자율성(불수의적) 기능을 가지고 있는 것으로 생각된다. 체성 신경계는 (사이클링을 하는 동안 대퇴사두근에서 발생하는 리드미컬한 활동과 같은) 골격근의 활성을 담당한다. 자율성 신경계는 심장이나 혈관에 있는 평활근, 분비선의 수축과 같은 불수의적 기능을 담당한다.

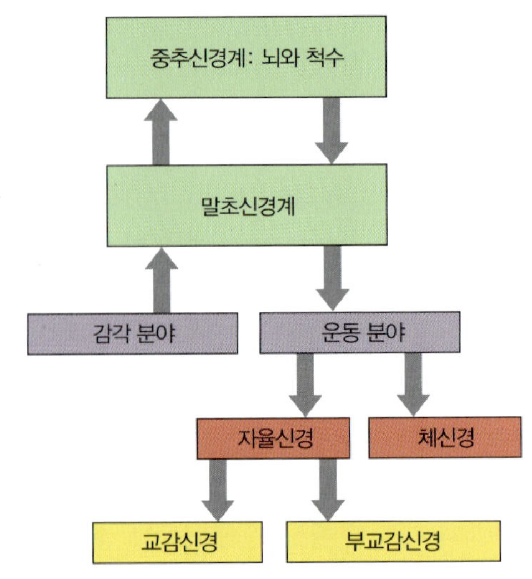

그림 1.6 신경계의 중추신경과 자율신경 갈래의 구성

신경세포

신경계의 가장 기본적 단위는 신경세포 혹은 뉴런(neuron)이라고 부른다. 중추신경계로부터 근육으로 자극을 전달하는 신경세포를 '운동신경세포(motor neurons), 원심성 신경세포(efferent neurons)'라고 부른다. 이러한 운동 신호는 골격근이 수축하도록 명령한다. 말초로부터 중추신경계로 신호를 전달하는 역할을 하는 신경세포를 '감각신경세포(sensory neurons), 구심성 신경세포(afferent neurons)'라고 부른다. 감각신경세포는 말초에서 발생하는 장력, 조직의 늘어남, 움직임, 그리고 통증과 같은 정보 자극을 중추신경계로 보낸다. 신경과 신경, 혹은 신경과 분비선, 신경과 근육 사이의 정보전달 장소를 '시냅스(synapse)'라고 부른다. 예를 들어 이번 장은 앞에서 다뤘던 운동신경세포와 골격근섬유 사이의 시냅스를 '신경근 접합부(neuromuscular junction)'라고 부른다.

그림 1.7은 전형적인 운동신경세포의 구조를 표현한 것이다. 수상돌기(dendrites)는 신경세포체로부터 뻗어져 나온다. 수상돌기는 다른 신경세포로부터 흥분 혹은 억제 신호(혹은 둘 모두)를 받는다. 운동신경세포의 수상돌기와 세포체는 척수의 회색질 전각에 위치한다. 신경세포가 충분히 흥분되면 활동전위를 축삭돌기(axon)를 통해 세포체와 먼쪽으로 보낸다. 축삭돌기는 척수의 바깥으로 뻗어져 나가며 척추로부터 상대적으로 먼곳에 위치한 근육으로 신경분포하게 된다. 운동신경세포의 경우에 골격근을 활성화시키고, 그 활동전위는 신경근 접합부에서 ACh를 분비하도록 한다. 이 작용은 일찍이 논의한 근육 활성 과정을 유발한다('근활주설' 부분 참고).

운동신경세포와 더불어, 근육 및 관절과 같은 말

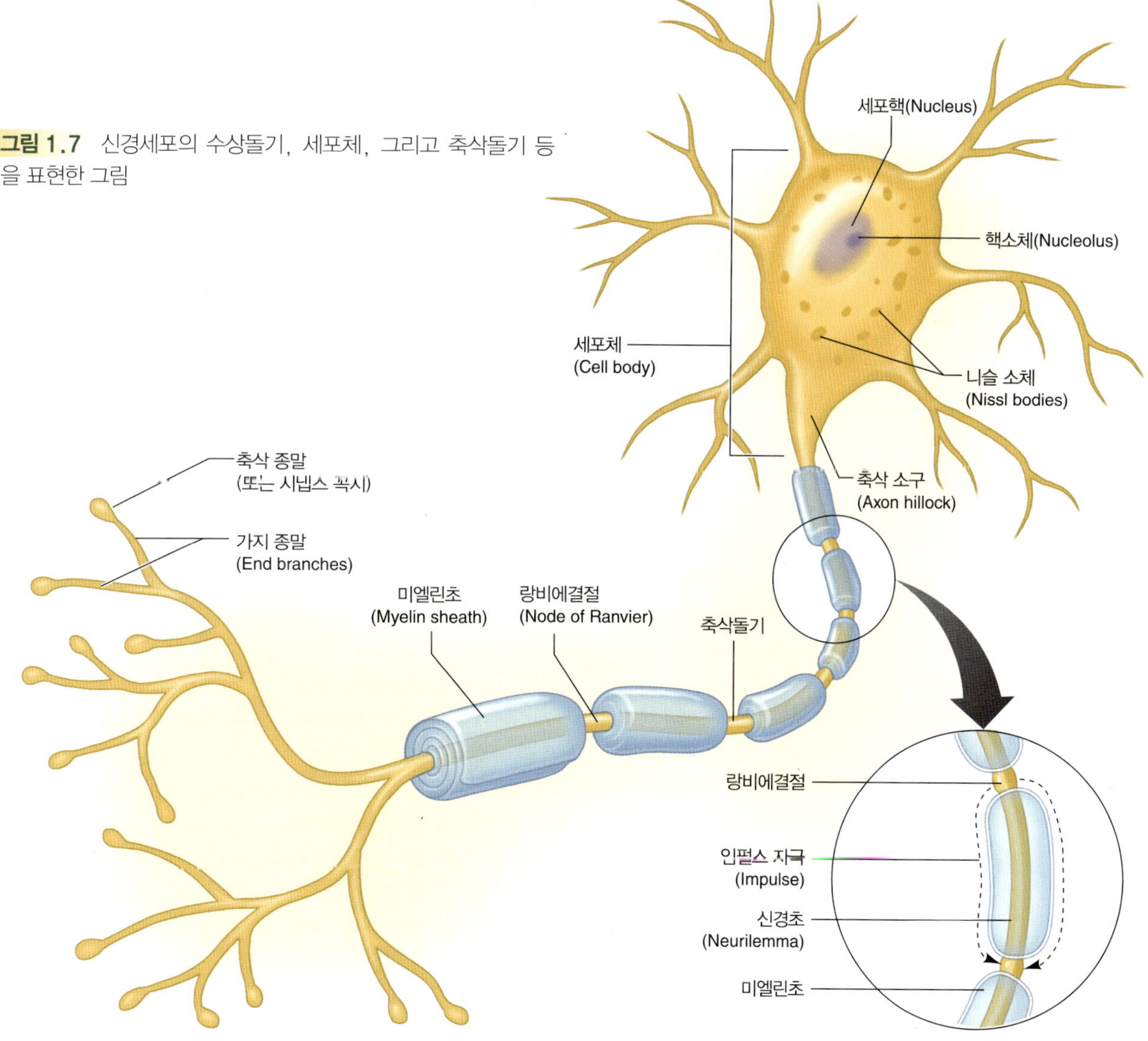

그림 1.7 신경세포의 수상돌기, 세포체, 그리고 축삭돌기 등을 표현한 그림

초 부위에서 오는 정보를 중추신경계로 나르는 다양한 감각신경세포들이 존재한다. 여기에는 운동 훈련에 특히 중요한 역할을 하는 두 가지 감각신경세포에는 **근방추**(muscle spindle)와 **골지건 기관**(Golgi tendon organ, GTO)이 속한다.

근방추

이름에서 알 수 있듯이 근방추는 방추(가락, 물레의 실을 자아 감는 막대기) 모양의 감각 기관으로, 중간은 두껍고 양끝으로 갈수록 점점 가늘어지는 형태를 띠고 있다. 이 기관은 대부분의 골격근에 전반적으로 넓게 분포되어 있는 신장수용기(stretch recepter)이다. 근방추는 근육의 길이 변화, 특히 근육의 길이 변화가 신속히 일어나는 것을 감지하는 데 특화되어 있다. 각각의 근방추는 캡슐(그림 1.8)에 싸여 추외섬유(일반적인 근섬유)와 나란히 하고 있다. 근방추는 '추내근섬유(intrafusal fibers)'라 불리는 특별한 근섬유를 가지고 있다. 추내근섬유는 각 말단(액틴과 미오신)에 수축성 단백질을 가지고 있고 그 가운데는 감각신경 말단으로 둘러싸여 있다. 근방추의 추내근섬유는 추외섬유와 나란히 위치하고 있어, 근육에 신장성 힘이 작용할 경우 추내섬유와 추외섬유가 동식에 늘어나게 된다. 추내섬유가 늘어나게 되면 근방추로부터 감각 정보가 발생되며 이는 척수로 보내진다. 이렇게 근육이 늘어나기 시작하면, 근육이 활동을 하게 되는 운동반응이 일어난다. 이러한 반사 작용을 **근각반사**(myofatic) 혹은 **신장 반사**(stretch reflex)라고 부른다.

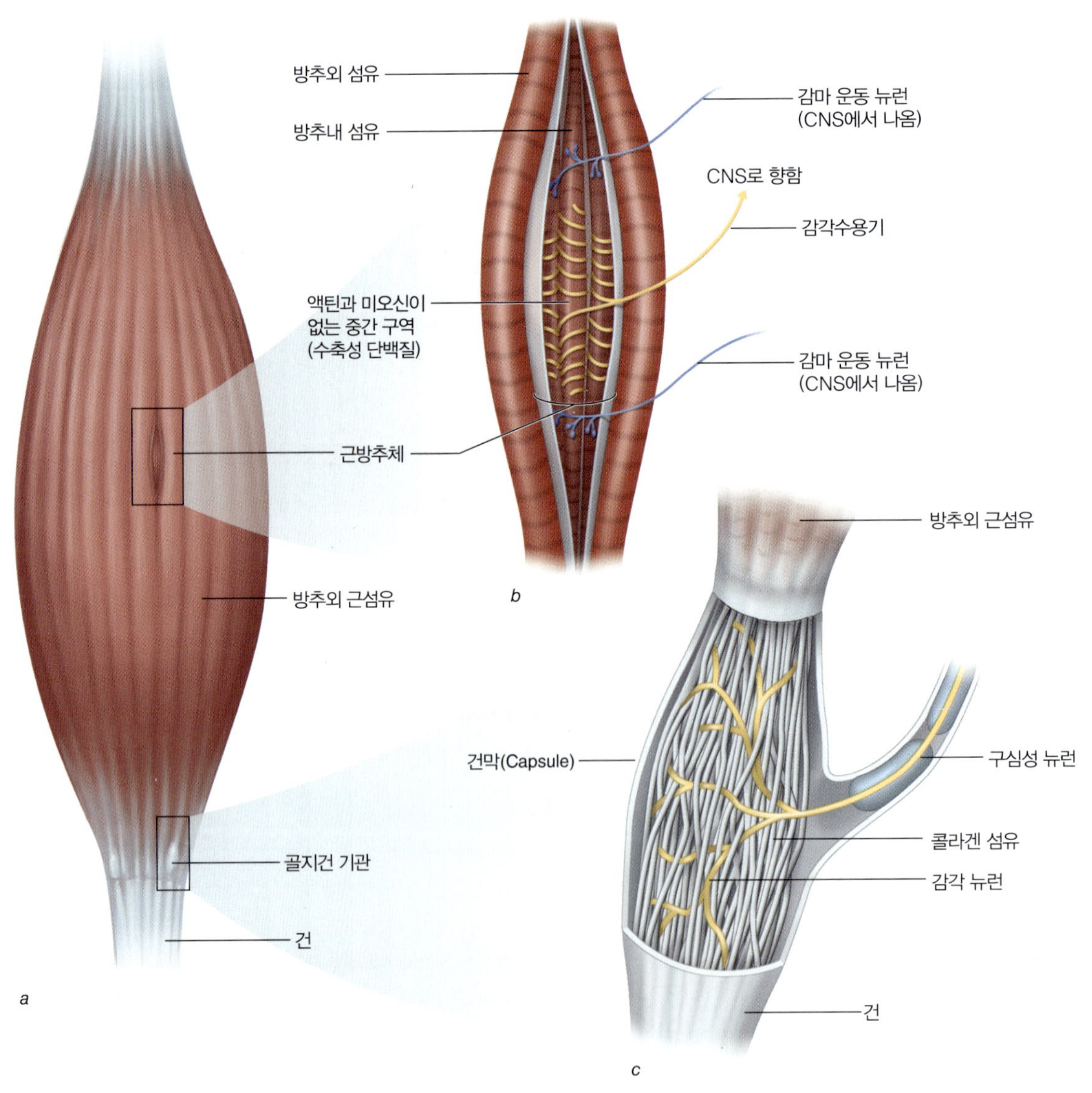

그림 1.8 (a) 골격근에서 근방추의 위치, (b) 근방추의 구조, (c) 골지건 기관의 구조

실용적인 관점에서 정적 스트레칭 운동은 근방추가 활성화되지 않는 방식으로 이루어진다. 스트레칭 자세를 천천히 수행하면 근방추의 활성화를 피할 수 있다. 근육은 이완되어 있어야 가장 쉽게 스트레칭되므로 이러한 사실을 숙지하는 것이 중요하다. 그러나 한편으론, 근방추의 활성화는 훈련중에 필요하다. 예를 들어 플라이오메트릭 운동은 근육이 신속하게 늘어나게 하고, 늘어난 근육은 뒤이어 수축하게 된다. 이렇게 신속히 늘어난 근육은 신장 반사를 활성화시키고, 더 강력한 수축으로 이끈다.

골지건 기관

골지건 기관은 근육과 건의 연결부에 위치하고 있다. 긴은 근육과 뼈를 잇는 부위이다(그림 1.8). 이 기관은 부상으로부터 근육을 보호하는 역할을 한다. 골지건 기관은 근육이 활성화될 때 변형한다. 만약 근육이 발생하는 힘이 너무 강하면, 골지건 기관은 그 정보를 척수로 보내고, 척수는 해당 근육을 이완시키고 그 근육의 길항근을 자극한다. 이 보호적 반사는 지나치게 강한 근육의 힘으로부터 근육과 관절 부상을 예방하는 역할을 할 것이다.

운동 단위

한 운동신경과 그 신경지배를 받는 근육섬유를 **운동 단위**(motor unit)라고 부른다. 한 운동 단위의 모든 섬유들은 같은 근섬유 타입으로 이루어져 있다. 사실 근섬유들의 대사성과 수축성 특징을 부여하는 것은 운동신경이다. 운동 단위는 신경지배를 하는 섬유의 수에 따라 나뉜다. 예를 들어 손에 있는 작은 근육들의 운동 단위는 상대적으로 적은 섬유를 가지고 있다. 허벅지 근육에는 운동 단위당 많은 수의 섬유들이 포함된다.

> 한 운동 단위의 모든 근섬유들은 같은 근섬유 형태를 띤다. 다른 형태의 근섬유들은 해부학적, 생리학적 면에서 다른 성격으로 구분된다. 이로 인해 운동 단위의 기능적 능력이 정해진다.

힘의 단계적 차이

신경계는 한 근육이 생산하는 힘을 다양한 범위로 조절할 수 있다. 예를 들어 10파운드 덤벨로 덤벨 컬 운동을 할 수 있는 사람 중에는 최대한 노력하여 60파운드로도 운동할 수 있는 사람이 있을 것이다. 간략하게 이야기 하자면, 신경계가 힘 생산 정도를 다양하게 하는 데에는 두 가지 메커니즘이 존재한다. 한 가지 방법은 운동 단위의 수(즉, 근섬유)의 활성화 수를 다양하게 하는 것이다. 이를 '운동 단위 동원(motor unit recruitment)'이라 부른다. 두 번째 방법은 이미 활성화된 운동 단위의 발화률을 증가시키는 것으로, 이 과정을 '비율부호화(rate coding)'라고 부른다.

가벼운 무게를 들 때는 상대적으로 적은 수의 운동 단위가 활성화된다. 저항이 증가하면, 즉 더 무거운 덤벨을 들면 더 많은 운동 단위들이 활성화중인 운동 단위들에 추가되거나 '동원되고' 수축하는 근섬유들의 증가로 힘이 증가하게 된다. 그러므로 모든 운동 단위를 동원하기 위해선 최대 강도에서 최대 혹은 최대에 가까운 무게를 들어야 한다. 운동 단위가 동원되는 특별한 방식을 이해하는 것 또한 중요하다. 이를 운동 단위 동원 크기의 법칙(the size principle of motor unit recruitment)이라 부른다.[7] 처음 동원되는 운동 단위는 작은 type I 운동 단위이다. 이러한 운동 단위들은 낮은 활성화 역치값을 가지고 있어 작은 힘이 발생하는 근육활동에도 동원된다. 다음 차례로 동원되는 운동 단위는 type Ⅱa 운동 단위이며 그 다음은 type Ⅱx 운동 단위이다. 이 type Ⅱ 운동 단위들은 type I 운동 단위보다 크기가 크며, 활성화되기 위한 역치값이 높다. 대부분의 사람들은 가지고 있는 모든 운동 단위들을 활성화시키기 어렵지만, 훈련을 통해 좀 더 많은 운동 단위들을 동원시킬 수 있다.[10]

또한 이미 활성화된 운동 단위들의 발화율을 증가시킴으로써 근육의 힘 생산을 늘릴 수 있다.[12] 만약 한 근육이 수축 자극을 받기 전, 이전 자극으로부터 이완될 수 있다면, 더 큰 힘을 생산할 수 있을 것이다. 연구에 따르면, 잘 훈련된 웨이트리프터들은 비록 나이가 들었더라도 훈련받지 않은 사람들에 비해 운동 단위 최대 방전율(maximal motor unit discharge rate)이 더 높다고 한다.[11]

골격계

움직임과 운동은 뼈대에 붙은 골격근 덕분에 일어나는데, 이는 결국 관절과 연결되기 때문이다. 뼈와 연결된 근육이 수축을 하면 뼈대는 회전한다. 근육, 뼈대, 그리고 관절의 복합적인 기능을 통해 우리는 물건을 들고, 트레드밀에서 달리며, 사이클링 수업을 들을 수 있는 것이다. 그림 1.9는 장골(long bone)의 구조를 보여준다. 골격근은 뼈의 지렛대 시스템뿐만 아니라, 다른 많은 중요한 해부학적, 생리학적 기능을 제공한다.

예를 들어 뼈는 칼슘과 인과 같은 미네랄의 주요 저

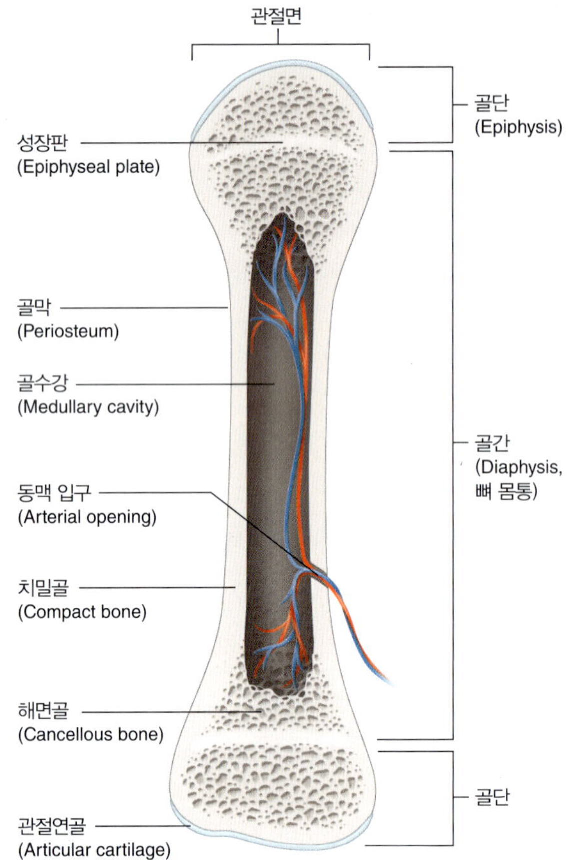

그림 1.9 장골의 해부학적 구조

장소이다. 뼈는 또한 혈액 세포를 만드는 장소이며, 내장기관과 척수를 보호하는 기능을 한다.

골격계의 구성

일반적인 사람은 골격계는 206개의 뼈로 구성된다(그림 1.10). 이 뼈들은 두 가지 해부학적 구역으로 나뉜다. **축성 골격**(axial skeleton)과 **사지 골격**(appendicular skeleton). 축성 골격은 주로 두개골, 척추, 흉골, 그리고 늑골로 이루어져 있다. 이 뼈들은 뇌, 심장, 폐와 같은 중요한 내부 장기를 보호하며, 골격근의 부착부도 제공한다. 사지 골격은 팔과 다리의 뼈를 포함한다. 이 뼈들이 관절 주위를 회전하며 물건 들기, 달리기, 던지기, 발차기, 그리고 때리기와 같은 운동과 관련된 대부분의 움직임들을 만든다.

골다공증과 운동

뼈는 복잡하면서도 살아 움직이는 동적인 조직이다. 뼈의 이면에는 '재형성(remoldeling)'이라 불리는 과정이 끊임없이 일어나고 있다. 이 과정은 뼈를 분해하는 파골세포(osteoclast)와 뼈 합성을 자극하는 조골세포(osteoblast)의 작용으로 이루어진다. 뼈는 두 가지 형태 혹은 분류로 나뉘는데, 피질골(치밀골)과 해면골(소주골)이 그것이다. 피질골은 딱딱하고 치밀하며 주로 팔이나 다리뼈와 같은 장골의 골간부 겉층에서 보인다. 해면골은 스펀지뼈(sponge bone)라고도 불리며, 피질골보다 덜 치밀하고 긴뼈들의 안쪽, 척주뼈, 대퇴골두에서 발견된다. 해면골은 혈액 세포를 만드는 조혈작용을 하는 장소이다. 칼슘과 인은 인체의 뼈들을 형성하는 데 중요한 도움을 주는 미네랄이다.

골다공증은 말 그대로 '뼈에 구멍이 난' 상태로, 뼈는 약해지고 잘 부러지게 된다. 이렇게 약해진 상태에선, 특히 척추나 고관절의 뼈들이 잘 부러진다. 칼슘을 포함하는 적절한 영양공급과 더불어, 운동은 뼈 건강에 있어 중요한 요소이다. 볼프의 법칙(Wolff's law)에 따르면, 뼈는 가해지는 스트레스에 적응한다. 예를 들면 달리기와 같은 체중부하 운동은 골밀도를 증가시킨다.[5] 저항성 훈련 역시 골밀도 향상에 효과적이며,[4] 신장성 부하는 뼈 성장에 특히 강한 자극을 부여한다. 이러한 사실은 걷기나 달리기(혹은 둘 모두)와 같은 체중부하 운동을 종합적인 저항 훈련 프로그램(신장성 부하에 초점을 맞춘)과 통합시키려는 트레이너들이 고객을 훈련시키려 할 때 특별한 의미를 가진다.

근육과 마찬가지로, 뼈는 운동에 반응하여 크기와 힘이 증가한다. 체중부하 운동과 저항성 훈련은 골밀도를 증가시키는 최적의 운동 형태이다.

건과 인대

골격계와 관련한 두 가지 다른 결합 조직이 있는데, 그것은 바로 건과 인대이다. 건은 앞서 근육과 뼈를 잇는 결합 조직으로 소개했었다. 건은 근육이 뼈를 당길 때 발생하는 인장력을 견디는 데 최적화된 조직이다. 건은 주로 비탄력성 단백질 콜라겐으로 구성되어 있다. 인대는 뼈와 다른 뼈를 연결한다. 인대 역시 콜라겐으로 구성되지만, '엘라스틴(elastin)'이라 불리는 탄력성 단백질 또한 함유하고 있다. 이 단백질은 인대가 어느 정도 늘어나게끔 하여, 관절의 안정화와 약간의 운동성 사이에서 균형을 이루게 해준다.

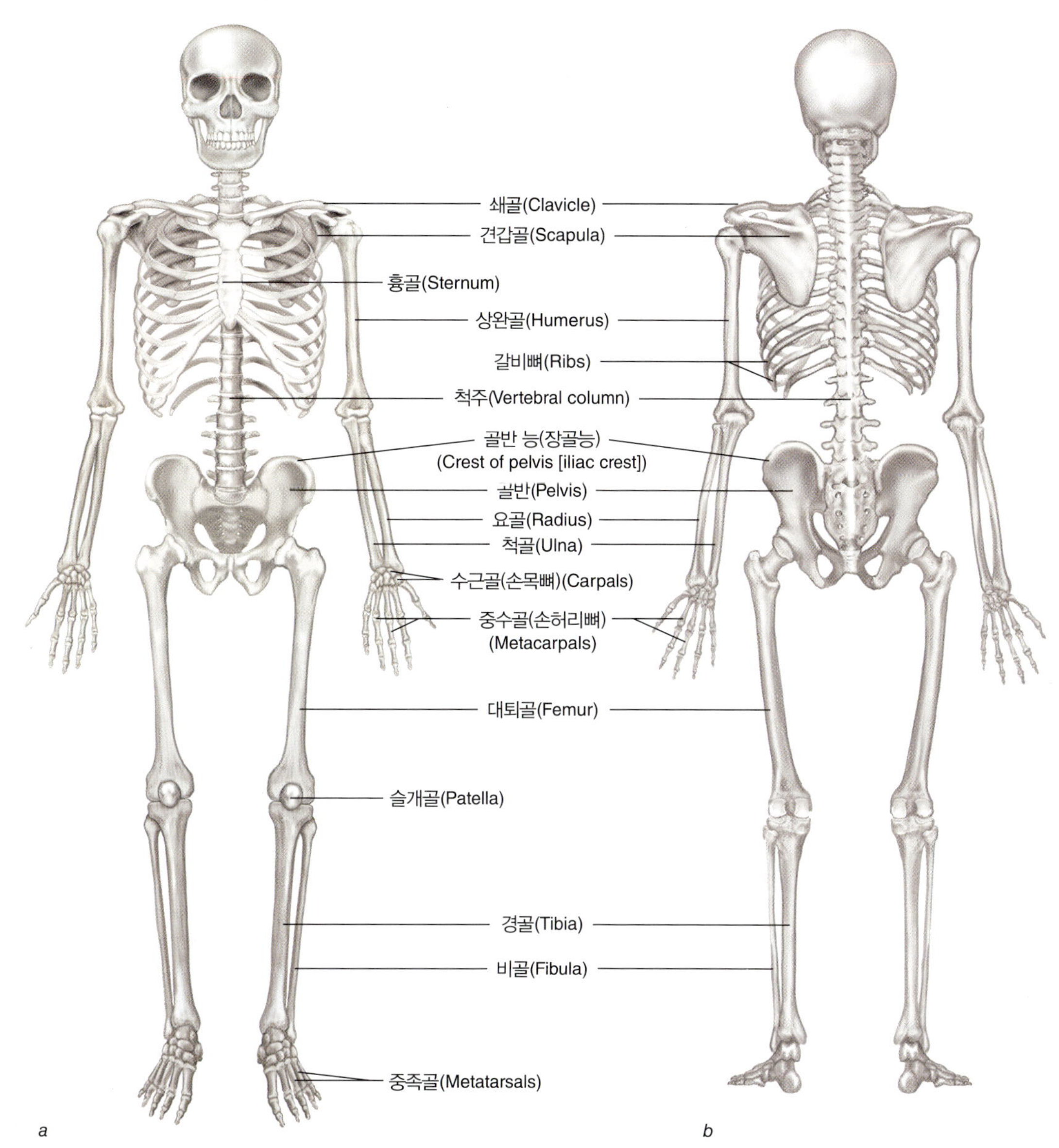

그림 1.10 성인 남성 골격. (a) 전면, (b) 후면

결론

요약하자면, 운동은 뼈와 관계된 결합 조직을 당기는 작용을 하는 근육의 신경계 활성을 수반한다. 퍼스널 트레이너는 이러한 조직들의 구조와 기능에 대해 잘 이해하고 이들이 운동중 어떻게 작용하는지 알아야 한다. 이런 지식은 안전하고 효과적인 프로그램을 만들도록 해주고 다양한 형태의 육체적 활동이 반복적으로 일어나는 특정 적응에 대한 기초를 이해할 수 있게 한다.

연구 문제

1. 다음 중 세포 내에서 유산소성 ATP 생산이 일어나는 세포소기관은 어느 것인가?

   A. 미토콘드리아　　B. 근소포체
   C. 근원섬유　　D. T-관

2. 다음 중 두꺼운 근필라멘트는 어느 것인가?

   A. 액틴　　B. 트로포닌
   C. 미오신　　D. 트로포미오신

3. 다음 중 근육이 수축하려 함에도 불구하고 근육의 길이가 길어지는 근활성 형태는 어느 것인가?

   A. 단축성　　B. 신장성
   C. 등척성　　D. 등속성

4. 다음 중 중간 정도의 산화적, 무산소적 능력을 가진 근육섬유 형태는 어느 것인가?

   A. SO
   B. FOG
   C. FG
   D. slow-twitch

5. 다음 중 골격근 활성 역할을 하는 신경계 분지는 어느 것인가?

   A. 감각신경
   B. 자율신경
   C. 구심성 신경
   D. 체성 신경

응용 지식 문제

골다공증을 피하기 위한 운동에 흥미가 있는 고객에게 어떤 조언을 줄 수 있는가?

참고문헌

1. Beck, T.W., T.J. Housh, G.O. Johnson, R.J. Schmidt, D.J. Housh, J.W. Coburn, M.H. Malek, and M. Mielke. 2007. Effects of a protease supplement on eccentric exerciseinduced markers of delayed-onset muscle soreness and muscle damage. *Journal of Strength and Conditioning Research* 21: 661-667.
2. Cheung, K., P. Hume, and L. Maxwell. 2003. Delayed onset muscle soreness: Treatment strategies and performance factors. *Sports Medicine (Auckland)* 33: 145-164.
3. Colliander, E.B., and P.A. Tesch. 1990. Effects of eccentric and concentric muscle actions in resistance training. *Acta Physiologica Scandinavica* 140: 31-39.
4. Conroy, B.P., W.J. Kraemer, C.M. Maresh, S.J. Fleck, M.H. Stone, A.C. Fry, P.D. Miller, and G.P. Dalsky. 1993. Bone mineral density in elite junior Olympic weightlifters. *Medicine and Science in Sports and Exercise* 25: 1103-1109.
5. Duncan, C.S., C.J. Blimkie, C.T. Cowell, S.T. Burke, J.N. Briody, and R. Howman-Giles. 2002. Bone mineral density in adolescent female athletes: Relationship to exercise type and muscle strength. *Medicine and Science in Sports and Exercise* 34: 286-294.
6. Hawkins, S.A., E.T. Schroeder, R.A. Wiswell, S.V. Jaque, T.J. Marcell, and K. Costa. 1999. Eccentric muscle action increases site-specific osteogenic response. *Medicine and Science in Sports and Exercise* 31: 1287-1292.
7. Henneman, E., G. Somjen, and D.O. Carpenter. 1965. Functional significance of cell size in spinal motoneurons. *Journal of Neurophysiology* 28: 560-580.
8. Higbie, E.J., K.J. Cureton, G.L. Warren 3rd, and B.M. Prior. 1996. Effects of concentric and eccentric training on muscle strength, cross-sectional area, and neural activation. *Journal of Applied Physiology* 81: 2173-2181.
9. Huxley, H.E. 1969. The mechanism of muscular contraction. *Science (New York)* 164: 1356-1365.
10. Knight, C.A., and G. Kamen. 2001. Adaptations in muscular activation of the knee extensor muscles with strength training in young and older adults. *Journal of Electromyography and Kinesiology* 11: 405-412.
11. Leong, B., G. Kamen, C. Patten, and J.R. Burke. 1999. Maximal motor unit discharge rates in the quadriceps muscles of older weight lifters. *Medicine and Science in Sports and Exercise* 31: 1638-1644.
12. Milner-Brown, H.S., R.B. Stein, and R. Yemm. 1973. Changes in firing rate of human motor units during linearly changing voluntary contractions. *Journal of Physiology* 230: 371-390.
13. Nguyen, D., L.E. Brown, J.W. Coburn, D.A. Judelson, A.D. Eurich, A.V. Khamoui, and B.P. Uribe. 2009. Effect of delayed-onset muscle soreness on elbow flexion strength and rate of velocity development. *Journal of Strength and Conditioning Research* 23: 1282-1286.
14. Schroeder, E.T., S.A. Hawkins, and S.V. Jaque. 2004. Musculoskeletal adaptations to 16 weeks of eccentric progressive resistance training in young women. *Journal of Strength and Conditioning Research* 18: 227-235.

심폐 시스템과 가스 교환

Moh H. Malek, PhD.

학습 목표

- 심혈관계의 해부학적, 생리학적 특징을 설명할 수 있다.
- 심장의 전기 전도 시스템과 기본적인 심전도를 설명할 수 있다.
- 전신의 혈액순환을 조정하는 기전을 설명할 수 있다.
- 호흡기계의 해부학적, 생리학적 특징을 설명할 수 있다.
- 폐와 혈액 간의 가스 교환을 설명할 수 있다.
- 호흡을 조절하는 기전을 이해할 수 있다.

심혈관계와 호흡기계는 운동과 같은 다양한 변화를 겪는 신체에 산소와 영양을 공급하기 위해 함께 작동한다. 또한 이 두 가지 시스템은 근육에서 생성된 대사 부산물을 청소하는 데 중요한 역할을 한다. 이 장은 신체 시스템의 구조와 기능을 요약하고 있다.

심혈관계는 영양을 옮기고 대사 노폐물을 제거함과 동시에 전신 기능을 위한 환경을 유지하는 것을 돕는다. 혈액은 세포 대사에 필요한 산소는 폐에서 조직으로 옮겨주고 이산화탄소는 조직에서 폐로 이동시키며, 폐에서 이산화탄소가 체외로 배출된다.

심혈관의 해부와 생리

심혈관계와 가스 교환을 논하기 전에 전신의 산소, 영양, 그리고 대사 부산물을 옮기는 혈액의 특징에 대해

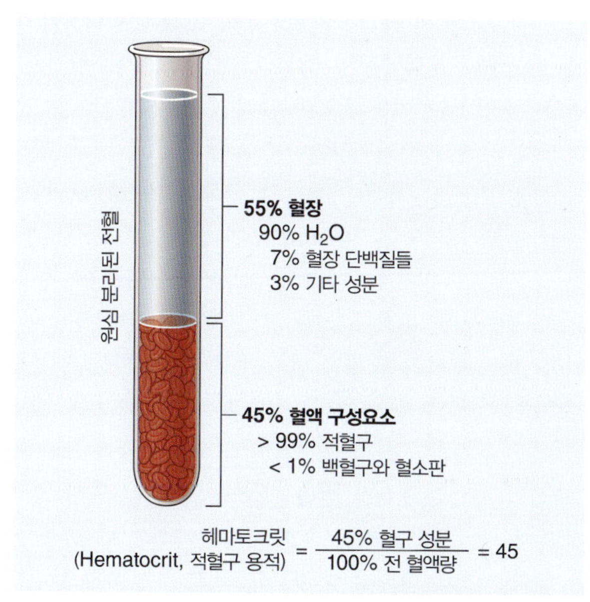

그림 2.1 원심분리된 전혈(全血)의 다양한 구성요소

간단하게 알아봐야 한다. 전혈(全血)은 혈장, 백혈구와 혈소판, 그리고 적혈구로 나뉘는데, 이들은 전혈(全血)에서 각각 약 55%, 1% 미만, 그리고 45% 정도를 차지한다(그림 2.1). 또한 동맥혈의 정상 pH는 약 7.4인데, 운동이나 스트레스, 또는 질병과 같은 요인의 영향으로 편차가 있을 수 있다. 그러나 동맥혈과 근육에서 pH 변화의 생리적인 내성은 각각 6.9~7.5 그리고 6.63~7.10 사이이다. 그럼에도 불구하고 pH는 중탄산염, 환기, 그리고 신장 기능과 같은 완충작용에 의해 조절된다.

산소 이동

산소는 혈액에 용해되어 헤모글로빈을 통해 운반된다. 산소는 혈액에 아주 작은 비율로 용해되기 때문에(혈액 100ml당 0.3ml O_2 또는 약 2%), 우리는 헤모글로빈에 집중할 것이다.[4] 헤모글로빈은 적혈구 내부의 철을 함유하고 있는 단백질로, 1~4개까지의 산소 분자와 결합할 수 있다. 따라서 1g의 헤모글로빈은 약 1.39ml의 산소를 운반할 수 있다. 또한 건강한 혈액에는 100ml당 약 15g의 헤모글로빈이 있다. 따라서 건강한 혈액의 산소 운반력은 약 혈액 100ml당 산소 20.8ml(20.8ml O_2/100ml 혈액=[15g Hb/100ml]×[1.39ml O_2])이다.[3] 빈혈이 없는 건강한 평균 성인에게는 약 5.0L의 혈액이 있으며 이는 체중의 7% 가까이 차지한다.

산소-헤모글로빈 해리 곡선

이제 산소가 혈액 속에서 어떻게 운반되는지 알았으니, 산소-헤모글로빈 해리 곡선에 대해 논해야 한다. 이 곡선은 다양한 분압에서의 헤모글로빈 포화 정도를 나타낸다. 분압이란 기본적으로 여러 가스의 혼합에서 한 가스에 의해 가해진 압력이며 혼합 가스의 전체 압력과 특정 가스의 퍼센트 농도의 산물로 계산된다. 예를 들어 보통 대기압은 760mmHg인 반면, 대기 중의 산소 농도는 20.93%다. 따라서 해수면에서의 산소 분압은 약 159mmHg(760mmHg×[20.93/100])이다. 산소 분압과 산소 포화의 관계는 선형(직선)이기보다는 S자 모양이다. 이는 부분적으로는 산소가 헤모글로빈과 결합한 이후 추가적인 산소 분자 결합을 용이하게 만드는 협동 결합 때문이다.[2] 첫 번째 산소가 헤모글로빈과 결합하면, 헤모글로빈의 산소 친화력이 증가하며 네 번째 산소 분자는 첫 번째 산소 분자보다 더 높은 친화력으로 헤모글로빈과 결합한다. 따라서 산소 분압이 증가함에 따라 헤모글로빈은 포화되지만, 이러한 포화는 정체된다. 보통 60mmHg에서 곡선은 비교적 평탄해지며, 헤모글로빈의 약 90%가 산소로 포화된다. 60mmHg에서 이후 100mmHg까지 증가하면 헤모글로빈의 산소 포화가 98%까지 증가하게 된다.

산소-헤모글로빈 곡선에 영향을 주는 요인

다양한 요인들이 산소-헤모글로빈 곡선에 영향을 줄 수 있으며 이로 인해 곡선이 좌우로 이동한다. 예를 들어 신체 중심부 온도의 감소는 곡선을 왼쪽으로 이동시키는 반면, 온도 증가는 곡선을 오른쪽으로 이동시킨다. 곡선의 좌우 이동을 유발할 수 있는 다른 요인으로는 동맥혈 산도가 있다. 낮은 혈중 pH(산성)는 곡선을 오른쪽으로 이동시키는 반면, 높은 혈중 pH(알칼리성)는 곡선을 왼쪽으로 이동시킨다. 산소-헤모글로빈 해리 곡선을 실제 환경에 적용시키려면 운동을 생각해보라. 보통 운동은 신체 중심부 온도를 상승시키고 곡선은 오른쪽으로 이동한다. 따라서 산소는 헤모글로빈에 묶여 있기보다는 작동하는 근육에서 사용될 수 있도록 더 높은 분압에서 유리된다.

심장 형태학

심장은 골격근과는 달리 단핵의 심장 근육으로 이루어져있으며 4개의 방(우심방, 좌심방, 우심실, 그리고 좌심실)이 있고, 불수의적 신경 조절을 받고 있다(그림 2.2).[1] 이는 심장에 고유의 내부 박동 조율기가 있으며 따라서 심장이 자동적으로 뛴다는 것이다. 심장의 전기 전도 시스템은 동방(SA) 결절에서 시작하며 이는 심장에 내재된 일차적인 박동 조율기다. 동방 결절은 **심방**(atrium)에서 방실(AV) 결절로 퍼지는 전기 자극을 만들어낸다(그림 2.3). 여기서부터 자극은 퍼킨제(Purkinje) 시스템의 좌우방실 다발갈래를 통해 아래로 뻗어나간다. 퍼킨제 시스템은 **심실**(ventricle)을 둘러싸며 심실 수축을 자극하는 섬유의 집합이다. 동방 결절로부터의 자극이 양쪽 심방으로 빠르게(~0.08m/s) 퍼지며 이후 방실 결절을 통해 느리게 퍼짐으로써 충만이 일어날 수 있도록 심방과 심실 흥분의 시간차를 만드는 것에 주목하라. 자극이 퍼킨제 섬유에 닿으면, 심실 수축이 일어나게 된다. 박동이 완료(동방 결절-방실 결절-퍼킨제 섬유-심실 수축)되는 전체 시간은 약 0.2초다.[1]

20쪽의 그림 2.4에 나와 있듯이, (산소가 제거된) 정맥혈은 상하대정맥을 통해 우심방으로 돌아오며 우심실로 옮겨진다. 상대정맥으로는 산소가 제거된 혈액이 머리와

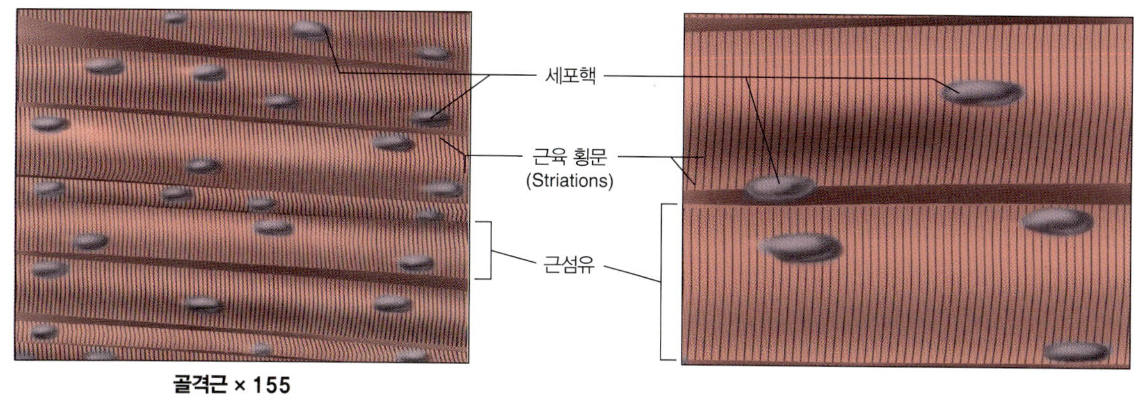

그림 2.2 (a) 골격근과 (b) 심장 근육의 확대 모양

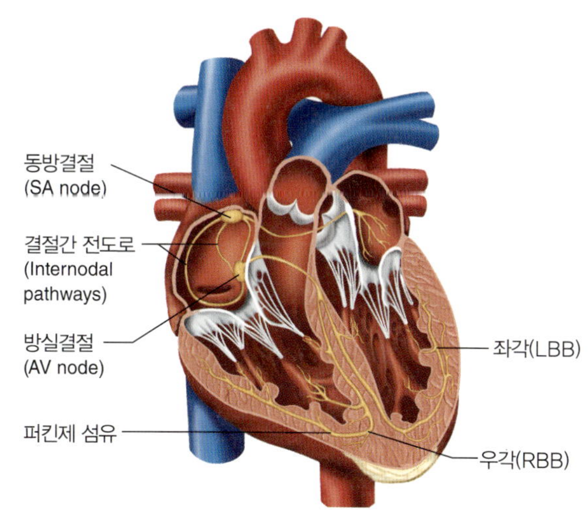

그림 2.3 심장 근육의 전도 시스템

상지로부터 돌아오는 반면, 하대정맥으로는 산소가 제거된 혈액이 체간과 하지로부터 돌아온다. 여기서 산소가 제거된 혈액은 폐정맥에 의해 가스 교환이 일어나는 폐로 운반된다. 산소를 공급받은 혈액은 이제 폐정맥을 통해 좌심방으로 돌아오며 이는 좌심실로 옮겨진다. 이때 산소가 풍부한 혈액은 대동맥을 통해 전신으로, 이후 혈관계를 통해 장기와 조직으로 운반될 준비가 되어 있다.

> 심장과 폐에 의한 순환(중심 순환)과 신체 나머지 순환(말초 순환)의 단일 폐쇄회로 시스템에는 두 가지 요소가 있다. 심장으로부터 혈액을 나르는 동맥계와 심장으로 혈액을 돌려보내는 정맥계이다.

심전도

체표면에서 심장의 전기 활동을 기록하는 방법은 10~12개의 전극을 흉부에 부착하는 것이다. 이전에 언급한 심장에서 생성된 전기 자극은 표면의 전극에서 감지되며 '심선노(electrocardiogram, ECG)'라고 불리는 뚜렷한 패턴으로 표현된다. 심전도는 세 가지로 구별되는 구성요소를 가지고 있다. ① P파, ② QRS 복합, 그리고 ③ T파이다.[1] 그림 2.5에 나와 있듯이, P파는 자극이 동방결절에서 방실결절로 이동할 때 일어나는 심방 탈분극을 나

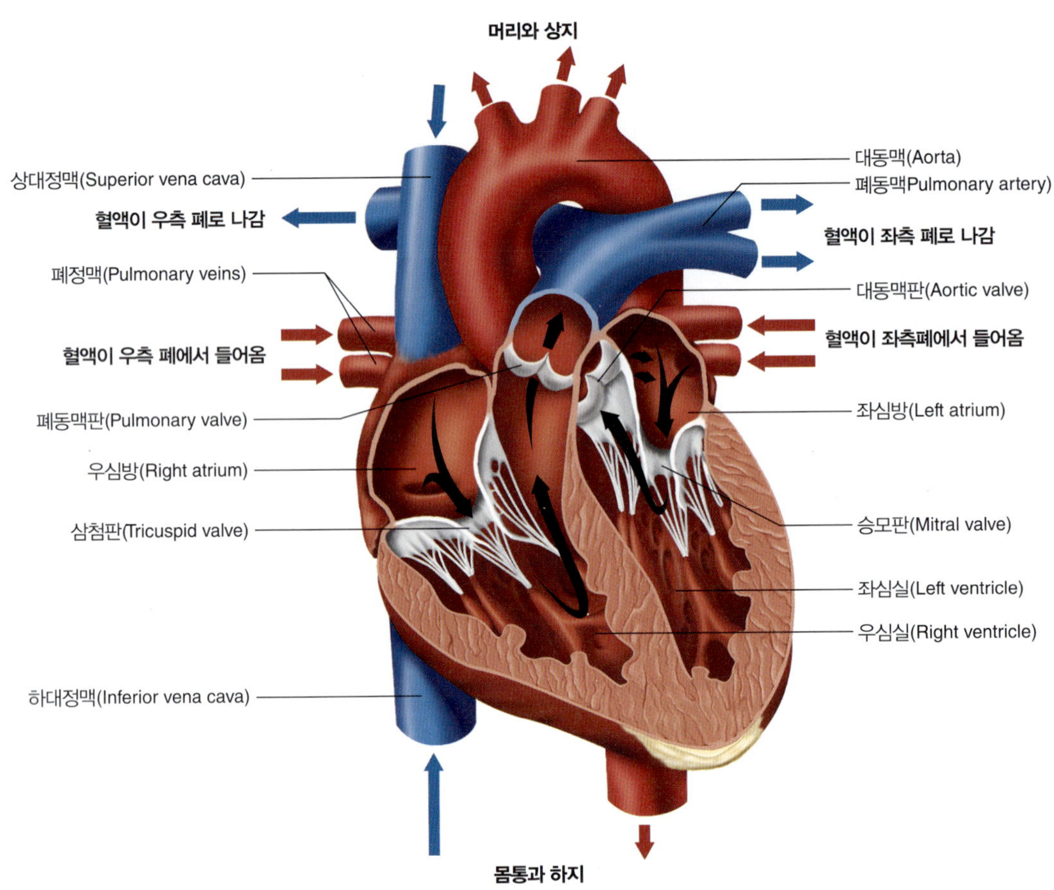

그림 2.4 인간의 심장 구조와 이에 대한 혈류 경로

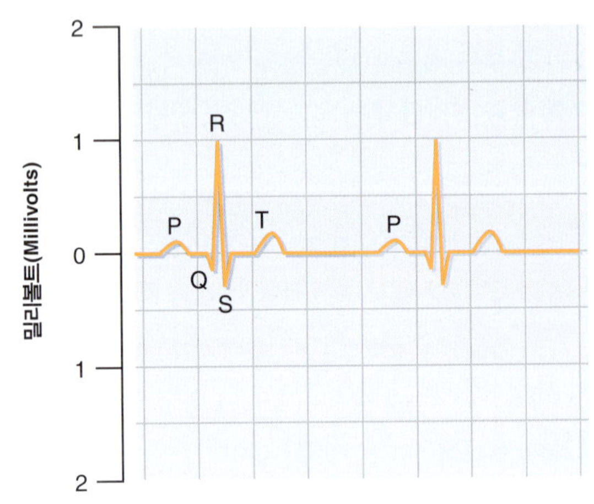

그림 2.5 휴면 심전도의 다양한 단계

타낸다. QRS 복합은 심실 탈분극을 반영하며 이는 자극이 방실 결절에서 심실에 퍼져 있는 퍼킨제 섬유로 이어질 때 나타난다. T파는 심실의 전기적 회복(재분극)을 나타낸다. 심방 재분극이 일어나기는 하지만 QRS 복합 동안 발생하기 때문에 보이지 않음에 주목하라. 보통 심전도는 부하를 받는 심장을 검사하기 위한 임상에서의 운동부하 검사 동안 측정된다.

순환

순환계는 심장에서 조직과 장기로 혈액을 운반하는 동맥 및 조직과 장기에서 심장으로 혈액을 돌려보내는 정맥으로 구성되어 있으며, 이전에 언급한 폐정맥이 산소를 공급받은 혈액을 폐에서 심장으로 돌려보내는 한 가지 예외가 있다. 체순환을 위하여, 동맥은 보통 대동맥 100mmHg에서 세동맥 60mmHg까지 범위로 압력이 높다. 정맥은 동맥보다 비교적 압력이 낮은 특징이 있다. 이러한 낮은 압력 때문에, 정맥은 단방향의 밸브와 평활근 띠가 있어서 우리가 움직이거나 사지에서 근육을 수축하는 동안 정맥혈을 계속 심장으로 보낸다(그림 2.6).

전체 체순환의 저항을 **총말초저항**(total peripheral resistance)이라고 한다. 혈관이 수축하면 말초저항은 증가하는 반면, 확장되면 말초저항은 감소한다. 그러나 운

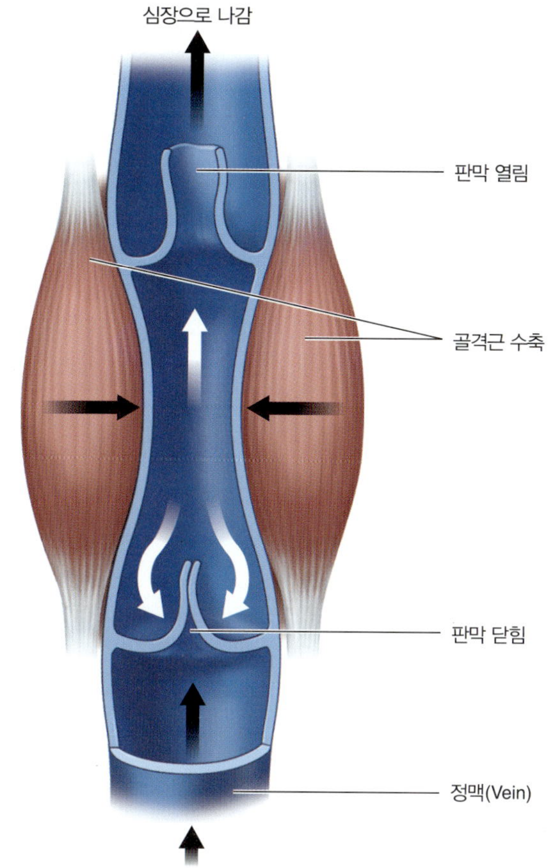

그림 2.6 근육 펌프. 골격근이 수축함에 따라, 근육은 다리의 정맥을 쥐어짜고 심장으로 혈액이 돌아가는 것을 돕는다. 정맥 내부의 밸브는 심장으로의 단방향적인 혈류를 보장한다.

동의 종류, **교감신경계**(sympathetic nervous system)의 자극, 국소의 근조직 대사, 그리고 환경적 스트레스 인자(온기와 냉기)와 같은 많은 요인들이 혈관의 수축과 확장에 영향을 줄 수 있음을 주목하라. 예를 들어 운동을 하는 동안 교감신경계는 동맥혈관 확장을 자극하며, 이후 사용되는 근육으로의 혈류를 증가시킨다. 그림 2.7에 나와 있듯이, 운동을 하는 동안 혈액은 다른 장기로부터 특정 운동에 사용되는 근육으로 재분배된다.

심장 주기

심장 주기는 한 심장 박동의 시작에서부터 다른 심장 박동의 시작까지 일어나는 일들로 이루어져 있다. 따라서 심장 주기는 이완하는 시기('확장기')와 수축하는 시기('수축기')로 구성된다. 확장기에는 심장이 혈액으로 가득 찬다. **수축기 혈압**(SBP, Systolic blood pressure)은 혈액이 심실 수축(수축기)에 의해 강하게 뿜어져 나오면서 동맥 벽에 가해지는 압력이다. 수축기 혈압과 심박수의 동시 측정은 심장의 작동을 기술하기에 유용하며 심근산소 섭취의 간접적인 추측이 가능하다. 이러한 심장 작동의 추측은 **심근산소소비량**(RPP, rate-pressure product) 또는 'double product'에 해당하며 다음 식으로 구할 수 있다.[1]

$$\text{RPP} = \text{SBP} \times \text{HR} \tag{2.1}$$

반대로 **확장기 혈압**(DBP, diastolic blood pressure)은 혈액이 혈관을 통해 뿜어져 나오지 않는(확장기) 동안 동맥 벽에 가해지는 압력이다. 이는 말초저항 또는 혈관의 뻣뻣함에 대한 정보를 제공하며 혈관이 확장할 때 감소하고 혈관이 수축할 때 증가하는 경향이 있다. 또한 **평균동맥압**(MAP, mean arterial pressure)은 심장 주기 동안의 평균 혈압을 의미하는데, 수축기와 확장기의 평균 압력으로 오해해서는 안 된다. 평균동맥압은 보통 다음의 식으로 추측할 수 있다.

$$\text{MAP} = \text{DBP} + [.333 \times (\text{SBP} - \text{SBP})] \tag{2.2}$$

심장박출량

심박출량(Q, Cardiac output)은 1분 동안 심장이 뿜어내는 혈액의 양이며 다음 공식으로 표현할 수 있다.

$$\dot{Q} = \text{SV} \times \text{HR} \tag{2.3}$$

SV는 **일회 박출량**(stroke volume)인데, 심장 박동 한 번당 뿜어져 나오는 혈액의 양이다. 1회 박출량은 다음 공식으로 추측할 수 있다.

$$\text{SV} = \text{EDV} - \text{ESV} \tag{2.4}$$

EDV는 **확장기말용적**(end-diastolic volume)으로, 심실에 충만된 혈액의 양이다. 수축기말용적(ESV)은 수축 후 심실에 남아 있는 혈액의 양이다. 따라서 심장박출량은 다음의 식으로 추측할 수 있다.

$$\dot{Q} = (\text{EDV} - \text{ESV}) \times \text{HR} \tag{2.5}$$

프랭크-스탈링 원리는 좌심실이 더 늘어날수록 더 강한 수축이 일어나 심실에서 더 많은 혈액이 방출된다는 것이다. 이 원리는 길이-긴장 관계에 기반하고 있다. 전부하(EDV)의 증가는 심장의 부피 및 심장으로의 혈액의 **정맥환류**(venous return)에 직접적으로 영향을 받는다.

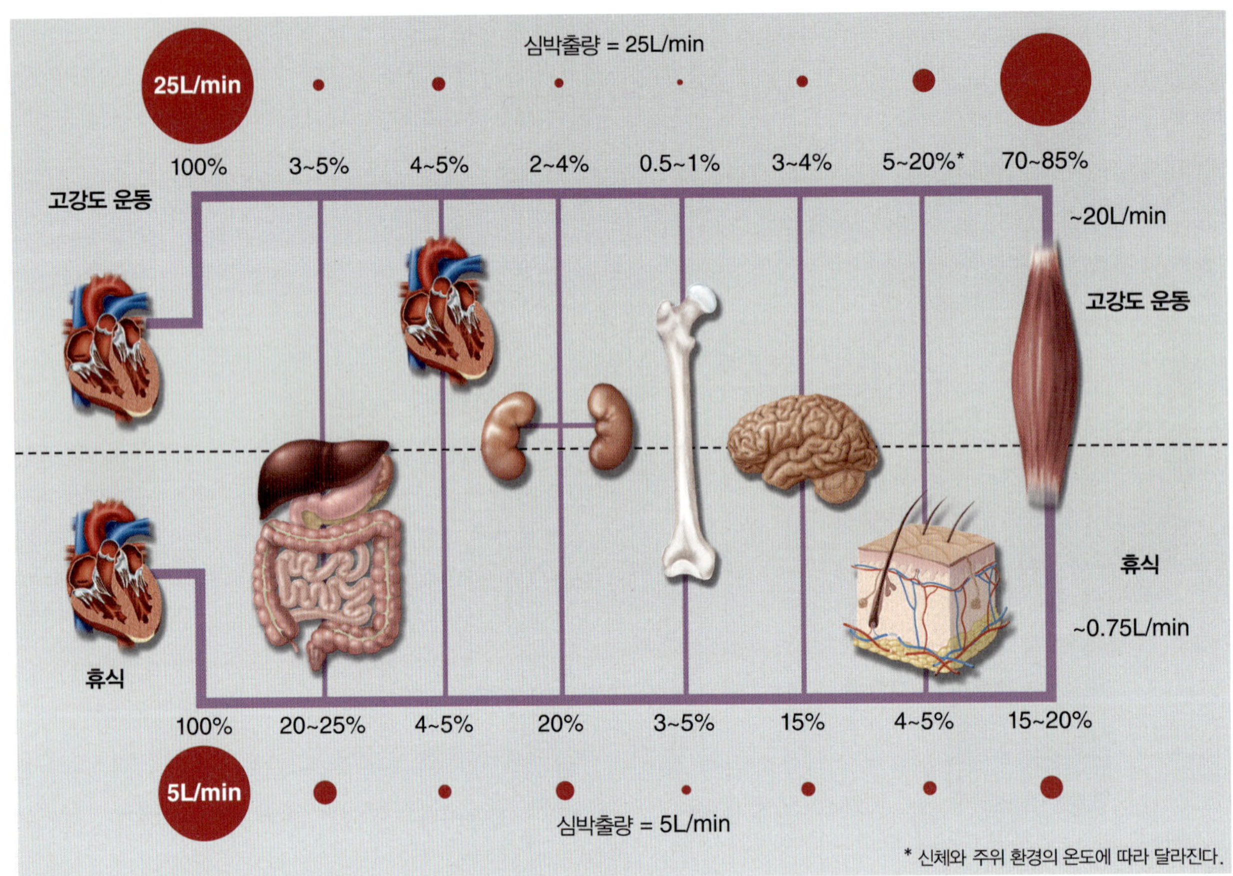

그림 2.7 휴식과 격렬한 운동 상황에서의 혈액 재분배

호흡기계

호흡기계의 주된 기능은 산소와 이산화탄소의 교환이다. 여기서는 폐와 가스 교환의 해부학 및 생리학에 대해 논하도록 하겠다.

구조

공기가 코를 통과하면, 비강은 공기를 따뜻하게 만들고, 습하게 만들고, 정화시키는 세 가지 기능을 한다. 이후 공기는 기관, 기관지, 그리고 세기관지(bronchiole)를 통해 폐에 분배된다. 기관은 좌우 기관지로 나뉘며, 이후 각 기관지는 다시 좌우로 나뉘게 된다. 이러한 나뉨은 약 23번 정도 일어나며, 최종적인 가스 교환이 일어나는 폐포(alveoli)에서 끝나게 된다(그림 2.8).[1]

흡기(inspiration)는 횡격막과 외늑간근을 포함하는 능동적인 과정이다(그림 2.9). 횡격막의 수축은 흉곽의 확장을 유발하며 폐 내부의 기압을 낮춘다. 기체는 압력이 높은 곳에서 낮은 곳으로 이동하므로, 공기는 폐로 이동하게 된다. 그러나 운동을 하는 동안에는, 다른 근육들(사각근, 흉쇄유돌근, 대흉근, 그리고 소흉근)이 흡기에 관여하고 있음을 주목하라. 휴식할 때 호기(expiration)는 근육이 관여하지 않는 수동적인 과정이며 이는 외늑간근과 횡격막이 이완하여 폐 내부의 압력을 증가시켜 공기를 배출시키기 때문이다. 그러나 운동을 하는 동안에는 내늑간근과 복부 근육이 폐 안팎으로의 공기의 이동을 촉진시킨다.

폐 용적

폐활량 측정법은 임상 또는 연구에서 정적 폐 용적을 알아보기 위해 사용되는 방법이다. 그림 2.10은 폐활량계를 통해 호흡하고 있는 사람에게서 측정할 수 있는 다양한 폐 용적을 보여주고 있다. 또한 다양한 폐 용적의 조합인 폐 용량에 관한 설명도 있다.

가스 교환

폐포는 체내에서 가장 작은 혈관인 폐모세혈관으로 덮

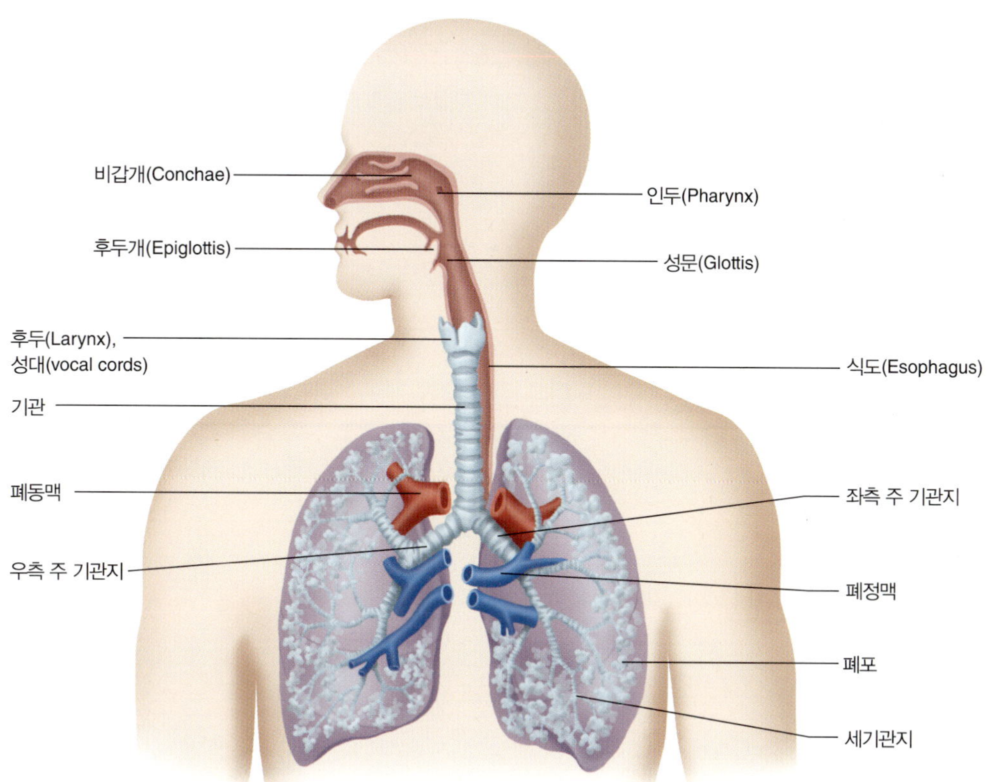

그림 2.8 호흡기계

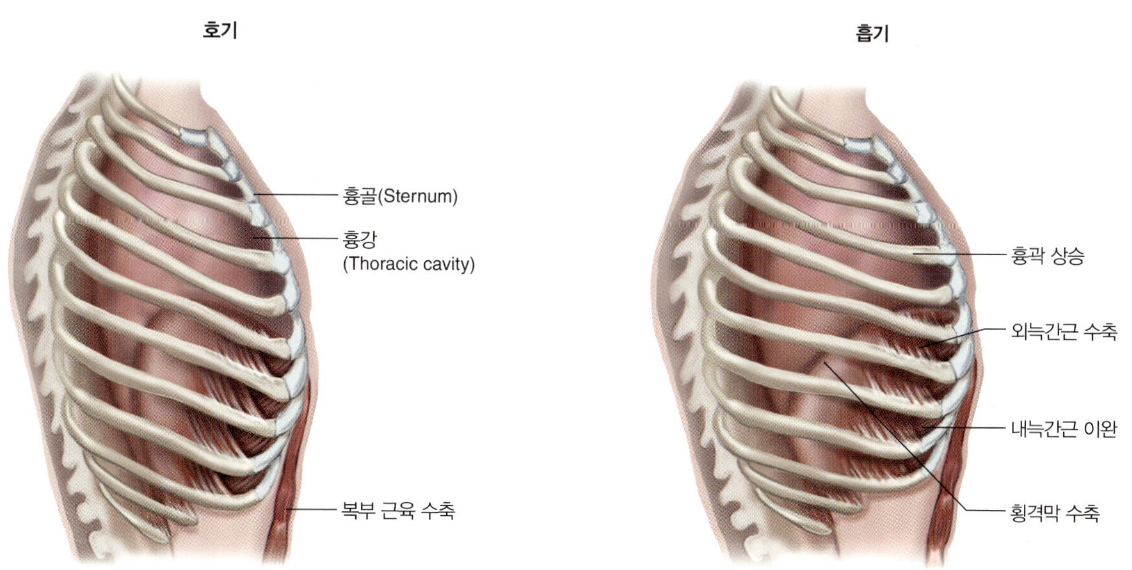

그림 2.9 호기와 흡기 동안 흉곽의 수축과 팽창. 횡격막 수축, 흉곽의 상승, 그리고 늑간근의 기능이 나타나 있다. 흡기 동안에는 상하 및 전후 직경이 증가한다.

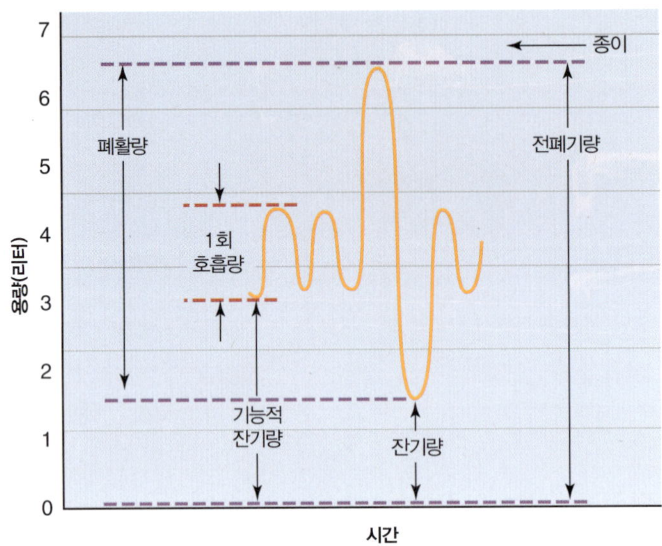

그림 2.10 기본적인 폐활량 측정법에서 보이는 여러 가지 폐 기능 지표들

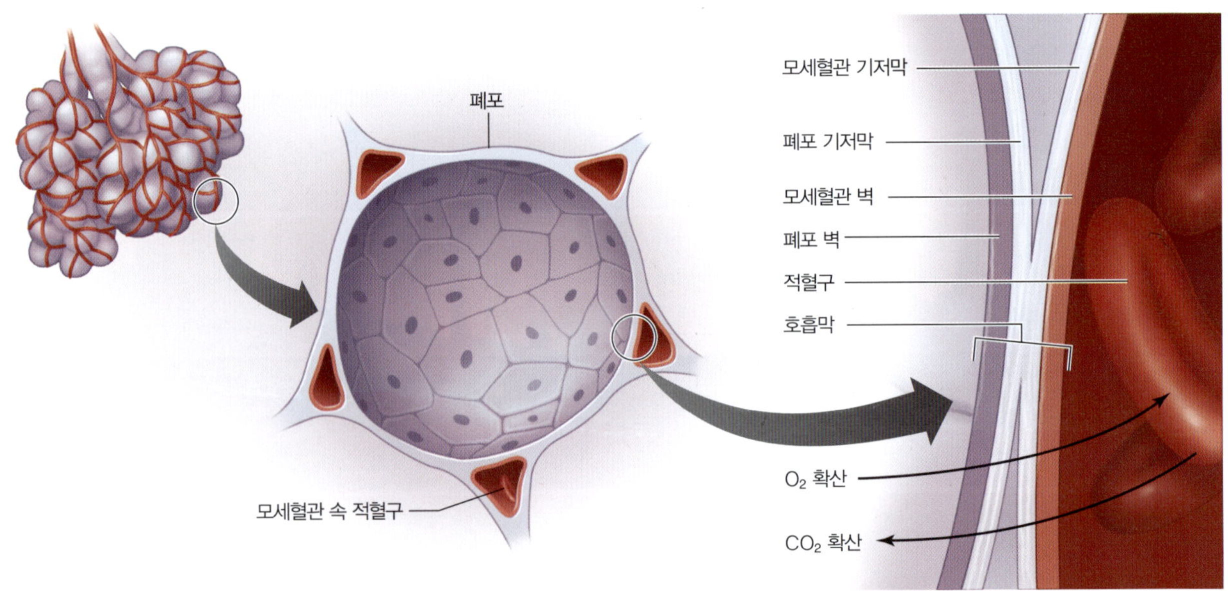

그림 2.11 호흡막의 해부. 폐포와 폐모세혈관 혈액 사이의 산소와 이산화탄소 교환을 보여주고 있다.

여 있으며 가스 교환이 일어나는 장소이다. 세포막을 통한 산소 또는 이산화탄소와 같은 가스의 이동은 '확산(diffusim, 그림 2.11)'이라고 불린다. 확산은 막 한쪽에서 더 높은 가스 농도가 있는 것과 같은 농도 차이가 있을 때 일어난다. 이전에 언급했듯이 가스는 농도가 높은 곳에서 낮은 곳으로 이동한다. 조직 단위에서, 산소는 세포에서 사용되며 이산화탄소가 생성된다. 산소와 이산화탄소의 분압은 조직과 동맥혈에서 각각 다르다. 들이마신 산소의 분압은 159mmHg이지만, 폐포에 도달하면 기도에서의 가습화와 같은 여러 요인에 의해 분압이 100mmHg로 떨어진다. 정맥혈에서의 산소와 이산화탄소의 분압은 각각 약 40과 46mmHg이다. 압력 차이에 기반하여 가스 교환이 일어나며, 혈액은 산소가 풍부해지고(100mmHg) 동시에 이산화탄소는 감소한다. 이제 산소를 포함한 혈액은 조직으로 운반된다(작동중인 근육). 폐포에서의 가스 교환과 유사하게, 조직에서의 가스

표 2.1 운동강도와 산소추출율의 관계

운동강도	동맥	정맥환류	추출율
휴식	20ml O_2 /100ml blood	14ml O_2 /100ml blood	6ml O_2 /100ml blood
중강도	20ml O_2 /100ml blood	10ml O_2 /100ml blood	10ml O_2 /100ml blood
고강도	20ml O_2 /100ml blood	4ml O_2 /100ml blood	16ml O_2 /100ml blood

교환 역시 압력 차이를 따른다. 따라서 산소는 조직으로 확산되는 반면 이산화탄소는 조직으로부터 확산된다. 산소가 떨어져 나간 혈액(정맥혈)은 이후 폐포로 돌아가며 가스 교환 주기가 반복된다.

환기를 하게 되면, 산소는 폐포에서 폐 혈액으로 확산되며 이산화탄소는 혈액에서 폐포로 확산된다.

산소섭취량

산소섭취량($\dot{V}O_2$)은 신체 조직에서 사용되는 산소의 양이다. '산소 소모량(oxygen consumption)'이라는 용어는 '산소섭취량(oxygen uptake)'과 서로 바꿔 사용할 수 있지만, 조직에서 사용되는 산소의 양이 직접적으로 측정되었을 때 전통적으로 산소 소모량이라는 용어를 사용했음에 주목하라. 보통 운동생리학에서 산소섭취량은 물질대사 카트(metabolic cart)를 사용하여 입에서 측정된다. 산소섭취량은 혈액을 통해 조직으로 산소를 운반하는 심장과 순환계의 능력 및 산소를 추출해내는 조직의 능력과 주로 관련되어있다. 산소섭취량을 표현하는 공식은 픽방정식이다(공식 2.6).

$$\dot{V}O_2 = Q \times a\text{-}\bar{v}O_2 \quad (2.6)$$

$$\dot{V}O_2 = (HR \times SV) \times a\text{-}\bar{v}O_2 \quad (2.6.1)$$

$$\dot{V}O_2 = (HR) \times (EDV - ESV) \times a\text{-}\bar{v}O_2 \quad (2.6.2)$$

산소섭취량은 심박출량($\dot{Q}$, 공식 2.3)과 $a\text{-}\bar{v}O_2$ 차이의 산물이다. $a\text{-}\bar{v}O_2$ 차이는 동맥의 산소 함량에서 정맥의 산소 함량을 뺀 값을 혈액 100ml당 O_2ml로 나타낸 것이다. 이러한 차이는 운동에 사용하기 위해 운반된 혈액에서 추출된 산소의 양을 알 수 있게 해준다. 표 2.1에 나와 있듯이, 산소 추출 $a\text{-}\bar{v}O_2$는 운동강도에 따라 증가한다. 다음은 $\dot{V}O_2$를 계산하는 예시이다.

$$\dot{V}O_2 = (HR \times SV) \times a\text{-}\bar{v}O_2$$

$$\dot{V}O_2 = (80\text{beats/min} \times 65\text{ml blood/beat}) \times (6\text{ml}O_2\text{ml}/100\text{ml blood})$$

$$\dot{V}O_2 = 312\text{ml } O_2/\text{min}$$

이 값은 절대적인 수치(ml O_2/min)이지만, 개인의 체중(ml.kg-1.min-1)에 따라 표현할 수도 있다.

$$\dot{V}O_2 = (312\text{ml } O_2/\text{min}) / 75.0\text{kg}$$

$$\dot{V}O_2 = 4.16\text{ml.kg-1.min-1}$$

최대산소섭취량($\dot{V}O_2max$)은 전신의 세포 단위에서 사용될 수 있는 최대한의 산소 양을 말한다. $\dot{V}O_2max$(또는 $\dot{V}O_2peak$)는 신체 건강 상태의 수준과 연관성이 있는 것으로 알려져 있으며, 심폐 건강에서 가장 적합한 측정 방법으로 받아들여지고 있다. 휴식 $\dot{V}O_2$는 보통 3.5ml.kg-1.min-1로 측정되는 반면 $\dot{V}O_2max$는 우수한 마라톤 선수에서 80ml.kg-1.min-1에 가깝게 보고된 적이 있다.

결론

심혈관계와 호흡기계에 대한 지식은 휴식과 운동 상태에서의 가스 교환에 대한 이해를 돕는다. 이 장에 나와 있는 정보는 특히 유용한데, 퍼스널 트레이너들은 고객들에게 그들이 하고 있는 건강 프로그램의 바탕에 깔려 있는 생리학을 설명해주어야만 하기 때문이다.

연구 문제

1. 다음의 혈액이 이동하는 구조물 중 올바른 순서로 되어 있는 것은?

   A. 상대정맥, 우심방, 좌심방, 좌심실, 대동맥
   B. 하대정맥, 우심방, 우심실, 폐정맥, 좌심방
   C. 폐정맥, 폐동맥, 좌심실, 좌심방, 대동맥
   D. 상대정맥, 대동맥, 좌심방, 우심실

2. 다음 중 산소섭취량 산출을 위한 픽 방정식의 구성요소는?

   Ⅰ. 심박수
   Ⅱ. 수축기 혈압
   Ⅲ. 1회 박출량
   Ⅳ. 확장기 혈압

   A. I, III　　B. I, IV
   C. II, III　　D. II, IV

3. 폐에서의 가스 교환은 다음 중 어떤 곳에서 일어나는가?

   A. 폐모세혈관 벽　　B. 기저막
   C. 기관지　　D. 폐포

4. 심장박출량(Q)은 1회 박출량(SV)과 심박수(HR)의 결과물이다. 다음 중 1회 박출량을 나타내는 공식은?

   A. $\dot{V}O_2$ - HR　　B. $\dot{V}O_2$ - SV
   C. EDV - HR　　D. EDV - ESV

5. 심장의 정도 경로는 다음 중 어느 곳에서 시작하는가?

   A. 방실결절　　B. 퍼킨제 섬유
   C. 우심실　　D. 동방 결절

응용 지식 문제

25세, 170파운드(77.11kg) 남성이 유산소 지구력 운동을 위해 트레드밀을 사용하고 있다. 운동하는 동안 심박수는 160회/min이고 1회 박출량은 회당 100ml이며, a-$\bar{v}O_2$는 13ml O_2ml/100ml blood이다. 이 사람이 트레드밀에서 운동하는 동안 $\dot{V}O_2$의 절대값과 상대값은 어떻게 되는가?

참고문헌

1. Guyton, A.C., and J.E. Hall. 2006. *Textbook of Medical Physiology.* Philadelphia: Elsevier Saunders.
2. Nelson, D.L. and M.M. Cox. 2008. *Lehninger Principles of Biochemistry.* New York: W.H. Freeman.
3. Wagner, P.D. 1996. Determinants of maximal oxygen transport and utilization. *Annual Review of Physiology* 58: 21-50.
4. West, J.B. 2008. *Respiratory Physiology: The Essentials.* Philadelphia: Wolters Kluwer Health/Lippincott Williams & Wilkins. p. ix.
5. Wilmore, J.H., D.L. Costill, and W.L. Kenney 2008. *Physiology of Sport and Exercise*, 4th ed. Champaign, IL: Human Kinetics.

생체에너지학

N. Travis Triplett, PhD

학습 목표

- 생체에너지학의 기본적인 용어와 운동, 트레이닝과 연관된 대사 과정을 이해할 수 있다.
- 근활동 동안 ATP(삼인산아데노신)의 중추적인 역할을 논의할 수 있다.
- 인체 내 기본 에너지 시스템과 다양한 활동을 위해 에너지를 공급하는 각각의 에너지 체계에 대해 설명할 수 있다.
- 골격근 생체에너지학에 있어 트레이닝의 영향을 논의할 수 있다.
- 각 에너지 시스템에서 이용되는 기질에 대한 인식과 다양한 활동 유형에 사용되는 기질의 패턴을 논의할 수 있다.
- 생체에너지학과 대사 과정(특히 트레이닝의 대사적 특이성과 같은)에 대한 이해를 토대로 트레이닝 프로그램을 개발할 수 있다.

적절하고 효율적인 운동, 트레이닝 프로그램을 고안하기 위해서 퍼스널 트레이너는 여러 생물학적 시스템에서의 에너지 생산과 이용에 대한 지식을 가지고 있어야 한다. 아데노신 삼인산(ATP, adenosine triphosphate) 역할을 포함한 주요 생체에너지 용어를 정의한 이후에 이 장에서는 골격근에서 ATP를 공급하는 데 이용되는 세 가지 기본 에너지 시스템에 대해 다룰 것이다. 이후에는 음식섭취를 통한 기질(substrate) 혹은 물질(substance)은 활동중에 어떻게 사용되는지, 각 유형의 기질이 에너지 생산을 위해 어떻게 분해되는지 그리고 주요 기질과 근글리코겐이 어떻게 공급되는지에 대한 세부 내용도 살펴볼 것이다. 마지막으로 신체활동에 따른 각 에너지 시스템의 기여와 한계에 관한 트레이닝의 대사적 특이성에 대해 논의할 것이다.

주요 용어

신체활동을 수행하기 위한 역량 혹은 능력을 위해서는 에너지가 필요하다. 움직임을 위해 인체 내 화학에너지를 역학에너지로 전환하는 것이 필요하다. **생체에너지학**(bioenergetics), 혹은 생물학적 시스템 안에서 에너지의 주류는 주로 음식(혹은 화학적 에너지를 함유하고 있는 큰 탄수화물, 단백질, 지방 분자)을 생물학적으로 사용 가능한 에너지 형태로 전환하는 것과 관련된다. 이러한 분자들의 화학적 결합이 분해되면서 신체활동을 수행하기 위해 필요한 에너지를 방출한다.

탄수화물은 글루코스로 분해하는 것과 같이 거대 분자를 미세 분자로 분해하는 과정에는 일반적으로 에너지 방출이 동반되는데 이를 **이화작용**(catabolic)이라 한다. 미세 분자들을 거대 분자로 합성하는 것은 이화작용으로부터 방출된 에너지를 이용함으로써 가능하다. 이러한 과정을 **동화작용**(anabolic)이라 하며, 아미노산으로 합성된 단백질을 예로 들 수 있다. 인체에서는 이화작용과 동화작용이 지속적으로 일어나는데, 인체에서의 총체적인 이화 및 동화 반응을 '대사(metabolism)'라 한다. 이화작용으로부터 얻는 에너지는 중간 분자인 **아데노신 삼인산**(ATP, adenosine triphosphate)을 통해 동화작용을 전개하는 데 사용된다. ATP의 적절한 공급이 없다면 근활성과 근성장은 불가능할 것이다. 그러므로 트레이닝 프로그램을 고안할 때 퍼스널 트레이너는 운동이 어떻게 ATP 이용과 재합성에 영향을 주는지에 대한 기본적인 이해를 해야만 한다.

ATP는 기본적으로 질소(nitrogen)가 함유되어 있는 아데닌(adenine)으로 구성된다. 리보스, 5탄당(아데닌과 리보스를 합쳐 아데노신이라 한다), 그리고 3개의 인원질 그룹(그림 3.1)이 그것이다. 3개의 인원질기 중 1개가 제거되면 아데노신 이인산(ADP, adenosine diphosphate)가 된다. 2개의 인원질기가 제거된 경우는 아데노신 일인산(AMP, adenosine monophosphate)이라 한다. ATP는 두 개의 종말 인원질기 화학적 결합에서 많은 양의 에너지를 저장하고 있기 때문에 고에너지 분자로 분류된다. 이러한 화학적 결합이 분해되면 에너지가 방출되어 인체의 다양한 작용을 일으킬 수 있다. 근육세포는 제한된 양의 ATP를 저장하기 때문에 근수축을 위해 필요한 에너지를 공급하기 위해 지속적으로 ATP를 공급해야 한다. 또한 ATP 생산 과정은 세포 내에서 일어나야 한다.

에너지 시스템

다음은 ATP 보충을 위한 세 가지 에너지 시스템이다.

- 인원질 시스템(phosphagen system): 산소가 결여된 상태에서 일어나는 무산소성 과정 중 하나
- 해당 과정(glycolysis): 빠른 해당 과정과 느린 해당 과정 두 유형이 있는데 모두 무산소성
- 산화 시스템(oxidative system): 산소를 필요로 하는 유산소성 과정

세 가지 주요 영양소(탄수화물, 단백질, 지방) 가운데 탄수화물만이 산소의 직접적인 관여 없이도 에너지 대사작용이 가능하다.[6]

> ATP의 화학적 결합에 저장되어 있는 에너지는 근활동 힘으로 이용된다. 골격근에서의 ATP 보충은 기본적인 세 가지 에너지 시스템에 의해서 이루어진다. ① 인원질 과정, ② 해당 과정, ③ 산화 과정.

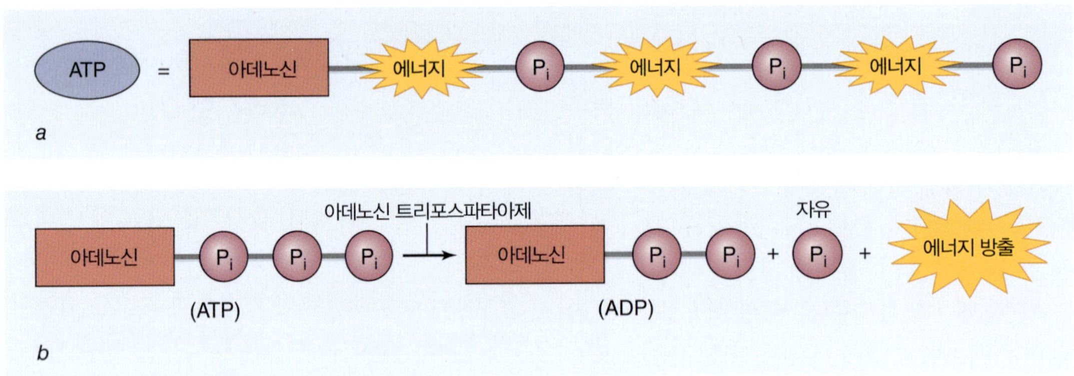

그림 3.1 (a) 고에너지 인산 결합을 보여주는 ATP 분자 구조. (b) ATP 분자에서 세 번째 인산이 ATPase(아네노신 삼인산 분해효소) 활동에 의해 아데노신으로부터 분리되었을 때 에너지가 발생된다.

ATP의 구성

- 아데닌(Adenine, 기본적으로 질소가 함유된)
- 리보스(Ribose, 5개 탄소 혹은 5탄당)
- 3개의 인산 그룹(Three phosphate groups)

아데닌과 리보스: 둘을 합해 '아데노신'이라 부른다.

함께 '삼인산'이라 부른다.

인원질 과정

인원질 과정은 단시간, 고강도 활동(점핑과 스프린팅)을 위한 ATP의 주요 공급원이지만 강도와 무관하게 모든 유형의 운동 초반에 이용된다.[6] 예로 가벼운 5km 조깅이나 중등도 강도 스피닝에서 처음 몇 초가량은 인원질 과정을 통해 공급되는 에너지로 근수축이 일어난다. 이 에너지 시스템은 미오신 아데노신 트리포스타파아제(ATPase, adenosine triphosphatase)와 크레아틴 키나아제(creatine kinase) 효소가 관여된 두 인원질, 크레아틴 인산과 ATP의 화학 반응에 의존한다. 미오신 ATPase는 ATP와 무기인산염(P_i) 형태로 분해하는 속도를 증가시키며 에너지를 방출한다. 이 모든 것이 이화적 작용이다. 크레아틴 키나아제는 ADP와 결합하여 ATP를 형성하는 인산 그룹을 공급하여 ATP 합성 속도를 증가시키며, 이것이 동화적 작용이다.

이러한 반응들은 빠른 속도로 에너지를 공급한다. 하지만 ATP와 크레아틴 인산은 근육에 소량만 저장되어 있기 때문에 인원질 과정은 오랜 활동을 할 경우 지속적으로 에너지를 충분히 공급할 수 없다.[7] 일반적으로 type II(속근) 근섬유는 type I(지근) 섬유보다 많은 양의 인원질을 가지고 있다.[22]

크레아틴 키나아제는 주로 크레아틴 인산 분해를 조절한다. 근육세포 내 ADP 농도 증가는 크레아틴 키나아제 활동을 촉진시킨다. ATP 농도 증가는 이를 억제시킨다.[33] 운동 초반에는 근육활동을 위해 ATP가 ADP로 분해되며 에너지를 공급한다. ADP 농도 증가는 크레아틴 인산염 분해로부터 ATP 생성을 촉진시키기 위한 크레아틴 키나아제를 활성시킨다. 운동이 고강도에서 지속된다면 크레아틴 키나아제의 활동은 상승된 상태가 지속된다. 운동을 멈추거나, 근세포 에너지 요구량을 해당 과정 혹은 산화 과정에서도 충분히 공급 가능한 낮은 강도의 운동을 지속하는 경우 근육세포의 ATP 농도가 증가되어 크레아틴 키나아제 활동을 감소시킨다.

해당 과정

해당 과정(glycolysis)은 근육 내 저장된 **글리코겐**(glycogen)이나 혈액 내 글루코스와 같이 탄수화물을 분해하여 ATP를 생산하는 것을 말한다.[6] 해당 과정에 의해 공급되는 ATP는 초기의 인원질 과정을 보충하고, 이후에 라켓볼과 같은 격렬한 게임에서 발리를 지속하거나 600~800미터 달리기같이 고강도에서 2분가량 근활동을 지속하는 데 주요 에너지원이 된다. 해당 과정은 일련의 화학적 반응들을 조절하는 많은 효소들이 관련한다(그림 3.2). 해당 과정을 위한 효소들은 세포의 원형질(근세포의 경우 근형질) 내에 있다.

그림 3.2를 보면 해당 과정은 빠른 해당 과정과 느린 해당 과정의 두 가지 과정 중 하나에서 일어날 것이다. 빠른 해당 과정은 보통 '무산소성 해당 과정(anaerobi glycolysis)'이라 불리고, **피루빈산염**(pyruvate)의 궁극적 분해 과정의 결과 느린 해당 과정은 '유산소성 해당 과정(aerobic glycolysis)'이라 불린다. 하지만 해당 과정 자체는 산소에 의존하지 않기 때문에 '이러한 용어들은 그 과정을 기술하는 방법으로 정확하지 않다'.[6] 빠른 해당 과정의 최종 산물인 피루빈산염은, 느린 해당 과정에서 산화 과정을 통한 에너지 생산을 위해 미토콘드리아로 운반되는 것보다 빠른 비율로 젖산 전환되어 에너지(ATP)를 공급한다. 최종 산물의 운명은 세포 내 에너지 요구량에 의해 조절된다. 저항성 트레이닝과 같이 높은 비율로 에너지가 공급되어야만 하는 경우에는 빠른 해당 과정이 우선적으로 이용된다. 저강도의 유산소성 댄스 시작부에는 세포 내 충분한 양의 산소가 존재하고 에너지가 많이 요구되지 않아 느린 해당 과정이 이용된다. 이득이 되는 또 다른 부산물은 NADH의 감소이다. NADH(환원형 니코틴아미드 아데닌 디뉴클레오타이드, nicotinamide adenine dinucleotide)는 ATP 생산을 더하기 위해 전자전달계로 가게 된다('감소'는 수소이온의 첨가를 의미한다).

빠른 해당 과정의 최종 반응은 다음과 같이 요약할 수 있다.

$$\text{Glucose} + 2P_i + 2ADP \rightarrow 2\text{lactate} + 2ATP + H_2O \quad (3.1)$$

느린 해당 과정의 최종 반응은 다음과 같이 요약할 수 있다.

$$\text{Glucose} + 2P_i + 2ADP + 2NAD^+ \rightarrow 2\text{pyruvate} + 2ATP + 2NADP + 2H_2O \quad (3.2)$$

해당 과정의 에너지 생산

해당 과정은 한 분자의 글루코스에서 두 분자의 ATP를 생산한다. 하지만 글리코겐(글루코스의 저장 형태)이 이용된다면, 하나의 ATP가 필요한 글루코스 인산화(인산기가 추가되는 과정) 반응 때문에 세 개의 ATP가 생산된다(그림 3.2).[6]

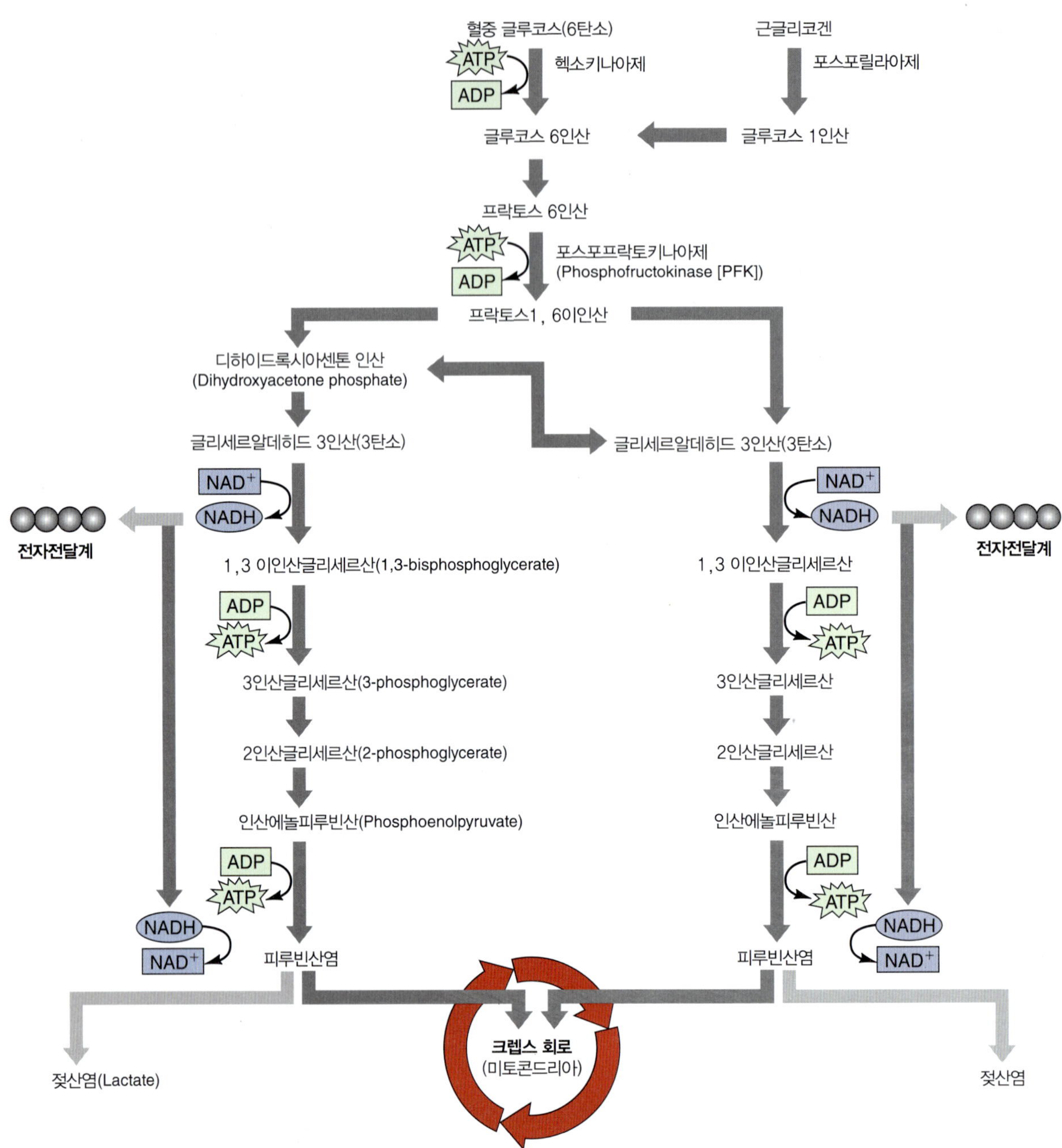

그림 3.2 해당 과정. ATP: 아데노신 삼인산. ADP: 아데노신 이인산. NAD^+, NADH: 니코틴아미드 아데닌 디뉴클레오타이드

해당 과정의 조절

해당 과정은 격렬한 근활동을 하는 동안 ADP, P_i(인산), 암모니아, 감소된 수소이온 농도(pH)에 의해 자극을 받으며, AMP에 의해 강하게 자극받는다.[6,18] 보통 안정기에 나타나는 ATP, 크레아틴 인산염, 구연산염, 유리지방산 증가에 의해서, 그리고 산소의 공급이 부족한 기간 동안 관찰되는 현저하게 낮아진 pH에 의해 억제된다.[6,18] 헥소키나아제(hexokinase)에 의해 글루코스 인산화 과정은 주로 해당 과정에 의해 조절된다(그림 3.2). 하지만 해당 과정의 조절에서[6,34] 포스포릴라아제(phosphorylase)에 의해 조절되는 글루코스로의 글리코겐 분해 비율도 고려해야만 한다(그림 3.2). 다시 말해 글리코겐이 글루코스로 빠르게 충분히 분해되지 못하고 유리된 글루코스가 이미 고갈된 경우라면 해당 과정은 느려질 것이다.

일련의 반응들에 대한 조절에서 또 다른 중요한 고려사항은 과정 안에서 가장 느린 반응인 **속도제한 단계**

(rate-limiting step)이다. 해당 과정에서의 속도-제한 단계는 인산과당분해효소(PFK, phosphofructokinase)에 의해 조절되는 반응인 과당-6-인산(fructose-6-phosphate)이 과당-1(fructose-1), 6-이인산(6-biphosphate)으로 전환되는 과정이다(그림 3.2). 그래서 PFK 활동은 해당 과정의 속도를 조절하는 주요 인자이다. 인원질 에너지 시스템 활성은 고강도 운동에서 에너지 생산에 기여하기 위한 해당 과정(PFK 활성에 의해)을 자극한다. 고강도 운동을 하는 동안 AMP 증가의 결과로 생산되는 암모니아 혹은 아미노산 탈아미노화(아미노산 분자의 아미노기가 제거되는 단계) 또한 PFK를 자극할 수 있다.

젖산과 혈중 젖산

빠른 해당 과정은 근육세포 내 산소 능력이 감소되었을 때 나타나며 이로 인해 최종 산물인 **젖산**(lactate)이 형성된다. 운동을 하는 동안 겪는 근피로는 근육 조직 내 높은 젖산 농도와 연관이 있다.[25] 하지만 근피로는 해당 과정의 중간 단계를 포함한 산의 유입경로가 많아져 조직 pH가 감소되었기 때문일 가능성이 더 크다.[35]

pH 감소는(보다 산성화가 됨) 액틴-마이오신의 연결교 형성을 저해함으로써 혹은 트로포닌으로 칼슘이 결합되는 것을 억제함으로써 직접적으로 근활동을 방해하고 해당 과정을 억제하는 것으로 보인다.[44] 또한 pH 수준의 감소는 세포 에너지 시스템에서의 효소활동을 억제한다.[1] 전반적인 영향으로 운동을 하는 동안 가용 가능한 에너지원과 근수축력이 감소된다. 젖산은 특히 type I과 심장근육섬유에서 에너지 기질로 종종 이용된다.[28] 또한 오랜 운동이나 회복 단계에서 글루코스가 형성되는 **글루코스 신생합성**(gluconeogenesis)에도 이용된다.[4,28] 혈중 젖산염 제거는 개인의 회복 능력을 나타내는 지표가 된다. 젖산염은 생산되는 곳의 근섬유 내에서 산화에 의해 제거될 수 있다. 혹은 산화되기 위해 또 다른 근섬유로 혈액을 통해 운반될 수 있다.[28] 젖산은 또한 혈액을 통해 간으로 운반된 후 글루코스로 전환된다. 이 과정을 **코리 사이클**(Cori cycle)이라 하고 그림 3.3에 도해되어 있다.

혈액과 근육 내 젖산의 농도는 보통 낮다. 안정시 혈중 젖산 농도의 정상 범위는 0.5~2.2mmol/L이다.[14,30] 운동강도가 증가하면 젖산 생산은 증가하고[1,14,37] 근섬유 유형에 의존하는 것으로 나타난다. type II 근섬유에서 더 빠른 속도로 젖산이 형성되는 것은 해당 작용 효소농도와 활동이 type I 근섬유보다 높다는 사실을 나타내는 것일 수 있다.[10]

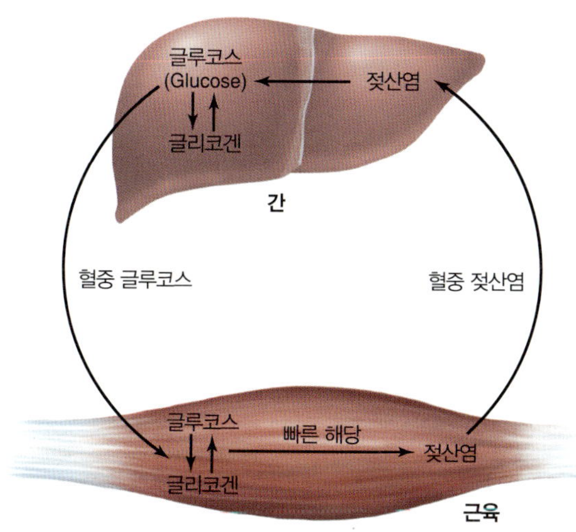

그림 3.1 코리 사이클

골닉, 베일리와 호지슨[14]은 혈중 젖산 농도는 정상적으로 활동 후 1시간 이내에 운동 전 수준으로 돌아간다고 보고하였다. 운동 이후 가벼운 활동은 젖산의 제거율을 증가시키는 것으로 보이며, 유산소적으로 훈련된 사람들[14]과 무산소적으로 훈련된 사람들[31,32]은 훈련되지 않은 사람들보다 젖산 제거율이 빠른 것으로 보고되었다. 최고 혈중 젖산 농도는 대략 운동 직후 5분경에 일어나고, 조직으로부터 혈액으로 젖산염을 운반하기 위해 요구되는 시간에 따라 지연되기도 한다.[14,24]

운동강도가 증가할 때 젖산의 축적곡선(그림 3.4)에서 특정한 굴절 포인트가 있다는 것은 널리 받아들여지고 있는 사실이다.[6,35] 혈중 젖산이 기본 농도 이상으로 갑작스럽게 증가하기 시작하는 운동강도 혹은 상대적 강도를 **젖산역치**(LT, lactate thereshold)라 한다. LT는 비훈련자들의 경우 전형적으로 최대산소섭취량의 50~60%에서 시작되며, 훈련자들의 경우는 70~80% 수준에서 시작된다.[13,15,23] 일반적으로 혈중 젖산 농도가 대략 4mmol/L 근처에 이르렀을 때 혈중 **젖산축적시점**(OBLA, onset of blood lactate accumulate)이 발생한다.[41,43] 이러한 젖산축적곡선의 변화는 운동강도가 증가함에 따라 중간 크기, 큰 크기의 운동 단위가 동원되는 시점과 일치한다.[23] 거대형 운동 단위와 연관된 근육세포는 무산소성 대사 과정과 젖산 생산을 위한 전형적인 type II 섬유들이다.

LT 또는 OBLA가 근처나 이상의 강도에서 훈련하면 더 높은 운동강도에서 젖산축적 발생이 늦어지도록 LT 또는 OBLA의 변화가 일어나는 것으로 알려져 있다.[9] 이러한 변화에는 많은 요인이 있겠지만, 미토콘드리아 함

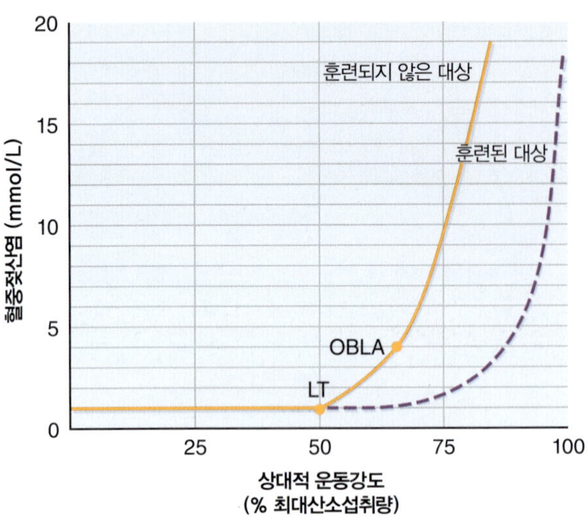

그림 3.4 LT(젖산역치)와 OBLA

량이 증가하여 유산소성 대사 과정을 통한 ATP 생산이 더욱 증가하였기 때문일 것이다. 이러한 변화를 통해 많은 젖산축적 없이 더 높은 최대산소섭취량의 비율에서 운동을 수행할 수 있게 된다.[6,23]

산화(유산소성) 시스템

산화 시스템(oxidative system)은 유산소 활동을 하는 동안 그리고 안정 상태에 ATP를 주로 공급하며, 기질적으로 지방과 탄수화물을 주로 이용한다.[6] 트레드밀에서 걷기, 수중 에어로빅 혹은 요가를 하는 고객들은 주로 산화 시스템에 의존하여 에너지를 이용한다. 90분이 넘어가는 긴 시간의 운동과 오랜 공복 기간을 제외하면 단백질은 유의하게 대사가 일어나지는 않는 것이 일반적이다.[8,27] 안정 상태에서는 대략 ATP 생산의 70%가 지방으로부터, 30%는 탄수화물로부터 공급된다. 활동을 하면서 운동강도가 증가할 때 기질 선호는 지방으로부터 탄수화물로 변환이 된다. 즉 탄수화물의 적절한 공급이 가능하다면 고강도의 유산소 운동을 수행하는 동안 에너지의 100% 가까이가 탄수화물로부터 공급된다. 하지만 장시간 동안 최대하의 항정 상태가 이루어지는 운동중 에너지 기질은 탄수화물에서 지방과 단백질로 점증적 변환이 생기게 된다.[6]

글루코스와 글리코겐 산화

혈중 글루코스와 글리코겐의 산화적 대사는 해당 과정과 같이 시작된다. 충분한 양의 산소가 있다면 해당 과정의 최종 산물인 피루빈산염이 젖산염으로 전환되지 않고, 세포 내 특별한 세포기관인 미토콘드리아로 운반된다. 피루빈산염이 미토콘드리아로 들어갈 때, 아세틸 CoA(CoA는 조효소 A를 의미)로 전환되고, 보다 많은 ATP 생산을 위해 **크렙스 사이클**(Krebs cycle)로 들어간다. 또한 해당 과정에서 생산된 2분자의 NADH도 운반된다. 또 다른 일련의 반응들인 크렙스 사이클은 각각의 글루코스 분자를 위해 구아닌 삼인산(GTP)으로부터 간접적으로 2개의 ATP를 생산하게 된다(그림 3.5).

또한 1분자의 글루코스로부터 크렙스 사이클에서 감소된 $FADH_2$(플라빈-아데닌 디뉴클레오타이드) 2개 분자와 NADH 6분자가 생성된다. 모든 기질들이 크렙스 사이클로 들어가기 이전에 아세틸 CoA로 전환되지만 만약 지방이나 단백질이 크렙스 사이클로 들어간다면 ATP의 수와 NADH, $FADH_2$의 양은 다르다.

이 분자들은 ADP로부터 ATP를 생산하는 데 이용되도록 수소원자를 **전자전달계**(ETC, electron transport chain)로 운반한다.[6] ETC는 ADP를 ATP로의 재인산화를 위해 NADH와 $FADH_2$ 분자를 사용한다(그림 3.6).

수소원자는 최종 전자수용체(물이 형성됨)로서 산소의 공급과 함께 ATP 생산을 위한 에너지를 공급하기 위한 양성자의 농도차를 형성하는 일련의 전자 운반체 체인(chain)인 사이토크롬(cytochromes)을 전해받는다. NADH와 $FADH_2$는 다른 위치에서 ETC로 들어가기 때문에 ATP를 생산하는 능력이 다르다. NADH 한 분자는 3개의 ATP 분자를 생산하는 반면 $FADH_2$ 한 분자는 2개의 ATP 분자를 생산한다. 이 과정에서 ATP가 생성되는 것을 '산화적 인산화 반응(oxidative phosphorylation)'이라고 한다. 해당 과정과 함께 시작하는 산화 과정은 한 분자의 글루코스가 분해되면서 약 38개의 ATP를 만드는 결과를 가져온다.[6] 이러한 과정에서의 ATP 생산 과정을 표 3.1에 요약했다.

지방 산화

지방 또한 산화적 에너지 시스템에서 이용된다. 지방세포에 저장된 중성지방(triglyceride)은 '호르몬감수성지질가수분해효소(hormone-sensitive lipase)'로 알려진 효소에 의해 분해될 수 있다. 이 효소는 지방세포로부터 유리지방산을 혈액으로 방출하여 순환하면서 근섬유 내로 들어갈 수 있다.[6,19] 또한 제한된 양의 중성지방이 호르몬감수성지질가수분해효소 형태와 함께 근육 내에 저장되어 근육 내 유리지방산의 원천이 된다.[6,11] 유리지방산은 **베타산화**(beta oxidation)를 겪는 미토콘드리아로 들

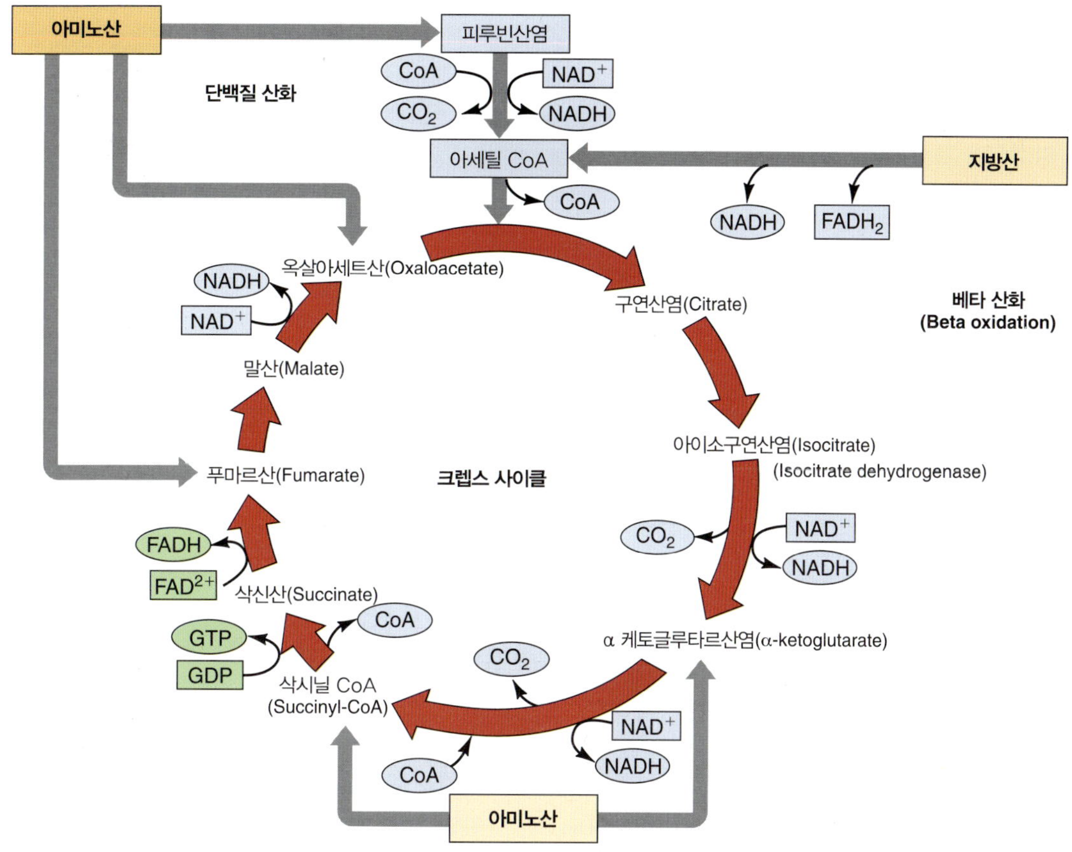

그림 3.5 크렙스 사이클. CoA: 조효소 A. FAD^{2+}, $FADH_2$: 플라빈 아데닌 디뉴클레오타이드. GDP: 구아닌 이인산. GTP: 구아닌 삼인산. NAD^+, NADH: 티코틴아미드 아데닌 디큐클레오타이드

NADH ⇄ NAD^+ (ADP + P_i → ATP) FAD^{2+} ⇄ $FADH_2$ · CoQ ⇄ CoQ · Cyt *b* ⇄ Cyt *b* (ADP + P_i → ATP) Cyt c_1 ⇄ Cyt c_1 · Cyt *c* ⇄ Cyt *c* · Cyt *a* ⇄ Cyt *a* (ADP + P_i → ATP) Cyt a_3 ⇄ Cyt a_3 · H_2O ⇄ $\frac{1}{2}O_2$

그림 3.6 전자전달계. CoQ: 조요소 Q. Cyt: 사이토크롬. ATP: 아데노신 삼인산. ADP: 아데노신 이인산. P_i: 인산. NADH, NAD^+: 니코틴아미드 아데닌 디뉴클레오타이드. $FADH_2$ FAD^{2+}: 플라빈 아데닌 디뉴클레오타이드. H_2O: 물. O_2: 산소

표 3.1 글루코스 1분자 산화시 총에너지 생성량

과정	ATP 생성량
느린 해당 과정	
기질-수준 인산화 과정	4
산화적 인산화 과정: 2 NADH(각 3 ATP)	6
크렙스 사이클(글루코스 한 분자당 크렙스 사이클을 통한 2 로테이션)	
기질 수준의 인산화 과정	2
산화적 인산화 과정: 8 NADH(각 3 ATP)	24
GTP를 통해: 2 $FADH_2$(각 2 ATP)	4
합계	40*

* 해당 과정은 2 ATP를 소비(글루코스와 같이 시작한다면), ATP 순수 생성량은 40-2=38. 이 수치는 NADH가 미토콘드리아로 운반될 때 사용되는 셔틀 시스템이 무엇인지에 따라 36 ATP로 보고되는 경우도 있다.
ATP: 아데노신 삼인산, NADH: 니코틴아미드 아데닌 디큐클레오타이드, GTP: 구아닌 삼인산, $FADH_2$: 플라빈 아데닌 디뉴클레오타이드

표 3.2 단일 중성지방(18-탄소) 1분자 산화시 총에너지 생성량

과정	ATP 생성량
글리세롤 1분자	22
18탄소 지방산 대사*	
지방산당 147 ATP × 중성지방 분자당 3지방산	441
합계	463

* 탄소 함유량이 다른 중성지방은 ATP 생성량이 보다 많거나 적을 수 있다.
ATP: 아데노신 삼인산

어간다. 유리지방산은 일련의 반응으로 분해되어 아세틸 CoA화되고 수소 원자를 형성하게 된다(그림 3.5). 아세틸 CoA는 바로 크렙스 사이클로 들어가고, 수소 원자들은 NADH와 $FADH_2$에 의해 ETC로 운반된다.[6] 전형적인 중성지방 분자로부터 생산된 ATP의 예는 표 3.2에서 볼 수 있다.

단백질의 산화

대부분의 활동중 단백질은 주 에너지원이 아니지만, 단백질은 다양한 대사 과정에 의해 그 구성성분인 아미노산으로 분해될 수 있다. 이러한 아미노산들은 ATP를 생산하기 위해서 이후에 글루코스(당신생 과정에서), 피루빈산염 혹은 여러 크렙스 사이클의 중간 매체로 전환될 수 있다(그림 3.5). 아미노산은 ATP 생산에 있어서 단시간 운동을 하는 동안에는 최소한의 기여만 하고, 장시간 운동을 하는 동안에는 에너지 요구량의 3~18%가량 기여하는 것으로 보인다.[5,42] 골격근에서 산화되는 아미노산은 아스파라진산염과 글루타민산염도 이용되지만 주요 아미노산은 BCAA(branched-chain amino acid, 류신, 이소류신, 발린)이다.[16] 아미노산이 분해되면 질소가 함유된 부산물이 형성되는데, 이것은 요소와 소량의 암모니아를 형성하여 소변으로 배출된다. 암모니아는 독성이 있고, 피로와 관련이 있기 때문에 암모니아 제거는 매우 중요하다.[6]

산화(유산소) 시스템 조절

크렙스 사이클의 속도제한 단계는 이소시트르산탈수소효소에 의해 조절되는 반응으로, 이소시트르산이 α 케토글루타르산으로 전환되는 것이다. 이소시트르산 탈수소효소는 보통 ATP에 의해 억제되고, ADP에 의해 자극을 받는다. NADH 혹은 $FADH_2$를 생산하는 반응 또한 크렙스 사이클 조절에 영향을 미친다. 만일 NAD^+와 FAD^{2+}가 수소를 받아들일 만큼 충분한 양이 없다면, 크렙스 사이클의 속도는 감소하게 된다. 또한 GTP가 축적될 때, 크렙스 사이클의 초기반응(옥살로아세테이트+아세틸 CoA → 시트르산+CoA)을 억제하는 석신산 CoA 농도가 증가한다. ETC는 ATP에 의해 억제되고 ADP에 의해 자극된다.[6] 그림 3.7은 지방, 탄수화물, 단백질이 대사되는 과정을 보여주고 있다.

에너지 생산과 생성량

인원질 시스템, 해당 과정, 산화 시스템은 각각 활동의 강도와 지속시간에 따라 에너지를 공급하는 능력에 차이가 있다(표 3.3, 3.4).

> 세 가지 에너지 시스템은 특정한 때에 활성화된다. 하지만 이용되는 정도는 일차적으로 운동강도에, 이차적으로는 운동시간에 의존한다.

운동강도는 파워 생성량으로 정량화할 수 있는 근활동 수준으로 정의되며, 여기에서 '파워(Power)'는 특정한 시간 안에 수행된 신체적 작업량으로 정의된다.

저항성 트레이닝을 수행할 때와 테니스에서 서브를 수행하는 것과 같은 경우에는 강도가 높은 활동이다. 그래서 많은 파워가 필요하기 때문에 빠른 에너지 공급이 필요하고, 거의 인원질 시스템에 의한 에너지 공급에 의존하게 된다.

낮은 강도이기는 하지만 10마일(16km) 바이크 라이딩이나 1시간가량을 수영장에서 반복 수영하는 것과 같은 장시간 운동은 많은 에너지가 요구되며 산화적 에너지 과정에 의한 에너지 공급에 의존한다(표 3.3). 서로 극도로 다른 이 두 가지 시스템에서 활동을 위한 주에너지원은 운동의 강도와 시간에 의존하여 달라진다(표 3.4). 일반적으로 단시간, 고강도 운동(예: 카디오 킥복싱에서의 펀칭과 킥 혹은 점핑)은 인원질 시스템과 빠른 해당 과정

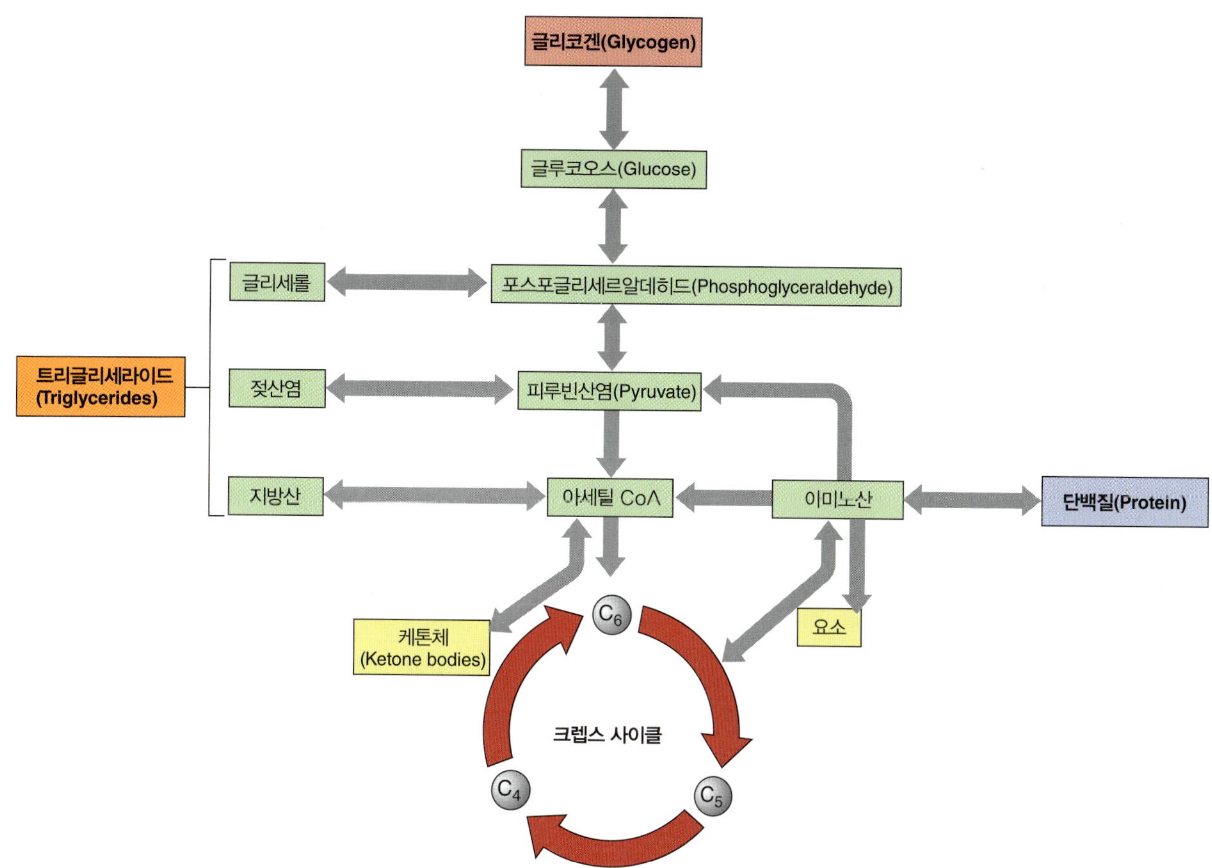

그림 3.7 지방, 탄수화물, 단백질 대사는 몇몇 공통된 경로를 공유한다. 모두 아세틸 CoA로 환원되어 크렙스 사이클로 들어가는 것에 주목하라.

표 3.3 ATP 생성 속도 순위와 생성량

시스템	ATP 생성 속도	ATP 생성량
인원질 시스템	1	5
빠른 해당 과정	2	4
느린 해당 과정	3	3
탄수화물 산화	4	2
지방과 단백질 산화	5	1

1=가장 빠름, 가장 많음. 5=가장 느림, 가장 적음. ATP=아데노신 삼인산.

표 3.4 이용되는 주요 에너지 시스템에 미치는 운동시간의 영향

운동시간	운동강도	주요 에너지 시스템
0~6초	매우 격렬함(Very intense)	인원질 시스템
6~30초	격렬함(Intense)	인원질과 빠른 해당 과정
30초~2분	강함(Heavy)	빠른 해당 과정
2~3분	중간(Moderate)	빠른 해당 과정과 산화 시스템
3분 초과	가벼움(Light)	산화 시스템

에 의존한다. 하지만 운동강도가 감소되고 운동시간이 증가하게 될 때는 느린 해당 과정과 산화적 에너지 시스템으로 점차 전환된다.[6,38]

활동의 지속시간 또한 이용되는 에너지 시스템 선택에 영향을 미친다. 처방된 프로그램에서의 특정 운동은 약 5초 정도의 시간이 걸리는 것(예: 1RM의 90%에서 벤치 프레스 한 세트)부터 1시간 이상 지속되는 것(예: 저강도, 장시간 트레드밀 워킹)까지 다양하게 포함된다. 만약 어떤 사람이 최선을 다해 운동(주어진 활동을 위한 가능한 최고의 수행 능력을 보일 수 있는 노력)을 수행한다면 표 3.4에 제시된 시간을 고려하는 것이 합리적이다.[6,36,44,46]

어떤 운동을 하거나 휴식중이라도 에너지를 완벽하게 공급받기 위해 하나의 에너지 시스템만을 이용하는 경우는 없다. 운동중 생성되는 에너지에 대한 무산소성, 산화적 시스템의 기여도는 일차적으로는 운동강도, 이차적으로는 운동 지속시간에 의해 결정된다.[6,38]

일반적으로 에너지 시스템이 생산해낼 수 있는 ATP의 전체 양과 상대적인 속도 사이에는 반비례 관계가 나타난다. ATP의 공급은 단시간 고강도의 활동(예: 풋볼에서 전력질주하기)에서는 주로 인원질 에너지 시스템, 단-중 시간에서의 중-고 강도 활동(예: 트랙 한 바퀴 달리기)에서는 해당 과정, 장시간의 저강도 활동(예: 20마일 바이크 라이딩)에서는 유산소적 산화 시스템으로부터 일어난다.

ATP의 공급은 단시간 고강도의 활동에서는 주로 인원질 에너지 과정, 단-중 시간(short to medium duration)에서의 중-고 강도 활동에서는 해당 과정, 장시간의 저강도 활동에서는 유산소적 산화 과정으로부터 일어난다.

트레이닝의 대사적 특수성

특정 경기나 훈련목표(단기간 지구력 개선 등)를 위한 적절한 운동강도와 휴식시간은 특정 에너지 시스템 선정과 관련 있다.[6] 스포츠 혹은 신체활동 가운데 탈진이나 거의 탈진 수준까지 가는 지속적 노력을 최대로 요구하는 경우는 거의 없다. 대부분의 스포츠와 트레이닝 활동들(풋볼, 카디오 킥복싱, 스피닝, 저항성 트레이닝과 같은)은 본질적으로 간헐적이다. 따라서 휴식시간이 간간히 들어가는 고강도의 지속적 또는 거의 지속적 일련의 운동과 매우 유사한 대사적 특징을 가지고 있다. 이러한 유형의 운동에서는 매 운동시 생성되는 파워출력(운동강도의 척도)이 유산소성 에너지원을 사용하여 유지되는 최대파워출력보다 훨씬 크다. 15, 16, 17장에서는 적절한 대사적 과정이 자극받도록 허용되는 트레이닝 방법에 대해서 논의한다.

기질의 고갈과 보충

인원질(ATP와 크레아틴 인산), 글루코스, 글리코겐, 젖산염, 유리지방산, 아미노산 등과 같이 생체에너지적 반응의 시작 물질을 공급하는 분자들 같은 에너지 기질들은 다양한 강도와 기간의 활동을 수행하는 동안 선택적으로 고갈될 수 있다. 그래서 생체에너지 과정에서 생산될 수 있는 에너지의 양은 감소된다. 많은 스포츠 활동에서 경험하게 되는 피로는 주로 인원질[13,18]과 글리코겐 고갈[6,20,27,36]과 관련된다. 유리지방산, 젖산염, 아미노산과 같은 기질의 고갈은 전형적으로 운동 수행이 제한되는 정도까지 일어나지 않는다. 따라서 신체활동 이후 인원질과 글리코겐의 고갈과 보충 패턴은 운동생체에너지학에서 매우 중요하다.

인원질

운동을 하는 동안의 피로는 최소한 부분적으로는 인원질 감소와 관련되어 있는 것으로 보인다. 근육 내 인원질 농도는 유산소 운동에서보다 고강도 무산소 운동에서 빠르게 고갈된다.[13,18] 크레아틴 인산은 고강도 운동 초반(5~30초)에 현저하게 감소(50~70%)될 수 있으며 탈진에 이르기까지 매우 격렬한 운동에서 대부분 고갈될 수 있다.[17,21,29]

근육 ATP 농도는 아무리 강한 운동을 수행하더라도 초기 수준의 60% 이상으로 감소하지는 않는다.[17] 또한 웨이트 트레이닝과 같이 반복적인 동적 근육활동에서는 등척성 근육활동(팔씨름과 같이 근단축이 보이지 않는 운동)에서 보다 대사적 에너지를 더 많이 사용하며 인원질 고갈도 더 크다.[3]

운동 후 인원질의 보충은 비교적 짧은 기간 안에 일어난다. ATP 재합성은 3~5분 사이에 완전하게 일어나며 크레아틴 인산의 재합성은 8분 이내에 일어날 수 있다.[18] 빠른 해당 과정이 고강도 운동 후 ATP 재합성에 기여하긴 하지만 인원질 보충은 대부분 유산소성 대사작용의 결과로 발생한다.[24]

글리코겐

운동에 사용할 수 있는 글리코겐 저장량은 한정되어 있다. 대략 300~400g의 글리코겐은 체내 근육에 저장되어 있고, 간에는 70~100g이 저장되어 있다.[40] 안정 상태일 때 근육과 간의 글리코겐 농도는 트레이닝과 식이조절[12,40]에 의해 영향을 받을 수 있다. 스프린트와 저항성 트레이닝[2]을 포함한 무산소 운동과 전형적인 유산소 지구력 트레이닝 모두 안정 상태일 때 근육 내 글리코겐 농도를 증가시킬 수 있다고 보고되고 있다.

글리코겐 고갈 속도는 운동강도와 관련되어 있다.[40] 중-고 강도의 운동을 하는 동안에는 간글리코겐보다 근글리코겐이 에너지원으로써 보다 중요하다. 간글리코겐은 저강도 운동을 할 때 더 중요하며 운동 지속시간에 따라 대사 과정에 대한 기여도가 증가한다. 최대산소섭취량의 운동강도가 상대적으로 증가하면 해당 과정 경로를 위해 가용 글리코겐을 증가시키는 **근글리코겐 분해**(glycogenolysis) 속도의 증가를 가져온다.[6,36] 최대산소섭취량의 60% 이상 강도의 운동에서는 근글리코겐이 에너지 기질로써 굉장히 중요하다. 그리고 운동을 하는 동안 몇몇 근육세포의 전체 글리코겐 농도가 고갈될 수 있다.[39]

저항성 트레이닝이나 반코트 농구와 같은 간헐적 고강도 운동은 비교적 운동 세트가 적어도(전체 운동량이 낮음) 많은 양의 근글리코겐 고갈(20~60% 감소)을 가져올 수 있다.[26,36,44] 낮은 반복횟수 혹은 세트로 저항성 운동을 하는 동안에는 인원질이 주요 제한요소가 되지만, 보다 많은 일량과 많은 세트 운동을 하는 동안에는 근글리코겐이 제한요소가 될 것이다.[36] 이러한 유형의 운동은 운동 수행을 제한할 수 있는 선택적 근섬유 글리코겐 고갈(typeⅡ 섬유에서의 보다 많은 고갈)을 일으킬 수 있다.[36] 다른 유형의 동적인 운동과 더불어 저항성 운동을 하는 동안 근글리코겐 분해 속도는 운동강도에 의존한다. 하지만 상대적 운동강도에 관계없이 동일한 전체 일량은 동일한 양의 글리코겐 고갈을 일으키는 것으로 나타난다.[36]

회복을 하는 동안의 근글리코겐 보충은 운동 후 탄수화물 섭취와 관련이 있다. 체중당 0.7~3.0g의 탄수화물을 운동 후 2시간마다 섭취하는 것이 가장 이상적인 보충으로 보인다.[12,40] 충분한 양의 탄수화물이 섭취된다면, 근글리코겐은 24시간 이내에 완전히 보충될 것이다.[12,40] 하지만 운동이 고강도 신장성 요소(eccentric factor, 운동 유발성 근손상과 관련된)였다면, 근글리코겐이 완전히 보충되는 데는 보다 많은 시간이 요구될 것이다.

산소섭취량과 운동의 유산소 무산소성 기여

산소섭취량(혹은 소비)은 산소를 마시고 이용하는 개인 능력의 척도이다. 산소섭취가 높을수록, 보다 건강한 사람으로 간주한다. 지속적인 파워와 함께 낮은 강도의 운동을 하는 동안 산소섭취는 항정 상태(steady state)에 도달할 때까지(산소요구량은 산소소비량과 같다) 처음 몇 분간 증가한다(그림 3.8).[6]

하지만 운동 초기에는 일부 에너지가 무산소 대사를 통해 공급되어야만 한다.[47] 전체 운동 에너지 소비에 이러한 무산소적 기여는 **산소결핍**(oxygen deficit)이라 정의된다. 운동 후 산소 소비는 일정시간 동안 운동 전보다 높은 수준으로 유지되며 이 시간은 운동강도와 길이에 따라 다르다. 운동 후 산소섭취는 **산소부채**(oxygen debt), 혹은 **운동 후 초과산소섭취량**(EPOC, excess postexercise oxygen consumption)이라 정의한다. EPOC는 운동 전 상태로 몸을 회복시켜주기 위해 이용되는, 안정시 수치보다 높은 산소섭취를 말한다. 산소결핍과 EPOC 사이의 관계는 그리 깊지 않다. 산소결핍은 EPOC의 크기에 영향을 주지만 두 개가 동일하지는 않다.[6]

만약 운동강도가 개인이 섭취할 수 있는 최대산소섭취량을 상회한다면, 운동을 위한 에너지의 상당 부분은 무산소적 기전에서 공급한다(그림 3.9).

예를 들어 능숙하지 못한 고객이 단계별 과정을 거치지 않고 곧바로 고급 스피닝 수업을 듣는다면, 에너지

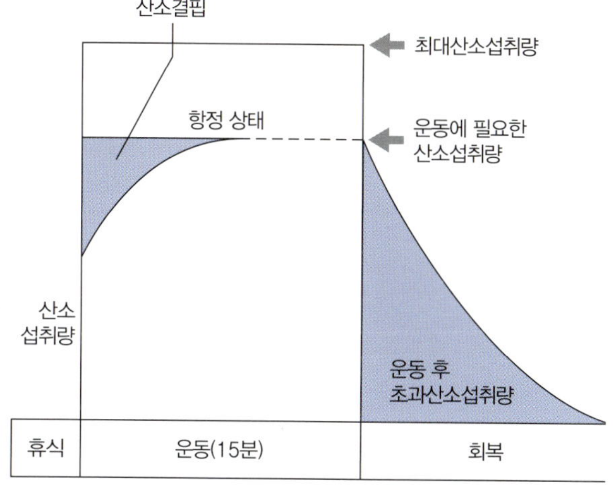

그림 3.8 저강도, 항정 상태 운동 대사, 최대산소섭취량의 75%. EPOC: 운동 후 초과산소섭취량. $\dot{V}O_2$: oxygen uptake

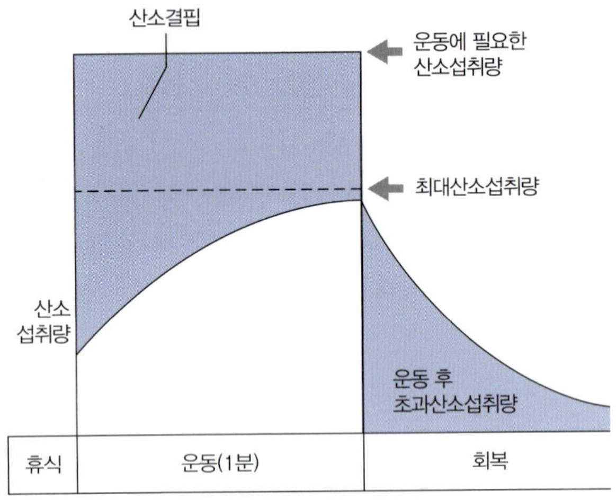

그림 3.9 고강도, 비항정 상태 운동 대사(최대 파워량의 80%). 여기에서 요구되는 최대산소섭취량은 운동에 필요한 산소섭취량을 말한다. 하지만 운동을 유지하기 위해 필요한 산소섭취량이 최대산소섭취량을 초과하기 때문에 운동중 산소결핍이 발생한다. EPOC: 운동 후 초과산소섭취량. $\dot{V}O_{2max}$: 최대산소섭취량.

의 대부분은 무산소적 기전에 의해 공급될 것이다. 일반적으로 운동에서 무산소적 기전의 기여가 증가한다면, 운동시간이 감소된다.[6,15]

에너지 과정의 실제 적용

에너지 과정의 개념은 매우 추상적인 것처럼 보인다. 하지만 에너지 시스템 사용의 일반적인 시간 프레임을 이해한다면 다양한 운동 혹은 활동 유형에서 이용될 주요 에너지 시스템을 결정할 수 있게 된다. 고려해야 할 주요사항은 보다 높은 강도의 운동은 보다 짧은 시간의 운동 수행이 가능하며, 가장 빠른 ATP 생산 에너지 시스템에 많이 의존하게 된다. 이와 반대되는 것 또한 사실이다. 운동강도가 낮을수록 보다 오랜 시간 운동을 수행하는 것이 가능하며, 느린 ATP 생산 에너지 시스템에 많이 의존한다. 이러한 경우 지방산과 근글리코겐의 원활한 공급 능력이 있다면, ATP는 보다 오래 공급될 수 있을 것이다. 고객의 요구를 평가할 때, 운동 선택과 운동수행을 최적화하기 위해 에너지 시스템의 관점으로부터 트레이닝 목표를 고려하는 것이 중요하다. 쉬는 시간이 길수록 인원질 시스템으로부터 보다 완전하게 ATP 재합성이 되기 때문에 운동과 세트 사이 쉬는 시간 또한 고려해야 할 사항이다. 예를 들어 고객이 회사에서의 소프트볼 게임에서 1루수로서의 능력을 개선시키길 원한다면, 인원질 시스템을 자극하는 것이 권유된다(스프린트, 자전거 인터벌 훈련, 하체 근력 개선을 위한 운동, 전반적인 하체 파워 운동). 고객이 만약 알프스에서 20마일(32km)을 여행하고자 한다면 유산소 운동기구에서 시간을 늘려가며 할 수 있는, 산화적 시스템을 자극하는 활동들이 가장 좋다.

결론

다양한 유형의 운동을 하는 동안 에너지가 어떻게 생산되는지 그리고 특정 트레이닝 프로그램에 의해서 에너지 생산이 어떻게 변화되는지에 대한 이해를 통해 보다 효율적인 트레이닝 프로그램을 고안할 수 있다. 근활동을 위한 에너지 공급이 어떤 에너지 시스템에서 사용되는지는 일차적으로 운동강도, 이차적으로 운동시간에 의해 결정된다. 여러 대사적 반응과 지속적인 트레이닝 적응은 운동강도, 시간과 같은 특성에 의해 주로 조절되며 운동과 트레이닝의 대사적 특수성의 기초를 형성한다. 특수성(specificity)의 원리는 정교한 트레이닝 프로그램의 실행으로부터 향상된 신체적 적응과 프로그램 결과를 고려한다.

연구 문제

1. 다음 중 빠른 해당 작용 과정을 기술하고 있는 것은 무엇인가?

   Ⅰ. 글리코겐 분해
   Ⅱ. 최종 산물은 젖산염으로 전환된다.
   Ⅲ. 글루코스의 분해
   Ⅳ. 최종 산물은 크렙스 사이클로 보내진다.

   A. Ⅰ, Ⅱ, Ⅲ　　B. Ⅰ, Ⅱ, Ⅳ
   C. Ⅱ, Ⅲ, Ⅳ　　D. Ⅰ, Ⅲ, Ⅳ

2. 다음 중 어느 고객이 가장 높은 비율로, 총 ATP 생산에 있어 가장 많은 기여를 하는 산화 시스템을 이용하고 있는가?

   A. 가만히 앉아 있기　　B. 걷기
   C. 조깅　　D. 스프린팅

3. 다음 중 가장 많은 양(능력)의 ATP를 생산할 수 있는 에너지 과정은 무엇인가?

   A. 인원질 시스템
   B. 빠른 해당 과정
   C. 느린 해당 과정
   d. 산화 시스템

4. 다음 중 가장 빠른 속도로 ATP를 생산할 수 있는 에너지 과정은 무엇인가?

   A. 인원질 시스템
   B. 빠른 해당 과정
   C. 느린 해당 과정
   d. 산화 시스템

응용 지식 문제

최대 트레드밀 검사에 참여한 고객의 ATP를 생산하기 위한 에너지원의 변화를 아래 차트에 기술하여 채우도록 하라. 활동을 하는 동안 주요 에너지원은 최대(most)라 적는다. 활동을 하는 동안 에너지원 사용이 가장 적은 것은 최소(least)라 적는다.

활동	탄수화물	지방
고객이 의자에 앉아서 퍼스널 트레이너에게 얘기를 듣는 동안		
트레드밀 검사 시작 후 처음 몇 초 간		
고객이 항정 상태 단계에 도달했을 때		
고객이 최대치에 도달한 검사의 마지막 단계		

참고문헌

1. Barany, M., and C. Arus. 1990. Lactic acid production in intact muscle, as followed by 13C and 1H nuclear magnetic resonance. In: *Human Muscle Power,* N.L. Jones, N. McCartney, and A.J. McComas, eds. Champaign, IL: Human Kinetics. pp. 153-164.
2. Boobis, I., C. Williams, and S.N. Wooten. 1983. Influence of sprint training on muscle metabolism during brief maximal exercise in man. *Journal of Physiology* 342: 36-37P.
3. Bridges, C.R., B.J. Clark III, R.L. Hammond, and L.W. Stephenson. 1991. Skeletal muscle bioenergetics during frequency-dependent fatigue. *American Journal of Physiology* 29: C643-C651.
4. Brooks, G.A. 1986. The lactate shuttle during exercise and recovery. *Medicine and Science in Sports and Exercise* 18: 360-368.
5. Brooks, G.A. 1987. Amino acid and protein metabolism during exercise and recovery. *Medicine and Science in Sports and Exercise* 19: S150-S156.
6. Brooks, G.A., T.D. Fahey, and K.M. Baldwin. 2005. *Exercise Physiology: Human Bioenergetics and Its Applications,* 4th ed. New York: Wiley.
7. Cerretelli, P., D. Rennie, and D. Pendergast. 1980. Kinetics of metabolic transients during exercise. *International Journal of Sports Medicine* 55: 178-180.
8. Dohm, G.L., R.T. Williams, G.J. Kasperek, and R.J. VanRij. 1982. Increased excretion of urea and N-methylhistidine by rats and humans after a bout of exercise. *Journal of Applied Physiology* 52: 27-33.
9. Donovan, C.M., and G.A. Brooks. 1983. Endurance training affects lactate clearance, not lactate production. *American*

Journal of Physiology 244: E83-E92.

10. Dudley, G.A., and R. Terjung. 1985. Influence of aerobic metabolism on IMP accumulation in fast-twitch muscle. *American Journal of Physiology* 248: C37-C42.

11. DuFax, B., G. Assmann, and W. Hollman. 1982. Plasma lipoproteins and physical activity: A review. *International Journal of Sports Medicine* 3: 123-136.

12. Friedman, J.E., P.D. Neufer, and L.G. Dohm. 1991. Regulation of glycogen synthesis following exercise. *Sports Medicine* 11 (4): 232-243.

13. Gollnick, P.D., and W.M. Bayly. 1986. Biochemical training adaptations and maximal power. In: *Human Muscle Power,* N.L. Jones, N. McCartney, and A.J. McComas, eds. Champaign, IL: Human Kinetics. pp. 255-267.

14. Gollnick, P.D., W.M. Bayly, and D.R. Hodgson. 1986. Exercise intensity, training diet and lactate concentration in muscle and blood. *Medicine and Science in Sports and Exercise* 18: 334-340.

15. Gollnick, P.D., and L. Hermansen. 1982. Significance of skeletal muscle oxidative enzyme enhancement with endurance training. *Clinical Physiology* 2: 1-12.

16. Graham, T.E., J.W.E. Rush, and D.A. Maclean. 1995. Skeletal muscle amino acid metabolism and ammonia production during exercise. In: *Exercise Metabolism,* M. Hargreaves, ed. Champaign, IL: Human Kinetics. pp. 41-72.

17. Hirvonen, J., S. Ruhunen, H. Rusko, and M. Harkonen. 1987. Breakdown of high-energy phosphate compounds and lactate accumulation during short submaximal exercise. *European Journal of Applied Physiology* 56: 253-259.

18. Hultman, E., and H. Sjoholm. 1986. Biochemical causes of fatigue. In: *Human Muscle Power,* N.L. Jones, N. McCartney, and A.J. McComas, eds. Champaign, IL: Human Kinetics. pp. 215-235.

19. Hurley, B.F., D.R. Seals, J.M. Hagberg, A.C. Goldberg, S.M. Ostrove, J.O. Holloszy, W.G. Wiest, and A.P. Goldberg. 1984. Strength training and lipoprotein lipid profiles: Increased HDL cholesterol in body builders versus powerlifters and effects of androgen use. *Journal of the American Medical Association* 252: 507-513.

20. Jacobs, I., P. Kaiser, and P. Tesch. 1981. Muscle strength and fatigue after selective glycogen depletion in human skeletal muscle fibers. *European Journal of Applied Physiology* 46: 47-53.

21. Jacobs, I., P.A. Tesch, O. Bar-Or, J. Karlsson, and R. Dotow. 1983. Lactate in human skeletal muscle after 10 and 30 s of supramaximal exercise. *Journal of Applied Physiology* 55: 365-367.

22. Jansson, E., C. Sylven, and E. Nordevang. 1982. Myoglobin in the quadriceps femoris muscle of competitive cyclists and in untrained men. *Acta Physiologica Scandinavica* 114: 627-629.

23. Jones, N., and R. Ehrsam. 1982. The anaerobic threshold. In: *Exercise and Sport Sciences Review,* vol. 10, R.L. Terjung, ed. Philadelphia: Franklin Press. pp. 49-83.

24. Juel, C. 1988. Intracellular pH recovery and lactate efflux in mouse soleus muscles stimulated in vitro: The involvement of sodium/proton exchange and a lactate carrier. *Acta Physiologica Scandinavica* 132: 363-371.

25. Kreisberg, R.A. 1980. Lactate homeostasis and lactic acidosis. *Annals of Internal Medicine* 92 (2): 227-237.

26. Lambert, C.P., M.G. Flynn, J.B. Boone, T.J. Michaud, and J. Rodriguez-Zayas. 1991. Effects of carbohydrate feeding on multiple-bout resistance exercise. *Journal of Applied Sports Science Research* 5 (4): 192-197.

27. Lemon, P.W., and J.P. Mullin. 1980. Effect of initial muscle glycogen levels on protein catabolism during exercise. *Journal of Applied Physiology: Respiration in Environmental Exercise Physiology* 48: 624-629.

28. Mazzeo, R.S., G.A. Brooks, D.A. Schoeller, and T.F. Budinger. 1986. Disposal of blood [1-13C] lactate in humans during rest and exercise. *Journal of Applied Physiology* 60 (10): 232-241.

29. McCartney, N., L.L. Spriet, G.J.F. Heigenhauser, J.M. Kowalchuk, J.R. Sutton, and N.L. Jones. 1986. Muscle power and metabolism in maximal intermittent exercise. *Journal of Applied Physiology* 60: 1164-1169.

30. McGee, D.S., T.C. Jesse, M.H. Stone, and D. Blessing. 1992. Leg and hip endurance adaptations to three different weight-training programs. *Journal of Applied Sports Science Research* 6 (2): 92-95.

31. McMillan, J.L., M.H. Stone, J. Sartin, R. Keith, D. Marple, C. Brown, and R.D. Lewis. 1993. 20-hour physiological responses to a single weight-training session. *Journal of Strength and Conditioning Research* 7 (1): 9-21.

32. Pierce, K., R. Rozenek, M. Stone, and D. Blessing. 1987. The effects of weight training on plasma cortisol, lactate, heart rate, anxiety and perceived exertion (abstract). *Journal of Applied Sports Science Research* 1 (3): 58.

33. Poortmans, J.R. 1984. Protein turnover and amino acid oxidation during and after exercise. *Medicine and Science in Sports and Exercise* 17: 130-147.

34. Richter, E.A., H. Galbo, and N.J. Christensen. 1981. Control of exercise-induced muscular glycogenolysis by adrenal medullary hormones in rats. *Journal of Applied Physiolog* 50: 21-26.

35. Robergs, R.A., F. Ghiasvand, and D. Parker. 2004. Biochemistry of exercise-induced metabolic acidosis. *American Journal of Physiology: Regulatory, Integrative, and Comparative Physiology* 287 (3): R502-516.

36. Robergs, R.A., D.R. Pearson, D.L. Costill, W.J. Fink, D.D. Pascoe, M.A. Benedict, C.P. Lambert, and J.J. Zachweija. 1992. Muscle glycogenolysis during differing intensities of weight-resistance exercise. *Journal of Applied Physiology* 70 (4): 1700-1706.

37. Rozenek, R., L. Rosenau, P. Rosenau, and M.H. Stone. 1993. The effect of intensity on heart rate and blood lactate response to resistance exercise. *Journal of Strength and Conditioning Research* 7 (1): 51-54.

38. Sahlin, K., M. Tonkonogi, and K. Soderlund. 1998. Energy supply and muscle fatigue in humans. *Acta Physiologica Scandinavica* 162 (3): 261-266.

39. Saltin, B., and P.D. Gollnick. 1983. Skeletal muscle adaptability: Significance for metabolism and performance. In: *Handbook of Physiology,* L.D. Peachey, R.H. Adrian, and S.R. Geiger, eds. Baltimore: Williams & Wilkins. pp. 540-555.

40. Sherman, W.M., and G.S. Wimer. 1991. Insufficient carbohydrate during training: Does it impair performance? *International Journal of Sports Nutrition* 1 (1): 28-44.

41. Sjodin, B., and I. Jacobs. 1981. Onset of blood lactate accumulation and marathon running performance. *International Journal of Sports Medicine* 2: 23-26.

42. Smith, S.A., S.J. Montain, R.P. Matott, G.P. Zientara, F.A. Jolesz, and R.A. Fielding. 1998. Creatine supplementation and age influence muscle metabolism during exercise. *Journal of Applied Physiology* 85: 1349-1356.

43. Tanaka, K., Y. Matsuura, S. Kumagai, A. Matsuzuka, K. Hirakoba, and K. Asano. 1983. Relationships of anaerobic threshold and onset of blood lactate accumulation with endurance performance. *European Journal of Applied Physiology* 52: 51-56.

44. Tesch, P. 1980. Muscle fatigue in man, with special reference

to lactate accumulation during short intense exercise. *Acta Physiologica Scandinavica* 480: 1-40.

45. Tesch, P.A., B. Colliander, and P. Kaiser. 1986. Muscle metabolism during intense, heavy resistance exercise. *European Journal of Applied Physiology* 55: 362-366.

46. Tesch, P.A., L.L. Ploutz-Snyder, L. Ystrom, M.J. Castro, and G.A. Dudley. 1998. Skeletal muscle glycogen loss evoked by resistance exercise. *Journal of Strength and Conditioning Research* 12: 67-73.

47. Warren, B.J., M.H. Stone, J.T. Kearney, S.J. Fleck, G.D. Wilson, and W.J. Kraemer. 1992. The effects of short-term overwork on performance measures and blood metabolites in elite junior weightlifters. *International Journal of Sports Medicine* 13 (5): 372-376.

48. Yoshida, I. 1984. Effect of dietary modifications on lactate threshold and onset of blood lactate accumulation during incremental exercise. *European Journal of Applied Physiology* 53: 200-205.

운동역학

William C. Whiting, PhD, and Sean P. Flanagan, PhD

학습 목표

- 적절한 역학 및 해부학 용어를 사용하여 인체 움직임을 기술할 수 있다.
- 움직임 문제에 대해 역학적 원리를 적용할 수 있다.
- 근력과 파워에 기여하는 요인들을 이해할 수 있다.
- 움직임에 관여하는 근육 수축을 감별할 수 있다.
- 저항 운동의 운동역학적 측면을 분석할 수 있다.

성공적인 퍼스널 트레이너가 되기 위해 몇몇 과학적 학문 분야의 전문지식을 갖출 필요가 있다. 이러한 학문에는 기능해부학과 운동역학이 포함된다. 운동 수행 능력을 강화하고 부상을 예방하기 위한 운동 프로그램을 기획할 때 퍼스널 트레이너는 고객의 목표를 위한 운동역학적 원리들을 적용할 수 있어야 하고 기능적인 면에서 인체해부학을 반드시 이해해야만 한다.

기능해부학(functional anatomy)은 어떤 동작을 수행할 때 인체가 어떻게 협력하는지에 대해 연구하는 학문이다.[32] 근육은 항상 해부학적 분류에 따라서만 움직이지 않는다.[35] 예를 들어 대퇴사두근 그룹은 해부학적으로는 무릎 신전근으로 정의된다. 하지만 이 근육군은 스쿼트를 할 때 무릎을 굴곡하며 '내려가는' 신장성 단계에서 움직임을 조절하는 데도 작용한다. 효과적인 운동중재를 기획하기 위해, 활동하는 동안 어떤 근육들이 관여하는지를 알고, 적절한 운동으로 연결하는 것이 필요하다.

운동역학(biomechanics)은 생체 기능과 시스템을 이해하기 위해 역학적 원리를 적용하는 학문의 한 분야이다. 인체 움직임과 관련하여 움직임역학, 유체역학, 재료역학, 관절역학과 같은 운동역학의 몇몇 분야가 포함된다. 유체, 재료, 관절 역학은 인체 움직임에 중요한 적용을 할 수 있기 때문에 간략히 언급할 것이며, 이 장에서는 움직임역학과 적용되는 역학 원리에 대해 보다 중점을 둘 것이다.

이러한 원리를 이해하는 것은 효과적인 운동을 선택하는 데 있어 필수이다. 첫 번째 파트에서 우리는 명백한 방법으로 역학 용어와 원리를 정의할 것이다. 이러한 정의는 용어의 보통 의미와는 다를 것이다. 인체는 움직임 동안 역학적 시스템으로 반응하지만 이 장의 두 번째 파트에서는 생체 구조가 특별한 역학적 특징을 어떻게 만들어내는지에 대해 알아볼 것이다. 세 번째 파트에서는 움직임 동안 근육 활성을 결정하는 방식에 대해서 자세히 다루는 해부학과 역학을 함께 볼 것이다. 마지막에 저항 운동의 운동역학을 알아볼 것이다.

역학의 기초

역학(mechanics)은 신체 에너지와 힘의 영향을 다루는 물리학의 한 분야이다. 역학 용어와 개념에 중점을 둔 역학의 기초 세션은 근력, 컨디셔닝 프로그램과 관련된 인체 움직임과 연관되어 있다.

역학 용어와 원리

모든 특성화된 학문들과 마찬가지로, 운동역학에는 이 분야에서만 통용되는 용어들이 있다. 여기에서 정의하고 적용하는 많은 용어들은 특별한 의미를 가지고 있다. 때때로 용어의 의미와는 다르게 비전문가들에 의해서 쓰이기도 한다. 근력, 일, 파워, 에너지와 같은 용어들은 과학적 정의와는 다르게 일반적 의미로 쓰이기도 하고, 부정확하게 통용되기도 한다. 이 장에서는 이런 용어들을 포함한 용어들을 정의할 것이다. 역학적으로 말하면 움직임에는 기본적인 유형이 두 가지 있다.

① 몸을 직선으로 움직이거나(**직선 운동**, rectilinear motion), 혹은 커브를 그리는 곡선에서 움직이는(**곡선 운동**, curvilinear motion) **선 운동**(linear motion)

② 고정된 선인 **회전축**(axis of rotaion) 또는 **받침점**(fulcrum) 또는 **중심점**(pivot) 주변으로 몸이 회전하는 **각 운동**(angular motion, 또는 회전 운동 [rotational motion])

런닝, 점핑, 던지기와 같은 많은 움직임에 선 운동과 각 운동이 조합되어 있는데, 이를 **복합 운동**(general motion)이라 부른다. **관상면**(frontal plane), **시상면**(sagittal plane) 또는 **횡단면**(transverse plane)과 해부학적인 면에서 발생하는 이러한 움직임에 대해 생각해보는 것이 유용하다(그림 4.1).

관절의 주요 움직임은 그림 4.2에 나와 있으며 이 장에서 그와 관련한 것들을 언급할 것이다.

잠재된 힘을 고려하지 않고 기술적 관점에서 움직임을 연구하는 학문을 **운동학**(kinematics)이라고 한다. 움직임에서 공간과 타이밍의 특징을 포함한 운동평가는 주요 다섯 가지 변수를 사용한다.

① 타이밍 혹은 시간의 측정(바벨을 들어올리는 데 0.8초가 걸리는 운동선수)

② 자세 혹은 위치(예: 팔을 90°도로 외전하고 있는 고객)

③ 이동(displacement, 예를 들어 팔꿈치를 60°까지 굴곡한 피교육자)

④ 속도(velocity, 점프할 때 600°/s 속도로 무릎을 신전하는 배구선수)

⑤ **가속**(acceleration) 혹은 시간당 속도의 변화(예: 점프를 하는 사람의 몸에는 지면으로 9.81m/s^2의 중력 가속도가 가해짐)

운동학과 대조적으로, 관련된 힘을 고려하는 움직임 평가를 **동역학**(kinetics)이라고 한다. 움직임의 원인은 힘이라고 할 수 있다.

인간의 움직임은 움직임을 생성하고 조절하는 역학

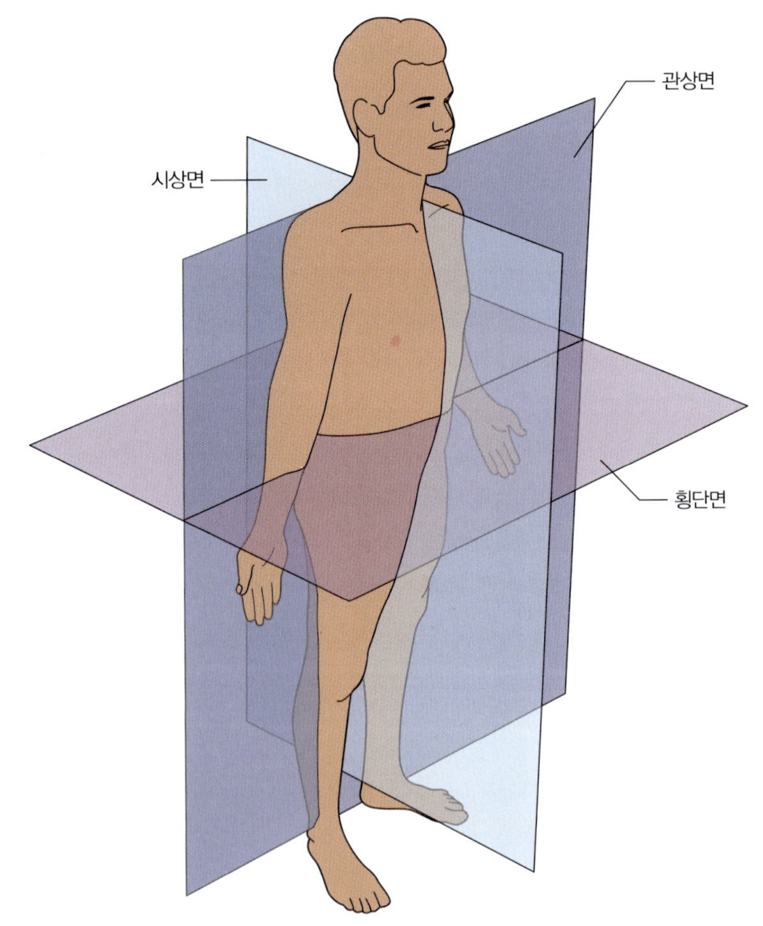

그림 4.1 해부학적 자세에서의 세 가지 주요한 면

손목-시상면
- 굴곡(Flexion)
  운동: 리스트 컬
  스포츠: 농구 자유투
- 신전(Extension)
  운동: 리스트 익스텐션
  스포츠: 라켓볼 백핸드

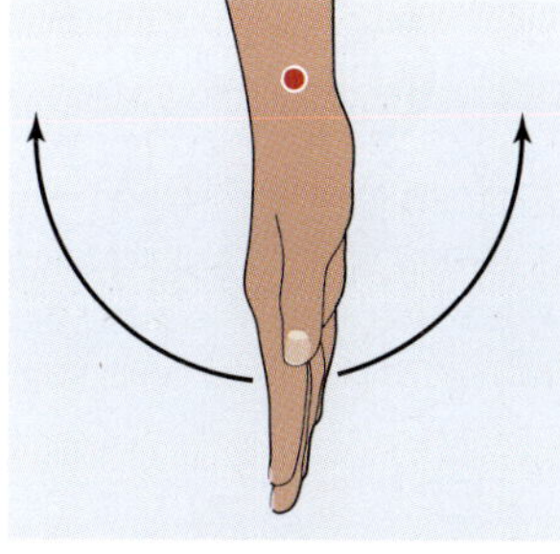

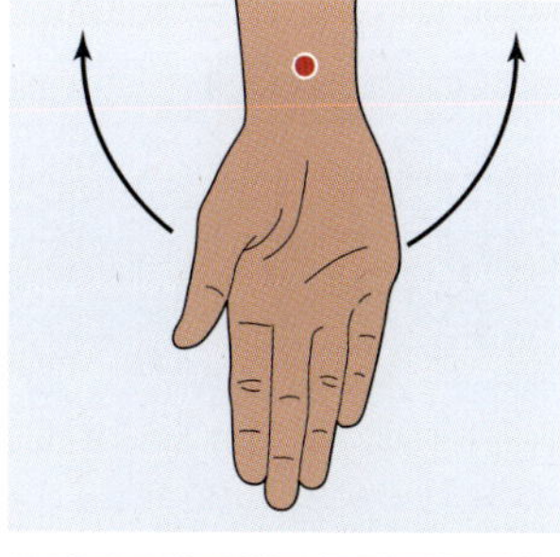

손목- 관상면
- 척골 편향(Ulnar deviation)
  운동: 특정(specific) 리스트 컬
  스포츠: 야구 배트 스윙
- 요골 편향
  (Radial deviation)
  운동: 특정 리스트 컬
  스포츠: 골프 백스윙

팔꿈치-시상면
- 굴곡
  운동: 바이셉스 컬
  스포츠: 볼링
- 신전
  운동: 트라이셉스 푸시 다운
  스포츠: 투포환

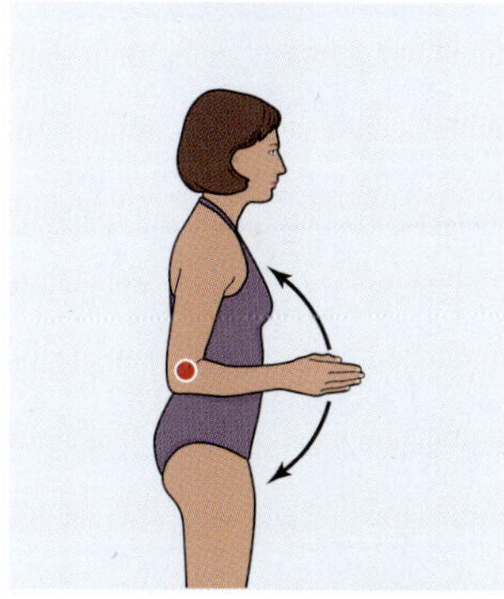

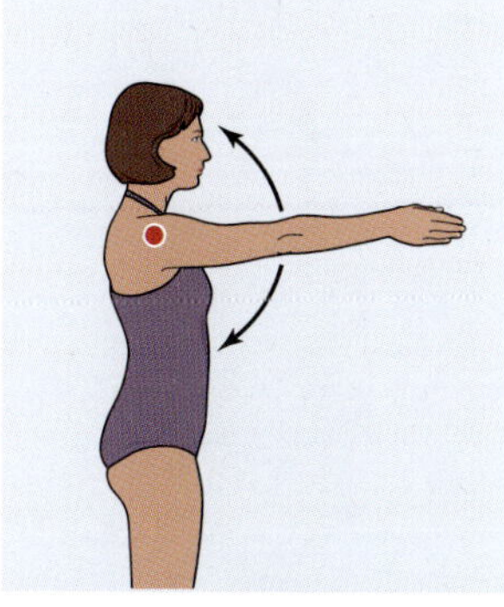

어깨-시상면
- 굴곡
  운동: 프론트 숄더 레이즈
  스포츠: 복싱 어퍼컷 펀치
- 신전
  운동: 뉴트럴 그립 시티드 로우
  스포츠: 자유형 스트로크

어깨-관상면
- 내전(Adduction)
  운동: 와이드그립 렛 풀다운
  스포츠: 수영 평영
- 외전(Abduction)
  운동: 와이드그립 숄더 프레스
  스포츠: 스프링보드 다이빙

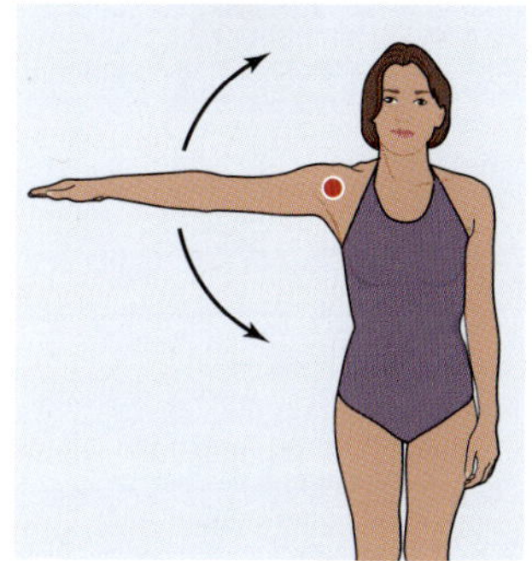

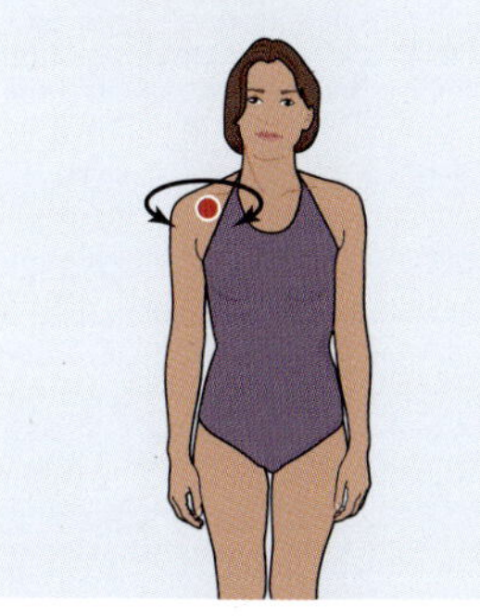

어깨-횡단면
- 내회전(Internal rotation)
  운동: 케이블 혹은 덤벨을 이용한 팔씨름 움직임
  스포츠: 야구 피치
- 외회전(External rotation)
  운동: 팔씨름 반대 방향 움직임
  스포츠: 가라데 방어

어깨-횡단면
(팔을 몸과 90도로 위치)
- 수평내전(Horizontal adduction)
  운동: 덤벨 체스트 플라이
  스포츠: 테니스 포핸드
- 수평 외전(Horizontal abduction)
  운동: 벤트오버 라테랄 레이즈
  스포츠: 테니스 백핸드

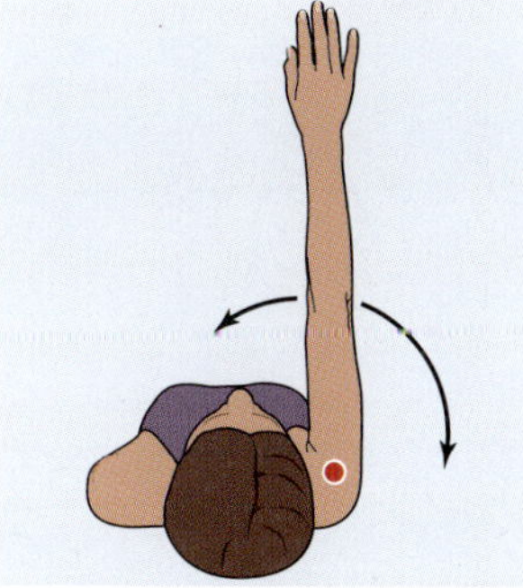

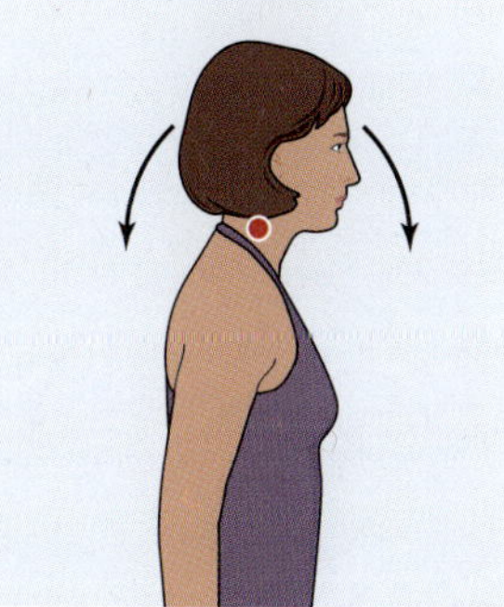

목-시상면
- 굴곡
  운동: 넥 머신
  스포츠: 서머솔트
- 신전
  운동: 다이내믹 백 브릿지
  스포츠: 백플립

목-횡단면
- 좌측회전(Rotation)
  운동: 도수 저항(manual resistance)
  스포츠: 레슬링 동작
- 우측회전
  운동: 도수 저항
  스포츠: 레슬링 동작

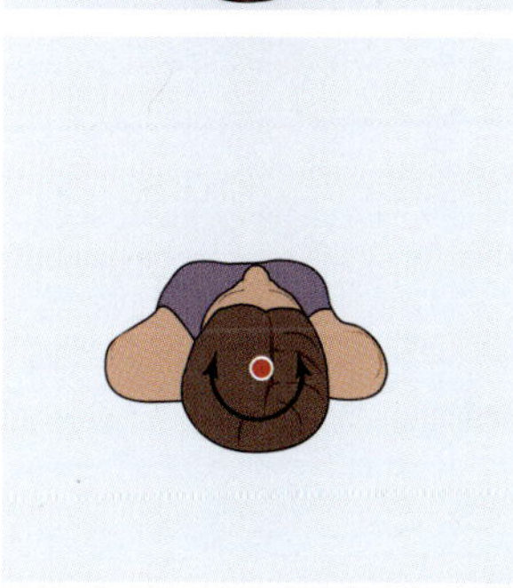

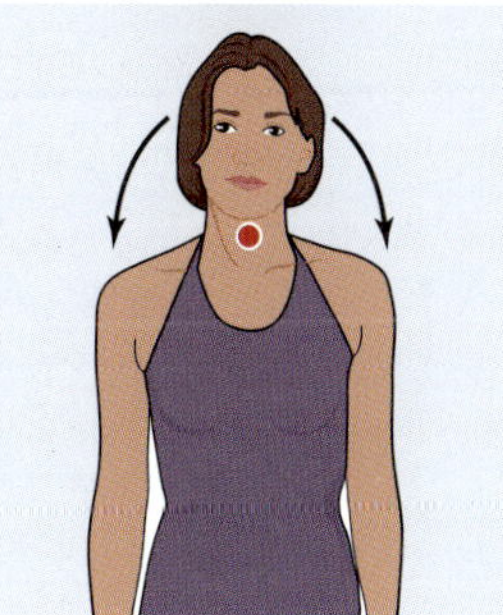

목-관상면
- 좌측 외측 굴곡(lateral flexion)
  운동: 넥 머신
  스포츠: 슬라롬스키
- 우측 외측 굴곡
  운동: 넥 머신
  스포츠: 슬라롬스키

그림 4.2 주요 인체 움직임. 해부학적 자세와 비교한 움직임의 면. 관련 신체활동과 움직임에 저항을 제공한 일상적인 운동을 포함한다.

체간–시상면
- 굴곡
  운동: 싯업
  스포츠: 창던지기, 팔로우스루
- 신전
  운동: 스티프 레그 데드리프트
  스포츠: 뒤로 공중제비

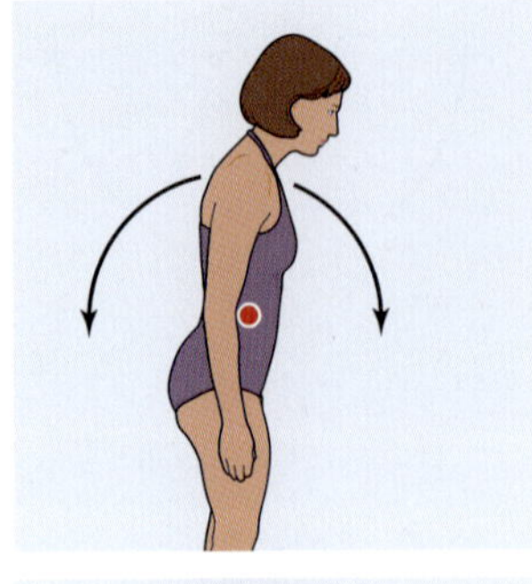

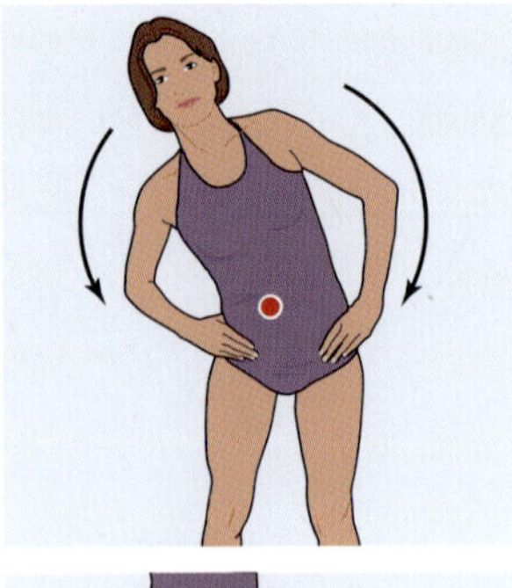

체간–관상면
- 좌측 외측 굴곡
  운동: 메디신 볼 오버헤드 훅 스로우
  스포츠: 체조 사이드 에리얼
- 우측 외측 굴곡
  운동: 사이드 벤드
  스포츠: 농구 훅 슛

체간–횡단면
- 좌측 회전
  운동: 메디신 볼 사이드 토스
  스포츠: 야구 배팅
- 우측 회전
  운동: 토소 머신
  스포츠: 골프 스윙

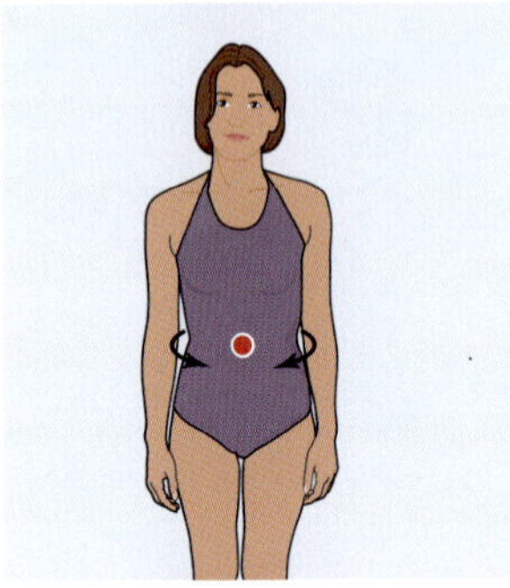

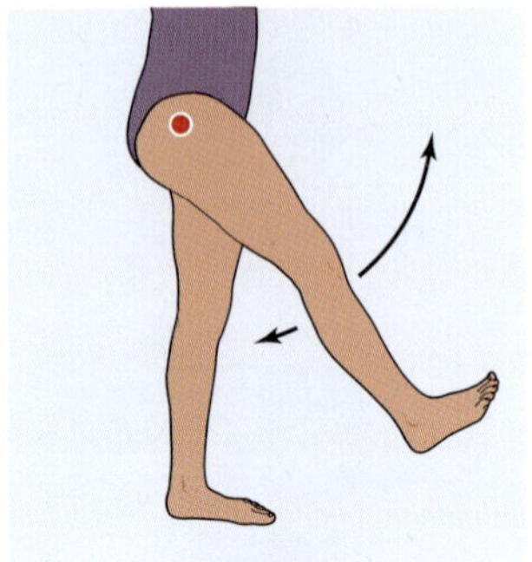

고관절–시상면
- 굴곡
  운동: 레그 레이즈
  스포츠: 풋볼 펀트
- 신전
  운동: 백 스쿼트
  스포츠: 점프

고관절–관상면
- 내전
  운동: 스탠딩 어덕션 머신
  스포츠: 축구 사이드 스텝
- 외전
  운동: 스탠딩 에이비덕션 머신
  스포츠: 롤러브레이딩

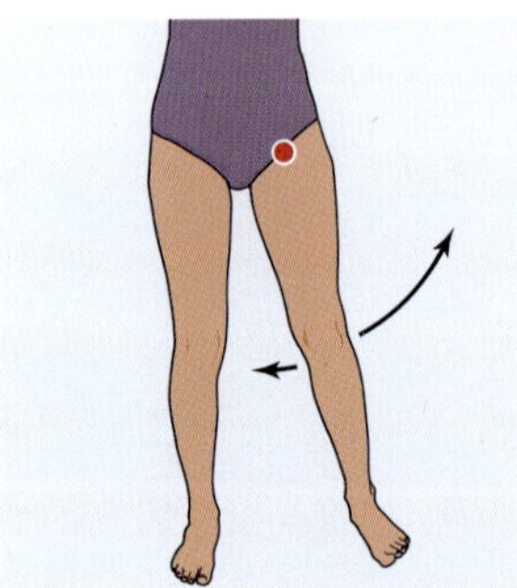

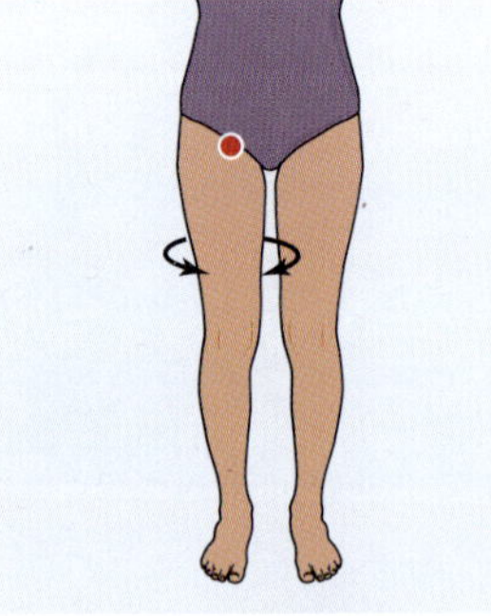

고관절–횡단면
- 내회전
  운동: 저항성 내회전
  스포츠: 농구 피봇 움직임
- 외회전
  운동: 저항성 외회전
  스포츠: 피겨 스케이팅 터닝

고관절–횡단면
(고관절 90도 굴곡)
- 수평 내전
  운동: 어덕션 머신
  스포츠: 가라데 인스윕 (in–sweep)
- 수평 외전
  운동: 시티드 에이비덕션 머신
  스포츠: 레슬링 이스케이프 (escape)

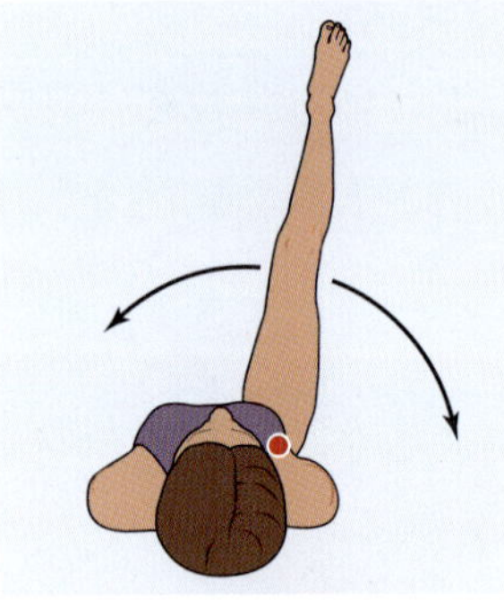

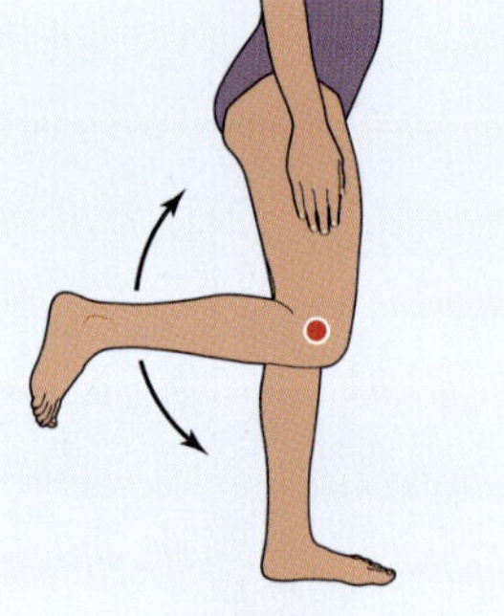

무릎–시상면
- 굴곡
  운동: 레그 컬
  스포츠: 다이빙 턱(tuck)
- 신전
  운동: 레그 익스텐션
  스포츠: 배구 블로킹

발목–관상면
- 배측 굴곡(Dorsiflexion)
  운동: 토레이즈
  스포츠: 러닝
- 저측 굴곡(Plantar flexion)
  운동: 카레이즈
  스포츠: 하이점프

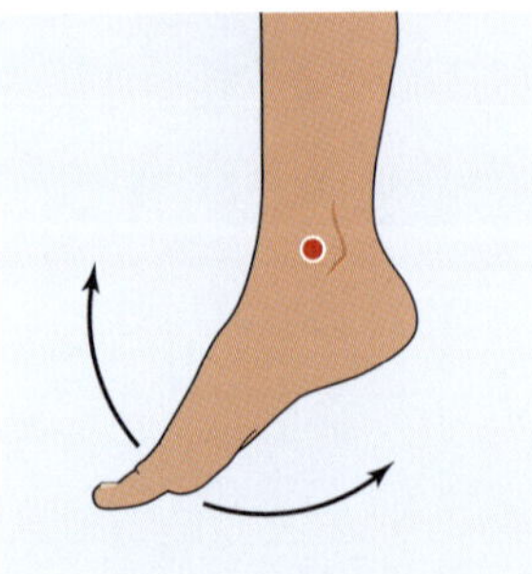

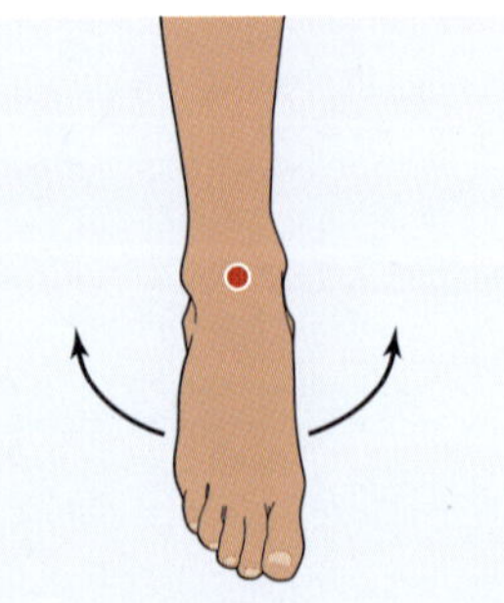

발목(거골하)–관상면
- 내번(Inversion)
  운동: 저항성 내번
  스포츠: 축구 드리블
- 외번(Eversion)
  운동: 저항성 외번
  스포츠: 스피드 스케이팅

그림 4.2 (계속)

적 요인으로 인해 발생하는데, 내부 요인(근육과 같은 내부적 힘)과 외부 요인(중력과 같은 외부적 힘)이 있다. 다음 세션에 제시될 역학적 기준들은(예: 힘, 토크) 동역학적 변수이다.

측정 단위

특정 역학의 측정을 알아보기 이전에 측정 단위에 대해 알아둘 필요가 있다. 국제 측정 단위 기준 시스템은 Le Systeme International d'Unites(SI system)이다.[19] 미국 및 몇몇 나라에서는 전통적 시스템(영국식이라고 알려진)을 사용한다. 이러한 각 시스템의 표준 측정 단위는 표 4.1에 변환 계수와 함께 나와 있다.

혼란의 원인이 되는 킬로그램(kilogram)이란 특정 측정 단위를 보자. 질량(물질의 양)과 무게(질량에 중력이 가해지는 영향을 측정) 사이의 관계에서 잠재적 혼란이 생긴다. SI 시스템에서 kg은 힘의 뉴턴(N)으로 측정되는 무게와 같은 질량 단위이다. 하지만 어떤 경우에 kg은 질량보다는 힘의 단위로 사용된다. 예를 들어 웨이트룸에서 바벨은 보통 10kg, 20kg으로 알고 있다. 여기에서 kg은 힘의 측정 단위로 사용된다. 그래서 kg은 질량 단위(물질의 양 혹은 kgm) 그리고 힘의 단위(웨이트룸에서의 kg 혹은 kgf)와 같이 둘 모두에서 사용된다.

힘

힘(force)은 인체 움직임역학에서 기본이 되는 단위로, 신체에 적용되는 역학적 활동 또는 영향으로 정의되며 가속을 만들어내는 경향이 있다. 고객을 훈련시키는 퍼스널 트레이너와 관련된 힘의 종류는 다양하다. 근육, 건, 인대와 같이 몸의 내부에서 작용하는 '내적 힘'과 외부에서 작용하는 중력, **마찰**(friction), 공기 저항과 같은 '외부적 힘'이 포함된다. 힘의 표준 SI 단위는 뉴턴(N)이다. 전통적인 시스템은 파운드(lb)로 힘을 측정한다. 1파운드는 4.45N과 같다.

인체 움직임을 변형시키거나 조절, 생산하는 힘의 영향은 일곱 가지 힘 관련 요소들의 복합적 영향에 의존한다.[33]

- 크기(magnitude, 얼마나 많은 양의 힘이 생산되고 혹은 적용되는지)
- 위치(location, 힘이 적용되는 구조 혹은 몸의 어디인지)
- 방향(direction, 힘이 어디로 가해지는지)
- 시간(duration, 얼마나 오랫동안 단일 힘이 적용되는지)
- 빈도(frequency, 주어진 시간 안에서 적용되는 힘이 얼마나 많았는지)
- 변동성(variability, 힘의 크기가 적용되는 시간 동안 지속적인지 혹은 변화가 있는지)
- 속도(rate, 얼마나 빠르게 힘이 생산되고 혹은 적용되는지)

힘은 인체 움직임의 기본적 역학요소로, 인체에 내부적 그리고 외부적으로 작용한다.

뉴턴의 운동법칙

인체 움직임의 역학적 분석은 대부분 아이작 뉴턴(1642~1727)의 연구를 기초로 한다. 뉴턴의 운동법칙 세 가지는 인체 움직임의 물리학을 좌우하는 규칙들을 제공하고 고전역학을 위한 기초를 형성한다. 뉴턴의 운동법칙(Newton's laws of Motion)은 다음과 같다.

- 첫 번째 운동법칙: 외부 힘이 작용하지 않는 한,

표 4.1 측정 단위와 변환

양(quantity)	국제 단위	변환 승수	영국 단위	변환 승수	국제 단위
거리(distance)	meter	× 3.28=	foot	× 0.3048=	meter
각도(angle)	radian	× 57.3=	degree	× 0.0175=	radian
속도(velocity)	meters/second	× 2.24=	miles/hour	× 0.447=	meters/second
힘(force)	newton	× 0.225=	pound	× 4.45=	newton
힘(force)	kilogram(kgf)	× 2.205=	pound	× 0.4535=	kilogram(kgf)
일, 에너지(work, energy)	joule	× 0.738=	foot-pound	× 1.356=	joule
파워(power)	watt	× 745.7=	horsepower	× 0.0013=	watt
토크(torque)	newton-meter	× 0.738=	foot-pound	× 1.356=	newton-meter

움직임 혹은 안정 상태의 신체는 그 상태를 유지하려는 경향이 있다.

- 두 번째 운동법칙: 신체에 작용하는 순 힘(net force, ΣF)은 다음 방정식에 따라 힘에 비례하여 가속(a)을 만들어낸다.

$$\Sigma F = m \times a \tag{4.1}$$

m=질량(mass). 다시 말해서 힘은 질량과 가속도를 곱한 것과 같다.

- 세 번째 운동법칙: 작용하는 모든 움직임에는 같은 양의 반작용이 있다.

뉴턴의 운동법칙은 인간의 모든 움직임에 적용된다. 첫 번째 운동법칙은 기본적으로 신체 움직임을 수정, 정지 혹은 시작하기 위해 요구되는 힘들을 구술한다. 예를 들어 지면에서 점프할 때 힘(중력)은 점프하는 사람이 정점에 도달할 때까지 상향 움직임을 늦추는 역할을 하여 그후에는 지면에 착지하는 것을 가속하는 작용을 한다.

뉴턴의 두 번째 운동법칙은 데드리프트와 같은 리프팅 운동에서 볼 수 있다. 중력의 힘을 극복하고 바벨을 위로 가속할 수 있는 충분한 힘이 발휘되어야만 한다. 'F=m×a' 공식은 바벨 가속의 정도를 결정하는 데 이용할 수 있다. 더 큰 힘(F)은 더 큰 가속(a)을 만들어낸다.

뉴턴의 세 번째 운동법칙은 모든 힘이 동일한 반작용의 힘을 만들어낸다는 것이다. 예를 들어 달리기를 하면 발이 지면에 닿을 때마다 지면에 힘이 가해진다. 지면은 그때마다 동일한 반작용을 생산하여 우리가 '지면반발력'이라고 부르는 힘을 만들어낸다. 지면반발력의 크기와 방향이 러너의 가속을 결정하게 된다.

운동량과 충격량

'운동량(momentum)'은 신체 움직임의 양을 말한다. 일반적으로 신체가 보다 크고 움직임이 빠를수록, 운동량은 많아진다. 역학 용어에서 선 운동량(linear momentum)은 질량(m)과 속도(v)의 결과로 계산한다. 신체 크기나 속도가 증가하면 선 운동량은 증가한다. 비슷하게, '각 운동량(angular momentum)'은 '관성 모멘트(I)'와 **각 속도**(ω, angular velocity)의 결과이다. 각 운동의 신체 상태에서 관성은 변화에 대한 저항력이다. 관성 모멘트의 규모는 두 가지 요소에 의존한다. ① 신체 질량, ② 회전축에 대한 질량의 분포. 질량 분포의 영향은 야구배트 스윙을 할 때 볼 수 있다. 배트 끝부분을 잡고 스윙을 할 때 회전의 저항이 가장 크다. 배트의 윗부분을 잡을수록 스윙하는 것은 보다 쉬워질 것이다(질량이 같은 경우에도). 배트의 질량은 회전축(손)에 가까워질수록 보다 많이 나가기 때문이다. 배트를 반대로 잡아도 스윙이 보다 쉬워지는데, 이는 배트의 질량의 대부분이 손에 가깝게 위치하기 때문이다.

수행 관점에서 '운동량 전달(transfer of monetum)'의 법칙은 중요하다. '운동량 전달'은 몸의 한 부분에서 다른 곳으로 운동량이 전달되는 메커니즘이다. 예를 들어 던지기 움직임에서 투수는 운동량을 다리와 체간으로부터 연속적으로 팔로, 전완으로, 마지막에 공을 던질 때 손과 공으로 전달한다. 운동량 전달의 또 다른 예로, 최대 바이셉스 컬 운동을 하는 동안 '치팅(cheat)'을 하는 사람에게서 볼 수 있다. 실제 팔꿈치를 굴곡하기 전에 몸을 흔들면, 운동량을 바벨에 전달할 수 있으며 몸을 미리 움직이는 동작이 없을 때보다 더 무거운 무게를 컬할 수 있다.

운동량을 변화(증가 혹은 감소)시키기 위해서는 역학적 '충격량(impulse)'이 적용되어야만 한다. 충격량은 힘(F)과 시간(t)을 곱한 값이다. 그래서 적용되는 힘 혹은 적용되는 힘의 시간 증가는 운동량에 보다 많은 변화를 가져온다.

토크

앞서 말했듯이, 힘은 선 운동을 만들어내는 역학적 동인이다. 각 운동에서 이러한 동인은 **토크**(T, torque) 또는 **힘의 모멘트**(M, moment of force, 줄여서 모멘트)라고 하며, 축을 중심으로 회전을 일으키려는 힘의 효과로 정의한다.

엄밀히 말하면 두 용어 사이에 차이가 있지만(주로 모멘트는 힘의 회전 또는 구부림 작용을 말하며, 토크는 힘의 비트는 작용을 말한다) 종종 혼용하여 사용된다. 우리는 이 장에서 토크라는 용어를 사용할 것이다.

> 힘이 선형 가속을 만들어내듯이 토크는 각의 가속을 만들어낸다.

인체 근골격계에서 토크의 회전이 주는 영향은 분명하다. 가령 무릎에서 대퇴사두근은 무릎을 신전하려는 토크를 만들어낸다. 햄스트링은 무릎을 굴곡하려는 토크를 만들어낸다. 햄스트링에 의해 만들어지는 굴곡근 토크는 그림 4.3b에 나와 있다.

토크(T)의 크기는 힘(F)과 모멘트 암(d)을 곱한 값이다.

$$T = F \times d \tag{4.2}$$

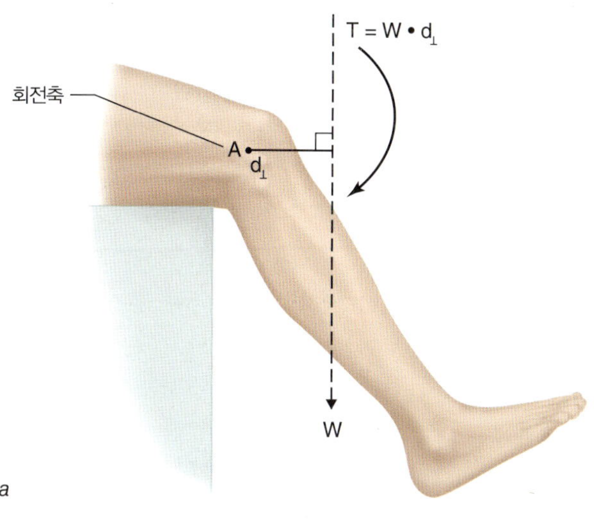

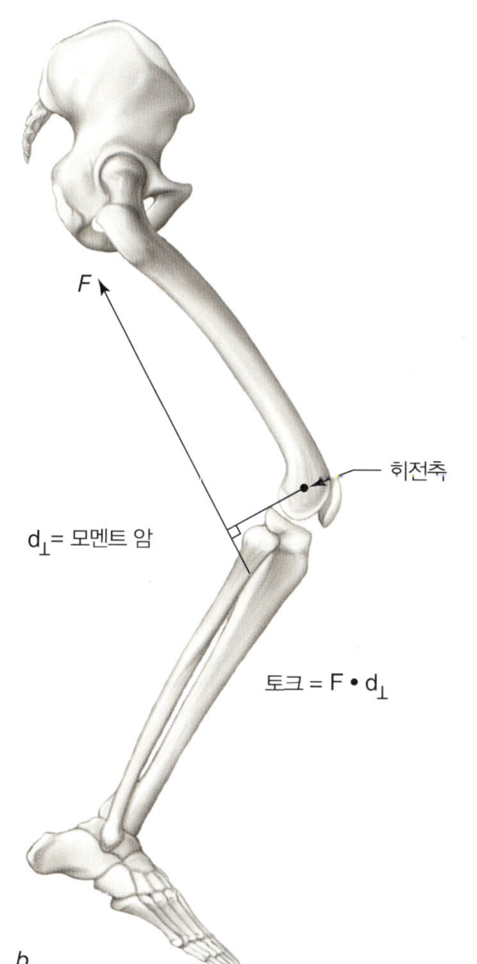

그림 4.3 (a) 힘의 방향이 수직일 때 무릎에서의 토크 계산 (b) 힘의 방향이 수직이 아닐 때 삼각함수를 이용한 토크 계산

모멘트 암(moment arm)은 받침점(축)으로부터 **힘의 작용선**(line of force action)으로의 수직 거리(d)로 정의한다. 토크 또는 모멘트의 기준 단위는 두 가지 구성요소로 이루어져 있다. 힘은 뉴턴(N), 모멘트 암은 미터(m), 따라서 토크의 단위는 뉴턴-미터(N · m)이다. 전통적(영국식) 시스템에서는 토크를 풋-파운드(ft-lb)로 나타낸다.

토크 방정식(4.2)에서 보여주는 몇몇 개념에 대한 충분한 검토는 인체 움직임역학을 위해 중요하다. 첫 번째로 토크의 크기는 두 가지 변수(F와 d)에 의존한다.

토크를 증가시킬 수 있는 경우는 힘이나 모멘트 암 혹은 둘 모두가 증가하는 경우이다. 이와는 반대로 토크를 감소시킬 수 있는 경우는 힘의 감소, 모멘트 암의 감소 혹은 둘 모두 감소하는 경우이다.

토크와 관련된 두 번째 개념은 회전축을 통해 힘이 적용될 경우와 관련 있다. 이러한 경우, 모멘트 암은 제로이고 생산되는 토크는 없다. 관절에서 뼈와 같은 신체 조직은 큰 힘을 받을 수 있는 상황을 만들어내지만 생산

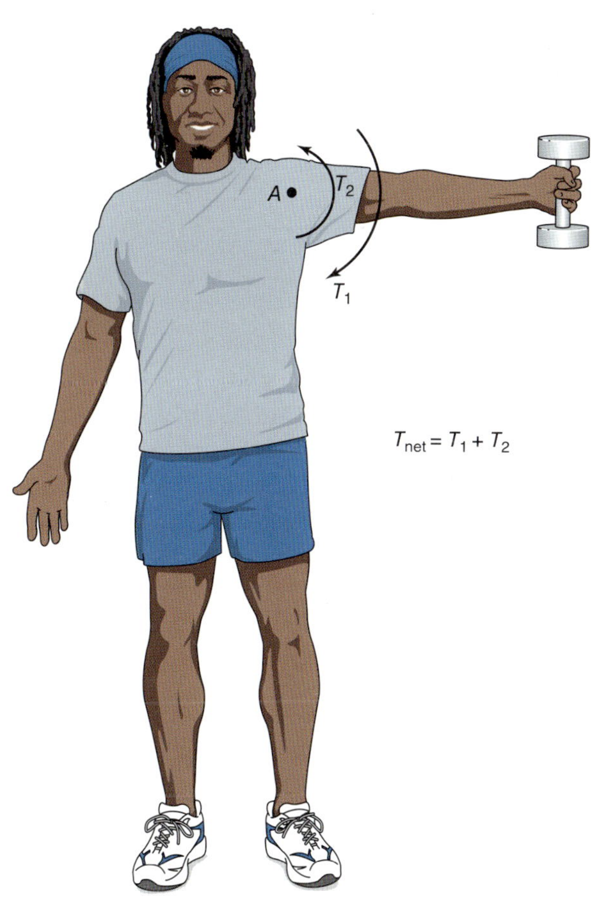

그림 4.4 관절을 축으로 움직이는 모든 구성 모멘트의 합계로 계산된 순 토크

되는 토크는 없다. 가령 척추의 중심을 통해 압축력이 가해지면 척추의 회전을 일으킬 수 없지만 이는 척추에 부상위험을 증가시킬 수 있다.[22]

토크와 관련된 세 번째 개념에는 대부분의 인체 움직임은 하나 이상의 토크가 적용된다는 사실이다. 다수의 토크로 인해 나오는 몸의 움직임은 모든 구성 토크의 수학적 합계인 '순 토크(net torque 혹은 net moment)'에 기초한다. 그림 4.4에 순 토크의 예가 나와 있다.

그림에서는 팔을 90도 외전한 상태를 유지하고 있다. 중력은 팔과 덤벨 모두에 작용하여 팔을 내전하려는 성향의 상완관절 축에 대한 토크(T_1)를 생산한다. 만약 T_1이 유일한 토크라면, 중력의 영향으로 팔은 내전될 것이다. 팔을 외전 상태로 유지하기 위해서는 중간 삼각근, 극상근과 같은 어깨 외전근들이 중력에 의해 생기는 토크에 대항하기 위한 반대 토크를 동일하게 만들어낼 필요가 있다. 이렇게 반대되는 토크(T_2)는 위에서 예로 든 것과 같이 팔을 외전하기 위한 외전근들에 의해 만들어진다.

어깨 움직임은 두 토크(T_1, T_2)의 상대적 크기에 의존한다. 두 토크를 더하여 관절에서 순 토크를 만들어낸다. T_1, T_2가 같은 크기라면(방향은 서로 반대), 순 토크는 제로이며 팔은 외전된 자세를 유지한다(움직임은 일어나지 않는다). 중력 토크(T_1)가 어깨 외전근에 의해 만들어진 토크(T_2)보다 크다면, 순 토크는 중력 우위가 되어 팔을 내전시킬 것이다. 외전근에 의한 토크(T_2)가 중력 토크(T_1)보다 크다면 순 토크는 근육 작용 우세가 되어 팔을 보다 외전시킬 것이다.

토크와 관련된 개념의 타당성은 인체 움직임의 평가와 운동 프로그램의 고안에 있어 매우 중요하다. 이 주제는 뒤에서 자세하게 논의할 것이다.

관절 움직임은 내부(근육) 토크의 영향과 중력과 같은 힘에 의해 만들어진 외부 토크 영향의 차이에 의해서 만들어지고 조절된다.

지레 시스템

토크 개념을 이해함으로써, 신체해부학적 구조에 의해 역학적 지레 시스템으로 작용하는 관절 움직임을 예상할 수 있다. **지레**(lever)는 하나의 고정점(받침점 또는 축)을 가지고 있으며, 두 개의 힘이 작용하는 단단한 구조로 정의된다(그림 4.5).

인체 움직임으로 말하자면 단단한 구조는 회전축 주변을 움직이는 뼈이다. 힘 중 하나(F_A)는 흔히 '작용 힘(applied force 또는 effort force)'이라고 하며, 근육 활동에 의해 생산된다. 다른 하나의 힘(F_R)은 '저항 힘(vesistance force 또는 load)'이라고 하며, 들리는 무게(즉 중력) 또는 작용되는 다른 외부 힘(예: 마찰, 저항밴드)에 의해 생산된다.

이러한 세 가지 지레 시스템 구성요소(F_A, F_R, 받침점)는 공간적으로 세 개의 다른 배열로 위치된다. 이러한 독특한 배열의 하나하나를 '지레 분류(lever class)'라 한다. **1종 지레**(first-class lever)에서 받침점은 그림 4.6에서와 같이 두 힘 사이에 위치한다.

2종 지레(second-class lever)는 그림 4.7에서와 같이 받침점과 F_A 사이에 F_R이 위치한다.

3종 지레(third-class lever)에서 F_A는 그림 4.8에서와 같이 받침점과 F_R 사이에 위치한다.

인체의 관절은 거의 3종 지레이며, 약간의 1종 지레가 있고 2종 지레는 상대적으로 거의 없다.

지레 분류 용어를 정의하는 데 있어 구성요소 사이

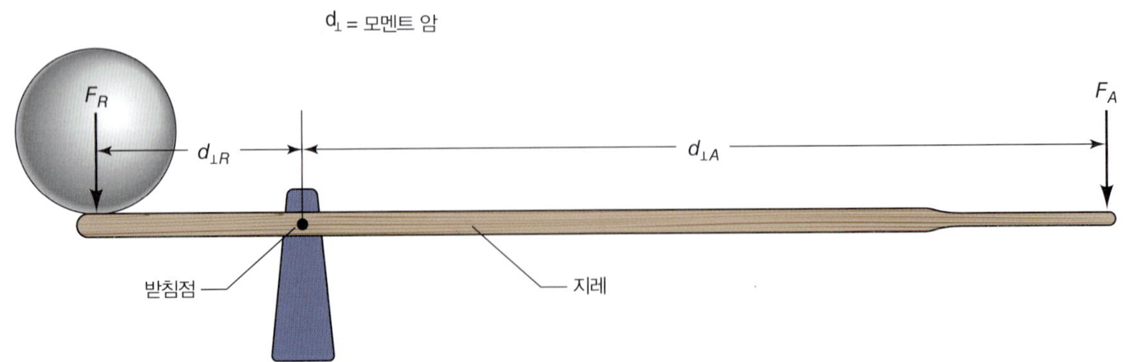

그림 4.5 지레. 지레의 한 접점에서 수직으로 작용하는 힘은 다른 접점 부위에 작용하는 힘에 의해서 저항을 받는다. F_A: 지레에 작용하는 힘. $d_{\perp A}$: 작용한 힘의 모멘트 암. F_R: 지레 회전에 저항하는 힘. $d_{\perp R}$: 저항하는 힘의 모멘트 암.

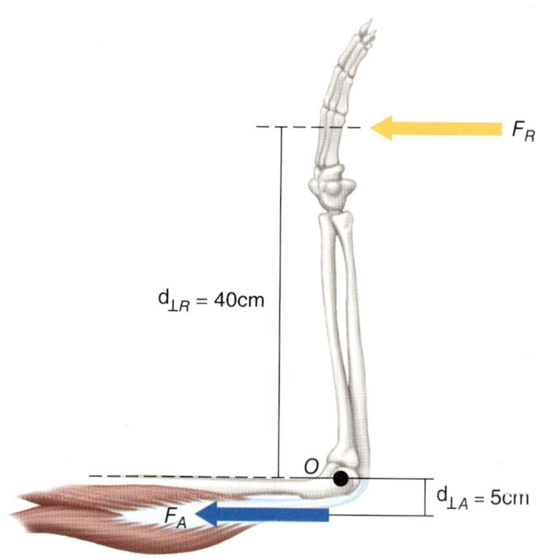

그림 4.6 1종 지레(전완): 저항에 대항하여 팔꿈치를 신전

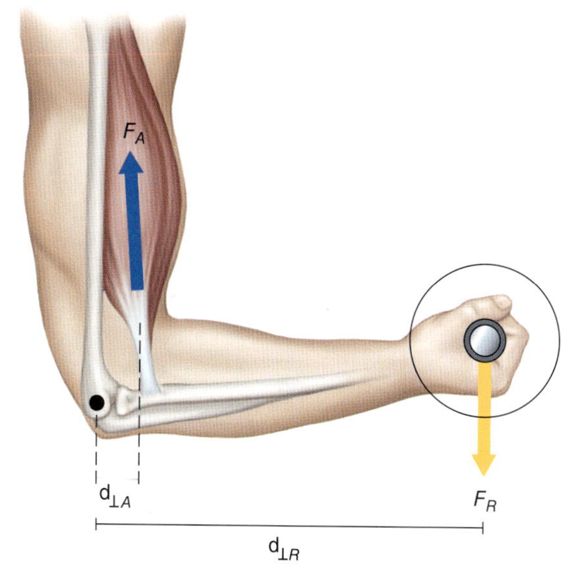

그림 4.8 3종 지레: 암컬 운동을 하는 동안의 전완. $d_{\perp A}$는 $d_{\perp R}$보다 훨씬 작기 때문에, F_A는 F_R보다 훨씬 클 수밖에 없다. F_A: 근육 힘. F_R: 저항 힘. $d_{\perp A}$: 근육 힘의 모멘트 암. $d_{\perp R}$: 저항 힘의 모멘트 암.

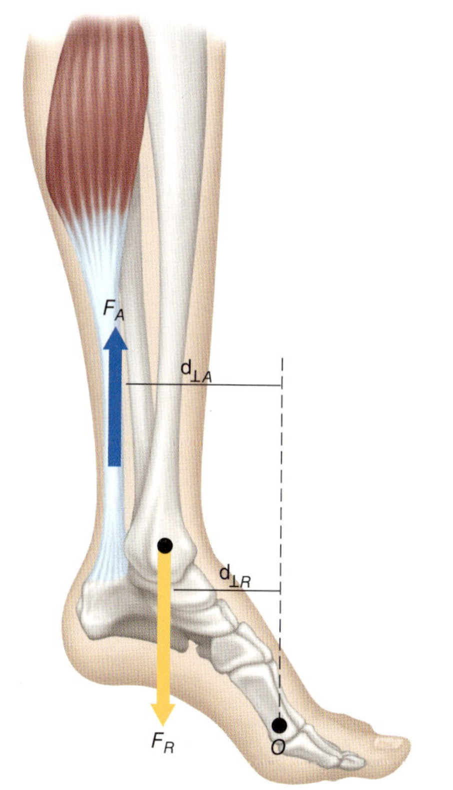

그림 4.7 2종 지레: 서 있는 자세에서 발가락으로 뒤꿈치를 올릴 때와 같이 저항에 대항하여 족저굴곡하는 동안의 발. 몸이 올라올 때, 발을 회전시키는 지점이 되는 발볼은 받침점(O)이다. 왜냐하면 $d_{\perp A}$는 $d_{\perp R}$보다 크며, F_A는 F_R보다 작다. F_A: 근육 힘. F_R: 저항 힘. $d_{\perp A}$: 근육 힘의 모멘트 암. $d_{\perp R}$: 저항 힘의 모멘트 암.

의 거리는 상관이 없다. 하지만 구성요소 사이의 거리는 관절의 역학적 기능을 정의하는 데 매우 중요하다. 이해를 돕기 위해 우리는 F_R:F_A 비율(혹은 대신해서 F_A 모멘트 암:F_R 모멘트 암)로 정의되는 **기계적 확대율**(mechanical advantage)의 개념에 대해 소개한다. 역학적 이점이 1로 동일하다면, 작용 힘과 저항 힘의 모멘트 암은 같고 어느 힘도 이점을 가지지 않는다. 기계적 확대율이 1보다 작다면, 저항 힘은 이점을 가지게 되고, 작용 힘은 저항을 극복하기 위해 저항 힘보다 더 큰 힘이 필요할 것이다. 반대로 기계적 확대율이 1보다 크다면, 저항 힘보다 작용 힘이 이점을 가지게 될 것이다. 1종 지레에서 보다 긴 모멘트 암의 힘은 역학적 이점을 가지게 될 것이다. 2종 지레에서는 작용 힘이, 3종 지레에서는 저항 힘이 항상 역학적 이점을 가진다.

일

'일'의 의미는 회사에서('나는 내일 일하러 가야 해')부터 신체적 노력('나는 정말 열심히 일했어'), 에너지 소비('나는 자전거를 타면서 300kcal를 소모했어')에 이르기까지 다양하다. 하지만 역학적으로 일은 얼마나 많은 힘이 작용했으며 물체가 얼마나 멀리 움직였는가와 관련된 구체적인 정의를 가지고 있다. 역학적 **일**(W, work)은 물체를 움직인 힘(F)과 거리(d)를 곱한 값이다.

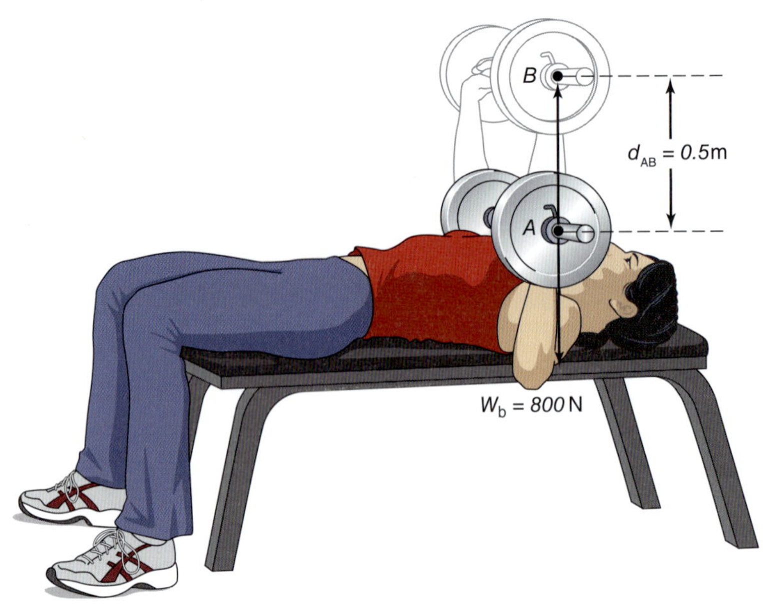

그림 4.9 저항 운동을 하는 동안 일의 계산

$$W = F \times d \tag{4.3}$$

일의 표준단위는 줄(1J=1N · m)이다. 예를 들어 800N(~180파운드)의 무게를 0.5m(~20인치) 거리만큼 벤치 프레스를 하고 있다면 이 사람은 400J의 역학적 일을 수행하고 있다고 할 수 있다(그림 4.9).

프리웨이트 운동을 할 때 수직 이동은 바의 가장 높은 지점과 낮은 지점에서의 위치 차이를 측정함으로써 알 수 있다(그림 4.9에서의 d_{AB}). 웨이트 스택머신에서도 스택의 높은 지점과 낮은 지점은 수직적 이동을 측정하기 위해 사용된다.

무게를 들어올리는 것에 더해서 움직이거나 들어올리는 체중에 대한 부분을 고려해야만 한다. 예를 들어 스쿼트에서 하지는 바벨과 체중을 모두 들어올린다. 레그 프레스 기구에서는 기구의 기하학과 구조가 고객의 체중에 얼마만큼 관여하느냐에 영향을 준다. 웨이트 스택을 수평으로 미는 경우에는 고객의 체중이 거의 관여하지 않는다. 이와 대조적으로 인클라인 슬레드 형의 레그 프레스에서는 기울기의 각도에 따라 정도는 다르지만 많은 체중이 관여하게 된다.

파워

역학적 일로만 특정 움직임의 역학을 항상 완전히 설명할 수는 없다. 앞서 언급했던 벤치 프레스에서 1회 반복할 때마다 400J의 일을 수행하는 것을 예로 보자. 이 경우 800N 무게를 들어올린다면 각 회당 400J의 일을 수행하게 된다. 이를 여러 번 반복한다고 했을 때, 한 번은 시간이 1초가 걸렸고 그 다음에서는 2초가 걸렸다면, 둘 모두 400J의 일을 한 것에는 변함이 없지만 둘 사이에는 역학적 차이가 분명히 존재한다. 그 차이는 일의 양이 아닌 일의 속도에 있다. 역학적 **파워**(P, power)로 정의되는 일의 속도는 일량(W)을 일을 하는 데 필요한 시간(t)으로 나눈 것이다.

$$P = W / t \tag{4.4}$$

파워의 표준 단위는 와트(1W=1J/s)이다. 예로 벤치 프레스에서 1초 간 들어올릴 때의 파워는 400W(400J/1)이고, 2초가 걸릴 때는 200W(400J/2)가 될 것이다. 전통적 시스템에서 파워는 마력(hp)로 측정되며 1hp=550 ft-lb/s이다.

파워는 또한 힘(F)과 속도(v)를 곱한 값으로 계산될 수 있다.

$$P = F \times v \tag{4.5}$$

점핑이나 던지기와 같이 빠른 스피드의 움직임은 파워가 많이 필요하다. 파워를 훈련하기 위해서, 그리고 파워풀한 움직임을 만들어내기 위해서는 빠른 스피드로 움직이는 동안 많은 힘을 생산해내야 한다. 수영, 걷기, 요가와 같은 일반적인 피트니스 운동 대부분은 비교적 느린 스피드로 수행되기 때문에 파워를 강화하는 데는 적합하지 않다. 파워 클린과 스내치, 무술에서의 발차기와 펀칭, 다양한 유형의 점프와 같은 '폭발적인' 운동이 파워의 발달을 보다 많이 이끌어낼 수 있다.

흥미로운 점은 '파워리프팅'이란 명칭의 스포츠가, 붙여진 이름에도 불구하고 파워 스포츠가 아닌 근력 스포츠로 분류되고 있다는 점이다. 파워리프팅의 세 가지 종목에는 스쿼트, 벤치 프레스, 데드리프트가 있다. 이중 최대힘을 발휘할 때 빠르게 수행하는 것은 없다. 파워리프팅을 성공적으로 수행하기 위해 확실히 많은 근력이 필요하지만, 파워 생산량은 올림픽 리프트보다 2~3배 가까이 낮다.[14]

에너지

'에너지'라는 용어도 다양한 의미를 지니고 있다. 예를 들어 아이들은 에너지가 굉장히 넘친다고 할 때 쓰기도 하고, 근로자들은 퇴근하기 전에 에너지가 다 빠져나갔다고 할 때 쓰기도 한다. 하지만 역학적 에너지(역학적 일에서처럼)는 특정 의미를 가지고 있다. **역학적 에너지(mechanical energy)**는 역학적 일을 수행할 수 있는 능력으로 정의된다. 많은 유형의 에너지(화학, 원자력, 전자기적 에너지 등) 가운데 역학적 에너지는 인체 움직임을 평가하고 기술하는 데 있어 가장 많이 사용되고 있다. 역학적 에너지는 운동 에너지(움직임 에너지)와 위치 에너지(변형 혹은 위치 에너지)로 분류된다. 움직임의 두 가지 유형과 일치하는 두 유형의 운동 에너지가 있다. '선 운동 에너지(LKE, linear kinetic energy)'는 아래와 같이 계산한다.

$$LKE = ½ \times m \times v^2 \quad (4.6)$$

m: 질량, v: 선형 속도

'각 운동 에너지(AKE, angular kinetic energy)'는 아래와 같이 계산한다.

$$AKE = ½ \times I \times \omega^2 \quad (4.7)$$

I: 관성의 모멘트, ω: 각 속도

두 운동 에너지 공식에서 중요한 요소는 속도 용어(v 그리고 ω)의 제곱이다. v와 ω에서의 비교적 적은 증가도 운동 에너지에 있어서는 커다란 증가를 가져올 수 있다. 예로 5m/s에서 6m/s(20% 증가된)로 스피드를 올리는 달리기 선수들은 선 운동 에너지가 44% 가까이 증가할 것이다.

위치 에너지는 두 가지 유형을 취할 수 있다. 첫 번째 유형으로 자세의 위치 에너지는 '중력 위치 에너지(gravitational potential energy)'라 불리는데 기준 높이(보통 지면)보다 위에 있는 신체 높이가 만들어낼 수 있는 잠재적 역학적 일을 말한다. 그래서 완전히 신전한 팔로 바벨을 머리 위로 유지하는 경우에 같은 바벨을 가슴 높이에서 들고 있는 것보다 중력 위치 에너지를 보다 많이 가지고 있는 것이다.

중력 위치 에너지(PE)의 크기는 아래와 같이 계산할 수 있다.

$$PE = m \times g \times h \quad (4.8)$$

m: 질량, g: 중력 가속도(~9.81m/s^2), h: 높이(미터, 지면을 기준으로의 높이)

위치 에너지의 두 번째 유형은 변형 에너지(deformational 또는 strain energy)로 불리며, 자세가 바뀔 때(스트레칭, 압박, 숙임, 비틀기) 몸 안에 저장되어 있는 에너지이다. 변형 에너지의 예로, 늘어난 아킬레스건, 장대높이뛰기 선수의 구부러진 장대, 척추 사이의 디스크 압박 등이 포함된다. 변형을 일으키는 힘이 제거되었을 때, 신체는 대개 처음의 모습(부하가 되지 않았을 때) 혹은 모양으로 되돌아오며 저장되어 있는 변형 에너지의 몇몇은 되돌아오거나 이완된다. 저장된 에너지는 전체가 되돌아오는 것은 아니며 그 일부는 열에너지로 잃게 된다. 변형 에너지의 저장과 보충은 이 장의 후반부에 설명하는 신전-단축 주기에 나와 있는 것과 같이 여러 움직임에서 중요하다.

역학 그리고 움직임 효율

생체역학 용어에서, **효율(efficiency)**은 주어진 대사적 투입량(에너지)으로 얼마나 많은 역학적 생산량(일)을 만들 수 있는가를 말한다. 역학적 생산량과 대사적 투입의 비율은 움직임 효율성이라 정의된다. 예를 들어 골격근은 약 25%만이 효율적이다. 실질적으로 이는 역학적 일을 수행하는 데 도움이 되는 근활성에 관여하는 대사적 에너지의 단 1/4밖에 안 된다는 것을 의미한다. 나머지 3/4은 에너지 보충 과정에서 사용되거나 열로 변환된다.[9]

역학적 일을 수행하는 근육의 상대적 비효율성뿐만 아니라, 몇 가지 활동이나 조건 또한 움직임 비효율성에 기여한다.[32] 아래와 같은 것들이 포함된다.

- 근육의 동시활성(관절의 반대편에서 **주동근** 활성에 대항하는 '**길항근**'의 활성)
- 덜컹거리는 움직임(jerky movement, 방향 변환에 필요한 사지를 가속, 감속하기 위한 대사적 에너지의 엇갈림)
- 관련 없는 움직임(달리기에서 균형을 위해 필요한 것 이상의 과도한 팔 동작)
- 등척성 작용(위치의 변화가 없는 등척성 과정에서는 역학적 일이 생산되지 않는다)
- 지나친 무게중심의 이동(주어진 일을 할 때 최소한의 필요 이상으로 신체의 중심선을 낮추거나 올리는 데 요구되는 대사적 에너지)

인체 움직임의 생체역학

역학 법칙들은 우리가 움직이는 방법을 결정한다. 하지만 퍼스널 트레이너는 사람은 기계가 아니고 생물학적 존재라는 것에 주목해야 할 필요가 있다. 근육계의 특별한 특징들이 힘과 토크를 어떻게 생산하는지에 영향을 미친다. 이 장에서는 근육의 구조와 기능에 대해서 논의하고자 한다.

근육

골격(가로 무늬)근은 체중의 40~45%에 해당하는 많은 양을 차지하며 수많은 필수 기능을 수행한다(예: 움직임, 보호, 열 생산). 신체 움직임에 있어 근육은 몸을 안정화시키고, 주요 관절 움직임에 필요한 힘을 만들어낸다. 근육의 역할을 이해하는 것은 퍼스널 트레이너의 필수 업무이다.

근조직은 다음 네 가지의 구별되는 특징을 가지고 있다.

① 피자극성(excitability): 자극에 반응하는 능력
② 수축성(contractility): 긴장이라고도 불리는, 잡아당기는 힘을 생산하는 능력
③ 신장성(extensibility): 신장되고 늘어나는 능력
④ 탄력성(elasticity): 힘이 제거되었을 때 원래의 길이와 모양으로 복원되는 능력

이러한 특성들 가운데 결여 혹은 위해가 있다면 움직임을 조절하고 만들어내는 근육의 능력에 영향을 미친다.

근육의 작용은 대부분 수의적인 조절이 되지만 반사적인 것(통증 자극에 의한 급속한 반응 같은)과 전형적인 운동(걷기와 같은 자동 비반사 작용) 또한 포함한다.

근육 구조

근육조직은 힘을 생산해낼 수 있는 구조적 요소('수축성 요소')와 연결조직처럼 힘을 생산할 수는 없지만 근육의 적절한 역학적 생리학적 기능을 위해 중요한 조직('비수축성 요소')으로 구성된다. 근육의 계층 구조는 1장의 그림 1.1에 묘사되어 있고, 그림 1.2에는 단일 근섬유에 대해 나와 있다. 근원섬유 사이에 힘 생산을 위한 기능적 단위는 근절이다(그림 1.3).

근육 사이의 섬유들은 다양하게 배열되어 있다(그림 4.10). 상완이두근과 반건양근과 같은 몇몇 근육에서는 근섬유가 근육의 기시와 정시 사이에서 평행하게 내려온다. 이러한 근육들은 '방추근(fusiform)'으로 분류된다. 다른 근육들에서 섬유는 보통 30도 미만의 각도에서 배열되어 있다. 이러한 각도를 **깃각**(pennation angle)이라 부른다. 반막양근과 같은 단우상근은 같은 당김 선에서 섬유들이 하나의 묶음으로 되어 있다. 대퇴직근과 같은 우상근은 두 묶음의 섬유들이 서로 다른 각도를 가지고 있다. 삼각근과 같은 다우상근은 다양한 각도로 작용하는 여러 섬유 묶음을 가지고 있다. 대흉근, 광배근과 같은 근육들은 방사 섬유 정렬을 가지고 있다.

깃은 보다 많은 근섬유가 주어진 용적만큼 메워지는 것을 허용하고 비-깃 근육들보다 더 많은 기능적 횡단면적을 제공하여 잠재적 힘 생산을 증가시키는 유리한 점을 가지고 있음이 증명되었다. 저항성 트레이닝은 근육의 구조를 바꾸지 못한다. 하지만 구조적 차이를 이해하는 것은 퍼스널 트레이너가 부상에 대한 잠재성과 근기능을 인식하는 데 도움을 줄 것이다.

가령 대퇴사두근은 힘을 생산하기 위해 고안된 반면 햄스트링 그룹은 빠르게 단축하는 데 적합하다. 이러한 차이로 인해 스프린팅과 점프와 같이 폭발적이고 높은 파워를 필요로 하는 부문에서 두 관절을 지나는 슬론골극(반막상근, 반건상근, 대퇴이두근 장두로 구성)은 단관절 근육인 대퇴사두근(내측광근, 외측광근, 중간광근으로 구성)보다 부상의 위험이 높다.

근활동의 유형

근육은 덤벨, 케이블, 밴드, 웨이트 기구와 같은 외부 힘에 저항하여 힘을 만들어낸다. 내부(근육)와 외부(저항) 힘에 의해 만들어진 순 토크는 관절의 움직임을 만든다.

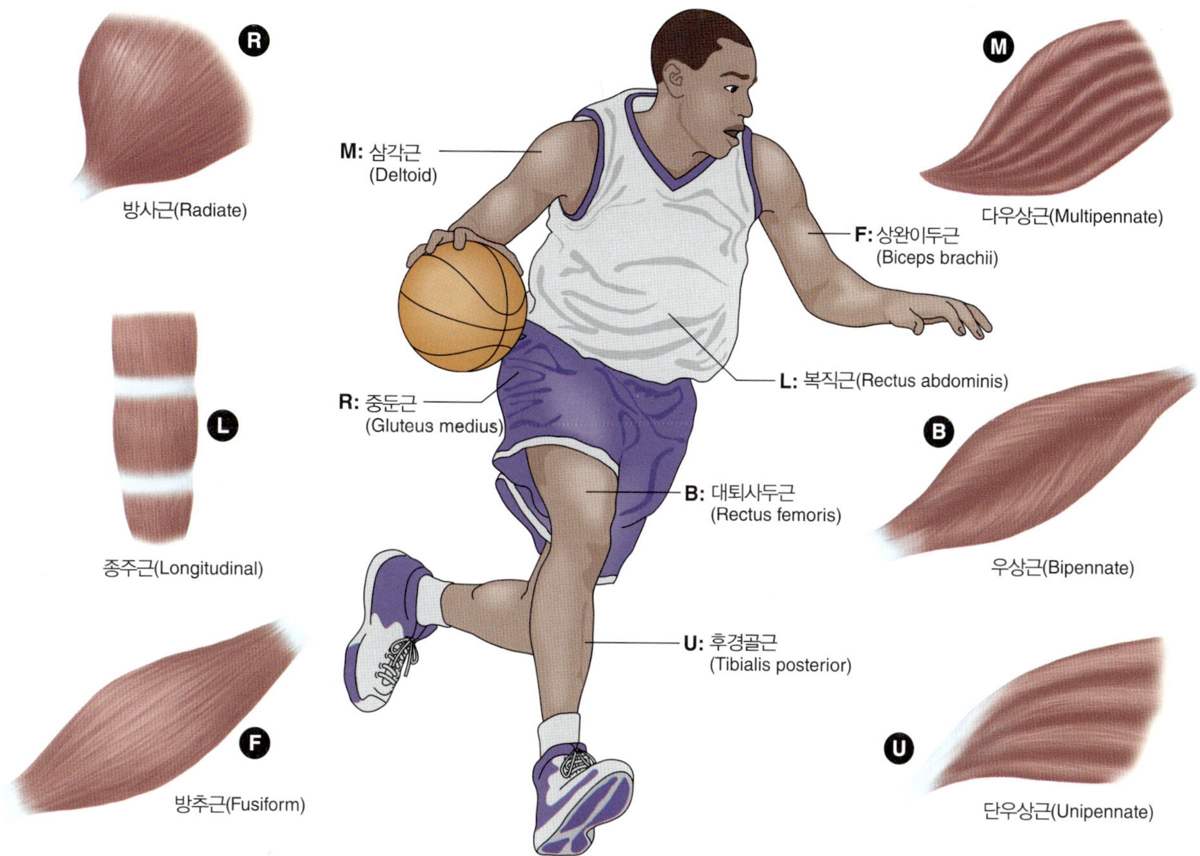

그림 4.10 근섬유의 정렬과 그 예

만약 순 토크가 제로라면 근활동은 등척성이며 관절의 움직임은 없다. 외부의 힘보다 근육에 의한 토크가 크다면 근활동은 단축성(근육이 짧아지며 활성)이 될 것이다. 반대로 외부 저항의 토크가 근육의 토크보다 크다면, 근활동은 신장성(근육이 신장되며 활성)이 될 것이다.

근활동의 유형은 생산되는 역학적 일 생산의 유형을 결정한다. 근육의 힘과 이동이 같은 방향이라면 양의 일(positive work)이 일어난다. 양의 일을 하는 동안, 에너지는 근육에 의해 만들어지고 **단축성 근활동**에 의해 분절로 이동된다.[26]

이와 반대로 근육의 힘과 방향이 서로 반대 방향이라면 음의 일(negative work)이 일어난다. 음의 일을 하는 동안, 분절에서 근육으로 에너지가 이동된다. 이 에너지는 **신장성 근활동**을 통해 근육에 의해 흡수된다. **등척성 근활동**을 하는 동안 관절의 움직임은 없고 일도 없는 것으로 정의된다. 하지만 이러한 근활동은 분절 사이에 에너지가 이동을 하는 데 있어 중요하다. 예를 들어 사이클에서 토클립에 발을 고정시키고 페달을 돌린다면, 발목 관절에서의 움직임은 거의 일어나지 않을 것이다. 하지만 비복근과 가자미근에서 많은 힘을 만들어낼 것이다. 이러한 근육들의 힘은 둔근과 대퇴사두근에 의해 만들어진 에너지를 페달로 이동시킨다.[13]

근활동의 유형(등척성, 신장성, 단축성)은 관절 움직임의 생산과 조절에 있어서 그리고 움직임 동안 신체 분절 사이의 에너지 이동에 있어서 중요한 요소이다.

길이-긴장

근육의 수축요소(액틴-마이오신)는 힘을 만들어낸다. 비수축성 요소(예: 연결조직 초, 건, 티틴 단백질) 또한 근건 단위의 전반적인 힘 윤곽에 기여를 한다. 근육의 모든 구조적 요소들이 결합한 효과는 길이-긴장(lengthtension) 관계에 반영되며, 이는 기본적으로 근건 단위에 의해 생산된 힘은 부분적으로 근 길이에 의해 결정된다는 사실을 말한다. 길이-긴장 곡선은 그림 4.11에 나와 있다.

역U 모양의 '능동적 요소'는 힘을 생산하는 데 있어 근절의 기여를 나타낸다. 만약 근절이 매우 짧다면 ① 액틴 필라멘트들이 완전히 겹치며, ② Z선에 대한 미오신 필라멘트 압력이 존재하고, ③ 미오신 결합 능력이 감소한다. 이 모든 것이 힘 생산의 감소를 일으킨다. 근절이 신장됨에 따라, 필라멘트가 겹쳐지는 최적의 범위에 도달하며 힘 생산이 최대로 늘어난다. 근절이 더 늘어나면, 액틴-필라멘트가 겹치는 것이 감소하며 힘 생산도 떨어진다.

비수축성 요소는 그림 4.11에 우측 길이-긴장 곡선에서 나타나듯이 휴식할 때보다 근길이가 신장될 때까지 근육 힘 윤곽에 기여하지 않는다. 곡선의 이 지점에서 수동적, 비수축성 요소는 반동이 생기기 때문에 저항성 긴장을 만들어낸다. 근건 단위의 전체 힘 생산은 능동적 수축성 그리고 수동적 비수축성 요소의 총계를 반영한다.

근육이 가로지르는 관절들의 가동범위가 있듯이 근육이 늘어나는 길이에는 한계가 있는 것이 분명하다. 이로 인해 그림 4.11과 같이 '기능적 범위(functional range)'가 나타난다. 길이-긴장 관계의 적용은 선 자세, 앉은 자세에서의 카프 레이즈 운동을 통해 쉽게 볼 수 있다. 비복근은 발목의 족저굴곡과 무릎굴곡을 하는 근육으로, 두 관절을 가로지르고 있다. 선 자세에서 비복근은 신장된 자세로, 무릎을 구부리고 앉아 비복근이 짧은 상태로 카프 레이즈를 할 때보다 더 많은 힘을 만들어낼 수 있다. 앉은 상태에서의 카프 레이즈는 근길이가 짧아진 상태이기 때문에 비복근의 역할은 감소되며 단관절인 가자미근에 보다 많은 힘을 요구하게 된다.

힘-속도

근길이에 더해, 힘을 생산하는 근육의 능력은 수축 시의 속도 혹은 스피드에 의존한다. 그림 4.12의 '힘-속도(force-velocity)' 곡선에서 각 지점은 근육이 최대 활성할 때 주어진 속도에서 생산할 수 있는 최대 힘을 나타낸다. 단축성 근활동을 하는 동안 보다 빠른 근육의 속도는 보다 낮은 근육의 힘 생산과 관계가 있다. 등척성 근활동을 하는 동안, 그 어떤 단축성 속도에서보다 더 많은 힘이 생산된다. 신장성 근활동을 하는 동안에는 단축성 혹은 등척성일 때보다 더 많은 힘이 생산될 수 있으며 움직임 스피드에 의해 영향을 덜 받는 것으로 나타난다.

힘-속도 관계는 바이셉스 컬 운동으로 설명할 수 있다. 부하가 없을 때는 팔꿈치 굴곡을 빠르게 할 수 있다. 무거운 무게를 들고 있다면 굴곡의 속도는 감소할 것이다. 무게를 움직이지 못할 때는 최대의 등척성 활동에 가깝게 있을 것이다. 무게가 더 무거워진다면 근육은 무게를 들어올릴 수 없으며 시작 자세를 유지하지도 못할 것이다. 근육은 오로지 힘-속도 곡선의 신장성 부분에서 발견할 수 있는 더 큰 힘과 상응하는 팔꿈치 신전 활동만을 조절할 수 있다.

신장성 근활동에 의해 생산된 보다 큰 힘은 '네거티브(negative)' 트레이닝을 위한 기초를 형성한다. 네거티브를 수행할 때, 내려가는 단계에서 저항이 증가하거나 올라가는 단계에서 약간의 보조가 주어진다. 트레이닝의

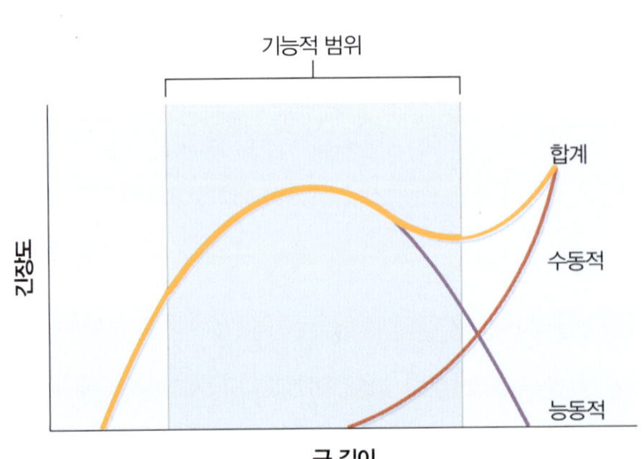

그림 4.11 골격근의 길이-긴장 관계

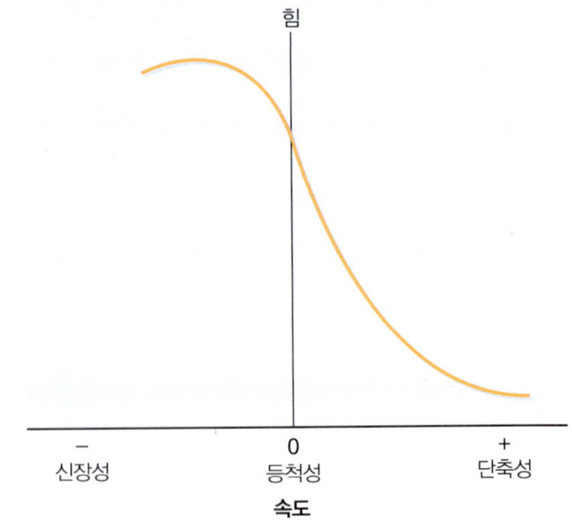

그림 4.12 골격근에서의 힘-속도 관계

이러한 형태는 근력과 근비대를 증가시키는 데 효과적인 방법이다.[16]

섬유 유형과 특정 긴장

근육의 최대 힘 생산 능력은 근육의 횡단면과 비례한다. 이론적으로 횡단면(cm^2)과 단위 구역당 수축의 힘(N/cm^2)을 곱해 근육의 힘(N)을 산출해낼 수 있다. 단위 구역당 수축의 힘은 '특정 긴장(specific tension)'이라 알려져 있다.[20] 고립 운동 단위에 대한 연구에서는 지근섬유($15N/cm^2$)보다 속근섬유가 보다 많은 특정 긴장($22N/cm^2$)을 가지고 있다고 한다.[5] 전체 근육들은 특정긴장을 매우 유동적으로 가지고 있다.[21] 우리 몸에는 근섬유의 유형이 섞여 있기 때문에 이러한 사실은 전혀 놀랍지 않다. 최신 지견에 의하면, 속근섬유가 지근섬유보다 단지 약간 높은 수준의 특정 긴장을 가지고 있다고 한다.[20] 하지만 속근섬유는 지근섬유보다 큰 경향이 있어서 발달시킬 수 있는 절대적 긴장이 더 크다.

동원

근육이 생산할 수 있는 힘의 최대량에는 근육 내, 그리고 근육 간의 협응 둘 다 영향을 미친다. 근육 내의 힘은 ① 운동 단위의 동원 빈도가 증가함으로써 ② 동원되는 운동 단위의 수가 증가함으로써 ③ 점차 보다 큰 운동 단위가 동원됨으로써 증가한다. 근육 상호간 혹은 여러 근육 사이에서 힘은 주동근과 협력근 활성 증가, 길항근 활성 감소, 혹은 둘 모두에 의해 증가될 수 있다. 트레이닝의 처음 몇 주간 근력의 개선은 신경계의 적응으로 인해 나타나는데,[23] 근력의 증가는 근육섬유 크기의 증가를 초과해 나타나기 때문이다.

퍼스널 트레이너는 이 사실을 인지하고 있어야 한다. 운동 초반의 큰 근력 상승에 고객은 크게 고무되지만, 곧 느려진 발전 속도 때문에 실망하게 된다. 퍼스널 트레이너는 고객을 격려하면서도, 느려진 발전 속도는 근비대에 의한 것이며 이것이 근력과 외모 변화에 얼마나 큰 영향을 미칠지를 설명해주어야 한다.

활성 시간 이력

근육의 힘 발생은 즉각적이지 않다. 최대 근육 힘 발생에는 0.5초까지 걸릴 수 있다.[31] 활동 지속시간이 0.5초 미만이라면 최대 근육 힘은 얻지 못할 것이다. 따라서 힘 발생률은 운동 수행력에 있어 중요한 특징이다. '힘 발생률(RFD, rate of force development)'은 힘 변화의 속도 또는 시간 변화에 따른 힘의 변화율로 정의된다. 힘 발생률을 파워와 혼동해서는 안 된다. 예를 들어 힘은 등척성으로 빠르게 발생할 수 있지만 근길이 변화가 없기에 파워는 제로이다. RFD는 저항 훈련으로 발달시킬 수 있다.[31]

RFD를 강화하는 다른 방법은 신전-단축 주기(SSC, stretch-shortening cycle)의 사용을 통해서이다. SSC는 신장성 근활동 후에 바로 단축성 근활동이 나타난다. SSC를 이용한 힘의 강화는 탄성 에너지의 저장과 신경 드라이브의 강화 때문이다.[6] 신장성 근수축 동안 근육이 힘을 발생시키고, 이 때문에 근육은 0의 힘으로 단축성 근활동을 시작하지 않는다. 이는 근육에 '미리 힘을 주는 것(pre-forcing)'이라 할 수 있다.[34]

프리-포싱은 벤치 프레스나 스쿼트 랙에서 스쿼트를 할 때 볼 수 있다. 바를 아래 자세에 놓고 시작할 때 더 들어올리기 힘들다. 반면 바를 들어올리기 전에 미리 힘을 준 상태, 즉 랙에서부터 들고 나와 위에서부터 시작할 때 조금 더 쉽다. 왜냐하면 근육이 프리-포싱되어 있기 때문이다. 또한 아래자세에서 근 프리-포싱 효과와 근 건복합체 탄성요소의 반동효과를 결합하여 빠르게 바의 방향을 전환하기 때문에 더 쉽다.

인체의 모멘트 암과 지레

모멘트 암은 개인 간에도 매우 상이하다. 바셋(Bassett)과 동료들은 극상근의 모멘트 암의 표준편차가 평균의 52%였다는 것을 증명했다.[3] 이러한 사실은 비슷한 근육 크기를 가지고 있는 두 사람 간에도 근력이 다를 수 있다는 것을 설명하는 데 도움이 될 것이다. 보다 큰 모멘트 암을 가지고 있는 사람(관절로부터 건의 정지가 보다 먼)은 같은 수준의 근육 힘을 위해 보다 많은 토크를 만들 수 있다. 이러한 원리는 그림 4.13에 나와 있다.

또한 그림 4.13에 보이는 또 다른 중요한 포인트가 있다. 근육과 건의 정지 부위 거리가 고정되어 있음에도 불구하고 근육의 모멘트 암은 관절 각도의 기능에 따라 변한다.[1] 신전할 때 토크를 생산하는 근육의 능력 또한 관절 각도의 기능에 따라 변한다. 관절의 가동범위 안의 몇몇 지점에서는 보다 많은 토크가 생산될 수 있다.

지레 시스템에는 세 가지 유형이 있다는 것을 기억하자. 지레 시스템에 의한 신체 관절 분류는 단순히 해부학적 구조에 전통적 역학을 적용하는 것 이상의 의미가 있다. 각 지레의 분류는 움직임 능력과 관련한 이점과 약점을 가지고 있다. 예를 들어 팔꿈치에서 작용하는 상완

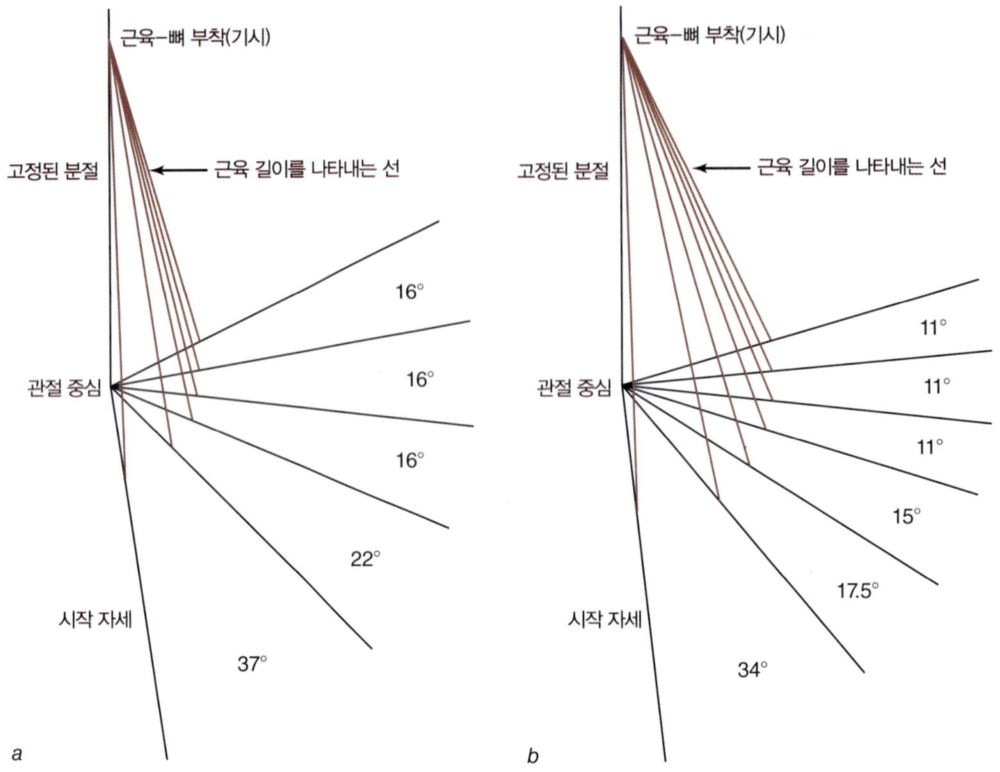

그림 4.13 건의 정지 부위가 관절 중심으로부터 가까울 때(a)와 멀 때(b) 근육 단축의 동일한 증가에 따른 관절 각도의 변화. b는 보다 큰 모멘트 암을 가지고 있어서 주어진 근육힘에 대한 토크가 더 크다. 하지만 근수축 단위당 회전이 작기 때문에 움직임 스피드가 더 느리다.

이두근과 같은 3종 지레에서는 팔꿈치 관절 축(받침점)과 저항 힘(예: 손에 있는 덤벨) 사이에 작용 힘(근육)을 가지고 있다. 이러한 구조적 정렬에서는 기계적 확대율(F_A 모멘트 암 / F_R 모멘트 암)이 1보다 훨씬 더 적다. 실용적인 측면에서 이는 짧은 모멘트 암을 의미하고, 근육은 팔꿈치에서 굴곡하려는 힘을 만들기 위해 상대적으로 더 많은 힘을 생성해야 한다. 해부학적 3종 지레의 분명한 약점은 효율적인 움직임 스피드(속도)를 증가시키는 관절의 능력에 의해서 상쇄된다. 팔꿈치를 신전하는 동안 각 변위는 손과 전완의 여러 지점에서 다른 선형 변위를 만들어낸다. 관절 축으로부터 점점 멀어지는 지점에서는 축에 가까운 지점들보다 곡선의 아크를 따라 보다 많은 거리를 움직인다. 같은 '각 속도'로 움직이는 전완의 모든 부위에서는 멀리 있는 부위(예: 덤벨)일수록 보다 큰 '선형 속도'를 가지고 있다. 이러한 움직임 이점은 투수가 공을 놓기 이전, 배구에서 스파이커가 공을 컨택하기 이전에 손에서 높은 속도를 만들어내는 데 각각 이용된다.

근력 그리고 스티킹 포인트

수행 능력과 관련해서 근력은 대개 힘을 만들어내는 능력으로 언급된다. 근력을 측정하는 방법은 단순한 방법(예: 어느 정도의 무게까지 들어올릴 수 있는지)부터 힘 변환기, 가속도계 그리고 **등속성**(isokinetic) 기구와 같이 첨단기술을 이용한 보다 정교하고 복잡한 방법들까지 다양하다. 근육의 힘 생산의 복잡성과 근육 힘 생성이 근 활동 스피드 그리고 저항 운동에 대한 적응에 의존한다는[2,11,25] 사실을 고려했을때, 근력의 보다 정확한 정의는 특정 속도에서 근육군, 혹은 근육이 만들어낼 수 있는 최대 힘이다.[17] 근력을 측정하는 동안 속도를 측정하는 것이 항상 가능한 것은 아니다. 그런 경우 보다 이전부터 이용됐던 간단한 방법들이 여전히 이용된다.

근력을 표현하는 것은 보통 '스티킹 포인트'라고 불리는 관절 가동범위 내 가장 약한 지점에서 들어올릴 수 있는 양으로 제한된다. 스티킹 포인트를 결정하는 것은 어렵다. 단순히 범위 혹은 동작 내에서 외부 저항의 모멘트 암이 가장 커지는 한 지점을 스티킹 포인트라고 할 수는 없다. 왜냐하면 바로 그 지점이 근육의 모멘트 암이 가장 큰 지점일 수도 있기 때문이다.[8] 스티킹 포인트는 아마도 외부 저항이 근육과 비교하여 가장 큰 역학적 이점을 가지고 있는 곳에서 일어날 것이다.

운동학적 그리고 동역학적 사슬

공학 기술에서는 일련의 연결들을 '운동학적' 사슬로 언급한다. 연결의 양끝이 고정되어 있다면, 사슬은 '닫혀 있다(closed)'고 말한다. 만약 한 연결 부위의 끝이 고정되어 있지 않다면, 그 사슬은 '열려 있다(open)'고 말한다. 닫힌 사슬에서의 기능적 결과는 한 관절이 예측 가능한 방식으로 다른 모든 관절의 움직임을 발생시키리라는 것이다. 열린 사슬은 이러한 제약을 받지는 않는다. 한 관절에서의 움직임이 또 다른 관절에서의 움직임을 만들어내지 않을 수도 있다.

1950년대 중반에 Steindler[28]는 신체는 '동역학적' 사슬로서 작용한다는 것을 제안했다. 그는 열린 운동사슬을 '관절의 끝이 자유로운 조합'으로, 닫힌 운동사슬은 '관절의 끝에서 자유로운 움직임을 금하거나 제지하는 상당한 외부 저항을 만나게 되는 것'으로 기술하였다. Steindler는 사슬은 오직 시각화된 움직임이 일어나지 않을 때에만 '전적으로 그리고 틀림없이 닫혀 있다'는 것을 언급했다. 하지만 그는 '사슬의 말단 관절이 압도적인 외부 저항과 만나는 모든 상황에 이 용어를 적용할 수 있다'고 생각했다. 이는 종종 말단분절(손, 발)이 고정되어 있는 것이라고 해석된다.

똑같은 이야기를 하는 것처럼 보이긴 하지만, 공학자들은 운동학(동작)이라는 용어를 사용한 반면 Steindler는 동역학(힘)이라는 용어를 사용했다.

'동역학적 사슬(kinetic chain)'은 공학, 로봇 공학에서는 사용되지 않는다. 엄밀히 따지면 운동학적 사슬(kinematic chain)이 올바른 표현이기 때문이다. '운동학적 사슬'이란 표현과 교대해서 사용하지 않는 한, 동역학적 사슬 또는 운동사슬이란 용어는 운동 관련 서적에서 보다 많이 사용된다.

Steindler는 사슬이 '전적으로 엄밀히 닫혀 있는' 것은 드물다고 하였다. 신체적 묘사를 볼 때는 분명하지만 그의 정의는 여전히 혼돈의 여지가 있다. 그가 '고려해야 할 만큼'의 외부 저항에 대해 설명하지 않았기 때문이다. 예를 들어 스쿼트와 레그 프레스는 운동학적, 동역학적으로 유사하지만[10] 스쿼트하는 동안은 말단분절(발)이 고정되어 있고 레그 프레스를 하는 동안은 움직인다. 이와 유사하게 벤치 프레스와 푸시업에서도 가동범위 내에서 유사한 근육활동을 가지고 있지만[4] '고려할만큼'의 외부 저항을 특정짓기는 힘들다.

움직임의 신체적 기술보다는 기능적 결과를 볼 때 용어들로부터 보다 많은 유용성을 얻을 수 있을 것이다. 열린 사슬은 사슬에서 단일관절의 움직임이 다른 관절들과 독립적으로 나타나고, 닫힌 사슬은 예측 가능한 방법으로 움직이는 사슬에서 단일관절의 움직임이 다른 관절들을 움직이게 만드는 것이다.[20] 그래서 열린 사슬 움직임은 각 저항(angular resistance)에 대항하는 단일관절 움직임(예: 암 컬, 레그 컬)을 말한다. 닫힌 사슬 움직임은 선 저항(linear resistance. 예를 들어 벤치 프레스, 스쿼트)에 대항하는 다관절의 움직임을 말한다.

닫힌 사슬 움직임에서 다양한 관절의 협력이 일어난다는 사실은 중요하다.[36] 선 자세로 체중부하가 되어 있는 동안 스쿼트를 수행한다면, 발목에서의 배측 굴곡과 고관절에서의 굴곡 없이는 무릎 굴곡이 일어날 수 없다. 어느 한 관절의 가동범위 제한은 전체 운동 가동범위에 영향을 줄 것이다. 이와 비슷하게 관절에서의 토크 또한 협력을 한다. 스쿼트 자세에서 아래로 내려감으로써 관절에서의 굴곡 각도는 증가하고, 사슬에서의 모든 근육들은 내부 토크를 증가시킨다. 어느 한 관절이 약하다면 결과적으로 전체 움직임의 수행 능력을 제한할 것이다.

열린 사슬과 닫힌 사슬이라는 용어를 사용할 때 주의가 필요하다. 왜냐하면 문헌에서 이 용어들을 어떻게 정의할지에 대한 보편적 동의가 없기 때문이다.

움직임의 근육적 조절

퍼스널 트레이너가 운동 프로그램을 고안하고 처방할 때 직면하는 일 중 하나가, 특정 관절에서 움직임을 만들어내고 조절할 때 어느 근육이 활성되는가를 분별하는 것이다. 앞서 논의되었던 것과 같이, 근육은 다음 세 가지 방법으로 활동한다. 등척성, 단축성 그리고 신장성. 주요 관절에서의 동심성 근수축은 표 4.2에 나와 있다. 퍼스널 트레이너에게 필요한 기본적인 기술은 ① 관여하는 특정 근육과 ② 근수축의 유형을 관절 움직임을 통해 결정하는 것이다.

다음에 나오는 근육 조절 공식은 관절 움직임을 위

해 근육이 관여하고 활동하는 것을 결정하는 단계별 알고리즘을 제공한다.[32] 공식에는 다음 6단계가 포함된다.

1단계: 관절 '움직임'(예: 외전, 굴곡), 혹은 위치를 알아낸다.

2단계: 다음의 질문을 통해 관절 움직임 또는 위치에 '외부 힘'(예: 중력)의 영향이 무엇인지 알아낸다. "근육 작용이 없다면 외부 힘이 만들어낼 움직임은 무엇인가?"

3단계: 1단계와 2단계에서의 답을 이용하여 '근육활동의 유형'(단축성, 신장성, 등척성)을 구분한다.

a. 만약 #1과 #2가 반대 방향이라면, 단축성 근작용으로 인해 근육이 능동적으로 짧아지게 된다. 움직임 속도는 요인이 아니다.
b. 만약 #1과 #2가 '같은' 방향이라면 다음과 같은 질문을 한다. "움직임의 스피드는 어떠한가?"
   1. 만약 스스로 생산될 수 있는 외부 힘보다 움직임이 '빠르다면', 근육은 '단축성 근작용'으로 능동적으로 짧아지고 있는 것이다.
   2. 만약 그 움직임이 외부 힘이 만들어낼 움직임보다 '느리다면', 근육은 '신장성 근작용'으로 능동적으로 신장되고 있는 것이다.
c. 만일 아무런 움직임이 발생하지 않지만 외부 힘이 스스로 작용하여 움직임을 만들어내고 있다면, 근육은 '등척성 근작용'을 하고 있다.
d. 다른 외부 힘의 작용 없이 중력을 가로지르는 움직임(예: 지면과 평행한)은 '단축성 근작용'에 의해 만들어진다. 중력이 관절 움직임에 영향을 주지 못한다면, 분절 자체의 관성에 대항하여 잡아당기는 단축성 작용이 필요하다. 움직임 스피드가 요인은 아니다.

지금까지 근육활동의 유형을 구분해보았다. 4~6단계까지는 움직임을 만들거나 조절하는 데 관여하는 근육들을 구분할 것이다.

4단계: '움직임 면'(관상면, 시상면, 횡단면)과 '회전축'을 구분한다. 이번 단계의 목적은 '움직임을 조절하는 근육들이 어느 면을 지나가는가?'(예: 굴곡근이 관절의 어떤 면을 지나면, 신전근은 그 반대면을 지난다)이다.

5단계: "움직이는 동안 근육이 관절축의 어느 면에서 길어지고 어느 면에서 짧아지는가?"를 질문하라.

6단계: 3~5단계까지의 정보들을 종합하여 '움직임을 만들어내고 조절하는 근육이 어떤 것인지 알아내라.' 예를 들어 3단계에서 단축성(짧아지는) 근작용이 필요하여 관절의 전면에 있는 근육이 짧아지고 있다면, 전면 근육들이 움직임을 만들어내고 있는 것이다. 구체적인 근육 이름에 대한 정보는 표 4.2에 나와 있다.

이제 근육 조절 공식을 바이셉스 컬 운동에 적용해보자. 팔꿈치 굴곡의 단순한 움직임(그림 4.14)을 보면, 사람은 자세 a(완전히 신전된 팔꿈치)에서 자세 b(굴곡된 팔꿈치)로 움직인다.

1단계: 움직임은 굴곡이다.

2단계: 외부 힘(중력)은 팔꿈치를 신전하려 한다.

3단계: 움직임(굴곡)은 외부 힘이 만들어내는 방향과 반대이므로 근육들은 단축성 작용으로 능동적으로 단축되고 있다.

4단계: 움직임은 팔꿈치 관절을 지나는 축의 시상면에서 일어난다.

5단계: 관절 전면부의 근육들은 움직이는 동안 단축되고, 후면부의 근육들은 신장된다.

6단계: 근육활동은 단축성(3단계)이며, 관절 전면부의 근육들은 단축된다(5단계). 그래서 전면부의 근육들이 능동적으로 움직임을 만들어낸다. 표 4.2의 정보들은 움직임에 관여하는 근육들로 상완이두근, 상완근, 상완요골근을 구분할 수 있다.

이제 그림 4.14를 보고 자세 b에서 자세 a로 팔꿈치를 신전하는 반대 움직임을 고려해보자. 움직임 스피드는 느리다(어떠한 근 활동이 없이 외부 힘이 작용한다고 가정할 때보다 더 느리다).

표 4.2 근수축 표

I. 고관절, 무릎관절의 근육

고관절			
신전	**굴곡**	**외전**	**외회전(lateral rotation)**
대둔근(gluteus maximus)	대요근(psoas major)	중둔근	대둔근
반건양근(semitendinosus)	장골근(iliacus)	*소둔근(gluteus minimus)*	이상근(piriformis)
반막양근(semimembranosus)	치골근(pectineus)	*대퇴근막장근*	상쌍자근(gemellus superior)
대퇴이두근 장두(biceps femoris long head)	대퇴직근(rectus femoris)	*대둔근 상부 섬유(gluteus maximus, superior fiber)*	내폐쇄근(obturator internus)
대내전근 후방섬유(adductor magnus, posterior fibers)	*단내전근(adductor brevis)*	*장요근*	하쌍자근(gemellus inferior)
	장내전근(adductor longus)	*장골근*	외폐쇄근(obturator externus)
	대내전근 전방 상부 섬유	*봉공근*	대퇴방형근(quadratus femoris)
	대퇴근막장근(tensor fascia latae)		*대요근*
	봉공근(sartorius)		*장골근*
			봉공근
내전	**내회전**		
치골근	소둔근		
단내전근	*대퇴근막장근*		
장내전근	*치골근*		
대내전근	*단내전근*		
박근(gracilis)	*장내전근*		
대둔근 하부 섬유	*대내전근 전방 상부 섬유*		

무릎관절			
신전	**굴곡**	**내회전***	**외회전**
내측 광근(vastus medialis)	반막양근	슬와근	대퇴이두근
중간 광근(vastus intermedius)	반건양근	반막양근	
외측광근(vastus lateralis)	대퇴이두근	반건양근	
대퇴직근	*봉공근*	*봉공근*	
	박근	*박근*	
	슬와근(popliteus)		
	비복근(gastrocnemius)		
	족척근(plantaris)		

II. 발목, 거골하관절 근육

발목관절		거골하 관절	
족저굴곡	**배측 굴곡**	**내번(inversion)**	**외번(eversion)**
비복근	전경골근(tibialis anterior)	전경골근	장비골근
가자미근(soleus)	장지신근(extensor digitorum longus)	후경골근	단비골근
족척근	제3비골근(peroneus tertius)	*장무지굴근*	제3비골근
후경골근(tibialis posterior)	*장무지신근(extensor hallucis longus)*	*장지굴근*	장지신근
장무지굴근(flexor hallucis longus)		*비복근*	
장지굴근(flexor digitorum longus)		*가자미근*	
장비골근(peroneus longus)		*족척근*	
단비골근(peroneus brevis)			

III. 상지대 그리고 어깨 관절 근육

상지대(shoulder girdle)

거상(elevation)	하강(depression)	후인(retraction)	전인(protraction)
견갑거근(levator scapula)	하부승모근(lower trapezius)	능형근	소흉근
상부승모근(upper trapezius)	소흉근(pectoralis minor)	중간승모근(middle trapezius)	전거근(serratus anterior)
능형근(rhomboids)			
상방회전(upward rotation)	**하방회전(downward rotation)**		
승모근	능형근		
전거근	견갑거근		
	소흉근		

어깨 관절(glenohumeral)

굴곡	신전	내전	외전
대흉근 쇄골지(pectoralis major clavicular portion)	대흉근 흉골지(pectoralis major sternal portion)	광배근	중부 삼각근(middle deltoid)
전방 삼각근(anterior deltoid)	광배근(latissimus dorsi)	대원근	극상근(supraspinatus)
상완이두근 단두(biceps brachii short head)	대원근(teres major)	대흉근 흉골지	전방 삼각근
오훼완근(coracobrachialis)	*후방 삼각근(posterior deltoid)*		*상완이두근*
	삼두근 장두(triceps brachii long head)		
내회전	**외회전**	**수평굴곡(horizontal flexion)**	**수평신전(horizontal extension)**
광배근	소원근(teres minor)	대흉근	중부 삼각근
대원근	극하근(infraspinatus)	전방 삼각근	후방 삼각근
견갑하근(subscapularis)	*후방 삼각근*	*오훼완근*	소원근
전방 삼각근		*상완이두근 단두*	극하근
대흉근			*대원근*
상완이두근 단두			*광배근*

IV. 팔꿈치, 요척골, 손목 관절 근육

팔꿈치 관절

굴곡	신전	요척골 관절	
상완이두근	상완삼두근	**회외(supination)**	**회내(pronation)**
상완근(brachialis)	*주근(anconeus)*	상완이두근	원회내근(pronator teres)
상완요골근(brachioradialis)		회외근(supinator)	방형회내근(pronator quadratus)
		상완요골근[**]	*상완요골근*[**]

손목 관절

굴곡	신전	요측 변위(외전) (radial deviation)	척측 변위(내전) (ulnar deviation)
요측수근굴근(flexor carpi radialis)	장요측수근신근(extensor carpi radialis longus)	요측수근굴근	척측수근굴근
척측수근굴근(flexor carpi ulnaris)	단요측수근신근(extensor carpi radialis brevis)	장요측수근신근	척측수근신근
천지굴근(flexor digitorum superficialis)	척측수근신근(extensor carpi ulnaris)	단요측수근신근	

심지굴근(flexor digitorum profundus)	*시지신근(extensor indicis)*		
장장근(palmaris longus)	*소지신근(extensor digiti minimi)*		
	지신근(extensor digitorum)		

V. 척주 근육

척주(흉추 그리고 요추 부위)			
굴곡	**외측 굴곡**	**동측 회전**	**대측 회전**
복직근	외복사근	내복사근	외복사근
외복사근(external oblique)	내복사근	척추기립근	다열근(multifidus)
내복사근(internal oblique)	요방형근(quadratus lumborum)		
장요근 요추 부위(psoas major lumbar region)	*복직근*		
	척추기립근		
신전			
척추기립근	다열근		

이탤릭체로 표기하지 않은 근육들은 주동근(prime movers)으로 보면 된다. 이탤릭체로 표기한 근육들은 보조근(assistant movers)들을 나타낸다.
* 회전은 무릎 굴곡시에만 일어날 수 있다.
** 완요골근 기능은 전완을 중간으로 혹은 중립 자세로 움직이는 것이다.

1단계: 움직임은 신전이다.

2단계: 외부 힘(중력)은 팔꿈치를 신전하려 한다.

3단계: 움직임(신전)은 외부 힘이 만들어내는 방향과 같기 때문에 우리는 질문한다. '움직임 스피드는 어떤가?' 스피드가 느리다면, 근육은 '신장성 작용'으로 능동적으로 늘어난다.

4단계: 움직임은 팔꿈치 관절을 지나는 축의 시상면에서 일어난다.

5단계: 후면부의 근육들이 단축되는 동안 전면부의 근육들은 길어진다.

6단계: 근육활동은 신장성(3단계)이고 전면부 근육들은 길어진다(5단계). 그래서 전면부 근육들은 능동적으로 움직임을 조절한다. 상완이두근, 상완근, 완요골근은 움직임을 조절하기 위해 관여하는 근육들이다. 이러한 활동에서 보통 팔꿈치 굴곡근(상완이두근, 상완근, 상완요골근)이라고 불리는 근육들이 신장성 작용을 통해 팔꿈치 신전을 조절한다.

자세 b에서 자세 a로 팔꿈치 신전이 빠르게 일어나면(예: 중력만 작용할 때보다 더 빠른 속도로), 빠른 신전을 만들어냄에 따라 팔꿈치 신전근(상완삼두근)의 단축성 작용은 근육 조절 공식의 영향을 받을 것이다.

공간의 제약으로 인해 여기서 더 이상의 예시를 제시할 수 없지만, 와이팅(Whiting)과 러그(Rugg)가 더 많은 예시를 제공한다.[32]

특정 운동을 평가하고 처방할 때 퍼스널 트레이너는 리프팅의 변수들과 움직임 기술이 근 동원에 영향을 줄 수 있다는 사실을 유념해야 한다. 다음 예시를 참조하라.

■ 팔꿈치 굴곡근(상완이두근, 상완근, 상완요골근)을 트레이닝하는 운동은 여러 가지가 가능하다(예: 해머 컬, 이지바 컬, 회외 컬, 리버스(회내) 컬). 전완의 위치가 상완이두근과 상완요골근 동원에 영향을 주기 때문에 각각의 운동에서 세 팔꿈치 굴곡근이 동일하게 사용되지 않는다. 예를 들어 해머컬은 상완요골근의 활성이 최대화되는데, 중간 자세에서는 상완요골근이 가장 강하기 때문이다(회내와 회외의 중간). 회외 컬은 상완이두근의 활성이 잘 일어나는데, 상완이두근은 전완을 회외시켜주는 가장 강력한 근육이며 회외된 자세에서 이점이 있기 때문이다. 반대로 상완근은 리버스 컬에서 주요 근육으로 작용하는데 척골의 정지 부위는 그 길이와 잡아당기는 선이 전완의 자세에 영향을 받지 않기 때문이다.

그림 4.14 바이셉스 컬. 자세 a에서 자세 b로 팔꿈치 굴곡, 자세 b에서 자세 a로 팔꿈치 신전.

상완이두근은 리버스 컬에 관여하지만, 상완이두근이 정지하는 전완이 회내된 자세에서는 최대의 힘을 만드는 데 있어 해부학적 불리함이 있다.

■ 플랫 벤치 프레스와 인클라인 벤치 프레스를 비교해보면 대흉근의 활성 부위가 다른 것을 볼 수 있다. 플랫 벤치 프레스에서는 주요 어깨 움직임은 수평 내전이고, 대흉근 흉골지에서 가장 큰 역할을 담당한다. 인클라인 벤치 프레스에서 어깨 움직임은 수평 내전과 굴곡의 조합이다. 인클라인 벤치의 기울기가 증가할수록 대흉근 흉골지의 관여도가 적어지며, 들어올릴 수 있는 무게도 줄어든다. 인클라인 프레스는 대흉근의 쇄골지 활성이 목표가 되는데, 쇄골지는 수평내전과 굴곡의 작용을 한다. 경사가 가파른 인클라인에서는 대흉근 흉골지의 관여가 적기 때문에 들어올릴 수 있는 무게가 상대적으로 적다.

■ 좁은 스탠스의 스쿼트에서는 고관절 신전근이 주동근의 역할을 한다. 넓은 스탠스의 스쿼트에서는 고관절 신전근과 내전근이 모두 관여를 하게 된다. 넓은 스탠스에서는 보다 많은 근육들이 관여를 하기 때문에 보다 무거운 무게의 리프팅이 가능하다.

> 움직임을 조절하는 근육과 운동의 수정이 이 근육들에 어떻게 영향을 미치는지 이해하는 것은 주어진 목표에 적합한 운동을 선택하는 데 중요한 요소이다.

저항성 운동의 운동역학

운동 능력(근력, 파워 혹은 지구력)을 개선시키기 위한 트레이닝은 시간이 지남에 따라 부하를 점진적으로 강화하여 적용하는 것이 필요하다. 많은 경우, 특정한 움직임 세트에 특정한 저항을 이용하여 과부하의 자극을 제공한다. 저항은 세 가지 유형 중에 하나로 구분될 수 있을 것이다. 지속적이거나 가변적인 혹은 환경에 따라 달라지는 저항. 다양한 저항의 운동역학에 대해 논의할 것이다.

지속적-저항 기구

지속적인 저항 힘은 가동범위 내내 변화하지 않는다. 프리웨이트와 특정 운동기구들은 지속적-저항 힘을 제공한다.

프리웨이트

프리웨이트는 움직임에 제한을 주지 않고, 고정된 질량을 가지고 있는 물체를 말한다. 이렇게 정의했을 때, 바벨, 덤벨, 메디신 볼, 신체(혹은 신체 일부) 모두가 프리웨이트라 생각할 수 있다. 프리웨이트는 중력의 방향(수직)과 지속적인 중력장에 있기 때문에 작용하는 힘(무게)을 가지고 있다. 그래서 프리웨이트가 만들어내는 움직임에 대한 저항은 움직임의 방향에 의존한다. 수직 방향에서 프리웨이트에 대한 저항은 물체의 무게와 가속도를 곱한 것에 질량의 무게를 더한 것과 같다(중력에 기인해 질량과 가속도를 곱함, -9.81m/s²). 다른 모든 방향에서 저항은 질량과 가속도를 곱한 것과 같다. 이러한 개념은 다음과 같이 표현할 수 있다.

$$F_R = ma+W \qquad (4.9)$$

물체의 무게 W는 수직이 아닌 모든 방향에서는 0이다.

프리웨이트를 움직이기(가속하기) 위해, 힘은 그 무게보다 약간은 더 커야만 한다. 그렇지 않다면 무게는 움직이지 않을 것이다. 이 역치보다 힘이 클수록 무게는 더 빠르게 움직인다. 운동을 한 번 반복할 때 보통 정적인 자세에서 시작하여(속도 0에서) 동작을 수행하고, 방향을 전환하여(속도가 0인 지점) 시작 자세로 돌아온다(속도는 다시 0이다). 설명은 간단하지만, 속도가(그리고 가속도가) 일정하지 않음은 분명하며 움직임 내내 변화한다. 하지만 움직임의 스피드가 충분히 느리다면 가속도를 0으로 추정하고 프리웨이트의 저항이 그 무게(mg)와 동일하며 일정하다고 계산한다.

외부 힘이 움직임 내내 일정하다 할지라도 내부 힘은 일정하지 않을 것이다. 그 이유는 이러한 힘이 토크를 만들어내며, 그 토크는 사지를 움직이는 몸으로 극복해야만 한다. 토크가 힘 곱하기 모멘트 암이라는 것과, 모멘트 암은 힘에서 회전축까지의 수직거리임을 기억하라. 단일-관절 움직임에서(그림 4.15에서의 암컬과 같은) 프리웨이트의 모멘트 암은 움직이는 범위 안에서 지속적으로 변하고 있다. 팔이 수평 위치에 있을 때, 프리웨이트의 모멘트 암은 가장 클 것이고 무게가 관절의 위 혹은 아래에 있는 두 방향에서는 감소될 것이다. 이러한 지점에서 모멘트 암은 0이 될 것이고, 결과적으로 토크도 0이 될 것이다.

운동 위치를 수정함으로써 관절의 가동범위를 통해 저항을 변화시킨다는 개념을 적용할 수 있다. 가령 선 자세에서 어깨 래터럴 레이즈 혹은 레그 컬을 할 때, 무게의 모멘트 암은 각각 어깨 외전 혹은 무릎 굴곡이 각각 90도 정도일 때인 팔과 다리가 수평일 때 가장 클 것이다. 만약 누운 자세에서(레그 컬) 혹은 옆으로 누운 자세(라테랄 레이즈)에서 운동할 때, 시작 자세(중립)에서 무게의 모멘트 암은 팔 혹은 다리가 수평일 때와 마찬가지로 여전히 가장 큰 상태일 것이다. 비슷하게, 선 자세에서 암컬을 하는 동안 팔꿈치 굴곡 90도에서 전완은 수평

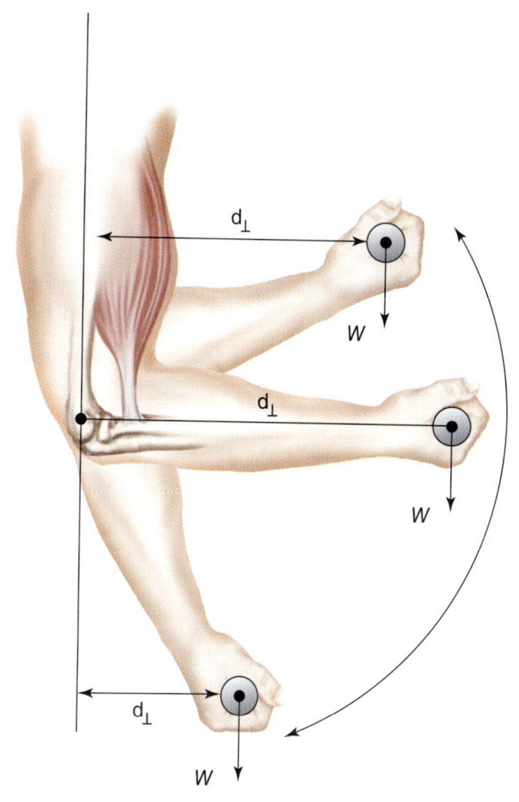

그림 4.15 컬 움직임을 하는 동안 팔꿈치에 가해진 무게로부터의 수평 거리($d_\perp$) 변화는 물체의 무게에 의해서 가해지는 토크도 변화시킨다.

이 된다. 프리처 컬을 할 때는 전완이 수평이 되었을 때 벤치와의 각도가 90도가 안 될 것이다. 이러한 개념을 이용하여 퍼스널 트레이너는 관절 가동범위의 다른 위치에서 근육계에 자극을 주기 위해 운동을 수정할 수 있다.

스쿼트나 벤치 프레스와 같은 다관절 움직임에서, 바가 지나는 길은 선형으로 나타나지만 선형 움직임은 관절에서의 각 운동에 의해 생산될 것이다. 같은 원리를 적용하면, 지속적인 무게의 저항은 모멘트 암이 가장 길 때 가장 클 것이다. 스쿼트과 벤치 프레스 모두에서 모멘트 암은 무게를 내리는 움직임에서는 가장 크고, 무게를 올리는 움직임에서는 감소한다. 가장 높은 위치에서 모멘트 암은 0이 되고 골격계는 근육활동의 관여가 거의 없는 상태에서 무게를 지지하고 있는 것이다.

다관절 움직임에서, 기술의 변형은 특정 관절의 근육에 대한 부하를 다른 관절로 전환할 수 있다. 예를 들어 스쿼트를 하는 동안, 체간을 앞으로 기울일수록 무게는 앞쪽으로 이동한다. 이는 무릎에서 모멘트 암을 감소시키고 고관절과 발목에서의 모멘트 암은 효과적으로 증가시킨다. 결과적으로 고관절 신전근과 족저굴곡근의 요

구도는 보다 증가할 것이고, 무릎 신전근의 요구도는 곧게 서 있는 자세와 비교했을 때보다 감소할 것이다.

운동중 특정한 역학적 제약에 대한 이해 또한 필요하다.[36] 스쿼트와 같은 운동 내내 균형을 유지하는 데 필수적이기 때문이다. 스쿼트시 바와 사람의 무게중심의 수직 투영은 양발의 기저면 내에 유지되어야만 한다. 바를 등 하부에 위치시킨 경우에는 균형을 유지하기 위해 몸을 앞으로 기울여야만 한다. 이러한 이유로, 고관절 신전근과 족저굴곡근 활성이 증가하고, 무릎 신전근 활성은 감소한다. 비슷하게, 어깨 전면에 바를 위치한 경우(예: 프론트 스쿼트), 몸을 보다 곧게 세울 필요가 있고, 무릎 신전근 활성은 증가하고, 고관절 신전근과 족저굴곡근 활성은 감소한다.

역학적 제약 내에서도 리프팅 기술의 변형이 발생할 수 있다. 더 많은 무게를 들어올릴 때, 고객은 상대적으로 약한 근육에서 더 강한 근육을 사용하는 쪽으로 미묘하게 또는 드러나게 전략을 바꿀 수 있다. 이러한 보상전략이 괜찮은지 아닌지를 판단하는 데는 많은 요인이 있으며 이 장의 논의에 벗어난다. 그러나 퍼스널 트레이너는 부상을 일으킬 수 있는 변형을 알아차리고 수정하는 데 각별한 주의를 기울여야 한다.

단일-다관절 움직임은 서로 보완해줄 수 있다. 가령 스쿼트를 하는 동안 대퇴사두근 활성은 무릎 굴곡 각도가 증가할수록 증가한다. 무릎 굴곡 각도가 가장 클 때인 앉은 자세에서 활성이 보다 증가하며, 무릎 굴곡 각도가 0에 가까울수록(무릎 최대 신전) 감소한다. 반대로 앉은 자세에서 니익스텐션 운동을 하는 동안에는 모멘트 암이 다리를 수평으로 했을 때 가장 크기 때문에, 대퇴사두근 활성은 무릎을 신전할 때 증가한다. 따라서 스쿼트와 니익스텐션 운동을 같이 수행할 때, 대퇴사두근의 전체 가동범위에 대한 훈련을 극대화할 수 있다. 다른 단 · 다관절 운동의 조합 또한 마찬가지이다.

운동기구

프리웨이트와는 다르게, 운동기구는 저항 움직임을 몇몇 방식으로 제한한다. 저항 움직임은 각 운동(예: 니 익스텐션, 니 컬 운동)이나 선형(레그 프레스 혹은 스미스 머신과 같은)이 된다. 몇몇 기구들은 여러 방향의 중심축으로 도르래를 이용하기도 하지만, 저항은 케이블의 방향에서만 움직일 수밖에 없으며, 이러한 기구들도 이 장의 목적에 따라 운동기구로 분류한다. 고정된 저항이 있는 운동기구는 움직임을 제한하지만, 외부 힘은 변하지 않는다. 단일 도르래를 이용하는 풀다운 기구, 스미스 머신이나 지레 및 고정된 축을 가진 도르래를 이용하는 기구들이 여기에 해당된다.

가변 저항 운동기구

가변 저항(variable-resistance) 힘은 관절 가동범위 안에서 증가하거나 감소(혹은 둘 모두)할 수 있다. 특정 운동기구, 탄력밴드, 튜빙 그리고 바벨의 끝에 부착된 체인은 가변 저항의 특성을 가지고 있다.

운동기구

가변 저항 운동기구는 관절 가동범위 안에서 변화하는 저항을 가지고 있다. 지레의 끝에 무게판을 더한 기구는 모멘트 암의 변화 때문에 저항을 변화시킨다(단일관절 운동을 할 때 사지의 끝에 프리웨이트를 더한 운동과 비슷). 최대 저항은 지레가 지면과 평행일 때 일어날 것이다. 근육

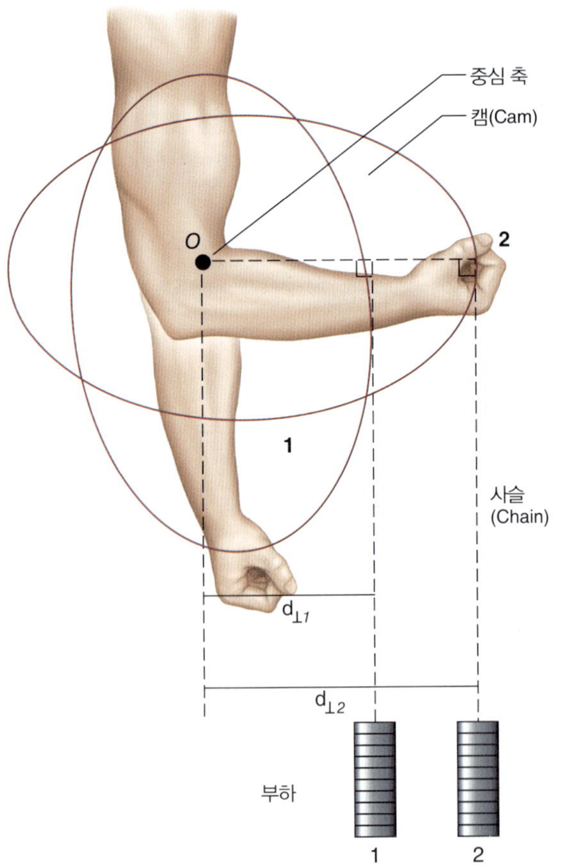

그림 4.16 캠 기반 저항 운동기구에서 운동중 무게가 작용하는 위치에 따라(체인에서 축까지 수평거리) 모멘트 암($d_{\perp}$)은 변화한다.

군에서 토크를 생산하는 최대 능력은 말단 원위 분절이 수평일 때만 일어나는 것은 아니다. 인체 근력 곡선(즉 가동범위 내 토크 생산이 가장 큰 지점에서 힘이 제일 많이 들며, 다른 지점에서는 힘이 덜 든다)과 부합하는 기구를 만들기 위해 가변범위를 가진 캠이 달린 기구가 개발되었다(그림 4.16). 가변 캠의 목적은 가동범위 내내 웨이트스택의 모멘트 암을 조정하여 다양한 근육군의 토크 생성 능력을 최대한 모방하는 것이었다. 하지만 모든 사람이 각 관절에 대해 각자 다른 근력 곡선을 갖고 있기 때문에 이러한 목적의 성취는 제한적이거나 성공하지 못했다.[12,15]

탄력 저항

탄력 특징을 가진 물질 또한 가변 저항을 제공한다. 여기서 저항은 후크의 법칙(Hooke's law)을 따른다.

$$F_R = -kx \quad (4.10)$$

k는 스프링 상수(spring constant. 즉 물질의 뻣뻣한 정도 혹은 신장에 대한 저항)를 그리고 x는 물질이 신장되었을 때 거리다. 탄력 튜빙, 탄력밴드, 코일 그리고 스프링은 저항을 제공하는 탄력 특성을 가지고 있다. k가 크면 클수록 신장되기 위해 보다 큰 힘이 필요하며 물질은 보다 뻣뻣해진다. 음의 부호는 신장되는 방향과 반대 방향이 되는 저항을 나타낸다. 프리웨이트에서와 달리, 저항 힘은 지속적이지 않고 안정시보다 신장된 거리와 비례해서 증가한다. 그래서 운동을 시작할 때는 저항이 최소가 되고, 움직일수록 증가하게 된다. 물질의 원래 길이(신장된 상태에서는 물질의 실제 길이가 아니다)에서 상대적인 변화와 관련된 저항을 상기하는 것은 중요하다.[27] 가령 튜빙을 원래 길이에서 0.5m 신장시키면 0.5m에서 1m까지 튜빙을 같은 거리로 신장시켰을 때와 다른 힘의 결과가 나타날 것이다. 물질의 거리가 똑같이 0.5m 신장되었지만 저항은 두 번째 케이스에서 보다 클 것이다.

탄성 물질의 또 다른 특징으로 종종 간과되고 있는 것은 피로 특성을 포함하고 있다는 것이다.[27] 신장 사이클이 반복되고 나면 이후에 물질은 저항을 제공하는 능력을 상실하게 될 것이다. 피로와 연관된 변화는 신장 사이클과 사이클 횟수당 변형의 통합에 기초하여 나타난다. 연구자들은 501 사이클 동안 처음 길이의 100%에 해당하는 변형을 가했을 때, 튜빙과 밴드에서 각각 5~6%, 9~12% 사이에서 감소된 저항을 제공하는 것을 발견했다. 200% 변형에서 처음 50회 반복을 하는 동안에는 10~15%까지 튜빙과 밴드 모두에서 제공되는 저항이 감소하였다.[28] 탄성 물질에서 보여주는 이와 같은 결과에 따르면 지속적인 부하를 가하기 위해서는 교체를 자주 해주어야 할 것이다.

부하를 단계별로 적용하는 것 또한 문제가 될 수 있을 것이다. 제조업자들은 물질 저항을 나타낼 때 종종 색상표를 사용한다. 색상표를 이해하기에는 그 차이가 난해하고, 튜빙과 밴드가 다를 수 있기 때문에 주의가 필요하다. 가령 한 회사의 녹색 밴드는 노란색 밴드의 저항보다 2배 가까이 강하고, 검은색 밴드는 녹색 밴드의 저항보다 1.5배 가까이 강하다. 같은 회사의 녹색 튜빙은 노란색 튜빙보다 5배 가까이 저항이 강하고, 검은색 튜빙은 녹색 튜빙보나 1.5배 가까이 저항이 강하다.[27]

사슬

최근 바벨에 무거운 금속 사슬(chains)을 걸어서 수행하는 리프팅이 저항을 다양하게 하는 방법으로 이용되고 있다. 이론적으로는 벤치 프레스와 스쿼트 같은 선형의 리프팅을 하는 동안, 저항은 리프팅을 하기 위한 가장 아래 지점에서 최대가 되고 점차 자세와 바가 위로 위치할수록 저항은 줄어든다(앞서 논의한 것을 참고). 바에 사슬을 걸면, 리프팅을 위한 아래 위치에서는 사슬의 무게가 대부분 바닥에 놓여 있다. 바를 들어올리면, 보다 많은 사슬이 바닥에서 들리면서 보다 많은 저항으로 리프팅 강화를 위한 방식이 제공된다. 이러한 운동에 대한 연구는 아직 초창기이다. 사슬 저항 역학을 위한 보다 많은 연구조사가 필요하다.

등 저항 운동기구

등 저항 운동기구(accommodating-resistance devices)는 작용 힘에 따라 저항 힘이 달라진다. 다르게 말하면, 등 저항은 고객의 노력에 비례하는 저항을 제공한다. 등 저항은 등속성 장비, 플라이휠, 유체 저항을 포함한다.

등속성 동력계

등속성 동력계(isokinetic dynamometers)는 최소한 명목상으로는 지속적인 각 속도를 제공하기 위해 움직임 스피드를 조절하도록 고안되었다(isokinetic이란 용어는 문자 그대로 '힘이 같다'는 의미이다. 하지만 등속성 운동 장비는 각 속도의 운동학적 변수를 조절하기 때문에 보다 정확한 용어는 'isokinematic'일 것이다. 하지만 'isokinetic' 용어가 널리 사용되고 있어, 우리는 기술적 차이를 고려하지 않고 이 장에서 'isokinetic'을 사용한다). 등속성 장비를 사용하면 0°

/s(등척성)에서 300°/s(신장성으로) 그리고 500°/s(단축성으로)까지 미리 정해진 스피드에서 사지를 움직인다. 하지의 움직임이 정해진 스피드를 넘어설 때, 장비는 특정 각 속도를 유지하기 위해 동일한 반대의 힘(토크)을 제공한다.[24] 이 힘(토크)은 운동을 하는 사람이 장비에 가하는 힘이다.

플라이휠

플라이휠(flywheels)은 줄을 잡아당겨 원판을 회전하도록 하는 운동이다. 저항은 원판의 회전축에서 떨어져 있는 거리에 위치한 질량과 함께 원판을 회전시킴으로써 제공된다. 플라이휠 저항은 각 가속이 증가할 때 증가한다. 다르게 말하면, 줄을 세게 당길수록 플라이휠에 의해 제공되는 움직임에 대한 저항이 보다 커진다.[7] 게다가 플라이휠의 운동 에너지는 저장된다(설계에 따라 80%까지). 당기는 끝 지점에서 줄은 되감기를 시작할 것이고, 운동하는 사람은 신장성 근 활동을 사용하여 저항해야 한다.

유체 저항

유압, 공압식 기구들은 실린더를 통하여 유체(유압식은 액체, 공압식은 가스)를 밀고 당기는 피스톤 작용을 사용하며, 수중 운동과 유사한 생체역학적 특성을 가지고 있다. 유체 저항(fluid resistance)은 다음 공식을 따른다.

$$F_R \propto \rho A v^2. \tag{4.11}$$

즉, 저항 힘은 유체 밀도(ρ), 표면 면적(A), 움직임 속도의 제곱(v^2)을 곱한 값과 비례한다. 기구에서 유체 밀도와 피스톤의 단면적은 기계 설계에 따라 고정되어 있기 때문에, 기구 저항은 운동 수행자의 움직임 속도 증가에 따라 증가한다. 이는 선형관계가 아니라는 점을 주목해야 한다. 속도가 배로 증가하면 저항은 네 배가 된다.

수중 운동 수행

수중 운동을 할 때, 중력은 아래 방향으로 작용하는 데 반해 부력은 위로 작용한다. 사람이 물에 떠 있을 때, 부력과 중력은 상쇄된다(즉 순 수직력은 0이다). 풀장의 얕은 쪽에서 운동을 수행할 때, 부력은 몸이 얼마만큼 잠기는지에 의존한다. 몸이 고관절(ASIS, 전상장골극 높이)까지 잠겼을 때 부력은 대략 50% 가까이 되며, 목(경추 7번 높이)까지 잠기면 90%까지 증가한다.[30]

이러한 사실이 부력 지지, 부력 보조 혹은 부력 저항을 통한 운동을 할 때 이용될 수 있다.[31]

- 부력 지지 운동은 풀 바닥과 평행하게 일어난다. 가령 목까지 물에 잠긴 상태에서 어깨 수평 외전과 내전을 수행하면 부력은 팔을 지지하는 데 도움을 주고, 저항은 움직임의 방향에서 주로 유지될 것이다.
- 부력 보조 움직임은 부력 방향에서 일어난다.
- 부력 저항 움직임은 부력 반대 방향에서 일어난다.

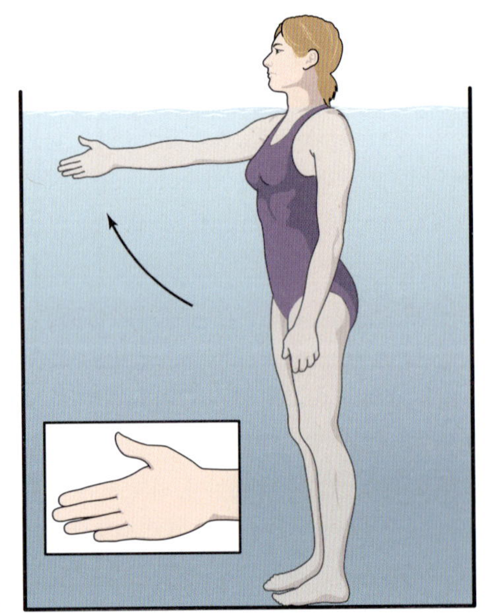

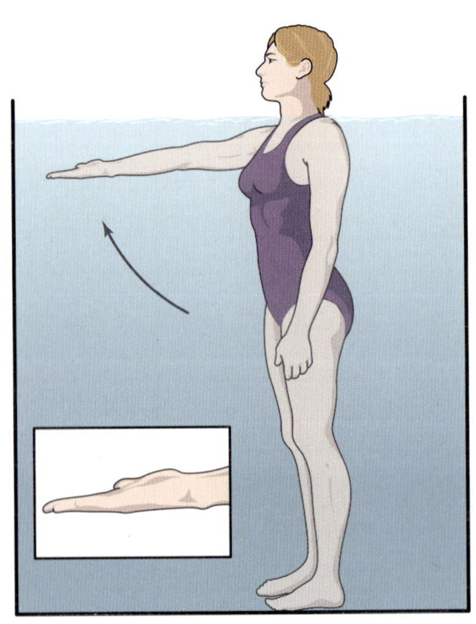

그림 4.17 수중 어깨 굴곡. (a) 손바닥이 정중선을 향함. (b) 손바닥이 전방을 향함.

목까지 물에 잠겼을 때 부력은 어깨 굴곡 수행에 도움을 준다. 반대로 어깨 신전을 수행하고 반대 방향으로 움직이려 할 때는 부력을 극복해야만 한다. 아쿠아 덤벨과 같은 몇몇 기구들은 부력을 증가시킨다. 이러한 기구들은 부력 보조 운동을 더 쉽게, 부력 저항 운동을 더 어렵게 만든다.

물에 의해 생기는 저항 힘을 '드래그(drag)'라고 하며 앞서 논의한 유압기구의 공식을 따른다(공식 4.11). 기구에서 힘은 유동적이며 속도의 제곱에 비례한다. 게다가 표면적 A는 저항의 정도를 증가시키거나 감소시키기 위해 조정될 수 있다. 수중에서 하는 어깨 굴곡과 신전을 생각해보라. 손바닥이 전면 부위가 아닌 내측을 향한다면 표면적은 보다 적어질 것이고(그림 4.17), 운동은 보다 쉬워질 것이다. 물갈퀴 또는 패들을 사용하여 해부학적 자세에서 수행을 한다면 운동을 보다 어렵게 만들 수 있다. 유압기계에서 저항 힘과 같이, 저항 힘은 물에 의해 제공되고 항상 움직임의 반대 방향으로 작용한다. 그러므로 그 힘을 극복하기 위해 필요한 근 작용은 항상 단축성이 될 것이다.

> 저항 유형의 선택은(지속적, 가변적 혹은 환경에 따라 달라지는) 안전하고 효율적인 운동 프로그램을 고안하는 데 중요한 요소이다.

결론

기본적인 운동역학 원리들을 이해하는 것은 부상 같은 위험을 최소화하고, 원하는 트레이닝 효과를 이끌어낼 수 있는 운동이 무엇인지 판단하는 데 중요하다. 운동역학의 견실한 기초를 가지고 있는 퍼스널 트레이너는 트레이닝 목표를 설정하는 데 보다 준비를 잘할 수 있으며, 고객의 신체 수준을 향상시키는 데 효율적이고 효과적인 운동 프로그램을 처방할 수 있다.

연구 문제

1. 다음 중 고객에게 가장 큰 파워를 요구하는 운동은 무엇인가?

   A. 1초 안에 60kg 웨이트 리프팅
   B. 0.1초 안에 60kg 웨이트 리프팅
   C. 1초 안에 30kg 웨이트 리프팅
   D. 0.1초 안에 30kg 웨이트 리프팅

2. 다음 중 열린 사슬 운동(open chain exercise)의 가장 좋은 예를 보여주는 것은?

   A. 스탠딩 바벨 컬　　B. 푸시업
   C. 스쿼트　　D. 풀업

3. 다음 중 단축성 힘 생산을 증가시키는 것은?

   A. 감소된 비율 부호화(rate coding)
   B. 관절 가동범위에 대해 감소된 지레
   C. 증가된 수축 속도
   D. 증가된 생리학적 단면적

4. 다음 중 스쿼트 운동의 움직임 단계 중 내려갈 때 근육 조절에 관하여 가장 잘 서술한 것은?

   A. 힙 신전근, 무릎 신전근, 발목 족저굴곡근은 단축성 수축을 한다.
   B. 힙 굴곡근, 무릎 굴곡근, 발목 배측 굴곡근은 단축성 수축을 한다.
   C. 힙 신전근, 무릎 신전근, 발목 족저굴곡근은 신장성 수축을 한다.
   D. 힙 굴곡근, 무릎 굴곡근, 발목 배측 굴곡근은 신장성 수축을 한다.

응용 지식 문제

몸에 적용할 수 있는 외부 저항의 각 유형별로 저항성 트레이닝 운동과 장비의 예를 차트에 기술하여 채우도록 하라.

외부 힘의 유형	예
프리웨이트	
지속적 저항 기구	
가변 저항 기구	
탄성 물질	
등 저항 운동 장비	

참고문헌

1. An, K.N., F.C. Hui, B.F. Morrey, R.L. Linscheid, and E.Y. Chao. 1981. Muscles across the elbow joint: A biomechanical analysis. *Journal of Biomechanics* 14 (10): 659-661.
2. Andersen, L.L., J.L. Andersen, S.P. Magnusson, C. Suetta, J.L. Madsen, L.R. Christensen, and P. Aagaard. 2005. Changes in the human muscle force-velocity relationship in response to resistance training and subsequent detraining. *Journal of Applied Physiology* 99 (1): 87-94.
3. Bassett, R.W., A.O. Browne, B.F. Morrey, and K.N. An. 1990. Glenohumeral muscle force and moment mechanics in a position of shoulder instability. *Journal of Biomechanics* 23 (5): 405-407.
4. Blackard, D.O., R.L. Jensen, and W.P. Ebben. 1999. Use of EMG analysis in challenging kinetic chain terminology. *Medicine and Science in Sports and Exercise* 31 (3): 443-448.
5. Bodine, S.C., R.R. Roy, E. Eldred, and V.R. Edgerton. 1987. Maximal force as a function of anatomical features of motor units in the cat tibialis anterior. *Journal of Neurophysiology* 57 (6): 1730-1745.
6. Bosco, C., J.H.T. Vitasalo, P.V. Komi, and P. Luhtanen. 1982. Combined effect of elastic energy and myoelectrical potentiation during stretch-shortening cycle exercise. *Acta Physiologica Scandinavica* 114 (4): 557-565.
7. Chiu, L.Z.F., and G.J. Salem. 2006. Comparison of joint kinetics during free weight and flywheel resistance exercise. *Journal of Strength and Conditioning Research* 20 (3): 555-562.
8. Elliott, B.C., G.J. Wilson, and G.K. Kerr. 1989. A biomechanical analysis of the sticking region in the bench press. *Medicine and Science in Sports and Exercise* 21 (4): 450-462.
9. Enoka, R.M. 1994. *Neuromechanical Basis of Human Movement*. Champaign, IL: Human Kinetics.
10. Escamilla, R.F., G.S. Fleisig, N.G. Zheng, S.W. Barrentine, K.E. Wilk, and J.R. Andrews. 1998. Biomechanics of the knee during closed kinetic chain and open kinetic chain exercises. *Medicine and Science in Sports and Exercise* 30 (4): 556-569.
11. Finni, T., S. Ikegawa, V. Lepola, and P.V. Komi. 2003. Comparison of force-velocity relationships of vastus lateralis muscle in isokinetic and in stretch-shortening cycle exercises. *Acta Physiologica Scandinavica* 177 (4): 483-491.
12. Folland, J., and B. Morris. 2008. Variable-cam resistance training machines: Do they match the angle-torque relationship in humans? *Journal of Sports Sciences* 26 (2): 163-169.
13. Fregly, B.J., and F.E. Zajac. 1996. A state-space analysis of mechanical energy generation, absorption, and transfer during pedaling. *Journal of Biomechanics* 29 (1): 81-90.
14. Garhammer, J., and T. McLaughlin. 1980. Power output as a function of load variation in olympic and power lifting. *Journal of Biomechanics* 13 (2): 198.
15. Harman, E. 1983. Resistive torque analysis of 5 nautilus exercise machines. *Medicine and Science in Sports and Exercise* 15 (2): 113.
16. Hather, B.M., P.A. Tesch, P. Buchanan, and G.A. Dudley. 1991. Influence of eccentric actions on skeletal-muscle adaptations to resistance training. *Acta Physiologica Scandinavica* 143 (2): 177-185.
17. Knuttgen, H., and W.J. Kraemer. 1987. Terminology and measurement in exercise performance. *Journal of Applied Sport Science Research* 1 (1): 1-10.
18. Lehmkuhl, L.D., and L.K. Smith. 1983. *Brunnstrom's Clinical Kinesiology*. Philadelphia: Davis.
19. Le Système International d' Unités. 2006. Sevres, France: Bureau International des Poids et Mesures.
20. Lieber, R.L. 1992. *Skeletal Muscle Structure and Function: Implications for Rehabilitation and Sports Medicine*. Baltimore: Williams & Wilkins.
21. Maganaris, C.N., V. Baltzopoulos, D. Ball, and A.J. Sargeant. 2001. In vivo specific tension of human skeletal muscle. *Journal of Applied Physiology* 90 (3): 865-872.
22. McGill, S.M. 2007. *Low Back Disorders: Evidence-Based Prevention and Rehabilitation*. Champaign, IL: Human Kinetics.
23. Moritani, T., and H.A. deVries. 1979. Neural factors versus hypertrophy in the time course of muscle strength gain. *American Journal of Physical Medicine & Rehabilitation* 58 (3): 115-130.
24. Perrin, D.H. 1993. *Isokinetic Exercise and Assessment*. Champaign, IL: Human Kinetics.
25. Perrine, J.J., and V.R. Edgerton. 1978. Muscle force-velocity and power-velocity relationships under isokinetic loading. *Medicine and Science in Sports and Exercise* 10 (3): 159-166.
26. Robertson, D.G.E., and D.A. Winter. 1980. Mechanical energy generation, absorption and transfer amongst segments during walking. *Journal of Biomechanics* 13 (10): 845-854.

27. Simoneau, G.G., S.M. Bereda, D.C. Sobush, and A.J. Starsky. 2001. Biomechanics of elastic resistance in therapeutic exercise programs. *Journal of Orthopaedic and Sports Physical Therapy* 31 (1): 16-24.

28. Steindler, A. 1973. *Kinesiology of the Human Body Under Normal and Pathologic Conditions.* Springfield, IL: Charles C Thomas.

29. Steinkamp, L.A., M.F. Dillingham, M.D. Markel, J.A. Hill, and K.R. Kaufman. 1993. Biomechanical considerations in patellofemoral joint rehabilitation. *American Journal of Sports Medicine* 21 (3): 438-444.

30. Thein, J.M., and L.T. Brody. 1998. Aquatic based rehabilitation and training for the elite athlete. *Journal of Orthopaedic and Sports Physical Therapy* 27 (1): 32-41.

31. Thorstensson, A., J. Karlsson, J.H.T. Vitasalo, P. Luhtanen, and P.V. Komi. 1976. Effect of strength training on EMG of human skeletal-muscle. *Acta Physiologica Scandinavica* 98 (2): 232-236.

32. Whiting, W.C., and S. Rugg. 2006. *Dynatomy: Dynamic Human Anatomy.* Champaign, IL: Human Kinetics.

33. Whiting, W.C., and R.F. Zernicke. 2008. *Biomechanics of Musculoskeletal Injury.* Champaign, IL: Human Kinetics.

34. Zajac, F.E. 1993. Muscle coordination of movement: A perspective. *Journal of Biomechanics* 26 (S1): 109-124.

35. Zajac, F.E., and M.E. Gordon. 1989. Determining muscle's force and action in multi-articular movement. *Exercise and Sport Sciences Reviews* 17: 187-230.

36. Zatsiorsky, V.M. 1998. *Kinematics of Human Motion.* Champaign, IL: Human Kinetics.

저항 훈련에 대한 적응 현상

Joseph P. Weir, PhD, and Lee E. Brown, EdD

학습 목표

- 저항 운동에 대한 일시적, 지속적 적응 현상에 대해 묘사할 수 있다.
- 저항 훈련 적응 현상의 규모와 속도에 영향을 미치는 요소를 알 수 있다.
- 목표에 맞는 특정한 적응 현상을 극대화하는 저항 훈련 프로그램을 구성할 수 있다.
- 과훈련을 방지하는 저항 훈련 프로그램을 구성할 수 있다.
- 훈련 중지가 미치는 영향을 이해하고 그것을 줄이는 방법을 알 수 있다.

저항 훈련 프로그램을 시작하게 됨에 따라 고객의 몸에 눈에 띄는 여러 가지 변화들이 발생한다. 이 장에서는 일시적이고 지속적인 저항 훈련에 따라 발생하는 신체적인 적응 현상에 대해 알아볼 것이다. 퍼스널 트레이너가 이러한 적응 현상에 대해 이해하고 있다면 고객 개개인의 필요성에 가장 적합한 저항 훈련 프로그램을 구성할 수 있다. 적응 현상에 대한 이해도가 높은 퍼스널 트레이너들은 목표를 달성하기 위하여 각각의 생리학적 기관들을 어떻게 훈련해야 하는지에 대해 예리한 감각을 가지고 있다.

이 장에서는 점진적인 과부하를 통한 일반적인 적응 현상에 대해 설명한다. 이러한 적응 현상에는 신경, 근육과 연부조직, 골격, 대사, 호르몬, 심폐, 마지막으로 신체 구성에 대한 변화 모두가 포함된다. 모든 종류의 훈련과 마찬가지로 저항 훈련은 매우 구체적이다. 그러므로 우리는 저항 훈련의 특수성에 대한 구체적인 부분을 살펴볼 것이다. 우리는 또한 생리학적 적응 현상에 성별, 나이, 그리고 유전적인 요인이 미치는 영향에 대해 설명할 것이다. 이 장의 마지막 부분에서는 과훈련에 대하여 다룰 것이다. 과훈련(overtraining)은 원치 않는 생리학적 반응으로, 개인 훈련 환경에서 반드시 발생치 않도록 해야 한다. 뿐만 아니라 훈련 중지(detraining)의 영향과 그것을 피하는 방법 또한 다룰 것이다.

저항 훈련에 대한 기본적인 적응 현상

저항 훈련의 적응 현상에 대해 공부할 때 일시적(acute) 혹은 지속적(chronic)직인 적응 현상의 차이를 구별하는 것은 매우 유용하다. 일시적 적응 현상은 보통 운동에 대한 '반응(responses)'이라고 부르기도 하며 한 번의 운동 도중 그리고 직후에 신체에서 발생하는 변화를 말한다. 예를 들어 크레아틴인산과 같은 근육 내 연료 기질(基質)은 한 번의 훈련 도중 급격히 감소할 수 있다. 이와 반대로 지속적 적응 현상이란 반복적인 훈련 이후 발생하는 신체 내 변화를 말하며 훈련 세션이 끝난 한참 후에도 지속된다. 예를 들어 장기간의 저항 훈련은 근매스를 증가시키며, 이는 근육의 힘 생산 능력을 크게 발달시킨다. 이 장의 다음 두 세션에서는 저항 훈련에서 일반적으로 발생하는 일시적이거나 지속적인 적응 현상에 대해 다룬다.

> 일시적 적응 현상은 한 차례의 훈련 도중 또는 직후에 발생하는 신체 내 변화이다. 지속적 적응 현상은 반복적인 훈련 이후 발생하여 훈련 세션이 끝난 이후에도 오래 지속되는 신체 내 변화를 말한다.

근육의 크기(size)와 근력(strength)의 증가를 유도하는 핵심은 근육기관에 과부하를 주는 것이다. 이는 근신경계가 기존에 경험하지 못했던 훈련 스트레스를 경험해야만 한다는 것을 의미한다. 뼈와 연부조직에 대한 적응 현상 또한 마찬가지다. 점진적인 과부하는 근육이 더 무거운 무게를 다룰 수 있도록 만들어주며 이는 다양한 생리학적 적응 현상이 발생했다는 것을 나타낸다. 저항 훈련의 과부하에 대해서 설명하는 수많은 연구에 따르면 훈련 프로그램 초반에 더 무거운 무게를 다룰 수 있는 근 능력이 빠르게 향상하는 이유는 저항 훈련의 초기 단계에서 운동 단위 활성화가 급격하게 증가하기 때문이다. 과학적 연구조사에 따르면 저항 훈련 초기 단계에서의 근력 향상은 주로 신경학적 적응에 의한 것이다. 또한 이 기간 동안 근단백질의 특성(마이오신중쇄와 아데노신 삼인산과 같은) 또한 변화하여 보다 빠르고 강한 수축이 가능하게 된다.

근육 크기의 절대적인 증가는 주로 유전적인 요인에 의해 결정되긴 하지만, 수많은 연구 결과에 따르면 저항 훈련을 통해서도 근비대가 발생한다. 근섬유 비대는 보통 훈련 프로그램이 시작된 후 대략 8주에서 12주까지는 측정할 수 없다. 저항 훈련에 대한 근비대적, 신경학적 적응 현상의 지속적인 상호작용은 장기간의 훈련을 통해 계속된다. 장기적 훈련이 근비대에 미치는 영향에 대한 연구는 적지만 근육의 크기와 근력의 절대적인 증가는 고객 스스로의 유전적인 한계에 도달할수록 점점 적어진다. 그렇다 할지라도 평생에 걸쳐 지속적으로 훈련한다면 고객의 삶의 질을 향상시키고 노화 현상을 최소화하는 데 도움이 될 것이다.

저항 훈련을 통해서 세포에서 발생하는 적응 현상은 다양하다. 무산소성 효소 수량의 변화, 축적 에너지 기질(글리코겐, 포스파겐과 같은)의 변화, 근원섬유 단백질 함유량의 증가(액틴과 마이오신 단백질의 증가), 비수축성 근단백질의 증가 등이 이에 포함된다. 또한 특정한 힘과 파워 필요량 생산을 위한 운동 단위 활성화를 돕기 위해 중추와 말초 신경계 내에서 중요한 변화가 일어난다. 더 나아가 저항 훈련 프로그램에 대한 적응을 지원하는 다른 생리학적 기관(내분비기관, 면역기관, 심폐기관)에도 변화가 발생한다. 이러한 모든 적응 현상은 저항 훈련으로 인한 근신경계의 힘, 속도, 파워 능력의 향상을 뒷받침한다.

일시적 적응 현상

한 세션의 훈련 도중 그리고 직후에 발생하는 근신경계의 단기적 변화는 만성적 적응을 유도한다. 이 세션에서는 저항 운동에 대한 주된 급성 반응, 특히 신경계, 근육계, 내분비계와 관련된 반응에 대해 개략적으로 설명할 것이다. 이러한 급성 반응은 표 5.1에 요약되어 있다.

신경학적 변화

저항 훈련을 할 때는 다른 모든 신체활동과 마찬가지로 골격근의 활성화가 필요하다. 골격근의 활성화 과정에는 근세포막(근초)의 활동전위 발생이 포함되는데, 이는 특정한 근육 세포를 **신경지배(innervates)** 또는 자극하는

표 5.1 저항 훈련에 대한 일시적 반응

변수	급성반응
신경학적 반응	
EMG 진폭	증가
동원된 운동 단위의 수	증가
근육계의 변화	
수소이온 농도	증가
무기인산 농도	증가
암모니아 수준	증가
ATP 농도	변화 없거나 약간 감소
CP 농도	감소
글리코겐 농도	감소
내분비계의 변화	
에피네프린 농도	증가
코티졸 농도	증가
테스토스테론 농도	증가
성장호르몬 농도	증가

EMG: 근전도, ATP: 아데노신 삼인산, CP: 크레아틴 인산염.

알파 운동 뉴런으로부터의 아세틸콜린 방출을 통해 이루어진다. 활동전위는 근초(sarcolemma)의 전압 변화로 표현되는데, 이는 표면 또는 근육 내 전극을 통해 볼 수 있다. 이러한 전기적 현상을 보여주는 기술을 근전도검사(EMG, electromyography)라고 한다. EMG 신호의 크기는 근력 출력의 기능에 따라 달라지지만 피로도나 근섬유구성과 같은 요소에도 영향을 받는다.[27] 우리가 알고 있는 저항 훈련에 대한 신경학적 반응과 적응 현상에 관한 대부분은 EMG를 이용한 연구를 통해 알아낸 것이다.

근육 힘의 조절은 두 가지 요소의 상호작용을 통해 이루어진다. 운동 단위 동원(motor unit recruitment)과 비율부호화(rate coding)[28]가 그것이다. 운동 단위 **동원**이란 더 많은 힘이 필요한 일에 더 많은 운동 단위가 활성화되는 과정으로 간단히 설명할 수 있다. 100파운드(45kg) 무게로 벤치 프레스를 할 때는 50파운드(23kg)로 벤치 프레스를 수행할 때보다 더 많은 운동 단위가 활성화된다. **비율부호화**란 운동 단위 발화율(firing rate, 시간 단위당 활동전위 수)을 조절하는 것을 말한다. 특정한 한계 내에서는 발화율이 빠를수록 더 많은 힘이 생산된다. 예를 들어 50파운드로 벤치 프레스를 하는 동안 초당 20번의 비율로 활성화되는 운동 단위는, 100파운드로 벤치 프레스를 할 때 초당 30번 발화될 것이다. 일반적으로 아주 정교한 운동조절을 요하는 작은 근육들(손에 있는 근육들과 같이)은 상대적으로 최대 힘 출력의 낮은 비율에서 모든 운동 단위를 동원할 수 있고(예: 최대의 50%) 이 지점이 지난 후엔 힘 생산을 증가시키기 위해서 오로지 발화율에 의존한다. 대조적으로 대퇴사두근과 같은 큰 근육들은 최대의 90%에서 그 이상까지 동원되며 최대 발화율은 작은 근육들에 비해 낮아지는 경향을 보인다.[7] 그러므로 일반적으로 작은 근육들은 힘 출력을 조절하는데 발화율에 크게 의존하며 큰 근육들은 운동 단위 동원에 더 크게 의존한다고 할 수 있다.

무게를 이용하는 일반적인 저항 운동중에는, 관련된 근육 내 한 그룹의 운동 단위가 활성화되며 각 운동 단위는 특정한 비율에서 발화된다. 반복횟수가 점진적으로 증가할수록 그 근육은 피로해지기 시작하며 운동 단위 동원과 발화율에 변화가 일어나게 된다. 기존에 활성화된 운동 단위의 힘 생산 능력이 감소되는 것을 보상하기 위해 시간이 지날수록 운동 단위 동원이 증가한다고 할 수 있다.[97] 또한 세트의 초반에 낮은 비율에서 발화되었던 운동 단위들은 세트가 늘어감에 따라 피로에 대한

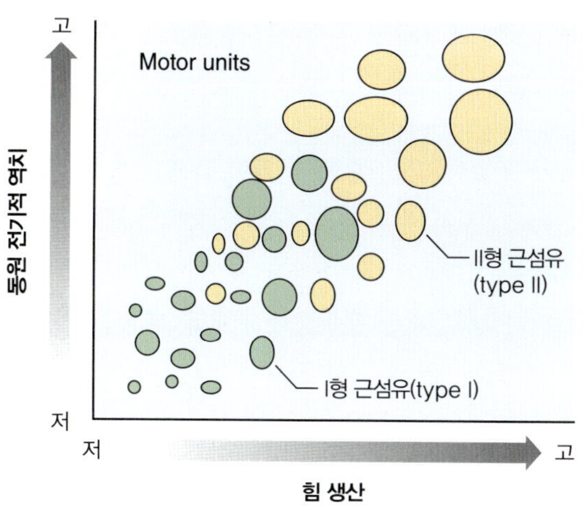

그림 5.1 크기 원리에 대한 그래픽 표현

반응으로 보다 높은 비율(비율부호화)에서 발화되어야 할 것이다. 이러한 변화들은 표면 근전도 신호의 변화로 나타난다. 구체적으로 말하자면, 표면 근전도 신호의 크기는 저항 훈련 운동중 더 커지게 된다.[90] 이는 운동 단위 동원과 발화율의 변화를 반영한다.

운동 단위 동원은 **크기 원리**(size principle)을 바탕으로 한다(그림 5.1).[29] 일반적으로 지근을 자극하는 운동 단위는 속근섬유를 자극하는 운동 단위보다 더 적은 수의 근섬유를 자극한다. 또한 지근 운동 단위의 근섬유 크기와 알파 운동 뉴런의 지름은 속근과 비교하여 더 작다. 지근 운동 단위 뉴런의 크기가 더 작기 때문에 이러한 운동 뉴런의 활성화 역치는 더 낮아진다. 그러므로 이 운동 뉴런은 낮은 힘으로 동원된다. 이와 반대로 대개 속근섬유를 자극하는 큰 크기의 운동 뉴런은 동원 역치가 더 높으며 더 높은 힘으로 동원된다. 필요한 힘이 증가하고 더 많은 운동 단위가 동원됨에 따라 신경계는 더 큰 운동 단위를 동원시킨다.[30]

크기 원리에서 알 수 있는 것은 높은 역치(속근)의 운동 단위를 동원하기 위해서는 반드시 높은 힘 출력을 요하는 일이 연관되어야 한다는 것이다. 또한 지근과 속근이라는 용어의 의미를 이해할 때, 신경계가 느린 근육활동중에만 지근 운동 단위를 자극하고 빠른 근육활동중에만 속근 운동 단위를 자극하는 것이 아니라는 점을 알아야 한다. 더 정확히 말하자면, 운동 단위 동원은 크기의 원리를 따르며, 그로 인해 일의 힘 생산 요구량을 따른다. 따라서 요구되는 힘이 충분이 크다면 속근섬유는 느린(또는 등척성) 근육활동에도 동원된다.

> 힘 생산을 위한 운동 단위의 동원은 크기 원리를 따른다. 즉 작은 운동 단위는 보다 낮은 힘 수준에서 동원되며 큰 운동 단위는 더 큰 힘 수준에서 동원된다.

근육계의 변화

앞서 말한 대로 저항 운동중에 근육은 피로를 경험하게 된다. 피로는 아주 복잡한 현상이긴 하지만 근세포의 급성 변화에 대사산물의 축적과 연료 기질의 고갈이 포함되는 것은 분명하다.[24] 관련 요소들은 무산소성 활동(저항 훈련과 같은) 중에 주로 스트레스를 받는 대사 경로, 특히 인원질 시스템 및 해당 과정과 연관되어 있다. 축적되는 대사산물에는 수소이온(H+, 근육 pH를 감소시킨다), 무기인산(Pi), 암모니아가 있다.[86] 이들 모두 근피로의 잠재적인 요인으로 알려져 있다.

앞서 말했듯이 CP는 저항 운동중 감소하며, 이는 일반적인 저항 운동중에는 인원질 시스템에 의존한다는 것을 나타낸다. 크레아틴 인산(CP)은 고강도 운동중 아데노신 이인산(ADP)이 아데노신 삼인산(ATP)으로 인산화하는 데 중요하며, CP의 고갈은 파워 생산을 감소시킨다. 저항 훈련으로 글리코겐이 완전히 고갈되는 현상은 드물지만, 글리코겐의 분해는 저항 훈련에서 에너지 공급의 중요한 요소이다.[84,106] 사실 보디빌딩 유형의 저항 훈련 중 ATP 생산의 80% 이상은 해당 과정으로부터 오는 것으로 추정된다.[79] 그러므로 글리코겐 수치는 고강도 저항 훈련에 따른 반응으로 감소하게 된다. 이러한 점으로 보아 저항 훈련을 하는 사람들에게 적절한 탄수화물의 섭취는 아주 중요하다고 할 수 있다.[46,82]

> 저항 운동중 그리고 직후에 대사산물은 축적되고 연료 기질은 감소한다. 따라서 고객의 식단에 적절한 탄수화물을 포함시키는 것이 필요하다.

내분비계의 변화

호르몬은 '내분비샘'이라고 하는 곳에서 생산되는 혈액 매개 분자이다. 호르몬에는 두 가지 종류가 있다. ① 단백질 펩티드 호르몬과 ② 스테로이드 호르몬이다. 단백질 펩티드 호르몬의 종류에는 성장 호르몬과 인슐린이 있다. 스테로이드 호르몬은 콜레스테롤 전구체로부터 나오며, 테스토스테론(testosterone, 주요 남성 호르몬)과 에스트로겐(estrogen, 주요 여성 호르몬) 등이 포함된다.

근육과 같은 조직의 성장 또는 저하에 영향을 주는 호르몬은 많다. 테스토스테론, 성장 호르몬(GH), 인슐린과 같은 동화 호르몬은 조직이 성장하도록 자극하는 반면 코티졸과 같은 이화 호르몬은 조직을 퇴화시킴으로써 혈당과 같은 변수들의 항상성 유지를 돕는다. 이렇듯 다양한 종류의 호르몬 농도는 일시적인 한 차례의 운동에도 영향을 받는다. 물론 몇몇 호르몬 농도의 변화는 운동에 대한 대사 반응을 돕기 위해 필요하다. 예를 들어 운동은 에피네프린 농도를 증가시킨다. 에피네프린은 지방과 탄수화물의 분해를 증가시켜 근육 수축에 사용되는 ATP가 더 많아지게 만든다. 에피네프린은 또한 중추신경계에도 영향을 주어 운동 단위 활성화를 용이하게 한다.

저항 운동 도중에 다른 호르몬의 농도 또한 증가하게 된다. 동화 호르몬의 일시적인 증가는 한 번의 운동 세션에는 거의 영향을 미치지 않지만 훈련 적응 현상을 자극하는데 중요한 역할을 하는 것으로 보인다. 예를 들어 남성의 테스토스테론과 GH 농도는 저항 훈련을 통해 상승한다. 이러한 호르몬들은 골격근 단백질 합성의 증가를 촉진시키기 때문에 근매스의 성장에 매우 중요하다. 반복적인 훈련 세션에 의한 테스토스테론과 일시적 GH 농도 증가의 누적 효과는 근매스의 장기적인 증가의 원인이 될 수 있다. 여러 차례 지속되는 훈련중, 동화 호르몬 농도의 반복적인 증가는 어떠한 만성적인 호르몬 농도의 변화보다 더 강력한 내분비계 자극이 될 수 있다.[75]

저항 운동에 대한 호르몬 반응은 훈련의 성격에 따라 달라진다. 프로토콜 간의 차이는 장기적인 훈련과 함께 감소되긴 하지만, 일반적으로 볼륨이 높고 휴식시간이 짧은 훈련이, 볼륨이 낮고 휴식시간이 긴 훈련에 비해 더 강한 내분비계 반응을 이끌어낸다.[14,69,75] 이와 유사하게 대근육 운동이 소근육 운동에 비해 더 강력한 자극을 발생시킨다.[75] 성별과 나이와 같은 다른 요인들도 일시적인 내분비계 반응에 영향을 미칠 수 있다. 남성은 여성에 비해 동화 호르몬 농도의 일시적인 변화가 더 크게 나타나는 경향이 있다.[25] 또한 나이가 많은 사람들은 젊은 사람들과 비교할 때 동화 호르몬 반응이 약화되는 경향을 보인다.[25]

지속적 적응 현상

지속적 적응 현상이란 훈련이 계속됨에 따라 신체의 구조와 기능에 장기적인 변화가 발생하는 것이다. 장기

표 5.2 저항 훈련에 대한 지속적 적응 현상

변수	지속적 적응 현상
근수행력	
근력	증가
근지구력	증가
근파워	증가
근 효소	
인원질 시스템 효소 농도	증가할 수 있음
인원질 시스템 효소 절대 수치	증가
해당 과정 효소 농도	증가할 수 있음
해당 과정 효소 절대 수치	증가
근기질	
ATP 농도	증가할 수 있음
ATP 질대 수치	증가
CP 농도	증가할 수 있음
CP 절대 수치	증가
운동중 ATP와 CP 변화	감소
운동중 젖산 변화	감소
근섬유 특성	
TYPE I CSA	증가(<type II)
TYPE II CSA	증가(>type I)
% TYPE IIa	증가
% TYPE IIx	감소
% TYPE I	변화 없음
신체 조성	
% 지방	감소 가능성 있음
제지방체중	증가
대사율	증가 가능성 있음
신경학적 변화	
MVC 도중 EMG 진폭	증가 가능성 있음
운동 단위 동원	증가 가능성 있음
운동 단위 발화율	증가
동시수축	감소
구조적 변화	
결합 조직의 힘	증가 가능성 있음
골밀도/질량	증가 가능성 있음

ATP: adenosine triphosphate, CP: creatine phosphate, CSA: cross-sectional area(단면적), EMG: electromyogram, MVC: maximal voluntary contraction(최대 자발적 수축)

적인 저항 훈련에 따른 일반적인 적응 현상은 근력과 근매스의 증가이다. 근력의 증가는 근매스의 변화뿐만 아니라 신경학적 기능의 변화에 영향을 받는다. 또한 근효소와 기질 농도의 변화는 근지구력에 영향을 준다. 이러한 지속적 적응 현상은 표 5.2에 요약되어 있다.

신경학적 변화

저항 훈련 프로그램 초기 단계에서 빠른 근력의 증가가 관찰되는 것은 흔한 일이며, 이는 근육 크기 변화로 인한 근력 증가보다 더 크다. 이러한 초기 근력 증가는 '신경성 인자(neural factors)'라는 것의 영향이라 할 수 있으며,[96] 연구 결과에 따르면 저항 훈련으로 인한 근력의 증가는 신경계 활성화의 영향을 받는다.[29,47,60,166] 신경적인 요인이 관계되었다는 가정은 훈련 프로그램 초반의 근비대와 근력 증가의 차이뿐만 아니라, 최대 수축 중 측정된 EMG 진폭 증가에 근거를 두고 있다.[47,66,96]

근력 증가에 대한 신경성 인자의 영향은 훈련 프로그램의 초기(1~2개월)에 지배적이라고 알려져 있으며, 그 이후 근력 증가는 주로 근비대의 영향을 받는다(그림 5.2).[52,108] 이러한 효과는 저항 운동을 하는 기술이 향상됨에 따라 발생하기 쉬우며, 특히나 균형 감각과 움직임 효율성을 필요로 하는 프리웨이트를 사용하는 사람들에게 나타난다. 그러나 이러한 효과는 부분적으로 운동 단위 동원과 발화율의 변화에 기인한 것이라는 증거도 있다. 운동 단위 동원과 관련된 주장에 따르면 훈련되지 않은 사람들은 가능한 모든 운동 단위를 활성화시킬 수 없으며, 저항 훈련을 통해 높은 역치의 운동 단위를 활성화하는 능력이 증가하고 근비대와 무관한 힘 생산 능력의 상승 현상이 발생한다. 그러나 몇몇 연구 결과에 따르면 훈련되지 않은 사람들도 이용 가능한 모든 운동 단위를 동원할 수 있다는 사실 또한 염두에 두어야 한다.[9,92,107] 또한 모든 연구 결과가 저항 훈련 프로그램에 따른 EMG 진

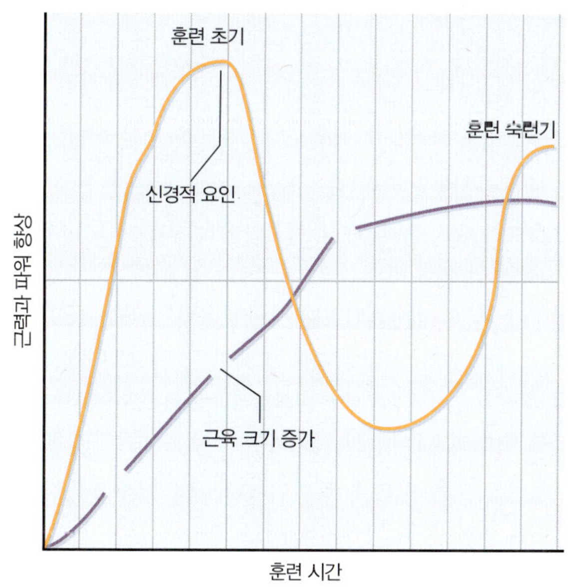

그림 5.2 신경적 요소와 근육 크기가 근력 증가에 주는 영향. 신경적 요소에는 기술향상, 운동 동원, 발화율과 관련된 것들이 포함된다.

폭의 증가를 보여주지는 않았다.[41,127] 최근의 연구 결과에 따르면 저항 훈련은 최대 운동 단위 발화율 또한 증가시킬 수 있다.[102] 이는 근비대와 무관한 근육의 힘 생산 능력을 증가시킨다.

운동 단위 동원과 발화율의 변화와 관련하여 또 다른 신경학적 적응 현상이 논문에 기재된 것이 있다.

'동시수축(cocontraction)', 또는 동시활성화(coactivation)는 움직임 중 주동근과 길항근을 동시에 활성화하는 것을 말한다. 예를 들어 무릎 신전 운동중 대퇴사두근은 주동근이고 슬굴곡근은 길항근으로 작용한다. 여러 연구 조사들에 따르면 무릎 관절의 등척성, 등속성 운동중 상당한 동시수축이 발생한다.[99,105,128] 동시수축이 감소하면 근활동중 주동근의 의해 조절되어야 할 길항근의 토크가 감소되며 따라서 힘의 발현이 향상된다. 보통 등척성 훈련 이후, 동시수축의 감소가 나타난다.[17] 밝혀지진 않았지만, 프리웨이트와 같은 역동적인 운동 도중에도 유사한 동시수축의 변화가 일어나는 것으로 보인다. 다른 연구 결과는 저항 운동 후 운동 뉴런 흥분성의 변화와 운동 단위 동기화의 증가를 보여준다.[95] 편측성 저항 운동 후 훈련하지 않은 쪽 사지의 근력 증가가 관찰된다는 점[54,126,127]뿐만 아니라, 관절의 한 각도에서 등척성 저항 운동을 했을 때 훈련한 각도뿐만 아니라 더 넓은 범위의 각도에서 근력의 증가를 보인다는 점[64,119,127]을 통해 신경성 인자에 대해 추측할 수 있다.

근조직의 변화

저항 훈련을 통해 근육, 건, 인대에도 변화가 나타난다. 가장 분명한 변화는 골격근의 **비대**(hypertrophy)이며, 이는 근육의 크기가 증가하는 것을 말한다(단면적과 부피의 변화). 저항 훈련의 결과 type I과 type II 근섬유 모두 단면적이 증가한다. 하지만 일반적으로 type I 섬유보다 type II 섬유의 비대가 더 크게 나타나며[33,114], 훈련중단에 따른 퇴화 또한 더 크다.[57] 단면적의 증가는 근원섬유의 크기와 수의 증가로 인해 발생한다. 저항 운동은 단백질 합성의 증가(또한 단백질 퇴화의 감소)를 일으키며 그로 인해 액틴과 마이오신 필라멘트의 숫자가 더 많아진다. 근원섬유 숫자의 증가는 이미 존재하는 근원섬유가 '딸' 근원섬유로 '분열'되어 나타나는 결과로 보인다. 인간에게서 **근증식**(hyperplasia) 또는 근섬유 수의 증가가 나타난다는 사실은 명확하게 밝혀지진 않았지만, 동물 모델에서 근증식의 증거를 찾을 수 있다.[4] 근단면적과 액틴과 마이오신 필라멘트의 증가에 대한 최종적인 결과로 근육의 힘과 파워 생산 능력이 증가된다고 할 수 있다.

> 장기적인 저항 훈련에 대한 골격근의 주된 적응 현상은 근비대 또는 근섬유 단면적의 증가이며, 이로 인해 힘과 파워 생산 능력이 증가한다.

저항 훈련을 함으로써 type IIx에서 type IIa으로 전환이 일어나게 된다.[44,114,122] 이러한 하위 유형의 전환은 단 몇 번의 저항 훈련 세션 이후에도 관찰 가능하며,[112] 근세포의 마이오신 중쇄 구성의 변화를 반영한다. 따라서 저항 훈련은 근조직의 양을 변화시킬 뿐만 아니라(근비대) 질 또한 변화시킨다. 그러나 현재까지는 저항 훈련을 통해 지근에서 속근섬유로 전환되거나 그 반대의 변화가 일어난다는 증거는 없다.

저항 훈련으로 인한 근비대는 근세포 내 단백질 분해와 비례하여 단백질 합성이 증가하는 결과이다.[120] 저항 운동 후 단백질 합성 증가는 분명하다.[19,83] 단백질 분해의 규모는 분명하지 않지만, 분해가 증가하는 가능성이 있다. 저항 운동 후 보여지는 단백질 합성 증가의 규모만을 근거로 하면 저항 훈련에 대한 근비대가 기대보다 적기 때문이다.[19] 단백질 분해는 훈련중 발생한 근손상의 결과일 수도 있으며, 그러한 손상이 근비대에 자극을 줄 수 있다는 추측이 가능하다. 이러한 개념을 뒷받침해 훈련에 신장성 동작이 포함됐을 때 훈련에 대한 반응이 강화된다는 연구 결과가 있으며,[20,53,78] 신장성 동작은 주로 지연성 근육통 및 근손상의 증가와 관련되어 있다.

저항 훈련은 골격근의 수축성 단백질 함량뿐만 아니라, 골격근의 세포골격과 구조 단백질의 함량도 증가시키는 것으로 보인다. 이러한 단백질은 세포의 모양과 구조적인 짜임새를 만드는 것을 돕는다. 이러한 단백질들은 골격근 내에서 근원섬유로부터 세포외기질의 힘 전달, 신전-단축 주기(stretch-shortening cycle) 활동에서 발생하는 탄성 에너지의 저장에도 관여한다. 저항 훈련에 따른 골격근의 세포골격 단백질 변화에 대한 연구는 수축성 단백질의 변화에 대한 연구와 비교하여 최신의 것이며 덜 발전되어 있다. 그렇다 하더라도 저항 훈련에 따른 데스민(desmine)과 같은 세포골격 단백질 함량의 증가에 대한 증거는 분명하다.[101,131] 또한 근력과 파워에 관련된 운동선수들은 더 높은 수준의 단백질 티틴(titin)과 큰 탄성 구조 단백질을 가지고 있는데 이는 탄성 에너지 저장을 강화할 수도 있다. 불행히도 저항 훈련이 주요 단백질 디스트로핀(dystrophin)의 발현에 영향을 준다는

사실은 밝혀진 바 없다.[101,131]

골격의 변화

골격계는 단순히 근육 움직임을 위한 지렛대를 구성하는 비활동적 틀이라고 생각되기 쉽다. 하지만 뼈 조직은 '살아 있는' 매우 동적인 조직이다. 뼈는 움직임과 보호뿐만 아니라 칼슘과 같은 중요한 미네랄의 창고 역할을 한다. **골다공증**(osteoporosis)은 뼈에서 장기간의 미네랄 제거 현상이 발생한 결과이다. 최근 몇 년간 저항 훈련이 골무기질 밀도(bone mineral density, BMD)에 미치는 영향에 대한 연구가 계속되고 있다. 뼈 조직은 압력에 상당한 영향을 받는다. 다시 말해 뼈의 변형(deformation, 구부러짐[bending])이 뼈 형성 자극 활동을 시작하기 위해 뼈세포를 빠르게 자극한다.[6,65] 따라서 저항 훈련이 뼈 형성에 미치는 영향을 살펴보는 것은 (특히 골다공증의 맥락에서), 타당하다고 보인다. 전부 다는 아니지만, 골다공증은 주로 폐경 후 여성에서 발생하는 경우가 많기 때문에 대부분의 연구들은 여성에 집중되어 있다. 특히나 학자들은 폐경기 이전의 저항 운동이 뼈조직 축적에 주는 영향(최대 뼈 질량은 보통 40세 이전에 도달된다)[6]뿐만 아니라, 노화와 폐경에 따른 뼈 질량 감소에 저항 운동이 미치는 영향에 대한 연구를 계속하고 있다. 폐경기는 특히나 골다공증 진행에 치명적인데, 이는 에스트로겐과 같은 호르몬의 영향이다. 에스트로겐은 뼈 형성을 촉진시키며, 폐경 이후 현저히 감소한다. 폐경기에 앞선 뼈 질량의 축적은 매우 중요하다. 폐경기 이전의 뼈 질량이 높을수록 뼈 질량의 감소에 대한 영향을 덜 받기 때문이다. 횡단면 연구에 관한 논문에 따르면 힘센 여성이 더 두껍고 강한 뼈를 가지고 있다는 사실을 꽤 분명하게 보여준다. 그러나 개입연구에 따르면 저항 훈련 프로그램이 뼈 질량의 증가에 영향을 준다는 사실은 분명하지 않다.[3] 이러한 몇몇 연구들은 저항 훈련이 뼈 조직에 미치는 영향은 크지 않다는 것을 보여주는 반면[10,104], 다른 연구들은 저항 훈련 프로그램이 뼈 조직 형성에 긍정적인 영향을 미친다는 것을 보여준다.[87,121] 이러한 연구 결과 사이의 차이는 훈련 프로그램의 길이와 성격, 작은 표본 크기, 훈련에 앞선 뼈 미네랄 퇴화의 정도, 성별, 나이 등과 같은 요인의 영향을 받는다. 최근 메타분석에 의하면 고강도 저항 훈련은 폐경기 이전 여성의 요추 BMD를 많이 증가시키지만, 대퇴경부의 BMD는 증가시키지 않는다.[89] 그럼에도 저항 훈련이 뼈 조직에 긍정적인 영향을 줄 가능성이 매우 높다는 증거를 제시하는 논문들은 충분하다.[6] 깊이 연구되지 않은 것은 폭발적 운동이나 플라이오메트릭 유형의 훈련이 BMD에 미치는 영향이다. 압박의 규모와 속도 모두 뼈 형성을 위한 자극에 영향을 주는데,[6] 이들은 폭발적 운동이나 플라이오메트릭 훈련에서 더 높게 나타나기 때문이다. 저항 훈련은 근육의 크기와 근력 증가에 분명한 영향을 끼치는 것뿐만 아니나라, 골다공증, 골절, 노년기 낙상의 위험을 줄여줄 수 있다.

폐경기 이전의 뼈 질량이 클수록 뼈 질량 감소에 대한 영향이 적어진다. 저항 훈련은 노년의 골다공증, 골절, 노년기 낙상의 위험을 줄여줄 수 있다.

건과 인대의 변화

장기적인 저항 훈련에 따라 건과 인대 또한 변화를 겪는다. 이러한 결합 조직들은 주로 섬유질 콜라겐 다발로 이루어져 있는데 그 구성에 있어 상대적으로 세포가 적기 때문에 많은 혈액, 산소, 영양을 필요로 하지 않는다. 따라서 이러한 결합 조직들은 혈관 공급이 부족하며 이로 인해 부상으로부터 회복하는 데 시간이 더 오래 걸린다. 운동중 급성 로딩의 효과는 콜라겐 교체(collagen turnover)와 총 콜라겐 생산을 자극할 수 있다는 것이다.[80,94] 건이 훈련중 적용된 무게에 적응할 수 있다는 것을 보여주는 연구조사는 계속되고 있지만 현재까지 훈련이 인대에 미치는 구체적인 효과에 대한 자료는 거의 없다.

초음파와 자기공명영상기술을 이용한 최근 조사에서 건의 크기와 신체활동에 관련된 역학적 특성의 변화를 보여준다. 예를 들어 한 연구에 따르면 남자 장거리 달리기 주자는 카약 선수에 비해 더 큰 아킬레스 건 단면적을 가지고 있으며,[67] 다른 연구에 따르면 엘리트 펜싱 선수와 배드민턴 선수들은 논리드레그(non-lead leg)와 비교하여 리드레그(lead leg)의 슬개건 단면적(그리고 대퇴근육 단면적과 근력)이 훨씬 더 크다.[23] 펜싱과 배드민턴 둘다 편측성 런지 동작과 관계가 있으며, 이로 인해 리드레그에 더 큰 신장성 부하가 걸리게 된다. 다른 연구조사에서는 신체적 활동이 건에 미치는 구체적인 효과는 성별에 따라 다를 수 있다고 말한다. 한 연구에 따르면 여성 장거리 달리기 주자는 여성 통제 집단에 비교했을 때 더 큰 아킬레스건과 슬개건 단면적을 가지고 있지 않으며, 여성 달리기 선수들은 남성 장거리 선수들과 비교하여 현저히 낮은 건 단면적을 가지고 있다.[129] 이 연구의 주체자는 성별의 차이에 따라 건의 크기가 달라지는 것은 남여 내분비계의 차이점 때문이라고 말한다. 왜냐하면 (a) 에스트로겐과 프로게스트론(progestrone) 수용체들은 인대의 섬유아세포에 존재하며 (b) 에스트로겐은 콜라겐 합성을 억제하는 것으로 알려져 있다. 이러한 해석은 경구 피임약을 복용하는 여성들이 운동 후 콜라겐 합성률이 억제되는 것을 보여주는 자료를 통해 뒷받침된다.[51]

훈련에 대한 장기적인 연구들에 따르면 저항 훈련은 건의 역학적 특성을 변화시킬 수 있다. 예를 들어 12주간의 고중량(1RM의 70%) 레그 익스텐션 운동 후 건의 강성(tendon stiffness, 무게에 따른 건 길이 단위당 힘의 양 변화)이 증가되었으나, 낮은 중량 훈련에서는 변화되지 않았다. 또한 건의 단면적은 저항 훈련을 통해 증가되는 것으로 나타났지만,[67] 다른 연구들에서는 건의 크기 증가를 보이지 않았다.[77] 앞으로의 연구에서는 건의 발달을 극대화하는 훈련 변수(예: 유형, 무게, 볼륨, 빈도)를 보다 분명히 기술하고, 이러한 것이 어떻게 부상위험과 재활에 영향을 미치는지 명확히 하는 것이 필요하다.

대사적 변화

연구에 따르면 장기적인 저항 훈련은 골격근 대사에 영향을 주는 다양한 세포 변화를 일으킨다. 저항 훈련에 따른 대사 변화에 대한 모든 연구들은 복잡하다. 근비대가 효소와 기질의 수준을 희석시킴으로써 절대적인 수준에 변화가 일어나도 상대적인 수준(예: 근량 단위당)에서는 변화가 일어나지 않는다는 사실 때문이다. 또한 상대적인 농도의 감소가 근비대에 영향을 줄 수도 있다.

저항 훈련은 주로 무산소성 대사를 자극하므로 어떠한 효소적 또는 기질적 변화든 무산소성 대사와 관련지어 생각할 수 있다. 무산소성 대사는 두 가지 요소로 구성된다. 인원질 시스템 그리고 해당 과정이 그것이다. 이 두 가지 요소에서 기질과 효소의 농도 상승과 관련된 연구들은 서로 상충된다. 인원질 시스템과 관련하여, 몇몇 연구에서는 저항 훈련이 ATP 또는 CP의 농도를 상승시키지 않는다는 결과를 보여주는 반면,[118] 또 다른 연구들은 이러한 변수의 증가를 보인다.[85] 이와 유사하게 몇몇 데이터들을 통해 저항 훈련 이후 인원질 시스템과 관련된 크레아틴 키나아제(creatine kinase)와 미오키나아제(myokinase)와 같은 효소들이 농도가 높아지지 않는다는 것을 알 수 있다.[117] 그러나 또 다른 데이터들은 저항 훈련의 결과로 이러한 효소들의 농도가 증가된다는 것을 보여준다.[22] 이와 같은 연구 결과들 간의 차이는 훈련 유형, 볼륨의 차이 등을 반영할 가능성이 크며, 이는 고객 개개인 요구에 부합하는 프로그램 디자인의 중요성을 나타낸다.

해당 과정과 관련된 연구조사를 보면 저항 훈련 이후 해당 과정과 관련된 효소들(포스포프룩토키나아제[phosphofructokinase], 젖산탈수소효소[lactate dehydrogenase])의 농도 증가를 보이지 않는다.[69] 그러나 이러한 결과는 수행된 저항 훈련의 유형과 관계되어 있을 수 있는데, 파워리프터들보다 짧은 기간 동안 고볼륨으로 훈련하는 보디빌더들은 유산소성 지구력 선수들(수영선수와 같은)과 유사한 당분해효소 농도를 가지고 있다.

저항 훈련에 대한 인원질과 해당 과정의 변화는 이제까지 기술된 바와 같이, 몇몇 연구들에서 주요 기질과 효소의 농도 변화가 없다는 것을 보여준다 할지라도 총 근육량의 증가로 인하여 특정한 근육의 이러한 기질 및 효소의 총량은 더 높을 것임을 염두에 두는 것이 중요하다. 그러므로 절대적 근지구력은 저항 훈련 후 증가할 가능성이 있다. 이는 저항 훈련 운동시 추가적인 반복횟수를 수행할 수 있는 능력이 향상되는 것을 통해 분명히 알 수 있다.[12,116]

내분비계의 변화

저항 훈련이 운동 도중과 직후 호르몬 농도의 변화를 크게 일으킬 수 있지만, 저항 훈련이 휴식기 호르몬 농도에 미치는 장기적인 효과에 대해서는 확실하지 않다. 또한 과훈련이 일으키는 호르몬 농도의 변화는 '일반적인' 훈련 상황에서 나타나는 변화와는 다르기 때문에 이러한 영향들을 이해하는 것은 복잡하다. 장기적인 저항 훈련은 만성적으로 테스토스테론 농도를 상승시키기며[48,76] 이는 근성장을 위한 환경을 만들어준다. 이와 반대로 다른 연구 결과에 따르면 휴식기 테스토스테론 농도는 변화를 보이지 않는다.[2,49,50] 휴식기 GH 농도에 만성적인 훈련 효과는 나타나지 않는다.[48,50,76] 그러나 저항 훈련에 대한 반응으로 GH가 일시적으로 증가되는 현상이 누적되면 장기적인 근비대에 중대한 영향을 끼치는 것으로 보인다.

장기적인 저항 훈련은 또한 내분비계 반응의 규모와 호르몬에 대한 조직의 민감도에도 영향을 줄 수 있다. 연구조사에 따르면 저항 운동에 의해 테스토스테론 농도의 증가가 나타나기 위해서는 몇 번의 훈련 세션을 거쳐야 한다.[76] 이와 마찬가지로 장기적인 저항 훈련은 몇 차례의 운동에 대한 반응으로 에피네프린을 즉각적으로 변화시킨다.[45,73] 장기적인 훈련은 목표조직에 대한 호르몬 수용기의 수를 증가시킴으로써 민감도에 영향을 줄 수도 있다.[62] 호르몬 수용기의 상향조정을 통하여 특정한 호르몬 농도의 영향은 증폭된다.

심폐의 변화

저항 훈련이 심폐기관에 주는 자극은 달리기, 사이클 등의 심폐지구력 운동과는 아주 다르기 때문에 심폐기관에 주는 영향 또한 매우 다르다. 유산소성 지구력 능력과 관련하여 저항 훈련은 peak $\dot{V}O_2$ 증가에 영향을 주지 않는 것으로 보인다. 이는 저항 훈련중 심박수 값은 증가되는 반면 총 대사요구량은 유산소성 지구력 운동중 유발된 비교심박수보다 더 낮다는 사실에서 비롯된 것이다.[21] 그러므로 peak $\dot{V}O_2$ 증가에는 거의 영향을 주지 않는다. 따라서 저항 훈련 도중 목표 심박수 구간(target heart rate zones)을 심혈관 훈련의 지표로 사용하는 것을 잘못되었다고 할 수 있다.

저항 훈련 프로그램은 일반적으로 다른 심혈관 훈련(달리기, 자전거) 방법들을 통해 나타나는 것만큼 최대산소섭취량을 향상시키지는 않지만, 심혈관 지구력 능력의 발달과 달리기 효율성을 향상시키는 동시에 최대산소섭취량의 발달에 어떠한 부정적인 영향도 끼치지 않는다.[55,56,100] 비록 저항 훈련이 peak $\dot{V}O_2$를 직접적으로 증가시키지는 않지만 심혈관 훈련에 부가적인 중요한 역할을 할 수 있다. 그렇다 하더라도 고객의 심폐지구력을 향상시키는 데 최상의 결과를 얻기 위해서는 유산소성지구력 훈련이 반드시 필요하다. 최대산소섭취량 향상을 위한 구체적인 훈련 프로그램과 이러한 훈련이 근력 향상에 미치는 영향에 대한 논의들은 16장에 나와 있다.

심폐지구력을 향상시키기 위해서는 유산소성 지구력에 특화된 훈련이 필요하다. 하지만 저항 훈련을 통해 향상된 근력과 근파워는 심혈관 지구력 능력과 달리기 효율을 증대시킨다.

앞서 말한 대로, 저항 훈련은 근육활동을 위한 ATP 생성을 위해 주로 무산소성 대사작용에 의존한다. 따라서 저항 훈련이 산화효소 활동과 모세혈관 밀도로 평가 가능한 골격근 세포의 유산소적 기능 향상과 무관해 보인다 해도 놀랍지 않다. 그러나 저항 훈련은 모세혈관화를 증가시키며 그로 인해 근육 크기의 증가에도 불구하고 모세혈관 공급이 유지될 수 있다.[44] 미오글로빈 농도[117]와 미토콘드리아 밀도[85]는 저항 훈련을 통해 감소되는 것으로 보인다. 이러한 변화는 저항 훈련중 일어나는 근비대 영향과 산화 스트레스(자극)의 부족을 반영한다.

골격근 세포의 유산소적 기능 향상이 부족함에도 불구하고 저항 훈련을 통한 일반적인 근육 크기의 증가(근비대)로 인해 근지구력은 줄어들지 않는다. 이와 반대로 저항 훈련으로 인한 근육 크기와 근력의 증가는 국소근육(local muscle)의 지구력을 향상시킨다.[12,116] 이 말은 근력 및 대사 효소와 기질의 양이 증가함에 따라(하지만 반드시 밀도가 더 높아질 필요는 없다) 근비대가 일어난 근육은 더 많은 일을 하는 것이 가능하다는 뜻이다.

신체조성의 변화

신체조성을 수량화하기 위한 각양각색의 유형들이 개발되었다. 퍼스널 트레이너가 고객의 요구를 만족시키기 위한 최고의 방법은 두 가지 요소를 기준으로 한 유형으로, 이는 신체를 지방과 지방이 아닌 물질(FFM, fat-free mass)로 분리하는 것이다. FFM 유형은 근육, 뼈, 연부조직과 같은 조직들로 구성되어 있다. 앞서 언급한 바와 같이 저항 훈련은 이러한 요소들 모두에 영향을 미치기 때문에 근비대를 포함한 저항 훈련 프로그램은 신체조성에 직접적으로 영향을 준다. 이 말은 FFM의 증가가 지방량의 증가와 관계없이 신체지방률을 감소시킨다는 것이다. 몇 가지 연구조사에 따르면 저항 훈련은 FFM을 증가시키며, 남성,[13] 여성[26,103] 그리고 노인[58]들의 신체지방률을 감소시킨다.

저항 훈련은 또한 신체의 지방량에 영향을 주는 데 이는 에너지 소비에 대한 훈련의 직접적인 효과이다. 고볼륨 훈련은 저볼륨 훈련과 비교하여 더 많은 칼로리를 소비한다. 또한 저항 훈련은 훈련 세션 사이의 회복 기간 동안 에너지 소비를 상승시키며 더 나아가 지방감량을 촉진한다.[110]

저항 훈련의 또 다른 이점은 FFM의 증가, 특히 근육량 증가에 더하여 휴식기 대사율과 일일 에너지 소비 총량을 증가시킨다는 것이다. 이러한 현상은 근조직이 지방 조직과는 달리 높은 대사율을 가지고 있기 때문이다. 근육의 일반적인 휴식기 에너지 요구량이 높기 때문에 근육량이 더 많은 고객은 휴식을 취하는 동안 더 많은 칼로리를 소비하게 된다. 하지만 몇몇 연구에서는 저항 운동이 휴식기 대사율을 증가시킬 수 있음을 보여주지만[58,103] 다른 연구 결과는 그렇지 않다.[13,26] 또한 저항 훈련이 일일에너지 소비 총량을 크게 증가시키는지 여부는 불확실하다.[103] 그렇다 하더라도 FFM에 대한 저항 운동의 분명한 효과 및 휴식기 대사량에 영향을 줄 가능성을 고려해보면 저항 훈련은 신체 지방조절을 위한 어떠한 프로그램에서도 매우 중요한 요소이다.

저항 훈련 적응 현상에 영향을 주는 요인들

앞에 설명한 바와 같이 저항 훈련에 대한 적응 현상에 영향을 미치는 요인은 아주 다양하다. 이러한 요인에는 **특수성**(specificity, 운동 스트레스 요인과 가장 유사한 활동에서 특수하게 수행 능력이 향상되는 몸의 적응 능력), 성별, 나이 그리고 유전자 등이 있다. 이러한 요인들은 몸에서 일어나는 장기적인 적응 현상의 규모와 속도에 영향을 준다. 다음 세부 항목들은 이러한 주제에 대한 분석이다.

특수성

운동 훈련은 특수성이라는 특징을 가지고 있다. 이 말은 몸은 특정한 유형의 운동자극에 대해 이를 최적으로 수행될 수 있는 방법으로 적응하며, 다른 유형의 운동에 대해서는 그렇지 않다는 것이다. 예를 들어 장거리 달리기는 벤치 프레스 수행 능력에 거의 또는 전혀 영향을 미치지 않는다. 그러나 특수성은 또한 저항 운동 적응에도 영향을 미친다. 저항 운동 측면에서 볼 때, 정적 수행 능력과 동적 수행 능력의 상호연관성은 거의 없다.[5] 다양한 연구들에서 한 유형의 저항 운동이 다른 유형의 저항 운동 수행 능력에 미치는 영향을 조사하였다. 일반적으로 근력의 증가는 훈련중 사용한 운동방식에서 더 크게 나타났다. 예를 들어 무게를 이용한 저항 훈련은 등속성 검사에서 보여진 것과 비교할 때 무게를 이용한 저항 훈련에서 훨씬 큰 수행 능력 향상의 결과를 나타냈다.[125] 등척성 운동 훈련은 같은 근육군의 프리웨이트 운동 수행 능력에 거의 또는 전혀 영향을 미치지 않았다. 따라서 저항 훈련의 효과는 그 운동이 수행되는 근육 동작 방식에 특수하게 작용하는 것으로 보인다.

저항 훈련의 적응은 또한 훈련중 수행한 근육 동작의 속도와 관련하여 특수성을 띤다. 즉, 근력 증가는 개인이 훈련중 경험한 속도와 비슷하게 근육 동작이 발생하는 상황에서 더 커지는 경향을 보인다.[8,125] 또한 파워 생산을 향상시키는 데 있어 플라이오메트릭 유형의 훈련이 상대적으로 느린 속도의 무거운 저항 운동보다 더 효과적이다.[122] 따라서 퍼스널 트레이너는 선수적 수행력 향상을 위해 저항 훈련을 하는 사람들을 위한 훈련 프로그램을 만들 때는 최대한 그 목적에 맞도록 경기 도중에 나타나는 것과 유사한 근육 동작 유형의 훈련을 포함시켜야 한다. 마찬가지로 무거운 장바구니를 들고 먼 거리를 이동할 수 있을 만한 근력과 지구력의 향상을 기대하는 고령의 고객들은 손에 무게를 들고 걷는 훈련을 통해 효과를 볼 수 있을 것이며, 담장을 만들거나 테라스를 수리하는 것과 같은 주택 개조 프로젝트를 위한 근력의 향상을 원하는 고객은 밀고 당기는 운동을 통해 효과를 볼 수 있을 것이다.

성별

남성과 여성은 저항 훈련에 대해 거의 비슷하게 반응하지만, 근력, 근량, 호르몬 수준에 있어 상당한 양적 차이를 보인다. 근력에 관련되어 성별에서 차이를 보이는 것은 대개 신체 크기와 신체 조성의 차이에 기인한 것이다. 특히나 남성은 대개 여성보다 몸이 크며, 근육량의 차이는 근력의 차이에 영향을 미친다. 마찬가지로 여성은 남성보다 지방율이 높은 편이며, 대부분의 여성들은 몸무게당 근육량이 적은 편이다. 이러한 신체 크기와 신체 조성의 차이점들은 남녀 호르몬 레벨의 차이에 의한 것이며, 가장 큰 차이를 보이는 것은 테스토스테론과 에스트로겐이다. 예를 들어 성인 남자 선수는 여자 선수와 비교하여 대략 열배 정도 높은 테스토스테론 농도를 가지고 있다.[16] 흥미롭게도 성별에 따른 근력의 차이는 하체보다 상체에서 더 크게 나타나며,[11] 이는 근육량 분포의 성 차이를 반영하는 것으로 보인다.[93] 즉 여성과 남성은 하체에는 비슷한 수준의 근력을 가지고 있는 반면, 남성이 보통 여성보다 훨씬 더 많은 상체 근력을 가지고 있다.

파운드당 제지방량에 따른 근력의 성별 차이 면에서 보면, 남녀 근력의 차이는 줄어든다.[11,130] 근단면적당 평가해보면 성에 따른 차이는 무시할 만한 수준이다.[59] 또한 남녀의 근육 구조 특징은 비슷하다.[1] 따라서 근육량에 따른 힘 생산 능력은 성의 차이에 영향을 받지 않는 것으로 보인다.

> 근육량에 따른 힘 생산 능력은 성별의 차이에 영향을 받지 않는다.

나이

노화의 과정은 모든 신체 시스템에 다양한 변화를 일으킨다. 근신경계 또한 예외가 될 순 없다. 30대부터 근육량은 시간에 따라 점차적으로 줄어들게 된다.[61] 이러한 근육의 손실을 **근육감소증**(sarcopenia)이라고 한다. 근육량의 감소뿐만 아니라 근육의 질 또한 나이가 듦에 따라 감소하게 된다.[35] 즉, 같은 근육으로 힘을 생산하는 능력이 감소하게 되는 것이다. 골격근의 노화에 따른 근손실은 높은 역치의 속근 운동 단위에서 더 심각하게 나타난다.[81] 따라서 나이가 들수록 힘 생산 능력뿐만 아니라 힘을 빠르게 생산하는 능력 또한 감소하게 된다. 이러한 골격근의 노화는 일상활동에 요구되는 신체적 능력에 영향을 미치며, 노인들의 낙상사고와도 관련이 있다.

다행히도 노화에 따른 이러한 해로운 효과들은 고강도 저항 훈련 프로그램을 통해 완화되거나 심지어 역전될 수도 있다. 수많은 연구들에 따르면 저항 훈련을 통해 노인들의 근육량과 근력을 향상시킬 수 있다.[18,31,34] 또한 저항 훈련을 통해 특정한 근육 기능뿐만 아니라 일반적인 운동 능력(걷기, 계단오르기 등) 또한 상당 수준 향상시킬 수 있다.[32] 근력 향상은 매우 극적일 수 있으며(200%의 무릎 신전 근력의 향상 등), 근육 크기의 향상은 type I과 type II 섬유 모두에서 발생한다.[34] 노인들은 저항 훈련을 통해 골밀도 또한 증가시킬 수 있다.[98] 18장에서 노인들의 저항 훈련에 대해 좀 더 자세한 내용을 살펴볼 수 있다.

> 노화가 진행됨에 따라 힘 생산 능력뿐만 아니라 힘 생산 속도 또한 감소하게 된다.

유전적 요인

앞서 언급한 생리학적 변수들에 대한 정보들을 종합하여 보면 인간은 유전적인 요인(Genetics)에 매우 많은 영향을 받는다. 몇 가지 요인들은 인간의 능력으로 변화시킬 수 없다. 즉, 인간은 유전적인 한계를 가지고 있다는 것이다. type I과 type II 섬유의 상대적 비율은 근비대 폭발적 또는 유산소적 지구력의 능력을 한정시킨다. 성별은 호르몬의 발현에 영향을 미칠 뿐만 아니라, 근비대와 그에 따른 근력의 한도를 결정한다. 노화는 사용 가능한 근육량과 활동전위의 전달을 감소시키며, 이로 인해 근력뿐만 아니라 움직임의 속도 또한 제한된다. 퍼스널 트레이너는 고객의 유전적 능력을 뛰어넘을 수 있는 프로그램을 고안해낼 수 없다. 그러나 훈련되지 않은 일반적인 고객들은 자신의 유전적 잠재력 내에서 매우 큰 발전을 이룰 수 있다.

과훈련

훈련량과 강도의 증가는 신체적 적응을 통해 최상의 결과를 가져오지만, 훈련 프로그램의 어느 특정한 지점에 도달하면 더 이상 증가시키는 것만이 답은 아니다. 부적절한 훈련량과 강도는 **과훈련**이라는 현상을 일으킨다. 말 그대로 과훈련이란 훈련을 너무 많이 하여 컨디션이 떨어지거나 피곤해지는 현상을 말한다. 과훈련 현상은 고객의 근력과 파워를 향상시키지 못하고 수행 능력을 감소시키는 영향을 끼친다. 저항 운동 과훈련의 여러 가지 측면(대사, 근신경계, 내분비계)에서의 신체적, 정신적 현상에 대한 자세한 논의는 이 장에서 다루지 않는다. 이 주제에 대한 다른 자세한 보고서를 참조하도록 한다.[36,115] 과훈련은 위험성을 가지고 있기 때문에 저항 운동 자극을 견딜 수 있는 한계치를 지키는 것과 그로부터 회복하는 것은 매우 중요한 요소이며 매 저항 훈련 프로그램마다 주의 깊게 관찰되어야 한다.

유산소성 지구력 훈련과 비교할 때 저항 운동에서의 과훈련에 대한 관심이 적기 때문에 이에 대한 연구조사도 상당히 적다. 이러한 연구에 따르면 우리가 발견한 유산소성 지구력 운동에서 과훈련을 나타내는 표시가 항상 저항 운동에서의 과훈련을 나타내는 것은 아니라는 점을 분명히 보여준다. 저항 운동에서의 과훈련을 나타내는 주요한 두 가지 유형은 지나친 강도와 과도한 볼륨이다.[36] 이때까지 이 두 가지를 연구하는 것은 쉽지 않았다. 그러나 분명한 것은 저항 운동의 과훈련은 근신경계 수행력의 감소를 일으킨다는 것이다.[15,37,38,39,40] 주목해야 할 흥미로운 점은, 적어도 실험 상황에서는 과훈련 상태를 유발하기 위해 아주 강력한 운동 개입이 필요하지만 상대적으로 적은 볼륨의 고강도 운동(~100% 1RM[1-repetition maximum])의 반복을 통해서도 과훈련 상태가 발생할 수 있다는 것이다. 과훈련의 많은 증후군들은 진전 속도의 문제이다. 즉 신체가 생리학적으로 스트레스에 적응하기 이전에 너무 빨리 과하게 시도한다는 것을 의미한다. 이는 대개 극심한 근육통 또는 부상을 유발한다.

보통 과훈련 시나리오는 다음 둘 중 하나 또는 두 가지 전부이다. ① 한 근육군의 과훈련 또는 ② 신체의 과훈련. 양쪽 시나리오 모두 흔히 발생하며, 많은 사람들이

저항 운동의 과훈련 현상

- 근력 향상 감소에 이은 정체 현상
- 수면 장애
- 제지방 신체 질량의 감소(식이요법을 하지 않는 경우)
- 식욕감소
- 지속되는 오한
- 감기와 같은 증상의 지속
- 훈련 프로그램에 대한 흥미 감소
- 기분 변화
- 과도한 근육통

이 둘 모두를 겪는다. 과훈련은 대부분 프로그램의 볼륨을 너무 빠른 속도로 증가시키기 때문에 발생한다. 또한 몇몇 이들은 무게를 조절하거나 휴식을 취하지 않고 고강도 훈련일을 너무 많이 가진다. 효과적인 프로그램 구성은 훈련 총 볼륨의 증가와 감소를 포함할 뿐만 아니라 볼륨, 강도, 휴식의 변화를 계획하기 위한 주기화 개념을 사용한다(23장 참조).[115] 실제로 과훈련과 그로 인한 증상을 다루는 것은 매우 어려운데 이는 과훈련의 시작을 100% 정확하게 측정할 수는 없기 때문이다. 일반적으로 일단 증상이 발생하면 과훈련이 확실하며 근력의 증가는 멈춘다. 증상이 발생했다면 가장 효과적인 치료법은 휴식이다.[36]

어떠한 프로그램은 짧은 주기의 과한 훈련 후 휴식하거나 훈련을 감소시켜 근력과 파워의 '반등(rebound)' 또는 초과회복(supercompensation) 효과를 달성한다.[36] 이는 '초과달성(overreaching)'의 과정이며 엘리트 선수와 경험이 많은 코치의 조합을 통해서만 이뤄질 수 있으며, 대부분의 고객들은 보다 온건한 훈련법을 통해 좋은 결과를 얻을 수 있을 것이다.

훈련 중지

'훈련 중지'란 운동 훈련 프로그램을 중단할 때 발생하는 신체적인 적응과 수행력의 변화를 말한다. 이러한 변화들은 훈련 프로그램 도중에 발생하는 현상들과 정확히 반대이며, 프로그램을 시작하기 전의 신체조건으로 퇴보하게 된다. 훈련을 하지 않게 됨에 따라 근조직의 질량 감소뿐만 아니라,[57,113] 신경 기능(동원, 비율 부호화, 동시 수축)의 변화가 발생한다.[47] 따라서 근육은 약해지고 파워를 잃게 된다. 골격근의 위축은 속근섬유에서 더 빠르게 나타난다.[57]

저항 훈련 중지에 대한 연구는 훈련 과정 그 자체에 대한 연구와 비교할 때 훨씬 적기 때문에 훈련 중지 과정의 속도에 대한 이해는 매우 부족하다. 그러나 단기간의 훈련중단(14일)이 저항 훈련의 경험이 있는 선수들과[57] 비전문적으로 근력 훈련을 하는 사람들[72]의 근력과 폭발적인 파워에 거의 영향을 미치지 않는 것으로 보아 그 효과는 비교적 느리게 나타난다고 추측된다. 장기적인 훈련중단(32주)은 기존에 저항 훈련을 받은 적이 있는 여성들의 근력을 상당히 감소시켰지만, 여전히 훈련하기 이전의 수준을 웃돌았다.[113] 훈련 중지는 근신경계 수행 능력의 여러 가지 측면에 다르게 영향을 미치는 것으로 보인다. 예를 들면 등척성 근력 수행 능력이 다른 근력 방법들보다 더 빠르게 감소하는 것으로 나타난다.[72,123,124] 이와 유사하게 근력과 폭발적 파워 검사에서의 수행 능력보다 유산소적 대사 검사(예: 윈게이트 검사)에서의 수행 능력이 디트레이닝의 영향을 훨씬 많이 받는다. 훈련 중지의 영향은 주당 한두 차례의 훈련 세션만으로도 상당히 감소할 수 있으므로,[43] 바쁘거나 스케줄을 잡기 어려운 고객들은 한 주에 한두 차례의 훈련으로도 어느 정도 수준의 근력을 유지할 수 있다.

결론

저항 훈련은 매우 강력한 신체적 자극이다. 저항 운동은 근육, 뼈, 신경, 호르몬, 그리고 연부조직을 포함한 거의 모든 체내 시스템에 실질적인 영향을 준다. 저항 훈련이 만병통치약은 아니지만, 그 효과는 거의 보편적으로 긍정적이며, 퍼스널 트레이너는 모든 고객이 강력한 저항 훈련 프로그램에 참여할 수 있도록 동기를 부여해야 한다. 그 효과는 겉모습뿐만 아니라 신체 조성, 근력과 파워, 근지구력의 개선과 함께 골격과 연부조직을 강하게 만들어준다. 이러한 변화들은 삶의 질을 개선해주며 건강을 증진시키고, 노화에 따른 근육감소증과 골다공증의 발생을 약화시킬 수 있다. 또한 근수행력(근력, 지구력, 파워)의 향상은 일상생활의 활동 능력을 개선시킬 수 있으므로, 장바구니를 나르거나 타이어를 교체하는 등의 일을 보다 쉽게 수행할 수 있다.

연구 문제

1. 다음 중 근피로에 의해 발생하기 쉬운 현상은?

   Ⅰ. 운동 단위 동원 증가
   Ⅱ. 비율 부호화의 증가
   Ⅲ. 근육 pH 감소
   Ⅳ. ATP 저장 증가

   A. Ⅰ과 Ⅱ B. Ⅱ와 Ⅳ
   C. Ⅰ과 Ⅳ D. Ⅱ와 Ⅲ

2. 다음 중 속근 운동 단위 활성화에 가장 영향을 미치는 것은?

   A. 스피드 요구 증가
   B. 힘 요구 증가
   C. 스피드 요구 감소
   D. 힘 요구 감소

3. 다음 중 호르몬 반응의 증가를 촉진하는 데 가장 영향을 미치는 요소는?

   A. 더 높은 볼륨, 더 짧은 휴식시간, 보다 작은 질량의 근육 운동
   B. 더 높은 볼륨, 더 긴 휴식시간, 보다 큰 질량의 근육 운동
   C. 더 높은 볼륨, 더 짧은 휴식시간, 보다 큰 질량의 근육 운동
   D. 보다 낮은 볼륨, 더 짧은 휴식시간, 보다 큰 질량의 근육 운동

4. 저항 운동으로 인해 유산소성 지구력 수행 능력이 향상되는 이유는 다음 중 무엇인가?

   A. $\dot{V}O_2$의 증가
   B. 산화효소 활동의 증가
   C. 모세혈관 밀도 증가
   D. 근력과 근파워의 증가

응용 지식 문제

다음 표는 저항 훈련 프로그램에 지속적으로 참여할 때 인체 시스템이 이에 적응하는 방법을 나타낸 것이다. 빈칸을 완성하라.

체계	두 가지 적응 현상
신경계	
근육계	
골격계	
신진대사 체계	
호르몬 체계	
심폐 체계	

참고문헌

1. Abe, T., W.F. Brechue, S. Fujita, and J.B. Brown. 1998. Gender differences in FFM accumulation and architectural characteristics of muscle. *Medicine and Science in Sports and Exercise* 30 (7): 1066-1070.

2. Alen, M., A. Pakarinen, K. Hakkinen, and P.V. Komi. 1988. Responses of serum androgenic-anabolic and catabolic hormones to prolonged strength training. *International Journal of Sports Medicine* 9: 229-233.

3. American College of Sports Medicine. 1995. Position stand: Osteoporosis and exercise. *Medicine and Science in Sports and Exercise* 27: i-vii.

4. Antonio, J., and W.J. Gonyea. 1993. Skeletal muscle hyperplasia. *Medicine and Science in Sports and Exercise* 25 (12): 1333-1345.

5. Baker, D., G. Wilson, and B. Carlyon. 1994. Generality versus specificity: A comparison of dynamic and isometric measures

of strength and speed-power. *European Journal of Applied Physiology* 68 (4): 350-355.

6. Barry, D.W., and W.M. Kohrt. 2008. Exercise and the preservation of bone health. *Journal of Cardiopulmonary Rehabilitation* 28: 153-162.
7. Basmajian, J.V., and C.J. DeLuca. 1985. *Muscles Alive: Their Functions Revealed by Electromyography,* 5th ed. Baltimore: Williams & Wilkins. p. 164.
8. Behm, D.G., and D.G. Sale. 1993. Intended rather than actual movement velocity determines velocity-specific training response. *Journal of Applied Physiology* 74 (1): 359-368.
9. Bellemare, F., J.J. Woods, R. Johansson, and B. Bigland-Ritchie. 1983. Motor unit discharge rates in maximal voluntary contractions of three human muscles. *Journal of Neurophysiology* 50: 1380-1392.
10. Bemben, D.A., N.L. Fetters, M.G. Bemben, N. Nabavi, and E.T. Koh. 2000. Musculoskeletal responses to high- and low-intensity resistance training in early postmenopausal women. *Medicine and Science in Sports and Exercise* 32 (11): 1949-1957.
11. Bishop, P., K. Cureton, and M. Collins. 1987. Sex difference in muscular strength in equally-trained men and women. *Ergonomics* 30 (4): 675-687.
12. Braith, R.W., J.E. Graves, S.H. Leggett, and M.L. Pollock. 1993. Effect of training on the relationship between maximal and submaximal strength. *Medicine and Science in Sports and Exercise* 25 (1): 132-138.
13. Broeder, C.E., K.A. Burrhus, L.S. Svanevik, and J.H. Wilmore. 1992. The effects of either high-intensity resistance or endurance training on resting metabolic rate. *American Journal of Clinical Nutrition* 55 (4): 802-810.
14. Buresh, R., K. Berg, and J. French. 2009. The effect of resistive exercise rest interval on hormonal response, strength, and hypertrophy with training. *Journal of Strength and Conditioning Research* 23: 62-71.
15. Callister, R., R.J. Callister, S.J. Fleck, and G.A. Dudley. 1990. Physiological and performance responses to overtraining in elite judo athletes. *Medicine and Science in Sports and Exercise* 22 (6): 816-824.
16. Cardinale, M., and M.H. Stone. 2006. Is testosterone influencing explosive performance? *Journal of Strength and Conditioning Research* 20: 103-107.
17. Carolan, B., and E. Cafarelli. 1992. Adaptations in coactivation after isometric resistance training. *Journal of Applied Physiology* 73 (3): 911-917.
18. Charette, S.L., L. McEvoy, G. Pyka, C. Snow-Harter, D. Guido, R.A. Wiswell, and R. Marcus. 1991. Muscle hypertrophy response to resistance training in older women. *Journal of Applied Physiology* 70: 1912-1916.
19. Chesley, A., J.D. MacDougall, M.A. Tarnopolsky, S.A. Atkinson, and K. Smith. 1992. Changes in human muscle protein synthesis after resistance exercise. *Journal of Applied Physiology* 73 (4): 1383-1388.
20. Colliander, E.B., and P.A. Tesch. 1990. Effects of eccentric and concentric muscle actions in resistance training. *Acta Physiologica Scandinavica* 140: 31-39.
21. Collins, M.A., K.J. Cureton, D.W. Hill, and C.A. Ray. 1991. Relationship between heart rate to oxygen uptake during weight lifting exercise. *Medicine and Science in Sports and Exercise* 23 (5): 636-640.
22. Costill, D.L., E.F. Coyle, W.F. Fink, G.R. Lesmes, and F.A. Witzman. 1979. Adaptations in skeletal muscle following strength training. *Journal of Applied Physiology* 46: 96-99.
23. Couppe, C., M. Kongsgaard, P. Aagaard, P. Hansen, J. Bojsen-Moller, M. Kjaer, and S.P. Magnusson. Habitual loading results in tendon hypertrophy and increased stiffness of the human patellar tendon. *Journal of Applied Physiology,* 105: 805-810, 2008.
24. Crewther, B., J. Cronin, and J. Keough. 2006. Possible stimuli for strength and power adaptation. Acute metabolic responses. *Sports Medicine* 36: 215-238.
25. Crewther, B., J. Keough, J. Cronin, and C. Cook. 2006. Possible stimuli for strength and power adaptation. Acute hormonal responses. *Sports Medicine* 36: 65-78.
26. Cullinen, K., and M. Caldwell. 1998. Weight training increases fat-free mass and strength in untrained young women. *Journal of the American Dietetic Association* 98 (4): 414-418.
27. DeLuca, C.J. 1997. The use of surface electromyography in biomechanics. *Journal of Applied Biomechanics* 13: 135-163.
28. Deschenes, M. 1989. Short review: Rate coding and motor unit recruitment patterns. *Journal of Applied Sport Science Research* 3 (2): 33-39.
29. Dons, B., K. Bollerup, F. Bonde-Peterson, and S. Hanacke. 1979. The effect of weight-lifting exercise related to muscle fiber composition and muscle cross-sectional area in humans. *European Journal of Applied Physiology* 40: 95-106.
30. Enoka, R.M. 1994. *Neuromechanical Basis of Kinesiology,* 2nd ed. Champaign, IL: Human Kinetics. p. 194.
31. Fiatarone, M.A., E.C. Marks, N.D. Ryan, C.N. Meredith, L.A. Lipsitz, and W.J. Evans. 1990. High-intensity strength training in nonagenarians. Effects on skeletal muscle. *Journal of the American Medical Association* 263: 3029-3034.
32. Fiatarone, M.A., E.R. O'Neill, N.D. Ryan, K.M. Clements, G.R. Solares, M.E. Nelson, S.B. Roberts, J.J. Kehayias, L.A. Lipsitz, and W.J. Evans. 1994. Exercise training and nutritional supplementation for physical frailty in very elderly people. *New England Journal of Medicine* 330 (25): 1769-1775.
33. Folland, J.P., and A.G. Williams. 2007. The adaptations to strength training. Morphological and neurological contributions to increased strength. *Sports Medicine* 37: 145-168.
34. Frontera, W.R., C.N. Meredith, K.P. O'Reilly, H.G. Knuttgen, and W.J. Evans. 1988. Strength conditioning in older men: Skeletal muscle hypertrophy and improved function. *Journal of Applied Physiology* 64: 1038-1044.
35. Frontera, W.R., D. Suh, L.S. Krivickas, V.A. Hughes, R. Goldstein, and R. Roubenoff. 2000. Skeletal muscle fiber quality in older men and women. *American Journal of Physiology* 279: C611-C616.
36. Fry, A.C., and W.J. Kraemer. 1997. Resistance exercise overtraining and overreaching. *Sports Medicine* 23 (2): 106-129.
37. Fry, A.C., J.M. Webber, L.W. Weiss, M.D. Fry, and Y. Li. 2000. Impaired performances with excessive high-intensity free-weight training. *Journal of Strength and Conditioning Research* 14 (1): 54-61.
38. Fry, A.C., W.J. Kraemer, F. Van Borselen, J.M. Lynch, J.L. Marsit, E.P. Roy, N.T. Triplett, and H.G. Knuttgen. 1994. Performance decrements with high-intensity resistance exercise overtraining. *Medicine and Science in Sports and Exercise* 26 (9): 1165-1173.
39. Fry, A.C., W.J. Kraemer, F. Van Borselen, J.M. Lynch, N.T. Triplett, L.P. Koziris, and S.J. Fleck. 1994. Catecholamine responses to short-term, high-intensity resistance exercise overtraining. *Journal of Applied Physiology* 77 (2): 941-946.
40. Fry, A.C., W.J. Kraemer, J.M. Lynch, N.T. Triplett, and L.P. Koziris. 1994. Does short-term near maximal intensity machine resistance training induce overtraining? *Journal of Strength and Conditioning Research* 8 (3): 188-191.

41. Garfinkel, S., and E. Cafarelli. 1992. Relative changes in maximal force, EMG, and muscle cross-sectional area after isometric training. *Medicine and Science in Sports and Exercise* 24: 1220-1227.

42. Goldspink, G. 1992. Cellular and molecular aspects of adaptation in skeletal muscle. In: *Strength and Power in Sport: The Encyclopedia of Sports Medicine,* P.V. Komi, ed. Oxford, England: Blackwell Scientific. pp. 211-229.

43. Graves, J.E., M.L. Pollock, S.H. Leggett, R.W. Braith, D.M. Carpenter, and L.E. Bishop. 1988. Effect of reduced training frequency on muscular strength. *International Journal of Sports Medicine* 9 (5): 316-319.

44. Green, H., C. Goreham, J. Ouyang, M. Bull-Burnett, and D. Ranney. 1999. Regulation of fiber size, oxidative potential, and capillarization in human muscle by resistance exercise. *American Journal of Physiology* 276 (2 Pt 2): R591-R596.

45. Guezennec, Y., L. Leger, F. Lhoste, M. Aymonod, and P.C. Pesquies. 1986. Hormone and metabolite response to weight-lifting training sessions. *International Journal of Sports Medicine* 7: 100-105.

46. Haff, G.G., M.H. Stone, B.J. Warren, R. Keith, R.L. Johnson, D.C. Nieman, F. Williams, and K.B. Kirksey. 1999. The effect of carbohydrate supplementation on multiple sessions and bouts of resistance exercise. *Journal of Strength and Conditioning Research* 13 (3): 111-117.

47. Häkkinen, K., A. Pakarinen, W.J. Kraemer, A. Häkkinen, H. Valkeinen, and M. Alen. 2001. Selective muscle hypertrophy, changes in EMG and force, and serum hormones during strength training in older women. *Journal of Applied Physiology* 91 (2): 569-580.

48. Häkkinen, K., A. Pakarinen, W.J. Kraemer, R.U. Newton, and M. Alen. 2000. Basal concentrations and acute responses of serum hormones and strength development during heavy resistance training in middle-aged and elderly men and women. *Journal of Gerontology* 55 (2): B95-B105.

49. Häkkinen, K., A. Parkarinen, M. Alen, H. Kauhanen, and P.V. Komi. 1988. Neuromuscular and hormonal adaptations in athletes to strength training in two years. *Journal of Applied Physiology* 65: 2406-2412.

50. Häkkinen, K., and P.V. Komi. 1983. Electromyographic changes during strength training and detraining. *Medicine and Science in Sports and Exercise* 15: 455-460.

51. Hansen, M., B.F. Miller, L. Holm, S. Doessing, S.G. Petersen, D. Skovgaard, J. Frystyk, A. Flyvbjerg, S. Koskinen, J. Pingel, M. Kjaer, and H. Langberg. Effect of oral contraceptives in vivo on collagen synthesis in tendon and muscle connective tissue in young women. *Journal of Applied Physiology,* 106: 1435-1443, 2009.

52. Harris, R.T., and G.A. Dudley. 2000. Neuromuscular anatomy and adaptations to conditioning. In: *Essentials of Strength Training and Conditioning,* T.R. Baechle and R.W. Earle, eds. Champaign, IL: Human Kinetics. pp. 15-23.

53. Hather, B.M., P.A. Tesch, P. Buchannon, and G.A. Dudley. 1991. Influence of eccentric actions on skeletal muscle adaptation to resistance training. *Acta Physiologica Scandinavica* 143: 177-185.

54. Hellebrandt, F.A., A.M. Parrish, and J.J. Houtz. 1947. Cross education: The influence of unilateral exercise on the contralateral limb. *Archives of Physical Medicine* 28: 76-85.

55. Hickson, R.C., B.A. Dvorak, E.M. Gorostiaga, T.T. Kurowski, and C. Foster. 1988. Potential for strength and endurance training to amplify endurance performance. *Journal of Applied Physiology* 65: 2285-2290.

56. Hoff, J., J. Helgerud, and U. Wisloff. 1999. Maximal strength training improves work economy in trained female crosscountry skiers. *Medicine and Science in Sports and Exercise* 31 (6): 870-877.

57. Hortobagyi, T., J.A. Houmard, J.R. Stevenson, D.D. Fraser, R.A. Johns, and R.G. Israel. 1993. The effects of detraining in power athletes. *Medicine and Science in Sports and Exercise* 28 (8): 929-935.

58. Hunter, G.R., C.J. Wetzstein, D.A. Fields, A. Brown, and M.M. Bamman. 2000. Resistance training increases total energy expenditure and free-living physical activity in older adults. *Journal of Applied Physiology* 89 (3): 977-984.

59. Ikai, M., and A.H. Steinhaus. 1961. Some factors modifying the expression of human strength. *Journal of Applied Physiology* 16: 157-163.

60. Ikai, M., and T. Fukunaga. 1968. Calculation of muscle strength per unit cross-sectional area of human muscle by means of ultrasonic measurement. *Internationale Zeitschrift fur angewandte Physiologie, einschliesslich Arbeitsphysiologie* 26 (1): 26-32.

61. Imamura, K., H. Ashida, T. Ishikawawa, and M. Fujii. 1983. Human major psoas muscle and sacrospinalis muscle in relation to age: A study by computed tomography. *Journal of Gerontology* 38 (6): 678-681.

62. Inoue, K., S. Yamasaki, T. Fushiki, T. Kano, T. Moritani, K. Itoh, and E. Sugimoto. 1993. Rapid increase in the number of androgen receptors following electrical stimulation. *European Journal of Applied Physiology* 66 (2): 134-140.

63. Judelson, D.A., C.M. Maresh, L.M. Yamamoto, M.J. Farrell, L.E. Armstrong, W.J. Kraemer, J.S. Volek, B.A. Spiering, D.J. Casa, and J.M. Anderson. 2008. Effect of hydration state on resistance exercise-induced endocrine markers of anabolism, catabolism, and metabolism. *Journal of Applied Physiology* 105: 816-824.

64. Kitai, T.A., and D.G. Sale. 1989. Specificity of joint angle in isometric testing. *European Journal of Applied Physiology* 58: 744-748.

65. Kohrt, W.M., S.A. Bloomfield, K.D. Little, M.E. Nelson, and V.R. Yingling. 2004. American College of Sports Medicine position stand. Physical activity and bone health. *Medicine and Science in Sports and Exercise* 36: 1985-1996.

66. Komi, P.V., J.T. Viitasalo, R. Rauramaa, and V. Vihko. 1978. Effect of isometric strength training on mechanical, electrical, and metabolic aspects of muscle function. *European Journal of Applied Physiology* 40: 45-55.

67. Kongsgaard, M., P. Aagaard, M. Kjaer, and S.P. Magnusson. Structural Achilles tendon properties in athletes subjected to different exercise modes and in Achilles tendon rupture patients. *Journal of Applied Physiology,* 99: 1965-1971, 2005.

68. Kongsgaard, M., S. Reitelseder, T.G. Pedersen, L. Holm, P. Aagaard, M. Kjaer, and S.P. Magnusson. Region specific patellar tendon hypertrophy in humans flowing resistance training. *Acta Physiologica,* 191: 111-121, 2007.

69. Kraemer, W.J. 1992. Endocrine responses and adaptations to strength training. In: *Strength and Power in Sport: The Encyclopedia of Sports Medicine,* P.V. Komi, ed. Oxford, England: Blackwell Scientific. pp. 291-304.

70. Kraemer, W.J., and N.A. Ratamess. 2005. Hormonal responses and adaptations to resistance exercise and training. *Sports Medicine* 35: 339-361.

71. Kraemer, W.J., B.J. Noble, B. Culver, and R.V. Lewis. 1985. Changes in plasma proenkephalin peptide F and catecholamine levels during graded exercise in men. *Proceedings of the National Academy of Sciences* 82: 6349-6351.

72. Kraemer, W.J., J.F. Patton, S.E. Gordon, E.A. Harman, M.R. Deschenes, K. Reynolds, R.U. Newton, N.T. Triplett, and

J.E. Dziados. 1995. Compatibility of high intensity strength and endurance training on hormonal and skeletal muscle adaptations. *Journal of Applied Physiology* 78 (3): 976-989.

73. Kraemer, W.J., K. Häkkinen, R.U. Newton, M. McCormick, B.C. Nindl, J.S. Volek, L.A. Gotshalk, S.J. Fleck, W.W. Campbell, S.E. Gordon, P.A. Farrell, and W.J. Evans. 1998. Acute hormonal responses to heavy resistance exercise in younger and older men. *European Journal of Applied Physiology* 77 (3): 206-211.
74. Kraemer, W.J., L.P. Koziris, N.A. Ratamess, K. Häkkinen, N.T. Triplett-McBride, A.C. Fry, S.E. Gordon, J.S. Volek, D.N. French, M.R. Rubin, A.L. Gomez, M.T. Sharman, J.M. Lynch, M. Izquierdo, R.U. Newton, and S.J. Fleck. 2002. Detraining produces minimal changes in physical performance and hormonal variables in recreationally strength-trained men. *Journal of Strength and Conditioning Research* 16 (3): 373-382.
75. Kraemer, W.J., R.S. Staron, F.C. Hagerman, R.S. Hikida, A.C. Fry, S.E. Gordon, B.C. Nindl, L.A. Gotshalk, J.S. Volek, J.O. Marx, R.U. Newton, and K. Häkkinen. 1998. The effects of short-term resistance training on endocrine function in men and women. *European Journal of Applied Physiology* 78 (1): 69-76.
76. Kraemer, W.J., S.J. Fleck, and W.J. Evans. 1996. Strength and power: Physiological mechanisms of adaptation. *Exercise and Sport Science Reviews* 24: 363-397.
77. Kubo, K., T. Ikebukuro, H. Yata, and N. Tsunoda. Time course of changes in muscle and tendon properties during strength training and detraining. *Journal of Strength and Conditioning Research,* 24: 322-331, 2010.
78. LaCerte, M., B.J. deLateur, A.P. Alquist, and K.A. Questad. 1992. Concentric versus combined concentric-eccentric isokinetic training programs: Effect on peak torque of human quadriceps femoris muscle. *Archives of Physical Medicine and Rehabilitation* 73: 1059-1062.
79. Lambert, C.P., and M.G. Flynn. 2002. Fatigue during highintensity intermittent exercise. Applications to bodybuilding. *Sports Medicine* 32 (8): 511-522.
80. Langberg, H., L. Rosendal, and M. Kjaer. Training-induced changes in peritendinous type I collagen turnover determined by microdialysis in humans. *Journal of Physiology,* 534.1: 297-302, 2001.
81. Larsson, L. 1978. Morphological and functional characteristics of the ageing skeletal muscle in man. *Acta Physiologica Scandinavica* (Suppl) 457: 1-36.
82. Leveritt, M., and P.J. Abernethy. 1999. Effect of carbohydrate restriction on strength performance. *Journal of Strength and Conditioning Research* 13: 52-57.
83. MacDougall, J.D., G.R. Ward, D.G. Sale, and J.R. Sutton. 1977. Biochemical adaptation of human skeletal muscle to heavy resistance training and immobilization. *Journal of Applied Physiology* 43: 700-703.
84. MacDougall, J.D., M.J. Gibala, M.A. Tarnopolsky, J.R. MacDonald, S.A. Interisano, and K.E. Yarasheski. 1995. The time course for elevated muscle protein synthesis following heavy resistance exercise. *Canadian Journal of Applied Physiology* 20 (4): 480-486.
85. MacDougall, J.D., S. Ray, D.G. Sale, N. McCartney, P. Lee, and S. Garner. 1999. Muscle substrate utilization and lactate production during weightlifting. *Canadian Journal of Applied Physiology* 24: 209-215.
86. MacLaren, D.P., H. Gibson, M. Parry-Billings, and R.H.T. Edwards. 1989. A review of metabolic and physiological factors in fatigue. *Exercise and Sport Sciences Reviews* 17: 29-66.
87. Maddalozzo, G.F., and C.M. Snow. 2000. High intensity resistance training: Effects on bone in older men and women. *Calcified Tissue International* 66: 399-404.
88. Marcinik, E.J., J. Potts, G. Schlabach, S. Will, P. Dawson, and B.F. Hurley. 1991. Effects of strength training on lactate threshold and endurance performance. *Medicine and Science in Sports and Exercise* 23: 739-743.
89. Martyn-St James, M., and S. Carroll. 2006. Progressive high-intensity resistance training and bone mineral density changes among premenopausal women. Evidence of discordant site-specific skeletal effects. *Sports Medicine* 36: 683-704.
90. Masuda, K., T. Masuda, T. Sadoyama, M. Inaki, and S. Katsuta. 1999. Changes in surface EMG parameters during static and dynamic fatiguing contractions. *Journal of Electromyography and Kinesiology* 9 (1): 39-46.
91. McBride, J.M., T. Triplett-McBride, A.J. Davie, P.J. Abernethy, and R.U. Newton. 2003. Characteristics of titin in strength and power athletes. *European Journal of Applied Physiology* 88: 553-557.
92. Merton, P.A. 1954. Voluntary strength and fatigue. *Journal of Physiology (London)* 123: 553-564.
93. Miller, A.E.J., J.D. MacDougall, M.A. Tarnopolsky, and D.G. Sale. 1993. Gender differences in strength and muscle fiber characteristics. *European Journal of Applied Physiology* 66: 254-262.
94. Miller, B.F., J.L. Olesen, M. Hansen, S. Dossing, R.M. Crameri, R.J. Welling, H. Lanberg, A. Flyvbjerg, M. Kjaer, J.A. Babraj, K. Smith, and M.J. Rennie. Coordinated collagen and muscle protein synthesis in human patella tendon and quadriceps muscle after exercise. *Journal of Physiology,* 567.3: 1021-1033, 2005.
95. Milner-Brown, H.S., R.B. Stein, and R.G. Lee. 1975. Synchronization of human motor units: Possible roles of exercise and supraspinal reflexes. *Electroencephalography and Clinical Neurophysiology* 38: 245-254.
96. Moritani, T., and H.A. deVries. 1979. Neural factors vs. hypertrophy in the time course of muscle strength gain. *American Journal of Physical Medicine* 58: 115-130.
97. Moritani, T., and Y. Yoshitake. 1998. 1998 ISEK Congress Keynote Lecture. The use of surface electromyography in applied physiology. *Journal of Electromyography and Kinesiology* 8: 363-381.
98. Nelson, M.E., M.A. Fiatarone, C.M. Morganti, I. Trice, R.A. Greenberg, and W.J. Evans. 1994. Effects of high-intensity strength training on multiple risk factors for osteoporotic fractures. *Journal of the American Medical Association* 272: 1909-1914.
99. Osternig, L.R., J. Hamill, J.E. Lander, and R. Robertson. 1986. Co-activation of sprinter and distance runner muscles in isokinetic exercise. *Medicine and Science in Sports and Exercise* 18: 431-435.
100. Paavolainen, L., K. Häkkinen, I. Hamalainen, A. Nummela, and H. Rusko. 1999. Explosive-strength training improves 5-km running time by improving running economy and muscle power. *Journal of Applied Physiology* 86: 1527-1533.
101. Parcell, A.C., M.T. Wolstenhulme, and R.D. Sawyer. 2009. Structural protein alterations to resistance and endurance cycling exercise training. *Journal of Strength and Conditioning Research* 23: 359-365.
102. Patten, C., G. Kamen, and D.M. Rowland. 2001. Adaptations in maximal motor unit discharge rate to strength training in young and older adults. *Muscle and Nerve* 24 (4): 542-550.
103. Poehlman, E.T., W.F. Denino, T. Beckett, K.A. Kinaman, I.J. Dionne, R. Dvorak, and P.A. Ades. 2002. Effects of endurance and resistance training on total daily energy expenditure

in young women: A controlled randomized trial. *Journal of Clinical Endocrinology and Metabolism* 87 (3): 1004-1009.

104. Pruitt, L.A., D.R. Taaffe, and R. Marcus. 1995. Effects of a one-year high-intensity versus low-intensity resistance training program on bone mineral density in older women. *Journal of Bone Mineral Research* 10: 1788-1795.

105. Psek, J.A., and E. Cafarelli. 1993. Behavior of coactive muscles during fatigue. *Journal of Applied Physiology* 74: 170-175.

106. Robergs, R.A., D.R. Pearson, D.L. Costill, W.J. Fink, D.D. Pascoe, M.A. Benedict, C.P. Lambert, and J.J. Zachweija. 1991. Muscle glycogenolysis during different intensities of weight-resistance exercise. *Journal of Applied Physiology* 70 (4): 1700-1706.

107. Rutherford, O.M., D.A. Jones, and D.J. Newham. 1986. Clinical and experimental application of percutaneous twitch superimposition technique for the study of human muscle activation. *Journal of Neurology, Neurosurgery, and Psychiatry* 49: 1288-1291.

108. Sale, D.G. 1992. Neural adaptation to strength training. In: *Strength and Power in Sport: The Encyclopedia of Sports Medicine,* P.V. Komi, ed. Oxford, England: Blackwell Scientific. pp. 249-265.

109. Sale, D.G., J.D. MacDougall, A.R.M. Upton, and A.J. McComas. 1983. Effects of strength training upon motoneuron excitability in man. *Medicine and Science in Sports and Exercise* 15: 57-62.

110. Schuenke, M.D., R.P. Mikat, and J.M. McBride. 2002. Effect of an acute period of resistance exercise on excess postexercise oxygen consumption: Implications for body mass management. *European Journal of Applied Physiology* 86: 411-417.

111. Schwab, R., G.O. Johnson, T.J. Housh, J.E. Kinder, and J.P. Weir. 1993. Acute effects of different intensities of weightlifting on serum testosterone. *Medicine and Science in Sports and Exercise* 25: 1381-1385.

112. Staron, R.S., D.L. Karapondo, W.J. Kraemer, A.C. Fry, S.E. Gordon, J.E. Falkel, F.C. Hagerman, and R.S. Hikida. 1994. Skeletal muscle adaptations during early phase of heavyresistance training in men and women. *Journal of Applied Physiology* 76: 1247-1255.

113. Staron, R.S., E.S. Malicky, M.J. Leonardi, J.E. Falkel, F.C. Hagerman, and G.A. Dudley. 1990. Muscle hypertrophy and fast fiber type conversions in heavy resistance-trained women. *European Journal of Applied Physiology* 60: 71-79.

114. Staron, R.S., M.J. Leonardi, D.L. Karapondo, E.S. Malicky, J.E. Falkel, F.G. Hagerman, and R.S. Hikida. 1991. Strength and skeletal muscle adaptations in heavy-resistance trained women after detraining and retraining. *Journal of Applied Physiology* 70 (2): 631-640.

115. Stone, M.H., R.E. Keith, J.T. Kearny, S.J. Fleck, G.D. Wilson, and N.T. Triplett. 1991. Overtraining: A review of the signs, symptoms, and possible causes. *Journal of Applied Sport Science Research* 5 (1): 35-50.

116. Stone, W.J., and S.P. Coulter. 1994. Strength/endurance effects from three resistance training protocols with women. *Journal of Strength and Conditioning Research* 8 (4): 231-234.

117. Tesch, P.A. 1992. Short- and long-term histochemical and biochemical adaptations in muscle. In: *Strength and Power in Sport: The Encyclopedia of Sports Medicine,* P. Komi, ed Oxford, England: Blackwell Scientific. pp. 239-248.

118. Tesch, P.A., A. Thorsson, and E.B. Colliander. 1990. Effects of eccentric and concentric resistance training on skeletal muscle substrates, enzyme activities and capillary supply. *Acta Physiologica Scandinavica* 140: 575-580.

119. Thepaut-Mathieu, C., J. Van Hoecke, and B. Maton. 1988. Myoelectrical and mechanical changes linked to length specificity during isometric training. *Journal of Applied Physiology* 64: 1500-1505.

120. Tipton, K.D., and R.R. Wolfe. 2001. Exercise protein metabolism and muscle growth. *International Journal of Sport Nutrition and Exercise Metabolism* 11 (1): 109-132.

121. Vincent, K.R., and R.W. Braith. 2002. Resistance exercise and bone turnover in elderly men and women. *Medicine and Science in Sports and Exercise* 34: 17-23.

122. Vissing, K., M. Brink, S. Lonbro, H. Sorensen, K. Overgaard, K. Danborg, J. Mortensen, O. Elstrom, N. Rosenhoj, S. Ringgaard, J.L. Andersen, and P. Aagaard. 2008. Muscle adaptations to plyometric vs. resistance training in untrained young men. *Journal of Strength and Conditioning Research* 22: 1799-1809.

123. Weir, J.P., D.A. Keefe, J.F. Eaton, R.T. Augustine, and D.M. Tobin. 1998. Effect of fatigue on hamstring coactivation during isokinetic knee extensions. *European Journal of Applied Physiology* 78: 555-559.

124. Weir, J.P., D.J. Housh, T.J. Housh, and L.L. Weir. 1995. The effect of unilateral eccentric weight training detraining on joint angle specificity, cross-training, and the bilateral deficit. *Journal of Orthopaedic and Sports Physical Therapy* 22 (5): 207-215.

125. Weir, J.P., D.J. Housh, T.J. Housh, and L.L. Weir. 1997. The effect of unilateral concentric weight training and detraining on joint angle specificity, cross-training, and the bilateral deficit. *Journal of Orthopaedic and Sports Physical Therapy* 25: 264-270.

126. Weir, J.P., T.J. Housh, and L.L. Weir. 1994. Electromyographic evaluation of joint angle specificity and cross-training after isometric training. *Journal of Applied Physiology* 77: 197-201.

127. Weir, J.P., T.J. Housh, L.L. Weir, and G.O. Johnson. 1995. Effects of unilateral isometric strength training on joint angle specificity and cross-training. *European Journal of Applied Physiology* 70: 337-343.

128. Weir, J.P., T.J. Housh, S.A. Evans, and G.O. Johnson. 1993. The effect of dynamic constant external resistance training on the isokinetic torque-velocity curve. *International Journal of Sports Medicine* 14 (3): 124-128.

129. Westh, E., M. Kongsgaard, J. Bojsen-Moller, P. Aagaard, M. Hansen, M. Kjaer, and S.P. Magnusson. Effect of habitual exercise on the structural and mechanical properties of human tendon, in vivo, in men and women. *Scandinavian Journal of Medicine and Science in Sports,* 18: 23-30, 2008.

130. Winter, E.M., and R.J. Maughan. 1991. Strength and crosssectional area of the quadriceps in men and women. *Journal of Physiology (London)* 438: 175.

131. Woolstenhulme, M.T., R.K. Conlee, M.J. Drummond, A.W. Stites, and A.C. Parcell. 2006. Temporal response of desmin and dystrophin proteins to progressive resistance exercise in human skeletal muscle. *Journal of Applied Physiology* 100: 1876-1882.

6

유산소성 지구력 훈련에 대한 신체 반응과 적응 현상

John P. McCarthy, PhD, and Jane L.P. Roy, PhD

학습 목표

- 유산소 운동에 대한 단기적인 생리학적 반응을 알 수 있다.
- 유산소성 지구력 훈련에 대한 장기적인 생리학적 적응 반응을 알 수 있다.
- 유산소성 지구력 훈련의 적응 반응에 영향을 미치는 요인들을 이해할 수 있다.
- 과훈련과 관련된 생리학적 요소에 대해 알고 이해할 수 있다.
- 훈련 중지의 생리학적 결과에 대해 알 수 있다.

이 장의 주된 목적은 유산소 운동이 신체의 생리학적 세계에 미치는 영향을 이해하고 그 적응 현상에 대해 설명하는 것이다. 단기적 반응이란 한 차례의 운동 세션중 즉시 발생하는 것이며, 장기적 훈련 적응 현상이란 여러 차례 반복적인 운동 세션에 의해 발생하는 것을 말한다. 유산소 운동의 효과는 강도(intensity), 지속시간(duration), 운동빈도(frequency)에 의해 조절된다. 이 중 무엇보다 중요한 것은 강도(예: %HRmax[% 최대심박수])이다. 즉, 신체는 단기적 운동 자극에 비례하여 그 자극에 적응하게 된다. 일반적으로 유산소성 운동중 높은 심박수를 유지하는 운동은 낮은 심박수를 유지하는 운동과 비교할 때 그 적응 현상이 더 크게 나타날 것이다. 물론 이는 훈련 세션중 빈도와 지속시간이 동일하다는 조건 하에 성립된다. 유산소성 생리학적 적응 현상은 이러한 요소들의 상호작용 결과이다. 신체는 유산소성 지구력 훈련에 대하여 여러 가지 생리학적 과정과 체계의 변화를 통해 반응한다. 다음에서는 이러한 변화들이 어떻게 발생하는지에 대해 자세하게 설명한다. 반복적인 유산소 운동에 대한 종합적인 적응 현상은 몸이 보다 효율적으로 변하는 것이며, 이로 인해 모든 기관들이 같은 운동을 보다 쉽게 수행할 수 있게 된다.

유산소성 지구력 운동에 대한 단기적인 반응

여기서는 유산소 운동이 심혈관계, 호흡계, 내분비계에 미치는 단기적인 영향뿐만 아니라 대사적인 효과에 대해 설명한다. 유산소 운동에 대한 단기적 반응은 표 6.1에 요약되어 있으며, 대부분의 생리학적 변수(예: 산소소비량[$\dot{V}O_2$], 심박수[HR])들은 운동강도와 밀접한 관련이 있다.

심혈관계 반응

심혈관계는 심장, 혈관구조(혈액과 혈관)의 두 가지 요소로 구성되어 있다. 심혈관계 구조와 기능에 대한 구체적인 정보는 2장을 참고하라. 유산소성 운동중, 심장의 흥분 또는 자극의 증가는 운동을 하고 있는 골격근에 혈액을 공급하기 위해서 발생한다. 하지만 단지 혈류의 증가 때문만은 아니다. 간단히 설명하자면 교감 신경계에 의해 심장의 흥분이 증가됨과 동시에 부교감 신경계의 흥분이 감소되기 때문이다. 신경계의 영향에 의해 운동중 HR과 1회 박출량(SV, 좌심실에서 한 회당 박출되는 혈액량)은 증가하게 된다. HR과 SV의 증가는 궁극적으로 심박출량을 증가시킨다($\dot{Q}$). 다음의 공식은 HR과 SV의 관계를 이해하는데 도움을 준다.

$$\dot{Q}(L/min) = HR(beats/min) \times SV(L/beat) \quad (6.1)$$

1회 박출량은 최대산소소비량($\dot{V}O_2max$)의 최대 40~60% 수준까지 증가하며 탈진되기 훨씬 전에 정체기에 이른다.[29] 이러한 결과는 확실하지 않다. 다른 연구조사에 따르면 SV는 소진될 때까지 계속해서 선형적으로 증가한다.[65] 운동중 심장의 정맥 충전 증가는 심장벽의 압력과 신장 증가에 영향을 준다. 이는 신경 또는 체액 요인과는 별개로 탄성적 수축 힘을 증가시킨다. 이것이 **프랭크-스탈링 원리(Frank-Starling mechanism)**이며, 좌심실로부터 방출되는 혈액양 증가(SV의 증가)의 원인을 설명해준다.[59] 따라서 심장의 1회 박출량은 심장 혈액 충전량과 비례하여 증가한다.

유산소성 운동강도가 휴식 상태에서 최대로 증가함에 따라 총말초저항(TPR, total peripheral resistance, 계통 혈관계 내의 혈류에 대한 저항)은 50~60%까지 감소한다. 이러한 TPR의 감소는 혈관 확장 때문이며 이는 활동하는 골격근에 혈액을 공급하기 위해서이다.[36] 운동중 혈액의 상당 부분은, 혈액을 필요로 하는 움직이는 골격근계로 이동하게 된다.[24] 동시에 내장기관과 같은 신체의 다른 부분으로 가는 혈류량은 줄어든다. 유산소 운동에 대한 반응으로 여러 가지 메커니즘에 의해 모세혈관계에 변화가 일어나지만, 그에 대한 설명은 이 장에서 다루지 않는다.

혈압(BP, mmHg)는 혈액에 의해 혈관에 가해지는 힘이며 순환계를 통해 혈액이 흐르도록 한다. 수축기 혈압(SBP)과 확장기 혈압(DBP)의 수치는 각각 심실 수축과 확장(이완) 중 혈관에 가해지는 압력을 나타낸다. 걷기, 조깅, 자전거, 수영 등 큰 근육군이 참여하는 유산소성 지구력 운동중, SBP는 운동강도에 정비례하여 선형적으로 증가하며 DBP의 변화는 매우 적다(그림 6.1참조). 운동강도가 증가함에 따라 TPR 또한 감소하며(하지만 $\dot{Q}$는 크게 증가한다) 혈압에 큰 영향을 준다. 따라서 운동중 평

표 6.1 유산소성 지구력 훈련의 단기적인 반응 요약

변수	반응
심혈관	
심박수	증가
1회 박출량	증가
심박출량	증가
총말초저항	감소
관상동맥혈관계로의 혈류량	증가
골격근 혈류량	증가
내장 혈류량	감소
평균 동맥압	증가
수축기 혈압	증가
확장기 혈압	변화 없거나 약간 감소
심근산소소비량	증가
혈장량	감소
혈구	증가
호흡계	
폐 분당 환기	증가
호흡률	증가
1회 호흡량	증가
호흡 교환 비율 또는 호흡 지수 (RER or RQ)	증가
대사작용	
산소소비량	증가
동정맥혈 산소 차이	증가
혈중 젖산	증가
혈중 pH	감소
내분비계	
카테콜아민	증가
글루카곤	증가
인슐린	감소
코티졸	감소 – 저강도에서 중강도
	증가 – 중강도에서 고강도 (>60% $\dot{V}O_2max$)
성장 호르몬	증가

RER: respiratory exchange ratio, RQ: respiratory quotient

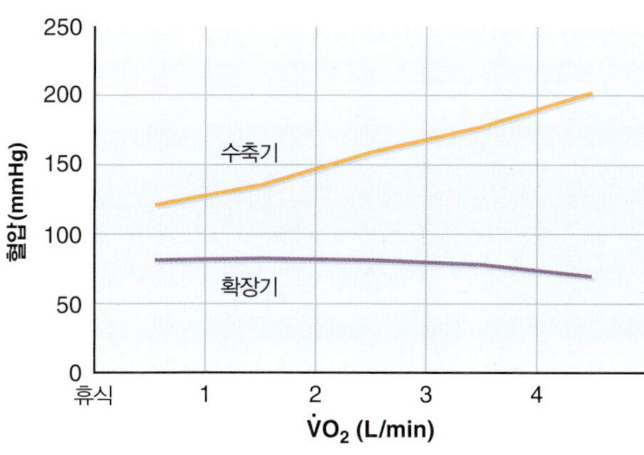

그림 6.1 점진적 유산소성 지구력 훈련에 대한 혈압 변화

표 6.2 호흡교환비율(RER)의 열당량과 탄수화물, 지방으로부터의 % kcal

	에너지	% KCAL	
RER	kcal/L O_2	탄수화물	지방
0.71	4.69	0	100
0.75	4.74	16	84
0.80	4.80	33	67
0.85	4.86	51	49
0.90	4.92	68	32
0.95	4.99	84	16
1.00	5.05	100	0

균혈압(MAP, mean arterial pressure)은 증가하며, 다음의 두 공식으로 그 양을 나타낼 수 있다.

$$MAP = DBP + [.333 \times (SBP - DBP) \quad (6.2)$$

$$MAP = \dot{Q} \times TPR \quad (6.3)$$

운동중 BP의 증가는 혈관계를 통한 혈류의 증가를 용이하게 하며 혈액으로부터 오는 혈장량과 세포 틈새로 가는 혈장량을 증가시킨다(그리고 간질액의 일부가 된다). 따라서 운동중 혈장량의 감소와 혈구의 증가가(적혈구를 구성하는 혈액의 비율) 일어나지만 총적혈구 수는 변화하지 않는다.[64,71]

관상동맥혈관계는 좌우 관상동맥으로 구성되어 있으며, 운동중 심근에 가해지는 산소 요구의 증가에 따라 확장된다. 심근산소소비량(RPP, rate-pressure product)는 심장이 필요로 하는 산소량을 나타낸다. 이는 심장이 얼마나 열심히 작동하고 있는지를 알 수 있는 아주 쉬운 방법이자 좋은 비침습성 지표이다.[46] 다음은 그 양을 나타내는 공식이다.

$$RPP = HR \times SBP \quad (6.4)$$

> 운동중 심박출량, 심박수, 1회 박출량, 평균동맥압, 관상동맥 지름, 심근산소소비량은 증가된다.

호흡계 반응

폐 분당 환기량($\dot{V}_E$)은 호흡률(BR, breathing rate)과 일회호흡량(TV, tidal volume)의 산물이며, 분당 폐로 들어가고 나오는 공기의 양을 나타낸다. 운동중 $\dot{V}_E$는 신체의 산소요구량과 소비량이 늘어남에 따라 증가하게 된다.

$$\dot{V}_E(L/min) = BR \times TV \quad (6.5)$$

호흡지수(RQ, respiratory quotient)는 세포 수준에서의 이산화탄소 생성물($\dot{V}CO_2$)의 양과 산소소비량($\dot{V}O_2$)의 비율이다. 이 수치는 보통 세포에서보다는 입에서 측정되며 이를 호흡교환비율(RER, respiratory exchange ratio)이라고 한다. RQ와 RER은 같은 공식으로 계산한다.

$$RQ \text{ or } RER = \dot{V}CO_2 / \dot{V}O_2 \quad (6.6)$$

RQ는 운동생리학자들이 휴식과 운동 안정 단계에서 지방과 탄수화물 활용 비율을 추정하는 데 사용된다. RQ는 휴식기에 0.82 정도이다(대략 60%의 에너지는 지방으로부터, 40%는 탄수화물로부터 얻는다).[46] 운동강도가 증가함에 따라 RQ와 RER 모두 0.1에 도달하며 탄수화물로부터 얻게 되는 에너지 비율이 상승하게 된다(표 6.2 참조). 매우 강한 최대부하 운동중에 RER은 과다환기로 인해 1.0 이상으로 증가할 수 있으며, 이는 소비된 산소량과 비교하여 배출된 이산화탄소의 양을 증가시킨다. RER은 때로 운동강도를 나타내는 지표로 사용되며, 1.0보다 높은 RER의 수치는 때로 점진적인 운동검사 중 $\dot{V}O_2$max에 도달하는 증거인 기준측정항목으로 사용된다.[46,59,71]

> 운동중 환기량, 호흡률, 일회호흡량, RER, RQ은 증가한다.

대사적 반응

운동 프로그램을 막 시작한, 훈련이 되지 않는 사람의 유산소 운동은 비효율적이다. 심혈관계와 호흡계에서의 제한은 유산소 운동이 일어나도록 하기 위해 발생하

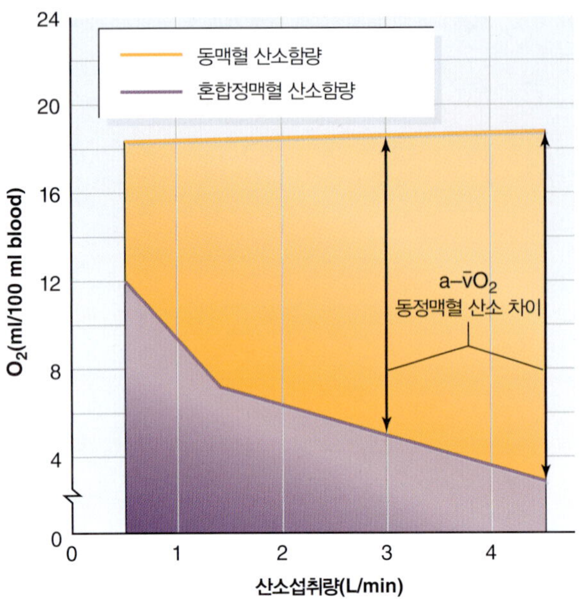

그림 6.2 낮은 운동 수준에서 최대 운동 수준까지의 a-v̄O_2 차이(동정맥혈산소함량차)의 변화

는 대사적 과정에 한계를 부과한다. 궁극적인 결과는 짧은 기간 동안의 낮은 수행력이다. 운동중 아데노신 삼인산(ATP) 요구는 높아지며 그로 인해 신체는 더 많은 산소를 소비하게 된다. 동맥 내 산소량과 혼합정맥혈량의 차이가 **동정맥혈산소함량차**(arateriovenous oxygen difference, a-v̄O_2 difference)이며, 산소가 몸을 통과하며 혈액으로부터 제거되는 정도를 나타낸다. 휴식기 동맥과 정맥 산소량의 보통 수치는 혈액 100ml당 각각 20, 14ml이며, 휴식기 a-v̄O_2 차이는 대략 혈액 100ml당 6ml이다. 이 수치는 운동강도에 따라 거의 선형적으로 증가하며, $\dot{V}O_2$max에서 대략 혈액 100ml당 산소 18ml까지 올라갈 수 있다(그림 6.2 참조).[71] 소비된 산소량($\dot{V}O_2$)은 Q 산물과 a-v̄O_2 차이에 의해 결정되며, 이것이 **픽방정식**(Fick equation)이다.

$$\dot{V}O_2(L/min) = Q \times a\text{-}vO_2 \text{ difference} \quad (6.7)$$

유산소 운동중 신체의 대사는 증가하게 되며 보다 많은 CO_2와 젖산을 생산한다(이는 H+이온의 농도를 증가시킨다). 고강도 운동에서(에너지를 생산하기 위해 무산소성 경로에 대한 의존도가 증가함) 활동 근육 내에 젖산이 축적되며 혈액산성도가 현저히 증가하게 된다(pH 감소).[19] 유산소 운동에 관련된 에너지 시스템에 대한 사항은 3장을 참조하라.

내분비계 반응

유산소 운동에 대한 반응에 있어 내분비계의 주된 목적은 탄수화물(글루코스)과 지방(유리지방산)의 효율성을 유지함으로써 대사작용을 용이하게 하는 것이며, 이 둘은 상승된 에너지 요구량을 충족시키기 위해 필요하다. 카테콜아민 또한 심혈관계 반응을 용이하게 하며 이는 산소와 영양의 전달과 폐기물 제거를 강화한다. 유산소 운동과 관련된 주된 분비샘은 췌장, 부신피질, 부신수질이다. 내분비계는 복잡하며, 여기서는 단기 반응과 관련된 기본적인 정보만을 제공한다.

췌장은 단기 운동 대사작용에서 중요한 역할을 하는 내분비샘으로 글루카곤과 인슐린을 생산하고 방출한다. 조직으로부터 이러한 호르몬들을 방출 또는 흡수하는 것은 생존에 필수적이다. 혈장 글루카곤은 혈장 글루코스 농도의 증가를 촉진시키며, 인슐린은 글루코스를 신체 세포 안으로 운반하게 한다. 단기 운동이 대사작용의 요구를 증가시킴으로써 글루카곤 분비가 늘어나고, 인슐린 분비는 줄어든다. 혈장 글루카곤의 증가는 글루코겐이 글루코스로 전환되는 것을 촉진하며, 따라서 혈장 글루코스 농도의 상승은 보다 많은 글루코스가 세포로 수송되는 것을 가능하게 한다. 운동중 인슐린 혈장 농도는 감소되는 반면 인슐린 민감도는 높아지고 비인슐린 매개성 글루코스가 세포로 수송되는 것이 활성화된다.[9,52] 운동중 글루카곤 방출의 증가(그리고 인슐린 방출의 감소)는 세포 지방분해(lipolysis)를 높이며 혈장지방산의 증가로 인해 운동의 연료로 사용 가능한 지방이 보다 많이 만들어진다.

코티졸은 부신피질에서 방출되는 유일한 물질이며 이는 대사작용에 직접적인 역할을 한다. 코티졸은 유산소 시스템과 해당 과정에서 사용되는 단백질 변환을 촉진할 뿐만 아니라, 정상 혈당 수준을 유지하며, 지방의 사용을 촉진한다. 운동강도는 코티졸 분비량에 영향을 미치는 요소이며, 혈장 수치는 저강도 운동에서 감소하며 중고강도 운동에서 증가를 보인다.[13,35] 성장 호르몬은 운동중 뇌하수체 전엽에서 방출되며, 이는 코티졸과 글루카곤을 도와 운동으로 증가된 대사작용을 위해 혈장 내에 보다 많은 지방과 탄수화물을 만든다.

카테콜아민(에피네프린과 노르에피네프린)은 '투쟁 또는 도주의 호르몬'으로 부신수질에서 방출되며 스트레스 상황에서 교감신경에 의해 작용한다. 부신수질은 운동을 스트레스로 인식하여 추가적으로 카테콜아민을 방출한다. 이러한 호르몬들은 작용하고 있는 근육에 혈액과 산소를 전달하는 것을 돕기 때문에 운동중 카테콜아민 혈장 농도는 향상된다(예: 심박수와 혈압을 상승시킴으로써).[71]

일반적으로 운동의 강도가 높아지는 동안 글루카곤, 코티졸, 성장 호르몬, 에피네프린, 노르에피네프린의 혈장 호르몬 농도의 점진적인 상승이 일어난다.[46,59] 이러한 변화는 인슐린의 점진적인 감소를 동반한다. 이와 유사한 호르몬의 점진적인 변화는 중강도로 오랫동안 지속되는 운동중에도 일어난다.[59]

유산소성 운동에 대한 장기적 적응 현상

퍼스널 트레이너는 유산소 운동중 신체 시스템이 어떻게 반응하는지 이해하는 것뿐만 아니라 각 신체 시스템이 장기적인 유산소 운동 훈련에 어떻게 적응하는지 또한 이해할 필요가 있다.

여기서는 유산소 훈련이 심혈관계, 호흡계, 내분비계에 주는 장기적인 영향뿐만 아니라, 골격근, 뼈, 연결조직, 대사작용, 신체조성, 수행력에 미치는 영향 또한 살펴볼 것이다. 이러한 훈련 적응 현상의 이해를 돕기 위해 세 개의 요약표가 제공되어 있다. 표 6.3은 휴식중 그리고 최대하부하, 최대부하 운동중 주요한 심폐와 대사적 변수에 대한 장기적인 적응 현상의 개요를 살펴볼 수 있다. 표 6.4는 일반적인 기준치와 함께 초기에 비활동적이었던 남성의 훈련 후 수치뿐만 아니라 세계적 수준의 지구력 운동선수와의 비교수치를 보여준다. 표 6.5는 다른 장기적인 생리학적, 수행력 적응 현상을 요약하고 있다.

심혈관계 적응 현상

유산소 운동 수행력 향상의 주요 요소인 최대유산소성 파워(maximal aerobic power)를 설명하기 위해 몇 가지 용어가 사용된다. 이는 '$\dot{V}O_2max$' 즉 **최대산소섭취량(maximal oxygen uptake)**, '최대산소소비(maximal oxygen consumption)', 그리고 **유산소 능력(aerobic capacity)**으로도 알려져 있다. 최대유산소성 파워는 심혈관계와 호흡계의 효과적인 기능과 통합에 의해 크게 좌우된다. 산소섭취량은 앞서 이야기한 픽방정식으로 나타낼 수 있다.[6,7] 픽방정식을 통해 최대유산소성 파워는 몸이 산소를 전달하고(심박출량 등) 사용하는(예: a-vO_2 차이) 능력에 의존한다는 사실을 알 수 있다. 장기적인 유산소 훈련에 대한 특징적인 적응 현상 중 하나는 최대심박출량의 증가이며, 이는 주로 1회 박출량의 증가 때문이다(그림 6.3, 6.4 참조).[46] 유산소성 지구력 훈련은 최대심박수에 영향을 미치지 않거나 약간 감소시킨다. 최대심박출량은 최대유산소성 파워와 밀접한 관련이 있으므로, 심박출량이 높을수록 유산소성 파워가 증가한다. 유산소성 지구력 훈련에 대한 반응으로 휴식기 심박출량은 근본적으로 변화하지 않으며 고정된 최대하부하 운동강도에서는 변하지 않거나 약간 감소한다.[46] 휴식기 또는 고정된 최대하부하 운동강도에서 심박수는 감소하고 1회 박출량은 증가한다(표 6.3). 훈련으로 인한 심박수의 감소는 2주 이내에 일어나지만,[12] 훈련의 강도, 지속시간, 빈도에 따라 10주까지 걸릴 수도 있다.[62] 이러한 반응은 부교감신경 영향의 증가와 교감신경 영향의 감소 그리고 낮은 내인성 심박수로부터 비롯된다.[71]

유산소성 지구력 훈련은 $\dot{V}O_2max$를 향상시키며, 이는 유산소성 체력을 측정하는 가장 좋은 척도이다.

장기간의 유산소 운동 훈련을 통해 적절한 심장비대 현상이 일어나는데 좌심실강 확장(예: 용적 증가)과 심근

표 6.3 휴식기와 운동중 유산소성 지구력 훈련에 대한 장기적인 심폐 및 대사 작용의 적응 현상

변수	휴식	고정된 최대하부하 운동(Fixed submaximal exercise)*	최대부하 운동(Maximal exercise)
심박수	감소	감소	변화 없거나 약간 감소
1회 박출량	증가	증가	증가
심박출량	변화 없음	변화 없거나 약간 감소	증가
수축기 혈압	감소	감소	작거나 변화 없음
확장기 혈압	감소	감소	작거나 변화 없음
폐환기	변화 없음	감소	증가
산소 소비	변화 없음	변화 없거나 약간 감소	증가
동정맥혈 산소 차이	변화 없음	변화 없거나 약간 증가	증가

*고정된 최대하부하 운동 열은 동일한 절대운동비율(고정된)에서의 훈련 전후 반응을 비교한 적응 현상을 나타낸다.

표 6.4 비활동적이던 남성에 대한 유산소성 지구력 훈련의 영향 및 세계 수준의 남성 지구력 운동선수의 수치

주로 앉아서 생활하는 남성 피험자			
변수	훈련 전	훈련 후	세계 수준 지구력 육상선수
심혈관계			
안정기 심박수(beats/min)	75	65	45
최대 심박수(beats/min)	185	183	174
안정기1회 박출량(ml/beat)	60	70	100
최대1회 박출량(ml/beat)	120	140	200
안정기 심박출량(L/min)	4.5	4.5	4.5
최대심박출량(L/min)	22.2	25.6	34.8
심장용적(ml)	750	820	1,200
혈액량(L)	4.7	5.1	6.0
안정시 수축기 혈압(mmHg)	135	130	120
최대 수축기 혈압(mmHg)	200	210	220
안정시 확장기 혈압(mmHg)	78	76	65
최대 확장기 혈압(mmHg)	82	80	65
호흡계			
안정기 폐분당환기량(L/min)	7	6	6
최대 폐분당환기량(L/min)	110	135	195
휴식기 1회 호흡량(L)	0.5	0.5	0.5
최대 1회 호흡량(L)	2.75	3.0	3.9
폐활량(L)	5.8	6.0	6.2
잔기량(L)	1.4	1.2	1.2
대사 작용			
안정기 동정맥혈산소차(ml/100ml)	6.0	6.0	6.0
최대 동정맥혈산소차(ml/100ml)	14.5	15.0	16.0
안정기 산소소비량($ml.kg^{-1}.min^{-1}$)	3.5	3.5	3.5
최대산소소비량($ml.kg^{-1}.min^{-1}$)	40.7	49.9	81.9
안정기 혈중 젖산(mmol/L)	1.0	1.0	1.0
최대 혈중 젖산(mmol/L)	7.5	8.5	9.0
신체 조성			
몸무게(kg)	79	77	68
지방량(kg)	12.6	9.6	5.1
제지방량(kg)	66.4	67.4	62.9
지방률(%)	16.0	12.5	7.5

표 6.5 유산소성 지구력 훈련에 대한 장기적인 적응 현상

변수	장기적 적응 현상
심장	
좌심실 확장기 말 직경	증가
좌심실근 두께	증가
관상동맥 밀도와 직경	증가
심근모세혈관 밀도	변화 없거나 증가
혈액	
혈액량	증가
혈장량	증가
적혈구량	증가
호흡계	
환기근지구력	증가
호흡근 호기성 효소	증가
골격근	
전체 근육의 단면적	변화 없음
type I 근섬유 단면적	변화 없거나 약간 증가
type IIa 근섬유 단면적	변화 없음
type IIx 근섬유 단면적	변화 없음
모세혈관 밀도	증가
미토콘드리아 밀도	증가
미오글로빈	증가
글리코겐 저장	증가
트리글리세리드 저장	증가
산화효소	증가
대사 작용	
젖산역치	증가
골격계	
골밀도	변화 없거나 증가
신체 조성	
신체 질량	감소
지방량	감소
제지방량	변화 없음
% 체지방	감소
수행력	
심폐지구력	증가
근력	변화 없음
수직 점프	변화 없음
무산소성 파워	변화 없음
스프린트 스피드	변화 없음

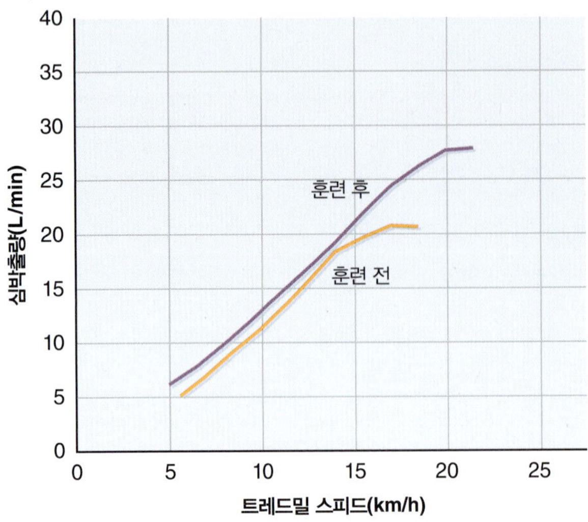

그림 6.3 트레드밀 위에서 걷기 후 조깅 그리고 달리기를 하는 동안 속도가 증가함에 따른 유산소성 지구력 훈련에 대한 심박출량의 변화

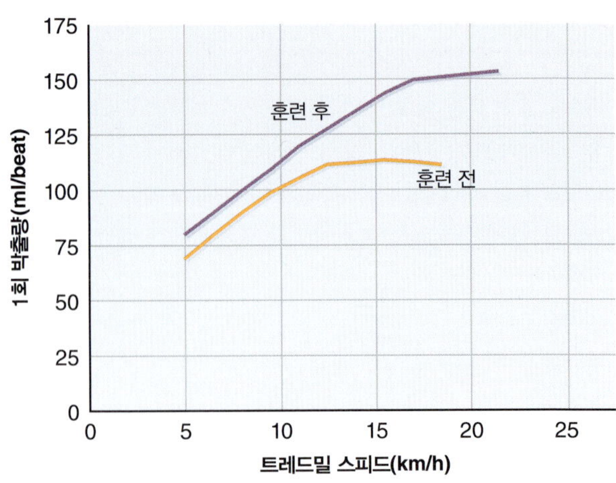

그림 6.4 트레드밀 위에서 걷기 후 조깅 그리고 달리기를 하는 동안 속도가 증가하는 유산소성 지구력 훈련에 대한 1회 박출량의 변화

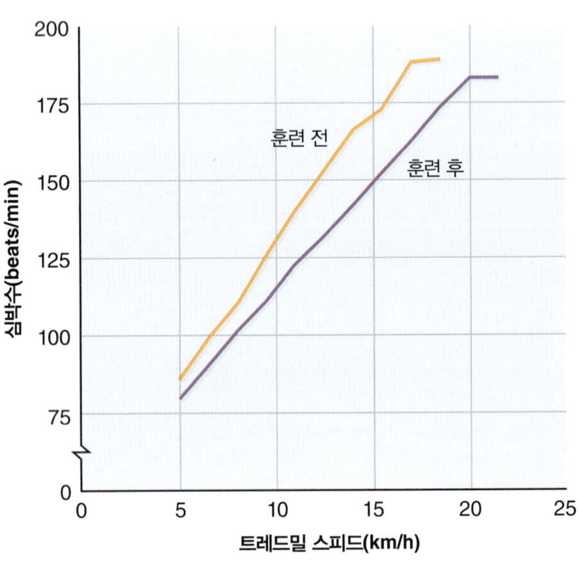

그림 6.5 트레드밀 위에서 걷기 후 조깅 그리고 달리기를 하는 동안 속도가 증가하는 유산소성 지구력 훈련에 대한 심박수의 변화

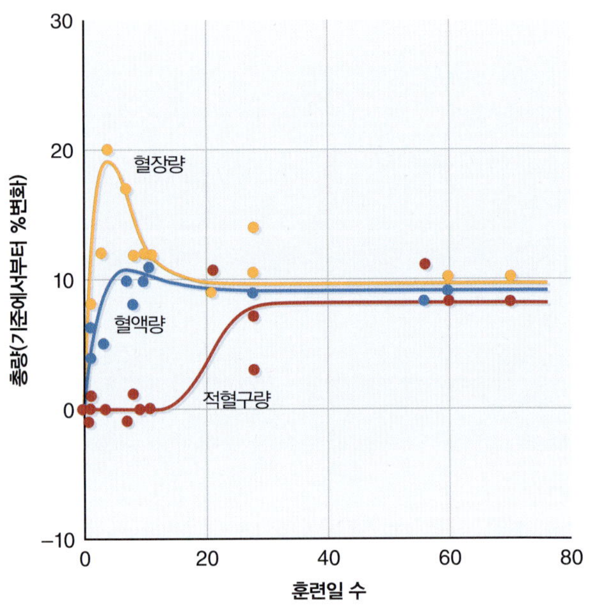

그림 6.6 시간 경과에 따른 총 혈액의 양, 플라즈마 양, 적혈구 세포량의 퍼센트 변화

벽 두께 증가의 특징을 갖는다.[4,46] 심실 충전 시간과 함께 좌심실 용적이 증가하는 것은 훈련으로 인한 서맥(느린 심박수) 때문이며, 심장 수축 기능의 향상은 만성적인 1회 박출량 증가에 의한 것이다.[46,51] 혈액량의 증가는 유산소성 지구력 훈련에 대한 적응 현상에 의해 매우 빠르게 발생하며 심실강 확장과 $\dot{V}O_2max$ 향상의 원인이 된다.[64] 혈액량은 혈장량과 적혈구량이라는 두 가지 요소로 나눌 수 있다. 유산소성 지구력 훈련은 매우 빠른 혈장량의 증가를 가져오지만(측정 가능한 변화는 24시간 이내에 발생한다), 적혈구의 증가는 몇 주 정도 걸린다(그림 6.6).[64]

많은 연구 결과들에 따르면 장기적인 유산소성 지구력 훈련이 휴식기 혈압에 영향을 준다. 정상 BP, SBP/DBP 수치를 가진 사람들은 장기적인 유산소성 훈련으로 평균 단 3/2mmHg만이 감소하였지만, 고혈압을 가진 사람들(SBP>140 또는 DBP>90mmHg)은 평균 7/6mmHg의 보다 큰 감소를 보였다.[57] 정상 혈압과 고혈

압을 가진 사람들 모두 유산소 운동 후 휴식기 혈압의 즉각적인 감소를 보이는 것 또한 주목할 만한 중요한 사실이며, 이러한 현상은 22시간까지 지속될 수 있다.[38,57] 이러한 변화를 '운동 후 저혈압(postexercise hypotension)'이라고 한다. 동일한 최대하부하 운동량에서의 장기적 유산소 훈련 또한 SBP를 감소시킨다.[39,46] 주어진 최대하부하 수준의 유산소성 지구력 훈련에서 SBP와 HR 모두 감소되었기 때문에 RPP 또한 감소하는 것이 분명하며, 이는 심근산소소비량과 심장에 대한 작업부하의 감소를 나타낸다.[39,46]

훈련된 말초 골격근은 장기적인 유산소 훈련에 의하여 근딘위당 모세혈관의 밀도가 증가한다.[40] 이는 산소와 기질 운반 능력을 향상시키고, 혈액과 운동근 사이의 확산 거리를 감소시킨다. 동물실험에 의하면, 유산소 운동 훈련은 세동맥 밀도와 세동맥 직경 또는 둘 다의 증가와 같은 심장 근육 혈관계의 적응 현상과 관련 있는 것이 분명하다.[17] 수영훈련을 한 어린 수컷 쥐들에게서는 심근 모세혈관 밀도의 증가를 볼 수 있었지만, 트레드밀 훈련을 한 큰 동물들(개와 돼지 등)은 커진 심실 크기와 비례하여 모세혈관 수는 증가하였지만 모세혈관 밀도의 변화는 일어나지 않았다.[17]

> 유산소성 지구력 훈련은 고혈압 환자들의 안정기 혈압을 감소시킨다.

호흡계 적응 현상

호흡계는 운동에 대한 반응으로 환기량을 증가시키기 위한 큰 용적을 가지고 있을 뿐만 아니라, 전체 산소소비율면에서 상대적으로 적은 산소(또는 에너지 소비)를 호흡에 소비하기 때문에 유산소성 지구력 훈련이 인간의 호흡계에 주는 부담은 다른 신체 체계와 비교할 때 크지 않다. 결과적으로 장기적인 유산소 훈련은 심혈관계와 골격근에서 발생하는 것보다 훨씬 적은 적응 현상을 만들어낸다.[39,46] 대다수의 건강한 성인들에게 호흡계는 최대 부하 운동을 수행하는 것에 제한을 주는 요소가 아니다.[14,46,71] 그러나 호흡계에는 유산소 능력의 강화와 관련된 몇 가지 중요한 적응 현상이 있다.

장기적인 유산소 훈련에 대한 반응인 폐분당환기량($\dot{V}_E$) 적응 현상은 최대하부하와 최대부하 운동중 발생하며 휴식기에는 변화하지 않는다. 표준화된 최대하부하 운동량 검사 중 유산소성 지구력 훈련에 따른 $\dot{V}_E$ 수치는 20~30%까지 감소할 수 있으며,[71] 이와 반대로 최대부하 운동중 $\dot{V}_E$는 15~25% 또는 그 이상까지 증가할 수 있다.[39] 최대하부하 운동중 유산소성 지구력 훈련에 대한 적응 현상으로 대개 1회 호흡량의 증가와 호흡 빈도의 감소가 나타나지만, 최대부하 운동중에는 1회 호흡량과 호흡 빈도 둘 다 증가하게 된다.

중강도 유산소 운동중 호흡 산소 소비는 평균 총 신체산소소비량의 3~5%이며, $\dot{V}O_2max$ 수준에서는 총 신체소비량의 8~10%까지 오른다.[15] 표준화된 최대하부하 운동에서는 유산소성 지구력 훈련 이후 총 신체 산소 소비에서 호흡에 대한 비율은 감소하며 산소환기당량($\dot{V}_E/\dot{V}O_2$)은 낮아지는데 이것은 환기효율의 증가를 나타낸다.[39,46] 이러한 호흡 산소 소비의 감소는 운동 골격근이 사용 가능한 산소를 보다 많이 방출하고[21] 횡격막근육에 대한 운동의 피로효과를 줄임으로써 유산소성 지구력 능력을 강화시킨다.[69] 호흡계 훈련 적응 현상에서도 특수성이 발생하는데 이는 팔다리 유산소 훈련의 비교를 통해 설명할 수 있다. 팔 훈련을 수행하는 사람들은 팔 운동에서 $\dot{V}_E/\dot{V}O_2$의 향상을 보였으나, 다리 운동에서는 그렇지 않았다. 이와 정반대되는 현상이 사이클링 훈련을 하는 사람들에게서 나타난다.[60] 그러므로 훈련된 근육에서의 국소적인 적응 현상은 $\dot{V}_E/\dot{V}O_2$의 적응 때문이라고 할 수 있다.

> 유산소성 지구력 훈련에 의해 환기효율이 향상되며, 폐분당환기는 최대하부하 운동중에 감소하고 최대부하 운동중에는 증가한다.

골격근 적응 현상

유산소성 지구력 훈련은 다소 연속적인 낮은 수준의 근육 움직임이 큰 반복수로 구성되어 있으므로 훈련된 골격근 내에서 특정한 변화를 이끌어낸다. 장기적인 유산소 훈련을 통해 육안으로 볼 수 있는 (전체 근육) 근육 크기의 변화를 볼 수는 없지만, 미세한 수준(특정 근섬유 유형의 단면적)의 효과는 있을 수 있다.[31,48,61] 유산소 운동은 대개 type I 근섬유(지근)를 동원하며, 낮은 수준의 근육 활동으로 인해 이러한 근섬유의 단면적에서는 변화가 없거나 작은 증가만을 이끌어낸다. type IIa와 type IIx(속근) 섬유의 단면적은 유산소성 지구력 훈련으로 변화하지 않는다. 지속적인 유산소 훈련에 대한 반응으로 근섬유 유형 분포에 작은 변화가 일어날 수 있으며, 이는 유산소성 근섬유의 비율이 보다 커지는 것을 말한다. 이것이 지구력의 향상으로 나타날 수 있다.[59,71] 한 연구 결과에 따르면 주당 3일씩 20주간의 유산소 훈련 이후, type IIx 근섬유의 분포 비율은 5%로 감소하고 type IIa섬유는 변화를 보이지 않은 반면, type I섬유는 4% 증가하였다.[61]

유산소성 지구력 훈련에 의한 골격근의 주된 변화는 지구력 향상 및 모세혈관 공급의 증가, 미토콘드리아 밀도 상승, 산화효소 활동의 강화 등과 직접적인 관련이 있다. 장기적인 유산소 운동으로 인해 훈련 근육의 모세혈관 공급이 증가되며, 근섬유당 모세혈관 수 또는 근단면적당 모세혈관 수(모세혈관 밀도)로 나타난다.[61] 보다 많은 모세혈관은 혈액과 작용근 사이의 산소, 영양, 폐기물 교환 향상을 가능하게 한다.[71] 세포 내 에너지 발전소인 미토콘드리아는 신체 ATP의 90% 이상을 생산한다.[46] 장기적인 지구력 훈련을 통해 미토콘드리아의 숫자와 크기뿐만 아니라 미토콘드리아 내 중요한 산화효소들(시트르산 합성효소, 석신산탈수소효소)의 활동이 증가하며 이는 ATP 형성을 위한 영양소의 분해를 가속화한다.[46,61,71] 유산소성 지구력 훈련에 대한 반응으로 산화효소 활동은 빠르게 증가하며, 일반적인 강력한 정기적 훈련으로 효소 활동 수준은 2배 또는 3배까지 늘어날 수 있다.[30,46,71]

장기적인 유산소 훈련을 통해 근육 내 글리코겐 저장량 또한 증가한다.[18,46,58] 장기적인 하체 유산소 운동에서의 피로는 다리 근육의 type I과 type IIa 근섬유 내 글리코겐 고갈과 관련 있다. 글리코겐 저장량의 증가는 앞서 이야기한 미토콘드리아 적응 현상과 더불어 근육 내 글루코겐 저장량의 고갈 속도를 늦추는 역할을 하며 이로써 지구력의 향상이 나타난다. 미오글로빈은 철 함유 단백질로 근육 내 산소를 저장하며, type II 근섬유보다 type I 근섬유에서 더 농도가 높다. 미오글로빈 산소저장량은 미토콘드리아에 산소 필요량이 급격히 증가하는 때인 휴식기에서 운동으로 전환할 때와 강한 운동중에 미토콘드리아로 방출된다.[46,71] 유산소성 지구력 훈련으로 인해 근육 미오글로빈 저장량은 80%까지 늘어난다.[28,71]

> 유산소성 지구력 훈련은 골격근에 세 가지 큰 변화를 가져오며 이는 지구력 향상에 직접적인 영향을 준다.
> ① 모세혈관 밀도 증가, ② 미토콘드리아 밀도 증가, ③ 산화효소 활동의 강화

대사적 적응 현상

장기적인 유산소 훈련에 대한 반응으로, 이미 설명한 심혈관계, 호흡계, 근육계의 적응 현상이 통합되어 대사 작용에 반영된다.[71] 주된 대사적 적응 현상은 최대하부하 운동중 지방에 대한 에너지 의존도의 증가 그리고 이와 관련된 탄수화물 사용의 감소, 젖산역치의 상승, 최대산소소비량의 증가이다. 이러한 변화들은 장시간 보다 높은 강도의 운동을 수행할 수 있는 능력을 향상시킨다.

혈액 공급(산소 전달)의 강화와 훈련된 근육의 미토콘드리아 함유량(그리고 미토콘드리아 밀도) 및 산화효소의 증가는 유산소적 ATP 생산 능력을 매우 강화시킨다. 이러한 변화들은 최대하부하 운동중 에너지로 사용되는 지방산의 증가를 돕는다.[32,34] 또한 글리코겐 저장량을 아끼는 역할을 하며(적은 탄수화물 사용), 이는 장시간 고강도 유산소 운동을 유지하는 데 매우 중요하다.[46,71] 지방과 탄수화물 대사 작용에서의 훈련 적응 현상은 또한 고정된 최대부하 운동과 상대적 최대하부하 운동강도에서의 호흡지수 감소에 영향을 준다.[71]

유산소성 지구력 훈련을 수행한 사람과 하지 않은 사람에게서 비슷한 패턴의 젖산 생산과 축적이 나타나지만, 젖산 축적의 역치(혈중젖산역치)는 훈련된 사람이 높은 비율에서 발생하게 된다(그림 6.7 참조). 훈련이 되지 않은 사람의 젖산역치는 최대 유산소 용적의 50~60%에서 일어나며 역치가 70%에서 80%까지 올라갈 수 있는 반면, 꽤 강한 훈련을 한 지구력 운동선수는 유리한 유전적 요소를 가지고 있긴 하지만 유산소 용적의 80~90%의 범위에서 젖산역치가 발생한다.[46] 젖산역치의 상승은 젖산 생산의 감소와 젖산 제거율 증가의 조합으로 인한 것일 가능성이 크다.[46,71] 장기적 유산소 훈련을 받으면 $\dot{V}O_2max$ 또한 증가하기 때문에, 젖산역치가 일어나는 용적의 비율이 상승하는 것은 상당히 높은 운동량으로 전환되며 이는 지구력을 향상시킨다.

장기적 유산소성 훈련에 대한 휴식기, 최대하부하 운동, 최대산소소비에서의 적응 현상은 다소 다르다. 휴식기 산소 소비(휴식기 대사율이라고도 한다)는 보통 변화하지 않는다.[71,72] 훈련 후, 고정된 운동량에서 최대하부하 운동 산소 소비는 변화가 없거나 약간 감소한다. 운동효율(같은 양의 운동을 보다 적은 에너지로 수행하는 것)의 향상은 훈련 후 동일한 고정적 운동량에서 산소 소비가 감소하는 것 때문이라고 볼 수 있다.[46,71] 6~12개월의 유산소 훈련에 대한 반응으로 최대산소소비가 광범위하게 향

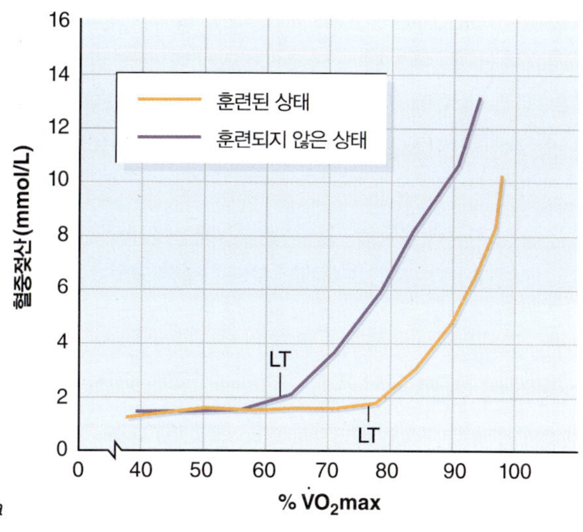

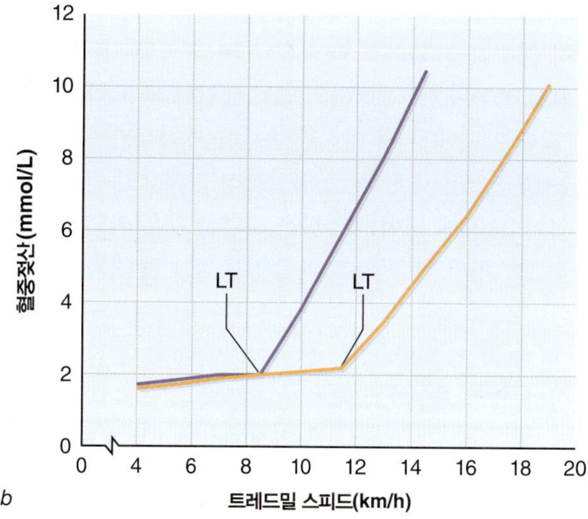

그림 6.7 훈련에 따른 젖산역치(LT)의 변화. (a) 최대산소섭취량(%$\dot{V}O_2$max)의 %, (b) 트레드밀에서 스피드 증가. 젖산역치는 훈련되지 않은 상태에서는 시간당 5.2마일(8.4km/h), 훈련된 상태에서는 시간당 7.2마일(11.6km/h)의 스피드에서 발생한다.

상되는 것으로 보여지지만(훈련 강도, 지속시간, 빈도, 최초 체력 수준의 차이 또는 이 중 몇 가지의 조합과 관련되어), 대부분의 향상 범위는 10~30% 이내이다.[2,39]

동정맥혈산소함량차는 가변적이지만 심혈관계, 호흡계, 대사적 적응 현상의 영향을 받는다. 동정맥혈산소함량차는 픽방정식(6.7)으로 나타낼 수 있으며 $\dot{V}O_2$max 향상에 중요한 영향을 준다. 장기적 유산소 훈련을 통해서는 특히 최대부하 운동에서의 동정맥혈산소함량차가 증가한다. 이러한 증가는 운동중 골격근에서 산소추출능력이 강화되는 것, 혈류가 활동 조직으로 잘 흘러들어가며 비활동 조직으로부터는 멀어지는 효과적 분배 때문이다.[46]

내분비계 적응 현상

유산소 지구력 훈련은 보통 동일한 절대 수준의 최대하부하 운동에서 호르몬 방출에 대한 반응이 무뎌지도록 만든다. 동일한 절대 수준의 최대하 운동에서 훈련 전후를 비교하는 것을 통해 특정하게 고정적인(또는 절대적인) 최대하부하 운동량 유산소 운동(특정 스피드로 트레드밀 달리기와 같은)에 대한 반응의 비교치를 알 수 있다. 동일한 절대 수준의 최대하부하 운동을 수행한 사람의 혈장 에피네프린, 노르에피네프린, 글루카곤, 코디졸, 성장호르몬의 상승은 훈련 전과 비교할 때 훈련 후에 감소한다.[22,46,59,73] 최대하부하 운동중 혈장 인슐린 수준 또한 훈련된 사람이 덜 감소한다. 운동이 조직의 인슐린 민감도에 미치는 영향은 당뇨병이 넓게 퍼져 있는 현대사회에서 중요하게 고려해야 할 사항이다. 중-고 강도의 일시적인 운동은 제2형 당뇨를 가지고 있는 사람의 인슐린 민감도를 향상시키고 혈장 글루코스 수준을 감소시킨다.[1,25,27,41,46] 이러한 긍정적인 효과는 보통 마지막 운동 세션 후 72시간 이내에 줄어든다. 정기적인 운동을 통해 단기적으로 향상된 인슐린 민감도는 장기적인 글루코스 조절 능력으로 발전될 수 있다. 그러나 이러한 장기적인 글루코스 조절 능력의 향상은 근조직 기능의 지속적인 변화를 의미하는 것은 아니다.[1,25,46]

골격과 연결 조직

뼈에 중-고 강도의 부하를 주는 장기적인 유산소 훈련은 어린 시절과 초기 성인 시절에 뼈 질량을 최대화하고 중년기까지 골밀도를 유지하며 노년기에 골밀도 손실을 약화하는 것을 돕는 데 중요한 역할을 한다.[42] 골밀도(BMD, bone mineral density)는 뼈 단위면적 또는 부피당 미네랄의 양을 나타내는 것이며, 뼈 건강을 측정하는 데 가장 흔하게 사용되는 척도이다. 특수성과 점진적 부하의 기본적인 원칙은 훈련으로 인한 뼈의 적응 현상과 관련하여 특히나 중요하다. 장기적인 부하를 받은 뼈만이 변화를 일으키며, 이러한 변화는 그 자극이 뼈가 적응된 것보다 클 때에만 발생한다. 또한 부하가 점진적으로 증가할 때만 지속적인 향상이 이루어진다. 이러한 기본적인 원칙들을 고려해볼 때 중-고 강도로 뼈에 부하를 가하는 유산소성 지구력 훈련이 가장 효과가 좋다.[42,54,58] 1년 이상 지속되는 걷기 훈련 프로그램이 노화에 따른 뼈 손실을 예방하는 데 효과가 없는 반면, 더 높은 강도로 뼈에 부하를 주는 조깅은 노화에 따른 뼈 손실을 감소시키는 것으로 보인다.[42,50] 중년과 노년기 성인의 BMD가 감소하는 것을 생각해볼 때 이러한 손실을 약화시키는 운동을 하는 것은 도움이 된다.[42,53] 유산소성 그리고 다른 유형의 훈련이 BMD에 미치는 영향을 평가한 많은 연구들의 결과는 모호하다.[42,54,58] BMD의 증가를 보고한 결과들은 다소 고강도의 체중지지 유산소 운동과 플라이오메트릭 또는 점프 훈련, 저항 운동 또는 이러한 것을 조합했을 경우였다.[42,53,58] 체중지지 유산소 운동의 조합(주로 걷기 위주로 운동하면서 간헐적으로 조깅을 하는 경우도 포함), 또는 점프나 저항 훈련과 관련된 활동(몸의 모든 주요 근육군에 부하를 주는 운동)이 성인의 뼈 건강을 유지하는 방법으로 추천된다.[42]

유산소성 저항 운동이 건, 인대, 연골에 미치는 영향에 대한 연구는 골격 또는 심혈관계에 미치는 영향에 대한 연구보다 적으며, 최근에 시행된 연구들은 주로 동물에 중점이 맞추어져 있다.[37] 건, 인대, 연골은 뼈와 마찬가지로 역학적인 스트레스에 의해 개조된다.[7,55] 건과 인대는 과부하의 증가로 스트레스를 받을 때 더 강하고 단단해지지만, 과부하가 감소되면 약해지고 덜 단단해진다.[7,37] 강아지에게 중간 볼륨의 달리기를 시켰을 때 연골이 더 두꺼워지는 결과를 보였다.[7] 건, 인대, 연골은 무생물인 세포외 물질이 대다수이며 살아 있는 물질이 상대적으로 적은 조직이다. 이러한 특징으로 인해 혈액공급이 원할하지 못하며, 따라서 다른 유형의 조직과 비교하여 훈련 적응 현상 시간이 오래 걸린다.[37,45]

신체조성의 변화

66% 이상의 미국 성인들이 과체중 또는 비만이거나 이와 관련된 다양한 만성 질환을 가지고 있기 때문에, 운동이 신체조성에 미치는 영향은 매우 중요한 공공 건강 문제이다.[56] 수개월 동안의 신체활동 개재에 대한 광범위하고 다양한 연구 결과에 따르면, 주당 150분 미만의 중-고 강도 유산소 운동으로 아주 적은 체중 감소가 발생하며 주당 150분 이상의 중강도 운동을 할 경우 4.4~6.6파운드(2~3kg) 정도의 적은 체중 감소가 발생한다. 또한 주당 225~420분의 중강도 유산소 운동을 통해 11~16.5파운드(5~7.5kg)의 체중이 감소된다.[16] 이에 따르면 유산소 운동의 수행량과 체중감소량은 용량-반응 관계에 있다. 유산소성 지구력 운동이 신체조성에 미치는 영향을 살펴보면, 지방량은 감소하지만 제지방량에는 약간의 변화(또는 유지)만 일어난다.[6,47,67] 섭취 에너지를 제한하는 식이요법만 할 때보다, 유산소성 지구력 훈련만 할 경우 또는 둘을 병행할 경우에 지방이 더 많이 감소되었다. 이는 운동이 제지방량의 저장을 촉진하기 때문이다.[46,67]

> 유산소성 지구력 운동의 건강 증진 효과에는 인슐린 민감도의 강화, 체지방 감소가 있으며 골밀도에도 좋은 영향을 준다.

수행력의 변화

지금까지 거론된 신체적 적응 현상을 고려해본다면, 그리고 유산소성 지구력 훈련이 꽤 지속적인 저강도 근육 활동으로 이루어졌다는 것을 염두에 둔다면 유산소성 지구력 훈련이 특정한 유형의 수행력에 주는 영향은 분명하다. 유산소성 지구력 훈련은 특히 심혈관계 지구력을 강화하는 데 효과적이며, 높은 수준의 근육활성화 또는 무산소성 대사작용에는 대개 효과가 없다. 따라서 장기적인 유산소 지구력 훈련은 일반적으로 젊은 성인의 근력,[26,43,47] 수직 점프 능력,[26,33,47] 무산소성 파워,[43] 스프린트 스피드[26]를 향상시키지 않는다. 이 장에서는 다루어지지 않지만, 지속적인 유산소 훈련이 다양한 만성 내장질환과 신체장애에 여러 가지 좋은 영향을 준다는 것을 기억해야 한다.[23]

유산소성 지구력 훈련에 대한 적응 현상에 영향을 주는 요인들

이 장에서 다루어진 유산소성 지구력 훈련에 대한 신체적 적응 현상은 많은 개별적 요인들에 영향을 받는다. 그 요인들에는 운동 유형(특수성), 유전적 요소, 성별, 나이 등이 있다. 이러한 모든 요소들은 유산소성 지구력 훈련의 효과를 결정하는 데 중요한 역할을 한다.

특수성

운동의 효과는 특수성의 법칙을 따른다. 이 말은 적응 현상은 그 훈련에 관련된 방식으로 그 훈련의 결과로 발생한다는 것이다. 예를 들어 사이클링 운동을 하면, 그 훈련에 대한 적응 현상은 사이클링 수행력과 밀접한 관계가 있을 것이다. 이는 달리기, 수영, 에르고미터 또는 트레드밀 위에서 하는 훈련에서도 마찬가지이다. 신체는 훈련 프로그램 구성에 따른 명백한 결과의 원칙에 따라 특정한 스트레스에 적응하려고 한다. 프로그램을 구성하는 것은 이 장에서 다루지 않지만, 퍼스널 트레이너는 어떠한 운동 프로그램이건 간에 고객이 하고 있는 활동과 매우 밀접한 적응 현상을 만들어낸다는 사실을 염두에 두어야 한다.

유전적 요소

인간은 모두 얻을 수 있는 수행 능력의 한계를 가지고 태어났다고 할 수 있다. 이러한 한계는 절대적이지 않지만 훈련의 자극과 동기 부여 수준에 따라 달라진다고 할 수 있다. 그러나 우리가 조상으로부터 물려받은 유전적인 요인을 바탕으로 넘을 수 없는 절대적 값은 존재하는 것으로 보인다. 최고의 훈련은 좋은 부모님을 만나는 것부터 시작된다는 말이 있다. 유전적 요소를 조절하는 것은 명백히 불가능하며, 이것은 성장에 주된 역할을 한다. 그러나 연구 결과에 따르면 신체가 완전히 변화 불가능한 것은 아니다. 예를 들어 유산소 유형의 운동을 장기간 해온 사람들은 속근섬유를 변화시켜 지근섬유와 유사한 특징을 이끌어내며, 이로 인해 유산소성 능력이 향상된다. 유전적인 요인으로 인해 최대산소용적의 20~30%, 최대심박수의 대략 50% 차이가 나타나는 것으로 추정된다.[5,46]

성별

유산소 운동으로 인한 신체적 변화는 남녀에게 유사하게 일어난다. 그러나 몇몇 기본적인 차이점들이 변화의 절대적인 양에 영향을 준다. 평균적인 여성은 남성과 비교하면 근육량이 적고 지방량이 많다. 또한 심장과 폐가 더 작고 전체적인 혈액량이 더 적다. 연구조사에 따르면 같은 나이의 남성과 여성이 $\dot{V}O_2max$의 50%로 운동할 때, 여성이 일반적으로 심박출량과 1회 박출량, 산소소비량이 남성에 비해 더 낮다. 여성이 일반적으로 신체적 수치들이 더 작기 때문에 절대적인 변화는 남성과 비교해 더 작지만 상대적인(비율) 변화는 유사하다.

나이

어린이가 성장함에 따라 절대 최대산소파워(L/min) 수준은 증가한다. 여성은 12~15세에 가장 높은 수치의 $\dot{V}O_2max$에 도달하지만, 남성은 17살에서 21살까지 최고 수치의 $\dot{V}O_2max$에 도달하지 못한다.[71] 이 시기 이후에는 정체 현상이 뒤따르며 나이가 듦에 따라 점진적으로 감소한다. 이러한 감소는 지속적인 훈련을 통해 없어질 수 있다. 유산소성 지구력 훈련을 받은 나이 든 선수

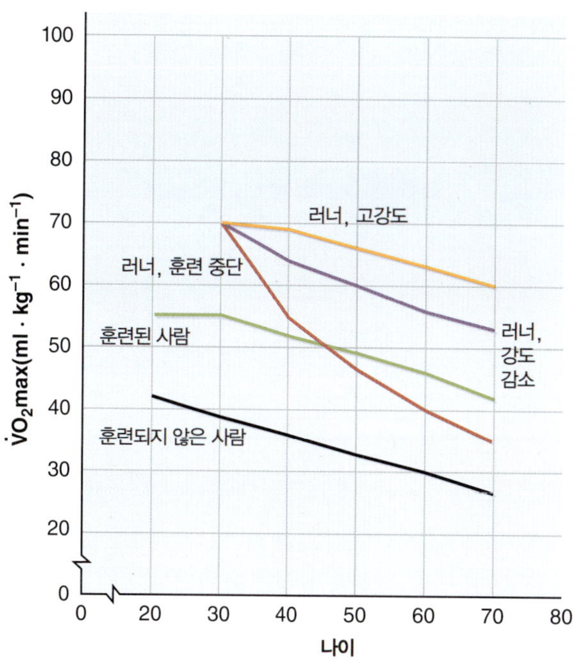

그림 6.8 훈련되거나 훈련되지 않은 남성의 노화에 따른 $\dot{V}O_{2max}$의 변화

들은 훈련을 지속할 때 50~60대 동안 아주 약간의 감소를 보인다. 반면 훈련을 중단한 선수들은 훈련되지 않은 사람들과 유사한 감소를 보인다. 지난 30년간 노화에 따라 유산소 파워가 100% 감소하였던 5명의 중년 남성들은 6개월의 저항 운동을 통해 상태가 역전되었다.[49] 그림 6.8은 훈련된 사람과 그렇지 않은 사람들의 나이에 따른 $\dot{V}O_2max$의 변화를 나타낸다.

과훈련

훈련 강도, 지속시간, 빈도 또는 이러한 요인들의 조합이 개인의 적응 능력을 초과할 때, 초과달성(overreaching) 그리고 과훈련(overtraining) 현상이 나타날 수 있다. 충분한 휴식 없이 적응 가능 범위를 초과하는 것은 보통 신체 능력을 감소시키며, 이는 여러 가지 복잡한 생물학적 체계와 심리적인 영향의 반응에 기인한 것이다.[3,20,44,46,68] 초과달성이란 충분한 회복 없이 짧은 훈련 기간 동안 개인의 능력을 초과하는 것을 말한다. 초과달성으로부터 성공적으로 회복하려면 며칠에서 2주 이상 적절한 휴식을 취해야 한다.[3,46] 어떤 전문가들은 초과달성을 계획되지 않고 원치 않은 격렬한 훈련의 결과로 보지만, 어떤 이들은 수행력을 향상시키는 훈련 기술이라고 생각한다.[3,71] 단기간의 초과달성은 수행력의 감소를

유산소성 지구력 훈련의 초과달성 또는 과훈련의 일반적인 징후

- 수행력 감소
- 최대산소섭취 감소
- 빠른 피로의 발생
- 일반적인 불쾌감
- 훈련에 대한 흥미나 열정의 감소
- 불안한 심리 상태(우울감, 걱정, 피로의 증가 또는 활기 감소 또는 이 모든 증상들의 조합)
- 근육통 증가
- 안정기 및 최대심박수의 감소
- 최대하부하 운동 심박수 증가
- 최대하부하 운동 혈장 젖산 농도의 감소
- 교감신경 자극 반응 증가
- 카타콜아민 수치 감소

가져오지만, 뒤이어 적절한 휴식시간을 갖는다면 수행력이 증가되는 결과를 가져올 수도 있다. 과훈련 현상은 보다 심각하며, 잘 조절되지 않은 초과달성의 결과 장기적인 수행력의 손상과 의학적 치료가 필요한 상태를 가져올 수도 있다.

이론적으로 두 가지 유형의 과훈련이 존재한다. 그 차이점은 교감신경계 또는 부교감신경계의 우세로 볼 수 있다.[3,44,71] 유산소성 지구력 과훈련은 대개 과도한 볼륨 부하 때문에 발생하며(부교감신경 우세), 무산소성 또는 저항 운동 과훈련(교감신경 우세)은 지나친 고강도 부하로 인해 발생한다. 이러한 과훈련의 두 가지 유형은 징후와 증상이 다른 것으로 보고되지만, 주된 공통점은 수행력의 감소이다. 과훈련에 대한 여러 가지 복잡한 논의와 아직 분명히 밝혀지지 않은 사항들을 다루는 것은 이 장에선 하지 않으며, 이에 대한 보다 자세한 정보를 얻기 위해서는 다른 자료를 참조하라.[3,20,44,68]

연구가들이 밝혀낸 초과달성 또는 과훈련을 나타내는 표시는 매우 많다. 유산소성 지구력 초과달성, 과훈련을 나타내는 일반적인 표시(징후, 증상 등)의 목록은 아래를 참조하라.[3,20,44,46,68]

과훈련의 전개는 개인에 따라 매우 가변적이다. 누군가는 즐길 수 있는 정도의 훈련이 다른 사람에게는 과훈련이 될 수도 있다. 유감스럽게도 초과달성과 과훈련에 대한 반응 및 증상은 개인마다 매우 다르기 때문에 고객과 퍼스널 트레이너가 이를 인지하는 것은 매우 어렵다.[3,46,71] 수행력의 감소를 제외하고 사람들은 보통 초과달성과 과훈련에 관해 아주 적은 징후와 증상만을 보인다. 각 고객의 훈련 진전 상황을 잘 알고 있는 것은 과훈련 예방에 필수적이다. 수행력 감소와 더불어 몇 가지 쉽게 인지할 수 있는 증상(피로, 불쾌감, 훈련에 대한 열정 상실, 근육통 증가 등)을 발견한다면 과훈련을 의심해봐야 한다. 표준화된 최대하부하 운동부하를 통해 심박수를 확인하는 것도 고객의 유산소성 지구력 훈련 상태를 지속적으로 살필 수 있는 좋은 방법이 된다. 과훈련을 예방하기 위해 중요한 한 가지 요소는 알맞게 구성된 주기화 프로그램일 것이다. 회복 과정을 용이하게 하기 위해 훈련일 사이에 충분한 휴식을 취하는 것은 매우 중요하다. 그러나 휴식의 양은 훈련 프로그램의 지속시간과 강도에 따라, 그리고 각 개인에 따라 다르다. 고볼륨 또는 고강도의 훈련 기간 동안은 특히나 충분한 휴식이 필요하다. 자주 강하게 지구력 훈련을 할 때는 글리코겐 저장량의 유지를 위해 탄수화물을 충분히 섭취해야 하는 것 또한 기억해야 한다. 훈련일이 연속적이면 점진적으로 글리코겐 수치가 낮아지며 수행 능력을 손상시킨다.[46,71]

훈련 중지

몸이 훈련 중지(Detraining)에 반응하는 방식은 훈련에 반응하는 방식과 유사하다. 일단 훈련이 중단되면 이주 후부터 근지구력이 감소한다. 한 연구 결과에 따르면 4주 후에는 훈련된 근육의 호흡 능력과 글리코겐 수치가 감소하며 젖산 생산이 증가하는데 이는 근육 대사 작용에서의 명백한 변화를 나타내는 것이다.[10] 다른 연구에 따르면 훈련을 중단한 지 단 12일 만에 $\dot{V}O_2max$와 최대심박출량 모두가 7% 감소했을 뿐만 아니라 산화효소가 17%에서 19% 감소했다.[11] 또 다른 조사에 따르면 유산소 훈련을 하던 쥐가 훈련을 멈췄을 때, 경골(tibia)의 BMD 감소가 나타났다.[66]

결론

유산소성 지구력 훈련에 대한 생리학적 관심과 이해

는 지난 몇십 년 동안 매우 넓게 확장되었다. 유산소성 지구력 훈련은 심혈관계, 호흡계, 골격근계, 대사작용, 내분비계, 골격계의 생리학적 변화에 큰 자극을 주며 신체 조성과 수행 능력에 상당한 영향을 미친다. 능력 있는 퍼스널 트레이너가 되기 위해서는 신체의 많은 생리학적 기관의 단기적인 반응과 장기적 적응 현상을 명확히 이해하는 것이 필수적이다. 유산소 운동의 부하에 신체가 어떻게 적응하는지 이해하는 것은 효과적인 운동 프로그램을 만들고 운동에 대한 반응과 진전 상황을 감독하고 훈련의 결과를 평가하는 데 매우 중요하다. 퍼스널 트레이너는 또한 유전적 요인, 성별, 나이, 특수성, 과훈련과 훈련 중지가 생리학적 반응과 적응에 주는 영향에 대해 반드시 인지해야 한다.

연구 문제

1. 35세의 여성이 4달 전 주당 4일 트레드밀 위에서 달리는 운동 프로그램을 시작하였다. 다음 중 이 프로그램을 통해 일어날 수 있는 적응 현상을 묘사한 것은?

   A. 최대 운동 HR의 증가와 모세혈관 밀도의 감소
   B. 안정기 SBP의 증가와 최대 a-$\dot{V}O_2$ 차이의 감소
   C. 미토콘드리아 밀도 증가와 최대하 심박수 감소
   D. 혈액양의 증가와 인슐린 민감도 감소

2. 다음의 훈련된 골격근의 변화 중 장기적 유산소 운동에 대한 적응 현상은?

   A. 미토콘드리아 밀도 감소
   B. 산화 효소 농도 증가
   C. type 2a 근섬유의 단면적 증가
   D. 모세혈관 밀도의 감소

3. 다음 중 유산소성 지구력의 과훈련에 대한 결과로 가장 적절한 것은?

   A. $\dot{V}O_2$max의 감소
   B. 근육 글리코겐 저장량 증가
   C. 지방률 증가
   D. 혈액량 감소

4. 다음 중 한 차례의 일시적 운동중 감소하는 수치는?

   A. 심근산소소비량, 1회 박출량 평균동맥혈압, 적혈구 용적률
   B. 산소소비량, 동정맥혈산소함량차, 수축기혈압, RER
   C. 혈액 pH, 내장으로 가는 혈류, 혈장량, 인슐린
   D. 카테콜아민, 글루카곤, 1회 박출량, 1회 호흡량

응용 지식 문제

다음의 표는 유산소 훈련 프로그램에 지속적으로 참여할 때 신체가 적응하는 방법을 나타낸 것이다. 빈칸을 완성하라.

시스템	두 가지 적응 현상
호흡계	
대사계	
골격근계	
심혈관계	
내분비계	

참고문헌

1. Albright, A., M. Franz, G. Hornsby, A. Kriska, D. Marrero, I. Ullrich, and L.S. Verity. 2000. American College of Sports Medicine position stand. Exercise and type 2 diabetes. *Medicine and Science in Sports and Exercise* 32 (7): 1345-1360.
2. American College of Sports Medicine. 1998. Position stand on the recommended quantity and quality of exercise for developing and maintaining cardiorespiratory and muscular fitness, and flexibility in healthy adults. *Medicine and Science in Sports and Exercise* 30 (6): 975-991.
3. Armstrong, L.E., and J.L. VanHeest. 2002. The unknown mechanism of the overtraining syndrome: Clues from depression and psychoneuroimmunology. *Sports Medicine* 32 (3): 185-209.
4. Barbier, J., N. Ville, G. Kervio, G. Walther, and F. Carre. 2006. Sports-specific features of athlete's heart and their relation to echocardiographic parameters. *Herz* 31 (6): 531-543.
5. Bouchard, C., F.T. Dionne, J.A. Simoneau, and M.R. Boulay. 1992. Genetics of aerobic and anaerobic performances. *Exercise and Sport Sciences Reviews* 20: 27-58.
6. Broeder, C.E., K.A. Burrhus, L.S. Svanevik, J. Volpe, and J.H. Wilmore. 1997. Assessing body composition before and after resistance or endurance training. *Medicine and Science in Sports and Exercise* 29 (5): 705-712.
7. Buckwalter, J. A., and S.L.-Y. Woo. 1994. Effects of repetitive motion on the musculoskeletal tissues. In: *Orthopaedic Sports Medicine: Principles and Practice,* Vol. 1, J.C. DeLee and D. Drez, eds. Philadelphia: Saunders. pp. 60-72.
8. Cavanaugh, D.J., and C.E. Cann. 1988. Brisk walking does not stop bone loss in postmenopausal women. *Bone* 9 (4): 201-204.
9. Coggan, A.R. 1991. Plasma glucose metabolism during exercise in humans. *Sports Medicine* 11 (2): 102-124.
10. Costill, D.L., W.J. Fink, M. Hargreaves, D.S. King, R. Thomas, and R. Fielding. 1985. Metabolic characteristics of skeletal muscle during detraining from competitive swimming. *Medicine and Science in Sports and Exercise* 17 (3): 339-343.
11. Coyle, E.F., W.H. Martin III, D.R. Sinacore, M.J. Joyner, J.M. Hagberg, and J.O. Holloszy. 1984. Time course of loss of adaptations after stopping prolonged intense endurance training. *Journal of Applied Physiology* 57 (6): 1857-1864.
12. Dart, A.M., I.T. Meredith, and G.L. Jennings. 1992. Effects of 4 weeks endurance training on cardiac left ventricular structure and function. *Clinical and Experimental Pharmacology and Physiology* 19 (11): 777-783.
13. Davies, C.T., and J.D. Few. 1973. Effects of exercise on adrenocortical function. *Journal of Applied Physiology* 35 (6): 887-891.
14. Dempsey, J.A. 1986. J.B. Wolffe memorial lecture. Is the lung built for exercise? *Medicine and Science in Sports and Exercise* 18 (2): 143-155.
15. Dempsey, J.A., C.A. Harms, and D.M. Ainsworth. 1996. Respiratory muscle perfusion and energetics during exercise. *Medicine and Science in Sports and Exercise* 28 (9): 1123-1128.
16. Donnelly, J.E., S.N. Blair, J.M. Jakicic, M.M. Manore, J.W. Rankin, and B.K. Smith. 2009. American College of Sports Medicine position stand. Appropriate physical activity intervention strategies for weight loss and prevention of weight regain for adults. *Medicine and Science in Sports and Exercise* 41 (2): 459-471.
17. Duncker, D.J., and R.J. Bache. 2008. Regulation of coronary blood flow during exercise. *Physiology Reviews* 88 (3): 1009-1086.
18. Ebeling, P., R. Bourey, L. Koranyi, J.A. Tuominen, L.C. Groop, J. Henriksson, M. Mueckler, A. Sovijarvi, and V.A. Koivisto. 1993. Mechanism of enhanced insulin sensitivity in athletes. Increased blood flow, muscle glucose transport protein (GLUT-4) concentration, and glycogen synthase activity. *Journal of Clinical Investigation* 92 (4): 1623-1631.
19. Faude, O., W. Kindermann, and T. Meyer. 2009. Lactate threshold concepts: How valid are they? *Sports Medicine* 39 (6): 469-490.
20. Halson, S.L., and A.E. Jeukendrup. 2004. Does overtraining exist? An analysis of overreaching and overtraining research. *Sports Medicine* 34 (14): 967-981.
21. Harms, C.A., M.A. Babcock, S.R. McClaran, D.F. Pegelow, G.A. Nickele, W.B. Nelson, and J.A. Dempsey. 1997. Respi ratory muscle work compromises leg blood flow during maximal exercise. *Journal of Applied Physiology* 82 (5): 1573-1583.
22. Hartley, L.H., J.W. Mason, R.P. Hogan, L.G. Jones, T.A. Kotchen, E.H. Mougey, F.E. Wherry, L.L. Pennington, and P.T. Ricketts. 1972. Multiple hormonal responses to graded exercise in relation to physical training. *Journal of Applied Physiology* 33 (5): 602-606.
23. Haskell, W.L., I.M. Lee, R.R. Pate, K.E. Powell, S.N. Blair, B.A. Franklin, C.A. Macera, G.W. Heath, P.D. Thompson, and A. Bauman. 2007. Physical activity and public health: Updated recommendation for adults from the American College of Sports Medicine and the American Heart Association. *Medicine and Science in Sports and Exercise* 39 (8): 1423-1434.
24. Haughlin, M.H., R.J. Korthuis, D.J. Duncker, and R.J. Bache. 1996. Control of blood flow to cardiac and skeletal muscle during exercise. In: *Section 12: Exercise: Regulation and Integration of Multiple Systems,* L.B. Rowell and J.T. Shepherd, eds. New York: Oxford University Press. pp. 705-769.
25. Hawley, J.A., and S.J. Lessard. 2008. Exercise traininginduced improvements in insulin action. *Acta Physiologica* 192 (1): 127-135.
26. Hennessy, L.C., and A.W.S. Watson. 1994. The interference effects of training for strength and endurance simultaneously. *Journal of Strength and Conditioning Research* 8 (1): 12-19.
27. Henriksen, E.J. 2002. Invited review: Effects of acute exercise and exercise training on insulin resistance. *Journal of Applied Physiology* 93 (2): 788-796.
28. Hickson, R.C. 1981. Skeletal muscle cytochrome c and myoglobin, endurance, and frequency of training. *Journal of Applied Physiology* 51 (3): 746-749.
29. Higginbotham, M.B., K.G. Morris, R.S. Williams, P.A. McHale, R.E. Coleman, and F.R. Cobb. 1986. Regulation of stroke volume during submaximal and maximal upright exercise in normal man. *Circulation Research* 58 (2): 281-291.
30. Holloszy, J.O., and E.F. Coyle. 1984. Adaptations of skeletal muscle to endurance exercise and their metabolic consequences. *Journal of Applied Physiology* 56 (4): 831-838.
31. Hoppeler, H. 1986. Exercise-induced ultrastructural changes in skeletal muscle. *International Journal of Sports Medicine* 7 (4): 187-204.
32. Horowitz, J.F. 2001. Regulation of lipid mobilization and oxidation during exercise in obesity. *Exercise and Sport Sciences Reviews* 29 (1): 42-46.
33. Hunter, G.R., R. Demment, and D Miller. 1987. Development of strength and maximum oxygen uptake during

simultaneous training for strength and endurance. *Journal of Sports Medicine and Physical Fitness* 27 (3): 269-275.

34. Hurley, B.F., P.M. Nemeth, W.H. Martin III, J.M. Hagberg, G.P. Dalsky, and J.O. Holloszy. 1986. Muscle triglyceride utilization during exercise: Effect of training. *Journal of Applied Physiology* 60 (2): 562-567.
35. Jacks, D.E., J. Sowash, J. Anning, T. McGloughlin, and F. Andres. 2002. Effect of exercise at three exercise intensities on salivary cortisol. *Journal of Strength and Conditioning Research* 16 (2): 286-289.
36. Janicki, J.S., D.D. Sheriff, J.L. Robotham, and R.A. Wise. 1996. Cardiac output during exercise: Contributions of the cardiac, circulatory, and respiratory systems. In: *Section 12: Exercise: Regulation and Integration of Multiple Systems,* L.B. Rowell and J.T. Shepherd, eds. New York: Oxford University Press. pp. 651-704.
37. Jozsa, L., and P. Kannus. 1997. *Human Tendons: Anatomy, Physiology, and Pathology.* Champaign, IL: Human Kinetics.
38. Kenney, M.J., and D.R. Seals. 1993. Postexercise hypotension. Key features, mechanisms, and clinical significance. *Hypertension* 22 (5): 653-664.
39. Keteyian, S.J., and C.A. Brawner. 2006. Cardiopulmonary adaptations to exercise. In: *ACSM's Resource Manual for Guidelines for Exercise Testing and Prescription,* 5th ed., L.A. Kaminsky, ed. Philadelphia: Lippincott Williams & Wilkins. pp. 313-324.
40. Kiens, B., B. Essen-Gustavsson, N.J. Christensen, and B. Saltin. 1993. Skeletal muscle substrate utilization during submaximal exercise in man: Effect of endurance training. *Journal of Physiology* 469: 459-478.
41. King, D.S., P.J. Baldus, R.L. Sharp, L.D. Kesl, T.L. Feltmeyer, and M.S. Riddle. 1995. Time course for exercise-induced alterations in insulin action and glucose tolerance in middle-aged people. *Journal of Applied Physiology* 78 (1): 17-22.
42. Kohrt, W.M., S.A. Bloomfield, K.D. Little, M.E. Nelson, and V.R. Yingling. 2004. American College of Sports Medicine position stand: Physical activity and bone health. *Medicine and Science in Sports and Exercise* 36 (11): 1985-1996.
43. Kraemer, W.J., J.F. Patton, S.E. Gordon, E.A. Harman, M.R. Deschenes, K. Reynolds, R.U. Newton, N.T. Triplett, and J.E. Dziados. 1995. Compatibility of high-intensity strength and endurance training on hormonal and skeletal muscle adaptations. *Journal of Applied Physiology* 78 (3): 976-989.
44. Lehmann, M., C. Foster, and J. Keul. 1993. Overtraining in endurance athletes: A brief review. *Medicine and Science in Sports and Exercise* 25 (7): 854-862.
45. Mangine, B., G. Nuzzo, and G.L. Harrelson. 2004. Physiologic factors of rehabilitation. In: *Physical Rehabilitation of the Injured Athlete,* 3rd ed., J.R. Andrews, G.L. Harrelson, and K.E. Wilk, eds. Philadelphia: Saunders. pp. 13-33.
46. McArdle, W.D., F.I. Katch, and V.L. Katch. 2010. *Exercise Physiology: Nutrition, Energy, and Human Performance,* 7th ed. Philadelphia: Lippincott Williams & Wilkins.
47. McCarthy, J.P., J.C. Agre, B.K. Graf, M.A. Pozniak, and A.C. Vailas. 1995. Compatibility of adaptive responses with combining strength and endurance training. *Medicine and Science in Sports and Exercise* 27 (3): 429-436.
48. McCarthy, J.P., M.A. Pozniak, and J.C. Agre. 2002. Neuromuscular adaptations to concurrent strength and endurance training. *Medicine and Science in Sports and Exercise* 34 (3): 511-519.
49. McGuire, D.K., B.D. Levine, J.W. Williamson, P.G. Snell, C.G. Blomqvist, B. Saltin, and J.H. Mitchell. 2001. A 30-year follow-up of the Dallas Bedrest and Training Study: II. Effect of age on cardiovascular adaptation to exercise training. *Circulation* 104 (12): 1358-1366.
50. Michel, B.A., N.E. Lane, A. Bjorkengren, D.A. Bloch, and J.F. Fries. 1992. Impact of running on lumbar bone density: A 5-year longitudinal study. *Journal of Rheumatology* 19 (11): 1759-1763.
51. Mier, C.M., M.J. Turner, A.A. Ehsani, and R.J. Spina. 1997. Cardiovascular adaptations to 10 days of cycle exercise. *Journal of Applied Physiology* 83 (6): 1900-1906.
52. Mikines, K.J., B. Sonne, P.A. Farrell, B. Tronier, and H. Galbo. 1988. Effect of physical exercise on sensitivity and responsiveness to insulin in humans. *American Journal of Physiology: Endocrinology and Metabolism* 254 (3): E248-E259.
53. Nichols, D.L., and E.V. Essery. 2006. Osteoporosis and exercise. In: *ACSM's Resource Manual for Guidelines for Exercise Testing and Prescription,* 5th ed., L.A. Kaminsky, ed. Philadelphia: Lippincott Williams & Wilkins. pp. 489-499.
54. Nichols, D.L., C.F. Sanborn, and E.V. Essery. 2007. Bone density and young athletic women. An update. *Sports Medicine* 37 (11): 1001-1014.
55. Nordin, M., T. Lorenz, and M. Campello. 2001. Biomechanics of tendons and ligaments. In: *Basic Biomechanics of the Musculoskeletal System.* M. Nordin and V.H. Frankel, eds. Baltimore: Lippincott, Williams & Wilkins. pp. 102-125.
56. Ogden, C.L., M.D. Carroll, L R. Curtin, M.A. McDowell, C.J. Tabak, and K.M. Flegal. 2006. Prevalence of overweight and obesity in the United States, 1999-2004. *Journal of the American Medical Association* 295 (13): 1549-1555.
57. Pescatello, L.S., B.A. Franklin, R. Fagard, W.B. Farquhar, G.A. Kelley, and C.A. Ray. 2004. American College of Sports Medicine position stand. Exercise and hypertension. *Medicine and Science in Sports and Exercise* 36 (3): 533-553.
58. Plowman, S.A., and D.L. Smith. 2008. *Exercise Physiology for Health, Fitness, and Performance,* 2nd reprint ed. Philadelphia: Lippincott Williams & Wilkins.
59. Powers, S.K., and E.T. Howley. 2004. *Exercise Physiology: Theory and Application to Fitness and Performance,* 5th ed. New York, NY: McGraw Hill.
60. Rasmussen, B., K. Klausen, J.P. Clausen, and J. Trap-Jensen. 1975. Pulmonary ventilation, blood gases, and blood pH after training of the arms or the legs. *Journal of Applied Physiology* 38 (2): 250-256.
61. Rico-Sanz, J., T. Rankinen, D.R. Joanisse, A.S. Leon, J.S. Skinner, J.H. Wilmore, D.C. Rao, and C. Bouchard. 2003. Familial resemblance for muscle phenotypes in the HERITAGE Family Study. *Medicine and Science in Sports and Exercise* 35 (8): 1360-1366.
62. Rubal, B.J., A.R. Al-Muhailani, and J. Rosentswieg. 1987. Effects of physical conditioning on the heart size and wall thickness of college women. *Medicine and Science in Sports and Exercise* 19 (5): 423-429.
63. Saks, V., P. Dzeja, U. Schlattner, M. Vendelin, A. Terzic, and T. Wallimann. 2006. Cardiac system bioenergetics: Metabolic basis of the Frank-Starling law. *Journal of Physiology* 571 (2): 253-273.
64. Sawka, M.N., V.A. Convertino, E.R. Eichner, S.M. Schnieder, and A.J. Young. 2000. Blood volume: Importance and adaptations to exercise training, environmental stresses, and trauma/sickness. *Medicine and Science in Sports and Exercise* 32 (2): 332-348.
65. Scruggs, K.D., N.B. Martin, C.E. Broeder, Z. Hofman, E.L. Thomas, K.C. Wambsgans, and J.H. Wilmore. 1991. Stroke volume during submaximal exercise in endurance-trained normotensive subjects and in untrained hypertensive subjects with beta blockade (propranolol and pindolol). *American*

Journal of Cardiology 67 (5): 416-421.

66. Shimamura, C., J. Iwamoto, T. Takeda, S. Ichimura, H. Abe, and Y. Toyama. 2002. Effect of decreased physical activity on bone mass in exercise-trained young rats. *Journal of Orthopaedic Science* 7 (3): 358-363.

67. Stiegler, P., and A. Cunliffe. 2006. The role of diet and exercise for the maintenance of fat-free mass and resting metabolic rate during weight loss. *Sports Medicine* 36 (3): 239-262.

68. Urhausen, A., and W. Kindermann. 2002. Diagnosis of overtraining: What tools do we have? *Sports Medicine* 32 (2): 95-102.

69. Vogiatzis, I., D. Athanasopoulos, R. Boushel, J.A. Guenette, M. Koskolou, M. Vasilopoulou, H. Wagner, C. Roussos, P.D. Wagner, and S. Zakynthinos. 2008. Contribution of respiratory muscle blood flow to exercise-induced diaphragmatic fatigue in trained cyclists. *Journal of Physiology* 586 (22): 5575-5587.

70. Widdowson, W.M., M.L. Healy, P.H. Sönksen, and J Gibney. 2009. The physiology of growth hormone and sport. *Growth Hormone & IGF Research* 19 (4): 308-319.

71. Wilmore, J.H., D.L. Costill, and W.L. Kenney. 2008. *Physiology of Sport and Exercise,* 4th ed. Champaign, IL: Human Kinetics.

72. Wilmore, J.H., P.R. Stanforth, L.A. Hudspeth, J. Gagnon, E.W. Daw, A.S. Leon, D.C. Rao, J.S. Skinner, and C. Bouchard. 1998. Alterations in resting metabolic rate as a consequence of 20 wk of endurance training: The HERITAGE Family Study. *American Journal of Clinical Nutrition* 68 (1): 66-71.

73. Zouhal, H., C. Jacob, P. Delamarche, and A. Gratas-Delamarche. 2008. Catecholamines and the effects of exercise, training and gender. *Sports Medicine* 38 (5): 401-423.

퍼스널 트레이닝 설정에서의 영양

Marie Spano, MS

학습 목표

- 고객을 영양전문가에게 의뢰할 때 알아야 할 퍼스널 트레이너의 수행 영역을 인식할 수 있다.
- 고객의 식이요법을 검토하고 고객의 에너지 소비량과 요구량을 추정할 수 있다.
- 운동으로 인한 고객의 영양 및 수분 요구량의 변화를 이해할 수 있다.
- 고객에게 체중 증가 및 감소를 위한 지침을 조언할 수 있다.
- 식이보충제의 역할과 적합성을 인지할 수 있다.

영양과 신체활동은 동전의 양면과 같이 서로 함께 해결되어야 한다. 만일 한 면을 무시하고 다른 면만을 강조한다면 고객에게 부적절한 결과를 초래할 것이다. 퍼스널 트레이너는 영양에 대한 중요 지식을 가지고 영양상담을 개별화함으로써 전반적인 효율성을 향상시킬 수 있다. 영양 평가와 권장은 고객의 요구 및 목표와 일치해야 하며, 그에 따라 변화할 것이다. 마지막으로 고객의 요구가 퍼스널 트레이너의 업무 영역이나 전문 영역 밖에 있는 경우, 퍼스널 트레이너는 고객들을 영양전문가에게 위탁해야 할 시기를 인지할 수 있어야 한다.[38]

영양에 대한 퍼스널 트레이너의 역할

텔레비전, 신문, 잡지, 웹사이트 등은 대부분의 사람들이 영양에 대한 정보를 얻을 수 있는 주요 매체이다. 효과적인 문구나 광고로 포장된 영양정보는 소비자의 혼란을 초래할 수 있다. 퍼스널 트레이너는 신뢰할 수 있는 영양정보를 제공하여 이러한 혼돈에서 벗어나게 해줄 수 있어야 한다.

신체적 수행 능력, 질병예방, 체중 감소 및 증가를 위하여 퍼스널 트레이너는 본인의 역할 내에서 영양과 관련된 잘못된 정보를 해결하고 일반적인 상담을 제공해야 한다. 예를 들어 퍼스널 트레이너는 '미국심장협회에 따르면, 연어 또는 고등어와 같은 지방산 물고기의 오메가3는 심혈관 질환의 발병 위험이 있는 사람들에게 이로울 수 있다'와 같은 일반적인 영양지식을 전달할 수 있다. 윤리성과 안전성 측면에서, 중요한 것은 복잡한 영양문제를 인지하고, 고객을 누구에게 어떻게 의뢰해야 하는지를 아는 능력이다.

고객이 영양에 영향을 받는 질병(당뇨병, 심장 질환, 위장 질환, 섭식장애, 골다공증, 고콜레스테롤 등)을 가지고 있는 경우, 영양전문가에 알려야 한다. 이러한 영양정보의 유형은 임상영양요법이라고 하며, 허가받은 영양학자나 영양사의 수행 영역에 속한다. 또한 트레이너의 능력을 넘는 복잡한 문제가 발생하였을 때 의뢰가 이루어진다. 퍼스널 트레이너는 고객들이 편안하게 의뢰하고 소통할 수 있는 영양전문가를 찾아야 한다. 미국과 캐나다의 경우, 등록된 영양사들은 다음과 같은 사이트에 등록되어 있다. 미국영양협회(ADA, the American Dietetic Association) 웹사이트 www.eatright.org, 스포츠 심혈관계와 건강영양사(the Sports, Cardiovascular and Wellness Nutritionists website, SCAN, a dietetic practice group of the ADA) 웹사이트 www.scandpg.org, 캐나다 영양사(www.dietitians.ca), 유럽연합영양사협회(European Federation of the Association of Dietitians, www.efad.org/everyone)는 각국의 영양사 조직에 대한 링크를 제공한다. 호주에는 스포츠 영양사를 찾을 수 있는 웹사이트(www.sportsdietitians.com.au/findasportsdietitian)가 있다. 다른 국가에서는 지역 다이어트 관련 단체나 국가의 웹사이트를 참조할 수 있다. 의사소통이 용이하도록 고객들은 정보유출양식에 서명해야 한다.

고객에게 식이의 영향을 받는 심혈관 질환과 같은 질병이 있는 경우나 영양문제가 퍼스널 트레이너의 영역을 벗어날 정도로 복잡할 경우, 퍼스널 트레이너는 영양사에게 고객을 의뢰해야 한다.

누가 영양 상담 및 교육을 제공할 수 있는가?

고객의 다이어트를 평가하기 전에 퍼스널 트레이너는 영양정보제공에 대한 법을 규제하는 면허기관 및 규제기관을 알아야 한다. 미국의 경우 각 주는 면허, 법정 인증 또는 등록을 통해 영양 정보를 제공하는 것을 규제한다. 미국영양협회에 따르면, 해당 용어에 대한 정의는 다음과 같다.

- **면허**(Licensing): 법령에 업무 영역이 명확히 명시되어 있으며, 국가로부터 면허를 취득하지 않는한 실무수행은 불법이다.
- **법적 인증**(Statutory certification): 소정의 요건을 충족시키는 사람들에게 특별 직함으로 제한적으로 사용되며, 인증되지 않은 사람도 실무를 수행할 수 있다.
- **등록**(Registration): 최소한의 규제 형태이다. 인증과 마찬가지로, 등록되지 않은 사람도 실무를 수행할 수 있다. 일반적으로 시험을 치르지 않으며, 최소한의 등록요건이 있다.[3]

예를 들어 이 글을 쓰는 시점에서 루이지애나 주 영양사의 업무 영역은 명확하게 정의되어 있고, 등록된 영양사만이 개인 영양에 대한 지침을 내릴 수 있다.[25] 그러나 애리조나 주에서는 면허법이 존재하지 않고, 어떤 전문가든 영양정보를 제공할 수 있다.[23] 다양한 주와 국가는 퍼스널 트레이너의 영양상담 제공 및 해당 지침 준수에 대한 다른 규정을 가지고 있다.

식이 평가

고객이 퍼스널 트레이너의 업무영역 내의 영양정보를 찾는 경우에는 퍼스널 트레이너는 고객의 식단을 평가할 수 있다. 트레이너의 업무영역을 벗어난다면, 퍼스널 트레이너는 고객의 식단을 평가해줄 영양사와 협력할 수 있다. 완전한 영양평가는 식이 자료, 신체측정 자료, 생화학 자료(실험실 검사)와 임상 검사(피부와 치아 상태 등)를 포함한다. 퍼스널 트레이너는 일반적으로 종합평가에 관여하지 않지만, 고객에게 최상의 서비스를 제공하기 위하여 종합식이평가의 각 성분들을 잘 파악하여, 영양사와 협력할 수 있다(이 장에서 사용된 식이[다이어트]라는 용어는 체중 감소에만 국한된 것이 아니라 개인의 일반적인 식습관을 의미).

식이 섭취 자료

퍼스널 트레이너가 효과적인 영양상담을 제공하기 전에, 고객의 현재 식이에 대한 정보를 모으는 것이 필수적이다. 현재 식사는 균형 잡혀 있는가? 특정 음식에 알레르기 반응이 있는가? 채식주의자인가? 체중감량을 위한 식이요법을 하는가? 식사를 자주 거르는가? 새로운 음식섭취 방법을 최근에 채택하였는가? 이러한 질문에 대한 모든 대답들은 퍼스널 트레이너가 고객에게 할 조언에 영향을 미칠 수 있다.

식이 섭취량 자료를 수집하는 것은 간단한 개념이지만, 실행하기는 매우 어렵다. 많은 사람들이 주어진 하루에 그들이 먹었던 것을 정확하게 기억해내는 것을 어려워한다. 선행 연구들은 특히 과체중인 사람들이 섭취량을 실제보다 낮게 평가하거나 낮게 보고하는 경향이 있다고 한다. 이러한 단점들이 있음을 염두에 두고, 퍼스널 트레이너의 수행 영역 내에서 식이 섭취 자료를 모으는 방법에는 다음과 같은 세 가지가 있다.

- 식이 회상(Dietary Recall)
- 식이 이력(Dietary History)
- 식이 기록(Dietary Record)

식이 회상 방법에서는 고객들이 지난 24시간 동안 먹은 것을 기록한다. 식이 이력 방법에서는 고객이 일반적인 식습관, 좋아하는 것과 싫어하는 것, 식사 일정, 병력, 체중 이력과 같은 질문에 대답한다. 식이 기록 방법에서는 3일 동안 일상적으로 소비하는 모든 것(음식, 음료 및 보조식)에 대해 기록한다.

3일 간의 식이 기록 방법은 개인 식이 평가 방법 중 가장 효과적인 것으로 간주된다. 하지만 이 기록이 유효하려면 정확히 기록되어야 할 뿐 아니라 꼼꼼하게 분석되어야 한다. 이 방법의 함정은 음식섭취량을 기록하는 것이 일반적인 섭취 패턴을 억제하고, 실제 섭취량보다 과소평가되어 기록될 수 있다는 점이다. 유용한 자료를 얻기 위해 퍼스널 트레이너는 가장 동기부여가 잘 되어 있는 고객이 이러한 과정을 완료하도록 요청해야 한다. 식이 회상이나 식이 이력은 더 많은 고객들을 대상으로 할 때 더욱 적합하다.

퍼스널 트레이너는 고객의 식습관에 대한 가정을 해서는 안 된다. 고객의 식이를 평가하는 것은 고객에게 식이에 대한 권고를 하기 전에 필수적이다.

식이 평가

퍼스널 트레이너가 식이 섭취 자료를 성공적으로 수집하면, 해당 정보를 평가하는 몇 가지 선택 방법이 있다. 고객의 식이를 평가하는 한 가지 방법은 고객의 식이와 국가의 일반적인 식품 지침에 따른 권고사항을 비교하는 것이다. 미농무부(USDA)는 마이플레이트(MyPate)[46]를 개발했다. 영양에 관심이 있는 고객을 위하여 개발된 이 식이분석 소프트웨어를 이용해 상세한 식이분석을 할 수 있다. 여기에서는 두 가지 방법 모두를 소개한다.

마이플레이트

미농무부의 마이플레이트(그림 7.1)는 건강한 식습관에 대해 알려준다. 'MyPlate' 중 'My'는 개인의 생활습관에 맞춘 권장사항의 중요성을 나타내며, 친숙한 식판 기호는 어떠한 음식들로 식품이 구성되어야 하는지를 시각화하여 나타낸다.

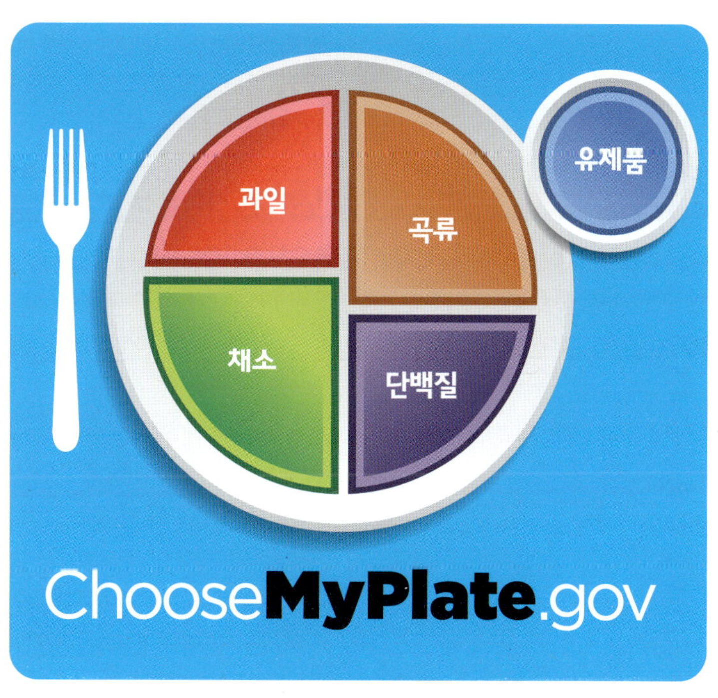

그림 7.1 마이플레이트. 더 많은 정보를 위해서는 www.ChooseMyPlate.gov를 방문

1. 곡류
2. 야채
3. 과일
4. 단백질
5. 유제품

미농무부 웹사이트의 마이플레이트는 미국인을 위한 세 가지 주요 식이 목표를 설정했다.

칼로리 균형

- 자유롭게 먹되, 먹는 양을 약간 줄인다.
- 대용량을 피한다.

섭취를 늘려야 하는 음식

- 접시의 절반은 과일과 야채로 구성한다.
- 곡류의 최소 절반은 통곡류로 구성한다.
- 무지방 또는 저지방(1%) 우유로 바꾼다.

섭취를 줄여야 하는 음식

- 수프, 빵, 냉동식품과 같은 식품에서 나트륨 함량을 비교하여 낮은 것을 고른다.
- 설탕이 든 음료 대신 물을 마신다.

미농무부는 주요식품군에 관한 구체적인 목표를 설정했다. 예를 들어 고객은 곡류 섭취 중 절반을 통곡류로 섭취하고, 다양한 야채와 과일을 섭취하며, 칼슘이 풍부한 음식과 단백질 섭취를 통해 건강해질 수 있다고 한다.

예전의 마이피라미드(MyPyramid)에서는 '잉여(discretionary) 칼로리'에 대한 지침을 포함하지만, 마이플레이트는 '빈(empty) 칼로리' 카테고리로 이를 대체하고 있다. 빈 칼로리는 영양분이 없는 고형지방이나 설탕 첨가물로 인한 칼로리이다. 고형지방(상온에서 고체인 지방)은 버터, 쇠고기지방, 쇼트닝 등이 있다. 설탕 첨가물은 식품가공 또는 제조시 첨가되는 설탕이나 시럽이다. 미농무부는 미국인에게 많은 빈 칼로리를 제공하는 식음료에 대한 지침을 제공한다.

- 케이크, 쿠키, 패스트리 및 도넛(고형지방 및 설탕 첨가물 포함)
- 탄산음료, 에너지음료, 스포츠음료 및 과일주스(설탕 첨가물 포함)
- 치즈(고형지방 포함)
- 피자(고형지방 포함)
- 아이스크림(고형지방 및 설탕 첨가물 포함)
- 소시지, 핫도그, 베이컨 및 갈비류(고형지방 포함)

표 7.1 식단 계획 예시

음식 분류	하루 권장 섭취량
곡류	10oz(280g)
야채	3.5컵
과일	2.5컵
유제품	2컵
단백질	7oz(200g)

식단 계획은 일주일의 대부분을 60분 이상 운동하는 22세의 5'6"(약 168cm) 140lb(약 63.5kg)의 남성을 위한 것임.

유용한 교육자료를 제공함과 동시에 마이플레이트 웹사이트(www.ChooseMyPlate.gov)에는 방문자가 개인에 맞춘 식사 계획을 만들고, 식이분석하고, 신체활동을 추적할 수 있는 도구들이 있다. 이 웹사이트는 퍼스널 트레이너가 고객 교육에 도움을 줄 훌륭한 출발점이 될 것이다. 마이플레이트의 각 음식 그룹은 이들을 제외하고 다른 것들로 대체하기 힘든 주요 영양소이다. 마이플레이트 웹사이트는 고객 스스로 혹은 퍼스널 트레이너의 도움을 받을 수 있는 상호작용하는 도구이다. 건강한 식이요법 계획은 사용자가 그들의 나이, 체중, 신장, 성별 및 신체활동 수준에 대해 입력하면 일일 영양 목표에 맞춘 개별화된 지침을 제공한다(표 7.1 참고). 음식 분류를 클릭하면, 어떤 음식 그룹들이 식이요법에 포함되었는지 자세한 정보를 볼 수 있다.

전산화된 식이분석

전산화된 식이분석(computerized diet analysis)은 비타민과 미네랄 섭취를 포함한 고객의 식이를 한눈에 보여줄 수 있다. 그러려면 고객은 최소 3일 동안 평균적인 섭취량을 정확하게 입력하여야 한다. 고객은 각 식음료의 양을 입력하고 조리방법을 기입하며, 일반적인 음식명이나 제품명을 기입해야 한다.

모든 소프트웨어 프로그램은 단점을 가지고 있기 때문에, 식이 내용이 완벽하게 기록된 경우에도 분석은 정확하지 않을 수 있다. 데이터베이스 내 일부 식품들은 특정 비타민과 미네랄 값이 빠져 있어 그 영양소에 대한 분석도 빠지게 되어 섭취한 것보다 적은 값이 나오게 될 것이다. 또한 고객들이 먹는 몇몇 식품들은 데이터베이스에 없어서 실제 식이 자료를 만드는 것이 필요할 수도 있다(가공식품 라벨에 대한 요구사항이 아니므로 비타민과 미네랄을 포함하지 않을 수 있음).

고객들의 식이분석을 요청하기 이전에, 완벽히 전산화된 식이분석을 가지고 있는 것은 퍼스널 트레이너에게 있어 기록을 통한 식습관 편견이 있는지 알아차릴 수 있다는 측면에서 매우 유용하다. 또한 한 사람의 고유 식단을 분석하는 것은 식이 평가가 얼마나 중요한지를 깨닫게 해준다.

많은 경우 퍼스널 트레이너는 전산화된 식이 평가를 완료할 시간과 지식 및 정보가 없다. 이 부분은 영양사의 도움이 필요한 영역이다. 동기유발된 고객을 위한 다른 옵션은 그들이 식이에 대해 입력하고 피드백받을 수 있는 웹사이트(아래 목록 참조)를 참조하는 것이다. 이 웹사이트들은 고객에게 책임감을 불어넣어주며 훌륭한 정보처가 된다. 또한 몇몇 고객들은 개인적으로 질문에 대답하거나 음식물 섭취량을 기록하는 것을 더 편하게 느낀다. 이러한 웹사이트들의 단점 중 하나는 모든 비타민, 미네랄, 지방의 종류 등에 대해 일반적으로 분석하지 않는다는 것이다. 대신 대부분의 사이트가 지방과 탄수화물, 그리고 단백질의 양에 따라서만 얼마나 많은 칼로리가 소모되고 있는지를 알려준다. 이러한 사이트들의 두 번째 단점은 전문영양사가 할 수 있는 정밀 칼로리 필요량을 계산할 수 없다는 점이다.

고객의 식이분석은 전문지식을 필요로 하는, 상세하고 시간이 걸리는 작업이다. 퍼스널 트레이너는 영양사의 분석을 참조하거나, 고객에게 자기 주도적인 다이어트 분석을 의뢰해야 한다.

에너지

에너지는 일반적으로 kcal로 측정된다. kcal는 1kg의 물을 1℃(2.2파운드의 물을 1.8°F) 올리기 위해 필요한 열에너지 총 양이다. 보통 이것을 '칼로리'라고 부른다('칼로리'와 '에너지'라는 용어는 이 장에서 같은 의미로 사용).

에너지 요구량에 영향을 미치는 요인

성인의 에너지 요구량을 결정하는 세 가지 요소는 다음과 같다. 휴식대사율, 신체활동, 식이성 발열 효과. 각 요인들은 나이, 유전, 신체 크기, 신체조성, 환경온도, 트레이닝 상태, 비훈련적인 신체활동 및 칼로리 섭취에 의해 직접적이거나 간접적인 영향을 받는다. 유아, 어린이 및 청소년기의 성장은 에너지 요구량을 증가시키는 다른 변수이다.

휴식대사율(RMR, resting metabolic rate)은 총 에너지 요구량의 가장 큰 부분이며, 하루 에너지 요구량의 약 60~75%를 차지한다. 호흡, 심장 기능 및 체온조절과 같은 신체의 정상적인 기능을 유지하게 위해 필요한 열량이다(예: 한 사람이 하루 종일 침대에 누워 아무것도 하지 않을 때 소비하는 에너지를 측정하는 것). 휴식대사율을 증가시키는 요인은 제지방질량의 증가, 젊은 나이, 성장, 비정상적인 체온, 생리주기 및 갑상선 기능항진증 등을 포함한다. 대사율을 감소시키는 요인은 체지방질량의 감소 및 갑상선 기능저하증 등이 있다. 모든 것이 동일할 경우 대사율은 개인 신진대사와 유전 영향에 따라 최대 20%까지 달라질 수 있다.

에너지 요구량의 두 번째로 큰 요소는 신체활동이다. 모든 구성요소들 중 가장 개인차가 클 수 있다. 신체활동에 필요한 에너지 요구량은 훈련의 강도, 지속시간 및 빈도에 따라 달라진다. 극한의 고온이나 저온에서 칼로리 소모가 증가하는 것과 같이 환경조건에도 영향을 받는다. 고객의 신체활동량을 추정할 때, 퍼스널 트레이너는 계획된 훈련 이외에도 고객이 얼마나 움직이는지를 확인해야 한다. 꾸준한 운동을 하고 있는 경우라면, 앉아서 일하는 생활양식이나 여가활동들은 가볍게 활동적인 상태로 간주할 수 있다.

식이성 발열 효과(thermic effect of food)는 식사 후 몇 시간 동안 기초대사량이 상승하는 것이다. 식이성 발열 효과는 음식의 소화와 흡수를 위해 필요한 에너지이며, 개인 총 에너지 요구량의 7~10%에 해당한다.

식이분석 웹사이트

- www.sparkpeople.com: 해당 웹사이트는 음식 기록, 개인 식사계획, 맞춤형 건강계획, 조리법, 기사 및 게시판을 제공한다.
- www.fitday.com: 해당 웹사이트에서 음식, 운동 및 체중감량 목표를 관리할 수 있다.
- www.ChooseMyPlate.gov: 해당 웹사이트에서 식이 추적, 신체활동 및 에너지 균형을 관리할 수 있고, 음식섭취 및 건강분석을 제공한다.

에너지 요구량 추정

실제 에너지 요구량(하루에 사용되는 에너지)은 직접 구하기가 어렵다. 따라서 간접적인 방법이 주로 사용된다. 한 가지 방법은 열량섭취량을 측정하는 것이다. 이 방법은 고객이 일정한 체중을 유지하고 있을 경우에 유효하며, 일정한 체중은 섭취량과 소비량이 동일하다는 것을 의미하기 때문이다. 음식섭취를 정확히 기록하는 고객들에게 에너지 요구량을 측정하는 가장 좋은 방법은 3일 동안의 식이 섭취 기록을 통한 열량섭취 평가이다. 이것이 불가능하다면, 대략적인 칼로리 소비 계산식을 사용하는 방법이 있다. 하지만 열량 요구에 다양한 변수가 존재하고, 개인 간 또는 개인 내에서도 상당한 변수가 있기 때문에 에너지 요구량을 계산하는 것은 어렵다. 이러한 공식들은 단지 열량 요구량을 추정하고 참고하는 기준으로써의 역할에 의미를 두고 있음을 강조하는 것이 필수적이다. 실제 개인의 에너지 소비량은 매우 다양하다. 표 7.2에는 에너지 요구량 추정에 사용되는 인자들이 열거되어 있다. 예를 들어 고강도 신체활동을 하는 170파운드(77kg) 남성의 에너지 요구량은 3,910kcal(23×170)이다.

에너지 소비량을 계산하는 다른 방법은 먼저 휴식 에너지 소비량(REE, resting energy expenditure)을 계산한 뒤, 활동 수준에 근거한 인자를 곱하는 것이다. 세계보건기구(WHO, World Health Organization)에서 개발한 휴식 에너지 소비량을 구하는 여러 가지 식들이 있으며, 해당 식은 표 7.3에 나와 있다.

결과는 한 사람이 하루에 사용하는 열량치이다. 현

표 7.2 활동량에 따른 성인 남녀의 하루 칼로리 필요 산정

활동량	남성(kcal/pound)	남성(kcal/kg)	여성(kcal/pound)	여성(kcal/kg)
적음*	17	38	16	35
보통**	19	41	17	37
많음***	23	50	20	44

*가벼운 활동 수준: 시간당 2.5~3.0마일의 속도로 걷기, 차고 작업, 전기 작업, 목공, 식당일, 집청소, 육아, 골프, 요트, 탁구
**보통 활동 수준: 시간당 3.5~4.0마일의 속도로 걷기, 잡초 뽑기와 괭이질, 짐 나르기, 자전거, 스키, 테니스, 춤추기
***힘든 활동 수준: 오르막 오르기, 나무벌채, 채굴, 농구, 등산, 축구

표 7.3 휴식 에너지 소비량 및 활동 수준에 근거한 일일 칼로리 요구량 추정

1. REE를 계산하기 위하여, 다음 공식 중 하나를 선택 [15]:

연령 및 성별	하루당 Kcal
남성 10~18세	(17.686 × 몸무게kg) + 658.2
남성 19~30세	(15.057 × 몸무게kg) + 692.2
남성 30~60세	(11.472 × 몸무게kg) + 873.1
남성 60세 초과	(11.711 × 몸무게kg) + 587.7
여성 10~18세	(13.384 × 몸무게kg) + 692.6
여성 19~30세	(14.818 × 몸무게kg) + 486.6
여성 30~60세	(8.126 × 몸무게kg) + 845.6
여성 60세 초과	(9.082 × 몸무게kg) + 658.5

2. 그리고, 신체활동 수준(PAL)의 일일 추정치를 REE와 곱함

활동량	PAL 값(xREE)
좌식생활을 하거나 가벼운 운동	1.40에서 1.69
적당한 운동	1.70에서 1.99
활발한 운동	2.00에서 2.40*

*2.40 이상의 PAL 값을 오랫동안 유지하는 것은 어려움이 있음
FAO 2004 적용(14)

재 체중을 유지하기 원하는 고객들은 그들이 소비하는 칼로리만큼을 먹어야 한다.

불가능하지는 않지만, 고객의 에너지 소비량을 정확하게 산정하는 것은 어려운 일이다. 퍼스널 트레이너는 이 장에서 제공된 계산식을 사용하거나 산정을 통해 고객에게 도움을 줄 수 있다. 이러한 방법은 실제 소비량을 대략적으로 측정한 것이다.

영양소

퍼스널 트레이너가 고객의 식사습관 및 에너지 요구량을 알고 나면, 일반적인 영양 요구량을 평가할 수 있다. 영양지침에서 제공하는 신체와 음식 사이의 관계를 이해하기 위해 다음과 같은 6대 영양소(nutrients: 단백질, 탄수화물, 지방, 비타민, 무기질 및 물)를 이해하는 것이 중요하다.

단백질

수세기 동안 단백질(protein)은 식사의 주성분으로, 경기력을 위한 스피드와 훈련의 원천으로 간주되었다. 비록 탄수화물이 인간의 주요 에너지원이지만, 단백질은 보디빌더, 역도선수 그리고 저항 훈련을 하는 사람들에게 주된 영양 관심사이다.

'내 고객에게 얼마나 많은 단백질이 필요한가'라는 질문에, 퍼스널 트레이너는 에너지 섭취량과 단백질원이라는 두 가지 주요 요소를 고려해야 한다. 소비 칼로리보다 섭취 칼로리가 더 적을 때, 단백질은 에너지로 사용된다. 이 경우 단백질 섭취는 근육량을 늘리거나 대체하는 목적으로 사용되지 않는다. 따라서 칼로리 섭취가 줄어들면 단백질 요구량은 늘어난다. 식이 단백질 요구량은 충분한 열량을 소비하는 피검자를 연구한 것에서 유래되었다. 체중감량을 위해 식이요법을 하는 고객의 요구량은 표준 요구량보다 많다.

또한 단백질 요구량은 육류, 생선, 가금류, 유제품 및 계란과 같은 '기준 단백질(reference protein)'에 기초한다. 식물성 단백질의 경우, 요구량은 더 높아진다. 좌식생활을 하는 여성과 남성의 미국 단백질 영양권장량(RDA, Recommended Dietary Allowance)은 체중의 kg당 0.8g이다.[31] 세계보건기구는 안전섭취 수준을 인구의 97.5%에 대해 하루에 kg당 0.83g의 섭취로 정의했다. 안전섭취 수준은 섭취량을 만족하지 못하고 kg당 0.83g보다 더 많은 단백질을 섭취하더라도 큰 위험이 없는 수준을 의미한다. 이러한 두 기관에 의해 설정된 섭취 기준이 비활동적이고 건강한 젊은 성인에게는 충분할 수 있으나, 운동으로 인한 근손상 회복 및 근육을 생성하는 동안 단백질 아미노산 산화 벌충을 도와주기 위해 더 많은 단백질이 필요한 고객들에게는 적절하지 않다. 운동선수를 위한 일반적인 기준은 운동의 종류, 훈련 강도, 총 칼로리 섭취 및 전반적인 신체 상황에 따라 하루에 체중 1kg당 1.2~2.0g이다.

퍼스널 트레이너는 과도하게 높은 단백질 섭취(예: 하루에 체중 1kg당 4g 초과)는 적은 칼슘 섭취와 수분 제한을 하는 고객들의 신장 기능에 영향을 줄 수 있다는 것을 인지하고 있어야 한다. 이러한 상황은 높은 단백질 섭취에 의해 악화될 수 있다. 그러나 건강한 사람들에게서는 높은 단백질 섭취의 부정적인 영향이 대부분 발견되지 않는다. 조직의 합성에 필요한 양을 초과하는 단백질은 에너지로 사용되거나 저장된다.

탄수화물

탄수화물(carbohydrate)은 지방산의 대사에 필수적이다. 대략 하루에 50에서 100g의 탄수화물(3~5조각 정도의 빵)은 지방산의 불완전한 분해에서 유발되는 **케톤증**(**ketosis**, 혈류 중 높은 케톤양)을 방지할 수 있다. 기본적인 요건 외에도, 탄수화물의 역할은 에너지를 내기 위한 연료를 공급하는 것이고 탄수화물 요구량은 고객의 전체 에너지 요구량에 따라 달라진다. 또한 탄수화물 권장량은 고객의 훈련에 따라 달라진다.

섭취한 탄수화물은 고강도 신체활동중에 근육과 간의 글리코겐을 대체하여 사용되기 때문에, 활동적인 사람에게는 고탄수화물 식이(총 칼로리의 60~70%까지)가 일반적으로 권고된다. 하지만 중요한 점은 탄수화물, 단백질 및 지방을 골고루 먹는 것이 훈련과 수행 능력의 향상에 도움을 준다는 것이다. 해당 다이어트는 고객의 목표, 교육 처방 및 체력 수준에 따라 적절하게 구성되어야 한다.[7,8,33,34] 일부 활동적인 개인은 높은 탄수화물 다이어트의 이점을 누릴 수 있지만, 다른 사람들은 혈청 중성지방이나 체중 증가와 같은 부정적인 효과가 발생할 수 있다. 훈련 프로그램이나 식이 이력에 근거하여 탄수화물 섭취량을 개인에 맞추는 것은 필수적이다. 또한 영양 타이밍 전략을 세우는 것은 전체 탄수화물 섭취량보다 더 중요할 수 있다. 영양 타이밍은 근육량 증가, 체성분 변경 및 글리코겐 수준 복원을 최대화하기 위해 음식 및 보조식품 섭취 시기를 계획하는 것을 포함한다.

탄수화물 섭취 권장에 고려해야 할 중요한 요소는 훈련 프로그램이다. 장거리 달리기, 로드 사이클, 철인삼종이나 크로스 컨트리 스키어와 같이 오랜 시간(하루에 90분 이상) 유산소성 훈련을 하는 고객의 경우, 글리코겐 보충을 위해서 하루에 체중 1kg당 7~10g의 탄수화물을 섭취해야 한다.[19,41,42] 165파운드(75kg) 성인의 경우, 하루에 600~750g의 탄수화물(탄수화물로부터 2400~3000kcal)에 해당하는 양이다. 이러한 수준이면 24시간 내 골격 글리코겐을 복원하는 것으로 나타난다.

그러나 대부분의 일반인은 매일 한 시간 이상 유산소성 운동을 하지 않는다. 이러한 일반인들의 탄수화물 필요량에 대한 연구는 매우 드물다. 적당히 낮은 탄수화물 섭취와 근육 내 글리코겐 수준은 저항 훈련을 하는 것에는 영향을 크게 미치지 않을 것으로 보인다.[30,45,47,52] 대략 유산소지구성 운동선수에게 권장하는 양의 절반 정도의 탄수화물이 근력, 전력질주, 기술적인 운동에서 트레이닝과 수행력을 돕는 데 충분한 것으로 보인다. 하루에 체중 1kg당 5~6g의 섭취량이 적당하다.[9,41]

식이지방

신체에 필요한 식이지방(dietary Fat)은 매우 적다. 영양소 결핍을 막기 위하여 최소 3%의 오메가6(linoleic) 지방산과 0.5~1%의 오메가3(alpha linolenicacid) 지방산을 섭취해야 한다.[12] 요구량이 매우 낮음에도 불구하고, 지나치게 음식물 지방을 제한하는 사람들에게 있어 이러한 부적절한 지방 섭취는 잠재적인 문제가 있다. 몇몇 심장 질환 환자들에게 처방되는 초저지방 식이요법은 건강하고 활동적인 사람들에게는 권장하지 않는다. 15%보다 더 적은 식이지방은 남성 호르몬 생성을 감소시킬 수 있고, 신진대사와 근육 생성에 영향을 미칠 수 있다.[48] 그리고 초저지방 식이요법은 지용성 비타민의 흡수를 저하시킬 수 있다.

퍼스널 트레이너는 식이지방에 대한 고객들의 인식을 인지하고 필수지방산(오메가3와 오메가6 지방)의 중요성에 대한 교육을 제공해야 한다. 물론 지난 수십 년간 식이지방과 심혈관계 질환의 연관성 측면에서 적은 지방 섭취보다는 과다섭취에 대해 과학자와 의료 관계자 및 일반인이 관심을 가져왔다. 전형적인 미국 식단에서 약 34%의 칼로리가 지방에서 온다.[13] 대부분의 유럽 국가에서도 유사하며, 이는 여성의 경우 34%, 남성의 경우 36%에 해당한다.[24] 많은 의료기관에서는 일반인의 지방섭취량이 하루 총 섭취 칼로리의 30% 정도이거나 그 이하를 권장한다. 하루 총 섭취량의 20%(혹은 지방섭취량의 2/3)를 단일불포화 또는 불포화 지방으로, 나머지 10%는 포화지방(지방섭취량의 1/3)으로, 수소첨가유로 만든 인공 트랜스지방은 최소화할 것을 권장한다.

퍼스널 트레이너는 식이지방 섭취량 감소에 대해 권고하기 전에 다음 페이지 상자 안의 요소들을 고려하여야 한다.

> 단백질, 탄수화물과 지방 모두 필수영양소이다. 어떤 것이든 과잉 또는 결핍은 문제가 된다. 퍼스널 트레이너는 고객이 개별 영양소가 아닌 전체적인 식이요법에 집중하는 것을 도와야 한다.

비타민과 무기질 섭취

건강한 식이요법 평가와 계획을 위한 미국과 캐나다의 비타민 및 무기질 **영양섭취기준**(DRIs, Dietary Reference Intakes)은 식품영양위원회, 의학 연구소, 미국 국립아카데미에 의해 권고된다(표 7.4). 영양섭취기준은 나이, 성별, 임신, 수유를 고려하여 나이대 별로 나누어진다. 고객 식이를 전산 분석하는 퍼스널 트레이너는 실제 비타민과 무기질 섭취량을 섭취기준과 비교하여 평가할 수 있다. 1997년에 발행된 섭취기준은 1941년에 발행된 영양권장량을 대체하였다. 영양섭취기준은 결핍 질환 대신에 장기적인 건강에 중점을 둔 다른 접근 방법을 발표했다. 영양섭취기준은 네 가지 범주로 나뉜다.

1. '영양권장량(RDA, Recommended Dietary Allowance)'은 특정 연령층 및 성별군 대부분(97~98%)의 건강한 개인의 영양 요구에 맞춘 섭취량
2. '충분 섭취량(Adequate Intake)'은 일일 권장량을 예측할 충분한 과학적 정보가 없을 때의 목표 섭취량
3. '평균 필요 요구량(Estimated Average Requirement)'은 특정 집단 50%의 필요 추정량을 만족시키는 섭취량
4. '상한 섭취량(Tolerable Upper Intake Level)'은 집단 내 건강한 사람의 건강에 해를 끼치지 않을 수 있는 최대 섭취량

언제 지방 섭취를 줄여야 하는가?

일반적으로 지방 섭취를 줄여야 하는 세 가지 이유가 있다.

1. 훈련을 위해 충분한 탄수화물 섭취가 필요한 경우('탄수화물' 부분 참조). 탄수화물 섭취를 늘려야 할 때 단백질 공급을 보장하기 위해 칼로리는 동일 수준으로 유지시키고 지방을 줄여 섭취한다.
2. 체중 감소를 위해 총 열량섭취를 줄여야 하는 경우. 칼로리 균형을 낮추는 것은 체지방 감소를 위한 유일한 방법이다. 지방은 칼로리가 높아 잉여 칼로리를 제공할 수 있다(지방은 1g당 9kcal, 탄수화물과 단백질은 1g당 4kcal). 또한 맛있는 고지방 식품이 과식 가능성을 증가시킨다는 연구들이 있다. 따라서 과도한 지방 섭취를 줄이는 것이 칼로리 섭취를 줄이는 데 도움을 줄 수 있다(식이 섭취 평가 이전에 지방 섭취를 줄이라는 권고를 할 필요는 없다. 일반인들은 이미 저지방 식이요법을 하고 있을 것이다).
3. 혈중 콜레스테롤을 감소해야 할 경우, 의학적으로 높은 혈중 콜레스테롤 수치 또는 심장 질환의 가족력이 있는 고객이라면 지방과 탄수화물의 조절이 필요할 수 있다. 등록 영양사에 의해 이러한 식이요법이 제공되어야 한다.

표 7.4 19~30세의 개인 영양섭취 기준[35]

비타민 혹은 미네랄	남성	여성	한계치
비타민 A(μg/day)	**900**	**700**	3,000
비타민 C(mg/day)	**75**	**75**	2,000
비타민 D(μg/day)	5*	5*	50
비타민 E(mg/day)	**15**	**15**	1,000
비타민 K(μg/day)	120*	75*	ND
티아민(mg/day)	**1.2**	**1.0**	ND
리보플라빈(mg/day)	**1.3**	**1.0**	ND
니아신(mg/day)	**16**	**14**	35
비타민 B6(mg/day)	**1.3**	**1.2**	100
폴산(μg/day)	**400**	**400**	1,000
비타민 B12(μg/day)	**2.4**	**2.4**	ND
판토텐산(mg/day)	5*	5*	ND
비오틴(μg/day)	30*	25*	ND
칼슘(mg/day)	1000*	1000*	2,500
크롬(μg/day)	35*	25*	ND
구리(μg/day)	**900**	**900**	10,000
철(mg/day)	**8**	**18**	45
마그네슘(mg/day)	**400**	**310**	350
인(mg/day)	**700**	**700**	4,000
셀레늄(μg/day)	**55**	**55**	400
아연(mg/day)	**11**	**8**	40

주: 이 표(www.nap.edu의 영양소 섭취 기준 보고서로부터 참조)에서 영양권장량은 **굵은 표시**로 표시하였으며, 충분섭취량은 * 표시함. 권장섭취량은 거의 모든 개인(97~98%)에 맞게 설정되어 있음. 성인 남녀 그룹의 적정섭취량은 요구량을 넘을 것으로 생각되지만, 이러한 섭취량이 얼마만큼의 사람들에 대해 가용할지에 대한 자료는 부족함. ND: 결정되지 않음.

영양권장량을 발행하는 대신에 영양섭취기준이 영양소 별로 그룹화된 책이 발행되었다. 첫 번째 책은 1997년에 출판되었으며, 몇 권의 책이 더 발행되었다. 독자들은 자유롭게 사용할 수 있는 영양섭취기준과 보고서 링크가 있는 의학연구소 웹사이트(http://iom.edu)를 참고할 수 있다. 영양섭취를 위한 권고 사항이 과학적이며 계속 발전하고 있다는 것을 인지하는 것은 매우 중요하다.

역사적으로는 불충분한 영양섭취에 초점이 맞추어져 있었으나, 현재는 부족과 과잉 모두 문제가 있다. 영양섭취기준의 상한선을 초과하는 양 또한 부작용을 일으킬 수 있다. 지나치게 높은 비타민과 무기질 섭취는 어떤 경우에는 유해할 수 있다.

유럽식품안전청(EFSA, European Food Safety Authority)은 영양사를 위한 식이 참고치를 개발했다. '미량영양소' 장은 이 글을 쓰는 시점인 2010년에 작업되었다. 유럽식품안전청은 비타민과 미네랄 섭취량의 섭취 상한선(UL, upper levels of intake)을 설정했다. 퍼스널 트레이너는 www.efsa.europa.eu에서 식이 참고치에 관한 최신 정보를 찾을 수 있다.

수분

수분 섭취는 일부 사람들에게는 사소한 문제일지 모르나, 어떤 사람에게는 강박관념을 일으킬 정도로 중요한 문제일 수 있다. 무엇을 얼마나 마시는가에 대한 다양한 논란이 있다. 의외로 인간의 수분 요구량에 대한 연구는 많지 않다. 입원 환자, 군인 또는 뜨거운 환경에 있는 심각한 선수들에 대해 해당 연구들이 이루어졌다. 갈증이 적절한 수분 섭취를 유도하고 신장이 제기능을 충실히 할 것이라는 과학자들의 가정은 건강한 개인의 수분 섭취 문제를 간과하게 만들었다.

일반적인 음료 섭취 지침

다른 많은 영양분 상황과는 달리 수분에 대한 일반적인 요구를 설정하는 것은 불가능하다. 상식과 관습은 하루에 64온스(1.9L)에서 2갤런(7.5L)을 요구한다. 두 값이 옳을 수도 있지만, 상황에 따라 달라져야 한다. 현실의 수분 요구량은 환경, 발한, 신체 면적, 칼로리 섭취, 신체 크기, 근조직과 같이 개인 간 또는 개인 내에서도 차이를 보이는 것이 현실이다. 퍼스널 트레이너는 하루에 마실 총 양을 알려주는 것보다 고객의 상황에 맞는 권장량을 정하는 것이 중요하다.

수분 섭취의 기본적인 목적은 탈수를 방지하고 체액의 균형을 유지하는 것이다. 체액의 균형 상태는 수분이 소변이나 인식하지 못한 상태에서 피부, 폐, 배설물을 통하여 신체로부터 소실된 것이 재보충될 때 이루어진다. 수분 섭취 변화량에 상관없이 신체 내부 환경을 유지하기 위해 신장은 소변을 희석하거나 농축한다. 갈증은 1%의 탈수로 인해 유발된다. 따라서 온도가 조절되는 환경에서 물을 쉽게 구할 수 있는 좌식생활을 하는 건강한 성인들에게 갈증이 날 때마다 물을 마시게 하는 방법은 수분 균형을 유지할 수 있게 도와준다.

좌식생활을 하는 성인의 수분 손실을 상쇄하기 위해 필요한 평균 수분 섭취량은 하루에 1.5~2.7쿼터(1.4~2.6L)이다. '많은 수분 섭취가 건강에 이로운가?'라고 묻는 경우가 종종 있다. 정답은 불분명하지만, 질병 예방과 많은 수분 섭취의 관련성을 연구하는 최근 연구에서는 많은 수분 섭취가 방광암, 신장 결석, 담석 및 대장암을 예방할 수 있다고 설명하고 있다.[6,21,29,39]

> 일반적인 물 권장량을 하루에 8잔이라고 설정하는 것은 불가능하다. 개개인의 수분 요구량은 사람에 따라 달라진다.

수분 섭취와 운동

좌식생활에서 일반적으로 수분 섭취에 대한 답변은 불분명하지만, 수분 섭취와 운동에 대해서는 많은 것이 알려져 있다. 운동 전, 운동중 그리고 운동 후를 위한 지침이 있다.

운동 전: 적어도 운동 4시간 이전에 체중 kg당 약 5~7ml를 마셔야 한다. 소변이 진하거나 적을 경우 추가적으로 운동 2시간 전에 kg당 3~5ml를 마셔야 한다.[39]

운동중: 더운 환경에서 신체적으로 활동하는 사람들의 탈수를 예방하는 것은 어렵다. 장시간의 운동 동안 계속 땀을 흘리며 시간당 1.9쿼터(1.8L)를 초과할 수 있으며, 수분 요구량이 상당히 증가한다. 땀으로 인한 수분 손실이 보충되지 않으면 체온이 상승하고, 열사병과 일사병을 유발하고, 사망에 이르기도 한다. 역설적으로 운동중에는 인간은 수분을 원하는 만큼 섭취하더라도 땀의 손실을 충분히 보충하지 못한다. 사실 대부분의 사람들은 운동중에 흘린 땀의 2/3 정도 밖에 보충하지 못한다. 이러한 경향을 퍼스널 트레이너는 인식해야 하고 고객이 인지할 수 있도록 해야 한다. 신체적인 스트레스를 받으며 많은 땀을 흘리는 동안에는 갈증이 수분의 필요를 알려주는 믿을 만한 지표가 아니기 때문에 수분에 대한 체계적인 접근이 필요하다.

운동 후: 거의 모든 신체활동에서 가벼운 탈수증상은 일반적이며, 수분 보충이 필요하다. 하지만 '예방적 유지' 또한 중요하다. 운동중 물을 마시는 것뿐만 아니라 수분 공급된 상태로 시작하는 것이 대개 간과되지만, 수분 섭취에 대한 체계적인 접근이 매우 중요하다. 운동 후에는 수분 및 전해질 보충이 주요 목표이다.

운동 전후에 고객의 체중을 측정하여 땀으로 인한

수분 손실을 확인해야 한다(정확성을 위해 고객은 체중을 측정하기 전 땀에 젖은 옷을 벗어야 함). 고객은 1파운드의 수분 손실에 대해 20~24파운드(약 600~700ml)의 수분을 섭취해야 한다.[39] 나트륨이 풍부한 음식이나 스포츠 음료는 갈증을 줄이고, 손실된 전해질을 대체하고, 수분보충을 위해 사용할 수 있다. 완전 탈수가 이루어지기 전까지는 탈수 과정에서 소변이 생성된다.[43] 탈수가 더 이상 일어나지 않도록 수분 보충의 총량은 병이나 주전자로 측정하는 것이 이상적이다.

체중감량의 목표를 가진 고객은 운동중 급격히 변화하는 체중을 체지방 감소라 오인할 수 있다. 퍼스널 트레이너에는, 운동중 줄어드는 체중은 수분이며 지방이 아니라는 것과, 수분 보충의 필요성을 인지시켜야 한다(나트륨이 풍부한 음식이나 전해질이 강화된 스포츠 음료 등을 권장함).

수분 공급 상태 감독

체중 변화처럼 민감하지 않지만, 수분 공급 상태(status)를 확인할 수 있는 유용한 점검도구들이 있다. 탈수 증상에는 어둡고 노란 강한 냄새의 소변, 배뇨 빈도의 감소, 빠른 심장박동 및 근육통 지속 등이 있다.[4] 성인의 정상적인 소변 생산량은 하루에 총 1.2쿼터(1.1L) 정도 또는 하루에 4번, 1회당 8~10온스(237~296ml)이다. 소변의 색상을 밝게 만드는 일부 비타민을 섭취하는 고객을 제외하고는 정상적인 소변은 밝은 레몬주스 색상이다.

운동 전후에 무엇을 마셔야 하는가

음료 및 식품에 있는 모든 수분은 신체 수분 요구에 도움이 된다. 주스와 청량음료의 89%, 우유는 90%, 심지어 피자의 50%도 물이다. 운동 전후에 물이나 우유, 주스, 탄산 또는 무탄산음료, 스포츠음료 등의 음료 섭취는 수분 보충을 위한 적합한 선택이다. 많은 과일, 야채, 수프를 먹는 고객의 경우, 수분 요구량의 많은 부분이 음식으로부터 채워진다.

카페인 함유 음료 섭취가 탈수를 유발하는지에 대해 많은 궁금증이 있다. 카페인은 1~4일의 내성이 있으며, 내성이 있는 사람의 경우 소변 배출이 증가하지 않는다는 연구 결과가 있다. 그러므로 카페인 함유 음료는 수분 섭취에 도움이 된다.[16]

심각한 발한 발생시, 음료 또는 식품 형태의 염화나트륨(소금) 섭취는 소변 생산량을 최소화시키고, 물과 전해질 균형의 회복을 촉진한다.[27,28] 실제로 훈련 후 다양한 음료 및 식품을 섭취하는 것이 중요하다는 것을 의미한다. 사실 대부분의 수분 섭취는 식사시간에 이루어진다.

> 피자와 커피를 포함한 모든 음식과 음료는 수분 공급에 기여한다.

운동중 무엇을 마셔야 하는가

운동중 수분 섭취의 목적은 수분이 입으로부터 장을 통해 이동하며 빠르게 순환하여 땀 손실로 인한 수분을 보충하는 것이다. 그러기 위해서는 고객의 기호에 맞는 음료를 신속히 흡수할 수 있도록 제공해야 한다. 운동중 다양한 음료로 수분을 보충할 수 있나.[18] 차가운 물은 장시간의 운동(지구력 훈련, 하루에 여러 건의 시합을 하는 경우를 제외하고는)을 위한 이상적인 수분 보충 방법이다. 인위적 혈중 저나트륨이라 불리는, 혈중 나트륨 농도가 급격히 떨어지는 증상을 방지하기 위해 나트륨 보충은 매우 중요하다. 시판 스포츠 음료, 희석 주스나 희석 탄산음료와 같은 수제 스포츠 음료도 좋은 방법이다. 비록 생수는 대부분의 경우 수분 요구량을 충족시키나, 결과적으로 사람들은 물보다 입맛에 맞는 음료를 더 많이 마시게 된다.[51] 60~90분 이상 지속되는 유산소성 지구력 운동시 수분과 탄수화물을 함께 섭취하는 것이 도움이 된다.[5]

시판 스포츠 음료는 물, 설탕 및 전해질(일반적으로 나트륨, 염화칼륨)을 포함하고 있다. 스포츠 음료의 당도는 대부분의 청량음료와 주스의 양보다 약간 낮다. 시판 스포츠 음료의 탄수화물 농도는 6~8%로 빠르게 흡수된다.

체중 유지 및 감소를 위해 칼로리 섭취를 관찰하는 고객들은 스포츠 음료 섭취로 인한 추가 칼로리 섭취를 싫어할 수도 있다. 이 경우 탄수화물 섭취의 장점들이 고려되어야 한다. 건강이나 체중 감소를 위해 주로 훈련하는 고객들에게는 탄수화물이 덜 중요하겠지만, 스피드와 유산소성 지구력의 향상을 원하는 운동선수에게는 유산소성 지구력 훈련중 탄수화물이 중요하다는 것을 기억해야 한다.

체중 증가

고객들이 체중을 늘리려는 두 가지 주요 이유는 신체적 외모개선이나 운동 수행 능력 향상이다. 근육량의 형태로 체중을 증가시키기 위해서는 식이조절과 점진적인 저항 훈련이 필수적이다. 그러나 유전적 요인, 체형 및 준수사항 등이 고객의 발달 상태를 결정한다. 근육조직은 약 70%의 물, 22% 단백질 및 8%의 지방산 및 글리코겐으로 이루어진다. 저항 훈련중 섭취한 모든 여분의 칼로리가 근육성장에 사용되는 경우, 제지방 조직 1파운드(0.45kg)를 증가시키기 위해 약 2,500 이상의 킬로칼로리가 필요하다. 이것은 조직 합성을 위한 에너지 요구량뿐만 아니라 저항 훈련중 소비된 에너지 소비량을 포함한다. 따라서 1주에 1~2파운드(0.45~0.9kg)의 제지방 조직을 얻기 위해서는 저항 훈련을 위한 에너지 요구량뿐만 아니라 일일 요구량보다 350~700kcal를 추가적으로 섭취해야 한다.

칼로리 섭취를 늘리기 위해, 식사시간에 먹는 식사량을 증가시키고, 매끼마다 몇 가지 음식을 더 먹고 더 자주 먹고, 고칼로리 음식을 섭취할 것을 고객에게 권장한다. 특히 배가 고프지 않은 사람에게 식사 대체 음료로 간편하게 자주 먹을 수 있도록 한다.

근육량 증가는 단백질 요구량을 증가시켜야 한다. 단백질 요구량은 하루에 체중 1kg당 1.2~2.0g으로 추정되며 식물성 단백질이 주요 공급원인 고객의 경우 더 높여야 할 것이다. 식물성 단백질은 동물성 단백질보다 생물학적 값이 낮기 때문이다.

> 체중 증가에 대한 두 가지 주요 영양 원칙은 열량섭취량을 증가시키고 단백질 섭취를 증가(또는 적절한 수준에서 유지)시키는 것이다.

체중 감소

체중 감소, 특히 체지방 감소를 목표로 삼고 있는 사람들은 일반적으로 다음 두 가지로 분류할 수 있다. ① 정상 체중이지만 미적 이유로 체지방을 감소하고 싶은 사람 ② 신체질량 지수(BMI, Body Mass Index)가 25~30이 넘는 과체중이거나 비만인 사람

11장에서는 신체질량 지수와 관련된 절차와 기준에 대해 설명할 것이며, 19장에서는 체중 감소와 관련된 상세한 정보가 제공될 것이다. 고객이 체중 감소를 하고자 할 때 고려해야 할 일반적인 원칙들은 다음과 같다.

- 최소 체지방을 달성하고 유지할 수 있는 능력은 대개 유전적인 요인이다.
- 근육을 얻음과 동시에 체지방을 줄이는 것은 훈련 프로그램과 영양섭취에 달려 있다. 이전에 훈련하지 않은 고객은 칼로리를 제한하고 훈련을 함으로써 체지방 감소와 제지방량 증가를 동시에 달성할 수 있지만, 이미 낮은 체지방을 가진 훈련된 사람의 경우 체지방 근육량을 감소시키지 않고는 체지방 감소를 얻기가 더욱 힘들다.
- 하루 칼로리를 500~1000kcal 가까이 줄이며 운동을 병행한다면 평균적으로 주당 1~2파운드(약 0.5~1.0kg)를 감소할 수 있다. 음식물 섭취를 줄이기 때문에 체중 감소와 더불어 탈수 및 비타민과 무기질 감소를 유발할 수 있다.[17] 칼로리 제한에 의해 체중을 많이 감소하면 많은 양의 체지방 근육량의 손실이 일어난다.[53] 체지방 감량율은 체성분, 음식섭취 및 훈련 프로그램에 따라 달라진다. 1주에 전체 체중의 1% 감소가 일반적인 권장량이다. 예를 들어 1주에 110파운드(50kg)인 고객의 경우 1파운드(0.45kg), 331파운드(150kg)인 고객은 3파운드(1.5kg)의 감량을 목표로 할 수 있다.
- 식이요법은 에너지 밀도가 낮은 음식으로 구성해야 한다. 에너지 밀도는 음식의 무게나 부피당 열량을 말한다. 낮은 에너지 밀도 식품의 예로는 국물이 많은 수프, 샐러드 채소, 야채, 과일이다. 일반적으로 낮은 에너지 밀도를 가진 식품은 물과 섬유질의 비율이 높다. 이러한 것들은 초과 열량을 섭취하지 않고 많이 먹을 수 있는 식품으로 배고픔을 통제하고 적은 열량섭취를 돕는다.[37]
- 식이요법은 영양학적으로 균형 잡힌 다양한 음식을 제공해야 한다.

> 체중 감소를 위한 원칙은 음식량은 줄이지만 에너지 균형이 잡히도록 도와주는 것이다. 많은 고객들이 이것을 복잡하게 생각하므로 퍼스널 트레이너는 이 원칙들을 유지할 수 있도록 도와주어야 한다.

체중감량 식단 평가

체중감량을 위한 식이요법은 끝이 없다. 고단백, 저지방, 저탄수화물, 각종 셰이크, 바(bar), 지방연소제, 저녁 금식, 6시 이후 금식, 하루 6끼 먹기, 1일 1식 등등. 적어도 이 방법들 중 하나는 누군가에게 효과가 있었기 때

문에 많은 고객들은 혼란에 빠진다. 또한 고객들은 이러한 방법들이 효과가 없다고 생각할 수도 있다. 어떤 방법으로 체중감량을 이루어내었든 그 사람은 섭취 칼로리를 줄였다는 것이 사실이다. 고객들이 책에서 보거나 TV에서 본 다이어트 방법에 대해 질문할 경우, 퍼스널 트레이너는 섭취 칼로리보다 더 많은 칼로리를 태우는 것이 핵심이라고 대답해야 한다.

분명히, 새로운 다이어트 방법을 전부 알고 있을 수도 없으며 그럴 필요도 없다. 대신 식이요법에 의한 성과를 평가하지 말고 포함하거나 제외된 음식(또는 영양소)에 대해 평가해야 한다. 퍼스널 트레이너는 유행하는 다이어트 방법에 대해 다음과 같은 점들을 확인하여 고객을 도와줄 수 있다.

- 한 가지 혹은 더 많은 식품군을 제외한 식이요법. 즉 특정 영양소 결핍이 될 수 있도록 오랫동안 제한을 하는 것
- 한 가지 혹은 한 종류의 음식만을 지나치게 강조하는 것. 예를 들어 양배추스프 다이어트
- 초저칼로리 식이. 초저칼로리 식이요법은 높은 근손실을 초래하고, 영양소가 제한되며 유연성을 떨어트릴 수 있음
- 빠른 체중감량을 보장하는 식이요법

마지막으로 퍼스널 트레이너는 식이요법 계획이 무엇인지가 아니라 고객이 실제로 무엇을 하는지에 대해 이야기해야 한다. 이 두 가지는 다른 것이다. 트레이너는 신뢰할 수 있는 웹사이트 및 스포츠 영양전문가를 상호 참조하여 잘못된 영양정보를 이해할 수 있어야 한다.

퍼스널 트레이너는 식품 외에도 식이보충제를 섭취하는지를 확인해야 한다. 각성제는 일반적으로 체중감량 건강보조식품에 추가된다. 이러한 유형의 보조식품은 일반적으로 고혈압 또는 다른 건강 문제가 있는 사람에게 금지된다. 체중 감소를 위한 각성제는 의사의 감독하에 사용되어야 한다. 고객들은 대부분 섭취하는 식이보충제의 모든 성분을 인식하지 못한다. 퍼스널 트레이너들은 성분을 검토할 수 있도록 고객들에게 용기를 가져오라고 요청하여 의심스러운 성분에 대한 정보를 수집할 수 있다.

식이보충제

식이보충제(dietary supplement)는 전통적인 비타민, 미네랄 알약부터 안드로스테네디온(androstenedione) 같은 호르몬 전구물질에 이르기까지 그 종류가 방대하다. 식이보충제의 다양성 때문에 총괄적인 지침이나 권장을 결정하는 것은 매우 어렵다. 다음은 식이보충제의 일반적인 과학적 지식 및 규제이다.

식이보충제 규제

미국에서 보충제는 1994년에 발행된 건강보조식품 보건교육법(DSHEA, Dietary Supplement Health and Education Act)에 의해 규제된다. 이 법은 보충제를 위한 획기적인 법이었으며, 식이보충제의 상태를 음식이나 약물이 아닌 것으로 단언하고, 보충제를 '식이요법을 보완하기 위한 것'으로 정의하였다. 보충제의 성분은 비타민, 미네랄, 허브, 식물성 물질, 아미노산, 음식섭취량을 증가시키는 성분 또는 이들의 조합 및 변형한 것들을 포함한다.

2000년 1월에 미국 식품의약국(FDA, U.S. Food and Drug Administration)은 보충제 제조업체에 질병의 진단, 예방 및 치료에 대한 사항이 아닌 신체 구조 및 기능에 영향을 미칠 수 있는 사항에 대한 라벨 부착 규정을 만들었다. 이에 따라 칼슘 보충제의 경우 '뼈 건강 유지에 도움을 줄 수 있음'은 허용되지만, '골다공증 예방에 도움을 줌'이라는 문구는 허용되지 않는다.

미국식품의약품의약국에 개별 보충제를 검사 및 감시할 수 있는 부서는 없지만, 몇몇 독립적인 조직들이 품질 검사 및 승인을 담당한다. ConsumerLab.com라는 독립적인 회사에서는 보충제의 품질과 순도에 대해 검사하고 웹사이트에 결과를 제공한다. 검사를 통과한 보충제는 ConsumerLab 승인 품질보증제품을 라벨에 부착할 수 있다. 독립적이고 자발적인 조직인 미국약전협회(USP, United States Pharmacopoeia)에서는 시범적인 보충제 인증 프로그램을 개발중이다. 라벨에 있는 USP라는 약어가 쓰여 있는 것은 라벨에 기재한 정보가 정확하고 좋은 제조용법을 따르고 있다는 것을 소비자에게 확인시켜줄 수 있다. 세계반도핑기구(World Anti-Doping Agency), 국립과학재단(National Science Foundation) 및 인폼드 초이스(Informed Choice) 또한 보조식품의 금지 성분들에 대한 검사를 한다.

보충제 처방계획 평가

미국성인의 48%가 보충제를 섭취하는 것으로 추정된다. 비타민 및 미네랄 보충제는 가장 일반적으로 사용되는 보충제이다. 비타민과 미네랄 보충제는 위험이 없는 것으로 인식되고 있지만, 비타민과 미네랄의 과잉섭취는 도움이 되지 않으며, 상황에 따라 유해할 수 있다. 예를 들어 철분 과다섭취는 신체에 철을 과량으로 흡수하고 저장하여 많은 신체조직을 쇠약하게 만드는 혈색소증(hemochomotasis)이라는 유전질환을 가진 사람에게는 위험할 수 있다.

고객의 보조식품 계획을 평가할 때, 모든 영양 요소를 평가하는 것이 중요하다. 비타민과 미네랄은 아침식사 대용 시리얼, 스포츠 스낵 및 에너지 드링크와 같은 다양한 보조식품에 들어 있기 때문에 과잉섭취할 가능성이 증가한다. 특히 철분, 칼슘, 아연, 마그네슘, 니아신, B6 및 비타민A의 과도한 섭취는 보조식품 계획을 변경시킴으로써 보정해야 한다.

일반적으로 개인의 보조식품 선택과 식이요법의 불충분함은 잘 맞지 않으며 몇몇 영양성분은 과잉 혹은 부족하게 섭취하게 된다. 비타민과 미네랄 섭취를 최적화하기 위해 적절한 음식과 보충제를 선택하도록 도와주는 것이 식이분석의 유용한 기능이다.

비타민과 미네랄에 대한 질문 이외에도, 크레아틴이나 아미노산 같은 다른 유형의 보충제에 대한 질문이 있을 수 있다. 보충제의 다양한 분류에 대해 이해하는 한 가지 방법은 그들을 분류하는 것이다. 대부분의 보충제는 표 7.5에 표시된 범주에 포함된다. 고객들의 특정 보조식품 평가는 개인의 목표와 상황에 따라 이루어져야 한다. 예를 들어 식사대용 음료와 바(bar)는 바쁜 사람들을 위한 훌륭한 간식이 될 수 있다. 단백질 보충제는 단백질을 충분히 먹을 수 없는 사람들에게 단백질을 보충해줄 수 있다. 고객이 약물검사를 수행하는 미국대학경기협회(National Collegiate Athletic Association), 미국올림픽위원회(United States Olympic Committee), 또는 다른 대회에 참여하는 경우, 약물 양성 판정을 받을 수 있는 금지물질이 포함되어 있는 보조식품을 아는 것이 중요하다. 이런 개인들은 자신이 속한 단체의 지침을 확인해야 한다. 다양한 운동 능력 향상 물질의 효력 및 안전성에 대한 종합적인 분석을 위하여, ISSN 운동 및 스포츠 영향 검토(연구 권고사항)를 참고할 수 있다(www.jissn.com/content/7/1/7).

식이요법 권장의 기술

퍼스널 트레이너는 고객의 식습관을 평가하고 상담할 때 몇 가지 개념을 염두에 두어야 한다. 우선 영양섭취 상태는 상대적으로 장기간의 영향을 받는다. 단기간에 음식섭취를 줄이거나 늘리는 것은 장기적인 상태에 큰 영향을 미치지 못한다. 또한 몸은 섭취하는 식품의 수많은 조합을 통해 몸에서 필요한 영양분을 얻는다. 모든 사람에게 적용할 수 있는 '올바른 음식섭취 방법'은 존재하지 않는다. 일반적으로 적절한 식이요법은 신체가 요구하는 영양분을 제공하고, 건강증진과 질병예방에 도움을 주고, 개인이 성취하고자 하는 체중에 맞는 칼로리를 제공하는 것이다. 또한 개인의 선호도, 생활습관, 훈련 목표 및 예산과도 맞아야 한다.

표 7.5 건강보조식품 분류

구분	예
식사 대용	음료 및 바
단백질 공급원	음료, 파우더
아미노산	글루타민, 티로신, BCAA, EAA
탄수화물 공급원	스포츠 음료, 에너지 음료, 바, 젤
호르몬 및 호르몬 전구체 *	안드로스텐디온, DHEA
생체 에너지 대사	크레아틴, HMB, 피루브산염, CLA
허브	인삼, 세인트존스워트, 과라나

*호르몬 및 호르몬 전구체는 호르몬 생성에 도움을 주는 물질임
CLA(conjugated linoleic acid): 공액리놀레산
DHEA(dehydroepiandrosterone): 디하이드로에피안드로스테론
HMB(beta-hydroxy-beta-methylbutyrate): 베타하이드록시 베타 메틸부티르산염
BCAA(branched chain amino acid): 분지사슬아미노산

결론

퍼스널 트레이너의 업무 영역 내에서 이행하는 것이 매우 중요하다. 고객의 다이어트를 평가하기 전에, 퍼스널 트레이너는 영양 정보를 얻기 위해 주, 지방, 국가의 면허 및 규제기관을 찾아야 한다. 영양은 퍼스널 트레이닝과 같이 복잡한 분야이기 때문에 퍼스널 트레이너가 스포츠 전문 영양사와 협력하면 많은 효과를 낼 수 있기 때문이다. 고객과 영양에 대해 논의할 때 퍼스널 트레이너는 세 가지 기본사항을 고려하여야 한다. 첫째는 사실에 입각한 정보로, 이 책에서 제공된 것과 같은 기초평가와 권장들에 관한 것이다. 두 번째는 개별적인 접근이다. 퍼스널 트레이너는 고객에 따라 같은 상황에 대해 다르게 상담할 수 있다. 퍼스널 트레이너가 개인의 상황에 맞추어 상담할 수 있는 능력을 갖추면 효율성은 기하급수적으로 늘어난다. 세 번째는 퍼스널 트레이너의 전문영역 밖에 있는 영양 문제에 대해 상담을 해주거나 위탁할 수 있는 전문가 집단의 사람들과 인맥을 만드는 것이다. 이러한 세 가지 방법을 사용하여 퍼스널 트레이너는 고객의 건강과 체력 향상이라는 목적을 도울 수 있다.

연구 문제

1. 휴식 에너지 소비량(REE)을 고려하여, 25세, 125파운드(57kg)의 보통 활동량을 가진 여성 고객의 중간 활동량의 일일 칼로리 요구량을 계산하여라.

   A. 1,333 kcal　　B. 1,600 kcal
   C. 2,000 kcal　　D. 2,263 kcal

2. 활동적인 남성 고객이 운동중 3파운드(1.4kg)가 감소했다. 땀으로 인한 손실을 보충하기 위해 얼마나 많은 물을 섭취하여야 하는가?

   A. 손실된 파운드(0.45kg)당 8온스(236ml)
   B. 60온스(1.77L)
   C. 손실된 파운드(0.45kg)당 16온스(473ml)
   D. 40온스(1.18L)

3. 150파운드(68kg)인 남자 엘리트 크로스 컨트리 선수의 일일 탄수화물 필요량은 약 얼마인가?

   A. 136g　　B. 340g
   C. 680g　　D. 1,360g

4. 다음 중 활동적인 고객에게 추천되는 최소단백질 섭취량은?

   A. 몸무게 1kg당 1.0g
   B. 몸무게 1kg당 0.83g
   C. 몸무게 1kg당 1.2g
   D. 몸무게 1kg당 2.0g

응용 지식 문제

결핍, 특별한 추가 요구사항이 전혀 없다는 가정 하에 20세, 240파운드(109kg) 전문 남성 럭비선수에 대한 일반적인 일일 영양소 요구사항에 대해 기술하시오.

영양소	일반적인 일일 요구량
칼로리(kcal)	
단백질(g)	
탄수화물(g)	
지방(전체 칼로리 양의 %)	
단일 불포화지방(전체 지방 섭취량의 %)	
나 불포화지방(전체 지방 섭취량의 %)	
포화지방(전체 지방 섭취량의 %)	
비타민 A	
비타민 E	
칼슘	
철분	

참고문헌

1. Ahlborg, B., J. Bergstrom, J. Brohult, L. Ekelund, E. Hultman, and G. Maschio. 1967. Human muscle glycogen content and capacity for prolonged exercise after different diets. *Foersvarsmedicine* 3: 85-99.
2. American College of Sports Medicine. 1996. Position stand. Exercise and fluid replacement. *Medicine and Science in Sports and Exercise* 28: i-vii.
3. American Dietetic Association. 2009. Dietetics practitioner state licensure provisions. www.eatright.org/ada/files/State_Licensure_Summary_without_dfns_011409.pdf. Accessed 30 April 2010
4. Balsom, P.D., K. Wood, P. Olsson, and B. Ekblom. 1999. Carbohydrate intake and multiple sprint sports: With special reference to football (soccer). *International Journal of Sports Medicine* 20: 48-52.
5. Below, P.R., R. Mora-Rodriguez, J. Gonzalez-Alonso, and E.F. Coyle. 1995. Fluid and carbohydrate ingestion independently improve performance during 1 h of intense exercise. *Medicine and Science in Sports and Exercise* 27: 200-210.
6. Borghi, L., T. Meschi, F. Amato, A. Briganti, A. Novarini, and A. Giannini. 1996. Urinary volume, water, and recurrences in idiopathic calcium nephrolithiasis: A 5-year randomized prospective study. *Journal of Urology* 155: 839-843.
7. Brown, R.C., and C.M. Cox. 1998. Effects of high fat versus high carbohydrate diets on plasma lipids and lipoproteins in endurance athletes. *Medicine and Science in Sports and Exercise* 30: 1677-1683.
8. Burke, L.M. 2001. Nutritional needs for exercise in the heat. *Comparative Biochemistry and Physiology* 128: 735-748.
9. Burke, L.M., G.R. Collier, S.K. Beasley, P.G. Davis, P.A. Fricker, P. Heeley, K. Walder, and M. Hargreaves. 1995. Effect of coingestion of fat and protein with carbohydrate feedings on muscle glycogen storage. *Journal of Applied Physiology* 78: 2187-2192.
10. Campbell, B., R.B. Kreider, T. Ziegenfuss, P. La Bounty, M. Roberts, D. Burke, J. Landis, H. Lopez, and J. Antonio. 2007. International Society of Sports Nutrition position stand: Protein and exercise. *Journal of the International Society of Sports Nutrition* 4: 8.
11. Costill, D.L., W.M. Sherman, W.J Fink, C. Maresh, M. Witten, and J.M. Miller. 1981. The role of dietary carbohydrates in muscle glycogen resynthesis after strenuous running. *American Journal of Clinical Nutrition* 34: 1831-1836.
12. Davis, B. 1998. Essential fatty acids in vegetarian nutrition. *Vegetarian Diet* 7: 5-7.
13. Ernst, N.D., C.T. Sempos, R.R. Briefel, and M.B. Clark. 1997. Consistency between US dietary fat intake and serum total cholesterol concentrations: The National Health and Nutrition Examination Surveys. *American Journal of Clinical Nutrition* 66 (Suppl): 965S-972S.
14. Food and Agriculture Organization (FAO). 2004. *Human Energy Requirements*. Report of a Joint FAO/WHO/UNU Expert Consultation. Food And Nutrition Technical Report Series 1.Rome: Author.
15. Fogelholm, G.M., R. Koskinen, J. Laakso, T. Rankinen, and I. Ruokonen. 1993. Gradual and rapid weight loss: Effects on nutrition and performance in male athletes. *Medicine and Science in Sports and Exercise* 25: 371-373.
16. Grandjean, A.C., K.J. Reimers, K.E. Bannick, and M.C. Haven. 2000. The effect of caffeinated, non-caffeinated, caloric and non-caloric beverages on hydration. *Journal of the American College of Nutrition* 19: 591-600.
17. Grandjean, A.C., K.J. Reimers, and J.S. Ruud. 1998. Dietary habits of Olympic athletes. In: *Nutrition in Exercise and Sport,* I. Wolinsky, ed. Boca Raton, FL: CRC Press. pp. 421-430.
18. Horswill, C.A. 1998. Effective fluid replacement. *International Journal of Sport Nutrition* 8: 175-195.
19. Jacobs, K.A., and W.M. Sherman. 1999. The efficacy of carbohydrate supplementation and chronic high-carbohydrate diets for improving endurance performance. *International Journal of Sport Nutrition* 9: 92-115.
20. Kochan, R.G., D.R. Lamb, S.A. Lutz, C.V. Perrill, E.M. Reimann, and K.K. Schlende. 1979. Glycogen synthase activation in human skeletal muscle: Effects of diet and exercise. *American Journal of Physiology* 236: E660-E666.
21. Leitzmann, M.F., W.C. Willett, E.B. Rimm, M.J. Stampfer, D. Spiegelman, G.A. Colditz, and E. Giovannucci. 1999. A prospective study of coffee consumption and the risk of symptomatic gallstone disease in men. *Journal of the American Medical Association* 281: 2106-2112.
22. Lemon, P.W.R. 1998. Effects of exercise on dietary protein requirements. *International Journal of Sport Nutrition* 8: 426-447.
23. Licensure for Arizona RDs. Arizona Dietetic Association. www.eatrightarizona.org/Licensurehandout.pdf. Accessed January 1, 2010.
24. Linseisen, J., A.A. Welch, M. Ock, P. Amiano, C. Agnoli, P. Ferrari, E. Sonestedt, V. Chaj, H.B. Bueno-de-Mesquita, R. Kaaks, C. Weikert, M. Dorronsoro, L. Rodr, I. Ermini, A. Mattieloo, Y.T. van der Schouw, J. Manjer, S. Nilsson, M. Jenab, E. Lund, M. Brustad, J. Halkj, M.U. Jakobsen, K.T. Khaw, F. Crowe, C. Georgila, G. Misirli, M. Niravong, M. Touvier, S. Bingham, E. Riboli, and N. Slimani. Dietary fat intake in the European Prospective Investigation into Cancer and Nutrition: Results from the 24-h dietary recalls. *European Journal of Clinical Nutrition 63:* S61-S80.
25. Louisiana Board of Examiners in Dietetics and Nutrition. Rules and Regulations Title 46: Professional and Occupational Standards Part LXX: Registered Dieticians. www.lbedn.org/rules.pdf. Accessed May 31, 2009.
26. MacDougall, G.R., D.G. Ward, D.G. Sale, and J.R. Sutton. 1977. Muscle glycogen repletion after high intensity intermittent exercise. *Journal of Applied Physiology* 42: 129-132.
27. Maughan, R.J., J.B. Leiper, and S.M. Shirreffs. 1996. Restoration of fluid balance after exercise-induced dehydration: Effects of food and fluid intake. *European Journal of Applied Physiology* 73: 317-325.
28. Maughan, R.J., J.H. Owen, S.M. Shirreffs, and J.B. Leiper. 1994. Post-exercise rehydration in man: Effects of electrolyte addition to ingested fluids. *European Journal of Applied Physiology* 69: 209-215.
29. Michaud, D.S., D. Spiegelman, S.K. Clinton, E.B. Rimm, G.C. Curhan, W.C. Willett, and E.L. Giovannucci. 1999. Fluid intake and the risk of bladder cancer in men. *New England Journal of Medicine* 340: 1390-1397.
30. Mitchell, J.B., P.C. DiLauro, F.X. Pizza, and D.L. Cavender. 1997. The effect of pre-exercise carbohydrate status on resistance exercise performance. *International Journal of Sport Nutrition* 7: 185-196.
31. Muoio, D.M., J.J. Leddy, P.J. Horvath, A.B. Awad, and D.R. Pendergast. 1994. Effect of dietary fat on metabolic

adjustments to maximal VO2 and endurance in runners. *Medicine and Science in Sports and Exercise* 26: 81-88.

32. National Academy of Sciences Institute of Medicine, Food and Nutrition Board. 2005. *Dietary Reference Intakes for Energy, Carbohydrate, Fiber, Fat, Fatty Acids, Cholesterol, Protein, and Amino Acids (Macronutrients).* Washington, DC: National Academies Press.

33. Pendergast, D.R., P.J. Horvath, J.J. Leddy, and J.T. Venkatraman. 1996. The role of dietary fat on performance, metabolism, and health. *American Journal of Sports Medicine* 24: S53-S58.

34. Phinney, S.D., B.R. Bistrian, W.J. Evans, E. Gervino, and G.L. Blackburn. 1983. The human metabolic response to chronic ketosis without caloric restriction: Preservation of submaximal exercise capability with reduced carbohydrate oxidation. *Metabolism* 32: 769-776.

35. Piehl, K.S., S. Adolfsson, and K. Nazar. 1974. Glycogen storage and glycogen synthase activity in trained and untrained muscle of man. *Acta Physiologica Scandinavica* 90: 779-788.

36. Reimers, K.J. 1994. Evaluating a healthy, high performance diet. *Strength and Conditioning* 16: 28-30.

37. Rolls, B.J., V.H. Castellanos, J.C. Halford, A. Kilara, D. Panyam, C.L. Pelkman, G.P. Smith, and M.L. Thorwart. 1998. Volume of food consumed affects satiety in men. *American Journal of Clinical Nutrition* 67: 1170-1177.

38. Santana, J.C., J. Dawes, J. Antonio, and D.S. Kalman. 2007. The role of the fitness professional in providing sports/exercise nutrition advice. *Strength and Conditioning Journal* 29 (30): 69-71.

39. Sawka, M.N., L.M. Burke, E.R. Eichner, R.J. Maughan, S.J. Montain, and N.S. Stachenfeld. 2007. Exercise and fluid replacement position stand. *Medicine and Science in Sports and Exercise* 39 (2): 377-389.

40. Sherman, W.M. 1995. Metabolism of sugars and physical performance. *American Journal of Clinical Nutrition* 62 (Suppl): 228S-241S.

41. Sherman, W.M., J.A. Doyle, D.R. Lamb, and R.H. Strauss. 1993. Dietary carbohydrate, muscle glycogen, and exercise performance during 7 d of training. *American Journal of Clinical Nutrition* 57: 27-31.

42. Sherman, W.M., and G.S. Wimer. 1991. Insufficient carbohydrate during training: Does it impair performance? *Sports Nutrition* 1 (1): 28-44.

43. Shirreffs, S.M., A.J. Taylor, J.B. Leiper, and R.J. Maughan. 1996. Post-exercise rehydration in man: Effects of volume consumed and drink sodium content. *Medicine and Science in Sports and Exercise* 28: 1260-1271.

44. Sugiura, K., and K. Kobayashi. 1998. Effect of carbohydrate ingestion on sprint performance following continuous and intermittent exercise. *Medicine and Science in Sports and Exercise* 30: 1624-1630.

45. Symons, J.D., and I. Jacobs. 1989. High-intensity exercise performance is not impaired by low intramuscular glycogen. *Medicine and Science in Sports and Exercise* 21: 550-557.

46. USDA MyPlate. www.ChooseMyPlate.gov. Accessed 26 June 2011.

47. Vandenberghe, K., P. Hespel, B.V. Eynde, R. Lysens, and E.A. Richter. 1995. No effect of glycogen level on glycogen metabolism during high intensity exercise. *Medicine and Science in Sports and Exercise* 27: 1278-1283.

48. Volek, J.S., W.J. Kraemer, J.A. Bush, T. Incledon, and M. Boetes. 1997. Testosterone and cortisol in relationship to dietary nutrients and resistance exercise. *Journal of Applied Physiology* 82: 49-54.

49. Walberg, J.L., M.K. Leidy, D.J. Sturgill, D.E. Hinkle, S.J. Ritchey, and D.R. Sebolt. 1987. Macronutrient needs in weight lifters during caloric restriction. *Medicine and Science in Sports and Exercise* 19: S70.

50. Wardlaw, G.M., and P.M. Insel. 1996. *Perspectives in Nutrition.* St. Louis: Mosby Year Book. p. 76.

51. Wilmore, J.H., A.R. Morton, H.J. Gilbey, and R.J. Wood. 1998. Role of taste preference on fluid intake during and after 90 min of running at 60% of VO_2max in the heat. *Medicine and Science in Sports and Exercise* 30: 587-595.

52. World Health Organization. 2007. *Protein and Amino Acid Requirements in Human Nutrition.* WHO Technical Report Series. Geneva: WHO Press. http://whqlibdoc.who.int/trs/WHO_TRS_935_eng.pdf. Accessed 20 April 2010.

퍼스널 트레이너를 위한 운동심리학

Bradley D. Hatfield, PhD, and Phil Kaplan, MS

학습 목표

- 운동의 심리적 효과를 이해할 수 있다.
- 고객의 효과적인 운동목표를 설정할 수 있다.
- 동기부여의 가치를 인지할 수 있다.
- 고객에게 동기부여하는 방법을 적용할 수 있다.

신체활동은 육체적 그리고 정신적으로 급성 및 만성 반응 측면에서 바람직한 건강 결과를 가져온다.[75] 운동의 많은 장점에도 불구하고, 미국 국립보건통계센터의 연구 결과에 따르면 현재 미국 성인 남녀의 40%는 여가 시간을 앉아서 보낸다고 한다.[10] 또 다른 연구 결과에 따르면 일반적인 운동 프로그램을 6개월 이후에도 지속하고 있는 경우는 50% 미만이라고 한다.[11] 또한 프로그램을 진행하는 경우에도 노력과 집중도가 떨어져 근력, 심혈관계 및 다른 건강 관련 목표들이 타협될 가능성이 있다고 한다.

따라서 많은 사람에게 운동의 장점은 파악하기 어렵고 퍼스널 트레이너들이 제공하는 운동 프로그램과의 타협은 고객과 퍼스널 트레이너 모두에게 만족할 만한 결과를 가져다주지 못한다. 비록 운동에 대한 동기부여는 상당한 도전이라 느껴지지만, 기본적인 동기부여에 대한 이해와 적용 방법은 운동중 노력을 향상시켜줄 뿐만 아니라 운동 프로그램과의 관계를 향상시켜줄 수 있다. 비록 몇몇 사람들은 자연스럽게 더 동기부여되어 있는 것처럼 보일 수 있으나, 사실은 동기부여된 개개인은 스스로의 동기부여 전략들을 사용하고 있다. 만약 퍼스널 트레이너가 동기부여를 위해 고객의 특정 내적 전략을 이끌어낼 수 있다면, 어두운 방의 불을 켜는 것과 같은 확실한 동기부여가 가능할 것이다. 이러한 접근 방법은 운동과 영양에서의 목표를 실현시키기 위한 열쇠를 쥐고 있는 것과 같다.

이 장의 첫 번째 부분은 특히 나이든 사람들에 대해 이미 알고 있는 운동의 인지적 효과뿐만 아니라 운동의 불안 완화(불안 감소) 및 항우울 효과를 포함한 유체활동으로 인한 심리적 효과에 대해 고려한다. 운동 참여와 정신건강 사이의 상관관계에 있어 개인차에 기여하는 유전적 요인의 역할에 대한 과학적 근거를 설명한다. 즉 다른 어떤 것들보다 운동을 통해 신체적 정신적 효과를 이끌어냄으로써 운동은 필수적인 '약'이라는 개념을 심어준다. 두 번째 장은 목표와 목표 방향 및 효과적인 목표 설정에 대해 다룬다. 마지막 장에서는 동기부여, 강화, 자기효능감 및 자신감 개발 및 동기부여 기술을 알려주기 위한 실질적인 지도방법에 대해 다룬다. 퍼스널 트레이너는 고객들이 꾸물거리는 것을 최소화하고, 잘못된 신념을 극복하고, 혼잣말을 확인하고 수정하며, 심상을 사용하도록 도와주는 구체적인 방법들을 여기에서 찾아볼 수 있다.

운동의 정신적 건강 측면

신체활동은 육체적으로 바람직한 영향을 줄 뿐 아니라, 정신건강에 유의미한 긍정적 효과가 있다는 과학적 증거는 충분하다. 또한 이러한 장점을 알고 있는 사람에게 운동을 권장함으로써 규칙적으로 운동을 하게 한다. 정신건강 혜택 중 주목할 만한 점은 불안과 우울증의 감소, 심리적 스트레스 감소 및 인지 능력의 향상이다. 이 장에서는 퍼스널 트레이너가 고객들에게 교육 및 동기부여를 목적으로 하는 의사소통을 돕기 위해 운동의 심리적 측면에 대해 논의한다.

운동의 스트레스 감소 효과: 증거와 메커니즘

미국 인구의 약 7.3%가 치료가 될 만한 불안 관련 장애를 갖고 있는 것으로 추정된다.[44,45] 또한 대부분의 사람들은 살면서 가끔 또는 자주 스트레스 관련 증상을 경험하곤 한다. 규칙적인 운동은 상태 및 특성 불안 관련 증상을 완화한다.[59] '상태 불안'은 단기적 스트레스 관련 과정을 의미하며 '특성 불안'은 장기간의 과정을 말한다. 운동을 통해 불안감을 감소시키는 것은 많은 사람들의 참여를 지속시키는 충분한 근본적인 이유가 된다.

상태불안(state anxiety)은 특히 자율신경계에 의해 조절되는 불안한 감정이나 위협의 느낌을 특징으로 가지는, 생리적 각성을 동반한 불안의 실제 경험으로 정의될 수 있다.

상태불안은 크게 1929년 캐논(Canon)이 기술한 투쟁하기 혹은 도피하기(fight-or-flight)의 특성이 있다. 상대적으로 제어 불가능한 심장박동수 증가, 혈압 및 시상하부-뇌하수체-부신(HPA, hypothalamic pituitary-adrenal) 축은 코티졸과 같은 스트레스 호르몬의 영향을 받는다. 한편 특성불안은 사람에게 주어진 위협에 대한 상황을 인지하는 확률에 관련된 성향인자이다.[32,72] 일반적인 두 가지 형태의 불안은 상태 특성 불안 목록[72]과 같은 스스로의 기록이나 근육긴장, 혈압 또는 뇌 전기 활동과 같은 생리학적 변수에 의해 측정된다. 분명히 급성(상태) 및 만성(특성) 불안 모두 피하고 싶은 부정적인 심리 변수이고, 운동 참여로 불안과 관련된 증상을 효과적으로 경감시킬 수 있다.[59]

최근의 문헌 검토에 따르면,[45] 운동의 불안 감소 효과에 대한 100개 이상의 과학적인 연구가 있다. 특히 고객 중 일부가 모순된 결론을 제시할 때, 이러한 압도적인 연구들을 참조할 수 있다. 따라서 퍼스널 트레이너는 운동이 불안을 감소시켜준다는 지식에 대해 불확실한 감정을 가질 수 있으나, 관련된 참고문헌의 양에 근거한 문헌적인 메타분석(즉 광범위하고 통합된) 검토들이 명확성을 제공한다. 메타 문헌 검토는 퍼스널 트레이너가 '나무'가 아닌 '숲'을 볼 수 있도록, 개개인에 집중한 연구가 아닌 연구자료들에서 모은 일반적인 패턴을 제안한다.

운동으로 인해 크지 않은 불안감이 감소한다는 사실은 최근 30년의 운동심리학 문헌에 의해 꾸준히 보고되어왔다.[12,41,46,48,51,59,79,80] 일반적으로 다양한 강도의 유산소 운동이 효과가 있는 것으로 보고되나, 낮은 강도와 높은 강도의 저항 훈련들 또한 효과가 있는 것으로 나타난다.[4] (고강도의 운동[호흡역치값 이상]은 즉각적인 스트레스 감소 효과를 제공하지 못한다고 생각하는 경우가 있지만, 컨디션이 좋은 사람들의 경우 이러한 활동들을 통해 카타르시스를 방출할 수도 있다.) 이러한 효과들은 솔로몬(Solomon)과 코빗(Corbit)이 발전시킨 감정의 대립과정 이론(the opponent-process theory of emotion)에 의해 설명할 수 있다.[71] 그것은 고강도의 운동에 따라오는 불편한 느낌과 긴장을 긍정적 반발심으로 가정하는 것이다. 고강도 운동 후에 느끼는 '기분 좋은' 감정은 베타엔도르핀과, 운동중에는 스트레스를 감소시키나 운동이 끝난 뒤에는 스트레스에 영향을 미치지 않는 중추신경계 전달물질(예: 세로토닌)의 방출과 같이 생리 대처 응답의 가면을 벗는 것 때문일 수도 있다.[5] 이러한 측면에서 베타엔도르핀의 방출은 운동중 호흡뿐만 아니라 호르몬 반응을 관리한다.[36] 도전이나 운동이 끝났을 때, 이러한 생리적 반작용의 유지는(운동을 지속하며, 긴장을 감소시키는) 운동중 훈련된 참여자들이 성취감을 느끼는 것과 같이 긍정적인 영향으로 나타난다.

운동의 불안 감소 효과는 여러 가지 방법으로 설명할 수 있다. 하나의 가능성은 여러 가지 형태의 운동과 다수의 운동 루틴들은 규칙적으로 순환한다는 사실이다.

사람들은 정해진 시간 동안 일정한 속도로 걷기, 달리기 또는 자전거를 타는 것이 심신의 안정에 도움이 된다는 것을 알고 있다. 계단오르기와 에어로빅 댄스는 종종 음악시간에 수행한다. 리듬 운동의 심리적 진정 효과는 생물학적 과정에 기인할 수 있다. 구심성의 충격파 및 뇌간에 억제와 이완의 피드백을 제공하는 운동중에는 골격근으로부터 구심성의 규칙적인 충격파가 발생하기 때문에 뇌에서 운동중 대뇌피질의 흥분이 억제된다. 그리고 이것은 불안과 스트레스 상태와 연관된 인지활동을 멈추게 한다.[9,36,53] 흥미롭게도 많은 운동 루틴은 상당히 주기적이다.

또한 많은 연구들이 운동으로 인해 좌측 전두엽 대뇌 피질과 같은 전두엽 활성 상태가 운동 후우측뇌 활성 상태와 비례하여 증가한다는 것을 보여주고 있다.[58] 많은 조사들에 따르면, Davison[24]은 전두엽의 비대칭 현상을 명확하게 설명하고, 뇌의 전기적 활성화 또는 뇌파기록법(EEG, electroencephalography)과 같은 기술로 측정 가능한 우측 뇌전두엽의 활성화가 부정적인 영향을 미치는 동안 좌측 전두엽이 주변 상황과 연관되어 있는 긍정적인 영향과 동기 유발 측면에서 더 활성화된다는(즉 우측뇌 활성화보다 더 크다는 것을) 근거를 제공하였다. 일부 연구가들은 활동을 하는 동안 체계적으로 경험하는 생리학적 변화가 전두엽 비대칭 현상에 바람직한 영향을 가져와 중추신경계와 뇌에 영향을 미칠 것이라고 주장했다.[79,80]

운동의 불안 감소 효과에 대한 이유 중 하나는 운동 자극의 주기적인 특징이 있다는 것이다.

운동의 스트레스 감소 효과에 대한 다른 가능한 이유는 '열 발생 효과'이다.[36,59] 동물실험 모델에 따르면,[77] 운동할 때 열을 발생시키는 인체의 신진대사 비효율성이 이완효과를 촉진하는 결과를 나타낸다. 시상으로 알려진 뇌의 일부는 체온의 오르내림을 감지하고 항상성을 유지하기 위해 피질 이완 효과를 촉진한다. 이것은 각각 골격방추 밖 근육섬유 및 방추 안 근육섬유에 알파 및 감마 모터 뉴런의 활성화 감소를 일으킨다. 차례로, 원심성 신경 근육의 감소는 근육긴장을 낮추고 근 섬유가 늘어나는 민감도를 줄인다. 이런 '진정' 효과는 뇌간 각성 중심에 구심성 자극을 줄이고 그 이후에 이완 상태를 유지하게 만든다.

대립과정(opponent-process) 이론과 관련하여 앞에서 언급한 바와 같이, 운동중에 발생된 베타 엔도르핀의 자연스러운 방출 효과는 호르몬 반감기 작용에 의해 운동을 멈춘 후에도 유지된다. 종합적으로 운동의 규칙적으로 순환하는 구심성과 열 효과로 인한 영향은 사람들의 육체적, 정신적 긴장상태를 운동 후 즉각적으로 낮출 수 있다.

사회적 맥락이나 다른 사람들로부터 상대적인 독립성을 가진다는 것 또한 운동의 중요성이다. 두 경우에 모두 운동하는 시간에는 기분전환을 하거나, 운동 참가자들이 염두에 두거나 스트레스를 받는 일상의 생활에서 벗어날 수 있다.[2] 또한 사회적인 상황은 스트레스를 줄일 수 있는 의미 있는 사회적 상호작용이 포함될 것이다.

마지막으로 운동 목표를 달성하는 것은 운동 후에 사람들이 느끼는 감정인 자기 효능감과 성취감을 가져다 줄 수 있다. 정리하면 운동에서 심리 상태의 변화는 '기분 좋은' 현상으로 나타나며,[54] 다양한 사회적 및 심리생물학적 요소가 상호작용하여 운동 참가자의 전반적인 심리 상태를 변경시킬 수 있다.

운동의 항우울 효과

불안과 마찬가지로, 연구 증거들은 명확하고 일관되게 운동이 우울한 감정을 느끼는 남성과 여성 모두에게 통계적으로 크고 작은 효과가 있다는 것을 나타내며, 임상적으로 우울증을 앓고 있는 사람보다 덜 심각한 상태의 사람들에게 더 효과가 큰 것으로 나타났다.[23,56] 비록 우울증은 정신과 치료, 심리 치료 및 전기충격요법과 같이 의사들이 치료하는 것이 일반적이나, 운동 또한 비용과 부작용이 없다는 측면에서 바람직한 대안이 될 수 있다. 또한 운동은 임상적 우울증을 겪는 남성 및 여성에게 약물 치료와 비슷한 효과를 낸다.[8] 운동의 우울증 감소 효과는 상대적으로 약물 치료가 가지고 있는 비용, 체중 증가, 자살충동뿐만 아니라 근육경련, 심장부정맥 등 여러 가지 다른 생리 효과를 포함한 약물의 부작용 측면을 고려하지 않아도 되기 때문에 매우 바람직하다. 반면 다음과 같은 측면에서 운동의 부작용은 일반적으로 고려 대상이 아니다. 체지방 감소, 심혈관 질환, 고혈압, 특정 암, 및 관절염의 감소뿐만 아니라 노인성 치매와 알츠하이머병 감소. 많은 사람들이 그들의 삶에서 스트레스받는 일들을 넘어 우울증 증세가 있기 때문에, 운동은 기분을 좋게 만드는 적절하고 효과적인 방법이 될 수 있다.

불안의 경우에서와 같이, 여러 운동 메커니즘을 통해 우울증을 완화시킨다. 관련된 두 가지 가능성이 뇌의 생체 아민의 방출에 있다. 항우울 효과를 가지고 있는 중요한 신경전달 물질이며 도파인 수용체인 세로토닌의 중앙 레벨이 신체활동중에 증가한다.[16] 때문에 파킨슨병 및 우울증의 증세를 감소시키는 경향이 있다.[73] 신체활동이 중추신경계의 도파민(동작 제어 처리에 관여하는 주요 신경 전달물질)을 유지시킨다는 강력한 증거가 있다. 또한 이런 신경전달 물질이 정신건강뿐만 아니라(우울증 예방) 움직이는 기술들을 배우는 데 중요하다는 연구 결과들이 있다.[73] 우울증이 있는 동안 저하되는 다른 신경전달 물질인 노르에피네프린 수준 또한 운동으로 증가한다.[28]

생체 아민 가설을 넘어, 일부 사람들에게 운동의 사회적 상호작용이나 성취감 또는 일상적인 활동을 수행하는 데 힘과 유연성을 느낌으로써 오는 자기 효능감이 운동의 이점이 될 수 있다. 이러한 효과는 나이가 많은 사람들에게 독립적인 감각을 얻을 수 있게 하여 특별히 더 중요하며, 무력감 또한 감소시킨다. 근력 및 지구력의 상승과 더불어, 이러한 지각은 삶의 만족감을 상승시키고 노년의 생활을 독립적으로 유지할 수 있도록 한다.

세로토닌과 노르에피네프린 수준은 우울증의 관찰 기간 동안 하강하지만, 자연스럽게 생체 아민을 올리고 있기 때문에 운동은 항우울제 효과가 있다.

인지적 효과

정신적 또는 정서적인 혜택뿐만 아니라, 운동은 인지적 측면에서도 혜택이 있다. 인지(cognition)는 기억, 분석적 사고, 계획, 주의, 집중 및 의사결정으로 구성되어 있다. 신체가 건강한 사람들은 덜 건강한 사람들보다 지적인 능력이 필요한 작업을 더 효과적으로 수행할 수 있는 것으로 보인다. 일반적으로 이러한 결과는 노화 과정으로 인해 특정 인지 기능의 저하가 나타나는 55세 이상의 연령대의 남성 및 여성에서 특히 두드러진다. 뇌의 노화에 신체활동이 효과적이라는 초기 연구들에서, 활동적인 남성과 상대적으로 활동량이 적은 사람들을 비교한 일반적인 노화와 관련된 반응 시간 증가를 검토하였다.[67] 이 효과는 복잡하거나 응답 시간 선정에서 더욱 확연하게 드러났다. 앉아서 생활하는 사람들의 대부분은 노화와 관련된 응답 시간이 크게 나타났으며, 활동적인 남성의 경우 짧게 나타났다. 중요한 점은 응답 시간은 중추신경계(CNS, central nervous system)에 있어 전체적인 무결성의 기본적인 지표로 설명된다.[73]

반응 시간뿐만 아니라, 정신적인 능력 또한 좌식생활을 하는 사람에 비해 활동적인 사람이 뛰어난 것으로 나타난다. 한 연구에서, 건강한 60대 남성은 좌식생활을 하는 남성에 비해 복잡한 일들에 더 뛰어난 정신적인 능력을 보인다.[31] 사실 건강한 노인은 좌식생활을 하는 젊은 대학생 그룹과 비슷한 능력을 보인다.

인지적 효과에 내재하는 생물학적 메커니즘: 혈관계 변화

노인들에게 나타나는 운동의 인지적 효과를 설명할 수 있는 방법은 무수하다. 하나의 가정은 노화의 일반적인 현상으로 체력 감소는 뇌 혈류량을 감소시키거나[31] 혈관형성 효과를 발생시킨다는 것이다(즉 새로운 혈관의 형성). 이러한 가능성에 대한 직접적인 증거는 각기 다른 신체 능력을 가진 나이든 퇴직자들의 뇌 혈류 연구에 기인한다.[64] 더 활동적인 은퇴자들은 인지 능력 및 대뇌 피질 관류의 증가 모두에 있어 뛰어남을 보였다. 이러한 운동 유발성 변화는 산소공급 및 신경조직에 영양분을 제공함으로써 행동에 기저하는 신경계 과정을 돕는다.

생물학적 메커니즘: 향신경성 요인

혈관계 변화를 유발하는 것 이외에도, 운동은 향신경성 측면에서 유전자 발현의 증가로 이어질 수 있다(뇌 조직의 보존 및 영양 물질).[20] 동물 연구에서는 움직이지 않는 쥐보다 쳇바퀴를 돈 쥐의 뇌 유래신경 영양인자(BDNF, brain-derived neurotrophic factor)가 증가한다는 것을 증명하였다.[74] BDNF는 뉴런 또는 뇌세포의 건강과 뉴런 사이의 시냅스 또는 새로운 연결 생성을 효과적으로 촉진시켜, 뇌 조직의 두께 및 무결성을 증가시킨다. 더 구체적으로, Tong과 동료[74]들은 쥐의 해마에서 BDNF 발현이 증가되고, 일을 처리하는 것과 관련되는 장기적 또는 일시적인 기억 관련 과정에 관련된 뇌의 구조 능력이 증가하는 것을 보고하였다. 이러한 동물 실험에서와 같이 강력한 신경생물학적 영향에 비추어, 신체가 건강한 참가자에서 높은 인지 능력이 나타날 것이라는 유사한 변화를 예측할 수 있다. 이 가능성을 지지하기 위해, Colcombe와 동료들은 중년 남성과 여성들의 $\dot{V}O_2MAX$ 의해 측정되는 유산소 능력과 다양한 뇌 영역 간의 통신을 허용하는 백색 물질뿐만 아니라 대뇌피질의 여러 영역(즉, 회색 물질)에 상관관계가 있음을 보고하였다.[18] 즉 더 높은 심혈관계 능력을 가진 사람이 집행 기능과 추론의 기초가 되는 이러한 전두엽 피질이 더 밀도 있는 조직

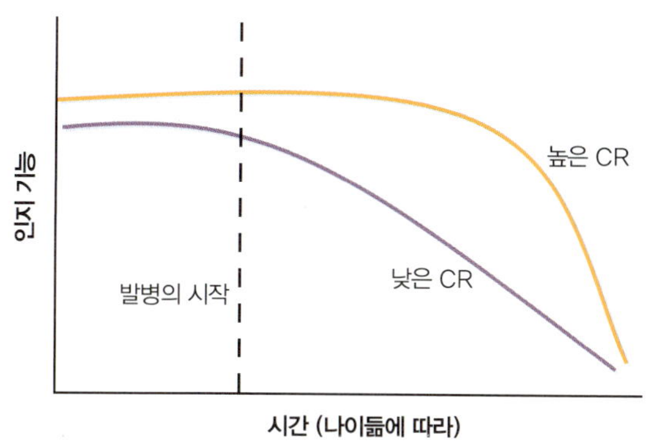

그림 8.1 인지 감소 이후 인지 유지의 높낮이에 따른 인지 능력

을 가지고, 중요한 뇌 영역에 노화와 관련된 감소량이 적다는 특징이 있다. 중요한 것은 전두엽 부위가 정상 또는 치매가 없는 사람들에게서 가장 큰 하락폭을 보여주며, 운동은 이러한 연령대의 하락을 보여주는 사람들에게 효과적인 해독제와 처방전이 될 수 있다. 따라서 운동과 건강이 뇌의 노화를 늦춘다는 생물학적인 효과는 사실이다!

구체적으로는, 인간의 뇌 중 특히 해마의 영역에서 운동의 신경생물학적 이점은 노화와 관련된 저항성 감소나 알츠하이머 등 치매의 형태와 관련된 병리학과 같은 인지 유지의 현상에 기여할 수 있다는 것이다. 복원력의 감소 및 신경 변성 과적을 견디는 능력은 노화와 관련된 감소 및 병리학적 고통을 보상하기 위한 활동적인 예방이나 신경 과정의 전략적 활성화뿐만 아니라 수동적인 준비나 뇌의 생물학적 무결성(즉 뇌 조직의 두께 혈관 보존 정도)을 바탕으로 한다. 중요한 것은 운동이 향신경과 혈관 재생 효과에 수동적으로 기여하여 뇌와 마음의 젊음을 유지시킨다는 것이다. 그림 8.1은 인지 기능 저하에 상대적인 저항을 부여함에 따라 인지 유지와 인지 능력과의 상관관계를 나타낸다(낮은 라인에 비해 상대적으로 위에 있음을 그림에서 볼 수 있음). 따라서 높은 신체 능력은 인지 능력의 시간을 길게 만들어준다. 높은 수준의 인지 유지는 증상이 나타나기 이전 건강이상에 대처할 수 있도록 해준다.

신경 효율성

신체 건강한 남녀의 특징 중 하나는 근골격계와 심혈관계 기능의 효율성이다. 예를 들어 근력이 향상되면 주어진(절대적인) 무게나 저항을 들기 위해 더 적은 운동 단위를 동원하게 된다. 또한 동일한 양의 훈련을 해도 대개 심박수가 더 낮게 나타난다. 이러한 생리학적 경제성은 신체 건강한 사람의 뇌 적응 현상의 특징을 보여준다. 예를 들어 더스트 맨과 그 동료들은[31] 나이 많은 건강한 사람들이 좌식생활을 하는 사람들과 비교하여 가벼운 자극에 대한 뇌감각 부분 활성화가 더 적게 발생하는 것을 관찰했다. 또한 맥도웰과 그 동료들은[52] 단순한 의사결정 과제 수행중, 더 많은 피질 적응 반응을 관찰했다. 이와 같은 중추신경계에 대한 이점은 일상활동중 지속적인 정신적 노력을 하는 동안 피로를 견딜 수 있도록 해준다. 이러한 뇌 효율은 신경전달물질 기능의 유지와 향신경 효과 때문이다. 이러한 작용들은 혈관 형성으로 인한 산소 처리 기능의 향상과 함께 전반적인 정신적 기능을 보존한다.

특수성 및 인지 기능

운동에 대한 주변 생리적 적응과 마찬가지로, 심리적 혜택에는 특이성의 원리가 나타난다. 결정적 지능이 상대적으로 영향을 덜 미치는 업무 중에는 유동 지능이 관여하는 인지 작업에 대한 효과가 주로 관찰되었다.[17] '유동 지능'은 지능, 추상적인 추론과 문제해결에 관여하는 반면, '결정적 지능'은 축적된 사실에 입각한 지식과 단어를 인식하고 사실을 기억하는 능력에 관여한다.[78] 전두엽 집행 과정을 포함한 정신적인 작업들이 신체적 활동에 영향을 미친다는 것을 예전 연구에서 밝혀낸 바가 있다.[40] 크레이머와 동료들은[40] 전두엽이 뇌 중 가장 빨리 노화가 진행되기 때문에 운동이 전두엽 관련 작업에 효과를 나타낸다는 것을 가정하였고, 이것이 신경생물학적 영향으로부터의 가장 큰 혜택이라고 설명하였다.

흥미롭게도 인간의 전두엽은 가장 늦게 발달하는 부분임에도 노화로 인한 효과는 가장 먼저 나타난다. 전두엽에 저장하는 집행 과정은 기억과 복잡한 기억력의 조화에 관여할 뿐만 아니라, 억제와 동작 제어를 수행한다. 전두엽은 뇌에서 고차적 인지 기능의 일부를 제공하는 가장 중요한 부분이기 때문에, 노화로 인한 나쁜 영향에 가장 취약하다. 우리가 논의한 긍정적인 신경생물학적 변화에 의해 대부분 영향을 받을 것이라고 유추할 수 있다. 사실 노인들은 운동의 특정 효과를 명확하게 나타낸다. 한 연구는 비집행 처리과정(nonexecutive processes)에서 약간의 차이를 보였으나, 유산소 운동에 참여한 나이 든 남성과 여성이 집행 과정(executive processes)에서 상당한 개선을 보였다.[40] 단어의 인식 속도와 같은 비상임 처리과정은 전두엽과는 상관관계가 낮으며, 나이에 덜 영향을 받는 다른 뇌의 영역에 더 의존하는 것으로 나타나므로 뇌에 미치는 운동의 생물학적 장점은 정신적 작업과 같은 수행 능력에는 큰 영향을 미치지 않는 것으로 추론할 수 있다. 최근 빅스비와 동료들은[6] Stroop 색깔 단어 검사('녹색'이라는 단어를 빨간색 잉크로 쓴 것과 같은, 실제 색깔과 쓰인 단어가 다를 때 빠르게 식별해내는 능력)로 측정한 신체활동 참가자의 자기보고 수준과 집행 수행 능력 사이의 중요하고 긍정적인 관계를 관찰했다. 하지만 비집행 요소 검사(단어와 색깔을 부르면 빠르게 그것을 고르는 것)에서는 상관관계가 없었다. 중요한 것은, 연구 참여자의 교육과 인지 자극 차등 수준을 통제 한 후 집행 기능에 대한 건강 면에서의 탁월한 효과가 관찰되었다는 것이다. 그러나 운동으로 유발하는 장점들이 다양한 인지 영역(속도, 시각 공간 처리, 추론)에 영향을 미친다는 것은 주목할 만하다. 하지만 그 혜택은 나이 든 남성과 여성의 집행 과제에서만 일어난다는 것을 관찰할 수 있다.[19]

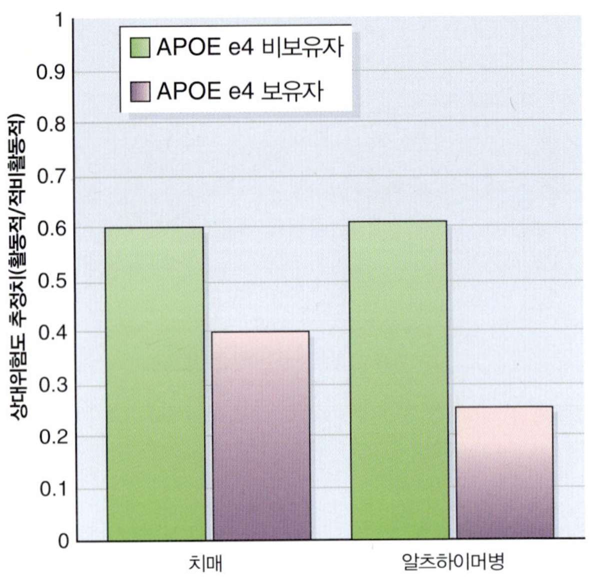

그림 8.2 활동적 보유자에게서 상대적 감소를 보여주는 APOE e4 보유자와 비보유자의 신체적 활동 수준에 따른(높음 vs 낮음) 치매와 알츠하이머 병의 위험도

운동과 신체활동에 대한 반응의 유전학적 개인차

마지막으로, 운동과학의 최근 주요 연구는 생리적인 적응의 유전적 근거에 대해 이루어지고 있다. 운동에 대한 반응에서 고객의 차이는 유전적 변이에 대한 의존도가 높은 것으로 보인다. 유전적 요인을 인식하게 되면 신체 구성이나 기능을 바꾸기 위해 시도하며 좌절하는 대신 유산소 운동이나 저항 운동을 즐길 수 있게 된다. 이러한 고객의 변화는 운동의 심리적 효과에 대한 것이다.

유전자와 운동 사이의 상호관계에 대한 연구조사에 대한 예를 들면 한 연구를 통해 노년기 인지 능력의 감소는 아포리포단백질 e4 대립 유전자(APOE의 e4)의 존재와 특별한 관계가 있다는 것이 밝혀졌다.[66] 이 특정한 유전자가 노년기 인지능력 손상의 위험성과 알츠하이머병의 발병 가능성을 증가시키는 것으로 알려진 것이다. 로비오 등(2005)의 연구에 따르면, APOE e4 보유자 대 비보유자의 독립변인 효과의 크기(감소)를 관찰한 결과 중년기에 신체적으로 활동적이었던 노인들의 치매 및 알츠하이머 병의 발생 가능성이 중년기에 비활동적이었던 노인들과 비교하여 더 감소했다(그림 8.2). 운동의 상호작용은 특히 치매 위험이 있는 사람들에게 중요한 동기부여가 될 수 있다는 점에서 이러한 정보는 운동의 가치가 높으며, 과학적인 평가와 유전자에 대한 이해가 중요하다는 것을 알려준다. 유전자 인지 기능 저하의 통찰력을 가지고 이로부터 보호하려는 개인은 운동이 가져다주는 혜택을 달성하는 데 이상적으로 적합하다. 운동의 상호 작용은 사람들이 육체적으로 활동적인 생활의 중요성을 할 수 있도록 도와준다. 이전에 논의된 정신생물학적 변화와 함께 이러한 통찰력은 고대 그리스에서 발생한 철학적 신념인 'mens sana in corpore sano'(건전한 정신은 건전한 육체에 깃든다)를 입증한다.

중요한 것은, 운동과 신체활동이 뇌에 미치는 영향은 유전적으로 치매 위험이 높은 사람들에게 특히 중요할 수 있다. 따라서 활동적인 라이프스타일은 나중에 일어날 증상의 임계 값을 이동시키거나 인지장애의 발병을 지연시킬 수 있다.

목표 설정

이전 장에서 설명한 바와 같이 신체활동과 체력은 상당한 심리적, 생리적 혜택을 가져온다. 하지만 신체활동과 운동에 참여하게 하는 동기부여와 에너지는 이러한 혜택을 성취하는 데 주요한 요소이다. **목표 설정(goal setting)**은 운동 프로그램 참가자의 수준을 증가시키는 강력한 전략이다. 이러한 기술은 기본적인 성공(작은 목표)을 점차적으로 늘려가는 시도를 통해 이상적인 성취(장기적 목표)에 근접함으로써 행동 변화에 대한 전략적인 접근으로 정의할 수 있다. 중요한 것은, 체계적인 목표 설정은 사람들이 원하는 기준이나 성취의 목표를 추구하는 것과 같이 지배와 성공의 감각을 육성한다. 성공과 역량의

그림 8.3 단기 및 중기 목표의 진행으로 개인적으로 의미 있는 장기적인 목표달성을 이룸

감정은 의지를 촉진하고 운동 습관을 유지하는 데 도움이 된다. 퍼스널 트레이너는 고객이 매력적이고 달성 가능한 목표를 설정하는 것을 도울 수 있어야 한다.

목표 설정은 확인을 위한 노력이 아니다. 단순한 평가에서 정보를 추출하고 고객에게 목표를 제시하는 것보다, 퍼스널 트레이너는 고객이 진정으로 원하는 요구를 식별하고, 고객이 가장 원하는 목표를 달성하기 위한 촉진제 역할이 되어야 한다.[34] 이어서 직접적인 대화를 통해, 퍼스널 트레이너와 측정 가능하고 성취 가능하고 이들과 일치하는 목표를 식별해야 한다. 이러한 방식으로 기본적인 성공을 반복해서 달성함으로써 참가자에게 의미 있는 장기적 목표를 달성하게 한다(그림 8.3 참조).

피드백과 강화를 위한 목표 설정

피드백과 강화는 각각 진보적인 목표를 추구함으로써 목표 설정 프로그램의 성공에 있어 매우 중요하다. 예를 들어 고객은 지방의 비율을 감소시킴으로써 체지방률을 변경할 수 있다. 장기 목표는 60파운드(27kg) 감량이거나 특정 체지방률 달성이 될 수 있으며 정해진 단기간의 체중감량 목표들을 이루어가면서 이러한 장기 목표를 달성할 수 있다.[22] **피드백**(feed back) 또는 결과에 대한 시식은 목표를 완성하거나, 단기 목표를 진행하는 데 있어 성공 또는 실패에 대한 평가로 이루어진다. 중요한 것은 성공 또는 실패를 인지하는 것이 정서적이거나 감정적인 상태와 연관이 있다는 것이다. 고객의 궁극적인 목표인 60파운드까지는 아직 많이 남았지만, 단기 목표에서 약속한 목표를 달성하는 것은 긍정적인 기분과 정서 상태를 갖게 해준다. 어렵지만 고객의 현재 수준에서 달성 가능한 목표에 도전하는 것은 매우 바람직하며 너무 쉽거나 너무 어려운 목표는 행동 변화에 영향을 미친다.[42]

> 목표 설정은 획일적인 노력이 아니다. 오히려 단순한 평가로부터 정보를 추출하고 그에 따른 목표를 고객에게 제시하는 것이 아니라, 고객이 진정으로 원하는 목표를 설정하는 것이 중요하다.

장기 목표(long-term goal)의 목적은 고객이 의미 있는 것을 추구하도록 하는 것이다. 또한 퍼스널 트레이너는 고객에 의해 선택된 목표는 단기 목표 방향을 설정하고 고객이 추구하는 목적을 제공하기 때문에 커다란 목적과 의미를 가지는 것으로 가정해야 한다. 따라서 단기적 요구 및 핵심 가치를 평가하기 위한 고객과의 초기 상담을 실시하는 것이 매우 중요하다. 고객들은 목적이나 의미 없는 활동을 유지하는 것보다 평생에 걸쳐 목적과 의미 있는 신체활동을 추구하고 유지하는 것이 훨씬 더 쉽다.[55] 예를 들어 고객이 자신을 달리기 선수로 인식한다면, 지속적인 부상이나 만성적인 건강 문제를 야기시킬 수 있는 활동에 깊이 빠져들 수 있다.

단기 목표(short-term goal)는 단계적인 달성을 통해 장기 목표를 달성하기 위한 전략을 제공한다. 단기 목표에 도전하는 것은 신체적, 정신적으로 의미 있는 변화를 유발하여 고객의 노력을 이끌어내기 위한 효과 있는 도구이다. 도전하는 목표는 약 50%의 성공 확률이 있는 것이 좋다. 따라서 잘 구성된 단기 목표는 너무 쉬워서 성공이 보장되는 목표와 너무 많은 노력을 들여야 하는 목표 사이에서 타협되어야 한다. 너무 쉽기만 한 단기 목표는 무의미하다. 고객이 초기에 단기 목표를 달성하지 못할 경우, 원하는 것을 얻기 위해 그들은 노력을 계속하거나 유지할 것이다(예: 체중 감소를 위한 열량 제한과 걷기 운동). 단기 목표가 지정한 기간 내에 이루어지지 않으면, 목표를 조정하거나 다른 것으로 대체할 필요가 있다.

행동 강화의 힘은 심리학 및 신경생물학적 수준에서 모두 설명할 수 있다. 심리학적으로, 고객은 자부심이나 **자기효능감**(self-efficacy)의 상승을 경험할 수 있다.[3] 신경생리학적 수준의 강화는 도파민 방출을 말하는데, 이는 행동을 학습하는 시냅스 경로를 강화하는 기능을 한다. 실제로 두 개념은 본질적으로 연결될 수 있다. 피드백 및 관련된 강화는 목표 설정에 매우 중요하나, 단기 목표가 모호할 경우에는 피드백을 확실하게 줄 수 없다. 따라서 객관적이고 정량적인 목표를 설정하여 고객이 결과를 명확히 인식하고 노력할 수 있도록 하는 것이 좋다. 다음 장에서는 목표의 효율성 향상에 대해 다룬다.

> 효과적이면서도 도전적인 목표는 약 50%의 성공 확률을 가진 것이다.

목표의 종류

장기 및 단기 목표의 특성은 고객에 따라 다양하다. 예를 들어 고객의 초기 체력 수준은 대부분 장기 목표를 달성하는 데 필요한 단기 목표 개수를 결정한다. 목표의 또 다른 일반적인 특성은 고객 스스로 달성할 수 있는 제어량에 관한 것이다. 목표는 고객 스스로 제어할 수 있는 수준에 따라 과정, 성능 및 결과 목표로 분류될 수 있다. **과정 목표**(process goal)는 고객이 높은 통제를 하는 목표인 반면 **결과 목표**(outcome goal)는 작은 통제를 하는 목표이다. **성과 목표**(perfomance goal)는 개인의 제어 연관성에 따라 달라진다.

과정 목표

운동중에 얼마나 노력했는가는 과정 목표의 한 예다. 다른 예로는 운동 루틴 중 운동 기량과 기술 그리고 긍정적인 태도이다. 단기 목표의 난이도에 상관없이 그들이 과정 목표를 설정했다면 고객은 높은 수준의 성공을 경험할 수 있다. 다른 방법으로 정의(예: 결과 목표)된 성공이나 목표성취가 어려워져 고객이 중단할 수 있는 상황이 올수록, 이러한 목표는 운동활동을 유지하기 위해 매우 중요하다.

결과 목표

일부 고객의 경우, 과정 목표가 성취되지 않을 수 있다. 몇몇 사람에게는 사회적 비교에 따른 계층과 같은 과정과 성취가 필요할 수 있다. 예를 들어 그들은 동네 산책 그룹에서 가장 빠른 사람이 되거나 체육관에서 가장 강한 리프터가 되는 것을 원할 수 있다. 결과 목표는 경쟁에서 우승하거나 상대를 이기는 것을 예로 들 수 있다. 이러한 목표는 매우 흥분되는 일이며, 다른 사람과 비교하는 것을 좋아하는 사람들에게는 크게 효과가 있을 수 있다. 그러나 결과 목표는 과정 목표에 비해 달성할 확률이 적다. 고객의 '상대'를 이기려는 노력은 보장할 수 있지만, 결과 자체는 보장할 수 없다.

성과 목표

성과 목표는 과정 목표보다 달성하기가 더 어렵다. 다른 고객이나 상대방과 비교하기보다 자기 기준을 가지고 있는 고객에 해당한다. 성과 목표는 낮은 단계(결과 목표)부터 높은 단계(과정 목표)의 개인 통제 범위의 중간이다. 개인적으로 의미 있는 자기계발에 초점을 맞추어 도전하는 개인적인 성과 목표의 한 예는 범위(range)나 간격(interval)이 있는 목표의 개념에 기초한다.[57] 예를 들어 주기화된 저항 훈련 프로그램 중, 고객은 스쿼트나 벤치 프레스의 최대치를 향상시키고 싶어한다. 간격 목표는 성공의 범위로 정의되는 고객의 최근 수행 능력 이력으로부터 산출된다. 목표의 한계는(대부분 달성 가능한) 낮은 단계와(가장 어려운) 높은 단계로 이루어진다. 하한선은 고객의 이전 상태의 최고 1RM이다. 상한선을 결정하기 위해 고객은 최근 수행 능력(3~5회)의 평균을 계산하고, 이 평균과 이전 최고 기록 차이를 알아야 한다. 이 차이는 수행 능력 변동의 추정치를 산출한다. 이러한 차이를 이용해 성공하기 위한 본인 기준을 고려하여 힘든 도전을 하며 이후에 이전의 기록을 갱신한다.

전체적으로 다양한 목표를 설정하거나 하나의 목표 설정 전략을 다양화하여 성공 및 강화의 합리적인 가능성을 유지하면서 운동에 대한 기본적인 균형을 유지하는 것이 바람직하다.

다양한 목표 설정

성공적인 금융 프로그램이 다양한 포트폴리오를 수반하는 것처럼 성공적인 목표 설정 프로그램은 목표의 다양성을 포함한다.[22] 또한 이러한 다양한 목표는 장기 목표 달성을 위한 과학적이고 전략적인 맥락에서 형성될 필요가 있다. 따라서 퍼스널 트레이너는 심리학, 생체역학, 생리학, 영양 및 기타 관련 과학적인 영역에서의 지식을 통합할 필요가 있다.

다양한 목표 설정 방법의 예를 들어보면 10km 달리기를 목표한 시간에 들어오기 위하는 중년 고객을 생각해보자. 장기 목표는 개인적으로 의미 있는 결과의 형태로 명확하게 기술할 수 있다. 고객이 전략적인 방법으로 자신의 노력과 훈련을 최적화하려면 이러한 목표를 성취하기 위한 재능과 능력이 있다고 가정해야 한다. 그러나 많은 동기부여의 문제점들이 목표를 이루기 위해 도전하는 고객의 훈련중에 일어나기 마련이다. 만약 고객이 '한 시간 안에 경기를 끝내는 것'과 같은 단 하나의 훈련 성과 목표에만 초점을 맞추고 있을 경우에 발생할 수 있는 실망감을 극복하기 위해 고객은 잘 설계된 훈련 프로그램의 맥락에서 목표 다각화 전략을 사용해 단기 목표를 설정해야 한다. 어떤 훈련일에는 고객이 발디딤, 역학적으로 적절한 팔 스윙과 보폭을 위한 목표를 설정할 수 있다. 다른 날에 고객은 체력을 향상시키기 위한 하반신 저항 훈련에 초점을 맞출 수 있다. 또 다른 날에는 달리기 훈련중 긍정적인 집중 및 자기대화 같은 심리적인 목표에 집중할 수 있다. 이러한 과정 목표의 달성을 통한 긍정적인 피드백은 장기적인 목표의 욕구와 헌신의 감각을 지속시킬 수 있다. 또한 기본 원리는 개인의 수준에 따른 다양한 목표이며, 신체 훈련 프로그램을 준수하고 노력할 수 있게 해준다.

성공적인 목표 설정 프로그램은 단기 및 장기 목표의 다양한 조합을 포함한다.

목표 방향

목표 다양화에 관한 개념은 고객의 개인 차이, 즉 개성이다. 성취 상황에 대한 고객 인식의 개인차를 고려하는 것은 효과적인 목표 설정에 도움이 된다.[30,61,63] 예를 들어 이전의 자신의 수준에 기초하여 수행 능력을 향상시키는 것이 목표인 사람이 있는 반면, 다른 상황들을 고려하는 고객들도 있다.[62] 이러한 고객들은 그들의 능력이나 체력 수준이 높다고 인식할 경우, 사회적 비교에 의해 많이 자극되며, 이러한 상황에서 더 많은 노력을 한다. 반면 참여 방향은 개인적인 통제의 높은 요구와 관련될 수 있다. 타인과 자신의 성과를 부적절하게 비교하는 것으로 참여한 고객은 낙심할 수 있다. 목표 설정이 효과가 있으려면, 퍼스널 트레이너는 목표 방향과 인지 능력의 이러한 개인적인 차이를 고려해야 한다.

퍼스널 트레이너는 고객의 원하는 목표에 집중하고 결과를 예상하며 고객과 함께 훌륭한 계획을 개발해야 한다.

효과적인 목표 설정을 위한 조언

다음의 제안은 퍼스널 트레이너의 효과적인 목표 설정 전략을 개발하는 데 도움이 될 수 있다. 136쪽의 '효과적인 목표 설정의 실제 원칙'은 목표 설정의 주요 연구를 기반으로 한 요소들을 요약한 것이다.

- 고객에게 인지된 필요성과 욕구를 확인하고 단기 및 장기 목표 계획에 대한 동의를 구한다.
- 장기 목표로 가는 각 단계와 단기 목표를 도출한다. 만약 현재 8km도 달려보지 않은 고객의 목표가 마라톤이라면, 첫 번째 목표는 일주일에 4번 달리기를 하는 습관을 만드는 것이고, 두 번째는 3.2km를 달리는 것, 세 번째는 10km 경기에 나가는 것이다. 단기 목표는 계속 진행되어, 궁극적으로 고객이 42.2km를 달릴 수 있을 때까지 계속되어야 한다.
- 새로운 고객과 시작할 때, 측정 가능한 결과보다 성취를 기반으로 한 예비 목표를 명확히 해야 한다. 예를 들어 첫 2주 동안 일주일에 3회 이상 체육관에 나오는 것을 목표로 하거나, 매일 건강한 아침식사를 먹는 것을 목표로 하는 것이다. 쉽게 성취할 수 있는 이러한 목표를 시작함으로써 실패의 압박으로부터 자유로워지며, 퍼스널 트레이너는 성취의 사고방식을 만들어주고 고객의 자신감을 생성하는 것을 도와준다. 고객이 작은 성과들을 성취하기 시작하면, 목표는 더 많은 도전이 될 것이다.
- 퍼스널 트레이너와 고객은 가끔 장기 목표의 달

성을 방해할 수 있는 필수 지식이 부족하다는 점을 인식해야 한다. 고객의 현재 지식 수준을 평가하는 것은 보완된 지식 기반의 목표를 설정하는데 도움이 된다. 이는 주요 근육군의 이름과 기능을 학습하거나 영양학 책을 읽는 것과 같은 것이다.

- 시간이 지남에 따라 고객이 열성적으로 수업에 참여하고 결과를 보여줄 때, 이러한 성취의 특성을 파악하여 적극적인 목표를 설정하는 것이 바람직하다. '90kg 벤치 프레스', '4.8km 걷기'나 '지방 7kg 감량'과 같은 이러한 목표는 일반적으로 직접 측정할 수 있는 수행 능력이나 성취들이다.
- 측정 가능한 목표를 명확하게 정하면, 각 목표에 기한을 둔다. 목표가 정해진 기한 내에 달성되지 않았을 경우 고객을 재평가하여 적절한 날짜를 재설정하는 것이 중요하다. 목표는 2주나 한달 단위로 평가하고 조정할 수 있다.
- 프로그램이 제대로 적용되고 있는지에 대한 이해가 필요하다. 목표가 허리 둘레를 감소하는 것이라면, 줄자를 사용할 수도 있지만 몇 년 동안 입어보지 못한 바지를 입어보는 것과 같은 방법이 심리적으로 더 도움이 될 수 있다.
- 목표를 설정한 후, 항상 고객의 목표달성에 대한 믿음을 확인해야 한다. 그렇지 않은 경우 고객 교육 등을 통해 고객이 믿음을 가질 수 있게 하거나, 믿을 수 있는 목표로의 조정이 필요하다.
- 다른 목표와 호환성을 검토해야 한다. 목표들이 서로 충돌하는 경우, 성공할 기회가 제대로 발휘되지 못할 수 있다.
- 목표의 우선순위가 정해져야 한다. 많은 목표를 가지고 있는 고객의 경우, 가장 중요한 세 가지를 결정하여 그것들을 우선순위로 두는 것이다.

각 목표에 기한을 정하고, 목표가 정해진 기한 내에 달성되지 않았을 경우 재평가하여 적절한 날짜를 재설정하는 것이 중요하다.

동기부여

기본 정의에 따르면, **동기부여**(motivation)는 직접적인 행동을 일으키는 심리적인 구성개념이다. **구성개념**(construct)이란 직접 관찰할 수는 없지만 간접적으로 외부 행동 관찰을 통해 추론해야 하는 단순한 내적 욕구나 신경적인 과정이다. 예를 들어 매일 새벽에 일찍 일어나 체육관에 가는 사람은 동기부여가 강력하게 되었다고 간주할 수 있다. 이러한 성격, 야망 그리고 자기주장과 같은 것들이 심리학적 구성개념의 다양한 예가 될 수 있다. 비록 직접 관찰할 수는 없지만 이들은 행동에 강력한 영향을 미친다.

동기부여의 기본 정의에는 다음과 같은 두 가지 측

효과적인 목표 설정의 실제 원칙

1. 구체적이고 측정 및 관찰 가능한 목표를 만든다.
2. 명확한 시간 제약을 정한다.
3. 적당히 어려운 목표를 설정한다.[42]
4. 목표를 기록하고 과정을 관찰한다.
5. 과정, 수행 능력, 결과를 다양화한다.
6. 장기 목표를 달성하기 위한 단기 목표를 설정한다.
7. 반드시 목표를 내면화하고 있는지 확인해야 한다(고객이 참여하거나 스스로 설정해야 한다).

약어 'SMART'는 이러한 중요한 포인트를 나타낸다.[78]

Specific – 구체적이고
Measurable – 측정할 수 있고
Action Oriented – 행동 지향적이며
Realistic – 실현 가능하며
Time bound – 시간의 제약이 있음

출처 Cox 2002

면이 있다. ① 고객의 시간과 노력에 따른 선택에 영향을 미치는 방향적 측면 ② 추구하는 선택을 위한 노력 강도. 이러한 정의는 동기부여의 개념을 명확히 하는 데에 도움이 되지만 행동을 변경시키기 위한 전략이나 단서를 제공하기에는 부족하다. 현대는 규칙적인 운동에 참여하기가 힘들기 때문에, 다음과 같은 심리적인 원인은 참여 수준을 증가시키기 위한 전략들이 될 수 있다.

긍정적 및 부정적 강화와 체벌

목표 설정의 사용은 행동주의 개념과 관련이 있으며, 동기부여의 철학을 명확화하기 위해서는 행동적 조작적 조건 형성에서 사용되는 기본 개념을 정의하는 것이 도움이 된다. B.F. Skinner에[69,70] 의해 공식화된 행동주의는, 그 결과에 의해 행동이 형성된다고 생각하는 학습에 대한 이론이다. 따라서 퍼스널 트레이너는 고객의 행동에 대한 반응을 통해 운동에 대한 충실도에 중대한 영향을 줄 수 있다.

목표행동(target behaviori, 예를 들어 45분의 스텝에어로빅 수업을 환수하는 것)은 조작행동(operant)이라고 하며, 행동이 강화될 때 미래에 조작행동을 반복할 가능성이 증가한다. 한편 처벌을 할 경우 그 행동을 반복할 가능성이 줄어든다. 목표행동에 따른 **강화**(reinforcement)는 미래의 조작적 행동 가능성을 '증가'시킬 수 있는 행위, 물체 또는 사건들이다. 목표 행동에 따른 **처벌**(punishment)은 미래의 조작적 행동 가능성을 '감소'시킬 수 있는 행위, 물체, 사건들이다. 퍼스널 트레이너의 목적은 처벌 조치에 관여하는 것은 아니지만, 행동주의를 이해하는 것은 리더십 철학을 명확히 하고 고객의 의욕을 향상시키는 방법을 이해하는 데 도움이 된다.

강화는 행동이 반복될 가능성을 '증가'시키고, 처벌은 행동이 반복될 가능성을 '감소'시킨다.

'긍정적인 강화'와 '부정적인 강화'라는 용어는 종종 혼동된다. 두 용어는 원하는 행동이나 자발성을 증가시키나, 긍정적인 강화는 고객의 행동에 대한 응답으로 어떤 것을 '제공하고' 부정적인 강화는 어떤 것을 '가져간다.'[50] 긍정적인 강화의 예는 운동을 완료한 고객에게 주어지는 사회적 승인이나 축하와 같은 것이다. 부정적인 강화의 예는 운동을 성공적으로 완료했을 때 바닥에 흘린 땀을 닦아내야 하는 것과 같은 잡일들에서 해방되는 것이다. 본질적으로 행동을 보상하기 위해 혐오적인 행동들은 '제거'되거나 사라져야 한다.

반대로, 고객의 단점에 초점을 맞춘 퍼스널 트레이너는 처벌이 해당 행동이 일어날 가능성을 줄인다는 정의에 따라 여러 가지 처벌을 이용할 수 있다. 긍정적인 처벌은 반감과 같이 혐오스러운 것의 표현을 의미하는 반면 부정적인 처벌은 자발적인 행동을 감소시키기 위하여 어떠한 것을 제거하는 것을 의미한다. 부족한 운동 기술을 가진 고객에 대한 비판은 긍정적인 처벌의 예이다. 운동 목표를 달성하기 위한 나쁜 운동 습관이나 실패를 없애는 것은 부정적인 처벌의 예이다. 고객의 노력이 부족한 경우 퍼스널 트레이너는 반감이나 처벌의 적절한 형태를 사용할 수도 있지만, 고객의 신행 상황에 맞추어 강화의 전략을 사용하는데 초점을 맞춘다.

자기결정 이론

새로운 일, 새로운 음악, 새로운 장비들이 운동을 하고자 하는 고객들을 지속하게 만드는 반면, 동기부여는 고객의 내면 깊은 곳에 작용한다. 사람들은 두 가지 자극 중 하나를 기반으로 행동을 실행에 옮긴다. 그들 중 하나는 욕망(쾌락)을 향해 이동하거나 고통으로부터 벗어나려는 것이다. '고통'은 단지 육체적인 고통만을 의미하지 않는다. 더 일반적으로 정신적인 고통을 의미한다. 상황이 불편해 질수록, 고객의 동기부여는 점점 멀어지게 된다.

비본질적인 동기부여 행동들이 다른 목표나 결과를 성취하기 위함인 반면, 본질적인 동기부여 행동들은 그것들에게서 파생된 즐거움에 관련된다. 일반적인 관점에서 내적 동기는 운동 경험의 진정한 즐거움과 운동중 느끼는 즐거운 감정들로부터 비롯된다. 반면 외적 동기부여는 외부 보상을 얻기 위한 동작에 참여하려는 욕구로부터 나타난다. 본래 독립적이라고 생각될 수 있지만, 내적 및 외적 동기부여는 **자기결정**(self-determihation) 또는 내면화의 개념으로 서로 연결되어 있다.[25,26] 본질적으로 자기결정은 다른 사람의 기대에 부응하기 위해 노력하는 것('일, 작업'과 같은)과는 반대로 개인이 자신의 성취를 위한 활동에 참여하는 것을 말한다. 이러한 내적 및 외적 동기부여는 동기부여의 연속과 범위의 중요한 부분이며, 본질적으로 한쪽만 극단적으로 참조하는 이분법적인 것이 아니다.

외적으로 동기부여된 고객은 일반적으로 외부 보상을 성취하려고 운동하는 반면, 내적으로 동기부여된 고객은 운동을 진심으로 좋아한다.

내적 동기부여를 하는 고객은 그렇지 않은 고객들보다 운동을 지속할 확률이 높다.[65] 따라서 고객이 동기부여가 계속적으로 이루어지고 있음을 아는 것은 운동 프로그램의 즐거움을 향상시키는 데 효과적이다. 자기결정성의 연속체에 따른 주요 단계들은 다음과 같이 정의되고[76] 요약될 수 있다.[22]

1. 무동기(Amotivation): 내부 또는 외부 동기부여가 전체적으로 부족한 상태
2. 외부규제(External regulation): 개인의 만족이 아닌 처벌을 피하기 위해 행동하는 상태
3. 내재화된 규제(Introjected regulation): 평가를 종료하기 위한 수단으로 운동 및 훈련을 인식하는 상태(예: 퍼스널 트레이너를 기쁘게 하기 위해 저항 훈련의 올바른 시작 위치로 돌아가는 것은 부분적인 내면화임)
4. 확인규제(Identified regulation): 퍼스널 트레이너의 지도에 따라 운동하지만, 스스로 운동을 시작하지 못하고 트레이너의 지도만을 따르는 상태
5. 통합규제(Integrated regulation): 운동의 가치를 파악하고, 내면화하고 자유롭게 즐기는 상태. 고객과 트레이너가 목표에 대해 합의한 상태

본질적으로 동기부여된 고객은 목표를 달성하고자 노력하기 때문에 운동 목표를 위해 더 많이 전념한다.[25] 어떤 사람들은 전적으로 외부 강화로부터 이루어진 운동만을 하지만, 내외적 모두 동기화된 고객은 신체활동을 즐기고 더 많은 훈련을 하게 하여, 고객과 퍼스널 트레이너 모두에게 긍정적인 경험이 된다. 따라서 고객은 목표 설정에 참여할 수 있고, 퍼스널 트레이너는 그들의 참여가 적절한지 판단할 수 있다. 즉 퍼스널 트레이너에 의해 정해진 목표를 선호하는 사람들이 있는 반면, 목표 설정 과정에 적극적으로 참여하길 원하는 사람도 있다. 일반적으로 목표 설정 과정에 고객이 참여하는 것이 권장된다.

내적 동기에서의 보상 효과

외부 보상은 내적 동기와 운동을 지속시키는 역할을 할 수 있다. T셔츠 증정, 저녁식사 상품권, 또는 30일 무료 헬스클럽 멤버십과 같은 지속적인 외부 보상은 초기에 운동을 지속시키고 또한 유지시킬 수 있다. 이러한 것을 감안할 때, 퍼스널 트레이너는 논리적으로 고객에게 더 많은 보상을 제공함으로써 본질적으로 동기부여를 향상시킬 수 있다는 것을 가정할 수 있다. 예를 들어 10km 달리기를 하는 고객을 만족시키기 위해 트로피나 상금을 통해 더 큰 만족을 초래할 수 있다는 것을 예상할 수 있다. 실제로 외부 보상 또는 인식은 내적 동기부여를 줄일 수 있다.[25]

잘 알려진 예로[68] 한 심리학 교수의 일화를 들 수 있다. 아이들의 장난 행위를 처벌하는 대신(본질적 동기부여), 그는 각각의 아이에게 50센트를 주고 진심으로 그를 위해 재미있게 놀아주어서 고맙다고 전했다. 아이들은 그 다음날이 오기를 고대했다. 다음날 잔디밭에서 실컷 논 아이들에게 그는 돈이 부족해서 25센트밖에 줄 수 없다고 말했다. 아이들은 약간 실망했지만 셋째 날 다시 돌아왔다. 그리고 그들은 이제는 교수가 주는 돈이 없다는 것을 알고 더욱 실망했다. 그들은 다시는 돌아오지 않았다. 무슨 일이 일어났는가? 교수가 바라던 일이 일어났다! 강한 의존성이 동작과 보상 사이에 형성되어 있는 경우, 보상을 제거하는 것은 동작 약화를 발생시킬 수 있다. 이 경우 보상은 제어로 인식된다.[25] 보상을 받는 사람이 행동과 보상 사이의 연결을 인식하는 경우 보상은 '제어'로 볼 수 있다.

동기부여 노력과 함께 개입할 경우

가장 효과적인 고객 동기부여를 위해서는 퍼스널 트레이너가 고객의 운동 참여를 위한 **준비 단계**(stage of readiness)를 알아야 할 필요가 있다. 범이론적인 모델은 고객 자신이 '운동할 준비가 된' 상황을 통과하는 과정을 설명한다.[7,60]

1. 사전고려 단계: 신체활동을 하려 하지 않고, 신체활동에 대해 생각하지 않음
2. 응시 단계: 신체활동을 시작하려고 하려는 계획이 있으나, 아직 신체적 활동을 하지 않음
3. 준비 단계: 주당 1일 이상 최소 30분의 중간 강도 운동에 참여하나, 나머지 날에는 하지 않음
4. 조치 단계: 주당 5일 이상 최소 30분 이상의 중간 강도 운동에 참여하나, 지속 기간이 6개월 미만임
5. 유지 단계: 주당 5일 이상 최소 30분 이상의 중간 강도 운동에 참여하고, 지속 기간이 6개월 이상임

고객의 준비 단계를 확인함으로써 행동 및 유지의 궁극적인 목표와 함께 다음 단계로 고객을 움직이게 만들기 위해, 퍼스널 트레이너는 변경이나 간섭에 대한 적

절한 단계를 적용할 수 있다. 범이론적인 모델은 상식적인 것이지만, 간섭에 대한 개별화를 위해 잠재 고객을 조사 하는 것이 도움이 될 수 있다. 운동 스케일의 단계(SES, Stages of Exercise Scale)는[14] 잠재 고객의 단계를 포착하는 데 도움이 될 수 있다. 일반적으로 이러한 접근의 효과를 뒷받침하는 많은 연구들이 있다.[1,15,21,49]

자기효능감: 신뢰감 구축

고객에게 진정한 성공을 경험시키기 위해서는 고객이 원하는 행동을 달성하기 위한 자신감과 함께 동기부여를 고려하는 것이 중요하다. 자아 개념이 부족하고 사회적 체질 불안이 있어 운동 프로그램에 참여하기에는 자신감이 부족한 사람의 예를 들어보자.[35] 사회인지 이론에서, 반두라(Bandura)는[3] 특정 동작을 성공적으로 수행할 수 있는 능력에 근거한 개인의 자신감을 '자기효능감'이라고 설명했다. 운동의 자기효능감은 운동 실천에 대한 강력한 예측 인자이다. 자기효능감은 운동 수행에 대한 자신감의 정도와, 실패나 장애를 마주했을 때 믿음의 유지로 특징지을 수 있다. 즉 자기효능감은 목표달성을 위한 노력의 지속성과 관련이 있다. 자기효능감의 구축에 영향을 미치는 네 가지는 다음과 같다.

1. 수행 성취
2. 모델링 효과
3. 언어적 설득
4. 생리적 각성 또는 불안

성공적이거나 성공에 가까운 동작들을 수행함으로써 자기효능감 향상에 가장 강력한 영향을 미치며, 자신감을 구축하는 목표성취의 관계에서 강조된다. 목표로 하는 동작을 다른 사람이 수행하는 것을 지켜보는 것 또한 모방 행동을 강화하여 자기 효능감을 높일 수 있다. 예를 들어 자신과 나이, 성별, 체형이 비슷한 사람이 체중감량에 성공하는 것을 보면서 본인의 행동 변화에 대한 확신을 할 수 있다.

자기효능감에 미치는 또 다른 긍정적인 영향은 존경하는 대상로부터의 언어적 설득이다. 존경하는 사람이나 특정 분야(예: 스트렝스 훈련 및 보디빌딩)에서 전문지식을 보유한 사람이 고객에게 '가능성이 있군요'와 같이 격려해주는 것은 고객의 자기효능감에 크게 영향을 미칠 수 있다. 마지막으로 운동 전이나 운동중의 본인 스스로의 생리학적 해석 또한 자기효능감에 영향을 미칠 수 있으며, 자신감의 상승과 저하에 영향을 미칠 수 있다. 예를 들어 벤치 프레스 1RM을 측정하기에 앞서, 고객은 자신의 각성 수준이 부정적인지('나는 너무 긴장했어') 혹은 긍정적인지('준비됐어!')를 판단할 수 있다.

> 성공을 달성하는 것은 다른 어떤 것보다 고객의 자기효능감을 높이는 것에 영향을 미친다.

고객에게 동기를 부여하는 방법

때로는 심리적인 방법이 고객들의 동기부여에 도움이 된다. 이 장에서는 늑장의 최소화, 잘못된 믿음의 극복, 자기 대화의 확인, 수정, 식별 및 정신적 이미지 사용의 기술들을 알려준다.

늑장의 최소화

14세기 철학자 장 뷔리당(Jean Buridan)은 같은 거리에 있는 두 건초더미 중 어디로 향할 것인가에 대한 선택의 기로에 빠진 굶주린 노새의 이야기를 했다. 건초더미는 똑같이 괜찮아 보여서 노새는 어디로 가야 할지 결정을 하지 못하고 있었다. 이 우화는 인간의 우유부단에 대한 비유이다. 건강 및 피트니스는 모두가 원하는 바이나, 인구 중 일부분만이 이러한 운동하는 생활습관을 유지한다. 만약 식이조절, 장비 또는 퍼스널 트레이너와 같은 너무 많은 선택지가 있다고 생각한다면, 의사결정 과정은 그 자체로 지연을 유발한다. 퍼스널 트레이너는 퍼스널 트레이닝 시간뿐만 아니라 운동시간에 영향을 미칠 수 있는 날 또는 다음 주뿐만 아니라 더 장기적인 상황을 고려해야 한다. 고객이 여러 옵션들을 고려하여 우유부단하게 늑장을 부릴 경우, 인지된 고통은 잠재적인 이익을 넘어서게 된다.

잘못된 믿음의 확인

때로는 빠른 결과가 정답처럼 자리잡았기 때문에, 많은 고객들은 자신들의 신념체계에 잘못된 정보를 사용할 수 있다. 예를 들어 고객이 극심한 음식섭취 제한으로만 체중감량을 할 수 있다고 믿는다면, 그들은 퍼스널 트레이너의 적절한 영양섭취 권고를 무시하려 할 것이다. 또한 많은 사람들이 올바른 방법은 그들을 위한 것이 아니라거나, 자신의 몸은 다른 사람들처럼 운동에 반응하지 않는다고 믿는다. 'No pain, no gain'은 또 다른 잘못된 신

실제 동기부여 기술

1. 기준 측정 및 각 운동의 세부사항을 기록하기 위해 운동일지를 고객에게 작성하게 한다. 각 운동시간의 보고서와 같은 일지가 아니라 감정, 식사, 진행상황에 대한 시각 또한 기록할 수 있도록 지도한다.
2. 익숙한 동작들로 운동을 시작한다. 운동과 친숙하지 않은 상황은 고객을 좌절하게 하고 계속하고자 하는 욕구가 줄어드는 상황으로 이어질 수 있다.
3. 가능하다면, 선택지를 제공한다. 고객이 결정에 계속 참여할 수 있도록 하고, 도움이 되는 선택지 또한 계속 제공한다. 오늘 운동을 해야 하는지에 대해 고객에게 물어볼 것이 아니라, 선택지로 질문을 한다. "오늘 준비 운동으로 일립티컬머신과 자전거 중 어떤 것을 하시겠어요?"
4. 피드백을 자주 제공한다. 작은 성과를 찾는다. 퍼스널 트레이너는 유산소 능력이나 근력의 증가, 체지방 감소와 같은 사항들에 대해 언급할 수 있다. 예들 들어 고객이 특정 저항 훈련 운동에서 5파운드를 늘렸다면, 고객의 상황이 진전되었음을 확인시켜주어라.
5. 건강한 생활습관을 위한 적절한 행동 모형을 만들어라. 퍼스널 트레이너가 고객을 위해 할 수 있는 최선의 행동 중 하나는 역할 모델의 역할을 하고 운동 노력의 예를 설정하는 것이다.
6. 운동 능력이 잘 향상되지 않는 시기에 대비해 고객을 준비시킨다. 때때로 그들의 운동량을 낮추어야 된다는 것을 이해한다면, 원치 않고 피할 수 없는 이러한 과정에서 훈련 과정을 포기하게 만들 가능성이 줄어든다.
7. 사회적인 지원을 이용한다. 퍼스널 트레이너는 전화, 이메일, 교육이나 동기부여 정보 메일링 등을 사용하여 고객의 기분, 반응을 확인할 수 있다. 가능하다면 원하는 결과와 과정에 대한 가족과의 대화는 가정으로부터의 강력한 지원을 제공하여 모두에게 동기를 부여하고 지속할 수 있도록 도와준다.
8. 과거로 이동하자. 고객이 과거 운동 프로그램의 장점을 얻는 것에 실패했다고 느끼는 경우, 미래의 목표 대신에 과거에 초점을 맞춘다.
9. '완벽하게'라는 태도 대신에 '최선을 다한다'라고 대체하자. 완벽을 위해 노력하는 고객은 예상되는 실패 지점에 도달하기 쉽다. 고객에게 노력하는 것이 중요하다고 가르쳐라.
10. 동기부여에 동의하고, 고객이 그것에 대해 적게 하라.

잘못된 믿음을 확인하는 데 도움이 되는 질문

잘못된 믿음을 확인하기 위해 퍼스널 트레이너는 고객에게 다음과 같은 질문을 할 수 있다.

- '몸매 만들기'를 위한 당신의 이상적인 방법은 무엇입니까?
- 당신이 원하는 건강 면에서의 결과를 달성하기 위해 과거에 무엇을 시도했습니까?
- 어떤 운동과 영양 전략이 중요하다고 느낍니까?
- 몸매를 만들고, 건강과 체력을 향상시켜야 할 필요성을 느낍니까?

념이다. 이러한 믿음은 어떠한 결과의 가능성을 저해하는 오버 트레이닝을 하게 만든다.

퍼스널 트레이너가 새로운 신념을 심어주기 이전에, 고객들은 먼저 잘못된 신념을 알아내고 그 이후에 변경하고 제한해야 한다. 따라서 첫 번째 단계는 퍼스널 트레이너와 고객 사이의 의사소통을 명확히 하여 고객의 건강 상태와 운동에 대한 현재 신념에 관한 논의를 포함한 질문 과정을 가져야 한다. 교육, 추론 및 강화를 포함하여 퍼스널 트레이너는 고객들의 잘못된 신념이 실제로 어떻게 잘못되었는지 이해시킬 수 있어야 한다. 이러한 이해를 바탕으로 고객들의 잘못된 신념을 약화시키고 궁극적으로 새롭고 올바른 정보를 배울 수 있도록 해야 한다.

'No pain, no gain'은 오버 트레이닝을 장려하고 고객 결과의 가능성을 저해하는 잘못된 신념이다.

혼잣말의 확인과 수정

고객들은 각각 그들 자신만의 '마음의 소리'를 가지고 있다. 때때로 이것은 동기부여의 근원이 되지만 이러한 **자기대화**(self-talk)가 부정적일 경우, 긍정적이고 직접적인 확신조차 받아들이지 못할 수 있다. 시간이 지남에 따라, 강하고 반복적인 외부의 격려는 고객의 부정적인 자기대화를 변화하게 만들 수 있지만, 고객이 먼저 부정적인 자기대화를 변경할 경우 더욱 긍정적인 영향을 미친다. 다음은 부정적인 자기대화를 확인하고 수정하는 간단한 네 가지 방법이다.

1. 고객에게 하루 동안의 자기 대화에 대해 단순하게 알려달라고 하고, 고객이 생각하는 정신적인 그림, 단어 그리고 감정들에 대해 말해줄 것을 요청한다.
2. 고객의 마음의 소리를 인식하면, 고객에게 그것을 매일 같은 시간, 보통 퍼스널 트레이닝 시간 바로 전에 알려주는 것이 이상적이다. 예를 들어 고객이 매일 오후 5시에 퍼스널 트레이닝을 할 경우, 운동을 준비하는 오후 4시 45분에 고객의 자기대화를 기술해달라고 요청한다.
3. 고객에게 종이의 가운데에 선을 긋고 왼쪽에는 자기대화가 무엇을 얘기하고 있는지를 정확히 적어달라고 요청한다. 그런 다음 고객은 오른쪽에 지원받거나 동기부여되는 혼잣말에 대해 기술한다. 고객이 매일 지정된 시각에 이러한 작업을 수행한 후, 혼잣말을 매일 식별하기 위해 하루 중 적절한 시간(예: 일어나자마자 혹은 잠들기 전)에 자기대화를 명확히 하는 시간을 갖도록 장려한다.
4. 세 가지 일반적인(또는 더 멋진) 혼잣말의 문구를 확인한 후, 고객은 새로운(긍정적인) 문구를 작성하고 '더 나은' 단어를 통해 이야기하는 습관을 만들기 위해 먼저 하루 중 특정 시간에 큰 소리로 대여섯 번 정도 개인적으로 더 나은 문구를 소리 내어 얘기해야 한다. 퍼스널 트레이너가 고객들이 이러한 습관을 갖도록 도움을 주면, 고객은 단어를 '말하기'만 하는 대신에 정신적으로 변화할 수 있다. 연습을 통해, 고객의 긍정적인 자기대화는 성공과 성취를 위한 동기부여가 될 것이다.

심상

1988년 서울올림픽에서 트랙과 필드의 올림픽 선수들을 상대로 설문조사를 시행했다. 이 설문조사에서 83%의 선수가 정신조건화 훈련(mental conditioning exercises)을 수행한 것으로 나타났다.[32] 그 이후로 심상(mental imagery)의 인기는 엄청나게 성장했다. 최적의 수행 능력을 위한 정신 훈련의 가치는 선수들에게만 한정되지 않는다. 정신 훈련은 음악,[47] 군사훈련,[29] 재활[33]에 효과가 있다. 모든 종목에서 이러한 노력이 필요하다.

심상을 위한 이완 운동

심상은 편안하고 긴장이 없는 상태에서 수행되어야 한다. 스포츠 심리학자는 휴식의 상태를 용이하게 하기 위해 몇 가지 기술들을 사용한다. 제이콥슨[39]에 의해 개발된 점진적 이완법은 심상을 위해 가장 일반적으로 사용되는 방법 중 하나이다. 점진적 이완법에서는 개인에게 한 번에 한 근육만을 긴장시키고 이어서 수축과 완전한 이완을 하도록 요구한다. 첫 번째 단계는 근육의 긴장과 이완의 감각을 구별하는 것이다. 차이가 분명하다고 생각될 수도 있지만, 편안하게 앉아 있을 때도 많은 근육들이 긴장되어 있을 것이다. 이완 또는 심상 훈련을 수행하기 전에, 퍼스널 트레이너는 이완의 과정에 익숙해져야 한다.

시각화

시각화(visualization)는 고객의 뇌가 긍정적인 감정 반응을 생성하고 의욕을 향상시키는 방법을 도와줄 수 있는 심상을 '그려내고 불러오는' 능력을 사용하는 방법이다. 다음은 이완을 도와줄 수 있는 세 가지 간단한 시각화 운동법이다.

- 과거에 이룬 성공의 목격: 고객이 자신의 성취를 경험하거나 자신의 우수성을 목격할 경우, 수행 능력에 대한 믿음은 더욱 견고해진다. 마음은 신경계와 매우 밀접하게 연결되어 있기 때문에, 기억된 경험의 인식은 실제 성과와 동일한 '믿음'의 힘을 가지고 있다.
- 아직 성취하지 못한 성공의 목격: 고객이 아직 원하는 목표나 수행 능력을 이루지 못한 경우에도, 뛰어난 상상력은 마치 이미 일어난 것과 같은 성공을 이끌어 준다.

- 가치의 목격: 운동 바로 직전, 운동중 그리고 운동 후, 고객은 정신적으로 가치 있는 결과를 '보는 것'. 이것은 결과를 달성하기 위한 고객의 욕구를 향상시킬 것이다.

고객의 심상이 더 강력해질수록 심상을 가져올 감각 또한 더욱 강력해질 것이다. 고객이 그들 스스로가 목표를 성취하고, 무게를 들어올리고, 신체를 변화시키고, 결승선 넘는 것을 정신적으로 볼 때마다 그러한 비전은 승리와 성취의 감정을 동반한다.

결론

운동의 정신건강 측면은 불안 감소 및 항우울 효과에서 비롯되며, 이 두 가지는 특히 새로운 고객과 노년기 고객들에게 특별하게 적용된다. 퍼스널 트레이너와 고객을 위한 정기적인 운동 참여를 장려하는 하나의 방법은 구체적이고, 측정 가능하고, 행동 지향적이며, 현실적이고, 시간 제한적인 목표를 설정하는 것이다. 또한 퍼스널 트레이너의 역할 중 하나는 지연, 오해 및 부정적인 자기 대화를 최소화하면서 심상 및 시각화의 방법을 통해 정해진 목표를 수행하도록 고객들에게 동기부여를 하는 것이다.

연구 문제

1. 다음 중 운동이 제공하는 인지적 혜택이 아닌 것은?

   A. 뇌의 산소공급을 강화
   B. 큰 유전적 변이
   C. 신경전달물질의 기능을 향상
   D. 신경 효율성을 고조

2. 다음 중 결과 목표에 해당하는 것은?

   A. 나는 1분에 60개의 윗몸일으키기를 원한다.
   B. 나는 오늘 밤 잠들기 전에 먹는 것을 참을 것이다.
   C. 나는 내 친구보다 벤치 프레스를 더 많이 하고 싶다.
   D. 나는 체지방을 10파운드 줄이고 싶다.

3. 일주일에 3회의 걷기를 한 달 동안 수행한 고객에 대한 퍼스널 트레이너의 부정적인 강화의 예는 다음 중 무엇인가?

   A. 잘 했어요! 다음 달에는 걷기 운동일지를 작성하지 않아도 됩니다. 당신을 위해 제가 할게요.
   B. 잘 했어요! '이 달의 걷기왕'으로 뽑혔어요!
   C. 걷기? 나는 우리가 걷기 대신에 자전거를 타는 것에 대해 이야기했다고 생각했어요.
   D. 일주일에 세 번? 일주일에 네 번은 했어야 하는데, 다음 달에는 점심시간에 운동을 계속 할 수 없습니다.

4. 자기결정의 연속체에 따라 다음 중 가장 본질적으로 동기부여된 고객은 누구인가?

   A. introjected(내재화된)
   B. integrated(통합적인)
   C. identified(확인된, 식별된)
   D. amotivated(무동기의)

응용 지식 문제

일곱 가지 '효과적인 목표 설정의 실제 원칙'을 사용하여, 레그 프레스 1RM을 225파운드(102kg)에서 315파운드(143kg)로 향상시키기 원하는 고객을 위한 6개월의 목표 설정 전략을 작성하라.

참고문헌

1. Armstrong, C.A., J.F. Sallis, M.F. Howell, and C.R. Hofstetter. 1993. Stages of change, self-efficacy, and the adoption of vigorous exercise: A prospective analysis. *Journal of Sport and Exercise Psychology* 15: 390-402.
2. Bahrke, M.S., and W.P. Morgan. 1978. Anxiety reduction following exercise and meditation. *Cognitive Therapy and Research* 2: 323-333.
3. Bandura, A. 1997. *Self-Efficacy: The Exercise of Control.* San Francisco: Freeman.
4. Bartholomew, J.B., and D.E. Linder. 1998. State anxiety following resistance exercise: The role of gender and exercise intensity. *Journal of Behavioral Medicine* 21: 205-219.
5. Bixby, W.R., T.W. Spalding, and B.D. Hatfield. 2001. Temporal dynamics and dimensional specificity of the affective response to exercise of varying intensity: Differing pathways to a common outcome. *Journal of Sport and Exercise Psychology* 23: 171-190.
6. Bixby, W., T.W. Spalding, A.J. Haufler, S.P. Deeny, P.T. Mahlow, J. Zimmerman, and B.D. Hatfield. 2007. The unique relation of physical activity to executive function in older men and women. *Medicine and Science in Sports and Exercise* 39 (8): 1408-1416.
7. Blair, S.N., A.N. Dunn, B.H. Marcus, R.A. Carpenter, and P. Jaret. 2001. *Active Living Every Day.* Champaign, IL: Human Kinetics.
8. Blumenthal, J.A., M.A. Babyak, K.A. Moore, W.E. Craighead, S. Herman, P. Khatri, R. Waugh, M.A. Napolitano, L.M. Forman, M. Applebaum, M. Doraiswamy, and R. Krishman. 1999. Effects of exercise training on older patients with major depression. *Archives of Internal Medicine* 159: 2349-2356.
9. Bonvallet, M., and V. Bloch. 1961. Bulbar control of cortical arousal. *Science* 133: 1133-1134.
10. Brown, D. 2002. Study says 38 percent of adults are sedentary in leisure time. *Washington Post* (April 8): A2.
11. Buckworth, J., and R.K. Dishman. 2002. *Exercise Psychology.* Champaign, IL: Human Kinetics.
12. Calfas, K.J., and W.C. Taylor. 1994. Effects of physical activity on psychological variables in adolescents. *Pediatric Exercise Science* 6: 406-423.
13. Cannon, W.B. 1929. *Bodily Changes in Pain, Hunger, Fear, and Rage,* vol. 2. New York: Appleton.
14. Cardinal, B.J. 1995. The stages of exercise scale and stages of exercise behavior in female adults. *Journal of Sport Medicine and Physical Fitness* 35: 87-92.
15. Cardinal, B.J. 1997. Predicting exercise behavior using components of the transtheoretical model of behavior change. *Journal of Sport Behavior* 20: 272-283.
16. Chaouloff, F. 1997. The serotonin hypothesis. In: *Physical Activity and Mental Health,* W.P. Morgan, ed. Washington, DC: Taylor & Francis. pp. 179-198.
17. Chodzko-Zajko, W.J., and K.A. Moore. 1994. Physical fitness and cognitive functioning in aging. *Exercise and Sport Sciences Reviews* 22: 195-220.
18. Colcombe, S.J., K.I. Erickson, N. Raz, A.G. Webb, N.J. Cohen, E. McAuley, and A.F. Kramer. 2003. Aerobic fitness reduces brain tissue loss in aging humans. *Journal of Gerontology* 58A: 176-180.
19. Colcombe, S., and A.F. Kramer. 2003. Fitness effects on the cognitive function of older adults: A meta-analytic study. *Psychological Science* 14: 125-130.
20. Cotman, C.W., and C. Engesser-Cesar. 2002. Exercise enhances and protects brain function. *Exercise and Sport Sciences Reviews* 30: 75-79.
21. Courneya, K.S. 1995. Perceived severity of the consequences of physical inactivity across the stages of change in older adults. *Journal of Sport and Exercise Psychology* 17: 447-457.
22. Cox, R.H. 2002. *Sport Psychology: Concepts and Applications,* 5th ed. Boston: McGraw-Hill.
23. Craft, L.L., and D.M. Landers. 1998. The effect of exercise on clinical depression and depression resulting from mental illness: A meta-analysis. *Journal of Sport and Exercise Psychology* 20: 339-357.
24. Davidson, R.J. 1993. Cerebral asymmetry and emotion: Conceptual and methodological conundrums. *Cognition & Emotion* 7: 138.
25. Deci, E.L., and R.M. Ryan. 1985. *Intrinsic Motivation and Self-Determination in Human Behavior.* New York: Plenum Press.
26. Deci, E.L., and R.M. Ryan. 1991. A motivational approach to self: Integration in personality. In: *Nebraska Symposium on Motivation 1991: Vol. 38. Perspectives on Motivation: Current Theory and Research in Motivation,* R.A. Dienstbier, ed. Lincoln, NE: University of Nebraska Press. pp. 237-288.
27. deVries, H.A., and T.J. Housh. 1994. *Physiology of Exercise for Physical Education, Athletics, and Exercise Science.* Madison, WI: Brown and Benchmark.
28. Dishman, R.K. 1997. The norepinephrine hypothesis. In: *Physical Activity and Mental Health,* W.P. Morgan, ed. Washington, DC: Taylor & Francis. pp. 199-212.
29. Druckman, D., and J.A. Swets. 1988. *Enhancing Human Performance: Issues, Theories and Techniques.* Washington, DC: National Academy Press.
30. Duda, J.L. 1989. Relationships between task and ego orientation and the perceived purpose of sport among high school athletes. *Journal of Sport and Exercise Psychology* 11: 318-335.
31. Dustman, R.E., R.Y. Emmerson, R.O. Ruhling, D.E. Shearer, L.A. Steinhaus, S.C. Johnson, H.W. Bonekat, and J.W. Shigeoka. 1990. Age and fitness effects on EEG, ERPs, visual sensitivity, and cognition. *Neurobiology of Aging* 11: 193-200.
32. Golding, J., and S. Ungerleider. 1992. *Beyond Strength: Psychological Profiles of Olympic Athletes.* Madison, WI: Brown and Benchmark.
33. Groden, J., J.R. Cautela, P. LeVasseur, G. Groden, and M. Bausman. 1991. *Imagery Procedures for People With Special Needs: Video Guide.* Champaign, IL: Research Press.
34. Hall, H.K., and A.W. Kerr. 2001. Goal setting in sport and physical activity: Tracing empirical developments and establishing conceptual direction. In: *Advances in Motivation in Sport and Exercise,* G.C. Roberts, ed. Champaign, IL: Human Kinetics. pp. 183-234.
35. Hart, E.A., M.R. Leary, and W.J. Rejeski. 1989. The measurement of social physique anxiety. *Journal of Sport and Exercise Psychology* 11: 94-104.
36. Hatfield, B.D. 1991. Exercise and mental health: The mechanisms of exercise-induced psychological states. In: *Psychology of Sports, Exercise and Fitness,* L. Diamant, ed. Washington, DC: Hemisphere. pp. 17-50.
37. Iso-Ahola, S.E., and B.D. Hatfield. 1986. *Psychology of Sports: A Social Psychological Approach.* Dubuque, IA: Brown.
38. Issacs, K.R., B.J. Anderson, A.A. Alcantara, J.E. Black, and W.T. Greenough. 1992. Exercise and the brain: Angiogenesis in

the adult rat cerebellum after vigorous physical activity and motor skill learning. *Journal of Cerebral Blood Flow and Metabolism* 12: 110-119.

39. Jacobson, E. 1974. *Progressive Relaxation*. Chicago: University of Chicago Press.

40. Kramer, A.F., S. Hahn, N.J. Cohen, M.T. Banich, E. McAuley, C.R. Harrison, J. Chason, E. Vakil, L. Bardell, R.A. Boileau, and A. Colcombe. 1999. Aging, fitness and neurocognitive function. Nature 400: 418-419.

41. Kugler, J., H. Seelback, and G.M. Kruskemper. 1994. Effects of rehabilitation exercise programmes on anxiety and depression in coronary patients: A meta-analysis. *British Journal of Clinical Psychology* 33: 401-410.

42. Kyllo, L.B., and D.M. Landers. 1995. Goal setting in sport and exercise: A research synthesis to resolve the controversy. *Journal of Sport and Exercise Psychology* 17: 117-137.

43. Landers, D.M. 1980. The arousal-performance relationship revisited. *Research Quarterly for Exercise and Sport* 51: 77-90.

44. Landers, D.M., and S.A. Arent. 2001. Physical activity and mental health. In: *Handbook of Sport Psychology,* 2nd ed., R.N. Singer, H.A. Hausenblas, and C.M. Janelle, eds. New York: Wiley. pp. 740-765.

45. Landers, D.M., and Arent, S.A. 2007. Physical activity and mental health. In: *Handbook of Sport Psychology,* 3rd ed., G. Tenenbaum and R.C. Eklund, eds. New York: Wiley. pp. 469-491.

46. Landers, D.M., and S.J. Petruzzello. 1994. Physical activity, fitness, and anxiety. In: *Physical Activity, Fitness, and Health,* C. Bouchard, R.J. Shepard, and T. Stevens, eds. Champaign, IL: Human Kinetics. pp. 868-882.

47. Lim, S., and L. Lipman. 1991. Mental practice and memorization of piano music. *Journal of General Psychology* 118: 21-30.

48. Long, B.C., and R. Van Stavel. 1995. Effects of exercise training on anxiety: A meta-analysis. *Journal of Applied Sport Psychology* 7: 167-189.

49. Marcus, B.H., C.A. Eaton, J.S. Rossi, and L.L. Harlow. 1994. Self-efficacy, decision making, and stages of change: An integrative model of physical exercise. *Journal of Applied Social Psychology* 24: 489-508.

50. Martens, R. 1975. *Social Psychology and Physical Activity.* New York: Harper & Row.

51. McDonald, D.G., and J.A. Hodgdon. 1991. *The Psychological Effects of Aerobic Fitness Training: Research and Theory.* New York: Springer-Verlag.

52. McDowell, K., S.E. Kerick, D.L. Santa Maria, and B.D. Hatfield. 2003. Aging, physical activity, and cognitive processing: An examination of P300. *Neurobiology of Aging* 24 (4): 597-606.

53. Meijer, E.H., F.T.Y. Smulders, and B.D. Hatfield. 2002. The effects of rhythmic physical activity and the EEG. Paper submitted for presentation at the annual meeting of the Society for Psychophysiological Research, Washington, DC.

54. Morgan, W.P. 1985. Affective beneficence of vigorous physical activity. *Medicine and Science in Sports and Exercise* 17: 94-100.

55. Morgan, W.P. 2001. Prescription of physical activity: A paradigm shift. *Quest* 53: 366-382.

56. North, T.C., P. McCullagh, and Z.V. Tran. 1990. Effects of exercise on depression. *Exercise and Sport Sciences Reviews* 18: 379-415.

57. O'Block, F.R., and F.H. Evans. 1984. Goal setting as a motivational technique: In: *Psychological Foundations of Sport,* J.M. Silva and R.S. Weinberg, eds. Champaign, IL: Human Kinetics. pp. 188-196.

58. Petruzzello, S.J., P. Ekkekakis, and E.E. Hall. 2006. Physical activity, affect and electroencephalogram studies. In: *Psychobiology of Physical Activity,* E.O Acevedo and P. Ekkekakis, eds. Champaign, IL: Human Kinetics. pp. 91-109.

59. Petruzzello, S.J., D.M. Landers, B.D. Hatfield, K.A. Kubitz, and W. Salazar. 1991. A meta-analysis an the anxietyreducing effects of acute and chronic exercise. *Sports Medicine* 11: 143-182.

60. Prochaska, J.O., and B.H. Marcus. 1994. The transtheoretical model: The applications to exercise. In: *Advances in Exercise Adherence,* R.K. Dishman, ed. Champaign, IL: Human Kinetics. pp. 161-180.

61. Roberts, G.C. 1993. Motivation in sport: Understanding and enhancing the motivation and achievement of children. In: *Handbook of Research on Sport Psychology,* R.N. Singer, M. Murphy, and L.K. Tennant, eds. New York: Macmillan. pp. 405-420.

62. Roberts, G.C. 2001. Understanding the dynamics of motivation in physical activity: The influence of achievement goals on motivational processes. In: *Advances in Motivation in Sport and Exercise,* G.C. Roberts, ed. Champaign, IL: Human Kinetics. pp. 1-50.

63. Roberts, G.C., and D.C. Treasure. 1995. Achievement goals, motivation climate and achievement strategies and behaviors in sport. *International Journal of Sport Psychology* 26: 64-80.

64. Rogers, R.L., J.A. Meyer, and K.F. Mortel. 1990. After reaching retirement age physical activity sustains cerebral perfusion and cognition. *Journal of the American Geriatric Society* 38: 123-128.

65. Ryan, R.M., C.M. Frederick, D. Lepes, N. Rubio, and K.M. Sheldon. 1997. Intrinsic motivation and exercise adherence. *International Journal of Sport Psychology* 28: 335-354.

66. Schuit, A.J., E.J.M. Feskens, L.J. Launer, and D. Kromhout. 2001. Physical activity and cognitive decline, the role of apolipoprotein e4 allele. *Medicine and Science in Sports and Exercise* 33: 772-777.

67. Sherwood, D.E., and D.J. Selder. 1979. Cardiorespiratory health, reaction time and aging. *Medicine and Science in Sports* 11: 186-189.

68. Siedentop, D., and G. Ramey. 1977. Extrinsic rewards and intrinsic motivation. *Motor Skills: Theory Into Practice* 2: 49-62.

69. Skinner, B.F. 1938. *The Behavior of Organisms: An Experimental Analysis.* New York: Appleton Century Crofts.

70. Skinner, B.F. 1953. *Science and Human Behavior.* New York: Macmillan.

71. Solomon, R.L., and J.D. Corbit. 1973. An opponent-process theory of motivation: II. Cigarette addiction. *Journal of Abnormal Psychology* 81: 158-171.

72. Spielberger, C.D. 1983. *Manual for the State-Trait Anxiety Inventory (Form Y).* Palo Alto, CA: Consulting Psychologists Press.

73. Spirduso, W.W. 1983. Exercise and the aging brain. *Research Quarterly for Exercise and Sport* 54: 208-218.

74. Tong, L., H. Shen, V.M. Perreau, R. Balazas, and C.W. Cotman. 2001. Effects of exercise on gene-expression profile in the rat hippocampus. *Neurobiology of Disease* 8: 1046-1056.

75. U.S. Department of Health and Human Services. 1996. *Physical Activity and Health: A Report of the Surgeon General.* McLean, VA: International Medical.

76. Vallerand, R.J., and G.F. Losier. 1999. An integration analysis of intrinsic and extrinsic motivation in sport. *Journal of Applied Sport Psychology* 11: 142-169.

77. Von Euler, C., and V. Soderberg. 1957. The influence

of hypothalamic thermoceptive structures on the electroencephalogram and gamma motor activity. *Electroencephalography and Clinical Neurophysiology* 9: 391-408.

78. Weinberg, R.S., and D. Gould. 1999. *Foundations of Sport and Exercise Psychology.* Champaign, IL: Human Kinetics.

79. Woo, M.., S. Kim, J. Kim, and B.D. Hatfield. (2010). The influence of exercise intensity on frontal electroencephalographic (EEG) asymmetry and self-reported affect. *Research Quarterly for Exercise and Sport 81: 349-359.*

80. Woo, M., S. Kim, J. Kim, S.J. Petruzzello, and B.D. Hatfield. 2009. Examining the exercise-affect dose-response relationship: Does duration influence frontal EEG asymmetry? *International Journal of Psychophysiology* 72 (2): 166-172.

PART II

최초 상담과 평가
Initial Consultation and Evaluation

9

고객 상담과 건강 평가

Tammy K. Evetovich, PhD, and Kristi R. Hinnerichs, PhD

학습 목표

- 골격근의 구조와 기능에 대해 설명할 수 있다.
- 고객과의 적합성 평가, 고객의 목표 설정 및 고객과 트레이너 간 합의를 위한 최초 상담을 진행할 수 있다.
- 운동참여 전 건강검진 과정을 이해할 수 있다.
- 심혈관계 질환과 관련된 관상동맥 질환 위험인자를 인지할 수 있다.
- 잠재적 고객에 대한 건강 상태 파악 및 위험성을 평가할 수 있다.
- 의료인과의 협력이 요구되는 사례를 구별할 수 있다.

잠재적인 고객의 건강 상태, 라이프스타일, 운동 준비성에 대한 정보를 수집하는 것은 퍼스널 트레이너의 역할에 포함된다. 이를 위한 상담은 고객의 건강 상태를 평가하는 필수적인 과정인 동시에, 참가자 개인의 목적 달성을 위한 안전하고 효과적인 운동 프로그램 설정을 위해서도 반드시 필요하다. 이 장에서는 고객 상담, 운동참여 전 건강검진, 관상동맥 질환 위험인자, 기저 질환 평가, 라이프스타일의 파악, 결과의 해석, 의사에게 의뢰하는 과정 그리고 의학적 허가 사항 등을 다루고자 한다.

상담과 건강 평가의 목적

NSCA의 퍼스널 트레이너직무분석위원회(NSCA-Certified Personal Trainer Job Analysis Committee)는 퍼스널 트레이닝 전문가의 **업무 범위**(scope of practice)를 다음과 같이 정의하고 있다.

퍼스널 트레이너는 고객 개개인의 건강 상태 및 신체적인 요구에 따라 고객을 평가하고, 동기부여하며, 교육하고 단련시키는 건강 전문가이다. 퍼스널 트레이너는 고객 개개인의 목표달성을 위해 안전하고 효과적인 운동 프로그램을 제공하고 이끄는 역할을 한다. 또한 응급상황에 적절히 대처할 줄 알아야 한다. 트레이너의 전문영역을 확실히 인식하고, 필요에 따라 의료인과 협력하기도 한다.[33]

고객 상담과 **건강 평가**(health appraisal)는 퍼스널 트레이너의 전문적 역할과 직접적으로 연결된다. 운동참여 전 건강 평가에서 퍼스널 트레이너의 역할과 책임은 MATER이라는 약어로 정리될 수 있다.

고객 상담과 건강 평가의 핵심은 만성 심혈관계 질환, 호흡기 질환, 대사 질환 및 정형외과적 질환을 검사하여 운동을 안전하게 하는 것이다. 그러므로 이번 장에서는 건강 상태를 평가하여 필요한 경우 의사에게 보낼

퍼스널 트레이너 MATER

퍼스널 트레이너는

- **Motivate:** 운동을 위한 동기를 부여하며
- **Assess:** 건강 상태를 평가하고
- **Train:** 고객 각각의 목표를 성취하게끔 안전하고 효과적으로 지도하고
- **Educate:** 고객들이 정확한 정보를 갖도록 교육하며
- **Refer:** 필요에 따라 의사의 진찰을 받도록 한다.

수 있도록 하는 데 초점을 맞출 것이다.

훈련 제공 과정

피트니스 산업은 다변화하기 때문에 고객 상담과 건강 평가 과정에 통일된 기준이 없다. 그렇지만 일반적으로 다음 네 가지 기준에 따라 훈련이 제공된다.

1. 퍼스널 트레이너의 자격
2. 훈련 장소
3. 트레이닝 받는 집단
4. 관련 법규

퍼스널 트레이너의 자격, 장소, 트레이닝 받는 집단, 법령에는 차이가 있기 때문에 '고객 상담과 건강 평가 단계'는 운동참여 전 상담과 건강 평가에 대한 예시를 참고하기 바란다.

고객 상담과 건강 평가의 단계

1. 면담 일정을 잡는다.
2. 면담을 시행한다.
3. 건강 평가를 시행하고 완료한다.
4. 관상동맥 질환 위험인자 및 진단 질환, 생활방식을 평가한다.
5. 결과를 평가하고 해석한다.
6. 필요에 따라 의사에게 보낸다.
7. 의학적 허가 및 추천 프로그램을 얻는다.

고객 상담

비록 통일된 과정은 존재하지 않지만, 첫 면담이 트레이닝 제공을 위한 핵심적인 정보를 얻고 공유하는 시작점이라는 데에는 이견이 없다.[16,28] 첫 면담은 고객과 트레이너의 적합성(compatability), 목표의 설정, 상호합의를 이끌어내기 위해 서로 정보를 공유하는 시간이다.

첫 면담을 통해 퍼스널 트레이너와 고객은 서로가 적합한지를 확인하고, 목표를 설정하며 고객과 트레이너 간 합의를 이끌어낸다.

고객과 트레이너 적합성 평가

고객과 트레이너의 적합성을 확인하기 위한 첫 단계로, 트레이너는 가능한 서비스를 구체적으로 제시한다. 이때 전달해야 할 중요한 정보에는 퍼스널 트레이너의 교육 내용, 전문적인 경험, 자격증, 특화 및 전문분야뿐만 아니라 행동강령, 성공률 및 프로그램 전달 체계의 특이점 등이 포함된다. 또 다른 중요한 요소로는 언제 그리고 어디서 교육이 가능한지와 같은 시간 및 위치적인 것들이 포함된다.

또한 고객의 동기부여 상태를 파악하여 운동할 준비가 되어 있는지 평가해야 한다. 이를 위해 과거의 경험, 운동에 임하는 자세, 주변의 지원 여부, 시간 활용성 이외에 운동에 방해가 될 만한 잠재적인 장애물 등을 이야기해야 한다. 운동에 대한 준비 여부와 적합성을 예측하기 위한 서면 검사를 이용할 수도 있으며, 이에 대한 예시는 165쪽에 제시되어 있다.

적합성을 판단하는 마지막 단계는 고객과 트레이너가 얼마나 어울리는지를 확인하는 것이다. 퍼스널 트레이너와 고객이 각자의 한계, 역할, 능력 및 기대치에 대한 합의를 이루어야 하며, 이를 위해 첫 면담에서 논의되었던 정보나 개인적인 사정 등도 이야기할 수 있어야 한다.

만약 첫 면담 과정을 통해 자신과 적합하지 않다고 판단된다면 적절한 서비스를 제공해줄 수 있는 다른 트레이너에게 넘겨주는 것도 필요하다.

목표 논의

트레이너와 고객이 잘 맞다고 판단되면 그 다음은 목표를 논의하는 단계이다. 목표를 세우는 것은 운동 방향을 설정하고 동기를 부여하는 데 중요하다. 목표는 구체적

이고, 측정가능하며, 행동 중심적이고, 현실적이어야 하며 시간에 따라 설정하는 것이 필수적이다. 목표 설정에 대한 자세한 내용은 8장에 제시되어 있다.

고객과 트레이너 간의 합의

고객과 트레이너가 일치되고 명료한 목표를 설정했다면, 그 다음은 둘 사이의 합의를 이끌어내는 것이다. 합의 단계에 들어서기 위해서는 법적 영향력 하에 형식을 갖춘 계약서를 작성해야 한다. 계약 내용은 제공되는 서비스, 관련 당사자, 각각의 기대치, 기간, 가격, 지불 방법 등이 서면으로 작성되어야 한다. 또한 취소 및 환불 정책, 용어에 대한 정의, 계약이 무효화되는 상황에 대한 내용도 포함되어야 한다. 계약 내용에 대한 논의는 상담과정 중에 진행되어야 한다. 퍼스널 트레이너는 이 계약과 관련된 내용이나 질문사항 등을 상호합의가 이루어지기 전에 명확히 기록해야 한다. 계약은 양측이 법적으로 문제없는 연령과 권한을 가지고 있다는 전제 하에, 서명이 이루어지는 순간부터 유효하다.[23] 퍼스널 트레이닝 계약/동의서의 예시는 168쪽에 나와 있다. 트레이너는 본인의 계약 내용이 해당 도시나 주의 법에 유효한지 변호사를 통해 확인할 필요가 있다(미국의 경우).

운동 참여 전 건강 검사

운동 참여 전 건강 검사의 목적은 고객의 질병을 파악하고 관상동맥 질환과 관련된 위험인자를 확인하고 특별히 고려해야 할 생활습관을 가려내며, 운동 시작 전에 의사의 진찰이 필요한 경우를 확인하기 위함이다.

운동참여 전 건강 검사의 첫 단계는 고객에게 관련 설문을 완성하게끔 하는 것이다. 퍼스널 트레이너는 운동 시작 전에 이를 살펴보고 꼼꼼히 확인해야 한다. 다만 특별한 의학적 소견이 필요 없는 고객의 경우, 가격과 시간 면에서 효율적으로 시행하여 운동에 대한 장벽을 높이지 말아야 한다.

건강 검사를 위한 검사지는 다양한 운동 수준의 적합성을 평가하기 위한 정보로 이루어져 있으며 크게 두 가지가 있다. 하나는 ① PAR-Q(Physical Activity Readiness Questionnaire)이며 다른 하나는 ② 건강/의학적 설문지(Health/Medical Questionnaire)이다.

신체활동 준비 상태 설문지(PAR-Q)

PAR-Q는 캐나다에서 개발된 것으로, 의사에 의한 진단 내용뿐 아니라, 고객 본인의 기억에 따라 경험했던 증상이나 증후에 대한 설문 내용을 포함한다. 이 형식은 167쪽에 제시되어 있다.

PAR-Q의 장점은 비용이 싸고, 평가하기 쉽고, 추가적인 의학적 검사가 필요한 사람들을 잘 걸러낸다는 점이다. 특히 저강도 운동의 참여가 도움이 되는 사람들을 배제하지 않고서도, 추가적인 의학적 검진을 필요로 하는 사람들을 가려낼 수 있다는 장점이 있다.[45] 반면 안전한 운동을 위해 고안되었으나, 관상동맥 질환의 위험성을 정확히 걸러내지 못한다는 단점이 있다. **관상동맥 질환 위험 요인**(coronary risk factors), 약물복용 및 운동금지자에 대한 검사가 정확히 되지 않는다는 한계 때문에 PAR-Q와 더불어 추가적인 건강검진 도구를 이용할 것이 추천된다.

이와 달리 건강/의학적 설문지는 중급 혹은 고강도 운동에 대한 적합성을 평가할 수 있는 도구이다. 관상동맥 질환 위험 요인, 심혈관계 질환으로 인한 갑작스런 사망 위험인자, 현재 진단받은 질환, 정형외과적 질환, 수술 경력, 증후 및 증상에 대한 개인기록, 약물 및 보충제 복용 내역, 생활습관 등을 다루기 때문이다. 이 예시는 170쪽에 제시되어 있다.

이 두 가지 도구를 통해 얻어진 정보를 바탕으로 건강에 대한 위험 요소와 적절한 운동강도를 파악할 수 있다. 운동을 시작하기 전에 의사의 진찰이 필요한 경우는 추후에 이 장에서 다룰 것이다.

추가적인 검사

이 외에 다양한 정보를 습득하기 위한 검사로는 생활습관조사(Lifestyle Inventories), 사전동의서(Informed Consent) 그리고 위험인수동의서(Release/Assumption of Risk)가 있다.

생활습관 조사

생활습관 조사는 그 형식과 질문 내용, 깊이가 다양하다. 하지만 대체로 식습관, 스트레스 관리법, 신체활동 레벨 및 개인의 건강에 영향을 미치는 항목들로 구성되어 있다. 비록 몇몇 평가 결과는 해석이 불분명한 경우도 있으나, 개인의 건강에 긍정적, 부정적 영향을 미치는 요소들을 질적, 양적으로 평가할 수 있는 내용임에는 틀림없다. 퍼스널 트레이너는 이를 기존에 수집한 정보와 함께 고객의 목표달성에 장애가 될 만한 요소들을 미리 파악할 수 있다. 또한 목표달성을 위한 중요한 정보를 제공받을 수도 있을 것이다.

대부분의 표준화된 생활습관 목록은 극히 일반적으로 건강하다고 여겨지는 사람을 대상으로 만들어지므로, 현재 병을 앓고 있거나 과거 의사에게 진단받은 적이 있는 사람이라면 이 결과가 무의미할 수도 있다. 따라서 이러한 경우에는 현 병력 및 과거의 진단 내용을 따라야 한다. 172쪽에 나와 있는 '건강 위험 요소 분석'은 생활습관 조사표의 한 예이다.

사전동의서

사전동의서는 진행될 프로그램의 내용과 과정에 대한 총괄적인 정보를 담고 있다. 따라서 프로그램의 세부사항, 장단점, 비밀 조항, 참가자의 책임, 전반적인 용어에 대한 숙지 등의 내용을 포함해야 한다. 이는 프로그램을 시작하기 이전에 구두와 서면으로 고객에게 전달하는 것이 일반적이다. 25장에서 이와 관련한 법적 내용을 다루고 있으며, 사전동의서의 예시는 626쪽에 제시되어 있다.

위험인수 동의서

위험인수(Assumption of Risk)는 운동중 트레이너의 부주의로 인한 부상일지라도 이에 대한 참가자의 법적 권리를 포기한다는 내용이다.[2] 하지만 이와 관련한 법적인 시행은 불분명한 부분이 있는데, 이는 포기서류(waiver document)에 대한 법적인 해석이 다양하기 때문이다(25장 참고). 위험인수 동의서는 운동 참여에 따른 잠재적 위험 요소를 참가자가 사전에 인지하고 있으며, 이에 대한 책임도 갖고 있다는 전제에서 출발한다. 서명이 들어간 위험인수 동의서는 트레이너의 법적인 책임을 제한시켜줄 것이다. 만약 트레이너가 법정에서 고객이 위험을 피하는 방법을 알고 있었으며, 그 위험성에 대한 책임을 감수하기로 했다는 사실을 입증해야 하는 상황이 온다면 이 문서가 효력을 발휘할 수 있다. 그렇다고 해서 퍼스널 트레이너의 프로로서의 의무를 면제시켜준다는 뜻은 아니다. 이 문서의 예시는 25장 628쪽에 제시되어 있다.

아동과 청소년의 운동 참여 전 계약

시대의 흐름에 따라 소아비만 환자가 늘면서, 아이들의 체중감량 및 건강유지, 자존감 회복을 위해 퍼스널 트레이너를 고용하는 경우도 늘고 있다. 심지어 몇몇 부모는 아이들의 운동 능력까지 향상시켜주길 기대한다. 하지만 안타깝게도 아동과 청소년의 퍼스널 트레이닝에 대한 의학적, 법적 조치는 거의 전무한 상황이다. 따라서 운동을 시작하기 전에 그들의 부모나 법적 보호자가 건강기록을 철저히 기록하는 것이 바람직하다. '운동 전 신체검사(Preparticipation physical Examination)'[36] 형식은 미국 소아과협회 및 가정의학과협회의 인증을 받은 운동 전 건강검진 내용을 포함하고 있으므로 믿을 만하다. 이 결과에 따라 운동 시작 전에 아이를 의사의 검진 혹은 허락을 받아야 할지 결정할 수 있다. 하지만 소아청소년 연령대의 참가자에 대한 포기각서나 부모의 동의 혹은 위험성에 대한 책임 소재 등은 아직 불분명하다. 부모는 포기각서나 위험성의 책임에 대해 그들의 아이를 대신하여 행사할 권리가 없다.[22] 그러므로 혹시나 모를 부상이나 불만사항에 대해 퍼스널 트레이너가 법적 책임으로부터 완전히 자유로울 수는 없다. 실제로 많은 주(미국의 경우)에서 7~14세 소아의 경우 부주의 및 태만(self-negligence)이 적용되지 않는다.[22] 그러므로 아동 참여자의 부주의가 부상에 대한 트레이너의 배상 책임을 줄여주지는 못한다.

이러한 이유로 아동 및 청소년을 담당하는 퍼스널 트레이너는 안전하고 효과적인 트레이닝 방법 및 아동, 청소년의 심리적, 생리적 특성을 잘 알고 있어야 한다. 이렇게 의학적 그리고 법적으로 복잡한 문제가 존재하긴 하지만, 아동 및 청소년 시기의 트레이닝은 신체적으로 많은 이점을 갖는 것도 사실이다.[19] 트레이너가 잘 정형화된 훈련지침을 바탕으로 안전한 과정을 거친다면 부상의 위험을 줄이고 법적인 책임으로부터 스스로를 보호할 수 있을 것이다.

기록 보관

퍼스널 트레이너는 첫 면담 과정부터 수집한 핵심적인 정보를 모으고, 정리하여 보관해두어야 한다. 완성된 설문지 및 고객과 관련된 다양한 문서들을 정리하여 보관하는 것은 다음 단계로 넘어가기 전에 꼭 필요한 과정이다.

> 안전하고 효과적으로 고객의 목적을 달성하기 위해, 건강 상태 및 의학적 소견 그리고 생활습관을 수집하여 평가하는 것은 퍼스널 트레이너가 첫 면담부터 반드시 해야 할 일이다.

관상동맥 질환 위험 요인, 질환, 생활습관 평가

소정의 형식에 따른 질문지를 완성하고 이를 검토했다면, 이를 바탕으로 고객의 건강 상태 및 잠재적 위험인자를 평가해야 한다. 이 평가를 바탕으로 고객의 건강 상태를 파악하고, 필요하다면 의사에게 보내게 된다. 그 핵심은 **관상동맥 질환**(CAD, coronary artery disease) 위험 요인, 의학적 소견 및 지병, 그리고 생활습관이다.

관상동맥 질환 위험 요인

서구사회에서 관상동맥 질환은 사망의 주된 요인이다. 특히 **아테롬성 동맥경화증**(atherosclerosis)은 동맥 벽의 내측이 단단해지고 점차 탄력을 잃는 퇴행성 질환이다. 오랜 시간 동안 지방 및 혈소판이 동맥 벽에 쌓이면서 동맥을 좁게 만들고, 결과적으로 심장으로 향하는 혈관을 막아 심근조직을 죽게 만들거나 **심근경색증**(myocardial infarction)을 유발하게 된다.

운동이 이를 예방하는 데 도움이 된다고 알려져 있긴 하지만, 경우에 따라 오히려 운동이 오랜 시간을 거쳐 적응된 심혈관계에 과부하를 일으켜 관상동맥 질환의 위험성을 높이기도 한다.[34]

보통 인지 가능한 위험 요소들은 관상동맥 질환을 유발할 잠재성을 갖고 있다. '위험 요인(positive risk factor)'이란 '역학적 관점에서 볼 때, 건강과 관련하여 예방하는 것이 중요하다고 여겨지는 생활습관, 환경, 유전적 특성 등'을 의미한다.[29] 따라서 관상동맥 질환과 관련된 위험 요소를 확인하여 운동으로 위험해질 수 있는 고객을 미리 파악해야 한다.

관상동맥 질환 위험 요인

역학적 조사에 따르면 관상동맥 질환을 유발하는 요인은 개인적인 특성과 관련이 있다. 이러한 특성들 중 많은 요소를 중등도로 가질수록 관상동맥 질환의 가능성이 높았다.[26] 가족력, 흡연 여부, 고혈압, 이상지질혈증, 비정상적인 공복 혈당 수치, 비만, 좌식생활의 일곱 가지 요소가 이에 해당한다(표 9.1 참조).

표 9.1 관상동맥 질환 위험 요인 기준

위험 유발 요인	상세 기준
나이	남성 45세 이상, 여성 55세 이상
가족력	심근경색, 관상동맥재건술, 생물학적 아버지 또는 남자 형제가 55세 이전에 사망한 경우, 생물학적 어머니 또는 여자 형제가 65세 이전에 사망한 경우
흡연	현재 흡연자, 최근 6개월 이내에 금연한 자, 또는 간접흡연 환경에 노출된 자
좌식생활	최소 3개월 동안 최소 주3회, 최소 30분 이상의 중강도(40~60% $\dot{V}O_2$ Reserve) 운동에 참여하지 않은 자[47]*
비만†	신체질량 지수 30kg/m^2 이상, 또는 남자 허리 둘레 102cm(40in) 초과, 여자 허리 둘레 88cm(35in) 초과[17]
고혈압	최소 두 번의 별도 측정 결과 수축기혈압 140mmHg 이상 그리고/또는 확장기혈압 90mmHg 이상, 또는 항고혈압 약물 복용중**
이상지질혈증	저밀도 지단백 콜레스테롤(LDL-C) 130mg/dl(3.37mmol/L) 이상, 또는 고밀도 지단백 콜레스테롤(HDL-C)40mg/dl(1.04mmol/L) 미만, 또는 지질 저하 약물 복용중, 총혈청콜레스테롤 수치를 사용하는 경우 200mg/dl(5.18mmol/L) 이상***
당뇨병전증	최소 두 번의 별도 측정 결과 공복혈당장애(IFG)=공복 혈당 100mg/dl(5.50mmol/L) 이상, 126mg/dl(6.93mmol/L) 미만 또는 내당능장애(IGT)=2시간 경구당부하검사 결과 140mg/dl(7.70mmol/L) 이상, 200mg/dl(11.00mmol/L) 미만****
위험 억제 요인	**상세 기준**
고혈청 고밀도 지단백 콜레스테롤	60mg/dl(1.55mmol/L) 이상

*Pate, R.R., M. Pratt, S.N. Blair, et al. 1995. Physical activity and public health. A recommendation from the Centers for Disease Control and Prevention and the American College of Sports Medicine. Journal of the American Medical Association 1:273 (February, 5): 402-407.
**Chobanian, A.V., G.L. Bakris, H.R. Black, et al. 2003. The seventh report of the Joint National Committee on Prevention, Detection, Evaluation, and Treatment of High Blood Pressure: The JNC 7 report. Journal of the American Medical Association 289: 2560-2572.
***NCEP Expert Panel. 2002. Third report of National Cholesterol Education Program (NCEP) Expert Panel on Detection, Evaluation, and Treatment of High Blood Cholesterol in Adults (Adult Treatment Panel III). Final report. Circulation 106: 3143-3421.
****American Diabetes Association. 2007. Diagnosis and classification of diabetes mellitus. Diabetes Care 30 (suppl 1): S42-47.
†비만의 기준에 대한 전문가들의 의견이 다양하게 갈리므로, 운동전문가들도 위험 요소 평가시 가능한 의학적 판단 기준을 따르도록 노력해야 한다.
의학적 판단시에는 위험 요소의 총합으로 판단하되, 고밀도 지단백 콜레스테롤 수치가 높다면 위험 요소 하나를 제거해도 좋다. 고밀도 지단백 콜레스테롤은 관상동맥 질환 위험성을 감소시킨다.
ACSM 2010의 허가를 받음

나이: 관상동맥 질환의 위험성은 나이가 듦에 따라 증가했다. 성별로 나누면 남성이 여성에 비해 위험성이 높았으며 더 어린 나이에 발병했다. 최근의 가이드라인에 따르면 남성은 45세 이상, 여성은 55세 이상의 경우 위험군으로 분류해야 한다.

가족력: 관상동맥 질환은 유전되는 경향이 있으므로 가족력이 중요하다. 비록 유전자나 환경적인 요인으로 단정 짓기는 힘들지만, 가족력이 있는 경우 관상동맥 질환에 취약한 것은 사실이다.[27] 따라서 심근경색, 관상동맥 재생술의 가족력이 있거나, 가족 중 남성은 55세 이전 생물학적 아버지 혹은 형제 및 자녀의 급사, 여성은 65세 이전에 생물학적 어머니 혹은 자매 및 자녀의 급사 기록이 있다면 주의해야 한다.

흡연: 수많은 연구가 흡연이 관상동맥 질환의 핵심적인 위험 요인이라고 이야기한다. 또한 심혈관계 질환의 위험성과 흡연의 양 그리고 흡연력이 선형관계를 나타내는 것으로 알려졌다.[14] 흡연에 대한 화학적인 분석 결과 흡연은 심근의 산소요구량을 늘리는 반면 심근으로 전달되는 산소공급은 줄여 결과적으로 심혈관계에 무리를 줘 관상동맥 질환을 유발한다고 알려졌다.[15] 또한 흡연은 고밀도 지단백 콜레스테롤 수치를 낮춰, 결과적으로 동맥경화의 속도를 높인다.[35] 흡연자이거나 최근 6개월 이내에 금연을 시작한 사람이라면 관상동맥 질환의 위험성이 높은 경우에 해당한다.[3]

고혈압: 고혈압은 만성적이고 지속적으로 혈압이 높게 유지되는 것을 말한다(표 11.2) 고혈압 진단을 받은 대부분의 경우는 특별한 이유 없이 혈압이 높은 본태성 고혈압에 해당한다. 이차성 고혈압은 신장 질환이나 비만과 같은 특정 요인에 의해 혈압이 올라간 경우를 의미한다.[31]

고혈압은 병인과 무관하게, 높은 혈압으로 인한 심근 과부하로 심혈관계에 직접적인 손상을 일으켜 관상동맥 질환을 유발하는 것으로 알려져 있다. 이는 말초저항을 극복하기 위해 심장이 과도하게 수축하여 동맥 벽을 손상시키는 것을 포함한다.[44] 일반적으로 혈압이 높을수록 관상동맥 질환의 위험성도 크다.

이상지질혈증: 콜레스테롤은 인체의 대사에서 특징적인 역할을 수행하는 물질로 지질과 유사한 구조를 가지고 있다. 콜레스테롤은 혈류에서 분자 수준의 단백질인 '고밀도 지단백(high-density lipoprotein, HDL)'과 '저밀도 지단백(low-density lipoprotein, LDL)'에 의해 운반된다. 이 중 저밀도 지단백은 콜레스테롤을 방출해 동맥의 혈관 벽에 콜레스테롤이 쌓이게 하여 동맥경화를 유발하고, 결과적으로 혈전을 형성하여 심장 질환을 일으킨다.[46] 반면 고밀도 지단백은 콜레스테롤을 간으로 수송하여 이를 대사시키고 제거함으로써 심혈관 질환을 억제한다.

역학조사 결과 총 콜레스테롤 수치와 저밀도 지단백 수치는 높고, 고밀도 지단백 수치는 낮을수록 남녀 모두 관상동맥 질환의 위험성이 증가했다.[18] 총 콜레스테롤 수치 200mg/dl 이상 혹은 HDL <35mg/dl 혹은 LDL >130md/dl에 해당하거나 지질저하제를 복용중인 경우라면 관상동맥 질환의 위험성이 크다. 특히 총 콜레스테롤 수치보다도 LDL 수치가 관상동맥 질환을 예측하는 데 중요한 인자라는 것을 알아야 한다. 어떤 경우든 이에 해당하는 사람이라면 관상동맥 질환의 위험성에 노출되어 있다.[3]

공복혈당장애: 공복 혈당 수치는 신체의 대사 기능을 확인하기 위한 중요한 인자이다. 혈당 수치의 증가는 지질과 당의 소모를 방해하여 인체의 화학적 불균형을 초래한다. 결과적으로 이러한 대사불균형을 갖고 있는 사람은 동맥경화에 취약하고 관상동맥 질환의 위험성이 높아진다.[5] 공복 혈당 수치의 증가는 당뇨의 잠재적 예측인자로도 사용할 수 있다. 공복 혈당 수치가 100mg/dl 이상이거나 경구혈당투여 2시간 뒤 140mg/dl 이상의 수치가 서로 다른 날 두 번 이상 측정된다면 관상동맥 질환의 위험성이 높은 것이다.[3]

비만: 비만의 의학적 정의는 과도한 체내 지질의 축적이다. 특히 미국에서는 비만 인구가 급속도로 늘고 있다. 비만과 신체적 비활동성, 고혈압, 고콜레스테롤혈증, 당뇨와 같은 위험 요인과의 복잡한 관계 때문에 관상동맥 질환과의 관계에 대해서는 불분명한 부분이 있다. 하지만 비만과 관상동맥 질환은 독립적인 관계가 있다는 증거들이 점차 밝혀지고 있다.[24] 과도하게 축적된 체지방의 문제뿐만 아니라 내장지방의 분배 및 축적과 관련된 위험성도 보고되고 있다. 허리와 복부에 과도한 체지방을 축적하고 있는 사람은 관상동맥 질환의 위험성이 높아진다.[17] 비만의 위험인자 수치는 BMI를 이용하는데 이 수치가 30 이상이거나 허리 둘레가 남성은 40인치, 여성은 35인치 이상인 경우 위험인자에 해당한다.[3] 11장에 BMI와 허리 둘레 측정에 대해 자세히 다루고 있다.

좌식생활: 신체활동의 부족이나 좌식생활은 사망의 주요 원인으로 지적된다. 많은 연구에서도 좌식생활 및 운동 부족을 관상동맥 질환의 위험인자로 꼽고 있다.[47] 좌식생활을 하는 경우 신체적으로 활동적인 경우에 비해 관상동맥 질환의 위험성이 증가한다는 연구가 상당히 많이 보고되고 있다. 또한 높은 신체활동성은 다른 관상동맥 질환 위험 인자에도 영향을 미친다. 혈압을 낮추고, 중성지방 수치를 낮추며, HDL 콜레스테롤 수치를 증가시키고, 포도당내성을 증가시키며 인슐린 민감성을 높인다.[20] 정기적으로 운동을 하지 않거나, 하루에 200~250칼로리 정도만을 소비하는 최소한의 신체적 활동을 하는 경우 관상동맥 질환의 위험성이 높은 것으로 나타났다.[3]

관상동맥 질환 억제 요인

심혈관계 질환을 예방하는 데 도움이 되는 요소들을 가리킨다.[32] HDL의 경우 콜레스테롤을 제거하고 동맥의 혈전 형성을 예방하므로 관상동맥 질환을 억제할 수 있다. 연구에 따르면 HDL 수치의 증가가 관상동맥 질환의 위험성을 낮추는 것으로 나타났다.[12] 그러므로 HDL-콜레스테롤 수치가 60mg/dl 이상인 경우 관상동맥 질환의 위험성이 저하된다.[3] HDL-콜레스테롤 수치가 60mg/dl 이상인 경우라면 표 9.1의 관상동맥 질환 위험 요인 중 하나를 제거할 수 있다. 지금까지의 평가 결과를 통해서 관상동맥 질환의 위험성을 체계적으로 분석할 수 있다.

> 퍼스널 트레이너는 관상동맥 질환 위험 요인을 인지하고 이해하며, 안전을 위하여 관련 사항들을 숙지하고 있어야 한다.

의학적 상태 및 진단 질환에 대한 이해

관상동맥 질환 위험 요인을 인지하는 것뿐만 아니라 현재 가지고 있는 잠재적인 건강 상태를 반드시 파악해야 한다. 만성 심혈관계 질환, 호흡기 질환, 대사성 질환, 정형외과적 질환의 증후와 증상을 인지함으로써 운동을 금지시키거나 현재 상황을 악화시킬 가능성을 판단해야 하기 때문이다. 현재 앓고 있는 병이 있거나 복용중인 약이 있는 경우라면 특별히 주의할 필요가 있다.

관상동맥과 폐 질환

개인의 과거력은 관상동맥 질환을 인지하는 데 가장 기초적인 역할을 하며 관상동맥 질환 관련 증상 및 증후는 질환의 위험성을 인지하는 핵심적인 역할을 한다. 이러한 사람들은 특히 안전에 유의하여 적절한 운동 프로그램을 시행해야 한다. 이전에 언급된 건강 평가 검사는 일차적으로 이전에 진단받았거나 현재 관찰되는 증상 및 증후에 대한 기록을 확인하는 것이다. 하지만 퍼스널 트레이너는 더욱 심도 있는 관찰을 통해 고객이 가지고 있을지도 모르는 심혈관계 및 폐 질환을 찾아낼 수 있어야 한다. 이와 관련된 주요 증상들은 다음과 같다.

- 가슴, 목, 턱, 팔 등 허혈성 심질환과 관련될 수 있는 부위의 통증 및 불편감
- 휴식 혹은 가벼운 운동시 짧은 호흡
- 어지러움 혹은 실신
- 기좌호흡 및 발작성의 야간성 호흡곤란
- 발목의 부종
- 심계항진
- 간헐적 파행
- 심잡음
- 일상적인 활동에 수반되는 피로 및 짧은 호흡

트레이너는 위의 증상 및 증후가 반드시 심혈관계 및 폐, 대사성 질환과만 관련 있는 게 아니라는 점을 이해하고, 진단적 목적으로 임상 현장의 관점에서 해석하도록 노력해야 한다.[9] 또한 이러한 증상 및 증후를 나타내는 사람이 있다면 즉시 의사에게 진찰을 받고 의학적 검진을 받게끔 하는 것도 트레이너의 책임이다.

폐 질환은 운동중 조직으로의 산소공급을 담당하는 호흡계에 영향을 미친다. 부적절한 산소공급으로 호흡기계에 문제가 생기면 심폐 기능계에 부담을 주고 이는 운동에 대한 내인성을 감소시킨다. 만성기관지염, 폐기종, 천식은 **만성 폐쇄성폐질환**(COPD, Chronic Obstructive Pulmonary Disease)과 관련된 질환으로 호흡기계 이상과 관련하여 가장 흔하게 진단받는 질환이다. 만성기관지염은 기관지 벽이 두꺼워지면서 지속적으로 가래가 형성되어 공기의 흐름을 방해하는 염증성 질환이다. 폐기종은 작은 기도에 영향을 미치는 폐 질환으로, 폐포-모세혈관 단위의 지속적인 파괴로 인한 기실의 확장으로 폐혈관계의 저항 증가를 유발하여 결과적으로 심부전을 일으킨다. 천식은 점막세포 및 과도하게 생성된 점액의 흡인 작용을 하는 기관 평활근의 돌발적인 수축으로 유발된다. 천식으로 인한 기도의 수축은 알러지 반응, 운동, 공기의 질 및 스트레스 등을 유발한다(20장에 자세한 내용이 수록되어 있다).[8]

급성심장사의 위험성

운동과 관련된 **급성심장사**(sudden cardiac death)는 심정지로 유발되는데, 이는 기존에 갖고 있던 의학적 소견 혹은 갑작스럽고 돌발적인 변화로 인해 일어난다.[48] 운동은 일반적인 건강 상태의 심혈관계를 가진 사람에게는 질병을 일으키지 않는다.[3] 실제로 의학계에선 신체활동 및 운동을 권하는데, 역학적으로나, 의학적으로나, 과학적으로나 운동이 동맥경화의 위험성을 억제하고, 관상동맥 질환의 발병을 막기 때문이다.[4] 하지만 경우에 따라 과도한 운동은 급성적, 일시적으로 급성심근경색 및 급성심장사의 위험성을 높힐 수 있다.[4]

35세 이하의 젊은 층이나, 노년층 모두 급성심장사의 위험성을 갖고 있다. 하지만 그 원인은 다양하다. 젊은 층에서 급성심장사를 유발하는 심혈관계 이상은 **비대심장근육병**(hypertrophic cardiomyopathy), 관상동맥 이상, **대동맥판막협착증**(aortic stenosis), (**마르판증후군**[marfan syndrome]과 관련된) 동맥의 절개 및 파열, **승모판탈출증**(mitral valve prolapse), 심장 부정맥, 그리고 **심근염**(myocarditis)이다. 동맥의 파열이 주요 원인이 되는 마판증후군을 제외하고는 모두 심실의 부정맥이 즉사의 원인이었다.[4]

노년층은 과거 심혈관계 증상이 나타나지 않았던 경우, 관상동맥의 **혈전폐색**(thrombotic occlusion)이 급성심장사의 원인이었다.[4]

건강/의학 설문지(170쪽)에 대한 철저한 검토를 통해 급성심장사의 잠재적 위험성을 파악할 수 있을 것이다. 다음 사항 중 하나 이상에 해당한다면 심혈관계 검진을 위해 의사에게 보내는 것이 합리적이다.

- 신체활동시 흉부의 통증 및 불편감
- 원인을 알 수 없는 어지러움 및 실신
- 원인을 알 수 없는 과도한 짧은 호흡 및 피로
- 심잡음
- 전신 혈압의 상승
- 친인척 중 50세 이전에 급사한 가족력
- 가까운 친인척 중 50세 이전에 심장 질환으로 장애를 앓은 가족력
- 비후형 심근병증, Long-QT 증후군, 마르판증후군 혹은 심부정맥의 가족력

이 내용은 미국심장협회의 운동선수를 위한 권고안에 따른 것이다. 중등도 혹은 고강도의 신체활동으로 인한 급성심장사는 일반인보다 운동선수에서 많이 발견된다.[7] 이러한 기준은 운동선수를 위한 것이지만 일반적인 사람들에게도 적용될 수 있다. 그러나 일반인의 경우 급성심장사의 확률이 훨씬 적다.

트레이너는 이러한 증상 및 증후를 진단 목적의 임상 관점에서 이해하되, 이것들이 반드시 급성심장사와만 연결되는 것은 아님을 알아야 한다. 하지만 하나 혹은 그 이상의 소인을 보일 경우, 운동 시작 이전에 의사의 검진을 받아볼 것을 권하는 것 또한 트레이너의 역할이다.[4]

운동과 관련된 급성심장사가 반드시 나이에 의해 엄격하게 구분되는 것은 아니다. 젊은층은 심혈관계 질환의 초기 증상을 나타낼 것이고, 노년층은 심장의 이상과 관련된 구조적이고 기질적인 증후를 나타낼 것이다.[4] 따라서 각각에 맞는 위험 요소를 이해하는 것이 중요하다. 관상동맥 질환의 위험성을 안고 있는 경우에는 대체로 일반적인 신체활동의 장점이 급성심장사의 위험성보다 크다. 하지만 심혈관계 질환을 진단받았거나 정확한 진단이 어려운 경우라면, 고강도 신체활동은 이득보다 해악이 더 클 수 있다.[4]

> 대부분의 경우 규칙적인 신체활동의 이득이 급성심장사의 위험성보다 크다. 하지만 심혈관계 질환을 진단받았거나 정확한 진단이 어려운 경우라면, 고강도 신체활동은 이득보다 해악이 더 클 수 있다.

급성심장사는 어느 인구군에서든 흔치 않으며 오히려 재앙에 가까운 일이다. 어린 운동선수 중 운동과 관련된 급사의 비율은 남자의 경우 133,000명 중 1명, 여자의 경우 769,000명 중 1명꼴로 나타난다.[4] 이 통계는 운동과 관련된 비외상성 사망을 포함하고 있으며 심혈관계 질환만으로 제한한 것이 아니다. 노년층의 격한 운동중 급성심장사한 비율은 매년 15,000~18,000명당 한 명 꼴로 일어난다.[3] 어린 운동선수의 급성심장사는 운동참여 전 검사의 가이드라인에 대한 논란을 불러일으키기도 했다.[42] 따라서 퍼스널 트레이너로서 건강/의학 설문지에 급성심장사의 위험성에 대한 내용을 포함하는 것이 바람직하며 이를 모든 고객을 대상으로 시행해야 한다. 급성심장사는 모든 연령대에서, 적응되지 않은 활동을 수행하다가 발생하는 경우가 많기 때문이다.[4]

대사성 질환

앞에서 언급했듯이 비정상적인 공복 혈당 수치는 관상동

맥 질환의 위험 요소이며 당뇨의 잠재적 지표가 될 수 있다. 당뇨는 혈당을 적절히 처리하는 우리 몸의 대사에 영향을 미치며 인슐린의 분비 부족(1형)과 인슐린의 작용 장애(2형)에 따른 고혈당을 의미한다. 1형 당뇨는 인슐린 의존적으로, 당 대사를 위해 인슐린 투여가 필요한 경우이다. 2형 당뇨 인슐린 생산은 정상적이나 조직에서 이를 거부하여 당 대사에 장애가 생긴 것이다. 당뇨는 심혈관계 질환에 있어서 독립적인 요소로 알려져 있다. 관상동맥 질환의 위험성을 높이며, 말초혈관 질환 및 울혈성 심부전과도 관련이 있다.[3] 비록 식이조절이 동반된 운동 및 신체활동, 적절한 약의 복용이 당 수치를 조절하는 데 도움이 되지만, 당뇨는 여전히 의학적 주의가 요구되며 사전고지가 필요한 질병이다.[39] 19장에 당뇨환자와의 트레이닝에 대한 내용이 수록되어 있다. 또한 당뇨는 고객의 위험 요소를 분석하는 데 중요하므로 이와 관련한 내용은 추후에 다룰 것이다.

정형외과적 상태 및 질환

비록 정형외과적 제한사항은 심혈관계와 관련된 요소들만큼 위험하게 보이지는 않지만 고객의 운동 능력을 평가하는 데 중요하고, 경우에 따라 운동 시작 전에 의사의 검진이 필요할 수 있으므로 퍼스널 트레이너에게는 중요한 부분이다. 급성 외상, 과사용, 골관절염 및 허리 통증 같은 것들이 가장 흔한 고려 요인이며 이는 각각의 케이스에 따라 다르게 평가될 수 있다. 이러한 요소들은 운동 능력을 제한할 수 있으므로 중요한 부분이기는 하지만, 류머티스 관절염 환자나 최근 수술 경험이 있는 경우 혹은 퇴행성 골 질환을 앓고 있는 경우에 훨씬 큰 주의가 요구된다. 이러한 경우라면 의사와의 상담을 통해 반드시 의학적으로 문제가 없도록 해야 한다(21장에서 자세히 다루고 있다).

약물

의사의 처방에 따른 약을 복용중이라면 진단받은 질병에 대한 치료적 관리가 필요한 경우일 것이다. 복용중인 약의 화학적 반응은 운동에 따라 생리적으로 나타날 수 있다. 약 복용은 심박, 혈압, 심 기능, 운동 능력에 영향을 미친다. 따라서 퍼스널 트레이너는 흔히 복용하는 약물에 대한 효과를 알고 있는 게 좋다. 예를 들어 고혈압 환자에게 처방되는 베타차단제는 운동중 심박의 증가를 유발하므로 운동중에는 이전의 심박수를 유지하는 게 힘들 수 있다. 이러한 이유로 운동의 강도를 심박수 체크를 통해 확인하는 것은 부적절할 수 있는데, 이는 복용중인 약의 차폐 효과 때문이다. 이러한 경우라면 심박수보다 자각적인 인지를 통해 운동강도를 측정하는 것이 더욱 효과적이다.[38]

생활습관 평가

고객의 식습관, 신체활동, 스트레스 관리와 같은 것들은 잠재적인 건강 위협 요소에 대한 추가적인 정보를 제공해준다. 식습관, 신체활동, 스트레스 관리와 같은 생활습관은 관상동맥 질환을 비롯해 사망으로 이어질 수 있는 다양한 질환과의 강한 인과관계를 형성한다.[41] 생활습관 분석을 통해 위험 수준의 평가 및 의사에게로 의뢰가 요구되는 경우를 판단할 수 있으며 이는 추후 자세히 논의할 것이다.

음식섭취 및 식습관

영양섭취가 건강 및 운동 능력에 미치는 영향은 지대하므로, 퍼스널 트레이너는 고객으로 하여금 그들의 식생활을 엄밀히 평가하게끔 해야 한다. 고객의 식습관을 인지하고, 수치화하여 평가함으로써 질병으로 발전할 수도 있는 칼로리의 불균형이나 과소비 혹은 저소비에 대한 정보를 파악해야 한다. 음식섭취와 질병의 발전에는 밀접한 관계가 있다. 가장 확실한 것은 포화지방과 콜레스테롤의 섭취는 동맥경화를 유발한다는 것이다.[13] 과도한 음주는 심혈관계 질환의 위험성을 높이며, 나트륨의 과도한 섭취는 수축기 혈압을 증가시키고 더욱 중요하게는 심부전을 유발할 수도 있다.[25] 칼로리 섭취가 과다하면 비만 및 당뇨를 일으킬 수 있고 반대로 너무 적으면 퇴행성 골질환 및 섭식장애와 같은 정신과적 질환과 연결될 수 있다. 3일 혹은 7일 간의 문서화된 식사기록은 건강과 관련된 개인의 식습관을 평가하는 시작점이 된다. 7장에서 얘기했던 식사일지도 도움이 될 수 있다. 이러한 방법을 통해 얻어진 정보는 질병의 잠재적 위험성에 대한 기초적인 정보를 제공해줄 것이다. 이와 관련된 자세한 내용은 7장을 참고하기 바란다. 또한 섭식장애의 증상 및 증후를 나타내는 경우에 대한 평가 방법도 다양하게 개발되어 있으니 자세한 내용은 19장을 참고하기 바란다.

운동 및 활동 패턴

고객이 운동경력이 거의 없는 경우라면, 신체활동 및 운동의 패턴을 파악하는 것이 도움이 될 것이다. 이전에 논의했듯이 신체적 비활동성은 관상동맥 질환 위험 요인의 중요한 부분을 차지하므로 정확한 평가가 필요하다. 이를 위해서는 활동 내용, 빈도수, 운동량, 운동강도 및 활동과 관련된 짧은 호흡 및 흉통과 같은 증상 및 증후를 파악할 필요가 있다. 또한 관절의 불편감 및 만성통증과 같은 근골격계 질환 또한 자세히 파악할 필요가 있다.

스트레스 관리

역학조사에 따르면 스트레스는 관상동맥 질환과 밀접한 관계가 있는 것으로 나타났다.[37] 다수의 연구에서 스트레스와 심 질환과의 연관성을 밝히고 있다. 또한 몇몇 전향적 연구에서는 'A형'의 행동 패턴을 가진 경우 관상동맥 질환에 대한 전반적인 위험도가 증가하는 것으로 나타났다.[10] 'A형' 행동 패턴은 '높은 요구치와 낮은 조절 능력' 및 사회적 고립 상황에서 적개심, 우울감, 만성 스트레스 등을 나타내는 것으로 밝혀졌다.[1,40] 이러한 스트레스 관련 생활습관은 감정 스트레스 조사(Emotional stress inventory)와 표준 운동검사(Standard excercise testing)를 통해 사회심리적으로, 생리학적으로 평가할 수 있다.[11,43] 스트레스의 관상동맥 질환에 대한 영향이 크기 때문에 스트레스 과부하의 증상과 증후를 정확히 알고, 이에 대한 위험성을 줄이는 전략을 세우는 게 중요하다. 172쪽의 '건강 위험 분석 요소'를 통해 스트레스 강도 및 스트레스 요인에 대한 반응을 평가해볼 수 있다. 이 과정은 운동 참여 전 건강 검사 과정에서 이루어져야 한다.

일단 운동 참여 전 건강 평가가 완료되면, 퍼스널 트레이너는 관상동맥 질환 위험인자, 의학적 소견, 현 병력, 생활습관을 파악해야 한다. 이 평가 결과는 위험도를 파악하기 위해 쓰일 것이다.

결과 해석

운동 참여 전 건강 검사가 끝나고 관상동맥 질환 위험인자, 질병, 생활습관에 대한 검토 및 평가가 마무리되면, 위험의 정도를 계층화하는 것이 다음 단계이다. 위험도를 계층화하는 것은 건강과 관련된 잠재적인 위험 요소를 파악하여 운동의 적절한 강도를 설정하고 경우에 따라 의사에게 보내야 하는 경우를 파악할 수 있는 예비 단계이다. 검사를 통해 얻어진 결과를 정확하게 해석하기 위해, PAR-Q 검사지를 이용하거나 초기 위험층화 방법을 이용한다.

PAR-Q

앞에서 언급했듯이 PAR-Q는 실시하기 쉽고 비용도 합리적인 방법이다. 또한 운동으로 이득을 볼 수 있는 사람을 제외하지 않고도, 추가적인 의학적 검진을 필요로 하는 사람만을 걸러내는 데 효과적이다. 관상동맥 질환, 정형외과적 질환 및 현 병력과 관련된 일곱 가지 예/아니오 식 객관식 질문에 대한 답과 설문지 내용을 바탕으로 적절한 운동강도 및 의사의 검진 필요성 여부를 파악할 수 있다. 이 양식과 관련하여 특수한 몇몇 내용들은 이 장의 '의뢰 과정'에서 다룰 것이다.

초기 위험층화

초기 **위험층화**(risk stratification)의 목적은 나이, 건강 상태, 증상 및 관상동맥 질환 위험 요소 등의 정보를 이용해 3개의 위험군 가운데 하나로 배치하는 것이다.[3] 표 9.2에 위험층화 과정의 기준이 나와 있다. 어떤 가이드라인이나 방법도 모든 잠재적인 상황을 커버할 수는 없다. 하

표 9.2 미국스포츠의학회(ACSM)의 초기 위험층화표

구분	기준
저위험군	증상을 겪은 경험이 없는 남성 또는 여성으로 표 9.1의 심혈관계 질환 위험 요소 중 하나 이하에 해당
중위험군	증상을 겪은 경험이 없는 남성 또는 여성으로 표 9.1의 심혈관계 질환 위험 요소 중 2개 이상 해당
고위험군	■ 심장, 말초혈관 혹은 뇌혈관 질환 또는 만성 폐쇄성폐질환, 천식, 간질성 폐 질환, 혹은 낭포성 섬유종, 당뇨(1형, 2형), 갑상선 질환, 신 및 간 질환 또는 ■ 다음 증상 및 증후 중 하나 이상에 해당 – 심잡음 – 이유를 알 수 없는 피로 – 어지러움 혹은 실신 – 발목의 부종 – 심계항진 혹은 부정맥 – 이유를 알 수 없는 짧은 호흡 – 간헐적인 파행 혹은 종아리 통증 – 기좌호흡 및 야간의 호흡 불편감 – 순환부전으로 유발될 수 있는 턱, 목, 가슴, 팔 등 부위의 통증 혹은 불편감

사례 연구 9.1

위험도 층화하기

상황

Ralph D.는 36세의 공구 엔지니어로 주로 좌식생활을 한다. 그의 아버지는 70세에 심장마비로부터 살아났다. 혈압은 136/86mmHg이며 총 콜레스테롤 수치는 250mg/dl로 HDL은 45mg/dl이다. BMI는 30이며, 엉덩이 둘레는 40인치, 허리 둘레는 47인치이다. 자각적으로 느끼는 증상 및 증후는 없으며 7개월 전부터 금연중이다.

분석

이 내용을 분석해보면 Ralph는 세 가지 관상동맥 질환 위험 요소를 갖고 있다. 고콜레스테롤혈증(총 콜레스테롤 수치 >200mg/dl), 좌식생활, 그리고 비만이다(허리 둘레 39인치 이상, BMI 30). 결과적으로 Ralph는 중위험군에 속한다.

지만 초기 건강검진 과정에서 얻은 정보를 이용하여 의사결정 과정을 거친다면 세 가지 카테고리 중 하나로 구분 짓는 것은 가능할 것이다. 사례 연구 9.1에서 초기 위험층화 과정의 구체적인 예를 볼 수 있다. 트레이너는 운동 참여 전 건강 검사를 통해 이와 관련된 적절한 정보들을 얻을 수 있을 것이다.

> 위험도를 계층화하는 것은 트레이너로 하여금 고객의 트레이닝을 시작하는 것이 좋은지 아니면 의사에게 보내 의학적 내용을 확인하는 것이 좋은지 결정하는 근거를 마련해줄 것이다.

의뢰 과정

지금까지 다룬 내용들은 운동 시작 전에 **의학적 허가**(medical clearance)를 위한 의사의 전문적인 소견이 필요한 경우를 구별하기 위한 목적이 있었다. 앞으로 다룰 의뢰 과정은 운동을 위한 준비성 및 적절성을 평가하기 위해 시행하는 것이다.

의학적 검진

일반적인 의학적 검진은 예방 차원에서 행해지므로 새로운 운동 프로그램을 시작하기 전에 의사의 검진을 받아보는 것이 합리적이다.[3]

PAR-Q 권고안

PAR-Q를 마친 뒤, 트레이너는 추가적인 분석을 통해 의사의 검진을 추천할 수 있다. 만약 고객이 하나 이상의 질문에 '예'를 답했다면, 이와 관련하여 운동강도를 높이거나 운동 평가 시행 이전에 의사와의 상담을 권해야 한다. 고객은 의사에게 운동의 강도와 진행 과정 및 제한사항에 대하여 조언을 구하는 것이 필요하다. 만약 고객이 모든 질문에 '아니오'를 택했다면 다음 단계의 운동 프로그램 혹은 운동 평가 과정을 진행해도 된다고 해석할 수 있다. 임신 예정이거나 임신중인 고객의 경우에도 운동을 시작하기 전에 의사와의 상담을 권하는 것이 좋다. 18장에 임산부가 운동을 중단하거나 의사의 면담이 필요한 경우를 자세히 다루고 있다.

> 만약 PAR-Q 질문 중 하나라도 '예'를 택하거나, 중위험군으로 분류되었는데 고강도의 운동을 원할 경우, 고위험군으로 분류되었는데 중이나 고 강도 운동을 원하는 경우라면, 운동 시작 전에 의사를 찾아가는 것이 좋다.

의학적 검진 및 운동 능력 검사를 위한 권고안

중등도 혹은 고강도 운동을 시작하기 전에, 진단을 위한 의학적 검진이나 최대/준최대 운동검사가 필요한 경우, 그리고 의사의 감독 하에 검사를 시행해야 하는 경우에 대한 가이드라인이 마련되어 있다.

의학적 검진과 운동검사 권고안은 저위험군, 중위험군, 고위험군의 단계로 구분된다. 이는 운동의 강도가 중등도에서 고강도로 올리감에 따라 참가자의 잠재적 위험성이 증가한다는 관점에서 제작되었다. 트레이너는 최대하와 최대 운동검사를 명확히 구분하여 적합한 조치를 취할 수 있어야 한다. 최대하와 최대의 정의는 다음과 같다.

최대하 검사는 진단적 목적 없이 행해지는 평가로, 흔히들 '현장 검사(field test)'라고 부르는데, 값싸고 시행

사례 연구 9.2

중위험군

상황

마사 G.(Martha G.)는 56세의 비서이다. 그녀의 아버지는 심근경색으로 45세에 사망했다. 마사의 LDL-콜레스테롤 수치는 125mg/dl이며 BMI는 25이다. 골프, 테니스 및 산책을 즐기는 활동적인 생활습관을 갖고 있다.

분석

마사는 두 가지 관상동맥 질환 위험 요소를 갖고 있다. 바로 나이와 가족력이다. 따라서 그녀는 중위험군에 속한다. 의학검진 및 운동검사 가이드라인에 따르면 마사는 의학검진 및 중등도 운동검사가 요구되나, 이는 고강도 운동을 행할 때 해당된다. 추가적으로 최대하운동검사에서는 의사의 감독이 요구되지 않으나 최대운동검사에서는 의사의 감독이 요구된다.

사례 연구 9.3

고위험군

상황

캐틀린 K.(Kathleen K.)는 47세의 좌식생활을 하는 여성이다. 총 콜레스테롤 수치는 210mg/dl이며 HDL-콜레스테롤 수치는 68mg/dl이다. 키는 157cm이고 몸무게는 50kg으로 BMI는 20에 해당한다. 서로 다른 날 혈압을 잰 결과 두 번 모두 120/80mmHg로 기록되었다. 어린 시절 1형 당뇨를 진단받았다.

분석

이 경우 관상동맥 질환 위험 인자가 두 가지 존재한다. 좌식생활 습관 및 고콜레스테롤혈증. 하지만 HDL-콜레스테롤 수치가 60 이상으로, 이는 관상동맥 질환 억제 인자에 해당하므로 결론적으로 하나의 위험 요소를 갖고 있는 셈이다. 따라서 55세 이하인 그녀는 하나의 위험 요인을 갖고 있는 저위험군에 해당한다고 생각할 수 있다. 하지만 당뇨병 진단을 받았다는 사실을 놓치면 안 된다. 이 때문에 그녀는 고위험군에 해당한다. 결론적으로 캐틀린은 중등도, 고강도 운동 이전 진단검사시 의학적 검진을 받을 필요가 있다. 또한 최대하 또는 최대 운동검사시 의사의 감독이 요구되는 바이다.

사례 연구 9.4

가족력의 영향

상황

알렉스 M.(Alex M.)은 20세의 활동적인 남성으로 사이클링, 스키, 하이킹, 런닝을 즐긴다. 서로 다른 날 두 번 측정한 혈압은 145/85mmHg이다. 키는 185cm, 몸무게 80kg으로 BMI는 23에 해당한다. 삼촌은 불명확한 이유로 34세에 급사했으며, 의사는 확인되지 않은 심장의 문제가 원인이라고 말했다. 할아버지 또한 47세에 급사했으며, 이유는 밝혀진 바 없다.

분석

알렉스는 두 가지 급성심장사의 위험 요소를 가지고 있다. 높은 혈압과 가까운 친인척 2명이 50세 이전에 심장 문제 그리고 알 수 없는 이유로 급사한 가족력이다. 안정적인 BMI 수치나 활동적인 생활습관을 갖고 있으므로 저위험군에 속하나, 가족력 때문에 급성심장사의 위험을 안고 있다. 권고안에 따라, 운동 시작 이전에 트레이너의 감독 하에 심혈관계 검진을 시행하는 것이 바람직하다.

하기 쉬우며 최대치의 운동 능력을 요구하지 않는다. 이는 공인된 퍼스널 트레이너에 의해 시행된다. 만약 참가자가 고위험군이라면 안전을 위해 의사의 감독이 필요하다. 최대 검사는 일반적으로 임상 현장에서 특수한 진단 장비를 이용하여 시행되며, 참가자의 최대치 운동을 통해 기능적 용적을 평가한다. 이는 상대적으로 복잡하며 생리적 반응을 평가하기 위한 측정도구가 사용된다. 이때는 진단 능력이 요구되고 검사 중 심혈관계 질환의 위험성 때문에 보통 의사의 감독 하에 진행된다. 단계적 위험성은 아래의 기준에 따라 적용된다.[3]

- 저위험군: 중 혹은 고 강도 운동을 시행하기 전에 의학적 검진 혹은 운동부하 검사를 필수적으로 할 필요는 없음. 최대하 혹은 최대 운동검사시 의사의 감독 요구되지 않음
- 중위험군: 중강도 운동을 시행하기 전에 의학적 검진 혹은 운동부하 검사를 필수적으로 할 필요는 없으나 고강도 운동시에는 요구됨. 최대하운동검사시 의사의 감독은 요구되지 않으나 최대운동검사시에는 의사의 감독 필요
- 고위험군: 중 혹은 고강도 운동을 시행하기 전에 의학적 검진 혹은 운동부하 검사가 요구됨. 또한 최대하, 최대 운동검사시 의사의 감독이 요구됨

앞의 예시는 운동 참여 전 건강 검사의 결과 얻은 정보이다(사례 연구 9.2~9.4) 이를 바탕으로 위험군을 구분하고 의학적 검진 및 운동검사가 요구되는 경우에 의사에게 전원하는 연습을 해보자.

의학적 허가

병원진료가 필요하다고 판단되면 합리적이고 안전한 과정에 따라 의학적 검진을 권하는 것이 트레이너의 의무이다. 운동 참여 전 병원진료를 권하는 것은 트레이너로서의 책임을 포기하는 것이 아니라 안전과 개인의 건강을 지키기 위한 노력임을 알아야 한다.

의사에게 의뢰하기

의사의 진찰이 필요하다고 판단되면 추후 활동을 위해 알아야 할 건강 상태, 신체적 한계 및 제한사항 등을 소정의 형식에 따라 의뢰해야 한다. 이 형식은 177쪽에 제시되어 있으며, 기능적 용적에 대한 평가, 참여 가능한 운동사항, 운동으로 악화될 수 있는 경우, 처방전, 프로그램 권고안 등을 포함하고 있다. 25장에서 이와 관련된 트레이너의 역할에 대한 내용을 다루고 있다.

프로그램 권고안

의사의 권고안을 토대로 고객의 요구사항에 맞는 프로그램 방향을 설정할 수 있다. 의사는 진단검사와 운동검사를 통해 얻은 정보로, 감독이 없어도 괜찮은 경우, 감독이 요구되는 경우, 의학적 감독이 요구되는 경우로 구분해서 이야기해줄 것이다.

- 감독이 요구되지 않는 경우는 확연히 선상하거나 분명한 위험사항이 없어 건강한 것으로 추정되는 사람에게 해당된다. 이 경우는 운동을 통해 건강에 이득을 볼 수 있고, 상대적으로 운동의 위험성은 적다. 퍼스널 트레이너의 지도 아래 프로그램을 시작하되 장기적으로는 트레이너와 함께하는 주간 프로그램 세션과 스스로 시행하는 세션이 혼합된 형태로 운동할 수 있다.
- 감독이 요구되는 경우는 한계가 있거나 몸에 무리가 갈 수 있어 일부 활동이 제한되나 참여는 가능한 경우이다. 이때는 고객의 특수한 상황에 맞게 강도를 조절하고 활동을 지도해줄 수 있는 자격증을 갖춘 퍼스널 트레이너가 시행하는 것이 바람직하다.
- 의학적 감독이 요구되는 경우는 건강상 높은 위험성을 안고 있거나, 다양한 위험 인자 혹은 조절되지 않는 질환을 앓고 있는 경우이다. 이 경우에는 응급상황에 대처할 수 있는 수준의 임상시설을 갖춘 상태에서 전문가의 지도 아래 프로그램을 시행한다.

의사의 권고에 따라 짜여진 프로그램이 항상 고객의 요구를 충족시키지는 못하므로, 이 과정에 참여하는 트레이너는 상황에 맞게 안전하고 효율적으로 목표를 달성할 수 있도록 프로그램을 조정하고, 관리할 줄도 알아야 한다.

> 의사에게 보내야 하는 경우라 판단되면, 합리적이고 안전한 운동을 위해 의학적 허가를 확실히 받는 것이 퍼스널 트레이너의 의무이다.

결론

고객 상담과 건강 평가는 퍼스널 트레이너로서 동기를 부여하고, 건강 상태를 평가하며, 트레이닝하고, 고객을 필요에 따라 의사에게 보내는 업무 범위에 포함된다. 고객의 건강이라는 목적을 안전하고 효율적으로 성취하기 위해 고객의 건강 상태, 잠재적 위험성 및 의학적 허가에 대한 적절한 정보를 습득해야 한다.

연구 문제

1. 새로운 고객과의 첫 면담에서 퍼스널 트레이너가 해야 할 일은?

   Ⅰ. $\dot{V}O_2max$를 측정하기 위해 최대하 자전거 검사를 시행한다.
   Ⅱ. 병력기록을 작성하게 한다.
   Ⅲ. 운동 준비 상태를 평가한다.
   Ⅳ. 운동을 통해 성취하고자 하는 목표에 대해 이야기한다.

   A. Ⅰ, Ⅱ　　B. Ⅲ, Ⅳ
   C. Ⅰ, Ⅱ, Ⅲ　　D. Ⅱ, Ⅲ, Ⅳ

2. 다음 중 사전동의서에 포함되어야 할 내용은?

   Ⅰ. 고객의 검사 결과 요약
   Ⅱ. 운동 참여로 얻을 수 있는 것들
   Ⅲ. 고객의 운동 목표
   Ⅳ. 고객의 책임

   A. Ⅰ, Ⅲ
   B. Ⅱ, Ⅳ
   C. Ⅰ, Ⅱ, Ⅲ
   D. Ⅱ, Ⅲ, Ⅳ

3. 운동 참여 전 건강검진에서 발견된 사항 중 관상동맥 질환 위험 요인에 해당하는 것은?

   Ⅰ. HDL: 33mg/dl
   Ⅱ. 가족력: 삼촌이 42세에 중풍으로 사망
   Ⅲ. 혈압: 128/88mmHg
   Ⅳ. 60일 전부터 금연

   A. Ⅰ, Ⅲ
   B. Ⅱ, Ⅳ
   C. Ⅰ, Ⅳ
   D. Ⅱ, Ⅲ

4. 다음 중 가장 큰 관상동맥 질환 위험성을 안고 있는 경우는?

   A. 44세 남성으로 아버지가 60세에 심정지로 사망
   B. 46세 남성으로 혈청 콜레스테롤 수치가 205mg/dl
   C. 48세 여성으로 BMI가 30
   D. 50세 여성으로 만성 폐쇄성폐질환을 앓음

5. 다음 중 급성심장사의 위험성을 증가시키는 조건은?

   Ⅰ. 50세 이상에서 심 질환으로 장애를 얻은 친인척이 있는 경우
   Ⅱ. 심잡음의 사전 인지
   Ⅲ. 좌식생활 습관
   Ⅳ. 운동과 관련하여 원인을 알 수 없는 숨가쁨 및 피로도

   A. Ⅰ, Ⅲ
   B. Ⅱ, Ⅳ
   C. Ⅰ, Ⅳ
   D. Ⅱ, Ⅲ

응용 지식 문제

좌식생활을 하는 45세의 남성이 운동을 시작하려 한다. 면담과 운동 참여 전 건강검진을 통해 다음과 같은 정보를 얻을 수 있었다.

- 가족력: 아버지와 할머니가 60세에 심장마비를 일으킴
- 비흡연
- 안정기 혈압: 122/86mmHg
- 혈중 지질 농도: 혈청 콜레스테롤 240mg/dl; HDL 35mg/dl
- 공복 혈당 수치: 100mg/dl
- BMI: 25

이 고객의 건강 상태 및 위험도를 평가하라.

참고문헌

1. Almada, S.L., A.B. Zonderman, R.B. Shekelle, A.R. Dyer, M.L. Daviglus, P.T. Costa Jr., and J. Stamler. 1991. Neuroticism and cynicism and risk of death in middle-aged men: The Western Electric Study. *Psychosomatic Medicine* 53 (2): 165-175.
2. American College of Sports Medicine. 2006. *ACSM's Resource Manual for Guidelines for Exercise Testing and Prescription,* 5th ed. Baltimore: Williams & Wilkins.
3. American College of Sports Medicine. 2010. *ACSM's Guidelines for Exercise Testing and Prescription,* 8th ed. Philadelphia: Lippincott Williams & Williams.
4. American College of Sports Medicine, American Heart Association. 2007. Exercise and acute cardiovascular events: Placing the risks into perspective. *Medicine and Science in Sports and Exercise* 39 (5): 886-897.
5. American Diabetes Association. 1998. Report of the Expert Committee on the Diagnosis and Classification of Diabetes Mellitus. *Diabetes Care* 21: S5-S19.
6. American Heart Association. 2001. *2001 Heart and Stroke Statistical Update.* Dallas: American Heart Association.
7. American Heart Association Council on Nutrition, Physical Activity, and Metabolism. 2007. Recommendations and considerations related to preparticipation screening for cardiovascular abnormalities in competitive athletes: 2007 update: A scientific statement from the American Heart Association Council on Nutrition, Physical Activity, and Metabolism: Endorsed by the American College of Cardiology Foundation. *Circulation* 115 (12): 1643-1644.
8. American Thoracic Society. 1995. Standards for diagnosis and care of patients with chronic obstructive pulmonary disease. *American Journal of Respiratory and Critical Care Medicine* 152: S77-S120.
9. Brownson, R., P. Remington, and J. Davis, eds. 1998. *Chronic Disease Epidemiology and Control.* Washington, DC: American Public Health Association. pp. 379-382.
10. Burns, J., and E. Katkin. 1993. Psychological, situational, and gender predictors of cardiovascular reactivity to stress: A multi-variate approach. *Journal of Behavioral Medicine* 16: 445-466.
11. Carrol, D., J.R. Turner, and S. Rogers. 1987. Heart rate and oxygen consumption during mental arithmetic, video game, and graded static exercise. *Psychophysiology* 24 (1): 112-121.
12. Cholesterol: Up with the good. 1995. *Harvard Heart Letter* 5 (11): 3-4.
13. Committee on Diet and Health Food and Nutrition Board Co. 1989. *Diet and Health* 7.
14. Doll, R., and R. Peto. 1976. Mortality in relation to smoking: 20 years' observations on male British doctors. *British Medical Journal* 2: 1525-1536.
15. Donatelle, R.J. 2001. *Health: The Basics,* 5th ed. San Francisco: Benjamin Cummings.
16. Drought, H.J. 1990. Personal training: The initial consultation. *Conditioning Instructor* 1 (2): 2-3.
17. Expert Panel. 1998. Executive summary of the clinical guidelines on the identification, valuation, and treatment of overweight and obesity in adults. *Archives of Internal Medicine* 158: 1855-1867.
18. Expert Panel on Detection, Evaluation and Treatment of High Blood Cholesterol in Adults. 1993. Summary of the second report of the National Cholesterol Education Program (NCEP) Expert Panel on Detection, Evaluation and Treatment of High Blood Cholesterol in Adults (Adult Treatment Panel II). *Journal of the American Medical Association* 269: 3015-3023.
19. Faigenbaum, A.D., and W.L. Westcott. 2005. *Youth Strength Training,* 1st ed. Monterrey, CA: Healthy Learning Books and Videos.
20. Fletcher, G.F., G. Balady, S.N. Blair, J. Blumenthal, C. Caspersen, B. Chaitman, S. Epstein, E.S. Sivarajan Froelicher, V.F. Froelicher, I.L. Pina, and M.L. Pollock. 1996. Statement on exercise: Benefits and recommendations for physical activity programs for all Americans. A statement for health professionals by the Committee on Exercise and Cardiac Rehabilitation of the Council on Clinical Cardiology, American Heart Association. *Circulation* 94 (4): 857-862.
21. Glantz, S.A., and W.W. Parmley. 1996. Passive and active smoking. A problem for adults. *Circulation* 94 (4): 596-598.
22. Herbert, D.L. 1993. Medical, legal considerations for strength training for children. *National Strength and Conditioning Association Journal* 15 (6): 77.
23. Herbert, D.L., and W.G. Herbert. 1993. *Legal Aspects of Preventative and Rehabilitative Exercise Programs,* 3rd ed. Canton, OH: Professional Reports Corporation.
24. Hubert, H.B., M. Feinleib, P.M. McNamara, and W.P. Castelli. 1983. Obesity as an independent risk factor for cardiovascular disease: A 26-year follow-up of participants in

the Framingham Heart Study. *Circulation* 67 (5): 968-977.

25. Joint National Committee on Detection, Evaluation, and Treatment of High Blood Pressure. 1993. The fifth report of the Joint National Committee on Detection, Evaluation, and Treatment of High Blood Pressure (JNCV). *Archives of Internal Medicine* 153: 154-183.

26. Kannel, W.B., and T. Gordon. 1974. *The Framingham Study: An Epidemiological Investigation of Cardiovascular Disease.* Section 30. Public Health Service, NIH, DHEW Pub. No. 74-599. Washington, DC: U.S. Government Printing Office.

27. Klieman, C., and K. Osborne. 1991. *If It Runs in Your Family: Heart Disease: Reducing Your Risk.* New York: Bantam Books.

28. Kordich, J.A. 2000. Evaluating your client: Fitness assessment protocols and norms. In: *Essentials of Personal Training Symposium Study Guide.* Lincoln, NE: NSCA Certification Commission.

29. Last, J.M. 1988. *A Dictionary of Epidemiology,* 2nd ed. New York: Oxford University Press.

30. McInnis, K.J., and G.J. Balady. 1999. Higher cardiovascular risk clients in health clubs. *ACSM's Health and Fitness Journal* 3 (1): 19-24.

31. National Heart, Lung, and Blood Institute. 1993. National High Blood Pressure Education Program Working Group report on primary prevention of hypertension. *Archives of Internal Medicine* 153 (2): 186-208.

32. NIH Consensus Development Panel on Triglyceride, High Density Lipoprotein, and Coronary Heart Disease. 1993. Triglyceride, high-density lipoprotein, and coronary heart disease. *Journal of the American Medical Association* 269: 505-510.

33. NSCA-CPT Job Analysis Committee. 2001. *NSCA-CPT Content Description Manual.* Lincoln, NE: NSCA Certification Commission.

34. Olds, T., and K. Norton. 1999. *Pre-Exercise Health Screening Guide.* Champaign, IL: Human Kinetics.

35. Pasternak, R.C., S.M. Grundy, D. Levy, and P.D. Thompson. 1996. 27th Bethesda Conference: Matching the intensity of risk factor management with the hazard for coronary disease events. Task Force 3. Spectrum of risk factors for coronary heart disease. *Journal of the American College of Cardiology* 27 (5): 957-1047.

36. Physician and Sports Medicine. 2005. *Preparticipation Physical Evaluation,* 3rd ed. Minneapolis: McGraw-Hill.

37. Pieper, C., A. LaCroix, and R. Karasek. 1989. The relation of psychosocial dimensions on work with coronary heart disease risk factors: A meta-analysis of five United States databases. *American Journal of Epidemiology* 129: 483-494.

38. Pollock, M.L., D.T. Lowenthal, C. Foster, et al. 1991. Acute and chronic responses to exercise in patients treated with beta blockers. *Journal of Cardiopulmonary Rehabilitation* 11 (2): 132-144.

39. Report of the Expert Committee on the Diagnosis and Classification of Diabetes Mellitus. 1997. *Diabetes Care* 20 (7): 1183-1197.

40. Russek, L.G., S.H. King, S.J. Russek, and H.I. Russek. 1990. The Harvard Mastery of Stress Study 35-year follow-up: Prognostic significance of patterns of psychophysiological arousal and adaptation. *Psychological Medicine* 52: 271-285.

41. Schuler, G., R. Hambrecht, G. Schlierf, J. Niebauer, K. Hauer, J. Neumann, E. Hoberg, A. Drinkmann, F. Bacher, M. Grunze, et al. 1992. Regular physical exercise and lowfat diet: Effects on progression of coronary artery disease. *Circulation* 86 (1): 1-11.

42. Seto, G.K., and M.E. Pendleton. 2009. Preparticipation cardiovascular screening in young athletes: Current guidelines and dilemmas. *Current Sports Medicine Reports* 8 (2): 59-64.

43. Sims, J., and D. Carrol. 1990. Cardiovascular and metabolic activity at rest and during physical challenge in normotensives and subjects with mildly elevated blood pressure. *Psychophysiology* 27: 149-160.

44. The sixth report of the Joint National Committee on Prevention, Detection, Evaluation, and Treatment of High Blood Pressure (JNC VI). 1997. *Archives of Internal Medicine* 157: 2413-2446.

45. Thomas, S., J. Reading, and R.J. Shepard. 1992. Revision of the physical activity readiness questionnaire (PAR-Q). *Canadian Journal of Sport Sciences* 17: 338-345.

46. U.S. Department of Health and Human Services. 1989. *Report of the Expert Panel on Detection, Evaluation, and Treatment of High Blood Cholesterol in Adults.* Department of Health and Human Services, Public Health Services, NIH Pub. No. 89-2925. Washington, DC: U.S. Government Printing Office.

47. U.S. Department of Health and Human Services. 1996. *Physical Activity and Health: A Report of the Surgeon General.* Atlanta: U.S. Department of Health and Human Services, Centers for Disease Control and Prevention and Health Promotion.

48. Van Camp, S.P. 1992. Sudden death. *Clinics in Sports Medicine* 11 (2): 273-289.

태도 평가

신체조건 및 건강 상태뿐 아니라 운동에 임하는 태도, 의지에 대한 평가도 중요하다. 고객으로 하여금 각 질문에 대해 (1)~(4)로 답하게 하면 된다. 운동을 처음 시작할 때는 각 질문의 첫 세션에만 답할 수 있을 것이다(*로 표시되어 있는 부분). 이후 고객이 나머지 내용에 답할 준비가 되었다고 판단되면 언제든 이를 완성하면 된다. 각 질문의 첫 파트에 대한 답으로, 가장 동기부여가 된 경우라면 최소한 7개 이상의 질문에 (4)를 택하고 (3) 이하의 응답은 하나도 없을 것이다. 반면 3개 혹은 그 이상의 질문에 대해 (1)을 택한 고객이라면 목표달성을 위한 추가적인 도움이 필요하며, 꾸준한 보상, 격려, 그리고 교육이 필요할 것이다.

1. 현재 운동에 임하는 태도는 어떠합니까?

(1) 잘 할 자신이 없다.
(2) 해야 하기 때문에 할 것이지만 즐기지는 못하겠다.
(3) 운동이 두렵지 않다. 도움이 될 것이라 생각한다.
(4) 동기부여가 확실하다.

*답: _______

운동과 관련하여 생각이 바뀐 게 있다면 현재는 어떤 심정입니까?

답: _______

운동에 대한 생각을 바꾸게 된 이유나 특수한 요인이 있다면 설명해주시고, 그것이 어떻게 삶에 긍정적인 변화를 가져왔는지 이야기해주세요.

2. 목표달성에 대한 현재의 태도는 어떻습니까?

(1) 어떻게 되어도 상관없다. 그때 그때 적응할 것이다.
(2) 나는 목표를 설정했고, 이 사실이 나를 약간 통제하는 기분이다.
(3) 나는 목표를 적어놨고, 운동을 통해 이를 성취하고 미래의 모습을 그려보는 것이 가치 있다고 생각한다.
(4) 목표를 적어놓고 자주 되뇌어본다. 내가 원하고자 하는 것을 얻을 힘이 스스로에게 있다고 생각하고, 목표 설정이 성취의 중요한 부분이라고 믿는다.

*답: _______

목표달성과 관련하여 생각이 바뀐 게 있다면 현재는 어떤 심정입니까?

답: _______

목표달성에 대한 생각을 바꾸게 된 이유나 특수한 요인이 있다면 설명해주시고, 그것이 어떻게 삶에 긍정적인 변화를 가져왔는지 이야기해주세요.

3. 건강과 웰빙은 당신에게 얼마나 중요합니까?

(1) 건강을 증진시키기 위해 노력을 할 필요성을 못 느끼겠다.
(2) 신체를 건강하게 만들기 위해 조금의 노력과 시간을 투자한다.
(3) 건강과 신체적 웰빙을 위해 꽤 열심히 노력한다.
(4) 건강은 내가 이룬 모든 것의 바탕이 되므로 언제나 최우선이 된다.

*답: _______

건강과 관련하여 생각이 바뀐 게 있다면 현재는 어떤 심정입니까?

답: _______

건강에 대한 생각을 바꾸게 된 이유나 특수한 요인이 있다면 설명해주시고, 그것이 어떻게 삶에 긍정적인 변화를 가져왔는지 이야기해주세요.

4. 자기계발에 대한 욕구는 얼마나 강합니까?
(1) 있는 그대로도 괜찮다. 개선을 위한 노력은 실망만 남길 것이다.
(2) 발전하는 것은 좋지만 그렇게까지 해야 하나 싶기도 하다.
(3) 스스로가 발전하는 느낌이 좋고 이를 위해 어떤 제안에도 열려 있다.
(4) 항상 달리고 싶고 발전을 위한 노력에는 언제든 헌신할 수 있다.

*답: ________

발전을 위한 강한 의지가 어떻게 변했습니까?

답: ________

발전에 대한 생각을 바꾸게 된 이유나 특수한 요인이 있다면 설명해주시고, 그것이 어떻게 삶에 긍정적인 변화를 가져왔는지 이야기해주세요.

5. 스스로의 능력 혹은 자존감에 대한 생각은 어떻습니까?
(1) 나의 외모, 감성, 능력에 대해 불만이 있다.
(2) 스스로가 자랑스럽긴 하지만 많은 것들을 바꾸고 싶다.
(3) 해야 하는 일에 자신이 있고 나의 성취를 자랑스럽게 생각한다. 스스로를 다루는 법을 알고 있다고 생각한다.
(4) 나는 대단한 힘과 능력, 자긍심을 갖고 있다.

*답: ________

자존감과 관련하여 생각이 바뀐 게 있다면 현재는 어떤 심정입니까?

답: ________

자존감에 대한 생각을 바꾸게 된 이유나 특수한 요인이 있다면 설명해주시고, 그것이 어떻게 삶에 긍정적인 변화를 가져왔는지 이야기해주세요.

6. 외형적으로 자신의 신체조건에 대해 어떻게 생각합니까?
(1) 내 몸을 다 바꾸고 싶다.
(2) 거울을 보면 맘에 안 드는 구석이 많다.
(3) 대부분은 괜찮고, 옷을 입으면 멋지다고 생각한다. 하지만 몇몇 부분에서 불만족스럽다.
(4) 내 몸이 자랑스럽고 적절한 상황에 맞는 옷을 입은 내가 멋져 보인다.

*답: ________

외형과 관련하여 생각이 바뀐 게 있다면 현재는 어떤 심정입니까?

답: ________

외형에 대한 생각을 바꾸게 된 이유나 특수한 요인이 있다면 설명해주시고, 그것이 어떻게 삶에 긍정적인 변화를 가져왔는지 이야기해주세요.

7. 스스로의 건강 상태에 대해 어떻게 생각합니까?
(1) 건강해지고 싶다. (2) 내 또래 사람만큼은 건강한 것 같다.
(3) 꽤나 건강한 것 같다. (4) 매우 건강하다.

*답: ________

건강과 관련하여 생각이 바뀐 게 있다면 현재는 어떤 심정입니까?

답: ________

건강에 대한 생각을 바꾸게 된 이유나 특수한 요인이 있다면 설명해주시고, 그것이 어떻게 삶에 긍정적인 변화를 가져왔는지 이야기해주세요.

8. 스포츠나 트레이닝과 같은 신체활동과 관련하여 자신의 몸 상태가 어떻다고 느낍니까?

(1) 상태가 안 좋고 신체적으로 왕성한 활동을 해야 하는 상황이 불편하다.
(2) 발전을 위한 트레이닝은 괜찮지만, 운동 능력이 만족스럽진 않다.
(3) 운동 능력에 대해 상당히 만족스럽지만 조금 더 발전하고 싶다.
(4) 나는 특출난 신체 능력을 지녔고, 이를 뽐낼 기회를 원한다.

*답: ________

운동 능력과 관련하여 생각이 바뀐 게 있다면 현재는 어떤 심정입니까?

답: ________

운동 능력에 대한 생각을 바꾸게 된 이유나 특수한 요인이 있다면 설명해주시고, 그것이 어떻게 삶에 긍정적인 변화를 가져왔는지 이야기해주세요.

9. 당신의 몸을 변화시킬 수 있다고 얼마나 믿습니까?

(1) 대부분의 신체적 단점은 유전적이고 이를 바꾸기 위해 노력하는 것은 시간낭비다.
(2) 자신의 몸을 바꾼 사람을 여럿 봤고, 나 또한 노력하면 할 수 있다고는 생각한다.
(3) 적절한 운동과 영양섭취는 몸을 변화시킬 수 있다고 강하게 믿는다.
(4) 적절한 운동과 영양섭취로 드라마틱한 변화도 가능함을 믿어 의심치 않는다.

*답: ________

몸의 변화와 관련하여 생각이 바뀐 게 있다면 현재는 어떤 심정입니까?

답: ________

몸의 변화에 대한 생각을 바꾸게 된 이유나 특수한 요인이 있다면 설명해주시고, 그것이 어떻게 삶에 긍정적인 변화를 가져왔는지 이야기해주세요.

10. 운동을 시작하거나 목표를 세우면 얼마나 열심히 목표를 위해 달릴 수 있습니까?

(1) 목표를 끝까지 성취해본 적이 없다.
(2) 적절한 동기부여와 변화가 있으면 프로그램을 끝까지 할 수 있을 것이다.
(3) 프로그램에 헌신할 능력과 인내심이 있다.
(4) 일단 목표를 세우면 나를 막을 수 있는 것은 없다.

*답: ________

목표의 성취와 관련하여 생각이 바뀐 게 있다면 현재는 어떤 심정입니까?

답: ________

목표성취에 대한 생각을 바꾸게 된 이유나 특수한 요인이 있다면 설명해주시고, 그것이 어떻게 삶에 긍정적인 변화를 가져왔는지 이야기해주세요.

퍼스널 트레이닝 계약서

트레이닝 프로그램에 참여하기로 한 것을 환영합니다. 퍼스널 트레이너의 도움과 함께라면, 당신의 목적에 빠르고 안전하며 효율적으로 도달할 수 있으며 트레이닝 교육 내용은 평생 활용할 수 있을 것입니다.

운동 과정의 효율을 높이기 위해서는 트레이너의 감독 하에 진행되는 세션중(혹은 혼자 하는 세션에서도) 프로그램 가이드라인을 따라주셔야 합니다. 건강한 식생활도 운동만큼이나 중요하다는 사실을 잊지 말기 바랍니다!

프로그램을 진행하는 동안 항상 여러분의 안전을 위해 최선을 다할 것입니다. 하지만 어떤 운동이든지 심장에 무리를 준다거나 근골격계 부상을 유발할 수 있는 위험성을 안고 있습니다. 따라서 운동 프로그램 도중 발생할 수 있는 위험성이나 부상에 대한 책임은 참가자에게 있음에 동의하셔야 합니다. 또한 본인이 아는 한 운동에 제한되는 신체조건이나 건강상 이상이 없음에 동의해야 합니다.

아래 사항에 서명함으로써, 고객의 건강에 대한 책임은 본인에게 있으며 프로그램 진행자에게 어떠한 책임도 없음에 동의하게 됩니다.

모든 참가자들은 최소 일주일에 세 번 이상 트레이너와 운동할 것을 추천합니다. 하지만 일정의 문제나, 금전적인 이유로 여의치 못할 경우, 혼자 진행하는 세션과의 혼합도 가능합니다.

퍼스널 트레이닝 용어와 조건

1. 트레이닝 세션의 취소 혹은 시간 변경은 운동 시작 최소 24시간 전에 연락해야 하며, 그렇지 않을 경우 해당 세션에 대한 포기로 간주되며, 해당 분에 대한 금액은 환불되지 않습니다.
2. 트레이너와 사전에 연락된 경우가 아니라면, 세션에 지각하는 경우는 남은 시간만큼만 세션이 진행됩니다.
3. 모든 트레이닝 세션은 시작일로부터 120일 내에 완료되어야 하며 이 기간을 넘길 경우 세션은 진행되지 않습니다.
4. 이사 질병, 남은 세션에 대한 환불을 제외하고는 어떤 경우도 환불은 불가능합니다.

프로그램 세부사항:

총 금액: ____________________

결제 방법: ____________________

새로운 트레이닝 프로그램에 행운이 깃들길 바랍니다!

참가자 이름: ____

참가자 서명: ____ 날짜: ________________________

부모/대리인 서명(필요한 경우): ___________________________ 날짜: ________________________

참관자(witness) 서명: _____________________________ 날짜: ________________________

PAR-Q & YOU

일상적인 운동은 즐겁고 건강에 도움이 되기 때문에 점점 많은 사람들이 운동에 참여하고자 한다. 운동은 대부분의 사람들에게 안전하지만 몇몇 사람들은 운동을 시작하기 전에 의사의 검진을 받아보는 것이 좋다.

운동을 시작하기 전에, 아래 박스의 일곱 가지 질문에 답해보자. 당신이 15~69세 사이라면 PAR-Q 검사가 운동 시작 전에 의사의 진찰을 받아야할지 알려줄 것이다. 69세 이상이고 운동에 적극적이지 않았다면 의사를 찾아 가보는 게 좋다.

답을 할 때는 일반상식 선에서 고르면 된다. 질문을 주의 깊게 읽고 솔직하게 답하기 바란다.

예	아니오	
❑	❑	1. 의사가 당신의 심장 상태에 대해 이야기한 적이 있으며 의사의 권고에 따른 신체활동만 할 것을 당부했나?
❑	❑	2. 신체활동시 흉통이 느껴지는가?
❑	❑	3. 지난 한 달 간 휴식 상태에서 흉통을 느낀 적이 있는가?
❑	❑	4. 어지러움으로 균형을 잡기 힘들거나 의식을 잃은 적이 있는가?
❑	❑	5. 신체활동을 통해 뼈나 관절 문제를 일으킬 가능성이 있는가?
❑	❑	6. 당신의 혈압이나 심장 문제로 의사의 처방을 받고 있는가?
❑	❑	7. 신체활동을 금해야 하는 특별한 이유가 있는가?

하나 이상이라도 '예'에 답한 경우

운동의 강도를 높이거나 시작하기 전에 의사와 상담하기 바란다. PAR-Q에 대해 의사에게 이야기 하고 '예'라고 답한 문항에 대해 이야기하라.

- 천천히 그리고 점진적으로 운동을 시작한다면 아마 큰 문제가 없을 것이다. 경우에 따라 당신은 안전한 운동만을 해야 할지도 모른다. 당신이 참여하고자 하는 운동에 대해 이야기 한 뒤 의사의 조언에 따르라.
- 당신에게 안전하고 도움이 되는 프로그램을 찾아라.

모든 질문에 '아니오'라고 답한 경우

만약 모든 문항에 '아니오'를 택했다면 당신은 다음과 같은 활동을 할 수 있다.

- 더욱 활동적인 신체활동을 할 수 있다. 하지만 천천히, 점진적으로 하는 것이 안전하다.
- 건강 상태를 평가받아라. 이것은 당신의 몸 상태를 평가할 수 있는 가장 좋은 방법이다. 또한 혈압을 측정해보는 것이 좋다. 만약 144/94 이상이라면 의사에게 이야기해보는 것이 좋다.

운동강도를 높이는 것을 미뤄야 하는 경우:

- 현재 일시적으로 몸이 안 좋거나 감기 기운, 열감이 있을 경우
- 임신중이라면 의사에게 이야기하는 것이 좋다.

주의할 것: 위의 질문 중 한 가지라도 몸 상태가 변해서 '예'라고 답한 것이 있다면 트레이너 혹은 의사에게 이야기하고 운동 프로그램에 대해 신중히 이야기해보자.

PAR-Q의 이용에 대하여: The Canadian Society for Exercise Physiology, Health Canada와 그 에이전트는 운동을 진행하는 사람에 대한 어떠한 책임도 없으며, 설문 완료 후 의문점이 있다면 의사에게 상담하길 바란다.

수정불가. PAR-Q 전체에 대한 복사는 가능

알림: PAR-Q는 운동 시작 전에 활용하는 것으로, 이 세션은 법적 혹은 행정적 목적을 위한다.

"본인은 설문지의 내용을 충분히 이해하고 답했으며, 모든 의문사항은 빠짐없이 해결되었습니다."

이름: ______________________

서명: ______________________ 날짜: ______________

부모 서명: ______________________ 참관인: ______________

알림: 본 내용은 작성이 완료된 날로부터 최대 12개월 간 유효하며
일곱 가지 질문 중 하나라도 '예'라고 답하게 될 만큼 건강에 변화가 생긴다면 무효하다.

건강설문지

날짜: ____________________ 이름: ____________________ 생년월일: ____________________

주소: ____

전화번호: ____________________ 이메일: ________________________________

응급상황시 연락처

이름: ____________________ 관계: ____________________ 전화번호: ____________________

담당의사

이름: ____________________ 전화번호: ____________________ 팩스: ____________________

과거력 및 진단 질환

아래 사항 중 과거 해당됐거나 현재 해당되는 내용에 체크하시오.

_______ 류머티스 열
_______ 최근의 수술 경험
_______ 부종(특히 발목)
_______ 고혈압
_______ 허리 혹은 무릎 부상
_______ 저혈압
_______ 실신
_______ 폐 질환
_______ 심근경색
_______ 휴식중 혹은 운동중의 실신 또는 어지러움
_______ 당뇨
_______ 높은 콜레스테롤 수치
_______ 기좌호흡 혹은 급성 야간성 호흡곤란
_______ 휴식 혹은 운동중의 숨가쁨
_______ 흉통
_______ 심계항진
_______ 간헐적 파행
_______ 흉부, 목, 턱, 팔 등의 통증 혹은 불편감
_______ 심잡음
_______ 일상에서의 비정상적인 피로 혹은 숨가쁨
_______ 시력 및 말하기 능력의 일시적인 상실, 혹은 단기적인 무감각 혹은 편측 사지의 무력감
_______ 기타 등등

가족력

부모, 형제, 자녀 등 일촌 중 다음과 같은 경험을 한 사람이 있는가? 있다면 당시의 연령을 쓰시오.

_______ 심부정맥
_______ 심근경색
_______ 심장 수술
_______ 선천성 심장 질환
_______ 50세 이전의 사망
_______ 심질환으로 인한 이차적인 장애
_______ 마르판증후군
_______ 고혈압
_______ 높은 콜레스테롤 수치
_______ 당뇨
_______ 기타 주요 질환 ____________________

해당 사항에 대한 추가 설명: ______________________________

____

____

운동 경험

1. 이 프로그램을 어떻게 알고 신청하게 됐습니까?(자세히) __________

____

____

2. 이 프로그램에 등록하는 이유는?(자세히) ______________________________

____

____

3. 현재 직장이 있습니까? __________
4. 현재 직장 내 위치는? ______________________________
5. 회사명: ______________________________
6. 퍼스널 트레이너와 운동해본 경험이 있습니까? __________
7. 의사에 의해 신체검진을 받은 마지막 날짜는? __________
8. 정기적으로 운동 프로그램에 참여해본 적이 있습니까? __________ 있다면 간략히 설명해주세요. ______________________________

____

9. 4마일을 빠른 걸음으로 피로감 없이 걸을 수 있습니까? __________
10. 과거에 저항 훈련을 해본 경험이 있습니까? __________
11. 운동에 제한이 되는 근골격계 질환이 있습니까? __________ 있다면 어떤 것입니까? ______________________________

____

____

12. 흡연 여부는? __________ 흡연시 하루에 몇 대나 피웁니까? __________ 처음 흡연을 시작한 나이는? __________
13. 현재 몸무게는? __________ 1년 전 몸무게는? __________ 21세 때 몸무게는? __________
14. 식단을 체계적으로 관리한 경험이 있거나 관리중입니까? _______ 본인의 영양섭취 상태는 어떻다고 생각합니까? _______
15. 현재 복용중인 약을 적어주세요. __________

____

____

16. 당신의 건강상 목표를 적어주세요
    a. ______________________________

    ____

    b. ______________________________

    ____

    c. ______________________________

    ____

건강 위험 요소 분석

이 형식을 통해 건강에 득과 실이 되는 생활습관에 대해 알아볼 수 있다. 이 내용은 대규모 역학조사를 바탕으로 정리된 내용이긴 하지만, 일반화하여 있는 그대로 받아들일 필요는 없다. 당신이 얼마나 오래 살고, 언제 죽을지를 정확히 예측하는 것은 불가능하다.

(+1)은 당신의 수명을 늘리는 데 기여하는 내용이고, (−1)은 삶의 질과 양을 떨어뜨리는 요소이며, (0)은 수명에 영향을 미치지 않는 요소이다. 만약 당신에게 해당되는 내용이 없으면 0에 표시하고, 각 세션을 완성한 뒤 세션 7에서 총합을 확인하라.

세션 1: 관상동맥 질환 위험 요소

총 콜레스테롤 및 HDL 비율					점수
<160	160~200	200~240	240~280	>280	
<3	3~4	4~5	5~6	>6	
+2	+1	−1	−2	−4	
혈압(여러 번의 측정 중 가장 높은 수치)					**점수**
<110	110~120	120~150	150~170	170	
60~80	60~80	80~90	90~100	>100	
+1	0	−1	−2	−4	
흡연					**점수**
비흡연	금연	시가 혹은 파이프 혹은 가까운 가족 중 흡연자 있음	매일 1갑	매일 2갑 이상	
+1	0	−1	−3	−5	
유전					
관상동맥 질환 가족력 없음	가까운 친인척 중 60세 이후에 관상동맥 질환	가까운 친인척 중 2명 60세 이후에 관상동맥 질환	가까운 친인척 중 60 이전에 관상동맥 질환	가까운 친인척 중 2명 이상이 60세 이전에 관상동맥 질환	
+2	0	−1	−2	−4	
BMI(233쪽 표 11.8을 이용)					**점수**
19~25	<19	26~30	31~40*	>40*	
+2	0	−1	−3	−5	
*허리 둘레가 40인치 밑이면 1점 획득(각각 −2, −4에 해당)					
성별					**점수**
55세 이하 여성	55세 이상 여성	남성	다부진 체형의 남성	대머리의 다부진 체형의 남성	
0	−1	−1	−2	−4	
스트레스					**점수**
침착하며 서두르지 않고 항상 행복함	야망이 많으나 대체로 평온함	때때로 스스로를 몰아붙이고, 시간을 신경 쓰며, 경쟁적	항상 스스로를 몰아붙이고, 시간을 신경 쓰며, 경쟁적(A형)	억눌린 화를 품고 있는 A형	
+1	0	0	−1	−3	
신체활동					**점수**
거의 매일 60분 정도의 고강도 운동	거의 매일 30분 정도의 중등도 운동	일주일에 3~5회 중등도의 운동을 20~30분	가벼운 운동을 주 1~2회 10~20분	거의 안 하거나 안 함	
+3	+2	+1	−1	−3	
세션 1. 관상동맥 질환 위험 요소 총점:					

세션 2: 건강습관

아침식사					점수
매일 먹음	때때로 먹음	식사 안함	커피로 대체	커피와 도넛	
+1	0	−1	−2	−3	
규칙적인 식사습관					**점수**
하루 세 끼	두 끼	규칙적이지 않음	일시적인 다이어트	굶주림	
+1	0	−1	−2	−3	
수면					**점수**
7~8시간	8~9시간	6~7시간	>9시간	<6시간	
+1	0	0	−1	−2	
음주					**점수**
안 함	주 3회 여성	매일 1~2회 남성	매일 3~6회	매일 6회 이상	
+1	+1	+1	−2	−4	
세션 2. 건강습관 총점:					

세션 3: 의학적 요소

의학검진 및 선별검사(혈압, 당뇨, 녹내장)					점수
정기적인 검진 및 필요한 경우 진찰	주기적인 검진 및 선별검사 시행	주기적인 검진	종종 검진 받음	검진 받지 않음	
+1	+1	0	0	−1	
심장					**점수**
본인 및 가족의 병력 없음	병력 있음	소아 류마토이드 열의 병력 있으나 심잡음은 없음	소아 류마토이드 열 병력 및 심잡음	ECG 상 이상징후 혹은 협심증	
+2	0	−1	−2	−3	
폐(폐렴 및 결핵 포함)					**점수**
이상 없음	병력 있음	중등도의 천식 혹은 기관지염	폐기종, 심한 천식 혹은 기관지염	심각한 폐 질환	
+1	0	−1	−1	−3	
소화관					**점수**
이상 없음	종종 설사, 식욕 저하	자주 설사 혹은 위장장애	궤양, 대장염, 담낭 및 간의 문제	심각한 소화기 장애	
+1	0	−1	−2	−3	
당뇨					**점수**
본인 및 가족력 없음	조절 가능한 저혈당증	저혈당증과 가족력	중등도의 당뇨 (식단조절 및 운동)	당뇨(인슐린)	
+1	0	−1	−2	−4	
약물 복용					**점수**
거의 없음	아스피린 및 기타 약물의 정기적인 최소량 복용	아스피린 및 기타 약물 복용이 잦음	기분에 영향을 주는 약 혹은 정신과 약의 정기적인 복용	기분에 영향을 주는 약 혹은 정신과 약의 잦은 복용	
+1	0	−1	−2	−3	
세션 3. 의학적 요소 총점:					

세션 4: 안전사항

자가용 운전					점수
매년 국도를 11,000km 이하로 운전	매년 국도 혹은 고속도로를 11,000~16,000km 운전	매년 국도 혹은 고속도로를 16,000~24,000km 운전	매년 국도 혹은 고속도로를 24,000km 이상 운전	매년 고속도로를 24,000km 이상 운전	
+1	0	0	−1	−2	
안전벨트 사용					**점수**
항상 착용	75% 이상 착용	때때로 착용	자주 착용	잘 안 함	
+1	0	−1	−2	−4	
위험한 취미생활(모터사이클, 스카이다이빙, 등산, 경비행기 등)					**점수**
충분한 준비 하에 종종 즐김	하지 않음	가끔	자주	스릴 있는 것은 무엇이든 즐김	
+1	0	−1	−1	−2	
세션 4. 안전사항 총점:					

세션 5: 인적사항

식단					점수
저지방, 저칼로리	균형 잡힌 복합탄수화물	고단백 제한된 지방:	고칼로리, 저탄수화물	일시적인 다이어트 및 지방 섭취	
+2	+1	알려진 바 없음	−1	−2	
수명					**점수**
조부모 90세 이상, 부모 80세 이상	조부모 80세 이상, 부모 70세 이상	조부모 70세 이상, 부모 60세 이상	친인척 중 몇몇 60세 이상	친인척 중 몇몇 50세 이상	
+2	+1	0	−1	−3	
결혼생활 및 연애					**점수**
행복한 결혼	기혼	미혼	이혼	혼외 관계(들)	
+2	+1	0	−1	−3	
교육					**점수**
석사 혹은 박사 학위	학사 혹은 숙련된 장인	전문대학 졸업	고졸	초졸	
+1	+1	0	−1	−2	
직업만족도					**점수**
일을 즐기며, 진급의 가능성이 있음	일을 즐기며 진급할 수도 있음	일은 할 만하나 다른 곳으로 갈 데가 없음	불만족	일을 싫어함	
+1	+1	0	−1	−2	
사회생활					**점수**
친한 친구가 몇 명 있음	몇몇 친구가 있음	좋은 친구가 없음	원치 않는 사람과 붙어있어야 함	친구가 전혀 없음	
+1	0	−1	−2	−3	
인종					**점수**
백인 혹은 아시안	흑인 혹은 히스패닉	아메리칸 인디언			
0	−1	−2			
세션 5. 인적사항 총점:					

세션 6: 정신과적 사항

앞으로의 전망					점수
현재와 미래에 만족함	만족함	현재 혹은 미래가 불확실	현재가 불행하며 미래가 기대되지 않음	절망적이며 침대에서 나오고 싶지 않음	
+1	0	−1	−2	−3	
우울감					**점수**
우울의 가족력 없음	가족력 있으나 기분은 괜찮음	가족력과 약간의 우울감	종종 인생이 무의미함	자살을 생각해봄	
+1	0	−1	−2	−3	
불안감					**점수**
거의 불안하지 않음	종종 불안함	자주 불안함	항상 불안함	공황발작	
+1	0	−1	−2	−3	
휴식					**점수**
매일 휴식을 취하거나 명상함	자주 휴식을 취함	거의 휴식을 취하지 못함	대체로 긴장	항상 긴장	
+1	0	−1	−2	−3	
세션 6 정신과적 요인 총점:					

세션 7: 부인과적 질환

건강검진					점수
주기적인 유방검진 및 펩 검사 (자궁경부암 조기 검사법)	때때로 유방검진 및 펩 검사	검진받은 적 없음	여성질환 치료 받은 적 있음	치료받지 않은 암	
+1 0	−1	−2	−4		
경구피임약					**점수**
사용한 적 없음	5년 전에 끊음	이용중이고, 30세 미만	이용중이고 흡연	이용중이고, 흡연, 35세 이상	
+1	0	0	−2	−3	
세션 7. 부인과적 질환 총점:					

세션 8: 총점 매기기

지금까지의 자료를 바탕으로 당신의 수명을 측정해볼 수 있다. 지금까지 나온 점수의 총합을 통해 이를 확인해보자. 수명을 늘리고 싶다면 다시 돌아가 개선 가능한 부분을 찾고 이를 위해 노력하자.

분류		정수(+ 또는 −)
세션 1.	관상동맥 질환	________
세션 2.	건강습관	________
세션 3.	의학적 요인	________
세션 4.	안전사항	________
세션 5.	인적사항	________
세션 6.	정신과적 사항	________
세션 7.	부인과적 질환	________ + ________ = ________
총점		1~7까지의 총점 + 기대 수명 = 본인의 예상 수명

기대수명표

본인 나이에 가장 근접한 나이	기대수명(모든 인종)	
	남성	여성
20	76.1	81.0
25	76.5	81.1
30	76.9	81.3
35	77.2	81.4
40	77.6	81.7
45	78.1	82.0
50	78.8	82.5
55	79.7	83.0
60	80.7	83.8
65	82.0	84.7
70	83.6	85.9

체력 평가와 예방 운동 프로그램에 관련된 의사 의뢰 양식

안녕하십니까

당신의 환자 ____________가 최근 ____________________에서 진행하는 체력 평가를 받고자 찾아왔습니다. 본 내용은 본격적인 운동을 시작하기에 앞서 개인의 건강 상태를 평가할 목적으로 만들어졌으며 운동 처방의 내용이 포함되어 있습니다. 또한 참가자와 건강 증진을 위한 프로그램에 대해 이야기 나누었습니다. 이 프로그램의 목적은 예방 차원이며 재활의 목적이 아님을 알려드립니다.

체력 검사는 다음과 같은 내용을 포함합니다.

____

____

____

검사 결과에 대한 리뷰 차원에서 참가자와 상담을 진행할 것이며, 개인에게 최적화된 운동 프로그램을 추천해드릴 것입니다.

검사 결과 및 운동 프로그램은 파일로 저장될 것이며, 의사의 요청이 있을 경우 제공될 수 있습니다.

당신의 환자에 대한 보호 및 정보 제공 차원에서 다음 양식을 완성해주시면 감사하겠습니다.

A. 최근 1년 이내에 환자가 운동을 위해 기능검사를 시행한 적이 있습니까? 예 ______ 아니오 ______

B. 이 환자는 다음 중 어디에 해당합니까?

______ 감독 없이 진행되는 프로그램에 참가해도 될 만큼 건강하며 심장 질환이 없다.

______ 건강한 것으로 추정되나, 심장 질환의 위험 요소를 하나 정도 갖고 있으며 감독 하의 프로그램에 참여해야 한다.

______ 이 프로그램에는 맞지 않으며, 의학적 감독 하에 진행되는 프로그램에 참여해야 한다.

C. 장기간의 치료나 관찰이 필요한 의학적/정형외과적 제한 사항이 있습니까? 예 ______ 아니오 ______

있다면 무엇입니까? ____

____

D. 이 환자가 운동으로 인해 악화될 만한 의학적 조건을 가지고 있거나, 있었던 적이 있습니까? 예 ______ 아니오 ______

E. 처방중인 약을 적어주시기 바랍니다.

____

____

F. 환자의 현재 건강 상태로 보아, 운동시 특수한 권고 사항이나 제한 사항이 있으면 적어주시기 바랍니다.

____

____

____

____

____

의사 서명: ____________________

날짜. ____________________

고객 서명: ____________________

전화번호: ____________________

주소: ____

10

체력 평가 방법의 선택 및 시행

Sharon Rana, PhD, and Jason B. White, PhD

학습 목표

- 고객의 체력 평가를 시행해야 하는 이유와 목적을 이해할 수 있다.
- 시험의 타당성 및 신뢰도를 평가할 수 있다.
- 고객의 위험도 계층화를 통해 시험에 적합한 상태인지 확인할 수 있다.
- 고객 개개인에게 적합한 검사를 선택할 수 있다.

고객 상담 및 건강 평가를 마친 뒤, 추가적으로 고객의 건강 상태 및 운동 능력에 대한 정보를 수집할 필요가 있다. 하지만 하나를 통해 모든 것을 평가할 수 있는 검사는 없다. 따라서 고객 개개인에게 적합한 평가를 선택하기 위해, 고객의 건강 상태 및 운동 경험, 개인적인 목표 그리고 트레이너의 평가에 대한 경험 등을 고려해야 한다. 고객에게 맞는 타당하고 신뢰도 높은 검사를 고르고 이를 정확히 시행하기 위해서는 트레이너에게도 훈련이 필요하다. 각종 장비와 기구의 활용성 및 적합성, 환경적 요소, 그리고 고객의 평가 전 준비 상태 등이 평가 방법을 고르고 시행하는 데 영향을 미친다. 평가 방법을 결정했다면, 트레이너는 이를 정확히 시행하고, 데이터를 기록하고 관리하며, 그 결과를 해석해야 한다. 이를 바탕으로 고객에게 최적화된 프로그램을 만들고 고객의 목표와 관심을 반영하는 것은 말 그대로 '퍼스널' 트레이너의 역할이다. 프로그램의 시행을 위해서는 형성적 평가 및 총괄적 평가, 고객의 체력 수준 및 목표에 대한 재인식, 진행중인 프로그램의 수정 등이 필요하다.

평가의 목적

평가의 목적은 기초적인 데이터를 수집하고 목표달성을 위한 효과적 운동의 초석을 다지는 데 있다. 다양한 정보를 모으고 평가하여 고객에 대한 더 넓은 시각을 가질 수 있다. 그 과정에서 얻어진 데이터로 고객의 잠재적 부상위험성을 확인할 수 있으며, 목표달성을 위한 적절한 운동강도 및 양을 설정할 수 있다.

기초 데이터 모으기

평가를 시행하는 이유는 다양하다. 수집한 정보는 아래와 같은 도움을 준다.

- 추후 운동 능력 향상 및 진행상황을 확인하기 위한 비교 자료
- 현재의 장단점 분석을 통해 특별히 강조해야 할 운동을 파악
- 적절한 운동강도 및 양의 설정
- 단기, 중기, 장기 목표 설정

- 잠재적 부상위험성의 파악 및 운동 시작 전 금기사항의 확인(의사의 진찰이 필요한 위급상황을 대비)
- 운동 시작 뒤 발생할지도 모르는 부상에 대한 신중한 판단 및 적절한 운동 방법 설정에 도움

이러한 평가 과정은 모든 고객을 대상으로 시행되는 전형적인 서비스가 될 수도 있고, 경우에 따라 트레이너에게 부수적인 수입원이 될 수도 있다. 하지만 고객 평가를 프로그램 목표와는 별 상관없는 일로만 생각하는 것은 고객의 신뢰를 져버리는 것이다. 고객은 퍼스널 트레이너가 프로그램 설계를 위해 필요한 정보를 수집한다고 생각하기 때문이다.

목표 및 프로그램 설정

트레이너는 평가결과와 개인적인 정보를 이용해, 시간을 효율적으로 활용하여 개인의 목표를 달성할 수 있는 프로그램을 만들어야 한다. 고객 개인의 특성 및 생활방식을 파악하는 것은 합리적인 운동 시간, 빈도, 강도 및 복잡성을 결정하는 데 도움이 된다. 고객과 함께하는 목표의 설정은 프로그램 디자인과 고객의 동기부여 모두에 있어서 중요하다(고객의 동기부여에 대한 자세한 내용은 8장을 참고하라).

고객의 목표에 부합하고, 선호하는 형태의 운동검사를 선택한다면, 고객은 그들이 발전하는 모습에 대해 선명한 그림을 그릴 수 있고, 더 큰 동기부여를 얻게 된다. 운동 능력이 좋은 고객의 경우 해당고객에게 가장 적합한 형태(트레드밀, 사이클, 수영탱크)를 사용한 에르고미터 검사를 수행한다면 보다 정확한 평가가 가능할 것이다.[6,18,56] 보통의 경우 혹은 컨디션이 좋지 않은 고객이라면, 유산소 능력을 평가하는 데 있어 운동의 형태는 중요하지 않다. 하지만 트레드밀에서 일반적으로 최대치의 $\dot{V}O_2$ 수치를 기록한다.[34,35] 자전거를 거의 안 타본 경우에는 국소적인 근피로를 느낄 것이고 결과적으로 트레드밀에 비해 자전거 검사가 더 낮은 $\dot{V}O_2max$ 수치를 나타낼 수 있다.[20,34] 추가적으로, 사이클 에르고미터로 평가한 고객이 본 프로그램에서 자전거 검사를 하지 않는다면, 트레이닝 기간 동안 향상된 운동 능력 중 일부를 놓치고 넘어갈 수도 있다.

걷기 프로그램에서는 시간을 재는 방법을 사용할 수 있다. 동일한 거리를 더욱 빠르게 혹은 더 낮은 심박수 및 운동자각도로 걸을 수 있다면 운동 능력이 향상될 것이며, 이 경우 고객이 즐기는 운동과 검사 방법이 일치하여 고객 스스로도 즉시 변화를 느낄 수 있다. 하지만 과체중이나 관절 문제가 있어 체중부하 운동을 할 때 통증이 느껴지는 경우라면, 체중부하가 없는 자전거 검사가 적합하다. 비록 최대산소소비량이 약간 낮게 측정되지만 그 이상의 장점이 있는 경우에 해당한다. 또한 자전거 검사는 몸무게와 무관한 결과를 나타내기 때문에, 체중감량 중인 사람의 경우, 몸무게에 직접적인 영향을 받는 트레드밀보다 더욱 정확한 지표가 될 수 있다.[31,56] 건강 평가와 운동 능력 평가 모두 트레이너와 고객이 안전하고 효과적이며 적절한 목표를 설정하는 데 기초자료를 제공해 줄 것이다.

적절한 평가 방법 선택

퍼스널 트레이너의 최우선적인 책임은 고객의 신체적 건강 상태를 해악 없이 향상시키는 것이다. 심혈관 질환의 위험인자 평가를 제외하고, 운동 프로그램 이전에 시행하는 검사는 표준화되어 있지 않으며, 다양한 종류가 존재한다.[25,43,51] 따라서 고객 개인에게 최적화된 프로그램을 위한 첫 단계는 건강 및 운동기술의 척도를 판단할 수 있는 특화된 검사를 찾는 것이다. 이는 고객의 건강 상태 및 심혈관 질환 위험도뿐 아니라 운동목표를 고려해서 결정해야 한다. 따라서 퍼스널 트레이너는 유의미한 검사를 위해, 고객에게 적합한 검사를 찾아야하며, 다양한 검사법 중 필요한 최고의 정보를 제공해줄 수 있는 방법이 무엇인지 정확히 알아야 한다. 검사는 잘 설계된, 타당성 있고 신뢰할 만한 방법을 통해 측정하고, 평가하여 결과를 해석하는 일이다.[34] 고객의 목표에 걸맞게 평가가 이루어질수록 그 결과는 더욱 의미 있을 것이다. 평가는 정해진 프로토콜을 따르는 형식일 수도 있고, 고객의 수행 능력을 관찰하여, 정해진 형식과 달리 시행될 수도 있다.

형성적 평가 및 총괄적 평가

평가에는 형성적 평가와 총괄적 평가의 두 가지 종류가 있다. 형성적 평가란 특정한 검사 프로토콜(test protocol)을 따르는 정식 평가뿐만 아니라 퍼스널 트레이너가 고객과 소통하여 관찰하는 주관적 내용을 포함한다. 이는 프로그램 시작 전에 시행하며, 트레이닝 기간 중에도 주기적으로 시행된다. 이를 바탕으로 트레이너는 프로그램을 형성하거나 계획하며 고객에게 피드백을 주고, 프로그램 진행중에 수정하기도 한다.

이 장에서는 특정한 평가 도구를 선택하는 데 집중하지만, 모든 관찰 결과는 운동 프로그램을 수립하고 시행하며 수정하는 데 중요한 정보를 제공한다는 사실을 기억해야 한다. 주관적 관찰 내용은 평가자에 따라 상이할 수 있으며 자세, 걸음, 운동기술, 심혈관 운동에 대한 반응, 특정 운동에 대한 언급 및 바디랭귀지, 일상의 활력 등을 포함한다. 이러한 것들은 트레이너로 하여금 즉각적으로 고객을 교육하고, 동기부여하며, 운동을 수정할 기회를 준다. 트레이너는 특정 검사 프로토콜에서 얻은 정보를 상대적인 표준치와 비교하여 고객의 수행 능력을 객관적으로 평가할 수 있다.

총괄적 평가는 특정 훈련 세션 혹은 클래스 및 시즌을 마무리한 뒤에 마지막으로 시행하는 검사다. 이는 주어진 기간 동안 성취한 결과의 '총합'을 나타낸다. 운동 프로그램 시작과 중간에 사용했던 똑같은 평가 방법이 최종 결과 제공을 위해 사용되지만, 결과가 사용되는 방법은 다양하다. 예를 들어 특정 관절의 유연성을 목표로 했다면, 형성적 평가에서 초기 가동범위를 측정하고 현실적인 범위 내에서 유연성의 향상을 목표로 삼게 된다. 따라서 운동 프로그램은 관절을 스트레칭하는 다양한 기술들을 주기적으로 반복해, 고객이 얼마나 발전하고 있는지 스스로 인지할 수 있게끔 한다. 운동이 끝나는 시점이 되면, 유사한 컨디션에서 동일한 검사를 반복하고, 목표가 달성되었는지 확인할 수 있다. 즉 특정 기간 동안 목표의 성취도를 확인하여 '요약(summary)'하는 평가라고 할 수 있다.

평가 용어

고객에게 맞는 검사를 고르기 전에, 퍼스널 트레이너는 검사 및 측정과 평가에 사용되는 용어를 이해해야 하며, 검사가 발전한 과정까지도 어느 정도는 알아야 한다. 이 장의 목표는 단순히 건강 상태 및 기술적 부분, 고객의 특성(좌식생활, 운동선수, 건강 상태, 혹은 의학적 소견이 필요한 경우) 등을 반영한 평가 도구의 종류를 나열하고 설명하고자 함이 아니다. 새로운 연구 및 평가 방법이 보고됨에 따라, 퍼스널 트레이너는 최신 정보를 파악하고 각각의 특수한 고객들에게 적용시킬 만한 사항이 있는지를 이해해야 한다. 어떤 검사는 타당성과 신뢰성에서 최고이지만 특정 고객에게 적절하지 않을 수도 있다. 예를 들어 최대치에 가까운 노력을 요구하는 러닝 검사는 컨디션이 안 좋은 성인에게는 적절하지 않다.[25,40] 또한 몇몇 검사는 특정한 내용을 측정하기에는 최고일지 몰라도, 특수한 장비나 시설 혹은 전문가를 필요로 할 수도 있다(수중 체중 측정과 같은 것). 역으로, 특수 장비가 요구되거나 컴퓨터로 시행되는 검사들이 가능하다고 해서, 이것이 모든 고객에게 필요한 것도 아니다. 예를 들어 고객이 비만인 경우, 피하지방 조직 측정을 통한 체성분 분석은 부정확하며 오히려 감량 전까지 단순히 BMI를 측정하는 것이 바람직하다. 트레이너는 이러한 사실을 인식하고 각 고객에게 적합한 검사를 선택하되, 고객은 다양한 형식적인 검사보다 개개인의 발전에 관심이 있다는 사실을 잊지 말아야 한다. 고객에게 맞는 평가 방법을 고르는 것은 오류를 줄이고 평가의 정확성을 높이는 시작점이다. 검사의 정확도를 높이기 위한 질문들은 다음과 같은 것들이 있다.

- 평가가 얼마나 믿을 만하며 객관적인가?
- 타당성이 입증되었나?
- 평가에 쓰이는 도구가 정확히 계측된 결과를 나타내는가?
- 평가받는 고객이 검사 전이나 검사 중 신체적으로 혹은 감정적으로 영향을 받은 것은 없는가?
- 검사 프로토콜은 엄격히 지켜졌으며, 데이터는 정확히 수집되었는가?

이러한 요소들이 제대로 지켜졌다면, 퍼스널 트레이너는 자신감 있고 정확하게 결과를 해석하고 운동에 적용할 수 있게 된다.

신뢰도 및 객관성

신뢰성(reliability)이란 측정의 재연성 혹은 일관성을 의미한다.[34] 이를 확인하기 위해 동일한 검사를 동일한 조건에서 간섭(컨디션 조절 혹은 다이어트) 없이 시행해본다. 만약 여러 번 시행한 결과가 동일하다면 이 검사는 신뢰성이 높은 것이다. 신뢰성을 결정하는 가장 흔한 방법은 **검사-재검사 방법**(test-retest method)이다. 이것은 동일한 개인 혹은 그룹이 반복적으로 검사를 시행하는 것으로, 보통 하루에서 3일 이내에 반복하는데 고강도 검사의 경우 일주일 정도의 간격을 두기도 한다.[50] 검사의 신뢰성을 높이기 위해 시행자는 일관되게 검사에 임해야 한다. 이러한 과정을 '내부 측정 신뢰성(intrarater reliability)'이라 한다. 하지만 퍼스널 트레이너는 일관될 수 있어도 정확하기는 힘들다. 따라서 동일한 고객에 대하여 또 다른 퍼스널 트레이너가 간섭 없이 점수를 매기는 것이 내부 측정 신뢰성 및 객관성을 확보를 위해 필요하다.[5,34,50] 만약 한 명 이상의 트레이너가 동일한 고객에게서 동일한 결과를 일관되게 얻는다면, 이 검사는 객관적이라 할 수 있다. 고객을 하루 혹은 일주일 동안 동일한 검사법으로 여러 번 검사하는 것은 바람직하지 않으므로, 퍼스널 트레이너는 애초에 신뢰성이 높은 것으로 증명된 검사법을 이용해야 한다. 하지만 퍼스널 트레이너가 검사 시행 방법을 엄격하고 표준화된 환경에서 오랜 시간 연습하지 않는다면 검사의 신뢰성이 아무리 높아도 의미가 없다.[13] 신뢰성에 영향을 미치는 요소들은 다음 세션에서 논의할 것이다. 퍼스널 트레이너가 갖추어야 할 것은 실력, 자신감, 집중력, 도구와의 친숙함 그리고 동기부여이다.[6]

타당성

타당성(validity)이란 검사에서 측정하고자 하는 바를 정확히 측정하는가에 대한 것이다.[50] 다시 말해 검사 결과치가 '믿을 만한' 점수인가에 대한 이야기이다.[34] '이 평가법은 본래의 의도된 측정 사항을 제대로 검사하고 있는가?'를 확인하는 일이다. 예를 들어 유산소 기능을 검사하고자 한다면, 심폐 기능계에서 제공되는 에너지를 우선적으로 이용할 정도의 충분히 길고 강도가 있는 검사법을 활용해야 한다. 그러므로 50m 전력질주는 유산소 능력에 대한 타당성 있는 결과를 제공해주지 못한다. 이러한 타당성을 위해선 연관성도 고려해야 한다.[34] 연관성은 검사의 목적과 검사법이 얼마나 일치하는가를 의미한다. 위에서 언급된 예를 보면, 속도 검사는 유산소 기능을 평가하는 것과 연관성이 적다. BMI는 일반적으로 좌식생활을 하는 사람들에겐 과체중의 중요한 측정치이지만, 순근육량이 높고 체지방이 적은 운동선수에게는 적합하지 않다.[23,26,41] '표면적 타당성(face validity)'은 측정하고자 하는 바를 제대로 측정하고 있는가를 의미한다.[21,50] 이러한 관점에서, 1RM 검사는 근력 측정에 타당하나, 근 유연성에는 적합하지 않다. 관련 용어로 '내용적 타당성(content validity)'이란, 검사법이 목표한 특정 주제 혹은 능력치를 모두 측정할 수 있음을 전문가가 확인하였다는 의미이다.[21,50] 예를 들어 배구선수는 배구에 필요한 다양한 것들을 훈련하기 위해 점핑 능력 이외의 다른 능력들도 평가해야 한다.

'구성적 타당성(construct validity)'이란 검사가 수행 능력들을 구분할 수 있어야 한다는 이론적 개념이다. 다시 말해 특정 운동기술에 대한 검사라면, 해당 기술을 연마한 사람이 그렇지 않은 사람보다 좋은 점수를 얻을 수 있다.[21,34,50]

'기준 타당성(criterion-related validity)'은 실험실 검사 결과와 현장 검사 결과를 수치로 비교할 수 있기 때문에 실험실 환경이나 값비싼 장비 없이도 퍼스널 트레이너가 현장 또는 피트니스센터에서 검사를 이용할 수 있도록 해준다.[34] 최대운동부하 검사(maximal-exertion stress test)는 정교하게 설계된 환경에서 의료진 및 손에 착용하는 도구를 활용하여 시행해야 한다.[40,42,51] 하지만 이는 피트니스센터에서 시행하기 어렵기 때문에, 퍼스널 트레이너는 트레드밀, 스텝 검사, 사이클 에르고미터 검사 등의 최대하 심혈관계 부하 검사를 시행하여, 그 결과와 통계적으로 대응되는 최대운동부하 검사 결과를 이용한다. 다만 검사받는 고객이 건강하면 할수록, 주어진 심박수에서 더 많은 운동을 소화할 수 있어야 하며, 최대치 심박에 도달하기 전까지 총운동량이 더 많아야 한다는 전제가 깔려 있다.[51] 최대하운동검사의 결과는 최대운동검사와 정확히 일치하지 않으며, 측정된 $\dot{V}O_2max$ 수치도 정확하지 않을 수 있다. 하지만 최대하 검사와 최대 검사의 오차가 작고, 검사가 신뢰할 만하고 타당하다면, 좋은 검사법이라 할 수 있다. 다음 내용은 이에 대한 예시이다.

수중체중측정은 체지방을 측정하는 **간접적인 방법**(indirect measure)으로, 인체가 지방 성분과 제지방 성분으로 이루어져 있다는 가정에서 출발한다.[23,55] 부검은 **직접적인 방법**(direct measure)이나, 살아있는 개체에게 적당한 방법은 아니다. 또한 피하지방 두께 검사(skinfold assessments)나 생체전기 임피던스 분석(BIA, Bioelectrical Impedance), 근적외선 검사(NIR, near-infrared interactance) 혹은 인체계측법 등의 다른 방법들은 더더욱 간접적이다.[12] 따라서 통계적 관련성은 수중체중측정에서 가장 유의미하고 표준 오차 또한 수중체중측정을 기준으로 설정되어 있다. 또한 앞서 언급한 더욱 간접적인 체성분 분석 방법들(피하지방 두께 검사, BIA, NIR 등)의 오차는 간접적인 방법에서보다 더욱 크다. 어떠한 방법이 고객 평가를 위해 선택되었다면, 추후에 시행되는 검사에서도 동일한 방법이 적용되어야 한다. 예를 들어 피하지방 두께 측정 검사와 생체전기 임피던스 분석이나 근적외선 검사법 등 서로 다른 방법으로 신뢰성을 비교하는 것은 부적절하다(11장의 추가적인 내용을 확인하라).[23]

> 타당한 검사란 측정하고자 하는 사항을 측정하는 것을 의미한다. 신뢰할 만한 검사는 누가 수행하던지 정확하게 반복 가능함을 의미한다. 좋은 검사법은 타당성과 신뢰성이 모두 높아야 한다.

신뢰성과 타당성에 영향을 미치는 요인들

모든 검사는 **측정 표준 오차**(standard error of measurement)를 가지고 있다. 이는 측정 결과치와 이론적으로 오류가 없는 실제 점수와의 차이를 의미한다. 예를 들어 피하지방 두께를 이용한 체성분 분석을 시행했다면, 트레이너는 고객의 실제 체지방 비율(실제 점수)은 알 수 없고, 측정 결과로 나타나는(오류를 갖고 있는) 체지방 비율만을 알 수 있다. 실질적으로 어떤 검사든 실제 점수와 오차를 포함한다. 모든 검사는 그 자체의 오차를 포함한 측정 결과를 나타내기 때문이다. 측정 오차는 다양한 경우에 발생하는데, 고객, 퍼스널 트레이너, 측정 도구 혹은 환경적 요인이 영향을 미칠 수도 있다.[34]

고객 요인

적절한 검사를 알아내고 선정하는 과정에서 고객의 수행 능력에 영향을 줄 수 있거나 추후 검사 결과의 타당성과 신뢰성에 영향을 줄 수 있는 요인을 고려하는 것이 중요하다. 고객 요인에 해당하는 중요한 요소들은 건강 상태, 기능적 능력, 연령, 성별, 그리고 트레이닝 이전 상태 등이 있다.

건강 상태 및 기능적 능력: 고객의 건강 상태와 기능적 능력이 어떠한 평가가 적합한지를 결정한다. 운동참여 전 선별 검사에서 얻은 정보를 바탕으로 신체적 한계치를 확인할 수 있다. 이러한 한계사항을 통해 고객의 능력에 맞는 평가 방법을 정하게 된다. 예를 들어 좌식생활을 하는 60세 이상의 고객이 기능적 유산소 능력이 5MET(MET=Metabolic Equivalent로, 1MET는 3.5ml · kg^{-1} · min^{-1}의 산소소비량으로 휴식할 때의 산소소비량)라면, YMCA 스텝 검사나 1.5마일(2.4km) 런닝 검사를 시행하는 것은 비합리적이다. 이러한 검사는 5MET 이상의 대사 능력을 요구하는데, 이는 컨디션이 좋지 않은 성인의 최대하운동검사에 해당하는 내용이다.[2,25,51] 또한 피로도, 최근의 운동 기능, 음식 및 음료 섭취, 혹은 수면 패턴, 한 세션에서 수행하는 검사의 수 및 신체적 요구사항 등이 평가 결과에 영향을 미칠 것이다.[6]

연령: 신체 나이 및 성숙도는 검사 결과에 영향을 미친다. 예를 들어 1.5마일 런닝은 건강한 대학생 남녀의 표준적인 현장 검사에 해당하나, 사춘기 이전 고객의 유산소 기능 검사법으로는 적절하지 않다. 이들은 심혈관계 및 신체 발달이 덜 이루어졌고, 경험적인 부분도 많이 부족하기 때문이다.[11] 어린 고객을 위한 검사는 시간제한을 둔 1마일 런닝, 9분 달리기, 혹은 PACER[7,32,52] 등이 적합하다. 위험성이 낮은 노년층에게는 1마일 걷기가 안전을 위해 추천된다.[39]

성별: 성별에 따른 생물학적 요인 또한 다양한 활동 및 평가 방법에 영향을 미친다. 예를 들어 친업, 푸시업, 벤치 프레스와 같은 상지의 근지구력을 평가하는 항목에서는 성별이 영향을 미치는 것으로 나타났다. 여성은 체지방이 많고 근육량이 적고, 어깨가 좁아 근조직이 적어, 어깨 근육에서 역학적 이점이 적다.[14,53] 예를 들어 친업은 남성에게서 신뢰할 만한 결과를 보여주지만 여성에게서는 근력과 근지구력 사이에 별 차이를 나타내지 못한다. 따라서 팔 구부리고 매달리기와 같은, 보다 정적인 운동에서 굽혀진 팔꿈치의 자세를 얼마나 오래 유지하는가를 통해 근지구력 평가를 대신하기도 한다. 또한 푸시업을 통해 상지의 근 상태를 평가하는데, 이는 상체 근력이 다양한 변화에 적응하는 능력을 포함한다. 이때 남성의 경우 밀리터리 푸시업의 정자세를 이용하는데, 무릎을 굽혀 하퇴를 바닥에 붙이고 발목을 족저굴곡시킨 자세는 예외적이다.[29,51] 또한 YMCA 고정하중 벤치 프레스 검사는 남성과 여성에게 다른 하중을 고정한다(여성은 15.8kg, 남성은 36kg). 이러한 것들은 고객에게 적합한 검사를 고를 때 성별에 따른 특성을 고려해야 함을 의미한다.[19] (위의 검사에 대한 총괄적인 내용은 11장을 참고하라.)

트레이닝 전 상태: 만약 검사에 특수한 기술이 요구되거나 상대적인 운동강도를 고려해야 하는 경우라면 트레이닝 전 상태가 검사법 선정에 영향을 미칠 수 있다. 컨디션이 좋지 않고, 운동을 해본 경험이 없는 고객이라면, 높은 성취에 대한 욕구를 보이더라도 항상 주의해야 한다. 예를 들어 1.5마일(2.4km) 달리기 검사와 12분 달리기 검사는 주어진 거리를 최대한 빨리 가야 하므로 최대하운동검사에 해당한다.[2,25,38,51] 컨디션이 저하된 경우라면 이와 같은 검사에 임하기 전에 최소 4~6주의 유산소 컨디셔닝을 해야 한다.[40] 페이스 조절에 익숙하지 않은 고객의 경우, 실질적인 경험을 통해 페이스를 조절하

는 방법을 배운다면, 이후에 시행되는 1마일(1.6km) 걷기 검사에서는 더욱 좋은 결과를 나타낼 수 있다.[34,38] 이와 유사하게, 풋워크를 연습해본 경험이 없다면 민첩성 검사에서 정확한 점수를 얻기 힘들다. 고객으로 하여금 움직임 패턴을 연습할 시간을 준다면 민첩성에서 더 좋은 결과를 얻을 것이다.[34] 하지만 움직임 패턴을 연습하면, 인지적인 요소나 반응적인 요소를 필요로 하지 않게 되어 정확한 민첩성을 측정하는 데 방해가 된다는 의견도 있다.[45]

마찬가지로 스쿼트에서 1RM 검사는 체중부하 없이 이 움직임을 많이 해본 경우라면 적합한 검사가 될 수 있다. 하지만 이에 대한 사전 훈련 경험이 없다면, 운동 기술 및 강도의 부족으로 기대치 않은 부상을 야기할 수 있다.[3,15,27,30] 부하가 클수록 관절, 근육, 뼈, 그리고 결합 조직에 가해지는 스트레스는 클 것이다.[3,4,47] 안정성과 신뢰성을 높이기 위해서는 10RM과 같이 최대하부하 상태에서 최대근력치를 평가하는 것으로 검사를 수정한다. 운동기술을 익히기 위해서는 가벼운 부하를 통해 한 번 이상의 세션을 시행하는 것이 필요하다. 트레이닝받은 경험이 없는 사람이라면, 저항 훈련 프로그램을 통해 얻는 초기 근력의 대부분은 근신경계 협응 능력의 향상에 기인한 것이다.[3,15,33] 하지만 적응 기간에 훈련 경험이 없는 사람은 새로운 기술을 익히고, 부상을 당하지 않도록 조심스럽게 훈련해야 한다. 적응 기간은 고객에 따라, 또 선택한 근력 검사에서 요구하는 강도에 따라 달라진다. 또한 몇몇 근지구력 검사는 훈련받지 않은 고객이 수행하기에 부하가 너무 무거울 수 있다. 예를 들어 상체 근육이 작거나 약한 고객(즉 어리거나 나이 많은 고객, 여성, 좌식생활을 하는 사람)은 푸시업 검사에서 매우 적은 반복 횟수(6개 미만) 밖에는 수행할 수 없을 것이다. 몸의 위치를 바꿔 검사한다 하여도 몸무게를 적용하는 것은 너무 무겁기 때문이다. 이러한 고객의 경우 푸시업 검사가 '근력' 평가가 될 수 있다. 이럴 때는 다른 유형의 상체지구력 검사를 사용해야 한다. YMCA 벤치 프레스 검사의 경우 고객이 리프팅 경험을 가지고 있다면 더 정확한 검사로 사용될 수 있다.

퍼스널 트레이너 요인

퍼스널 트레이너의 경험과 트레이닝 능력이 평가 방법을 선택하는 데 영향을 미친다. 기술적인 부분을 요구하는 검사의 경우, 객관성을 유지하고 내부 측정 오류를 줄이기 위해서는 트레이너의 능력이 따라줘야 한다. 예를 들어 다양한 공식 및 피하지방 두께 측정법을 이용한 체성분 평가에서 ±3.5%의 이론적 예측오차는 허용 가능하다. 하지만 평가자 오차는 3~9%에 이른다(평가자 신뢰도).[23] 추후 프로토콜 진행 과정 중의 오류, 측정 위치의 부정확함, 눈금 조정이 잘못된 측정장치, 예측 공식의 잘못된 선택 등에서 오류가 더 심해질 수도 있다.[23] 피하지방 두께 측정법은 매우 복잡한 기술이며, 서로 다른 100명 정도의 고객에게 시행해봐야지만 어느 정도 숙련될 수 있다.[23] 평가자 간의 일관성을 기르기 위해서 퍼스널 트레이너는 다양한 신체와 측정 부위를 대상으로 연습해야 한다.[23] 상대적인 검사 난이도와 측정 방법에 따라 결과가 달라지기도 한다. 연습 없이 프로토콜을 읽고, 고객을 평가하여 좋은 결과를 얻길 기대하는 것은 비합리적이다. 일부 검사는 다른 검사법에 비해 남다른 기술과 연습을 필요로 한다. 예를 들어 시간 제한을 둔 1마일(1.6km) 걷기 또는 달리기 검사에서 스톱워치나 심박수 모니터를 다루는 것은 상대적으로 별다른 기술을 요구하지 않는다. 하지만 컴퓨터가 장착되지 않은 사이클 에르고미터 검사는 신뢰도 높은 결과를 얻기 위해 훨씬 복잡한 기술을 요구한다(에르고미터에 기록되는 페달 밟는 리듬과 부하를 모니터링하는 것이나, 매분 심박을 확인하는 것과 같은 것들 말이다).[24,33]

> 퍼스널 트레이너는 익숙하지 않은 검사법을 택해서는 안 되며, 미래에 있을 고객들을 위해 다양한 검사법에 대한 연습을 게을리하지 말고 지속적으로 프로다운 모습을 갖도록 노력해야 한다.

장비 요인

부하, 수행 능력, 생리적 반응을 측정하는 모든 장치는 칼리브레이션, 또는 정밀함을 확인하기 위한 기기 재조정이 필요하다. 평가하고자 하는 구체적인 특성을 정확히 측정하기 위해서이다. 칼리브레이션을 통해 측정장치의 정확도를 확인할 수 있다. 신뢰성, 타당성 그리고 객관성은 측정도구의 정확도에 직접적으로 영향을 받는다. 칼리브레이션을 요구하는 장치는 사이클, 스테핑 그리고 트레드밀 에르고미터, 혈압계, 피하지방 두께 측정도구, 메트로놈, 시간, 거리 힘을 측정하는 전자기기 등이 있다. 도구의 정확성을 확보하기 위해서, 품질보증서 및 제조사의 특성에 맞게 도구들을 확인하고 칼리브레이션하는 작업을 정기적으로 시행하는 것이 좋다.

환경적 요인

기후적인 요소와 환경의 물리적인 배경은 고객의 수행 능력과 안전에 영향을 미친다. 따라서 검사를 고르고 시행할 때는 날씨, 고도, 공기 오염, 그리고 시설의 세팅 상태 등 환경적 요소를 고려하고 질적인 부분까지 확인해야 한다.

기온과 습도: 날씨는 검사의 진행에 있어 생리적인 반응에 영향을 미치는 요소이다. 높은 온도, 습도, 추운 날씨 등은 평가 방법을 선택할 때 고려해야 할 사항이다. 높은 온도와 습도의 조합은 체내 온도 조절 시스템에 제한을 줘, 지구력을 저하시키고, 건강에 악영향을 미치며, 검사 결과에 영향을 줄 수 있다. 퍼스널 트레이너는 지속적인 운동시 열손상 및 운동 능력에 영향을 미칠 수 있는 온도와 습도의 한계치를 인지하고 있어야 한다.[1,10] 예를 들어 화씨 65~72도(섭씨 18.4~22.2도)의 온도와 65.1~72%의 습도 조합은 열사병의 위험성을 높인다.[1,10] 높은 온도와 습도의 특성을 갖는 지역에서는 실외에서 유산소 지구력을 측정하기에 부적합한 장소이다. 또한 온도의 계절적 변화가 심한 지역이라면 높은 온도에 적응하는 기간이 필요할 수도 있다.[49]

화씨 25도(섭씨 -4도) 이하의 낮은 기온은 비교적 건강하고 젊은 고객에게는 크게 영향을 미치지 않을 것이다. 하지만 나이 든 고객이나, 심혈관계 및 순환계 장애 혹은 호흡기 문제를 갖고 있는 사람이라면 주의를 기울여야 한다. 추위에의 노출은 교감신경계를 자극하여 말초저항, 동맥압, 심근 수축 및 심 수축에 영향을 미칠 것이다.[40,54] 특히 주의를 기울여야 할 것은 상지에 심한 운동량을 요구하는 실외활동이다. 또한 천식과 같은 호흡기 질환을 앓고 있는 경우라면, 이로 인해 기관지 경련이 일어날 수도 있으므로 추운 날씨에 더욱 주의해야 한다.[48,51]

고도: 고도 또한 유산소 지구력에 영향을 미친다. 유산소 지구력 검사가 580m 이상의 고도에서 시행된다면, 평상시의 수행 능력과 일치하지 않을 수 있다.[17] 또한 고도 변화에 적응되지 않은 경우라면 유산소 지구력 검사를 시행하기 전, 9~12일 정도의 적응기를 가져야 한다.[51]

대기오염: 또 다른 고려사항은 **대기질지수**(AQI, Air Quality Index)이다. 이는 대기오염물질과 관련하여 공기의 질을 측정한 수치이다. 오염된 공기는 기도의 저항을 증가시켜 혈액의 산소운반 능력을 저하시키고 집중력을 떨어뜨려, 수행 능력과 건강에 악영향을 미친다.[16,40] AQI는 보통 지역 일기예보를 통해 알 수 있으며, 퍼스널 트레이너는 AQI에 민감한 고객이 있는지를 확인해야 한다.

대기질지수 단계 및 건강 상태	수치	의미
좋음	0~50	공기의 질이 깨끗하고 대기오염은 거의 없거나 위험성이 없는 상태
양호	51~100	공기의 질이 나쁘지 않으나, 특별히 민감한 소수의 사람들에게 건강상의 염려를 일으킬 수 있는 오염물질이 있음
민감한 그룹에게 악영향	101~150	민감한 사람들에게 건강에 해를 끼칠 수 있음. 일반적으로는 큰 영향 없음
유해함	151~200	모든 사람들이 건강 문제를 일으킴. 민감한 사람들은 더욱 심각한 문제 야기
아주 유해함	201~300	건강상 경고: 모든 사람들이 심각한 건강 문제를 일으킬 수 있음
위험함	300 초과	응급상황. 모든 인구가 영향을 받음

그림 10.1 대기질지수 단계

그림 10.1에 이에 대한 자세한 내용이 제시되어 있다.

검사 세팅: 건강과 환경적 요소는 검사의 타당성과 신뢰성에 영향을 미치는 요소이다. 외부적인 왜곡과 잠재적 불안요소를 제거하기 위해서 검사 장소는 조용하고 사적인 공간이 좋다. 퍼스널 트레이너는 긍정적이고, 여유 있고, 자신감 있는 태도를 보여줘야 하며 검사 과정을 친절히 설명하고, 서둘러서는 안 된다. 검사 장소는 편안한 환경과, 표준화되고 잘 계측된 도구들로 꾸며져야 한다. 온도는 화씨 68~72도(섭씨 20~22도), 습도는 60% 이하가 적당하고, 환기는 시간당 6~8회 정도 이루어져야 한다.[51] 시설물들은 결함 검사 및 안전 검사를 시행하여 문서화되고 공개되어야 한다. 적절한 응급키트 또한 마련되어 혹시나 모를 응급상황에 즉각적으로 대처할 수 있어야 한다.[8,43,51] (24장에 시설물 관련 내용이 제시되어 있다.)

평가 과정의 전체적인 검사의 타당성, 신뢰성, 퍼스널 트레이너의 수행 능력에 달려 있다. 퍼스널 트레이너는 지속적으로 고객, 트레이너 자신, 시설물 및 환경에 주의를 기울여, 신뢰성을 높일 수 있도록 노력해야 한다.

평가 사례 연구

운동 프로그램 구성 및 시작하기에 앞서 가장 중요한 것은 고객의 심혈관 질환 위험도 및 근골격계 제한으로 인한 특정 동작의 금기 여부 등을 파악하는 것이다. 건강 선별 검사 및 위험도 계층화의 결과물은 평가 방법을 선택하고 시행하는 데 가장 중요한 자료이다. 고객에게 맞는 평가 도구를 선택하기에 앞서 고객의 운동 목표, 운동 경험, 태도, 평가 시행시 요구되는 기술의 숙련도, 사용 가능한 시설물 등의 다양한 요소들을 고려해야 한다. 대부분의 경우, 프로그램을 구성하기 위해 하나 이상의 평가 도구가 사용된다. 다음 두 가지 예시를 통해서 이 개념에 대해 이해해보자(위험도 계층화에 대한 자세한 내용은 158쪽의 표 9.2를 참고).

의미 있는 결과를 도출해낼 수 있는, 타당성 있고 신뢰성이 있으며 안전한 검사법을 고르기 위해서는 고객의 건강 상태, 위험도 계층화, 고객의 목표, 트레이너의 경험, 도구의 이용 가능성, 검사의 특성 등을 이해하는 것이 필수이다.

사례 연구 10.1

마리아 G.

마리아 G.(Maria G.)는 네 명의 손주를 둔 57세의 할머니로, 일생을 활동적으로 살아왔으며, 165cm에 66kg의 체격을 갖고 있다. 그녀는 딸의 집 근처로 이사 가기 전까지 주 3~4회 에어로빅 및 스피닝 클래스에 참여해왔다. 이제 새로운 클럽에서 이 활동들을 다시 시작하려 한다. 그녀는 친구들과 종종 테니스와 골프를 즐기기도 한다. 또한 어린 손자들을 돌보기 위해 근력을 기르길 원한다. 흡연력은 없으나 남편은 하루에 한 갑씩 담배를 피운다. 그녀의 아버지는 73세에 교통사고로 사망했고, 어머니는 82세로 여전히 살아계신다.

지난달에 지역 병원의 후원으로 건강검진을 받았다. 평균 혈압은 129/79mmHg이고 총 콜레스테롤수치는 231mg/dl로, 저밀도 지단백(LDL) 수치는 150mg/dl이며 고밀도 지단백(HDL) 수치는 65mg/dl이다. 그녀의 공복 혈당은 93mg/dl이다. 또한 생체저항분석기(BIA)를 이용해 체성분을 측정한 결과 체지방률은 28%를 기록했다. 기타 건강의 문제는 없다. 다음 페이지에 나오는 마리아의 개인 평가 기록을 참고하라.

마리아의 개인 평가 기록

이름: 마리아 G　　　　나이: 57

목표: 근력 향상, 유산소 능력 및 체성분 비율 유지, 균형 감각 및 혈중 지질 농도 개선

운동참여 전 선별 검사: '중등도' 위험군. '고강도' 운동을 시작하기 전에 의사의 허가가 요구됨.

평가 일시: 8/9/11; 8/11/11

소견: 피하지방 두께 측정을 이용해 체지방 비율을 다시 측정. 과거에는 활동적이었으나 최근엔 운동 안 함. 에어로빅 수업을 다시 듣고자 함. 최근에 지질 검사 결과 콜레스테롤 231mg/dl, LDL 150mg/dl, HDL 65 mg/dl 공복 혈당: 93mg/dl. 남편은 흡연자임.

vital sign	점수 및 결과	분류*	결과 참고 사항
휴식시 혈압	129/79	준고혈압	표 11.2
휴식시 심박	72/min	평균	표 11.1
체성분 분석	**점수 및 결과**	**분류**	
키	165cm	백분위수: ~75번째	표 11.7
몸무게	66kg	–	–
BMI	24.1	정상	표 11.8
허리 둘레	74cm	88cm 기준 이하	표 11.5
엉덩이 둘레	91cm	–	–
허리/엉덩이 비율	0.81	약간 위험	표 11.12
BIA를 통한 체지방 비율	28%	백분위수: ~60번째 기준: 평균보다 날씬함	표 11.11
심혈관계 지구력	**점수 및 결과**	**분류**	
Åstrand–Ryhming 사이클 검사 시 소기 비율: 450kg/m^{-1}min^{-1}	28.64ml/kg^{-1}min^{-1}	백분위수: ~55번째 기준: 좋음	백분위수: 표 11.16 기준: 표 11.18
근지구력	**점수 및 결과**	**분류**	
YMCA 벤치 프레스 검사 16kg	16kg 9회	백분위수: 50번째	표 11.24
근력	**섬수 및 결과**	**분류**	
준최대 부하로 1RM 벤치 프레스	1RM시 몸무게의 41%에 해당하는 60파운드(약 27kg)	백분위수: ~90번째	
유연성	**점수 및 결과**	**분류**	
YMCA 싯앤리치 검사	33cm	백분위수: 30번째	표 11.27
기타 검사	**점수 및 결과**	**분류**	
토마스 검사**	양쪽 모두 다리가 바닥에 닿았음	고관절 굴곡시 유연성 양호	
눈 뜬 채로 한쪽 발로 서 있기***	우측: 6초, 좌측: 9초	평균 이하	

* 위 분류는 검사법에 따라 상대 기준 평가 혹은 절대 기준 평가를 따랐다. 마리아의 결과지 분류법에 대한 자세한 내용은 11장을 참고하기 바란다.
** 검사법 및 기준은 Howley and Franks (25) 참조
*** 검사법 및 기준은 Springer et al. (46) 참조

위험 요소 분석

마리아의 위험도 계층화 결과는 어떠한가(표 9.1, 9.2 참고)? 마리아는 검사 결과 세 가지 위험 요소를 갖고 있었다. 연령, 흡연, 그리고 이상지질혈증. 첫 번째로, 마리아는 55세 이상이고, 두 번째로 마리아는 비흡연자이지만 남편이 흡연자이므로 흡연에 노출되는 환경에 놓여 있으며, 세 번째로 그녀의 총 콜레스테롤 수치와 LDL 수치가 모두 위험군에 속했다(총 콜레스테롤 200mg/dl, LDL 130mg/dl). 하지만 그녀의 HDL 수치는 65mg/dl로, 기준치인 60mg/dl보다 높아 하나의 위험 요소를 제거할 수 있었다. 마리아의 혈압과 혈당은 정상 수준이었고, BMI 또한 24.1로 과체중에 해당되지 않는다. 그녀의 체지방률인 28%는 그녀의 나이 기준으로 '평균보다 날씬함'에 해당한다. 마리아는 심혈관 질환의 가족력이 심각하지 않다. 결론적으로 마리아는 두 가지 위험 요소를 가진 것에 해당되므로 중등도 위험군에 속하며, 의사의 허가 없이는 최대운동검사 혹은 고강도 운동 프로그램에 참여해서는 안 된다(그림 9.1 참고).

평가 권고안

해당 고객에게 적합한 평가 권고안은 무엇일까? 심혈관계 지구력 평가를 위해서 퍼스널 트레이너는 다양한 활동을 선택할 수 있다. 그녀가 평생 유산소 운동을 즐겨왔으므로 기본 체력이 요구되는 검사를 시행할 수도 있다(1.5마일[2.4km] 달리기 검사, 12분 달리기 검사, YMCA 사이클 에르고미터 검사 등).[25,51] 하지만 그녀는 중등도 위험군에 속하므로 이와 같은 최대하운동검사에 준하는 것들은 의사의 허락 없이는 부적절해 보인다. 그녀가 관절의 문제를 호소하지 않고, 다양한 운동에 참여한 경험이 있으므로, 단일 혹은 단계적 트레드밀 검사, 걷기 검사, 사이클 검사 혹은 스텝 검사(30cm 이하) 정도가 적절한 선택이 될 것이다.

마리아는 저항 훈련 프로그램에 참여한 적은 없으므로, 최대근력 검사(1RM)는 부적절하다. YMCA 고정부하 벤치 프레스 검사와 같은 근지구력 검사는 그녀의 운동경험으로 비추어보아 시행에 문제는 없으나, 그동안 해왔던 운동이 저항 프로그램이 아니었으므로 운동이 어색할 수 있다. 마리아가 운동 동작 및 기구에 익숙해지고, 표준화된 근력 평가를 시행할 수 있도록 시간을 충분히 갖고 기다려야 한다. 하지만 그녀는 상체가 약하므로 벤치 프레스 1RM 검사시 최대하부하 검사를 시행해 상체의 상대적인 근력을 평가할 수 있을 것이다. 퍼스널 트레이너는 결과의 타당성을 높이기 위해 검사 시행 전에 벤치 프레스 동작을 연습하게 할 수 있으며, 연습과 검사 사이에 충분한 휴식시간을 부여해야 한다.

만약 마리아가 체중이나 신체 사이즈에 대한 고민을 표현한다면, 체성분 검사를 반복하는 것은 신중해야 한다. 이러한 상황에서 추후 결과와의 비교를 위해 체성분 검사를 하는 것은 부적절할 수 있다. 체지방 측정을 위해서는 동일한 검사 방법을 동일한 조건 하에 동일한 시험자가 시행하는 것이 바람직하다.[23] 예를 들어 피하지방 두께 측정법을 이용했다면 동일한 방법을 계속해서 사용해야 한다. 둘레 측정 또한 복부지방에 대한 건강위험도의 기초정보를 제공해줄 수 있으며, 운동 프로그램에 따른 몸의 변화를 추적하는 수치가 될 수 있다(추후 11장에서 측정법에 대한 이야기를 다룰 것이다).

마리아가 운동 능력 향상을 위한 욕구를 보이지는 않았으므로, 민첩성, 스피드 및 힘에 대한 평가는 필요하지 않다. 일상생활에서의 균형 감각, 반응속도 및 협응력과 같은 것들을 확인하는 것이 좋은데, 이는 추후에도 관심을 가져야 할 요소이다. 만약 그녀가 테니스와 골프에 계속 참여한다면, 그녀의 목표에 부합하는 훈련 프로그램을 모두 소화한 이후에, 향상된 운동 능력을 체감하고 기뻐할 것이다.

사례 연구 10.2

폴 C.

폴 C.(Paul C.)는 28살의 아주 바쁜 회계사이다. 6피트(183cm)의 키에 260파운드(118kg)이며 흡연력은 없다. 아버지는 47세에 돌아가시기 전까지 두 번의 심정지가 있었고, 34살 형은 흉통을 겪은 뒤 3중 혈관 우회 수술을 받았다. 어머니는 2형 당뇨를 앓고 있고 관리가 가능한 상황이다. 폴은 공복 혈당 수치는 측정하지 않았으며, 첫 상담 때 150/96의 혈압을 기록했다. 체지방률은 30%이며 허리 둘레는 41인치(104cm)이고 엉덩이 둘레는 44인치(112cm)이다. 그의 마지막 콜레스테롤 검사는 6개월 전으로, 정확한 수치는 기억나지 않으나 "의사가 아무 말 하지 않은 것으로 봐서 정상이었던 것 같다"고 말했다. 천식을 앓고 있으며 계절성 알러지와 운동에 의해 유발된다. 알부테롤 흡입기를 소지하고 있으며 활동에 따라 심해져 때때로 천식 발작을 일으킨다. 또한 왼쪽 무릎에 간헐적인 통증을 호소하는데 아마도 수개월 전 낙상에 의한 것으로 추정된다. 의사에게 무릎을 진찰받은 적은 없다. 그의 형만큼이나 심혈관 질환의 위험성이 높을 것이라고 걱정한 아내의 주장에 따라 방문하게 됐다. 운동을 즐긴 적이 없으며 바쁜 스케줄 때문에 운동을 할 시간이 있을지 고민이다.

위험 요소 분석

폴의 위험도는 어느 정도인가? 폴은 여러 가지 위험 요소를 안고 있다. 그의 아버지와 형은 심정지 혹은 심혈관계 질환을 55세 이전에 앓은 심각한 가족력이 있다. 그의 BMI는 35.3으로 고위험군의 비만에 속한다(표 11.5 참고).[23,51] 또한 계측 치수는 그의 복부내장지방을 의미하며 이는 심혈관계 질환, 중풍, 2형 당뇨 위험성을 높인다. 체지방률 30% 이상, 허리 둘레 40인치(102cm) 미만, 허리-힙 둘레비(WHR) 0.94에 해당한다. 그의 말대로 그는 활동적이 사람이 아니다. 두 번의 측정 결과 수축기 혈압(140mmHg 초과)과 이완기 혈압(90mmHg 초과) 모두 높았으며, 의사의 진찰을 필요로 하는 수치였다(표 11.2 참고). 공복 혈당 수치는 알 수 없었다. 폴이 기타 심혈관계 질환의 증상을 호소하지는 않았지만, 그의 혈중 콜레스테롤 수치도 현재 알 수 없다. 네 가지 위험 요소(가족력, 비만, 비활동성, 고혈압)뿐만 아니라 천식 및 진단받지 않은 정형외과적 문제(왼쪽 무릎)도 갖고 있다. 의사의 허가를 얻기 전까지 어떠한 활동도 하지 않는 것이 좋다.

평가 권고안

폴의 경우라면 의사가 그를 고위험군으로 지정하고 진단적 스트레스 검사를 시행할 것이다. 그러한 경우에 제한적인 활동만 허가된다면 스트레스 검사 결과를 토대로 최대치 심박수 및 산소소비량을 예상하여 프로그램을 짤 수 있을 것이다. 만약 폴이 스트레스 검사가 아닌, 중등도 운동을 할 수 있는 것으로 진단된다면, 심혈관 기능에 대한 평가는 최대하로 이루어질 것이며, 아마도 체중부하가 실리지 않고 왼쪽 무릎에 부담이 안 가는 자전거 검사를 이용하게 될 것이다. 고객의 정보에 따라 추가적인 고려사항이 생길 수도 있다. 그는 활동적인 사람이 아니며, 특히 운동을 즐기지 않고, 운동할 시간을 마련하는 데에 있어서 방해요소가 많다. 그에게는 생활습관 개선을 준비하는 단계가 필요하다[36](8장 136쪽에 운동을 위한 심리적 준비 단계에 대한 내용이 있다). 또한 퍼스널 트레이너는 폴로 하여금 136쪽의 '태도 평가'를 완성하도록 하여 운동에 임하는 자세에 대해 평가해야 한다. 의사의 진단이 이루어지기 이전엔, 생활습관 개선을 위한 준비 상태, 목표 설정, 성실한 운동을 위한 선택 및 영양전문가와의 상담 등이 도움이 될 수 있다.

체력 평가 실행 및 준비

체력 평가의 시행은 심리적으로 안정적이고 안전한 결과를 얻기 위해 심화된 준비를 요구한다. 체력 평가의 준비와 시행에 있어 세세한 부분까지 집중해서, 안전하고 정확하며 의미 있는 결과를 얻도록 해야 한다.

검사 준비

퍼스널 트레이너는 고객에게 검사 내용, 검사 전 준수사항, 평가 과정의 기대사항 등에 대해 정확히 교육해야만 적절하고 의미 있는 결과를 얻을 수 있다. 체력 평가 준비과정은 퍼스널 트레이너로 하여금 평가 전 선별 검사, 안전사항 리뷰, 적절한 평가법의 선택, 시설 선택 및 기구의 안정성 평가 그리고 기록 보존의 의무 등에 대한 정확한 숙지를 요구한다. 197쪽의 '검사 준비 및 시행 체크리스트'를 참고하라.

검사 전 선별 과정 및 안전사항 검토

체력 평가의 시행은 면담, 건강 검사, 적절한 형식의 작성 그리고 필요에 따라 의학적 제한사항에 대한 의사소견 등 철저한 심사를 마친 뒤에야 이루어진다(9장 참고). 체력 검사와 관련하여 잘 알려진 위험 요소들이 존재하지만, 실제로 문제를 일으킬 가능성은 상대적으로 낮다(10,000명당 6건).[51]

선택된 검사법의 적합성 확인

타당성 있고, 신뢰할 만하며, 안전한 평가법을 골라야만 유의미한 결과를 낼 수 있으며, 이를 위해 고객의 목표, 건강 상태, 트레이너의 경험, 평가법의 특이사항 등을 이해해야 한다.

시설 선택 및 기구의 정확도 확인하기

시행의 용이성, 비용의 효율성, 기구의 사용 가능성 등은 평가법 선택 및 시행에 영향을 미친다. 실험실 검사와 현장 검사의 두 가지 방법 모두 의미 있는 결과를 얻기 위해 시행되며 서로 다른 조건에서 이뤄진다. 실험실 검사는 대부분의 경우 최대 기능적 능력을 평가하는 특수한 진단기기를 이용하여 임상검사 환경에서 시행된다. 예를 들어 산소소비량 평가 혹은 체성분 검사를 위한 수중체중측정 등의 기구를 이용하는 경우가 있다. 검사 방법은 상대적으로 복잡하며, 오차를 줄이고 생리적 반응으로부터 수치화된 결과를 얻기 위해 직접적인 측정 도구가 사용된다. 또한 진단기기의 사용 및 심혈관 합병증의 위험성 때문에 전문 의료진의 관리 하에 실험실 평가가 진행된다. 이러한 검사법은 다음과 같은 시설을 갖추고 있어야 한다.

- 사이클 에르고미터 혹은 트레드밀
- 체성분 분석을 위한 도구(피하지방 두께 측정기)
- 유연성 측정을 위한 도구(고니오미터 또는 싯앤리치 박스)
- 근수축력을 평가하기 위한 도구(악력계 등)
- 운동자각도 차트(perceived exertion chart)
- 스톱워치
- 메트로놈
- 혈압계
- 청진기
- 줄자
- 체중계
- 응급도구 키트
- 제세동기(AED)

현장 검사(field test)는 싸고, 쉬우며, 도구가 덜 필요하며 시간이 절약되는 실용적인 평가법이다. 또한 장소의 구애를 덜 받으며 큰 그룹을 대상으로 평가하기 좋다. 예를 들어 걷기/뛰기 검사, 유연성 검사, 1RM 검사 등이 있다. 평가법은 최대하 혹은 최대 검사로 이루어지며 자격을 갖춘 트레이너에 의해 시행된다. 진단적이지 않은 이 방법은 간접적인 측정법을 쓰며, 결과를 추정하는 방식이다. 최대운동검사의 가장 큰 우려사항은 진단기기의 모니터링 없이 최대치의 운동 능력을 요구한다는 데에 있다. 실험실 장비의 비용 및 어려움을 고려할 때 트레이너가 실험실 검사를 시행하는 것은 합리적이지 않다. 어떠한 경우든, 퍼스널 트레이너는 현장 검사를 통해 원하는 정보를 효율적으로 얻을 수 있으며 절대 또는 상대 평가 기준과 비교할 수 있다.

평가 전 프로토콜 숙지

평가를 위한 약속은 미리 이루어져서 고객으로 하여금 정신적으로나 육체적으로 준비할 시간을 주어야 한다. 해당 고객은 평가 전에 숙지해야 할 내용들을 고지받아야 한다.

- 적절한 휴식(자기 전 6~8시간 전, 검사 전 24시간 내

에 과격한 운동 금지)

- 적절한 음식섭취(검사 2~4시간 전 가벼운 식사)
- 적절한 수분 섭취(검사 전 하루 6~8잔의 물, 평가 2시간 전 최소 2잔 이상의 물)
- 심박에 영향을 주는 약물 섭취 금지(처방된 약물 제외)
- 적절한 의복(편안한 옷, 튼튼한 운동화)
- 검사 전, 중, 후에 운동 과정 준수하기
- 검사 종료의 조건 숙지

고객은 어떤 이유로든, 언제든지 검사를 중단할 수 있다. 또한 필요에 따라서 안전의 이유로 트레이너가 검사를 중단시킬 수 있다. 직접적인 의사의 감독 혹은 심전도 모니터링 없이 시행되는 검사시 이를 중단할 수 있는 사유는 표 10.1에 제시되어 있다. 갑작스럽게 검사가 중단되는 경우에는 5~15분가량의 휴식기간을 가져야 한다.

기록보관 시스템 준비

오류의 발생을 줄이고, 평가 결과를 해석하기 위해 정보를 수집하고 기록하는 체계적인 방법이 필요하다. 정보를 수집하고 저장하는 체계적인 방법을 만들어내는 것은 퍼스널 트레이너의 역할과 관련된 직업적 의무 중 하나이다. 또한 잘 정리된 문서는 혹시 모를 소송에 대한 증거가 될 수 있으며, 합리적이고 신중한 트레이닝을 위해서도 필요하다.[37,44]

체계적인 정보수집 방법은 수작업으로 이루어지는 녹음 및 측정치를 기록해주는 소프트웨어 프로그램을 모두 포함한다. 기록 장치는 고객과 관련된 필수 정보를 포함하며, 기록 도중 추가할 수 있는 코멘트를 위한 공간도 준비되어 있어야 한다. 또한 정보수집 장치는 필요에 따라 정보를 검색할 수 있게끔 잘 정리되어 있어야 한다. 이는 특히 검사 전후 비교를 위한 재평가 과정에서 중요하다. 또한 보안을 위한 안전장치는 필수이다. 사례 연구 10.1에 소개한 '개인 평가 기록 형식'을 참고하기 바란다.

검사 시행

검사의 기획과 시행을 위해서 다양한 업무에 대한 세심한 주의가 필요하다. 평가 과정을 이해하고, 검사의 프로토콜을 따르며, 데이터를 수집하고 분석하여 결과를 검토하는 일정을 짜야 한다. 197쪽의 '검사 준비 및 시행 체크리스트'를 참고하라.

평가 과정 정하기

퍼스널 트레이너는 정확한 결과를 도출하기 위해 고객의 운동 능력을 고려하여 휴식 및 회복 시간을 설정하고 이에 따라 검사 과정 및 순서를 결정해야 한다. 이 순서는 다양한 요소들의 영향을 받는다. 고객의 수, 평가사항, 관련 기술, 에너지 요구량, 활용 가능한 시간, 고객의 특수한 목적 등이 그러한 요소들이다. 대부분의 고객은 많은 검사를 필요로 하지 않는다. 평가 순서를 결정하는 방법에는 다양한 전략이 있으나, 일반적인 체력과 운동 능력을 가진 고객이라면 다음과 같은 순서가 적당할 것이다.[21]

일반적 체력(General Fitness)

1. 휴지기 검사(휴식시 심박수, 혈압, 키, 몸무게, 체성분 등)
2. 무-피로 검사(유연성, 균형 감각 등)
3. 근력 검사

표 10.1 운동검사의 종결이 필요한 경우

협심증 유사 혹은 협심증 증상이 나타날 경우
운동량의 증가에도 수축기 혈압이 10mmHg 초과하여 떨어질 경우
혈압의 과도한 상승: 수축기 250mmHg 초과 혹은 이완기 115mmHg 초과
짧은 호흡, 파행, 다리 쥐남, 쌕쌕거림
메스꺼움, 어지러움, 청색증, 추위 등의 관류 저하 증상
운동강도 증가에도 심박이 상승하지 않는 경우
심박의 인지 가능한 변화
고객의 요청
심한 피로의 신체적 혹은 언어적 호소
검사 장비의 결함

4. 국소 근지구력 검사(YMCA 벤치 프레스, 부분 컬 업 검사)
5. 최대하 유산소 능력 검사(스텝 검사, 락포트 걷기 검사, Åstrand-Ryhming 사이클 에르고미터 검사, 1.5마일[2.4km] 달리기, 12분 달리기/걷기)

선수적 수행력(Athletic Performance)

1. 휴지기 검사(휴식시 심박수, 혈압, 키, 몸무게, 체성분 등)
2. 무-피로 검사(유연성, 수직 점프)
3. 민첩성 검사(T-test)
4. 최대 파워 및 근력 검사(3RM 파워 클린, 1RM 벤치 프레스)
5. 스프린트 검사(40야드[37m] 스프린트)
6. 국소 근지구력 검사(1분 싯업, 푸시업)
7. 무산소 능력 검사(300야드[275m] 셔틀런)
8. 최대 또는 최대하 유산소 능력 검사(최대 트레드밀 검사, 1.5마일[2.4km] 달리기, YMCA 에르고미터 검사)

가능하다면 최대 유산소 능력 검사는 별도의 일정을 잡는 것이 좋다. 하지만 모든 평가를 하루에 진행해야 한다면 최대 유산소 능력 검사는 최소 한 시간 이상의 휴식을 취한 뒤 맨 마지막에 시행해야 한다.[21] 일부 검사에서는 유산소 능력 검사로 심박수가 증가할 것을 우려해 근력 검사 혹은 유연성 검사 이전에 시행할 것을 지시하기도 한다.[51] 하지만 유산소 능력 검사 이전 최소 한 시간의 휴식을 취한다면 문제없이 진행할 수 있을 것이다.

검사 프로토콜 정의 및 준수

검사를 받는 고객은 검사 이전에 이와 관련한 지시사항을 상세히 전달받아야 한다. 지시사항의 명료성과 간결함은 검사의 신뢰성 및 객관성과 직접적으로 연결된다.[5] 전달사항은 검사의 목적, 지시사항, 관련 기술 및 자격 미달과 관련된 가이드라인, 채점 방식 및 최대치 운동시 권고사항 등을 포함한다. 퍼스널 트레이너는 검사 시행 전 시범을 보이고, 고객이 연습할 기회를 제공하며, 관련된 질문사항을 받도록 한다.

검사 프로토콜이 안전하고 효율적으로 진행되도록 하는 일은 트레이너의 책임이다. 신뢰성을 높이기 위해서는 엄격하고 표준화된 과정이 모든 고객에게 매 순간 진행되어야 한다. 또한 예비검사를 후검사만큼 반복하여 점수 비교의 신뢰성을 확보해야 한다. 또한 적절한 준비운동과 정리 운동 과정을 거치고 검사 프로토콜에 따른 운동보조를 실시해야 한다.

> 평가의 시행은 고객의 정신적 그리고 신체적 준비, 도구의 정확성 확보, 구체적 검사 프로토콜의 적용, 안전성의 보장 및 기록 보관 의무 등 표준화된 과정을 따라야만 한다.

결과의 해석과 검토

평가를 통해 수집된 정보는 고객의 기초정보가 된다. 기초정보의 해석은 평가의 특수한 목적 및 고객의 목표에 따라 달라질 수 있다. 고객에게 정보를 설명하는 일반적인 방법은 상대평가와 절대평가가 있다(11장 참조).

상대평가

평가 기준치의 종류는 **상대평가**(norm-referenced standards)와 **절대평가**(criterion-referenced standards)의 두 가지가 있다. 상대평가는 개인의 수행 능력을 같은 범주에 속한 다른 사람들과 비교하는 것을 말한다. 11장에 다양한 체력 측정의 **백분위수**(percentile)에 대한 표들이 소개되어 있다. 결과를 통해 연구에 참여한 남성, 여성의 수행성적을 확인할 수 있다. 다시 말해 백분위수는 각 참여자의 운동 능력에 대해 '좋음, 나쁨, 중간'의 실질적인 비교를 할 수 있게 한다. 예를 들어 표 11.14는 변형된 Balke 트레드밀 검사에 참여한 동일한 성별의 기록을 제공한다. 최고와 최저 기록은 제외되었으며 나머지 기록이 통계적으로 백분위 기록에 따라 분류되었다. 몇몇 고객은 백분위 점수를 학교에서 받았던 '점수'와 헷갈리기도 한다. 70%가 '합격 점수'였던 것처럼 말이다. 그러므로 퍼스널 트레이너는 검사 결과를 해석하여 고객에게 그들의 상대적 점수에 대해 설명해줄 수 있어야 한다. 표 11.14에서 보듯이, 50번째 백분위수는 평균치를 의미한다(대략 반 수 이상의 사람들보다 좋은 결과를 나타냈음을 의미한다).

대부분의 고객들은 그들의 통계처리 전 점수를 알기 원한다. 왜냐하면 이를 통해 훈련 이후 발전 여부를 확인하기 쉽기 때문이다. 운동 경험이 적고, 과거 운동에 대한 안 좋은 기억이 있는 고객이라면 그들의 안 좋은 점수를 확인하고 싶어하지 않는 경우도 있다. 일부 고객들은 상대평가 점수를 통해 목표를 설정하고 '순위가 올라가는' 성취감에 기뻐하기도 한다. 비록 상대평가를 통해 긍정적인 피드백을 얻을 수도 있지만, 이것이 가치 있는 건

상대평가 및 절대평가 기준의 적용

39세 여성이 $\dot{V}O_2max$에서 32ml · kg^{-1} · min^{-1}의 결과를 얻었다면, 40번째 백분위에 해당하며 이는 같은 연령대의 여성 중 60%가 그녀보다 높은 수치를, 40%가 낮은 결과를 얻었다는 의미이다(표 11.17 참고). 이는 동일 연령대의 평균치에 약간 못 미치는 수치이다. 다만 이 수치로는 그녀의 심혈관계 건강 상태를 확인할 수 없다는 맹점이 있다. 한편 절대평가 기준으로 봤을 때, 29.9ml · kg^{-1} · min^{-1}은 유산소 기능의 건강 상태 최소 기준으로, 이에 따르면 그녀는 건강 상태에 해당한다. 이러한 자료를 바탕으로 트레이너와 고객은 그녀의 관심사, 목표, 현재 프로그램 및 시간 활용성을 토대로 현 상태를 유지할 것인지 혹은 향상시킬 것인지 논의해볼 수 있을 것이다.

강 기준을 기반으로 한 건강 상태를 나타내지 않는다.

절대평가

상대평가로 충족되지 않는 부분이 바로 고객의 수행 능력이 건강 기준에 만족하는지 여부를 확인하는 것이다. 건강 기준이란 개인이 건강을 유지하고 만성 질환의 위험성을 낮출 수 있는 최소한의 기준치를 의미한다.[40] 또 다른 의미로, 타인과의 비교 없이 개인의 노력에 따라 성취할 수 있는 이론적인 최소한의 기준치이다. 절대평가는 상대평가 결과 및 관련 전문가의 판단에 따라 만들어졌다.[34] 절대평가 상 건강 상태에 부합하는 기준은 일반인들에게 합리적인 건강 목표가 될 수 있다. 예를 들어 표 11.5는 허리 둘레와 BMI에 근거하여 질환의 위험성에 대한 기준을 제시하고 있다. 만약 35인치 이상의 허리 둘레와 과체중 범주에 속하는 BMI를 가진 여성이라면 당뇨 혹은 관상동맥 질환의 위험성에 노출되어 있다. 또 다른 예로, 표 11.2는 혈압과 관련된 표로 고혈압 여부를 확인할 수 있다.

불행하게도 건강의 척도에 대한 정확한 기준에 대해서는 논란이 많다.[34] 미국의 학령기 아이들에게 최소 4개 이상의 건강관련 절대평가지가 존재하며 이들은 모두 서로 다른 기준을 가지고 있다.[28,34] 성인에 있어서도 합의된 결론은 존재하지 않는다.[34] 예를 들어 표 11.14에 제시된 최대 유산소 기능에 대한 상대평가치와 달리, 몇몇 데이터는 20~29세의 남성의 경우 20번째 백분위 혹은 38.1ml · kg^{-1} · min^{-1} 이하의 기록이 건강 기준으로 제시된다(동일한 여성의 경우 31.6ml · kg^{-1} · min^{-1}).[51] 이는 어떠한 체력 검사에서건 20번째 혹은 30번째보다 높은 백분위수를 획득한 고객은 건강하다는 의미일까? 그렇지만은 않다. 문제는 모든 성인 인구별 각각의 체력 요소에 대한 명확한 기준이 정해지지 않았으며 보편적이지 않다는 것이다. 몸 상태가 좋지 않아 상대평가에서 낮은 점수를 기록한 고객은, '건강'해지기 위해 최고에 가까운 점수를 기록해야 한다고 오해하고 의기소침해질 수도 있는 일이다.

절대평가 결과는 건강에 필요한 수치들에 대해 합리적인 자료를 제공한다. 절대평가 기준 수치가 없는 검사를 받은 고객에게 상대평가 기준표를 제대로 이용하는 방법은, 상대평가에서 '평균' 혹은 높은 단계에 오를 때까지 격려하고 이를 유지하게 하는 것이다.[25]

운동 시작 혹은 마친 뒤에 평균 이상의 점수를 얻은 고객은 이미 준수한 건강 상태에 있는 경우이다. 하지만 상대평가를 통해 더욱 높은 목표를 설정함으로써 건강 및 운동 능력의 향상을 도모할 수 있다.[25]

퍼스널 트레이너는 평가 과정을 마친 뒤 빠른 시일 내에 결과 검토 일정을 잡아야 한다. 고객은 검사 결과 요약지를 받아야 하며, 근력에 대한 평가 및 발전 가능한 부분에 대한 자세한 설명을 들어야 한다. 중요한 것은 검사 결과가 긍정적이든 부정적이든, 긍정적 발전을 위한 기초 자료가 된다는 것이다.

재평가

평가가 마무리되고 고객과 함께 결과를 검토했다면 고객의 목표에 맞게 프로그램을 구성하고 시행할 수 있다. 초기 평가, 중간 평가(초기 평가의 반복), 고객의 능력 향상을 나타내는 개인 기록 및 운동 기록 등은 형성적 평가의 구성요소이며 이를 통해 피드백을 제공하고 가이드라인을 설정할 수 있다. 목표달성을 위한 시간 계획을 세우고, 계획된 시간이 지나면 재검사 일정을 잡아야 한다. 이는 프로그램 시작 8주 이상이 지닌 후가 적당하다. 일부 목표치는 시간이 덜 걸릴 수도 혹은 더 걸릴 수도 있을 것이다. 어떠한 경우든 총괄 평가가 재검사가 완료된 후에 이루어져야만 고객의 목표달성도, 초기 프로그램의 장단점, 새로운 목표 설정 및 계획의 수정 등도 논의할 수 있다. 형성적 평가는 '목표를 향한 진전상태'를 확인하는 것이고 총괄 평가는 '목표성취도'를 확인하기 위함임을 기억해야 한다. 절대평가건 상대평가건 간에, 고객 스스로 자신의 수행 능력을 다른 이의 체력 수준 및 기술 등과 비교하도록 하는 것이 가장 적절하다.

결론

퍼스널 트레이너가 고객에게 특성화된 프로그램을 제공하고자 한다면 고객의 총체적 상황(나이, 건강, 과거 운동력, 현재의 훈련 상태, 운동준비도, 개인 관심사, 목표와 같은)을 완전히 파악해야 한다. 그후 프로그램은 발전을 위한 의미 있는 기준 데이터를 제공할 신뢰성 있고 타당한 검사를 선택해야 한다. 검사 선택시에는 본인의 기술, 장비 사용 가능 여부, 환경적 요인 등을 고려해야 한다. 기록 보관 및 저장 시스템은 초기 평가 및 추후 평가 이후 고객과의 원활한 의사소통에 적합하게끔 갖춰져야 한다. 모든 과정은 기술적인 동시에 과학적이다. 고객에게 맞는 평가 방법을 찾고 올바르게 진행하며 해석하기 위해서는 많은 에너지와 추진력이 필요하다. 이를 위해 퍼스널 트레이너는 지식, 기술, 자신감을 길러야 하며, 이를 통해 트레이너와 고객 모두 원하는 결과를 얻을 수 있을 것이다.

연구 문제

1. 43세 좌식생활을 하는 남성으로, 감독 하에 진행되는 운동 프로그램 참여에 대한 의사의 허가를 아직 받지 못했다. 이때 $\dot{V}O_2max$를 측정하는 방법으로 적절하지 않은 것은?

   A. Åstrand-Ryhming 사이클 에르고미터 검사
   B. YMCA 사이클 에르고미터 검사
   C. 락포트 걷기 검사
   D. 1.5마일(2.4km) 달리기

2. 퍼스널 트레이너가 체성분 분석을 위해 수중체중측정을 시행했다. 하루 뒤, 동일한 조건에서 수중체중측정을 시행했는데 체지방이 10% 높게 측정됐다. 이 경우 퍼스널 트레이너가 진행한 수중체중측정은

   A. 신뢰할 만하다.
   B. 타당하다.
   C. 신뢰할 만하며 타당하다.
   D. 신뢰성 및 타당성이 없다.

3. 새로운 고객이 YMCA 사이클 에르고미터 검사를 받았으나, 검사를 마칠 때쯤 눈금이 정확히 계측되지 않았음을 발견했다. 부정확한 계측으로 어떠한 요소가 영향을 받았는가?

   A. 객관성
   B. 내부 측정 신뢰도
   C. 측정 표준 오차
   D. 평가자 간 객관성

4. 일반적인 체력 평가를 진행할 때 알맞은 순서에 해당되는 것은?

   Ⅰ. 락포트 걷기 검사
   Ⅱ. 싯업앤리치 검사(유연성 검사)
   Ⅲ. 푸시업
   Ⅳ. 피하지방 두께 측정

   A. Ⅰ, Ⅱ, Ⅲ, Ⅳ,
   B. Ⅳ, Ⅲ, Ⅱ, Ⅰ
   C. Ⅰ, Ⅲ, Ⅱ, ㄹ
   D. Ⅳ, Ⅱ, Ⅲ, Ⅰ

응용 지식 문제

다음은 네 명의 고객과 검사하고자 하는 체력 요소에 대한 예시이다. 이를 바탕으로 각각의 고객에게 적합한 검사를 두 가지씩 찾아라.

고객	설명	체력 요소	검사 1	검사 2
27세 남성	3년간 5km 달리기에 참여	심폐지구력		
33세 여성	10년간 꾸준히 저항 훈련 참여	근력		
41세 여성	의사로부터 비만으로 진단받음	체성분		
11세 남성	운동 경험 없음	근지구력		

참고문헌

1. Armstrong, L.E., D.J. Casa, M. Millard-Stafford, D.S. Moran, S.W. Pyne, and W.O. Roberts. 2007. Exertional heat illness during training and competition. *Medicine and Science in Sports and Exercise,* 39 (3): 556-572.
2. Åstrand, I. 1960. Aerobic work capacity in men and women with special reference to age. *Acta Physiologica Scandinavica* 49 (169): 45-60.
3. Baechle, T.R., and R.W. Earle. 2006. *Weight Training: Steps to Success.* Champaign, IL: Human Kinetics.
4. Baechle, T.R., R.W. Earle, and D. Wathen. 2008. Resistance training. In: *Essentials of Strength Training and Conditioning,* 3rd ed., T.R. Baechle and R.W. Earle, eds. Champaign, IL: Human Kinetics. pp. 382-412.
5. Baumgartner, T.A., and A.S. Jackson. 1995. *Measurement for Evaluation,* 5th ed. Dubuque, IA: Brown.
6. Bilodeau, B., B. Roy, and M. Boulay. 1995. Upper-body testing of cross-country skiers. *Medicine and Science in Sports and Exercise* 27 (11): 1557-1562.
7. Buono, M.J., J.J. Roby, F.G. Micale, J.F. Sallis, and W.E. Shepard. 1991. Validity and reliability of predicting maximum oxygen uptake via field tests in children and adolescents. *Pediatric Exercise Science* 3 (3): 250-255.
8. Carver, S. 2003. Injury prevention and treatment. In: *Health Fitness Instructor's Handbook,* 4th ed., E.T. Howley and B.D. Franks, eds. Champaign, IL: Human Kinetics. pp. 393-420.
9. Caton, M. 1998. Equipment selection, purchase, and maintenance. In: *ACSM's Resource Manual for Guidelines for Exercise Testing and Prescription,* 3rd ed., J.L. Roitman, ed. Baltimore: Lippincott Williams & Wilkins. pp. 625-631.
10. Coris, E., A. Ramirez, and D. Van Durme. 2004. Heat illness in athletes: The dangerous combination of heat, humidity and exercise. *Sports Medicine* 34 (1): 9-16.
11. Daniels, J., N. Oldridge, F. Nagel, and B. White. 1978. Differences and changes in VO_2 among young runners 10-18 years of age. *Medicine and Science in Sports* 17: 200-203.
12. Deurenberg, P., and M. Durenberg-Yap. 2003. Validity of body composition methods across ethic population groups. *Acta Diabetologica* 40: S246-S249.
13. Earle, R.W., and T.R. Baechle, eds. 2004. *NSCA's Essentials of Personal Training.* Champaign, IL: Human Kinetics.
14. Faigenbaum, A. 2008. Age and sex-related differences and their implications for resistance exercise. In: *Essentials of Strength Training and Conditioning,* 3rd ed., T.R. Baechle and R.W. Earle, eds. Champaign, IL: Human Kinetics. pp. 142-158.
15. Fleck, S.J., and W.J. Kraemer. 2004. *Designing Resistance Training Programs,* 3rd ed. Champaign, IL: Human Kinetics.
16. Frampton, M. 2007. Does inhalation of ultrafine particles cause pulmonary vascular effects in humans? *Inhalation Toxicology* 19: 75-79.
17. Fulco, C.S., P.B. Rock, and A. Cymerman. Maximal and submaximal exercise performance at altitude. *Aviation, Space, and Environmental Medicine* 69 (8): 793-801.
18. Gergley, T., W. McArdle, P. DeJesus, M. Toner, S. Jacobowitz, and R. Spina. 1984. Specificity of arm training on aerobic power during swimming and running. *Medicine and Science in Sports and Exercise* 16 (4): 349-354.
19. Golding, L.A., ed. 2000. *YMCA Fitness Testing and Assessment Manual.* Champaign, IL: Human Kinetics.
20. Hambrecht, R., G. Schuler, T. Muth, M. Grunze, C. Marburger, J. Niebauer, et al. 1992. Greater diagnostic sensitivity of treadmill versus cycle exercise testing of asymptomatic men with coronary artery disease. *American Journal of Cardiology* 70 (2): 141-146.
21. Harman, E. 2008. Principles of test selection and administration. In: *Essentials of Strength Training and Conditioning,* 3rd ed., T.R. Baechle and R.W. Earle, eds. Champaign, IL: Human Kinetics. pp. 238-247.
22. Herbert, D.L. 1996. Legal and professional responsibilities of personal training. In: *The Business of Personal Training,* S.O. Roberts, ed. Champaign, IL: Human Kinetics. pp. 53-63.
23. Heyward, V.H., and D.R. Wagner. 2004. *Applied Body Composition Assessment,* 2nd ed. Champaign, IL: Human Kinetics.
24. Housh, T.J., J.T. Cramer, J.P. Weir, T.W. Beck, and G.O. Johnson. 2009. *Physical Fitness Laboratories on a Budget.* Scottsdale, AZ: Holcomb Hathaway.
25. Howley, E.T., and B.D. Franks. 2003. *Health Fitness Instructor's Handbook,* 4th ed. Champaign, IL: Human Kinetics.
26. Katch, F., and V. Katch. 1984. The body composition profile. Techniques of measurement and applications. *Clinics in Sports Medicine* 3 (1): 31-63.
27. Kraemer, W.J., and S.J. Fleck. 2007. *Optimizing Strength Training.* Champaign, IL: Human Kinetics.
28. Lacy, A.C., and D.N. Hastad. 2007. *Measurement and Evaluation in Physical Education and Exercise Science,* 5th ed. San Francisco: Pearson Education.
29. Laughlin, N., and P. Busk. 2007. Relationships between selected muscle endurance tasks and gender. *Journal of*

Strength and Conditioning Research 21 (2): 400-404.

30. Mayhew, J.L., B.D. Johnson, M.J. LaMonte, D. Lauber, and W. Kemmler. 2008. Accuracy of prediction equations for determining one repetition maximum bench press in women before and after resistance training. *Journal of Strength and Conditioning Research* 22 (5): 1570-1577.
31. McArdle, W.D., F.I. Katch, and V.L. Katch. 2001. *Exercise Physiology: Energy, Nutrition, and Human Performance,* 5th ed. Philadelphia: Lippincott Williams & Wilkins.
32. McClain, J.J., G.J. Welk, M. Ihmels, and J. Schaben. 2006. Comparison of two versions of the PACER aerobic fitness test. *Journal of Physical Activity and Health* 3 (Suppl 2): S47-S57.
33. Moritani, T., and H. deVries. 1979. Neutral factors versus hypertrophy in the time course of muscle strength gain. *American Journal of Physical Medicine* 58 (3): 115-130.
34. Morrow Jr., J.R., A.W. Jackson, J.G. Disch, and D.P. Mood. 2005. *Measurement and Evaluation in Human Performance,* 3rd ed. Champaign, IL: Human Kinetics.
35. Myers, J., N. Buchanan, D. Walsh, M. Kraemer, P. McAuley, M. Hamilton-Wessler, et al. 1991. Comparison of the ramp versus standard exercise protocols. *Journal of the American College of Cardiology* 17 (6): 1334-1342.
36. Napolitano, M.A., B. Lewis, J.A. Whiteley, and B.H. Marcus. 2006. Principles of health behavior change. In: *ACSM's Resource Manual for Guidelines for Exercise Testing and Prescription,* L.A. Kaminsky, ed. Philadelphia: Lippincott Williams & Wilkins. pp. 545-557.
37. National Strength and Conditioning Association. 2001. NSCA's strength & conditioning professional standards and guidelines. http://www.nsca-lift.org/Publications/posstatements.shtml. Accessed October 20, 2010.
38. Noonan, V., and E. Dean. 2000. Submaximal exercise testing: Clinical application and interpretation. *Physical Therapy* 80 (8): 782-807.
39. O'Brien, C.P. 1999. Are current exercise test protocols appropriate for older patients? *Coronary Artery Disease* 10: 43-46.
40. Powers, S.K., and E.T. Howley. 2009. *Exercise Physiology: Theory and Application to Fitness and Performance,* 7th ed. Boston: McGraw-Hill.
41. Prentice, A.M., and S.A. Jebb. 2001. Beyond body mass index. *Obesity Reviews* 2: 141-147.
42. Rodgers, G., J. Ayanian, G. Balady, J. Beasley, K. Brown, E. Gervino, et al. 2000. American College of Cardiology/American Heart Association Clinical Competence statement on stress testing: A report of the American College of Cardiology/American Heart Association/American College of Physicians—merican Society of Internal Medicine Task Force on Clinical Competence. *Journal of the American College of Cardiology* 36 (4): 1441-1453.
43. Rozenek, R., and T.W. Storer. 1997. Client assessment tools for the personal fitness trainer. *Strength and Conditioning* (June): 52-63.
44. Rusk, D.B. 1996. Creating your own personal training business. In: *The Business of Personal Training,* S.O. Roberts, ed. Champaign, IL: Human Kinetics. pp. 23-30.
45. Sheppard, J.M., and W.B. Young. 2006. Agility literature review: Classifications, training and testing. *Journal of Sports Sciences* 24 (9): 919-932.
46. Springer, B.A., R. Marin, T. Chan, H. Roberts, and N.W. Gill. 2007. Normative values for the unimpeded stance test with eyes open and closed. *Journal of Geriatric Physical Therapy* 30 (1): 8-15.
47. Soutine, H. 2007. Physical activity and health: Musculoskeletal issues. *Advances in Physiotherapy* 9 (2): 65-75.
48. Tan, R., and S. Spector. 1998. Exercise-induced asthma. *Sports Medicine* 25 (1): 1-6.
49. Terrados, N., and R.J. Maughan. 1995. Exercise in the heat: Strategies to minimize the adverse effects on performance. *Journal of Sports Sciences* 13: S55-S62.
50. Thomas, J.R., J.K. Nelson, and S.J. Silverman. 2005. *Research Methods in Physical Activity,* 5th ed. Champaign, IL: Human Kinetics.
51. Thompson, W.R., N.F. Gordon, and L.S. Pescatello, eds. 2010. *ACSM's Guidelines for Exercise Testing and Prescription,* 8th ed. Philadelphia: Lippincott Williams & Wilkins.
52. Turley, K.R., J.H. Wilmore, B. Simons-Morton, J.M. Williston, J.R. Epping, and G. Dahlstrom. 1994. The reliability and validity of the 9-minute run in thirdgrade children. *Pediatric Exercise Science* 6: 178-187.
53. van den Tillaar, R., and G. Ettema. 2004. Effect of body size and gender in overarm throwing performance. *European Journal of Applied Physiology* 91 (4): 413-418.
54. Victor, R., W. Leimbach, D. Seals, B. Wallin, and A. Mark. 1987. Effects of the cold pressor test on muscle sympathetic nerve activity in humans. *Hypertension* 9 (5): 429-436.
55. Wang, Z., S. Heshka, R. Pierson, and S. Heymsfield. 1995. Systematic organization of body-composition methodology: An overview with emphasis on component-based methods. *American Journal of Clinical Nutrition* 61 (3): 457-465.
56. Wilmore, J.H., D.L. Costill, and W.L. Kenney. 2008. *Physiology of Sport and Exercise,* 4th ed. Champaign, IL: Human Kinetics.

검사 준비 및 시행 체크리스트

고객 이름: ______________________________

퍼스널 트레이너 이름: ______________________________

검사준비	√	날짜/참고사항
1. 평가 방법의 적합성 확인:		
a. 고객의 목표 확인		
b. 정확한 결과를 얻기 위해 검사와 관련된 기술의 숙련도 등의 전문성 평가하기		
c. 고객의 목표에 부합하는 특성을 갖고 있는지 확인, 검사로 인한 위험 대비 이득을 확인		
2. 안전사항 확인:		
a. 운동 참여 전 건강검진 시행		
b. 필요에 따라 의사의 진단을 받을 것		
c. 합의 사항 및 검사 형식에 대한 문서를 완성하여 보관		
d. 응급처치 확인		
3. 시설물 선택 및 도구 정확성 확보:		
a. 시행하기 간편하고 비용이 효율적인 검사를 확인		
b. 적합한 도구 선택 및 활용 가능성 확인		
c. 도구 눈금 조정(영점 조정)		
d. 조용하고, 사적이며, 편안한 검사 분위기 만들기		
e. 안전하고 깨끗하며 검사를 위해 준비된 장소 만들기		
f. 온도 및 습도 확인(20~22도, 습도 60%)		
4. 평가 전 프로토콜을 고객에게 설명:		
a. 고객에게 평가 전 숙지사항 고지하기		
• 적절한 휴식(6~8시간의 수면)		
• 적절한 식이 섭취(수분 섭취 포함)		
• 심박수를 증가시키는 약물 금지(개인적으로 처방받은 약물 제외)		
• 적절한 의복(편안한 복장과 튼튼한 신발)		
b. 시작 조건 그리고 끝내는 절차 설명하기		
5. 기록 보관 시스템 준비:		
a. 기록을 위한 형식 혹은 시스템 준비		
b. 안전하고 보안이 철저한 저장 공간 및 검색 시스템		
검사 시행	**√**	**날짜/참고사항**
1. 검사 과정 결정:		
a. 정돈되고 체계적인 검사 순서 정하기		
b. 검사 스케줄 잡기		
2. 검사 프로토콜의 준수:		
a. 서면으로 이루어진 검사 방법과 가이드라인 선날		
b. 자격 미달 조건 및 점수 매기는 법, 시험에 필요한 기술 설명		
c. 시범 보이고 연습할 시간 제공		
d. 검사와 관련된 질문 받기		
e. 적절한 준비 운동 및 정리 운동 시행		
f. 필요한 경우 고객 운동 보조		

개인 평가 기록지

전평가/후평가

고객 이름: ______________________________ 나이: ______________

목표: ____

____

운동 참여 전 검사 기록: ______________________________

____

평가 일시: ______________________________________

기타 사항: ______________________________________

____

활력 징후	점수 또는 결과	분류
휴식시 혈압		
휴식시 심박수		
체성분	**점수 또는 결과**	**분류**
키		
몸무게		
BMI		
허리 둘레		
엉덩이 둘레		
허리-엉덩이 비율(WHR)		
체지방 비율(측정 방법: ______________)		
심폐지구력	**점수 또는 결과**	**분류**
$\dot{V}O_2max$		
기타		
근지구력	**점수 또는 결과**	**분류**
YMCA 벤치 프레스		
부분 컬 업		
엎드린 상태에서 더블 스트레이트 레그 레이즈		
기타: ______________		
근력	**점수 또는 결과**	**분류**
1RM 벤치 프레스		
1RM 레그 프레스		
기타: ______________		
유연성	**점수 또는 결과**	**분류**
싯앤리치		
기타: ______________		
기타 검사	**점수 또는 결과**	**분류**
기타: ______________		
기타: ______________		

체력 검사 프로토콜과 기준

Eric D. Ryan, PhD, and Joel T. Cramer, PhD

학습 목표

- 각각의 체력 검사 과정을 이해한다.
- 선택한 체력 검사를 정확히 시행한다.
- 고객의 운동 수준을 타당하고 신뢰할 만한 수준으로 측정하여, 각각의 고객에게 적합한 검사를 선정할 수 있다.
- 이를 통해 얻어진 결과를 평균적인 데이터와 비교할 수 있다.

10장에서 이야기했듯이, 퍼스널 트레이너는 타당성 높고 신뢰할 만한 결과를 얻기 위해 고객에게 적합한 검사를 선택해야 한다. 이를 위해 검사를 정확하게 시행하고 기록하며 결과를 해석하는 능력을 키워야 한다. 이 장에서는 고객의 활력 징후, 체성분, 심폐지구력, 근력, 근지구력 및 유연성을 측정하기 위해 가장 빈번하게 널리 쓰이는 체력 검사법에 대해 알아볼 것이다. 각각의 검사에서 기술적, 규정적 데이터들이 제시될 것이다. 여기에서 소개하는 검사법 외에 다양한 것들이 존재하나 기술적, 규정적 데이터가 축적되지 않은 것들은 소개하지 않았다.

운동검사 프로토콜

활력 징후

체성분

심혈관계 지구력

근력

근지구력

유연성

활력 징후

대부분의 체력 평가는 맥박과 혈압을 측정하는 기본 검사를 포함하고 있다. 맥박과 혈압은 휴식 상태에서 측정하는 경우도 있지만, 운동할 때(특히 유산소 운동) 맥박과 혈압의 변화를 측정하는 것이 적절한 운동강도를 측정하는 데에 효과적이다(즉 고객이 운동할 때 심박수를 처방된 타겟 구간 내로 유지하는 것).

심박수

대부분의 성인은 휴식할 때 분당 60~80회의 심박을 보이며, 여성은 남성에 비해 분당 7~10회 정도 높은 수치를 보인다.[19] 일반적인 안정기 심박수는 60~100 사이의 수치 어디든 위치할 수 있다. 60회/분보다 느리면 서맥, 100회/분보다 빠르면 빈맥으로 정의한다.[15] 표 11.1을 참조하라. 심박을 측정하기 위해서는 일반적으로 다음 세 가지 방법을 이용한다. (a) 촉진, (b) 청진, (c) 심박 모니터링.

도구

측정 방법에 따라 다음 중 하나 혹은 여러 개의 조합을 이용할 수 있다.

- 스톱워치
- 청진기
- 심박 모니터

촉진 과정

촉진은 안정시 및 운동시 심박수를 측정할 수 있는 가장 흔하고 경제적으로 효율적인 방법이다.

1. 둘째손가락과 가운뎃손가락의 끝을 이용하여 맥을 촉진한다. 엄지는 자체의 맥박으로 인해 결과가 왜곡될 수 있으므로 사용하지 않는다. 다음의 해부학적 표지 중 하나를 선택하여 맥박을 촉진한다.
   - 상완동맥: 이두근 근복부 아래, 팔의 전 내측면에서 팔의 주름 1인치(2~3cm) 위쪽에서 촉진한다.[15]
   - 경동맥: 후두 바깥쪽, 목의 앞면에서 확인.[19] 그림 11.1a에서 확인한다. 주의: 과한 압력을 가하는 것을 삼간다. 경동맥 부위의 압각수용기가 압력을 감지하여 연수의 피드백 과정을 통해 맥박을 떨어뜨릴 수 있다. 그러므로 경동맥을 잘못 촉진하면 인위적으로 저하된 맥박 수치를 얻게 된다.
   - 요골동맥: 손목의 전외측 부의 엄지 기저부에서 측정한다.[19] 그림 11.1b에서 확인한다.
   - 측두동맥: 두개골 앞부분 측두외측의 관자놀이 부위에서 측정하며 눈높이의 머리카락 선 부위에 해당한다.
2. 만약 심박수를 세기 위해 스톱워치를 동시에 시작한다면, 첫 박동을 0으로 센다. 반면 스톱워치가 켜진 상태에서 시작한다면 첫 박동을 1로 센다.[19] 맥박은 6, 10, 15, 30 혹은 60초 간 체크한다.
3. 1분보다 짧게 측정했다면 총 1분을 만들기 위해 적합한 배수를 곱한다(6초 간 측정했다면 곱하기 10).

일반적으로 운동중 혹은 운동 후에는 짧은 시간 동안 심박을 측정한다(6, 10, 15초).[19] 짧은 시간 동안 측정하는 방법은 시간이 절약될 뿐만 아니라 순간적인 심박을 더욱 정확하게 나타낸다. 운동강

맥박 촉진 부위

요골 부위

- 팔꿈치를 굽히고 손바닥이 위로 오게끔 한다.
- 요골 동맥은 손목 주름에서 엄지 기저부에 위치한다.
- 검지와 중지를 이용하여 부드럽게 요골동맥을 촉진한다.

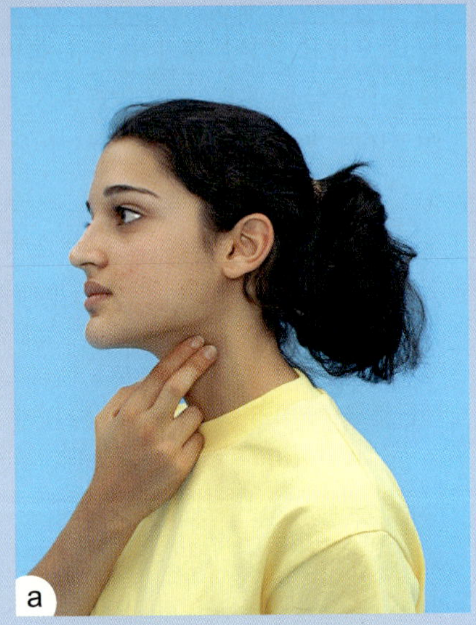

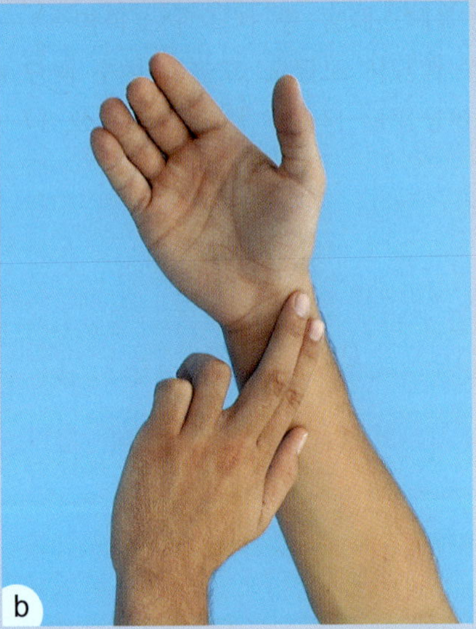

그림 11.1 (a) 경동맥 촉진 (b) 요골동맥 촉진

경동맥 부위

- 검지와 중지를 이용하여 경동맥을 부드럽게 누른다. 기관(trachea)과 흉쇄유돌근 사이 공간의 아래턱 뼈 아래에 위치한다.
- 주의: 맥박을 느끼기 위해 적절한 압력을 가하는 것은 필요하나, 과도한 압력은 머리로 가는 혈류를 방해할 수 있으므로 주의한다. 따라서 과도한 압력을 가하는 것을 피하고, 양쪽을 동시에 촉진하지 않는다.

예제 11.1

맥박 계산하기

- 6초 간 12회 맥박: 12회/6초 × 10 = 120회/분
- 10초 간 18회: 18회/10초 × 6 = 108회/분
- 15초 간 24회: 24회/15초 × 4 = 96회/분
- 30초 간 41회: 41회/30초 × 2 = 82회/분

심박수 측정에 영향을 미치는 요인들

- 흡연 관련 제품(↑ 안정시 심박수, ↑ 또는 ← 운동시 심박수)
- 카페인(↑ 또는 ← 안정시 · 운동시 심박수, 카페인 섭취에 대한 반응은 다양하게 나타나며 이전의 섭취량에 따라 다르게 나타나므로 심박수 측정 전에는 섭취를 삼가는 것이 좋다.)
- 온도(높은 온도에서 ↑ 안정시, 운동시 심박수, 추운 환경 또한 심박수에 다양하게 영향을 미칠 수 있다. 고객의 체성분, 기후에 대한 적응력, 대사에 따라 달라진다.)
- 고도(대략 1200m보다 높은 고도에서 ↑ 심박수)
- 스트레스(↑ 안정시, 운동시 심박수)
- 음식섭취(↑ 안정시, 운동시 심박수)
- 체위(누웠을 때 ↓ 심박수, 누웠다 앉거나 일어날 때 ↑ 또는 ←)
- 측정 시간(아침에 눈뜨자마자 ↓ 심박수, 오후나 저녁 시간 ↑ 또는 ←)
- 약물복용(↑, ← 또는 ↓ 안정시 · 운동시 심박수, 약물복용에 대한 반응은 약물의 종류에 따라 다양하게 나타난다.)

Note: ↑ = 증가, ↓ = 감소, ← = 큰 변화 없음

도의 변화에 따라 심박수의 변화가 빠르기 때문이다. 반면 안정시의 맥박수는 긴 시간 동안 측정하여 측정의 오차를 줄인다(30초 혹은 60초).

청진 과정

청진은 청진기를 필요로 한다. 청진기의 벨 부위는 고객의 흉골 바로 왼쪽의 세 번째 늑골간 공간에 대고 측정한다.[19] 이때 측정되는 심박음은 30초 혹은 60초 간 측정한다.[19] 30초 간 심박수를 측정하는 방법은 앞서 설명한 계산 방법을 참고한다.

심박 모니터링 과정

디지털 심박 모니터링은 그 타당성, 안정성, 기능성을 인정받아 점차 널리 쓰이는 추세이다.[23] 하지만 비싼 가격은 단점이다. 그럼에도 불구하고 운동중이든 휴식중이든 심박을 측정하는 데 편리하고 효율적인 방법임에는 틀림없다.

혈압

혈압은 혈관벽에 대한 혈액의 저항력으로 정의할 수 있다.[8] 이 박동력에 의해 유발되는 소리를 **코로트코프 음**(Korotkoff sounds)이라고 한다. 외부에서 가해지는 압력에 따른 코로트코프 음은 감지 및 소실을 통해 혈압을 측정하는 것이 기본 원리이다. 혈압을 측정하는 기술에는 다양한 침습적, 비침습적 방법이 있지만, **혈압측정법**(sphygmomanometry)이 가장 흔한 현장기술이며 퍼스널 트레이너가 고객의 혈압을 측정하기에도 편리한 도구이다. 수은을 사용하거나 사용하지 않는 혈압계도 있다. 그러나 이 두 가지 모두 주입식 공기주머니 커프와 청진기를 사용하여 코로트코프 음을 **청진**(ausculate)해야 한다. 따라서 이러한 절차를 흔히 '커프 또는 청진법'이라고 일컫기도 한다.

혈압의 반복적인 측정은 고혈압 확인(표 11.2 참조)을 위해 중요하며 운동 및 식이요법을 통한 항고혈압 효과 확인을 위해서도 필요하다.[8] 혈압을 측정할 때는 표준에 맞게 계측된 도구를 이용해야 하며[37] 표준화된 규율을 따라야 한다.[34] 수은혈압계를 활용할 것을 권하지만, 최근에는 애너로이드 혈압계 및 전자식 혈압계가 흔히 사용되곤 한다. 하지만 이들은 전통적인 수은혈압계와의 정확도 비교에 있어 논란이 있다.[35]

도구

- 수은 혹은 애너로이드(무수은) 혈압계
- 공기 주입식 커프
- 청진기

진행 과정

1. 고객에게 혈압 측정 최소 30분 전에는 흡연 혹은 카페인 섭취를 중지할 것을 이야기한다.
2. 의자에 반듯이 등을 펴고 앉아서 좌측 혹은 우측 팔을 손바닥이 위로 향하게 하여 심장 높이에 위치하도록 한다(좌측과 우측 팔의 혈압 차이는 거의 없다). 주의: 팔을 노출시키기 위해 옷소매를 걷어올리면 옷에 의해 혈관이 압박될 수 있으므로 타이트한 옷은 피하도록 지시한다.[19]
3. 고객에게 적절한 사이즈의 커프를 고른다. 표 11.3(230쪽)을 확인하고 고객의 팔 둘레에 맞는 커프를 고른다. 팔 둘레를 측정할 때는 일어선 상태에서 팔을 편하게 내리고 견갑골의 견봉과 팔꿈치의 주두돌기 사이(대략 어깨와 팔꿈치의 중간)에서 측정한다.[19]
4. 혈압을 측정할 때는 2번 사항에서 제시된 자세에 최소 5분 이상 휴식을 취한 뒤 측정한다.
5. 커프를 팔 위에 대서 공기주머니가 상완 동맥에 직접 닿게 위치한다(일부 커프는 상완 동맥에 부착하는 부위에 선이 표시되어 있기도 하다). 커프의 밑선은 팔 오금 주름 위 1인치(2.5cm)에 위치하게 한다.[8]
6. 고객의 손바닥이 위로 올라가게 한 상태에서, 팔 오금 부위에 청진기를 밀착하되, 피부가 움푹 들어갈 정도로 강한 힘은 피한다.[8] 주의: 대부분의 트레이너는 그들의 우세손(주로 쓰는 손)으로 공기주입기를 잡고 손바닥과 검지, 엄지로 압력을 조절하고, 반대쪽 손으로 청진기 잡는 것을 편하게 느낀다.[8]
7. 혈압계를 수은 기둥의 중심 혹은 애너로이드 눈금이 눈높이에 오게끔 위치하되, 공기주입 튜브가 오버랩되거나 방해받거나 혹은 청진기와 직접 맞닿지 않도록 주의한다.[19] 그림 11.2에서 혈압을 측정할 때 범하는 흔한 오류들을 확인하라.
8. 커프와 청진기, 혈압계가 제자리에 위치하면, 공기주머니에 바람을 넣어 160mmHg 혹은 예상되는 수축기 혈압보다 20mmHg 상회하는 수치만큼 압력을 높인다. 이렇게 최대치에 도달하면, 공기배출구를 반시계 방향으로 돌려 초당 2~3mmHg의 압력이 떨어지도록 공기를 빼낸다.[8]
9. mmHg 단위로 수축기 혈압과 이완기 혈압을 기록한다. 이를 위해 첫 번째 코로트코프 음을 주의깊게 청진해야 하며 이것이 수축기 혈압이 된다. 이후 코로트코프 음이 사라지는 압력이 이완기 혈압이다.[8] 주의: 일반적으로 코로트코프 음은 날카로운 '쿵' 소리를 만들어내며 이는 청진기에 손가락을 두드리는 소리와 유사하다. 또한 코로트코프 음은 공기주머니 튜브가 청진기와 부딪히는 소리와도 비슷하므로 청진시 오류를 범하지 않도록 주의해야 한다.[19]
10. 코로트코프 음이 사라진 뒤에, 10~20mmHg 정도 추가적으로 압력이 떨어질 때까지 세심히 관찰한다. 소리가 사라진 게 확실하다면, 남은 공기를 빼고 커프를 제거한다.[8]
11. 2분 정도의 휴식을 취한 뒤 같은 방식으로 다시 측정한다. 만약 두 번의 측정 결과에서 차이가 5mmHg 이상 난다면 한 번 더 실시한 뒤 세 번의 결과값의 평균으로 기록한다(예시 11.2의 고객 A 참고). 두 번의 측정 결과 차이가 5mmHg보다 적다면 두 번의 결과의 평균값을 기록한다(예시 11.2의 고객 B).[8]
12. 고객의 혈압 측정이 완료되면 표 11.4에 따라 분류한다.

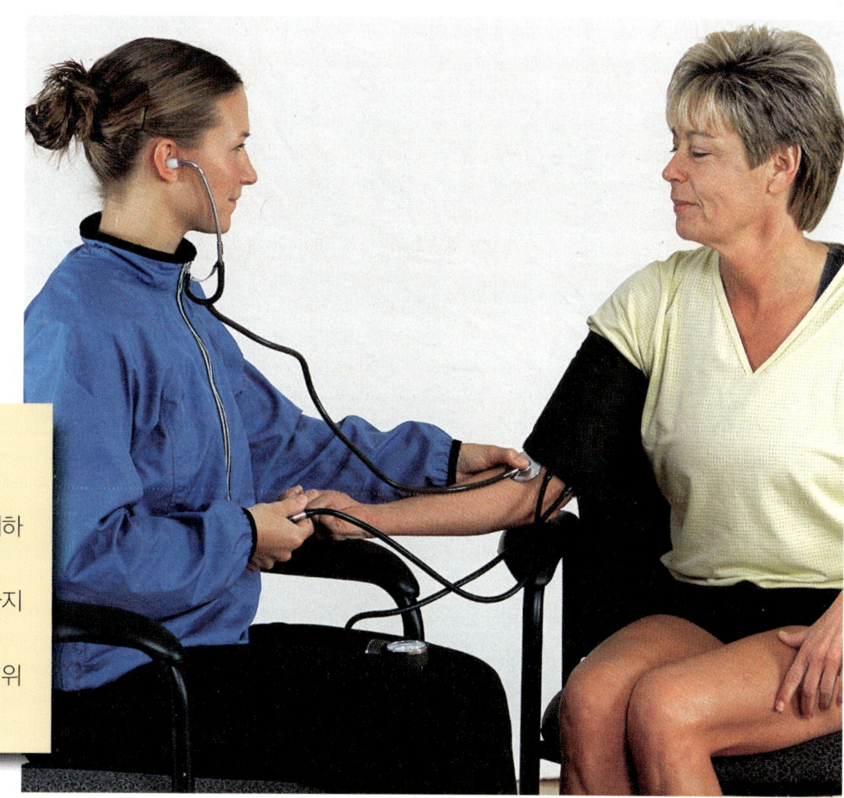

흔히 범하는 오류

- 청진기 뒤에 대는 경우
- 청진기 벨 부위가 커프 아래에 위치하는 경우
- 눈금이 검사자의 눈 높이에 위치하지 않는 경우
- 커프가 팔꿈치 주름에 너무 가까이 위치하는 경우

그림 11.2 혈압 측정시 흔히 범하는 오류

혈압 측정의 요령

1. 고객은 등받이가 있는 의자에 편히 앉되, 다리를 꼬아서는 안 된다.
2. 상완 부위는 맨살이 노출되어야하며 옷의 저항이 없도록 한다.
3. 고객의 팔은 완전히 이완된 상태에서 대략 심장과 같은 높이에 위치하게 한다.
4. 커프는 상완의 80% 이상 덮도록 한다.
5. 커프는 초당 2~3mmHg의 속도로 감압하며 첫소리와 끝소리가 각각 수축기 혈압, 이완기 혈압이 된다.
6. 고객과 검사자 모두 측정하는 동안 정숙을 유지한다.

예제 11.2

혈압 측정하기

고객 A	수축기 혈압 (mmHg)	이완기 혈압 (mmHg)
1차 측정	132	78
2차 측정	126	80
차이	6	2
3차 측정(필요함)	130	78
최종 평균값	**129**	**79**

고객 B	수축기 혈압 (mmHg)	이완기 혈압 (mmHg)
1차 측정	110	68
2차 측정	114	66
차이	4	2
3차 측정(불필요함)	–	–
최종 평균값	**112**	**67**

혈압측정에 영향을 미치는 요인들

- 흡연 관련 제품들(↑ 안정시와 운동시)
- 카페인(카페인은 혈압에 다양하게 영향을 미치고 이전까지의 카페인 섭취에 따라 변화할 수 있으므로 혈압 측정 전에는 섭취하지 않는 게 좋다.)
- 스트레스(↑ 안정시, 운동시)
- 체위(↓ 누운 상태, ↑ 또는 ← 누운 상태에서 앉거나 일어설 때)
- 측정시간(↓ 아침에 눈 뜨자마자, ↑ 또는 ← 오후 또는 저녁)
- 약물복용(↑, ← 또는 ↓ 안정시 또는 운동시 혈압, 약물복용에 대한 반응은 약물의 종류에 따라 다양하게 나타난다.)

Note: ↑ = 증가, ↓ = 감소, ← = 큰 변화 없음

체성분

체성분 분석은 트레이너와 고객 모두에게 지대한 관심사다. 다양한 방법이 존재하며 각각의 장단점이 존재한다. 어떤 방법이든, 퍼스널 트레이너는 적절한 과정을 세심하게 따라야 하며 측정하고 평가하는 과정에 주의를 기울여야 한다.

인체측정학

인체측정학(anthropometry)이란 키, 몸무게, 신체 둘레 등을 과학적으로 측정하는 방법이다. 키의 측정은 고객이 설 수 있는 평평한 바닥, 벽에서 키를 측정할 수 있는 측정자, 고객의 정수리와 벽 사이에서 직각을 이루는 도구가 필요하다. 이와 관련하여 더욱 자세한 내용은 이 세션의 뒷부분에 소개되어 있다.

체성분 및 체중을 재기 위해서는 인증받은 평형대를 이용하는 것이 정확하며(흔히 의사의 진료실에 존재하는) 이것이 용수철 스케일보다 신뢰할 만하다. 정확히 계측된 전자저울 또한 괜찮은 방법이다. 체중을 측정할 때 최소한의 옷만 착용한다(반바지와 티셔츠, 신발은 벗는다). 추후 시행되는 비교 측정시에는 유사한 복장으로 동일한 시간대에 측정하도록 한다. 가장 신뢰할 만한 결과는 보통 음식 또는 음료를 섭취하지 않은 아침 기상 직후이다. 수분 섭취는 체성분 및 체중 변화에 영향을 미친다. 따라서 계측 전날에는 체수분에 영향을 미치는 소금기 있는 음식을 피하는 것이 좋다.

둘레를 측정하는 신뢰할 만한 방법은, 한쪽 끝에 스프링이 부착된 탄성 있는 테이프를 이용하는 것이다. 이를 통해 특정 지점까지 테이프를 늘렸을 때 적절한 압력이 가해져 둘레를 정확히 측정할 수 있게 된다. 예를 들어 글릭(Gulick) 테이프가 있다.[2] 둘레 측정은 트레이닝 시작 혹은 추후 측정과의 비교를 위해 별도의 시간에 이루어질 수도 있다.

신체질량 지수

일반적으로 신체질량 지수(BMI)를 통해 키에 대한 체질량의 상관관계를 밝혀낸다. BMI를 이용하는 방법은 체지방을 정확히 추정하는 데 있어, 단순히 키와 몸무게를 통해 추정하는 것보다 정확하다.

$$\text{BMI}(kg/m^2) = 몸무게(kg) \div 키^2(m^2) \quad (11.1)$$

고객의 BMI 값을 계산한 후 표 11.5를 통해 수치를 확인하고 비교할 수 있다. BMI에 필요한 키와 몸무게는 다음과 같은 과정을 통해 측정한다.

키

키는 인체측정학의 기초자료로 '신장'이라는 용어가 더욱 정확하다.[8] 신장을 측정하기 위한 방법은 여러 가지가 있지만, 가장 흔하게 쓰이는 기술은 두 가지다. (a) 표준측정기에 직각으로 부착된 계측기를 활용하는 것과 (b) 고객이 평평한 벽에 기대어 서게 하는 것이다. 인체측정계를 활용한 방법은 편리하지만 표준측정기를 활용할 수 있어야 한다. 벽을 이용한 방법은 비용이 싸지만, 벽과 수직으로 이동하며 고객의 머리에 접촉하는 도구가 있어야 한다. 이렇듯 다양한 방법이 존재하지만, 다음과 같은 표준적인 과정을 따르는 것이 추천된다.[8]

도구

측정 방법에 따라 다음 중 필요한 도구를 활용한다.

- 계측팔이 장착된 표준눈금인체측정기
- 평평하고 단단하며 직각으로 굽은 도구(벽을 따라 이동할 수 있으며 고객의 머리 위에 닿는 도구)

진행 과정

1. 고객으로 하여금 신발과 양말을 벗게 한다.
2. 평평한 바닥에 최대한 수직으로 서고, 발꿈치는 서로 붙인다.
3. 고객의 눈 아랫선이 귓구멍과 수평이 되게끔 자세를 잡아준다.
4. 측정 직전에 고객으로 하여금 깊이 숨을 들이쉬고 측정 전까지 참도록 지시한다.
5. 계측기 혹은 측정도구의 날이 고객의 정수리 위에 부드럽게 얹어지도록 한다.
6. 결과치를 벽에 표시하거나 계측기를 정지시키고, 가장 가까운 센티미터 단위에 표시한다. 만약 인치 단위로만 측정 가능하다면 가장 가까운 1/4 혹은 1/2 인치 단위를 표시한 뒤 추후에 센티미터 단위로 변환한다.
7. 결과값을 표 11.6, 11.7의 내용과 비교한다.

몸무게

'몸무게(weight)'라는 용어는 일반적인 중력가속도에서의 질량을 의미하므로 더욱 정확한 용어는 체질량(body mass)이란 단어이다.[8]

체질량의 정확한 측정은 영점 조정된 공인 저울을 통해서 이루어진다. 가장 많이 쓰이는 것이 판지시 저울(platform-beam scale)이다. 퍼스널 트레이너는 체질량을 측정할 때 다음과 같은 과정을 따라야 한다.[8]

도구

- 영점 조정된 공인 저울

진행 과정

1. 고객으로 하여금 최소한의 옷만 남기고 나머지 옷과 악세서리를 제거하게 한다.
2. 저울 위에 올라간 뒤에는 최대한 움직이지 않도록 한다.
3. 1/4파운드 단위로 제일 가까운 눈금을 읽으며, 섬세한 기계의 경우 0.02kg 단위까지 확인한다.
4. 파운드 단위를 아래 공식에 따라 킬로그램 단위로 변환한다.

$$\text{파운드(lb)} \div 2.2046 = \text{킬로그램(kg)} \qquad (11.2)$$

예제 11.3

BMI 계산하기

고객 A

여성 고객, 키 65인치, 몸무게 145파운드

신장 = 65인치 × 0.0254 = 1.651m

체질량 = 145파운드 ÷ 2.2046 = 65.8kg

BMI = 65.8 ÷ (1.651×1.651) = 65.8 ÷ 2.726

= 24.1

표 11.5에 따르면 BMI 24.1은 정상에 속한다.

고객 B

남성 고객, 키 69인치, 몸무게 214파운드

신장 = 69인치 × 0.0254 = 1.753m

체질량 = 214파운드 ÷ 2.2046 = 97.1kg

BMI = 97.1 ÷ (1.753 × 1.753) = 97.1/3.073

= 31.6

표 11.5에 따라 BMI 31.6은 1단계 비만에 해당한다.

체질량 측정에 영향을 미치는 요소들

- 이전의 식사(↑ 음식섭취 후)
- 측정 시간(↓ 기상 직후, ↑ 오후 또는 저녁)
- 체수분 상태(↓ 수분 부족 시, 운동 후 땀으로 인해 체질량 ↓)

Note: ↑= 증가, ↓= 감소, ←= 큰 변화 없음

5. 체질량 측정 결과는 표 11.8과 비교해볼 수 있다. 예를 들어 36세 여성 고객이 152.4cm의 키와 61.2kg의 몸무게를 나타냈다면 표 11.8에 따라 BMI 기준 과체중에 해당한다고 볼 수 있다.

피하지방 두께 측정

피하지방 두께 측정법(SKF, skinfolds)은 피하지방 두께를 간접적으로 측정하는 방법이다. 피하지방 두께 측정법은 수중체중측정법을 통한 신체 밀도 측정과 밀접한 관련이 있다. 또한 피하두께 측정을 통한 체지방 비율 계산은 타당도가 높으며 적절히 훈련된 트레이너에 의해 시행될 수 있다.

도구

- 피하지방 두께 캘리퍼
- 비탄성 줄자(플라스틱 혹은 쇠)
- 펜과 같은 표시 도구

피하지방 두께 측정을 위한 일반적인 고려사항

- 모든 피하지방 두께 측정은 신체의 오른쪽에서 시행한다.

- 고객의 피부가 건조하고 로션의 영향이 없는 상태에서 시행한다. 또한 피하지방 두께 측정은 운동 전에 시행해야 한다. 운동으로 인한 체수분 상태의 변화는 피하지방 두께에 지대한 영향을 미친다.
- 측정하고 표시하는 데 주의를 기울인다.
- 피부를 잡을 때는 엄지와 기타 손가락들을 이용해 단단히 고정한다. 엄지를 비롯한 손가락들은 측정하고자 하는 위치에서 최소 1cm 떨어져 있어야 한다.
- 검지와 엄지로 잡은 피부주름은 피부의 자연스러운 결과 평행한 면에 직각으로, 대략 8cm 정도 들어올린다. 지방층이 두꺼울수록 엄지와 검지 사이의 공간이 넓어질 것이다.
- 측정이 완료되기 전까지 피부주름을 들어올린 상태로 유지한다.
- 캘리퍼의 아구 부분을 주름에 수직으로 위치시킨 뒤, 엄지와 검지손가락에서 1cm 떨어진 부위에서 아구 부분을 물린다.
- 캘리퍼가 주름을 물이시 고정된 후 1~2초 뒤에 측정값을 기록한다.
- 캘리퍼가 디지털 방식이 아니라면, 0.2mm, 0.5mm 혹은 1mm 단위로 읽도록 한다. 다양한 캘리퍼의 종류에 따른 측정값 및 체성분에 대한 비교분석을 실시한 결과, 캘리퍼에 따른 실질적인 활용도의 차이는 미미했다.[13,30]
- 동일한 부위에서 최소 2번 측정한다. 결과값이 2mm 혹은 10% 이상 차이가 난다면 추가적인 검사를 실시한다.

부위에 따른 피하지방 두께 측정 과정

1. 아래의 목록 중 적합한 부위를 선택한다.
   - 가슴
   - 삼두근
   - 복부
   - 허벅지
   - 겨드랑이 중간
   - 견갑골 아래
   - 장골 상부
   - 내측 종아리
2. 해당 위치의 적절한 측정 지점을 확인한다.
   - 가슴: 남성의 경우 전면 겨드랑이 선(앞쪽 겨드랑이에서 아래로 이은 가상의 선)과 유두의 중간 지점을 대각선으로 잡고(그림 11.3a), 여성의 경우 전면 겨드랑이 선과 유두 사이 1/3 지점을 잡는다.
   - 겨드랑이 중간: 겨드랑이 중간선(겨드랑이 중앙을 아래로 이은 가상의 선, 신체를 전면부와 후면부로 나누어준다)의 검상돌기(흉골 가장 아래) 높이를 수직으로 잡는다(그림 11.3b).
   - 삼두근: 상완 후면 중간선(삼두근 중간)의 견봉(어깨 제일 위쪽)과 주두돌기(팔꿈치) 중간을 수직으로 잡는다. 팔꿈치는 편 상태로 힘을 뺀다(그림 11.3c).
   - 견갑골 아래: 견갑골 하각(가장 아래 지점)으로부터 1~2cm 떨어진 곳을 내특연과 대각선 방향이 되도록 잡는다(그림 11.3d).
   - 복부: 배꼽에서 측방으로 약 2cm 떨어진 위치에서 수직으로 잡는다(그림 11.3e).
   - 장골 상부: 전면 겨드랑이 선을 연장한 가상선상의 장골능(골반의 가장 위) 윗부분을 대각선으로 잡는다(그림 11.3f).
   - 허벅지: 고관절과 슬관절 중간의 허벅지 전연부를 수직으로 잡는다(그림 11.3g).
   - 내측 종아리: 오른 무릎을 90도 구부린 채 다리를 벤치 위에 올린다. 종아리 내측에 종아리 둘레가 가장 두꺼운 지점을 표시한다. 표시에서 1cm 위쪽을 수직으로 잡고 표시점의 두께를 측정한다(그림 11.3b).
3. 표 11.9의 공식에 따라 신체의 밀도를 계산한다(233페이지).
4. 표 11.10의 공식에 따라 신체 밀도를 이용하여 체지방 비율을 계산한다(234페이지).
5. 4에서 계산한 체지방 비율을 표 11.11을 이용해 기준치와 비교한다(235페이지).

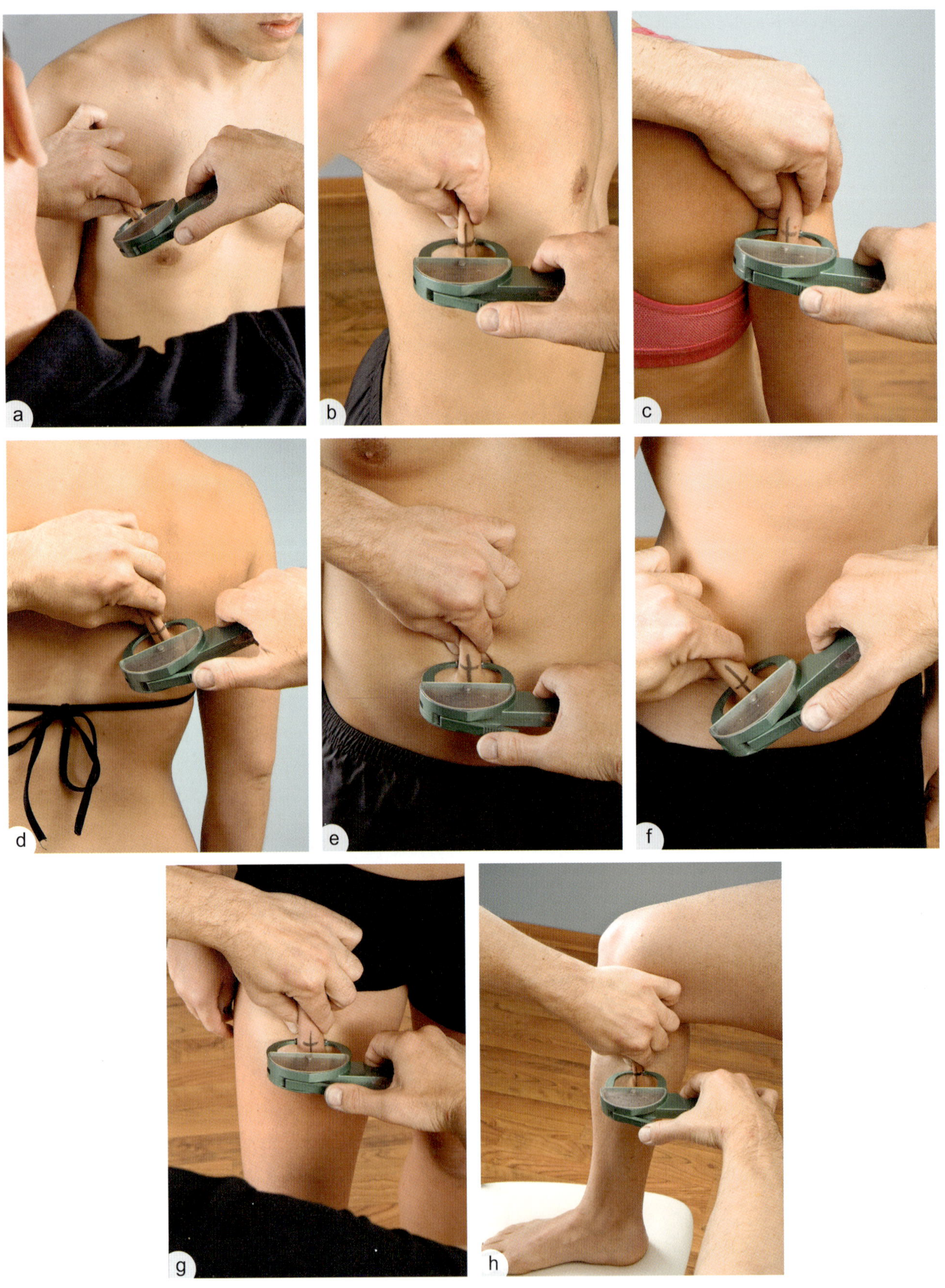

그림 11.3 피하지방 두께 측정. (a) 가슴, (b) 겨드랑이 중간, (c) 삼두근, (d) 견갑골 아래, (e) 복부, (f) 장골상부, (g) 허벅지, (h) 종아리 내측.

체성분 분석을 위한 생체전기저항측정법과 근적외선측정법

생체전기저항측정법(BIA, bioelectrical impedence analysis)은 체성분 분석을 위해 개발된 방법으로, 두 전극 사이에 약하고 무해한 전류를 흘려보내 측정되는 임피던스 혹은 저항값을 통해 체성분을 분석하는 것이다(보통 전극은 손목과 발목에 부착한다)[12] 체지방 비율이 적은 사람은 지방조직이 많은 사람에 비해 전류를 저항 없이 흘려보낸다는 것이 기본 원리이다. BIA법이 부정확해질 수 있는, 아주 마르거나 비만인 경우를 제외하면, BIA의 정확도는 피하지방 두께 측정법과 비슷한 것으로 알려져 있다.[10] 하지만 일부에서는 BIA법의 타당성에 의문을 품고 체수분 상태, 피부 온도, 인종적 특성 등에 따라 결과값이 영향을 받을 수 있다고 주장한다.[27] 그러나 최근 연구에서 BIA를 이용한 체성분 분석이 백인 남성과 여성에게 적용할 수 있는 수준이라는 연구 결과가 발표되기도 했다.[30,31] 다른 인종에 대해서도 적용 가능한지 여부에 대한 추가적인 연구가 필요하다.

근적외선측정법(NIR, near-infrared interactance)은 농업 분야에서 동물의 체성분 분석, 육류의 질 평가 및 곡물의 지질 함량 등을 위해 이용되었던 방법에서 파생되었다.[27] 신체의 각 부위, 예를 들면 이두근, 삼두근, 견갑골, 상부 장골, 허벅지 등에 빛을 쪼였을 때 조직의 종류에 따라 빛이 흡수되거나 반사되는 원리를 이용한다.[12] NIR은 낮은 레벨의 전자기선을 방출하는 광섬유 프로브 혹은 '광봉(ight wand)'을 이용한다.[12] 많은 연구에서 NIR을 이용한 체성분 분석은 (a) 피하지방 두께 측정에 비해 부정확하고 (b) 체성분의 변화에 민감하지 않으며 (c) 측정 오류를 발생시킬 수 있다고 이야기한다. 하지만 최근에 들어 NIR(Futrex6100XL) 장비에서 백인 여성에 대한 적절한 결과값을 도출해냈다.[30] 추가적인 연구를 통해 이 장비가 남성 및 다른 인종에서도 활용 가능한지 밝혀내야 할 것이다.

허리-엉덩이 둘레 비율

비록 허리-엉덩이 둘레비율(WHR, waist-to-hip ratio)이 체성분 그 자체를 측정하는 방법은 아니지만, 상대적인 지방 분포 및 질환의 위험성을 추정하기에 유의미한 방법임에는 틀림없다. 복부지방이 많은 사람은 다양한 심혈관계 질환 및 대사 질환에 더욱 많이 노출되어 있다.[2]

도구

- 비탄력 줄자(플라스틱 혹은 쇠)

진행 과정

1. 줄자를 허리에 위치시킨다(복부에서 가장 가는 부분). 줄자를 엉덩이에 위치시킨다(엉덩이에서 가장 굵은 부분). 그림 11.4, 11.5 참고.
2. 한 손으로 줄자의 시작점을 잡고 반대쪽 손으로 끝부분을 잡되, 끝부분을 잡은 쪽이 위에 위치하게 한다.
3. 적절한 압력을 가해서 몸에 줄자를 부착시키되, 과도한 압력으로 피부가 들어가거나 피하조직을 누르지 않도록 주의한다.
4. 줄자를 수평면과 평행하게 조절한다.
5. WHR을 구하기 위해 허리 둘레를 엉덩이 둘레로 나눈다.
6. 표 11.12(236페이지)를 확인하여 결과를 해석한다.

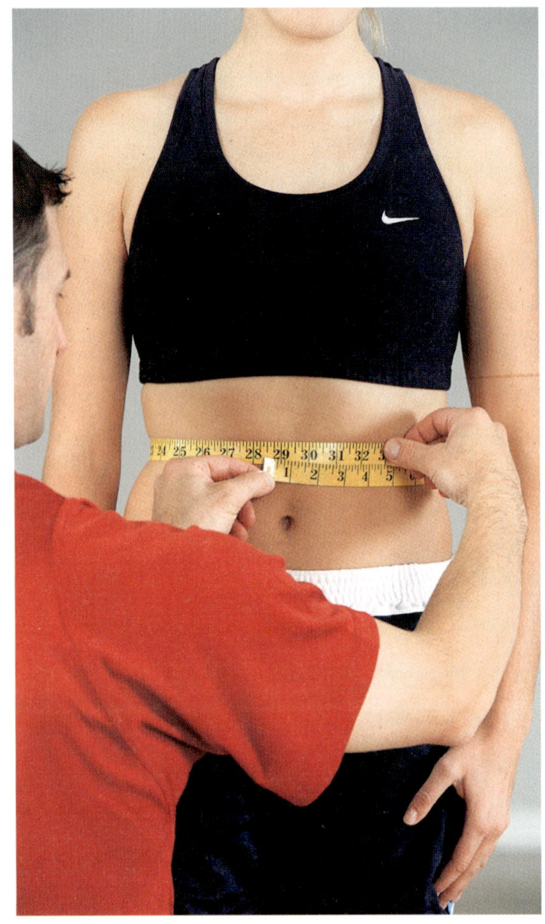

그림 11.4 허리 둘레 측정

그림 11.5 엉덩이 둘레 측정

최대하운동검사(Submaximal Exercise test)를 위한 전제 및 결론

전제 1 : 심박수는 **정상 상태**(Steady-state)에서 측정한다.

결론: 심박수는 운동량에 따라 극적으로 변화할 수 있다. 따라서 정확하고 안정적인 결과를 얻기 위해서 운동의 마무리 단계 혹은 운동을 마친 2~3분 뒤에 심박수를 측정한다.[1] '정상 상태' 심박수는 두 번의 연속적인 측정에서 5회/분 이하의 차이가 나야 한다.[2]

전제 2 : 해당 연령에 대한 최대치 심박수는 모든 고객에게 동일하게 적용한다.

결론: 어떤 연령에서든, 최대심박수는 개인에 따라 ±10~20회/분까지 차이가 날 수 있다.[1] 따라서 공식을 활용하여 연령에 따른 최대심박수를 확인하는 것은, 최대하운동의 $\dot{V}O_2max$ 평가 모델에 알려지지 않은 오류를 발생시킬 수 있다.

$$연령에\ 따라\ 예상되는\ 최대심박수 = 220 - 나이 \tag{11.3}$$

전제 3 : 운동량과 심박수의 관계는 직접적으로 연결되어 선형관계를 이루고 있다.

결론: 심박수와 운동량의 관계는 최대심박수의 50~90% 사이에서 가장 선형관계를 이룬다.[8] 따라서 심박수와 운동량의 상관관계에 대해 추정할 때 이를 반드시 고려해야 한다. 예시 11.4를 예로 들면 2, 3, 4단계의 심박수만이 해당 연령의 최대심박수 50~90%에 해당하므로, $\dot{V}O_2max$를 추정하기 위해 이 자료만 활용해야 한다.

전제 4 : 역학적 효율성(해당 운동량에서의 $\dot{V}O_2$)은 모든 고객에게서 동일하다.

결론: 트레이너는 고객의 현재 심혈관계 상태, 일일활동량 등을 고려하여 적합한 방법을 선택해야 한다. 예를 들어 일주일에 3~4회 정도 오랜 시간 걷기 운동을 하는 고객이라면, 락포트 걷기 검사 혹은 최대하 트레드밀 걷기 검사가 $\dot{V}O_2max$를 확인하기에 적합하다.

심혈관계 지구력

트레이너는 고객의 $\dot{V}O_2max$ 값을 측정하기 위해 최대하 심혈관계 지구력 검사를 시행할 수 있다.[2] 흔히 최대운동검사의 비싼 비용, 추가적인 인력, 위험성 등으로 인해 최대하운동검사를 이용한다. 표 10.1에 즉시 운동을 중지해야 할 경우에 대한 목록이 제시되어 있다. 최대하운동검사는 예상된 고객의 최대심박수에 도달하기 전까지 심박수, 혈압 혹은 운동자각도 등의 모니터링을 목적으로 한다. 고객의 실제 심혈관계 지구력을 측정하기 위해서는 고객이 극한의 심박수 및 산소소비량까지 도달하게 하는 최대치 운동검사를 시행해야 한다. 하지만 최대운동검사는 안전하지 않고, 모든 고객에게 필요하지도 않으며, 경우에 따라 의사의 감독 없이는 시행할 수도 없다. 따라서 최대하운동검사를 대신 시행하는 것이다. 최대하운동검사를 통한 $\dot{V}O_2max$ 값은 말 그대로 '추정치'이긴 하지만 대부분의 최대하운동검사는 타당성 있고, 신뢰할 만하며 고객에게 적합하고 민감한 $\dot{V}O_2max$ 값을 얻게끔 해준다. 또한 많은 '추정방법'이 그렇듯이, 최대하운동검사를 위한 추정에는 고려해야 하는 조건이 있다. 이 페이지의 위에 제시된 내용을 참고하여 최대하운동검사의 전제 조건 및 결론을 확인하도록 하자.

사이클 에르고미터 검사의 일반적인 과정

1. 사이클 에르고미터가 최근에 정확히 눈금조정이 되었음을 확인한다.
2. 발의 볼 부분이 페달에 닿아 있는 상태로 페달을 밟는 다리를 최대한 폈을 때(페달의 가장 낮은 위치) 무릎이 약 5도 정도 굽어지도록 안장의 위치를 조정한다.[19]
3. 고객은 사이클에 올라타 바르게 핸들을 잡고 허리를 수직으로 편다.[19] 검사 도중 같은 그립과 자세를 유지할 수 있는지 고객에게 물어 확인한다.
4. 페달의 저항력을 설정하기 전에 페달을 밟는 속도(pedaling cadence)를 정한다.[19] 만약 메트로놈을 사용한다면 목표치의 2배로 메트로놈을 설정하여, 한 번 페달이 완전히 돌아갈 때 두 번의 메트로놈 음을 들을 수 있게 설정한다(예: 분당 50회[rpm]의 페달링이라면 메트로놈을 100으로 맞춘다).[19]
5. 운동량을 설정한다. 사이클 에르고미터에서 운동량은 흔히 일률로 정의된다. 일률이란 파워 출력으로, 분당 킬로그램-미터($kg \cdot m \cdot min^{-1}$) 혹은 와트(W) 단위로 계산한다.

$$\text{일률}(kg \cdot m \cdot min^{-1}) = \text{저항}(kg) \times \text{거리}(m) \times \text{속도}(rpm) \quad (11.4)$$

저항 = 페달을 밟는 휠에 걸리는 마찰력(일반적으로 킬로그램 또는 킬로폴드 단위)
거리 = 페달을 밟음에 따라 이동하는 거리(미터)
속도 = 페달이 돌아가는 속도(분당 페달 돌리는 횟수)
이를 통해 와트(W) 단위로 환산할 수 있다.

$$\text{일률}(W) = \text{일률}(kg \cdot m \cdot min^{-1}) \div 6.12 \quad (11.5)$$

- 전자동 사이클 에르고미터의 경우 일률을 설정하는 것이 간단하다. 디지털 방식이기 때문에 페달링 속도에 따라 자동으로 저항을 설정해 일률을 조정해주기 때문이다.
- 기계식 사이클 에르고미터의 경우라면 좀 더 복잡하다. 바퀴 벨트의 마찰력을 증가시키는 방식으로 저항을 조절하기 때문이다. 일률은 저항과 속도 모두에 영향을 받기 때문에 이 두 가지가 일정하게 유지되어야만 일률을 설정할 수 있다.

6. 주기적으로 저항 설정값을 확인한다. 목표한 수치와 달라져서 의도치 않은 저항의 증가 혹은 감소가 발생할 수 있기 때문이다. 특히 기계식이라면 이런 일이 흔하다.[19]

7. 고객의 신체 및 증상 변화를 계속해서 살피도록 한다. 저위험군 성인의 경우 운동을 중지해야 할 증상이 보이면 즉각 중지해야 하기 때문이다(표 10.1 참고).[1]

8. 다단계 검사 중(즉 YMCA 사이클 에르고미터 검사)
   - 매단계의 종료 시점 혹은 안정 상태에 도달할 때까지의 심박을 확인한다. 예를 들면 3분 단위 단계의 운동중일 경우 2분과 3분째의 마지막 15~30초 사이에 심박수를 체크한다. 만약 연속적인 심박수 측정에서 5회/분 이상의 차이가 발생했을 경우, 동일한 단계를 1분 더 지속한 뒤 심박수를 다시 체크한다(심박 검사 참고[3]).
   - 각 단계의 마무리 시점에서 혈압을 측정하며, 저혈압 혹은 고혈압 반응이 있다면 반복적으로 확인한다(혈압 검사 참고[3]).
   - 운동자각도(RPE)를 6~20 혹은 0~10 RPE 척도를 이용해 단계가 끝날 때쯤에 평가한다.

9. 검사가 종료되면 적절한 정리 운동을 한다. 정리 운동은 능동적인 회복 기간으로, 시작과 같거나 혹은 좀 더 약한 수준의 저항으로 페달링을 실시하게 된다. 고객이 힘들어 하거나 특이 증상을 나타낼 경우(표 10.1) 수동적인 회복이 필요하다.[2]

10. 정리 운동 동안 심박수, 혈압, 증상 변화를 최소 4분 동안 확인한다. 특이 증상이 나타날 경우 추가적인 검사가 필요하다.[2]

YMCA 사이클 에르고미터 검사

YMCA 사이클 에르고미터 검사는 최대하 검사로, 심혈관계 지구력을 평가하는 다단계 운동검사이다. 운동강도가 점차 증가하는 3분의 단계를 통해, 고객의 예상 최대심박수의 85%까지 끌어올리게 된다.

도구

- 기계적 혹은 전자동 사이클 에르고미터
- 메트로놈(에르고미터에 RPM 게이지가 없을 경우)
- 스톱워치
- 심박 및 혈압 측정도구(앞쪽 심박수와 혈압 부분 참조)
- 운동자각도 평가 척도

진행 과정

1. 검사하는 동안 50rpm의 속도로 페달링을 유지한다.
2. 초기 1단계 3분 동안은 150kg · m · min^{-1}(0.5kg, 50rpm)의 일률로 설정한다.
3. 1단계의 2분째, 3분째의 마지막 15~30초 동안 심박수를 측정한다. 만약 둘의 차이가 6회/분 이상이라면 추가적으로 1분을 더 시행한다.
4. 다음 단계의 일률을 설정한다. 1단계 마지막에 측정한 심박수를 기준으로 아래 내용을 참고한다.
   - <80회/분: 2단계는 750kg · m · min^{-1}(2.5kg, 50rpm)
   - 80~89회/분: 2단계는 600kg · m · min^{-1}(2.0kg, 50rpm)
   - 90~100회/분: 2단계는 450kg · m · min^{-1}(1.5kg, 50rpm)

- >100회/분: 2단계는 300kg · m · min^{-1}(1.0kg, 50rpm)

5. 2단계의 2분째, 3분째의 마지막 15~30초 동안 심박수를 측정한다. 만약 둘의 차이가 6회/분 이상이라면 추가적으로 1분을 더 시행한다.
6. 만약 3단계, 4단계가 필요하다면 표 11.13을 참고하여 이를 설정한다. 각 단계의 2분째, 3분째의 마지막 15~30초 동안 심박수를 측정한다. 만약 둘의 차이가 6회/분 이상이라면 추가적으로 1분을 더 시행한다.
7. 연령에 따른 최대심박수 예상치 기준에 따라 85%에 도달했다면 검사를 종료한다. 혹은 표 10.1의 기준을 만족한다면 종료한다.

YMCA 사이클 에르고미터 검사를 통해 $\dot{V}O_2$max 추정하기

검사가 끝나면 퍼스널 트레이너는 다음과 같은 정보를 얻게 된다.

- 몸무게(kg)
- 연령에 따른 최대심박수
- 연령에 따른 최대심박수의 85%에 해당하는 일률에서의 심박 측정값 최소 두 개
- 각 일률에서의 혈압
- 각 일률에서의 운동자각도

이를 통해 $\dot{V}O_2$max 추정값을 알기 위해서는

1. Y축에 혈압(회/분), X축에 일률(kg · m · min^{-1} 혹은 W)의 그래프를 그린다.
2. 연령에 따른 최대심박수를 해당 그래프에 수평하게(X축에 평행하게) 긋는다.
3. 연령에 따른 최대심박수의 50~90%에 맞는 선을 긋고 결과값을 추정한다.
4. 그래프에 표시한 결과값들을 잇는 선을 긋고, 연령에 따른 최대심박수 선을 지날 때까지 연장한다. 두 선의 교점에서 수직선을 그어 X축과 교점을 찾으면 이 점이 최대 일률이다. 이 자료를 이용해 $\dot{V}O_2$max 추정값을 계산한다.
5. 최대 일률의 단위가 kg · m · min^{-1}이라면 W 단위로 환산한다.
6. 아래 수식에 따라 $\dot{V}O_2$max 값을 구한다.

$$\dot{V}O_2max(ml \cdot kg^{-1} \cdot min^{-1})=[(10.8*W) \div BW]+7 \quad (11.6)$$

7. $\dot{V}O_2$max 값이 나오면 표 11.14에 따라 해당 연령의 평균치와 비교한다. 예를 들어 46세 남성의 $\dot{V}O_2$max가 36.7ml · kg^{-1} · min^{-1}으로 측정되었을 경우 같은 연령의 다른 사람들과 비교하면 약 30번째 백분위수에 해당된다. 즉 같은 연령 남성의 30%는 더 낮은 $\dot{V}O_2$max를 가지고 있으며 70%는 더 높은 $\dot{V}O_2$max를 가지고 있다고 할 수 있다.

Åstrand-Ryhming 사이클 에르고미터 검사

Åstrand-Ryhming 사이클 에르고미터 검사는 단일 과정으로 총 소요시간은 6분이다.[5]

도구

- 전자동 혹은 기계적 사이클 에르고미터
- 메트로놈
- 스톱워치

진행 과정

1. 페달 속도를 50rpm으로 설정한다.
2. 일률을 설정한다. Åstrand-Ryhming 사이클 에르고미터 검사의 일률은 성별 및 운동 능력에 따라 결정된다.[8] 일률을 결정하기 위해 Åstrand-Ryhming 사이클 에르고미터 검사 전에 고객의 체력 수준(훈련된 고객 vs 훈련되지 않은 고객)을 평가할 때, 고객의 현재 상태가 어느 정도 수준인지 애매할 경우 일률을 좀 더 약하게 선택할 것을 권장한다.

   남성, 훈련되지 않음: 300 혹은 600kg · m · min^{-1}
   남성, 훈련됨: 600 혹은 900kg · m · min^{-1}1
   여성, 훈련되지 않음: 300 혹은 450kg · m · min^{-1}
   여성, 훈련됨: 450 혹은 600kg · m · min^{-1}
3. 페달링을 시작한다. 목표 속도에 도달하면 스톱워치를 작동하며, 2분이 지난 뒤 심박수를 측정한다.
   - 만약 심박수가 120회/분 이상이라면 해당 일률로 6분간 검사를 진행한다.
   - 심박수가 120회/분에 못 미친다면 저항을 다음 단계로 올리거나, 다음 2분 뒤의 심박수가 120회/분에 도달하도록 저항을 높인다.
4. 마지막 5분, 6분에서 심박수를 측정하여 평균값을 낸다. 이를 이용하여 남성은 표 11.14(236페이지), 여성은 표 11.15(237페이지)에 따라 L/min 단위로 $\dot{V}O_2max$ 값을 구한다.
5. $\dot{V}O_2max$ 값이 구해지면 이를 고객의 연령에 맞게 수정한다. 이를 위해 표 11.14나 11.15의 변경되지 않은 $\dot{V}O_2max$ 값(L/min)에 표 11.6의 연령 수정 요소를 곱한다.
6. 5를 통해 연령에 따른 $\dot{V}O_2max$ 값을 구했다면, 이는 다음 공식에 따라 ml · kg^{-1} · min^{-1} 단위

예제 11.5 **Åstrand-Ryhming 사이클 에르고미터 검사**

체중이 145파운드(66kg)의 57세 여성 고객은 Åstrand-Ryhming 사이클 에르고미터 검사를 완료하였고 다음과 같이 데이터가 기록되었다.

일률 = 450kg · m · min^{-1}
2분 후 심박수 = 122회/분
5분 후 심박수 = 129회/분
6분 후 심박수 = 135회/분

1단계. (129회/분 + 139회/분) ÷ 2 = 평균132회/분

2단계. 평균 심박수 132회/분 그리고 일률 450kg · m · min^{-1}에 대해 표 11.15에 의해 측정된 $\dot{V}O_2max$값 = 2.7L/min^{-1}

3단계. 57세 고객에 대한 표 11.16의 연령 수정 요소 = 0.70

4단계. 2.7 L/min^{-1} × 0.70 연령 수정 요소 = 1.89 L/min^{-1}

5단계. (1.89 L/min^{-1} × 1,000) ÷ 66kg = 28.64ml · $kg^{-1}min^{-1}$

6단계. 57세 여성에 대한 28.64ml · $kg^{-1}min^{-1}$은 표 7.21의 유산소성 체력 범주 = 양호

7단계. 57세 여성에 대한 28.64ml · $kg^{-1}min^{-1}$은 표 7.17에서 백분위의 순위: −55%

로 환산한다.

$$\dot{V}O_2max(ml \cdot kg^{-1}min^{-1}) = \dot{V}O_2max \text{ in } L/min \times 1,000 \div BW \quad (11.7)$$

BW = 몸무게(kg)

7. 이를 통해 연령에 따른 $ml \cdot kg^{-1}min^{-1}$ 단위의 $\dot{V}O_2max$ 값을 구했다면, 표 11.17의 Åstrand-Ryhming 검사 표준치와 비교한다.[8]

YMCA 스텝 검사

YMCA 스텝 검사는 개인이나 큰 그룹에서 쉽게 진행할 수 있는, 기초적이고 비용이 저렴한 심폐지구력 검사이다. 이 검사는 운동 후 심박수의 반응을 기초로 건강 상태를 분류하지만 최대산소섭취량의 추정치를 제공하지는 않는다. YMCA 스텝 검사의 목적은 고객이 3분간 설정된 속도로 계단을 오르내린 후 바로 심박수 회복 반응을 측정하는 것이다.

도구

- 12인치(30cm)의 스텝 벤치 또는 박스
- 분당 96회로 설정된 메트로놈
- 스톱워치

진행 과정

1. 익숙해지기 위해 고객은 발동작을 하기 전 박자에 주의를 기울인다.
2. 고객에게 분당 24스텝을 허용하는 분당 96회 박자로 '위, 위, 아래, 아래' 스텝을 지도한다. 어느 발을 먼저 딛는지는 중요하지 않다.
3. 고객이 3분간 스텝을 계속하도록 지도한다.
4. 마지막 스텝이 끝나면 바로 고객이 앉을 수 있게 하고, 5초 내에 1분간 심박수를 측정한다.
5. 1분 회복 심박수 값을 238쪽의 표 11.18과 비교한다.

달리기와 걷기 검사시 고려사항

달리기 검사는 건강한 고객이 일정 시간 내에 거리를 더 뛰거나 혹은 정해진 거리를 짧은 시간에 뛸 수 있다는 가정을 기초로 한다. 이들 검사는 다른 검사보다 실용적이고, 비용이 적게 들고, 시간이 덜 걸리고 큰 그룹에서 실시하기가 쉽다. 또한 40세 이하의 건강한 남성과 50세 이하의 건강한 여성의 심혈관 지구력 수준을 분류하는 데 사용될 수 있다. 그러나 퍼스널 트레이너는 보통 이들 검사를 할 때 심박수와 혈압은 수행에 측정하지 않기 때문에, 달리기 검사를 심장의 증상을 찾아내기 위한 현장 검사로 활용할 수는 없다.

이러한 현장 검사들은 고객들의 노력을 필요로 하는 검사이며 12분, 1.5마일(2.4km) 혹은 1마일(1.6km)을 뛸 수 있는 고객에게 적합하다는 점에 주목해야 한다. 몇 주간 훈련을 받은 사람과 심폐 운동의 형태로 규칙적으로 달리거나 빠른 걷기를 한 사람들이 이러한 검사에 참여하기 적절하다. Åstrand-Ryhming 사이클 에르고미터 검사 혹은 YMCA 스텝 검사와 같은 $\dot{V}O_2max$를 위한 검사 방법은 이들 기준에 맞지 않는 고객을 위해 권장된다.

12분 달리기/걷기

12분 달리기/걷기 검사는 12분 동안 달리거나 걸어서 이동한 거리를 측정하는 현장 검사이다. 기록된 거리는 $\dot{V}O_2max$를 평가하기 위한 회귀방정식(공식 11.8)에 사용된다.

도구

- 완주한 횟수를 쉽게 계산하고 코스의 거리를 곱할 수 있도록 거리가 측정된 400m(437야드) 트랙이나 평평한 코스
- 눈에 잘 띄는 위치 표시기: 12분 내에 도달할 수 있는 정확한 거리를 신속히 결정할 수 있도록 코스를 사전에 정해진 구획으로 분할하는 데 필요하다(예: 한 바퀴의 1/4 혹은 1/2마다).
- 스톱워치

진행 과정

1. 고객이 12분 동안 가능한 멀리 달리게 한다. 걷기도 허용되지만 목적은 12분 내에 가능한 먼 거리에 도달하는 것이다.
2. 완주한 전체 거리를 m로 기록한다. 예를 들면 어떤 고객이 5바퀴와 1/4 바퀴를 달렸고(5.25바퀴), 한 바퀴가 400m인 경우, 그 고객은 2,100m를 완주한 것이 된다(5.25바퀴×400m=2,100m).
3. 그 고객의 $\dot{V}O_2max(ml \cdot kg^{-1}min^{-1})$를 측정하기 위해 다음의 공식을 이용한다.

$$\dot{V}O_2max(ml \cdot kg^{-1}min^{-1}) = (0.0268 \times D) - 11.3 \tag{11.8}$$

   D는 m로 표시한 완주 거리
4. 추정된 $\dot{V}O_2max$ 값을 표 11.13에 나타난 표준치와 비교할 수 있다.[2]

예제 11.6

12분 달리기/걷기

체중이 128파운드(58kg)인 31세 여성이 12분 달리기를 끝냈고 기록은 다음과 같다.

12분 달린 거리 = 1.16마일(6,109피트; 1,862m)

1. $(0.0268 \times 1,862m) - 11.3 = 38.60ml \cdot kg^{-1}min^{-1}$
2. 31세 여성의 $38.60ml \cdot kg^{-1}min^{-1}$에 대해 표 11.13에서 백분위 순위 = 80%

1.5마일 달리기

이 검사는 고객이 1.5마일 달리는 데 얼마나 시간이 걸리는지를 측정하기 위한 현장 검사이다. 검사 점수로 획득된 시간은 최대산소섭취량을 추정하기 위해 회귀방정식(공식 11.9)에 사용된다.

도구

- 측정된 1.5마일(2.4km)의 거리로 된 437야드(400m) 트랙이나 평평한 코스(코스를 측정하려면 주행기록계 혹은 측정 바퀴를 사용한다.)
- 스톱워치

진행 과정

1. 고객에게 가능한 빠른 시간 안에 1.5마일(2.4km)을 달리도록 지시한다. 걷기도 허용되지만 본 검사의 목적은 가능한 한 짧은 시간에 그 거리를 완주하는 것이다.
2. 고객이 결승선을 통과할 때 경과된 시간(분과 초 00:00)을 외치거나 기록한다.
3. 초를 60으로 나누어 분으로 변환시킨다. 예를 들면 어떤 고객의 검사 시간이 12:30인 경우 완주 시간은 12.5분으로 변환되는 것이다(30÷60초=0.5분).
4. 고객의 $\dot{V}O_2$(ml · $kg^{-1}min^{-1}$)를 측정하기 위해 다음의 공식[11]을 이용한다.

$$\dot{V}O_2max(ml \cdot kg^{-1}min^{-1}) = 88.02 - (0.1656 \times BW) - (2.76 \times 시간) + (3.716 \times 성별^*) \quad \textbf{(11.9)}$$

BW=체중(kg), 시간=1.5마일 완주 시간(0.00분까지 표시)
* 성별은 남성 1, 여성 0

5. 추정된 $\dot{V}O_2$max 점수를 표준치와 비교한다.[2]

예제 11.7

1.5마일 달리기

체중이 171파운드(77.6kg)인 28세의 남성이 1.5마일(2.4km) 달리기를 마쳤고 기록은 다음과 같다.

1.5마일 달리기 시간 = 8분 52초

1. 52초 ÷ 60초 = 0.87분, 따라서 8분 52초 = 8.87분
2. 88.02 − (0.1656 × 77.6)−(2.763 × 8.87) + (3.716 × 1[남자는 1]) = 54.40ml · $kg^{-1}min^{-1}$
3. 28세 남성의 54.40ml · $kg^{-1}min^{-1}$에 대해 백분위 순위 = 90% 이상

락포트 걷기 검사

락포트 걷기 검사는 18~69세 남녀의 최대산소섭취량을 측정하기 위해 개발되었다.[20] 이 검사는 빠른 속도로 걷기만 하는 검사이므로 고령자나 좌식생활을 하는 고객에게 적합한 검사이다.

도구

- 스톱워치
- 평평하고 장애물이 없는 1.0마일(1.6km)의 걷기 코스(실외 트랙이 더 좋음)

진행 과정

1. 고객에게 가능한 빠르게 1.0마일(1.6km)을 걷도록 한다.
2. 검사 직후 15초 심박수 측정법으로 고객의 심박수(분당 심박수)를 구한다(본 장 서두의 '심박수' 확인).
3. 초 단위의 시간을 60으로 나누어 분으로 변환한다(1.5마일 달리기 진행 과정 중 3단계를 참조한다).
4. 고객의 $\dot{V}O_2$max(ml · $kg^{-1}min^{-1}$)를 측정하기 위해 다음의 공식을 사용한다.

$$\dot{V}O_2max(ml \cdot kg^{-1}min^{-1}) = 132.853 - (0.0769 \times BW) - (0.3877 \times 나이) + (6.315 \times 성별^*) - (3.2649 \times 시간) - (0.1565 \times HR) \quad \textbf{(11.10)}$$

BW=파운드로 표시된 체중, 나이=연수로 표시된 나이, 시간=1마일을 완주하는 데 소요된 시간 (0.00분까지 표시), HR=분당 심박수

*성별은 남성 1, 여성 0

5. 측정된 $\dot{V}O_2max$ 점수를 표준치와 비교한다.[2]
6. 1마일의 걷기 시간도 역시 239쪽의 표 11.19에 기재된 표준치와 비교한다.[32]

1마일 달리기

1마일 달리기는 6~17세의 아이들의 심폐지구력을 평가하기 위해 개발되었다.[32]

도구

- 스톱워치
- 평평하고 장애물 없는 1마일(1.6km) 코스(예: 실외 트랙)

진행 과정

1. 고객에게 가능한 빠르게 1마일(1.6km)을 걷도록 한다. 걷기는 달리기와 병행할 수 있지만 고객은 가장 빠르게 그 거리를 완주해야 한다.
2. 고객이 결승선을 통과할 때 경과된 시간을 기록한다.(분과 초, 00:00)
3. 초를 60으로 나누어 분으로 변환한다(1.5마일 달리기 절차의 3단계 참조).
4. 기록된 시간을 239쪽의 표 11.20에 기재된 표준치와 비교한다.[32]

예제 11.8

락포트 걷기 검사

체중이 228파운드(103.4kg)인 52세의 남성이 락포트 걷기 검사를 끝냈고 기록은 다음과 같다.

검사 후 심박수 159회/분

1.0마일 걷기 시간 = 10분 35초

1. 35초 ÷ 60초 = 0.58분; 10분 35초 = 10.58분
2. 132.853 − (0.0769 × 228파운드) − (0.3877 × 52) + (6.315 × 1[남성 기준]) − (3.2649 × 10.58분) − (0.1565 × 159) = 42.05ml · $kg^{-1}min^{-1}$
3. 52세 남성은 42.05ml · $kg^{-1}min^{-1}$에 대한 백분위 점수 = 80~90%
4. 10분 35초에 대한 표 11.19의 등급 = 양호
5. 10분 35초에 대한 표 11.19의 백분위 점수 = 90% 이상

비운동 최대산소섭취량 측정

비운동으로 인한 등식은 다양한 통계와 기술적 변수로부터 고객들의 최대산소섭취량을 평가하고자 Malek과 그의 동료들에 의해 개발되었다.[21,22] 이러한 등식들은 훈련이 잘 된 사람들, 그리고 훈련이 되지 않은 사람들 모두의 최대산소섭취량을 합리적으로 평가하기 위해 사용되어왔다. 게다가 이 등식들로 인해 나타나는 오류들은 $\dot{V}O_2max$의 ±10~15% 사이인데 이러한 수준의 오류들은 운동을 통

한 $\dot{V}O_2max$ 측정법에서도 나타날 수 있는 정도이다.[21,22] $\dot{V}O_2max$ 추정치를 평가하기 위한 비운동 등식은 매우 유용하게 사용될 수 있고 특히 운동을 통한 $\dot{V}O_2max$ 검사를 받기에 큰 위험 요소들을 갖고 있거나 운동으로 인해 큰 스트레스를 받게 되는 고객들게는 더 유용하게 사용될 수 있다.

도구

- 팔이 장착된 표준 눈금 인체측정기 또는 평평하고 단단하며 직각으로 굽은 도구(벽을 따라 이동할 수 있고 고객의 머리에 닿는 도구)
- 영점 조정된 저울
- 운동자각 도표(RPE)

절차

1. 고객의 키, 체중(kg) 그리고 나이를 기록한다.
2. 평소에 주로 하는 운동강도를 운동자각도(RPE)를 통해 평가한다(예: 6~20).
3. 주당 총 몇 시간을 운동하는지 파악한다.
4. 한 달 이상 쉬지 않고 몇 년을 지속적으로 운동해왔는지 파악한다.
5. 훈련연수의 자연로그(natural log)를 계산한다. 이것은 계산기에 고객이 운동을 지속한 연수를 입력 후 'LN' 혹은 자연로그(natural log) 버튼을 눌러 계산 가능하다.
6. 아래 나온 공식을 사용하여 $\dot{V}O_2max$(L/min)를 정한다.
7. 11.7 공식을 사용하여 $\dot{V}O_2max$(ml · $kg^{-1}min^{-1}$)를 계산한다.
8. 표준치와 고객의 점수를 비교한다.

대상자	$\dot{V}O_{2max}$(L/min) 추정치를 위한 등식
훈련되지 않은 남성	(0.046 × H) − (0.021 × A) − 4.31
훈련되지 않은 여성	(0.046 × H) − (0.021 × A) − 4.93
유산소 훈련이 된 남성*	(27.387 × BW) + (26.634 × H) − (27.572 × A) + (26.161 × D) + (114.904 × I) + (506.752 × Y) − 4609.791
유산소 훈련이 된 여성*	(18.528 × BW) + (11.993 × H) − (17.197 × A) + (23.522 × D) + (62.118 × I) + (278.262 × Y) − 1375.878

H: 키(cm), A: 나이, BW: 체중(kg), D: 주당 훈련 시간, I: 운동강도(보그 스케일), Y: 지속한 운동 연수의 자연로그
*유산소 훈련이 되었다는 것에 대한 기준은 적어도 최근 18개월 동안 주당 3회 이상, 한 세션당 최소 한 시간 동안 지속적으로 유산소 운동에 참여한 경우를 말한다.

근력

근력은 체력의 중요한 요소이다. 특히 나이가 증가할수록 일상활동을 수행하고, 심한 부상의 위험 없이 여가 혹은 직업 활동에 참여하는 데 최소한의 근력이 필요하다. 힘은 절대적 혹은 상대적인 크기로 표현될 수 있다. 절대적인 근력은 어떤 사람이 달성하는 원형 그대로의 크기이다. 상대적인 근력은 대개 신체 중량에 대한 크기로 표현된다.

벤치 프레스의 1회 반복 최대무게

벤치 프레스 1회 반복 최대무게(1RM) 검사는 상체의 힘을 측정하기 위해 사용될 수 있다. 프리웨이트가 사용되기 때문에 이 검사는 참여하는 고객의 일부 기술이 요구된다.

도구

- 5~90파운드(약 2.5~40kg)까지 무게를 증가시킬 수 있는 바벨과 원판

진행 과정

보조자를 대기시키고 기술을 세밀하게 관찰한다. 적절한 벤치 프레스 기술은 304쪽을 참고한다. 아래 단계를 따라 1RM을 결정한다.

1. 고객이 5~10회(1RM의 40~60% 정도) 반복할 수 있는 가벼운 무게로 준비 운동을 하도록 한다.
2. 1분간 휴식시간을 제공한다.
3. 다음과 같이 3~5회 반복을 성공할 수 있는 준비 운동부하를 측정한다.

신체 부위	절대증가 혹은 상대증가
상체 운동	10~20파운드(4~9kg) 또는 5~10%
하체 운동	30~40파운드(14~18kg) 또는 10~20%

4. 2분간 휴식시간을 제공한다.
5. 고객이 다음과 같이 2~3회 반복을 성공할 수 있는 최대운동부하에 가까운 부하를 신중하게 측정한다.

신체 부위	절대증가 혹은 상대증가
상체 운동	10~20파운드(4~9kg) 또는 5~10%
하체 운동	30~40파운드(14~18kg) 또는 10~20%

6. 2~4분 휴식시간을 제공한다.
7. 부하를 증가시킨다.

신체 부위	절대증가 혹은 상대증가
상체 운동	10~20파운드(4~9kg) 또는 5~10%
하체 운동	30~40파운드(14~18kg) 또는 10~20%

8. 고객이 1RM을 도전하도록 한다.
9. 만약 고객이 성공했다면 2~4분 휴식을 갖도록 하고 7단계로 돌아간다. 만약 고객이 실패했다면 2~4분 휴식을 갖도록 한 후 부하를 줄인다.

신체 부위	절대증가 혹은 상대증가
상체 운동	5~10파운드(2~4kg) 또는 2.5~5%
하체 운동	15~20파운드(7~9kg) 또는 5~10%

그리고 8단계로 돌아간다.

10. 고객이 적절한 운동기술을 사용하여 1RM을 완성할 수 있을 때까지 부하를 증가 또는 감소시킨다. 고객의 1RM 중량을 3회 검사로 확정하는 것이 이상적이다.
11. 마지막으로 성공한 시도의 중량을 최대 중량 1RM값으로 기록한다(고객의 절대적인 힘).

이 단계들을 완성한 후 상대적인 힘을 구하기 위해 1RM값을 고객의 몸무게로 나눈다. 그리고 상대적

인 힘을 표 11.21의 값과 비교한다.

레그 프레스의 1회 반복 최대무게

레그 프레스의 1RM은 하체의 힘을 측정하기 위해 사용된다. 13장은 대부분의 하체 운동에서의 고객과 지도자의 책임에 대해 세부적으로 설명하고 있다. 퍼스널 트레이너는 1RM 측정을 시도하기 전에 13장의 지침을 숙지하도록 한다.

도구

- 유니버설(Universal) 레그 프레스 머신. 이 장비는 다른 장비들보다 흔하지가 않아서 찾기 어렵다. 대신 퍼스널 트레이너는 고객의 하체 근력을 측정하기 위해 기울어진 레그 프레스 머신이나 수평 레그 프레스와 같은 다양한 운동기구를 사용할 수 있다. 그러나 표 11.22에 제시된 표준 데이터는 유니버설 레그 프레스 머신을 사용할 때만 적용이 가능하다.

진행 과정

1. 고객을 레그 프레스 머신의 좌석에 앉히고 발판 위에 발을 놓게 한다.
2. 좌석을 조정하여 약 120도로 무릎의 각도를 맞춘다.
3. 고객의 레그 프레스 1RM을 측정하기 위해 '벤치 프레스 1회 반복 최대무게'에 나온 단계별 지침을 따른다.[5]
4. 상대적인 힘을 결정하기 위해 고객의 체중으로 1회 반복 최대 중량 값을 나눈다.
5. 상대적인 힘을 표 11.22의 값과 비교한다.

1회 반복 최대무게 추정

안전과 기술적 이유로 많은 퍼스널 트레이너들은 고객이 1RM 검사를 받는 것을 선호하지 않는다. 다행스러운 것은, 최대하 저항으로도 고객의 1회 반복 최대 중량을 추정하는 것이 가능하다. 이것은 고객이 최대하 저항에서 가능한 반복횟수를 수행하도록 하는 것이다. 보다 상세한 지침은 어디에서든지 찾아볼 수 있고,[6] 저항 운동 프로그램에 대한 최초 부하를 측정하는 과정은 15장에 기술되어 있다.

근지구력

근지구력은 오랜 시간 동안 최대하의 힘을 발휘하는 근육이나 근육군의 능력이다. 근력 중에서도, 근지구력은 레크레이션이나 직업뿐만 아니라 일상생활 활동을 수행하는 데 중요하다. 근지구력은 정적이고 동적인 근수축 중에 측정될 수 있다.

YMCA 벤치 프레스 검사

YMCA 벤치 프레스 검사는 상체 근지구력을 측정하기 위해 사용된다. 이것은 절대적인 근지구력 검사이다. 즉 저항은 동일 성별 내에서는 모든 이에게 동일하게 적용된다.

도구

- 조정 가능한 바벨과 원판
- 메트로놈

진행 과정

1. 고객을 보조하고 기술을 세밀하게 관찰한다.
2. 남자 고객은 80파운드(36.3kg), 여성은 35파운드(15.9kg)로 저항을 설정한다.
3. 적절한 벤치 프레스 기법에 대해서는 304쪽을 참조한다.
4. 분당 30회 반복 속도를 설정하기 위해 메트로놈을 60회/분으로 맞춘다.
5. 고객이 팔을 뻗고 어깨너비로 그립을 잡아 바벨을 가슴까지 내리도록 한 후 쉬지 않고 바를 완전히 뻗어 들어올려야 한다. 그 동작은 부드럽고 정확해야 하며, 바는 메트로놈 소리에 맞춰 가장 높고 낮은 위치에 도달해야 한다.
6. 고객이 메트로놈의 속도에 맞추어 바를 더 이상 들어올릴 수 없을 때 검사를 종료한다.
7. 고객의 점수를 240쪽의 표 11.23의 값과 비교한다.

부분적 컬 업 검사

부분적 컬 업 검사는 복근의 근지구력을 측정하기 위한 검사이다. 고관절 굴곡근의 사용을 배제하므로 종종 윗몸일으키기 검사보다 더 선호된다.

도구

- 메트로놈
- 자
- 마스킹테이프
- 매트

진행 과정

1. 고객은 매트 위에서 등을 바닥에 대고 누워 무릎을 90도의 각도로 유지한다(그림 11.6a). 팔은 옆(바닥)에 놓고 손가락이 4인치(10cm)의 마스킹 테이프(손가락에 수직이 되도록 바닥에 표시해

그림 11.6 컬 업. (a) 시작 위치, (b) 종료 위치.

놓은)에 닿도록 한다. 두 번째 마스킹 테이프는 첫 번째 마스킹 테이프의 10cm 아래에 평행하게 붙여 놓는다.

2. 메트로놈을 50회/분으로 설정하고 메트로놈의 박자에 맞추어 견갑골을 매트에서 들어올리기 위해(몸통과 매트의 각도는 30도를 만든다) 천천히 컬 업을 한다(분당 25회 컬 업). 컬 업을 하기 전 요추 부분은 평평해야 한다.
3. 고객이 쉬지 않고 최대 25회까지 가능한 많은 컬 업을 수행하도록 한다.
4. 고객의 점수를 241쪽의 표 11.24와 비교한다.

프론 더블 스트레이트 레그레이즈 검사

프론 더블 스트레이트 레그레이즈 검사는 요추 주변 근지구력과 잠재적 요통을 예상할 수 있는 유용한 검사이다.

도구

- 마사지 테이블

진행 과정

1. 고객에게 엎드린 상태에서 다리를 펴고 전완은 몸통과 수직, 손은 이마 아래에 위치시킨 상태로 검사를 시작한다(그림 11.7a).
2. 고객의 무릎이 테이블에서 떨어지는 지점까지 양쪽 다리를 들어올리도록 한다(그림 11.7b).
3. 대퇴 아래쪽에 손을 밀어넣으면서 검사를 모니터할 수 있다.
4. 지속시간을 초 단위로 기록한다.

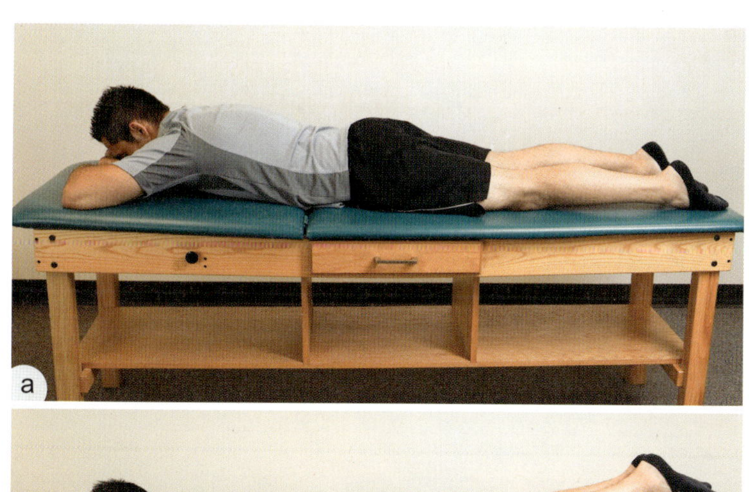

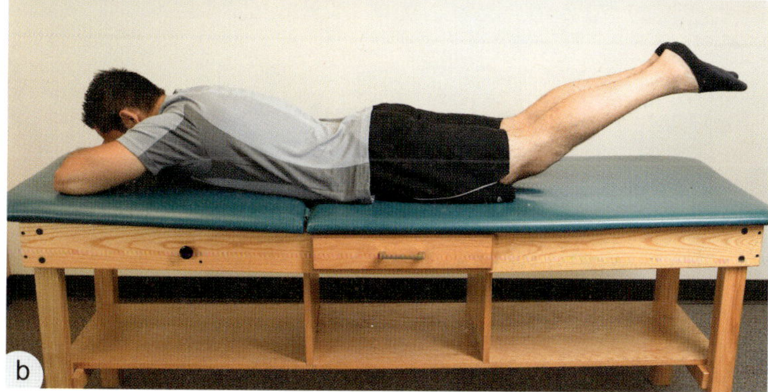

그림 11.7 프론 더블 스트레이트 레그레이즈. (a) 시작 자세, (b) 다리를 올린 자세.

5. 고객이 무릎을 테이블에서 들어올린 상태로 유지하지 못하는 순간 검사를 종료한다.

6. 고객의 점수를 241쪽의 표 11.25과 비교한다.

유연성

유연성은 관절(어깨 관절) 혹은 연속적 관절들의(척추) 가동범위(ROM)를 가리킨다. 예를 들면 유연성은 요통처럼 수많은 골격근 장애 발생에 관련된 것으로 믿어진다. 몸 전체의 유연성을 측정할 수 있는 단일 검사는 없다. 각각의 관심 부위에 대한 별도의 검사를 실시해야 한다. 전통적으로 퍼스널 트레이너는 요통의 발병 위험과 결합되었다고 생각되는 관절 유연성을 측정하는 검사에 초점을 맞춘다.

싯앤리치

싯앤리치 검사는 종종 고관절 요추의 유연성을 측정하기 위해 사용된다. 싯앤리치 검사는 허리 통증의 척도라고 많이 알려졌지만 요통 발생을 예상할 수 있다고 보기에는 한계가 있다. 그럼에도 복근의 약한 근력 및 근지구력에 의한 엉덩이와 요추부의 유연성 부족은 요통을 유발하는 것으로 알려져 있다.

그림 11.8 야드 자를 이용한 좌전굴 자세. (a) 시작 자세, (b) 종료 자세.

도구

- 야드 자 혹은 싯앤리치 박스
- 접착테이프
- 측정 줄자

진행 과정

1. 검사 전에 고객에게 준비 운동과 적절한 강도의 스트레칭을 하게 한다. 모든 절차는 신발을 벗고 실시해야 한다. 검사는 천천히 스트레칭을 실시하며 수행되어야 한다.
2. YMCA 싯앤리치 검사를 위해 야드 자를 바닥에 놓고, 그 위에 야드 자와 직각이 되도록 15인치(38cm) 테이프를 붙인다(그림 11.8a). 고객은 양쪽 다리 사이에 야드 자를 놓고 앉아서 다리를 바닥의 테이프가 붙은 선에 똑바로 뻗는다. 발뒤꿈치는 테이프가 붙은 선의 가장자리에 닿고 약 10~12인치(25~30cm) 벌어져 있어야 한다. 싯앤리치 박스를 사용할 때는 발뒤꿈치를 박스의 바닥에 맞닿게 놓아야 한다(그림 11.9a).
3. 고객이 양손을 천천히 앞으로 뻗을 때 가능한 한 멀리 움직이고 마지막 자세에서 멈추도록 한

그림 11.9 좌전굴 박스를 이용한 좌전굴 자세. (a) 시작 자세, (b) 종료 자세.

다. 손가락은 겹쳐야 하고 야드 자(그림 11.9b) 혹은 싯앤리치 박스(그림 11.9b)에 닿아야 한다.

4. 점수는 가장 멀리 접촉한 지점이다. 세 번 시도한 것 중 가장 좋은 점수를 선택한다. 무릎은 검사 중 계속해서 편 상태를 유지해야 하지만 검사자가 직접 고객의 다리를 아래로 누르면 안 된다.

5. 표 11.26(YMCA 싯앤리치 검사) 혹은 표 11.27(싯앤리치 박스)을 통해 검사 결과를 비교한다. YMCA 싯앤리치 검사에 관한 기준은 15인치(36cm)의 '0'점(고객의 발끝이 닿는 점)을 사용하는 반면 싯앤리치 박스는 전형적으로 26cm에 설정된 '0'점을 사용한다. 다른 '0'점을 사용하는 경우, 기준표를 사용하기 전에 고객의 점수를 조정하여야 한다. 예를 들어 만약 상자의 23cm에 0점이 있는 경우, 표 11.27을 찾아보기 전에 고객의 점수에 3cm를 더한다(또는 고객의 점수를 표 11.27과 비교하기 전에 표의 표준에서 3cm를 뺀다).

결론

대개 퍼스널 트레이너는 다양한 범위의 체력 혹은 운동 능력을 갖고 있는 고객과 일을 해야 한다. 평가의 기준치를 모으기 위해 퍼스널 트레이너는 심박수, 혈압, 신체 구성, 심폐지구력, 근력, 근지구력 그리고 유연성과 같은 다양한 체력 요소들을 검사하는 것이 좋으며, 이를 이미 수립된 기술적 혹은 표준적 자료와 비교할 수 있다. 그로 인한 결과는 고객의 운동 처방에 대한 기반을 형성할 수 있다.

연구 문제

1. 40세 여성 고객의 안정시 혈압은 초기 평가에서 115/72였다. 한 달 후 그녀의 혈압을 측정할 때 수은(Hg)의 높이가 어느 정도 수준이 될 때까지 공기주머니에 압력을 가해야 하는가?

   A. 115mm
   B. 125mm
   C. 135mm
   D. 150mm

2. 45세 여성의 피하지방 두께 검사를 수행할 때 다음 중 적절한 부위가 아닌 것은?

   A. 가슴
   B. 장골 상부
   C. 복부
   D. 허벅지

3. 체중 88kg인 38세 남성 고객이 1.5마일을 13분 30초에 달렸다. 이 고객의 $\dot{V}O_2max$ 값을 계산하라.

   A. 34.5ml · $kg^{-1}min^{-1}$
   B. 36.2ml · $kg^{-1}min^{-1}$
   C. 39.9ml · $kg^{-1}min^{-1}$
   D. 41.5ml · $kg^{-1}min^{-1}$

4. 다음 중 38세 여성 고객의 근지구력을 평가하기 위한 올바른 검사법은?

   A. 실패할 때까지 벤치 프레스 35파운드를 60회/분으로 실시하기
   B. 12분 달리기/걷기
   C. Åstrand-Ryhming 사이클 에르고미터 검사
   D. YMCA 스텝 검사

응용 지식 문제

28세 여성이 최근에 퍼스널 트레이너를 고용하였다. 그녀의 체력 평가 결과는 다음과 같다.

키: 66인치
체중: 150파운드
안정시 심박수: 75회/분
안정시 혈압: 128/82
$\dot{V}O_2max$: 26ml · $kg^{-1}min^{-1}$
1RM 벤치 프레스: 140파운드
1RM 레그 프레스: 310파운드
부분적 컬 업 검사(1분): 25

체력 평가 결과 중 이 고객의 어떤 부분이 평균 이하일까? 목표를 설정할 때 어떤 주의사항을 주어야 할까? 당신은 이것이 사실이라고 어떻게 알 수 있나?

표 11.1 안정시 심박수 기준 수치(회/분)

평가	Age											
	18~25		26~35		36~45		46~55		56~65		>65	
	남	여	남	여	남	여	남	여	남	여	남	여
훌륭함	40~54	42~57	36~53	39~57	37~55	40~58	35~56	43~58	42~56	42~59	40~55	49~59
좋음	57~59	59~63	55~59	60~62	58~60	61~63	58~61	61~64	59~61	61~64	57~61	60~64
평균 이상	61~65	64~67	61~63	64~66	62~64	65~67	63~65	65~69	63~65	65~68	62~65	66~68
평균	66~69	68~71	65~67	68~70	66~69	69~71	66~70	70~72	68~71	69~72	66~69	70~72
평균 이하	70~72	72~76	69~71	72~74	70~72	72~75	72~74	73~76	72~75	73~77	70~73	73~76
나쁨	74~78	77~81	74~78	77~81	75~80	77~81	77~81	77~82	76~80	79~81	74~79	79~83
매우 나쁨	82~103	84~103	81~102	84~102	83~101	83~102	84~103	85~104	84~103	84~103	83~103	86~97

표 11.2 18세 이상 성인의 혈압 분류[a]

수축기 혈압(mmHg)[b]	범주	이완기 혈압(mmHg)
<120	보통	<80
120~139	고혈압 전단계	80~89
140~159	1단계 고혈압	90~99
≥160	2단계 고혈압	≥100

[a]항고혈압약을 먹지 않고 매우 아프지 않은 성인을 기준으로 함. 최소 두 번 이상 다른 환경에서 측정한 수치의 평균값 기준.
[b]수축기와 이완기 혈압이 서로 다른 범주에 속할 경우 더 높은 범주로 분류한다.

표 11.3 혈압 커프 유형 지침

커프 유형	팔 둘레(cm)	공기주머니 폭 × 길이(cm)
작은 어린이	≤17	4 × 13
큰 어린이	18~25	10 × 18
표준 성인	26~33	12 × 26
큰 성인	34~42	16 × 33
비만 성인(허벅지 커프)	43~50	20 × 42

표 11.4 활동적 남녀 혈압의 백분위수 기준

%	수축기(mmHg)					이완기(mmHg)				
	20~29세	30~39세	40~49세	50~59세	60~세	20~29세	30~39세	40~49세	50~59세	60~세
남성										
90	110	108	110	110	112	70	70	70	72	70
80	112	110	111	116	120	72	74	76	78	76
70	118	116	118	120	124	78	78	80	80	80
60	120	120	120	122	130	80	80	80	80	80
50	121	120	121	128	131	80	80	80	82	81
40	128	124	126	130	140	80	81	84	86	84
30	130	130	130	138	140	84	85	88	90	88
20	136	132	138	140	150	88	90	90	90	90
10	140	140	142	150	160	90	92	98	100	98

표 11.4 계속

%	수축기(mmHg)					이완기(mmHg)				
	20~29세	30~39세	40~49세	50~59세	60~세	20~29세	30~39세	40~49세	50~59세	60~세
여성										
90	100	100	100	108	120	63	65	65	69	70
80	101	104	105	110	120	68	70	70	70	75
70	106	110	110	118	125	70	70	70	75	76
60	110	110	112	120	128	72	74	75	79	80
50	112	114	118	122	130	75	76	80	80	80
40	118	118	120	130	136	78	80	80	82	80
30	120	120	120	134	140	80	80	80	85	84
20	120	122	130	140	142	80	82	82	90	88
10	130	130	138	148	160	82	90	90	92	98

표 11.5 BMI, 허리 둘레, 관련 질환 위험도에 따른 비만과 과체중 분류

	BMI (kg/m²)	비만 분류	정상 체중 및 허리 둘레와 비교한 질병 위험도*	
			남자 ≤102cm (≤40in.) 여자 ≤88cm (≤35in.)	남자 >102cm (>40in.) 여자 >88cm (>35in.)
저체중	<18.5		–	–
보통	18.5~24.9		–	–
과체중	25.0~29.9		증가	높음
비만	30.0~34.9	I	높음	매우 높음
	35.0~39.9	II	매우 높음	매우 높음
고도비만	≥40.0	III	극도로 높음	극도로 높음

*제2형 당뇨, 고혈압, 관상동맥 질환에 대한 위험도

표 11.6 미국 남성 평균키 백분위수(cm)

인종, 민족, 나이	평균	백분위수 5th	10th	15th	25th	50th	75th	85th	90th	95th
모든 인종과 민족										
20세 이상	176.3	163.6	166.6	168.4	171.3	176.3	181.5	184.4	186.0	188.7
20~29세	177.6	164.2	167.1	169.3	172.3	177.8	183.0	185.3	186.8	190.1
30~39세	176.4	162.7	165.9	167.9	171.4	176.4	181.5	184.6	186.4	189.6
40~49세	177.1	165.6	168.2	169.8	172.3	177.0	181.8	184.6	186.2	188.0
50~59세	176.6	165.1	167.2	168.8	171.4	176.6	181.5	184.6	186.5	189.1
60~69세	175.4	163.1	166.2	167.8	170.5	175.3	180.7	182.7	184.8	187.2
70~79세	173.8	162.1	164.1	166.3	168.6	174.0	178.5	180.4	182.9	185.7
비히스패닉계 백인										
20세 이상	177.5	166.0	168.5	170.2	172.6	177.4	182.4	184.9	186.5	189.1
20~39세	178.9	167.4	170.1	171.9	174.4	178.9	183.4	185.7	187.7	190.3
40~59세	178.0	167.3	169.2	170.8	173.1	177.9	182.8	185.2	186.6	188.8
60세 이상	174.6	162.6	165.2	167.1	169.8	174.6	179.7	182.2	183.7	186.4
80세 이상	170.7	159.2	161.7	163.4	166.4	170.7	175.0	177.8	179.0	181.2

표 11.6 계속

인종, 민족, 나이	평균	백분위수 5th	10th	15th	25th	50th	75th	85th	90th	95th
비히스패닉계 흑인										
20세 이상	177.2	165.4	167.8	169.8	172.3	177.0	181.9	184.7	186.4	189.6
20~39세	178.0	166.3	167.9	170.1	173.1	177.7	183.0	185.2	187.1	190.6
40~59세	177.4	166.0	168.6	170.3	172.7	177.2	181.6	184.5	186.6	189.0
60세 이상	174.3	163.0	164.7	166.8	169.4	174.0	179.1	181.8	183.5	185.7
멕시코계 미국인										
20세 이상	170.3	158.7	161.1	163.0	165.2	170.4	174.9	177.0	178.9	182.0
20~39세	170.6	158.3	161.2	163.3	165.3	170.6	175.2	177.6	180.5	183.7
40~59세	170.2	159.4	161.4	163.3	165.6	170.8	174.9	176.3	178.1	180.1
60세 이상	167.8	157.7	159.4	160.8	163.4	167.8	172.4	173.7	175.1	176.9

표 11.7 미국 여성 평균 키와 백분위수(cm)

인종, 민족, 나이	평균	백분위수 5th	10th	15th	25th	50th	75th	85th	90th	95th
모든 인종, 민족										
20세 이상	162.2	150.7	153.3	154.9	157.7	162.2	166.7	169.1	170.8	173.1
20~29세	163.2	152.2	154.8	156.5	158.7	163	167.9	169.8	171.4	172.8
30~39세	163.2	152.4	154.4	156.2	158.9	163	167.6	170.4	172	174.2
40~49세	163.1	152.1	153.9	155.8	158.5	163.1	167.6	169.8	171.9	174
50~59세	162.2	150.7	153.3	155.4	158.1	162.1	166.8	168.7	170.3	172.4
60~69세	161.8	151.9	153.8	155.1	157.6	161.9	165.9	168	170	171.5
70~79세	159.2	149	150.9	152.6	155	159	163.7	165.5	167.4	169.4
80세 이상	156	146.2	148	149.4	151.7	155.8	159.7	162.3	164.3	166.1
비히스패닉계 백인										
20세 이상	163	152.1	154.4	156.3	158.7	163	167.5	169.7	171.3	173.6
20~39세	164.8	154.7	157.2	158.6	160.7	164.7	168.9	171.1	172.4	174.4
40~59세	163.6	152.6	155.5	157.5	159.4	163.4	167.7	169.9	171.8	174
60세 이상	160.2	149.7	152	153.6	155.9	159.8	164.5	166.7	168.6	170.5
비히스패닉계 흑인										
20세 이상	162.7	151.5	153.9	155.5	158.2	162.7	167	169.6	171	173.8
20~39세	163.2	151.6	154.7	156.3	158.5	163	167.3	170.1	171.8	174.5
40~59세	163.2	152.2	154.1	155.9	158.7	163.5	167.5	169.7	171.2	173.7
60세 이상	160.6	150	152.6	153.6	156.2	160.5	165.2	166.8	169	170.5
멕시코계 미국인										
20세 이상	157.8	147.3	149.8	151.1	153.6	157.8	161.9	164.3	166.2	168.1
20~39세	158.7	148.2	150.7	152.5	154.6	159	162.6	165	166.6	168.9
40~59세	157.7	*	149.9	151.1	153.5	157.6	161.7	164	165.8	*
60세 이상	153.9	144.9	145.9	147.4	150.1	154	158.1	159.7	161.6	164.3

*수치가 신뢰도 표준에 도달하지 못함

표 11.8 BMI 차트

BMI	정상(건강) 체중						과체중					비만					
BMI	19	20	21	22	23	24	25	26	27	28	29	30	31	32	33	34	35
키(인치)	체중(파운드)																
58	91	96	100	105	110	115	119	124	129	134	138	143	148	153	158	162	167
59	94	99	104	109	114	119	124	128	133	138	143	148	153	158	163	168	173
60	97	102	107	112	118	123	128	133	138	143	148	153	158	163	168	174	179
61	100	106	111	116	122	127	132	137	143	148	153	158	164	169	174	180	185
62	104	109	115	120	126	131	136	142	147	153	158	164	169	175	180	186	191
63	107	113	118	124	130	135	141	146	152	158	163	169	175	180	186	191	197
64	110	116	122	128	134	140	145	151	157	163	169	174	180	186	192	197	204
65	114	120	126	132	138	144	150	156	162	168	174	180	186	192	198	204	210
66	118	124	130	136	142	148	155	161	167	173	179	186	192	198	204	210	216
67	121	127	134	140	146	153	159	166	172	178	185	191	198	204	211	217	223
68	125	131	138	144	151	158	164	171	177	184	190	197	203	210	216	223	230
69	128	135	142	149	155	162	169	176	182	189	196	203	209	216	223	230	236
70	132	139	146	153	160	167	174	181	188	195	202	209	216	222	229	236	243
71	136	143	150	157	165	172	179	186	193	200	208	215	222	229	236	243	250
72	140	147	154	162	169	177	184	191	199	206	213	221	228	235	242	250	258
73	144	151	159	166	174	182	189	197	204	212	219	227	235	242	250	257	265
74	148	155	164	171	179	186	194	202	210	218	225	233	241	249	256	264	272
75	152	160	168	176	184	192	200	208	216	224	232	240	248	256	264	272	279
76	156	164	172	180	189	197	205	213	221	230	238	246	254	263	271	279	287

표 11.9 피하지방 두께(SKF) 예측 공식

SKF 부위	집단	공식	Ref
Σ7SKF (가슴 + 복부 + 허벅지 + 삼두 + 견갑하 + 장골 상부 + 겨드랑이 중간)	흑인 또는 히스패닉 여성, 18~55세	Db (g · cc^{-1}) = 1.0970 − 0.00046971 (Σ7SKF) + 0.00000056 (Σ7SKF)^2 − 0.00012828 (age)	[1]
	흑인 남성 또는 남자 운동선수, 18~61세	Db (g · cc^{-1}) = 1.1120 − 0.00043499 (Σ7SKF) + 0.00000055 (Σ7SKF)^2 − 0.00028826 (age)	[2]
Σ4SKF (삼두 + 장골 상부 전면 + 복부 + 허벅지)	여자 운동선수, 18~29세	Db (g · cc^{-1}) = 1.096095 − 0.0006952 (Σ4SKF) + 0.0000011 (Σ4SKF)^2 − 0.0000714 (age)	[1]
Σ3SKF (삼두 + 장골 상부 + 허벅지)	백인 또는 신경성 식용부진증 여성 환자, 18~55세	Db (g · cc^{-1}) = 1.0994921 − 0.0009929 (Σ3SKF) + 0.0000023 (Σ3SKF)^2 − 0.0001392 (age)	[1]
Σ3SKF (가슴 + 복부 + 허벅지)	백인 남성, 18~61세	Db (g · cc^{-1}) = 1.109380 − 0.0008267 (Σ3SKF) + 0.0000016 (Σ3SKF)^2 − 0.0002574 (age)	[2]
Σ3SKF (복부 + 허벅지 + 삼두)	흑인 또는 백인 대학 운동선수, 18~34세	%BF = 8.997 + 0.2468 (Σ3SKF) − 6.343(gender[a]) − 1.998 (race[b])	[3]
Σ2SKF (삼두 + 종아리)	흑인 또는 백인 소년, 6~17세 흑인 또는 백인 소녀, 6~17세	%BF = 0.735 (Σ2SKF) + 1.2 %BF = 0.610 (Σ2SKF) + 5.1	[4]

ΣSKF = 피하지방량의 합계(mm). Db(신체밀도)로부터 %BF(체지방률)을 계산하기 위해 인구특수전환 공식을 사용

[a]남자 운동선수 = 1, 여자 운동선수 = 0

[b]흑인선수 = 1, 백인선수 = 0

[1] Jackson et al., 1980. Generalized equations for predicting body density of women. *MSSE* 12: 175-82. [2] Jackson and Pollock. 1978. Generalized equations for predicting body density of men. *Brit J Nutr* 40: 497-04. [3] Evans et al. 2005. Skinfold prediction equation for athletes developed using a four-component model. *MSSE* 37: 2006-2011.[4] Slaughter et al.1988. Skinfold equations for estimation of body fatness in children and youth. *Hum Biol* 60: 709-23.

표 11.10 신체밀도(Db)로부터 추정된 체지방률을 계산하기 위한 인구특화 공식

인구	연령(세)	성별	%BF[a]	FFB_d (g · cc^{-1})*
인종과 민족				
아프리카계 미국인	9~17	여성	(5.24/Db) − 4.82	1.088
	19~45	남성	(4.86/Db) − 4.39	1.106
	24~79	여성	(4.85/Db) − 4.39	1.106
아메리칸 인디언	18~62	남성	(4.97/Db) − 4.52	1.099
	18~60	여성	(4.81/Db) − 4.34	1.108
아시안: 일본 원주민	18~48	남성	(4.97/Db) − 4.52	1.099
	18~48	여성	(4.76/Db) − 4.28	1.111
	61~78	남성	(4.87/Db) − 4.41	1.105
	61~78	여성	(4.95/Db) − 4.50	1.100
아시안: 싱가포르인(중국인, 인도인, 말레이시아인)		남성	(4.94/Db) − 4.48	1.102
		여성	(4.84/Db) − 4.37	1.107
백인	8~12	남성	(5.27/Db) − 4.85	1.086
	8~12	여성	(5.27/Db) − 4.85	1.086
	13~17	남성	(5.12/Db) − 4.69	1.092
	13~17	여성	(5.19/Db) − 4.76	1.090
	18~59	남성	(4.95/Db) − 4.50	1.100
	18~59	여성	(4.96/Db) − 4.51	1.101
	60~90	남성	(4.97/Db) − 4.52	1.099
	60~90	여성	(5.02/Db) − 4.57	1.098
히스패닉		남성	NA	NA
	20~40	여성	(4.87/Db) − 4.41	1.105
운동선수				
저항 운동 훈련자	24±4	남성	(5.21/Db) − 4.78	1.089
	35±6	여성	(4.97/Db) − 4.52	1.099
지구력 운동 훈련자	21±2	남성	(5.03/Db) − 4.59	1.097
	21±4	여성	(4.95/Db) − 4.50	1.100
모든 스포츠	18~22	남성	(5.12/Db) − 4.68	1.093
	18~22	여성	(4.97/Db) − 4.52	1.099
환자				
신경성 식욕부진증(거식증)	15~44	여성	(4.96/Db) − 4.51	1.101
비만	17~62	여성	(4.95/Db) − 4.50	1.100
척수 손상(양측마비 또는 사지마비)	18~73	남성	(4.67/Db) −4.18	1.116
		여성	(4.70/Db) −4.22	1.114

FFB_d = 저지방밀도, Db = 신체밀도, %BF = 체지방 비율, NA = 이용 가능한 데이터 값이 없음
[a]%BF를 계산하기 위해 결과값에 100을 곱함
*FFB_d 몇 가지 연구자료를 바탕으로 한 평균값 기준

표 11.11 남성과 여성의 체지방률 기준 점수와 상대치

점수 또는 수치	나이(세)						
남성(기준 점수)							
	6~17	18~25	26~35	36~45	46~55	56~65	66~
지방이 별로 없음	<5 (추천되지 않음)	3~7	4~10	5~13	8~16	11~17	12~18
지방이 없음(하위)	5~10	8~10	11~13	15~17	17~19	19~21	19~20
평균보다 지방이 없음	–	11~12	14~16	18~20	20~22	22~23	21~22
평균(중간)	11~25	13~15	17~19	21~22	23~24	24~25	23~24
평균보다 지방이 많음	–	16~18	20~22	23~25	25~27	26~27	25~26
지방이 많음(상위)	26~31	19~21	23~26	26~28	28~30	28~29	27~29
지방이 매우 많음(비만)	>31	23~35	27~38	29~39	31~40	31~40	30~39
남성 백분위수(상대치)							
		20~29	30~39	40~49	50~59	60~69	70~79
90		7.9	11.9	14.9	16.7	17.6	17.8
80		10.5	14.5	17.4	19.1	19.7	20.4
70		12.7	16.5	19.1	20.7	21.3	21.6
60		14.8	18.2	20.6	22.1	22.6	23.1
50		16.6	19.7	21.9	23.2	23.7	24.1
40		18.6	21.3	23.4	24.6	25.2	24.8
30		20.6	23.0	24.8	26.0	25.4	26.0
20		23.1	24.9	26.6	27.8	28.4	27.6
10		26.3	27.8	29.2	30.3	30.9	30.4
여성(기준 점수)							
	6~17	18~25	26~35	36~45	46~55	56~65	66~
지방이 별로 없음	<12 (추천되지 않음)	9~17	7~16	9~18	12~21	12~22	11~20
지방이 없음(하위)	12~15	18~19	18~20	19~22	23~25	24~26	22~25
평균보다 지방이 없음	–	20~21	21~22	23~25	26~28	27~29	26~28
평균(중간)	16~30	22~23	23~25	26~28	29~30	30~32	29~31
평균보다 지방이 많음	–	24~26	26~28	29~31	31~33	33~35	32~34
지방이 많음(상위)	31~36	27~30	29~32	32~35	34~37	36~38	35~37
지방이 매우 많음(비만)	>36	32~43	34~46	37~47	39~50	39~49	38~45
여성 백분위수(상대치)							
		20~29	30~39	40~49	50~59	60~69	70~79
90		14.8	15.6	17.2	19.4	19.8	20.3
80		16.5	17.4	19.8	22.5	23.2	24.0
70		18.0	19.1	21.9	25.1	25.9	26.2
60		19.4	20.8	23.8	27.0	27.9	28.6
50		21.0	22.6	25.6	28.8	29.8	30.4
40		22.7	24.6	27.6	30.4	31.3	31.8
30		24.5	26.7	29.6	32.5	33.3	33.9
20		27.1	29.1	31.9	34.5	35.4	36.0
10		31.4	33.0	35.4	36.7	37.3	38.2

퍼스널 트레이너가 고객의 신체 조성을 평가할 때 추정값의 표준 오차(SEE)를 설명하고 고객이 속하는 백분율의 범위를 보고해야 한다. 특정 인구의 피하지방량 공식은 최소 오차 범위 ±3~5%이다. 그러므로 만약 25세 남자 고객의 체지방률이 24%로 측정되었다면 기준 점수는 '지방이 많음'에 속하며 오차 범위는 6%(21~27%)이다. 표준 오차 범위와 함께 고객의 체지방률을 보고하는 것은 절대평가 기준 내의 차이와 중복을 나타낼 수 있다. 예를 들어 29%의 체지방률을 가진 30세 남성의 기준 점수는 무엇인가? ±3%의 최소 SEE는 26~32% 사이에 위치한다. 그러므로 절대평가 점수(기준 점수)는 '지방이 많음–지방이 매우 많음' 또는 '지방이 매우 많음의 경계'를 나타낸다.

표 11.12 남성과 여성의 허리-엉덩이 둘레 비율 표준값

나이(세)	위험도			
	낮음	보통	높음	매우 높음
남성				
20~29	<0.83	0.83~0.88	0.89~0.94	>0.94
30~39	<0.84	0.84~0.91	0.92~0.96	>0.96
40~49	<0.88	0.88~0.95	0.96~1.00	>1.00
50~59	<0.90	0.90~0.96	0.97~1.02	>1.02
60~69	<0.91	0.91~0.98	0.99~1.03	>1.03
여성				
20~29	<0.71	0.71~0.77	0.78~0.82	>0.82
30~39	<0.72	0.72~0.78	0.79~0.84	>0.84
40~49	<0.73	0.73~0.79	0.80~0.87	>0.87
50~59	<0.74	0.74~0.81	0.82~0.88	>0.88
60~69	<0.76	0.76~0.83	0.84~0.90	>0.90

표 11.13 최대유산소 파워($\dot{V}O_{2max}$: $ml \cdot kg^{-1} \cdot min^{-1}$) 백분위수

백분위수	나이(세)					백분위수	나이(세)				
	20~29	30~39	40~49	50~59	60~69		20~29	30~39	40~49	50~59	60~69
남성						**여성**					
90	54.0	52.5	51.1	46.8	43.2	90	47.5	44.7	42.4	38.1	34.6
80	51.1	47.5	46.8	43.3	39.5	80	44.0	41.0	38.9	35.2	32.3
70	48.2	46.8	44.2	41.0	36.7	70	41.1	38.8	36.7	32.9	30.2
60	45.7	44.4	42.4	38.3	35.0	60	39.5	36.7	35.1	31.4	29.1
50	43.9	42.4	40.4	36.7	33.1	50	37.4	35.2	33.3	30.2	27.5
40	42.2	42.2	38.4	35.2	31.4	40	35.5	33.8	31.6	28.7	26.6
30	40.3	38.5	36.7	33.2	29.4	30	33.8	32.3	29.7	27.3	24.9
20	38.1	36.7	34.6	31.1	27.4	20	31.6	29.9	28.0	25.5	23.7
10	35.2	33.8	31.8	28.4	24.1	10	29.4	27.4	25.6	23.7	21.7

표 11.14 심박수와 사이클링 파워를 통한 남성의 최대산소섭취량(L/min) 추정치

심박수 (회/분)	파워($kg \cdot m \cdot min^{-1}$; watts)					심박수 (회/분)	파워($kg \cdot m \cdot min^{-1}$; watts)			
	300; 50	600; 100	900; 150	1,200; 200	1,500; 250		600; 100	900; 150	1,200; 200	1,500; 250
120	2.2	3.5	4.8			146	2.4	3.3	4.4	5.5
121	2.2	3.4	4.7			147	2.4	3.3	4.4	5.5
122	2.2	3.4	4.6			148	2.4	3.2	4.3	5.4
123	2.1	3.4	4.6			149	2.3	3.2	4.3	5.4
124	2.1	3.3	4.5	6.0		150	2.3	3.2	4.2	5.3
125	2.0	3.2	4.4	5.9		151	2.3	3.1	4.2	5.2
126	2.0	3.2	4.4	5.8		152	2.3	3.1	4.1	5.2
127	2.0	3.1	4.3	5.7		153	2.2	3.0	4.1	5.1
128	2.0	3.1	4.2	5.6		154	2.2	3.0	4.0	5.1
129	1.9	3.0	4.2	5.6		155	2.2	3.0	4.0	5.0
130	1.9	3.0	4.1	5.5		156	2.2	2.9	4.0	5.0
131	1.9	2.9	4.0	5.4		157	2.1	2.9	3.9	4.9

표 11.14 계속

심박수 (회/분)	파워(kg · m · min^{-1}; watts)					심박수 (회/분)	파워(kg · m · min^{-1}; watts)			
	300; 50	600; 100	900; 150	1,200; 200	1,500; 250		600; 100	900; 150	1,200; 200	1,500; 250
132	1.8	2.9	4.0	5.3		158	2.1	2.9	3.9	4.9
133	1.8	2.8	3.9	5.3		159	2.1	2.8	3.8	4.8
134	1.8	2.8	3.9	5.2		160	2.1	2.8	3.8	4.8
135	1.7	2.8	3.8	5.1		161	2.0	2.8	3.7	4.7
136	1.7	2.7	3.8	5.0		162	2.0	2.8	3.7	4.6
137	1.7	2.7	3.7	5.0		163	2.0	2.8	3.7	4.6
138	1.6	2.7	3.7	4.9		164	2.0	2.7	3.6	4.5
139	1.6	2.6	3.6	4.8		165	2.0	2.7	3.6	4.5
140	1.6	2.6	3.6	4.8	6.0	166	1.9	2.7	3.6	4.4
141		2.6	3.5	4.7	5.9	167	1.9	2.6	3.5	4.4
142		2.5	5.5	4.6	5.8	168	1.9	2.6	3.5	4.3
143		2.5	3.4	4.6	5.7	169	1.9	2.6	3.5	4.3
144		2.5	3.4	4.5	5.7	170	1.8	2.6	3.4	4.3
145		2.4	3.4	4.5	5.6					

표 11.15 심박수와 사이클링 파워를 통한 여성의 최대산소섭취량(L/min) 추정치

심박수 (회/분)	파워(kg · m · min^{-1}; watts)					심박수 (회/분)	파워(kg · m · min^{-1}; watts)			
	300; 50	600; 100	900; 150	1,200; 200	1,500; 250		600; 100	900; 150	1,200; 200	1,500; 250
120	2.6	3.4	4.1	4.8		146	1.6	2.2	2.6	3.2
121	2.5	3.3	4.0	4.8		147	1.6	2.1	2.6	3.1
122	2.5	3.2	3.9	4.7		148	1.6	2.1	2.6	3.1
123	2.4	3.1	3.9	4.6		149		2.1	2.6	3.0
124	2.4	3.1	3.8	4.5		150		2.0	2.5	3.0
125	2.3	3.0	3.7	4.4		151		2.0	2.5	3.0
126	2.3	3.0	3.7	4.4		152		2.0	2.5	2.9
127	2.2	2.9	3.5	4.2		153		2.0	2.4	2.9
128	2.2	2.8	3.5	4.2		154		2.0	2.4	2.8
129	2.2	2.8	3.4	4.1		155		1.9	2.4	2.8
130	2.1	2.7	3.4	4.0	4.7	156		1.9	2.3	2.8
131	2.1	2.7	3.4	4.0	4.6	157		1.9	2.3	2.7
132	2.0	2.7	3.3	4.0	4.5	158		1.8	2.3	2.7
133	2.0	2.6	3.2	3.8	4.4	159		1.8	2.2	2.7
134	2.0	2.6	3.2	3.8	4.4	160		1.8	2.2	2.6
135	2.0	2.6	3.1	3.7	4.3	161		1.8	2.2	2.6
136	1.9	2.5	3.1	3.6	4.2	162		1.8	2.2	2.6
137	1.9	2.5	3.0	3.6	4.2	163		1.7	2.2	2.6
138	1.8	2.4	2.9	3.5	4.1	164		1.7	2.1	2.5
139	1.8	2.4	2.8	3.5	4.0	165		1.7	2.1	2.5
140	1.8	2.4	2.8	3.4	4.0	166		1.7	2.1	2.5
141	1.8	2.3	2.8	3.4	3.9	167		1.6	2.1	2.4
142	1.7	2.3	2.8	3.3	3.9	168		1.6	2.0	2.4
143	1.7	2.2	2.7	3.3	3.8	169		1.6	2.0	2.4
144	1.7	2.2	2.7	3.2	3.8	170		1.6	2.0	2.4
145	1.6	2.2	2.7	3.2	3.7					

표 11.16 연령 보정 최대산소소비량을 위한 연령보정계수(CF)

나이(세)	CF	나이	CF	나이(세)	CF	나이(세)	CF	나이(세)	CF
15	1.10	25	1.00	35	0.87	45	0.78	55	0.71
16	1.10	26	0.99	36	0.86	46	0.77	56	0.70
17	1.09	27	0.98	37	0.85	47	0.77	57	0.70
18	1.07	28	0.96	38	0.85	48	0.76	58	0.69
19	1.06	29	0.95	39	0.84	49	0.76	59	0.69
20	1.05	30	0.93	40	0.83	50	0.75	60	0.68
21	1.04	31	0.93	41	0.82	51	0.74	61	0.67
22	1.03	32	0.91	42	0.81	52	0.73	62	0.67
23	1.02	33	0.90	43	0.80	53	0.73	63	0.66
24	1.01	34	0.88	44	0.79	54	0.72	64	0.66

표 11.17 Åstrand–Ryhming 사이클 검사 평가 표준치

	유산소 체력 범주					
	매우 높음	높음	양호	평균	보통	낮음
나이(세)	최대산소소비량(ml · kg^{-1} · min^{-1})					
남성						
20~29	>61	53~61	43~52	34~42	25~33	<25
30~39	>57	49~57	39~48	31~38	23~30	<23
40~49	>53	45~53	36~44	27~35	20~26	<20
50~59	>49	43~49	34~42	25~33	18~24	<18
60~69	>45	41~45	31~40	23~30	16~22	<16
여성						
20~29	>57	49~57	38~48	31~37	24~30	<24
30~39	>53	45~53	34~44	28~33	20~27	<20
40~49	>50	42~50	31~41	24~30	17~23	<17
50~59	>42	38~42	28~37	21~27	15~20	<15
60~69	>39	35~39	24~34	18~23	13~17	<13

표 11.18 3분 스텝 검사 후 회복 심박수에 대한 남성과 여성의 기준(회/분)

	나이(세)					
순위	18~25	26~35	36~45	46~55	56~65	66~
남성						
훌륭함	70~78	73~79	72~81	78~84	72~82	72~86
좋음	82~88	83~88	86~94	89~96	89~97	89~95
평균 이상	91~97	91~97	98~102	99~103	98~101	97~102
평균	101~104	101~106	105~111	109~115	105~111	104~113
평균 이하	107~114	109~116	113~118	118~121	113~118	114~119
낮음	118~126	119~126	120~128	124~130	122~128	122~128
매우 낮음	131~164	130~164	132~168	135~158	131~150	133~152
여성						
훌륭함	72~83	72~86	74~87	76~93	74~92	73~86
좋음	88~97	91~97	93~101	96~102	97~103	93~100
평균 이상	100~106	103~110	104~109	106~113	106~111	104~114
평균	110~116	112~118	111~117	117~120	113~117	117~121
평균 이하	118~124	121~127	120~127	121~126	119~127	123~127
낮음	128~137	129~135	130~138	127~133	129~136	129~134
매우 낮음	142~155	141~154	143~152	138~152	142~151	135~151

표 11.19 락포트 걷기 검사 기준

30~69세 고객(분:초)		
점수	남성	여성
훌륭함	<10:12	<11:40
좋음	10:13~11:42	11:41~13:08
평균 이상	11:43~13:13	13:09~14:36
평균 이하	13:14~14:44	14:37~16:04
보통	14:45~16:23	16:05~17:31
낮음	>16:24	>17:32
18~30세 고객(분:초)		
백분위수	남성	여성
90	11:08	11:45
75	11:42	12:49
50	12:38	13:15
25	13:38	14:12
10	14:37	15:03

표 11.20 1마일 달리기 검사 기준(분:초)

	백분위수					
	남자			여자		
나이	85	50	15	85	50	15
6	10:15	12:36	16:30	11:20	13:12	16:45
7	9:22	11:40	15:00	10:36	12:56	16:00
8	8:48	11:05	14:10	10:02	12:30	15:19
9	8:31	10:30	12:59	9:30	11:52	14:57
10	7:57	9:48	13:07	9:19	11:22	14:00
11	7:32	9:20	12:29	9:02	11:17	14:16
12	7:11	8:40	11:30	8:23	11:05	14:12
13	6:50	8:06	10:39	8:13	10:23	14:10
14	6:26	7:44	10:18	7:59	10:06	12:56
15	6:20	7:30	9:34	8:08	9:58	13:33
16	6:08	7:10	9:22	8:23	10:31	14:16
17	6:06	7:04	8:56	8:15	10:22	13:03

표 11.21 벤치 프레스 1RM의 상대적 근력 기준

남성 백분위수 등급*	나이(세)				
	20~29	30~39	40~49	50~59	60~
90	1.48	1.24	1.10	0.97	0.89
80	1.32	1.12	1.00	0.90	0.82
70	1.22	1.04	0.93	0.84	0.77
60	1.14	0.98	0.88	0.79	0.72
50	1.06	0.93	0.84	0.75	0.68
40	0.99	0.88	0.80	0.71	0.66
30	0.93	0.83	0.76	0.68	0.63
20	0.88	0.78	0.72	0.63	0.57
10	0.80	0.71	0.65	0.57	0.53

여성 백분위수 등급*	나이(세)					
	20~29	30~39	40~49	50~59	60~69	70~
90	0.54	0.49	0.46	0.40	0.41	0.44
80	0.49	0.45	0.40	0.37	0.38	0.39
70	0.42	0.42	0.38	0.35	0.36	0.33
60	0.41	0.41	0.37	0.33	0.32	0.31
50	0.40	0.38	0.34	0.31	0.30	0.27
40	0.37	0.37	0.32	0.28	0.29	0.25
30	0.35	0.34	0.30	0.26	0.28	0.24
20	0.33	0.32	0.27	0.23	0.26	0.21
10	0.30	0.27	0.23	0.19	0.25	0.20

유니버설 벤치 프레스 머신으로 계산한 기준
*백분위수 등급: 90 = 평균보다 매우 높음, 70 = 평균 이상, 50 = 평균, 30 = 평균 이하, 10 = 평균 훨씬 이하

표 11.22 레그 프레스 1RM의 상대적 근력 기준

남성 백분위수 등급*	나이(세)				
	20~29	30~39	40~49	50~59	60~
90	2.27	2.07	1.92	1.80	1.73
80	2.13	1.93	1.82	1.71	1.62
70	2.05	1.85	1.74	1.64	1.56
60	1.97	1.77	1.68	1.58	1.49
50	1.91	1.71	1.62	1.52	1.43
40	1.83	1.65	1.57	1.46	1.38
30	1.74	1.59	1.51	1.39	1.30
20	1.63	1.52	1.44	1.32	1.25
10	1.51	1.43	1.35	1.22	1.16

여성 백분위수 등급*	나이(세)					
	20~29	30~39	40~49	50~59	60~69	70~
90	2.05	1.73	1.63	1.51	1.40	1.27
80	1.66	1.50	1.46	1.30	1.25	1.12
70	1.42	1.47	1.35	1.24	1.18	1.10
60	1.36	1.32	1.26	1.18	1.15	0.95
50	1.32	1.26	1.19	1.09	1.08	0.89
40	1.25	1.21	1.12	1.03	1.04	0.83
30	1.23	1.16	1.03	0.95	0.98	0.82
20	1.13	1.09	0.94	0.86	0.94	0.79
10	1.02	0.94	0.76	0.75	0.84	0.75

유니버설 벤치 프레스 머신으로 계산한 기준
*백분위수 등급: 90 = 평균보다 매우 높음, 70 = 평균 이상, 50 = 평균, 30 = 평균 이하, 10 = 평균 훨씬 이하

표 11.23 YMCA 벤치 프레스 기준

	나이(세)											
	18~25		26~35		36~45		46~55		56~65		>65	
백분위수	남	여	남	여	남	여	남	여	남	여	남	여
90	44	42	41	40	36	33	28	29	24	24	20	18
80	37	34	33	32	29	28	22	22	20	20	14	14
70	33	28	29	28	25	24	20	18	14	14	10	10
60	29	25	26	24	22	21	16	14	12	12	10	8
50	26	21	22	21	20	17	13	12	10	9	8	6
40	22	18	20	17	17	14	11	9	8	6	6	4
30	20	16	17	14	14	12	9	7	5	5	4	3
20	16	12	13	12	10	8	6	5	3	3	2	1
10	10	6	9	6	6	4	2	1	1	1	1	0

참고: 점수는 남성 80파운드 바벨, 여성 35파운드 바벨로 1분간 완수한 반복횟수를 의미

표 11.24 나이와 성별에 따른 부분적 컬업 검사의 백분위수

점수	나이(세)					
	15~19	20~29	30~39	40~49	50~59	60~69
남성						
훌륭함	25	25	25	25	25	25
매우 좋음	23~24	21~24	18~24	18~24	17~24	16~24
좋음	21~22	16~20	15~17	13~17	11~16	11~15
보통	16~20	11~15	11~14	6~12	8~10	6~10
개선 요망	≤15	≤10	≤10	≤5	≤7	≤5
여성						
훌륭함	25	25	25	25	25	25
매우 좋음	22~24	18~24	19~24	19~24	19~24	17~24
좋음	17~21	14~17	10~18	11~18	10~18	8~16
보통	12~16	5~13	6~9	4~10	6~9	3~7
개선 요망	≤11	≤4	≤5	≤3	≤5	≤2

표 11.25 프론 더블 스트레이트 레그레이즈의 기록(초)에 따른 표준 백분위수 데이터

	연령대									
	19~29		30~39		40~49		50~59		60~	
백분위수	남	여	남	여	남	여	남	여	남	여
75	130	126	123	111	95	87	80	83	60	40
50	88	74	73	73	55	45	48	37	22	23
25	55	49	45	45	35	29	22	18	11	7

표 11.26 나이와 성별에 따른 YMCA 싯앤리치 검사 백분위수(인치)

	나이(세)											
	18~25		26~35		36~45		46~55		56~65		>65	
백분위수	남	여	남	여	남	여	남	여	남	여	남	여
90	22	24	21	23	21	22	19	21	17	20	17	20
80	20	22	19	21	19	21	17	20	15	19	15	18
70	19	21	17	20	17	19	15	18	13	17	13	17
60	18	20	17	20	16	18	14	17	13	16	12	17
50	17	19	15	19	15	17	13	16	11	15	10	15
40	15	18	14	17	13	16	11	14	9	14	9	14
30	14	17	13	16	13	15	10	14	9	13	8	13
20	13	16	11	15	11	14	9	12	7	11	7	11
10	11	14	9	13	7	12	6	10	5	9	4	9

이 수치는 0점이 15인치(38cm)로 설정된 야드 자를 기준으로 한다.

표 11.27 싯앤리치 박스(cm)를 통해 측정한 체전굴의 나이대별 체력 수준 분류

구분*	나이 20~29 남	20~29 여	30~39 남	30~39 여	40~49 남	40~49 여	50~59 남	50~59 여	60~69 남	60~69 여
훌륭함	40	41	38	41	35	38	35	39	33	35
매우 좋음	39	40	37	40	34	37	34	38	32	34
	34	37	33	36	29	34	28	33	25	31
좋음	33	36	32	35	28	33	27	32	24	30
	30	33	28	32	24	30	24	30	20	27
보통	29	32	27	31	23	29	23	29	19	26
	25	28	23	27	18	25	16	25	15	23
개선 요망	24	27	22	26	17	24	15	24	14	22

이 수치는 0점이 26cm로 설정된 싯앤리치 박스를 기준으로 한다. 0점이 23cm로 설정된 박스 사용시 표의 수치에서 3cm를 뺀다.

나이	백분위수 남자 85	남자 50	남자 15	여자 85	여자 50	여자 15
5	30	25	21	31	27	22
6	31	26	20	32	27	22
7	30	25	19	32	27	22
8	31	25	20	33	28	21
9	31	25	20	33	28	21
10	30	25	18	33	28	21
11	31	25	18	34	29	22
12	31	26	18	36	30	22
13	33	26	18	38	31	22
14	36	28	21	40	33	24
15	37	30	22	43	36	28
16	38	30	21	42	34	26
17 +	41	34	25	42	35	28

참고문헌

1. Adams, G. 2002. *Exercise Physiology Laboratory Manual.* 4th ed. New York: McGraw-Hill Companies.
2. American College of Sports Medicine. 2010. *ACSM's Guidelines for Exercise Testing and Prescription,* 8th ed., W.R. Thompson, N.F. Gordon, and L.S. Pescatello, eds. Philadelphia: Lippincott Williams & Wilkins.
3. American College of Sports Medicine. 2010. *ACSM's Resource Manual for Guidelines for Exercise Testing and Prescription,* 6th ed. Philadelphia: Lippincott Williams & Wilkins.
4. Arab, A.M., M. Salavati, I. Ebrahimi, and M.E. Mousavi. 2007. Sensitivity, specificity and predictive value of the clinical trunk muscle endurance tests in low back pain. *Clinical Rehabilitation* 21 (7): 640-647.
5. Åstrand, P.-O., and I. Ryhming. 1954. A nomogram for calculation of aerobic capacity (physical fitness) from pulse rate during submaximal work. *Journal of Applied Physiology* 7: 218-221.
6. Baechle, T.R., and R. Earle. 2008. Resistance training and spotting techniques. In: *Essentials of Strength Training and Conditioning,* 3rd ed., T.R. Baechle and R.W. Earle, eds. Champaign, IL: Human Kinetics. pp. 325-375.
7. Baumgartner, T.A., A.S. Jackson, M.T. Mahar, and D.A. Rowe. 2007. *Measurement for Evaluation in Physical Education and Exercise Science,* 8th ed. Boston: McGraw-Hill.
8. Beam, W., and G. Adams. 2011. *Exercise Physiology Laboratory Manual,* 6th ed. New York: McGraw-Hill.
9. Bray, G. and D. Gray. 1988. Obesity Part I—athogenesis. *Western Journal of Medicine* 149: 432.
10. Brooks, G.A., T.D. Fahey, and K.M. Baldwin. 2005. *Exercise Physiology: Human Bioenergetics and Its Applications,* 4th ed. New York: McGraw-Hill.
11. Canadian Society for Exercise Physiology (CSEP). 2003. *The Canadian Physical Activity, Fitness & Lifestyle Approach: CSEP-Health & Fitness Program's Health-Related Appraisal and Counselling Strategy.* 3rd ed. Ontario, Canada: Author.
12. Devries, H.A., and T.J. Housh. 1994. *Physiology of Exercise for Physical Education, Athletics, and Exercise Science,* 5th ed. Madison, WI: Brown and Benchmark.
13. Eckerson, J.M., J.R. Stout, T.K. Evetovich, T.J. Housh, G.O. Johnson, and N. Worrell. 1998. Validity of self-assessment techniques for estimating percent fat in men and women. *Journal of Strength and Conditioning Research* 12: 243-247.
14. Golding, L.A. 2000. *YMCA Fitness Testing and Assessment Manual,* 4th ed. Champaign, IL: Human Kinetics.
15. Grenier, S.G., C. Russell, and S.M. McGill. 2003. Relationships between lumbar flexibility, sit-and-reach test, and a previous history of low back discomfort in industrial workers. *Applied Physiology, Nutrition, and Metabolism* 28 (2): 165-177.
16. Harrison, G.G., E.R. Buskirk, J.E. Carter Lindsay, F.E. Johnston, T.G. Lohman, M.L. Pollock, A.F. Roche, and J.H. Wilmore. 1988. Skinfold thicknesses and measurement technique. In: *Anthropometric Standardization Reference Manual,* T.G. Lohman, A.F. Roche, and R. Martorell, eds. Champaign, IL: Human Kinetics. pp. 55-70.
17. Heyward, V. and D. Wagner, 2004, Applied body composition assessment, 2nd ed. Champaign, IL: Human Kinetics.
18. Heyward, V.H. 1998. *Advanced Fitness Assessment and Exercise Prescription.* Champaign, IL: Human Kinetics.
19. Heyward, V.H. 2010. *Advanced Fitness Assessment and Exercise Prescription,* 6th ed. Champaign, IL: Human Kinetics.
20. Kline, G.M., J.P. Porcari, R. Hintermeister, P.S. Freedson, A. Ward, R.F. McCarron, J. Ross, and J.M. Rippe. 1987. Estimation of VO_2max from a one-mile track walk, gender, age, and body weight. *Medicine and Science in Sports and Exercise* 19: 253-259.
21. Kordich, J.A. 2002. *Evaluating Your Client: Fitness Assessment and Protocol Norms.* Lincoln, NE: NSCA Certification Commission.
22. Kraemer W.J., N.A. Ratamess, A.C. Fry, and D.N. French. 2006. Strength training: Development and evaluation of methodology. In: *Physiological Assessment of Human Fitness,* P.J. Maud and C. Foster, eds. Champaign, IL: Human Kinetics. pp. 119-150.
23. Leger, L., and M. Thivierge. 1988. Heart rate monitors: Validity, stability, and functionality. *Physician and Sports-Medicine* 16: 143-151.
24. Lohman, T., L. Houtkooper, and S. Going. Body fat measurement goes high-tech: not all are created equal. *ACSM's Health Fit J* 1997;7:30-35.
25. Malek, M.H., T.J. Housh, D.E. Berger, J.W. Coburn, and T.W. Beck. 2004. A new non-exercise based VO_2max equation for aerobically trained females. *Medicine and Science in Sports and Exercise* 36: 1804-1810.
26. Malek, M.H., T.J. Housh, D.E. Berger, J.W. Coburn, and T.W. Beck. 2004. A new non-exercise based VO_2max equation for aerobically trained men. *Journal of Strength and Conditioning Research* 19: 559-565.
27. McArdle, W.D., F.I. Katch, and V.L. Katch. 2009. *Exercise Physiology: Nutrition, Energy, and Human Performance,* 7th ed. Philadelphia: Lippincott Williams & Wilkins.
28. McDowell, M., Fryar, C., Ogden, C., & Flegal, K. (2008). Anthropometric Reference Data for Children and Adults: United States, 2003-2006. *National Health Statistics Reports* (10).
29. McIntosh, G., L. Wilson, M. Affleck, and H. Hall. 1998. Trunk and lower extremity muscle endurance: Normative data for adults. *Journal of Rehabilitation Outcome Measures* 2: 20-39.
30. Moon, J.R., H.R. Hull, S.E. Tobkin, M. Teramoto, M. Karabulut, M.D. Roberts, E.D. Ryan, S.J. Kim, V.J. Dalbo, A.A. Walter, A.E. Smith, J.T. Cramer, and J.R. Stout. 2007. Percent body fat estimations in college women using field and laboratory methods: A three-compartment model approach. *Journal of the International Society of Sports Nutrition* 4: 16.
31. Moon, J.R., S.E. Tobkin, A.E. Smith, M.D. Roberts, E.D. Ryan, S.J. Kim, V.J. Dalbo, C.M. Lockwood, A.A. Walter, J.T. Cramer, T.W. Beck, and J.R. Stout. 2009. Percent body fat estimations in college men using field and laboratory methods: A three-compartment model approach. *Dynamic Medicine* 7: 7.
32. Morrow, J., A. Jackson, J. Disch, and D. Mood. 2011. *Measurement and Evaluation in Human Performance,* 4th ed. Champaign, IL: Human Kinetics.
33. National Heart, Lung, and Blood Institute Joint National Committee on Prevention, Detection, Evaluation, and Treatment of High Blood Pressure and National High Blood Pressure Education Program Coordinating Committee. 2003. The seventh report of the Joint National Committee on Prevention, Detection, Evaluation, and Treatment of High Blood Pressure: The JNC 7 report. *Journal of the American Medical Association* 289: 2560-2572.
34. National Institutes of Health, National Heart, Lung, and Blood Institute, 1998, Clinical Guidelines on the Identification, Evaluation and Treatment of Overweight and Obesity in Adults (Executive Summary). NIH Publication 98-4083. Available online at www.nhlbi.nih.gov. Accessed January 27,

2011.

35. Pickering, T.G., Hall, J.E., Appel, L.J., Falkner, B.E., Graves, J., Hill, M.N., Jones, D.W., Kurtz, T., Sheps, S.G., and E.J. Roccella. 2005. Recommendations for blood pressure measurement in humans and experimental animals. Part 1: Blood pressure measurement in humans. A statement for professionals from the Subcommittee of Professional and Public Education of the American Heart Association Council on High Blood Pressure Research. *Hypertension* 45: 142-161.

36. Pollock, M., J. Wilmore and S. Fox III. 1978. *Health and Fitness Through Physical Activity.* New York: Wiley.

37. Prisant, L.M., B.S. Alpert, C.B. Robbins, A.S. Berson, M. Hayes, M.L. Cohen, and S.G. Sheps. 1995. American National Standard for nonautomated sphygmomanometers. Summary report. *American Journal of Hypertension* 8: 210-213.

38. The President's Council on Fitness, Sports & Nutrition. Normative Data. 2010. *The President's Challenge 2010.* www.presidentschallenge.org/tools-resources/docs/normative_data_spreadsheet.xls. Accessed November 18, 2010.

PART III

운동기술
Exercise Technique

12

유연성, 맨몸 및 짐볼 운동

Allen Hedrick, MA

학습 목표

- 유연성 훈련 프로그램에 참여함으로써 얻을 수 있는 이점을 설명할 수 있다.
- 유연성에 영향을 미치는 요소들을 이해할 수 있다.
- 유연성 훈련에 참여하기에 앞서 준비 운동의 중요성을 설명할 수 있다.
- 다양한 유형의 유연성 훈련을 설명하고 나열할 수 있다.
- 동적 및 정적 스트레칭의 결합을 강조하는 유연성 훈련 프로그램을 지도할 수 있다.
- 체중 지지 운동과 짐볼을 사용한 운동을 지도할 수 있다.

이 장은 네 가지 주요한 주제를 다룬다. 첫 번째로는 유연성 훈련으로, 이는 전반적인 컨디셔닝 프로그램에서 중요한 부분을 차지한다. 두 번째 주제는 준비 운동이다. 신체활동에 앞서 준비 운동을 하는 데 사용되는 운동기술과 그 중요성을 함께 논의할 것이다. 그 다음으로는 체중 지지 운동과 짐볼 훈련을 다룬다. 이 부분에서는 각각의 훈련 방법이 갖는 잠재적 이점을 강조할 것이다. 마지막으로 정적, 동적 스트레칭과 체중 지지 및 짐볼 운동의 자세한 지침을 소개한다.

유연성의 정의

컨디셔닝 혹은 재활 프로그램을 지도하는 트레이너들은 일반적으로 몇 가지 형태의 스트레칭을 사용하고 있다. 그럼에도 불구하고, 유연성 훈련의 과학적 근거에 관하여 여전히 많은 혼란이 있다.[9,10] 이는 부상의 위험성을 낮추고 움직임 수행 능력을 향상시키기 위해서 극한 수준의 유연성을 지녀야만 한다는 관념에서 비롯되었다.[14] 이와 같은 생각은 훈련에 있어서 유연성이 차지하는 역할을 정확하게 설명하지 않는다. 유연성은 훈련이란 퍼즐의 중요한 한 부분이다. 그러나 훈련의 다른 면들과 마찬가지로, 유연성 역시 개인의 요구도에 근거해야만 한다.

몇 가지 혼란을 잠재울 수 있는 논리적 시작점은 유연성의 정의를 생각해보는 것이다. 대체로 통용되는 일반적인 정의에 따르면, **유연성**(flexibility)은 단일관절 혹은 여러 관절의 가동범위를 말한다.[4,7,8] 고객의 움직임 수행 능력을 향상시키고 부상위험을 낮추는 방법을 고민하는 퍼스널 트레이너에게 보다 유의미한 정의는 정상적인 가동범위 안에서 관절을 자유롭게 움직일 수 있는 능력이라고 할 수 있겠다.

전체 운동 프로그램 일부로써의 유연성 훈련

이 장의 후반부에서 준비 운동에 대해 더 자세하게 다루겠지만, 몸 중심부 체온을 상승시킬 수 있도록 고안된 준비 운동으로 매 훈련을 시작해야 한다는 점은 중요하다. 준비 운동을 완료한 후에, 고객은 진행하고자 하는 활동의 특성에 따라 유연성 훈련에 즉각 참여해야 할 수도 있고 필요하지 않을 수도 있다. 예를 들어 고객이 역동적인 신체활동(농구, 라켓볼 등)에 참여할 계획이라면 준비 운동 후에 유연성 훈련을 먼저 실시할 필요가 있다. 만약 상대적으로 덜 동적인 활동(고정식 자전거, 계단오르기 기구 등)에 참여할 예정이라면 훈련이 완료된 후에 유연성 훈련을 실시할 수 있다.

> 고객의 시간제한이 얼마든지 간에, 모든 훈련은 준비 운동부터 시작해야 한다. 반면 유연성 훈련의 경우 전체 훈련중에 실시하는 신체활동의 특성에 따라 실시해야 한다.

유연성 훈련의 이점

유연성을 발달시키는 것은 어떤 훈련 프로그램에서든 중요한 목적이다. 이상적인 유연성을 달성하면 관절이 정상적인 가동범위(ROM) 내에서 자유롭게 움직일 수 있기 때문에 어색하고 비효율적인 동작을 없앨 수 있다. 이뿐만 아니라 근육 부상에 대한 저항성도 향상된다.[3,22,23,24,32,36] 유연성을 향상시키는 것은 다양한 움직임 기술을 수행하는 능력을 강화해 줄 수 있는 ROM 증가를 돕기 때문에 어떤 훈련 프로그램에서든 근본적인 요소가 된다. 특히, 높은 수준의 유연성이 요구되는 동작(예: 테니스 서브 동작이나 바닥에서 장바구니를 들어올리는 동작)을 수행하는 데 유연성 향상은 도움이 된다.[4,8,9,30,37,42,47] 하지만 뛰어난 운동선수들이 평균 이상의 유연성을 지녔을지라도 그것만이 그들이 성공적인 선수가 될 수 있는 이유는 아니라는 점을 이해해야 한다. 효율적으로 움직이는 능력은 협응력이 뛰어난 근력에 좌우된다. 유연함은 특정 상황에서 이 능력을 강화할 수 있다.[14] 유연성 훈련의 목적은 고객이 관절 안정성이 떨어진 수준의 유연성에 도달하는 것이 아니라, 고객이 자신의 움직임을 더 잘 통제할 수 있도록 '유연성이 뒷받침된 근력'을 만드는 것이다.[14]

유연성 훈련은 부상예방에 있어서도 중요하다.[4,8,9,10,20,25,30,32,37,42,47] 유연성이 좋지 못한 사람들에게서 더 흔하게 발견할 수 있는 문제들 중에 요통이 있다. 요통은 대퇴사두근, 장요근, 그리고 등 근육이 긴장된 데서 잠재적으로 비롯된 문제일 수 있다(동시에 복부 근육과 햄스트링의 취약함이 함께 동반될 수 있다). 또한 유연성 부족은 관절의 한 부분 혹은 양쪽에 긴장된 근육에서 야기되는 근육좌상의 발생 위험을 높이게 된다.[9] 부상예방에 있어 유연성의 역할은 각 관절의 정상적인 ROM(예: 대부분의 개인에게 공통된 수준의 ROM)이 부상의 위험을 감소시킨다는 데 있다.[10] 만약 고객이 정상 ROM보다 더 넓은 가동범위가 요구되는 스포츠나 신체활동에 참여한다면, 부상을 방지할 수 있도록 유연성 향상을 더 강조해야 할 것이다.

이와 같은 중요한 이점 때문에, 트레이너는 다른 훈련 요소들과 동일하게 스트레칭을 지도하는 것이 좋다. 준비 운동과 스트레칭의 중요성을 고객에게 주지시킴으로써 이에 집중할 수 있도록 한다.

> 유연성 훈련은 움직임 수행 능력을 향상시키며 부상 발생 위험을 낮추는 데 도움을 줄 수 있어 중요하다.

유연성에 영향을 미치는 요소들

많은 생리학적 요소, 라이프스타일, 환경적 요소들이 유연성에 영향을 미친다. 관절 구조, 연령, 성별과 같은 일부 요소들은 고객이 통제할 수 없는 요소다. 반면 결합조직의 탄력성, 중심부 체온, 신체활동 수준, 훈련 프로그램 등은 ROM에 지대한 영향을 줄 수 있으며 훈련을 통해 통제할 수도 있다.[4,19]

관절 구조

정적인 ROM에 주요한 제한 요소 중 하나는 관절 자체의 구조다.[10] 관절 구조 때문에 움직임이 얼마나 가능한지에 제한이 있을 수 있다. 관절 구조는 개인마다 상이하다. 퍼스널 트레이너는 유연성을 평가할 때 이를 고려하여야만 한다.

관절 구조는 또한 관절마다 다르다. 몇몇 관절들은 그 구조의 특성 때문에 다른 관절에 비해 움직임의 범위가 제한적이다. 무릎이나 팔꿈치와 같은 경첩 형태의 관절은 오직 앞뒤로의 움직임(굽힘과 폄)만 가능하다. 따라서 무릎과 팔꿈치의 ROM은 어깨나 엉덩이 관절에 비해 훨씬 작다.[4] 엉덩이 관절과 어깨와 같은 절구 관절(볼과 소켓으로 구성)은 모든 해부학적 면에서의 움직임을 가능

하게 하고 가장 넓은 범위의 ROM을 보인다.[4,9,19,30]

유연성은 관절 특성에 따라 상이해진다. 다시 말해 한 관절에서는 평균 이상의 유연성을 가지는 반면 다른 관절에서는 평균 이하의 ROM을 갖는 경우가 빈번하다는 뜻이다.[7,12] 그러므로 유연성을 일반적인 특성으로 간주하는 것보다 특정 관절과 관절 동작에 특화된 것으로 볼 필요가 있다.[30] 이와 같은 이유 때문에, 단일 유연성 검사가 전반적인 유연성을 정확하게 측정할 수 있다는 생각은 오류이다.[12,25]

근육과 결합 조직

결합 조직(근육, 인대, 건)은 ROM 운동 간에 특히 강조되는 부분이다. 왜냐하면 일반적인 조건 하에서 결합 조직은 관절 ROM을 제한하는 주요한 구조이기 때문이다. 이 결합 조직 구조는 인대로 구성된 관절낭과 건, 근육을 포함한다.[24,25] 근육은 보통 결합 조직 구조로 간주되었지만, ROM 운동중에 이완된 근육이 스트레칭될 때, 스트레칭에 대한 주된 저항은 신장된 결합 조직 구조, 근육 내부와 주변을 덮고 있는 조직에서 비롯된다는 증거가 있다.[24] 그러므로 스트레칭의 결과로 ROM이 향상되는 것은 주로 결합 조직이 적응한 것이다.[4]

정적 ROM에 있어 대부분 개별 차이는 관절 간에 부착된 근육과 건의 탄성 때문에 나타난다.[10] '뻣뻣한(stiff)' 근육과 건은 ROM을 제한한다. 반면 '탄성 있는(compliant)' 근육과 건은 ROM을 증가시킨다.

탄성적 특성이 바로 스트레칭 운동의 결과로 변화할 수 있는 부분이다. 정적 스트레칭을 수행하는 동안 일정 시간 동안 근육이 긴장 상태에 있을 때, 근육의 수동적 긴장은 점차 줄어든다. 근육이 약간씩 이완되는 것이다. 이를 '점탄성 스트레치 이완 반응(viscoelastic stretch relaxation response)'이라고 한다.[10] 수동적인 긴장은 이완된 근육을 신장시키기 위해 요구되는 외부의 힘이라고 정의할 수 있다.[10] 분명한 것은 근육이 더 유연할수록 이와 같은 외부의 힘이 덜 필요하다. 증가된 유연성은 스트레칭 후 90분까지 유지될 수 있다.

관절에 인접하거나 가로지르는 근육들 또한 유연성에 영향을 미친다.[7] 어떤 움직임에서든지, 근육(주동근)의 능동적 수축은 길항근의 이완 혹은 스트레칭과 동시에 발생한다. 길항근이 더 쉽게 이완된다면, 이 저항을 극복하는 데 소모되는 에너지도 적게 든다. 유연성 훈련의 결과 근섬유가 신장하는 능력이 향상된다. 그러나 길항근이 이완되지 않거나 수축(주동근)과 이완(길항근)의 협응이 제대로 이루어지지 않는다면, 훈련량과 무관하게 유연성은 종종 한계에 도달하게 된다.

과이완

흔한 경우는 아니지만, 어떤 사람들은 관절이 과도하게 이완되는 경향이 있는 결합구조를 갖고 태어난다. **과이완(hyperlaxity)**으로 인해 신체의 관절은 정상으로 간주되는 수준 이상의 ROM을 갖게 된다.[37] 만약 고객이 느슨한 관절을 가지고 있다고 판단되면, 퍼스널 트레이너는 스트레칭 프로그램을 실시할 때 주의를 기울여야 한다. 그리고 고객을 헬스 케어 전문가에게 의뢰해야 한다. 과도한 스트레칭과 관절 주변의 지지 조직들마저 느슨하게 만드는 것은 피해야 한다. 관절의 과도한 ROM은 부상위험을 높이기 때문에, 스트레칭 운동을 잘못 선택하는 것 또한 문제를 야기할 수 있다.

나이

나이 또한 유연성에 영향을 미친다. 조사에 따르면 초등학교 어린이들은 나이가 들어감에 따라 덜 유연해져 10~12세 사이에 유연성이 가장 떨어진다고 한다.[4,8,12,25,30] 보통 유연성은 이 시점에서 향상될 수 있으나 어린 시절 수준의 유연성에는 다시 도달할 수 없다.[24] 근육의 탄력성을 점차 잃어감에 따라 유연성이 감소한다.[7] 사춘기에는 유연성 면에서 큰 변화가 많이 나타나지 않는다.

해부학적인 관점에서 나이가 어린 고객들은 여전히 높은 수준의 유연성을 가지고 있기 때문에, 아동기, 특히 사춘기 이전의 아동기가 유연성 프로그램을 시작하기 가장 이상적인 시기다.[7,8] 이 단계에서, 훈련 프로그램은 모든 관절의 유연성을 발달시키는 것을 목표로 이루어져야만 한다.

성별

성별 또한 유연성에 영향을 미치는 요인이다. 보통 남성보다 여성이 뛰어난 유연성을 지닌 편이다.[4,9,12,22,25] 연구에 따르면 초등학교 여학생들은 남학생보다 유연성이 뛰어난 것으로 나타났다. 이와 같은 차이는 성년에 이르러서도 그대로 나타나는 경향이 있다.[24] 여성이 더 유연한 것은 일반적으로 관절 구조의 해부학적 변인에 그 이유가 있다.[22] 가장 큰 차이는 몸통(굽힘과 폄), 엉덩이와 발목에서 나타난다.[7] 사춘기 소년들에게서 보이는 유연성 감소는 근육의 크기, 키, 근력의 증가와 관련이 있는 것으로 보인다.

온도

신체 중심부의 온도나 외부 온도가 상승하면 ROM에 긍정적인 영향을 미치기 때문에, 온도는 유연성에 영향을 주는 또 다른 요인이라 할 수 있다.[4,9,12,30] 신체 중심부 온도의 상승이 ROM에 주는 긍정적인 영향은 유연성 훈련에 참여하기 전에 실시하는 준비 운동의 중요성을 시사한다. 준비 운동은 이 장의 후반에서 다루도록 한다.

활동 수준

예상할 수 있듯, 신체적으로 활동적인 사람들이 비활동적인 사람들보다 더 유연한 경향을 보인다는 것이 많은 증거들을 통해 입증되었다. 제한된 ROM에만 노출될 때 결합 조직이 덜 유연해지는 경향이 있기 때문에 비활동적인 사람들의 유연성이 감소하게 된다.[4,24,30] 활동 수준의 감소는 보통 체지방률을 높이고 결합 조직의 유연성을 감소시킨다. 게다가 관절 주변에 쌓이는 지방이 증가하여 ROM에 장애 요인이 된다.[24]

저항성 트레이닝

제대로 고안되어 적절하게 실행된 저항 훈련 프로그램, 단 전체 가동범위를 사용하는 운동을 포함한 경우에 유연성을 증가시킬 수 있다. 고부하에 중점을 두어 전체 ROM보다 적은 범위에서 수행하는 저항성 트레이닝 프로그램은 유연성을 감소시킬 수 있다.[4] 그러므로 저항성 트레이닝 프로그램은 주동근과 길항근 모두를 발달시킬 수 있도록 고안되어야 하고, 모든 운동은 반드시 연관된 관절의 사용 가능한 전체 ROM에 걸쳐 수행되어야 한다.[4] 부적절한 근력 훈련은 유연성을 악화시킬 수 있다. 그 이유는 근육량이 지나치게 많거나 근육이 뻣뻣해서가 아니다. 대신에 단일 근육이나 관절 주변의 근육군이 부적절하게 발달하여 관절의 움직임에 제한을 야기하기 때문이다.[9,14] 예를 들어 커다란 상완이두근과 삼각근을 가진 사람이라면 상완삼두근을 스트레칭하거나 파워 클린 랙 동작을 수행할 때, 혹은 프론트 스쿼트를 수행하기 위해 바를 잡는 데 어려움이 있을 수 있다.[4] 이는 저항성 트레이닝 프로그램이 반드시 주동근과 길항근을 모두 발달시키고 관련된 관절을 가능한 전체 ROM에 걸쳐 사용하도록 고안되어야 하는 또 다른 이유가 된다.

유연성은 다양한 요소에 영향을 받는다. 이 요소들(관절 구조, 나이, 성별) 중에는 훈련의 영향을 받지 않는 것들이 있다. 반면, 유연성 훈련 동안 신체 중심부(심부) 온도, 전반적인 활동 수준, 잘 고안된 저항성 트레이닝 프로그램 참여, 규칙적인 유연성 훈련 참가 등은 모두 유연성에 영향을 줄 수 있으며, 이 모든 요소에 퍼스널 트레이너가 긍정적인 영향을 미칠 수 있다.

탄성과 가소성

유연성 훈련은 조직의 두 가지 상이한 적응성인 탄성(elasticity)과 가소성(plasticity)을 목표로 한다. 탄성은 수동적인 스트레치 이후 안정된 상태의 본래 길이로 돌아오는 능력을 말한다.[4] 그러므로 탄성은 길이에 일시적인 변화를 가져온다. 반면에 **가소성**은 수동적인 스트레치 후나 스트레치 부하가 사라진 후에도 근육이 새롭게 더 긴 길이를 유지하는 경향을 말한다.[4,24]

근육은 탄성만 있다. 그러나 인대와 건은 탄성과 가소성을 모두 지닌다. 결합 조직이 스트레치될 때, 탄력적인 조직 요소와 일부 가소성 조직 성분이 일정 수준 늘어난다. 스트레칭이 종료되면 탄성 변형은 회복되지만 가소성 변형은 그대로 남게 된다.[22]

만약 ROM의 영구적인 증거를 목표로 한다면, 스트레칭 기술이 주로 가소성 변형을 만들어낼 수 있도록 고안되어야 한다. 스트레칭하는 동안, 탄성과 가소성 변형의 비율은 어떻게 어떤 조건에서 실시하느냐에 따라 다양하게 나타난다. 약간 불편한 정도의 수준까지 스트레칭하고 일정 시간 스트레치된 자세를 유지하며, 신체 중심부 온도가 올라갔을 때만 스트레칭을 실시하는 것이 가소성 스트레칭을 극대화할 수 있다.[24]

유연성 훈련의 종류

많은 스트레칭 기술이 유연성을 유지하거나 증가시키기 위해 사용될 수 있다. 이 방법들 중 가장 대표적인 것은 탄성을 이용하는 탄성적, 동적, 정적 그리고 다양한 고유수용성 신경근 촉진법이다.[8,24,25,30]

유연성 훈련은 능동적, 수동적 스트레칭 운동으로 더 세분화할 수 있다. 능동적 스트레칭(active stretching)은 스트레칭을 수행하는 사람이 스트레칭하는 힘을 주는 것이다. 예를 들어 앉아서 발끝닿기를 할 때, 햄스트링과 허리를 늘리기 위해 상체를 앞으로 기울이는 데 힘을 준다.[4] 반면 수동적 스트레칭(passive stretching)은 파트너나 스트레칭 기구로 스트레치에 필요한 힘을 얻는 방법이다.

탄성 스트레칭

(반동을 이용하는) **탄성 스트레칭**(ballistic stretching)은 빠르고 갑작스럽게 실시하며 통제되지 않은 움직임이다. 탄성 스트레칭을 하는 동안, 각 신체 부위는 반동 에너지를 이용해 근육이 한계 지점까지 신장될 수 있는 ROM 안에서 움직이게 된다.[4,7,8,24,30,47]

탄성 스트레칭은 과거에 널리 사용되었지만, 더 이상 관절의 ROM을 증가시킬 수 있는, 적용 가능한 방법으로 사용되지 않는다. 그 이유 중 하나는 동작이 빠른 속도로 수행되기 때문에 스트레치되는 비율과 각도, 스트레칭을 유도하는 힘을 조절하기 어렵다는 데 있다. 또 다른 이유는 이와 같은 유형의 스트레칭은 근육과 결합 조직에 부상을 입힐 수 있는 위험이 높다는 점이다. 특히 이전에 부상을 당한 부위에 그 위험성이 더 크다.[4,30] 스트레치되는 조직의 신장성 한계를 넘어서는 위험이 있기 때문에 부상을 입을 확률이 더 커진다.[47]

정적 스트레칭과 비교했을 때, 탄성 스트레칭은 네 가지 단점이 있다.[3]

1. 스트레칭을 실시하는 조직의 신장성 한계를 초과할 위험성 증가
2. 더 많은 에너지 소모
3. 근육통 발생 가능성 증가
4. 신장 반사의 활성화

수동적 혹은 능동적 스트레칭시 골격근이 손상을 입지 않도록 보호기전으로 작용하는 두 가지 감각기관은 근방추와 골지건기관이다.[30] 근방추는 근육의 중앙에 위치하고 있다. 골지건기관은 근건 접합부에 위치한다. 근방추는 신장 반사를 활성화하는 반면, 골지건기관은 골지건 반사를 일으킨다.

신장 반사는 근육 신장 길이와 속도에 반응함으로써 일어난다. 근방추가 자극되지 않을 때 근육은 이완되어 있고 더 많이 스트레치될 수 있다. 그러나 빠른 스트레칭 동작시에는 근방추의 감각신경 세포가 척추의 운동신경 세포로 신호를 보낸다. 그러면 운동신경 세포는 이미 신전된 추외근섬유(방추 외 근섬유)에 근육 움직임을 발생시킨다. 이것이 신장 반사다.[4] 예를 들어 고객이 반동을 이용하여 스트레칭을 할 때, 근육은 과도한 스트레칭을 막아 스스로를 보호하기 위한 일련의 반응으로 수축하게 된다. 이에 따라 근육 내 장력은 증가하고 완전히 스트레치되기 어려워진다.[24] 신장 반사의 익숙한 사례는 무릎 반사다. 슬개건을 두드리면, 건과 함께 대퇴사두근이 가볍지만 빠르게 스트레칭되는 것을 느낄 수 있다. 이렇게 발생한 스트레칭은 대퇴사두근 내에 있는 근방추 수용기를 자극하여 무릎을 신전시키게 된다.[24] 반사적인 근육 움직임에 의해 근이완이 제한되기 때문에, 근방추를 자극하고 이에 따라 발생하는 신장 반사를 활성화시키는 것을 피해야 한다.

신장 반사에 덧붙여, 근육에 과도한 힘이 발생하면 골지건기관은 근수축을 억제하고 이완시킴으로써 근방추와 반대되는 반사를 야기한다. 이와 같은 반사는 능동적인 스트레칭 중에 과도한 힘이나 장력이 생기지 않도록 막아줌으로써 부상을 피할 수 있도록 한다.[30]

정적 스트레칭

유연성을 증가시키기 위해 가장 흔히 사용되는 방법은 **정적 스트레칭**(static stretching)이다. 정적 스트레칭은 느리고 일정한 속도로 실시되는데 보통 스트레칭 자세를 30초씩 유지한다.[4] 정적 스트레칭은 늘어난 근육의 이완과 동시에 길이 신장을 포함한다. 느린 속도로 실시되는 스트레칭이기 때문에 정적 스트레칭은 근육의 신장 반사를 일으키지 않는다. 따라서 부상위험이 반동 스트레칭보다 적다.[4] 만약 정적 스트레칭이 지나치게 강하게 실시될 경우 근육이나 결합 조직에 부상을 야기할 수 있기는 하나, 적절한 운동기술이 사용되는 한 부상위험에 있어 정적 스트레칭의 실제적인 단점은 없다. 그러나 역동적인 활동(달리기, 점핑, 던지기) 전에 실시하는 정적 스트레칭이 수행 능력에 부정적인 영향을 끼칠 수도 있다는 최근 연구 결과도 있다.[15,24]

처음 유연성 트레이닝 프로그램에 참여하는 고객은 30초 동안 자세를 유지하는 것이 어려울 수 있다. 이러한 경우 퍼스널 트레이너는 15~20초 정도만 자세를 유지하는 것으로 시작해서 고객이 훈련에 익숙해짐에 따라 30초까지 유지 시간을 늘릴 수 있다. 30초에서 60초까지 스트레칭 자세를 오래 유지한다고 해서 유연성 향상에 도움이 되는 것은 아니다.[30]

최종적인 정적 스트레칭 자세로 느리게 움직여야 한다. 우선 스트레칭 자세를 유지하기 시작하면 근육의 긴장 상태는 점차 감소하여야 한다. 만약 긴장 상태가 줄어들지 않는다면, 스트레칭 자세의 강도나 난이도를 다소 줄여야 한다. 이와 같은 단계를 통해 신장 반사의 활성화를 억제하는 데 도움을 줄 수 있다.[24]

신장 반사의 활성화를 피하기 위해, 고객은 정적 스트레칭의 마지막 자세로 천천히 움직여야 하고 불편함의 정도가 경미한 지점까지만 실시해야 한다. 스트레칭 자세를 유지하고 있는 동안 긴장감은 점차 없어져야 한다. 만약 긴장감이 감소하지 않을 경우, 스트레칭 자세를 약간 풀어주어야 한다.

고유수용성 신경근 촉진법

고유수용성 신경근 촉진법(PNF, Proprioceptive Neuromuscular Facilitation)은 본래 증가된 신체 긴장과 활성화로 나타나는 근육들을 이완시키는 기술로 개발되었다. 관절 가동범위를 증가시키는 수단으로써 운동선수와 일반인의 훈련에 확대되어 사용되고 있다.[4]

고유수용성 신경근 촉진법은 ROM을 증가시키는 데 효과적인 방법으로 널리 알려져 있다.[14,18,28,43,52] 일반적으로 파트너와 함께 이와 같은 운동기술을 수행하며 수동적인 움직임과 능동적인 근육활동(동심성, 등척성)을 모두 사용하게 된다.[10,25,30] PNF 기술에는 다양한 방법들이 있는데, 그 중에서도 가장 흔히 사용되는 방법(홀드 릴렉스 방법)은 아마도 근육이 이완된 상태에 있는 동안 근육이나 관절을 정적 스트레칭 자세로 유지하는 방법일 것이다. 이 정적 스트레칭 자세를 10초 간 유지한 후 6초 간 고정된 외부 물체에 저항해 강한 등척성 수축 상태를 유지한다(예: 스트레칭 방향으로 힘을 주는 것). 트레이너가 파트너로 보조하는 경우 고객으로 하여금 관절이 움직이지 않도록 주의시켜야 한다. 매우 짧은 휴식(1~2초)을 취한 후, 수동적 스트레칭을 30초 간 이어간다. 이때는 신전되는 정도가 좀 더 커지도록 한다. 등척성 수축은 골지건 기관을 자극하게 된다. 이는 두 번째 스트레칭 중에 근육의 긴장을 낮추는 데 도움을 주고 결합 조직의 길이를 늘려 ROM을 증가시키게 된다.[24]

PNF 스트레칭은 ROM을 증가시킨 상태를 유지하도록 보조해주면서 근육을 이완시키는 데 도움을 주기 때문에, 다른 스트레칭 방법보다 효과가 탁월하다.[14,26,28,37,43,52] 정적 스트레칭과 PNF 스트레칭에 따른 ROM 증가를 평가한 연구에 따르면 두 방법 모두 유연성을 증가시키지만, PNF 스트레칭을 실시한 그룹이 최대 ROM을 달성할 수 있었다. 그럼에도 불구하고 모두에게 PNF 스트레칭이 적합한 것은 아니다. 몇몇 연구에서 PNF 스트레칭이 더 좋은 결과를 가져온다고 하나, PNF 기술을 실제 사용하는 데는 실용적이지 못할 수 있다. PNF 방법의 한계 중 하나는 대개 파트너가 필요하다는 점이다. 파트너

정적 스트레칭을 위한 권장사항

정적 유연성 훈련 프로그램을 실시하는 고객들에게 아래와 같은 권장사항이 적용될 수 있다.[47]

- 스트레칭은 5~15분간 약간 땀이 날 정도의 워밍업 후에 실시되어야 한다.
- 느리고 부드러운 움직임이 중요하고 깊은 호흡이 병행되어야 한다. 고객으로 하여금 깊게 숨을 들이마신 뒤 내쉴 때 약간 불편한 지점까지 스트레칭을 이어가도록 한다. 그 다음 스트레칭 정도를 약간 편안한 수준으로 풀어준 후 30초 간 자세를 유지한다. 이때 호흡은 정상적으로 이루어져야 한다. 고객은 호흡을 내쉬면서 다시금 약간 불편한 지점까지 점차 스트레칭 범위를 늘려간다. 이와 같은 과정을 세 차례 반복한다. 중요한 점은 이완된 상태를 유지해야 한다는 것이다.
- 적절하게 실시한 스트레칭은 가벼운 정도의 불편함에 그쳐야 한다. 만약 고객이 통증을 느낀다면 스트레칭이 과도한 것이다.
- 스트레칭을 실시하는 고객이 관절을 완전히 잠그지 않도록 한다.
- 신장 반사를 활성화하지 않도록 반동은 지양한다.
- 큰 근육군을 우선적으로 스트레칭한다. 매 훈련일마다 동일한 순서로 반복해야 한다. 유연성이 부족한 부위가 확인되면, 해당 부위 근육과 관절에 추가로 스트레칭을 실시할 수 있도록 한다.
- 스트레칭은 최소한 주 3회 이상 실시하도록 한다. 수행 능력의 향상 정도를 파악할 수 있도록 매일 같은 시간에 실시한다. 심부 온도가 가장 낮을 때인 아침에는 고객의 유연성이 상대적으로 떨어질 수 있다. 따라서 심부 온도를 높이지 않고 이른 아침에 스트레칭을 실시하는 것은 유연성을 강화하는 데 도움이 되지 않는다.
- 스트레칭을 실시하기 가장 이상적인 시간은 유산소 운동이나 저항 트레이닝을 실시한 후 심부 온도가 최대로 올라갔을 때이다.

는 근육이 과도하게 스트레치되지 않도록 주의를 기울여야 한다. 덧붙여, PNF 기술은 스트레칭을 실시하는 두 사람이 모두 적절한 기술에 익숙하지 않으면 위험할 수 있다. 지나치게 유연성에만 중점을 두고 적절한 기술을 간과하기 때문이다.[13] 세부사항에 대해 주의를 기울이지 않을 경우, 특히 어린이나 청소년을 대상으로 실시하는 경우 PNF에서 비롯되는 잠재적 부상을 주의해야 한다. 이와 같은 이유와 함께 PNF의 효과가 몇몇 연구에서 논쟁이 되고 있는 만큼, PNF 프로그램을 어린이나 청소년에게 적용할 때는 각별한 주의가 요구된다.[9]

앞서 언급한 바와 같이 PNF 프로그램을 퍼스널 트레이닝에 적용하는 데는 한계가 있다. PNF 방법을 안전하게 적용하는 데는 상당한 수준의 트레이닝이 필요하다. 파트너가 필요하기 때문에, PNF는 다른 방법보다 시간이 더 많이 소요될 수 있다. 더 나아가 정적 유연성과 동적 유연성 방법이 유연성을 향상시키는 데 효과적이고 대부분의 고객들이 높은 수준의 유연성이 필요한 것은 아니기 때문에, PNF 방법은 일반적으로 적용하지 않게 된다. 만약 퍼스널 트레이너가 PNF 방법을 잘 알고 있고 고객이 한 가지 이상의 관절에서 ROM이 현저하게 부족한 경우, PNF 방법을 적용할 수 있다.

동적 스트레칭

동적 스트레칭과 탄성 스트레칭은 트레이닝 중 빠른 움직임을 사용한다는 점에서 유사하다. 그러나 **동적 스트레칭**(dynamic stretching)은 반동을 제한하고 어떤 스포츠나 동작 패턴의 특징적인 움직임을 포함한다.[4] 동적 스트레칭의 한 예로 런지 워크를 들 수 있다. 고객은 런지를 할 때 보폭을 넓혀 뒤에 위치한 다리를 구부릴 수 있다. 이로써 앞에 위치한 다리의 무릎이 발끝 위(앞이 아니다)에 위치하게 되고 뒤쪽 다리의 무릎은 바닥에서 가볍게 떨어지게 된다. 몸통은 곧게 선 자세가 된다.

종종 좌전굴(sit and reach)과 같은 정적 유연성 검사를 이용해 유연성을 측정한다. 그러나 연구 결과에 따르면 정적 유연성과 동적 수행 능력 간에는 관계가 없다. 높은 수준의 정적 유연성에 이점이 있다는 사례는 드물다.[23] 특이성의 원칙에 따르면, **동적 유연성**(dynamic flexibility)이 일상적인 활동에서 발생하는 움직임을 밀접

동적 스트레칭을 위한 권장사항

동적 유연성 훈련 프로그램을 적용할 때 아래와 같은 권장사항들이 적용될 수 있다.[19]

- 절제와 상식이 중요하다. 유연성은 신체 건강의 한 요소이므로 지나치게 강조되어선 안 된다.
- 스트레칭을 강제로 실시해선 안 된다. 만약 스트레칭이 고통스럽고 아프다면 중단해야 한다.
- 유연성 훈련은 반드시 근력 훈련과 병행되어야 한다.
- 유연성은 고객의 요구와 신체활동의 요구사항에 근거한 특정 관절에 해당되어야 한다.
- 반동성 스트레칭은 지양하도록 한다.
- 스트레치되는 관절과 근육, 그리고 고객의 신체활동 요구사항에 따라 최대한 기능적인 자세에서 스트레칭 동작을 실시하도록 강조해야 한다.
- 스트레칭을 실시할 때 중력, 체중, 지면 반발력을 이용하는 것이 중요하다. 덧붙여 유연성의 개선을 위해 움직임 면이나 고유수용 감각 요구도에 변화를 주는 것도 고려해야 한다.
- 동적 유연성 훈련 프로그램은 고객이 참여하는 스포츠나 신체활동의 요구사항에 특화되어야 한다. 고객의 개별 유연성 요구도 또한 중요한 고려사항이다.
- 매일같이 유연성이 향상됨을 확인할 수 있다. 일단 ROM이 한 번 커지기 시작하면 이를 유지하는 것은 쉽다. 유연성을 유지하는 것은 향상시키는 것보다 노력이 덜 필요하다.
- 고객은 반드시 큰 근육군을 먼저 스트레칭해야 하며 동일한 순서로 매일 반복해야 한다. 상대적으로 덜 유연한 부분이 분명하게 파악되면 해당 근육군과 관절에 추가적인 스트레칭을 수행할 수 있도록 해야 한다.
- 최소 주 3회 이상 혹은 각 운동 세션마다 동적 유연성을 위한 훈련을 실시한다. 운동 수행 능력 향상을 지속 관리하기 위해, 고객은 아침에 신체가 가장 유연하지 않음을 기억하고 동적 유연성 훈련을 수행하는 시간을 일관되게 유지해야 한다.
- 스트레칭은 신체 심부 온도가 상승된 후에 실시해야 한다.

하게 자극하므로 더 적합할 수 있다. 예를 들어 일상적인 움직임들은 집이나 직장, 식료품점에서 찬장 꼭대기에 있는 물건을 향해 손을 뻗는 것이다. 부드럽게 동적으로 팔을 회전하는 동작이 팔을 머리 위로 들고 정적으로 스트레칭하는 것보다 일상적으로 실시하는 움직임에 더 가깝다.

스트레칭 방법에 관해서는 보다 분명한 답을 얻을 때까지 더 면밀히 조사할 필요가 있다. 그러나 건강 전문가로서 특정한 스트레칭 기술에 대해 자세히 검토해보고 이를 사용할 적시를 알고 있어야만 한다. 특히 워밍업의 일부로 정적 스트레칭은 흔히 사용된다. 그러나 정적 스트레칭이 부상을 예방하거나 운동 전 근육의 기능을 향상시킨다는 연구 결과나 이론은 없다. 대신 워밍업 후에 동적인 가동성 운동을 실시하는 것이 일상활동에 필요한 동적인 ROM을 발달시키는 데 더 적합하다. 이와 같은 동적인 가동성 운동은 근육을 역동적으로 전체 가동범위에 걸쳐 움직이는데, 처음에는 느리게 시작하여 움직임에 알맞은 속도로 점차 빠르게 실시한다.[10]

동적 스트레칭은 기능적인 움직임을 강조한다. 트레이닝이 진전됨에 따라, 서 있는 자세에서 걷기나 가볍게 뛰는 것으로 난이도를 높여감으로써 동적 스트레칭 운동의 특이성을 강화할 수 있다. 정적 스트레칭에서 동적 스트레칭으로 조정하는 것은 어렵지 않다. 스트레칭 운동은 보통 동일하나 몇 가지 움직임 형태에 따라 다르게 진행할 수 있다.

동적 유연성 훈련을 고객의 운동 프로그램에 적용하고자 하는 퍼스널 트레이너는 반드시 적은 훈련량과 강도로 시작해야 한다. 왜냐하면 동적 유연성 운동을 실시하기 위해서는 균형감과 협응력이 요구되기 때문이다. 더 나아가, 동적 유연성 훈련을 적용한 초반에는 단기간 근육통을 야기할 수도 있다. 동적 유연성 훈련으로 비롯된 새로운 스트레스를 몸이 견뎌야 하기 때문이다.

정적 유연성 훈련(Static Flexibility Exercises)에 적용되는 많은 준수사항은 동적 유연성 훈련에도 적용된다. 앞서 논의된 바 있듯, 유연성 훈련 전에 워밍업을 실시하도록 한다. 훈련에 참여하는 고객이 준비중인 활동에 필요한 유연성의 정도나 고객의 유연성 수준에 따라 주당 2~5회를 실시한다. 동적 유연성 운동은 움직임을 사용하기 때문에 각각의 스트레칭은 20~25야드(약 18~23미터)의 거리를 왕복하면서 실시하도록 한다.

고객이 점차 각각의 운동을 잘 수행할 수 있게 되면, 운동 동작을 조합하여 수행할 수 있다. 예를 들어 각각의 움직임을 수행한 후에 다리를 번갈아가며 무릎 당겨 올리기(knee tuck)과 워킹 런지를 함께 실시할 수 있다. 조합 가능한 운동은 수도 없이 많다. 동작을 조합하는 것은 크게 두 가지 이점이 있다. 첫째, 운동이 다양해져 프로그램이 지루해질 염려가 없다. 둘째, 같은 스트레칭을 반복적으로 실시하는 것보다 더 많은 근육군을 스트레칭할 수 있기 때문에 시간을 절약할 수 있다. 많은 고객들이 훈련 프로그램에 사용할 수 있는 시간이 제한적이기 때문에 이와 같은 장점은 중요하다.

이 장의 후반에서 많은 동적 유연성 운동을 사진과 함께 설명할 것이다. 동적 유연성 운동은 스포츠나 일상에서 수행하는 움직임에 기반하기 때문에, 설명하는 운동 동작들은 일부 선택된 것으로 동적 스트레칭의 모든 동작을 말하는 것은 아니다. 사용할 수 있는 동적 스트레칭의 숫자와 유형은 프로그램을 고안하는 사람의 창의력에 따라 제한될 뿐이다.

동적 스트레칭은 운동 전 움직임 수행 능력을 향상시키기 위한 유연성 트레이닝으로 가장 적합하다. 만약 추가적인 유연성 운동이 필요하다면, 운동 후 정적 유연성 운동을 실시하는 것이 효과적일 수 있다.

유연성 훈련 순서와 권장 준수사항

훈련 목표가 ROM을 증가시키는 것이라면 정적 유연성 훈련과 동적 유연성 훈련을 조합하는 것이 권장된다. 동적 유연성 훈련은 대개 선수 훈련과 관련이 있다. 그러나 동적 유연성 훈련은 선수가 아닌 일반인을 대상으로도 성공적으로 사용될 수 있다. 증가된 유연성은 운동선수의 시합에 필요한 움직임이든 일상적으로 수행하는 많은 움직임이든 상관없이 어떠한 종류의 움직임을 수행하는 데 도움이 된다. 훈련이 더 기능적일수록 훈련 프로그램에 참여하는 이들에게 더 많은 이점을 제공할 수 있다.

그러나 동적 유연성만을 사용하는 것은 한계가 있다. 몇몇 동적 스트레칭은 상당한 수준의 근력과 운동성을 요구한다. 이 때문에 고객들이 난이도가 높은 동적 유연성 운동을 수행하는 데 제한이 있을 수 있다. 이에 더해 몇몇 관절과 근육군(목과 어깨 등)은 동적 유연성 기술에 비해 정적 스트레칭을 사용하는 것이 더 효과적일 수 있다.

준비 운동

고객들은 역동적인 신체활동에 참여하기 전에 반드시 예비운동을 정기적으로 실시해야 한다. 이와 같은 예비운동이나 움직임을 일반적으로 '준비 운동(warm-up)'이라고 부른다.

준비 운동과 스트레칭은 동일한 것이 아니다. 준비 운동은 역동적인 운동을 실시할 수 있도록 신체를 준비시키기 위해 근육뿐만 아니라 전신의 온도를 높이기 위한 활동이다.[4] 준비 운동은 성공적인 훈련 세션의 근간이 된다. 정신적으로나 육체적으로 완전히 준비가 되는 것은 이상적인 결과를 달성하는 데 필요한 훈련 강도를 유지하는 핵심이다. 준비 운동중에는 심부 온도를 높여 근육의 유연성을 향상시키는 것 또한 중요하다.[15,24,40,47,57] 근육의 탄성은 목표 근육으로 유입되는 혈류량에 따라 결정되기 때문에 준비 운동은 유연성을 향상시키게 된다.[51] 혈액이 적게 공급되어 차가워진 근육은 혈류량이 늘어난 근육에 비해 부상 발생이나 손상의 위험이 더 크다.[51]

불행하게도 많은 고객들이 준비 운동을 짧게 소홀히 하곤 한다. 이는 좋지 못한 운동 수행 능력으로 이어지고 부상위험을 높이게 된다.[26] 준비 운동의 심리학적 측면에 대해서는 아직 적절한 연구가 이루어지지 못했지만, 본 운동 전에 준비 운동을 실시한 사람일수록 정신적으로 더 준비된 상태로 훈련에 임하는 경향이 있다.[51]

대다수 연구에 따르면 준비 운동의 주요한 이점은 체온에 좌우되는 생리학적 반응과 관계가 있다. 준비 운동을 통해 체온이 상승하면 아래와 같은 효과를 기대할 수 있다.[40]

- 근육으로의 혈류량 증가
- 신경 감각 수용기의 민감도 증가
- 헤모글로빈과 마이오글로빈으로부터의 산소 해리 증가
- 신경 자극 전달 속도의 증가
- 근육의 점성 감소
- 신진대사의 화학적 반응에 따라 에너지 소비의 감소

준비 운동중에 조직 온도는 세 가지 생리학적 과정을 통해 상승하게 된다. 근수축 중에 근세사 활주와 관련된 마찰, 에너지원의 신진대사, 그리고 근육 내 혈관의 확장이다.[19]

준비 운동중에 아래와 같은 생리학적 변화가 발생하고, 이와 같은 변화는 이론적으로 운동 수행 능력을 향상시킨다.[25]

1. 준비 운동중에 동원된 근육들의 온도가 상승한다. 온도가 상승한 근육은 더 강하게 수축하고 빠르게 이완한다. 그 결과 운동중 속도와 힘이 모두 향상된다.
2. 운동중인 근육으로 혈액이 흐르면서 혈액의 온도가 상승한다. 혈액의 온도가 상승함에 따라, 혈액에서 산소 해리가 증가하게 된다. 이는 운동하는 근육에 산소공급이 늘어남을 의미한다.
3. 관절 주위의 가동범위가 증가한다.

준비 운동으로 체온이 상승하면 근육, 건과 인대의 점성을 낮추어 관절의 가동범위가 증가하게 된다.[51] 점성이 감소함으로써 가능한 최고의 성과를 달성할 수 있으며, 스트레칭에서 비롯된 잠재적 손상 위험을 줄일 수 있다. 또한 근육과 관절의 뻣뻣함이 줄어들어 갑작스럽고 예상치 못한 움직임에도 신체를 보호할 수 있게 된다.[19] 조직의 온도가 상대적으로 낮을 때 과도한 스트레칭은 결합 조직의 손상을 야기할 수 있다는 점이 보고된 바 있다.[51]

이와 같은 많은 이유로 스트레칭은 반드시 준비 운동 후에 실시하거나[8,13,30,51] 훈련을 마친 다음에 수행해야 한다.[19] 본 운동 후의 유연성 훈련은 재생 효과가 있어, 근육을 안정시 길이로 되돌리고 혈류를 촉진시키며 근경련을 감소시킨다.[19] 준비 운동에서 비롯된 생리학적 반응은 신체가 유연성 훈련을 소화할 수 있도록 준비하는 역할을 한다.[17] 유연성 운동을 시작하기 전에 가볍게 땀을 흘리는 정도로 체온을 올려야 한다.[25]

안타깝게도 많은 고객들이 주로 정적 스트레칭으로 구성된 준비 운동을 실시한다. 심부 온도를 상승시키기 위해 정적 스트레칭을 사용하는 데는 크게 세 가지 단점이 있다.[1]

1. 정적 스트레칭은 수동적으로 이루어지므로, 근세사 활주에 의한 마찰이 적게 발생한다.
2. 신진대사가 아주 미미하게 증가하거나 변화가 전혀 없을 수 있다.
3. 정적 스트레칭에 대한 신체 반응으로 근육 내 혈관 확장이 필요하지 않다.

이러한 이유로 정적 스트레칭으로 운동을 시작하는 고객들은 충분히 심부 온도를 상승시키기 어렵다.[23] 이 때문에 심부 온도 상승과 근육 점성 감소에 따른 이점을 취할 수 없게 된다. 정신적으로든 신체적으로든 준비 운동은 이상적인 결과를 달성하는 데 필요한 훈련 강도를 수행하기 위한 핵심적인 요소이다.

유연성 훈련을 절대로 준비 운동의 방법으로 사용해서는 안 된다. 대신에 유연성 훈련을 고객이 땀을 흘리기 시작하는 수준으로 심부 온도가 상승된 후에 실시해야 한다.

준비 운동의 종류

어떤 준비 운동을 선택하든지 상관없이, 신체활동 이전에 실시하는 준비 운동의 일반적인 목적은 근육의 온도를 높이는 것이다.[23] 준비 운동 방법에는 수동적, 일반적, 특수적 준비 운동으로 크게 세 가지 종류가 있다.[23,31,51]

수동적 준비 운동

수동적 준비 운동(passive warm-up)은 온수 샤워, 온열 패드 부착이나 마사지 등의 방법이다. 전부는 아니지만,[25] 많은 연구[18,46,50]에서 수동적 준비 운동이 긍정적인 효과가 있다고 보고된 바 있다. 수동적 준비 운동의 분명한 이점은 운동 전에 고객을 피로하게 만들지 않는다는 것이다. 우선 체온이 상승하면 에너지 소모를 최소화하여 신체활동 전까지 체온을 높인 상태로 유지할 수 있다.[51] 그러나 다수의 경우에서 수동적 준비 운동(뜨거운 팩 등)은 실용적이지 못할 수 있다.

일반적 준비 운동

일반적 준비 운동(general warm-up)은 조깅이나 사이클링, 줄넘기와 같이 주요 근육군을 움직이는 기본 활동들을 일컫는다.[51] 일반적 준비 운동은 심박수, 혈류량, 심부 근육 온도와 호흡수, 관절액의 점성, 발한 작용을 증가시킨다.[4] 근육 온도 증가는 유연성을 향상시켜[4] 신체가 움직이기 충분한 상태로 만들어준다. 그러므로 강도 높은 신체활동을 준비한다는 목적에 있어서 일반적 준비 운동이 수동적 준비 운동보다 더 적합하다.

특수적 준비 운동

일반적 준비 운동과 달리, **특수적 준비 운동**(specific warm-up)은 달리기를 실시하기 전에 느린 조깅을 하거나 웨이트 트레이닝 이전에 벤치 프레스를 가볍게 반복하는 것과 같이 신체활동의 실제 움직임을 이용한다.[4,25,51] 특수적 준비 운동은 준비 운동 이후 실시할 격렬한 신체활동에서 사용할 특정 근육의 온도를 높여줄 수 있고 복잡한 운동기술을 보다 효과적으로 수행할 수 있도록 정신적 예행연습까지 실시하게 되어 가장 바람직한 방법으로 평가된다.[23,31]

준비 운동 지침

준비 운동의 양, 강도, 지속시간을 고객의 현재 체력 수준에 따라 개별적으로 맞추어 실시해야 한다. 기후와 신체 상태에 따라 준비 운동시간은 달라진다. 일반적으로 준비 운동은 대략 5~15분 정도로, 운동 참가자가 가볍게 땀을 흘리기 시작하기에 충분할 만큼 실시한다.[47]

체력 수준이 향상됨에 따라, 심부 온도를 필요한 수준까지 높이고 땀을 흘릴 수 있도록 준비 운동의 강도와 지속시간을 늘려야 한다. 고객의 체력 수준이 높아질수록 체온 조절 시스템이 운동중 신체 발열에 더 잘 반응하게 된다. 이는 체력 수준이 높은 사람이 낮은 사람보다 체온이 더 높은 상태에서 운동하게 된다는 뜻이다. 결과적으로, 체력 수준이 낮은 사람에 비해 좋은 사람이 이상적인 체온 수준을 달성하기 위해 더 길거나 혹은 강도 높은 준비 운동이 필요할 수 있다.[51]

맨몸 운동 및 짐볼 운동

퍼스널 트레이너는 전통적인 웨이트 트레이닝 장비를 이용할 수 없는 고객이나 단순히 일반적인 헬스 클럽처럼 조성된 환경에서 운동하는 것을 선호하지 않는 고객을 상대해야 할 수도 있다. 그렇다고 해서 고객이 저항 훈련을 할 수 없다는 뜻은 아니다. 퍼스널 트레이너가 고객의 훈련에 대한 창의력을 발휘해야만 한다.

한 가지 가능한 해결방안은 고객이 **맨몸 운동**(body weight exercises)이나 짐볼을 이용한 운동을 수행하는 것이다. 적절한 강도로 운동을 통해 자극을 받기만 한다면, 신체는 근육의 크기나 힘을 증가시킴으로써 이에 적응할 것이다. 더 나아가 신체활동중에 칼로리도 소모하게 된다. 그리고 신체활동의 강도가 증가함에 따라 칼로리 소모 역시 증가한다.

이와 같은 세팅에 있어서 어떤 운동을 하는지가 중요한 변수는 아니다. 예를 들어 대흉근과 상완삼두근을 단련시키는 데 프리웨이트 벤치 프레스를 할 수도 있고, 다양한 기구를 선택하여 가슴 부위 벤치 프레스를 할 수도 있으며 바닥이나 짐볼을 이용해 팔굽혀펴기를 할 수도 있다. 운동강도가 필요 역치에 준하는 수준이라면, 운동 형태에 상관없이 운동하는 근육군에서의 적응은 이루어지게 되어 있다.

맨몸 운동

맨몸 운동은 바벨이나 특정 머신에서 세팅된 무게와 같은 외부 저항이 아닌 신체를 이용한 저항을 이용해 수행하는 훈련 형태이다. 사용 가능한 운동 장비가 없거나 고객이 이와 같은 유형의 트레이닝을 선호한다면 맨몸 운동이 실행 가능한 옵션이 될 수 있다. 퍼스널 트레이너는 맨몸 운동이 최대근력이나 파워를 향상시키는 데는 제한적일 수 있음을 인지할 필요가 있다. 왜냐하면 맨몸 운동으로는 최대근력과 파워를 향상시키는 데 필요한 생리적 적응을 유발할 수 없기 때문이다. 그러나 만약 훈련 목표가 기본적인 근력 수준이나 근지구력을 향상시키는 것이라면 맨몸 운동을 적용할 수 있다. 이러한 형태의 훈련에서 최대한 많은 이점을 얻기 위해서는 완벽한 운동기술로 느리고 통제된 움직임을 수행하는 데 주안점을 두어야 한다.

짐볼 훈련

짐볼(stability ball)을 사용한 훈련이 크게 증가했다.[29,48] 초기에는 물리치료할 때 허리에 문제가 있는 사람들을 위한 훈련에서 짐볼을 주로 사용했다.[35,52] 그러나 이제는 짐볼을 전통적인 재활 프로그램, 피트니스센터, 체육 수업, 특별한 요구가 있는 고객이나 노인을 위한 훈련 등에서도 흔히 사용한다. 많은 피트니스와 재활시설에서 안정화 볼을 훈련 프로그램에 적용하고 있으며 스포츠 컨디셔닝 프로그램에까지 확장되어 사용되고 있다.[56]

주로 불안정한 표면에서 훈련하는 것이 몸통 근육을 더 많이 자극하며, 동적인 밸런스를 향상시킴으로써 척추를 안정화시켜 부상예방에 도움을 준다는 점 때문에 짐볼을 사용하게 된다.[2] 추가적으로 짐볼 훈련이 주로 몸통 훈련에 사용되었던 반면에, 오늘날에는 몸통뿐만 아니라 다양한 근육의 근력 훈련에도 접목하여 사용하는 것을 흔히 볼 수 있다.[35]

연구 결과

불안정성을 활용한 훈련은 유명한 문건들을 통해 안정화 근육와 몸통 근육을 활성화시킴으로써 스포츠에 특화된 훈련을 강화해준다고 알려져 왔다.[2] 또한 몇몇 훈련 수행자들은 짐볼 운동이 코어 안정화 훈련에 가장 효과적이라고 제안하기도 한다. 그러나 불안정한 표면을 사용한 훈련과 이 훈련이 상체 근육의 활성화와 힘에 미치는 영향에 대한 연구를 보면 그 효과가 미미하거나 복합적인 결과를 보여주는 것을 알 수 있다.[48]

■ **짐볼과 코어 활성화.** 몇몇 연구들에서 전통적인 운동보다 안정화 훈련이 안정근에 더 많은 운동 단위를 동원함으로써 복부 근육활동을 증가시키고 전반적인 균형감와 코어 안정화 능력을 향상시키는 것으로 나타났다.[16,29] 이뿐만 아니라 짐볼은 자세와 균형감, 움직임 조절을 관장하는 소뇌, 전정계, 뇌간을 자극한다.[29] 초기 연구들은 짐볼 훈련의 효용성을 뒷받침하는데, 연구에 따르면 안정적인 표면보다 짐볼 위에서 컬 업 동작을 실시할 때 복직근과 외복사근이 더 많이 활성화되는 것을 확인할 수 있었다.[54] 안정적인 면에 비해 짐볼을 이용한 훈련을 실시할 때 복부 안정화 근육뿐만 아니라 외복사근, 복횡근, 내복사근, 척추기립근을 더 많이 활성화시킨다고 한다.[6,34,41] 이는 코어 안정화 근육의 지구력을 강화하고 향상시키기 위해 고안된 훈련은 불안정하게 만들 필요가 있음을 보여준다.[6] 그러나 다른 연구들은 복부 근육 근전도 검사에서 짐볼과 안정적인 표면을 활용한 운동시 큰 차이를 발견할 수 없다고도 한다.[2,35,49]

■ **짐볼과 코어 훈련.** 코어 훈련은 선수들의 근력 및 컨디셔닝 프로그램, 피트니스센터, 재활시설에서 강조되는 한 부분이 되었다.[21] 코어를 훈련하는 것이 운동 수행능력 향상과 부상위험을 낮추는 데 있어서 중요하다는 점과 코어 강화가 선수의 유동 수행 능력 향상에 핵심적이라는 점이 널리 공유되었다.[44] 짐볼은 코어 트레이닝에 가장 흔하게 활용된다. 또한 연구에 따르면 짐볼은 대다수 훈련 방법보다 더 큰 가동범위를 제공할 수 있다고 한다. 짐볼 훈련이 척추 안정화 능력을 향상시키고 요통 감소에 도움을 준다는 점을 뒷받침하는 연구가 드물었음에도 불구하고, 물리치료 영역에서는 척추 안정화에 기여하는 근육계를 강화하기 위해 수년간 짐볼 훈련을 사용해왔다.[11] 그러나 척추 중립 상태를 요구하는 짐볼 운동은 운동 초기 단계에서 척추를 안정화시키는 특정 근육에 집중하기에 적절할 수 있나. 노한 척추 중립을 유지하기 위해서는 지근섬유가 많이 동원되므로 몸통 지구력을 향상시킬 수 있다.

등 근력을 향상시키면 더 큰 힘을 필요로 하는 운동과제를 수행할 때 요통을 예방할 수 있다.[6,21] 또한 척추는 몸통 안정화 근육의 약화로 인해 불안정해질 수 있고, 등 근육 지구력의 부족은 요통과 밀접한 연관이 있다.

■ 기타 잠재적 이점. 짐볼 훈련은 많은 잠재적 이점을 가지고 있다.

- 균형감, 관절 안정성, 고유수용 감각, 근신경 통제 능력 등의 향상은 부상 발생 위험을 낮춘다.[29]
- 심장 박동수와 산소소비율을 증가시킨다.[29]
- 임신 여성의 근력, 안정화, 균형감, 자세, 고유수용 감각, 그리고 유연성을 증가시킨다. 이와 같은 신체 적응은 아기를 지지하는 데 도움을 줄 수 있는 복부 근육을 강화시키며 요통 발생을 줄여준다. 또한 낙상 확률을 감소시킨다.

■ 스포츠 수행 능력 향상 훈련 프로그램에서 짐볼. 신체 운동 능력 향상에 있어서 짐볼 훈련의 효과를 검증한 연구는 드물다. 짐볼 훈련은 수영선수들의 코어 안정화 능력을 향상시켰다. 그러나 이것이 기록 향상으로 전이되지는 않았다.[45] 따라서 짐볼 훈련이 수영에 필요한 코어 안정화에 특화된 것은 아닐 수 있다.[57] 육상에서도 짐볼 훈련이 코어 안정화 능력을 크게 향상시켰으나 달리기와 같은 운동 수행 능력이나 주법을 개선시키지는 않았다.[5,16] 그러므로 짐볼 훈련이 신체 운동 수행 능력을 향상시킨다는 주장은 과학적으로 검증되지 않았다.[48] 그리고 코어 근력과 파워의 향상이 스포츠 수행 능력으로 전이된다고 보장할 수도 없다.[56]

■ 훈련 특수성의 중요성. 모든 훈련 방식을 적용할 때, 특수성의 원칙은 최적의 결과를 얻기 위해 반드시 강조되어야 한다.[48,56] 몸통과 관련한 훈련에 있어 짐볼 위에 눕거나 엎드린 자세에서의 훈련은 주로 곧게 선 자세에서 수행되는 스포츠나 신체활동에 효과적으로 전이되지 못할 수 있다.[56] 그러나 특수성은 또한 훈련 활동이 특정 스포츠에서 요구되는 것에 최대한 가까운 자극이어야 한다는 점을 말해준다.[56] 그래서 몇몇 상황에서 짐볼을 사용하는 것은 특수성의 수준을 높일 수 있다. 예를 들어 모굴 스키, 하키에서 퍽으로 슈팅을 날리는 동작, 서핑 등은 모두 불안정한 조건에서 힘을 발생시켜야 한다. 이뿐만 아니라, 대부분의 스포츠 동작은 안정화 능력과 힘 발생 기능(예: 테니스의 포핸드 스윙, 야구에서 투수의 와인드업)의 조합을 포함하는데, 불안정한 조건에서의 저항 훈련은 근신경계에 유사한 자극을 주게 된다.[2]

특수성의 또 다른 중요한 측면은 코어 안정화 요구다. 안정적인 면에서 실시하는 프리웨이트 운동은 안정화 볼에서 수행하는 운동보다 스포츠 수행 능력으로 더 쉽게 전이될 수도 있다.[56] 저항 훈련 운동은 코어 안정화에 더 중점을 두기 위해 변형될 수 있다(예: 한 다리로 서서 실시하는 덤벨스쿼트나 데드리프트, 덤벨을 이용한 비대칭 파워 클린과 푸시 프레스, 케이블 혹은 메디신 볼을 이용한 몸통 회전 운동).[57]

■ 힘 출력에 있어 불안정한 지지 기반의 효과. 하지 근육계에 불안정 훈련의 효과와 가치는 논란의 여지가 있다.[33] 불안정한 조건에서 실시하는 근력 훈련의 한계점은 하지 근육들이 관절의 안정성을 보조해야 하기 때문에 힘을 생성해내는 수행 능력이 제한된다는 데 있다.[2,33,38,48,55]

불안정 저항 운동중에 발생하는 등척성 힘은 안정적인 조건에서 실시할 때보다 현격히 낮다. 따라서 몇몇 전문가들은 훈련 목적이 근육의 힘과 운동선수의 수행 능력 향상에 있다면 안정적인 조건에서 저항 훈련을 실시할 것을 권장한다. 근력 향상을 위해서는 최대 강도의 최소 80% 수준으로 훈련을 실시해야 한다. 이러한 운동강도는 불안정한 조건에서는 실시할 수 없다.[33] 건강 문제에서도 마찬가지로, 짐볼 훈련의 자극 수준은 근력을 향상시키기엔 부족하다. 따라서 훈련에 있어 이점이 있다고 볼 수는 없다.[38] 짐볼 운동보다 안정적인 조건 하에 1RM의 50% 수준으로 스쿼트와 데드리프트를 수행하는 것이 근신경계에 더 어려운 과제로 나타난 바 있다.[38] 이는 근력 향상과 후면 신전근의 근비대 효과에 있어서 더 우수함을 의미한다.

불안정 훈련에서 이끌어낼 수 있는 힘 생성 능력의 감소는 불안정 훈련 장비들이 반드시 전통적인 훈련 수단의 연장선에서 사용되어야 함을 말해준다.[55] 그러나 Nuzzo와 동료들은 근비대나 근력 향상 효과 혹은 운동선수의 수행 능력과 관련한 방법에 대한 증거가 부족하므로 이와 같은 훈련은 '제한'되거나 '제외'되어야 한다고 주장한다.

■ 짐볼 훈련에는 퍼스널 트레이너가 이를 계속해서 사용할 만한 몇 가지 독특한 이점이 있다. 그러나 단점 역시 존재한다. 모든 훈련 유형과 마찬가지로, 퍼스널 트레이너는 훈련 프로그램에 짐볼을 포함시킬지 여부를 고려할 때 특이성의 개념과 고객의 주 목표를 강조해야 한다. 다음은 짐볼의 이점과 단점을 검토한 내용이다.

이점

■ 밸런스, 관절 안정성, 고유수용 감각, 근신경계 조

절 능력이 향상됨에 따라 부상이 줄어든다.[29]

- 심박수와 산소소비율이 증가한다.[29]
- 임산부의 복부 근력, 안정성, 밸런스, 자세, 고유수용 감각, 유연성을 증가시킨다(18장 참고).[29]
- 불안정성이 있는 몇몇 스포츠에서, 안정화 볼을 사용하면 훈련 특이성의 수준을 높일 수 있다.[2]

단점

- 몇몇 연구에서 짐볼을 사용했을 때 코어 안정화 능력이 향상됨이 나타났다. 그러나 운동 수행 능력을 향상시킨다는 결과는 없었다.[45]
- 불안정한 조건에서 참가자의 근력을 증가시키는 데 필요한 강도로 훈련하는 것은 불가능하다.[2,33,38,48,55]
- 스포츠 수행 능력은 짐볼에서 운동을 실시할 때보다 안정적인 표면에서 프리웨이트 운동을 수행할 때 더 향상될 수 있다.[56]

앞서 설명한 몇몇 단점을 고려해볼 때, 퍼스널 트레이너는 짐볼 훈련 외에 다른 수단을 이용하여 훈련 프로그램에 불안정성을 포함시킬 수 있다. 두 가지 방법을 여기서 소개한다.

■ 구조적 다관절 운동에 주안점을 둔다. 짐볼 훈련 대신, 퍼스널 트레이너는 외부 저항을 변화시킴으로써 강도를 계속해서 증가시킬 수 있으므로 스쿼트나 데드리프트와 같이 구조적 다관절 운동에 집중할 수 있다.[38] 이에 덧붙여, 다관절 운동은 여러 개의 주요 근육을 모두 동원하기 때문에 많은 짐볼 운동보다 훨씬 효과적일 수 있다.[38] 그러나 고유의 장점을 활용하여, 전통적인 저항 훈련 방식에 대한 중요한 보완 훈련으로 짐볼을 사용할 수 있다. 이로써 고객은 각 훈련 방법의 이점을 모두 취할 수 있다.

■ 프리웨이트 트레이닝을 이용한 불안정성. 불안정성은 지지 기반뿐만 아니라 사용하는 도구에도 영향을 받을 수 있다. 프리웨이트 트레이닝은 불안정성을 만들어낼 수 있기 때문에 부분적으로 선수 트레이닝에 있어 더 많은 이점이 있다고 알려졌다.[2] 프리웨이트 트레이닝은 적절한 수준의 불안정성을 제공한다.[56] 물을 채워넣은 도구를 사용하면 저항력이 유동적이기 때문에 불안정성을 더 높일 수 있다.[27] 프리웨이트 트레이닝에 불안정성을 추가하는 다른 방법은 좌우 대칭적 덤벨 훈련에서 한쪽 방향 운동(unilateral)을 강조하는 것이다.[6] 일상과 스포츠에서 수행하는 많은 활동들은 한쪽 방향 운동이다. 이러한 운동은 양쪽을 함께 움직이는 훈련보다 움직임 특이성을 더 강조할 수 있고 몸통 안정화 근육을 더 자극할 수 있다.[6]

안전과 올바른 크기 선택

내재된 불안정성 탓에 짐볼을 사용하는 데 있어 안전은 가장 주요한 문제다.[29] 공에서 떨어지는 사람을 보호할 수 있도록 적절한 운동기술을 반드시 강조해야 한다. 처음 시작할 때는 기본적이고 덜 복잡한 운동을 실시하고 점차 시간이 지남에 따라 복잡성을 높이도록 한다.[29] 자쿠베크(Jakubek)[29]는 샌드백을 안정화용으로 사용하도록 제안한다. 또한 머리카락이 긴 사람들은 움직임 간에 머리카락이 끼이는 경우가 없도록 머리 뒤로 묶어야 한다. 마지막으로 상식을 활용할 필요가 있다. 만약 운동중에 통증이 있다면 해당 움직임을 중단해야 한다.[29]

짐볼을 사용할 때 안전에 관련된 또 다른 부분은 적절한 크기의 볼 선택이다. 볼 위에 앉았을 때 허벅지가 지면과 평행한 수준보다 조금 높으면 알맞은 크기라 할 수 있다.

짐볼의 올바른 위치

짐볼 훈련의 효과를 극대화하는 데 있어 중요하나 흔히 간과되는 점이 몸과 볼의 위치다. 한 조사에 따르면 짐볼 위에서 크런치 동작을 수행할 때 동일한 동작을 바닥에서 실시할 때보다 복부 근육의 활성화가 더 크다고 한다. 다만 볼이 올바른 위치에 있을 때만 가능하다.[49] 견갑골의 하각 부분인 등 상부에 볼을 두면, 볼을 등 하부에 놓거나 안정적인 표면에서 크런치 동작을 실시하는 경우와 비교했을 때 복부 근육 활성화가 현저히 감소된다. 등 하부에 볼을 놓는 것은 크런치 동작을 실시할 때 몸통의 개입과 수평 면에서 몸통 안정화 능력이 더 많이 요구된다. 바닥 혹은 볼이 몸통 상부를 지지하지 않기 때문이다. 따라서 등 하부에 볼을 위치시킨 상태로 실시하는 크런치가 볼을 높이 위치한 상태로 실시하거나 전통적인 크런치를 수행할 때보다 복부 근육을 더 많이 활성화시킨다.[49]

복부 근육이 약한 사람은 볼을 등 상부 쪽에 높게 두고 실시함으로써 안정적인 벤치나 바닥에서 실시하는 것보다 더 쉽게 크런치 동작을 수행할 수 있다. 체력과 건강 수준이 향상됨에 따라, 볼을 점차 등 하부 쪽에 두어

짐볼 훈련 지침

다른 훈련 방법과 마찬가지로, 퍼스널 트레이너는 고객이 짐볼을 사용하는 시간과 노력을 최대로 유지할 수 있도록 훈련 지침을 준수해야 한다. 지침은 아래 내용과 같다.

1. 짐볼은 단단할 정도로 공기가 주입되어야 한다.
2. 고객에게 맞는 올바른 크기의 짐볼을 사용해야 한다. 알맞은 크기를 결정하기 위해 고객이 양발을 바닥에 붙이고 공 위에 앉도록 한다. 이때 허벅지가 바닥과 평행하거나 약간 위쪽에 있도록 한다. 만약 고객에게 요통이 있다면 무릎이 엉덩이보다 낮게 위치하도록 하여 허벅지가 바닥과 평행한 수준보다 위에 있도록 해야 한다.
3. 다른 훈련 방법과 병행할 때는, 본 운동 전에 5~15분간 준비 운동을 반드시 실시해야 한다. 가벼운 걷기나 조깅, 계단오르기나 맨몸 체조 형태 동작(팔벌려뛰기, 마운틴클라이밍 같은) 등을 준비 운동으로 실시할 수 있다. 짐볼 위에서 실시하는 준비 운동은 안정화 근육을 훈련시켜 밸런스와 협응력을 향상시키는 이점이 있다.[53]
4. 고객이 짐볼에 친숙해질 수 있도록 충분한 시간을 둔다. 고객이 전통적인 형태의 운동에서는 뛰어난 근력 수준을 보이더라도 짐볼 운동이 많이 어려울 수 있다. 특히 주로 훈련하는저항 운동기구(머신)로 고객이 어려움을 느낀다. 머신에서 운동을 할 때는 안정화 근육이 활성화되지 않는다. 따라서 짐볼을 사용하기 시작하면 매우 빠르게 피로해지고 이로 인해 운동 반복 수준이 떨어지게 된다.
5. 올바른 운동기술을 강조하라. 짐볼에서 운동을 실시할 때 세부사항에 주목하는 것이 중요하다. 많은 짐볼 운동이 쉬워 보이지만, 올바른 운동기술이나 위치를 조금만 지키지 않아도 운동 수행에 부정적인 영향을 미칠 수 있다. 고객이 지칠수록 운동을 올바르게 실시하기 더 어렵다는 점을 특히 중요하게 기억해야 한다.
6. 세트수와 반복수는 고객의 체력 수준에 따라 결정한다. 고객의 운동 목적에 따라 서킷 훈련 형태로 운동하거나, 다음 운동을 실시하기 전에 각 운동의 모든 세트를 완수할 수도 있다. 어떤 운동순서로 시작하든 낮은 운동량과 강도(예: 1×8)에서 시작하고 점진적으로 훈련 변수를 체력 수준이 향상됨에 따라 조정하도록 해야 한다(예: 3×15).

훈련 강도를 높이고 복부 근육 활성화를 증가시킬 수 있다.[49]

결론

퍼스널 트레이너는 일반적으로 몇몇 형태의 스트레칭을 고객의 운동 프로그램에 포함시키게 된다. 퍼스널 트레이너와 고객은 유연성이 무엇인지, 일반적으로 훈련에 어떤 연관이 있는지 분명히 이해하는 것이 중요하다. 유연성을 단일 혹은 여러 관절의 가동범위로 정의할 때, 이는 관절이 전체 가동범위에서 자유롭게 움직이는 데 도움을 주고 운동 수행 능력을 향상시키고 부상을 예방하는 데 기여한다. 유연성에는 많은 요소들이 영향을 미친다. 관절 구조, 근육과 결합 조직, 성, 온도, 저항 훈련 등이 있다. 준비 운동(스트레칭과 혼동해서는 안 되는)은 효과적인 훈련의 기초로, 운동 수행자의 체온과 ROM을 증가시킨다.

반동, 정적 스트레칭과 다양한 PNF 기술이 유연성을 유지하거나 증가시키기 위해 가장 흔하게 사용되는 스트레칭 기술이다. 여전히 어떤 측면에서는 논쟁적이나 동적 스트레칭 역시 활용되고 있다. 유연성 프로그램을 고안할 때, 퍼스널 트레이너는 동적 스트레칭과 정적 스트레칭을 조합하여 프로그램에 적용하는 것이 좋다. 몇몇 고객들에게는 체중 지지 운동 혹은 안정화 볼 운동을 각각 사용하거나 조합하여 활용하는 것이 적합하다.

유연성, 체중 지지, 짐볼 운동

정적 유연성 운동

동적 유연성 운동

체중 지지 운동

짐볼 운동

정적 유연성 운동

룩 라이트 앤 레프트(Look Right and Left)

1. 서거나 앉아서 머리와 목을 곧게 세운다.
2. 근육을 최대하로 수축하여 머리를 오른쪽으로 돌린다.
3. 근육을 최대하로 수축하여 머리를 왼쪽으로 돌린다.

주요 스트레칭 근육
흉쇄유돌근(목빗근)

흔히 하는 실수

- 머리를 돌릴 때 몸통이 따라 돌아간다.
- 편안한 수준의 전체 가동범위에 걸쳐 머리를 돌리지 않는다.

넥 플렉션 앤 익스텐션(Neck Flexion and Extension)

1. 일어서거나 앉아서 머리와 목을 곧게 세운다. 턱을 가슴 쪽으로 당겨 목을 구부린다.
2. 턱이 가슴에 닿으면 가슴 더 아래쪽으로 턱이 닿을 수 있도록 시도한다.
3. 머리가 등 뒤에 가능한 가깝게 닿을 듯 목을 신전시킨다.

주요 스트레칭 근육
흉쇄유돌근(목빗근), 후두하근(뒷통수밑근)

흔히 하는 실수

- 굽힘과 폄을 실시할 때 전체 가동범위로 움직이지 못한다.
- 머리에 가해지는 힘에 반해 밀거나 저항하지 않고 폭발적인 형태로 급작스럽게 움직인다. 모든 움직임은 느리고 지속적이며 안정적으로 이루어져야 한다.
- 목에서 움직임이 발생할 때 이를 보조하는 몸통, 팔, 신체 다른 부위의 움직임을 사용한다. 목에서 움직임이 발생하는 것 외에 다른 움직임이 있어서는 안 된다.

핸즈 비하인드 백(Hands Behind Back)

1. 허리를 곧게 세우고 서서 양팔을 뒤로 뻗는다.
2. 양 손바닥을 마주 잡고 팔꿈치를 완전히 편다.
3. 무릎은 가볍게 구부린 채로 시선은 정면을 향한다.
4. 스트레치되는 느낌이 들 때까지 팔을 들어준다.

주요 스트레칭 근육
전면 삼각근(앞어깨세모근), 대흉근(큰가슴근)

흔히 하는 실수

- 팔꿈치를 구부린다.
- 몸통을 앞으로 구부리거나 시선이 바닥을 향한다.

비하인드 넥 스트레치(Behind-Neck Stretch)

1. 허리를 곧게 세우고 서서 오른팔을 머리 바로 옆에 오도록 들어준다.
2. 오른팔꿈치를 구부려 오른손이 목 뒤나 등 상부에 닿도록 한다.
3. 왼팔을 들어 오른팔꿈치를 왼손으로 잡아준다.
4. 스트레치되는 느낌이 들 때까지 왼손으로 오른팔꿈치를 머리 쪽으로(그리고 뒤로) 당겨준다.
5. 오른손으로 왼팔꿈치를 잡고 당겨주면서 스트레칭을 반복한다.

주요 스트레칭 근육
상완삼두근(위팔세갈래근), 광배근(넓은등근)

흔히 하는 실수

- 몸통을 앞으로 구부리거나 어깨를 둥글게 구부린다.

프레젤(Pretzel)

1. 바닥에 양쪽 다리를 나란히 뻗고 앉는다.
2. 몸통을 똑바로 세운 상태에서 오른쪽 무릎을 구부린다. 구부린 다리를 왼다리 위에 교차하여 오른발이 왼쪽 무릎의 바깥쪽에 오도록 둔다.
3. 왼팔꿈치 뒤쪽을 오른 무릎의 바깥쪽에 두고 몸통을 오른쪽으로 비틀어준다.
4. 오른 손바닥으로 엉덩이에서 12~16인치(30~40cm) 뒤를 짚는다.
5. 엉덩이가 바닥에 붙어 있도록 한다. 스트레치되는 느낌이 들 때까지 머리와 어깨를 오른쪽으로 비틀 때 오른 무릎으로 왼쪽 팔꿈치가 움직이지 않도록 한다.
6. 왼발을 오른 무릎의 바깥쪽에, 오른 팔꿈치를 왼쪽 무릎 바깥쪽에 두고 스트레칭을 반복한다.

주요 스트레칭 근육
내복사근(배속빗근), 외복사근(배바깥빗근), 이상근(궁둥구멍근), 척추기립근(척추세움근)

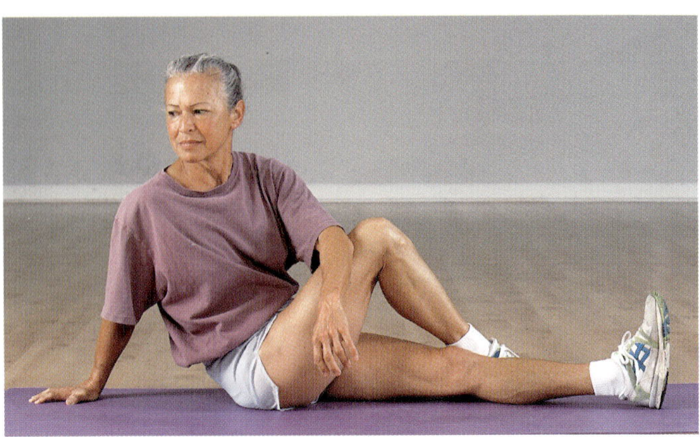

흔히 하는 실수

- 팔꿈치를 (무릎의 바깥쪽이 아닌) 대퇴부 앞쪽에 둔다.
- 엉덩이가 바닥에서 떨어진다.

포워드 런지(Forward Lunge)

1. 선 자세에서 시작하여 오른 다리를 앞쪽으로 넓게 한 걸음 내딛는다.
2. 오른 무릎이 오른발 위에 올 때까지 구부린다.
3. 양발 끝이 전면을 향한 상태로 오른발이 바닥에 붙어 있도록 한다.
4. 왼 다리는 거의 완전히 편 상태를 유지한다. 필요하다면 뒤꿈치는 바닥에서 떨어져도 된다.
5. 손을 오른 대퇴부 위나 엉덩이에 두고 시선은 전방을 향한다.
6. 몸통을 완전히 곧게 세운 상태로, 스트레치되는 느낌이 들 때까지 엉덩이를 앞쪽과 약간 아래 방향으로 움직여 준다.
7. 왼 다리가 몸 앞쪽에 오도록 하여 스트레칭을 반복한다(왼 다리로 실시하는 런지).

주요 스트레칭 근육
장요근(엉덩허리근), 대퇴직근(넙다리곧은근), 대둔근(큰볼기근), 햄스트링(무릎굽힘근군)

흔히 하는 실수

- 앞쪽에 있는 무릎이 발끝보다 앞으로 나갈 만큼 구부린다.
- 앞에 있는 발의 뒤꿈치가 바닥에서 떨어진다.
- 몸통을 앞으로 구부리거나 시선이 바닥을 향한다.
- 골반이 앞쪽으로 기울어진다(골반 전방 경사와 요추의 아치 증가).

라잉 니 투 체스트(Lying Knee to Chest)

1. 다리를 모아 곧게 펴고 바닥에 반듯하게 눕는다.
2. 오른쪽 무릎을 구부려 오른쪽 대퇴부를 가슴까지 끌어당긴다.
3. 오른쪽 대퇴부의 뒤쪽을 잡는다(오른 무릎의 아래).
4. 왼쪽 다리는 처음과 같은 자세를 유지한다.
5. 스트레치되는 느낌이 들 때까지 팔을 이용해 오른쪽 대퇴부를 가슴 쪽으로 더 당긴다.
6. 오른쪽 다리는 바닥에 뻗은 채 왼쪽 무릎을 가슴 쪽으로 당겨 반복한다.

주요 스트레칭 근육
대둔근(큰볼기근), 햄스트링(무릎굽힘근군), 척추기립근(척추세움근)

흔히 하는 실수

- 대퇴부의 뒤쪽이 아닌 굽힌 무릎의 앞쪽을 잡는다.
- 목이나 등을 굽힌다.
- 반대쪽 다리를 바닥에서 들어올린다.

세미스트래들(허들 스트레칭의 변형 동작)(Semistraddle[Modified Hurdler's Stretch])

1. 오른쪽 다리는 쭉 뻗어 앉고 왼쪽 발바닥은 오른쪽 무릎의 안쪽을 누르거나 닿도록 한다.
2. 왼쪽 다리의 바깥쪽은 바닥에 거의 닿거나 완전히 닿도록 한다.
3. 등을 편 상태로 고관절을 구부려 몸을 앞으로 기울여 오른손으로 오른발을 잡는다.
4. 스트레칭되는 느낌이 들 때까지 몸통을 오른 다리 쪽으로 굽혀, 오른 발가락을 상체쪽으로 잡아당긴다.
5. 왼 다리를 쭉 뻗은 상태로 오른발이 왼 무릎의 안쪽을 누르거나 닿도록 하여 스트레칭을 반복한다.

주요 스트레칭 근육
햄스트링(무릎굽힘근군), 척추기립근(척추세움근), 비복근(장딴지근)

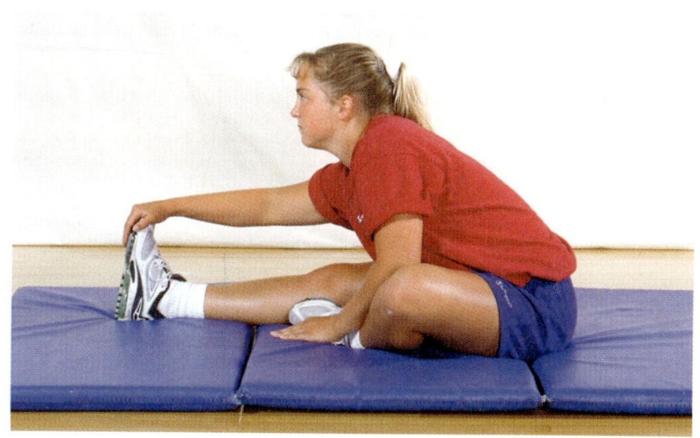

흔히 하는 실수

- 뻗은 다리의 대퇴부가 바깥쪽으로 향하게 한다.
- 고관절을 중심으로 몸통을 굽히지 않고 뻗은 다리 쪽으로 어깨를 움츠리거나 상체를 둥글게 굽힌다.
- 뻗은 다리의 무릎을 구부린다.

버터플라이(Butterfly)

1. 상체를 똑바로 세워 바닥에 앉는다.
2. 엉덩이와 무릎을 구부리고 넙다리를 바깥으로 회전시켜 양발을 모아 당긴다.
3. 엉덩이를 앞쪽으로 기울이고 발을 잡아서 몸 쪽으로 당긴다.
4. 팔꿈치를 다리 안쪽에 위치하게 한다.
5. 등을 펴고 팔꿈치를 약간 아래로 내리고 발을 몸 앞쪽으로 당기고 스트레칭되는 느낌이 들 때까지 몸을 앞으로 구부린다.

흔히 하는 실수

- 어깨를 둥글게 구부리거나 몸통을 발 쪽으로 굽힌다(고관절에서 몸통을 구부리기보다는).

주요 스트레칭 근육
내전근(모음근 일체), 박근(두덩정강근)

월 스트레치(Wall Stretch)

1. 발을 어깨너비로 벌리고 벽에서 12인치(30cm) 떨어져서 벽을 보고 선다.
2. 벽에 손을 대고 앞쪽으로 기대선다.
3. 왼쪽 다리를 두 걸음 정도(61cm) 뒤로 빼고 오른쪽 무릎을 가볍게 굽힌다.
4. 왼쪽 무릎을 완전히 펴고 뒤꿈치는 바닥에 붙인다.
5. 스트레칭되는 느낌이 들 때까지 팔을 구부려 몸통과 엉덩이를 벽에 가깝게 붙인다.
6. 오른쪽 다리를 몸 뒤에 두고 스트레칭을 반복한다(오른쪽 다리를 뒤로 뺀다).

흔히 하는 실수

- 엉덩이가 앞으로 움직이지 않은 채 몸통만 벽에 가깝게 움직인다.
- 뒤로 뻗은 발의 뒤꿈치가 바닥에서 떨어진다.

주요 스트레칭 근육
비복근(장딴지근), 가자미근(아킬레스건 포함)

동적 유연성 운동

암 서클(Arm circle)

1. 제한된 거리를 느린 속도로 걸으면서 팔로 크게 원을 그리며 움직인다. 팔을 몸통 바로 옆에서 머리 위로 들어 움직여준다.
2. 어깨 관절에서만 움직임이 이루어지도록 한다(팔꿈치는 곧게 편 상태를 유지한다).
3. 편안한 수준의 전체 가동범위에서 팔로 원을 앞으로 그리고 뒤로 그리며 움직인다.

흔히 하는 실수

- 팔로 원을 그리며 움직일 때 몸통을 구부리거나 과도하게 젖힌다.

주요 스트레칭 근육
삼각근(어깨세모근), 광배근(넓은등근), 대흉근(큰가슴근)

암 스윙(Arm Swing)

1. 어깨 관절을 굽혀 팔을 바닥과 평행하게 하여 몸 앞으로 든다.
2. 제안된 거리를 천천히 걸어가면서 오른쪽으로 팔을 휘젓는다. 이때 왼팔은 가슴 앞에 오게 되고 왼 손가락은 오른쪽 어깨의 측면을 향하게 된다. 오른팔은 몸 뒤로 뻗는다.
3. 좌측으로 방향을 바꾸어 양팔을 함께 휘젓는다.
4. 움직임이 어깨 관절에서만 발생하도록 한다(몸통과 머리는 전방을 향하도록 한다).
5. 편안한 수준의 전체 가동범위에서 팔 뻗기를 왼쪽, 오른쪽으로 번갈아 실시한다.

흔히 하는 실수

- 몸통이나 목이 팔을 뻗는 방향으로 회전한다.

주요 스트레칭 근육
광배근(넓은등근), 대원근(큰원근), 삼각근 앞면과 뒷면(어깨세모근 앞면과 뒤면), 대흉근(큰가슴근)

런지 워크(Lunge Walk)

1. 깍지 낀 손을 머리 뒤에 댄다.
2. 선 자세에서 왼쪽 다리를 최대한 앞으로 뻗다.
3. 왼쪽 무릎이 왼발 위에 올 때까지 굽힌다.
4. 오른쪽 무릎은 바닥에서 약간 떨어진 높이까지 굽힌다. 두 발은 앞쪽을 향하도록 한다.
5. 상체를 곧게 세우고 (혹은 약간 뒤로 기울이고) 시선은 앞을 향한다.
6. 런지 자세 하위 지점에서 잠시 멈추었다가 일어난다. 오른발을 앞으로 뻗면서 동작을 반복한다.

주요 스트레칭 근육
장요근(엉덩허리근), **대퇴직근**(넙다리곧은근), **대둔근**(큰볼기근), **햄스트링**(무릎굽힘근군)

흔히 하는 실수

- 내딛은 무릎이 앞에 지지하는 발끝을 넘어갈 만큼 구부러진다.
- 뒤에 있는 다리의 무릎이 바닥에 닿는다.
- 몸통을 앞으로 구부리거나 시선이 바닥을 향한다.

변형: 리버스 런지 워크(Reverse Lunge Walk)

1. 깍지 낀 손을 머리 뒤에 댄다.
2. 선 자세에서 오른쪽 다리를 최대한 뒤로 뻗다.
3. 왼쪽 무릎이 왼발 위에 올 때까지 굽힌다.
4. 오른쪽 무릎은 바닥에서 약간 떨어진 높이까지 굽힌다. 두 발은 앞쪽을 향하도록 한다.
5. 상체를 곧게 세우고 (혹은 약간 뒤로 기울이고) 시선은 앞을 향한다.
6. 런지 자세 하위 지점에서 잠시 멈추었다가 일어난다. 왼발을 뒤로 뻗면서 동작을 반복한다.

주요 스트레칭 근육
장요근(엉덩허리근), **대퇴직근**(넙다리곧은근), **대둔근**(큰볼기근), **햄스트링**(무릎굽힘근군)

흔히 하는 실수

- 내딛은 무릎이 앞에 지지하는 발끝을 넘어갈 만큼 구부러진다.
- 뒤에 있는 다리의 무릎이 바닥에 닿는다.
- 몸통을 앞으로 구부리거나 시선이 바닥을 향한다.

하키 런지 워크(Hockey Lunge Walk)

1. 깍지 낀 손을 머리 뒤에 댄다.
2. 선 자세에서 오른쪽 다리를 최대한 앞쪽 대각선으로 뻗다.
3. 런지 걷기 운동을 실시할 때보다 앞에 두는 발을 10~12인치(25~30cm) 넓게 오른쪽 발을 내딛는다.
4. 양발의 발가락은 앞을 향하게 한다.
5. 오른쪽 무릎이 오른발 위에 올 때까지 굽힌다.
6. 왼쪽 무릎은 바닥에서 약간 떨어진 높이까지 굽힌다. 두 발은 앞쪽을 향하도록 한다.
7. 상체를 곧게 세우고 (혹은 약간 뒤로 기울이고) 시선은 앞을 향한다.
8. 런지 자세 하위 지점에서 잠시 멈추었다가 일어난다. 왼발을 앞으로 빼면서 동작을 반복한다.

주요 스트레칭 근육
장요근(엉덩허리근), 대퇴직근(넙다리곧은근), 대둔근(큰볼기근), 햄스트링(무릎굽힘근군), 내전근(모음근 일체)

흔히 하는 실수

- 내딛은 무릎이 앞에 지지하는 발끝을 넘어갈 만큼 굽힌다.
- 뒤에 있는 다리의 무릎이 바닥에 닿는다.
- 몸통을 앞으로 구부리거나 시선이 바닥을 향한다.
- 발을 지나치게 옆쪽으로 내딛거나 발끝이 옆이나 중간을 향하게 한다.

변형: 워킹 사이드 런지(Walking Side Lunge)

1. 깍지 낀 손을 머리 뒤에 댄다.
2. 옆으로 서서 오른쪽 어깨를 움직이고자 하는 방향을 향하게 한다.
3. 선 자세에서 오른발을 오른쪽 옆으로 최대한 뻗는다.
4. 왼 무릎을 곧게 편 상태를 유지한다. 오른 무릎이 오른발 위에 올 때까지 굽힌다. 엉덩이는 오른쪽 뒤로 빼며 낮아진다.
5. 몸통은 곧게 세우고 시선은 앞을 향한다.
6. 런지 자세 하위 지점에서 잠시 멈추었다가 일어선다. 오른발을 중심으로 왼 다리를 뻗으며 동작을 반복한다.

주요 스트레칭 근육
장요근(엉덩허리근), 대퇴직근(넙다리곧은근), 대둔근(큰볼기근), 햄스트링(무릎굽힘근군), 내전근(모음근 일체)

흔히 하는 실수

- 내딛은 무릎이 앞에 지지하는 발끝을 넘어갈 만큼 구부러진다.
- 뒤에 있는 다리의 무릎이 굽혀진다.
- 몸통이 앞으로 굽혀지거나 시선이 바닥을 향한다.

워킹 니 턱(Walking Knee Tuck)

1. 선 자세로 왼쪽 다리는 앞으로 내딛고 오른쪽 엉덩이와 무릎을 굽혀 오른쪽 허벅지가 가슴 앞에 오도록 움직인다.
2. 오른쪽 무릎 앞쪽을 잡는다. 정강이 위쪽.
3. 팔로 오른무릎을 당겨 오른쪽 허벅지를 가슴에 밀착시킨다.
4. 무릎을 굽힌 채로 잠시 멈추었다가 오른 다리를 내려놓는다. 중심을 오른 다리로 옮긴 후 왼 다리로 동작을 반복한다. 동작을 반복하며 앞쪽으로 이동한다.
5. 매 걸음마다 무릎을 더 높이 당겨 올린다.

주요 스트레칭 근육
대둔근(큰볼기근), 햄스트링(무릎굽힘근군)

흔히 하는 실수

- 몸통을 앞으로 굽히거나 시선이 바닥을 향한다.

워킹 니 오버 허들(Walking Knee Over Hurdle)

1. 몸의 양옆에 약 3피트(91cm) 높이의 허들이 놓여 있다고 상상한다. 첫 번째 허들은 오른쪽에 위치해 있다. 두 번째 허들은 첫 번째 허들보다 조금 멀리 왼쪽에 있고 그 앞으로 연속해 허들이 놓여 있다.
2. 선 자세에서 오른쪽 엉덩이와 무릎을 굽혀 오른쪽 허벅지가 지면과 평행하도록 벌린다.
3. 오른 무릎이 가상의 첫 번째 허들 위로 올라간다.
4. 허벅지를 최대한 높이 든 상태에서 잠시 멈추었다가 오른 다리를 내려놓는다. 무게중심을 오른 다리로 옮긴 후 왼쪽 다리로 동작을 반복한다. 동작을 반복하며 앞쪽으로 이동한다.
5. 매 동작을 반복할 때마다 허벅지를 조금씩 더 높이 들어준다.

주요 스트레칭 근육
내전근(모음근 일체)

흔히 하는 실수

- (엉덩이 벌림을 강조하기보다는) 몸통을 허들에서 멀리 기울인다.
- (앞쪽 무릎보다) 몸통이나 머리가 허들 위로 움직인다.

체중 지지 운동(Body Weight Exercises)

앱도미널 크런치(Abdominal Crunch)

1. 바닥에 반듯하게 눕는다.
2. 엉덩이와 무릎을 굽혀 발뒤꿈치를 박스 위에 놓는다.
3. 손을 머리 옆 또는 뒤에 두거나(머리 무게를 받치기만 한다) 팔을 교차해 배나 가슴 앞에 둔다.
4. 등 윗부분이 바닥에서 떨어질 때까지 몸통을 구부린다. 운동을 수행하는 고객은 반드시 머리와 목을 당겨두거나 중립 위치에 둔 상태를 유지한다.
5. 발과 엉덩이, 등 아랫부분은 고정된 상태를 유지한다.
6. 웅크린 자세를 완료한 후에 몸통을 펴고 누워 시작 자세로 돌아온다.

주요 훈련 근육
복직근(배곧은근)

흔히 하는 실수

- 엉덩이나 발을 들어올린다.
- 손으로 머리를 당긴다.
- 완전히 앉은 자세까지 몸통을 굽힌다.

변형: 트위스팅 크런치(Twisting Crunch)

1. 바닥에 반듯하게 눕는다.
2. 엉덩이와 무릎을 굽혀 발뒤꿈치를 박스 위에 놓는다.
3. 손을 머리의 뒤나 옆에 두거나(머리 무게를 받치기만 한다) 팔을 교차해 배나 가슴 앞에 둔다.
4. 몸통을 비틀어(회전시켜서) 오른쪽 어깨가 왼쪽 허벅지를 향해 움직인다.
5. 등 윗부분이 바닥에서 떨어질 때까지 몸통을 비틀어 굽힌다.
6. 발, 엉덩이, 등 아랫부분은 고정된 상태를 유지한다.
7. 웅크린 동작을 완료한 후에 몸통을 펴서 등을 바닥에 대고 시작 자세로 돌아온다.
8. 매 반복수마다 몸통을 비트는 방향을 바꾸어 실시한다.

주요 훈련 근육
복직근(배곧은근), 내복사근과 외복사근(배속빗근과 배바깥빗근)

흔히 하는 실수

- 엉덩이와 발을 들어올린다.
- 손으로 머리를 당긴다.

백 익스텐션(Back Extension)

1. 무릎을 완전히 펴고 발가락이 바닥을 향한 채로 바닥에 엎드린다.
2. 깍지 낀 손을 머리 뒤에 댄다.
3. 발가락이 바닥에 닿아 있는 상태를 유지하고 몸통을 펴서 가슴을 바닥에서 들어올린다(등을 아치형으로 젖힌다).
4. 신전 동작을 완료한 후에 가슴을 내려 시작 자세로 돌아간다.

주요 훈련 근육
척추기립근(척추세움근)

흔히 하는 실수

- 무릎을 구부리거나 발가락이 바닥에서 떨어진다.
- (통제된 움직임으로 수행하기보다는) 엉덩이를 위아래로 빠르게 움직인다.

변형: 트위스팅 백 익스텐션(Twisting Back Extension)

1. 무릎을 완전히 펴고 발가락이 바닥을 향한 채로 바닥에 엎드린다.
2. 깍지 낀 손을 머리 뒤에 댄다.
3. 발가락이 바닥에 닿아 있는 상태를 유지한다.
4. 오른쪽 어깨를 들어 왼쪽으로 향하도록 몸통을 펴면서 비튼다(회전시킨다).
5. 바닥에서 가슴이 떨어질 때까지 몸통을 펴면서 비튼다.
6. 발, 엉덩이, 등 아랫부분은 바닥에 계속 붙어 있는다.
7. 신전 동작을 완료한 후에 가슴을 내리고 처음 시작 자세로 돌아간다.
8. 몸통을 비트는 방향을 바꾸어 반복한다.

주요 훈련 근육
척추기립근(척추세움근)

흔히 하는 실수

- 무릎을 구부리거나 발이 바닥에서 떨어진다.
- (통제된 움직임으로 수행하기보다는) 엉덩이를 위아래로 빠르게 움직인다.

푸시업(Push-up)

1. 무릎을 펴고 발가락이 바닥에 닿게 하여 엎드린다.
2. 손바닥은 바닥을 향하도록 놓는다. 손 너비는 어깨 너비보다 2~3인치(5~8cm) 넓게 하여 팔꿈치가 밖을 향하도록 한다.
3. 몸은 곧게 직선을 유지하고 발가락은 바닥에 닿아 있는 상태에서 팔꿈치가 충분히 펴지도록 손으로 바닥을 밀어낸다.
4. 푸시업을 완료한 후에 팔꿈치가 90도까지 구부러지도록 몸을 낮춘다. 고객의 가슴 아래 바닥에 양말을 말아놓은 크기의 부드러운 물체나 반원 형태의 폼롤러를 두어 가슴이 양말이나 롤러에 닿을 때만 횟수를 세는 방법도 있다.

흔히 하는 실수

- (몸을 곧게 직선으로 유지하지 못 하고) 엉덩이를 축 처지게 하거나 높이 들어올린다.
- 가동범위를 줄여서 운동을 수행한다.

주요 훈련 근육
대흉근(큰가슴근), 전면삼각근(어깨앞세모근), 상완삼두근(위팔세갈래근)

변형: 푸시업(Modified: Push-up)

1. 무릎을 90도로 구부리고 발목을 서로 교차하여 일반적인 푸시업 기술을 수정한다.

흔히 하는 실수

- (몸을 곧게 직선으로 유지하지 못 하고) 엉덩이를 축 처지게 하거나 높이 들어올린다.
- 가동범위를 줄여서 운동을 수행한다.

주요 훈련 근육
대흉근(큰가슴근), 전면삼각근(어깨앞세모근), 상완삼두근(위팔세갈래근)

힐 레이즈(Heel Raise)

1. 바닥이나 계단의 모서리에 한 손은 몸 옆이나 엉덩이 위에 두고 선다.
2. 균형을 잡을 수 있도록 한 손으로 벽이나 계단 난간을 붙잡는다.
3. 양발을 모아 바닥에 평평하게 두어야 한다. 계단에서 실시할 경우, 발볼이 계단 모서리에 위치하여 발뒤꿈치는 계단 밖으로 나와 있도록 한다.
4. 편안한 수준의 전체 가동범위에서 발가락 위로 뒤꿈치를 들어올렸다가 내린다.

흔히 하는 실수

- 느리게 뒤꿈치를 들어올리고 전체 가동범위를 사용하지 않고 빠르게 전체 가동범위에 걸쳐 탄성적인 움직임으로 동작을 수행한다.
- 편안한 수준의 전체 가동범위에서 움직이지 못한다.

주요 훈련 근육
비복근(장딴지근), 가자미근(넙치근)

스텝 업(Step-up)

1. 의자, 벤치, 혹은 다른 견고한 물체를 마주보고 선다. 물체의 높이는 발을 올려놓았을 때 무릎이 엉덩이 높이에 오는 정도가 되어야 한다.
2. 오른발을 물체 위에 올려놓는다. 발 전체가 올라갈 수 있도록 한다.
3. 오른 다리가 물체 위로 올라서며 몸을 들어올린다. 물체 위에 양발로 서게 된다.
4. 왼발을 물체 위에 그대로 두고 오른발만 먼저 내려놓는다.
5. 오른발로 다시 올라간다.

흔히 하는 실수

- 발 전체를 올려놓지 않는다. 스텝할 때 발이 미끄러질 위험을 높인다.
- 움직임을 보조하기 위해 바닥에 있는 발로 밀어올린다. 스텝 업 동작은 양다리가 아니라 스텝 위에 올려둔 다리에서 이루어지는 근육 운동의 결과로 수행되어야 한다.

주요 훈련 근육
대둔근(큰볼기근), 반건양근(반힘줄모양근), 반막양근(반막모양근), 대퇴이두근(넙다리두갈래근), 외측광근(가쪽넓은근), 중간광근(중간넓은근), 대퇴직근(넙다리곧은근)

짐볼 운동(Stability Ball Exercises)

익스텐디드 앱도미널 크런치(Extended Abdominal Crunch)

1. 짐볼 위에 등의 중하부를 대고 눕는다.
2. 허벅지와 엉덩이, 하복부가 지면과 대략 평행하도록 유지한 상태로 발은 엉덩이너비만큼 벌려 바닥에 둔다.
3. 손을 머리 뒤나 옆쪽에 두거나(머리 무게를 지탱하는 목적으로만) 팔을 교차해 가슴이나 복부 앞쪽으로 올려둔다.
4. 시작 자세에서 30~40° 정도 몸통을 구부려 올린다.
5. 발은 바닥에 고정하고 허벅지와 엉덩이는 움직이지 않는다.
6. 크런치 동작을 완료한 후에, 몸통을 다시 펴서 처음 시작 자세로 돌아간다.

주요 훈련 근육
복직근(배곧은근)

흔히 하는 실수

- 발이 바닥에서 떨어진다.
- 엉덩이가 볼 옆면을 타고 아래로 미끄러진다.
- 손으로 머리를 잡아당긴다.

수파인 레그 컬(Supine Leg Curl)

1. 바닥에 똑바로 누워 다리를 나란히 하여 몸에서부터 멀리 뻗어준다.
2. 손바닥을 바닥에 향하게 하고 팔은 몸통과 90° 각도로 벌려준다.
3. 볼 위에 발뒤꿈치와 종아리 하부를 대고 엉덩이를 바닥에서 들어준다.
4. 발, 무릎, 엉덩이, 어깨를 일직선으로 유지한 상태에서 운동을 시작한다.
5. 상체는 같은 상태를 유지한다. 발뒤꿈치를 엉덩이 쪽으로 가져오도록 무릎을 구부린다(볼을 뒤로 굴리게 된다).
6. 무릎을 90°가 될 때까지 굽힌다. 발바닥이 볼의 정점에 가까이 가면 동작을 마친다.
7. 무릎, 엉덩이, 어깨는 일직선을 유지한다.
8. 다리를 구부리는 동작을 완료한 후, 무릎을 펴서 볼을 앞으로 굴려 시작 자세로 돌아간다.

주요 훈련 근육
햄스트링(무릎굽힘근건), 대둔근(큰볼기근), 척추기립근(척추세움근)

흔히 하는 실수

- (무릎, 어깨, 엉덩이를 일직선으로 유지하기보다는) 엉덩이를 굽히거나 아래로 늘어뜨린다.

수파인 힙 리프트(Supine Hip Lift)

1. 바닥에 똑바로 누워 다리를 나란히 하여 몸에서부터 멀리 뻗어준다.
2. 손바닥을 바닥에 향하게 하고 팔은 몸통과 90° 각도로 벌려준다.
3. 엉덩이를 바닥에 붙인 채 안정화 볼 위에 뒤꿈치를 올린다.
4. 팔, 무릎, 엉덩이가 일직선이 된 상태에서 운동을 시작한다.
5. 상체는 동일한 자세를 유지한다. 발, 무릎, 엉덩이가 일직선이 될 때까지 엉덩이를 들어올린다(신전시킨다).
6. 엉덩이 들어올리기를 완료한 후에 엉덩이를 내려 시작 자세로 돌아간다.

흔히 하는 실수

- (엉덩이, 발과 일직선을 유지하기보다는) 무릎을 구부린다.

주요 훈련 근육
척추기립근(척추세움근), 대둔근(큰볼기근), 햄스트링(무릎굽힘근군)

백 하이퍼익스텐션(Back Hyperextension)

1. 볼 중심 위에 배꼽이 오도록 짐볼 위에 엎드린다.
2. 무릎을 완전히 편 상태에서, 발(발가락)을 대고 12인치(30cm) 너비로 벌려서 바닥에 둔다.
3. 손은 머리 뒤에 둔다.
4. 발가락은 바닥에 붙어 있는 상태로, 몸통이 충분히 펴지고(아치가 되고) 가슴이 볼에서 떨어질 때까지 몸통을 들어올린다.
5. 신전 동작을 완료한 후에 몸통을 다시 내려 시작 자세로 돌아간다.

흔히 하는 실수

- 무릎을 구부리거나 발가락이 바닥에서 떨어진다.
- 몸통을 신전시킬 때 배꼽이 움직여 볼의 중심에서 떨어진다.

주요 훈련 근육
척추기립근(척추세움근)

리버스 백 하이퍼익스텐션(Reverse Back Hyperextension)

1. 볼 중심 위에 배꼽이 오도록 짐볼 위에 엎드린다.
2. 팔꿈치를 완전히 펴서 최소 12인치(30cm) 너비로 벌려 손(손바닥)을 바닥에 댄다.
3. 무릎을 펴고 발가락이 바닥에 닿아 있는 상태에서 운동을 시작한다.
4. 손은 계속 바닥에 댄 상태를 유지한다. 엉덩이가 충분히 신전될 때까지 무릎을 편 상태로 다리를 들어올린다.
5. 동작을 완료한 후 다리를 내려 시작 자세로 돌아온다.

흔히 하는 실수

- 무릎을 구부리거나 손이 바닥에서 떨어진다.
- 다리를 올릴 때 배꼽이 움직여 볼의 중심에서 떨어진다.

주요 훈련 근육
대둔근(큰볼기근), **척추기립근**(척추세움근), **햄스트링**(무릎굽힘근군)

엘보 브릿지(Elbow Bridge)

1. 짐볼 옆에 무릎을 꿇고 볼에 팔꿈치와 아래팔 뒷부분을 댄다.
2. 팔꿈치와 아래팔을 볼에 둔 상태로, 볼을 앞으로 굴리거나 팔꿈치, 어깨 무릎의 각도가 90°가 되는 위치까지 무릎 위치를 조정한다.
3. 무릎과 발가락은 바닥에, 팔꿈치는 볼에 계속 대고 있다. 팔꿈치, 무릎, 어깨, 엉덩이가 거의 직선에 가깝게 될 때까지 무릎을 펴 볼을 앞으로 굴린다. 아래팔은 볼에 닿게 한다.
4. 팔꿈치 브릿지 동작을 완료한 후, 무릎을 구부리면서 볼을 뒤로 굴려 시작 자세로 돌아온다.

흔히 하는 실수

- 무릎을 펼 때 등에 아치가 만들어진다.
- 발이 바닥에서 떨어진다.

주요 훈련 근육
복직근(배곧은근), **내복사근/외복사근**(배속빗근/배바깥빗근), **요방형근**(허리네모근), **광배근**(넓은등근), **척추기립근**(척추세움근)

변형: 스트레이트 암 롤 아웃(Straight Arm Roll-Out)

1. 짐볼 옆에 무릎을 꿇고 팔꿈치를 완전히 펴서 볼 위에 손을 올려놓는다.
2. 손을 볼 위에 올려둔 채로 볼을 앞으로 굴리거나 무릎의 위치를 조정하여 어깨와 무릎의 각도가 90°가 되게 한다.
3. 무릎과 발가락을 바닥에 댄 채로 무릎을 펴면서 공을 앞쪽으로 굴려 운동을 시작한다. 손, 팔꿈치, 어깨, 엉덩이, 무릎이 거의 일직선이 될 때까지 공을 굴린다. 팔은 공 위를 가로질러 놓여 있다.
4. 앞으로 공을 굴리는 동작이 완료된 후, 무릎을 구부려 공을 뒤로 굴려 시작 자세로 돌아온다.

주요 훈련 근육

복직근(배곧은근), 내복사근/외복사근(배속빗근/배바깥빗근), 요방형근(허리네모근), 광배근(넓은등근), 대원근(큰원근), 척추기립근(척추세움근)

흔히 하는 실수

- 무릎을 펼 때 등이 둥글게 아치가 된다.
- 발이 바닥에서 떨어진다.

짐볼 푸시업(Stability Ball Push-Up)

1. 팔꿈치를 완전히 펴고 짐볼 위에 발등과 정강이를 올려 팔굽혀펴기 자세(271쪽 참고)를 실시한다.
2. 발, 무릎, 엉덩이, 어깨는 일직선이 되도록 한다.
3. 몸을 일직선으로 유지한 채로 팔꿈치를 굽혀 얼굴이 바닥에서 1~2인치(2.5~5cm) 높이까지 내려가도록 한다.
4. 최하위 지점까지 도달한 후에, 팔을 밀어 팔꿈치를 펴고 시작 자세로 돌아온다.

흔히 하는 실수

- (몸을 일직선으로 유지하기보다는) 엉덩이를 아래로 떨어뜨리거나 위로 들어올린다.
- 팔로 몸을 뒤쪽으로 밀어내 몸이 뒤로 움직이거나 무릎이 공 위로 올라간다.

주요 훈련 근육

대흉근(큰가슴근), 전면삼각근(앞세모근), 상완삼두근(위팔세갈래근)

파이크 롤 아웃 앤 인(Pike Roll Out and In)

1. 팔꿈치를 완전히 펴고 안정화 볼 위에 발등과 정강이를 올려 팔굽혀펴기 자세(271쪽 참고)를 실시한다.
2. 발, 무릎, 엉덩이, 어깨는 일직선이 되도록 한다.
3. 팔꿈치와 무릎을 완전히 편 상태에서 엉덩이를 굽혀 공을 앞으로 굴리면서 운동을 시작한다. 발가락이 공 위에, 엉덩이가 어깨 바로 위에 올 때까지 공을 굴린다.
4. 산봉우리 자세를 완료한 후에, 엉덩이를 펴서 시작 자세로 돌아온다.

주요 훈련 근육
복직근(배곧은근), **내복사근/외복사근**(배속빗근/배바깥빗근), **요방형근**(허리네모근), **고관절 굴곡근**(엉덩이굽힘근)

흔히 하는 실수

- 팔굽혀펴기 자세에서 등이 둥글게 아치가 된다.
- 산봉우리 자세에서 목을 과도하게 젖힌다.

변형: 니 투 체스트(잭나이프)(Knee to Chest [Jackknife])

1. 팔꿈치를 완전히 펴고 안정화 볼 위에 발등과 정강이를 올려 팔굽혀펴기 자세(271쪽 참고)를 실시한다.
2. 발, 무릎, 엉덩이, 어깨가 일직선이 되도록 한다.
3. 팔꿈치를 완전히 편 상태에서 엉덩이를 살짝 올리고 엉덩이와 무릎을 구부려 공을 앞쪽으로 굴리면서 운동을 시작한다. 엉덩이와 무릎을 완전히 굽혀 무릎이 몸통에 가깝게 올 때까지 공을 굴려온다.
4. 무릎을 가슴까지 당긴 후(knee-to-chest), 엉덩이와 무릎을 펴면서 시작 자세로 돌아온다.

주요 훈련 근육
복직근(배곧은근), **내복사근/외복사근**(배속빗근/배바깥빗근), **요방형근**(허리네모근), **고관절 굴곡근**(엉덩이굽힘근)

흔히 하는 실수

- 팔굽혀펴기 자세에서 등이 둥글게 아치가 된다.
- 무릎을 가슴으로 당긴 상태에서 팔꿈치가 구부러진다.

연구 문제

1. 다음 중 준비 운동으로 사용하기에 적합한 신체 활동이 아닌 것은?

   A. 고정식 자전거　B. 줄넘기
   C. 동적 유연성 운동　D. 조깅

2. 다음 운동 전 신체활동중 운동선수의 수행 능력에 전이 효과가 가장 뛰어난 것은?

   A. PNF 스트레칭　B. 특수적 준비 운동
   C. 정적 스트레칭　D. 일반적 준비 운동

3. 운동선수의 근력 컨디셔닝 프로그램에 짐볼 훈련을 적용하였을 때, 다음 중 어떠한 결과를 기대할 수 있는가?

   Ⅰ. 운동선수의 수행 능력에 전이 효과가 향상된다.
   Ⅱ. 운동선수의 수행 능력에 전이 효과가 미미하다.
   Ⅲ. 코어 안정성이 향상된다.
   Ⅳ. 코어 안정성이 감소한다.

   A. Ⅰ과 Ⅲ
   B. Ⅱ과 Ⅲ
   C. Ⅱ과 Ⅳ
   D. Ⅰ과 Ⅳ

4. 다음 중 짐볼 훈련의 이점이 아닌 것은?

   A. 부상위험을 줄인다.
   B. 심박수 반응을 증가시킨다.
   C. 최대근력을 향상시킨다.
   D. 불안정한 지면에서의 운동 수행 능력을 향상시킨다.

응용 지식 문제

퍼스널 트레이너가 경쟁적인 테니스 리그에 참가하는 46세 여성 고객의 체력 수준을 평가하고 고객의 운동 수행 능력 향상을 위해 고관절 신전근(hip extensors)의 근력과 유연성을 향상시킬 필요가 있음을 확인했다.

a. 고관절 신전근에 집중한 정적 유연성 운동은 무엇인가?
b. 고관절 신전근을 포함한 동적 유연성 운동은 무엇인가?
c. 고관절 신전근을 강화하는 맨몸 운동은 무엇인가?
d. 고관절 신전근을 동적으로(등척성이 아닌 단축성으로) 훈련할 수 있는 짐볼 운동은 무엇인가?

참고문헌

1. Anderson, B. and E. Burke. 1991. Scientific, medical, and practical aspects of stretching. *Clinics in Sports Medicine,* 10 (1):63-86.
2. Anderson, K.G., and D.G. Behm. 2004. Maintenance of EMG activity and loss of force output with instability. *Journal of Strength and Conditioning Research* 18 (3): 637-640.
3. Bandy, W.D., J.M. Irion, and M. Briggler. 1998. The effect of static and dynamic range of motion training on the flexibility of the hamstring muscles. *Journal of Sports Physical Therapy* 27 (4): 295-300.
4. Baechle, T.R., and R.W. Earle, eds. 2000. *Essentials of Strength Training and Conditioning,* 2nd ed. Champaign, IL: Human Kinetics.
5. Barnes, D. 2002. What type of strength training do distance runners need? *Modern Athlete and Coach* 40(2): 35-37.
6. Behm, D.G., A.M. Leonard, W.B. Young, A.C. Bonney, and S.N. MacKinnon. 2005. Trunk muscle electromyographic activity with unstable and unilateral exercises. *Journal of Strength and Conditioning Research* 19 (1): 193-201.
7. Bompa, T.O. 1995. *From Childhood to Champion Athlete.* Toronto: Veritas.
8. Bompa, T.O. 2000. *Total Training for Young Champions.* Champaign, IL: Human Kinetics.
9. Bourne, G. 1995. The basic facts about flexibility in a nutshell. *Modern Athlete and Coach* 33 (2): 3-4, 35.
10. Brandon, R. 1998. What science has to say about the performance benefits of flexibility training. *Peak Performance* (September), 6-9.
11. Carter, J.M., W.C. Beam, S.G. McMahan, M.K. Barr, and L.E. Brown. 2006. The effects of stability ball training on spinal stability in sedentary individuals. *Journal of Strength and Conditioning Research* 20 (2): 429-435.
12. Chek, P. 1998. Swiss ball exercise. *Sports Coach* 21 (3): 27-29.
13. Collins, P. 2001. How to make use of Swiss ball training. *Modern Athlete and Coach* 39 (4): 34-36.

14. Cornelius, W.J., and M.M. Hinson. 1980. The relationship between isometric contractions of hip extensions and subsequent flexibility in males. *Sports Medicine and Physical Fitness* 20: 75-80.

15. Cornwell, A., A.G. Nelson, and B. Sideaway. 2002. Acute effects of stretching on the neuromuscular properties of the triceps surae muscle complex. *European Journal of Applied Physiology* 86 (5): 428-434.

16. Cosio-Lima, L.M., K.L. Reynolds, C. Winter, V. Paolone, and M.T. Jones. 2003. Effects of physical ball and conventional floor exercises. *Journal of Strength and Conditioning Research* 17: 475-483.

17. Franklin, A.J., C.F. Finch, and C.A. Sherman. 2001. Warm-up practices of golfers: Are they adequate? *British Journal of Sports Medicine* 35 (2): 125-127.

18. Funk, D., A.M. Swank, K.J. Adams, and D. Treolo. 2001. Efficacy of moist heat pack application over static stretching on hamstring flexibility. *Journal of Strength and Conditioning Research* 15 (1): 123-126.

19. Gambetta, V. 1997. Stretching the truth; the fallacies of flexibility. *Sports Coach* 20 (3): 7-9.

20. Gesztesi, B. 1999. Stretching during exercise. *Strength and Conditioning Journal* 21 (6): 44.

21. Hamlyn, N., D.G. Behm, and W.B. Young. 2007. Trunk muscle activation during dynamic weight-training exercises and isometric instability activities. *Journal of Strength and Conditioning Research* 21 (4): 1108-1112.

22. Hardy, L., and D. Jones. 1986. Dynamic flexibility and proprioceptive neuromuscular facilitation. *Research Quarterly for Exercise and Sport* 57 (2): 150-153.

23. Hedrick, A. 1992. Physiological responses to warm-up. *National Strength and Conditioning Association Journal* 14 (5): 25-27.

24. Hedrick, A. 1993. Flexibility and the conditioning program. *National Strength and Conditioning Association Journal* 15 (4): 62-66.

25. Hedrick, A. 2000. Dynamic flexibility training. *Strength and Conditioning Journal* 22 (5): 33-38.

26. Hedrick, A. 2000. Volleyball coaches guide to warm-up and flexibility training. *Performance Conditioning Volleyball* 8 (3): 1-4.

27. Hedrick, A. 2003. Using uncommon implements in the training programs of athletes. *Strength and Conditioning Journal* 25 (4): 18-22.

28. Holt, L.E., T.M. Travis, and T. Okia. 1970. Comparative study of three stretching techniques. *Perceptual and Motor Skills* 31: 611-616.

29. Jakubek, M.D. 2007. Stability balls: Reviewing the literature regarding their use and effectiveness. *Strength and Conditioning Journal* 29 (5): 58-63.

30. Karp, J.R. 2000. Flexibility for fitness. *Fitness Management* (April), 52-54.

31. Kato, Y., T. Ikata, H. Takia, S. Takata, K. Sairyo, and K. Iwanaga. 2000. Effects of specific warm-ups at various intensities on energy metabolism during subsequent exercise. Journal of Sports Medicine and Physical Fitness 40 (2): 126-130.

32. Kokkonen, J., A.G. Nelson, and A. Cornwell. 1998. Acute muscle stretching inhibits maximal strength performance. *Research Quarterly for Exercise and Sport* 69 (4): 411-415.

33. Koshida, S., Y. Urabe, K. Miyashita, K. Iwai, and A. Kagimori. 2008. Muscular outputs during dynamic bench press under stable versus unstable conditions. *Journal of Strength and Conditioning Research* 22 (5): 1584-1588.

34. Marshall, P.W.M., and B.A. Murphy. 2005. Core stability on and off a Swiss ball. *Archives of Physical Medicine and Rehabilitation* 86: 242-249.

35. Marshall, P.W.M., and B.A. Murphy. 2006. Increased deltoid and abdominal muscle activity during Swiss ball bench press. *Journal of Strength and Conditioning Research* 20 (4): 745-750.

36. McBride, J. 1995. Dynamic warm-up and flexibility: A key to basketball success. *Coaching Women's Basketball* (Summer): 15-17.

37. Ninos, J. 1999. When could stretching be harmful? *Strength and Conditioning Journal* 21 (5): 57-58.

38. Nuzzo, J.L., G.O. McCaulley, P. Cormie, M.J. Cavill, and J.M. McBride. 2008. Trunk muscle activity during stability ball and free weight exercises. *Journal of Strength and Conditioning Research* 22 (1): 95-102.

39. O'Brien, B., W. Payne, P. Gastin, and C. Burge. 1997. A comparison of active and passive warm-ups in energy system contribution and performance in moderate heat. *Australian Journal of Science and Medicine in Sport* 29 (4): 106-109.

40. Poe, C.M. 1995. Principles of off-ice strength, power, and flexibility training for figure skaters. *Skating* 72 (9): 22-30.

41. Purton, J., B. Humphries, and G. Warman. 2001. Comparison of peak muscular activation between Ab-roller and exercise ball. Honors thesis, Central Queensland University, Rockhampton, Queensland.

42. Ross, M. 1999. Stretching the hip flexors. *Strength and Conditioning Journal* 21 (3): 71-72.

43. Sady, S.P., M. Wortman, and D. Blanke. 1982. Flexibility training: Ballistic, static, or proprioceptive neuromuscular facilitation? *Archives of Physical Medicine and Rehabilitation* 63: 261-263.

44. Sato, K., and M. Mokha. 2008. Does core strength training influence running kinetics, lower extremity stability, and 5000-m performance in runners? *Journal of Strength and Conditioning Research* 23 (1): 133-140.

45. Schibek, J.S., K.M. Guskiewicz, W.E. Prentice, S. Mays, and J.M. Davis. 2001. The effect of core stabilization training on functional performance in swimming. Master's thesis, University of North Carolina, Chapel Hill.

46. Shellock, F.G., and W.E. Prentice. 1985. Warming-up and stretching for improved physical performance and prevention of sports-related injuries. *Sports Medicine* 2 (4): 267-278.

47. Sobel, T., T.S. Ellenbecker, and E.P. Roetert. 1995. Flexibility training for tennis. *Strength and Conditioning Journal* 17 (6): 43-51.

48. Stanton, R., P.R. Reaburn, and B. Humphries. 2004. The effect of short-term Swiss ball training on core stability and running economy. *Journal of Strength and Conditioning Research* 18 (3): 522-528.

49. Sternlight, E., S. Rugg, L.L. Fujii, K.G. Tomomitsu, and M.M. Seki. 2007. Electromyographic comparison of a stability ball crunch with a traditional crunch. *Journal of Strength and Conditioning Research* 21 (2): 506-509.

50. Stricker, T., T. Malone, and W.E. Garrett. 1990. The effects of passive warming on muscle injury. *American Journal of Sports Medicine* 18 (2): 141-145.

51. Tancred, T., and B. Tancred. 1995. An examination of the benefits of warm-up: A review. *New Studies in Athletics* 10 (4): 35-41.

52. Tanigawa, M.C. 1972. Comparison of the hold relax procedure and passive mobilization on increasing muscle length. *Physical Therapy* 52: 725-735.

53. Thomas, M. 2000. The functional warm-up. *Strength and*

Conditioning Journal 22 (2): 51-53.

54. Vera-Garcia, F.J., S.G. Grenier, and S. McGill. 2000. Abdominal muscle response during curl-ups on both stable and unstable surfaces. *Physical Therapy* 80: 564-569.

55. Wahl, J.M., and D.G. Behm. 2008. Not all instability training devices enhance muscle activation in highly resistancetrained individuals. *Journal of Strength and Conditioning Research* 22 (4): 1360-1370.

56. Willardson, J. 2007. Core stability training: Applications to sports conditioning programs. *Journal of Strength and Conditioning Research* 21 (3): 979-985.

57. Wirth, V.J., B.L. Van Luten, D. Mistry, E. Saliba, and F.C. McCue. 1998. Temperature changes in deep muscles during upper and lower extremity exercise. *Journal of Athletic Training* 33 (3): 211-215.

13

저항 훈련 운동기술

John F, Graham, MS

학습 목표

- 저항 트레이닝 운동시 적절한 자세를 수행하고 지도하는 데 필요한 기본적인 기술을 이해할 수 있다.
- 보조가 필요한 상황뿐만 아니라 올바른 보조기술을 설명할 수 있다.
- 적절한 훈련 장비와 의류가 무엇인지 정의할 수 있다.
- 저항 운동기술을 실시할 때 흔히 하는 실수를 인지할 수 있다.

퍼스널 트레이너가 고객을 대함에 있어 가장 중요한 책임 중 하나는 가능한 가장 안전한 환경에서 저항 훈련을 통해 최대 이점을 얻을 수 있도록 운동기술을 지도하고 관리하는 것이다. 이 장에서는 저항 훈련의 이점과 생리적 측면, 그리고 안전과 저항 훈련 기술을 설명한다. 본 장에는 또한 저항 훈련 운동기술과 보조기술에 대한 자세한 설명을 포함한다.

기본 운동기술 지침

몇 가지 기본적인 지침이 거의 모든 저항(웨이트) 훈련 운동을 수행하는 데 적용된다. 고객은 몇 가지 종류의 바벨, 덤벨 혹은 손잡이를 잡고 신체를 이상적인 위치에 놓아야 하며, 훈련중 인진과 효과적인 운동기술을 위해 권장 움직임과 호흡 패턴을 따라야 한다.

그립의 종류와 너비

저항 훈련 운동중 가장 빈번하게 사용하는 그립은 손바닥을 바닥으로 향하고 손등이 위로 오게(**오버핸드 그립**[overhand grip]이라고도 불린다) 하는 **회내 그립**(pronated grip)과 손바닥을 위로 하고 손등이 바닥을 향하는(**언더핸드 그립**[underhand grip]이라고도 불린다) **회외 그립**(supinated grip)이다(그림 13.1 a와 b). 이 그립을 사용하는 운동중 한 예가 숄더 프레스이다. 숄더 프레스는 회내 그립을 사용한다. 그리고 회외 그립을 사용하는 리스트 컬이 있다. 덤벨 해머 컬과 같은 운동과 머신에 앉아서 실시하는 숄더 프레스는 **중립 그립**(neutral grip)을 사용한다. 중립 그립에서는 마치 악수할 때처럼 손바닥이 안쪽으로 향하고 손등이 양 측면 밖을 향한다.

바벨을 보조할 때(예: 프리 웨이트 바벨 벤치 프레스 운동) 자주 권장되는 그립은 **교차 그립**(alternated grip)이다. 이 그립은 한 손은 회내 그립으로 다른 한 손은 회외 그립으로 잡는다(그림 13.1c). 회내, 회외, 교차 그립에서 엄지손가락은 바벨을 말아쥐어 손으로 바벨을 완전히 감아서 잡을 수 있도록 한다. 이와 같은 엄지손가락 위치가 **닫힌 그립**(closed grip)을 만든다. 엄지손가락이 바벨

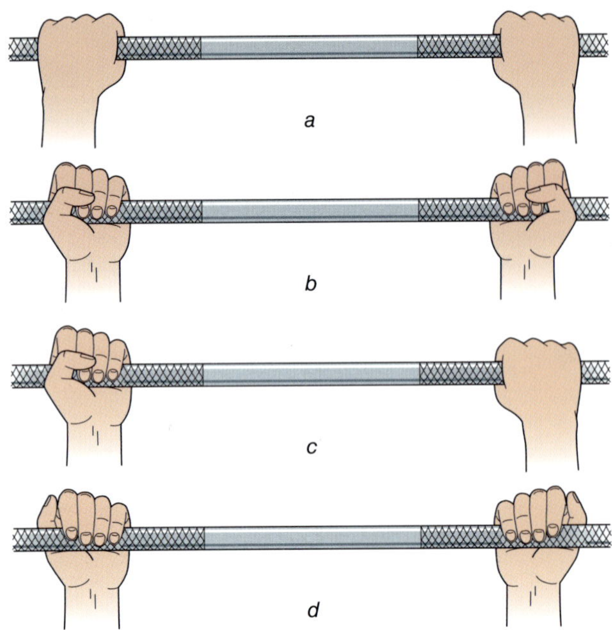

그림 13.1 권장되는 그립. (a) 닫힌, 회내 그립, (b) 닫힌, 회외 그립, (c) 닫힌, 교차 그립, (d) 열린, 회외 그립.

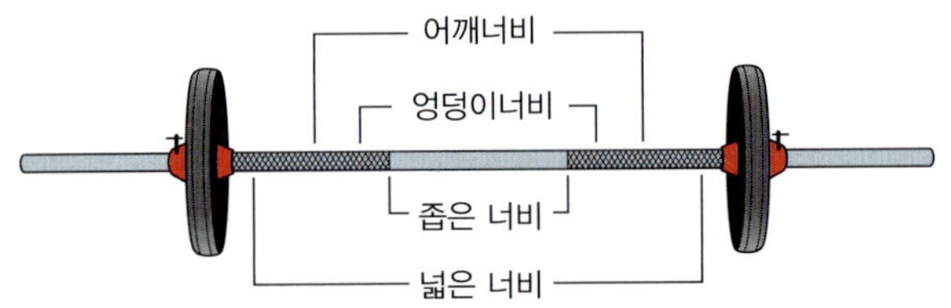

그림 13.2 그립너비 선택사항. 좁은 너비, 엉덩이너비, 어깨너비, 넓은 너비

을 감싸지 않고 집게손가락 옆에 위치하는 것을 **열린 그립**(open grip) 혹은 **폴스 그립**(false grip)이라고 한다(그림 13.1 d). 고객이 프리 웨이트 저항 트레이닝 운동을 수행하기 위해 준비할 때, 퍼스널 트레이너가 고객이 손과 손 사이의 분명한 너비에 맞춰서 손을 위치할 수 있도록 지도하는 것 또한 중요하다. 이러한 손의 위치를 **그립너비**(grip with)라고 말한다. 네 가지 표준 그립너비가 그림 13.2에 나와 있다. 좁은 너비, 엉덩이너비, 어깨너비, 넓은 너비가 있다. 대부분의 운동에서 손은 바벨에 어깨너비로 벌려 위치하게 된다. 고객의 체격이 실제 손 위치를 결정하는 데 영향을 미친다. 그러나 모든 그립너비에 있어 손 위치는 바벨이 균일하게 균형을 잡을 수 있도록 해야 한다.

시작 자세

모든 저항 훈련 운동에 있어서 퍼스널 트레이너는 고객으로 하여금 올바른 초기 신체 위치를 '취하거나' 익숙해질 수 있도록 지도하는 게 중요하다. 고객에게 새로운 운동을 시범 보일 때는 반드시 어떻게 시작 자세를 취하는지부터 시작해야 한다. 이 자세에서부터 고객은 운동하는 내내 올바른 신체정렬을 유지할 수 있다. 그럼으로써 목표 근육에만 자극을 가할 수 있다. 서서 하는 운동(예: 백 스쿼트, 바벨 벤트 오버 로우, 바벨 업 라이트 로우)은 일반적으로 양발을 엉덩이너비 또는 어깨너비로 벌려 바닥에 평평하게 붙여야 한다. 머신을 이용한 운동을 실시할 때 안전한 자세를 취하기 위해 일반적으로 퍼스널 트레이너가 머신의 축과 운동에 관여되는 관절의 정렬이 잘 맞도록 안장 높이나 패드 위치를 조정할 필요가 있다. 예를 들어 레그(무릎) 익스텐션 운동을 할 때 퍼스널 트레이너는 등받이의 위치를 앞이나 뒤로 조절하고 발목 패드를 위나 아래로 조정하여 무릎 관절이 기계 축과 일치하도록 해야 한다.

> 고객에게 새로운 운동을 지도할 때는 반드시 안정적인 시작 자세를 만드는 것부터 시작해야 한다.

신체 5부위 접촉 자세

몇몇 프리웨이트와 머신을 이용한 운동은 고객이 앉거나(예: 레그 프레스, 숄더 프레스) 등을 대고 누워서(**바로 누운 자세[supine]**, 예: 덤벨 벤치 프레스, 라잉 트라이셉스 익스텐션, 덤벨 플라이) 수행하게 된다. 의자나 몸통 길이의 벤치에서 수행하는 운동은 퍼스널 트레이너가 고객에게 **신체 5부위 접촉 자세**(five-point body contact position)를 지도하여 신체 부분이나 분절이 의자나 벤치 그리고 바닥이나 발판에 닿아 있을 수 있도록 한다.

- 머리 뒤
- 등 상부와 어깨 후면
- 등 하부와 엉덩이
- 오른발
- 왼발

엎드린 자세(prone)에서는 고객이 얼굴을 아래로 향하게 되고(예: 레그 컬, 백 하이퍼 익스텐션) 신체 전면의 대부분이 바닥이나 머신 패트와 손잡이에 접촉하게 된다. 예를 들어 레그(무릎) 컬 운동을 위한 적절한 자세는 다음과 같은 다섯 가지 접촉 포인트가 요구된다.

- 턱(혹은 머리 옆으로 돌린다면 한쪽 뺨)
- 가슴과 복부
- 고관절과 허벅지 앞쪽
- 오른손
- 왼손

호흡시 고려사항

고객이 저항 운동중에 언제 어떻게 호흡해야 하는지에 대해 퍼스널 트레이너가 제공할 수 있는 가장 일반적인 권장사항은 단축성(concentric) 또는 힘을 쓰는 구간 중 **스티킹 포인트**(sticking point, 운동중 가장 힘든 부분)를 지나면서 호흡을 내쉬고 운동중 쉬운 구간(신장성, eccentric)에 호흡을 마시는 것이다. 일반적으로 스티킹 포인트는 신장성 구간이 단축성 구간으로 전환된 직후에 발생한다. 예를 들어 바벨 인클라인 프레스 운동에서는 바벨이 절반쯤 올라갔을 때 스티킹 포인트에 도달하게 된다. 고객은 움직임 중 이 부분에 걸쳐 호흡을 내쉬어야만 한다. 바벨이 시작 위치로 내려오면서 호흡을 마신다. 이와 같은 호흡 전략은 거의 모든 저항 운동에 적용된다. 퍼스널 트레이너는 고객에게 "운동중 가장 힘든 부분에서 호흡을 내쉬고, 쉬운 부분에서 들이마신다"라고 말해 줄 수 있다.

발살바 호흡법

몇몇 운동은 이상적인 수행을 위해 일반적인 호흡 방법의 변화가 필요할 수도 있다. 이와 같은 특정 운동들에 있어서 퍼스널 트레이너가 특정 고객들에게 다른 호흡 패턴을 설명하는 게 도움이 될 수 있다. 예를 들어 저항 훈련을 하는 고객이 **구조적 운동**(structural exercise, 척주에 부하를 주는 운동. 예를 들어 백 스쿼트, 푸시 프레스)이나 허리에 자극을 주는 운동(예: 벤트 오버 로우, 데드리프트, 숄더 프레스)을 수행한다면 운동중에 일시적으로 호흡을 참는 것이 유리할 수 있다.

이러한 동작 중에 **발살바 호흡법**(Valsalva maneuver)이라고 하는 것이 이루어진다. 이 호흡 기법에서 성문(glottis, 후두[larynax]의 가장 좁은 부분)이 닫힘으로써 복부와 흉곽의 근육이 수축하는 동안 폐에 공기를 가두게 된다. 이는 운동을 수행하는 사람으로 하여금 닫힌 '목구멍(throat)'으로 호흡을 내쉬게끔 한다. 그 결과 횡격막과 몸통의 심부 근육이 수축하고 **플루이드 볼**(fluid ball)에 대항한 복강내압을 형성한다. 이는 내부에서 바깥쪽으로 척추를 지지하는 데 도움을 주며 운동을 수행하는 데 있어 다른 근육에 요구되는 노력을 현저히 줄이게 된다(예: 백 스쿼트 운동중 허리 근육).[5] 따라서 고객이 운동을 할 때 올바른 자세와 신체 정렬을 더 잘 유지할 수 있게 된다. 다음은 호흡법에 대한 두 가지 선택 사항이다. 퍼스널 트레이너는 발살바 방법이 포함된 운동을 수행하는 숙련된 고객에게 아래 선택사항의 구두 설명 예시를 적용할 수 있다.

- 선택 1: 단축성 구간이 시작되기 바로 전까지 신장성 구간 중에 호흡을 들이마신다. 호흡을 참고 스티킹 포인트를 지난 후 내쉰다. 구두 설명 예시: "운동중 가장 쉬운 부분에서 호흡을 들이마시고 가장 힘든 부분이 끝날 때까지 참았다가 숨을 내쉬세요."
- 선택 2: **반복횟수**(repetition) 시작 전에 흡기한다. 단축성 구간의 스티킹 포인트에 걸쳐 호흡을 참았다가 그 다음에 내쉰다. 구두 설명 예시: "반복을 시작하기 전에 숨을 들이마시고 운동중 가장 힘든 부분이 끝날 때까지 참았다가 그 다음에 내쉬세요."

선택 1의 예를 들어보면, 무거운 중량을 들고 백 스쿼트 운동을 실시하는 숙련된 고객이 아래 혹은 하위 지점으로 내려가면서 호흡을 들이마신다. 발살바 호흡법을 실시하여 올라가는 움직임 중 스티킹 포인트 바로 후까지 호흡을 참는다. 시작 자세나 신체가 서 있는 위치가 될 때까지 일어서는 나머지 단축성 구간에 걸쳐 호흡을 내쉰다.

이러한 장점에도 불구하고, 발살바 호흡법은 흉곽의 압력을 상승시켜 심장에 압축력이 가해지고 이에 따라 정맥환류를 더 어렵게 할 수 있다. 또한 발살바 방법은 순간적으로 혈압을 현기증, 급성피로, 혈관파열, 방향감각 상실, 그리고 실신을 유발할 수 있는 높은 수준으로 상승시킬 수 있다. 그러므로 퍼스널 트레이너는 심혈관계, 대사, 호흡에 이상이 있거나 질환이 의심되는 고객이 저항 운동중 호흡을 참는 것을 금해야 한다. 최대 혹은 최대에 가까운 근력 검사를 실시하는 퍼스널 트레이너는 고객에게 발살바 호흡법을 권장하거나 실시하도록 할 때의 장점과 단점을 알아야 한다. 이와 같은 검사 상황에서는 안전과 기술적인 이유로 척추를 내부적으로 지지하는 것이 중요하지만, 고객으로 하여금 호흡을 참고 있는 시간이 과도하게 길어지지 않도록 해야 한다. 저항 훈련 경험이 많고 기술적으로 숙련된 고객일지라도 호흡은 일시적으로만 참는 것이 권장된다(예: 1~2초).

퍼스널 트레이너는 심혈관계, 대사, 호흡에 이상이 있거나 질환이 의심되는 고객이 저항 운동중 호흡을 참는 것을 금해야 한다.

웨이트 리프팅 벨트 권장사항

웨이트 벨트는 저항 훈련 운동 수행중 복강내압을 증가시키는 것으로 나타났다.[19,21,22] 따라서 웨이트 벨트 사용이 척추에 가해지는 압력을 감소시킴으로써 부상을 방지하는 데 도움을 준다고 할 수 있다. 이와 같은 이점에도 불구하고, 만약 고객이 모든 저항 훈련 운동에 웨이트 벨트를 사용한다면, 허리와 복부 근육은 몸통을 지지하는 데 적응하지 못할 수 있다.[19] 그러면 고객이 웨이트 벨트 없이 운동을 할 때, 약해진 몸통 근육은 부상위험을 낮추기 위해 필요한 복강내압을 충분히 만들어내지 못할 수 있다. 퍼스널 트레이너는 다음 지침에 근거하여 저항 트레이닝 운동중 고객이 웨이트 벨트를 착용해야 하는지 결정해야 한다.

- 몸통에 부하를 주고 허리에 자극을 가하며 지면을 기반으로 하는 구조적 운동(예: 백 스쿼트, 프론트 스쿼트, 스탠딩 숄더 프레스, 데드리프트)을 할 때와 최대 혹은 최대에 가까운 무게를 들어올릴 때 웨이트 벨트 착용을 권장한다(두 가지 조건이 모두 충족되어야 한다. 예를 들어 구조적 운동을 수행할 때 가벼운 무게를 들어올린다면 웨이트 벨트 착용은 필요하지 않다).
- 허리에 자극이 가해지더라도 몸통에 직접적으로 부하가 실리지 않는 운동에는 웨이트 벨트가 필요하지 않다(예: 랫 풀다운, 벤치 프레스, 바이셉스 컬, 레그 익스텐션).

지면을 밟고 실시하며, 최대 혹은 최대에 가까운 무게를 들어올리는 구조적 운동을 실시할 때 웨이트 벨트 착용을 권장한다.

저항 훈련 운동보조

고객이 저항 훈련 운동을 실시할 때, 고객의 안전이 퍼스널 트레이너의 첫 번째 책임사항이다. 올바른 운동 기술을 지도하고 강화하는 것과 더불어, 부상을 입지 않도록 고객을 보호하여 안전하게 운동을 완료할 수 있도록 보조자 역할을 수행해야 한다. 보조자의 필요성은 일반적으로 프리 웨이트 운동과 관련이 있다. 정해진 동선에 따라 움직이지 않는 바, 덤벨, 무게 원판 때문에 고객이 통제를 잃거나 부상을 입을 확률이 높아진다. 머신 운동에도 보조가 가능하다. 물론 고객의 몸 위로 바, 덤벨, 혹은 무게 원판이 떨어질 위험이 없기 때문에 반드시 필요하지는 않다. 그러나 이와 같은 이점이 머신 운동시에 관리감독이나 보조가 필요하지 않다는 뜻은 아니다. 예를 들면 적절한 속도와 가동범위를 유지할 수 있도록 도움을 주어야 할 필요가 있다.

퍼스널 트레이너는 **강제 반복**(forced repetitions, 다른 사람의 도움으로 성공적으로 수행할 수 있는 반복)을 통해 고객을 보조할 수 있다. 그러나 이와 같은 유형의 보조가 안전을 위한 보조와 혼동되거나 대체되어서는 안 된다.

웨이트 트레이닝의 네 가지 운동 상황에서 보조가 필요하다. 아래와 같은 네 가지 조건이 이에 해당한다.

- 머리 위로 실시하는 운동(예: 스탠딩 숄더 프레스)
- 얼굴 위로 실시하는 운동(예: 벤치 프레스, 라잉 트라이셉스 익스텐션)
- 등 상부나 어깨에 바를 올려놓고 실시하는 운동(예: 백 스쿼트)
- 어깨나 쇄골 앞에 바를 올려놓고 실시하는 운동(예: 프론트 스쿼트)

머리 혹은 얼굴 위로 실시하는 운동의 보조

머리 혹은 얼굴 위로 실시하는 많은 저항 훈련 운동은 고객이 앉거나 선 자세(예: 숄더 프레스, 오버헤드 덤벨 트라이셉스 익스텐션) 혹은 누운 자세(예: 벤치 프레스, 덤벨 체스트 플라이, 라잉 트라이셉스 익스텐션, 덤벨 풀오버)에서 실시하게 된다. 바벨이나 덤벨이 고객의 머리나 얼굴 위에 위치하기 때문에 다른 운동에 비해 운동중에 심각한 부상이 발생할 가능성이 더 크다. 또한 머리 위로 실시하는 운동을 효과적으로 보조하기 위해서는 퍼스널 트레이너가 최소한 고객만큼 키가 크거나 같은 높이에 위치한다. 만약 이와 같은 경우가 아니라면, 퍼스널 트레이너는 운동을 변형하여 고객이 앉은 상태에서 실시할 수 있도록 해야 한다. 몇몇 벤치 프레스와 숄더 프레스 벤치에는 발판이 있어 보조자가 머리나 얼굴 위에서 보다 좋은 자세를 취할 수 있는 경우가 있다.

바벨 운동

얼굴 위로 실시하는 바벨 운동을 보조할 때, 퍼스널 트레이너는 고객의 양손 사이로 교차 그립을 이용해 바벨을 잡아야 한다. 이는 바벨이 퍼스널 트레이너의 손에서 미끄러져 고객의 머리, 얼굴, 혹은 목으로 굴러 떨어지는 것을 예방하는 데 도움이 된다. 또한 필요하다면 바를 빠르게 잡을 수 있도록, 주의를 분산시키지 않는 범위에서 고객과 최대한 가까운 위치에 있어야 한다. 마지막으로, 만약 가능하다면 안정적으로 보조를 할 수 있도록 등은 둥글게 굽지 않게 곧게 펴고, 양발을 벌리고 서서 바닥에 단단히 붙인다. 그러나 몇몇 벤치 프레스 프레임에는 다리를 벌리고 설 만한 충분한 공간이 없을 수 있다.

덤벨 운동

머리나 얼굴 위로 실시하는 덤벨 운동은 상완(위팔)이나 팔꿈치를 보조하는 경우가 많다. 이와 같은 보조기술은 보조자가 상완이나 팔꿈치를 들어올리는 동안 운동 수행자의 팔꿈치가 빠르게 굽혀질 때 부상을 야기할 수 있다. 이와 같은 사고가 발생하면 보조자는 덤벨이 고객의 머리, 얼굴, 목 혹은 가슴에 떨어지는 것을 막을 수 없을 것이다. 따라서 덤벨에 가까운 손목을 보조해야 한다(그림 13.3). 하나의 덤벨을 양손으로 잡고 실시하는 운동(예: 덤벨 풀오버) 혹은 한 번에 한 팔씩 실시하는 운동(예: 오버헤드 덤벨 트라이셉스 익스텐션)에서는 바닥에 가장 가까운 덤벨의 끝부분을 보조해야 한다.

고객이 머리나 얼굴 위로 덤벨 운동을 하는 동안에 퍼스널 트레이너는 상완이나 팔꿈치가 아니라 덤벨에 가까운 손목을 보조해야 한다.

등 위나 어깨 앞에 바를 올려놓고 실시하는 운동의 보조

바를 목 뒤나 등 상부(예: 백 스쿼트, 런지, 스텝 업) 혹은 어깨 앞이나 쇄골을 가로질러(예: 프론트 스쿼트) 위치하고 실시하는 운동 역시 보조가 필요하다. 머리나 얼굴 위로 실시하는 운동과 마찬가지로, 퍼스널 트레이너가 효과적으로 보조를 하기 위해서는 들고 있는 무게를 다룰 수 있을 만큼 근력이 강해야 하며 최소한 고객만큼 키가 커야 한다. 이와 같은 유형의 운동을 보조하기 위해서 사용할 수 있는 다양한 방법들이 있다. 예를 들어 보조자가(운동 수행을 방해하지 않는 선에서) 고객의 바로 뒤에 매우 가깝게 위치하여 세트를 완료하지 못할 경우 '안아서 들어올

그림 13.3 화살표는 퍼스널 트레이너가 덤벨 운동을 보조할 때 잡아야 하는 고객의 손목 위치를 가리키고 있다.

릴' 준비를 한다. 부상이나 사고를 예방하기 위해서, 가능하다면 스쿼트 랙 안에서 실시해야 한다. 아래로 움직이는 구간에서 최하위 지점에서 바가 닿을 수 있는 높이 바로 위에 크로스 바를 랙에 설치한다.

파워 운동 보조

원칙대로라면 '폭발적인' 혹은 '파워' 운동(예: 파워 클린, 행 클린, 푸시 저크, 하이 풀, 스내치)을 실시할 때는 보조를 하지 않는다. 빠르게 움직이는 바를 보조하고 잡는 것은 어렵다. 만약 이를 시도한다면 보조자 혹은 보조자와 훈련자 모두에게 부상을 초래할 수 있다. 이러한 역동적인 상황 때문에, 고객이 바벨을 놓치거나(반복수를 완료하지 못함) 통제할 수 없는 경우를 대비해 파워 운동은 분리된 공간이나 리프팅 플랫폼에서 실시해야만 한다. 리프팅에 실패할 경우, 바를 물리적으로 들어올리는 보조를 하는 대신, 고객이 바를 멀리 밀어내거나 단순히 떨어뜨리는 방법을 가르쳐야 한다. 만약 바가 머리 뒤로 떨어지기 시작한다면, 동시에 바를 놓고 앞으로 한 걸음 내딛거나 점프를 해야 한다. 파워 운동을 수행하는 공간 주변과 내부에 어떠한 장비든 치워두는 것도 중요하다.

> 파워 운동은 보조자 없이 분리된 공간이나 리프팅 플랫폼에서 실시해야 한다.

보조자의 수

퍼스널 트레이너가 일단 고객에게 운동중 보조가 필요하다고 판단하면, 그 다음에는 몇 명의 보조자가 필요한지 결정해야 한다. 만약 무게가 퍼스널 트레이너가 효과적으로 다룰 수 있는 능력 밖이라면 추가 보조자가 반드시 있어야 한다. 예를 들어 프론트 스쿼트나 백 스쿼트 중에는 바의 양끝에 각 한 명씩 보조자가 위치하는 것이 일반적이다. 이와 같은 기술은 숙련된 보조자가 요구된다. 보조자가 바를 평행하고 균형잡힌 상태로 유지하도록 완벽하게 동일한 때와 같은 힘으로 보조해야만 하기 때문이다. 매우 무거운 무게를 사용하는 경우에는 세 명의 보조자가 투입되는 것이 적절하다.

의사소통

의사소통은 고객과 퍼스널 트레이너 모두의 책임이다. 고객은 시작 자세에서 바, 덤벨 혹은 머신 손잡이를 움직일 준비가 되었음(**리프트오프**[liftoff])을 퍼스널 트레이너에게 말해야 한다. 만약 **세트**(set) 중간에 도움이 필요하다면, 고객은 신속하게 퍼스널 트레이너에게 도움을 요청하거나 신호를 보내야 한다. 마지막 반복수를 종료한 후에는 퍼스널 트레이너가 바를 원위치에 둘 수 있도록 보조해야 한다. 좋지 못한 의사소통은 퍼스널 트레이너로 하여금 지나치게 빠르거나 늦게 혹은 부적절한 방식으로 보조를 하게 한다. 그러므로 세트를 시작하기 전에 퍼스널 트레이너는 이와 같은 모든 문제들에 대해 고객과 논의해야 한다.

결론

퍼스널 트레이너는 훈련 효과를 극대화하고 가장 안전한 훈련 환경을 조성할 있도록 고객에게 적절한 저항 훈련 운동기술을 지도하여야 한다. 이는 운동을 어떻게 수행해야 하는지에 대한 지도뿐만 아니라, 올바른 호흡 지침과 웨이트 벨트 권장사항도 포함한다. 또한 저항 훈련 운동중에 언제 어떻게 고객을 보조해야 하는지, 그리고 고객의 운동기술에서 어떻게 실수를 인지하고 수정해야 하는지도 알아야 한다. 퍼스널 트레이너는 이 장에서 소개되는 모든 운동에 익숙해야 한다. 본 장에 가능한 모든 운동기술과 변형된 보조 방법을 설명하고 제공하지는 않는다. 다음 페이지의 체크리스트는 저항 훈련 운동기술에 있어 가장 흔히 적용될 수 있는 지침을 제공한다.[7,8,24] 참고문헌의 1~4, 6, 9~18, 20 그리고 23을 보충 지침 자료로 살펴볼 것을 권장한다.

저항 훈련 운동(Resistance Training Exercises)

벤트 니 싯업(Bent Knee Sit-Up)

주요 훈련 근육
복직근(배곧은근)

시작 자세

1. 매트에 누운 자세를 취한다.
2. 뒤꿈치를 엉덩이 가까이 오도록 무릎을 구부린다.
3. 팔은 가슴이나 복부 앞에서 교차해 구부린다.

상방 움직임 구간

1. 목을 굽혀 턱을 가슴 쪽으로 움직인다.
2. 발, 엉덩이, 등 하부는 매트에 평평하게 움직이지 않도록 한다. 등 상부가 매트에서 떨어질 때까지 허벅지 쪽으로 몸통을 굽힌다.
3. 팔은 가슴이나 복부 앞에서 교차해 구부린 상태를 유지한다.

하방 움직임 구간

1. 몸통, 다음에 목 순서로 내리고 등을 펴서 시작 자세로 돌아온다.
2. 발, 엉덩이, 등 하부와 팔은 동일한 자세를 유지한다.

상향 움직임 구간 완료

흔히 하는 실수

- 상방 움직임 구간에서 발이 매트에서 떨어져 들린다.
- 하방 움직임 구간에서 엉덩이가 매트에서 떨어져 들린다.

머신 앱도미날 크런치(Machine Abdominal Crunch)

주요 훈련 근육
복직근(배곧은근)

시작 자세

가슴 상부를 패드에 밀착한 상태로 머신에 앉는다. 만약 패드 대신 손잡이가 있다면 닫힌 회내 혹은 뉴트럴 그립으로 잡는다.

전방 움직임 구간

1. 목을 굽혀 턱을 가슴 쪽으로 움직인다.
2. 발, 다리, 엉덩이는 움직이지 않는다. 몸통을 허벅지 쪽으로 구부린다.
3. 가슴 상부로 패드를 누른 상태를 유지한다(혹은 손잡이를 계속 잡는다).

후방 움직임 구간

1. 몸통, 목 순서로 내리고 등을 펴서 시작 자세로 돌아온다.
2. 발, 다리, 엉덩이 그리고 팔은 동일한 자세를 유지한다.
3. 가슴 상부로 패드를 누른 상태를 유지한다(혹은 손잡이를 계속 잡는다).

흔히 하는 실수

- 전방 움직임 구간 중에 엉덩이가 의자에서 떨어져 들린다.
- 다리 혹은 손을 당겨 몸통을 앞으로 구부리는 동작을 보조한다.

전방 움직임 구간 완료

등(Back)

벤트 오버 로우(Bent-Over Row)

시작 자세

1. 닫힌 회내 그립으로 어깨너비보다 넓게 바를 잡는다.
2. 파워 클린 운동의 첫 번째 당김 구간과 같이 바를 바닥에서부터 허벅지 앞쪽까지 들어올린다.
3. 발은 어깨너비 정도로 벌리고 무릎은 가볍게 구부린 상태로 조정한다.
4. 몸통은 앞으로 숙여 지면과 평행한 수준보다 조금 위에 위치하도록 한다.
5. 어깨는 뒤로 당겨 가슴을 펴고 등이 평평한 상태를 취한다.
6. 시선은 발보다 약간 앞을 응시한다.
7. 팔꿈치가 완전히 펴진 상태로 바를 늘어뜨린다.
8. 중량 원판이 바닥에서 떨어져 들려 있는 상태가 되도록 무릎과 엉덩이, 몸통을 조정한다.

상방 움직임 구간

1. 가슴 하부나 상 복부로 바를 당겨 올린다.
2. 손목을 곧게 펴고 팔꿈치는 몸통의 양옆으로 벌린다.
3. 몸통은 단단하고 등을 곧게 편 상태로, 무릎은 동일하게 구부린 자세를 유지한다.
4. 바가 흉골 혹은 상 복부에 닿도록 한다. 바가 가장 높은 지점에 있을 때 팔꿈치는 몸통보다 높이 있어야 한다.

하방 움직임 구간

1. 팔꿈치를 천천히 펴서 시작 자세로 돌아온다.
2. 몸통은 단단하고 등을 곧게 편 상태로 무릎은 동일하게 구부린 자세를 유지한다
3. 세트가 완료된 후에, 바를 바닥에 내려놓을 수 있도록 주저앉는다.

흔히 하는 실수

- 상체에 급격한 반동 주기, 어깨를 움츠리기, 몸통을 섯이거나 무릎을 펴기, 손으로 발을 감아올리기, 혹은 발뒤꿈치를 들어 바를 올리는 데 반동 쓰기
- (등을 곧게 유지하지 못하고) 움직이는 동안 등 상부가 둥글게 구부러진다.

주요 훈련 근육

광배근(넓은등근), 대원근(큰원근), 능형근(마름근), 후면 삼각근(뒤 어깨세모근)

시작 자세

상방, 하방 움직임

랫 풀다운(Lat Pulldown)

시작 자세

1. 닫힌 회내 그립으로 어깨보다 넓게 바를 잡는다.
2. 패드 아래에 다리를 위치시키고 발은 바닥에 붙인 상태로 머신을 바라보고 앉는다.
3. 바가 얼굴 앞을 지나갈 수 있도록 몸통을 가볍게 뒤로 기울인다.
4. 팔꿈치는 완전히 편다.
5. 이 자세에서 들어올릴 무게는 위로 떠 있는 상태가 된다.

하방 움직임 구간

1. 가슴 상부 쪽으로 바를 당겨 내린다. 바를 내릴 때 팔꿈치는 후방 아래로 내리고 가슴은 편다.
2. 발, 다리, 몸통은 동일한 자세를 유지한다.
3. 바가 쇄골이나 가슴 상부에 닿도록 한다.

상방 움직임 구간

1. 팔꿈치를 천천히 펴서 시작 자세로 돌아온다.
2. 발, 다리, 몸통은 동일한 자세를 유지한다.
3. 세트가 완료된 후, 일어나서 무게를 원위치로 내려놓는다.

흔히 하는 실수

- 열린 그립으로 바를 잡는다.
- 하방 움직임 구간을 보조하기 위해 복부 근육을 수축하고 몸통을 구부린다.
- 상방 움직임 구간에서 팔꿈치를 완전히 펴지 않는다.
- 바를 머리와 목 뒤로 당겨 내린다.

주요 훈련 근육

광배근(넓은등근), 대원근(큰원근), 능형근(마름근), 후면 삼각근(뒤 어깨세모근)

시작 자세

상방, 하방 움직임

로우 풀리 시티드 로우(Low Pulley Seated Row)

시작 자세

1. 머신을 바라보고 바닥에 앉는다(혹은 가능하다면 긴 좌석 패드에 앉는다).
2. 발은 머신 또는 발판에 위치한다.
3. 무릎과 엉덩이를 굽혀 몸을 앞으로 내밀어 닫힌 회내 그립으로 손잡이를 잡는다.
4. 손잡이를 뒤로 당겨 잡고 몸통이 바닥에서 수직으로 곧게 앉은 자세를 유지한다. 무릎은 가볍게 구부리고 발과 다리는 서로 평행하게 한다.
5. 팔꿈치는 완전히 펴서 팔이 지면과 거의 수평이 되도록 한다.
6. 이 자세에서 들어올릴 무게는 무게더미에서 떨어진 상태가 된다.

후방 움직임 구간

1. 손잡이를 가슴이나 상 복부로 당긴다.
2. 무릎은 동일하게 약간 굽히고 몸통은 곧게 세운 자세를 유지한다.
3. 손잡이가 흉골이나 복부에 닿도록 한다.

전방 움직임 구간

1. 팔꿈치를 천천히 펴서 시작 자세로 돌아간다.
2. 무릎은 동일하게 약간 굽히고 몸통은 곧게 세운 자세를 유지한다.
3. 세트가 완료된 후에, 무릎과 엉덩이를 굽혀 몸을 앞으로 향하여 무게를 원위치에 내려놓는다.

흔히 하는 실수

- 상체를 갑자기 뒤로 젖히며 반동을 쓰거나 후방 움직임 구간에 등을 뒤로 기댄다.
- 후방 움직임 구간에 손잡이를 몸통 쪽으로 말아 당긴다.
- 전방 움직임 구간에 몸통을 앞으로 굽힌다.

주요 훈련 근육
광배근(넓은등근), 대원근(큰원근), 능형근(마름근), 후면 삼각근(뒤 어깨세모근)

시작 자세

후방 및 전방 움직임

시티드 로우(Seated Row): 저항 밴드(Resistance Band)

시작 자세

1. 닫힌 중립 그립으로 저항 밴드의 손잡이를 잡는다.
2. 무릎을 가볍게 구부리고 바닥이나 매트에 앉는다. 발등 주변에 저항 밴드를 균등하게 돌려 감는다.
3. 몸통이 바닥에 수직으로 곧은 자세를 취한다.
4. 팔꿈치를 완전히 편 상태로 손잡이를 잡고, 팔은 바닥과 거의 평행하며 양 손바닥이 마주보게 한다.
5. 이 자세에서 저항 밴드는 팽팽하게(늘어나는 게 아니라) 당겨져야 한다. 그렇지 않은 경우 느슨한 밴드를 발에 추가적으로 감아준다.

후방 움직임 구간

1. 손잡이를 가슴이나 상 복부로 당긴다.
2. 무릎은 동일하게 약간 굽히고 몸통은 곧게 세운 자세를 유지한다.
3. 손이 몸통의 양 측면에 닿도록 한다.

전방 움직임 구간

1. 팔꿈치를 천천히 펴서 시작 자세로 돌아간다.
2. 무릎은 동일하게 약간 굽히고 몸통은 곧게 세운 자세를 유지한다.

주요 훈련 근육

광배근(넓은등근), 대원근(큰원근), 능형근(마름근), 후면 삼각근(뒤 어깨세모근)

후방 움직임 구간 완료

흔히 하는 실수

- 상체를 갑자기 뒤로 젖히며 반동을 쓰거나 후방 움직임 구간에 등을 뒤로 기댄다.
- 후방 움직임 구간에 손잡이를 몸통 쪽으로 말아 당긴다.
- 전방 움직임 구간에 몸통을 앞으로 굽힌다.

머신 백 익스텐션(Machine Back Extension)

시작 자세

1. 등 상부를 등받이 패드에 밀착시켜 앉는다.
2. 몸통을 앞으로 구부리고 몸을 뒤로 움직여 엉덩이가 머신의 축에 맞도록 조정한다.
3. 발은 머신이나 발판에 위치한다.
4. 손잡이나 의자 옆을 잡는다.

후방 움직임 구간

1. 발과 허벅지는 고정하고 몸통을 편다(뒤로 기댄다).
2. 등 상부는 등받이 패드를 단단히 누른다.
3. 손잡이나 의자 옆을 단단히 잡은 채로 유지한다.

전방 움직임 구간

1. 몸통을 굽혀(앞으로 숙여) 시작 자세로 돌아온다.
2. 등 상부는 등받이 패드를 단단히 누르고 허벅지와 발은 움직이지 않는다.
3. 손잡이나 의자 옆을 단단히 잡은 채로 유지한다.

흔히 하는 실수

- 후방 움직임 구간 동안 다리로 밀거나 의자에서 일어난다.
- 후방 움직임 구간의 마지막에 등을 활처럼 휜다.

주요 훈련 근육

척추기립근(척추세움근)

시작 자세

전방, 후방 움직임

바이셉스 컬(Biceps Curl): 바(Bar)

주요 훈련 근육
상완근(위팔근), 상완이두근(위팔두갈래근), 상완요골근(위팔노근)

시작 자세

1. 바를 어깨너비보다 약간 넓게, 닫힌 회외 그립으로 잡는다.
2. 발은 어깨너비로 벌리고 서서 무릎은 약간 굽힌 채 곧게 선다.
3. 팔꿈치를 완전히 펴고 바를 허벅지 앞에 둔다.
4. 상완(위팔)은 몸통 옆에 붙여 바닥과 수직이 되도록 한다.

상방 움직임 구간

1. 팔꿈치를 구부려 바가 어깨를 향해 호를 그리며 움직이도록 한다.
2. 몸통은 곧게 세우고, 상완은 고정된 상태를 유지하며 무릎은 동일하게 약간 구부린다.
3. 바가 어깨에서부터 4~6인치(10~15cm) 정도에 이를 때까지 팔꿈치를 구부린다.

하방 움직임 구간

1. 팔꿈치를 천천히 펴 시작 자세로 돌아온다.
2. 몸통, 상완, 무릎은 동일한 자세를 유지한다.

흔히 하는 실수

- 상체 반동을 이용하거나 어깨를 움츠리는 것, 몸통을 뒤로 젖히거나 무릎을 펴는 것, 바를 흔들어 올리는 것, 발뒤꿈치를 들어 바를 올리는 것
- 팔꿈치가 몸통 옆에서 떨어지며 움직인다(하방 움직임 구간에 뒤로 움직이거나 상방 움직임 구간에 앞으로 움직이는 경우).
- 하방 움직임 구간의 마지막에 팔꿈치를 부분적으로 구부린다(짧아진 가동범위).
- 다음 반복수를 쉽게 하도록 허벅지에 바를 튕겨 반동을 이용한다.

시작 자세

상방, 하방 움직임

바이셉스 컬: 저항 밴드

시작 자세

1. 닫힌 회외 그립으로 저항 밴드의 손잡이를 잡는다.
2. 양발은 어깨너비로 벌리고 양발의 아치가 저항 밴드의 중간 부분에 위치할 수 있도록 한다.
3. 무릎은 가볍게 구부리고 곧게 선다.
4. 손바닥이 앞을 향하도록 하여 허벅지 바깥쪽에 위치한다.
5. 이 자세에서 저항 밴드는 팽팽하게 당겨져 있어야 한다(늘어나지는 않는다). 만약 그렇지 않은 경우, 발을 더 넓게 벌리거나 길이가 짧은 밴드를 사용하도록 한다.

상방 움직임 구간

1. 팔꿈치를 구부려 손잡이가 호를 그리며 어깨 쪽으로 움직이도록 한다.
2. 몸통은 곧게 유지하고 상완(위팔)은 고정된 상태를 유지하며 무릎은 동일하게 약간 구부린다.
3. 손잡이가 어깨에서부터 4~6인치(10~15cm) 정도에 이를 때까지 팔꿈치를 구부린다.

하방 움직임 구간

1. 팔꿈치를 천천히 펴 시작 자세로 돌아온다.
2. 몸통, 상완, 무릎은 동일한 자세를 유지한다.

흔히 하는 실수

- 손잡이를 위로 들어올리기 위해 어깨를 움츠린다.
- 팔꿈치가 몸통 옆에서 떨어지며 움직인다(하방 움직임 구간에 뒤로 움직이거나 상방 움직임 구간에 앞으로 움직이는 경우).
- 하방 움직임 구간의 마지막에 팔꿈치를 부분적으로 구부린다(짧아진 가동범위).

주요 훈련 근육
상완근(위팔근), 상완이두근(위팔두갈래근), 상완요골근(위팔노근)

상방 움직임 구간 완료

머신(프리쳐) 바이셉스 컬(Machine [Preacher] Biceps Curl)

주요 훈련 근육
상완근(위팔근), 상완이두근(위팔두갈래근), 상완요골근(위팔노근)

시작 자세

1. 머신의 가슴 패드를 바라보고 앉는다.
2. 팔꿈치를 완전히 펴고 손잡이를 닫힌 회외 그립으로 잡는다.
3. 경사진 상완 패드에 상완을 위치하고 팔꿈치는 머신의 축에 맞춘다.
4. 발은 머신이나 발판 혹은 바닥에 위치한다.
5. 허리를 곧게 펴고 앉아서 몸통을 가슴 패드에 밀착한다. 필요하다면 몸통이 바닥과 수직이 되도록 패드 위치를 조정한다.

상방 움직임 구간

1. 몸통, 허벅지, 발은 고정된 자세를 유지한다. 팔꿈치를 구부려 손잡이가 얼굴과 어깨를 향해 움직이도록 한다.
2. 몸통과 상완은 패드에 단단히 밀착시킨다.
3. 손잡이가 어깨에서부터 4~6인치(10~15cm) 정도에 이를 때까지 팔꿈치를 구부린다.

하방 움직임 구간

1. 팔꿈치를 천천히 펴 시작 자세로 돌아온다.
2. 몸통과 상완은 패드에 단단히 밀착시킨다.

흔히 하는 실수

- 상방 움직임 구간 중에 상완이 패드에서 떨어져 들린다.
- 상방 움직임 구간 중에 상체 반동을 쓰거나 뒤로 기댄다.
- 하방 움직임 구간에 의자에서 일어난다.
- 하방 움직임 구간의 마지막에 팔꿈치를 부분적으로 구부린 자세를 유지한다(짧아진 가동범위).

시작 자세

상방, 하방 움직임

팔: 삼두(Triceps)

트라이셉스 익스텐션(Triceps Extension): 저항 밴드

주요 훈련 근육
상완삼두근(위팔세갈래근)

시작 자세

1. 닫힌 회내 그립으로 저항 밴드의 손잡이를 잡는다.
2. 저항 밴드의 중간 부분을 엉덩이 아래에 깔고 바닥이나 매트에 앉는다.
3. 몸통은 바닥과 수직이 되도록 곧게 세운 자세를 취하고 다리는 몸 앞에 교차하여 위치한다.
4. 팔꿈치는 구부리고 손바닥이 위로 향하게 하여 팔과 손잡이가 머리와 등 상부의 뒤에 오도록 한다.
5. 이 자세에서 저항 밴드는 팽팽하게(늘어나는 게 아니라) 당겨져야 한다. 만약 그렇지 않은 경우, 길이가 짧은 밴드를 선택한다.

시작 자세

상방 움직임 구간

1. 손목을 곧게 유지하고 팔꿈치가 완전히 펴질 때까지 한쪽 손잡이를 위로 밀어올린다.
2. 몸통은 곧게 세우고 다리는 동일한 상태를 유지한다.

하방 움직임 구간

1. 팔꿈치를 구부려 천천히 손잡이를 내리면서 시작 자세로 돌아온다.
2. 몸통은 곧게 세우고 다리는 동일한 상태를 유지한다.
3. 한 세트가 완료되면 다른 팔로 운동을 반복한다.

흔히 하는 실수

- 상방 움직임 구간에서 등이 과도하게 뒤로 젖혀진다.
- 하방 움직임 구간에서 몸통을 구부리거나 머리를 앞으로 움직인다.

라잉 트라이셉스 익스텐션(Lying Triceps Extension)

이 운동은 보조자가 필요하다. 올바른 운동기술을 보여주기 위해서, 바를 이마 위로 올리고 있는 사진에는 보조자가 등장하지 않는다.

고객: 시작 자세

1. 신체 5부위 접촉 자세로 벤치에 눕는다.
2. 신호를 보내 퍼스널 트레이너에게서 바를 받는다.
3. 약 12인치(30cm) 너비로 손을 벌려 닫힌 회내 그립으로 바를 잡는다.
4. 팔꿈치를 완전히 펴고 팔을 나란히 하여 바가 가슴 위에 오도록 한다.
5. 팔꿈치는 얼굴에서 먼 쪽을 향하도록 한다.

퍼스널 트레이너: 시작 자세

1. 고객의 신호에 맞추어, 닫힌 교차 그립으로 바를 잡고(고객이 잡을 위치를 피해서) 바닥에서 들어올린다.
2. 곧게 서서 벤치의 한쪽 끝에 가깝게 선다(고객이 불편한 정도로 가까운 거리는 피한다).
3. 발은 어깨너비로 벌리고 무릎을 가볍게 구부린다.
4. 고객의 신호에 따라서 바를 고객의 손 위에 올려놓는다.
5. 고객의 가슴 위에 바가 위치하도록 지도한다.
6. 바를 천천히 놓는다.

고객: 하방 움직임 구간

1. 팔 길이에 따라 팔꿈치를 천천히 구부려 바를 코, 눈, 이마 혹은 머리 위로 내린다.
2. 손목은 곧게 유지하고 팔꿈치는 얼굴에서 위를 향하도록 한다.
3. 상완이 서로 나란하게 지면과 수직이 되도록 한다.
4. 바가 머리 위나 이마에 닿을 때까지 내린다.
5. 신체 5부위 접촉 자세를 유지한다.

퍼스널 트레이너: 하방 움직임 구간

1. 바가 내려갈 때 손은 교차 그립으로 하여 바에 가깝게 유지한다(바에 접촉하지는 않는다).
2. 바를 따라 움직일 때 무릎과 엉덩이, 몸통을 살짝 구부리고 등은 평평하게 유지한다.

고객: 상방 움직임 구간

1. 팔꿈치가 완전히 펴질 때까지 바를 밀어올린다.
2. 손목은 곧게 유지하고 팔꿈치는 얼굴에서 위를 향하도록 한다.
3. 상완이 서로 나란하게 지면과 수직이 되도록 한다.
4. 신체 5부위 접촉 자세를 유지한다.
5. 세트를 마치면 퍼스널 트레이너가 바를 잡도록 신호를 보낸다.

퍼스널 트레이너: 상방 움직임 구간

1. 바가 내려갈 때 손은 교차 그립으로 하여 바에 가깝게 유지한다(바에 접촉하지는 않는다).
2. 바를 따라 움직일 때 무릎과 엉덩이, 몸통을 살짝 구부리고 등은 평평하게 유지한다.
3. 고객이 신호를 보내면, 바를 교차 그립으로 잡고 고객에게서 건네받은 뒤 바닥에 내려놓는다.

흔히 하는 실수

- 움직이는 동안 팔꿈치가 바깥을 향한다.
- 상완이 지면과 수직을 유지하지 않고 움직인다.
- 상방 움직임 구간에서 등을 과신전하거나 엉덩이를 벤치에서 들어올린다.

주요 훈련 근육
상완삼두근(위팔세갈래근)

시작 자세

하방 및 상방 움직임

하방 움직임 구간을 완료했을 때 팔과 팔꿈치의 자세

트라이셉스 푸시 다운(Triceps Pushdown)

시작 자세

1. 바를 닫힌 회내 그립으로 하여 6~12인치(15~30cm) 벌리고 잡는다. 최소 권장 그립너비는 엄지손가락을 펼쳤을 때 서로 닿는 정도이다. 최대 그립너비는 전완이 서로 평행을 이루는 정도이다.
2. 발을 어깨너비 정도로 벌리고 무릎은 가볍게 구부린 채로 허리를 곧게 펴고 선다.
3. 바를 당겨 내리고 상완을 몸에 붙인 채로 팔을 구부린다.
4. 전완이 지면과 거의 평행한 자세가 되도록 팔꿈치를 구부린다.
5. 시작 자세에서 케이블이 수직으로 곧게 내려오도록 충분히 머신에 가까이 선다.
6. 케이블이 코 앞에 바로 위치하도록 머리는 중립 위치를 유지한다.
7. 몸통은 다음 자세를 유지한다.
   - 어깨를 뒤로 모은다.
   - 상완과 팔꿈치는 몸 옆에 붙인다.
   - 운동을 하는 동안 복근을 수축한다.
8. 이 자세를 유지할 때 무게는 위에 매달려 있게 된다.

하방 움직임 구간

1. 팔꿈치가 완전히 펴질 때까지 바를 아래로 밀어 내린다.
2. 몸통과 상완은 고정한 상태를 유지한다.

상방 움직임 구간

1. 팔꿈치를 천천히 구부려 시작 자세로 돌아온다.
2. 몸통, 상완, 그리고 무릎은 동일한 자세를 유지한다.
3. 세트가 완료되면 무게를 제 위치에 내려놓을 수 있도록 바를 위로 올린다.

흔히 하는 실수

- 팔꿈치가 몸통에서 떨어져 움직인다(하방 움직임 구간 중에서 뒤로, 상당 움직임 구간에서는 앞으로 움직이는 것).
- 하방 움직임 구간에서 몸통을 구부린다.
- 하방 움직임 구간에서 팔꿈치를 과도하게 편다.
- 운동하는 동안 머리를 옆으로 돌린다.

주요 훈련 근육
상완삼두근(위팔세갈래근)

시작 자세

하방 및 상방 움직임

머신 스탠딩 카프(힐) 레이즈(Machine Standing Calf [Heel] Raise)

시작 자세

1. 머신을 마주보고, 발끝이 앞을 향하게 하여 발볼을 디딤대 끝에 위치하여 선다.
2. 어깨 패드 아래로 들어가 어깨 아래에 엉덩이가 위치하도록 몸을 곧게 세우고 선다.
3. 발과 다리는 나란히 유지한다.
4. 발과 발목은 가볍게 발바닥굽힘(저측 굴곡)하여 허벅지 패드를 밀어올리고 고정고리를 제거한다. 만약 고정고리가 없다면, 어깨 패드의 위치는 전체 가동범위에서 운동할 수 있도록 충분히 낮은 위치에 있어야 한다.
5. 무릎은 완전히 편다. 그러나 과도하게 강하게 펴지는 않는다.
6. 발뒤꿈치를 디딤대보다 아래로 편안하게 스트레칭되는 상태로 내린다.

상방 움직임 구간

1. 발과 발목을 완전히 발바닥굽힘한다.
2. 몸통은 곧고 다리와 발은 평행하며 무릎은 편 상태를 유지한다.

하방 움직임 구간

1. 뒤꿈치를 천천히 내려 시작 자세로 돌아온다.
2. 같은 자세를 유지한다.
3. 세트가 완료되면, 무릎을 가볍게 구부려 고정고리를 원위치시키고 어깨 패드 아래에서 밖으로 나온다.

흔히 하는 실수

- 상방 움직임 구간에서 발목이 안쪽번짐(내번) 혹은 가쪽번짐(외번)하여 움직인다(예: 상방 움직임 구간에서 엄지발가락이나 새끼발가락이 위로 올라가는 것).
- 하방 움직임 구간에서 무릎을 구부리거나 상방 움직임 구간에서 무릎을 편다.
- 다음 반복을 위해 무게를 튕겨 반동을 이용한다.

주요 훈련 근육
가자미근(넙치근), 비복근(장딴지근/주동근)

시작 자세

하방, 상방 움직임

머신 시티드 카프(힐) 레이즈(Machine Seated Calf [Heel] Raise)

시작 자세

1. 의자에 허리를 곧게 세우고 앉아서 무릎과 대퇴 하부를 패드 아래에 위치한다. 대퇴는 바닥과 평행하게 유지한다.
2. 발볼이 발받침대 끝에 오도록 하고 양발 끝은 정면을 향하게 한다.
3. 발과 다리를 서로 나란히 한다.
4. 발과 발목을 발바닥굽힘(저측 굴곡)하여 허벅지 패드를 들어올리고 지지대를 제거한다.
5. 뒤꿈치를 발받침대보다 아래로 편안하게 스트레칭되는 상태로 내린다.

상방 움직임 구간

몸통은 곧게, 다리와 발은 나란히 유지한 상태로 발과 발목을 완전히 발바닥굽힘(저측 굴곡)한다.

하방 움직임 구간

1. 뒤꿈치를 천천히 내려 시작 자세로 돌아온다.
2. 동일한 자세를 유지한다.
3. 세트가 완료되면 지지대를 원위치시키고 발을 밖으로 뺀다.

흔히 하는 실수

- 상방 움직임 구간에서 발목이 안쪽번짐(내번) 혹은 가쪽번짐(외번)하여 움직인다(예: 상방 움직임 구간에서 엄지발가락이나 새끼발가락이 위로 올라가는 것).
- 무게를 들어올리기 위해 손으로 당기거나 몸통 반동을 이용한다.
- 다음 반복을 위해 무게를 튕겨 반동을 이용한다.

주요 훈련 근육
가자미근(넙치근), 비복근(장딴지근/주동근)

시작 자세

하방 및 상방 움직임

가슴(Chest)

플랫 바벨 벤치 프레스(Flat Barbell Bench Press)

고객: 시작 자세

1. 신체 5부위 접촉 자세로 벤치 위에 눕는다.
2. 눈이 바의 아래에 오도록 벤치에 눕는다.
3. 어깨너비보다 조금 넓게, 닫힌 회내 그립으로 바를 잡는다.
4. 퍼스널 트레이너에게 바를 들어올리겠다는 신호를 보낸다.
5. 팔꿈치가 완전히 펴진 상태에서 바가 가슴 위에 오도록 한다.

퍼스널 트레이너: 시작 자세

1. 곧게 서서 벤치의 끝에 가깝게 선다(고객을 불편하게 할 정도로 가까이 접근하지는 않는다).
2. 무릎은 가볍게 구부리고 어깨너비로 발을 벌리고 선다.
3. 고객의 양손 사이에 닫힌 교차 그립으로 바를 잡는다.
4. 고객이 신호를 하면 고객이 팔꿈치를 완전히 펼 수 있는 높이까지 바를 들어올릴 수 있도록 보조한다.
5. 고객의 가슴 위에 바가 위치할 수 있도록 유도한다.
6. 바를 부드럽게 놓는다.

고객: 하방 움직임 구간

1. 바가 젖꼭지 부분에 닿을 때까지 내린다.
2. 팔꿈치는 약간 옆으로 벌리며 몸통을 지나 아래까지 내려가도록 한다.
3. 손목은 곧게 유지하고 팔꿈치 바로 위에 위치시킨다.
4. 전완은 지면과 거의 수직이 되어 서로 나란히 유지한다.
5. 신체 5부위 접촉 자세를 유지한다.

퍼스널 트레이너: 하방 움직임 구간

1. 바가 내려가는 동안 교차 그립으로 손을 바에 가깝게 유지한다(그러나 바를 잡지는 않는다).
2. 무릎, 엉덩이, 몸통은 가볍게 구부리고 등은 평평하게 편 상태로 바를 따라간다.

고객: 상방 움직임 구간

1. 팔꿈치가 완전히 펴질 때까지 바를 약간 뒤쪽 그리고 위로 밀어올린다.
2. 손목은 곧게 유지하고 팔꿈치 바로 위에 위치시킨다.
3. 신체 5부위 접촉 자세를 유지한다.
4. 세트가 완료되면 바를 내려놓을 수 있도록 퍼스널 트레이너에게 보조를 요청하는 신호를 보낸다.
5. 바를 완전히 내려놓을 때까지 그립을 유지한다.

퍼스널 트레이너: 상방 움직임 구간

1. 바가 내려가는 동안 교차 그립으로 손을 바에 가깝게 유지한다(그러나 바를 잡지는 않는다).
2. 무릎, 엉덩이, 몸통은 가볍게 구부리고 등은 평평하게 편 상태로 바를 따라간다.
3. 세트가 완료된 후에 고객이 신호하면, 고객의 양손 사이로 바를 교차 그립으로 잡고 바를 내려놓는 것을 보조한다.

주요 훈련 근육
대흉근(큰가슴근), 전면 삼각근(앞 어깨세모근), 전거근(앞톱니근), 소흉근(작은가슴근), 상완삼두근(위팔세갈래근)

시작 자세

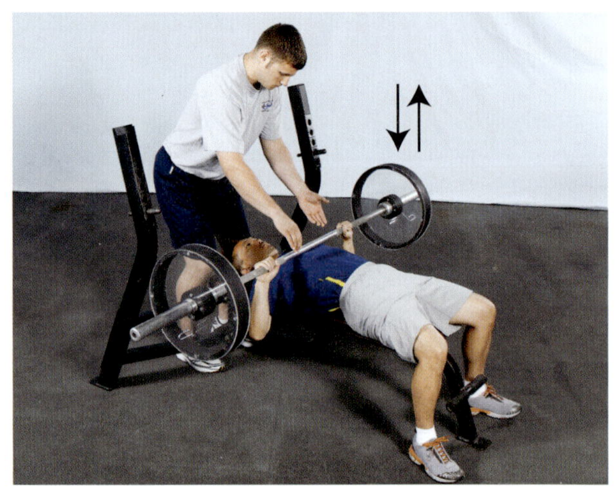

상방, 하방 움직임

흔히 하는 실수

- 상승 움직임 구간에서 스티킹 포인트를 넘어서기 위해 가슴에서 바를 튕겨 올린다.
- 벤치에서 엉덩이를 들어올린다.
- 운동하는 동안 머리를 벤치에서 들어올린다.

플랫 덤벨 플라이(Flat Dumbbell Fly)

이 운동은 보조자를 필요로 하지만, 정확한 운동기술을 설명하기 위해 사진에는 보조자가 포함되어 있지 않다.

주요 훈련 근육
대흉근(큰가슴근), 전면 삼각근(앞 어깨세모근)

고객: 시작 자세

1. 신체 5부위 접촉 자세로 벤치에 눕는다.
2. 신호를 보내면 퍼스널 트레이너에게 덤벨을 건네 받는다(한 번에 하나씩). 덤벨이 가슴 위 혹은 근처에 둔다.
3. 중립 그립으로 잡는다.
4. 팔꿈치를 펴 양팔을 나란히 하여 덤벨을 가슴 위로 들어올릴 수 있도록 퍼스널 트레이너에게 보조를 요청한다.
5. 팔꿈치를 가볍게 구부려서 옆을 향하게 한다.

퍼스널 트레이너: 시작 자세

1. 고객이 신호를 하면, 바닥에서 덤벨을 들어 고객의 손에 건네준다(한 번에 하나씩).
2. 고객이 덤벨의 위치를 조정할 때, 한 무릎은 바닥에 꿇고 다른 한 다리는 앞에 세운 세운다(혹은 양 무릎을 꿇는다). 이때 벤치에 가깝게 위치한다(그러나 고객을 불편하게 하지 않을 만큼 가까운 거리를 유지한다).
3. 고객의 손목을 잡는다.
4. 고객이 신호를 하면, 덤벨을 고객의 가슴 위로 들어올리는 것을 보조한다.
5. 고객의 손목을 부드럽게 놓아준다.

시작 자세

상방, 하방 움직임

고객: 하방 움직임 구간

1. 덤벨이 어깨나 가슴 높이에 올 때까지 양쪽으로 동일하게 넓은 아치를 만들며 덤벨을 내린다.
2. 팔꿈치를 아래로 움직일 때 덤벨 손잡이는 서로 나란하게 유지한다.
3. 손목은 곧게 펴고 팔굽치는 약간 구부린 자세를 유지한다.
4. 덤벨은 팔꿈치 및 어깨와 일직선에 놓이도록 한다.
5. 신체 5부위 접촉 자세를 유지한다.

퍼스널 트레이너: 하방 움직임 구간

덤벨을 내리는 동안 고객의 손목 가까이에 손을 둔다(그러나 잡지는 않는다).

고객: 상방 움직임 구간

1. 넓은 아치를 그리며 덤벨을 서로 당겨 올린다. 매우 큰 통나무를 껴안을 때 팔을 구부리는 모습을 상상한다.
2. 손목은 곧게 펴고 팔꿈치는 약간 구부린 자세를 유지한다.
3. 덤벨은 팔꿈치 및 어깨와 일직선에 놓이도록 한다.
4. 신체 5부위 접촉 자세를 유지한다.
5. 세트를 완료할 때, 덤벨을 천천히 가슴과 겨드랑이 부분으로 내리고 퍼스널 트레이너에게 덤벨을 바닥으로 내려놓을 수 있도록 신호를 보낸다.

퍼스널 트레이너: 하방 움직임 구간

1. 덤벨을 들어올리는 동안 고객의 손목 가까이에 손을 위치한다(그러나 잡지는 않는다).
2. 고객이 신호를 하면 덤벨을 건네받아 바닥에 내려놓는다.

흔히 하는 실수

- 운동하는 동안 팔꿈치를 구부렸다 편다.
- 엉덩이를 벤치에서 들어올린다.
- 운동하는 동안 머리를 벤치에서 들어올린다.
- 가슴 높이보다 낮게 덤벨을 내린다.

펙 덱(Pec Deck): 버터플라이(Butterfly)

시작 자세

1. 머리, 등, 엉덩이를 패드에 밀착시키고 앉는다.
2. 의자를 조정할 수 있다면, 다음과 위아래로 높이를 조정한다.
   • 발을 바닥에 붙여 시작 자세로 앉았을 때 대퇴가 바닥과 수평이 되게 한다.
   • 어깨는 전완 패드보다 조금 위에 위치하도록 한다(혹은 머신의 종류에 따라, 팔꿈치 패드와 일직선 같은 높이에 위치한다).
   • 손잡이를 잡고 팔꿈치를 90도로 구부렸을 때 상완이 바닥과 평행하게 한다.
3. 손잡이를 다음과 같이 잡는다.
   • 닫힌 회내 그립
   • 팔꿈치는 적절한 각도(90도)로 구부린다.
   • 전완은 손잡이 근처의 작은 수직 패드에 밀착시킨다(만약 머신에 팔꿈치 패드가 있다면 팔꿈치 안쪽을 패드에 밀착시킨다).
4. 만약 손잡이가 앉은 위치에서 잡기에 너무 뒤에 있다면, (사용 가능한 경우) 발판을 누르거나 보조자의 도움을 요청한다.
5. 손잡이를 정면에 모은 상태에서 운동을 시작한다.

주요 훈련 근육
대흉근(큰가슴근)

시작 자세

후방 움직임 단계

1. 천천히 통제된 자세로 손잡이를 뒤로 벌리면서 운동을 시작한다.
2. 손목은 곧게 펴고 전완과 팔꿈치는 팔 패드에 밀착시키며, 상완은 지면과 거의 평행한 상태를 유지한다.
3. 손잡이를 가슴 높이에서 뒤로 움직인다.

전방 움직임 단계

1. 전완과 팔꿈치로 서로 끌어안으며 통제된 움직임으로 손잡이를 밖에서 안으로 움직인다.
2. 패드에 힘을 가해 손잡이를 끌어모으기 위해 팔 전체를 이용한다.
3. 세트를 종료하면, 손잡이를 뒤로 움직여 제 자리에 둔다.

전방, 후방 움직임

흔히 하는 실수

- 의자 높이가 지나치게 높거나 낮다.
- 손이나 손바닥으로 손잡이를 민다.
- 다음 반복수를 위해 손잡이를 뒤로 움직일 때 반동을 이용한다.
- 손잡이를 앞으로 쉽게 모으려고 몸을 앞으로 구부린다.

체스트 프레스(Chest Press): 저항 밴드

시작 자세

1. 저항 밴드가 젖꼭지 높이에서 등 상부를 좌우 균일하게 감싸도록 하여 닫힌 회내 그립으로 잡는다.
2. 어깨너비로 다리를 벌리고 무릎은 살짝 구부린 상태로 허리를 곧게 펴고 선다.
3. 손바닥이 바닥을 보게 하여 젖꼭지 높이에서 가슴 바깥쪽에 손잡이를 둔다.
4. 이 자세에서 저항 밴드는 적절하게 당겨져 팽팽하게 된다(늘어나지는 않는다). 만약 그렇지 않다면 더 짧은 밴드를 선택한다.

전방 움직임 단계

1. 팔꿈치가 완전히 펴질 때까지 가슴에서부터 손잡이를 밀어낸다.
2. 팔은 바닥과 평행하게 유지한다.
3. 뒤꿈치는 바닥에 붙이고 무릎은 가볍게 구부린 상태로 허리를 곧게 편 자세를 유지한다.

후방 움직임 단계

1. 손잡이를 천천히 뒤로 움직여 시작 자세로 돌아온다.
2. 팔은 바닥과 평행하게 유지한다.
3. 뒤꿈치는 바닥에 붙이고 무릎은 가볍게 구부린 상태로 허리를 곧게 편 자세를 유지한다.

흔히 하는 실수

- 전방 움직임 단계의 마지막에 팔꿈치를 과도하게 편다.
- 후방 움직임 단계에서 가동범위를 짧게 한다.

주요 훈련 근육

대흉근(큰가슴근), **전면 삼각근**(앞 어깨세모근), **상완삼두근**(위팔세갈래근)

전방 움직임 단계의 완료

버티컬 체스트 프레스(Vertical Chest Press)

시작 자세

1. 머리, 등, 엉덩이를 패드에 밀착시켜 머신에 앉는다.
2. 만약 의자 높이를 조절할 수 있다면, 다음과 같이 위아래로 조절한다.
   - 발을 바닥에 평평하게 붙이고 앉은 자세로 시작할 때, 대퇴는 바닥과 평행한 자세를 만든다.
   - 손잡이와 같은 선상에 몸을 위치시킨다(양 손잡이를 연결하는 가상의 선이 젖꼭지 높이에서 가슴 앞을 지나가야 한다).
   - 손잡이를 잡고 팔꿈치를 완전히 폈을 때 팔은 바닥과 수평을 이룬다.
3. 닫힌 회내 그립으로 손잡이를 잡는다. 만약 손잡이가 앉은 위치에서 너무 뒤에 있는 경우, (가능하다면) 발판을 누르거나 손잡이를 조금 앞으로 이동시킬 수 있도록 보조자에게 도움을 요청한다.

전방 움직임 단계

1. 팔꿈치가 완전히 펴질 때까지 가슴에서부터 손잡이를 밀어낸다.
2. 신체 5부위 접촉 자세를 유지한다.

후방 움직임 단계

1. 손잡이를 천천히 뒤로 움직여 가슴 위치까지 돌아온다.
2. 신체 5부위 접촉 자세를 유지한다.
3. 세트를 완료할 때, 손잡이를 뒤로 보내 제자리에 둔다.

흔히 하는 실수

- 의자 높이가 지나치게 높거나 낮다.
- 전방 움직임 단계에서 등을 활처럼 휘거나 다리로 발판을 민다.
- 손잡이를 앞으로 쉽게 밀기 위해 몸통을 구부린다.
- 전방 움직임 단계의 마지막에 팔꿈치를 과도하게 편다.
- 후방 움직임 단계에서 가동범위를 짧게 한다.

주요 훈련 근육
대흉근(큰가슴근), 전면 삼각근(앞 어깨세모근), 상완삼두근(위팔세갈래근)

시작 자세

전방, 후방 움직임

엉덩이와 허벅지(Hip and Thigh)

레그 프레스(Leg Press)

시작 자세

1. 패드에 등과 엉덩이를 밀착시키고 머신에 앉는다(만약 발판이 수직이거나 의자의 위치가 조절 가능하다면, 시작 자세에서 대퇴가 발판과 평행한 상태가 되도록 의자 위치를 앞뒤로 움직여 조정한다).
2. 골반너비로 발을 벌리고 발끝이 약간 밖을 향하도록 하여 발판의 가운데에 위치한다.
3. 양다리는 서로 나란하게 한다.
4. 손잡이나 의자의 옆을 잡는다.

전방 움직임 단계

1. 엉덩이와 무릎을 펴서 발판을 앞으로 밀어낸다(어떤 머신의 경우, 이 단계에서 발판은 고정되고 의자가 후방으로 움직이는 것도 있다).
2. 상체는 같은 자세를 유지하고 뒤꿈치는 발판에 밀착한 상태로 완전히 신전될 때까지 민다.

주요 훈련 근육

대둔근(큰볼기근), 슬굴곡근(넙다리뒤근육), 대퇴사두근(넙다리네갈래근)

후방 움직임 단계

1. 엉덩이와 무릎을 천천히 구부려 무게를 내린다.
2. 엉덩이는 의자에 붙이고 등은 패드에 평평하게 밀착시킨다.
3. 다리는 서로 나란하게 유지한다.
4. 허벅지가 발판과 평행할 때까지 엉덩이와 무릎을 계속 구부린다.

시작 자세

전방, 하방 움직임

흔히 하는 실수

- 발판에서 뒤꿈치가 떨어지거나, 엉덩이가 의자에 붙어 있지 않다. 혹은 움직이는 동안 손잡이를 잡지 않는다.
- 무릎이 안으로 모이거나(고관절 내전) 밖으로 벌어진다(고관절 외전).
- 전방 움직임 단계의 마지막에 무릎을 과도하게 편다.

백 스쿼트(Back Squat)

고객: 시작 자세

1. 바 아래로 들어가 양발이 나란하도록 선다.
2. '하이 바 포지션(High bar position, 바를 높게 얹은 자세)' 테크닉을 사용해 바를 잡는다.
   - 어깨너비보다 조금 넓게 닫힌 회내 그립으로 바를 잡는다.
   - 바 아래로 머리를 집어넣고 목 아래 양 후면삼각근 위에 균등하게 바가 위치하도록 몸을 위치한다.
3. 팔꿈치를 들어올려 바가 안정적으로 위치할 받침대를 형성한다.
4. 가슴을 위로 들고 펴서 선다.
5. 견갑골을 서로 당겨 모은다.
6. 머리는 살짝 위로 든다.
7. 자세가 만들어지면 보조자에게 들어올릴 준비가 되었다고 신호를 보낸다.
8. 엉덩이와 무릎을 펴서 바를 들어올리고, 두 걸음 뒤로 물러난다.
9. 발가락이 약간 밖을 향하도록 하고 발은 어깨너비나 이보다 조금 넓게 벌리고 선다.
10. 바가 어깨 위에 올라가 있을 수 있도록 팔꿈치는 뒤로 들어올린 상태를 유지한다.

보조자 두 명: 시작 자세

1. 양발은 어깨너비로 벌리고 무릎은 살짝 구부리고 허리를 곧게 편 상태로 바의 양끝에 선다.
2. 양손을 모아 손바닥이 위를 향하게 받치듯 바의 끝을 잡는다.
3. 고객이 신호하면, 바를 받침대에서 들어올리고 나와 균형을 잡을 수 있도록 보조한다.
4. 다른 보조자와 동시에 바를 천천히 놓는다.
5. 두 손을 바 끝에서 2~3인치(5~9cm) 아래에 유지한다.
6. 고객이 뒤로 움직일 때 고객에게 맞춰 옆으로 움직인다.
7. 고객이 시작 자세를 갖추면 무릎을 약간 구부리고 몸통은 곧게 펴며 엉덩이너비로 발을 벌리고 선다.

고객: 하방 움직임 단계

1. 몸통과 바닥이 이루는 각도를 일정하게 유지하면서 엉덩이와 무릎을 서서히 굽힌다.
2. 등은 곧게, 팔꿈치는 높게, 가슴은 위로 들어 편 상태를 유지한다.
3. 뒤꿈치는 바닥에 붙이고 무릎은 발 위에 오도록 정렬을 유지한다.
4. 다음 세 가지 상황 중 하나라도 발생하기 전까지 엉덩이와 무릎을 구부린다(이는 고객이 수행할 수 있는 최대 가동범위를 결정하게 된다. 최하지점 혹은 '바닥[bottom]' 위치).
   - 대퇴가 바닥과 평행하다.
   - 몸통이 둥글게 되거나 앞으로 구부러지기 시작한다.
   - 뒤꿈치가 바닥에서 떨어진다.

보조자 두 명: 하방 움직임 단계

1. 바가 내려갈 때 양손을 모아 바에 가깝게 받친 상태를 유지한다(바를 잡지는 않는다).
2. 바를 따라갈 때 무릎, 엉덩이, 몸통은 가볍게 구부리고 등은 곧게 유지한다.

고객: 상방 움직임 단계

1. 몸통과 바닥이 이루는 각도를 일정하게 유지하며 엉덩이와 무릎을 동일한 비율로 편다.
2. 등은 곧게, 팔꿈치는 높게, 가슴은 위로 들어 편 상태를 유지한다.

주요 훈련 근육
대둔근(큰볼기근), 슬굴곡근(넙다리뒤근육), 대퇴사두근(넙다리네갈래근)

시작 자세

전방, 후방 움직임(하이 바 포지션)

3. 뒤꿈치는 바닥에 붙이고 무릎은 발 위에 오도록 정렬을 유지한다.
4. 시작 자세로 돌아올 때까지 엉덩이와 무릎을 계속해서 편다.
5. 세트가 완료된 후에는 앞으로 걸어와 바를 받침대에 내려놓는다.

보조자 두 명: 상방 움직임 단계

1. 바가 올라갈 때 양 손을 모아 바에 가깝게 받친 상태를 유지한다(바를 잡지는 않는다).
2. 바를 따라갈 때 무릎, 엉덩이, 몸통은 가볍게 구부리고 등은 곧게 유지한다.
3. 세트가 완료되면 고객이 바를 내려놓을 수 있도록 돕는다.

흔히 하는 실수

- 상방 움직임 단계에서 뒤꿈치가 바닥에서 떨어지거나 몸통이 앞으로 과도하게 숙여진다. 혹은 등 상부가 둥글게 굽는다.
- 움직이는 동안 무릎이 안으로 모이거나(고관절 내전) 밖으로 벌어진다(고관절 외전).
- 팔에 힘을 빼거나 팔꿈치가 앞쪽 아래로 떨어진다.

스쿼트(Squat): 저항 밴드

시작 자세

1. 닫힌 회내 그립으로 저항 밴드의 손잡이를 잡는다.
2. 발가락은 약간 바깥으로 향하게 한다. 저항 밴드의 중간 부분을 발바닥 아치 아래로 밟고 어깨너비로 발을 벌리고 선다.
3. 손바닥이 앞을 향하도록 하여 저항 밴드가 어깨 높이 몸 바깥에 위치하도록 한다.
4. 가슴은 위로 들어 펴고 어깨는 뒤로 모아 등을 평평하게 만든 자세를 취한다.
5. 엉덩이와 무릎을 구부려 바람직한 스쿼트 최하지점 자세를 취한다.
6. 이 자세에서 저항 밴드는 팽팽해야 한다(늘어나지는 않는다). 만약 그렇지 않다면 짧은 밴드를 선택한다.

상방 움직임 단계

1. 몸통과 바닥이 이루는 각도를 일정하게 유지하며 엉덩이와 무릎을 동일한 비율로 편다.
2. 등은 곧게, 팔꿈치는 높게, 가슴은 위로 들어 편 상태를 유지한다.
3. 뒤꿈치는 바닥에 붙이고 무릎은 발 위에 오도록 정렬을 유지한다.
4. 완전히 선 자세가 될 때까지 엉덩이와 무릎을 계속해서 편다.

하방 움직임 단계

1. 몸통과 바닥이 이루는 각도를 일정하게 유지하면서 엉덩이와 무릎을 서서히 굽힌다.
2. 등은 평평하게 만들고 가슴은 위로 들어 편 상태를 유지한다.
3. 뒤꿈치는 바닥에 붙이고 무릎은 발 위에 오도록 정렬을 유지한다.
4. 바람직한 스쿼트 최하지점 자세에 도달할 때까지 엉덩이와 무릎을 구부린다.

주요 훈련 근육
대둔근(큰볼기근), 슬굴곡근(넙다리뒤근육), 대퇴사두근(넙다리네갈래근)

상방 움직임 단계의 완료

흔히 하는 실수

- 상방 움직임 단계에서 뒤꿈치가 바닥에서 떨어지거나 몸통을 앞으로 과도하게 숙인다. 혹은 등 상부가 둥글게 굽는다.
- 움직이는 동안 무릎이 안으로 모이거나(고관절 내전) 밖으로 벌어진다(고관절 외전).

프론트 스쿼트(Front Squat)

고객: 시작 자세

1. 바를 향해 걸어가 발이 나란하도록 자세를 취한다.
2. '패러렐 암 포지션(Parallel arm postion, 팔을 나란하게 하여 바를 잡는 자세)' 기술을 사용하여 바를 잡는다.
   - 닫힌 회내 그립으로 어깨너비보다 약간 넓게 바를 잡는다.
   - 바가 전면삼각근과 쇄골 위에 좌우가 균등하게 올라가도록 몸을 움직인다.
   - 팔꿈치를 구부리고 손목은 과신전하여 상완이 바닥과 평행이 되도록 한다. 손등은 어깨 위나 어깨 바로 바깥쪽, 또는 바가 올려질 전면삼각근 위에 위치해야 한다.
   - 가슴을 위로 들어 편다.
   - 견갑골을 서로 모아 당긴다.
   - 머리는 가볍게 들어준다.
   - 시작 자세가 완료되면, 보조자에게 바를 들어올릴 준비가 되었다고 신호한다.
   - 엉덩이와 무릎을 펴면서 바를 받침대에서 들어올리고 뒤로 두 걸음 물러난다.
   - 발가락을 약간 바깥으로 버리고 발은 어깨너비나 이보다 조금 넓게 벌리고 선다.
   - 바가 어깨 위에 안전하게 놓일 수 있도록 팔꿈치는 앞으로 올린다.

보조자 두 명: 시작 자세

1. 바의 양끝에 무릎은 약간 구부리고 다리를 어깨너비로 벌려 몸통을 곧게 펴고 선다.
2. 바의 끝을 양손을 모아 손바닥이 위를 향하게 받치듯 잡는다.
3. 고객이 신호하면, 바를 받침대에서 들어올려 균형을 잡을 수 있도록 보조한다.
4. 다른 보조자와 동시에 바를 천천히 놓는다.
5. 바 끝에서 2~3인치(5~9cm) 아래에 두 손을 유지한다.
6. 고객이 뒤로 움직일 때 고객에 맞추어 옆으로 움직인다.
7. 고객이 시작 자세를 갖추면 무릎을 약간 구부리고 몸통은 곧게 펴 엉덩이너비로 발을 벌리고 선다.

고객: 하방 움직임 단계

1. 몸통과 바닥이 이루는 각도를 일정하게 유지하면서 엉덩이와 무릎을 서서히 굽힌다.
2. 등은 곧게, 팔꿈치는 높게, 가슴은 위로 들어 편 상태를 유지한다.
3. 뒤꿈치는 바닥에 붙이고 무릎은 발 위에 오도록 정렬을 유지한다.
4. 다음 세 가지 상황 중 하나라도 발생하기 전까지 엉덩이와 무릎을 구부린다(이는 고객이 수행할 수 있는 최대 가동범위를 결정한다. 최하지점 혹은 '바닥' 위치).
   - 대퇴가 바닥과 평행하다.
   - 몸통이 둥글게 되거나 앞으로 구부러지기 시작한다.
   - 뒤꿈치가 바닥에서 떨어진다.

주요 훈련 근육
대둔근(큰볼기근), 슬굴곡근(넙다리뒤근육), 대퇴사두근(넙다리네갈래근)

보조자 두 명: 하방 움직임 단계

1. 바가 내려갈 때 양손을 모아 바에 가깝게 받친 상태를 유지한다(바를 잡지는 않는다).
2. 바를 따라갈 때 무릎, 엉덩이, 몸통은 가볍게 구부리고 등은 곧게 유지한다.

고객: 상방 움직임 단계

1. 몸통과 바닥이 이루는 각도를 일정하게 유지하며 엉덩이와 무릎을 동일한 비율로 편다.
2. 등은 곧게, 팔꿈치는 높게, 가슴은 위로 들어 편 상태를 유지한다.
3. 뒤꿈치는 바닥에 붙이고 무릎은 발 위에 오도록 정렬을 유지한다.
4. 시작 자세로 돌아올 때까지 엉덩이와 무릎을 계속해서 편다.
5. 세트가 완료된 후에는 앞으로 걸어와 바를 받침대에 내려놓는다.

보조자 두 명: 상방 움직임 단계

1. 바가 올라갈 때 양손을 모아 바에 가깝게 받친 상태를 유지한다(바를 잡지는 않는다).
2. 바를 따라갈 때 무릎, 엉덩이, 몸통은 가볍게 구부리고 등은 곧게 유지한다.
3. 세트가 완료되면 고객이 바를 내려놓을 수 있도록 돕는다.

시작 자세

상방, 하방 움직임

흔히 하는 실수

- 상방 움직임 단계에서 뒤꿈치가 바닥에서 떨어지거나 몸통이 앞으로 과도하게 숙여진다. 혹은 등 상부가 둥글게 굽는다.
- 움직이는 동안 무릎이 안으로 모이거나(고관절 내전) 밖으로 벌어진다(고관절 외전).
- 팔에 힘을 빼거나 팔꿈치가 뒤쪽 아래로 떨어진다.

레그 (니) 익스텐션(Leg [Knee] Extension)

시작 자세

1. 대퇴와 등은 패드의 가운데에 위치하고(좌우로 치우치지 않고) 무릎은 머신의 축과 정렬을 이루도록 하여 앉는다. 만약 등 패드가 조절 가능하다면 다음과 같이 맞출 수 있도록 위치를 앞뒤로 조절한다.
   - 머신의 축과 무릎이 같은 선상에 있을 수 있도록 한다.
   - 오금이 의자의 앞쪽 끝에 닿을 수 있도록 엉덩이와 대퇴를 위치시킨다.
3. 발목 패드 아래에 발을 걸어 넣는다. 만약 발목 패드가 조절 가능하다면, 발등이 발목 패드에 밀착될 수 있도록 패드를 조절한다.
4. 대퇴, 하지, 발은 서로 나란하게 한다.
5. 손잡이나 의자의 양옆을 잡는다.

상방 움직임 단계

1. 대퇴, 하지, 발이 서로 평행하게 유지하면서 무릎이 완전히 펴질 때까지 움직인다.
2. 몸통은 곧게 세우고 등은 패드에 완전히 밀착시킨다.
3. 손잡이나 의자의 양옆을 단단히 잡는다.

하방 움직임 단계

1. 무릎을 천천히 구부려 시작 자세로 돌아간다.
2. 대퇴, 하지, 발을 나란하게 유지한다.
3. 몸통을 곧게 세우고 등은 패드에 단단히 밀착시킨다.
4. 손잡이나 의자의 양옆을 단단히 잡는다.

흔히 하는 실수

- 상방 움직임 단계에서 엉덩이가 의자에서 들린다.
- 무게를 쉽게 들어올리기 위해 다리를 흔들어 움직이거나 몸통을 뒤로 젖히며 반동을 준다.
- 상방 움직임 단계의 마지막에 강한 힘으로 무릎을 과도하게 편다.

주요 훈련 근육
대퇴사두근(넙다리네갈래근)

시작 자세

전방, 후방 움직임

포워드 런지(Forward Lunge)

고객: 시작 자세

1. 닫힌 회내 그립으로 어깨너비보다 약간 넓게 바를 잡는다.
2. 바 아래로 들어가 양발이 서로 나란하게 선다.
3. 바가 목에서 후면 삼각근과 등 상부에 균등하게 올려지도록 한다.
4. 팔꿈치를 들어올려 바가 안정적으로 위치할 받침대를 형성한다.
5. 가슴을 위로 들어 편다.
6. 견갑골을 서로 모아 당긴다.
7. 머리는 가볍게 들어준다.
8. 시작 자세가 완료되면, 보조자에게 바를 들어올릴 준비가 되었다고 신호한다.
9. 엉덩이와 무릎을 펴면서 바를 받침대에서 들어올리고 뒤로 두 걸음 물러난다.
10. 발은 엉덩이너비로 벌리고 서서 발가락은 앞쪽을 향하도록 한다.

퍼스널 트레이너: 시작 자세

1. 허리를 곧게 펴고 고객에게 가깝게 선다(그러나 고객의 주의를 분산시킬 만큼 지나치게 가깝지 않도록 한다).
2. 무릎을 약간 구부리고 발은 어깨너비로 벌리고 선다.
3. 고객이 신호를 보내면 바를 꺼내서 나올 때 무게를 들어올리고 균형을 잡을 수 있도록 보조한다.
4. 시작 자세를 갖추기 위해 고객이 뒤로 움직일 때 이에 맞추어 함께 움직인다.
5. 시작 자세가 갖춰지면 무릎은 가볍게 구부리고 몸통은 곧게 세운 상태로 보폭을 골반너비로 벌리고 선다.
6. 고객의 엉덩이, 허리 혹은 몸통 가까이에 손을 위치한다.

고객: 전방 움직임 단계

1. 한 다리(앞다리, Lead Leg)를 앞으로 크게 내딛는다.
2. 앞으로 발을 내딛어 발이 바닥에 닿을 때 몸통은 곧게 세운 자세를 유지한다.
3. 뒤에 있는 다리는 시작 자세를 유지하나, 무릎은 가볍게 구부린다.
4. 앞다리는 앞을 향하거나 약간 안쪽을 향하도록 하여 발을 딛는다. 균형을 잡기 위해서, 시작 위치에서 움직일 때 앞다리의 발목, 무릎, 그리고 엉덩이가 하나의 수직선상에 놓일 수 있도록 한다.
5. 앞다리의 엉덩이와 무릎을 천천히 굽힌다. 무게중심이 양발에 고르게 분산되면, 앞 무릎을 구부려 뒤쪽 무릎이 바닥을 향해 내려갈 수 있도록 한다. 뒤에 위치한 무릎은 다소 멀리 굽혀질 수 있으나, 앞 무릎과 같은 각도가 되지는 않는다.
6. 앞 무릎은 앞발의 바로 위에 오도록 한다. 앞발은 바닥에 단단히 붙어 있는다.

주요 훈련 근육
대둔근(큰볼기근), 슬굴곡근(넙다리뒤근육), 대퇴사두근(넙다리네갈래근), 장요근(엉덩허리근, 뒤에 위치한 다리), 가자미근(넙치근)과 비복근(장딴지근, 앞에 위치한 다리)

시작 자세

전방, 후방 움직임

7. (여전히 약간 구부러진) 뒤쪽 무릎을 바닥에서 1~2인치(3~5cm) 높이까지 내린다. 이때 앞 무릎은 90도 정도로 구부러지고 하지는 바닥과 수직이 된다.
8. 뒤에 위치한 발의 볼과 앞발 전체에 무게를 균등하게 실어 균형을 잡는다.
9. 몸통은 뒤에 있는 다리에 앉는 듯이 바닥과 수직이 되도록 유지한다. 그러나 실제 런지의 깊이는 우선적으로 개인의 고관절 유연성에 따라 달라진다.

퍼스널 트레이너: 상방 움직임 단계

1. 고객과 같은 발을 앞으로 내딛는다.
2. 고객의 12~18인치(30~45cm) 뒤에 앞다리를 위치한다.
3. 고객이 앞 무릎을 구부릴 때 동시에 앞 무릎을 구부린다.
4. 몸통은 곧은 자세를 유지한다.
5. 손은 고객의 엉덩이, 허리, 혹은 몸통 가까이에 위치한다.
6. 고객이 균형을 잡을 수 있도록 필요한 경우에만 보조를 한다.

고객: 후방 움직임 단계

1. 균형을 앞발로 이동하여 앞다리 무릎과 고관절을 펴면서 바닥을 힘차게 밀어낸다. 앞발이 뒤쪽 발을 향해 움직이면 무게중심을 뒷발로 가져온다. 이로써 뒤에 위치한 발의 뒤꿈치가 다시 바닥에 닿게 된다.
2. 몸통은 동일한 자세를 유지한다.
3. 앞발을 뒷발 옆으로 가져온다.
4. 시작 자세에서 몸을 곧게 세우고 서서 잠시 멈추었다가 다리를 교대한다.
5. 세트가 완료되면 앞으로 이동하여 바를 받침대에 내려놓는다.

퍼스널 트레이너: 후방 움직임 단계

1. 고객의 움직임에 맞추어 앞다리를 뒤로 밀어낸다.
2. 앞발을 뒷발 옆으로 가져온다.
3. 손은 고객의 엉덩이, 허리, 혹은 몸통 가까이에 유지한다.
4. 시작 자세에서 곧게 선 다음 고객을 잠시 기다린 후 다리를 바꾼다.
5. 고객이 균형을 잡을 수 있도록 필요한 경우에만 보조를 한다.
6. 세트가 완료되면 고객이 바를 제자리에 둘 수 있도록 보조한다.

흔히 하는 실수

- 발을 너무 가까이 내딛어 앞 무릎이 앞발을 넘어간다.
- 전방 움직임 단계에서 몸통이 앞으로 숙여진다.
- 후방 움직임 단계에서 몸통을 뒤로 젖히며 빠르게 반동을 이용한다.
- 후방 움직임 단계에서 발을 더듬거리며 뒤로 이동한다.
- 골반과 척추의 중립을 유지하지 못한다.

레그 (니) 컬 (Leg [Knee] Curl)

시작 자세

1. 머신에 엎드려 골반과 몸통이 패드의 가운데 오도록 하고(좌우로 치우치지 않고) 무릎은 머신의 축과 같은 선에 오도록 정렬한다.
2. 발은 발목 패드 아래에 둔다. 만약 패드가 조절 가능한 경우, 패드가 뒤꿈치 바로 뒤, 신발 위에 닿도록 한다.
3. 시작 자세가 만들어지면, 무릎은 대퇴 패드의 아래쪽 끝에 약간 떠 있어야 한다.
4. 대퇴, 하지, 발은 서로 나란하게 한다.
5. 손잡이나 가슴 패드 옆을 잡는다.

상방 움직임 단계

1. 대퇴, 하지, 발을 서로 평행하게 유지하고 발목 패드가 거의 엉덩이에 닿을 때까지 무릎을 구부린다.
2. 몸통은 움직이지 않는다.
3. 손잡이나 가슴 패드의 옆을 단단히 잡는다.

하방 움직임 단계

1. 무릎을 천천히 펴서 시작 자세로 돌아간다.
2. 대퇴, 하지, 발은 서로 나란하게 유지한다.
3. 몸통은 움직이지 않는다.
4. 손잡이나 가슴 패드의 옆을 단단히 잡는다.

흔히 하는 실수

- 상방 움직임 단계에서 엉덩이를 들어올린다(고관절 굴곡).
- 무게를 쉽게 들기 위해 다리를 뒤로 흔들어 반동을 사용한다.
- 하방 움직임 단계의 끝에 무릎을 과도하게 편다.

주요 훈련 근육
슬굴곡근(넙다리뒤근육)

시작 자세

전방, 후방 움직임

숄더 프레스(Shoulder Press): 바(Bar)

고객: 시작 자세

1. 숄더 프레스 벤치에 앉아서 등을 기대고 신체 5부위 접촉 자세를 취한다. 의자를 조절할 수 있다면 의자 높이를 다음과 같이 조절한다.
   - 대퇴가 바닥과 평행하도록 한다(발은 바닥에 단단히 붙인다).
   - 발을 받침대에서 꺼낼 때 머리 위를 치지 않도록 한다(의자가 지나치게 높음). 혹은 받침대에 닿기 위해서 반쯤 일어나야 하지 않도록 한다(의자가 너무 낮음).
2. 바를 어깨너비보다 약간 넓게 닫힌 회내 그립으로 잡는다.
3. 바를 들어올리기 위해 퍼스널 트레이너에게 신호를 보낸다.
4. 팔꿈치가 완전히 펴질 때까지 바를 머리 위로 든다.

퍼스널 트레이너: 시작 자세

1. 벤치 뒤나(만약 가능하다면) 보조자 발판 위에 어깨너비로 발을 벌리고 몸은 곧게 세우고 선다. 공간이 충분하다면 무릎은 약간 구부린다.
2. 닫힌 교차 그립으로 고객의 양손 안쪽으로 바를 잡는다.
3. 고객이 신호를 하면 받침대에서 바를 들어올리는 것을 보조한다.
4. 고객의 머리 위에 바가 위치하도록 유도한다.
5. 바(또는 손목)를 부드럽게 놓는다.

고객: 하방 움직임 단계

1. 팔꿈치를 천천히 구부려 바를 머리 쪽으로 내린다.
2. 손목은 곧게 세워 팔꿈치 위에 올 수 있도록 한다. 그립의 너비는 양 전완이 나란히 유지되는 정도가 된다.
3. 바가 쇄골과 전면삼각근에 내려와 닿을 수 있도록, 목을 약간 신전시켜 바가 얼굴을 지나갈 수 있도록 한다.
4. 신체 5부위 접촉 자세를 유지한다.

퍼스널 트레이너: 하방 움직임 단계

1. 바가 내려갈 때 손을 바에 가깝게(그러나 닿지는 않게) 닫힌 얼터네이트 그립으로 유지한다.
2. 바를 따라갈 때 무릎과 엉덩이를 굽히고, 몸통은 앞으로 기울이나 등은 곧게 세운다.

고객: 상방 움직임 단계

1. 팔꿈치가 완전히 펴질 때까지 바를 위로 밀어올린다.
2. 바가 얼굴을 지나갈 수 있도록 목은 가볍게 신전시킨다.
3. 손목은 곧게 펴서 팔꿈치 위에 수직으로 유지한다.
4. 신체 5부위 접촉 자세를 유지한다.
5. 세트가 완료되면, 퍼스널 트레이너에게 바를 내려놓을 수 있도록 보조를 요청한다.
6. 바를 받침대에 내려놓을 때까지 그립을 유지한다.

주요 훈련 근육
전면 · 측면 삼각근(앞 · 옆 어깨세모근), 승모근(등세모근), 상완삼두근(위팔세갈래근)

시작 자세

상방, 하방 움직임

퍼스널 트레이너: 상방 움직임 단계

1. 바가 올라 갈 때, 손을 바에 가깝게(그러나 닿지는 않게) 닫힌 얼터네이트 그립으로 유지한다.
2. 바를 따라갈 때 무릎과 엉덩이를 굽히고, 몸통은 앞으로 기울이나 등은 곧게 세운다.
3. 세트가 완료되면 고객이 바를 내려놓을 수 있도록 보조한다.

흔히 하는 실수

- 바를 쉽게 위로 밀어올리기 위해 다리를 밀거나 의자에서 일어난다.
- 상방 움직임 단계에서 등을 과도하게 뒤로 편다.

숄더 프레스: 저항 밴드

주요 훈련 근육
전면·측면 삼각근(앞·옆 어깨세모근), 승모근(등세모근), 위팔세갈래근(상완삼두근)

시작 자세

1. 닫힌 회내 그립으로 저항 밴드의 손잡이를 잡는다.
2. 바닥이나 매트에 저항 밴드의 가운데 부분을 엉덩이로 누르고 앉는다.
3. 몸통이 바닥과 수직을 이루게 하고 다리는 모아 몸통에서 멀리 뻗는다.
4. 균형을 잡기 위해 엉덩이와 무릎은 약간 구부린다.
5. 손바닥이 앞을 향하게 하여 손잡이가 어깨 위 바깥쪽에 오도록 한다.
6. 시작 자세가 갖춰지면, 저항 밴드가 팽팽해져야 한다(늘어나지는 않는다). 만약 팽팽하지 않다면, 짧은 밴드를 선택한다.

상방 움직임 단계

1. 팔꿈치가 완전히 펴질 때까지 손잡이를 위로 밀어올린다.
2. 손목은 곧게 유지하여 팔꿈치 수직 위에 유지한다.
3. 몸통은 곧게 세우고 다리는 같은 자세를 유지한다.

하방 움직임 단계

1. 손잡이를 천천히 아래로 내려 시작 자세로 돌아온다.
2. 몸통은 곧게 세우고 다리는 같은 자세를 유지한다.

흔히 하는 실수

- 상방 움직임 단계에서 등을 과도하게 뒤로 편다.
- 하방 움직임 단계에서 몸통이 앞으로 숙여진다.

상방 움직임 단계의 완료

덤벨 래터럴 레이즈(Dumbbell Lateral Raise)

주요 훈련 근육
삼각근(어깨세모근), 승모근(등세모근)

시작 자세

1. 덤벨 두 개를 닫힌 중립 그립으로 잡는다.
2. 발은 어깨너비나 엉덩이너비로 벌리고 무릎은 가볍게 구부린다. 몸통은 곧게 세우고 어깨는 뒤로 당겨 시선은 정면을 주시한다.
3. 손바닥이 서로 마주보게 하여 덤벨을 허벅지 앞으로 가져온다.
4. 팔꿈치를 약간 구부리고 운동하는 동안 동일한 자세를 유지한다.

상방 움직임 단계

1. 덤벨을 몸 바깥쪽 위로 들어올린다. 팔꿈치와 상완이 함께 올라가는데 전완과 손을 덤벨보다 약간 높게 들어올린다. 이 동작은 마치 플라스틱 주전자에서 물을 따르는 것과 같다.
2. 무릎은 살짝 굽히고 발은 단단히 붙여 상체를 곧게 세운 자세를 유지한다.
3. 팔이 바닥과 거의 수평이 되거나 어깨 높이에 다다를 때까지 덤벨을 계속해서 들어올린다. 가장 높은 위치에서 팔꿈치와 전완은 덤벨보다 조금 높은 곳에 위치하게 된다.

하방 움직임 단계

1. 덤벨을 천천히 내려 시작 자세로 돌아간다.
2. 무릎은 가볍게 구부리고 발은 바닥에 단단히 붙인다. 시선은 정면을 주시한다.

흔히 하는 실수

- 움직이는 동안 팔꿈치를 구부리거나 편다.
- 어깨를 움츠리거나 몸통을 뒤로 굽히거나 무릎을 편다. 혹은 덤벨을 쉽게 들어올리기 위해 발끝을 든다.
- 하방 움직임 단계에서 몸통을 앞으로 굽히거나 무게를 발끝에 싣는다.

시작 자세

상방, 하방 움직임

래터럴 레이즈(Lateral Raise): 저항 밴드

시작 자세

1. 닫힌 중립 그립으로 저항 밴드 손잡이를 잡는다.
2. 저항 밴드 중간 부분을 발 아치 아래로 누르고 양발은 어깨너비로 벌리고 선다.
3. 무릎은 가볍게 구부리고 몸통을 곧게 편다.
4. 손바닥이 안쪽을 보게 하여 양팔은 대퇴 바깥쪽 양옆에 위치하도록 한다.
5. 시작 자세가 갖춰졌을 때, 저항 밴드는 팽팽하게 된다(늘어나지는 않는다). 만약 팽팽하지 않다면 다리를 더 넓게 벌려 느슨한 밴드를 팽팽하게 만들거나 더 짧은 밴드를 선택한다.

주요 훈련 근육
삼각근(어깨세모근), 승모근(등세모근)

상방 움직임 단계의 완료

상방 움직임 단계

1. 손잡이를 양 측면 위로 들어올린다. 손, 전완, 팔꿈치 그리고 상완이 동시에 올라간다.
2. 무릎은 가볍게 구부리고 발은 단단히 붙인 채로 몸을 곧게 세운 자세를 유지한다.
3. 손이 바닥과 거의 평행하거나 어깨 높이에 다다를 때까지 계속해서 손잡이를 들어올린다.

하방 움직임 단계

1. 손잡이를 천천히 내려 시작 자세로 돌아온다.
2. 무릎은 가볍게 구부리고 발은 단단히 붙인 채로 몸을 곧게 세운 자세를 유지한다.

흔히 하는 실수

- 움직이는 동안 팔꿈치를 구부리거나 편다.
- 손잡이를 쉽게 위로 들어올리기 위해 어깨를 움츠린다.

전신(Whole Body)

파워 클린(Power Clean)

이 운동은 네 가지 단계로 구성된다. 첫 번째 당기기(First pull), 올리기(Scoop), 두 번째 당기기(Second pull), 받기(catch). 각 단계 사이에 멈춤이 없이 동작이 이루어진다. 하나의 연속된 동작으로 바를 바닥에서 어깨 위로 들어올린다.

주요 훈련 근육
대둔근(큰볼기근), **슬굴곡근**(넙다리뒤근육), **대퇴사두근**(넙다리네갈래근), **가자미근**(넙치근), **비복근**(장딴지근), **삼각근**(어깨세모근), **승모근**(등세모근)

시작 자세

1. 발이 약간 밖을 향하도록 하여 엉덩이와 어깨너비 정도로 발을 벌리고 선다.
2. 엉덩이가 어깨보다 낮게 주저앉아 바를 닫힌 회내 그립으로 잡는다.
3. 손은 무릎 바깥쪽으로 팔꿈치를 완전히 펴서 어깨너비보다 조금 넓게 바를 잡는다.
4. 발은 바닥에 밀착시키고 바가 정강이보다 1인치(3cm) 정도 앞에 발볼 위에 오도록 한다.
5. 몸 자세는 다음과 같다.
   - 등은 평평하거나 약간 신전된다.
   - 승모근은 이완되고 약간 스트레칭된 상태다.
   - 가슴은 위로 들어 편다.
   - 견갑골은 뒤로 당긴다.
   - 머리는 척추와 일직선상을 유지하거나 약간 신전된다.
   - 어깨는 바 위에 혹은 약간 앞에 위치하게 된다.
   - 눈은 전방을 보거나 약간 위쪽을 주시한다.

상방 움직임 단계: 첫 번째 당기기

1. 엉덩이와 무릎을 힘차게 펴면서 바를 바닥에서 들어올린다.
2. 몸통과 바닥이 이루는 각도는 일정하게 유지한다.
3. 어깨보다 엉덩이가 먼저 올라가지 않도록 한다.
4. 등은 평평하게 유지한다.
5. 팔꿈치는 완전히 펴고 머리는 척추와 정렬을 이루고 어깨는 바의 위 혹은 약간 앞에 위치한다.
6. 바를 들어올릴 때 최대한 정강이와 가깝게 유지한다.

상방 움직임 단계: 올리기(이행)

1. 바가 무릎 바로 위를 지날 때, 엉덩이를 앞으로 밀어넣고 무릎을 다시 가볍게 구부려 대퇴와 무릎을 바 아래로 움직인다.
2. 등은 평평하거나 약간 신전된 상태를 유지한다. 팔꿈치는 완전히 펴서 양옆을 향한다. 머리는 척추와 정렬을 이룬다.

상방 움직임 단계: 두 번째 당기기

1. 힘차고 빠르게 엉덩이와 무릎을 펴고 발목은 발바닥굽힘(저측 굴곡)시킨다.
2. 바는 허벅지에 가깝거나 닿게 한다.
3. 바는 몸에 최대한 가깝게 붙인다.
4. 등은 평평하게 유지한다. 팔꿈치는 완전히 펴서 양옆을 향한다. 머리는 척추와 정렬을 이룬다.
5. 어깨는 바 위에 있고 팔꿈치는 가능한 오래 편 상태를 유지한다.
6. 하지 관절이 완전히 펴질 때, 어깨를 빠르게 위로 움츠린다. 팔꿈치는 아직 구부리지 않는다.
7. 어깨가 가장 높이 올라갔을 때 팔꿈치를 구부리기 시작해 몸을 바 아래로 끌어당긴다.
8. 이 단계의 폭발적인 특성 때문에 몸통은 곧게 서거나 약간 과신전된다. 머리는 약간 뒤로 기울어지고 발은 바닥에서 떨어질 수 있다.

상방 움직임 단계: 받기

1. 하체가 완전히 펴지고 바가 거의 최고 높이에 다다른 후에, 몸을 바 아래로 당기고 팔을 바 아래로 회전시킨다.
2. 동시에 엉덩이와 무릎을 1/4 스쿼트 자세로 구부린다.
3. 팔이 바 아래에 위치하면 팔꿈치를 들어올려 상완이 바닥과 평행하게 만든다.
4. 바가 쇄골 앞을 가로질러 전면삼각근 앞에 놓이도록 한다.
5. 쇄골과 전면삼각근에 다음과 같은 자세로 바를 받아야 한다.
   - 머리는 앞을 향한다.
   - 목은 중립 혹은 약간 과신전된다.
   - 손목은 과신전된다.
   - 팔꿈치는 완전히 구부러진다.
   - 상완은 바닥과 평행하다.
   - 등은 평평하거나 약간 신전된다.
   - 무릎과 엉덩이는 약간 구부려 무게를 받는 충격을 흡수한다.
   - 발은 바닥에 단단히 붙인다.
   - 신체 무게중심은 발 가운데에 위치한다.
6. 엉덩이와 무릎을 펴면서 일어나 완전히 선 자세가 된다.

하방 움직임 단계

1. 통제된 상태로 바를 내릴 수 있도록, 팔 근육의 긴장을 서서히 줄이면서 바를 허벅지로 내린다.
2. 동시에 엉덩이와 무릎을 구부려 바가 허벅지에 닿는 충격을 완화시킨다.
3. 팔꿈치는 완전히 편 상태로 바가 바닥에 닿을 때까지 주저앉는다.

시작 자세

첫 번째 당기기

올리기(이행)

두 번째 당기기

받기

흔히 하는 실수

- 첫 번째 당기기에서 어깨보다 먼저 엉덩이가 들린다.
- 특히 첫 번째 당기기 단계에서 등 상부가 둥글게 굽는다(예: 등을 곧게 편 자세가 무너진 것).
- 무릎을 엉덩이보다 빨리 편다.
- 바를 몸에서 멀리 위로 들어올린다.
- 바를 받을 때 '리버스 컬' 하듯 움직인다.

연구 문제

1. 다음하체 운동중 단일관절 운동은 무엇인가?

   A. 백 스쿼트 B. 프론트 스쿼트
   C. 레그 (니) 익스텐션 D. 포워드 런지

2. 다음 운동중 한 명 또는 그 이상의 보조자를 필요로 하는 운동이 아닌 것은?

   A. 라잉 트라이셉스 익스텐션
   B. (바벨) 바이셉스 컬
   C. 플렛 바벨 벤치 프레스
   D. 백 스쿼트

3. 다음 중 저항 운동을 할 때 적절한 신발을 신어야 하는 주요한 이유는 무엇인가?

   A. 에티켓 B. 기술 향상
   C. 안전 D. 장비 유지

4. 파워 스내치 운동을 실시할 때 사용되는 그립은 다음 중 무엇인가?

   A. 닫힌 회내 그립 B. 닫힌 회외 그립
   C. 회내된 훅 그립 D. 회외된 훅 그립

응용 지식 문제

숙련된 저항 운동 참가자가 보조자 두 명과 함께 백 스쿼트 1RM 운동을 수행하고 있다. 각 보조자는 어디에 위치해야 하고 보조자의 의무는 무엇인가?

참고문헌

1. Barnes, M., and K.E. Cinea. 2007. Explosive movements. In: *Strength Training,* L.E. Brown, ed. Champaign, IL: Human Kinetics.
2. Barnes, M., and K.E. Cinea. 2007. Lower body exercises. In: *Strength Training,* L.E. Brown, ed. Champaign, IL: Human Kinetics.
3. Barnes, M., and K.E. Cinea. 2007. Torso exercises. In: *Strength Training,* L.E. Brown, ed. Champaign, IL: Human Kinetics.
4. Barnes, M., and K.E. Cinea. 2007. Upper body exercises. In: *Strength Training,* L.E. Brown, ed. Champaign, IL: Human Kinetics.
5. Cholewicki, J., K. Juluru, and S. McGill. 1999. Intra-abdominal pressure mechanism for stabilizing the lumbar spine. *Journal of Biomechanics* 32 (1): 13-7.
6. Delavier, F. 2006. *Strength Training Anatomy.* Champaign, IL: Human Kinetics.
7. Earle, R.W., and T.R. Baechle. 2008. Resistance training and spotting techniques. In: *Essentials of Strength Training and Conditioning,* 3rd ed., T.R. Baechle and R.W. Earle, eds. Champaign, IL: Human Kinetics.
8. Faigenbaum, A., and W. Westcott. 2009. *Youth Strength Training.* Champaign, IL: Human Kinetics.
9. Graham, J.F. 2000. Exercise technique: Power clean. *Strength and Conditioning Journal* 22 (6): 63-65.
10. Graham, J.F. 2001. Exercise technique: Back squat. *Strength and Conditioning Journal* 23 (5): 28-29.
11. Graham, J.F. 2002. Exercise technique: Barbell lunge. *Strength and Conditioning Journal* 24 (5): 30-32.
12. Graham, J.F. 2002. Exercise technique: Front squat. *Strength and Conditioning Journal* 24 (3): 75-76.
13. Graham, J.F. 2003. Exercise technique: Barbell bench press. *Strength and Conditioning Journal* 25 (3): 50-51.
14. Graham, J.F. 2003. Exercise technique: Front lat pulldown. *Strength and Conditioning Journal* 25 (5): 42-43.
15. Graham, J.F. 2004. Exercise technique: Barbell upright row. *Strength and Conditioning Journal* 26 (5): 60-61.
16. Graham, J.F. 2005. Exercise technique: Leg curl. *Strength and Conditioning Journal* 27 (1): 59-60.
17. Graham, J.F. 2008. Exercise technique: Barbell overhead press. *Strength and Conditioning Journal* 30 (3): 70-71.
18. Graham, J.F. 2008. Resistance exercise techniques and spotting. In: *Conditioning for Strength and Human Performance,* T.J. Chandler and L.E. Brown, eds. Philadelphia: Lippincott Williams & Wilkins.
19. Harman, E.A., R.M. Rosenstein, P.N. Frykman, and G.A. Nigro. 1989. Effects of a belt on intra-abdominal pressure during weightlifting. *Medicine and Science in Sports and Exercise* 21 (2): 186-190.
20. Hoffman, J.R., and N.A. Ratamess. 2006. *A Practical Guide to Developing Resistance Training Programs.* Monterey, CA: Coaches Choice.
21. Lander, J.E., J.R. Hundley, and R.L. Simonton. 1990. The effectiveness of weight-belts during multiple repetitions of the squat exercise. *Medicine and Science in Sports and Exercise* 24 (5): 603-609.
22. Lander, J.E., R.L. Simonton, and J.K.F. Giacobbe. 1990. The effectiveness of weight-belts during the squat exercise. *Medicine and Science in Sports and Exercise* 22 (1): 117-126.
23. Newton, H. 2002. *Explosive Lifting for Sports.* Champaign, IL: Human Kinetics.
24. NSCA Certification Commission. 2008. *Exercise Technique Manual for Resistance Training,* 2nd ed. Champaign, IL: Human Kinetics.

심혈관 훈련 방법

Travis W. Beck, PhD

학습 목표

- 수분보충, 의복, 신발, 준비 운동과 정리 운동을 포함한 심혈관 활동과 관련된 추천사항을 제공할 수 있다.
- 트레드밀, 로잉 머신, 계단오르기, 엘립티컬 트레이너, 고정식 자전거 사용에 있어 적절한 운동기술을 조언할 수 있다.
- 그룹 운동 수업에 안전하게 참여할 수 있도록 고객을 지도할 수 있다.
- 고객의 선호도와 신체 능력에 알맞은 심혈관 활동을 제시할 수 있다.

이 장의 목적은 심혈관 운동을 처방할 때 중요한 고려사항들을 개괄하는 것이다. 심혈관 운동은 머신을 사용하는 운동(예: 트레드밀, 계단오르기, 엘립티컬 트레이너)과 사용하지 않는 운동(예: 걷기, 달리기, 수영)으로 구분할 수 있다. 이 활동들을 한 장에 걸쳐 자세히 다룰 수는 없을 것이다. 그러나 적절한 운동기술에 있어 가장 중요한 부분과 수분보충 그리고 이상적인 프로그램에 대한 내용을 논의할 것이다. 퍼스널 트레이너들은 다양한 고객을 대상으로 일하게 되고, 이들 중에는 특별한 요구가 있는 경우도 있다. 따라서 트레이닝 프로그램에 다양성을 적용할 수 있도록 운동기술에 대한 지식을 겸비하는 것은, 여러 가지 상이한 트레이닝 목표를 달성하는 데 도움을 줄 수 있다.

참가 안전수칙

심혈관 운동에 안전하게 참여할 수 있도록 반드시 고려되어야 할 여섯 가지 사항이 있다.

① 적절한 수분섭취 ② 적합한 의복과 신발 ③ 준비운동과 정리 운동 ④ 운동 빈도와 강도 그리고 지속시간에 대한 처방 ⑤ 올바른 호흡 방법 ⑥ 운동 프로그램 변화. 이러한 고려사항들은 아래 세션에서 자세히 다루어 보도록 한다.

수분 섭취

물은 우리 몸의 약 60%를 차지하고 있으며 체온을 조절하는 역할을 한다. 글루코스(당), 미네랄, 아미노산, 비타민 용해제로도 기능하며, 관절의 완충 및 윤활에도 도움을 준다. 그러므로 물은 무더운 환경에서 고강도 운동을 할 때 특히 중요하다. 무더운 환경에서 운동할 때 매 시간 2~4쿼트(약 2~3.8L)의 체수분 손실이 발생한다.[30] 인체의 소화계는 시간당 대략 1쿼트(약 1L)의 수분을 흡수할 수 있다. 따라서 수분보충은 무덥고 습한 환경에서의 장시간 고강도 운동에서 매우 중요한 부분이라 할 수 있다. 일반적으로 1시간 이내의 운동을 할 때 체수분보충을 하는 데는 물이 가장 좋다고 한다. 반면 1시간 이상 운동을 지속할 경우 나트륨과 단당류가 함유된 스포츠 음료가 권장된다.[27,30] 이뿐만 아니라, 개인마다 땀을 배출하는 정도가 상이하지만, 체중 1kg당 대략 5~7ml의 수분을 운동 4시간 전에 섭취해주어야 한다. 더 나아가, 운동 후 체중 1파운드 감소는 20~24온스(약 0.6~0.7L)의 체수분 손실에 해당하므로 고객들이 운동 전후 체중을 스스로 확인하도록 지도하고 수분을 보충하도록 해야 한다.

의복과 신발

편안하고 넉넉하게 맞는 의복은 움직이기 편하기 때문에 유산소성 운동을 수행하는 동안 중요하다. 매우 더운 환경에서 의복은 최대한 가벼워야 한다. 반면 추운 날씨에는 여러 겹을 입어야 한다. 추운 날씨에는 머리와 사지 말단의 체온 손실이 크다. 그러므로 체온 보호를 위해 모자, 장갑, 스카프 등이 권장된다. 알맞은 신발 역시 걷기나 달리기와 같이 체중을 지지하는 활동에 있어 매우 중요하다. 일반적으로 신발은 완충작용이 뛰어나고 안정성이 있으며 밑창이 유연하게 구부러져 편안해야 한다. 런닝화의 질을 결정하는 주요 요소는 압력에 대한 내구성이다. 300~500마일(483~805km)을 달리면 런닝화의 내구성 50% 이상이 손실된다. 물론 일부 런닝화는 다른 것들보다 좋을 수 있다. 그러나 대체로 대부분의 런닝화는 300~500마일을 달리거나 6개월가량 사용하면 교체하는 것이 좋다. 체중이 많이 나가거나 좋지 못한 걸음걸이(예: 과회내, 회외)를 가진 경우 더 자주 신발을 교체해야 한다. 표 14.1과 14.2는 운동 유형과 걸음걸이에 따라 신발을 선택하는 권장사항을 다루고 있다. 그림 14.1은 과회내와 회외된 발의 모양을 보여준다.

런닝화는 일반적으로 세 가지 모양으로 구분된다. 직선, 반곡선, 곡선(그림 14.2). 과회내인 사람들은 끝부분이 곧은 신발이 걸음걸이를 바로잡는 데 도움이 될 수 있다. 회외된 사람의 경우 발의 가동범위를 최대로 사용하는데 끝부분이 곡선 처리된 신발이 좋다. 정상적인 발 모양의 사람들은 끝부분이 반곡선 처리되고 정상적인 모양의 신발이 적합하다. 달리기의 생체역학적 분석을 위해 족부전문가의 자문을 구하는 것이 적합한 신발을 선택하는 데 도움이 될 수 있다.

준비 운동과 정리 운동

준비 운동과 정리 운동은 심혈관계와 근골격계가 운동량에 적응하는 데 도움을 준다. 만약 목표 심박수에 도달하는 것이 트레이닝 프로그램의 목적이라면 점진적으로 심박수를 높여 목표 수준에 도달할 수 있도록 5~15분간의 준비 운동이 반드시 선행되어야 한다. 그리고 심박수를 천천히 낮출 수 있도록 5~15분간 정리 운동이 뒤따라야 한다. 만약 필요하다면, 준비 운동 후나 정리 운동의 일부로 5~15분간 낮은 강도의 스트레칭을 하는 것 역시 근육과 관절의 긴장을 풀어주는 데 도움을 줄 수 있다(12장 참고).

표 14.1 운동에 종류에 따른 신발 선택

운동 종류	일반적인 신발 특성	
	쿠셔닝	외측 안정성
걷기	중	중
달리기	고	저
에어로빅	중-고	중-고
라켓 스포츠	중	고
크로스 트레이닝	중-고	중-고

표 14.2 착지법에 따른 신발 선택

착지 유형	신발 특성
중립	끝부분 반 곡선, 적절한 모션컨트롤 운동화
과회내	끝부분 직선, 모션컨트롤 기능이 강한 운동화
저회내(회외)	끝부분 곡선, 모션컨트롤이 크거나 평평한 운동화

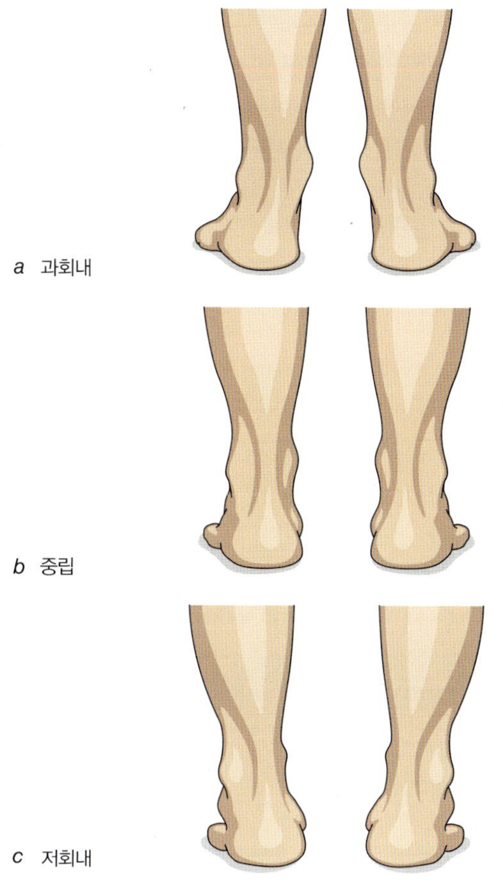

그림 14.1 a) 과회내는 착지할 때 발이 발아치 안쪽으로 과도하게 무너지는 경우 발생한다. (b) 중립적인 착지. (c) 저회내(회외)는 발 바깥쪽으로 착지하고 발 안쪽으로의 구름이 부족한 경우 발생한다.

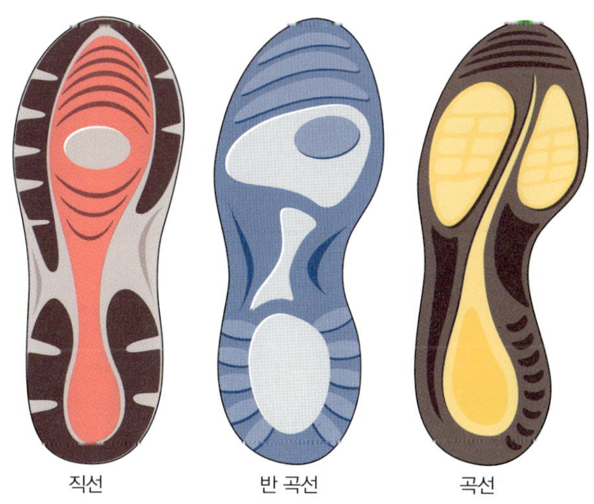

그림 14.2 신발 끝부분이 직선, 반 곡선, 곡선 처리된 모양. 과회내된 사람의 경우 직선, 중립적인 착지의 경우 반 곡선, 저회내(회외)된 경우 곡선 처리된 신발을 사용하면 도움이 된다.

운동 빈도, 강도, 지속시간

심혈관 운동의 빈도와 강도, 지속시간에 대한 일반적인 지침은 아래 내용과 같다.

- 운동빈도: 주당 2~5회
- 운동강도: 여유심박수의 50~85%
- 운동 지속시간: 20~60분

보통 대부분의 고객들은 단일 운동 세션을 지속해서 수행할 수 있다. 그러나 체력이 저하된 고객의 경우 하루에 걸쳐 간헐적으로 운동을 실시하여도 도움이 될 수 있다. 16장에서 유산소성 지구력 트레이닝 프로그램을 계획하는 데 필요한 내용을 다루고 있다.

적절한 호흡 방법

숨이 가쁠 정도로 운동해야만 심혈관계에 이로운 것은 아니라는 점을 고객이 이해할 수 있도록 해야 한다. 일반적으로 심혈관 운동 간에 호흡은 편안하고 규칙적으로 이루어져야 한다. 고객이 운동중에 가벼운 대화를 지속할 수 있고 코와 입으로 모두 호흡하는 것이 일반적인 권장사항이다. 그러나 강도 높은 운동을 희망하는 고객의 경우 높은 심박수와 가쁜 호흡이 요구되는 전력질주나 인터벌 트레이닝과 같은 상급 트레이닝 기술이 필요할 수 있다.

운동 프로그램 변화

운동 프로그램 변화는 과사용에 따른 부상위험을 줄이는 데 중요하다. 그러나 새로운 운동을 프로그램에 도입하는 데 있어서 보통 강도를 낮출 필요가 있다는 점을 기억해야 한다. 예를 들어 주 3회 고정 자전거를 30분간 타는 고객이 갑작스럽게 주 3회 트레드밀 달리기 30분을 수행할 수는 없을 것이다. 대신에 고객은 점진적으로 새로운 운동에 적응해가야 한다. 각 운동은 특이한 자극을 수반한다. 이 때문에 특정 운동에 대한 적응은 그 운동의 특이성에 특화된다. 심혈관계 및 호흡계에 대한 일반적인 적응은 하나의 운동에서 다음 것으로 잘 전이된다. 그러나 고객의 근골격계와 연결 조직은, 만약 자전거를 타왔던 고객이라면 달리기의 구조적인 스트레스에 쉽게 적응하지 못한다. 그러므로 퍼스널 트레이너는 고객이 운동 프로그램 변화에 있어 한 운동특이성에 적응해가는 동안 주의를 기울여야 한다.

특수성의 원리를 따른다면, 하나의 운동 양상을 수행하는 고객의 능력은 다른 방식으로 온전히 전환될 수 없다. 퍼스널 트레이너는 운동 프로그램에 새로운 활동을 추가하거나 대체할 때 적절한 전환이 이루어질 수 있도록 반드시 주의를 기울여야 한다.

심혈관 운동기구를 이용한 훈련

대표적인 심혈관 운동기구로는 트레드밀, 스텝퍼(계단오르기 머신), 엘립티컬 트레이너, 고정식 자전거, 로잉머신 등이 있다. 이번 세션에서는 각 운동 장비를 사용할 때 동원되는 주요 근육군(주동근)을 알아보고 반드시 알고 있어야 할 운동기법을 다루도록 한다.

트레드밀

주동근: 대퇴사두근, 슬굴곡근, 대둔근, 장요근, 전경골근, 비복근, 가자미근

트레드밀에서는 걷기와 달리기가 모두 가능하다. 트레드밀은 실내 운동이 편리하고 손잡이를 이용할 수 있으며, 속도와 경사를 조절할 수 있다는 점, 그리고 부드러운 착지면이 운동중 충격을 완화해준다는 장점이 있다.

벨트에 오르기

대부분의 고객들은 트레드밀과 친숙하며 벨트에 올라 운동을 시작하는 방법 역시 어렵지 않을 것이다. 그러나 고령의 운동참가자나 심장재활중인 고객의 경우에는 트레드밀을 사용하는 데 적응할 수 있도록 도움이 필요할 수 있다. 퍼스널 트레이너는 트레드밀 사용에 있어 도움이 필요한 고객을 위해 아래와 같은 지침을 수행할 수 있어야 한다.

1. 고객으로 하여금 손잡이를 잡고 벨트를 다리 사이에 두고 서도록 지도한다. 트레드밀을 작동시키고 속도를 시간당 1마일로 설정한다. 벨트가 움직이기 시작하면 고객이 한 발씩 벨트에 올라서서 걸을 수 있도록 한다. 몇몇 고객들에게는 트레드밀 속도에 적응하기 위해, 벨트 위에 오르기 전에 한발로 몇 차례 벨트를 구르는 것이 도움이 될 수 있다.
2. 고객이 불안함을 느낀다면 트레드밀 손잡이를 계속 잡고 있도록 안내한다. 그러나 일단 익숙해진 후에는 손잡이를 놓고 자연스러운 걷기 자세로 양팔을 흔들어주어야 한다.
3. 트레드밀에서 추락하는 위험을 최소화하기 위해 고객이 트레드밀 이용 사이에 트레드밀 중앙에 머물며 벨트 전방을 향해 있을 수 있도록 지도한다.

트레드밀 달리기

달리는 속도가 동일하다는 가정을 했을 때, 고객들은 야외에서 달리기보다 트레드밀을 이용한 실내 달리기를 더 쉽다고 느낄 것이다. 이와 같은 차이는 트레드밀 위에서의 공기저항이 적기 때문에 가능하다. 신체가 앞으로 추진하는 것보다는 벨트의 속도를 쫓아가기만 하면 된다. 그러므로 트레드밀 달리기는 동일한 속도의 야외달리기보다 에너지 소모가 덜하다. 이와 같은 에너지 소모 차이는 트레드밀 경사도를 약 1% 정도 높인다면 상쇄할 수 있다. 그림 14.3을 확인하도록 한다.

스텝퍼(계단오르기)

주동근: 대퇴사두근, 슬굴곡근, 대둔근, 척추기립근, 비복근, 가자미근

기구를 사용하지 않는 계단오르기를 실시할 때 무릎에 전달되는 반동력은 체중의 3~4배에 달한다.[25] 에스컬레이터 타입의 스텝퍼(stair climber)는 다리를 아래로 내디딜 때 움직이는 계단의 보조를 받기 때문에 무릎에 전달되는 스트레스를 줄이는 데 도움을 준다. 그러나 이와 같

손잡이 사용 줄이기

가능하다면 퍼스널 트레이너는 고객이 트레드밀이나 스텝퍼를 이용하여 운동할 때 손잡이를 사용하지 않도록 해야 한다. 이를 위해서 아래와 같은 순서로 지도할 필요가 있다.

1. 양손으로 가볍게 잡는다.
2. 양손 손가락만으로 잡는다.
3. 한 손으로만 잡고 다른 한 팔은 옆에서 흔든다.
4. 한 손 손가락만으로 잡는다.
5. 한 손 한 손가락만으로 잡는다.

고객은 손잡이를 완전히 놓고 운동할 수 있을 때까지, 1~5번까지 점진적으로 나아가야 한다. 트레드밀과 스텝퍼 사용할 때 손잡이에 체중을 과도하게 지지하는 경우가 있다. 이 때문에 운동량이 줄어들 수 있다. 과도한 손잡이 사용은 또한 올바른 신체 정렬을 무너뜨릴 수 있어 허리의 부상을 야기할 위험이 있다.

은 장비의 특성은 계단의 높이를 조절할 수 없기 때문에 키가 작은 고객들은 사용하기가 불편할 수 있다. 페달로 구성된 스텝퍼는 계단을 밟는 깊이를 조절할 수 있다. 다시 말하면, 계단을 더 깊게 밟을수록 근활동을 증가시키게 된다. 다만 체력이 저하된 고객의 경우 가장 낮은 운동강도에서도 사용불가능할 수 있다는 결정적인 단점이 있다.[1]

자세

스텝퍼는 앞을 보고 페달을 밟을 수 있도록 제작되었다. 그러므로 기계를 등지고 이용하는 것은 허리에 과도한 스트레스를 줄 수 있어 부상의 위험을 높이기 때문에 권장되지 않는다.

스텝퍼를 이용해 운동하는 동안 엉덩이 움직임이 도움이 될 수 있다. 그러나 통제되지 않은 과도한 엉덩이 움직임은 권장되지 않는다. 엉덩이의 극단적인 좌우 흔들림은 계단의 깊이가 지나치다는 것을 의미한다. 그리고 보통 척추의 과도한 전방 굴곡 때문에 신체 정렬이 왜곡되는 결과를 낳는다.[31] 퍼스널 트레이너는 고객이 엉덩이 위에 몸통 균형을 편안하게 잡을 수 있고 좋은 신체 정렬을 유지할 수 있을 때까지 계단의 깊이 혹은 속도, 경우에 따라 둘 다를 줄여야 한다.

그림 14.3 트레드밀 달리기는 야외 달리기보다 동일 속도로 운동할 때 에너지 소모가 적다. 트레드밀의 경사를 1% 높이면 이를 상쇄할 수 있다.

움직임 범위(가동범위)

신장(키)과 체력 수준은 스텝퍼의 계단 깊이를 결정하는 주요 요인이다. 적절한 움직임 범위는 보통 4~8인치(10~20cm)이다. 깊이가 지나치면 과도한 엉덩이 좌우 움직임을 야기한다. 반면에 깊이가 너무 얕으면 목표 근육군에 충분한 자극을 제공할 수 없게 되고 결국 심혈관계에도 충분한 운동이 될 수 없다. 모든 고객들이 올바른 자세와 적절한 근육 운동이 될 수 있는 계단 깊이를 설정하도록 해야 한다.

스텝 속도

스텝 속도는 일반적으로 분당 43~95보 수준이다.[29] 지나치게 빠른 속도로 걸으면 계단 깊이를 맞추기 위해 과도한 엉덩이 움직임이 야기되거나 짧고 빠르게 발을 굴러 너무 얕게 계단을 밟게 된다. 두 가지 모두 권장되지 않는다. 고객이 적절한 신진대사와 생체역학적 움직임을 만들어낼 수 있는 수준의 속도로 편안하게 걷는 것이 중요하다.

고객이 스텝퍼나 엘립티컬 트레이너 혹은 고정식 자전거를 이용하여 운동할 때, 슬관절을 굴곡한 상태에서 무릎이 발가락보다 앞으로 나와서는 안 된다. 이는 무릎에 압력을 더하여 부상을 야기할 수 있다.

엘립티컬 트레이너

주동근: 대퇴사두근, 슬굴곡근, 대둔근, 장요근, 전경골근, 비복근, 가자미근

엘립티컬 트레이너(elllipical trainer)는 스텝퍼와 걷기나 달리기의 움직임이 혼합되어 유용하다. 엘립티컬 트레이너는 신체에 전해지는 충격이 적고 대다수 모델이 상체가 부분적으로라도 함께 움직일 수 있도록 만들어져 있다. 운동중에 더 많은 근육을 동원할 수 있고 전체 열량 소모도 크기 때문에, 이와 같은 장비 특성은 실질적인 관

그림 14.4 올바른 엘립티컬 트레이너 운동기술. 머리는 곧게 세우고 시선은 정면 유지, 몸통은 엉덩이 위에 균형 잡힌 상태로 세워 앞쪽으로 과도하게 기대지 않는다.

점에서 중요하다. 다음 세션에서는 엘립티컬 트레이너를 사용할 때 고려해야 할 점들을 다룬다.

발 위치와 손잡이 사용

뒤꿈치를 들고 머신을 움직여야 하는 상황이 아닌 한, 양 발은 항상 페달 표면에 닿아 있어야 한다(예: 그림 14.4). 이뿐만 아니라 대부분의 엘립티컬 트레이너에는 측면 손잡이가 달려 있지 않지만, 측면 손잡이가 있다 하더라도 균형을 잡기 위해서만 잡도록 해야 한다.

자세와 무릎 위치

엘립티컬 트레이너를 사용하는 모든 고객은 반드시 몸을 곧게 세우고 몸통을 엉덩이 위에 균형 잡힌 상태로 유지해야 한다. 또한 관절에 부담을 주어 부상을 야기할 수 있으므로 무릎은 발끝보다 앞으로 나가지 않아야 한다.

속도, 경사, 저항, 그리고 움직임 방향

일반적으로 느린 속도로 움직일 때는 걷기 동작과 유사하며, 빠른 속도에서는 달리기에서의 움직임과 비슷하다고 한다. 중간 정도의 경사도는 언덕을 걷거나 뛰는 것과 유사하다. 반면 경사도가 높을 때는 계단오르기와 유사하다. 엘립티컬 트레이너의 다른 특징은 페달을 전후방으로 모두 밟을 수 있다는 점이다. 이 때문에 다소 상이한 방식으로 근육을 사용할 수 있다. 따라서 움직임의 방향을 바꾸는 것은 운동 프로그램에 변화를 줄 수 있는 유용한 방법이 될 수 있다.

> 수영뿐만 아니라 저충격 심혈관 운동기구(Low-impact cardiovascular training machines, 예를 들어 엘립티컬 트레이너, 고정식 자전거)는 관절염이나 요통과 같은 정형외과적 문제를 가지고 있는 고객들에게 유용하다.

고정식 자전거

주동근: 대퇴사두근, 슬굴곡근, 대둔근, 전경골근, 비복근, 가자미근

고정식 자전거는 체중을 지지할 필요가 없고 충격이 없다는 장점이 있다. 안장에 앉아 체중을 지지할 수 있기 때문에 과체중인 고객이나 요통, 무릎, 발목 혹은 발에 정형외과적 문제가 있는 고객들에게 도움이 될 수 있다. 그러나 국소 부위 근육에 피로를 유발할 수 있는 운동이기 때문에 최선의 심혈관계 운동 자극을 얻을 수 없다는 단점이 있다. 아래 세션에서는 고정식 자전거를 사용하는 데 있어 중요한 요소들을 논의한다.

안장 높이

안장 높이는 무릎 관절의 잠김 없이 최대한 신전시킬 수 있도록, 페달이 제일 아래에 있을 때 무릎이 가볍게 구부러지는 정도가 알맞다(그림 14.5). 고객이 자전거 옆에 섰을 때 안장 높이가 엉덩이 중간 정도에 위치하도록 하는 것이 일반적인 지침이다. 보통 고객들은 가동범위가 지나치게 짧거나 길다고 느껴질 때 안장 높이를 재조정할 수 있다.

손잡이와 자세

손잡이 위치는 엉덩이 관절에서부터 등이 가볍게 기울어지는 높이가 알맞다. 그러나 과도하게 등이 구부러지는 것은 아니다. 몇몇 고정식 자전거는 아래 내용과 같이 손

그림 14.5 올바른 안장 높이 조정. (a) 페달에 뒤꿈치를 대고 무릎을 잠가 다리를 곧게 편다. (b) 발볼을 페달에 대고 무릎을 가볍게 구부린다. (c) 페달이 12시 방향에 위치할 때 무릎은 엉덩이 높이 정도에 있고 바닥과 평행하다.

위치를 다양하게 할 수 있는 '황소뿔' 모양의 손잡이가 장착되어 있다.

1. 손바닥을 아래로 향하여 손잡이 앞부분을 잡는다. 곧추선 자세를 유지할 수 있다.
2. 손잡이 양 측면을 잡는다. 상체가 앞으로 다소 기울어진다.
3. 전완을 손잡이 옆에 올려놓는다. 상체 체중을 지지하면서 앞으로 기댈 수 있다.

몇몇 고정식 자전거는 손잡이 위치를 조정할 수 없을 수 있으나, 고객들은 대체로 장시간 자전거를 타는 동안 손 위치에 변화를 주며 이용할 수 있다.

속도와 페달링

일반적으로 대부분의 페달링 속도는 60~100RPM 수준이다. 초보자의 경우 낮은 속도의 페달링을, 훈련된 사이클 선수의 경우 빠른 속도의 페달링을 선호한다. 그러나 페달링이 지나치게 빠른 경우 몸통의 안정성을 유지하기 위해 더 많은 근육이 동원되어야 하기 때문에 에너지 소모가 커질 수 있다.[16,20,21,24,32] 대다수 고객들은 가장 적절한 수준의 페달링 속도를 조절할 수 있다. 전방과 하방으로 페달을 밟는 동안 대부분의 에너지를 사용하게 된다. 페달이 위로 돌아오는 동안에는 대체로 에너지 소모가 적다. 대퇴사두근과 대둔근이 페달링에 필요한 거의 모든 힘을 만들어낸다. 경우에 따라 종아리 근육이 하방으로 페달링하는 데 동원되나 전반적인 힘 발생에 대한 기여도는 크지 않다.

반 좌식 자전거

많은 트레이닝 시설에 반 좌식 자전거(semirecumbent bikes)가 구비되어 있다. 반 좌식 자전거는 넓은 안장과 등받이가 있어 과체중 고객이나 요통을 가진 고객, 임산부 등에게 도움이 될 수 있다. 심박수, 산소섭취량, 운동자각도 등이, 상체를 곧게 세우고 타는 일반적인 고정식 자전거보다 대체로 낮은 편이다(동일 운동강도를 고려할 때). 그 이유는 두 가지로 요약할 수 있다. ① 반 좌식 자전거의 등받이는 자세를 유지하는 데 필요한 근육에 부담을 덜어준다. ② 반 좌식 자세는 심장이 중력을 거슬러 수직으로 혈액을 보내야 하는 부담이 적다.[10] 그림 14.6은 반 좌식 자전거를 이용할 때 올바른 자세를 보여준다.

그룹 실내 자전거 타기

그룹 실내 자전거 타기(group indoor cycling)는 대개 혼자서 할 때보다 운동강도가 높은 편이다. 이와 같은 형태의 자전거 타기는 음악과 함께 수업 형태로 진행되며, 강사가 다양한 장소에서 30~45분간 클래스를 이끌며 동기부여를 높이곤 한다. 초보자의 경우 그룹 수업에 참여하

그림 14.6 반 좌식 자전거에서 상체는 비스듬하게 기댄 상태가 된다. 안장은 무릎이 가볍게 구부러질 수 있는 위치에 맞추어야 한다(고정식 자전거 안장 조절과 유사).

기 전에 기초적인 체력을 발달시켜 놓는 것이 중요하다. 처음에는 혼자서 훈련한 후 준비가 되었다고 판단될 때 초보자 수준의 수업에서부터 참가하여 점차 상급 수업으로 진전하는 것이 알맞다.

그룹 수업용 자전거는 보통 안장의 전후방 조절이 가능하다. 안장이 적절한 위치에 맞추어져 있다면 최적의 힘을 발휘하여 운동할 수 있으며 페달링 중에 무릎의 부담을 줄일 수 있다. 전후방으로 안장 위치를 조절하는 방법은 다음과 같다. 먼저 페달을 3시 방향과 9시 방향에서 바닥과 평행하게 맞춘다. 그 다음 페달이 3시 방향에 있을 때 안장을 전후방으로 조절하여 무릎이 발끝보다 앞으로 나오지 않도록 한다. 경골 조면(슬개골 바로 아래의 작은 융기)으로부터 수직으로 떨어지는 선이 페달 가운데에 위치한 발볼과 만나도록 한다. 무릎이 발끝보다 앞에 위치하면 최적의 힘을 출력하는 데 방해가 되며 무릎 부상으로 이어질 수 있으므로 주의한다.[22]

그룹 수업용 자전거는 또한 손잡이의 높낮이를 조절할 수 있다. 손잡이 높이는 개인의 선호도에 따라 달라지지만 보통 안장의 끝에 맞춘다. 초보자들이나 등 유연성이 좋지 못한 고객들은 상체를 곧게 세우고 탈 수 있도록 손잡이 높이가 다소 높은 것이 알맞을 수 있다(그

그림 14.7 그룹 자전거 타기 수업에서의 올바른 자세. (a) 일반 자세, (b) 레이싱 자세.

림 14.7a). 어떤 방식이든 팔꿈치를 최소한 15도 정도 가볍게 구부려 손잡이로부터 편안한 거리에 있을 수 있도록 해야 한다. 몸통과 상완의 각도는 약 90도(혹은 90도 이하)가 된다.[12,22] 어떤 자전거에는 손잡이의 전후방 위치 조절이 가능하다. 이 경우 가장 편안한 자세를 만들 수 있도록 추가 조정이 가능하다. 상체를 앞으로 더 기울인 '레이싱' 자세(그림 14.7b)는 일반적인 전자식 자가발전 고정식 자전거보다 그룹 자전거 타기 수업에서 자주 사용된다.

로잉 머신

주동근: 대퇴사두근, 슬굴곡근, 대둔근, 전경골근, 비복근, 가자미근, 이두근, 상완요골근, 상완근, 복직근, 후면 및 측면 삼각근, 승모근, 광배근, 대원근, 척추기립근, 척골측 손목 굴근 및 신근

로잉은 상하체를 모두 자극할 수 있으며 체중 지지 부담이 없는 좋은 운동이다. 로잉 동작을 수행하는 데 전신의 많은 근육군이 동원되기 때문에 국소 부위의 피로도가 축적될 우려도 적다. 다만 많은 고객들이 로잉 동작과 친숙하지 않다는 단점이 있다. 초보자는 상체에 과도하게 의지해 로잉 동작을 수행하는 경우가 많다. 또한 등허리를 과하게 구부려 요통을 유발하는 경우도 있다. 로잉은 적절한 자세를 익히는 것이 매우 중요하다(그림 14.8).

시작 자세와 젓기

올바른 시작 자세는 머리는 곧게 세우고 시선은 전방을 유지하며 등허리가 굽지 않도록 세워야 한다. 이 상태에서 앞으로 가볍게 기울인 자세가 된다. 팔은 몸 앞으로 곧게 뻗고 고관절과 무릎은 굴곡된다. 이 자세에서 시작하여 고관절과 다리를 신전하면서 젓기를 시작한다. 이때 몸통은 뒤로 가볍게 기울어진다. 고관절과 다리가 완전히 신전된 후에 팔로 손잡이를 복부 쪽으로 당겨준다.

마무리, 원위치, 그리고 잡기

마무리 자세에서 다리는 완전히 신전되어 있고, 몸통은 뒤로 가볍게 기울어져 있으며, 팔꿈치는 구부러져 손잡이가 복부 쪽으로 당겨져 있게 된다. 원위치로 돌아갈 때는 차례로 팔꿈치가 펴지고 고관절이 굴곡되어 몸통이 앞으로 기운다. 다음 번 젓기를 위한 잡기는 시작 자세에서 다시 반복된다. 다음 번 젓기를 위해 고관절이 굴곡되어 몸통은 가볍게 앞으로 기울어져 있고, 팔은 곧게 펴져

그림 14.8 로잉 머신을 이용할 때 올바른 사세. (a) 시작 자세(잡기), (b) 젓기, (c) 마무리, (d) 원 위치.

있으며, 정강이는 수직으로 유지된 상태가 된다.

저항과 속도

로잉 머신은 다양한 디자인으로 제작되지만, 가장 쉽게 접할 수 있는 유형은 공기저항을 사용하는 것이다. 공기 흡입구에 들어가는 공기의 양을 조절하여 저항을 설정한다. 공기가 많이 들어갈수록 저항은 강해진다. 모든 초보자들은 반드시 낮은 저항 수준에서 시작하여 체력이 향상됨에 따라 점진적으로 운동강도를 높여야 한다. 일반적인 운동을 위한 로잉을 실시한다면 대략 분당 20~25회(stroke)의 적절한 젓기 속도로 실시한다. 엘리트 조정 선수들은 대체로 더 빠른 속도로 로잉 머신을 탄다(예: 분당 25~35회).

> 가용한 장비에 따라 심혈관 운동 방법이 선택되어야 한다. 고객이 편안하게 사용할 수 있고 신체적으로 달성하고자 하는 목표에 부합하는 것이어야 한다. 고객의 체력 수준에 맞는 운동 프로그램을 시작하고 강도를 점진적으로 상향하는 것이 중요하다.

기구를 사용하지 않는 심혈관 운동기술

걷기나 달리기와 같은, 기구를 사용하지 않는 운동은 기구를 이용한 운동보다 비용이 적게 들고 고객의 일정에 쉽게 맞출 수 있다. 이 세션에서는 걷기, 달리기, 수영, 그룹 운동 수업과 수중 운동에 대해서 다룬다.

걷기

주동근: 대퇴사두근, 슬굴곡근, 대둔근, 장요근, 전경골근, 비복근, 가자미근

생체역학적인 측면과 상관없이 걷기는 초보자에게 좋은 운동이다. 그러나 체력 수준이 향상될수록 고객이 아래에 설명된 바와 같은 좋은 자세와 착지법, 고관절 움직임과 팔 동작을 유지할 수 있도록 해야 한다.

자세

걷는 동안 올바른 자세는 매우 중요하다. 올바른 자세를 유지하면 운동효율을 높일 수 있고 허리와 전체 척추뼈의 부담을 줄일 수 있다. 고객이 올바른 자세를 익힐 때 '키 큰 자세로' 걷는다는 느낌을 찾을 수 있도록 해야 한다. 이는 머리 바로 위에서 줄을 달아 척추 뼈를 위로 잡아당긴다고 상상하면 이해가 쉽다. 어깨는 반드시 편안하게 이완되어 있어야 하지만 앞으로 굽어선 안 된다. 상체는 엉덩이 바로 위에 곧게 세워져 있어야 한다.

발착지

걷는 동안 발착지(foot strike)는 발뒤꿈치가 바닥에 닿는 데서 시작한다. 뒤꿈치에서 발볼까지 발을 부드럽게 구르면서 체중이 자연스럽게 이동한다. 비정상적인 발착지는 체중이 과도하게 발 안쪽이나 바깥쪽으로 이동하는 경우 발생한다(그림 14.1). 이와 같은 발착지는 어떠한 것도 건강에 도움이 되지 않으며 잠재적인 부상으로 이어진다.

고관절 움직임

보폭 빈도(stride frequency)나 **보폭 길이**(stride length)를 늘려 걷는 속도를 빠르게 조절할 수 있다. 초보자들은 걷기 전에 고관절의 가동성을 늘려줄 수 있도록 가벼운 스트레칭을 해주면 좋다. 고관절 가동성이 향상되면 적절한 보폭을 유지하는 데 도움이 된다. 점진적으로 보폭 빈도나 보폭 혹은 두 가지 모두를 증가시키는 것이 운동강도를 상향하는 가장 좋은 방법이다.

팔 동작

팔다리 동작은 걷는 동안 협응이 잘 이루어져야 한다. 왼팔은 오른다리와, 오른팔은 왼다리와 함께 앞으로 움직여야 한다. 빠르게 걸을 때는 팔꿈치를 90도 정도로 구부리고 양손이 가슴 높이까지 오도록 흔들어준다. 엉덩이에서 가슴과 등으로 이동하며 팔을 흔드는 동작은 신체를 앞으로 추진하는 데 도움을 준다.

경보

일반적인 걷기와 경보(race walking)는 크게 두 가지 차이가 있다. 하나는 경보 경기의 규칙상 항상 한 발이 지면에 닿아 있어야 한다. 다른 하나는 착지한 순간부터 몸이 지지하는 다리를 지나갈 때까지 다리는 반드시 완전히 펴져 있어야 한다. 경보 경기에서는 보폭을 최대한 늘려 경기력을 향상시킨다. 고관절 회전을 증가시킴으로써 보폭을 늘릴 수 있다(예: 경보에서 흔히 사용되는 '골반 회전[pelvic roll]', 그림 14.9).

평소 보폭보다 단 몇 인치 긴 보폭을 계속해서 유지할 수 있는 능력이 경보 경기에서의 성공을 좌우한다. 그런데 많은 고객들이 자신의 운동 프로그램에 언제 달리

그림 14.9 올바른 경보 기술은 항상 한 발이 지면에 닿아있어야 하고 지지하는 다리는 곧게 펴져야 한다. 경보 선수는 고관절 회전을 증가시켜 보폭을 늘린다.

기를 적용하는 것이 좋을지 궁금해 한다. 일반적으로 고객이 대략 4마일(6.4km)을 지치지 않고 걸을 수 있을 때, 걷기/달리기 프로그램을 시작할 수 있다고 말한다. 이와 같은 프로그램은 걷고 뛰는 거리에 변화를 주어 필요한 운동시간만큼 반복하도록 한다(예: 1~2분 달리고 3~5분 걷기). 달리는 시간을 점차 늘려감으로써 프로그램 강도를 상향할 수 있다. 다만 달리기는 몸에 충격을 줄 수 있는 활동이라는 점을 기억해야 한다. 과체중인 고객이나 정형외과적 문제가 있는 고객의 경우 자전거 타기나 수영과 같은, 몸에 충격을 주지 않는 심혈관 활동을 하는 것이 좋다.

달리기

주동근: 대퇴사두근, 슬굴곡근, 대둔근, 장요근, 전경골근, 비복근, 가자미근

달리기는 심혈관계에 뛰어난 이점을 제공할 수 있는 운동이며 걷기와 마찬가지로 비용이 많이 들지 않는다. 달리기는 체력 수준이 높은 고객에게 시간 효율적인 운동으로 알맞고, 달리는 동작이 포함된 스포츠에 참여하는 사람에게 알맞은 운동이다. 달리기는 걷기보다 소모되는 총 에너지가 더 크다. 따라서 에너지 소모와 부상위험을 줄이면서 달리려면 구체적인 주법을 익힐 필요가 있다. 매 발구름마다 위아래로 튀는 동작은 수직 이동 간에 에너지 소모가 많고 충격도 커 지양해야 한다. 발 전체로 충격을 흡수할 수 있기 때문에, '발뒤꿈치-발볼(heel-ball)'주법이 장거리를 달리는 데 가장 안전한 발동작이다. 과회외 혹은 회내된 비정상적인 발동작은 착지 충격 때문에 걷기보다 달리기에서 더 큰 문제를 야기할 수 있다.

자세와 발착지

걷기와 유사한 자세가 달리기에도 적용된다. '키 큰 자세로' 달린다는 점을 고객이 숙지할 수 있도록 한다. 머리는 곧게 세우고 어깨는 편안하게 내려놓으며 몸통은 엉덩이 위에 균형 잡힌 상태로 둔다. 발착지는 발뒤꿈치-발볼 주법으로 부드럽게 바닥을 구르며 이루어진다. 발뒤꿈치가 바닥에 먼저 닿고 발이 부드럽게 구르면서 체중이 이동하게 된다(그림 14.10). 따라서 고객이 달리는 동안 바닥을 발로 때리는 동작을 하지 않도록 주지시키는 것이 중요하다. 이와 같은 동작은 정형외과적 문제를

그림 14.10 장거리 달리기나 트레드밀 달리기를 실시할 때, 발뒤꿈치가 먼저 바닥에 닿고 발볼 쪽으로 발 전체가 부드럽게 구르면서 발을 떼는 것이 올바른 발 동작이다.

야기할 수 있다. 발로 바닥을 때리는 게 아니라, 가능한 한 충격을 최소화하여 미끄러지듯 발동작이 이루어지며 달릴 수 있도록 해야 한다.

팔 동작

장거리 달리기를 하는 동안, 팔은 어깨에서 편안하게 내려오고 팔꿈치는 구부러진다. 일부 팔 움직임이 어깨에서 시작하지만, 지나친 어깨 움직임은 에너지를 낭비하게 된다. 대부분의 팔 움직임은 팔꿈치의 경첩 관절을 이용하여 전완(전완, 손목, 손)에서 이루어진다. 팔꿈치는 완전히 펴지 않으며, 팔을 아래로 내릴 때 팔꿈치의 각이 열리고 위로 올릴 때 팔꿈치 각이 줄어든다. 전완은 허리와 가슴 사이에서 움직인다. 만약 팔이 과도하게 높이 올라가면 어깨와 등 상부가 피로해진다. 반면에 팔이 너무 낮게 움직이면 과도하게 전방으로 몸이 기울어진다. 손은 가볍게 쥐고 엄지손가락은 검지에 살짝 닿는다. 주먹을 꽉 쥐고 달리지 않는다. 앞쪽으로 이루어지는 팔 동작에서 손은 가슴 높이까지 간다. 뒤쪽으로 이루어지는 팔 동작에서는 몸통 옆에서 엉덩이 위치까지 간다. 팔과 손은 약간 몸 안쪽으로 움직이는데, 몸 중심선을 지나 양손이 교차하지는 않는다. 손목은 편안하게 유지하지만 지나치게 느슨하게 흔들리진 않는다.

보폭 길이

걷기 속도와 마찬가지로 달리기 속도 역시 보폭 길이와 보폭 빈도가 좌우한다. 달리기 수행 능력을 향상시키기 위해서는 보폭 길이나 보폭 빈도 혹은 둘 모두를 늘릴 필요가 있다. 고객의 포복은 다리 길이, 유연성, 조정력, 그리고 피로 수준에 따라 달라진다. 달릴 때 발은 고관절 아래 지면에 착지해야 한다. 만약 발이 몸 중심에서 과도하게 앞에 착지하면, 더 큰 충격과 약간의 제동이 걸린다. 이를 **과보폭**(overstriding)이라고 한다. 과보폭은 공중에 너무 오랫동안 머무르게 만들 뿐만 아니라 제동을 걸어 비효율적인 달리기를 하게 만든다. 보폭을 늘리기 위해 많은 사람들이 발과 다리를 앞으로 과도하게 뻗는다. 그러나 이는 오히려 역효과를 낳고 달리는 동안 몸에 제동을 건다. 또한 **과소보폭**(understriding, 지나치게 좁은 보폭) 역시 에너지를 낭비하게 한다. 과소보폭은 매 발걸음마다 충분히 앞으로 나아갈 수 없기 때문에 비효율적이다. 보폭을 늘리는 가장 좋은 방법은 근력을 향상시켜 뒤쪽 다리의 추진력을 향상시키고 유연성을 개선하여 가동범위를 늘리는 것이다. 플라이오메트릭 운동이 뒤쪽 다리의 추진력을 향상시킬 수 있으므로 적절한 시기에 프로그램에 추가해도 좋다.

보폭 빈도

보폭 빈도를 늘리기 위해 발걸음을 단순히 이완된 상태로 빠르고 부드럽게 유지하면서 발을 지면에서 가깝게 움직이도록 지도한다. 적절한 시기에 플라이오메트릭 운동이 보폭 빈도를 늘리기 위해 적용될 수도 있다. 건강관리를 위해 달리는 사람에게는 속도나 경기가 운동 목적이 아니기 때문에 보폭이나 보폭 빈도가 중요하지 않을 수 있다. 다만 안전상의 이유로 주지될 필요는 있다. 느린 과보폭은 대개 무게중심을 높여 체공시간을 늘린다. 이는 착지를 더 어렵게 만들고 충격도 크게 만든다. 따라서 느린 과보폭은 속도를 늦출 뿐만 아니라 부상위험도 높일 수 있다.

수영

주동근: 수영 영법에 따라 상이하나 거의 모든 신체 부위를 사용한다.

대표적인 네 가지 수영 영법은 자유형(크롤), 배영, 평영, 접영이다. 모든 영법은 심혈관계에 뛰어난 자극을 주며 신체에 주는 충격이 적다. 다만 수영 경험이 전혀 없는 고객을 참여시키기 전에는 적십자사 인증 수상안전지도자의 지도를 받게 할 것을 추천한다. 모든 영법의 올바른 기술을 논하는 것은 본 장의 범위 밖의 내용으로 자유형에 대해서만 간략하게 다루도록 한다.

자유형(프론트크롤)은 가장 대중적이며 빠른 영법이다. 상하체를 모두 사용하는 영법이기 때문에 적절한 조정력이 요구되며 심혈관계를 자극하는 데 큰 도움이 된다.[4]

자세

자유형에서 몸은 곧게 편 상태로 물에 엎드려 있는다. 머리는 자연스럽게 놓인 상태로 시선은 수영장 바닥이나 약간 앞을 본다. 과도한 상하좌우 움직임은 수평으로 움직이는 속도를 떨어뜨릴 수 있기 때문에 가능한 피하도록 한다. 이와 같은 일직선의 유선형 자세는 엉덩이에서 시작해 어깨, 팔, 다리로 연결되는 신체 회전(body roll)과 관계가 있다. 머리는 호흡을 할 때만 수면 밖으로 돌려야 하며, 이와 같은 동작은 신체 회전의 연장선이어야 한다. 이는 네 가지 기본 단계에 걸쳐 일어난다. ① 골반 회전 ② 반대 팔 들어올리기 ③ 당기는 팔로 인한 전방

추진 ④ 나머지 신체 부분과 함께 다리가 회전할 때 횡력을 발생시키는 발차기. 신체 회전은 호흡을 용이하게 하고 팔의 추진력을 높여줄 뿐만 아니라 저항을 감소시키고 어깨의 부담을 덜어준다.

팔 동작

팔 동작은 자유형에서 매우 중요하다. 팔 동작이 물에서 몸을 움직이는 데 필요한 추진력의 80~90%를 만들어내기 때문이다. 팔 동작은 세 단계로 구성된다. ① 입수/잡기 단계 ② 파워 단계 ③ 회복 단계. 손은 어깨 앞쪽, 몸 중심선의 약간 측면으로 입수한다. 팔꿈치는 반드시 가볍게 구부러져 있고 높게 들려 있어야 한다. 이와 같은 팔꿈치 자세는 팔이 저항 없이 물속으로 들어가 당기기를 효과적으로 수행할 수 있게 한다. 손가락, 손, 전완, 팔꿈치 그리고 어깨는 연속해서 같은 자리에서 물속으로 들어가야 한다. 잡기는 입수 바로 다음에 이루어진다. 손과 전완이 어깨 앞에서 물을 '잡는다'. 잡기는 팔 동작 중에 효과적인 당기기를 하기 위해서 손과 팔을 적절한 위치에 놓아야 하기 때문에 중요하다. 암벽 등반시 몸을 위로 끌어올리기 위해 팔을 뻗어 바위를 잡는 것과 비슷한 느낌으로 잡기 동작을 이해해야 한다.

파워 단계는 팔 동작의 주요 추진 구간이므로 중요하다. 파워 단계에서는 끌기 동작으로 손과 전완을 뒤로 가속하여 물속에서 몸을 앞으로 당기게 된다. 이 동작은 손이 아래로 그리고 약간 바깥쪽으로 물을 쓸면서 'S자 형태'를 만들게 된다. 팔꿈치가 약 90도 정도로 구부러진 상태로 손은 다시 약간 안쪽과 뒤로 움직이면서 가슴과 몸 중심을 향해 움직인다. 그 다음 손은 다시 중심 상태로 돌아가 손바닥이 뒤쪽을 향하게 되며, 팔은 허벅지를 바깥쪽, 그리고 위쪽으로 움직이며 허벅지를 지나 뒤쪽을 향해 펴진다. 허벅지를 지나는 뒤쪽으로 물을 미는 마지막 부분은 파워 단계에서 가장 큰 힘을 내고 팔이 당기기 동작에서 최대의 출력을 낼 수 있는 구간이다. 또한 이 동작은 추진력을 최대로 높이기 위해 신체 회전을 동반하여 이루어져야 한다. 그러나 이와 같은 'S자 형태'의 움직임은 매우 미묘하게 나타나며 4~8인치(10~20cm) 폭에 지나지 않는다(그림 14.11). 손가락은 단단하게 붙어 있어선 안 되고 편안하게 이완되어 있어야 한다.

마지막 단계는 회복과 새로운 당기기 동작 준비가 포함된다. 먼저 팔꿈치가 물 밖으로 높게 들려나오고 손은 다리 쪽을 향한다. 팔꿈치를 높게 들면 전완이 아래쪽을 향하여 내려와 있을 수 있다. 일단 손이 물을 차고 나오면 앞쪽으로 가져가 다음 파워 단계를 진행한다.

발차기

발차기의 주요 기능은 신체 균형을 잡고 수면에 수평으로 떠 있도록 유지하는 것이다. 수영에서 발차기는 전방 추진에 기여하지는 않는다.[13,17] 자유형에서 발차기는 물장구를 치는 것과 같은데 12~15인치(30~40cm) 폭으로 진행된다. 발을 아래로 차는 동작이 대부분의 힘을 만들어낸다. 발은 저측 굴곡(발바닥굽힘)된 상태를 유지해야 한다. 발차기는 엉덩이에서 비롯되어야 하고 무릎을 가볍게 굴곡, 신전시키면서 반복된다. 발을 위로 올리는 동작에서는 발뒤꿈치가 물 표면에 겨우 올라갈 정도가 된다.

수영을 하는 많은 사람들이 한 번의 팔 동작에 두 번

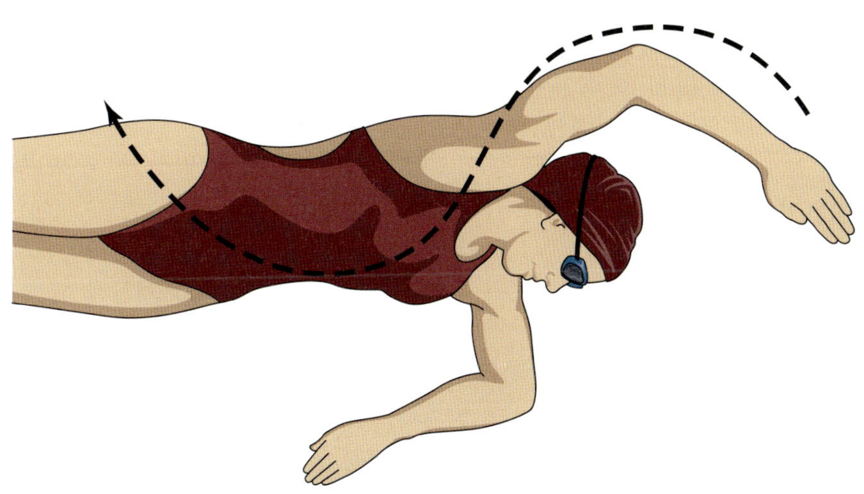

그림 14.11 자유형 영법의 팔 동작 추진 단계에서는 미묘한 'S자 형태'로 손이 움직이게 된다.

의 발차기를 실시하는 '2비트(two-beat)' 발차기를 한다. 장거리 수영을 하는 경우라면 발차기를 물에 떠 있기 위한 정도 속도로 유지하면서 에너지를 보존하는 것이 중요하다. 엘리트 수영 선수들은 발차기의 추진력을 극대화하려고 노력한다. 예를 들어 상위 단거리 수영 선수들은 체력 안배를 우려하지 않기 때문에 6비트로 발차기를 한다.

호흡

호흡은 신체 회전이 이루어질 때 자연스럽게 머리를 옆으로 돌려서 실시한다. 이마가 턱보다 조금 위에 있는 높이로 머리 위치를 유지해야 한다. 호흡은 머리가 돌아가는 지점에서 가능하다. 많은 초보자들이 범하는 실수가 머리를 들고 호흡을 하는 것이다. 이렇게 되면 엉덩이가 가라앉게 된다. 호흡을 들이마신 뒤에 신체 회전에 따라 머리는 다시 물속으로 들어온다. 낮은 강도로 수영을 하고 있다면 오직 코로 숨을 뱉을 수 있다. 하지만 최대 출력으로 수영을 한다면 코와 입으로 있는 힘껏 숨을 내뱉어 폐를 비우는 것이 중요하다.

그룹 운동 수업

주동근: 클래스에 따라 상이하나, 대체로 전신을 사용하게 된다.

전통적인 에어로빅 수업은 킥복싱, 스텝, 그룹 저항 운동(근력 수업), 수중 운동, 태극권, 휘트니스 요가와 같은 다양한 종류의 그룹 운동 수업으로 발전해왔다.[3] 대체로 이러한 수업들은 음악에 맞춘 안무에 따라 다양한 심혈관계 운동 효과를 제공한다. 이 세션의 목적은 다양한 심혈관 운동 수업을 자세히 다루는 것이 아니다. 대신 에어로빅, 스텝, 킥복싱, 수중 운동에 대해서만 간략하게 다루도록 한다. 그룹 수업에서는 안전이 가장 중요하다. 특히 좋은 자세와 위치를 지켜야 한다. 대부분의 운동에서처럼, 어깨는 이완되고 앞으로 굽지 않으며, 몸통은 곧게 세워야 한다. 또한 모든 수업에서 무릎을 굴곡시키는 경우가 많은데, 이때 무릎이 발끝보다 앞으로 나가지 않도록 해야 한다.

그룹 운동 수업에 참여하는 고객들은 반드시 귀와 어깨, 엉덩이로 이어지는 정렬을 지킨, 좋은 자세를 유지해야 한다. 복부와 엉덩이 근육은 가볍게 긴장을 유지하여 허리가 과도하게 젖혀지지 않도록 한다. 그리고 무릎을 구부릴 때, 발끝보다 무릎이 앞으로 나가지 않도록 한다.

전통적인 에어로빅 수업

전통적인 에어로빅 수업은 45~75분간 진행된다. 각 수업은 보통 준비 운동과 운동 전 스트레칭으로 시작한다. 유산소성 운동과 마무리 운동, 운동 후 스트레칭이 뒤따른다. 수업의 특장점에 따라 각 구성요소들에 시간이 상이하게 배분된다.

수업의 유산소성 운동 부분은 저강도, 중강도, 고강도 혹은 혼합된 형태가 될 수 있다. 저강도 에어로빅의 경우 한 발이 항상 지면에 붙어 있는다. 에어로빅 수업의 강도 조정은 사용되는 근육군 변화, 무게중심을 높거나 낮추기, 움직임의 범위와 템포 변화, 좌우 혹은 앞뒤 이동을 적용함으로써 가능하다. 저강도 에어로빅 수업은 고령 고객, 임산부뿐만 아니라 체력이 저하된 고객이나 비만 고객에게 알맞다. 저강도 에어로빅 수업에서는 수직으로 움직이며 몸에 가해지는 충격이 체중의 1~1.25배 수준이기 때문이다.[11] 반면 중간 강도의 에어로빅 수업은 한 발이 항상 바닥에 붙어 있고 무게중심이 올라가거나 발볼로 지지하는 경우가 있다. 이 때문에 수직 움직임에서 가해지는 충격량이 2~2.5배 정도가 된다. 고강도 에어로빅 수업에서는 몸을 공중에 띄우면서 양발이 함께 지면에서 떨어진다. 이는 달리거나 도약하는 동작 중에 발생한다. 당연히 이와 같은 운동은 역동적이며 체력 수준이 준수한 고객에게만 적합하다. 수직 움직임에서 발생하는 충격량은 체중의 3배 이상이 될 수 있다.

스텝 트레이닝

스텝 트레이닝은 4~12인치(10~30cm) 정도 높이의 작은 박스를 사용한다. 참가자들은 음악에 맞추어 다양한 동작을 구사하며 박스를 오르내리게 된다. 이 동작을 통해 많은 근육군을 사용하게 된다. 수업의 운동강도는 단순히 스텝 높이를 올림으로써 상향 가능하다. 그러나 이와 같은 운동강도 조절은 무릎에 문제가 있는 고객에게는 적용할 수 없다. 6~8인치(15~20cm) 박스를 단순히 오르내리는 것만으로도 대략 체중의 1.4~1.5배의 충격이 발생한다. 이는 빠르게 걷기와 거의 동일한 수준의 충격이다. 그러나 스텝 속도를 빠르게 하거나 추진하는 동작이 추가되면 충격은 체중의 2.5배에 달한다.[9,23,28] 그러므로 추진하는 동작은 항상 박스에 바로 오를 때만 적용되고 지면으로 내려올 때는 사용하지 말아야 한다. 추가로, 초보자를 위한 스텝 높이는 무릎 부상위험을 줄이기 위해 무릎의 굴곡 각도가 최대 60도 정도가 되도록 하는 것이 권장된다.

킥복싱

킥복싱 수업은 무술 훈련을 본따 발차기나 주먹지르기 동작을 안무로 구성하여 실시한다. 이와 같은 수업에서는 보통 실제 상대와 교전하는 스파링보다는 '섀도우 복싱'을 한다. 대략 45~90분간 수업이 진행되며 준비 운동, 마무리 운동, 스트레칭에 적절하게 시간이 배분된다.

초보자들은 킥복싱 동작을 먼저 정확하게 배울 것을 권장한다. 다양한 동작을 너무 일찍 무리하게 실시할 때 부상이 빈번하게 발생하기 때문이다. 또한 초보자들은 운동 후 충분한 회복을 하기 위해 수업 사이에 최소 하루 정도 휴식이 필요할 수 있다. 숙련된 고객의 경우 적절한 준비 운동 후에 주먹지르기 연속 동작이나 빠른 발차기, 허리 높이 이상의 발차기를 실시할 수 있다. 숙련된 고객 중 일부는 샌드백이나 스피드 백 트레이닝과 같은 발차기와 주먹지르기 장비 사용을 선호하기도 한다.

수중 운동

수중 운동은 물의 부력이 관절에 부담을 덜어주기 때문에 안전한 트레이닝 방법이다. 이와 같은 형태의 운동은 체력이 저하된 고객이나 고령이거나 비만, 요통이 있는 고객에게 알맞다. 수중 운동에 수영 전문지식이 반드시 필요한 것은 아니다. 또한 비만인 고객들은 전신이 물에 잠겨 있어 신체 노출이 줄어들기 때문에 수중 운동을 선호하기도 한다. 수중 운동중에도 적절한 수분 섭취는 중요하다. 종종 수중 운동에 참가하는 고객들이 고강도 운동에도 땀을 흘리지 않기 때문에 수분 섭취를 간과하는 경우가 있다. 그러나 호흡 또한 수분 손실을 야기하기 때문에 운동 후에 충분한 양의 수분을 섭취하도록 지도해야 한다.

수중 운동은 몸을 곧게 세운 채로 물에 깊게 혹은 얕게 들어간 상태에서 각각 실시할 수 있다. 일반적으로 허리 높이의 물속에서는 체중의 50%, 가슴 높이에서는 25~35%, 목 높이에서는 10%만 지지한다.[5,6] 기본적인 수중 운동 동작은 걷기, 조깅하기, 발차기, 점프하기, 가위뛰기가 포함된다. 걷기는 무릎을 높이 들어 걷기, 뒤로 걷기, 옆으로 걷기, 발끝으로 걷기 등과 같은 변형을 적용할 수 있다. 조깅의 경우 제자리 혹은 이동하면서 실시할 수 있다. 더 빠르게 움직일수록 강도가 높아진다. 동작에 다양성을 더하기 위해 추가적인 팔 동작을 실시할 수도 있다. 한 다리를 이용해 앞으로, 옆으로 그리고 뒤로 발차기 동작을 실시할 수 있다. 다른 방식의 발차기 동작으로 무릎 올리기나 다리 구부리기도 가능하다. 모든 동작 간에 고객은 무릎 과신전에 주의해야 한다. 또한 수영장 옆에 앉거나, 엎드려서 벽을 잡고 수영 물장구치기를 실시할 수 있다. 점프 동작은 한 발 또는 양발로 실시할 수 있고 수영장 바닥에서부터 다시 뛰어오름으로써 강도를 높일 수 있다. 점프 동작은 팔벌려뛰기, 점프로 이동하기, 점프하여 회전하기, 개구리 점프, 높이 혹은 멀리 뛰기 등으로 실시할 수 있다. 점프 동작을 실시하기에 앞서 운동 참가자들은 적절한 착지 기술을 습득해야 한다. 적절한 착지는 발끝-발볼-뒤꿈치 순으로, 무릎이 발목 선상 바로 위에 살짝 이완된 상태(충분히 신전시켰으나 완전히 펴지 않은 상태)로 이루어져야 한다. 이와 같은 착지 기술을 수행해야만 부상위험을 줄이고 체중 수준의 충격을 흡수할 수 있다. 가위뛰기 동작은 크로스 컨트리 스키와 유사하게 팔과 다리를 동시에 움직인다. 동작의 범위가 넓고 수영장 바닥에서 완전히 뛰어오르면 운동강도를 높일 수 있다.

그 외의 수중 운동은 스쿼트, 런지, 무릎의 굽힘과 폄, 팔꿈치의 굽힘과 폄 등이 포함된다. 엘리트 달리기 선수들에게는 부상을 입었을 때, 수중 운동이나 깊은 물속 달리기가 육상 훈련을 보충하는데 도움이 될 수 있다. 이는 선수로 하여금 높은 수준의 심혈관계 체력과 달리기 특이성을 유지할 수 있도록 한다. 발은 수영장 바닥에 닿을 수도 있고, 부유 장비를 이용해 물에 뜬 채로 운동할 수도 있다.

결론

좋지 못한 운동기술은 부상을 야기할 수 있으므로 모든 심혈관계 운동은 올바른 기술에 근거해 이루어져야 한다. 퍼스널 트레이너는 고객이 자신의 수준에 맞는 동작을 선택할 수 있도록 도와야 할 의무가 있다. 그러나 가능하다면, 과사용에 따른 부상위험을 낮추기 위해 프로그램에 다양성을 더해주어야 한다. 적절한 운동 프로그램을 장기간 지속하는 것이 삶의 전반에 높은 수준의 신체 긴장 상태를 유지하는 데 중요하다.

연구 문제

1. 운동중 손실된 체중 1파운드당 보충해야 하는 수분량은 얼마인가?

   A. 한 컵
   B. 1갤런
   C. 10~14온스(0.3~0.35L)
   D. 20~24온스(0.6~0.7L)

2. 다음 중 트레드밀을 사용하여 운동할 때 제일 먼저 해야 할 행동은?

   A. 트레드밀 경사도를 0도로 조정한다.
   B. 벨트에 양쪽으로 다리를 벌리고 올라서서 손잡이를 잡는다.
   C. 트레드밀의 앞쪽을 향해 걷거나 달린다.
   D. 시간당 1마일 이하의 속도로 트레드밀을 작동시킨다.

3. 다음 중 스텝퍼를 사용하는 고객에게 지도해야 할 사항은?

   A. "운동 시작을 위해 발 전체를 페달 위에 올리세요. 각 페달이 올라올 때 뒤꿈치를 들어주세요."
   B. "특히 운동이 힘들어질수록, 몸을 살짝 앞으로 기울이세요."
   C. "매 발걸음마다 무릎을 완전히 펴세요."
   D. "필요하다면 균형을 유지할 수 있도록 손잡이를 잡으세요."

4. 다음 중 고정식 자전거를 사용할 때 올바른 신체 위치를 설명한 내용은?

   A. 위쪽에 있는 페달에 발볼이 위치할 때, 무릎은 엉덩이 높이보다 위에 있다.
   B. 아래쪽에 있는 페달에 발뒤꿈치가 위치할 때, 다리는 곧게 펴진다.
   C. 위쪽에 있는 페달에 발뒤꿈치가 위치할 때, 무릎은 엉덩이 높이와 동일하다.
   D. 아래쪽에 있는 페달에 발볼이 위치할 때, 다리는 곧게 펴진다.

응용 지식 문제

고객이 걷기와 달리기를 실시할 때 퍼스널 트레이너가 제공해야 하는 운동기술 지침(예: 신체 위치, 발 동작, 팔 동작)의 차이점과 유사점을 설명하라.

참고문헌

1. American College of Sports Medicine. 2010. *ACSM's Resource Manual for Guidelines for Exercise Testing and Prescription,* 6th ed. Philadelphia: Lippincott Williams & Wilkins.
2. American College of Sports Medicine. 2009. *ACSM's Guidelines for Exercise Testing and Prescription,* 8th ed. Baltimore: Lippincott Williams & Wilkins.
3. American Council on Exercise. 2008. *Group Fitness Instructor Manual. 2nd ed.* San Diego: Author.
4. American Red Cross. 1992. *Swimming and Diving.* Boston: American Red Cross. pp. 112-119, 236.
5. Aquatic Exercise Association. 2010. *Aquatic Fitness Professional Manual,* 6th ed. Nokomis, FL: Author.
6. Aquatic Exercise Association. 2001. *The Water Well Newsletter* 6.
7. Ariyoshi, M., K. Sonoda, K. Nagata, T. Mashima, M. Zenmyo, C. Paku, Y. Takamiya, H. Yoshimatsu, Y. Hirai, H. Yasunaga, H. Akashi, H. Imayama, T. Shimokobe, A. Inoue, and Y. Mutoh. 1999. Efficacy of aquatic exercises for patients with low-back pain. *Kurume Medical Journal* 46 (2): 91-96.
8. Bonelli, S. 2001. *Aquatic Exercise.* San Diego: American Council on Exercise.
9. Bonelli, S. 2000. *Step Training.* San Diego: American Council on Exercise.
10. Bonzheim, S.C., B.A. Franklin, C. Dewitt, C. Marks, B. Goslin, R. Jarski, and S. Dann. 1992. Physiologic responses to recumbent versus upright cycle ergometry, and implications for exercise prescription in patients with coronary artery disease. *American Journal of Cardiology* 69 (1): 40-44.
11. Bricker, K. 2000. *Traditional Aerobics.* San Diego: American Council on Exercise.

12. Burke, E.R., ed. 1988. *The Science of Cycling*. Champaign, IL: Human Kinetics.

13. Deschodt, V.J., L.M. Arsac, and A.H. Rouard. 1999. Relative contribution of arms and legs in humans to propulsion in 25-m sprint front-crawl swimming. *European Journal of Applied Physiology and Occupational Physiology* 80 (3): 192-199.

14. Evans, M. 1997. *Endurance Athlete's Edge*. Champaign, IL: Human Kinetics. pp. 75-77, 93.

15. Glover, B., and S.L. Florence Glover. 1999. *The Competitive Runner's Handbook,* rev. ed. New York: Penguin Books. pp. 336-337.

16. Hagberg, J.M., J.P. Mullin, M.D. Giese, and E. Spitznagel. 1981. Effect of pedaling rate on submaximal exercise responses of competitive cyclists. *Journal of Applied Physiology* 51 (2): 447-451.

17. Hobson, W., C. Campbell, and M. Vickers. 2001. *Swim, Bike, Run*. Champaign, IL: Human Kinetics. pp. 45-54.

18. Jones, A.M., and J.H. Doust. 1996. A 1% treadmill grade most accurately reflects the energetic cost of outdoor running. *Journal of Sports Science* 14 (4): 321-327.

19. Kordich, J.A. 1994. *Stair Machine. Treadmill. Teaching Technique Series*. Colorado Springs, CO: National Strength and Conditioning Association.

20. Lepers, R., G.Y. Millet, N.A. Maffiuletti, C. Hausswirth, and J. Brisswalter. 2001. Effect of pedaling rates on physiological response during endurance cycling. *European Journal of Applied Physiology* 85 (3-4): 392-395.

21. Lucia, A., J. Hoyos, and J.L. Chicharro. 2001. Preferred pedaling cadence in professional cycling. *Medicine and Science in Sports and Exercise* 33 (8): 1361-1366.

22. Mad Dogg Athletics. 2010. The spinning program -keeping it safe. www.spinning.com/images/Keep_it_Safe.pdf. Accessed Feb. 2, 2011.

23. Michaud, T., J. Rodriguez-Zavas, C. Armstrong, et al. 1993. Ground reaction forces in high impact and low impact aerobic dance. *Journal of Sports Medicine and Physical Fitness* 33: 359-366.

24. Neptune, R.R., and W. Herzog. 1999. The association between negative muscle work and pedaling rate. *Journal of Biomechanics* 32 (10): 1021-1026.

25. Nordin, M., and V.H. Frankel. 2001. *Basic Biomechanics of the Musculoskeletal System*. 3rd ed. Philadelphia: Lea & Febiger.

26. Reilly, D., and M. Martens. 1972. Experimental analysis of quadriceps muscle force and patellofemoral joint reaction force for various activities. *Acta Orthopaedica Scandanavica* 43:16-37.

27. Sawka, M.N., L.M. Burke, E.R. Eichner, R.J. Maughan, S.J. Montain, and N.S. Stachenfeld. 2007. American College of Sports Medicine position stand. Exercise and fluid replacement. *Medicine and Science In Sports and Exercise* 39 (2): 377-390.

28. Scharff-Olson, M., and H. Williford. 1998. Step aerobics fulfills its promise. *ACSM's Health & Fitness Journal* 2: 32-37.

29. Shih, J., Y.T. Wang, and M.H. Moeinzadeh. 1996. Effect of speed and experience on kinetic and kinematic factors during exercise on a stair-climbing machine. *Journal of Sport Rehabilitation* 5 (3): 224-233.

30. Sizer, F., and E. Whitney. 2011. *Nutrition: Concepts and Controversies,* 12th ed. Pacific Cove, CA: Brooks Cole.

31. Stairmaster Health & Fitness Products. 2001. *Stair Climbing: From Head to Toe*. Kirkland, WA: Stairmaster Health & Fitness Products.

32. Takaishi, T., Y. Yasuda, T. Ono, and T. Moritani. 1996. Optimal pedaling rate estimated from neuromuscular fatigue for cyclists. *Medicine and Science in Sports and Exercise* 28 (12): 1492-1497.

PART IV

프로그램 구성

Program Design

15

저항 훈련 프로그램 구성

G. Gregory Haff, PhD, and Erin E. Haff, MA

학습 목표

- 특수성, 과부하 및 다양성, 점진성, 연속성의 원리를 적용하는 법을 이해할 수 있다.
- 운동 선택, 훈련 빈도의 결정 및 운동순서를 결정할 수 있다.
- 1회 반복 최대무게, 체중 또는 최대반복횟수 검사를 통한 적절한 부하를 결정할 수 있다.
- 고객의 요구에 따라 운동부하, 운동량 및 휴식시간을 설정하고, 적절한 순차적 훈련 방법을 처치할 수 있다.
- 훈련 세션, 훈련일, 훈련주에 다양한 변화를 줄 수 있다.
- 훈련부하를 언제, 얼마나 증가시킬 수 있는지 결정할 수 있다.

안전하고 효과적인 저항 훈련 프로그램을 설계하는 것은 퍼스널 트레이너가 특정 목표를 달성하기 위해 특정 훈련 변수를 소삭해야 하는, 다각화된 과정이다. 많은 퍼스널 트레이너들이 저항 운동과 유산소 운동, 고강도 인터벌 훈련을 구분짓고 있지만, 저항 훈련 프로그램을 구성할 때 훈련 계획의 모든 요소를 고려하는 것이 중요하다.

퍼스널 트레이너는 고객의 목표와 관계없이 고객의 건강이나 의료기록의 평가, 체력 평가를 위해 초기 상담 평가를 진행해야 한다(9~11장 참조).

이때 퍼스널 트레이너는 고객의 저항 운동 경험과 기술에 대한 피상적 평가를 할 수 있다. 이때 수집된 정보는 고객의 운동빈도, 운동 형태의 선택, 운동부하, 반복과 세트 설정, 휴식 구간 등을 포함한 전체 운동 프로그램의 구성에 도움이 될 것이다.

지속적인 개선을 위해 퍼스널 트레이너는 주기화 훈련 계획을 고려해야 한다.

주기화 훈련은 훈련 결과를 최대화하면서 과훈련 가능성을 최소화하도록 도와준다.

일반적인 훈련 원칙

다음과 같은 네 가지 기본 원칙은 효과적인 저항 운동 프로그램을 이끈다. 특수성, 과부하, 다양성, 그리고 점진성이 그 네 가지이다. 이러한 원칙을 모두 적용하지 않는다면 고객의 목표달성 실패 및 운동계획 실천의 실패, 부상위험 증가로 인한 잠재적 소송 가능성 등의 결과를 가져온다.

특수성

특수성(specificity)의 원칙은 모든 효과적인 운동 프로그램의 기초가 된다. 훈련의 특수성은 목표로 한 변화나 결과를 초래하기 위해 특수한 방법으로 고객을 훈련시키는 것을 의미한다. 퍼스널 트레이너는 특정 근육군, 에너지 시스템, 움직임 속도, 움직임 패턴, 또는 근육 활동 유형을 대상으로 하여 이 작업을 수행할 수 있다.[31,107,117] 예를 들어 고객이 다리 근육의 근력을 원할 때, 퍼스널 트레이너는 하지의 발달을 강조하는 백 스쿼트와 같은 운동을 선택할 수 있다. 이런 경우 특수성은 종종 '근육군들의 특수성'을 요구한다.[31]

고객의 훈련 과정에서 특수성을 적용하는 또 다른 방법은 특정 움직임 패턴을 대상으로 하는 것이다. 움직임 패턴은 일반적으로 특정 스포츠 또는 활동으로 전의 가능한 힘을 기르고자 하는 운동선수 또는 고객에게 사용된다.

예를 들어 고객이 배구선수라면 퍼스널 트레이너는 배구가 반복적인 점프의 움직임을 포함하고 있다는 것을 고려해야 한다. 퍼스널 트레이너는 이 움직임을 목표로 백 스쿼트(또는 프론트 스쿼트), 파워 클린, 파워스내치 등을 운동 프로그램에 포함시킬 수 있다.[104] 더 유사한 저항 훈련은 목표 활동으로 변환이 가능한 움직임 패턴이다. 역도와 같은 운동은(클린, 스내치 등) 여러 스포츠 및 활동과 유사한 움직임 패턴을 가지고 있기 때문에 가장 큰 전이효과를 제공한다.

과부하

과부하(overload)는 고객이 익숙한 것보다 더 큰 자극이나 훈련 강도를 의미한다. 만약 프로그램이 과부하의 원칙을 준수하지 않는다면 제한된 결과만을 얻을 것이다. 과부하의 원칙을 적용하는 일반적인 방법은 무게를 증가시키거나, 반복횟수 또는 세트수를 늘리거나, 휴식시간을 줄이거나, 주당 훈련횟수를 증가시키는 것이다. 과부하 원칙은 저항 훈련 프로그램의 필수 구성요소지만, 퍼스널 트레이너는 점진성의 원칙과 다양성의 원칙을 준수하여 과부하의 원칙을 고객에게 적용해야 한다. 과부하의 원칙은 고객이 새로운 운동자극에 적응하기 위한 충분한 시간을 주고 점진적으로 이루어져야 한다.

다양성

다양성(variation)의 원칙은 볼륨, 강도, 운동 종목, 운동빈도, 휴식시간과, 움직임의 속도와 같은[4,117] 특정 훈련 변수를 조절하는 것을 의미한다.[117] 적절한 훈련 다양성의 적용은, 장기적 적응을 원하는 이에게 필수적이다.[65,72,113,117] 다양성의 원칙을 적용하는 가장 좋은 방법은 주기화 원리를 사용하는 것이며,[117] 이는 어느 한 시점에 목표한 결과를 도출해내기 위하여 훈련 요소를 단계적, 논리적으로 조절하는 것을 말한다.[90] 적절한 변화

저항 훈련 프로그램 설계에 대한 순차적 단계

효과적인 저항 훈련 프로그램을 설계하기 위해 퍼스널 트레이너는 트레이닝 빈도 면에서 사용 운동들이 어떻게 배열되어 있는지를 확인하고, 프로그램 구조와 세트 사이 휴식 기간 및 프로그램의 전체 진행과 프로그램 설계 변수의 조작에 대한 구체적인 결정을 내려야 한다. 의사결정 과정을 용이하게 하기 위해 퍼스널 트레이너는 순차적인 접근방식을 고려해야 한다. 이 과정의 최고 장점은 주기화 훈련 계획의 수립이다. 즉, 고객이 미리 결정된 운동 목표달성의 가능성을 증가시킨다.

첫 번째 단계는 일반적으로 순차적인 접근방식과 관련된 후속 단계의 기초 역할을 하는 최초의 피트니스 상담 및 평가를 수행하는 것이다.

1. 초기 상담과 체력 평가
2. 훈련 빈도 결정
3. 운동종목 선택
4. 운동배열(운동순서)
5. 운동부하: 저항과 반복
6. 운동량: 반복횟수 및 세트수
7. 휴식시간
8. 운동의 다양성
9. 훈련 계획의 순서 지정
10. 점진성

가 프로그램에 포함되지 않은 경우, 개선 속도는 감소하거나 정체 상태를 나타내며 '단조로운 과훈련 프로그램' 결과를 가져올 것이다.[106] 저항 운동계획은 무작정 대책 없이 하지 말아야 하며, 훈련 요소의 순서가 적절해야 한다.[45,89,117] 예를 들어 파워와 근력을 증진시키고 싶어하는 고객에게는 근력 향상을 먼저 하고 이어서 파워를 대상으로 운동 설계를 할 수 있다. 이러한 유형의 순서는 운동순서 계획이 부족한 프로그램에 비해 유의하게 더 큰 기능 향상을 초래하는 것으로 나타났다.[45]

점진성

아무리 효과적인 운동 프로그램이라 할지라도 수정 없이 무한정 진행되어서는 안 된다.

고객이 훈련 계획에 적응함에 따라, 긍정적인 적응을 유도하기 위해서는 운동의 긴장이나 강도가 계속적으로 변경되어야 된다. 고객에게 훈련을 적응시키기 위해 자극을 변경하는 과정을 **점진적 과부하(progressive overload)의 원칙**이라고 부른다. 고객의 훈련 상태가 좋아짐에 따라 훈련 자극도 변화해야 하며,[31] 이로 인해 특정 훈련 목표를 향해 계속 정진할 수 있다.[4] 저항 훈련에서의 점진성은 반드시 체계적으로 이루어져야 하며[4] 고객의 훈련 상태와도 비례해야 한다. 효과적인 점진성을 프로그램에 적용하기 위해서는 적절한 다양성 전략과 주기화 훈련 모델을 사용해야 한다.

> 성공적인 저항 훈련 프로그램은 특수성, 과부하, 다양성 및 점진성을 통합해야 한다.
> 이러한 요소 중 하나라도 무시한다면 고객이 원하는 결과를 도출하기 위한 프로그램의 능력을 제한할 수 있고, 프로그램에 대한 집중력을 감소시키고, 부상 및 법적 위험의 확률을 높일 수 있다.

초기 체력 상담 및 평가

운동 프로그램이 시작되기 전에, 퍼스널 트레이너는 고객의 적합성을 평가하고, 고객과의 계약을 체결하고, 고객의 운동목표와 의지를 파악하는 것이 필수적이다(9장 참조). 이러한 협의 후, 퍼스널 트레이너는 고객이 운동경력과 현재의 체력 수준을 평가할 필요가 있다. 고객의 초기 상태를 확인해야 진척 정도를 비교할 수 있고, 현재의 장점과 단점을 확인하며, 부상 가능성이 있는 부위 혹은 금기사항을 확인할 수 있으며 더 나아가 운동 목표를 구체화시킬 수 있기 때문이다(9장, 10장 참조). 초기 상담 및 평가는 훈련 상태를 제공하는 고객의 귀중한 정보를 얻을 수 있기 때문에 운동 프로그램 설계 과정의 필수이다. 초기 평가는 저항 훈련 프로그램 작성에 적용되므로 퍼스널 트레이너는 특별히 고객의 최초 저항 훈련 상태와 운동기술 경험을 평가하고 체력 평가를 실시하여 결과를 분석해야 한다. 그리고 고객이 저항 훈련에 참가하는 주된 목표를 결정해야 한다.

초기 저항 훈련 상태와 경험

고객의 현재 훈련 상태와 운동 경험은 저항 훈련 프로그램 작성에 영향을 미친다. 이러한 일반적인 정보는 퍼스널 트레이너와 고객이 처음 만나서 운동경력에 대해 이야기할 때 (또는 그 직후에) 정보를 얻을 수 있다.

고객의 저항 훈련 상태를 결정하려면 고객은 건강/의학 설문지(170쪽)에 제시된 일반적인 운동경력 질문에 대답해야 한다. 그 다음 더 구체적인 정보를 얻기 위해 퍼스널 트레이너는 다음의 다섯 가지 질문을 할 필요가 있다.[26]

1. 현재 저항 훈련 프로그램을 수행하고 있습니까?
2. 얼마 동안 규칙적인 저항 훈련 프로그램을 수행해 왔습니까?
3. 주 몇 회 저항 운동을 실시합니까?
4. 수행하는 저항 훈련의 강도는 어느 정도입니까?
5. 어떤 유형의 저항 운동을 올바른 기술을 사용하여 실시하며, 몇 가지 저항 훈련 운동을 수행할 수 있습니까?

이러한 질문은 고객의 저항 훈련 경험에 대한 기본적인 이해 및 훈련 상태 분류에 사용될 수 있다.

표 15.1은 고객의 훈련 상태의 수준을 초보자, 중급자, 상급자로 분류하는 방법을 보여주고 있다. 다섯 질문에 대한 고객의 답변이 다섯 칸 가운데 최소한 세 칸의 내용과 일치한다면 추정되는 저항 훈련 상태는 그 줄에 해당되는 우측 열 끝 칸에 나타나 있다. 이러한 기본적인 분류 시스템이 유용하기는 하지만, 고객을 일반적인 한 가지 유형으로 분류하는 것은 어렵다. 따라서 퍼스널 트레이너는 전문지식과 경험을 바탕으로 고객의 응답에 따라 결정을 내려야 한다.

예를 들어 고객이 현재 저항 훈련에 참여하지 않으나 현재를 기준으로 4~6주 이내에 정기적인 훈련 프로

표 15.1 저항 훈련 상태 분류법

질문 1 귀하는 현재 저항 훈련 프로그램을 수행하고 있습니까?*	질문 2 귀하는 규칙적인(주당 1회 이상) 저항 훈련 프로그램을 얼마 동안 수행해왔습니까?	질문 3 귀하는 주당 몇 회 저항 훈련을 실시합니까?	질문 4 귀하가 수행하는 저항 훈련 프로그램의 강도는 어느 정도입니까?	질문 5 귀하가 정확한 기술을 사용하여 실시하는 저항 운동의 동작 수와 유형은 무엇입니까?**	추정 저항 운동 상태***
아니오	해당 없음	해당 없음	해당 없음	없음	초보자
예	2개월 이하	1~2회	낮음	웨이트 머신 운동 3~5가지	
	4~6 개월	2~3회	낮음-중간	주요 및 보조 웨이트 운동 6~10가지, 프리웨이트 보조 운동 3~5가지	
예	8~10개월	3회	중간	주요 및 보조 웨이트 머신 운동 11~15가지, 보조 프리웨이트 운동 6~10가지, 주요 프리웨이트 운동 3~5가지	중급자
예	1년	4회	중간-높음	주요 및 보조 프리웨이트 운동과 웨이트 머신 운동 15가지 이상	
예	1~1년 6개월	4회	높음	주요 및 보조 프리웨이트와 웨이트 머신 운동 15가지 이상, 순발력/폭발력 운동 3~5가지	상급자
예	2년 이상	5회 이상	아주 높음	주요 및 보조 프리웨이트 운동과 웨이트 머신 15가지 이상, 대부분의 순발력/폭발력 운동	

* 고객이 현재 저항 훈련에 참여하지 않으나 현재를 기준으로 4~6주 이내에 정규 훈련 프로그램을 수행하였다면 퍼스널 트레이너는 질문1을 '예'라고 간주해야 하며, 고객은 그러한 최근의 프로그램에 기초하여 질문 2~5까지 답을 할 수 있다. 현재 저항 훈련 프로그램에 참여하는 것과 최근에 참여한 것을 동일시하는 것은 전적으로 특정 고객에 대해 퍼스널 트레이너가 내리는 전문적 판단에 근거한다.
** 자격이 있는 퍼스널 트레이너의 결정과 평가에 따라, 다양한 유형의 저항 운동을 설명하기 위해서는 351쪽에 기술된 '저항 훈련 운동의 유형' 부분을 참조.
*** 저항 훈련 상태의 분류는 고객의 반응이 저항 훈련 운동력과 기술 경험에 관해 질문 다섯 칸 가운데 적어도 세 칸에 나타낸 예시와 일치하면 그 줄에 표시된 등급으로 판정한다.
퍼스널 트레이너는 저항 훈련 상태를 분류하는 이 방법이 모든 고객에게 적용되지 않음을 인식하는 것이 좋다. 고객 각각의 고유한 특성은 충분히 감안되어야 한다.

(Baechle, Earle, 2000(8)) (Earle, Baechle, 2004(26)).

그램을 수행하였다면 퍼스널 트레이너는 질문 1을 '예'라고 간주해야 하며, 고객은 그러한 최근의 프로그램에 기초하여 질문 2~5까지 답을 할 수 있다. 현재 저항 훈련 프로그램에 참여하는 것과 최근에 참여한 것을 동일시하는 것은 전적으로 특정 고객의 능력에 대해 퍼스널 트레이너가 내리는 전문적 판단에 근거한다.

체력 평가

전형적인 체력 평가에는 보통 고객의 심박수, 혈압, 신체 구성, 체중, 둘레, 근력 및 근지구력, 심폐지구력과 유연성을 측정하는 것이 포함된다. 이 장의 맥락에서, 체력 평가는 고객의 근력과 지구력을 평가하는 것에 초점을 맞추고 있다. 10, 11장은 체력 평가에 대한 자세한 정보를 제공한다. 체력 평가가 완료되면, 퍼스널 트레이너는 11장에 제시된 기준적, 혹은 기술적 자료와 비교해야 한다. 이렇게 하는 이유는 고객의 현재 체력 수준을 평가하고 훈련 상태가 개선됨에 따라 장차 비교할 기준점을 설정하며, 목표 설정을 위해 현재의 장점과 단점을 확인하기 위함이다. 또한 초기 평가를 통해 고객을 의료전문가에게 보내야 할 필요가 있는지에 대해 알아낼 수 있다.

주된 저항 훈련 목표

고객의 트레이닝 목표를 설정하는 것은 저항 훈련 프로그램 설계 과정에서 매우 중요한 부분이다. 특수성의 원리에 따르면 고객은 원하는 목표달성을 위해 그에 따른 특정한 방법으로 훈련해야 한다. 네 가지 주요한 저항 훈련 목표는 근지구력, 근비대(근육 크기나 긴장도) 근력, 그리고 근파워이다.

그런데 종종 고객의 목표가 명백하지 않을 때가 있다. 예를 들어 고객이 "나는 근비대에 대한 저항 훈련 프로그램을 수행하는 것이 좋다"라고 말하는 것은 드문 일이다. 오히려 그들은 "뱃살이 좀 들어갔으면 좋겠다" 같은 것을 더 요구할 수 있다. 초기 상담과 체력 평가를 통해 목표가 설정되면 트레이너는 고객이 원하는 목표에 맞춰 저항 훈련 목표를 설정할 수 있다. 상담하는 동안 퍼스널 트레이너는 저항 훈련을 통해 성취할 수 있는 다양한 목표에 대해 고객을 교육할 필요가 있다.

근지구력

고객 본인이 원하는 목표가 근지구력이라면 "지구력을 더 기르고 싶다"라든가 "스테미너를 더 기르고 싶다" 등과 같이 표현한다. 근육의 지구력을 목표로 하는 저항 훈련을 '근지구력 훈련(Strength endurance)'이라고 하며, 최대하 수준에서 많은 횟수를 반복하거나 장시간 반복하는 능력을 기르는 것으로 이를 향상시킬 수 있다.[12,50,61,116] 20분간 달리기를 할 때 특정 같은 근육이 수천 번 정도 수축하기 때문에, 근지구력을 유산소 운동의 일부로 간주하기도 한다.

근비대

"나는 내 팔이 더 커지길 원한다", "나는 근육이 더 커지길 원한다", "나는 근육을 더 다듬고 윤곽이 분명해지길 원한다" 라든가 "나의 체형이 바뀌길 원한다"라고 말한다면, 고객이 근육 크기의 증가를 위한 저항 훈련 프로그램을 수행하길 원한다는 것을 알 수 있다. '근비대(hypertrophy)'는 근육 크기의 증가를 말하며, 근비대 훈련은 일반적으로 제지방량의 증가와 체지방률의 감소를 이끈다.

근력

근력은 저항 훈련의 네 가지 목표 중에 가장 이루기 쉽다. 근력을 향상시키고자 하는 고객들은 종종 단도직입적으로 "나는 더 강해지고 싶다"라고 말한다. 이런 사람들은 운동 수행력의 향상을 촉진하기 위하여 저항 훈련 프로그램을 수행하는 데 관심이 많은 선수들인 경우가 대부분이다.[114,115,116] 다른 고객들 또한 이런 목표를 가질 수 있다. 예를 들어 노인들은 "내 골프 가방을 옮길 수 있기를 원한다" 또는 "계단을 보다 쉽게 오르내리고 싶다" 라고 표현한다. 노인을 위한 적절한 교육 프로그램이 근력을 증가시켜 일상생활의 능력을 향상시킬 수 있음이 최근의 연구문헌에서 밝혀졌다.[46,57]

지구력 또는 근비대를 목표로 하는 훈련 프로그램과 비교하자면, 근력을 목표로 한 프로그램에서는 비교적 무거운 무게를 사용한다. 따라서 근력 향상 프로그램 이전에 근지구력과 근비대를 발달시키는 것이 현명하다.

근파워

전통적으로 **근파워**(muscular power)를 대상으로 하는 저항 훈련 프로그램은 자신의 스포츠 성능 능력을 향상시키고자 하는 운동선수 또는 고객이 사용해왔다. 일반적으로는 "더 높은 점프를 하고 싶다" 또는 "스피드와 민첩성을 증가시키고 싶다"라고 표현한다. 근파워를 목표로 하는 훈련 프로그램은 스포츠 성능을 향상시키는 큰 잠재력을 가지고 있다. 이러한 유형의 프로그램의 장점을 최대화하기 위해서는 훈련 프로그램 순서에 신중을 가해야 한다. 예를 들어 근파워 훈련 프로그램 수행 전 일정 기간 동안 근력 훈련 프로그램을 수행했을 때 스피드와 점프 능력이 훨씬 더 향상되는 것으로 밝혀졌다.[45]

파워 훈련은 보통 선수들에게만 적용되었지만, 최근의 연구에 따르면 노인과 비선수 집단에도 효과가 있는 것으로 보여진다. 파워 훈련 경험이 있는 노인들은 일상생활 활동[46] 및 기능적 활동이 향상되었다.[47,48]

훈련 빈도의 결정

훈련 **빈도**(frequency)란 보통, 고객이 1주일에 수행하는 훈련의 횟수를 말한다. 고객별 최적의 운동빈도를 결정하는 데는 많은 요인을 고려해야 한다. 사용되는 운동의 종류와, 세션당 훈련 근육군의 수, 프로그램(양 및 강도)의 구조 및 고객의 훈련 상태와 전체적인 체력 수준 등의 요인이 훈련 빈도를 결정한다.[4] 고객의 업무 일정, 사회적 일정 및 가족의 의무 등의 요소가 고객의 훈련 빈도에 큰 영향을 준다.

영향을 끼치는 요인

훈련 빈도를 결정할 때 퍼스널 트레이너는 고객의 훈련 상태와 체력의 전반적인 수준을 고려해야 한다. 숙련이 덜된 고객은 일반적으로 휴식을 더 필요로 하므로 빈도가 낮아지고, 숙련된 고객은 더 자주 훈련할 수 있다. 그러나 퍼스널 트레이너는 고객이 물리적[24] 혹은 심리적 스트레스[106]를 많이 받고 있을 경우(예: 직장, 사회 또는 학업 일정) 저항 훈련의 빈도를 줄일 필요가 있다. 예를 들어 육체노동을 해야 하는 건설노동자의 경우 1주일에 2~3일 이상의 저항 훈련은 할 수가 없을 것이다.

많은 트레이너들이 간과하는 요인은 훈련 프로그램의 각 요소들이 어떻게 상호작용하는가이다.[58,59,90] 대부분의 퍼스널 트레이너는 각 요인들이 전체적 운동부하에 어떠한 영향을 미치는지 고려하지 않고 저항 운동, 지구력, 민첩성, 플라이오메트릭 훈련을 계획한다. 다양한 훈련 활동의 상호작용을 계산하고, 전체 운동량을 고려해야 한다. 예를 들어 고객이 주 5회 30분씩 달리기를 한다면, 주 2회 정도의 저항 훈련만 가능할 수도 있다.

훈련 빈도를 결정하기 위한 지침

훈련 빈도를 결정할 때 곧 프로그램에 충분한 휴식이 계획되어 있는지가 중요하다. 퍼스널 트레이너들이 따르는 일반적인 규칙은 같은 근육군을 자극하는 훈련 사이에 적어도 하루의 휴식(그러나 3일 이하)을 취하는 것이다. 보다 구체적인 가이드라인은 고객의 전체 저항 훈련 상태에 따라 달라진다(표 15.2). 대부분의 초보자 또는 초보 고객은 일주일에 2~3번의 저항 훈련으로 혜택을 경험할 수 있다.[4,19,51,86,95] 그러나 이미 저항 훈련에 익숙한 사람들은 일주일에 1~2번 훈련으로 그들의 근력을 유지하고 증가시킬 수 없다.[4,35] 일반적으로, 더 많은 빈도의 세션에서 더 큰 강도를 향상시킬 수 있다.[4,34]

저항 훈련 상태가 초급자 또는 초급인 경우

초보자 또는 저항 훈련에 초보자를 위한 권장사항은, 몸 전체를 훈련할 때 일주일에 2~3일의 빈도로 훈련하는 것이다.[4,19,22,25,51,95] 이러한 빈도 설정은 세션 사이의 적절한 회복을 할 수 있도록, 저항 훈련일이 비연속적(즉 월요일과 목요일, 화요일, 목요일, 토요일 또는 월요일, 수요일, 금요일)이어야 한다. 일반적으로 초보자 고객의 회복을 용이하게 하기 위해 훈련 1~3일 사이에 휴식을 가지며, 3일 이상의 휴식시간을 가지지 말아야 한다. 예를 들어 월요일과 수요일에 훈련하는 날을 잡으면 수요일부터 다음 주 월요일까지의 휴식시간을 너무 많게 하는 결과를 초래하기 때문이다.[35,54] 초보자에서 중급자로 발전하는 과정일 경우 빈도수에 변화를 줄 필요는 없다.[4] 다만 빈도를 주당 3~4일로 늘린다면 훈련 프로그램의 융통성을 증가시킬 수 있다.

표 15.2 저항 훈련 빈도의 일반 지침

저항 훈련 상태	주당 권장 훈련일 수
초보자 또는 초급	2~3
중급자	3 전신을 훈련하는 경우 4 분할 훈련하는 경우
상급자	4~6*

*상급 저항 트레이너는 하루에 여러 세션을 수행할 수 있다.
Adapted from Ratamess et al. 2007 (92).

저항 훈련 상태가 중급자인 경우

중급 훈련 상태인 고객일 경우 일반적으로 권장된다.[4] 주당 3~4일 훈련 빈도를 증가시키는 것이 권장된다. 그러나 이러한 증가는 고객이 이틀 이상 연속해 훈련하는 것을 의미한다. 일반적인 전략은 네 개 이상의 운동을 일주일 동안 균일하게 나누는 분할 루틴을 사용하는 것이다. 즉, 한 세션 동안 몸의 한 부분(상체 또는 하체),[70] 특정 근육군(가슴, 등, 다리)[70] 또는 특정 움직임 패턴(밀기, 당기기)[117]만을 훈련한다. 이러한 구조를 통해 세션 사이에 충분한 휴식을 주면서 빈도를 증가시킬 수 있다.[85,95] 중급자 고객에 대한 주당 네 번 분할 루틴의 일반적인 예는 월요일과 목요일의 상체 운동과 화요일과 금요일[70]의 하체 운동을 포함한다. 고객이 이틀 연속 훈련을 하더라도 목표로 하는 근육군에 변화를 주면 고객에게 충분한 회복을 보장한다. 또한 고객은 똑같은 훈련을 반복하기 전에 2일간 휴식을 취할 수 있으며, 이는 유사한 운동[95] 사이에서 더 큰 회복을 할 수 있다. 비저항 훈련 또는 휴식일의 빈도 분할 유형은 수요일, 토요일과 일요일에 지속적으로 나타난다.

근육군이나 특정 신체 부위를 훈련할 때 이러한 분할 운동이 더욱 중요한 것은, 더 높은 운동량과 결과의 극대화를 가져온다는 것이다.

저항 운동 상태가 상급자인 경우

자신의 목표에 따라, 중급자 고객들은 훈련 빈도를 증가시켜 더 많은 운동에 대한 경험을 가지게 될 것이고 상급자 상태로 재분류되어 훈련 빈도를 증가시킬 수 있다. 상급자 고객에 대한 일반적인 권고사항은 훈련 자극의 증가를 가져오기 위해 일주일 4~6일 훈련을 실시하는 것이다.[4] 이러한 고급자에게는 8~12주[4,110]에 같은 날 두 세션을 수행하는 이중 분할 루틴[44]을 사용하는 것이 일반적이다.

운동과학 문헌에서는 하루에 짧은 다중 분할 운동을 하는 효과의 명확한 증거를 제공한다. 5~6일 빈도를 증가시키기 위한 또 다른 방법은 '3일 운동, 1일 휴식'의 **분할 루틴**(split routine)이다. 이 구조에 의해 3개의 독자적인 운동 프로그램을 작성할 수 있으며, 고객은 3일 연속 훈련하고 4일째에는 휴식을 취한다. 일반적인 전력은 저항 운동 프로그램을 상체 밀기 운동(즉 가슴, 어깨 그리고 삼두근), 하체 운동, 상체 당기기 운동(즉 등상부, 승모근, 이두근)으로 분리하는 것이다. 이러한 유형의 운동 구조는 특정한 날에만 운동을 수행하는 것이 아니다. 이는 곧 매주 같은 요일이 휴식일이 되지 않음을 의미한다.

운동 선택

운동 선택은 특수성의 원리, 수행 가능한 운동시간, 장비의 이용 가능성은 물론, 정확하게 저항 운동을 실시할 수 있는 고객의 경험 등에 의해 결정된다. 퍼스널 트레이너는 이러한 문제를 고려하여, 고객의 훈련 적응을 최대화하고 특성 훈련 목표를 달성할 가능성을 증가시키는 운동을 선택할 수 있다.

영향을 끼치는 요인들

운동을 선택할 때, 퍼스널 트레이너는 고객의 특정 요구와 초기 상담에서 설립한 대상 목표에 따라 결정을 해야 한다. 훈련에 할애된 시간을 포함한 많은 요소들은 고객의 의사 결정 과정에 영향을 미칠 것이다. 운동할 때 사용 가능한 시간은 주어진 훈련을 위해 선택된 운동의 개수와 혼합성에 큰 영향을 미칠 수 있다. 예를 들어 하체 발달을 대상으로 스쿼트를 실행하면 레그 컬과 레그 익스텐션을 수행하는 것보다 훨씬 적은 시간이 소요된다. 퍼스널 트레이너가 고려해야 할 추가적인 요소는 고객이 사용할 수 있는 기구이다. 어떤 운동기구가 특정 목표를 수행하는 데 유용하더라도 그 기구를 사용할 수 없다면, 훈련 계획의 주요 부분이 될 수 없다. 프로그램을 계획하기 전 고객에게 설명하기 위해, 퍼스널 트레이너는 고객이 훈련 의사가 있는 시설에 대한 기구 목록을 수집할 필요가 있다. 이 중요한 단계는 훈련 계획을 작성할 때 시간 낭비를 방지하는 데 도움이 될 수 있다.

운동을 선택할 때 필요한 다른 요소는 고객이 정확하게 운동을 수행할 수 있는지 아닌지를 판단하는 것이다. 고객이 운동을 위해 적절한 기술 및 경험이 익숙하지 않은 경우 또는 고객의 운동 경험 범위를 알 수 없는 경우, 퍼스널 트레이너는 고객이 적절한 기술을 수행할 수 있도록 완전한 시범, 설명, 그리고 익숙해질 수 있는 시간을 제공해야 한다.

이것은 고객이 미래의 운동 프로그램에 더 복잡한 운동을 넣기 위한 기반을 구축할 수 있는 치료 운동으로 시작할 수 있다. 이러한 주요 운동에서[31,107,124] 연습은 많은 기술을 필요로 하기 때문에 경험이 부족한 고객은 첫 번째로 기구나 보조적인 프리웨이트로 시작해야 한다(이러한 맥락에서, 주요 운동은 복부에만 핵심을 두지 않는다. 저항 훈련에 대한 다음 세션 참고). 이들 권고사항을 따르면 소송이나 부상위험이 감소하고 순응도를 촉진하며, 프로그램의 전체 효율성을 개선시킨다.

저항 훈련 운동의 유형

저항 훈련 프로그램을 구성할 수 있는 많은 조합이 있다. 이 조합은 동원된 근육의 크기, 움직임 패턴의 복잡성 및 고객의 훈련 목표를 향한 기여도에 따라 코어 또는 보조 운동으로 분류할 수 있다.

주요 운동

주요 운동은 고객의 운동 목표를 달성하도록 돕는 데 보조 운동보다 더 효과적이기 때문에 운동 프로그램의 대부분을 차지하도록 구성해야 한다.

일반적으로 코어 운동은 다음의 두 가지 기준을 충족해야 한다.

- 주요 운동은 두 개 이상이 포함된 **다관절 운동**(multijoint exercise)이어야 한다.
- 협응근을 활성화하면서 대근육을 사용해야 한다.

대근육을 사용하는 주요 운동 중 하나는 4~8개의 보조 운동만큼이나 많은 근육 혹은 근육군을 활성화시킬 수 있는 잠재력을 갖고 있다.[112] 주요 운동을 적절하게 사용하는 프로그램은 많은 작은 근육 운동을 사용하는 프로그램보다 더 효율적이다

퍼스널 트레이너는 프로그램을 구성할 때 많은 주요 운동을 선택할 수 있다(13장 참조). 예를 들어 벤치 프레스는 주로 어깨 관절과 팔꿈치 관절의 움직임을 포함하고 전면 삼각근과 상완삼두근이 협력근으로 보조하는 가운데 대근육인 흉근을 동원한다.

축골격에 부하를 가하는 주요 운동(파워 클린, 스쿼트, 프론트 스쿼트, 숄더 프레스 등)을 구조적 운동이라고 한다. 구조적 운동은 몸통 근육이 직립이거나 거의 직립한 위치를 유지하도록 해야 한다. 예를 들어 스쿼트 동안 바벨이 축골격으로 부하를 주었을 때, 고객이 상승과 하강하는 동안 몸통의 근육은 거의 직립 자세를 유지해야 한다. 파워 클린 또는 파워 스내치와 같이 매우 빠르게 수행되는 구조적 운동은 **파워** 혹은 **폭발성 운동**(explosive exercises, 예: 푸시 프레스, 스내치 혹은 클린풀, 하이풀, 푸시

저크)으로 분류한다. 이러한 유형의 운동은 다량의 근질량을 동원하여 다차원적인 훈련 자극을 제공하고 상당한 칼로리 소비를 유발하기 때문에 매우 효과적이다.[101]

> 저항 운동 과정에서, 주요 운동은 큰 근육과 다관절을 동원하는 운동을 말한다.

보조 운동

보조 운동(Assistance Exercises)은 관절을 둘러싼 근육 균형을 유지하고, 부상을 예방하고 이전 부상을 회복하며, 특정 근육군이나 근육을 고립시키는 운동을 말한다. 보조 운동은 다음의 두 가지 기준을 충족시켜야만 한다.

- 보조 운동은 단일관절 운동으로, 주요 관절 하나만을 포함한다.
- 보조 운동은 적은 양(작은 근육 그룹 또는 부위)의 근질량을 동원한다.

보조 운동은 프로그램의 주요 구성요소가 되어서는 안 되며, 효과적인 주요 운동과 관련된 부차적인 강조 사항으로 간주되어야 한다. 가장 인기 있는 보조 운동 중 하나는 바벨 바이셉스 컬(barbell biceps curl)이다. 이 운동은 단일관절(팔꿈치 관절)에서만 운동이 이루어지며 작은 근육군(즉 biceps brachii, brachialis, brachioradialis)만 동원한다. 펙덱(pec deck)과 덤벨 플라이(dumbbell fly)도 역시 보조 운동인데, 그 이유는 비록 펙덱과 덤벨 플라이가 모두 가슴의 큰 근육에 부하가 가도록 한다는 사실에도 불구하고 어깨 관절에서의 움직임만 포함하며, 가슴 운동에만 국한된 운동이기 때문이다.

운동 선택시 준수지침

훈련 프로그램을 위한 운동 선택은 엘리트 선수에서부터 초심자까지, 또는 훈련을 쉬고 있거나 최근 부상을 입은 개별 고객 각자의 요구를 충족시켜야 한다. 퍼스널 트레이너는 초급자 또는 훈련받지 않은 개인의 경우 아마도 보조 운동이나 기본적인 코어 운동을 통해 훈련의 기반을 마련하는 데 더 많은 주의를 기울여야 한다. 이 상황에서 하나의 특정 근육군을 대상으로 하거나 각각의 근육 그룹을 훈련시키기로 결정할 수 있다. 이 전략은 근육군당 하나의 운동을 선택하는 것을 포함한다(가슴, 어깨, 등, 엉덩이와 대퇴, 이두, 삼두, 복근 그리고 종아리 등).[6,85] 고객이 더 잘 훈련받게 됨에 따라, 근육 그룹당 운동 횟수가 증가할 수 있다.[85] 일반적으로 이러한 유형의 운동 프로그램은 작은 근육 운동이나 단일관절 운동을 사용하지만, 프로그램은 점차적으로 더 많은 대근육 또는 주요 운동을 포함해야 한다.

다관절 대근육 운동은 적응 반응을 극대화하고, 전반적인 신진대사 비용을 증가시킬 수 있다. 스쿼트와 프레스가 예이다. 이러한 복합 운동은 다량의 근질량을 동원하고, 훈련의 신진대사 비용을 상당히 증가시켜 큰 운동 효과를 낸다. 다른 예로는 파워 클린, 스내치, 풀과 같은 운동이 있다. 이것들은 신체 전체를 훈련하고 운동선수[104]와 임상가 집단[57]에게 매우 효과적인 훈련 방법으로 보인다. 운동선수들의 경우, 저항 운동이 선수의 특정 움직임 패턴과 더 유사할수록 발달된 힘 이득이 그들의 스포츠 종목으로 전달될 가능성이 높아진다.[15,31,107,117,120,121,131] 예를 들어 농구선수나 배구선수에게 점프의 움직임이 포함되어 있기 때문에 퍼스널 트레이너는 파워 클린이나 스내치 같은 운동을 고려해야 한다(특정 스포츠 종목에 따른 운동 선택에 대한 지침은 23장 참조). 허리에 문제가 있거나 최근에 부상을 입은 병력 등의 특별한 요구를 가지고 있는 고객에게는 이러한 문제를 해결하기 위한 훈련 프로그램을 적용하는 것이 중요하다. 운동은 적절한 의료전문가의 지침에 따라 선택해야 한다. 이들 고객을 위한 훈련 프로그램은 금기 또는 권장하지 않는 운동을 피하는 것이 중요하다. 예를 들어 어깨충돌로 인해 최근까지 물리치료사의 치료를 받았던 고객에게, 물리치료사는 삼각근을 훈련할 수 있는 오버헤드 프레스 대신에 덤벨 레터럴 레이즈 운동을 처방할 수 있다.

운동순서

운동순서 혹은 배열이란 저항 훈련 프로그램 수행시 운동들을 특정 순서로 배치하는 것을 말한다. 운동순서는 여러 가지 요인에 따라 달라지지만, 선택한 운동의 유형과 특성에 의해 가장 큰 영향을 받는다.

영향을 끼치는 요인

운동의 순서에 영향을 미치는 요인으로는 고객의 목표, 운동의 피로 발생 가능성 및 운동 종류(주요 또는 보조 운동)가 있다. 운동은 우선순위가 높은 것부터 배열되거나 고객의 훈련 목표, 활동 혹은 선수의 경우 해당 스포츠와 관련시켜서 구성해야 한다. 이러한 구성으로 고객은 운동 목표와 부합되는 운동을 피로도가 적을 때 우선순위로 하여야 하고, 운동 목표와 관련이 적은 운동을 운동순서의 끝에 배열한다.

운동을 배열하기 위한 두 번째 방법은 그 운동의 형태(주요 또는 보조 운동)를 따르는 것이다. 이 방법은 주요 운동을 먼저 수행하고, 보조 운동은 세션 후반에 수행하는 것이다. 이러한 운동배열은 고객이 최소한의 피로 수준에서 더 복잡하고 다양한 핵심 다관절 운동을 수행할 수 있게 해준다. 일반적으로 퍼스널 트레이너는 고객이 훈련하중을 견딜 수 있는 능력을 극대화하고, 피로 관리가 가능한 훈련을 준비함으로써 하나의 세션에 있는 모든 운동을 완료할 수 있도록 한다.

운동배열시 준수 지침

운동시간에 운동을 배열하는 방법에는 여러 가지가 있다.[31] 운동의 순서는 다음과 같은 몇 가지 주요 방법으로 분류할 수 있다. 보조 운동을 하기 전에 주요 및 핵심 운동을 배치하고, '밀기'와 '당기기' 운동을 교대로 하거나, 상지 및 하지 운동을 번갈아 하는 것이다. 그리고 운동배열에는 조합 방법과 보조 배열 방법도 있다(표 15.3 및 15.4).

보조 운동 전 순발력과 주요 운동을 배치

다음과 같이 훈련하는 것이 가장 일반적으로 사용되는 지침 중 하나이다.

순발력 운동(Power exercises) → 주요 운동(Core exercises) → 보조 운동

개념적으로 순발력 운동과 주요 운동은 다관절 운동이고 보조 운동은 일반적으로 단관절 운동이기 때문에 다음과 같은 또 다른 순서가 가능하다.

다관절 운동 → 단관절 운동(Single-joint exercises)

운동순서에 대해 생각하는 또 다른 방법은 확정화된 근육 개입 정도를 고려하는 것이다. 일반적으로 주요 또는 다관절 운동은 단관절 운동 전에 수행해야 한다.

대근육 운동 → 소근육 운동

이러한 운동의 배열 방법은 이해하는 방법에 관계없이, 여기에 명시된 기본 구조는 대부분의 고객에게 가장

표 15.3 운동 종류 및 활성화되는 근육질량에 따른 저항 훈련을 위한 운동순서의 예

운동순서의 예: 순발력 → 주요 운동→ 보조 운동				
운동순서	운동	운동 분류		
1	파워 클린	순발력 운동	다관절 운동	대근육 운동
2	푸시 프레스			
3	프론트 스쿼트	주요 운동		
4	벤치 프레스			
5	트리셉스 프레스 다운	보조 운동	단관절 운동	소근육 운동
6	리스트 컬			
7	시티드 힐 레이즈			
운동순서의 예: 다관절 → 단관절				
운동순서	운동	운동 분류		
1	스쿼트+프레스		다관절 운동	대근육 운동
2	백 스쿼트			
3	인클라인 벤치 프레스			
4	레그 컬		단관절 운동	소근육 운동
5	쓰리웨이 숄더			
운동순서의 예: 큰 근육 → 작은 근육				
운동순서	운동	운동 분류		
1	파워 스내치	순발력 운동	다관절 운동	대근육 운동
2	오버헤드 스쿼트	주요 운동		
3	스내치 그립 루마니안 데드리프트			
4	벤트 오버 로우	보조 운동	단관절 운동	소근육 운동
5	레터럴 레이즈			
6	앱도미널 크런치			

상기 목록은 어떻게 훈련을 구성할 수 있는지 예시한 것일 뿐, 완전한 저항 훈련 프로그램의 대표적인 예는 아니다.

표 15.4 교대 운동 체계의 예

운동순서의 예: 밀기 운동과 당기기 운동의 교대				
운동순서	운동	운동 분류		
1	백 스쿼트	밀기	주요 운동	다관절 운동
2	레그 컬	당기기	보조 운동	단관절 운동
3	스탠딩 힐 레이즈	밀기	보조 운동	단관절 운동
4	업라이트 로우	당기기	보조 운동	단관절 운동
5	인클라인 벤치 프레스	밀기	주요 운동	다관절 운동
6	덤벨 바이셉스 컬	당기기	보조 운동	단관절 운동
7	숄더 프레스	밀기	주요 운동	다관절 운동
8	랫 풀다운	당기기	보조 운동	다관절 운동
운동순서의 예: 상지와 하지 운동의 교대				
운동순서	운동	운동 분류		
1	레그 프레스	하지 운동	주요 운동	다관절 운동
2	벤치 프레스	상지 운동	주요 운동	다관절 운동
3	런지	하지 운동	주요 운동	다관절 운동
4	숄더 슈러그	상지 운동	보조 운동	단관절 운동
5	레그 익스텐션	하지 운동	보조 운동	단관절 운동
6	덤벨 숄더 프레스	상지 운동	주요 운동	다관절 운동
7	레그 컬	하지 운동	보조 운동	단관절 운동
8	트라이셉스 익스텐션	상지 운동	보조 운동	단관절 운동

상기 목록은 어떻게 훈련을 구성할 수 있는지 예시한 것일 뿐, 완전한 저항 훈련 프로그램의 대표적인 예는 아니다.

효과적인 운동순서 방법으로 간주된다.

이러한 운동배열은 순발력 또는 다관절 운동이 단관절 운동보다 더 노력과 기술, 집중을 필요로 하고,[31] 고객이 생기 있을 때 수행되어야 하기 때문에 효과적이다.[31,30] 역사적으로 볼 때 오직 운동선수에게만 역도와 그들의 유도체로써 순발력 운동이 추천되었지만, 현재의 문헌들에서는 대중들이 그들의 훈련 목표를[20,57,64] 달성하기 위해 순발력 훈련을 사용할 수 있음을 시사한다. 실제로 성인을 대상으로 한 연구에 따르면 일상생활에서의 근력 운동[46]보다 순발력 운동을 했을 때 운동 효과가 더 컸다. 따라서 퍼스널 트레이너는 이러한 유형의 운동을 선수뿐만 아니라 모든 고객들에게 사용하도록 고려해야 한다.

밀기 운동과 당기기 운동의 교대

운동을 배치하는 또 다른 방법은 밀기 운동(예: 버티컬 체스트 프레스와 트라이셉스 프레스 다운)과 당기기 운동(예: 시티드 로우와 덤벨 바이셉스 컬)을 교대로 실시하는 것이다.[8] 또한 이 체계는 동일한 근육군[8]을 연속해서 사용하지 않도록 하여 훈련 간에 휴식을 제공할 수 있다. 밀고 당기기 운동 체계는 일반적으로 사용되지만, 그 주요 운동은 많은 근육을 활성화시킬 수 있고 그와 동시에 동일한 근육군을 사용한다는 것을 기억해야 한다. 예를 들어 고객이 백 스쿼트(밀기 운동)를 수행한 후에 바로 뒤에 레그컬(당기기 운동)을 수행한다면, 이 두 가지 운동에서 모두 햄스트링(슬괵근)을 자극할 수 있다.

상체 운동과 하체 운동의 교대

훈련배열에 대한 전통적인 접근방식으로 상하체 운동의 교대 운동[31]이 고객에게 필요하다. 이러한 유형은 일반적으로 서킷 웨이트 트레이닝과 짧은 휴식을 취하는 인터벌(구간) 트레이닝에 사용된다. 밀기 당기기 시스템과 마찬가지로, 이 배열 순서는 머신 훈련이나 소근육, 또는 보조 운동으로 분류될 때 적합하다.

조합 배열 방법

가장 일반적인 운동배열 방법 중 앞서 언급한 두세 가지 방법을 조합할 수 없다. 예를 들어 주요 운동 후 밀기 운동과 당기기 운동을 교대로 하는 보조 운동 방법을 결합하는 것이다. 조합 배열 방법에서는 흔히 하체 운동을 먼저 수행하고 상체 운동을 수행한다.

보조적인 배열 방법

운동을 배열하는 두 가지 보조적인 방법은 두 가지 다른 운동을 휴식시간 없이 연속해서 수행하는 것이다. 함께 결합된 두 개의 운동이 동일한 근육군을 훈련하는 경우(예: 인클라인 벤치 프레스와 incline dumbbell fly) 이러한 조합을 **컴파운드 세트**(compound set)라고 한다.[8] 복합 세트는 종종 보디빌더들이 근비대[31]를 증가시키기 위해 사용한다.

슈퍼 세트(super set)라 불리는 다른 한 가지 보조적인 운동 조합 방법은 두 가지 운동이 각각 반대 근육(길항근)군을 세트 사이 휴식 없이 자극한다(예: 바이셉스 컬와 트라이셉스 프레스).[8,31,107] 슈퍼 세트는 보디빌더들이 근지구력을 증가시키거나 트레이닝 시간이 부족할 경우 사용한다.[31]

훈련부하: 저항과 반복횟수

저항 훈련 프로그램에서 사용되는 훈련 중량 또는 **부하**의 양은 훈련 프로그램을 설계할 때 고려해야 할 가장 중요한 요소 중 하나이다. 훈련부하를 결정하는 방법에는 여러 가지가 있다. 결정된 하중은 수행할 수 있는 반복횟수와 궁극적으로 자극 또는 생리 및 적응 유형에 큰 영향을 미친다. 궁극적으로 부하(반복횟수×세트수×저항)와 **볼륨**(volume) 사이의 상호작용은 훈련 프로그램의 유형과 프로그램 목표에 의해 결정된다.

퍼스널 트레이너는 각 세트에서 수행할 훈련부하와 반복횟수를 결정하기 전 고객의 능력을 검사해야 한다. 검사의 목적은 일련의 선택된 운동에서 고객의 특정하중을 다룰 수 있는 능력을 결정하는 것이다. 퍼스널 트레이너가 이러한 능력을 설정하면, 고객은 훈련부하를 할당할 수 있다.

영향을 끼치는 요인

저항 훈련 프로그램의 부하 반복횟수, 고객의 주된 목표는 서로 긴밀하게 연관되어 있다. 예를 들어 무거운 무게(최대반복횟수 1RM의 80% 이상)로 적은 횟수를 들면 근력이 향상되지만 가벼운 무게(최대반복횟수 1RM의 70% 이하)로 많은 횟수를 들면 근지구력이 향상된다. 가장 일반적으로 고객 훈련 프로그램은 특정 목표를 설정하고, 그것을 이루기 위해 반복과 부하를 선택해야 한다. 그러나 이것은 훈련 과정을 완전히 단순화한 것이다. 훈련 계획은 고객의 목표와 관계없이 근지구력, 근력, 그리고 잠재된 순발력을 개발하는 기간이 포함되어야 한다. 반복과 부하 계획을 다르게 배열한다면, 훈련 적응을 확대하고 고객의 목표를 달성하는 큰 기회[45,90,117]를 제공할 것이다.

최대근력의 백분율과 반복횟수의 상관관계

최대반복횟수(RM, repetition maximum)는 고객이 특정 횟수의 반복에 대해 특정 훈련에서 수행할 수 있는 최대 부하이다. 훈련부하가 무거울수록 수행할 수 있는 반복횟수는 적어진다. 결국 이후 부하는 고객이 단 한 번 수행할 수 있는 무거운 무게가 될 것이다. 이것을 **1회 반복 최대무게**(1RM, 1-repetition maximum)라고 한다. 반대로 무게가 가벼울수록 고객이 수행할 수 있는 반복횟수는 많아진다. 1RM과 반복횟수 사이의 이러한 관계를 1회 반복 최대무게의 백분율-반복횟수 관계의 백분율(percentage of 1RM[%1RM]-repetitions relationship)이라고 한다.

부하 설정의 최선책은 1RM의 백분율[3,9,38,62,63,101,102,107] 또는 지정된 최대반복 범위를 사용하는 것이다. 예를 들어 표 15.5는 고객의 1RM이 200파운드(91kg)인 경우, 그는 160파운드(73kg)를 8번 반복 수행할 수 있다는 것을 나타낸다. 만약 고객의 10RM이 150파운드(68kg)인 경우, 퍼스널 트레이너는 고객의 1RM이 약 200파운드(91kg)라고 추정할 수 있다. 이러한 관계를 이용함으로써, 퍼스널 트레이너는 고객에 대해 규정하는 훈련부하를 추정할 수 있다. 표 15.5의 숫자는 추정치일 뿐이며, 이는 프로그램에 사용된 연습[6,8,9,15,17,18,27,28,80,123]과 고객의 훈련 상태에 따라 다소 차이가 있을 수 있다.

또 다른 방법은 특정 반복횟수, 또는 **최대반복횟수**(RM)를 목표로 하는 강도를 사용하는 것이다.[31,38,68,71] 이 방법을 이용하면, 고객은 자신이 선택한 반복 방식에 대해 가장 무거운 부하를 들어올릴 수 있다. 예를 들어 고객이 12RM의 부하로 3세트를 수행한다면, 고객은 3세트를 수행할 수 있는 최대로 무거운 중량을 사용하는 것이다. 유사한 방법으로는, 3~5회[31] 반복처럼 **최대반복횟수 범위**(repetition maximum zone [RM target zone])를 설정하는 것이다. 최대반복횟수 범위를 설정하였다면, 고객은 그 범위 내에서 반복횟수에 대한 운동을 수행하기 위해 자신이 할 수 있는 가장 무거운 무게를 사용한다. 최대반복횟수와 최대반복횟수 범위 설정 방법은 둘 다 고객이 근력 수행의 실패 지점까지 도달해야 하기 때문에 문제가 있다. 과학 문헌에 따르면 고객의 훈련 실패 결과는 훈련에 대한 적응의 감소[87] 및 고객이 과도하게

표 15.5 1회 반복 최대무게의 백분율과 반복횟수의 상관관계

1회 반복 최대무게의 백분율	수행할 수 있는 반복횟수의 추정치
100	1
95	2
93	3
90	4
87	5
85	6
83	7
80	8
77	9
75	10
70	11
67	12
65	15
60	20

* 고객의 훈련 상태에 따라 최대반복횟수 비율은 약간 차이가 있을 수 있다(±0.5~2.0%).
Adapted from Baechle and Earle 1989, 2000 (7,9); Baechle, Earle, and Wathen 2008 (10); Bompa and Haff 2009 (15); Bryzychi 1993, 2000 (17,18); Epley 1985, 2004 (27, 28); Mayhew et al. 1995 (80); Wathen 1994 (123).

훈련하거나 부상을 입을 수 있는 위험[60]을 증가시킬 수 있다. 그러므로 퍼스널 트레이너는 고객의 훈련부하를 설정할 때 두 가지 방식을 피하는 것이 현명하다.

1회 반복 최대무게의 백분율과 반복횟수간 상관관계의 한계

1회 반복 최대무게의 백분율-반복횟수의 상관관계는 훈련부하를 결정하기 위한 소중한 지표이지만, 퍼스널 트레이너는 이러한 상관관계의 정확성에 영향을 끼치는 몇몇 한계에 대해 분명하게 알고 있어야 한다.

1. 1회 반복 최대무게의 백분율-반복횟수 사이에는 직접적인 관계가 있는 것으로 보이지만, 몇몇 연구들은 이러한 관계가 생각보다 견고하지 않음을 보여준다.[52,76,78,79,80,82]
2. 훈련 상태는 반복횟수와 1RM 백분율 관계에 영향을 미치는 것으로 보이며, 훈련된 개인은 지정된 1RM 백분율보다 더 많은 횟수를 들어올릴 수 있다.[52,53,79,100,118]
3. 1RM 백분율-반복횟수 관계에서 수행할 수 있는 반복횟수는 오직 한 세트에만 적용되고, 그 다음 세트에서는 피로 때문에 반복횟수가 강조되고, 1RM 백분율-반복횟수 관계는 변경된다.[123]
4. 1RM 백분율-반복횟수 관계는 주로 세 가지 저항 운동(벤치 프레스, 백 스쿼트, 파워 클린)[31,118]을 포함한 연구에 기초한다. 따라서 1RM 백분율-반복횟수의 상관관계는 모든 훈련[52,53,100]에 적용되지 않을 수 있으며, 고객과의 훈련시 주의하여 적용해야 한다.
5. 저항 훈련의 유형은 지정된 1RM 백분율에서 수행할 수 있는 반복횟수에 영향을 미치는 것으로 보인다. 일반적으로 비고정식 운동(예: 벤치 프레스)보다 기계 기반 운동(버티컬 체스트 프레스) 수행시 특정 1RM 백분율에서 더 많이 반복할 수 있다.[52,53]
6. 보조 운동보다 주요 운동시, 지정된 1RM 백분율에서 더 많은 횟수를 반복할 수 있다.[91,118]
7. 운동의 순서는 1회 반복 최대무게의 특정 백분율에서 영향을 미친다. 주요 운동이든 보조 운동이든 유형에 관계없이 순서를 뒤에 배치할수록 반복횟수가 감소한다.[103]

퍼스널 트레이너는 표 15.5에 따라, 1회 반복 최대무게의 75% 이상 부하로 10회 반복 이하를 처방할 때 가장 성공할 가능성이 높아진다.[17,21,81,122] 이는 무게가 감소하고 반복횟수가 증가함에 따라서 1회 반복 최대무게의 백분율-반복횟수 간 상관관계의 정확도가 떨어질 수 있기 때문이다. 그러므로 퍼스널 트레이너는 표 15.5를 절대적으로 받아들이는 것보다는 지침 정도로 이용하는 것이 바람직하다.

부하 능력을 평가할 때 준수해야 할 지침

훈련부하를 설정하기 전에 퍼스널 트레이너는 고객이 수행할 수 있는 부하를 결정하기 위하여, 아래의 주요 방법 가운데 한 가지 이상을 활용하여 선정된 운동에 대한 평가를 수행해야 한다.

1. 직접 1회 반복 최대무게를 검사
2. 1회 반복 최대무게 추정
3. 검사를 위해 고객 체중의 백분율을 이용
4. 최대반복횟수 검사

퍼스널 트레이너는 고객의 훈련 상태, 운동기술 경

험 그리고 선정된 운동의 유형에 따라 상기 방법 가운데 한 가지 이상을 결합한 방법을 선택한다.[9]

1회 반복 최대무게의 평가

표 15.5를 이용하기 위해 퍼스널 트레이너는 우선 고객의 1회 반복 최대무게(1RM)를 결정해야 한다. 일반적으로 1회 반복 최대무게(1RM) 검사는 임상자, 운동선수 모두에게 최소한의 위험을 제공해야 한다.[98,99] 그것은 근육강도 평가[56]의 황금 표준으로 간주된다. 1회 반복 최대무게 검사(1RM)의 가장 큰 문제는 고객이 증가하는 부하에 대해 올바르게 운동을 수행하기 위해 필요한 기술을 갖고 있는지의 여부이다. 기술이 부족한 경우에는 다른 방법을 사용하는 것이 더 나을 수 있다. 1회 반복 최대무게(1RM) 검사는 부하를 결정하는 가장 정확한 방법이기 때문에 1회 반복 최대무게를 추정하기 위해 최대하부하를 사용하는 것도 가능하다.[8,53] 최대하부하를 통해 1회 반복 최대무게를 추정할 경우, 고객의 1회 반복 최대무게를 과대평가할 수 있으므로 주의깊게 고려해야 한다.[73,80,82,93,125]

일반적으로 저항 훈련 경험이 없는 고객이나, 최근에 손상을 입었거나 의학적 치료를 받고 있는 사람은 1회 반복 최대무게 검사를 수행해서는 안 된다. 1회 반복 최대무게 검사는 적절한 기술적 기반을 가지고 여러 가지 부하에 적합한 기술을 사용하여 운동을 수행할 수 있는 상급자 고객들에게 권장된다.

1회 반복 최대무게 검사를 함에 있어서 퍼스널 트레이너는 운동을 선택할 때 안전하고, 정확하며, 일관적으로 수행할 수 있는 운동만 선택해야 한다.[8] 일반적으로 대근육 다관절 주요 운동이 무거운 부하를 더 잘 견디기 때문에 1회 반복 최대무게 검사에 적합하다. 1회 반복 최대무게 검사는 작은 근육군에 가해지는 생리적 스트레스가 크기 때문에 소근육군 또는 단관절 운동에 사용해서는 안 된다.[10] 퍼스널 트레이너는 1회 반복 최대무게 검사의 운동을 선택할 때 신중한 판단을 해야 한다.

일례로 런지와 스텝 업 운동은 대근육 다관절 운동이지만, 이 운동은 일반적으로 하체에 가해지는 부하가 고르지 않기 때문에 1회 반복 최대무게 검사에 적절하지 않다. 이처럼 고르지 못한 부하는 부상과 사고의 가능성을 증가시킬 수 있다. 또한 벤트 오버 로우 운동은 몇 개의 관절이 관여하며 등 상부의 대근육이 포함되지만, 약한 허리 근육으로 인해 검사하는 동안 적절한 자세를 유지할 수 없게 된다. 그래서 검사 정확도가 상당히 떨어지므로, 해당 운동은 1회 반복 최대무게 검사에 적절하지 않다. 운동이 검사에 적합한 것으로 간주되고, 고객이 적절히 훈련받은 경우, 퍼스널 트레이너는 11장을 참고로 적절한 1RM 검사 계획을 수립해야 한다.

1회 반복 최대무게의 추정

고객이 1회 반복 최대무게 검사를 수행할 수 없는 경우, 몇 가지 방법으로 1RM을 추정할 수 있다. 이러한 추정 절차를 활용하여 부하의 구조와 저항 훈련 계획을 수립할 수 있다.

1. 반복 최대무게 검사 사용(Use of repetition maximum tests)
2. 예측방정식 사용(Use of prediction equations)

고객의 1RM을 추정하는 한 가지 방법은 반복 최대무게(RM) 검사를 사용하는 것으로, 이 검사는 1RM의 추정치가 된다. 이 검사의 정확성을 보장하는 방법으로는 5~20회 반복횟수(고객이 적절한 기술로 6RM 또는 10RM을 들어올릴 수 있는 가장 무거운 부하)를 사용하는 것이다. 6RM 또는 10RM이 설정되면 표 15.6을 사용하여 1RM을 추정한다. 기본적으로 반복 최대무게의 결정은 3번의 세트 내에 해야 한다.

6RM 검사는 1RM을 결정하기 위한 검사와 매우 유사하지만 주된 차이는 각각의 검사 세트에 여섯 번의 반복을 포함한다는 것이다.[67] 반복횟수가 많기 때문에 검사시 세트 전체 부하의 변화는 더 작아야 한다(11장에서 1RM 검사에 제시된 무게의 50% 이하).

고객의 6RM이 결정되면, 표 15.6 1RM을 추정한다. 퍼스널 트레이너는 '최대 반복'이라는 줄을 보고 고객의 최대무게 85%의 6RM 반복에 대한 표기법을 찾을 때까지 해당 줄을 가로질러 이동한다. 이 줄을 찾으면 퍼스널 트레이너는 열을 아래로 이동하여 고객의 6RM에 가장 근접한 수(그러나 크지 않은)를 표에서 찾을 수 있다. 예를 들어 고객의 레그 프레스 운동시 6RM이 140파운드(64kg)라면, 추정 최대근력은 165파운드(75kg)이다. 이 부하는 고객의 실제 훈련부하의 기초로 사용된다. RM 검사의 결과를 예측방정식과 함께 사용하여 1RM을 결정할 수도 있다. 1RM을 추정하는 데 실패할 경우 반복횟수를 사용하는 다수의 등식이 발표되었다(표 15.7).[1,18,27,73,74,79,80,84] 일반적으로 이러한 예측 방정식은 무거운 부하를 사용하는 경우 더 정확하다.[1] 그러므로

표 15.6 훈련 무게로 1회 반복 최대 중량 추정하기

	최대반복횟수												
	1	2	3	4	5	6	7	8	9	10	12	15	20
	1회 반복 최대무게의 백분율												
	100	95	93	90	87	85	83	80	77	75	67	65	60
부하(파운드 혹은 킬로그램*)	15	14	14	14	13	13	12	12	12	11	10	10	9
	20	19	19	18	17	17	17	16	15	15	13	13	12
	25	24	23	23	22	21	21	20	19	19	17	16	15
	30	29	28	27	26	26	25	24	23	23	20	20	18
	35	33	33	32	30	30	29	28	27	26	23	23	21
	40	38	37	36	35	34	33	32	31	30	27	26	24
	45	43	42	41	39	38	37	36	35	34	30	29	27
	50	48	47	45	44	43	42	40	39	38	34	33	30
	55	52	51	50	48	47	46	44	42	41	37	36	33
	60	57	56	54	52	51	50	48	46	45	40	39	36
	65	62	60	59	57	55	54	52	50	49	44	42	39
	70	67	65	63	61	60	58	56	54	53	47	46	42
	75	71	70	68	65	64	62	60	58	56	50	49	45
	80	76	74	72	70	68	66	64	62	60	54	52	48
	85	81	79	77	74	72	71	68	65	64	57	55	51
	90	86	84	81	78	77	75	72	69	68	60	59	54
	95	90	88	86	83	81	79	76	73	71	64	62	57
	100	95	93	90	87	85	83	80	77	75	67	65	60
	105	100	98	95	91	89	87	84	81	79	70	68	63
	110	105	102	99	96	94	91	88	85	83	74	72	66
	115	109	107	104	100	98	95	92	89	86	77	75	69
	120	114	112	108	104	102	100	96	92	90	80	78	72
	125	119	116	113	109	106	104	100	96	94	84	81	75
	130	124	121	117	113	111	108	104	100	98	87	85	78
	135	128	126	122	117	115	112	108	104	101	90	88	81
	140	133	130	126	122	119	116	112	108	105	94	91	84
	145	138	135	131	126	123	120	116	112	109	97	94	87
	150	143	140	135	131	128	125	120	116	113	101	98	90
	155	147	144	140	135	132	129	124	119	116	104	101	93
	160	152	149	144	139	136	133	128	123	120	107	104	96
	165	157	153	149	144	140	137	132	127	124	111	107	99
	170	162	158	153	148	145	141	136	131	128	114	111	102
	175	166	163	158	152	149	145	140	135	131	117	114	105
	180	171	167	162	157	153	149	144	139	135	121	117	108
	185	176	172	167	161	157	154	148	142	139	124	120	111
	190	181	177	171	165	162	158	152	146	143	127	124	114
	195	185	181	176	170	166	162	156	150	146	131	127	117
	200	190	186	180	174	170	166	160	154	150	134	130	120
	205	195	191	185	178	174	170	164	158	154	137	133	123
	210	200	195	189	183	179	174	168	162	158	141	137	126
	215	204	200	194	187	183	178	172	166	161	144	140	129
	220	209	205	198	191	187	183	176	169	165	147	143	132
	225	214	209	203	196	191	187	180	173	169	151	146	135
	230	219	214	207	200	196	191	184	177	173	154	150	138
	235	223	219	212	204	200	195	188	181	176	157	153	141

부하(파운드 혹은 킬로그램*)	최대반복횟수												
	1	2	3	4	5	6	7	8	9	10	12	15	20
	1회 반복 최대무게의 백분율												
	100	95	93	90	87	85	83	80	77	75	67	65	60
	240	228	223	216	209	204	199	192	185	180	161	156	144
	245	233	228	221	213	208	203	196	189	184	164	159	147
	250	238	233	225	218	213	208	200	193	188	168	163	150
	255	242	237	230	222	217	212	204	196	191	171	166	153
	260	247	242	234	226	221	216	208	200	195	174	169	156
	265	252	246	239	231	225	220	212	204	199	178	172	159
	270	257	251	243	235	230	224	216	208	203	181	176	162
	275	261	256	248	239	234	228	220	212	206	184	179	165
	280	266	260	252	244	238	232	224	216	210	188	182	168
	285	271	265	257	248	242	237	228	219	214	191	185	171
	290	276	270	261	252	247	241	232	223	218	194	189	174
	295	280	274	266	257	251	245	236	227	221	198	192	177
	300	285	279	270	261	255	249	240	231	225	201	195	180
	305	290	284	275	265	259	253	244	235	229	204	198	183
	310	295	288	279	270	264	257	248	239	233	208	202	186
	315	299	293	284	274	268	261	252	243	236	211	205	189
	320	304	298	288	278	272	266	256	246	240	214	208	192
	325	309	302	293	283	276	270	260	250	244	218	211	195
	330	314	307	297	287	281	274	264	254	248	221	215	198
	335	318	312	302	291	285	278	268	258	251	224	218	201
	340	323	316	306	296	289	282	272	262	255	228	221	204
	345	328	321	311	300	293	286	276	266	259	231	224	207
	350	333	326	315	305	298	291	280	270	263	235	228	210
	355	337	330	320	309	302	295	284	273	266	238	231	213
	360	342	335	324	313	306	299	288	277	270	241	234	216
	365	347	339	329	318	310	303	292	281	274	245	237	219
	370	352	344	333	322	315	307	296	285	278	248	241	222
	375	356	349	338	326	319	311	300	289	281	251	244	225
	380	361	353	342	331	323	315	304	293	285	255	247	228
	385	366	358	347	335	327	320	308	296	289	258	250	231
	390	371	363	351	339	332	324	312	300	293	261	254	234
	395	375	367	356	344	336	328	316	304	296	265	257	237
	400	380	372	360	348	340	332	320	308	300	268	260	240
	405	385	377	365	352	344	336	324	312	304	271	263	243
	410	390	381	369	357	349	340	328	316	308	275	267	246
	415	394	386	374	361	353	344	332	320	311	278	270	249
	420	399	391	378	365	357	349	336	323	315	281	273	252
	425	404	395	383	370	361	353	340	327	319	285	276	255
	430	409	400	387	374	366	357	344	331	323	288	280	258
	435	413	405	392	378	370	361	348	335	326	291	283	261
	440	418	409	396	383	374	365	352	339	330	295	286	264
	445	423	414	401	387	378	369	356	343	334	298	289	267
	450	428	419	405	392	383	374	360	347	338	302	293	270
	455	432	423	410	396	387	378	364	350	341	305	296	273
	460	437	428	414	400	391	382	368	354	345	308	299	276
	465	442	432	419	405	395	386	372	358	349	312	302	279

	최대반복횟수												
	1	2	3	4	5	6	7	8	9	10	12	15	20
	1회 반복 최대무게의 백분율												
	100	95	93	90	87	85	83	80	77	75	67	65	60
부하(파운드 혹은 킬로그램*)	470	447	437	423	409	400	390	376	362	353	315	306	282
	475	451	442	428	413	404	394	380	366	356	318	309	285
	480	456	446	432	418	408	398	384	370	360	322	312	288
	485	461	451	437	422	412	403	388	373	364	325	315	291
	490	466	456	441	426	417	407	392	377	368	328	319	294
	495	470	460	446	431	421	411	396	381	371	332	322	297
	500	475	465	450	435	425	415	400	385	375	335	325	300
	505	480	470	455	439	429	419	404	389	379	338	328	303
	510	485	474	459	444	434	423	408	393	383	342	332	306
	515	489	479	464	448	438	427	412	397	386	345	335	309
	520	494	484	468	452	442	432	416	400	390	348	338	312
	525	499	488	473	457	446	436	420	404	394	352	341	315
	530	504	493	477	461	451	440	424	408	398	355	345	318
	535	508	498	482	465	455	444	428	412	401	358	348	321
	540	513	502	486	470	459	448	432	416	405	362	351	324
	545	518	507	491	474	463	452	436	420	409	365	354	327
	550	523	512	495	479	468	457	440	424	413	369	358	330
	555	527	516	500	483	472	461	444	427	416	372	361	333
	560	532	521	504	487	476	465	448	431	420	375	364	336
	565	537	525	509	492	480	469	452	435	424	379	367	339
	570	542	530	513	496	485	473	456	439	428	382	371	342
	575	546	535	518	500	489	477	460	443	431	385	374	345
	580	551	539	522	505	493	481	464	447	435	389	377	348
	585	556	544	527	509	497	486	468	450	439	392	380	351
	590	561	549	531	513	502	490	472	454	443	395	384	354
	595	565	553	536	518	506	494	476	458	446	399	387	357
	600	570	558	540	522	510	498	480	462	450	402	390	360

*퍼스널 트레이너는 가능하면 부하 증가시 가장 인접한 5파운드(혹은 2.5kg)로 부하를 반내림한다.

표 15.7 1회 최대반복횟수 추정방정식의 예제

참고문헌	방정식
Adams[2]	1RM = RepWt / (1−0.02 × RTF)
Brown[16]	1RM = (Reps × 0.0338 + 0.9849) × RepWt
Mayhew et al.[78]	1RM = RepWt / (0.522 + 0.419 $e^{-0.055 \times RTF}$)
O'Conner et al.[84]	1RM = 0.025 (RepWt × RTF) + RepWt

1RM(1-repetition maximum)=1회 최대반복횟수, RepWt(repetition weigh)=반복횟수 무게, load(부하)<1RM to perform repetitions(1회 수행 가능 반복횟수), RTF(repetitions to failure)=실패 반복횟수

10RM보다 적은 반복을 수행할 수 있는 무거운 무게를 사용해야 한다.[1,17,21,81,122] 훈련 계획의 단계는 이러한 등식의 정확도에 영향을 미친다.[9] 고객이 10~15회 반복해 수행할 수 있는 무게를 사용할 경우 이런 예측방정식은 정확도가 낮아지고, 반대로 고객이 낮은 반복횟수의 무거운 무게를 사용하는 경우, 예측방정식은 더 정확해진다.

체중의 백분율 검사

주요 혹은 보조 운동의 강도를 추정하는 또 다른 방법은 고객 체중의 특정 백분율(% BWT)을 이용하여 검사를 수행하는 것이다.[10] 이런 유형의 평가는 고객이 비훈련자나 무경험자인 경우에 가장 적합하다. 왜냐하면 계산된 검사부하가 비교적 가볍기 때문이다. 훈련이 잘된 고객들은 체중에 비해 근력이 강하기 때문에 결국 훈련부하가 너무 가볍게 추정될 수밖에 없으므로 체중백분율(% BWT)의 방법을 사용해서는 안 된다.

체중백분율(% BWT) 방법은 고객 체중(표 15.8~15.10)의 백분율에 기초하여 검사용 **시도 부하**(trial load)를 결정하기 위해 운동 특화된 수치 요소를 사용한다. 표 15.8은 체중백분율 검사에 따라 평가를 수행하기 위한 기본 지침을 제공한다. 이 검사는 남자 고객의 경우 79kg, 여자 고객은 64kg까지 적용할 수 있다. 이는 신체 조성의 개별적인 차이 및 검사의 안전을 보장한다. 이러한 유형의 평가 목적은 고객이 12회에서 15회 들어올릴 검사 부하를 도출하는 것이다. 표 15.9와 15.10에 제시된 요소를 사용하면 이 목표를 달성할 수 있다. 그러나 개인차, 기술적 능력의 변화 및 다양한 유형의 장비 등에 의해 완벽한 검사 무게를 산출하는 것은 불가능하다. 그러나 체중백분율 검사 방법의 결과는 훈련 무게를 결정하는 데 중요한 도구일 수 있다. 예를 들어 체중이 130파운드(59.1kg)인 여자 고객의 머신 기반 레그 프레스 운동부하를 검사한다면, 표 15.9에 따라 그녀가 최초로 시도해야 할 무게는 130파운드이다(BWT×1.0, 표 15.9). 적절한 워밍업을 한 후 고객은 이론적으로 최초 시도 부하로써 130파운드로 12~15회 실시하게 된다.

최대반복횟수 검사

부하를 다룰 수 있는 고객의 능력을 평가하기 위한 또 다른 방법은 고객이 실제 훈련 프로그램에서 수행할 수 있는 **목표 반복횟수**(goal repetitions)를 결정하는 것이다. 예를 들어 만약 훈련 수준이 상급자인 고객이 실제 저항 트레이닝 운동에서 백 스쿼트(back squat) 운동을 4회 반복한다면, 퍼스널 트레이너는 참여자에게 4RM 검사를 실시한다.

이 평가 방법은 여러 번 반복해야 할 경우(예: 8회 이상 반복) 상당한 피로가 누적되기 때문에, 훈련부하를 결정하기 위한 최선의 방법은 아니지만 모든 주요 운동을 위한 평가 방법으로는 유용하다.[107] 보조 운동 역시 최대반복횟수에 의한 검사를 실시할 수 있는데, 보조 운동으로 최대근력 검사를 실시해서는 안 되는 것과 똑같은 이유로 이 방법을 보조 운동에 적용할 때도 8RM 또는 그 이하의 무게로 한정한다.[10] 최대반복횟수 검사는 대개 훈련에 능숙한 고객에게 적합하고, 초보자 또는 훈련 경험이 없는 고객의 경우 더 가벼운 부하로 더 많은 횟수를 반복하도록 제한해야 한다. 고객의 훈련 상태와 관계없이 퍼스널 트레이너는 고객의 부상위험을 초래할 수 있는 과도한 피로를 방지하기 위해 고객을 모니터하는 것이 중요하다. 일반적인 권장사항은 검사를 3세트로 제한하는 것이다.

표 15.8 참여자 체중백분율에 따른 검사 방법

단계	동작
1.	표 15.9 또는 표 15.10(성별에 따라) 가로 중간 칸에 운동을 기재한다. 두 종류의 운동 기계가 있으므로 퍼스널 트레이너는 캠 기계(CM)와 피봇 기계(PM)를 구분할 수 있게 부속장치를 확인해야 한다.
2.	훈련부하를 결정하기 위해서 참여자의 체중을 기록해야 한다. 퍼스널 트레이너는 남자 참여자는 최대 175파운드(79kg), 여자 참여자는 최대 140파운드(64kg)까지 적용할 수 있음을 유념한다. 이 무게보다 가벼운 참여자는 실제 체중을 이용해야 한다.
3.	체중을 결정한 후에는 체중에 '인지계수'(예: 소수점으로 나타낸 백분율)를 곱한 후, 5파운드까지 반내림을 해서 시도 부하를 결정한다. 웨이트스택 머신을 사용할 경우 시도 부하와 가장 근접한 무게로 설정한다.
4.	고객에게 올바른 기술을 설명하고 시범을 보여준 후 참여자가 매우 적은 무게 또는 무게가 없는 상태에서 몇 번 실시해보도록 한다. 만약 참여자가 정확하게 운동을 실시할 수 있다면, 대략 시도 부하의 1/2의 무게로 약 10번 반복하여 준비 운동을 하게 하라.
5.	준비 운동 후 1~3분 정도의 휴식시간을 갖도록 하라. 이 시간 동안 계산된 시도 부하로 무게를 바꾸고 참여자가 회복한 후 시도 부하에서 정확한 동작으로 가능한 많이 계속적으로 실시하도록 한다. 검사 동안 훌륭한 기술을 유지하는 것이 중요하다. 기술이 떨어지거나 참여자가 더 이상 반복하지 못할 경우, 검사를 멈춘다.
6.	참여자가 반복한 횟수를 '달성 횟수' 칸에 기록하라. 이 횟수가 계획에 따른 훈련부하를 설정하기 위한 기반을 제공한다.

표 15.9 여성을 위한 체중백분율에 의한 부하 결정법

신체 부위 또는 근육군	운동	체중	인자계수	시도 부하	달성 횟수	조정	훈련부하
가슴	벤치 프레스(FW)		× 0.35				
	벤트 암 플라이(CM)		× 0.27				
	체스트 프레스(PM)		× 0.27				
등	벤트 오버 로우(FW)		× 0.35				
	시티드 로우(CM)		× 0.20				
	풀오버(CM)		× 0.20				
	시티드 로우(PM)		× 0.25				
어깨	스탠딩 프레스(FW)		× 0.22				
	시티드 프레스(PM)		× 0.15				
	숄더 프레스(CM)		× 0.25				
이두근	바이셉스(FW)		× 0.23				
	프리쳐 컬(CM)		× 0.12				
	로우 풀리 컬(PM)		× 0.15				
삼두근	트라이셉스 익스텐션(FW)		× 0.12				
	트라이셉스 익스텐션(CM)		× 0.13				
	트라이셉스 푸시 다운(PM)		× 0.19				
다리	듀얼 레그 프레스(CM)		× 1.00				
	레그 프레스(PM)		× 1.00				
복근	트렁크 컬(CM)		× 0.20				

계산된 시도 부하는 12~15회까지 반복하는 무게이다. FW: 비고정식 운동, CM: 캠 방식의 기계를 이용한 운동, PM : 피봇 방식의 기계를 이용한 운동. 체성분의 차이를 감안하여 여성의 테스트 부하를 결정할 때는 최대 140파운드(64kg)의 무게를 사용한다.

최대반복횟수 검사는 1RM 검사와 유사하나(11장 참조), 고객은 1RM 검사에서 권장된 것보다 적은 부하 변화(약 50~75%)를 통해 시도한 세트 내에서 목표 반복횟수를 실시해야 한다.

부하를 설정하기 위한 준수지침

프로그램에서 사용할 부하를 할당하기 위해서 퍼스널 트레이너는 고객의 주된 훈련 목표(근지구력, 근비대, 근력, 순발력을 고려해야 한다) 부하와 반복횟수 체계에 따라 훈련 성과가 달라질 수 있다(표 15.11). 과훈련을 피하고, 점진적의 원리를 따르며, 훈련의 적응을 극대화시키기 위해 다양한 부하 방식으로 프로그램을 만드는 것이 좋다.[4,117]

1회 반복 최대무게에 기반한 부하 설정

훈련부하는 1회 반복 최대무게 검사 또는 고객의 1RM 추정치에 기반하여 직접 설정할 수 있다. 반복 체계는 근지구력, 근비대, 근력, 순발력과 같은 훈련 단계를 목표로 할 수 있다(표 15.11).

반복횟수를 설정한 후 퍼스널 트레이너는 1RM 부하(직접 검사했거나 추정한)에 목표한 반복횟수와 관련한 1RM의 백분율을 곱해서 훈련부하를 설정할 수 있다.

예를 들어 고객의 목표가 근비대인 경우, 고객은 1RM의 67%와 85% 사이의 부하로 6~12회 반복 수행할 것이다. 만약 고객의 스쿼트 1RM이 220파운드(100kg)이고, 10회 반복 수행해야 할 경우, 훈련부하는 147~187파운드 사이일 것이다(220×0.67=147, 220×0.85=187). 역기에 부하를 올바로 더하기 위해서 고객은 운동의 목표에 따라 150~185파운드(68~85kg)의 범위로 저항을 설정할 수 있다. 부하 강도는 개별적인 훈련 세션의 목표와 목표 훈련 강도에 따라 조정된다.

체중백분율에 기반한 부하 설정

훈련의 부하를 결정하는 또 다른 방법은 체중백분율에

표 15.10 남성을 위한 체중백분율에 의한 부하 결정법

신체 부위 또는 근육군	운동	체중	인자계수	시도 부하	달성 횟수	조정	훈련부하
가슴	벤치 프레스(FW)		× 0.60				
	벤트 암 플라이(CM)		× 0.55				
	체스트 프레스(PM)		× 0.55				
등	벤트 오버 로우(FW)		× 0.45				
	시티드 로우(CM)		× 0.40				
	풀오버(CM)		× 0.40				
	시티드 로우(PM)		× 0.45				
어깨	스탠딩 프레스(FW)		× 0.38				
	시티드 프레스(PM)		× 0.35				
	숄더 프레스(CM)		× 0.40				
이두근	바이셉스(FW)		× 0.30				
	프리쳐 컬(CM)		× 0.20				
	로우 풀리 컬(PM)		× 0.25				
삼두근	트라이셉스 익스텐션(FW)		× 0.21				
	트라이셉스 익스텐션(CM)		× 0.35				
	트라이셉스 푸시 다운(PM)		× 0.32				
다리	듀얼 레그 프레스(CM)		× 1.30				
	레그 프레스(PM)		× 1.30				
복근	트렁크 컬(CM)		× 0.20				

계산된 시도 부하는 12~15회까지 반복하는 무게이다. FW: 비고정식 운동, CM: 캠 방식의 기계를 이용한 운동, PM: 피봇 방식의 기계를 이용한 운동. 체성분의 차이를 고려하기 위해 남성의 테스트 무게를 결정할 때는 최대 175파운드(79kg)를 사용한다.

표 15.11 설정한 목표에 따른 훈련부하와 반복횟수 계획

강조하는 훈련	부하(%1RM)			반복횟수		
	초보자	중급자	상급자	초보자	중급자	상급자
근지구력	≤65	≤70	≤75	10~15	10~15	10~25
근비대	67~80	67~85	67~85	8~12	6~12	6~12
근력*	≥70	≥80	≥85	≤6	≤6	≤6
순발력**	n/a	30~60	30~70	n/a	3~6	1~6

* 이 부하는 오직 주요 운동에만 적용된다. 보조 운동은 8RM 또는 그 이상 반복한다.
** 이 부하는 반복횟수 부하 연속체에서 기록된 부하와 다르다.

기반한 방법이다. 퍼스널 트레이너가 훈련 계획을 수립하고 반복횟수 범위(표 15.9와 15.10)를 정하면, 그는 평가 동안 수행한 반복횟수를 표 15.11의 반복 범위와 비교한다. 비록 체중백분율 방법이 12~15회 반복을 하기 위해 고안되긴 하였지만, 참여자가 12회보다 적거나 또는 15회보다 많이 실시하는 경우도 종종 있다. 따라서 고객의 목표를 더 잘 달성하기 위해 체중의 백분율 검사에 의한 시도 부하는 조정되어야 한다. 표 15.12는 조정에 필요한 가이드를 제공한다. 고객이 많이 반복할 수 있는 경우 부하를 증가시키고, 반대의 경우 부하를 줄인다. 이러한 조정은 하나의 가이드이며 오류(예: 다관절 운동의 경우 부하를 늘여야 할 필요가 있을 수 있음)가 없는 것은 아니지만, 이 훈련 계획을 구조화하기 위해 유용한 출발점을 제공한다.

예를 들어 고객이 근비대를 목표로 훈련을 할 경우 6~12회 반복할 수 있는 1RM 부하의 67~85%, 부하

표 15.12 목표 반복횟수를 실시하기 위한 시도 부하의 조정

	시도 부하로 수행한 반복횟수									
목표 반복횟수	≥18	16~17	14~15	12~13	10~11	8~9	6~7	4~5	2~3	<2
14~15	+10	+5		15	−10	−15	−15	−20	−25	−30
12~13	+15	+10	+5		−5	−10	−15	−15	−20	−25
10~11	+15	+15	+10	+5		−5	−10	−15	−15	−20
8~9	+20	+15	+15	+10	+5		−5	−10	−15	−15
6~7	+25	+20	+15	+15	+10	+5		−5	−10	−15
4~5	+30	+25	+20	+15	+15	+10	+5		−5	−10
2~3	+35	+30	+25	+20	+15	+15	+10	+5		−5

부하 증가(+) 또는 감소(−).
Baechle and Earle 1989 (7) and Earle and Baechle 2000 (26) 발췌

설정이 권장된다(표 15.11). 만약 고객의 몸무게가 170파운드(77kg)이고, 체중백분율 평가로 100파운드의 벤치 프레스를 10회 성공한다면(BWT×0.60=102파운드 또는 46kg) 퍼스널 트레이너는 프로그램 목표에 따라 부하를 조정해야 한다. 반복횟수를 8~9로 설정했다면, 부하는 표 15.12에서 제공하는 정보를 기반으로 조정되어야 한다. 표 15.12에서 행은 '목표 반복횟수'이고, 열은 '시도 부하'로 수행한 반복횟수를 나타낸다. 이 고객은 반복횟수 8~9를 목표로, 10회 반복했다. 목표 반복횟수 8~9의 부하를 10~11번 수행하였다면, 시도 부하를 5파운드(2.5kg) 증가시켜야 한다는 것을 행과 열이 교차하는 +5로 적힌 칸에서 확인할 수 있다. 따라서 할당된 부하는 105파운드(100+5=105파운드=48kg)가 된다. 이 방법에 따라 표 15.9와 표 15.10에 나열된 각 훈련의 부하를 결정할 수 있고, 기록할 수 있다. 추가로 선택할 수 있는 사항은 이 조정법을 사용하여 운동 세션중에 훈련부하를 수정하는 것이다. 예를 들어 고객이 벤치 프레스에서 105파운드의 하중으로 8~9회 반복하는 세트를 2세트 이상 수행할 수 없는 경우 표 15.12의 정보에 따라 부하를 조정해야 한다. 만약 고객이 105파운드 부하로 6회만 반복할 수 있다면 부하를 5파운드 줄여야 한다. 이 방법은 쉽게 적용할 수 있지만, 주의해서 사용하여야 한다. 이러한 부하 유형에서 반복 범위를 사용하면 강도 변화가 부족하기 때문에 과훈련의 피해가 나타나기도 한다. 이러한 유형의 모델은 계산된 반복 범위를 달성하기 위해 매 세트마다 실패 지점까지 훈련하도록 요구하고, 근육의 실패에도 도달하게끔 하는 훈련 방법은 좋지 않은 것으로 분명히 확립되었다.[86,105]

최대반복횟수 검사에 기반한 부하 설정

계산하지 않고, 최대반복횟수(RM) 검사에서 설정한 부하를 훈련부하로 사용한다. RM 검사에서 사용한 반복횟수가 실제 훈련 계획과 동일하므로 RM이 훈련 하중이 된다.

예를 들어 표 15.11은 상급자 고객의 힘을 향상시키기 위해 6회 이하의 반복부하를 1RM의 85% 이상으로 설정하기를 권장한다. 만약 퍼스널 트레이너가 벤치 프레스 운동에서 4RM 검사를 실시하여 결과가 200파운드로 나타났다면, 그것은 고객이 근력 트레이닝 프로그램의 일부로써 200파운드로 4회 반복을 실시하게 될 것을 의미한다. 이 방법은 간단하지만 앞에서 언급한 것처럼 근육의 기능이 실패하는 데까지 훈련하므로, 실패 지점에 도달하지 않는 다른 훈련법과 비교해 힘을 개발하는 방법으로는 적절치 않다.[86,105] 고객의 훈련부하를 설정하는데 최대무게를 사용하는 경우 과훈련과 부상의 위험이 높아질 수 있다. 보다 좋은 부하 설정 방법은 1RM의 비율을 사용하고, 훈련 주일 내에 강도를 바꾸는 것이다.

근육 기능의 실패에까지 도달하는 훈련은 훈련부하를 설정하기 위한 좋은 방법이 아니다. 최대 반복 목표와 최대 반복 범위를 결정하기 위한 차선책으로 보이며, 최대백분율을 사용하는 것이 좋다.

훈련량: 반복횟수와 세트

저항 훈련의 양은 다음과 같이 계산되는 부하량으로 정의한다.

부하량 = 총반복횟수(세트×횟수)×부하

부하량은 저항 훈련중에 달성하는 운동량을 나타내는 합리적인 지표이다.[83] 수행하는 총운동량에 기여하기 때문에 양 계산시 부하를 포함하는 것이 중요하다. 양을 결정하는 데 반복횟수만 고려한다면 운동을 정확히 서술할 수 없다. 예를 들어 10회 3세트 반복하는 것과 6회 5세트 반복하는 것은 모두 총 30회 반복하는 것이다. 이것은 위 두 세트와 반복 체계에서 달성한 운동량이 동일하다는 것을 보여줄 수 있지만, 사실 그렇지 않다. 최대 백스쿼트 무게가 300파운드(136kg)인 고객은 225파운드(102kg)로 6회, 255파운드(116kg)로 10회 반복할 수 있다(표 15.6 참조). 6회 5세트 반복하는 255파운드(7,650파운드 혹은 3,477kg)가 10회 3세트 반복하는 225파운드(6,750파운드 혹은 3,068kg)보다 훨씬 더 많다는 것을 쉽게 알 수 있다.

영향을 끼치는 요인들

많은 요인이 훈련량에 영향을 끼칠 수 있다. 고객 또는 훈련 계획의 목표는 목표 세트의 반복(연결된 반복의 연속) 또는 계획된 반복횟수에 영향을 미치는 주요한 요인이다. 예를 들어 고객의 목표가 근지구력이라면 12회 이상의 높은 반복으로 훈련을 하고, 반대로 고객의 훈련 목표가 근력이라면, 6회 이하의 반복을 계획한다. 퍼스널 트레이너는 또한 특정 운동에 사용하는 세트수를 수정하여 훈련량을 조정할 수 있다.

단일 세트 프로토콜은 훈련받지 않은 개인[94,97]과 훈련받은 모집단[86,95,129]에서 다중 세트 프로토콜에 비하여 훈련에 대한 효율이 떨어지는 것으로 나타난다. 훈련에 초보자거나 시작하는 단계의 고객에게는 단일 세트만으로도 효과적이지만, 고객이 더 많이 훈련받을수록 훈련량을 늘이는 것이 필수적이고, 이는 다중 세트 훈련 계획을 달성하는 것이 최선일 것이다.

훈련량 설정시 준수지침

고객이 수행하는 훈련량은 그들의 훈련 목표, 더 중요하게는 그들의 훈련 상태에 따라 달라진다.

저항 훈련 목표

특정 적응을 유도하는 능력은 과부하를 유도할 수 있는 능력과 훈련의 양과 강도를 조절하여 목표로 한 특정 훈련 결과에 따라 달라진다(표 15.11과 15.13). 또한 고객의 목표를 달성하기 위해 다양한 방법으로 진행하고, 훈련에 대한 적응 반응을 촉진시키기 위해 훈련 계획이 구조화되는 것이 필수적이다. 훈련 계획의 설계는 근지구력, 근비대, 근력, 순발력(표 15.13)의 4가지 목표 중 하나를 다루어야 한다.

- 근지구력: 근지구력에 대한 훈련 계획은 일반적으로 많은 반복횟수를 사용한다(즉, 세트당 10회 이상 반복). 훈련 상태에 따라 세트의 횟수를 변경할 수 있다.[4,9,26,31,66,86,95,111,117]
- 근비대: 근비대에 대한 훈련 계획은 높은 훈련량을 사용한다(즉, 6~12회 반복). 훈련 상태에 따라 높은 부하(1RM의 67~85%) 중등도[117]로 훈련한다.[4,9,26,31,66,86,95,111]
- 근력: 주요 운동의 경우, 근력에 대한 훈련 계획은 운동당 여러 세트(3개 이상)와 6개 이하의 반복횟수를 사용한다. 보조 운동의 경우는 1~3세트와 8개 이상의 반복횟수를 사용한다.[4,9,26,31,66,86,95,111,117]
- 순발력: 순발력 훈련은 경험이 없거나 초보 고객에게는 사용할 수 없다. 이러한 고객은 순발력 훈련 이전에 근력 개발을 목표로 해야 한다.[66] 중급자 고객의 순발력 훈련 계획은 3~6회 반복횟수로 1~3세트 실시해야 하고, 고급자 고객의 순발력 훈련 계획은 1~6회 반복횟수로 3~6세트 실시해야 한다.[4,9,26,31,66,86,95,111,117]

저항 훈련 상태

고객의 훈련 상태는 저항 훈련 운동을 수행할 수 있는 세트수에 영향을 미칠 수 있다. 일반적으로 훈련을 받지 않았거나 초보 고객은 중급 또는 상급 고객[4,66]보다 적은 세트를 수행한다.[4,66] 처음에는 초보자 고객에게 단일 세트의 프로그램이 사용되나, 그들이 점진적으로 발전하기 위해서는 결국 다중 세트 훈련이 필요하다.[4] 표 15.13에서 고객이 초보자에서 중급 또는 상급 훈련 상태로 이동하기 위해 사용할 수 있는 훈련량을 제시하였다.[4,66]

표 15.13 훈련 목표에 근거한 훈련량 계획

훈련 목표	반복횟수			세트수		
	초보자	중급자	상급자	초보자	중급자	상급자
근지구력	10~15	10~15	10~25	1~3	≥3	≥3
근비대	8~12	6~12	6~12	1~3	≥3	≥3
근력*	≤6	≤6	≤6	1~3	≥3	≥3
순발력**	n/a	3~6	1~6	n/a	1~3	3~6

* 이 부하는 오직 주요 운동에만 적용된다. 보조 운동은 8RM 또는 그 이상 반복한다.
** 이 부하는 반복횟수-부하 연속체에서 기록된 부하와 다르다.

휴식 구간

다수의 세트 또는 **휴식시간 간격**(rest intervals)은 훈련 세션의 생리적 반응에 강한 영향을 미칠 수 있다.[4,8,9] 휴식 구간은 또한 운동 사이의 시간을 나타낼 수 있다. 세트와 운동 사이의 전체적인 휴식 구간은 주로 고객의 훈련 목표 및 훈련 계획의 구조에 입각하여 설정할 수 있다.

영향을 주는 요인들

일반적으로 부과된 부하와 그 부하로 운동하는 세트들 사이에 필요한 휴식시간 간에는 직접적인 관계가 있다. 부하가 무거울수록, 고객이 무게를 다시 들어올리기 전에 필요로 하는 휴식시간은 길어진다. 추가적인 고려사항은 고객의 훈련 상태이고, 이는 훈련받지 않은 사람이나, 초보자 고객은 운동기술을 유지하기 위해 세트 및 훈련 간의 긴 휴식시간을 요구할 수 있다.

휴식시간 할당을 위한 준수지침

고객의 저항 훈련 목표가 부하와 반복횟수를 결정하기 때문에 저항 훈련 목표는 세트와 운동 사이에 필요한 휴식의 양도 결정할 수 있다.

저항 훈련 상태

표 15.14는 권장 휴식의 길이를 보여주지만, 이는 단지 권고사항에 불과하다. 일반적으로 훈련되지 않은 고객은 훈련된 참여자가 취하는 휴식시간에 적어도 2배가 필요하다. 이러한 고객은 세트와 운동 사이의 회복을 촉진하기 위해 2~5분 휴식 간격을 사용하는 것이 가장 좋다. 고객이 새로운 운동을 배우거나 기술을 완전히 익히고자 할 때 특히 중요하다.[4] 고객이 훈련에 더 능숙해지고 각 리프트의 기술적 측면을 숙지하게 됨에 따라 표 15.14에서 제시한 권고사항이 더 적합할 수 있다.

저항 훈련 목표

개별 고객의 목표에 따라 훈련 계획을 조정하기 위해, 퍼스널 트레이너는 고객이 목표 반복횟수를 들 수 있도록 세트와 운동 사이에 충분한 휴식을 취할 수 있도록 해야 한다. 표 15.14에 나타나 있는 근지구력, 근비대, 근력, 순발력 훈련 프로그램을 위한 권장 휴식시간은 아래와 같다.

- 근지구력: 다른 근육군을 사용하는 운동을 수반하여 훈련하는 경우 30초 이하의 상대적으로 짧은 휴식을 취하고,[96,126] 같은 근육군을 이용해 운동할 경우 최대 3분까지의 휴식을 보장한다.
- 근비대: 근비대를 위한 휴식 구간은 30초에서 90초 사이로 짧거나 중간 정도 길이가 되어야 한다.[49,85,119] 높은 신진대사 요구로 인해 다관절 대근육 운동시 더 긴 휴식시간이 필요할 수 있다.
- 순발력: 최대로 힘을 내는 세트 사이에 2~5분의 휴식시간을 보장한다.[107,126]

표 15.14 훈련 목표에 근거한 권장 휴식시간

훈련 목표	휴식시간
근지구력	30초 이하
근비대	30~90초
근력	2~5분
순발력	2~5분

이 휴식 구간은 가이드라인과 함께 주의하여 사용되어야 한다.
기술의 유지가 가장 중요하다. 주어진 휴식시간에 기술 능력이 감소된다면 휴식시간을 늘인다. 또한 훈련 세트에서 발생한 일의 총량의 함수로써 휴식시간의 길이를 고려한다. 세트를 완성하고 더 많은 훈련을 한다면 휴식 기간은 더 길어질 필요가 있다.

- 근력: 근력을 목표로 한 운동에는 휴식 주기가 더 길어야 한다.[126] 특히 하체 운동과 전신 운동 때 더 그렇다.[4,128] 일반 권장 시간은 2~5분이다.[69,75,85,92]

훈련 변화

훈련 프로그램이 얼마나 효과적이고 개별화되었는지에 관계없이 그 훈련 프로그램은 지속적인 적응을 보장하기 위해 다양하게 변화해야 한다.[4,117] 다양성의 개념은 장기적으로 적응하기 위한 훈련 변수의 적절한 변경을 포함한다.[65,72,112,113,117] 다양성의 핵심 구성요소는 훈련 요소들의 의도적인 순서 배열이다.[45,90,117] 훈련이 올바르게 배열되면, 한 훈련 기간 동안 자극된 적응이 다음 훈련 기간에 강력한 영향을 미칠 수 있으며, 이는 총 훈련 효과로 이어진다.[45,58,59] 저항 훈련 계획이 적절하고 올바르게 배열된 순서를 포함하는 경우, 그것은 점진적으로 더 효과적일 것이다.

초보자 또는 훈련받지 않은 고객에게는 합당한 훈련 계획으로 결과를 이루어감에 따라 훨씬 적은 훈련의 변화를 사용하는 것이 필요하다.[117] 고객이 훈련에 더 능숙해질수록, 계획에 변화와 진행을 포함하지 않는다면 발전이 느려지기 시작할 수 있다. 변화가 없는 동일한 훈련 계획을 유지하면 소위 '단조로운 초과 훈련(monotonous overtraining)'을 유지할 수 있다.[106] 훈련 자극이 장시간 단조로워질 경우(즉, 몇 개월), 훈련 경험이 많은 고객의 근력과 근신경 활성이 감소하고,[40,41,42,43] 과훈련 증상을 야기할 수 있다.[32,33,45,106]

훈련의 정체 현상을 방지하기 위한 가장 좋은 방법은 고객을 훈련 자극에 노출시키는 데 사용하는 프로그램 설계 변수에 의도적인 변형을 포함시키는 것이다.[23,117] 퍼스널 트레이너가 훈련 자극에 변화를 줄 수 있는 단계는 훈련 빈도, 강도 및 훈련의 양, 세트와 운동 사이 휴식 구간이 있다.[23,26,45,85,90,108,109,117] 훈련 계획의 변화는 한 세션 내, 한 주, 또는 몇 주간에 걸쳐 발생할 수 있다. 훈련 계획에 변화를 도입할 수 있는 몇 가지 방법이 여기 제시되어 있다(훈련 변화를 유도하기 위한 체계적인 방법 또는 주기화에 대한 자세한 내용은 23장을 참조한다).

세션 내 변화

개별 훈련 세션 동안, 훈련의 자극을 다양하게 하는 여러 가지 방법이 있다. 자주 사용되는 방법은 개별 운동을 수행하는 강도를 바꾸는 것이다. 즉 어떤 운동은 높은 강도로 수행하고, 어떤 운동은 낮은 강도로 수행한다.[117] 한 번의 세션 동안 긴 휴식 및 짧은 휴식 간격을 사용할 수 있다. 일반적으로 긴 휴식 구간은 주요 운동에 사용하고, 짧은 휴식 구간은 보조 운동 후에 사용한다.[4,65,88,97,127] 세션 동안 훈련 자극을 다양하게 하는 또 다른 방법은 세트 구성을 변경하는 것이다.[36,37,39] 전통적으로는 세트 반복시 거의 또는 전혀 쉬지 않고 연속적으로 수행해왔다. 하지만 최근 연구에 의한 '클러스터 세트'라고 하는 구성은 중간 휴식 주기를 변경함으로써 세트의 목표를 변경할 수 있다는 것을 보여준다.[39] 클러스터 세트는 각각의 반복 사이 5~45초 휴식한다.[36] 예를 들어 지구력 또는 체력이 초점일 경우, 짧은 휴식 구간이 사용될 수 있다(5초 이하). 만약 순발력이 중점이 되는 훈련이라면 긴 휴식 구간이 사용될 수 있다(45초 이하). 클러스터 세트를 사용

표 15.15 클러스터 세트 구조의 예

클러스터의 종류	세트	×	반복 횟수	휴식 구간 간격 (초)	클러스터 세트의 반복횟수 및 부하 설정									
표준	1~3	×	10/1	5	80/1	80/1	80/1	80/1	80/1	80/1	80/1	80/1	80/1	80/1
	1~3	×	10/2	10	80/2	80/2	80/2	80/2	80/2					
	1~3	×	10/5	15	80/5	80/5								
기복(파동)	1~3	×	10/1	5	75/1	80/1	82.5/1	85/1	85/1	82.5/1	80/1	77.5/1	75/1	80/1
	1~3	×	10/2	10	77.5/1	80/1	85/1	80/1	77.5/1					
상승	1~3	×	10/1	5	55/1	60/1	65/1	70/1	75/1	85/1	90/1	95/1	100/1	105/1
	1~3	×	10/2	10	70/2	75/2	80/2	85/2	90/2					

10/1=총 10회 반복 1회의 10개 클러스터로 나눔. 10/2=총 10회 반복을 2회의 5개 클러스터로 나눔. 10/5=총 10회 반복을 2회의 5개 클러스터로 나눔

100kg의 최대 파워 클린에 기초한 모든 중량(80kg=1회 반복최대중량의 80%). 각 세트의 평균 강도는 80kg 또는 1RM의 80%이다. 휴식 구간 길이는 훈련 구간의 목표에 따라 45초까지 늘릴 수 있다.

하는 경우, 퍼스널 트레이너는 각 반복에 사용되는 부하를 변화시켜 변화하는 방법을 다양하게 할 수 있다. 클러스터 세트에는 3가지 범주가 있다. ① 세트 내 부하가 변경되지 않는 클러스터 세트 ② 세트 내 부하가 증가했다가 감소하는 클러스터 세트, ③ 세트 내 부하가 증가하는 클러스터 세트(표 15.15)[36,37,39]는 개별 훈련 세션의 초점에 영향을 미칠 수 있는 또 다른 수준의 변화를 제공한다.

주(week) 내 변화

훈련 계획에 변화를 통합할 수 있는 가장 좋은 방법 중 하나는 한 주 내에 선택된 운동의 강도를 변화하는 것이다.[117] 고객이 주 전체에 걸쳐 강도 높은 훈련을 수행하는 것이 어려울 수 있다. 한 주 동안 훈련이 진행되면서, 고객의 누적 스트레스(즉, 교육, 직장, 가정, 개인 등)는 꾸준히 증가할 가능성이 있고, 그에 따라 훈련 스트레스를 견딜 능력은 감소할 것이다.[107,117] 이것은 오버 트레이닝으

표 15.16 일일 및 주간 훈련 변화의 예

		목표 범위		강도(파운드)			
요일	운동	세트수	횟수	주 1	주 2	주 3	주 4
월	백 스쿼트	3	10	200	210	220	205
	원레그 스쿼트	3	10	135	140	145	135
	레그 컬	3	10	120	125	130	120
	레그 익스텐션	3	10	150	155	160	150
	복부 운동	3	25				
화	벤치 프레스	3	10	180	185	190	180
	벤트 오버 로우	3	10	150	155	160	150
	숄더 프레스	3	10	130	135	140	130
	랫 풀다운	3	10	140	145	150	140
	트리셉스 프레스 다운	3	10	100	105	110	100
	바이셉스 컬	3	10	95	100	105	95
목	백 스쿼트	3	10	180	185	190	185
	원레그 스쿼트	3	10	120	125	130	125
	레그 컬	3	10	105	110	115	110
	레그 익스텐션	3	10	135	140	145	130
	복부 운동	3	25				
토	벤치 프레스	3	10	160	165	170	160
	벤트 오버 로우	3	10	135	140	145	135
	숄더 프레스	3	10	115	120	125	115
	랫 풀다운	3	10	125	130	140	125
	트리셉스 프레스 다운	3	10	90	95	100	90
	바이셉스 컬	3	10	85	90	95	85

	월			화			목			토			주간		
작은 주기	횟수	VL	TI	횟수	VL	TI	횟수	VL	TI	횟수	VL	TI	횟수	VL	TI
1	120	18,150	151	180	23,850	133	120	16,200	135	180	21,300	118	600	79,500	134
2	120	18,900	158	180	24,750	138	120	16,800	140	180	22,200	123	600	82,650	140
3	120	19,650	164	180	25,650	143	120	17,400	145	180	23,250	129	600	85,950	145
4	120	18,300	153	180	23,850	133	120	16,500	138	180	21,300	118	600	79,950	135

Reps(repetitions): 횟수, VL(volume load): 운동량(횟수×세트수×파운드), TI: 운동량/총 반복횟수

로 이어질 수 있다. 이에 대처하는 한 가지 방법은 쉬운 날과 힘든 날을 정하는 것이다. 쉬운 날에 고객이 휴식할 수 있도록 해서 오버 트레이닝의 위험을 줄인다.

훈련부하를 변화시키기 위한 다양한 전략이 있지만 특히 쉽게 사용할 수 있는 전략 중 하나는 한 주 동안 1RM의 비율을 변화하는 것이다. 예를 들어 고객의 스쿼트 1RM이 300파운드(136kg)이고 훈련날에 목표한 반복횟수가 다섯 번이라고 하자. 그렇다면 약 260파운드(118kg)가 대략 5RM의 최대 반복 무게가 될 것이다. 이 고객이 한 주에 이틀(월요일, 목요일)을 스쿼트 훈련한다고 가정했을 때 월요일의 경우 240파운드(109kg, 260파운드의 92%)의 고강도 훈련일이 될 것이고, 목요일은 약 208~220파운드(95~100kg, 260파운드의 80~85%)의 좀 더 가벼운 훈련일이 될 것이다. 두 번째 세션은 여전히 적응 반응을 유도하기 위해 적절한 훈련 자극을 공급하면서, 훈련주와 관련된 누적된 피로를 고려해 10~15%의 적은 저항을 사용한다. 앞서 언급한 바와 같이, 실패 지점까지 도달하는 훈련(1RM의 100%)은 차선의 결과를 초래하고,[60,87] 오버 트레이닝의 위험을 증가시키므로[32] 훈련에서 피한다. 더 우수한 훈련 설계 방법은 목표 반복을 유지하면서 특정 부하의 변동을 계획하는 것이다. 표 15.16은 한 주 내에서부터 4주 기간에 이르기까지 강도를 변화시킬 수 있는 방법의 예를 제공한다. 주간 변화의 또 다른 예는 표 15.17에 제시되어 있다. 이 예에서, 고객은 1RM 검사 중에 스쿼트는 225파운드(102kg)를 달성한다. 이 값은 표 15.6과 연계하여 5RM(195파운드 혹은 89kg) 혹은 10RM(170파운드 혹은 77kg)을 추정할 수 있다. 그런 다음 추정한 10RM을 사용하여 쉬운 날과 무거운 날을 생성하는 데 필요한 백분율 구역을 결정할 수 있다. 이것은 프로그래밍을 위한 우수한 방법이며 과훈련의 위험을 줄이면서 훈련 적응을 최대화하는데 매우 효과적인 것으로 밝혀졌다.

> 쉬운 날(light day) 훈련을 계획할 때, 퍼스널 트레이너는 부하를 줄이고, 같은 반복횟수로 고객을 훈련시켜야 한다. 훈련량이 반복의 증가와 함께 저하되는 경우는 누적된 부하가 증가되어 저강도 훈련이 실제로는 고강도 훈련이 될 수 있다.

주간 변화

훈련 프로그램은 강도, 빈도, 양, 운동 선택, 훈련의 중점 변화를 통해 주마다 다양하게 진행한다. 예를 들어 4주의 훈련 기간 동안 근지구력을 목표로 하는 경우 표 15.11에 표시된 정보에 기초하여 세트당 12회 반복을 3번 반복할 수 있다. 주기화의 원리에 따라 3주 동안에는

표 15.17 부하별 분류 및 주간 훈련 변화의 예

부하별 분류*					
강도		초기 RM%	초기 RM%	추정 5RM%	추정 10RM%
매우 무겁게 고강도	(VH)	95~100	214~225	185~195	162~170
고강도	(H)	90~95	203~214	176~185	153~162
무거운 중강도	(MH)	85~90	191~203	166~176	145~153
중강도	(M)	80~85	180~191	156~166	136~145
가벼운 중강도	(ML)	75~80	169~180	146~156	128~136
저강도	(L)	70~75	158~169	137~146	119~128
아주 가벼운 저강도	(VL)	65~70	146~158	127~137	111~119

주간 변화**							
주	월	화	수	목	금	토	일
1	VL(111~119)			VL(111~119)			
2	L(119~128)			VL(111~119)			
3	ML(128~136)			L(119~128)			
4	L(119~128)			L(119~128)			

* 백 스쿼트의 1RM을 225파운드로 설정하였다. 표 15.7에서는 5RM은 195파운드, 10RM은 170파운드로 추정치로 제시한다.
** 이 예에서 백 스쿼트를 월요일과 목요일에 10번 3세트를 반복하는 것을 목표로 한다.

강도 훈련 강도가 증가하고 넷째 주에는 강도를 줄여 3:1 로딩 패러다임(표 15.16, 표 15.90)을 생성할 수 있다.[15,90] 표 15.16에서 주당 훈련부하(예: 주1=79,500파운드, 주2=82,650파운드, 주3=85,950파운드, 주4=79,950파운드)와 평균 훈련 강도(즉, 주1=134파운드, 주2=140파운드, 주3=145파운드, 주4=135파운드)가 첫 3주에 걸쳐 증가한다. 이런 유형의 부하는 저항 훈련을 위한 가장 기본적인 부하 구조이지만, 2:1, 4:1, 3:2, 4:2 구조와 같은 다른 구조를 적용할 수도 있다. 논의한 바와 같이 이러한 유형의 부하 유형이 매일 다양하게 진행되는 경우, 고객의 훈련 적응을 극대화할 수 있고, 과훈련의 가능성을 최소화할 수 있다.

훈련 주간을 다양하게 하는 또 다른 방법은 훈련 강도를 변경하는 것이다. 예를 들어 1주차에는 4개의 저항 훈련 세션, 두 가지 고강도 인터벌 훈련 세션, 두 가지 유산소 훈련 세션을 포함할 수 있다. 이 주의 주 목표는 저항 훈련이다. 2주차에는 저항 훈련을 3회로 줄이고 강도 높은 인터벌 훈련을 3회로 늘리며, 유산소 운동빈도를 유지함으로써 훈련 목표를 인터벌 훈련으로 바꿀 수 있다. 각 주마다 훈련을 다양하게 함으로써, 궁극적으로 고객이 더 훈련 적응을 할 수 있고, 선택적으로 특정 결과를 목표로 하고, 피로를 보다 효율적으로 관리할 수 있다.

> 실패(RM 값의 100%)에 대한 훈련은 필요하지 않다. 이는 차선의 결과를 생성하고, 과훈련의 위험을 증가시킨다. 보다 우수한 전략은 목표 반복횟수를 유지하면서 특정 훈련부하의 변화를 계획하는 것이다.

훈련 순서

저항 훈련 프로그램 설계시 발생할 수 있는 전형적인 실수 중 하나는 훈련 요소를 적절히 지정하지 못하는 것이다.[45,90,117] 적절하게 훈련 순서를 정하면 훈련 적응 및 능력 향상에 도움이 된다.[45] 반대로 부적절한 훈련 순서는 생리적, 기능적 향상을 이끌어낼 수 없다.

전통적으로, 퍼스널 트레이너는 프로그램을 설계할 때, 기본 훈련 목표(근지구력, 비대, 근력, 또는 순발력)로 하는 것처럼 보인다. 얼핏보면 이것은 특이성의 원칙에 기초해 논리적으로 보이지만, 과학적인 증거는 훈련 목표의 상호의존성을 강하게 뒷받침한다. 예를 들면 최대근력의 증가를 원하는 고객에게는 근비대 훈련이 최대근력 훈련 이전에 실시되어야 한다.

최대근력을 목표로 한 훈련 순서
= 근비대 훈련 → 최대근력 훈련

이러한 방식으로 훈련을 구성함으로써, 근육적응의 기초가 되는 근육 단면적을 증가시켜 더 큰 단계의 근력을 개발할 수 있다.

마찬가지로 최대 순발력 생성을 목표로 훈련하는 경우, 먼저 전반적인 근력 수준을 개발해야 한다.

순발력을 목표로 한 훈련 순서
= 근비대 훈련 → 최대근력 훈련 → 순발력 훈련

근육의 단면적이 증가하면, 최대근력을 증가시킬 수 있는 능력이 향상되고, 이것은 훈련 목표가 순발력 기반 훈련으로 전환될 때 근순발력 발달을 최대로 이끌어내는 데 기여할 수 있다.

일반적으로 모든 고객은 근지구력 또는 근비대를 목표로 한 계획으로 저항 훈련을 시작해야 한다. 이 단계는 다른 목표의 개발을 위한 기초가 되는 훈련 기반을 마련하기 때문에 중요하다.[90,107] 대부분의 고객은 이러한 교육 단계를 2주에서 4주 정도 견딜 수 있으며 양과 강도를 적절히 변화시켜야 한다. 이러한 유형의 훈련을 4주 수행한 후, 고객의 적응 반응은 점근적(asymptotic)이 되며 훈련 적응 속도가 크게 느려진다. 이때 퍼스널 트레이너는 훈련 목표를 변경하여 프로그램의 초점을 근력 개발로 이동하고 일반적으로 2주에서 5주간 근력 개발을 목표로 하여 문제를 예방해야 한다. 대부분의 고객들은 근지구력 또는 근비대를 목표로 한 훈련으로 다시 돌아가지만, 운동선수는 순발력 훈련으로 진행된다. 훈련의 목표와 관계없이 훈련 순서는 한 단계에서 개발된 속성을 다음 단계에서 볼 수 있는 생리적, 기능적 적응을 촉진하는 단계 지속 효과를 가져온다.[15,58,59,107] 훈련 순서를 정할 때 퍼스널 트레이너는 표 15.18에 제시된 각 단계의 지속기간에 대한 기본적인 지침을 고려해야 한다.

퍼스널 트레이너와 고객이 초기 상담에서 정한 전반적인 훈련 목표가 훈련 계획의 순서를 결정한다. 이전에 언급한 바와 같이, 훈련 목표는 퍼스널 트레이너가 기본 훈련량 및 훈련 강도의 매개변수를 설정하는 데 도움이 된다. 그러나 어떤 고객도 동일한 목표를 대상으로 무기한 훈련할 수 없다. 따라서 훈련의 목표와 계획은 주기적으로 바뀌어야 한다. 예를 들어 근비대를 목표로 하는 고객은 4주 정도 근비대에 대한 훈련 계획(예: 10번씩 3세트)에 의해 운동을 하고 그 후 3주 동안은 근력 향상을

표 15.18 훈련 요소 순서의 지침

훈련의 단계	길이(주)	가벼운 주: 무거운 비율 (무겁게/가볍게)
근지구력	2~4	2~3/1
근비대	2~4	2~3/1
근력	2~5	2~4/1
순발력	2~4	2~3/1

2~3/1 : 언로딩(하역) 주 다음 2~3주 동안에 부하를 증가시킨다.
2~4/1 : 언로딩(하역) 주 다음 2~4주 동안에 부하를 증가시킨다.

위한 훈련을 한 뒤 다시 4주간 근비대에 대한 훈련을 할 수 있다. 이렇게 근비대 훈련과 근력 훈련을 번갈아 하면 두 가지 목표를 더 크게 달성할 수 있다.[91] 훈련의 순서를 정하는 여러 가지 방법 중 세 가지가 그림 15.1에 표시되어 있다.

강조하는 훈련의 순서를 정하는 것은 훈련 성과를 달성하는 데 매우 중요하다. 주기적으로 목표 훈련 결과를 변경하면 생리적, 기능적 적응을 촉진하는 동시에 정체와 과훈련을 예방할 수 있다.

훈련의 점진성

프로그램 설계에서 점진성은 필수적인 요건이다. 점진성은 고객의 훈련 목표를 향해 나아가는 과정이고[4] 유지는 목표를 달성한 후 고객이 특정 수준의 건강함을 유지하고자 노력하는 기간이다.[4,66] 점진성은 일반적인 훈련 원칙으로 간주되어야 하며 훈련 변화에 기능한다. 점진성은 증가하는 부하와 양, 빈도를 증가시키거나 훈련 자극을 수정하는 등 수많은 변경을 통해 이루어질 수 있다. 발전하는 고객에게 가장 자주 사용하는 방법은 각 훈련에서 들어올린 부하와 양을 변경하는 것이다.

훈련부하를 증가시킬 때 결정하는 가장 좋은 방법은 정기적으로 RM 평가를 실행하는 것이다. 이러한 평가는 앞서 설명한 방법 중 하나를 사용하여 고객의 능력을 직접 측정하거나 추정할 수 있다. 예를 들어 고객의 10RM 스쿼트를 165파운드로 수행하였을 때 퍼스널 트레이너는 1RM의 값을 표 15.6을 사용하여 220파운드로 추정한 후 이 값에 백분율을 적용하여 훈련부하를 결정할 수 있다. 이 방법은 이 장의 앞부분에 설명하는 주간이나 일일 변화에 적용하기 쉽다. 이 방법은 실패로 인한 부담감을 갖고 있는 경우 훈련부하를 설정하기 위한 가장 좋은 방법으로 보인다.[95,105] 일반적인 트레이닝의 부하를 진행하는 경우, 운동 유형, 고객의 훈련 상태, 훈련중인 상체 부위에 따라, 2.5~10%의 부하를 조금씩 증가시킬 수 있다 (표 15.19).[9]

대중적인 또 다른 방법은 **2-for-2 규칙**을 기초로 한다.[8,9,10] 이것은 어떤 운동에 설정된 목표 반복횟수 성과

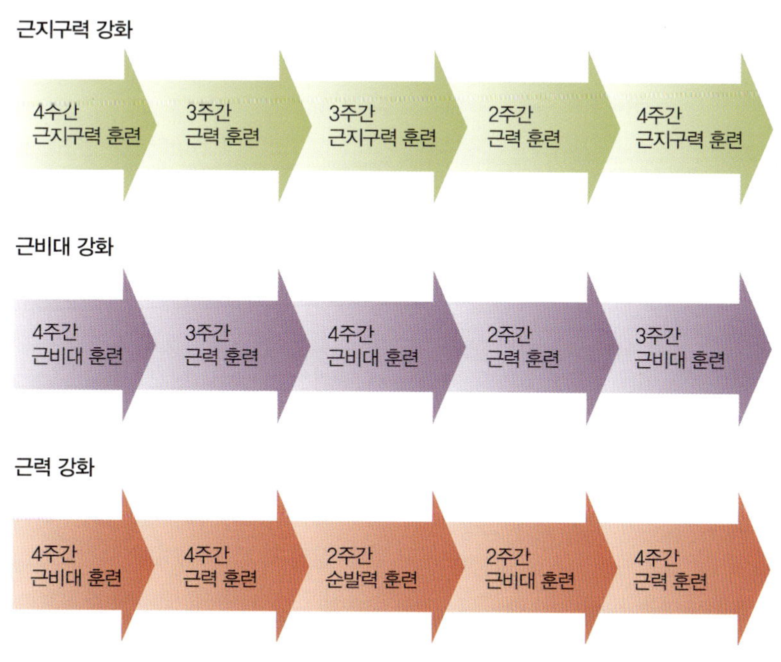

그림 15.1 16주 동안의 훈련 프로그램의 예

표 15.19 강도를 증가시킬 예정인 훈련 세션 부하 증가의 예

저항 훈련 상태	신체 부위	대략적인 부하 증가		
		운동 형태	절대적 증가(무게)	상대적 증가(이전 부하의 백분율)
초급자	상체	주요 운동	2.5~5파운드(1~2kg)	2.5%
		보조 운동	1.25~2.5파운드(0.6~1kg)	1~2%
	하체	주요 운동	10~15파운드(4~7kg)	5%
		보조 운동	5~10파운드(2~4kg)	2.5~5%
중상급자	상체	주요 운동	5~10+파운드(2~4+4kg)	2.5~5+%
		보조 운동	5~10파운드(2~4kg)	2.5~5%
	하체	주요 운동	15~20+파운드(7~9+kg)	5~10+%
		보조 운동	10~15파운드(4~7kg)	5~10%

비록 이러한 부하 증가가 대략 5~10회 반복 3세트 훈련 프로그램의 운동량에 적절하긴 하나, 이것은 단지 하나의 지침으로 간주되어야 한다.
주기적인 검사를 통해 실제 훈련부하 요구를 결정해야 한다.

표 15.20 훈련부하 증가를 위한 2-for-2 규칙의 예

초보 참여자의 백 스쿼트 운동시 목표 반복횟수가 10회인 경우				
훈련 1	**Set 1**	**Set 2**	**Set 3**	
무게	135파운드	135파운드	135파운드	
수행한 횟수	10	10	11	목표 반복횟수를 1회 초과함
훈련 2	**Set 1**	**Set 2**	**Set 3**	
무게	135파운드	135파운드	135파운드	
수행한 횟수	12	11	10	목표 반복횟수를 초과하지 않음
훈련 3	**Set 1**	**Set 2**	**Set 3**	
무게	135파운드	135파운드	135파운드	
수행한 횟수	12	12	12	목표 반복횟수를 2회 초과
훈련 4	**Set 1**	**Set 2**	**Set 3**	
무게	135파운드	135파운드	135파운드	
수행한 횟수	12	12	12	2회 운동 세션 연속으로 목표 반복횟수를 2회 초과
다음 훈련	**Set 1**	**Set 2**	**Set 3**	
무게	145파운드	145파운드	145파운드	모든 3세트마다 10파운드를 추가
수행한 횟수	10	10	10	

를 바탕으로 한다. 만약 참여자가 2번의 트레이닝 주기의 마지막 세트에서 목표 반복횟수보다 완벽하게 2회 이상 반복할 수 있다면, 퍼스널 트레이너는 다음 훈련시 모든 세트의 부하를 증가시킬 수 있다(표 15.20 참조). 이 방법이 효과적이라는 의견도 있지만, 이것은 근육 기능 장애까지 일관되게 훈련하기 때문에, 가장 좋은 방법으로 추천되지는 않는다.

목표 훈련 성과를 위한 프로그램 예시

훈련 프로그램을 디자인하기 위해 순차적인 접근방식에 기초하여 다양한 훈련 프로그램 조합을 구성할 수 있다. 근력을 개발하기 전에 고객은 근지구력이나 근비대 발달 단계를 완성해야 한다는 것을 기억하라. 또한 운동강도는 근력 훈련에서 순발력 운동으로 진행되며, 각 프로그램은 고객의 요구를 충족시키기 위해 이 장의 시작 부분에서 언급한 훈련의 모든 일반 원칙을 충족하여

개발되어야 한다. 374~380쪽에 표기된 표 15.21~15.24에 제시된 프로그램은 모든 고객에게 적용할 수 있는 계획이라기보다 단순한 예시이다.

표 15.21은 초보 고객을 위한 **근지구력 훈련**(muscular endurance training) 계획을 제시한다. 이 프로그램은 고객이 초보자이기 때문에 부하를 결정하기 위해 체중 방법을 사용한다. 이 방법은 주로 기계 훈련을 기초로 한 것이고, 근지구력 개발을 위해 휴식 구간은 짧다. 이 프로그램은 훈련의 기초가 설정될 때까지 짧은 시간 동안 사용할 수 있다.

이 시점에서 프로그램은 고객의 적응 훈련을 최대화하기 위해 훈련 강도를 실제 또는 예상되는 최대무게를 기반으로 수정되어야 한다. 이 프로그램을 완료한 후, 고객은 근력 강화를 목표로 한 2~4주간의 훈련을 거쳐야 한다. 그 후에는 훈련의 초점을 근지구력을 향해 맞출 수 있고, 더 발전된 훈련 기술을 사용할 수 있다.

표 15.22에 제시된 프로그램은 근비대를 위한 4주 훈련 프로그램이다. 이는 근비대를 목표로 하는 고객의 1RM을 추정하기 위해 10RM을 사용하고 체력 평가와 고객의 저항 훈련 상태를 평가하는 표 15.1에 기초한다. 이 1RM에서 실제 훈련부하는 고객의 훈련부하를 설정하는 데 사용한다(표 15.17 기반). 훈련은 일주일에 4번 실시되며, 대부분의 운동은 프리웨이트 유형의 다관절 운동이다. 프로그램에서 지시된 바와 같이 구간별 강도 변화를 하루에 무거운 중량과 가벼운 중량을 포함시켜 사용한다. 전체 블록은 3:1 패러다임을 나타낸다. 훈련 1~3주에 걸쳐 부하를 증가시키고, 4주차 때는 부하를 증가시키지 않는다.

근력 훈련을 목표로 한 샘플 훈련 프로그램은 표 15.23에 제시되어 있다. 이 예에는 앞서 제시한 4주의 훈련구간이 제시되어 있다. 이 계획은 근력의 극대화를 목표로 하는 상급자 고객을 위한 것이다. 고객의 경험과 훈련개발의 정도에 따라, 매주 4회 운동해야 한다(표 15.2 기반). 연습의 대부분은 프리웨이트로 주요 운동을 5번 3세트 반복 및 보조 운동을 10회 3세트 반복한다. 강도는 5RM을 추정하기 위해 사용했던 1RM과 10RM 검사에 기초하여 결정한다. 이러한 하중으로부터 훈련 영역이 설정된다. 프로그램 구조는 3:1 부하 구조로 설정되었으며, 회복과 적응을 촉진하기 위해 가볍고/무거운 날을 포함한다.

마지막으로 표 15.24는 상급자 고객을 위한 순발력 훈련 프로그램을 보여준다. 이 프로그램은 주요 운동을 위하는, 1RM과 3RM 부하 추정치에 기초한 훈련 강도를 사용한다. 훈련의 대부분은 프리웨이트 훈련으로 실행된다. 이 프로그램을 사용하는 고객은 상급자이기 때문에 주당 4일 훈련을 설정한다. 표 15.13 및 표 15.14에 제시된 권고에 따라, 고객은 세트 사이의 3분 휴식을 가지고 3회씩 3세트를 반복한다. 추가로 파워 클린이나 파워 스내치는 표 15.15에서 제시된 것처럼 상승 또는 전통적 클러스터를 적용한다. 훈련 강도의 일일 및 주간 변동이 있는 3:1 부하 패러다임이 적용되었다(표 15.17과 15.19).

결론

저항 훈련 프로그램을 설계하기 위해 퍼스널 트레이너는 훈련, 과부하, 다양성, 점진성 및 훈련 순서의 특이성 개념을 이해해야 한다. 최적의 결과를 도출하기 위해 선택하는 훈련의 종류, 빈도, 과부하, 훈련량, 강도, 휴식 구간, 순서 등 많은 훈련 요소를 변경할 수 있다. 훈련 프로그램이 설정되면, 퍼스널 트레이너는 고객이 훈련 목표를 달성하는 데 도움이 되도록 계획을 다양하게 진행해야 한다.

표 15.21 근지구력 훈련 프로그램 예시: 상하체 교차 프로그램

운동(화요일과 금요일)		훈련부하			
운동	운동 유형	세트수	반복횟수	무게	휴식시간
벤치 프레스	프리웨이트	2	15	50	30 s
레그 프레스	피봇 머신	2	15	150	30 s
시티드 로우	캠 머신	2	15	30	30 s
레그 (니) 컬	캠 머신	2	15	15RM	30 s
숄더 프레스	캠 머신	2	15	20	30 s
레그 (니) 익스텐션	캠 머신	2	15	15RM	30 s
바이셉스 컬	프리웨이트	2	15	25	30 s
시티드 힐 레이즈	피봇 머신	2	15	15RM	30 s
트리셉스 프레스 다운	피봇 머신	2	15	20	30 s
복부근육		2	25		30 s

프로그램 설명

초기 상담	표 15.1을 기초로 한 초기 저항 훈련 상태와 경험	초보자
	체력 평가	체중백분율과 15RM 검사
	저항 훈련을 하는 주된 목표	근지구력
운동	운동 종목 선택	비고정식 운동(free weight), 캠 기계(CM) 축 기계(PM) 혼합
	주요 운동	벤치 프레스, 레그 프레스, 시티드 로우, 숄더 프레스
	보조 운동	레그 (니) 컬, 레그 (니) 익스텐션, 바이셉스 컬, 시티드 힐 레이즈, 트리셉스 프레스 다운, 앱도미널 크런치
	근육군당 운동 개수	각 근육군당 한 개 운동
빈도	훈련 빈도(표 15.2)	고른 분포로 1주일에 2~3회
순서	운동순서	상체와 하체 운동을 번갈아 한다.
		각 운동을 한 세트 완수한 후 반복한다.

부하 결정*

체중백분율 검사(표 15.8, 15.9)

고객의 체중에 따라 훈련부하 결정[몸무게(여성 고객) 140파운드]

운동		계산	시도 부하	수행한 반복횟수
벤치 프레스	프리웨이트	140 × 0.35	49파운드 (50파운드에 가깝게)	15
레그 프레스	피봇 머신	140 × 1.00	140파운드	20
시티드 로우	캠 머신	140 × 0.20	28파운드(25파운드에 가깝게)	16
숄더 프레스	캠 머신	140 × 0.25	35파운드	8
바이셉스 컬	프리웨이트	140 × 0.23	32파운드(30파운드에 가깝게)	12
트리셉스 프레스 다운	피봇 머신	140 × 0.19	26.6파운드(25파운드에 가깝게)	13

부하 부과**

체중백분율에 근거한 검사: 목표 반복횟수 15회

부하를 부과하기 위한 체중의 백분율 검사를 통해 부하를 조정함(표 15.8, 표 15.9, 표 15.10 참조)

고객의 체중에 따라 훈련부하 부과(몸무게[여성 고객] 140파운드)

운동		부하조정	공식	부과된 훈련부하
벤치 프레스	프리 웨이트	불필요	n/a	50 lb
레그 프레스	피벗 머신	+10	140+10=150	150 lb
시티드 로우	캠 머신	+5 lb	25+5=30	30 lb
숄더 프레스	캠 머신	−15 lb	35−15=20	20 lb
바이셉스 컬	프리 웨이트	−5 lb	30−5=25	25 lb
트리셉스 프레스 다운	피벗 머신	−5 lb	25−5=20	20 lb

*이러한 운동을 위한 15RM(참여자의 피로를 피하기 위한 전통적 검사: 3 세트로 제한함). 레그 컬, 레그 익스텐션, 시티드 힐 레이즈.

** 최대반복횟수(RM)에 근거함(최대반복횟수 부하는 여러 세트를 실시함에 따라 감소될 수 있다는 점을 주목해야 함). 레그 컬, 레그 익스텐션, 시티드 힐 레이즈를 위한 15RM 검사에 의해 부과된 부하

표 15.22 근비대 프로그램 예시: 주당 4회 훈련 루틴

요일	운동	세트수	반복횟수	훈련부하			
				1주	2주	3주	4주
월	백 스쿼트	3	10	ML	M	MH	ML
	런지	3	10	ML	M	MH	ML
	루마니안 데드리프트	3	10	ML	M	MH	ML
	레그 컬	3	10	ML	M	MH	ML
	스탠딩 힐 레이즈 + 시티드 힐 레이즈	3	10	ML	M	MH	ML
	벤트 니 싯업	3	25				
화	벤치 프레스	3	10	ML	M	MH	ML
	덤벨 인클라인 프레스	3	10	ML	M	MH	ML
	벤트 오버 로우	3	10	ML	M	MI I	ML
	숄더 프레스	3	10	ML	M	MH	ML
	숄더 슈러그	3	10	ML	M	MH	ML
	바이셉스 컬	3	10	ML	M	MH	ML
	트라이셉스 익스텐션	3	10	ML	M	MH	ML
	앱도미널 크런치	3	25				
목	백 스쿼트	3	10	L	ML	M	L
	런지	3	10	L	ML	M	L
	루마니안 데드리프트	3	10	L	ML	M	L
	레그 컬	3	10	L	ML	M	L
	스탠딩 힐 레이즈 + 시티드 힐 레이즈	3	10	L	ML	M	L
	벤트 니 싯업	3	25				
토	벤치 프레스	3	10	L	ML	M	L
	덤벨 인클라인 프레스	3	10	L	ML	M	L
	벤트 오버 로우	3	10	L	ML	M	L
	숄더 프레스	3	10	L	ML	M	L
	숄더 슈러그	3	10	L	ML	M	L
	바이셉스 컬	3	10	L	ML	M	L
	트라이셉스 익스텐션	3	10	L	ML	M	L
	앱도미널 크런치	3	25				

모든 세트와 운동 사이에 1.5분 또는 90초 휴식한다. 트리셉스 프레스 다운 후 바이셉스 컬을 하는 슈퍼 세트나 스탠딩 힐 레이즈 후에 시티드 힐 레이즈를 수행하는 컴파운드 세트는 이 권장사항을 따르지 않는다.

프로그램 설명

초기 상담	표 15.1에 기반한 초기 훈련 상태와 경험	중급자
	체력 평가	10RM 검사(1RM을 추정하기 위한)
	저항 훈련의 주된 목표	근비대
운동	운동 종목 선택	주로 비고정식 운동(free weight), 보조 운동의 경우 기계 사용
	주요 운동	백 스쿼트, 런지, 루마니안 데드리프트, 벤치 프레스, 숄더 프레스, 벤트 오버 로우
	보조 운동	바이셉스 컬, 트리셉스 프레스 다운, 레그 컬, 스탠딩 힐 레이즈, 시티드 힐 레이즈, 숄더 슈러그
	근육군당 운동 개수	각 근육군당 1~2가지 운동
빈도	훈련 빈도(표 15.2)	고른 분포로 1주일에 3~4회

순서	주된 방법	주요 운동 다음 보조 운동 큰 근육군 운동 다음 작은 근육군 운동 다관절 운동 다음 단관절 운동
	보조 방법	복합 세트: 스탠딩 힐 레이즈, 시티드 힐 레이즈
부하 결정	RM 검사로 훈련부하 결정	1RM을 추정하기 위한 10RM 검사(11장의 프로토콜을 참고하거나 수정본은 표 15.5와 15.6 참고)

운동	10RM	예측 1RM
벤치 프레스	165 lb	220 lb
덤벨 인클라인 프레스	40 lb(each hand)	55 lb(each hand)
벤트 오버 로우	80 lb	110 lb
숄더 프레스	90 lb	120 lb
숄더 슈러그	160 lb	215 lb
바이셉스 컬	90 lb	120 lb
트라이셉스 익스텐션	100 lb	135 lb
백 스쿼트	225 lb	300 lb
런지	75 lb	100 lb
루마니안 데드리프트	150 lb	200 lb
레그 컬	120 lb	160 lb
시티드 힐 레이즈	110 lb	145 lb
스탠딩 힐 레이즈	120 lb	160 lb

반복횟수	표 15.3과 고객의 목표를 기반으로 한다. 반복횟수의 범위는 고객의 분류를 기준으로 설정된다. 중급자의 경우 6~12회, 이 경우에는 10세트 수행을 선택한다.
세트수	표 15.13과 고객의 분류를 참고한다. 중급자는 3세트나 그 이상을 수행한다. 이 경우에는 3세트를 선택한다. 제시된 세트의 구조는 타깃 세트만 포함하고, 웜업을 포함하지 않는다. 2번 또는 3번의 웜업 세트가 필요하다.
휴식시간	휴식시간은 표 15.14를 참고한다. 모든 세트와 운동 사이에 1.5분 또는 90초를 쉰다. 슈퍼 세트나 컴파운드 세트는 이 권장사항을 따르지 않는다.

부하 부과*	RM 검사로 부하 부과를 결정함	10RM 검사는 표 15.17에 따라 특정 훈련 구역을 결정하는 데 사용

운동	10M	VH	H	MH	M	ML	L	VL
벤치 프레스	165 lb	165 ~157	157~149	149~140	140~132	132~116	116~107	107~99
덤벨 인클라인 프레스	40 lb(각각)	40~38	38~36	36~34	34~32	32~30	30~28	28~26
벤트 오버 로우	80 lb	80~76	76~72	72~68	68~64	64~60	60~56	56~52
숄더 프레스	90 lb	90~86	86~81	81~77	77~72	72~68	68~63	63~59
숄더 슈러그	160 lb	160~152	152~144	144~136	136~128	128~120	120~112	112~104
바이셉스 컬	90 lb	90~86	86~81	81~77	77~72	72~68	68~63	63~59
트라이셉스 익스텐션	100 lb	100~95	95~90	90~85	85~80	80~75	75~70	70~65
백 스쿼트	225 lb	225~214	214~203	203~191	191~180	180~169	169~158	158~149
런지	75 lb	75~71	71~68	68~64	64~60	60~56	56~53	53~49
루마니안 데드리프트	150 lb	150~143	143~135	135~128	128~120	120~113	113~105	105~98
레그 컬	120 lb	120~114	114~108	108~102	102~96	96~90	90~84	84~78
시티드 힐 레이즈	110 lb	110~105	105~99	99~94	94~88	88~83	83~77	77~72
스탠딩 힐 레이즈	120 lb	120~114	114~108	108~102	102~96	96~90	90~84	84~78

* 예상 10RM 추정값은 표 15.17에 따라 특정 훈련 세션을 위한 훈련 영역을 계산하는 데 사용된다.

표 15.23 근력 프로그램의 예: 주중 혹은 주간 변화

요일	운동	세트수	반복횟수	훈련부하			
				1주	2주	3주	4주
월	파워 클린	3	5/1	M	MH	H	M
	백 스쿼트	3	5	M	MH	H	M
	벤치 프레스	3	5	M	MH	H	M
	바이셉스 컬	3	10	M	MH	H	M
	트리셉스 프레스 다운	3	10	M	MH	H	M
	앱도미널 크런치	3	25				
화	데드리프트	3	5	ML	M	MH	ML
	벤트 오버 로우	3	5	ML	M	MH	ML
	숄더 슈러그	3	5	ML	M	MH	ML
	루마니인 데드리프트*	3	5	ML	M	MH	ML
	랫 풀다운	3	10	ML	M	MH	ML
	앱도미널 크런치	3	25				
목	파워 클린	3	5/1	ML	M	MH	ML
	백 스쿼트	3	5	ML	M	MH	ML
	벤치 프레스	3	5	ML	M	MH	ML
	바이셉스 컬	3	10	ML	M	MH	ML
	트리셉스 프레스 다운	3	10	ML	M	MH	ML
	앱도미널 크런치	3	25				
토	데드리프트	3	5	M	MH	H	M
	벤트 오버 로우	3	5	M	MH	H	M
	숄더 슈러그	3	5	M	MH	H	M
	루마니안 데드리프트*	3	5	M	MH	H	M
	랫 풀다운	3	10	M	MH	H	M
	앱도미널 크런치	3	25				

세트와 운동 사이의 휴식시간은 3분으로 설정되어 있다. 5/2=클러스터 세트는 반복 사이에 30초 휴식을 설정한다.
*루마니안 데드리프트에 대한 부하는 파워 클린의 최대 부하를 기반으로 한다.

프로그램 설명

초기 상담	표 15.1을 기반으로 한 초기저항 후련 상태와 경험	상급자
	체력 평가	1RM과 10RM 검사(1RM을 추정하기 위한)
	주된 훈련 목표	근력
운동	운동 종목 선택	주로 비고정식 운동(free weight), 몇 가지 기계 보조 운동
	주요 운동	파워 클린, 백 스쿼트, 벤치 프레스, 데드리프트, 벤트 오버 로우, 루마니안 데드리프트
	보조 운동	바이셉스 컬, 트리셉스 프레스 다운, 숄더 슈러그, 랫 풀다운
	근육군당 운동 개수	각 근육군당 1개 또는 2개
빈도	훈련 빈도(표 15.2)	고른 분포로 1주일에 3~4회
순서	주된 방법	주요 운동 다음 보조 운동
		큰 근육군 다음 작은 근육근
		다관절 운동 다음 단관절 운동

부하 결정	RM 검사를 기준으로 실시	특정 주요 운동을 위한 1RM 검사	
		1RM 추정하기 위한 10RM 검사(제11장의 프로토콜 참고, 추정치: 표 15.5) 보조 운동과 안전하지 않은 주요 운동은 최대치로 수행하지 않는다.	
	1RM 검사 결과		
	운동	1RM	5RM 예상치
	파워 클린	225 lb	196 lb
	백 스쿼트	375 lb	326 lb
	벤치 프레스	300 lb	261 lb
	데드리프트	325 lb	283 lb

	10RM 검사 결과			
	운동	10RM	5RM 예상치	1RM 예상치
	벤트 오버 로우	140 lb	161 lb	185 lb
	랫 풀다운	175 lb	300 lb	230 lb
	바이셉스 컬	105 lb	122 lb	140 lb
	트리셉스 프레스 다운	105 lb	122 lb	140 lb

	파워 클린 최대 중량에 따라 추정한 부하		
	운동	1RM	5RM 예상치
	숄더 슈러그	225 lb	196 lb
	루마니안 데드리프트	225 lb	196 lb

반복횟수	표 15.13과 고객의 표적 목표에 기초한다.
	반복 범위는 고객의 분류에 기초한다. 상급자일 경우 6번 이하의 횟수로 6세트 반복을 설정해야 한다.
세트수	표 15.13의 고객 분류에 기초한다. 상급자일 경우 3번 이상의 횟수로 3세트 반복을 설정해야 한다.
	제시된 세트의 구조는 목표 세트를 위한 것이고 웜업 세트는 이에 포함되지 않는다. 2~3 이상의 웜업 세트가 필요할 것이다.
휴식시간	휴식시간은 표 15.14를 기반으로 한다.
	모든 세트와 운동의 휴식시간은 3분(180초)을 가진다. 트리셉스 프레스 다운 후에 바이셉스 컬 운동을 하는 슈퍼 세트나, 스탠딩 힐 레이즈 후에 시티드 힐 레이즈 수행하는 컴파운드 세트일 경우 이 권고 사항을 따르지 않는다.
부하 부과*	RM 검사를 기반으로 훈련부하를 할당한다. / RM과 10RM 검사는 표 15.17의 특정 훈련 영역을 결정하는 데 사용된다.

	운동	5RM	VH	H	MH	M	ML	L	VL
	파워 클린	196 lb	196~186	186~176	176~167	167~157	157~147	147~137	137~127
	백 스쿼트	326 lb	329~310	310~293	293~277	277~261	261~245	245~228	228~212
	벤치 프레스	261 lb	261~248	248~235	235~222	222~209	209~196	196~183	183~170
	데드리프트	283 lb	283~269	269~255	255~241	241~226	226~212	212~198	198~184
	벤트 오버 로우	161 lb	161~153	153~145	145~137	137~129	129~121	121~113	113~105
	숄더 슈러그	196 lb	196~186	186~176	176~167	167~157	157~147	147~137	137~127
	루마니안 데드리프트	96 lb	196~186	186~176	176~167	167~157	157~147	147~137	137~127
	운동	10RM	VH	H	MH	M	ML	L	VL
	랫 풀다운	175 lb	175~166	166~158	158~149	149~140	140~131	131~123	123~114
	바이셉스 컬	105 lb	105~100	100~95	95~89	89~84	84~79	79~74	74~68
	트리셉스 프레스 다운	105 lb	105~100	100~95	95~89	89~84	84~79	79~74	74~68

* 1RM과 10RM 값은 표 15.17에 따라 특정 훈련 세션을 위한 훈련 영역을 계산하는 데 사용된다.

표 15.24 순발력 프로그램의 예: 주중 혹은 주간 변화

				훈련부하			
요일	운동	세트수	반복횟수	1주	2주	3주	4주
월	파워 클린	3	3/1 상승 클러스터	M	MH	H	ML
	스피드 스쿼트	3	3	M	MH	H	ML
	푸시 프레스	3	3	M	MH	H	ML
	바이셉스 컬	3	10	M	MH	H	ML
	트리셉스 프레스 다운	3	10	M	MH	H	ML
	복부 운동	3	25				
화	스내치 그립 슈러그	3	3	ML	M	MH	L
	파워 스내치	3	3/1 일반적 클러스터	M	MH	H	ML
	스내치 그립 루마니안 데드리프트	3	3	ML	M	MH	L
	랫 풀다운	3	10	ML	M	MH	L
	복부 운동	3	25				
목	파워 클린	3	3/1 일반적 클러스터	ML	M	MH	L
	점프 스쿼트	3	3	ML	M	MH	L
	푸시 프레스	3	3	ML	M	MH	L
	바이셉스 컬	3	10	ML	M	MH	L
	트리셉스 프레스 다운	3	10	ML	M	MH	L
	복부 운동	3	25				
토	스내치 그립 슈러그	3	3	L	ML	M	VL
	파워 스내치	3	3/1 상승 클러스터	L	ML	M	VL
	스내치 그립 루마니안 데드리프트*	3	3	L	ML	M	VL
	랫 풀다운	3	10	L	ML	M	VL
	복부 운동	3	25	L	ML	M	VL

세트와 운동 사이의 휴식시간은 3분으로 설정되어 있다. 중량을 가지고 하는 3/1=상승 크러스터의 경우 표 15.14에 따라 각 반복횟수 사이 45초 휴식시간을 갖는다.

*스내치 그립 루마니안 데드리프트의 부하는 파워 스내치의 최대치를 기반으로 한다.

프로그램 설명		
초기 상담	표 15.1을 기초로 한 초기 훈련 상태와 경험	상급자
	체력 평가	1RM과 10RM 검사(1RM을 추정하기 위해)
	주된 저항 훈련 목표	순발력
운동	운동 종목 선택	주로 비고정식 운동(free weight), 몇 가지 기계 보조 운동
	주요 운동	파워 클린, 스피드 스쿼트, 푸시 프레스, 점프 스쿼트, 루마니안 데드리프트
	보조 운동	바이셉스 컬, 트리셉스 프레스 다운, 스내치 그립 숄더 슈러그, 랫 풀다운
	근육군당 운동 개수	각 근육군당 1개 또는 2개
빈도	훈련 빈도(표 15.2)	고른 분포로 한 주에 3~4회
순서	주된 방법	주요 운동 다음 보조 운동
		큰 근육군 다음 작은 근육군
		다관절 운동 다음 단관절 운동

부하 결정	RM 검사를 기준으로 실시	특정 주요 운동을 위한 1RM 검사
		1RM 추정하기 위한 10RM 검사(제11장의 프로토콜 참고, 추정치: 표 15.5) 보조 운동과 안전하지 않은 주요 운동은 최대치로 하지 않는다.

1RM 검사 결과

운동	1RM	3RM 예상치
파워 클린	255 lb	235 lb
파워 스내치	200 lb	185 lb
백 스쿼트	300 lb	280 lb
푸시 프레스	220 lb	205 lb

10RM 검사 결과

운동	10RM	3RM 예상치	1RM 예상치
랫 풀다운	175 lb	219 lb	230 lb
바이셉스 컬	105 lb	130 lb	140 lb
트리셉스 프레스 다운	105 lb	130 lb	140 lb

파워 클린 최대 중량에 따라 추정하는 운동부하

운동	1RM	3RM 예상치
스내치 그립 숄더 슈러그	240 lb	223 lb
스내치 그립 루마니안 데드리프트	255 lb	235 lb

백 스쿼트 최대 중량에 따라 추정하는 운동부하

운동	1RM	3RM 예상치
스피드 스쿼트	165 lb	150 lb
점프 스쿼트	135 lb	126 lb

표 15.13과 고객의 표적 목표를 기준으로 한다.

반복횟수의 범위는 고객의 분류에 따라 설정: 상급자

세트수	표 15.13과 고객의 분류에 기초한다. 상급자일 경우 3세트 이상의 세트를 하고 이 경우 3세트가 선택되었다.
	제시된 세트의 구조는 목표 세트를 위한 것이고 웜업 세트는 이에 포함되지 않는다. 2~3 이상의 웜업 세트가 필요할 것이다.
휴식시간	휴식시간은 표 15.14를 기반으로 한다.
	모든 세트와 운동의 휴식시간은 3분(180초)을 가진다.
부하 부과*	RM 검사를 기반으로 훈련부하를 할당한다. 1RM과 10RM 검사는 표 15.17에 따라 특정 훈련 영역을 결정하는 데 사용된다.

운동	3RM	VH	H	MH	M	ML	L	VL
파워 클린	235 lb	235~223	223~212	212~200	200~188	188~176	176~165	165~153
파워 스내치	185 lb	185~176	176~167	167~157	157~148	148~148	139~130	130~120
푸시 프레스	205 lb	205~195	195~185	185~174	174~164	164~154	154~144	144~133
스내치 그립 루마니안 데드리프트	235 lb	235~223	223~21	212~200	200~188	188~176	176~165	165~153
스내치 그립 숄더 슈러그	223 lb	223~212	212~201	201~190	190~178	178~167	167~156	156~145
스피드 스쿼트	150 lb	150~143	143~135	135~128	128~120	120~113	113~105	105~98
점프 스쿼트	126 lb	126~120	120~113	113~107	107~101	101~95	95~88	88~82

운동	10RM	VH	H	MH	M	ML	L	VL
랫 풀다운	175 lb	175~166	166~158	158~149	149~140	140~131	131~123	123~114
바이셉스 컬	105 lb	105~100	100~95	95~89	89~84	84~79	79~74	74~68
트라이셉스 컬	105 lb	105~100	100~95	95~89	89~84	84~79	79~74	74~68

* 1RM과 10RM 값은 표 15.17에 따라 특정 훈련 세션을 위한 훈련 영역을 계산하는 데 사용된다.

연구 문제

1. 고객이 밀고/당기기 운동을 할 때, 권장되는 운동의 순서는 다음 중 무엇인가?

   A. 벤치 프레스, 숄더 프레스, 라잉 트라이셉스 익스텐션, 바이셉스 컬, 벤트 오버 로우
   B. 숄더 프레스, 바이셉스 컬, 라잉 트라이셉스 익스텐션, 벤치 프레스, 벤트 오버 로우
   C. 벤트 오버 로우, 숄더 프레스, 벤치 프레스, 바이셉스 컬, 라잉 트라이셉스 익스텐션
   D. 벤치 프레스, 벤트 오버 로우, 숄더 프레스, 바이셉스 컬, 라잉 트라이셉스 익스텐션

2. 고객의 벤치 프레스 1RM이 200파운드(91kg)이고 세트당 목표 반복횟수가 5회라면 '적당히 가벼운 날(ML)'의 운동부하는 다음 중 얼마인가?

   A. 174~165파운드(79~75kg)
   B. 113~122파운드(51~56kg)
   C. 157~148파운드(71~67kg)
   D. 139~131파운드(63~59kg)

3. 근력을 목표로 훈련하는 중급자 고객에게 이상적인 프로그램은 다음 중 무엇인가?

   A. 10회씩 3세트　B. 15회씩 5세트
   C. 5회씩 5세트　D. 4회씩 1세트

4. 중급자인 고객이 벤치 프레스 운동의 15RM 검사를 하는 동안 17번의 반복횟수를 수행할 수 있었다. 이 경우 고객이 원하는 15회 반복횟수를 달성하기 위해 상대적으로 어떻게 부하를 조정할 수 있는가?

   A. +5%　B. +10%
   C. −10%　D. −5%

5. 다음에서 근비대 훈련에 사용되는 휴식시간은 무엇인가?

   A. 10~20초　B. 30~90초
   C. 2~3분　D. 4~6분

응용 지식 문제

다음의 초기 상담 및 체력 검사에 기초하여, 선택한 운동에 대한 고객의 훈련부하를 결정하기 위해 빈 공간을 채워라.

최초 상담과 체력 평가	초기 훈련 상태와 경력		
	체력 평가	1RM 추정을 위한 10RM 측정	
	초기 저항 훈련 목표	근비대	
부하 역량 평가	**10RM 부하와 1RM 추정치**		
	운동 종류(캠머신)	**10RM(파운드)**	**1RM 추정치(파운드)**
	버티컬 체스트 프레스	60	
	시티드 로우	50	
	숄더 프레스	45	
	바이셉스 컬	35	
	트라이셉스 컬	30	
	레그 (니) 익스텐션	70	
	레그 (니) 컬	60	
부하 설정	훈련 목표성취를 위한 반복횟수 범위: 세트당 ______에서______회		
	목표 반복횟수: 8회		
	훈련 목표성취를 위한 부하(% 1RM): ______%에서______%		
	목표 반복횟수 8회를 위한 % 1RM: ______% 1RM		

1RM 추정치를 통해 계산한 훈련부하	운동(캠머신)	1RM 추정치 (파운드)	×	목표 반복횟수 8회를 위한 % 1RM	=	계산된 훈련부하	훈련부하 (반내림)
	버티컬 체스트 프레스	80	×		=		
	시티드 로우	65	×		=		
	숄더 프레스	60	×		=		
	바이셉스 컬	45	×		=		
	트라이셉스 컬	40	×		=		
	레그 (니) 익스텐션	90	×		=		
	레그 (니) 컬	80	×		=		

참고문헌

1. Abadie, B.R., and M. Wentworth. 2000. Prediction of 1-RM strength from a 5-10 repetition submaximal test in college aged females. *Journal of Exercise Physiology* (Online) 3: 1-5.
2. Adams, G.M. 1998. *Exercise Physiology Laboratory Manual,* 3rd ed. Boston: McGraw-Hill.
3. Aján, T., and L. Baroga. 1988. *Weightlifting: Fitness for All Sports.* Budapest: International Weightlifting Federation.
4. American College of Sports Medicine. 2009. Position stand. Progression models in resistance training for healthy adults. *Medicine and Science in Sports and Exercise* 41: 687-708.
5. Atha, J. 1981. Strengthening muscle. *Exercise and Sport Sciences Reviews* 9: 1-73.
6. Baechle, T.R., and R.W. Earle. 1989. *Weight Training: A Text Written for the College Student.* Omaha, NE: Creighton University Press.
7. Baechle, T.R., and R.W. Earle. 1995. *Fitness Weight Training.* Champaign, IL: Human Kinetics.
8. Baechle, T.R., and R.W. Earle, eds. 2000. *Essentails of Strength Training and Conditioning,* 2nd ed. Champaign, IL: Human Kinetics.
9. Baechle, T.R., R.W. Earle, and D. Wathen. 2008. Resistance training. In: *Essentials of Stength Training and Conditioning,* T.R. Baechle and R.W. Earle, eds. Champaign, IL: Human Kinetics. pp. 381-412.
10. Baechle, T.R., and B.R. Groves. 1998. *Weight Training: Steps to Success,* 2nd ed. Champaign, IL: Human Kinetics.
11. Baker, D., and S. Nance. 1999. The relation between running speed and measures of strength and power in professional rugby league players. *Journal of Strength and Conditioning Research* 13: 230-235.
12. Bastiaans, J.J., A.B. Van Diemen, T. Veneberg, and A.E. Jeukendrup. 2001. The effects of replacing a portion of endurance training by explosive strength training on performance in trained cyclists. *European Journal of Applied Physiology* 86: 79-84.
13. Behm, D.G., G. Reardon, J. Fitzgerald, and E. Drinkwater. 2002. The effect of 5, 10, and 20 repetition maximums on the recovery of voluntary and evoked contractile properties. *Journal of Strength and Conditioning Research* 16: 209-218.
14. Berger, R.A. 1962. Effect of varied weight training programs on strength. *Research Quarterly* 33: 168-181.
15. Bompa, T.O., and G.G. Haff. 2009. *Periodization: Theory and Methodology of Training,* 5th ed. Champaign, IL: Human Kinetics.
16. Brown, H.L. 1992. *Lifetime Fitness,* 3rd ed. Scottsdale, AZ: Gorsuch Scarisbrick.
17. Bryzychi, M. 1993. Strength testing: Predicting a one rep max from reps to fatigue. *Journal of Physical Education, Recreation and Dance* 64: 88-90.
18. Bryzychi, M. 2000. Assessing strength. *Fitness Manage* (June), 4-37.
19. Candow, D.G., and D.G. Burke. 2007. Effect of short-term equal-volume resistance training with different workout frequency on muscle mass and strength in untrained men and women. *Journal of Strength and Conditioning Research* 21: 204-207.
20. Caserotti, P., P. Aagaard, J. Buttrup Larsen, and L. Puggaard. 2008. Explosive heavy-resistance training in old and very old adults: Changes in rapid muscle force, strength and power. *Scandinavian Journal of Medicine and Science in Sports* 18:773-782.
21. Chapman, P., J.R. Whitehead, and R.H. Binkert. 1998. The 225-lb reps-to-failure test as a submaximal estimation of 1-RM bench press performance in college football players. *Journal of Strength and Conditioning Research* 12: 258-261.
22. Coyle, E.F., D.C. Feiring, T.C. Rotkis, R.W.D. Cote, F.B. Roby, W. Lee, and J.H. Wilmore. 1981. Specificity of power improvements through slow and fast isokinetic training. *Journal of Applied Physiology* 51: 1437-1442.
23. Craig, B.W. 2000. Variation: An important component of training. *Strength and Conditioning Journal* 22: 22-23.
24. Craig, B.W., J. Lucas, R. Pohlman, and H. Schilling. 1991. The effect of running, weightlifting and a combination of both on growth hormone release. *Journal of Applied Sport Science Research* 5: 198-203.
25. Dudley, G.A., P.A. Tesch, B.J. Miller, and P. Buchanan. 1991. Importance of eccentric actions in performance adaptations to resistance training. *Aviation, Space, and Environmental Medicine* 62: 543-550.
26. Earle, R.W., and T.R. Baechle. 2004. Resistance training program design. In: *NSCA's Essentials of Personal Training,* T.R. Baechle and R.W. Earle, eds. Champaign, IL: Human Kinetics. pp. 361-398.
27. Epley, B. 1985. Poundage chart. In: *Boyd Epley Workout.* Lincoln, NE: University of Nebraska.
28. Epley, B. 2004. *The Path to Athletic Power.* Champaign, IL: Human Kinetics. p. 318.
29. Fleck, S.J. 1999. Periodized strength training: A critical review. *Journal of Strength and Conditioning Research* 13: 82-89.
30. Fleck, S.J., and W.J. Kraemer. 1997. *Designing Resistance Training Programs,* 2nd ed. Champaign, IL: Human Kinetics.

31. Fleck, S., and W.J. Kraemer. 2004. *Designing Resistance Training Programs,* 3rd ed. Champaign, IL: Human Kinetics. p. 375.

32. Fry, A.C., W.J. Kraemer, F. Van Borselen, J.M. Lynch, J.L. Marsit, E.P. Roy, N.T. Triplett, and H.G. Knuttgen. 1994. Performance decrements with high-intensity resistance exercise overtraining. *Medicine and Science in Sports and Exercise* 26: 1165-1173.

33. Fry, R.W., A.R. Morton, and D. Keast. 1991. Overtraining in athletes. An update. *Sports Medicine* 12: 32-65.

34. Gillam, G.M. 1981. Effects of frequency of weight training on muscle strength enhancement. *Journal of Sports Medicine* 21: 432-436.

35. Graves, J.E., M.L. Pollock, S.H. Leggett, R.W. Braith, D.M. Carpenter, and L.E. Bishop. 1988. Effect of reduced training frequency on muscular strength. *International Journal of Sports Medicine* 9: 316-319.

36. Haff, G.G., S. Burgess, and M.H. Stone. 2008. Cluster training: Theoretical and practical applications for the strength and conditioning professional. *Professional Strength and Conditioning.* 12: 12-17.

37. Haff, G.G., R.T. Hobbs, E.E. Haff, W.A. Sands, K.C. Pierce, and M.H. Stone. 2008. Cluster triaining: A novel method for introducing training program variation. *Strength and Conditioning* 30: 67-76.

38. Haff, G.G., W.J. Kraemer, H.S. O'Bryant, G. Pendlay, S. Plisk, and M.H. Stone. 2004. Roundtable discussion: Periodization of training-part 1. *National Strength and Conditioning Association Journal* 26: 50-69.

39. Haff, G.G., A. Whitley, L.B. McCoy, H.S. O'Bryant, J.L. Kilgore, E.E. Haff, K. Pierce, and M.H. Stone. 2003. Effects of different set configurations on barbell velocity and displacement during a clean pull. *Journal of Strength and Conditioning Research* 17: 95-103.

40. Häkkinen, K. 1994. Neuromuscular adaptations during strength training, aging, detraining, and immobilization. *Critical Reviews in Physical Rehabilitation Medicine* 6: 161-198.

41. Häkkinen, K., M. Alen, and P.V. Komi. 1985. Changes in isometric force- and relaxation-time, electromyographic and muscle fibre characteristics of human skeletal muscle during strength training and detraining. *Acta Physiologica Scandinavica* 125: 573-585.

42. Häkkinen, K., and P.V. Komi. 1983. Electromyographic changes during strength training and detraining. *Medicine and Science in Sports and Exercise* 15: 455-460.

43. Häkkinen, K., and P.V. Komi. 1985. Effect of explosive type strength training on electromographic and force production characteristics of leg extensor muscles during concentric and various stretch-shortening cycle exercises. *Scandinavian Journal of Sports Science* 7: 65-76.

44. Häkkinen, K., A. Pakarinen, M. Alen, H. Kauhanen, and P.V. Komi. 1988. Neuromuscular and hormonal responses in elite athletes to two successive strength training sessions in one day. *European Journal of Applied Physiology* 57: 133-139.

45. Harris, G.R., M.H. Stone, H.S. O'Bryant, C.M. Proulx, and R.L. Johnson. 2000. Short-term performance effects of high power, high force, or combined weight-training methods. *Journal of Strength and Conditioning Research* 14: 14-20.

46. Hazell, T., K. Kenno, and J. Jakobi. 2007. Functional benefit of power training for older adults. *Journal of Aging and Physical Activity* 15: 349-359.

47. Henwood, T.R., S. Riek, and D.R. Taaffe. 2008. Strength versus muscle power-specific resistance training in community-dwelling older adults. *Journals of Gerontology Series A: Biological Sciences and Medical Sciences* 63: 83-91.

48. Henwood, T.R., and D.R. Taaffe. 2006. Short-term resistance training and the older adult: The effect of varied programmes for the enhancement of muscle strength and functional performance. *Clinical Physiology and Functional Imaging* 26: 305-313.

49. Herrick, A.R., and M.H. Stone. 1996. The effects of periodization versus progressive resistance exericse on upper and lower body strength in women. *Journal of Strength and Conditioning Research* 10: 72-76.

50. Hickson, R.C., B.A. Dvorak, E.M. Gorostiaga, T.T. Kurowski, and C. Foster. 1988. Potential for strength and endurance training to amplify endurance performance. *Journal of Applied Physiology* 65: 2285-2290.

51. Hickson, R.C., K. Hidaka, and C. Foster. 1994. Skeletal muscle fiber type, resistance training, and strength-related performance. *Medicine and Science in Sports and Exercise* 26: 593-598.

52. Hoeger, W.W.K., S.L. Barette, D.F. Hale, and D.R. Hopkins. 1987. Relationship between repetitions and selected percentages of one repetition maximum. *Journal of Applied Sport Science Research* 1: 11-13.

53. Hoeger, W.W.K., D.R. Hopkins, S.L. Barette, and D.F. Hale. 1990. Relationship between repetitions and selected percentages of one repetition maximum: A comparison between untrained and trained males and females. *Journal of Applied Sport Science Research* 4: 47-54.

54. Hoffman, J.R., C.M. Maresh, L.E. Armstrong, and W.J. Kraemer. 1991. Effects of off-season and in-season resistance training programs on a collegiate male basketball team. *Journal of Human Muscle Performance* 1: 48-55.

55. Hori, N., R.U. Newton, W.A. Andrews, N. Kawamori, M.R. McGuigan, and K. Nosaka. 2008. Does performance of hang power clean differentiate performance of jumping, sprinting, and changing of direction? *Journal of Strength and Conditioning Research* 22: 412-418.

56. Humphries, B., E. Dugan, and T.L. Doyle. 2006. Muscular fitness. In: *ACSM's Resource Manual for Guidelines for Exercise Testing and Prescription,* L.A. Kaminsky, ed. Baltimore: Lippincott Williams & Wilkins. pp. 206-224.

57. Hunter, G.R., J.P. McCarthy, and M.M. Bamman. 2004. Effects of resistance training on older adults. *Sports Medicine* 34: 329-348.

58. Issurin, V. 2008. *Block Periodization: Breakthrough in Sports Training,* M. Yessis, ed. Muskegan, MI: Ultimate Athlete Concepts. p. 213.

59. Issurin, V. 2008. Block periodization versus traditional training theory: A review. *Journal of Sports Medicine and Physical Fitness* 48: 65-75.

60. Izquierdo, M., J. Ibanez, J.J. Gonzalez-Badillo, K. Häkkinen, N.A. Ratamess, W.J. Kraemer, D.N. French, J. Eslava, A. Altadill, X. Asiain, and E.M. Gorostiaga. 2006. Differential effects of strength training leading to failure versus not to failure on hormonal responses, strength, and muscle power gains. *Journal of Applied Physiology* 100: 1647-1656.

61. Jung, A.P. 2003. The impact of resistance training on distance running performance. *Sports Medicine* 33: 539-552.

62. Kemmler, W.K., D. Lauber, A. Wassermann, and J.L. Mayhew. 2006. Predicting maximal strength in trained postmenopausal women. *Journal of Strength and Conditioning Research* 20: 838-842.

63. Kemmler, W., J. Lauber, J. Weineck, J. Mayhew, W.A. Kalender, and K. Engelke. 2005. Trainingssteuerung in gesundheitssport. Lastvorgabe versus subjective intensitatswahl impraventivsportlichen krafttraining. *Deutsche*

Zeitschrift für Sportmedizin. 56: 165-170.

64. Korhonen, M.T., A. Cristea, M. Alen, K. Häkkinen, S. Sipila, A. Mero, J.T. Viitasalo, L. Larsson, and H. Suominen. 2006. Aging, muscle fiber type, and contractile function in sprint-trained athletes. *Journal of Applied Physiology* 101: 906-917.
65. Kraemer, W.J. 1997. A series of studies: The physiological basis for strength training in American football: Fact over philosophy. *Journal of Strength and Conditioning Research* 11: 131-142.
66. Kraemer, W.J., K. Adams, E. Cafarelli, G.A. Dudley, C. Dooly, M.S. Feigenbaum, S.J. Fleck, B. Franklin, A.C. Fry, J.R. Hoffman, R.U. Newton, J. Potteiger, M.H. Stone, N.A. Ratamess, and T. Triplett-McBride. 2002. American College of Sports Medicine position stand. Progression models in resistance training for healthy adults. *Medicine and Science in Sports and Exercise* 34: 364-380.
67. Kraemer, W.J., and A.C. Fry. 1995. Strength testing: Development and evaluation of methodology. In: *Physiological Assessment of Human Fitness,* P.J. Maud and C. Foster, eds. Champaign, IL: Human Kinetics. pp. 115-138.
68. Kraemer, W.J., D.L. Hatfield, and S.J. Fleck. 2007. Types of muscle training. In: *Strength Training,* L.E. Brown, ed. Champaign, IL: Human Kinetics. pp. 45-72.
69. Kraemer, W.J., B.J. Noble, M.J. Clark, and B.W. Culver. 1987. Physiologic responses to heavy-resistance exercise with very short rest periods. *International Journal of Sports Medicine* 8: 247-252.
70. Kraemer, W.J., and N.A. Ratamess. 2004. Fundamentals of resistance training: Progression and exercise prescription. *Medicine and Science in Sports and Exercise* 36: 674-688.
71. Kraemer, W.J., J.L. Vingren, D.L. Hatfield, B.A. Spiering, and M.S. Fragala. 2007. Resistance training programs. In: *ACSM's Resources for the Personal Trainer,* W.R. Thompson et al., eds. Baltimore: Lippincott Williams & Wilkins. pp. 372-403.
72. Kramer, J.B., M.H. Stone, H.S. O'Bryant, M.S. Conley, R.L. Johnson, D.C. Nieman, D.R. Honeycutt, and T.P. Hoke. 1997. Effects of single vs. multiple sets of weight training: Impact of volume, intensity, and variation. *Journal of Strength and Conditioning* 11: 143-147.
73. Kravitz, L., C. Akalan, K. Nowicki, and S.J. Kinzey. 2003. Prediction of 1 repetition maximum in high-school power lifters. *Journal of Strength and Conditioning Research* 17: 167-172.
74. Lander, J.E. 1985. Maximum based on reps. *National Strength and Conditioning Association Journal.* 6: 60-61.
75. Larson, G.D., and J.A. Potteiger. 1997. A comparision of three different rest intervals between multiple squat bouts. *Journal of Strength and Conditioning Research* 11: 115-118.
76. Lesuer, D.A., J.H. McCormick, J.L. Mayhew, R.L. Wasserstein, and M.D. Arnold. 1997. The accuracy of prediction equations for estimating 1-RM performance in the bench press, squat, and deadlift. *Journal of Strength and Conditioning Research* 11: 211-213.
77. Lombardi, V.P. 1989. *Beginning Weight Training.* Dubuque, IA: Brown.
78. Mayhew, J.L., T.E. Ball, M.E. Arnold, and J.C. Bowen. 1992. Relative muscular endurance performance as a predictor of bench press strength in college men and women. *Journal of Applied Sport Science Research* 6: 200-206.
79. Mayhew, J.L., B.D. Johnson, M.J. Lamonte, D. Lauber, and W. Kemmler. 2008. Accuracy of prediction equations for determining one repetition maximum bench press in women before and after resistance training. *Journal of Strength and Conditioning Research* 22: 1570-1577.
80. Mayhew, J.L., J.L. Prinster, J.S. Ware, D.L. Zimmer, J.R. Arabas, and M.G. Bemben. 1995. Muscular endurance repetitions to predict bench press strength in men of different training levels. *Journal of Sports Medicine and Physical Fitness* 35: 108-113.
81. Mayhew, J.L., J.S. Ware, K. Cannon, S. Corbett, P.P. Chapman, M.G. Bemben, T.E. Ward, B. Farris, J. Juraszek, and J.P. Slovak. 2002. Validation of the NFL-225 test for predicting 1-RM bench press performance in college football players. *Journal of Sports Medicine and Physical Fitness* 42: 304-308.
82. Mayhew, J.L., J.R. Ware, and J.L. Prinster. 1993. Using lift repetitions to predict muscular strength in adolescent males. *National Strength and Conditioning Association Journal* 15: 35-38.
83. McBride, J.M., G.O. McCauley, P. Cormie, J.L. Nuzzo, M.J. Cavill, and N.T. Triplett. 2009. Comparison of methods to quantify volume during resistance exercise. *Journal of Strength and Conditioning Research* 23: 106-110.
84. O'Conner, B., J. Simmons, and P. O'Shea. 1989. *Weight Training Today.* St. Paul, MN: West. pp. 26-33.
85. Pearson, D., A. Faigenbaum, M. Conley, and W.J. Kraemer. 2000. The National Strength and Conditioning Association's basic guidelines for the resistance training of athletes. *Strength and Conditioning Journal* 22: 14-27.
86. Peterson, M.D., M.R. Rhea, and B.A. Alvar. 2004. Maximizing strength development in athletes: A meta-analysis to determine the dose-response relationship. *Journal of Strength and Conditioning Research* 18: 377-382.
87. Peterson, M.D., M.R. Rhea, and B.A. Alvar. 2005. Applications of the dose-response for muscular strength development: A review of meta-analytic efficacy and reliability for designing training prescription. *Journal of Strength and Conditioning Research* 19: 950-958.
88. Pincivero, D.M., W.S. Gear, N.M. Moyna, and R.J. Robertson. 1999. The effects of rest interval on quadriceps torque and perceived exertion in healthy males. *Journal of Sports Medicine and Physical Fitness* 39: 294-299.
89. Plisk, S.S. 1991. Anaerobic metabolic conditioning: A brief review of theory, strategy and practical application. *Journal of Applied Sport Science Research* 5: 22-34.
90. Plisk, S.S., and M.H. Stone. 2003. Periodization strategies. *Strength and Conditioning* 25: 19-37.
91. Poliquin, C. 1988. Five steps to increasing the effectiveness of your strength training program. *National Strength and Conditioning Association Journal* 10: 34-39.
92. Ratamess, N.A., M.J. Falvo, G.T. Mangine, J.R. Hoffman, A.D. Faigenbaum, and J. Kang. 2007. The effect of rest interval length on metabolic responses to the bench press exercise. *European Journal of Applied Physiology* 100: 1-17.
93. Reynolds, J.M., T.J. Gordon, and R.A. Robergs. 2006. Prediction of one repetition maximum strength from multiple repetition maximum testing and anthropometry. *Journal of Strength and Conditioning Research* 20: 584-592.
94. Rhea, M.R., B.A. Alvar, and L.N. Burkett. 2002. Single versus multiple sets for strength: A meta-analysis to address the controversy. *Research Quarterly for Exercise and Sport* 73: 485-488.
95. Rhea, M.R., B.A. Alvar, L.N. Burkett, and S.D. Ball. 2003. A meta-analysis to determine the dose response for strength development. *Medicine and Science in Sports and Exercise* 35: 456-464.
96. Richardson, T. 1993. Circuit training with exercise machines. *National Strength and Conditioning Association Journal* 15: 18-19.
97. Robinson, J.M., M.H. Stone, R.L. Johnson, C.M. Penland, B.J. Warren, and R.D. Lewis. 1995. Effects of different weight

training exercise/rest intervals on strength, power, and high intensity exercise endurance. *Journal of Strength and Conditioning Research* 9: 216-221.

98. Rydwik, E., C. Karlsson, K. Frandin, and G. Akner. 2007. Muscle strength testing with one repetition maximum in the arm/shoulder for people aged 75+ - test-retest reliability. *Clinical Rehabilitation* 21: 258-265.

99. Shaw, C.E., K.K. McCully, and J.D. Posner. 1995. Injuries during the one repetition maximum assessment in the elderly. *Journal of Cardiopulmonary Rehabilitation* 15: 283-287.

100. Shimano, T., W.J. Kraemer, B.A. Spiering, J.S. Volek, D.L. Hatfield, R. Silvestre, J.L. Vingren, M.S. Fragala, C.M. Maresh, S.J. Fleck, R.U. Newton, L.P. Spreuwenberg, and K. Häkkinen. 2006. Relationship between the number of repetitions and selected percentages of one repetition maximum in free weight exercises in trained and untrained men. *Journal of Strength and Conditioning Research* 20: 819-823.

101. Siff, M.C. 2003. *Supertraining,* 6th ed. Denver: Supertraining Institute. p. 496.

102. Siff, M.C., and Y.U. Verkhoshansky. 1999. *Supertraining,* 4th ed. Denver: Supertraining International.

103. Simao, R., T. Farinatti Pde, M.D. Polito, A.S. Maior, and S.J. Fleck. 2005. Influence of exercise order on the number of repetitions performed and perceived exertion during resistance exercises. *Journal of Strength and Conditioning Research* 19: 152-156.

104. Stone, M.H., and R.A. Borden. 1997. Modes and methods of resistance training. *Strength and Conditioning* 19: 18-23.

105. Stone, M.H., T.J. Chandler, M.S. Conley, J.B. Kramer, and M.E. Stone. 1996. Training to muscular failure: Is it necessary? *Strength and Conditioning* 18: 44-51.

106. Stone, M.H., R. Keith, J.T. Kearney, G.D. Wilson, and S.J. Fleck. 1991. Overtraining: A review of the signs and symptoms of overtraining. *Journal of Applied Sport Science Research* 5: 35-50.

107. Stone, M.H., and H.O. O'Bryant. 1987. *Weight Training: A Scientific Approach.* Edina, MN: Burgess.

108. Stone, M.H., H.S. O'Bryant, B.K. Schilling, R.L. Johnson, K.C. Pierce, G.G. Haff, A.J. Koch, and M. Stone. 1999. Periodization: Effects of manipulating volume and intensity. Part 1. *Strength and Conditioning Journal* 21 (2): 56-62.

109. Stone, M.H., H.S. O'Bryant, B.K. Schilling, R.L. Johnson, K.C. Pierce, G.G. Haff, A.J. Koch, and M. Stone. 1999. Periodization: Effects of manipulating volume and intensity. Part 2. *Strength and Conditioning Journal* 21 (3): 54-60.

110. Stone, M.H., K. Pierce, W.A. Sands, and M. Stone. 2006. Weightlifting: Program design. *Strength and Conditioning* 28: 10-17.

111. Stone, M.H., K. Pierce, G.D. Wilson, and R. Rozenek. 1987. Heart rate and lactate levels during weight-training exercise in trained and untrained men. *Physician and Sportsmedicine* 15: 97-101.

112. Stone, M.H., S. Plisk, and D. Collins. 2002. Training principles: Evaluation of modes and methods of resistancetraining -a coaching perspective. *Sports Biomechanics* 1: 79-104.

113. Stone, M.H., J.A. Potteiger, K.C. Pierce, C.M. Proulx, H.S. O'Bryant, R.L. Johnson, and M.E. Stone. 2000. Comparison of the effects of three different weight-training programs on the one repetition maximum squat. *Journal of Strength and Conditioning Research* 14: 332-337.

114. Stone, M.H., K. Sanborn, H.S. O'Bryant, M. Hartman, M.E. Stone, C. Proulx, B. Ward, and J. Hruby. 2003. Maximum strength-power-performance relationships in collegiate throwers. *Journal of Strength and Conditioning Research* 17: 739-745.

115. Stone, M.H., W.A. Sands, K.C. Pierce, J. Carlock, M. Cardinale, and R.U. Newton. 2005. Relationship of maximum strength to weightlifting performance. *Medicine and Science in Sports and Exercise* 37: 1037-1043.

116. Stone, M.H., W.A. Sands, K.C. Pierce, R.U. Newton, G.G. Haff, and J. Carlock. 2006. Maximum strength and strength training: A relationship to endurance? *Strength and Conditioning Journal* 28: 44-53.

117. Stone, M.H., M.E. Stone, and W.A. Sands. 2007. *Principles and Practice of Resistance Training.* Champaign, IL: Human Kinetics. p. 376.

118. Tan, B. 1999. Manipulating resistance training program variables to optimize maximum strength in men: A review. *Journal of Strength and Conditioning Research* 13: 289-304.

119. Tesch, P. 1993. Training for bodybuilding. In: *Strength and Power in Sports,* P.V. Komi, ed. London: Blackwell Scientific.

120. Verkhoshansky, Y.U. 2006. *Special Strength Training: A Practical Manual for Coaches.* Muskegan, MI: Ultimate Athlete Concepts. p. 137.

121. Verkhoshansky, Y.U. 2007. Theory and methodology of sport preparation: Block training system for top-level athletes. *Teoria i Practica Physicheskoj Culturi* 4: 2-14.

122. Ware, J.S., C.T. Clemens, J.L. Mayhew, and T.J. Johnston. 1995. Muscular endurance repetitions to predict bench press and squat strength in college football players. *Journal of Strength and Conditioning Research* 9: 99-103.

123. Wathen, D. 1994. Load assignment. In: *Essentials of Strength Training and Conditioning,* T.R. Baechle and R.W. Earle, eds. Champaign, IL: Human Kinetics. pp. 435-446.

124. Westcott, W.L. 1982. *Strength Fitness.* Boston: Allyn & Bacon.

125. Whisenant, M.J., L.B. Panton, W.B. East, and C.E. Broeder. 2003. Validation of submaximal prediction equations for the 1 repetition maximum bench press test on a group of collegiate football players. *Journal of Strength and Conditioning Research* 17: 221-227.

126. Willardson, J.M. 2006. A brief review: Factors affecting the length of the rest interval between resistance exercise sets. *Journal of Strength and Conditioning Research* 20: 978-984.

127. Willardson, J.M., and L.N. Burkett. 2005. A comparison of 3 different rest intervals on the exercise volume completed during a workout. *Journal of Strength and Conditioning Research* 19: 23-26.

128. Willardson, J.M., and L.N. Burkett. 2006. The effect of rest interval length on the sustainability of squat and bench press repetitions. *Journal of Strength and Conditioning Research* 20: 400-403.

129. Wolfe, B.L., L.M. Lemura, and P.J. Cole. 2004. Quantitative analysis of single- vs. multiple-set programs in resistance training. *Journal of Strength and Conditioning Research* 18: 35-47.

130. Young, W.B., R. James, and I. Montgomery. 2002. Is muscle power related to running speed with changes of direction? *Journal of Sports Medicine and Physical Fitness* 42: 282-288.

131. Zatsiorsky, V.M., and W.J. Kraemer. 2006. *Science and Practice of Strength Training,* 2nd ed. Champaign, IL: Human Kinetics. p. 251.

16

유산소성 지구력 훈련 프로그램 구성

Patrick Hagerman, EdD

학습 목표

- 고객의 훈련 목표와 특수성 원칙을 기본으로 한 유산소성 지구력 훈련 프로그램을 구성할 수 있다.
- 유산소 운동의 적절한 방법을 선택할 수 있다.
- 유산소성 지구성 훈련의 강도, 빈도, 기간을 구성하고 그것들이 상호작용함으로써 훈련 결과에 미치는 영향을 이해할 수 있다.
- 목표 심박수 범위, 운동자각도 혹은 대사당량 계산을 통해 트레이닝 강도를 결정할 수 있다.
- 적절한 준비 운동, 정리 운동, 운동 진행 상황에 따라 프로그램을 구성할 수 있다.
- 고객의 목표에 맞춰 느린 속도의 장거리 달리기, 페이스/템포 훈련, 인터벌 훈련, 크로스 훈련 팔 운동 그리고 복합 훈련을 적용할 수 있다.

유산소성 지구력 훈련은 일반적인 운동 프로그램의 필수적인 구성요소이다. 헬스클럽과 체육관은 유산소성 지구력 훈련 장비에 많은 공간을 할애하고, 일반인들을 위한 대부분의 운동 경기는 유산소성 지구력 운동(10km, 5km 달리기, 마라톤, 자전거 투어, 그리고 스프린트 및 철인삼종경기) 위주로 계획된다. 유산소성 지구력 활동의 중요성을 뒷받침하기 위하여 신체적 활동과 건강에 대한 1996년의 미국외무감(Surgeon General) 보고서에서는 거의 매일 모든 사람들이 어떤 형태가 되었건 유산소 운동에 참여해야 한다고 적극 권장하고 있다.[89] 게다가 미국보건복지국(U.S. Department of Health and Human Services)에서 추진하는 '건강한 국민 2010'에서는 국가가 당면한 건강과 관련된 주요 두 가지 큰 논쟁으로서 신체적 활동의 부족과 비만을 언급하였다.[90] 결과적으로 '건강한 국민 2010'의 목적은 ① '적어도 하루에 30분간 중강도의 신체적 활동을 거의 매일 규칙적으로 참여하는 성인의 비율'과 ② '한 번에 20분 혹은 그 이상, 매주 3일 이상 호흡순환계 체력을 증진시키는 격렬한 신체적 활동에 참여하는 청소년의 비율'을 증가시키는 것을 포함한다.[90] 이렇듯 적절한 유산소성 지구력 훈련의 중요성에 대해서는 더 이상 의심의 여지가 없다.

흔히 유산소성 지구력 훈련은 유산소 운동, 심혈관 운동 혹은 심폐 운동으로 일컫는다. 용어들은 모두 심장, 혈관, 폐를 포함한 심혈관계, 호흡순환계에 관련되는 운동을 언급하기 때문에 동의어로 고려되어야 한다.

유산소성 지구력 훈련 프로그램을 구성하려면 고객의 현재 체력 수준, 운동경력 그리고 체력 목표를 자세히 파악하는 것이 필수적이다. 일반인 사이에서 일반적인 건강 관련 목표 중 하나는 지방 감소이다(종종 잘못된 표현으로 '체중 감소'라고 함). 잘 설계된 유산소성 지구력 훈련 프로그램은 이러한 목표를 가진 고객들을 위한 운동의 일부분이여야 한다. 마찬가지로 10km 마라톤을 완주하고자 하는 고객은 그들의 목적에 맞는 특별한 트레이닝 지침이 필요하다.

이전의 장에서 이미 적절한 운동 수준과 체력 수준을 결정하는 것에 대해 다루었다. 이번 장에서는 다양한 고객에게 적절한 유산소성 훈련 프로그램을 제공하고자 한다.

유산소성 지구력 훈련의 특수성

저항 훈련에 적용되는 특수성의 원리는 유산소성 지구력 훈련에도 적용된다. 특수성의 원리는 훈련 프로그램의 결과가 수행하는 훈련의 유형과 직접적으로 관련이 있다는 것을 의미한다.[23] 저항 트레이닝 프로그램의 결과는 저항 훈련에 특정적이며, 유산소성 훈련 결과는 유산소성 훈련에 특정적일 것이다. 이것은 저항 훈련은 최대 유산소성 파워($\dot{V}O_2max$)를 증진시키지는 못한다는 것이다.[41,44,58] 게다가 한 가지 유형의 유산소 운동만을 포함하는 훈련은 다른 유산소성 운동 유형과 동등한 향상을 보증하지 않는다.[10,101] 예를 들어 자전거로 높은 수준의 유산소성 체력을 달성한 사람이 사이클링할 때 최대산소섭취량을 측정하는 것과 달리기나 다른 형태의 유산소 운동을 하여 측정하는 것은 같은 유산소성 성취를 나타내지 못할 것이다.[94,86,99] 훈련시에 필요한 산소량과 근육활동 정도가 동일하지 않으므로, 그 반응과 적응 능력 또한 달라질 수밖에 없다.[12,71,101] 한 가지 운동 유형을 통해 향상된 유산소성 능력이 다른 운동 유형에 도움이 될 수는 있지만, 그 정도는 동일하지 않다.[11,62,92]

유산소성 지구력 훈련 프로그램의 구성요소

유산소성 지구력 훈련 프로그램은 많은 특정 결과를 초래할 수 있도록 다양한 방법으로 조작 가능한 여러 가지 구성요소로 이루어져 있다. 이러한 구성요소에는 운동 유형, 각 세션의 빈도, 운동 지속시간 그리고 각 세션 동안의 훈련 강도가 포함되어 있다. 퍼스널 트레이너는 각 요소가 다른 요소들과 상호작용하는 방식을 고려하여 고객의 개인적인 목표에 맞게 각 구성요소를 구성해야 한다.

유산소성 지구력 훈련 프로그램 전반에 적용할 수 있는 포괄적인 구성요소의 실제적인 예를 강조하기 위해 두 명의 가상고객에 대한 언급이 뒤에 계속해서 등장할 것이다. 첫 번째 고객인 베키는 10km 달리기 경기를 50분 이내에 완주한다는 목표가 있다. 두 번째 고객인 플로이드는 체지방 14kg을 감량하려고 한다. 두 고객 모두 근골격근의 기능 장애가 없고 운동에 대한 의사의 허가를 받았다. 고객의 예 16.1에 가상의 두 고객에 대한 초기 상태와 목표에 대한 가설이 있다.

운동 유형

유산소성 지구력 트레이닝 프로그램 작성의 첫 번째 단계는 **운동 유형**(mode)을 결정하는 것이다. 운동 유형은 간단히 어떤 운동이나 활동을 수행할 것인가를 뜻한다. 14장에서 언급했듯이, 심혈관계 운동 형태는 기계를 사용하는 운동과 기계를 사용하지 않는 운동이 있다. 운동선수는 시합 동안 수행하는 특정 스포츠나 움직임과 가장 유사한 운동 유형을 선택해야 한다. 5km 달리기 또는 25마일(40km) 자전거 경주 등의 아마추어 이벤트에 참가하려는 고객도 마찬가지이다. 어떤 운동 유형을 사용할 것인가에 관한 결정은 장비의 가용성, 개인 취향, 고객의 운동 수행 능력, 고객의 목표를 포함한 여러 가지 요소에 따라 달라진다.

기계를 사용하는 운동 유형은 심혈관 장비를 이용하고 훈련이 진행되는 시설에서 이용 가능한 장비에 따라 달라진다. 대부분의 헬스클럽은 대체로 트레드밀, 계단 운동기구(stair climber), 고정식 자전거, 그 외에 크로스컨트리 운동기구, 조정 에르고미터, 상체 에르고미터, 반누운 상태에서의 자전거 타기(semirecumbent bikes), 벽오르기 등 다양한 유산소성 운동 장비를 갖추고 있다.

만약 심혈관 장비를 이용할 수 없다면, 기계를 사용하지 않는 운동에서도 다양한 선택이 가능하다. 비기계식 운동은 장비와 상관없이 자유롭게 움직일 수 있는 것들로 구성되어 있다. 여기에는 걷기, 조깅, 달리기, 수영, 수중에서 걷거나 달리기, 스케이팅, 유산소성 킥복싱, 에어로빅 댄스 또는 계단 운동을 포함한다.

비기계식 운동 유형과 비슷한 운동을 하는 기계식

고객의 예 16.1

고객의 운동 전 상태와 목표

고객: 베키(Becky)

- 나이: 30세
- 신장: 165cm
- 몸무게: 55kg
- 목표: 50분 이내에 10km(6.2마일) 달리기 완주
- 트레이닝 상태: 중급, 지난 3년 동안 일주일에 평균 2번 무리하지 않는 편안한 페이스와 속도로 4.8~8.1km(3~5마일) 달리기 실시. 그녀의 최고기록은 10km를 53분에 주파한 것이다.
- 다른 활동: 접수원으로 일한다. 대부분 아침 8시부터 오후 5시까지 앉아 있다. 다른 규칙적인 운동이나 활동에 참여하지 않는다.

고객: 플로이드(Floyd)

- 나이: 52세
- 신장: 183cm
- 몸무게: 105kg
- 목표: 14kg의 체지방 감량
- 트레이닝 상태: 초급(비훈련자), 전 대학 야구선수, 대학 이후에 규칙적인 운동 프로그램에 참여한 적 없음
- 다른 활동: 은행원으로 오랜 시간 동안 일한다. 낮 시간 사무실에서 수시로 걸어다니지만 한 번에 12m(40피트) 이상 걷지 않으며 거의 사무실에 앉아 생활한다. 밤에는 지역 대학에서 가르치는 일을 한다. 규칙적인 운동이나 활동은 하지 않는다.

운동일지라도 비기계식 운동 형태와 같은 심폐 반응을 유도하거나 또는 고객이 자신의 목표를 달성하기 위한 동일한 효과를 제공하지 않을 수 있다. 예를 들어 트레드밀 위에서 달리는 것은 트랙에서 달리는 것과는 다른 운동패턴과 근육 사용을 필요로 한다. 트레드밀 벨트 위에서 걷거나 뛰기는 고객들이 발을 디딜 때 다리와 엉덩이의 근육 사용을 요구하지 않고, 그 추진력은 벨트에 의해 제공된다. 마찬가지로 고정식 자전거를 탈 때 크랭크를 외전시키기 위해서는 일반 자전거와 동일한 근육을 사용하지만 균형을 잡기 위한 근육은 필요로 하지 않으며, 타이어와 지면 사이의 마찰과 바람 또한 존재하지 않는다. 사용하는 운동 유형은 특히 고객이 달리기 또는 사이클링 행사에 참여하기 위해 훈련하는 경우 고객의 요구와 목표에 일치해야 한다.

운동 유형에 대한 고객 개인의 선호도는 프로그램을 얼마나 잘 준수할 것인가에 크게 영향을 미친다.[5,73,76] 고객이 좋아하는 활동이나 운동을 선택하면 원래 작성된 대로 훈련 프로그램을 완수하는 데 도움을 주어 운동시간이 짧아지거나 강도를 감소시킬 필요가 없게 된다.

운동 유형은 또한 고객의 신체적 능력에 따라 달라진다. 하지에 정형외과적 문제가 있는 고객은 발, 무릎, 또는 엉덩이에 미치는 충격 때문에 특정 운동을 하는데 제한이 있을 수 있다. 이러한 고객은 비충격 형태의 운동을 하는 것이 더 나을 것이다.

운동에 필요한 동작의 관절 범위가 제한되어 있는 참여자는 그들의 능력 내에서 움직이는 운동이 필요하다. 예를 들어 어깨의 충돌증후군이 있는 고객에게는 상체 에르고미터(arm bike)를 사용하지 말아야 한다.

초기 운동 유형은 고객의 현재 산소섭취 능력을 고려하여야 한다. 대부분의 경우, 고객은 그들의 최대산소섭취량을 결정하기 위한 운동검사를 받아본 적이 없다. 고객의 능력이 어느 정도인지 결정하는 데 도움이 되는 실제적인 자료나 지표가 없다면 항상 신중하게 고객이 즐길 수 있는 운동 유형을 선택해야 한다. 만약 고객이 걷거나 자전거 타기에 익숙하다면 그러한 활동에 다시 참여하는 것으로 새로운 운동 프로그램을 시작해야 한다. 이러한 방법은 고객에게 적합하지 않은 활동을 수행하도록 지시하는 상황을 방지한다. 예를 들어 만약 빠르게 걸을 수 있

는 체력이 없는 고객에게 달리기 프로그램을 처방했다면, 참여자는 지속적으로 참가하지 않거나 기능 향상을 보여줄 만큼 충분히 운동을 유지하지 못할 것이다. 대신에 좀 더 강도가 약한 다른 운동 유형이 필요하다.

마지막으로 운동 유형은 훈련의 특수성과 관련해 고객의 궁극적인 목표와 일치해야 한다. 예를 들어 10km(6.2마일) 달리기를 완주하길 원하는 베키는 트레드밀이나 옥외트랙에서 달리는 데 더 많은 시간을 보낼 것이다. 다른 측면에서 접근하여 보면, 체지방을 감소하는 데 관심이 있는 플로이드는 의도적으로 열량을 소비하는 것이 필요할 것이다. 그래서 특수한 장비나 운동 유형은 필요하지 않겠지만 몇 가지 다른 유형의 운동으로 훈련에 다양성을 추가시킬 수 있다.

어떤 운동 유형을 동원할 것인가는 장비가 유용성, 개인 취향, 참여자의 운동 수행 능력, 참여자의 운동 목표를 포함한 여러 가지 요소에 의해 달라진다.

운동강도

운동강도(intensity)는 운동시간과 훈련 빈도의 주요 결정 요인이다. 운동의 시간과 빈도를 정하기 전에 고객의 목표에 도달하는 데 필요한 강도의 정도를 결정해야 한다.

운동강도를 점검하고 조절하는 것은 올바른 유산소성 지구력 훈련 프로그램을 처방하고 과훈련(overtraining)이나 저훈련(undertraining)을 예방하는 데 도움이 된다. 산소섭취량($\dot{V}O_2$)의 특정 역치나 참여자의 최대심박수와 안정기 심박수의 차이를 의미하는 **여유심박수**(HRR, Herat Rate Reserve)는 심혈관계가 향상되기 전 유산소 운동 기간 동안 달성되어야 한다.[38,47,55,70,80,97] 개인의 산소섭취여유량 또는 여유 산소섭취량($\dot{V}O_2R$=최대산소섭취량과 휴식시 산소섭취량의 차이)은 여유심박수와 거의 동일한 것으로 보인다. 퍼스널 트레이닝 고객을 위해서 실험실에서 측정한 최대산소섭취량이나 여유 산소섭취량 자료를 구하는 것이 흔하지 않기 때문에, 운동강도를 결정하기 위해서 여유심박수법(HRR)을 사용하는 것이 편리하다.[3,55,67,85]

결국, 필요한 유산소 운동 역치는 고객의 초기 체력 수준에 의존한다. 그러나 건강한 성인의 역치는 일반적으로 대략 여유심박수 50~85%로 간주된다.[4,84,85] 고객의 체력이 안 좋은 상태에서는 여유심박수의 30% 강도로 시작할 수 있다.[4] 고객의 체력 수준에 따라 어떤 사람은 여유심박수의 50%에서도 힘들어 하는 반면, 고도로 훈련된 고객은 여유심박수의 85% 강도에서조차 심혈관계의 능력 향상을 이끌어내는 데 충분치 않을 수 있다. 만약 운동강도가 너무 높으면, 과훈련이나 상해가 발생할 수 있다. 강도가 너무 낮으면 향상을 초래할 수 있는 생리학적 자극이 불충분하여 이로 인해 이미 설정한 목표에 도달하는 데 오랜 시간이 걸린다. 어디서 시작할지 알기 위한 열쇠는 고객의 운동경력과 의학적 병력 그리고 최근 운동검사 결과를 조사하는 데 있다. 언제나 너무 높게 시작해서 과훈련과 운동을 오래 지속하지 못할 위험성을 안기보다는 조심성을 갖고 낮은 강도에서 시작한 후 강도를 높이는 것이 현명하다.

목표 심박수

심박수와 산소소비량($\dot{V}O_2$)은 밀접하게 연관되어 있다. 운동하는 동안 심박수는 부하 증가와 함께 증가하며, 부하 증가는 필연적으로 산소 소비 증가를 동반한다. 그러므로 참여자의 **최대심박수**(MHR, maximal heart rate)가 증가함에 따라 이용되는 산소섭취량도 최대산소섭취량까지 증가한다. 표 16.1은 최대산소섭취량($\dot{V}O_2Max$) 백분율의 범위와 관련된 여유심박수 백분율, 최대심박수 백분율을 보여준다. 이러한 관계는 나이, 성별, 관상동맥 질환 상태, 체력 수준, 훈련 상태, 운동에 사용되는 근육 집단과 검사 유형에 걸쳐서 일치하는 것으로 나타났다.[29,81,82,98] 이러한 관계 때문에 심박수가 종종 운동강도를 측정하는 빠르고 간단한 방법으로 사용된다.

표 16.1 최대산소섭취량의 백분율과 연령 추정 최대심박수간의 관계

%$\dot{V}O_{2MAX}$	%HRR	%MHR
50	50	66
55	55	70
60	60	74
65	65	77
70	70	81
75	75	85
80	80	88
85	85	92
90	90	96
95	95	98
100	100	100

%$\dot{V}O_{2max}$: 최대산소섭취량의 백분율, %HRR: 여유심박수의 백분율, %MHR: 최대심박수의 백분율

개인의 실제 최대심박수(MHR)를 측정할 수 있는 유일한 방법은 부하를 증가시켜도 심박수가 더 이상 증가하지 않는 지점까지 운동을 시키는 단계별 운동검사를 실시하는 것이다. 이 지점에서 심장은 분당 최대심박(회/분) 수준에 도달하게 된다. 안전을 위하여 최대점증운동검사(maximal graded exercise test)를 실시하는 동안 의사가 그 운동검사에 참석하는 것을 권장한다.[69] 운동검사 중 의사의 참석을 보장하는 상황에 대한 논의는 9장을 참고하기 바란다. 대부분의 경우, 퍼스널 트레이너는 최대운동검사를 수행하는 방법 대신 참여자의 최대심박수를 추정하는 것이 가능하다. 이때 보통 일반적으로 많이 사용하는 **연령 추정 최대심박수**(APMHR) 공식은 다음과 같다.

APMHR(이하 연령 추정 최대심박수)
= 220−연령 **(16.1)**

이것은 단지 분당 ±10~15회 오차 범위 내의 추정일 뿐이다.[42,94] 이 오차 범위는 목표 심박수 훈련 영역을 계산할 때 염두해두는 것이 중요하다. 예를 들어 20세 고객의 최대심박수가 200이면 오차 범위를 고려하여 215(200+15)나 185(200-15)로 최대심박수를 추정할 수 있을 것이다. 이에 따라 연령 추정 최대심박수는 고객의 최대에 가까운 또는 최대하심박수를 알 수 있는 척도가 된다.[56] 그러나 고객은 최대하 유산소 지구력 트레이닝 과정에서 자신의 최대산소섭취량에 도달에서는 안 되기 때문에 연령 추정 최대심박수는 유산소 운동 프로그램 설계에 적합한 근사치를 제공한다.[94] 연령 추정 최대심박수를 사용해서는 안 되는 예외의 경우는 운동에 대한 심박수 반응을 느리게 하는 베타 차단제(beta-blockers)와 같은 약물을 복용하는 고객의 경우이다. 이러한 고객들에게 약은 운동강도나 운동량에 관계없이 심박수가 특정 지점 이상으로 상승하는 것을 방지한다. 운동강도를 처방하기 위해 연령 추정 최대심박수를 사용하기 전에, 퍼스널 트레이너는 고객이 심박수를 변화시키는 약물을 사용하는지 확인해야 한다. 만약 고객이 그러한 약물을 사용한다면, 심박수를 기본으로 하지 않고 운동강도를 처방할 수 있는 대체 방안이 필요하다. 심박수를 변화시키는 약물에 대한 내용은 20장을 참고한다.

만약 연령 추정 최대심박수를 적절하게 사용하기 위해 그 수치를 계산하려면, 적절한 운동강도인 '훈련 구역(training zone)' 혹은 **목표 심박수 범위**(THRR, target heart rate range)의 두 가지 다른 계산 방법 중 하나를 통해 계산할 수 있다.

연령 추정 최대심박수의 백분율(APMHR)

연령 추정 최대심박수를 알게 되면, 연령 추정 최대심박수의 백분율과 최대심박수 사이에서의 관계에 기초를 둔 다양한 운동강도 범위를 사용할 수 있다. 건강해 보이는 성인의 경우 최대산소섭취량의 55~75%는 대략적으로 유산소성 기능을 향상시키기 위해 적절한 자극을 제공하는 연령 추정 최대심박수의 70~85%에 가깝다.[97] 기타 범위는 고객의 의학적 병력이나 또는 현재 가지고 있는 합병증 그리고 의사의 권고에 따라 계산되어야 한다. 왜냐하면 처음 고객의 체력 수준은 심폐 질환 향상을 위한 최소 역치에 매우 큰 영향을 미치기 때문에 연령 추정 최대심박수의 55~65% 정도의 낮은 범위가 더 적절하다.[2,49,59,77]

건강한 성인의 훈련 강도 구역을 결정하기 위해서 사용하는 연령 추정 최대심박수의 백분율은 고객의 연령 추정 최대심박수에서 70%와 80%(**연령 추정 최대심박수의 백분율 방법**)를 곱한다. 그에 따른 결과는 심혈관계 기능을 향상시키기 위해 요구되는 운동 심박수의 상한 및 하한을 나타낸다(표 16.2).

목표 심박수(THR) =
연령 추정 최대심박수(APMHR) × 운동강도 **(16.2)**

여유심박수의 백분율: 카르보넨 공식

카르보넨 공식(Karvonen Formula)은 연령 추정 최대심박수의 백분율과 관련이 있지만 **안정기 심박수**(RHR, resting heart rate)와의 차이를 허용한다.[47,48] 이 공식을 사용하기 위해서는 먼저 고객의 안정기 심박수 측정값이 필요하다. 이 안정기 심박수를 측정하기 위한 가장 좋은 시간대는 아침에 깨어 침대에서 일어나기 전이다. 고객은 1분 동안 손목 맥박 촉진(손목 위에 검지와 집게 손가락을 둠)을 사용하여 자신의 안정기 심박수를 재는 방법을 배워야 한다. 여유심박수는 연령 추정 최대심박수에서 안정기 심박수를 뺀 값이다.

여유심박수(HRR) = 연령 추정 최대심박수(APMHR) −
안정기 심박수(RHR) **(16.3)**

여유심박수 공식에서 최대심박수는 안정기 심박수가 증가하여 연령 추정 최대심박수까지 도달할 수 있는 심박수이다. 다시 말해 여유심박수는 심박수가 안정시에

표 16.2 유산소성 지구력 운동 중 운동 심박수

		APMHR 방법의 백분율		카르보넨 공식 방법**	
연령	APMHR*(회/분)	70%	85%	50%	85%
80	140	98	119	105	130
75	145	102	123	108	134
70	150	105	128	110	138
65	155	109	132	113	142
60	160	112	136	115	147
55	165	116	140	118	151
50	170	119	145	120	155
45	175	123	149	123	160
40	180	126	153	125	164
35	185	130	157	128	168
30	190	133	162	130	172
25	195	137	166	133	176
20	200	140	170	135	181
15	205	144	174	138	185

*APMHR: 연령 추정 최대심박수
** 안정시 심박수를 분당 70회로 추정

서 최대까지 증가할 수 있는 분당 심박수이다. 예를 들어 안정기 심박수가 70회/분인 40대 고객은 연령 추정 최대심박수가 180회/분이고 여유심박수는 110회/분(연령 추정 최대심박수의 180-안정기 심박수의 70)이 된다. 앞서 언급했던 것처럼, 심혈관계 기능이 향상되기 위해서는 여유심박수의 50~85%가 필요하다. 목표 훈련 구역을 설정하기 위해서 여유심박수 값에 50%와 85%를 곱하고 안정기 심박수를 더하는데, 이는 상한과 하한 심박수의 제한 범위를 얻기 위해서이다. 각각의 값에 안정기 심박수를 더하지 않으면 의도하는 능력 향상을 제공할 수 없는 낮은 훈련 구역을 처방하는 결과를 초래한다.

목표 심박수의 저강도 =
(저강도 여유심박수) + 안정기 심박수 **(16.4)**

목표 심박수의 고강도 =
(고강도 여유심박수) + 안정기 심박수

여유심박수를 사용하면 고객의 안정기 심박수를 기준으로 하기 때문에 고객 각자에게 맞출 수 있다는 장점이 있다. 개인의 체력이 단련되고 안정기 심박수가 감소되면 여유심박수는 증가될 것이다. 이것은 더 큰 '여유'를 의미한다.

표 16.2에서 볼 수 있듯, 대부분의 상황에서 카르보넨 공식은 연령 추정 최대심박수의 백분율 공식보다 훈련 범위가 약간 더 커진다.[28,62] 운동 심박수 범위를 계산하려면, 연령 추정 최대심박수의 70~85% 혹은 여유심박수의 50~85%를 이용하면 된다. 두 방법 모두 심혈관계 건강을 향상시킬 수 있는 적절한 운동 심박수를 제공한다.[4,47,54] 비훈련자나 초보자는 아마 연령 추정 최대심박수 강도의 하위부(예: 연령 추정 최대심박수의 70~80%)에 기초한 목표 심박수 범위로 시작하여야 하고, 훈련된 고객은 최대심박수 범위의 상반부 수준의 강도(예: 여유심박수의 70~85%)로 수행할 수 있다. 두 가지 방법에 대한 운동강도 공식과 계산 방법의 예시는 '심박수를 이용하여 계산한 운동강도' 부분을 참고한다.

운동 심박수 범위를 계산하기 위해 연령 추정 최대심박수의 70~85% 혹은 여유심박수의 50~85%로 운동강도를 지정한다.

기능적 용량의 백분율

의사가 감독하는 점증 운동부하 검사로 고객의 유산소 **기능적 용량**(functional capacity)을 측정하면, 고객의 실제 최대심박수(MHR)를 알 수 있다. 이때는 추정치보다 실제로 측정한 최대심박수를 사용하는 것이 더 정확한

심박수를 이용하여 계산한 운동강도

연령 추정 최대심박수의 백분율 방법

공식: 연령 추정 최대심박수 = 220−연령
목표 심박수 = (연령 추정 최대심박수×운동강도)

목표 심박수 범위의 상한선과 하한선을 구하기 위해서 위의 계산을 두 번 실시한다.

예를 들어 30세 고객, 연령 추정 최대심박수의 70~85%
연령 추정 최대심박수 = 220−30 = 190회/분
목표 심박수(70%) 190×0.70 = 133회/분
목표 심박수(85%) = 190×0.85 = 162회/분
목표 심박수 범위 = 133~162회/분

카르보넨 공식

공식: 연령 추정 최대심박수 = 220−연령
여유심박수 = 연령 추정 최대심박수−안정시 심박수

목표 심박수 범위의 상한선과 한선을 구하기 위해서 위의 계산을 두 번 실시한다.

예를 들어 30세 고객, 여유심박수의 50~85%, 안정시 심박수 = 70회/분
연령 추정 최대심박수 = 220−30 = 190회/분
여유심박수 = 190−70 = 120회/분
목표 심박수(50%) = (120×0.50)+70 = 130회/분
목표 심박수(85%) = (120×0.85)+70 = 172회/분
목표 심박수 범위 = 130~172회/분

방법이다. 카르보넨 공식이나 연령 추정 최대심박수의 백분율도 모두 유산소 운동 트레이닝 범위를 결정하는 데 사용될 수 있다.

운동자각도

심박수 계산법과 함께 운동강도를 결정하는 또 다른 방법은 **운동자각도**(RPE, ratings of perceived exertion) 척도라고 알려진 방법이다. 운동자각도 척도는 특정 운동강도에 대한 인체의 전반적인 반응을 설명하는 평가 체계를 통하여 고객의 운동강도를 점검할 수 있도록 고안되었다. 이 방법은 고객의 운동 유형, 환경(온도 및 습도 등), 노력하는 정도, 고통의 정도, 불편함 혹은 피로에 근거한 생리학적 및 심리학적 요인들을 통해 운동에서 느끼는 부담도를 정량화시킬 수 있도록 인지되어야 한다.[27,57,75] 운동자각도는 단지 운동을 통하여 심장이 얼마나 빠르게 뛰는가를 나타내는 척도가 아니라 운동중에 운동에 대한 노력, 호흡, 감정적인 반응 등을 파악하는 것을 포함한다.

단계별 운동부하 검사 중 종종 고객에게 운동 단계마다 운동자각도를 물어본다. 주어진 부하에서의 산소섭취량과 짝을 이루는 이러한 운동자각도는 운동이 종료될 때 주어진 부하와 산소섭취량을 운동자각도와 연결시킨다. 왜냐하면 퍼스널 트레이너는 이미 주어진 부하에 해당하는 운동 노력의 비율을 알기 때문에 직접적으로 산소섭취량을 측정하지 않더라도 운동자각도를 통해 운동하는 동안 대략적인 산소섭취량을 추정할 수 있다. 예를 들어 만약 퍼스널 트레이너가 YMCA 사이클 에르고미터 검사(11장 참조) 동안 특정 산소섭취량이 운동자각도 7(1~10 척도)을 도출하였다는 것을 알았다면, 다음 운동 동안 참여자는 다른 운동 형태에서도 같은 산소섭취량에 해당되는 강도를 비슷하게 시도하여 운동해야 한다. 퍼스널 트레이너는 기계의 강도를 고객의 운동자각도 7에 맞도록 조절해야 한다. 그림 16.1은 이 운동자각도의 예를 보여준다.

범위	설명
1	전혀 힘들지 않음(누워 있음)
2	극도로 약함
3	매우 쉬움
4	쉬움(하루종일 할 수 있음)
5	보통
6	약간 힘듦(느껴지기 시작)
7	힘듦
8	매우 힘듦(유지하기 위해 노력해야 함)
9	매우 매우 힘듦
10	최대 노력(더 이상 할 수 없음)

그림 16.1 운동자각도 범위

운동자각도 척도의 수치 등급은 주어진 운동 수준을 유지하는 데 필요한 노력을 설명하는 것과 관련이 있다. 이러한 운동자각도 등급은 '전혀 힘들지 않음'에서 '최대 노력'의 범위를 지정할 수 있고 노력의 수준을 구별하기 위해 고객을 훈련시키는 데는 약간의 시간이 걸릴 수 있다. 각 척도의 최저 수준은 가만히 누워서 아무 노력도 하지 않는 상태와 비슷할 수 있고, 최고 수준은 고객이 생산할 수 있는 최대한의 노력일 수 있다. 운동자각도를 사용하는 데 어려운 점은 매우 소수의 고객만이 실제로 상위 수준의 노력에 도달할 것이고, 따라서 실제로 10단계가 의미하는 바를 느끼지 못하는 고객도 많을 것이다. 운동자각도는 최대 스트레스 검사를 완료하지 못한 고객에게서 더 높은 주관성을 띨 수 있다. 비훈련자나 건강에 문제가 있는 고객의 경우 여유심박수 60%의 운동 수준은 그들에 느끼기에는 최대일 것이다. 왜냐하면 그들은 운동에 익숙하지 않고 최대 노력이 무엇을 의미하는지 잘 모르기 때문이다. 고객들은 오직 훈련과 변화된 운동강도를 통해 부수적인 척도의 의미와 어떻게 그들의 운동자각도를 정확히 알려줄 수 있을지에 대해 배울 수 있다.

운동자각도를 사용할 때의 단점은 주어진 심박수에 대해 고객과 운동 유형 사이에 차이가 있다는 점이다.[64] 시간이 지남에 따라, 주어진 고객에 대한 운동강도의 패턴이 설정될 수 있도록 인식하고 운동강도와 노력의 등급이 심박수 측정과 함께 사용되어야 한다. 유산소 운동 처방에서 목표 심박수 범위와 운동자각도 방법을 결합하면 퍼스널 트레이너가 제공하는 운동 유형은 고객에게 보다 나은 다른 효과를 기대할 수 있다. 예를 들어 고객이 고정식 자전거를 타고 있는 동안 목표 심박수의 80%로 운동을 실시하는 것이 운동자각도 7임을 나타내었다면, 트레드밀에서 목표 심박수 80%로 운동을 실시하는 것은 반면 운동자각도 9를 나타낼 수 있다. 서로 다른 운동 유형은 다른 양의 근육군을 사용하면서 고객에 대한 목표 심박수와 운동자각도에 변화를 줄 수 있다. 고객에게는 운동 유형에 따라 개인차가 적용되므로 퍼스널 트레이너는 운동자각도를 기반으로 일률적인 운동 처방을 내리는 것을 피해야 한다.

운동자각도 척도의 장점은 단지 심박수를 측정하는 것 이상이 가능하다는 것이다. 이러한 척도는 약물이나 질병의 영향 때문에 전통적인 심박수 강도 규정 처방이 부정확할 때 사용할 수 있다. 심박수가 고려된 운동자각도는 특정 고객에게 충분한 자극을 제공하는지 여부를 평가하는 것이 가능하다. 예를 들어 만약 여유심박수의 80%에서 운동하는 훈련된 고객이 0~10 척도의 운동자각도 4를 나타낸다면, 운동강도의 증가는 적당하다는 것이다. 반대로 신규 고객이 운동자각도 9를 나타내지만 실제 운동 심박수가 여유심박수의 70%에 해당한다면, 퍼스널 트레이너는 고객이 익숙해질 때까지 운동강도를 줄여야만 한다. 퍼스널 트레이너는 운동자각도가 심박수뿐 아니라 전반적인 노력의 지표임을 기억해야 한다. 따라서 고객은 피로, 호흡, 통증, 정신적 노력이나 스트레스 등을 포함할 수 있다.

대사당량

운동강도는 또한 **대사당량**(METs, Metabolic Equivalents)이란 용어로 나타낼 수 있다. 1MET는 $3.5\text{ml} \times \text{kg}^{-1} \times \text{min}^{-1}$ 산소 소비와 동일하고, 안정시 신체가 기능하는 데 필요한 산소량이다.[60] 그러므로 주어진 MET 수준은 특정 활동이 안정시 수준보다 얼마나 더 힘든가를 나타낸다. 예를 들어 4-MET 등급의 활동은 안정시보다 4배 힘들고, 인체가 안정시보다 4배 더 힘들게 신체가 일할 필요가 있다는 것을 의미한다. MET를 기반으로 훈련 강도를 정확하게 규정하려면 퍼스널 트레이너 또는 의사가 고객에게 최대의 단계별 운동검사를 실시하여 해당 고객에게 가능한 최대 MET 단계(예: 3.5로 나눈 $\dot{V}O_2max$)를 알아내야 한다. 이러한 정보가 없다면 최대대사당량의 퍼센트를 정하는 것은 불가능하다.

표 16.3에 MET의 근사치가 제시되어 있다. 이는 고객의 총 운동 프로그램에 다양한 활동을 구성하고, 한 활동의 에너지 요구량을 다른 활동과 비교하는 데 쓰일 수

표 16.3 다양한 활동에 대한 대사당량 추정

METs	활동
1.0	조용히 눕거나 앉기, 가만히 있기, 깨어 있는 상태로 침대에 누워 있기, 음악 듣기, 영화 보기
2.0	2mph(3.2kph) 이하 속도로 평지 걷기
2.5	스트레칭, 하타 요가
2.5	2mph(3.2kph) 속도로 평지 걷기
3.0	저항 훈련(비고정식 운동기구, 노틸러스 혹은 유니버셜 유형), 가벼운 혹은 중정도 운동
3.0	총 운동량이 50와트 정도인 고정식 자전거 타기, 아주 가벼운 운동
3.0	2.5mph(4kph) 속도로 걷기
3.3	3mph(4.8kph) 속도로 평지 걷기
3.5	미용체조, 집에서 운동, 가벼운 혹은 중정도 운동
3.5	골프(동력 카트를 이용)
3.5	50와트 정도의 로잉머신, 가벼운 노력
3.5	계단 오르내리기(10cm 높이) 분당 20회
3.8	3.5mph(5.6kph) 속도로 평지 걷기
4.0	수중 에어로빅, 수중 미용체조
4.5	단식과 복식 배드민턴 연습
4.5	골프, 걷기, 클럽 매고 이동
4.8	계단 오르내리기(10cm 높이) 분당 30회
4.9	계단 오르내리기(20cm 높이) 분당 20회
5.0	저강도의 에어로빅 댄스
5.0	복식 테니스
5.0	4mph(6.4kph) 속도로 평지 걷기
5.5	총 운동량이 100와트 정도인 고정식 자전거 타기, 가벼운 강도
6.0	시합이 아닌 농구
6.0	10~11.9mph(16.1~19.2kph) 속도로 야외자전거 타기
6.0	저항 훈련(비고정식 운동기구, 노틸러스 혹은 유니버셜 유형), 파워리프팅, 혹은 보디빌딩, 격렬한 운동
6.3	계단 오르내리기(30cm 높이) 분당 20회
6.3	4.5mph(7.2kph) 속도로 평지 걷기
6.9	계단 오르내리기(20cm 높이) 분당 30회
7.0	고강도 에어로빅 댄스
7.0	배드민턴 시합
7.0	크로스 컨트리 스키, 시간당 2.5마일(4km/h)의 속도, 느리거나 가벼운 강도, 스키 워킹
7.0	총 운동량이 100와트 정도의 중강도 로잉 머신
7.0	총 운동량이 150와트의 중강도 고정식 자전거
7.0	장거리 수영, 느리게 자유형 중강도나 가볍게
8.0	농구 게임
8.0	미용체조(푸시업, 싯업, 풀업 등)의 격렬한 운동
8.0	최소한 휴식의 유산소성 서킷 훈련
8.0	4.0~4.9mph(6.4~7.9kph) 속도의 크로스 컨트리 스키, 중강도
8.0	12~13mph(19.3~22.4khp) 속도의 야외자전거 타기
8.0	테니스 단식
8.0	5mph(3.2kph) 속도로 걷기
8.5	총 운동량이 150와트 정도의 로잉 머신, 격렬한 운동
8.5	스텝에어로빅(15~20cm 높이)
9.0	5~7.9mph(8.1~12.7kph) 속도로 크로스 컨트리 스키 운동, 민첩성, 격렬한 운동
9.0	5.2mph(3.2kph) 속도로 달리기
9.0	계단 오르내리기(30cm 높이) 분당 30회
10.0	14~15.9.mph(22.5~25.6khp) 속도의 야외자전거 타기
10.0	6mph(9.7kph) 속도로 달리기(10분)
10.0	스텝 에어로빅(25~30cm 높이)
10.0	수영, 접영, 자유형, 빠르고 격렬한 운동
10.5	총 운동량이 200와트 정도인 고정식 자전거 타기
11.0	6.7mph(10.8kph) 속도로 달리기
11.5	7mph(11.3kph) 속도로 달리기
12.0	16~19mph(25.7~30.6kph) 속도로 야외자전거 타기
12.0	인라인 스케이트 타기(관성 없이)
12.0	총 운동량이 200와트 정도인 로잉 머신, 매우 격렬한 운동
12.5	7.5mph(12.1kph) 속도로 달리기
12.5	총 운동량이 250와트 정도인 고정식 자전거 타기, 매우 격렬한 운동
13.5	8mph(12.9kph) 속도로 달리기
14.0	8mph(12.9kph) 이상의 속도로 크로스 컨트리 스키 경기
14.0	8.5mph(13.7kph) 속도로 달리기
15.0	9mph(14.5kph) 속도로 달리기
16.0	20mph(32.2kph) 이상의 속도루 야외자전거 타기
16.0	10mph(16.1kph) 속도로 달리기
18.0	10.9mph(17.5kph) 속도로 달리기

MET: 대사당량
Ainsworth et al. 2000 (1) and ACSM 2010 (4).

고객의 예 16.2

운동강도 조정

각 고객에게는 다양한 강도가 적용된다. 퍼스널 트레이너는 운동 유형과 가용한 운동강도 측정 방법(예: 심박수 측정기, 운동자각도 표)을 기초로 강도를 선택해야 한다.(어떻게 고객 심박스를 수동을 측정할 것인가에 대한 예와 지침은 11장을 참고하시오).

베키

연령: 30
안정시 심박수: 65
연령 추정 최대심박수: 190회/분
여유심박수의 70~85% = 153~171회/분
운동자각도 = 5~6
METs = 12.5(8분/마일 속도)

베키는 어느 정도 훈련이 되어 있기 때문에, 그녀의 목표 심박수 범위는 여유심박수의 상반부(예: 70~80%)이다. 그녀의 현재 10km 달리기 개인 최고 시간은 53분이며, 이는 1마일당 약 8.5분 정도이다. 비록 베키의 연습은 매일 다양하게 바뀌지만, 그녀의 목표 시간인 50분 내에 완주를 하기 위해서는 평균 훈련 속도를 1마일당 8분으로 단축시켜야 한다. 그녀의 퍼스널 트레이너는 운동강도의 증가에 대응하는 베키의 능력을 운동자각도나 심박수를 통하여 측정하고 있다.

플로이드

연령: 52
안정시 심박수: 74
연령 추정 최대심박수: 168회/분
연령 추정 최대심박수의 70~80% = 118~134회/분
운동자각도 = 3~4
METs = 3~3.8(시간당 4~5.6km 걷기: 5.5[총 운동량이 100와트 정도인 고정식 자전거 타기. 와트를 운동강도로 전환하려면 11장 참고])

플로이드는 비훈련자이기 때문에, 그의 목표 심박수 범위는 연령 추정 최대심박수의 하반부(70~80%)이다. 플로이드를 위해 선택한 MET 강도는, 체중 지지 운동을 위해 그가 초보자로서 부하 운동을 지속할 수 있는 운동 속도로 운동하고, 체중을 지지하지 않는 운동은 약간 더 열심히 한다(5.5METs). 플로이드가 운동에 익숙해지고 운동자각도를 정확하게 응답할 수 있을 때까지, 그의 퍼스널 트레이너는 운동을 하는 동안 심박수를 규칙적으로 측정하면서 플로이드의 운동강도를 측정해야 한다.

있다. 표 16.2는 가상고객에 대해 업데이트된 정보를 바탕으로, 다양한 방법으로 운동강도를 처방하는 예시를 보여준다.

훈련 빈도

훈련 빈도는 얼마나 자주 연습을 수행하는가를 의미한다(예: 주당 트레이닝 횟수). 훈련 빈도는 고객의 목표, 현재 체력 수준, 지속 기간, 강도 그리고 운동에 필요한 회복기 시간에 따라 달라진다.

앞에서도 언급했듯이, 미국 공중위생국에서는 2세 이상의 모든 사람들이 유산소성 지구력 유형의 신체활동을 최소한 중강도 이상으로 주당 가능한 많이 (가급적이면 매일), 최소 30분 동안 지속해야 한다고 권장하였다.[89] 1988년 미국스포츠의학회(ACSM)는 유산소 운동을 일주일에 3~5일 실시해야 하여, 일주일에 2일 이하의 운동 자극은 일반적으로 체력을 유지하고 개발하는 데 충분하지 않다고 말했다.[2] 그래서 주당 최소 2일에서 많게는 5일의 운동 프로그램이 일반적인 체력 목표를 달성하기 위해 권장된다. 운동 훈련 사이의 충분한 휴식을 통해 과사용에 의한 상해를 예방할 수 있다면 어떤 상급자는 일주일에 5일 이상의 훈련 또한 지속할 수 있다.

초급자(예: 지난 6개월 동안 규칙적인 유산소 운동 프로그램에 참여하지 않은 자)는 주당 최소한의 빈도로 훈련하되, 휴식을 충분히 취할 수 있도록 운동하는 날을 일정한

표 16.4 운동빈도의 선택의 예

	초보자		중급자		상급자
	휴식 5일	휴식 4일	휴식 3일	휴식 2일	휴식 1일
요일	운동 2일	운동 3일	운동 4일	운동 5일	운동 6일
일요일	휴식	휴식	휴식	휴식	운동
월요일	운동	운동	운동	운동	운동
화요일	휴식	휴식	운동	운동	운동
수요일	휴식	운동	휴식	휴식	휴식
목요일	운동	휴식	운동	운동	운동
금요일	휴식	운동	운동	운동	운동
토요일	휴식	휴식	휴식	운동	운동

간격으로 설정하여 운동 프로그램을 설정하는 것이 좋다(표 16.4). 체력 수준이 향상됨에 따라 훈련 빈도를 증가시킬 수 있다. 주당 운동 횟수가 증가함에 따라, 고객이 적응하고 유지하고자 하는 빈도를 초과하지는 말아야 한다.[3] 예로 든 일반적인 예시에도 불구하고 몇몇 고객들은 오직 평일(혹은 오직 주말)만 운동을 할 수 있으므로 퍼스널 트레이너는 고객이 이용 가능한 날을 중심으로 운동 일정을 계획해야 할 것이다. 가장 중요한 것은 고객의 휴식일이 한 주 동안 고르게 분포되어 운동과 휴식으로 나뉘어야 하는 것이다.

베키의 경우, 그녀는 이미 일주일에 2일 달리고 있기 때문에 그녀의 운동 처방은 일주일에 3~4일부터 시작할 수 있다. 반면에 플로이드는 시간을 유연하게 쓸 수 있어서 회사 출근하기 전 아침시간과 점심시간에 운동하기를 희망하지만, 한동안 운동을 하지 않았기 때문에 일주일에 2일부터 시작할 것이다.

궁극적으로, 운동의 빈도는 운동 지속시간과 강도에 균형을 맞추어야만 한다. 일반적으로 긴 시간의 운동이나 고강도 운동은 더 많은 회복 시간을 필요로 하므로 빈번하지 않게 수행하는 반면, 짧은 시간 혹은 낮은 강도의 운동은 많은 회복 시간이 필요하지 않으므로 더 빈번하게 수행할 수 있다.[69]

긴 시간의 운동이나 고강도의 운동은 운동과 운동 사이에 더 많은 회복 시간을 필요로 하기 때문에 덜 빈번하게 수행한다. 반면에 짧은 시간 혹은 저강도의 운동은 많은 회복 시간이 필요하지 않으므로 더 자주 수행할 수 있다.

운동 지속시간

운동 **지속시간**(duration)은 얼마나 오랫동안 운동이 지속되었는지에 대한 척도이다. 훈련 빈도와 같이 운동 지속시간은 고객의 목표, 현재의 체력 수준, 운동강도에 따라서 달라진다. 유산소 운동의 강도가 높을수록 필요한 산소섭취량은 많아지고, 고객이 그 운동강도에서 운동할 수 있는 시간은 감소한다.[78]

국립건강합의발전전문위원회(The National Institutes of Health Consensus Development Panel)는 미국의무감이 발표한 보고서에 동의하는데, 그 내용은 신체활동과 심혈관계 건강을 위해서는 유산소성 지구력 훈련을 최소 30분 동안 유지해야 한다는 것이다.[66] 미국심장학회(The American Heart Association)에서도 건강증진과 심장 혈관 질병을 예방하기 위해 30~60분 사이의 운동시간을 수행하도록 권장한다.[24] 마지막으로 미국스포츠의학회(American College of Sports Medicine)는 하루 동안 연속적인 혹은 간헐적인 운동을 총 20~60분 정도 하도록 권장한다.[4]

만약 시간적인 제약으로 한 번에 권장 운동시간을 모두 다 실시할 수 없거나, 또는 만약 참여자의 체력이 매우 저조하다면 단시간의 **간헐적 운동**(intermittent exercise)으로 대신할 수 있다. 운동강도가 중강도에서 고강도로 진행될수록, 아주 숙련된 고객을 제외하고, 최소 10분인 간헐적인 운동으로도 유산소 체력을 향상시킬 수 있다.[19,33,65] 간헐적 운동은 또한 운동에 익숙하지 않은 사람들이 계속해서 운동에 참여하도록 흥미를 유발할 수도 있다.[54] 아주 체력이 약해서 10분 정도의 운동조차 수행할 수 없는 고객을 위해서는 단시간 지속되는 운동을 여러 번 실시하면서 휴식을 취하면, 계속되는 운동을 따라 할 수 있게 된다.

최초의 권장시간 30분을 넘어서면, 인간의 신체는 수시간 지속되는 유산소성 지구력 운동을 견딜 수 있는 능력을 가지게 된다. 철인 3종 경기, 24시간 초인 마라톤 혹은 160km 자전거 경주 혹은 그 이상을 완주할 수 있는 운동선수가 그 증거이다. 고객이 특정 프로그램에 참여한 총 운동시간은 결국 고객 개인의 목표와 강도 그리고 훈련에 자신의 일정을 맞추는 능력에 의해 결정된다. 베키의 경우, 그녀는 25분에서 42분 사이에 분당 8.5마일 속도로 4.8~8.1km(3~5마일)을 달린다. 50분 이내에 10km 달리기를 완주하려는 그녀의 목표를 위해서는 지속적인 훈련이 필요하지만, 하루 종일 간헐적 운동만 실시한다면 그녀에게 충분한 훈련의 특수성을 제공할 수 없다. 그러므로 더 장시간 운동을 하기 위해서는 그녀의 일정(일하기 전후에 운동)을 조절해야만 한다. 반대로 체중을 감소하는 것이 목표인 플로이드의 경우 지속적인 운동이 필요하지 않다. 비록 그가 더 장시간 지속할 수 있는 능력이 있다 해도, 그는 10~15분 운동을 주당 2회씩 실천하는 것으로 운동 프로그램을 시작해야 한다.

> 운동 지속시간은 운동강도와 반비례한다.

진행

적절한 유산소성 지구력 훈련 프로그램을 설정하는 데 있어 중요한 요인 중 하나는 점진적 **프로그레션**(progression)이다. 일반 대중을 훈련시키기 위한 유산소성 지구력 훈련 프로그램은 향상(improvement)과 유지(maintenance)의 두 가지 유형으로 명확하게 나눌 수 있다. 퍼스널 트레이너가 고객을 위해 작성하는 프로그램의 유형은 고객의 초기 체력 수준과 훈련 배경에 따라 달라진다. 비훈련 초보자 고객의 경우 향상 프로그램으로 시작할 것이다. 운동을 지속적으로 해왔지만 여전히 향상을 원하는 고객 또한 향상 프로그램을 사용할 것이다. 그리고 현재의 유산소성 지구력 수준을 유지하고 싶어하는 고객은 유지 프로그램을 사용할 것이다.

유산소성 지구력 훈련의 향상 여부는 산소섭취 능력의 증가 또는 좀 더 오랜 시간이나 더 높은 수준의 강도에 대한 내구성의 증가로 측정할 수 있다. 향상 프로그램을 진행하려면 운동빈도, 지속시간, 강도를 주기적이고 점진적으로 증가시켜야 한다. 일반적인 법칙은 빈도, 강도, 또는 시간의 증가는 주당 10% 이내로 제한하고, 신체가 새 프로그램에 적응한 후에만 증가해야 한다. 고객이 운동할 수 있는 시간이 제약되어 있고, 일주일이 7일밖에 없다는 사실을 고려할 때 종종 운동강도가 증가하기 전에 운동빈도와 지속시간이 상한에 도달한다. 이것은 곧 운동강도를 높여야만 유산소성 능력의 향상이 그 후 뒤따른다는 것을 의미한다. 다시 말해 고객이 운동할 수 있는 시간이 없더라도 지속적으로(그리고 점진적으로) 운동강도를 높일 수 있는 것이다.

유지 프로그램은 고객이 현재 체력 수준을 유지하려고 하거나 혹은 고객이 원하는 운동강도의 상한에 도달한 고객을 대상으로 한다. 유산소성 능력을 유지하는 것은 그것을 향상시키고자 할 때 보다 적은 노력을 필요로 한다. 장기간에 걸쳐 고객이 훈련 빈도를 주당 2회 이상으로 줄이면서도 훈련 빈도와 (특히) 강도를 유지한다면, 유산소성 지구력 훈련 프로그램의 향상을 유지할 수 있다.[38,39,40] 게다가 고객이 유지 프로그램 동안 동기를 가지고 적절히 지속할 수 있도록 하기 위해 퍼스널 트레이너는 다양한 운동 유형을 사용하도록 프로그램을 구성해야 한다.[5,32] 유지 프로그램의 다른 사용 방법은 훈련을 잠시 쉬기(사업, 여행 또는 휴가)를 원하는 고객을 위한 것이다. 이러한 고객은 몇 주 동안 최대산소섭취량의 부정적인 영향 없이 거의 70%까지 유산소 운동의 총 운동량을 줄일 수 있다.

> 일반적으로 운동의 빈도, 강도, 시간은 10% 이상 증가해서는 안 된다.

준비 운동과 정리 운동

고객이 사용하는 프로그램과 관계없이 적절한 준비 운동과 정리 운동은 운동 세션에 포함되어야 한다. 준비 운동의 목적은 운동중 필요한 근육에 공급되는 혈류를 증가시키고, 산소 부채를 최소화하기 위해 심박을 천천히 증가시키고 활동에 대한 신경계를 준비시키고, 혈관에서 근육으로의 전적인 산소 운반을 통해 근육의 심부온도를 증가시킨다.[30,79,91] 적절한 준비 운동은 작은 동작부터 큰 동작으로 천천히 진행되어야 하고, 단순한 움직임에서 더 복잡한 움직임으로 운동할 때 사용하는 동작과 유사한 움직임으로 진행되어야 한다.[22,51] 예를 들어 만약 고객이 달리기를 한다면, 적절한 준비 운동 방법은 팔을 자연스럽게 옆으로 놓고 움직이는 정상적인 걷기 유형부터 가볍게 팔을 굽혀 흔들면서 천천히 달리기, 팔꿈치를 90

고객의 예 16.3

6주 프로그램

베키

베키는 오직 일주일에 3일만 운동에 참가한다. 그녀는 1주일에 두 번, 1마일당 약 8.5분 달릴 수 있는 속도(25~42분)로 3~5마일(4.8~6.4km)을 달리기 때문에, 6주 프로그램에서는 그녀가 목표 시간 내에 10km 달리기 위해 필요한 더 빠른 속도(마일당 8분)를 유지하면서 달리는 거리를 점차 늘리는 것에 집중할 것이다.

1주: 3일(월, 수, 금): 24분 동안 3마일(4.8km)
2주: 3일(일, 화, 목): 32분 동안 4마일(6.4km)
3주: 3일(월, 수, 금): 36분 동안 4.5마일(7.3km)
4주: 3일(일, 화, 목): 40분 동안 5마일(8km)
5주: 3일(월, 수, 금): 44분 동안 5.5마일(8.9km)
6주: 3일(일, 화, 목): 48분 동안 6마일(9.7km)

플로이드

플로이드는 일주일에 두 번, 15분씩 운동하는 것으로 시작한다(비록 그는 매주 운동이 가능하지만). 그의 6주 프로그램은 연령 추정 최대심박수 운동 범위를 118~134회/분 내로 유지하면서, 운동 참여일과 운동시간을 늘리는 데 집중할 것이다.

1주: 2일(월, 목), 매일 2번(일하기 전 아침과 점심시간 동안): 10~15분 동안 트레드밀에서 시간당 4~5.6km 걷기
2주: 3일(화, 목, 토), 매일 2번: 일하기 전 아침: 10~15분 동안 100와트 정도의 강도로 고정식 자전거 타기
3주: 4일(월, 화, 목, 금), 매일 한 번(플로이드는 언제 운동을 할지 정할 수 있다): 20~25분 동안 100와트 정도의 강도로 고정식 자전거 타기
4주: 4일(월, 화, 목, 금), 매일 한 번(플로이드는 언제 운동을 할지 정할 수 있다): 15~20분 동안 시간당 4~5.6km 걷기
5주: 5일(월, 화, 수, 목, 금), 매일 한 번(플로이드는 언제 운동을 할지 정할 수 있다): 매주 3번(월, 수, 금), 20~25분 동안 트레드밀에서 시간당 4~5.6km 걷기; 매주 2번(화, 목), 25~30분 동안 100와트 정도 강도로 고정식 자전거 타기
6주: 5일(월, 화, 수, 목, 금), 매일 한 번(플로이드는 언제 운동을 할지 정할 수 있다): 시간당20~25분 동안 트레드밀에서 시간당 4~5.6km 걷기

도 굽혀 팔을 최대로 흔들면서 달리는 것으로 진행될 것이다. 고객은 훈련이 진행되면서 증가하는 대사의 요구량에 따라, 각 활동에서 심박수를 증가시킬 수 있는 충분한 시간을 가져야 한다.

정리 운동은 준비 운동과 같은 과정을 반대로 사용한다. 다시 심박수를 감소시키는 달리기, 조깅, 걷기과정을 통해 심박수를 떨어뜨리고 심박수가 낮은 정상적인 상태에 도달하게 한다. 고객은 정리 운동 후에 추가적으로 유연성 운동을 할 수 있다. 12장에 준비 운동, 정리 운동, 유연성 운동에 대한 많은 정보가 있다.

유산소성 지구력 훈련 프로그램의 종류

유산소성 지구력 훈련 프로그램을 구성하는 많은 방법들이 있다. 하지만 이 모든 방법에는 이전에 논의한 요소를 포함할 것이다. 앞서 언급했듯이, 첫 번째 단계는 사용할 운동의 유형을 결정하는 것이다. 때때로 하나 이상의 유형을 선택하는 것이 바람직하다. 예를 들어 야외 달리기, 자전거, 수영하기는 모두 날씨와 밀접한 관계가 있다. 기계를 사용하는 운동과 사용하지 않는 운동의 혼합은 야외연습을 할 수 없는 환경일 때라도 지속적인 훈련 자극을 제공할 수 있다. 지속시간과 강도를 적절히 조절하면 야외 달리기와 트레드밀, 자전거 혹은 고정식 자전거 타기, 호수 혹은 수영장에서 수영하는 것 모두 운동 향상에 필요한 자극을 제공할 수 있다. 운동 유형은 고객이 즐길 수 있고, 문제나 통증 없이 수행할 수 있어야 하고, 향상을 유도하는 적절한 자극을 제시할 수 있어야 한다.

운동 유형을 선택한 이후, 빈도, 지속시간, 강도는 각각 다른 효과를 제공한다. 여러 가지 방법으로 결합시킬 수 있고, 마지막 프로그램은 느린 속도로 장거리 달리기,

페이스/템포 훈련, 인터벌 트레이닝, 서킷 훈련, 크로스 트레이닝의 형태로 구성된다. 이러한 요소들을 어떻게 혼합하고, 결합할지 결정하는 데 가장 중요한 것은 고객의 목표이다.

느린 속도의 장거리 달리기

느린 속도의 장거리 달리기 훈련(LSD)은 일반적으로 수행했던 강도보다 낮은 강도로 운동 세션을 수행하여 지속시간을 연장해야 한다. 예를 들어 느린 속도의 장거리 달리기 동안 6분/마일의 속도로 달릴 수 있는 고객은 8분/마일의 속도로 줄여서 더 긴 거리를 달릴 수 있다. 고정식 자전거를 30분간 150와트 정도로 타는 고객은 1시간 동안 100와트 정도의 운동강도로 자전거를 탈 수 있다. 느린 속도의 장거리 달리기 운동에 대한 기본 전제는 정상적인 운동강도보다 낮은 강도로 더 오랜 시간 동안 운동하는 것이다. 여유심박수의 백분율보다 더 적절한 운동강도의 지침은 고객이 운동하는 동안 계속 대화를 나눌 수 있는지 여부이다. 이것은 길게 말하는 것이 아니라, 숨이 가쁘지 않게 말할 수 있는 능력을 말한다. 느린 속도로 장거리 달리기의 목표는 무산소성 역치의 향상 및 근육조직을 지지하는 지구력의 발달 그리고 글리코겐의 부족에 따른 지방의 이용을 포함한다. 전형적인 훈련은 30분에서 2시간 정도 지속되고, 과훈련을 피하기 위해 주당 2회 이상 실시하지 않는다.[18,93]

일단 목표 강도가 달성되면, 운동은 고객이 자신의 심박수를 미리 정한 구역 내에서 유지할 수 있는 한 계속될 수 있다. 훈련의 범위를 넘어서 고객의 심박수가 증가될 때, 무산소 시스템은 저장된 탄수화물과 글리코겐을 소비함으로써 고객의 몸에 에너지를 제공하고, 이는 결국 자발적 피로로 이어진다. 운동부하의 증가 없이 고객의 심박수가 증가하기 시작하면, 운동을 한다. 운동 초보자에게는 매우 짧은 시간(10~15분) 후에 이 현상이 일어날 수 있다. 고객은 그 후 계속되는 운동에서 관류(perfusion), 에너지 기질의 공급 그리고 부산물의 제거가 증가하면서 심폐 기능이 향상되고 이를 통해 운동 지속시간을 늘릴 수 있다.

퍼스널 트레이너는 모든 고객이 초기에 여유심박수의 50~85%의 강도로 트레이닝 범위에서 운동을 할 수 있거나 혹은 짧은 시간 주기로 운동을 계속할 수 있는 능력을 가진 것은 아님을 유념해야 한다. 체력 수준이 매우 낮은 고객은 시작지점이 더 낮아야 하고 강도와 지속시간 모두 느리게 증가해야 한다.

페이스/템포 트레이닝

심폐지구력의 향상과 심박수 범위에서 최고 수준으로 일할 수 있는 고객에게는 **페이스/템포 훈련**(Pace/Tempo Training)이 최대산소섭취량을 향상시키는 데 도움이 된다. 페이스/템포 훈련은 고객들이 목표 속도로 더 짧은 시간 훈련하게끔 하는데, 이는 그들의 보통 속도보다 더 빠를 것이다. 일반적으로 페이스/템포 훈련은 20~30분 운동을 지속하며 고객이 젖산역치까지 운동하도록 유도한다.[16,18] 이 운동은 간헐적 또는 지속적으로 수행할 수 있다. 간헐적 페이스/템포 훈련은 3~5분간 운동을 하고 30~90초 휴식하면서 속도를 유지할 수 없을 때까지 반복하는 것을 포함한다. 휴식 시간 동안 고객은 다리에 혈액이 쏠리는 것을 방지하기 위해 매우 가볍고 느린 속도로 걸을 수 있다. 간헐적 페이스/템포 훈련은 일반적으로 아주 오랫동안 자신의 젖산역치 강도를 견딜 수 없는 고객에게 가장 적합하다. 시간이 지남에 따라 이러한 고객도 내성이 쌓이고 지속적인 페이스/템포 훈련으로 발전할 수 있을 것이다. 지속적인 페이스/템포 훈련은 고객이 계획한 속도인 20~30분 동안 운동을 지속하는 것을 말한다. 페이스/템포 훈련은 운동하는 동안 더 높은 강도를

고객의 예 16.4

베키의 간헐적 페이스/템포 훈련의 예

전체적인 한도

간격: 3~6분
강도: 여유심박수의 80~85%, 혹은 8METs
인터벌 사이의 휴식: 60초
유형: 엘립티컬 머신(Elliptical machine)

엘립티컬 머신

준비 운동
3분 동안 레벨 8로 수행(1~10까지의 레벨의 기계)
60초 동안 휴식
레벨 8에서 4분, 60초 휴식
레벨 8에서 5분, 60초 휴식
레벨 8에서 6분, 60초 휴식
레벨 8에서 5분, 60초 휴식
레벨 8에서 4분, 60초 휴식
레벨 8에서 3분, 60초 휴식
정리 운동
목표 페이스와 강도로 수행 완료한 총시간: 30분

필요로 하기 때문에 운동 지속시간이 짧아진다. 페이스/템포 훈련은 주당 1~2번만 수행하여야 한다. 고객의 예 16.4에 간헐적 페이스/템포 훈련의 예가 있다.

인터벌 트레이닝

인터벌 트레이닝(Interval training) 프로그램은 고강도와 저강도 운동을 번갈아하는 주기의 이름에서 붙여졌다. 인터벌 트레이닝은 젖산역치와 최대산소섭취량과 같거나 높은 강도를 짧은 주기로 운동하는 것과 낮은 강도에서 더 긴 주기로 운동하는 것을 교대로 실시하는 것을 의미한다. 인터벌 트레이닝은 운동 사이에 휴식기가 있는 고강도의 운동(여유심박수 90~100%)을 포함할 수도 있다. 이러한 인터벌 트레이닝의 장점은 운동과 휴식 사이에 적절한 간격을 둠으로써, 고객이 보통 연속적으로 하는 프로그램보다 더 높은 강도의 야외 운동을 성취할 수 있다는 것이다. 예를 들어 고강도(여유심박수의 90~100%) 운동은 고객이 빠르게 무산소 에너지 시스템으로 전환되고, 피로를 빨리 느끼게 하는 원인이 된다. 하지만 인터벌 트레이닝에서 운동은 상대적으로 짧게 유지되며, 휴식은 완전한 회복을 위해 운동 사이에 더 길게 취한다. 그러므로 완전히 몸이 피로한 상태는 늦춰진다. 만약 고객이 가능한 오래 여유심박수의 90~100% 강도를 유지하고자 한다면, 몇 분 내에 피로가 쌓이고 운동강도를 낮춰야 할 것이다. 하지만 인터벌 프로그램을 하는 동안에 고객은 여러 번의 짧은 시간 동안 높은 강도로 훈련하고 중간 중간 휴식함으로써 높은 강도로 운동하는 시간의 총량이 늘어나게 될 것이다. 예를 들어 달리기나 자전거의 스피드를 높이길 원하는 고객들에게는 여유심박수 제한을 넘을 수 있는 더 빠른 달리기 또는 자전거의 인터벌 트레이닝을 이용하여 휴식기에 낮은 여유심박수와 동일한 속도로 계속해서 움직이게 한다. 하나의 세트를 수행하는 동안 최대의 열량을 소비하길 원하는 고객도 인터벌 트레이닝을 사용한다. 이 경우, 매세트 똑같은 강도를 사용하는 대신에 고강도와 저강도 운동을 적절히 번갈아 수행해서, 고객이 운동하는 동안 더 많은 열량을 소비할 수 있도록 한다.[6,7,13]

고객의 예 16.5

느린 속도의 장거리 달리기, 인터벌, 페이스/템포 훈련 프로그램의 예

느린 속도의 장거리 달리기, 인터벌, 그리고 페이스/템포 프로그램은 충분한 유산소성 능력을 필요로 하기 때문에 이러한 예시 프로그램은 지속적이고 규칙적인 유산소성 지구력 훈련을 통해 운동에 대한 약간의 훈련이 된 후 사용할 수 있는 진행사항으로 간주해야 한다.

베키(휴식: 화, 목, 금, 일요일)

	월요일	수요일	토요일
훈련 형태	느린 속도의 장거리 달리기	인터벌	페이스/템포
활동	야외에서 달리기	트레드밀	야외에서 달리기
거리 및 지속시간	15~20K (9.3~12.4마일)	60분	30분 지속
페이스 및 강도	마일당 9~10분으로 달리는 속도	마일당 6분 달리는 속도(16.1km/hr)로 5분 운동 주기와 마일당 12분 달리기 속도(8.1km/hr)로 5분 휴식 주기 교대로	마일당 8분 달리는 속도

플로이드(휴식: 일, 토요일)

	화/목	화/금	수
훈련 형태	인터벌	느린 속도의 장거리 달리기	페이스/템포
활동	고정식 자전거	트레드밀	고정식 자전거
거리 및 시간	30분	60분	20분 간헐적
페이스 및 강도	150와트 정도로 5분 운동 주기와 75와트 정도로 5분 휴식 주기 교대로	3마일(4.8 km) p/h	여유심박수의 80~85%로 5분 운동 주기와 1분 휴식 주기 교대로

적절한 **일-휴식 비율**(work-to-rest ratio)은 고객이 약속한 운동을 완수하는 데 필수적이다. 고강도 인터벌은 이를 성공적으로 수행할 수 있는 고객의 능력에 따라 그 비율을 1:1에서 1:3 정도로 고강도 운동을 3~5분 사이로 지속한다. 고객이 피로해짐에 따라, 휴식기 인터벌은 운동 사이에 완전히 회복하기 위해 더 길어질 수 있다. 휴식기 인터벌이 1:3의 범위를 넘어서면, 정해진 운동시간 동안 고강도 운동을 할 수 있는 시간의 양이 감소해 총 운동량이 줄어든다. 1:1에서 1:3의 운동, 휴식 비율은 젖산역치를 증가시키고 혈류에서 젖산을 제거하는 신체 능력을 향상시키기 때문에 심혈관계 지구력 향상의 원인이 된다.[20,93]

고객은 충분한 유산소성 능력을 기르고 총운동시간과 비교적 동일한 시간 동안 그들의 여유심박수 범위 내에서 운동강도를 지속할 수 있을 때만 인터벌 훈련을 사용해야 한다.[52] 예를 들어 60분 동안 여유심박수 훈련 범위의 항정 상태를 유지할 수 있는 능력이 있는 고객은 60분 이상(운동과 휴식시간 포함) 인터벌 트레이닝을 할 수 있다.

대부분의 유산소성 지구력 운동은 인터벌 트레이닝 운동을 위해 선택될 수 있다. 만약 강도를 빠르고 쉽게 조절할 수 있다면 유산소성 지구력 훈련 기구는 야외 운동에서 사용되는 인터벌 트레이닝과 같은 방법으로 사용될 수 있다. 다양하게 운동을 수행하기 위해, 고강도 운동을 기계에서 할 수 있고, 휴식기 운동은 다른 운동을 통하여 수행할 수 있다. 예를 들어 고강도 인터벌 트레이닝 프로그램은 계단오르기 기구로 할 수 있고, 휴식기는 트레드밀을 사용할 수 있다. 고객의 예 16.5는 느린 속도의 장거리 달리기, 인터벌, 페이스/템포 훈련의 예를 보여준다.

> 느린 속도의 장거리 달리기, 인터벌, 페이스/템포 프로그램은 초기 유산소성 훈련 프로그램이 완성된 후에 사용되는, 숙련된 형태의 유산소성 지구력 훈련 프로그램이다.

서킷 훈련

서킷 훈련(Circuit Training)은 저항 훈련과 유산소성 지구력 훈련을 혼합한 것이다. 고객은 저항 훈련 세트 사이에 짧은 유산소성 지구력 훈련 인터벌을 수행한다. 이 훈련의 목표는 훈련 구간에서의 심박수를 증가시키고, 그것을 운동 지속시간 동안 유지하여 심폐지구력과 근지구력을 함께 향상시키는 데 있다. 유감스럽게도 서킷 훈련으로 인한 변화에 대한 대부분의 연구에서는 체력이 증가되더라도, 오직 유산소 운동만 있는 프로그램에 참여한 것과 비교하면 최대산소섭취량이 유의적 차이로 향상하지 않는다는 것을 보여준다.[31,63,88] 이러한 연구는 여유심박수의 90% 정도로 훈련된 참여자는 서킷 훈련에 의한 최대산소섭취량의 향상이 적다는 것을 알려준다.[17] 비록, 서킷 훈련이 여러 가지 경우에서 산소섭취량의 유의한 증가를 보여주지는 않지만, 서킷 훈련 프로그램 동안 산소섭취량이 감소한다는 연구나 증거도 없다. 그러므로 유지 프로그램에서는 유용하게 사용될 수 있는 방법이다. 서킷 훈련은 또한 훈련 시간이 짧을 때 저항 훈련과 유산소성 훈련 모두를 소개하는 수단으로 처음 시작하는 고객에게 사용할 수 있다.

크로스 훈련

크로스 훈련(Cross Training)은 유산소성 지구력 훈련을 위해 여러 운동 유형을 혼합하는 방법이다. 크로스 훈련을 최대산소섭취량의 유지 혹은 향상에 효과적으로 실시하기 위해 고객의 체력 수준을 고려하여 각 운동의 강도와 시간을 충분히 수행하여야 한다.[95,96] 크로스 훈련을 원하는 고객을 위해, 퍼스널 트레이너는 고객의 능력에 맞는 운동량을 혼합하고, 개별적으로 각 운동 유형의 강도와 시간을 정하여야 한다. 크로스 훈련의 장점은 각각의 운동을 하는 동안 각기 다른 근육군에 훈련의 신체적 스트레스를 분배하고 심폐계와 근골격계 시스템의 적응을 증가시킬 수 있는 프로그램이라는 것이다.[51,68,102]

크로스 훈련의 결과는 훈련 특수성의 한계를 극복하는 것이다. 즉 고객이 한 가지 특정한 운동으로는 충족시킬 수 없는 목표를 갖고 있을 때, 예를 들어 철인3종경기에서 경쟁하는 경우 그 목표를 달성하기에 좋은 방법이다.

유산소성 지구력 크로스 훈련은 두 가지 다른 방법에 의해 이루어진다. ① 각 훈련 기간마다 여러 가지 다른 유형의 운동을 이용하고, 한 주에 둘 혹은 그 이상의 훈련 형태로 순환 또는 ② 같은 운동 내에서 여러 가지 다른 운동 유형을 이용하는 것이다. 첫 번째 방법으로 고객이 하루 트레드밀을 한다면, 다음 운동은 야외에서 자전거 타기를 하고, 마지막에는 차례대로 완료할 수 있는 일련의 조정 운동기구를 사용한다. 두 번째 선택에서는 연속으로 서로 맞닿아 있는 운동 유형을 구성한다. 예를 들어 트레드밀을 30분 운동하는 대신에 트레드밀, 일립티컬, 그리고 암 에르고미터에서 각각 10분씩 유산소 운

고객의 예 16.6

크로스 훈련 운동의 예

크로스 훈련 운동은 고객이 할 수 있는 운동의 총량 혹은 운동 지속시간을 중심으로 구성해야 한다. 다음은 지속적이고 규칙적인 유산소성 지구력 훈련을 통해 약간의 운동을 지속한 후 사용하는 프로그램이다.

베키

월요일: 트레드밀 60분
수요일: 고정식 자전거 60분
금요일: 계단오르기 기구 30분

플로이드

월요일: 트레드밀 10분, 고정식 자전거 10분, 계단오르기 기구 10분
화요일: 로잉 머신 10분, 엘립티컬 10분, 트레드밀 10분
목요일: 고정식 자전거 30분
토요일: 야외에서 걷기 20분, 로잉 머신 15분

동을 실행한다.

크로스 훈련을 효과적이게 하는 핵심은 고객이 각 운동 유형을 규정된 훈련 범위 내에서 하도록 하는 것이다. 서로 다른 운동은 부여된 운동부하나 속도에 따라 다른 심박수 결과를 가져온다. 그러므로 각 형태의 프로그램에 대한 개별성이 필요하다. 고객의 예 16.6은 크로스 훈련의 예시를 보여준다.

팔 운동

많은 유산소성 지구력 활동들은 주로 하지의 큰 근육군을 포함한다. 그러나 팔 운동이 점점 더 인기를 얻고 있다. 이는 심장 재활 프로그램의 일부이며, 수영을 하기 위한 힘의 원천이다. 연령 추정 최대심박수의 백분율에 기초하여 목표 심박수의 범위를 설정하기 위해, 퍼스널 트레이너는 주어진 운동부하에서 다리 운동보다 팔 운동시에 심박수가 더 높아지므로, 연령 추정 최대심박수를 10~13회/분 하향 조정해야 한다.[21,25,26,46,87] 게다가 팔 운동의 최대산소섭취량은 다리 운동시보다 유의하게 낮다.[21,46] 그 결과 젖산역치는 다리 운동보다 낮은 강도에서 도달하게 된다.[72]

상체 에르고미터(EBE 또는 팔 자전거)는 피트니스센터에서 볼 수 있는 가장 보편적인 팔 운동기구이다. 많은 고정식 자전거, 일립티컬, 계단오르기 기구는 상체의 밀고 당기는 동작을 추가할 수 있는 장치를 갖고 있고, 혹은 오직 팔만 움직이면서 상지의 지구력 운동을 할 수도 있다. 비슷하게 조정기구도 발을 땅에 내려두고, 팔 부분만을 따로 떼어내어 신체가 앞뒤로 움직이지 않도록 상지만을 움직여 사용할 수 있다.

팔 운동은 아마도 유산소성 지구력 운동에서 가장 충분히 이용하지 않는 운동일 것이다. 다양성을 높이기 위해 팔 운동은 주로 하지 운동으로 구성된 현재 프로그램에 추가할 수 있다. 팔 운동은 하체에 정형학적 문제나 병력이 있는, 특히 다리나 무릎 혹은 엉덩이 상해가 있는 고객에게 유산소성 지구력 운동을 할 수 있도록 도움을 줄 수 있다.

유산소와 저항 복합 훈련

고객 등은 유산소성 지구력 훈련과 저항 훈련 프로그램을 동시에 시작하는 경우가 많다. 두 가지 운동 형태 모두의 이점이 명확하고, 두 가지 프로그램 모두가 완전한 하나의 훈련 프로그램의 일부여야 한다는 것에는 의심의 여지가 없지만, 이 두 가지 다른 유형의 훈련을 결합하는 것에는 단점이 있다. 현재까지의 연구에 따르면 적절하게 구성된 저항 훈련과 유산소성 지구력 훈련이 결합되면, 산소섭취량은 정상적으로 증가하는 반면, 근력 증가는 둔해진다. 유산소성 지구력은 고객이 이제껏 유산소성 지구력 트레이닝만 했던 것과 비슷하게 증가하지만, 근력은 저항 트레이닝만 수행한 경우보다 그 증가 양이 더 적을 수 있다.[9,15,34,35,43] 최대 체력의 증가가 같이 감소함에 따라서, 복합 훈련 프로그램은 근육 둘레이 증가량과 특정 수행력에 관련한 속도와 힘을 감소시키는 결과로 이어진다.[17,35,53] 반면에 유산소 지구력 트레이닝 프로그램에 무산소성 저항 훈련을 추가적으로 수행하면 저강도 유산소성 지구력을 향상시키는 것으로 보인다.[37,41,83]

운동을 처음 시작하며 보통 좌식생활을 하는 고객은 총 운동시간 동안 두 가지 프로그램을 모두 사용할 때, 유산소 운동과 저항 훈련 모두에서 향상을 보여준다. 그러나 향상이 항정 상태에 이른 숙달된 고객은 회복기(휴식할 수 있는 휴일)의 부족으로 인해 양쪽 프로그램 모두에서 충분한 향상을 얻을 수 있을지 의심스럽다.

이러한 문제를 개선하기 위해, 퍼스널 트레이너는 고객에게 저항 훈련 프로그램을 시작하기 전에 먼저 유산소성 지구력 훈련 프로그램을 완성하도록 프로그램을 구성할 수 있다. 예를 들어 고객은 먼저 8주간 유산

유산소와 저항 훈련 복합 프로그램의 예

목표: 근력의 향상, 유산소성 지구력의 유지

1. 초기 유산소 훈련 8~10주 수행: 주당 3~4일, 여유심박수의 50~85%, 30~60분
2. 주당 2일 유산소 훈련으로 감소, 여유심박수의 50~85%, 30분, 저항 훈련을 시작

목표: 유산소성 지구력의 증가, 근력의 유지

1. 초기 저항 훈련 8~10주 수행
2. 주당 2일 저항 훈련으로 감소, 주당 3~4일 유산소 훈련 시작, 여유심박수의 50~85%, 30~60분

소성 지구력 훈련만을 수행하고, 그 후 8주간은 유산소성 지구력 훈련을 최소한 유지하면서, 저항 트레이닝을 수행한다. 이는 고객의 최대산소섭취량을 증가시켜 유산소 능력의 기초를 형성하고, 그 후 산소섭취량의 향상을 유지하는 동안 고객의 체력을 증가시킬 수 있도록 한다.[8,14,36] 초기 16주가 끝나면, 고객은 유산소성 지구력 훈련과 저항 훈련 기간 동안 향상시킨 힘의 유지를 위한 최소한의 저항 훈련을 교대로 시작한다.[38] 이러한 프로그램 유형은 비록 하나씩 훈련할 때와 비교하면 감소된 비율이지만, 유산소성 지구력과 근력 모두를 지속적으로 증가시킨다. 뿐만 아니라 운동의 유형, 강도와 같은 변수를 다양하게 변화시킴으로써 다양성을 향상시킨다. '유산소와 저항 훈련 복합 프로그램의 예'에서 각기 다른 훈련 목표를 위한 복합 훈련 프로그램의 예를 참고할 수 있다.

결론

고객의 목표를 달성하고 심혈관계 및 심폐 기능을 향상시키기 위한 유산소 훈련 프로그램을 구성하기 위해서는 신중한 사고와 정확한 계산이 필요하다. 각각의 고객마다 선호하는 운동, 장기적인 목표, 현재 훈련 상태가 다르기 때문에 퍼스널 트레이너는 강도, 지속시간, 빈도의 구성요소를 다룸에 있어 신중해야 한다. 프로그램 구성요소가 올바르게 정렬되면 개인의 최대산소섭취량 개선은 유전에 의해서만 제한된다. 느린 속도의 장거리 달리기, 페이스/템포 트레이닝, 인터벌 트레이닝, 서킷 훈련, 크로스 트레이닝, 팔 운동 그리고 유산소 저항 트레이닝의 혼합과 같은 서로 다른 트레이닝 방법들의 결합은 고객의 유산소 능력과 전반적인 건강 상태를 지속적으로 개선할 수 있게 한다.

연구 문제

1. 처음 하프 마라톤을 준비하는 고객이 21km를 2시간에 완주하기를 희망한다. 고객의 목표를 위하여 가장 효과적인 느린 속도의 장거리 달리기 예는 다음 중 무엇인가?

   A. 13.1마일(21km)의 거리를 7mph(11.3kph)의 속도로 자전거 타기
   B. 2시간 동안 계단오르기
   C. 15마일(24km)의 거리를 5mph(8.0kph)의 속도로 달리기
   D. 1시간 동안 자유형으로 수영

2. 퍼스널 트레이너가 안정기 심박수가 '75회/분'인 43세 고객을 위해 유산소 운동 프로그램을 작성한다. 카르보넨 공식을 사용하여 퍼스널 트레이너가 고객의 여유심박수 60~70%로 강도를 설정할 때 목표 심박수의 범위는 얼마인가?

   A. 106~123회/분
   B. 136~146회/분
   C. 123~137회/분
   D. 154~165회/분

3. 운동 목표가 50마일 자전거 타기인 병력이나 신체적 문제가 없는 52세의 여성 고객에게 가장 적합한 운동 유형은 다음 중 무엇인가?

   A. 트레드밀 걷기
   B. 자전거 타기
   C. 일립티컬 기구 사용
   D. 로잉 머신 사용

4. 병적으로 비만인 35세의 고객이 체중을 줄이고 싶어한다. 퍼스널 트레이너는 운동 유형으로 반누운상태에서의 자전거 타기(semirecumbent

bike)를 선택했다. 다음 중 첫 번째 운동 세션에 적절한 운동 프로그램은 무엇인가?

A. 여유심박수 50~65% 사이로 5분 휴식씩 세 번 운동하며 그 사이 휴식
B. 여유심박수 75%로 지속적인 20분 동안의 운동
C. 여유심박수 90%와 70% 인터벌로 반복하는 25분 동안의 운동
D. 여유심박수 65%로 느린 속도 장거리 달리기 30분 운동

응용 지식 문제

다음의 표에 유산소성 지구력 훈련 프로그램 종류를 채워넣어라.

종류	강도	지속시간	빈도	목표
느린 속도의 장거리 달리기				
페이스/템포: 간헐적				
페이스/템포: 지속적				
인터벌				

참고문헌

1. Ainsworth, B.E., W.L. Haskell, M.C. Whitt, M.L. Irwin, A.M. Swartz, S.J. Strath, W.L. O'Brien, D.R. Bassett, K.H. Schmitz, P.O. Emplaincourt, D.R. Jacobs, and A.S. Leon. 2000. Compendium of physical activities: An update of activity codes and MET intensities. *Medicine and Science in Sports and Exercise* 32 (9 Suppl): S498-S516.
2. American College of Sports Medicine. 1998. The recommended quantity and quality of exercise for developing and maintaining cardiorespiratory and muscular fitness, and flexibility in healthy adults. *Medicine and Science in Sports and Exercise* 30 (6): 975-991.
3. American College of Sports Medicine. 2001. Appropriate intervention strategies for weight loss and prevention of weight regain for adults. *Medicine and Science in Sports and Exercise* 33 (12): 2145-2156.
4. American College of Sports Medicine (ACSM). 2010. *Guidelines for Exercise Testing and Prescription,* 8th ed. Philadelphia: Lippincott Williams & Wilkins.
5. Annesi, J.J., and J. Mazas. 1997. Effects of virtual realityenhanced exercise equipment on adherence and exerciseinduced feeling states. *Perceptual and Motor Skills* 85: 835-844.
6. Åstrand, I., P.O. Åstrand, E.H. Christensen, and R. Hedman. 1960. Intermittent muscular work. *Acta Physiologica Scandinavica* 48: 443.
7. Åstrand, P.O., and K. Rodahl. 1986. *Textbook of Work Physiology.* New York: McGraw-Hill.
8. Bell, G.J., S.R. Petersen, J. Wessel, K. Bagnall, and H.A. Quinner. 1991. Adaptations to endurance and low velocity resistance training performed in a sequence. *Canadian Journal of Sport Science* 16 (3): 186-192.
9. Bell, G.J., S.R. Petersen, J. Wessel, K. Bagnall, and H.A. Quinner. 1991. Physiological adaptations to concurrent endurance training and low velocity resistance training. *International Journal of Sports Medicine* 12: 384-390.
10. Ben-Ezra, V., C. Lacy, and D. Marshall. 1992. Perceived exertion during graded exercise: Treadmill vs step ergometry. *Medicine and Science in Sports and Exercise* 24 (5 Suppl): S136.
11. Ben-Ezra, V., and R. Verstraete. 1991. Step ergometry: Is it task-specific training? *European Journal of Applied Physiology* 63: 261-264.
12. Bressel, E., G.D. Heise, and G. Bachman. 1998. A neuromuscular and metabolic comparison of forward and reverse pedaling. *Journal of Applied Biomechanics* 14 (4): 401-411.
13. Christensen, E.H., R. Hedman, and B. Saltin. 1960. Intermittent and continuous running. *Acta Physiologica Scandinavica* 50: 269.
14. Chtara, M., K. Chamari, M. Chaouachi, A. Chaouachi, D. Koubaa, Y. Feki, G.P. Millet, and M. Amri. 2005. Effects of intra-session concurrent endurance and strength training sequence on aerobic performance and capacity. *British Journal of Sports Medicine* 39 (8): 555-560.
15. Chtara, M., A. Chaouachi, G.T. Levin, M. Chaouachi, K. Chamari, M. Amri, and P.B. Laursen. 2008. Effect of concurrent endurance and circuit resistance training sequence on muscular strength and power development. *Journal of Strength and Conditioning Research* 22 (4): 1037-1045.
16. Costill, D.L. 1986. *Inside Running: Basics of Sports Physiology.* Indianapolis: Benchmark Press.
17. Craig, B.W., J. Lucas, R. Pohlman, and H. Stelling. 1991. The effects of running, weightlifting and a combination of both on growth hormone release. *Journal of Applied Sport Science Research* 5 (4): 198-203.
18. Daniels, J. 1989. Training distance runners—a primer. *Gatorade Sports Science Exchange* 1: 1-5.
19. Ebisu, T. 1985. Splitting the distance of endurance running: On cardiovascular endurance and blood lipids. *Japanese Journal of Physical Education* 30: 37-43.
20. Esfarjani, F., and P.B. Laursen. 2007. Manipulating highintensity interval training: Effects on VO2max, the lactate threshold and 3000 m running performance in moderately

trained males. *Journal of Science and Medicine in Sport* 10 (1): 27-35.

21. Eston, R.G., and D.A. Brodie. 1986. Responses to arm and leg ergometry. *British Journal of Sports Medicine* 20 (1): 4-6.
22. Faigenbaum, A., and J.E. McFarland Jr. 2007. Guidelines for implementing a dynamic warm-up for physical education. *Journal of Physical Education, Recreation and Dance* 78 (3): 25-28.
23. Fleck, S.J., and W.J. Kraemer. 2004. *Designing Resistance Training Programs,* 3rd ed. Champaign, IL: Human Kinetics.
24. Fletcher, G.F., G. Balady, S.N. Blair, J. Blumenthal, C. Caspersen, B. Chaitman, S. Epstein, E.S. Sivarajen Froelicher, V.F. Froelicher, I.L. Pina, and M.L. Pollock. 1996. Benefits and recommendations for physical activity programs for all Americans. A statement for health professionals by the Committee on Exercise and Cardiac Rehabilitation of the Council on Clinical Cardiology, American Heart Association. *Circulation* 94: 857-862.
25. Franklin, B.A. 1983. Aerobic requirements of arm ergometry: Implications for testing and training. *Physician and Sportsmedicine* 11: 81.
26. Franklin, B.A. 1989. Aerobic exercise training programs for the upper body. *Medicine and Science in Sports and Exercise* 21: S141.
27. Glass, S.C., R.G. Knowlton, and M.D. Becque. 1994. Perception of effort during high-intensity exercise at low, moderate, and high wet bulb globe temperatures. *European Journal of Applied Physiology* 68: 519-524.
28. Goldberg, L., D.L. Elliot, and K.S. Kuehl. 1988. Assessment of exercise intensity formulas by use of ventilatory threshold. *Chest* 94 (1): 95-98.
29. Green, J.H., N.T. Cable, and N. Elms. 1990. Heart rate and oxygen consumption during walking on land and in deep water. *Journal of Sports Medicine and Physical Fitness* 30: 49-52.
30. Gutin, B., K. Stewart, S. Lewis, and J. Kruper. 1976. Oxygen consumption in the first stages of strenuous work as a function of prior exercise. *Journal of Sports Medicine and Physical Fitness* 16 (1): 60-65.
31. Haennel, R., K.K. Teo, A. Quinney, and T. Kappagoda. 1989. Effects of hydraulic circuit training on cardiovascular function. *Medicine and Science in Sports and Exercise* 21 (5): 605-612.
32. Hanson, J.M. 1994. *The Relationship Between Personal Incentives for Exercise and the Selection of Activity Among Patrons of Fitness Centers and Recreation Centers.* Microform Publications. Eugene, OR: University of Oregon, International Institute for Sport and Human Performance.
33. Hardman, A.E. 2001. Issues of fractionization of exercise (short vs long bouts). *Medicine and Science in Sports and Exercise* 33 (6 Suppl): S421-S427.
34. Hennessy, L.C., and A.W.S. Watson. 1994. The interference effects of training for strength and endurance simultaneously. *Journal of Strength and Conditioning Research* 8 (1): 12-19.
35. Hickson, R.C. 1980. Interference of strength development by simultaneous training for strength and endurance. *European Journal of Applied Physiology* 45: 255-263.
36. Hickson, R.C., B.A. Dvorak, E.M. Gorostiaga, T.T. Kurowski, and C. Foster. 1988. Potential for strength and endurance t raining to ampl i fy endurance performance. *Journal of Applied Physiology* 65 (5): 2285-2290.
37. Hickson, R.C., B.A. Dvorak, E.M. Gorostiaga, T.T. Kurowski, and C. Foster. 1988. Strength training and performance in endurance-trained subjects. *Medicine and Science in Sports and Exercise* 20: S86.
38. Hickson, R.C., C. Foster, M.L. Pollock, T.M. Galassi, and S. Rich. 1985. Reduced training intensities and loss of aerobic power, endurance, and cardiac growth. *Journal of Applied Physiology* 58 (2): 492-499.
39. Hickson, R.C., C. Kanakis Jr., J.R. Davis, A.M. Moore, and S. Rich. 1982. Reduced training duration effects on aerobic power, endurance, and cardiac growth. *Journal of Applied Physiology* 53: 225-229.
40. Hickson, R.C., and M.A. Rosenkoetter. 1981. Reduced training frequencies and maintenance of increased aerobic power. *Medicine and Science in Sports and Exercise* 13: 13-16.
41. Hickson, R.C., M.A. Rosenkoetter, and M.M. Brown. 1980. Strength training effects on aerobic power and short-term endurance. *Medicine and Science in Sports and Exercise* 12 (5): 336-339.
42. Howley, E.T. 2000. You asked for it: Question authority. The equation "220 - age" is used to estimate maximal heart rate, but there is potential error in the estimate. Where did that equation come from, and are better equations available? *ACSM's Health & Fitness Journal* 4 (4): 6-18.
43. Hunter, G., R. Dement, and D. Miller. 1987. Development of strength and maximum oxygen uptake during simultaneous training for strength and endurance. *Journal of Sports Medicine and Physical Fitness* 27: 269-275.
44. Hurley, B.F., D.R. Seals, A.A. Ehsani, L.-J. Cartier, G.P. Dalsky, J.M. Hagberg, and J.O. Holloszy. 1984. Effects of high-intensity strength training on cardiovascular function. *Medicine and Science in Sports and Exercise* 16 (5): 483-488.
45. Jakicic, J.M., R.R. Wing, B.A. Butler, and R.J. Robertson. 1995. Prescribing exercise in multiple short bouts versus one continuous bout: Effects on adherence, cardiorespiratory fitness, and weight loss in overweight women. *International Journal of Obesity* 19: 893-901.
46. Kang, J., E.C. Chaloupka, M.A. Mastrangelo, and J. Angelucci. 1999. Physiological responses to upper body exercise on an arm and a modified leg ergometer. *Medicine and Science in Sports and Exercise* 31 (10): 1453-1459.
47. Karvonen, M., K. Kentala, and O. Mustala. 1957. The effects of training on heart rate: A longitudinal study. *Annales Medicinae Experimentalis et Biological Fennial* 35: 307-315.
48. Karvonen, J., and T. Vuorimaa. 1988. Heart rate and exercise intensity during sports activities. Practical application. *Sports Medicine* 5 (5): 303-311.
49. Kearney, J.T., A.G. Stull, and J.L. Ewing. 1976. Cardiorespiratory responses of sedentary college women as a function of training intensity. *Journal of Applied Physiology* 41: 822-825.
50. Kohrt, W.M., D.W. Morgan, B. Bates, and J.S. Skinner. 1987. Physiological responses of triathletes to maximal swimming, cycling, and running. *Medicine and Science in Sports and Exercise* 19: 51-55.
51. Kraemer, J. 2002. Performance benefits of the warm-up. *Olympic Coach* 12 (4): 8-9.
52. Lamb, D.R. 1995. Basic principles for improving sport performance. *Sports Science Exchange* 8: 1-5.
53. Levin, G.T., M.R. Mcguigan, and P.B. Laursen. 2009. Effect of concurrent endurance and resistance training on physiologic and performance parameters of well-trained endurance cyclists. *Journal of Strength and Conditioning Research* 23 (8): 2280-2286.
54. Liang, M.T.C., J.F. Alexander, H.L. Taylor, R.C. Serfass, and A.S. Leon. 1982. Aerobic training threshold: Intensity, duration and frequency of exercise. *Scandinavian Journal of Sports Sciences* 4 (1): 5-8.
55. Londeree, B.R., and S.A. Ames. 1976. Trend analysis of the %VO2max-HR regression. *Medicine and Science in Sports* 8:

122-125.

56. Londeree, B.R., and M.L. Moeschberger. 1982. Effect of age and other factors on maximal heart rate. *Research Quarterly in Exercise and Sport* 53 (4): 297-304.

57. Mahon, A.D., K.O. Stolen, and J.A. Gay. 2001. Differentiated perceived exertion during submaximal exercise in children and adults. *Journal of Pediatric Exercise Science* 13: 145-153.

58. Marcinik, E.J., J. Potts, G. Schlabach, S. Will, P. Dawson, and B.F. Hurley. 1991. Effects of strength training on lactate threshold and endurance performance. *Medicine and Science in Sports and Exercise* 23 (6): 739-743.

59. Marigold, E.A. 1974. The effect of training at predetermined heart rate levels for sedentary college women. *Medicine and Science in Sports* 6: 14-19.

60. McArdle, W.D., F.I. Katch, and V.L. Katch. 2009. In: *Exercise Physiology: Energy, Nutrition, and Human Performance,* 7th ed. Philadelphia: Lippincott Williams & Wilkins.

61. McConell, G.K., D.L. Costill, J.J. Widrick, M.S. Hickey, H. Tanaka, and P.B. Gastin. 1993. Reduced training volume and intensity maintain aerobic capacity but not performance in distance runners. *International Journal of Sports Medicine* 14 (1): 33-37.

62. McKenzie, D.C., E.L. Fox, and K. Cohen. 1978. Specificity of metabolic and circulatory responses to arm or leg interval training. *European Journal of Applied Physiology* 39: 241-248.

63. Monteiro, A.G., D.A. Alveno, M. Prado, G.A. Monteiro, C. Ugrinowitsch, M.S. Aoki, and I.C. Picarro. 2008. Acute physiological responses to different circuit training protocols. *Journal of Sports Medicine and Physical Fitness* 48 (4): 438-442.

64. Moyna, N.M., R.J. Robertson, C.L. Meckes, J.A. Peoples, N.B. Millich, and P.D. Thompson. 2001. Intermodal comparison of energy expenditure at exercise intensities corresponding to perceptual preference range. *Medicine and Science in Sports and Exercise* 33: 1404-1410.

65. Murphy, M.H., and A.E. Hardman. 1998. Training effects of short and long bouts of brisk walking in sedentary women. *Medicine and Science in Sports and Exercise* 30: 152-157.

66. National Institutes of Health: Consensus Development Panel on Physical Activity and Cardiovascular Health. 1996. Physical activity and cardiovascular health. *Journal of the American Medical Association* 276: 214-246.

67. Nieman, D.C. 2003. *Exercise Testing and Prescription,* 5th ed. Boston: McGraw-Hill.

68. O'Toole, M.L., P.S. Douglas, and W.D.B. Hiller. 1989. Applied physiology of a triathlon. *Sports Medicine* 8: 201-225.

69. Potteiger, J.A. 2000. Aerobic endurance exercise training. In: *Essentials of Strength Training and Conditioning,* 2nd ed., T.R. Baechle and R.W. Earle, eds. Champaign, IL: Human Kinetics. pp. 495-509.

70. Powers, S.K., and E.T. Howley. 2008. *Exercise Physiology: Theory and Application to Fitness and Performance,* 7th ed. New York: McGraw-Hill.

71. Raasch, C.C., and F.E. Zajac. 1999. Locomotor strategy for pedaling: Muscle groups and biomechanical functions. *Journal of Neurophysiology* 82 (5): 515-525.

72. Reybrouck, T., G.F. Heigenhauser, and J.A. Faulkner. 1975. Limitations to maximum oxygen uptake in arms, leg, and combined arm-leg ergometry. *Journal of Applied Physiology* 38 (5): 774-779.

73. Rhodes, R.E., A.D. Martin, J.E. Taunton, E.C. Rhodes, M. Donnelly, and J. Elliot. 1999. Factors associated with exercise adherence among older adults: An individual perspective. *Sports Medicine* 28 (6): 397-411.

74. Riddle, S., and C. Orringer. 1990. Measurement of oxygen consumption and cardiovascular response during exercise on the Stairmaster 4000PT versus the treadmill. *Medicine and Science in Sports and Exercise* 22 (2 Suppl): S65.

75. Robertson, R.J., and B.J. Noble. 1997. Perception of physical exertion: Methods, mediators, and applications. *Exercise and Sport Sciences Reviews* 25: 407-452.

76. Ryan, R.M., C.M. Frederick, D. Lepes, N. Rubio, and K.M. Sheldon. 1997. Intrinsic motivation and exercise adherence. *International Journal of Sport Psychology* 28 (4): 335-354.

77. Saltin, B., L. Hartley, A. Kilbom, and I. Åstrand. 1969. Physical training in sedentary middle-aged and older men. *Scandinavian Journal of Clinical and Laboratory Investigation* 24: 323-334.

78. Sharkey, B.J. 1970. Intensity and duration of training and the development of cardiorespiratory fitness. *Medicine and Science in Sports* 2: 197-202.

79. Shellock, F.G., and W.E. Prentice. 1985. Warming-up and stretching for improved physical performance and prevention of sports-related injuries. *Sports Medicine* 2: 267.

80. Shepard, R.J. 1969. Intensity, duration, and frequency of exercise as determinants of the response to a training regime. *Internationale Zeitschrift fur Angewandte Physiologie* 26: 272-278.

81. Skinner, J.S., S.E. Gaskill, T. Rankinen, A.S. Leon, D.C. Rao, J.H. Wilmore, and C. Bouchard. 2003. Heart rate versus %VO2max: Age, sex, race, initial fitness, and training response - HERITAGE. *Medicine and Science in Sports and Exercise* 35 (11): 1908-1913.

82. Springer, C., T.J. Barstow, K. Wasserman, and D.M. Cooper. 1991. Oxygen uptake and heart rate responses during hypoxic exercise in children and adults. *Medicine and Science in Sports and Exercise* 23: 71-79.

83. Stone, M.H., S.J. Fleck, W.J. Kraemer, and N.T. Triplett. 1991. Health and performance related adaptations to resistive training. *Sports Medicine* 11 (4): 210-231.

84. Swain, D.P., K.S. Abernathy, C.S. Smith, S.J. Lee, and S.A. Bunn. 1994. Target heart rates for the development of cardiorespiratory fitness. *Medicine and Science in Sports and Exercise* 26: 112-116.

85. Swain, D.P., and B.C. Leutholtz. 1997. Heart rate reserve is equivalent to VO2 reserve, not % VO2 max. *Medicine and Science in Sports and Exercise* 29: 837-843.

86. Thomas, T., G. Ziogas, T. Smith, Q. Zhang, and B. Londeree. 1995. Physiological and perceived exertion responses to six modes of submaximal exercise. *Research Quarterly in Exercise and Sport* 66 (3): 239-246.

87. Tulppo, M.P., T.H. Makikallio, R.T. Laukkanen, and H.V. Huikuri. 1999. Differences in autonomic modulation of heart rate during arm and leg exercise. *Clinical Physiology* 19 (4): 294-299.

88. Turcotte, L., W. Byrnes, P. Frykman, P. Freedson, and F. Katch. 1984. The effects of hydraulic resistive training on maximal oxygen uptake and anaerobic threshold. *Medicine and Science in Sports and Exercise* 16: S183.

89. U.S. Department of Health and Human Services. 1996. *Physical Activity and Health: A Report of the Surgeon General.* Atlanta: U.S. Department of Health and Human Services, Centers for Disease Control and Prevention, National Center for Chronic Disease Prevention and Health Promotion.

90. U.S. Department of Health and Human Services. 2000. *Healthy People 2010: Understanding and Improving Health,* 2nd ed. Washington, DC: U.S. overnment Printing Office. P.26

91. Van de Graff, K.M., and S.J. Fox. 1989. *Concepts of Human Anatomy and Physiology,* 2nd ed. Dubuque, IA: Brown.

92. Velasquez, K.S., and J.H. Wilmore. 1993. Changes in cardiorespiratory fitness and body composition after a 12-week bench step training program. *Medicine and Science in Sports and Exercise* 24 (Suppl): S78.

93. Wells, C.L., and R.R. Pate. 1995. Training for performance of prolonged exercise. In: *Perspectives in Exercise Science and Sports Medicine,* D.R. Lamb and R. Murray, eds. Indianapolis: Benchmark Press. pp. 357-388.

94. Whaley, M.H., L.A. Kaminsky, G.B. Dwyer, L.H. Getchell, and L.A. Norton. 1992. Predictors of over- and underachievement of age-predicted maximal heart rate. *Medicine and Science in Sports and Exercise* 24 (10): 1173-1179.

95. White, L.J., R.H. Dressendorfer, S.M. Muller, and M.A. Ferguson. 2003. Effectiveness of cycle cross-training between competitive seasons in female distance runners. *Journal of Strength and Conditioning Research* 17 (2): 319-323.

96. Wilber, R.L., R.J. Moffatt, B.E. Scott, D.T. Lee, and N.A. Cucuzzo. 1996. Influence of water run training on maintenance of aerobic performance. *Medicine and Science in Sports and Exercise* 28: 1056-1062.

97. Wilmore, J.H., and D.L Costill. 2007. *Physiology of Sport and Exercise,* 4th ed. Champaign, IL: Human Kinetics.

98. Yamaji, K., M. Greenley, D.R. Northey, and R.L. Houghson. 1990. Oxygen uptake and heart rate responses to treadmill and water running. *Canadian Journal of Sport Science* 15: 96-98.

99. Zeni, A., M. Hoffman, and P. Clifford. 1996. Energy expenditure with indoor exercise machines. *Journal of the American Medical Association* 275: 1424-1427.

100. Zeni, A., M. Hoffman, and P. Clifford. 1996. Relationships among heart rate, lactate concentration, and perceived effort for different types of rhythmic exercise in women. *Archives of Physical Medicine and Rehabilitation* 77: 237-241.

101. Zimmerman, C.L., T.M. Cook, M.S. Bravard, M.M. Hansen, R.T. Honomichl, S.T. Karns, M.A. Lammers, S.A. Steele, L.K. Yunker, and R.M. Zebrowski. 1994. Effects of stair-stepping exercise direction and cadence on EMG activity of selected lower extremity muscle groups. *Journal of Occupational and Sports Physical Therapy* 19 (3): 173-180.

102. Zupan, M.F., and P.S. Petosa. 1995. Aerobic and resistance cross-training for peak triathlon performance. *Strength and Conditioning* 17: 7-12.

17

플라이오메트릭과 스피드 훈련

Vanessa van den Heuvel Yang, MS, Kevin Messey, MS, Stacy Peterson, MA, and Robert Mamula

학습 목표

- 플라이오메트릭과 스피드 향상 운동을 역학 및 생리학적으로 설명할 수 있다.
- 신전-단축 주기의 단계를 확인할 수 있다.
- 플라이오메트릭과 스피드 훈련의 차이점을 이해할 수 있다.
- 플라이오메트릭 운동을 하는 동안 사용되는 적절한 장비를 추천할 수 있다.
- 안전하고 효과적인 플라이오메트릭과 스피드 훈련 프로그램을 계획할 수 있다.
- 플라이오메트릭과 스피드 훈련 기술의 올바른 지침을 제공하고, 일반적인 오류를 인지할 수 있다.

스포츠 수행 능력을 향상시키고자 할 때, 모든 수준의 운동선수들은 더 높게 또는 보다 빠르게 달리기 위한 방법을 모색하는데, 플라이오메트릭과 스피드 훈련은 다양한 연령과 능력의 선수들이 이러한 목표를 성취할 수 있게 해준다. 대상을 더 높고 빠르게 트레이닝하기 위해 설계된 운동인 플라이오메트릭과 스피드 훈련은 비록 퍼스널 트레이닝을 위한 프로그램에서 주로 강조되진 않더라도, 업무 수행 능력과 일상생활에서의 활동을 향상시키기 위한 균형 잡힌 계획의 주요 구성요소가 될 수 있다. 게다가 수많은 상해가 감속하는 힘의 조절 능력이 부족하여 발생하기 때문에, 지면 반발력의 효율적인 생산과 사용을 강조하는 플라이오메트릭과 스피드 훈련을 함께 활용하는 것은 상해 예방이 목표인 프로그램에서 없어서는 안 될 필수적인 부분으로 고려되어야만 한다. 또한 플라이오메트릭과 스피드 훈련을 함께 활용할 때의 추가적인 이득은 협응력 강화, 민첩성 향상 그리고 무산소와 일반적인 훈련 능력의 향상을 전반적으로 도모한다는 것이다.[69]

플라이오메트릭 움직임은 신장성 근수축 활동, 즉 반대되는 움직임 또는 사전 스트레치(prestretch) 뒤에 즉시 파워풀한 단축성 근활동이 이어지는 것을 말한다.

단순히 말하자면, 스피드는 높은 속도의 수행력을 성취하기 위한 능력이고, 플라이오메트릭은 신장성 근활동 뒤에 즉각적으로 강력한 단축성 근활동을 수반하는 것을 말한다. 이러한 플라이오메트릭과 스피드가 목표하는 결과 도출은 **신전-단축 주기**(SSC, stretch-shortening cycle)에 의해 크게 좌우된다. 모든 기능적 활동들은 신전-단축 주기의 반복으로 구성되어 있기 때문에, 스포츠 분야에 있는 고객을 강하게 만드는 데 필수적이다.[30] 플라이오메트릭 운동의 목적은 신장 반사와 근육과 건의 자연적인 탄성요소를 사용하여, 연속적인 움직임의 힘 강화와 근육과 건을 기능적으로 강화하기 위함이다.[19,30,69,78,120] 스피드 훈련 또한 이와 같은 역학적 요소와 신경생리학적 요소를 이용하여 기술과 근력의 조화를 이루고, 더 강한 지면 반발력을 생산해 고객이 더욱 빠르게 달릴 수 있도록 설계된다.

이 장에서는 훈련 프로그램의 일부로써 플라이오메트릭과 스피드 훈련 운동을 효과적으로 사용하는 방법에 대해 다룬다.

플라이오메트릭의 역학과 생리학

운동, 직업, 또는 기능적인 면에서의 모든 목표지향적 움직임들은 적절한 속도 안에서 작용하는 근육과 건 구조 활동에 의존한다. 이러한 힘과 속도의 관계를 정의할 때 사용되는 용어가 '파워'다(4장 '파워에 대한 정의' 참조). 올바르게 플라이오메트릭 훈련을 실시하면 근력과 근파워의 생산을 지속적으로 향상시키는 능력을 갖게 된다.[6,58,69,93,107] 이렇게 증가된 근파워의 생산은 이번 장에서 논의된 역학적 및 신경생리학적[116] 두 가지 모델로 가장 잘 설명되기에, 아래 SSC의 설명을 통하여 각 모델의 기능을 요약해보았다.

플라이오메트릭 운동의 역학 모형

역학 모형에서 탄성 에너지는 빠른 신전과 함께 저장되어진 후에 수반되는 단축성 근활동시 방출되며, 그로 인하여 전체적인 힘 생산이 증가한다.[2,16,59] 일반적으로 직렬 및 병렬 탄성요소(series and parallel elastic components)와 수축요소(CC, contractile component)라는 세 가지 역학적 구성요소간의 관계로 근육과 건 단위의 기능을 나타낼 수 있다. 플라이오메트릭 운동시 힘 생산에 첫 순서로 공헌하는 **직렬 탄성 성분**(SEC, series elastic component)은 일부 근육 구성요소(엑틴과 마이오신)를 포함할지라도, 대부분 건에 포함되어 있다.[19] 근육과 건 단위가 신전될 때 즉, 신장성 근활동시에 직렬 탄성 성분은 스프링처럼 늘어나며, 탄성에너지를 저장한다. 이어 '즉각적으로' 단축성 근활동이 시작되면 근육과 건이 안정시 배열 형태로 되돌아오며, 저장된 에너지를 방출해 전체적인 힘 생산에 기여하게 된다. 만약 신장성 수축 뒤 즉각적으로 단축성 수축이 일어나지 않거나, 신장성 단계가 너무 길 경우, 또는 관절의 움직임이 너무 클 경우에는 저장된 에너지가 불필요하게 낭비되거나, 열로 손실된다. 결과적으로, 플라이오메트릭 효과는 볼 수 없게 된다.[19,78]

플라이오메트릭 운동의 신경생리학적 모형

'신경생리학적 요소'는 **신장 반사**(stretch reflex)를 사용함으로써 단축성 근력을 향상시킬 수 있기 때문에, 신전에 의한 근육 수축요소 중 힘-속도 특성의 변화를 수반한다.[9,10,11,12] 신장 반사는 근육의 빠른 신장으로 야기되는 외부의 자극에 대한 인체의 불수의적 반응이다. 빠른 신장에 대한 반응으로 근육에서 척수로 신호가 보내지고, 척수는 다시 메시지를 근육으로 돌려보낸다. 그에 대한 결과로 단축성 수축이 일어나게 된다. 즉, 신장 반사(stretch reflex)는 근육의 신장 속도에 대응한다.[22,54,17] 반사 망치와 같은 것으로 슬개건을 때리면 일어나는 무릎반사를 신장 반사의 한 예로 들 수 있는데, 반사 망치가 슬개건에 접촉하면, 빠른 신장이 슬개건에 일어난다. 대퇴사두근은 이 신장을 감지하고, 이어서 불수의적인 단축성 수축 반응을 하며, 이로써 무릎반사를 관찰할 수 있게 된다.[22,78]

이러한 플라이오메트릭 운동의 반응요소는 주로 근방추의 활동에 의해 이루어진다. 근방추는 근육 내 근과 건의 접합점 가까이에 위치한 기관으로, 신장의 속도와 규모에 민감하다. 빠른 신전이 인지되면, 반사적으로 근 활동이 증가하고,[54,76,78] 이러한 반사적 반응은 주동근의 활동을 증가시킨다. 이로 인하여 총 근력생산이 증가한다.[9,10,11,12,64] 비록 훈련을 통해 반사 작용의 반응 시간을 크게 바꾸진 못하더라도, 근수축 유발에 반응하는 근력은 훈련을 통해 상승하므로, 파워적 이득을 볼 수 있다. 근육이 빠르게 신전될수록, 더 큰 동심성 힘이 따라오고, 결과적으로 파워 산출량을 증가시킬 수 있다.[22] 역학 모형에서 살펴보았듯이, 만일 신전 뒤에 단축성 근활동이 즉각적으로 따라오지 못할 경우(예: 신전과 단축성 수축간 과도한 지연이나, 가동범위가 지나치게 큰 움직임), 신장 반사의 힘 강화와 **근수축증강**(potentiation)은 무효화된다.[19,78]

신전-단축 주기

신전-단축 주기는 직렬 탄성 성분의 에너지 저장 능력과 짧은 시간에 근육을 최대로 동원할 수 있게 하는 신장 반사의 자극을 설명하는 모델이다. 신전-단축 주기는 각기 다른 세 가지 단계로 구성된다(표 17.1). 이 단계들이 신전-단축 주기 각각의 역학적, 신경생리학적 결과의 윤곽을 나타내주지만, 이러한 결과 중 일부는 주어진 단계보다 더 오래 지속될 수 있고, 더 적은 시간을 요구할 수도 있기 때문에 표에 실린 모든 결과가 주어진 단계 내에서 반드시 일어나지는 않는다는 사실을 기억하는 것이 중요

표 17.1 신전-단축 주기

단계	동작	생리학적 결과
I—신장기	주동근의 신장	■ 탄성에너지가 저장된다. ■ 근방추가 자극된다. ■ 신호가 척수에 전달된다.
II—아모티제이션	I과 III 사이의 지연시간	■ 척수 안에서 신경시냅스가 만난다. ■ 신호가 신장된 근육으로 보내진다.
III—단축기	주동근 섬유의 수축	■ 탄성에너지가 직렬 탄성 성분으로부터 방출된다. ■ 신경이 신장된 근육을 자극한다.

SEC: 직렬 탄성 성분

하다.

I 단계인 신장기는 **감속**(deceleration) 단계로, 주동근의 예비 부하를 포함한다. 이 단계 동안에는 직렬 탄성 성분이[15,107,112] 탄성 에너지를 저장하고, 근방추가 자극된다.[7,55] 신장기의 이해를 돕기 위해 농구의 점프슛을 생각해보자. 신장기는 반 쪼그려 앉기 동작의 시작부터, 움직임의 마지막까지 계속되는 예비 동작 단계이다.

II 단계인 **아모티제이션**(amortization) 또는 이행(transition) 단계는 신장기와 단축기 사이의 단계로, 신장기의 종료 시점부터 단축성 근활동의 시작점까지를 말한다. 이 단계는 착지부터 도약까지의 왕복 시간으로, 파워 성장과 플라이오메트릭 운동에서 가장 중요한 부분이다.[78] 척수가 신전된 주동근에 신호를 보내는 동안 신장성 수축과 단축성 수축 사이에는 지연시간이 존재한다. 신체는 운동 방향의 전환을 준비하기 위해, 수천 분의 일초의 짧은 시간 동안 등척성 수축이 일어나는데, 이 단계는 지속시간이 짧아야만 한다. 만일 아모티제이션 단계가 너무 오래 지속되면 신장성 단계 동안 저장된 에너지가 열로 발산되고, 단축성 단계 동안에 신전 반사가 근활동을 증가시키지 못한다.[14,78] 다시 농구의 점프슛을 생각해보자. 일단 슛을 하는 사람의 반 쪼그려 앉기가 정지될 때, 아모티제이션 단계가 시작된다. 이어서 위로의 움직임이 시작되자마자 아모티제이션 단계는 끝난다.

III 단계인 단축기는 신장기와 아모티제이션 단계 동안 일어나는 결과에 대한 신체의 반응이다. 이러한 신전-단축 주기(SSC)의 최종 단계 안에서, 신장기 동안 직렬 탄성 성분에 저장된 에너지는 연속적으로 일어나는 움직임의 힘을 증가시키는 데 쓰이거나 열로 발산된다. 이렇게 저장된 탄성에너지의 사용은 단축기 동안의 힘 생산을 고립된 단축성 수축 이상의 수준까지 증가시킨다. 게다가, 주동근 군은 신장 반사의 결과로 반사적인 단축성 수축을 하게 된다. 다시 점프슛을 떠올려보자. 반 쪼그려 앉기에 이어서, 위쪽로 움직임이 시작되자마자, 아모티제이션 단계는 끝이 나고, 신전-단축 주기의 단축기는 시작된다. 이러한 예로 들 수 있는 주동근 중 하나가 바로 대퇴사두근이다. 슛의 예비 동작 동안 대퇴사두근은 빠른 신전(신장기)을 겪고, 움직임의 지연시간이 존재하게 된다(아모티제이션 단계), 그러면 근육은 무릎을 펴기 위해 단축적으로 수축을 하는데, 이때 슛 하는 사람은 지면을 밀어내는 것이 가능하게 된다(단축기).

신전-단축 주기는 신장 반사와 저장된 탄성 에너지의 갑작스런 신장성 근활동에 따른 단축성 힘 생산의 증가를 설명해준다.

플라이오메트릭 운동을 사용하는 시기

대부분의 스포츠를 성공적으로 수행하기 위해서는 빠르고, 강력한 움직임이 요구되기 때문에 운동선수 고객들이 플라이오메트릭 훈련을 할 경우 확실하게 효과를 볼 수 있지만,[3,78] 다른 경우의 사람들이 이러한 형태의 움직임을 통해서 효과를 얻을지는 분명하지 않다. 이러한 편견 때문에 일반 사람들에게 플라이오메트릭 운동은 무시되고 있다. 그러나 운동 능력이 떨어지는 사람들 역시 플라이오메트릭 훈련이 제공하는 순발력의 향상으로부터 이득을 얻을 수 있다. 플라이오메트릭을 통해 이득을 얻을 수 있는 고객과 플라이오메트릭 운동이 필요 없는 고객을 구별할 수 있는 퍼스널 트레이너의 능력은 개별화된 운동 프로그램을 설계하는 데 있어 필수적인 덕목이다.

플라이오메트릭 훈련과 스포츠 수행 능력

스포츠 활동에서 더욱 강해지길 원하는 고객을 트레이닝 할 때, 트레이닝 체제의 구성 요소는 반드시 그들의 스포츠에서 일어나는 움직임과 비슷한 운동을 포함하여야 한다. 더 빠른 스피드에서 더 큰 근육의 힘을 생산할 수 있도록 훈련시킨다면 고객이 원하는 수행 능력을 제공할 수 있다. 플라이오메트릭 훈련에 참여할 경우 근파워 생산이 증가된다.[2,16,57,58,59,75,78,86,96,107,117] 근파워 생산을 증가시키는 것은 스포츠 수행 능력 향상과 관련이 있다(점프 수행 능력의 향상, 단거리 기록의 단축, 근력의 증가를 포함한다).[4,5,33,70,77,106] 따라서 근파워 향상을 목표로 한다면 플라이오메트릭 훈련은 이상적인 운동 방법이다.[77,78,96] 게다가 플라이오메트릭 훈련은 운동선수들에게 감속, 가속 및 방향 전환 능력을 향상시켜줌으로써 대부분의 스포츠에서 요구되는 능력을 갖추게 해준다. 플라이오메트릭 훈련의 또 다른 이점은 평균 거리 달리기 선수의 '러닝 이코노미(running economy, 산소소비량당 달린 거리)' 개선이다.[108]

플라이오메트릭 훈련과 직무 수행 능력

플라이오메트릭 훈련 프로그램에 참가하는 것은 스포츠 수행 능력뿐만 아니라 직무 수행 능력을 향상시킬 수도 있다.[68] 비록 이 사실이 문헌을 통해 충분히 입증되지는 않았지만, 일부 직무 수행 요건을 분석한 바에 따르면 근력생산이 운동효율의 핵심이며, 직무 수행 능력을 향상시킨다는 사실을 알 수 있다. 예를 들면 경찰관, 소방관, 또는 군사훈련을 준비하는 고객은 직업의 요건상 반드시 빠르게 달리고, 효율적으로 방향을 전환하며, 점프하거나 물체(예: 담)를 뛰어넘을 수 있어야만 한다.

플라이오메트릭 운동과 상해 예방

훈련 프로그램을 구성함에 있어 상해 위험이 높은 사람들의 상해를 줄이는 것을 중요하게 고려해야 한다. 플라이오메트릭 훈련은 상해발생율을 줄이는 데 유용한 방법이다. 상해 위험을 줄이기 위해 플라이오메트릭 훈련을 이용하는 것에 중점을 둬야 한다. 연구 결과 플라이오메트릭 훈련 프로그램에 참가한 이후에 운동 상해 비율이 감소한 것으로 나타났다.[8,18,57,58,121] 연구는 또한 적절한 플라이오메트릭 훈련이 뼈의 무기질 함량, 근육 동원 능력, 근력, 신체조절력, 그리고 균형 능력이 개선되는 것으로 밝혀졌다. 이렇게 뼈의 무기질 함량이 높아지면 훗날 골다공증 위험이 감소될 수 있다.

플라이오메트릭 훈련은 적절한 기술과 생체역학에 초점을 맞춰 신전-단축 주기(SSC)를 신속하게 수행할 수 있는 신경근 시스템을 가르치기 때문에, 고객은 운동사슬의 모든 관절에 대한 조절 능력이 향상되었다.[121] 위작용으로 전반적인 신체 안정성 역시 향상되었다. 이러한 결과들은 고객의 운동 또는 직업적인 활동에까지 영향을 미치는 적절한 도약과 착지 구성요소를 포함해야 한다는 것을 보여준다. 그들이 도약과 착지의 구성요소를 포함하는 놀이 또는 직업에 종사하면서 올바르게 도약과 착지의 구성요소를 구사할 경우, 상해의 위험은 줄어든다. 플라이오메트릭 훈련은 동적 관절 안정성[18]과 활동중의 신체 조절 능력(예: 착지할 때 무릎 위치 조절)을 향상시킨다. 그리고 이것은 슬개대퇴통증증후군과 전방 십자인대 손상 등의 무릎 상해 위험을 줄이는 데 도움이 된다.[18,82,104] 또한 낙상으로 인한 골절의 가능성을 줄일 수 있는 신체 조절 능력을 향상시킨다.[120]

그러나 이러한 연구 결과를 가지고 다른 집단의 사람들을 추정하기는 어렵다. 플라이오메트릭 훈련의 구성요소인 신장성 움직임 제어에 대한 연구[101]는 상해의 위험을 감소시킬 수 있는 것을 보여준다. 그러므로 신장성 훈련은 부상 방지 운동을 희망하지만 플라이오메트릭 훈련에는 적합하지 않은 고객에게 타협점이 될 수 있다. 신장성 운동은 일반적인 중량 훈련중 신장성 단계에 초점을 맞추는 것으로 구성할 수 있다. 퍼스널 트레이너는 고객이 중량 훈련을 수행할 때, 단축성 단계와 신장성 단계를 모두 지도하되, 신장성 단계의 수행을 더욱 천천히 하게끔 지도해야 한다. 더욱 효과적인 방법으로는 신장성 단계는 고객 스스로 수행하고, 단축성 단계는 퍼스널 트레이너가 도움을 주는 방법이 있다. 이 기술은 고객이 도움 없이 중량 훈련을 수행할 때보다, 더 무거운 무게를 저항할 수 있게 해준다. 예를 들어 75세의 여성 고객에게 플라이오메트릭 훈련은 적절하지 않을 수 있지만, 그 대신 신장성 훈련이 낙상 가능성을 줄일 수 있다.

안전 고려사항

플라이오메트릭 훈련을 금기해야 하는 집단에 대해 기술한 이렇다 할 연구는 없지만 고객의 나이, 경험, 그리고 현재 훈련 수준의 분석이 플라이오메트릭 훈련을 위한 준비가 된 고객과 그렇지 않은 고객을 구분하는 데 도움이 될 수 있다. 부상의 위험을 줄이고 플라이오메트력 훈련의 수행력을 향상시키기 위해서 고객은 반드시 플라이오메트릭 기술의 적절한 이해와 충분한 기초 근력, 스피드, 평형성을 갖추고 있어야 한다. 또한 플라이오메트릭 훈련 프로그램에 참가하기 위해 고객은 신체적으로나 정신적으로 충분히 성숙되어 있어야 한다.

플라이오매트릭 운동은 본래 위험하지 않지만, 다른 운동처럼 상해의 위험성은 항상 존재한다. 상해는 단순히 사고에 의해서 일어날 수도 있지만 대개는 훈련절차를 지키지 않은 경우에 자주 발생하며, 부적절한 프로그램 설계, 부적당한 훈련 지도 및 감독 또는 부적당한 훈련환경에 의해 유발될 수도 있다. 피로는 인체의 고유감각기능에 영향을 미치기 때문에 근육이 피로를 느낄 때 상해가 종종 발생한다. 플라이오메트릭 운동에서 발목과 무릎의 염좌는 근피로로 인해 발생하는 가장 흔한 상해이다.[22] 게다가 높은 강도의 운동에서 고객이 더 어려운 운동, 움직임 훈련을 더한다면 그가 훈련에 능숙해지기 전까지는 상해의 위험이 올라간다. 퍼스널 트레이너는 고객이 더 안전하게 플라이오메트릭 운동을 수행할 수 있도록 이러한 위험 요소들을 올바르게 이해하고 지도해야 한다. 이어지는 평가 항목들은 이러한 조건이 충족되었는지 여부를 결정하는 데 도움을 줄 것이다.

연령과 성숙(maturity)

플라이오메트릭 훈련은 몸에 큰 무리를 주기 때문에 고객의 건강이 손상되지 않도록 모든 요소를 확실하게 고려하는 것이 중요하다. 특정 강도의 플라이오메트릭은 대부분의 사람에게 안전하지만 특정 강도와 운동량은 고객의 연령에 따라 조절해야 한다.

연구에 의하면 플라이오메트릭은 청소년에게 안전하고 도움이 된다 하지만, 플라이오메트릭을 청소년 훈련 프로그램에 안전하게 통합할 수 있는지의 지침은 대상이 지시를 충분히 받아들이고 따를 수 있을 만큼 성숙한지가 중요하다.[42,43] 사실 청소년기의 신체는 저항 훈련과 유연성 훈련을 통해 운동 기능을 능숙하게 배우고 형성할 수 있는 시기이기 때문에 위와 같은 포괄적인 운동 프로그램과 함께 플라이오메트릭을 시행할 수 있는 이상적인 때이기도 하다.[43,66] 플라이오메트릭은 달리기 속도와 수직 점프 능력을 향상시킬 뿐 아니라 어린 고객의 골밀도를 증가시키고, 부상률을 낮출 수 있다.[42,66,119] 다만 청소년기 이전의 어린 고객은 뼈의 성장판이 아직 닫히지 않았기 때문에 하체의 골절상 위험을 높이는 고강도의 하체 플라이오메트릭을 주의해야 한다.[63,72] 플라이오메트릭 프로그램은 권유되는 지침에 따라 실행하는 것이 중요하다.

어린 고객을 위한 플라이오메트릭 프로그램을 개발할 때는 올바른 기술을 가르치는 데 집중해야 하며, 특히 다음 장에서 다룰 점프와 착지 기술에 유의해야 한다.[42,43,52,66] 어린 고객은 경쟁 또는 다른 사람을 능가하는 것에 초점을 맞추는 것이 아닌, 자기 자신의 수행력 향상과 기술을 익히는 데 집중해야 한다. 시작 단계에서는 고객이 피로해지기 전에 낮은 강도의 플라이오메트릭이 수행되어야 한다.[69] 그래야 고객이 적절하게 신경근과 자세조절 능력을 갖고 운동을 올바르게 수행하는 것을 보장할 수 있다. 작은 실수와 부상은 고객이 이 운동을 배움에 있어 지루함을 느끼는 경우와 관련이 있다. 그렇기에 플라이오메트릭 운동을 동적인 워밍업에 통합하는 것이 이상적이다. 실제적인 훈련의 목표를 어린 고객에게 강요하지 않기 위해서 운동은 놀이와 게임의 구조를 닮은 재미와 창작 활동 형태를 취하는 것이 좋다.[92,98] 예를 들면 공놀이, 장애물 코스 달리기, 땅따먹기, 술래잡기 등이 있다.[42,43,92]

청소년기의 고객을 트레이닝할 때, 고객이 모든 안전 조건을 충족시키고 난 뒤, 낮은 강도의 플라이오메트릭 운동을 훈련에 포함하는 것이 적절하다.[97,98,102,120] 청소년기의 고객은 신경근이 여전히 발달중이기 때문에, 퍼스널 트레이너는 올바른 기술 훈련을 강조해야 할 뿐만 아니라, 낮은 강도의 플라이오메트릭 훈련을 그들의 워밍업 운동에 포함시키는 것이 안전하다. 이러한 낮은 강도의 운동에 적응하고 나면, 고객은 적당한 강도의 운동을 수행할 수 있을 것이다.[22,104] 청소년기 고객의 운동에 플라이오메트릭 운동을 추가하는 것은 운동 수행력의 증가뿐만 아니라, 뼈의 강도와 평형성 그리고 협응성 발달에도 도움이 된다고 밝혀졌다.[49,102,120]

또 다른 대상군은 노년기의 고객이다. 골밀도의 감소로 인하여 퇴행성 관절염의 가능성도 있는 연령대로, 높은 강도의 플라이오메트릭 운동은 피해야 할 필요가 있다. 그러나 노인의 훈련 프로그램에 쉽거나 적당한 강도의 플라이오메트릭 운동을 포함해 신전-단축 주기(SSC) 훈련을 지속하는 것은 매우 유용하다.[98] 노년기의 고객은 퍼스널 트레이너가 고객이 안전하고 올바르게 운동을 수행할 수 있다는 것을 확인할 수 있을 때에만 낮은 강도의 운동에서 시작해, 적당한 강도의 플라이오메트릭 운동으로 진행해야 한다. 최근 연구에 따르면, 적절하게 수행되는 고강도의 저항 운동이 노년기 고객에게 긍정적인 결과를 가져온다는 것이 밝혀졌다.[34] 이 결과는 노년기의 고객이 의료적으로 문제가 없거나, 다음 장에 소개될 안전 조건에 모두 충족되었을 경우 플라이오메트릭 운동이 유익할 수 있음을 시사했다.

육체적으로 성숙한 모든 연령대의 사람들은 플라이오메트릭에 대한 준비가 되었음을 혼자 결정해서는 안 된다. 누군가 플라이오메트릭 운동을 시작하려면 심리적 성숙뿐만 아니라, 정신적 성숙, 그리고 그만한 명민함이 필수적으로 요구된다. 고객은 플라이오메트릭 훈련을 진행하기 위해서 퍼스널 트레이너의 교육에 적극적인 반응을 보여야 한다. 그렇지 않으면, 플라이오메트릭 훈련은 뒤로 미루는 것이 좋다. 참가자가 퍼스널 트레이너의 교육에 주의를 기울이지 않으면, 상해의 위험이 높아지고 훈련이 과다하거나, 혹은 부족한 결과를 초래할 수도 있기 때문이다.

자세, 유연성 및 안정성

많은 하체 플라이오메트릭 훈련은 고객에게 통상적이지 않은 움직임(예: 더블 레그 지그재그 홉, 백워드 스킵) 또는 한 다리로 수행하는 동작(예: 싱글 레그 턱 점프, 싱글 레그 홉)을 요구한다. 이러한 유형의 훈련은 고객이 안전하고 올바른 운동을 수행하기 위해 탄탄한 지지면(base of support)을 필요로 한다. 고객이 낮은 강도의 훈련을 수행하더라도 시작 단계의 플라이오메트릭 프로그램은 상해 예방을 위한 충분한 균형 감각을 필요로 한다. 결과적으로 퍼스널 트레이너는 플라이오메트릭 훈련에 요구되는 사항들을 고객이 안전하게 충족시킬 수 있는지 판단하는 것이 중요하다. 하체 플라이오메트릭 운동의 가장 기본적인 자세는 '부분 또는 반(partial or half) 스쿼트(squat)' 자세에서 시작되고 끝이 난다. 그러므로 퍼스널 트레이너는 고객이 각각의 운동에서 적절하게 착지할 능력이 있는지 알기 위해 이 자세를 유지할 수 있는지 판단하는 것이 중요하다.[104]

부분적인(partial) 쪼그려 앉기 자세와 쪼그려 앉기 자세를 취할 때, 고객의 발 간격은 어깨너비 정도가 적당하며, 턱은 약간 당기는 것이 좋다. 견갑골은 약간 뒤로 당기며, 몸통은 경골과 평행하게 한다. 무릎은 발가락의 위에 있거나, 약간 뒤에 위치하게 한다. 뒤꿈치는 지면에서 떨어지지 않아야 하고, 고객의 체중은 안정적인 지지면 위에서 중심을 잡아야 하며, 고객은 이러한 자세를 적절한 형태로 해야만 한다.

고객이 이 자세를 유지할 수 있다면 맨몸 스쿼트를 수행할 수 있을 것이다. 퍼스널 트레이너는 고객의 발 간격을 대략 어깨너비로 벌리도록 한다. 고객은 스쿼트 움직임을 시작하기 위해서 먼저 골반을 전방으로 회전시킬 것이다. 그 다음 몸통과 경골의 평행을 유지하면서 발목과 무릎 그리고 엉덩이를 최대 가동범위로 굽힐 것이다. 또한 무릎은 발가락의 바로 위 또는 뒤쪽에 유지할 것이며, 뒤꿈치가 뜨는 것을 가능한 자제하며 발바닥을 평평하게 바닥에 고정시킬 것이다. 스쿼트 패턴의 일반적인 오류로는 굽은 어깨(rounded shoulders), 거북목(a forward head), 흉추의 굽음(a flexed thoracic spine) 그리고 골반의 후방경사(a posterior pelvic tilt), 마지막으로 뒤꿈치가 바닥에서 떨어지는 것이 있다.[104]

고객이 적절한 양발 쪼그려 앉기와 맨몸 스쿼트를 할 수 있게 되면, 그들은 아마 낮은 강도의 플라이오메트릭 운동을 시작할 수 있을 것이다. 낮은 강도의 플라이오메트릭 운동을 시작할 때, 고객은 동적 활동을 위한 강력한 기반을 제공하며 적절한 정렬을 유지하는 방법을 배워야만 한다.[104] 정렬을 잘못하면 상해의 가능성을 야기할 뿐만 아니라, 아모티제이션 단계 동안 지면 접지 시간을 늘려, 최상의 단축성 힘을 내지 못하게 한다.[104,121]

퍼스널 트레이너가 운동의 단계를 올리기 전, 고객은 균형성 검사가 명시되어 있는 표 17.2에 설명된 싱글 레그 스쿼트 자세를 유지할 수 있어야 한다. 난이도 별로 나뉘어 있고, 각 검사마다 30초 동안 유지해야 한다. 예를 들어 고객이 처음으로 두 다리 플라이오메트릭 훈련을 하려면 한쪽 다리로 30초 동안 중심을 잡아야 한다. 이것은 고객이 두 다리 훈련을 할 수 있는 충분한 다리 근력이 있음을 나타낸다. 이어서 운동경력이 있는 고객이 한 다리 훈련을 포함하는 고급 단계의 플라이오메

표 17.2 평형성 검사

수준*	자세**	변형 연습***
초급	서 있는 자세	두 다리 한 다리
중급	1/4 스쿼트	두 다리 한 다리
상급	1/2 스쿼트	두 다리 한 다리

*각 수준은 연습의 강도와 일치한다(예: 초급 수준의 균형감각은 낮은 강도의 플라이오메트릭 연습과 일치한다).

**고객은 같은 강도의 플라이오메트릭 운동과 더 높은 수준의 균형감각 검사를 하기에 앞서 각 변형자세에서 30초 이상을 유지할 수 있어야 한다.

***균형성 검사의 형태(예: 사용하는 다리의 수)는 하고자 하는 플라이오메트릭 연습의 형태와 맞추는 것이 필요하다(예: 초급자는 한 다리 플라이오메트릭 연습에 앞서 한 다리 서기 균형성 검사를 통과해야만 한다).

트릭 훈련 프로그램을 시작하려면, 싱글 레그 하프 스쿼트(single-leg half squat)를 실패 없이 30초 동안 유지해야만 한다. 예를 들어 처음으로 두 다리 훈련을 하는 플라이오메트릭 고객의 경우 한 다리로 30초 동안 떨어지지 않고 중심을 잡을 수 있어야 한다. 이는 고객이 두 다리 훈련을 할 수 있는 충분한 다리 근력이 있음을 나타낸다. 이러한 하프 스쿼트(half squat)의 추가적인 관점에서 보면 고객은 한 발로 수행하는 플라이오메트릭 훈련을 하기에 충분한 다리 근력을 가졌다는 것을 의미한다. 단, 균형성 검사가 이루어지는 바닥의 표면은 플라이오메트릭 훈련이 이루어지는 곳과 동일해야 한다.

근력

고객의 운동 프로그램에 플라이오메트릭을 추가하기 전에 퍼스널 트레이너는 고객의 근력 수준을 고려해야만 한다. 만약 저항 훈련 프로그램에 참여한 경험이 없는 고객이라면, 그 고객은 플라이오메트릭 프로그램 참여에서 배제되어야만 한다. 플라이오메트릭 훈련은 특히 신장성 단계에서 상당한 근력과 근육 조절 능력을 요구하기 때문이다. 이러한 이유로, 플라이오메트릭 훈련 프로그램을 시작하기 전에 고객에게 기본적인 저항 운동(예: 스쿼트, 벤치 프레스, 데드리프트)을 장려해야 한다.

만일 고객이 충분한 근력을 보유하지 않은 경우에는 일정한 기준에 부합하기 전까지 플라이오메트릭 훈련을 연기해야 한다. 아직 플라이오메트릭을 실시할 수 있는 근력의 전제조건 수준을 정의내린 연구 결과는 없다. 대신 다음에 오는 조건들이 고객이 플라이오메트릭 훈련 프로그램에 참가할 수 있는 준비가 되었는지를 퍼스널 트레이너가 판단하는 데 유일하게 공식적으로 권고되는 조건들이다.

- 하체 플라이오메트릭의 경우, 1번 반복(1RM)할 수 있는 스쿼트의 중량이 적어도 고객 체중의 1.5배는 되어야 한다.[17,38,60,69,84,114]
- 상체 플라이오메트릭의 경우, 체중이 220파운드(100kg)가 넘는 고객은 벤치 프레스의 1RM을 적어도 자기 몸무게만큼 수행하여야 하고, 220파운드(100kg) 미만의 고객의 경우는 체중의 1.5배를 수행할 수 있어야 한다.[60,84,114]
- 상체 플라이오메트릭을 위한 상체 근력 충족 조건 검사의 다른 방법은 팔굽혀펴기를 하면서 박수를 5회 반복할 수 있는가이다.[84,114]

이러한 지침들은 고객이 플라이오메트릭 운동을 위한 충분한 근력을 가지고 있는지 확인하게 해주지만, 저항 훈련중이거나 적절한 착지 테크닉을 가지고 있어 제자리 점프와 같은 낮은 강도의 플라이오메트릭 활동을 하는 고객에게는 위와 같은 지침이 필수적이지 않다.[19,78] 하지만 뎁스 점프와 같은 동작으로 고객의 플라이오메트릭 운동강도를 높일 때, 퍼스널 트레이너는 위에 명시된 근력 지침을 따라야 하며,[97] 이러한 고강도의 플라이오메트릭 운동이 고객을 안전한 환경에서 수행하면서도 여전히 비슷한 결과를 이끌어낼 수 있는지 인지하고 있어야 한다.

매우 중요하게 평가해야 할 또 다른 측면의 근력은 바로 코어근력이다.[78,98] 코어근력은 상지와 하지의 각기 다른 부분에서 생성된 힘에 반응하기 위하여 몸의 중심부를 조절할 수 있는 신체의 능력이다.[83,98,121] 다시 말해 코어는 모든 활동 안에서 밸런스 유지와 자세의 안정성을 책임지며, 코어의 근력은 모든 측면의 근력에 직접적으로 영향을 끼친다.[83,98] 강한 코어는 모든 근육과 관절이 최적의 방법으로 기능할 수 있도록 단단한 기반을 제공한다. 반면에 약한 코어는 모든 근육과 관절에 약한 기반을 제공하기 때문에 불안정성을 초래하고, 그것은 플라이오메트릭에까지 악영향을 끼치게 된다.[78] 더불어 약한 코어의 근력으로 인하여 적절한 자세는 무너지고 퍼포먼스는 방해를 받아 부상의 위험이 높아진다.[121]

스피드

플라이오메트릭 참가자에게 특히 요구되는 것이 있다면, 그것은 아마도 움직임이 스피드일 것이다. 플라이오메트릭 운동은 빠른 움직임에 기반을 두기 때문에, 신속하게 움직이는 능력은 고객이 플라이오메트릭 프로그램을 시작하기 전에 필수적으로 갖춰야 할 조건이다. 플라이오메트릭 운동을 위해 필수적으로 갖춰야 할 스피드의 수준을 지정해주는 연구 결과가 없기 때문에, 퍼스널 트레이너는 다음 지침을 참고할 수 있다.

- 하체 플라이오메트릭의 경우, 고객은 본인 체중의 60% 정도 되는 중량의 스쿼트를 5초, 혹은 그 이내에 5회 반복할 수 있어야 한다.[84,114]
- 상체 플라이오메트릭을 안전하게 수행할 수 있는 요구 조건의 경우, 고객은 본인 체중의 60% 정도 되는 중량의 벤치 프레스를 5초, 혹은 그 이내에 5회 반복할 수 있어야 한다.

이전에 제시된 근력 지침과 마찬가지로, 위의 스피드 요구 조건 지침 역시 체육인을 대상으로 하였다. 위에 명시된 움직임의 스피드 요구 조건을 충족시키지 못하는 고객의 경우에는 스피드에 많이 의존하는(양발 발목 홉, 제자리 멀리뛰기, 양발 수직 점프 등) 운동을 제외한 낮은 강도의 플라이오메트릭 훈련 프로그램부터 시작하여야 한다.

착지자세

하체 플라이오메트릭의 경우, 운동 효과를 극대화하고 상해 위험을 최소화하기 위해 적절한 착지자세는 필수적이다. 특히 뎁스 점프와 같은 경우 중요하게 요구된다. 만약 무게중심이 지지 기반으로부터 벗어날 경우, 퍼포먼스는 방해를 받을 것이고, 상해가 발생할 수도 있다.[104] 앞선 스쿼트 평가에서 적절한 자세와 유연성, 그리고 안정성을 보일 경우 퍼스널 트레이너는 착지 기술 훈련과 평가를 시작해야만 한다.

착지할 때 어깨는 발 위에 있어야 하고, 발목, 무릎, 엉덩이는 굽힌 채 무릎은 발가락 바로 위나 조금 뒤로 위치시키며 마지막으로 발은 어깨너비를 유지해야 한다(그림 17.1). 고객은 발바닥 전체를 지면에 붙인 채 발목의 배측 굴곡을 유지하여 부드럽게 착지하며 체중을 발뒤꿈치가 아닌 발목에 더 실리도록 하여야 한다. 이러한 착지자세는 빠른 자세 변화와 고객이 바닥에서 머무는 시간을 최소화하여, 최대의 출력을 얻을 수 있게 도와준다.[22] 또한 이러한 착지 기술 훈련은 신체의 무게중심을 지지면 위에서 조절할 수 있는 법을 고객에게 가르친다.

착지자세는 몇 가지 운동을 하는 동안 가르칠 수 있다. 예를 들어 제자리 수직 점프, 전방 혹은 후방으로 점프, 또는 측면으로 점프 후 착지자세에서 버티기는 적절한 착지자세를 분석하는 데 도움이 될 수 있다. 퍼스널 트레이너가 적절한 기술을 훈련시키기 위해서는 운동 도

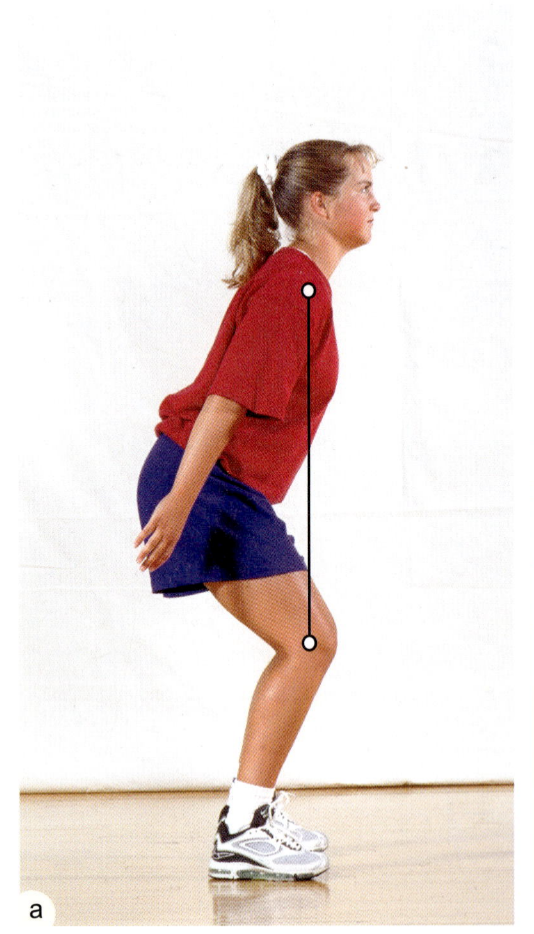

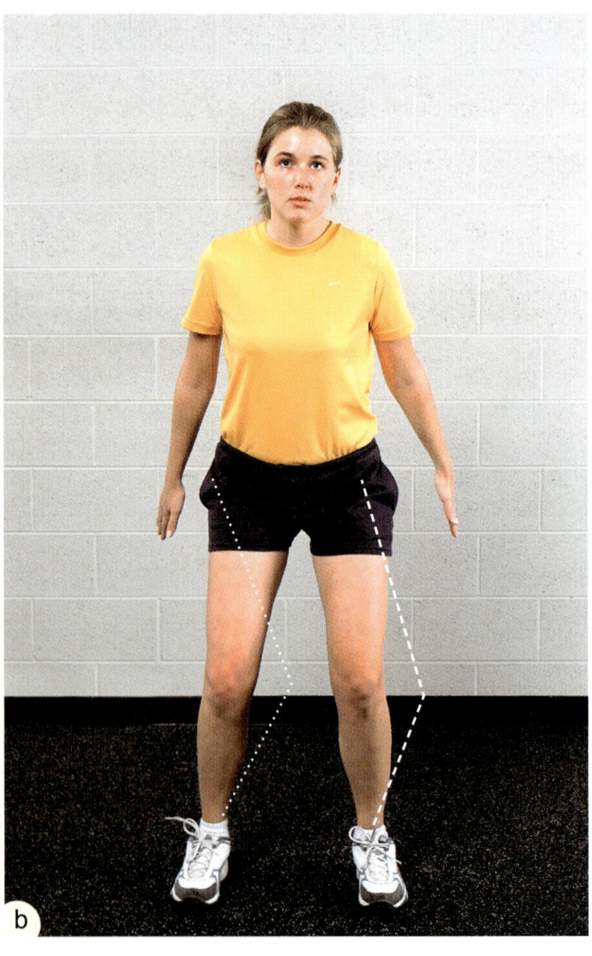

그림 17.1 적절한 플라이오메트릭 착지자세. (a) 어깨는 무릎과 동일선상에 있어야 한다. 이 자세는 신체중심이 가운데 오도록 도와준다. (b) 무릎이 발과 동일선상에 있어야 한다. 외반슬(점선)이나 내반슬(실선)의 편차가 없어야 한다.

중과 운동 후, 각각 지속적인 피드백을 고객에게 주는 것이 중요하다.

병력사항

다른 운동 형태와 마찬가지로 플라이오메트릭 훈련을 시작하기 전에 관절 구조, 자세, 체형 그리고 이전의 상해를 검사 및 재검사해야 한다. 이전의 상해나 척추, 하체 또는 상체의 이상은 플라이오메트릭 운동 수행시 상해의 위험을 증가시킬 수 있기 때문이다. 특히 근좌상, 병리학적 관절 이완(laxity), 척추디스크 장애나 압박 상해를 포함하는 척추 장애[48,49]를 경험했던 고객의 경우에는 플라이오메트릭 훈련을 시작할 때 반드시 주의를 해야 한다.[60,99] 이러한 병력이 있는 고객은 플라이오메트릭 훈련을 하기 위해 의사의 허가가 필요하다. 모든 기존의 부상은 플라이오메트릭 활동에 수정을 요구할 수도 있다. 예를 들어 슬개대퇴 통증이 있는 고객의 경우에는 통증 없이 스쿼트가 불가능하기 때문에, 뎁스 점프와 같은 고강도 플라이오메트릭 운동을 해서는 안 된다. 어느 플라이오메트릭 운동이든 시작하기 전에, 고객은 통증이나 관절의 부종 없이 일상생활을 할 수 있어야 한다.[19]

골다공증, 관절염, 당뇨병과 같은 특정 건강 상태는 플라이오메트릭 활동중에 잘 드러나지 않을 수도 있다. 그러므로 퍼스널 트레이너는 고객이 플라이오메트릭 활동에 들어가기 전에 의료적 승인과 병적 기록 및 의사로부터 처방받은 가장 최근의 신체검사 내용을 요구해야만 한다.[104]

신체적 특성

고객의 체격은 퍼스널 트레이너가 주의를 기울여야 할 특별한 사항이다. 체중이 220파운드(100kg) 이상 되는 고객은 플라이오메트릭 운동을 수행할 때 상해의 위험이 증가할 수 있다.[84,104,114] 과도한 체중은 관절의 압박을 증가시키기 때문에 고객의 하지 관절 상해 위험성이 증가한다. 따라서 체중이 220파운드(100kg) 이상 되는 고객은 고반복과 고강도의 플라이오메트릭 운동을 피해야만 한다. 같은 이유로 체중이 220파운드(100kg) 이상 되는 고객은 18인치(46cm) 이상의 뎁스 점프를 수행해서는 안 된다.[84,104,114] 최대하의 풋워크와 같은 낮은 강도의 플라이오메트릭은 고강도 플라이오메트릭의 좋은 대안이 된다. 고객이 두 발 뛰기에 능숙해지기 전까지는 두 발 뛰기와 한 발 뛰기와 같은 플라이오메트릭 운동은 제한되어야만 한다.

장비와 시설

플라이오메트릭을 수행하는 데 있어서 참가자들의 체력과 건강 이외에도 훈련을 하는 장소와 장비들도 고객의 안전에 영향을 끼친다.

착지 표면

상해를 예방하기 위해서 하체 플라이오메트릭 운동을 할 때 사용되는 착지 표면은 적절하게 충격을 흡수할 수 있어야 한다. 하지만 신장성 단계와 단축성 단계 사이의 전환 시간을 증가시킬 정도로 부드러워서는 안 된다. 잔디바닥, 마룻바닥, 고무바닥은 좋은 바닥이다.[22,60,78,104] 고객은 바닥이 단단할수록 더 높은 에너지 반환을 통한 진행이 가능할 것이다.[62] 그러나 콘크리트, 타일, 경목과 같은 표면은 효과적으로 충격을 흡수할 수 없기 때문에 권장하지 않는다.[60,78] 위와 같은 바닥에서 운동을 수행할 경우 다양한 형태의 하지 상해를 야기할 수 있다. 또한 지나치게 두꺼운(6인치[15cm] 이상) 운동매트와 소형 트렘폴린은 아모티제이션 단계의 시간을 지연시킬 수 있어, 신전반사의 효율적인 사용을 방해한다.

훈련 장소

훈련 장소의 넓이는 어떠한 훈련을 할 것이냐에 따라 달라진다. 보통의 바운딩과 달리기 연습은 적어도 33미터(30야드) 정도의 직선로가 필요하며, 몇몇 훈련은 100미터(109야드)의 직선로가 요구되기도 한다. 스탠딩 점프,

플라이오메트릭 훈련 프로그램에 참가하기 위한 최소한의 필요조건

- 각각의 연습을 위한 적절한 기술
- 적어도 3개월 이상의 저항 훈련 경험
- 시행되는 연습 수준에 충분한 근력과 스피드, 그리고 평형성
- 현재 해당 신체 부위에 상해가 없음

상자를 이용한 점프, 뎁스 점프는 최소한의 표면 공간이 필요하지만, 3~4미터(9.8~13.1feet)의 높이가 필요하다.

장비

박스 점프나 뎁스 점프를 위한 박스는 견고해야 하며, 윗면은 미끄럽지 않아야 하고, 측면이 모두 막혀 있어야 한다. 또 가장자리가 날카롭거나 불규칙적이면 안 된다. 상자의 높이는 6~42인치(15~107cm) 정도,[3,26,50,65,73] 착지 표면은 적어도 18×24인치(46×61cm)가 되어야 한다.[22] 상자는 견고한 목재(예: 3/4인치[1.9cm] 베니어합판) 또는 무거운 철재로 제조되어야 한다. 상해의 위험을 더 줄이기 위해서 착지 표면을 미끄럽지 않게 하려면 ① 미끄럽지 않은 발 착지면을 추가하고, ② 상자 표면에 모래를 섞은 페인트를 칠하거나, ③ 상자 윗면에 고무를 입힌 바닥재를 부착하는 방법이 있다.

다양한 높이의 플라스틱 콘(8~24인치[20~60cm])은 플라이오메트릭 운동 사이에 그 위를 뛰어넘는 도구로써 사용될 수 있다. 콘이 부드럽다면 고객이 혹여나 그 위에 착지하더라도 상해의 위험을 줄일 수 있다.[22] 일반적인 계단과 경기장의 계단, 그리고 관중석 또한 플라이오메트릭 훈련을 위한 장소가 될 수 있다. 단, 시작 전에 고객의 안전을 위해 분명히 알아둬야 할 것이 있다. 바로 앞서 언급한 대로 콘크리트 바닥은 충격을 흡수할 만큼 부드럽지 않다는 것이다.[22] 메디신 볼 역시 상체의 플라이오메트릭 훈련뿐만 아니라, 일부 하체의 플라이오메트릭 운동에서 사용될 수 있다. 플라이오메트릭에 사용될 메디신 볼은 잡기 쉬워야 하며, 내구성이 강하고, 다양한 무게가 구비되어 있어야 한다.[22]

알맞은 신발

발목과 발의 아치를 잘 지지해주고, 뛰어난 측면의 안정성과 넓고 미끄럽지 않은 밑창을 가진 신발이 적당하다. 밑바닥이 좁고 발목을 보호할 수 없는 신발(예: 런닝화)은 특히 과도한 측면 움직임시에 발목의 상해를 초래한다.

감독

앞서 언급한 고려사항과 함께 고객이 적절한 기술을 분명하게 사용하는지를 세밀하게 관찰해야 한다. 플라이오메트릭 운동은 바르게 실시했을 경우 위험하지 않다. 하지만 다른 형태의 훈련과 마찬가지로, 미숙한 기술을 사용할 때는 상해를 유발할 수 있다. 퍼스널 트레이너는 점프와 착지 등의 하체 훈련시에 고객의 기술을 관찰하는 것이 중요하다. 특히 고객에게 무릎의 과도한 측면 움직임(외반슬과 내반슬 움직임, 그림 17.2)을 피하게 해야 하고, 지면에서의 착지 시간을 최소화하도록 지도하여야 한다. 무릎은 반드시 두 번째와 세 번째 발가락 방향에 맞춰야 하고, 발끝을 지나치지 않는 선에서 아모티제이션 단계를 최소화하도록 해야 한다. 만약 고객이 이런 기준을 벗어날 경우에는 각 연습을 성공적으로 완수할 수 있도록 연습의 강도를 낮춰야만 한다. 이 장의 마지막에 각 연습에 대해 일반적으로 발생하는 기술의 오류들이 제시되어 있다.

플라이오메트릭 프로그램 설계

플라이오메트릭 운동의 처방은 저항 운동과 유산소 운동의 처방과 흡사하다.[46] 고객의 요구사항을 평가한 뒤에는 운동의 유형, 강도, 빈도, 지속시간, 회복, 상위 단계로의 진행 등을 안전한 프로그램 디자인을 위해 모두 포함해야 한다. 불행히도 아직은 플라이오메트릭 운동의 설계를 위한 최적화된 프로그램 변수 한계를 정하는 연구가 부족하다. 그러므로 퍼스널 트레이너가 플라이오메트릭 운동을 처방할 때는 이용가능한 연구 이외에도 실제 경험과 저항 훈련과 유산소성 지구력 훈련 프로그램 설계시 사용했던 방법론에 의존해야만 한다. 운동량, 빈도, 강도가 의심스러운 경우 주의해야 한다. 츄(Chu)[20,21,22,23,25,26]와 NSCA[84]의 연구를 기반으로 한 가이드라인을 다음에 제시하였다.

요구 분석

다른 훈련 방식과 마찬가지로, 훈련 프로그램으로 플라이오메트릭 훈련을 포함시키고자 할 때, 퍼스널 트레이너는 반드시 고객의 현재 능력을 평가하기 위해 요구를 분석해야 한다. 특히 퍼스널 트레이너는 고객이 요구하는 사항들과 고객의 활동과 생활방식의 요구사항들을 구분하여 결정할 줄 알아야 한다. 다음에 제시된 요인들의 조합은 고객의 요구를 분석하는 데 도움이 된다.

- **연령:** 고객의 연령에 따라 상해를 입을 수도 있으므로 플라이오메트릭 훈련을 배제해야 하는가?
- **훈련 경험과 현재 훈련 수준:** 고객이 저항 훈련을 해왔는가? 그렇다면 어떤 형태의 훈련을 수행해 왔는가? 고객이 플라이오메트릭 훈련 프로그램에 참가했던 경험이 있는가? 그렇다면 언제 참여했

는가?

- **훈련 경험과 현재 훈련 단계:** 저항 훈련 경험이 있는지? 그렇다면 어떤 형태의 훈련을 했는가? 플라이오메트릭 훈련을 한 경험이 있는가? 그렇다면 언제 했는가?
- **상해 경력:** 고객이 현재 상해를 입었는가? 고객이 플라이오메트릭 훈련 프로그램에 참여하기 위한 능력에 영향을 미칠 만한 상해를 경험한 적이 있는가?
- **신체검사 결과:** 고객의 순발력과 관련된 현재의 능력들은 어떠한가?(예를 들어 수직 점프와 제자리 멀리뛰기의 결과?)
- **훈련 목표:** 고객이 향상시키고자 하는 것이 무엇인가? 특정한 움직임(예: 던지기)? 특별한 기술(예: 배구공 맞추기)? 직업 활동(예: 트럭에 짐 싣기)?
- **고객의 직업이나 선택한 활동시 상해 발생률:** 고객이 선택한 활동시에 발생할 수 있는 상해 위험은 무엇인가? 그 활동은 주로 앉아서 하는가(예: 학생 혹은 사무실 근무자)? 그 활동은 지속적으로 방향 전환을 요구하는가(예: 라켓볼 선수 혹은 건축 인부)? 만약 그 활동이 역동적이라면, 고객은 신체적으로 준비가 되어 있는가?

그림 17.1은 플라이오메트릭 요구 분석에서 고객의 사례를 잘 보여준다. 프로그램 설계에 대한 이 장의 마지막 부분에 고객 6명 각각에 대한 프로그램 예시가 나와 있으며, '어떻게' 프로그램 설계를 해야 하는지를 설명해 주고 있다.

운동 형태

플라이오메트릭 운동의 '형태'는 운동을 수행하는 데 있어, 주로 사용되는 신체의 부위에 의해 결정된다. 예를 들어 뎁스 점프는 하체 플라이오메트릭 운동인 반면에, 메디신 볼 체스트 패스는 상체 운동이다.

하체 플라이오메트릭

하체 플라이오메트릭은 축구, 배구, 농구 그리고 야구 등 모든 종류의 스포츠 활동뿐만 아니라, 순발력과 빠른 방향 전환이 필요한 비운동적 활동이나 직업에도 적합하다. 이러한 유형의 활동에 참가하는 사람들은 최소의 시간에 최대의 힘을 발휘할 수 있어야 한다. 축구와 농구는 상대방에 대항하여 빠르고 강력한 움직임과 방향 전환이 요구된다. 농구선수들은 리바운드를 잡기 위해서 반드시 반복적으로 점프를 해야 하기 때문에, 농구를 하는 고객은 플라이오메트릭 훈련 프로그램을 통해서 큰 이득을 볼 수 있는 대표적인 고객의 사례이다.

하체 플라이오메트릭 훈련은 고객의 근육이 더 짧은 시간 안에 더 큰 힘을 낼 수 있도록 해줌으로써, 고객이 점프를 더 높이 뛸 수 있도록 해준다. 다양한 강도와 방향으로 움직일 수 있는 다양한 종류의 하체 플라이오메트릭 연습 방법이 표 17.3에 낮은 강도에서 높은 강도순으로 제시되어 있다.

상체 플라이오메트릭

골프, 농구, 소프트볼 그리고 테니스를 포함한 스포츠나 활동들은 상체의 신속하고, 강력한 움직임이 필수적이다. 예를 들어 야구 투수는 보통 야구공을 80~100mph(129~161km/h) 속도로 반복적으로 던진다. 공이 이 정도 크기의 속도에 도달하려면, 투수의 어깨 관절은 반드시 초당 6000° 이상으로 회전해야 한다.[34,44,47,90] 상해 예방에 있어 플라이오메트릭의 역할을 입증하기 위한 더 많은 연구가 필요할 지라도, 어깨 관절의 플라이오메트릭 훈련은 투구 속도를 증가시킬 뿐만 아니라, 어깨와 팔꿈치 관절의 상해를 예방할 수 있다.

상체 플라이오메트릭 연습은 하체 플라이오메트릭 만큼 빈도 있게 사용되지 않기 때문에, 그에 대한 연구 또한 충분히 이루어지지 않았다. 그럼에도 불구하고 상체 플라이오메트릭 훈련은 상체의 순발력을 요구하는 운동선수에게 필수적이고,[87] 상체의 더 강력한 근력을 필요로 하는 고객에게 도움을 줄 수 있다. 상체 플라이오메트릭 운동에는 메디신 볼 던지기, 받기 그리고 다양한 형태의 팔굽혀펴기 등이 있다.

운동강도

플라이오메트릭 '강도'는 운동을 수행하는 동안에 근육, 결합 조직, 관절에 가해지는 힘의 양을 의미하고, 수행한 훈련의 유형과 거리(예: 점프의 높이)에 의해 좌우된다(표 17.4).[19,22,43] 플라이오메트릭 훈련 강도의 범위는 관절에 부하를 덜 주는 낮은 강도의 스키핑(skipping)부터 주동근과 관절에 상당한 부하를 주는 높은 강도의 뎁스 점프까지 다양하다(표 17.4). 강도는 부하를 견딜 수 있는 신체의 능력과 운동을 수행하는 동안에 적절한 기술을 유지할 수 있는 고객의 능력에 따라 결정되어야만 한다.[19]

고객의 사례 17.1

플라이오메트릭 운동을 위한 요구 분석

스포츠 고객 A. 건강한 30세의 이 남성은 상당히 활동적인 삶을 살아왔고, YMCA 농구 리그에 가입되어 있다. 그는 현재 저항 훈련을 실시하고 있으며, 2년 전에 플라이오메트릭 운동을 수행했다. 신장 6피트(183cm), 체중 200파운드(91kg), 수직 점프 16인치(40cm), 스쿼트 1RM 180파운드(82kg)인 그는 아래 사항을 원하고 있다.

1. 농구 경기에서 리바운드 능력 향상을 위한 수직 점프의 증가
2. 코트에서의 빠른 달리기 속도와 빠른 방향 전환

스포츠 고객 B. 이 건강한 28세 여성은 지난 5년간 1루수를 맡아오다가, 외야수로 포지션을 바꾼, 빠른 볼을 던질 수 있는 소프트볼 선수이다. 그녀는 주당 1~2회의 서킷 웨이트 트레이닝으로 상하체 중량 훈련을 하고 있다. 신장 5피트 3인치(160cm), 체중 125파운드(57kg), 벤치 프레스 1RM 60파운드(27kg), 수직 점프 11인치(28cm)인 그녀는 아래와 같은 도움을 요청했다.

1. 오른쪽 외야를 맡을 수 있는 능력의 향상
2. 내야로 송구를 할 때 도움이 될 팔 근력의 향상

직장인 고객 A. 35세의 소방관인 이 남성은 1주에 5일간 상하체 저항 훈련 프로그램에 참가하고 있다. 그는 6개월 전에 플라이오메트릭 훈련 프로그램을 시작하였다. 신장 6피트 2인치(188cm), 체중 225파운드(102kg), 40야드(37m) 달리기 5.3초, 스쿼트 225파운드(102kg), 수직 점프 20인치(51cm)인 그는 필수적인 심혈관계 훈련뿐만 아니라, 아래와 같은 능력의 향상을 원했다.

1. 들어올리는 능력
2. 호스를 운반할 때의 스피드 향상

직장인 고객 B. 도매점에서 일하는 40세의 이 여성은 어깨 높이 이상의 선반에 상자를 들어올리는 데 지난 2달 동안 어려움을 겪었다. 그녀는 통증에 대해 불만을 갖지 않았지만, 회사 내 외과의사에 의해 근골격계 장애를 진단받았다. 신장 5피트 10인치(178cm), 체중 150파운드(68kg), 그녀의 예상 벤치 프레스 1RM 70파운드(32kg), 마찬가지로 예상 스쿼트 1RM 135파운드(61kg), 수직 점프 13인치(33cm)인 그녀는 이제까지 어떠한 저항 훈련 프로그램에도 참여한 적이 없다. 그녀는 아래 사항의 향상에 도움을 받고자 트레이너를 찾았다.

1. 선반에 상자를 올릴 때 팔의 근력 향상
2. 더 무거운 상자를 들어올릴 때 도움을 주는 다리 근력 향상

상해 예방 고객 A. 이 14세의 건강한 여성 축구선수는 고교축구팀 선발을 위해 준비하고 있다. 신장 5피트 7인치(170cm), 체중 110파운드(50kg)의 그녀는 아직 1RM 검사를 받지 않았고, 수직 점프는 12인치(30cm)이다. 그녀의 부모는 그녀보다 훨씬 나이가 많은 선수들과의 경기중 부상당할 것을 우려하고 있다. 그녀는 지난 6개월 동안 일반적인 저항 훈련 프로그램을 하고 있었지만, 플라이오메트릭 훈련 프로그램에 참여한 적은 없다. 그녀의 부모는 아래의 도움을 요청했다.

1. 상해 위험의 감소
2. 좋은 몸 상태를 유지하는 것

상해 예방 고객 B. 뛰어난 수준의 테니스 선수인 55세의 이 여성은 1년 동안의 휴식시간을 마치고 다시 시합에 복귀하고자 한다. 지금까지 심각한 상해의 경험을 없었지만, 스텝이 꼬여 부상당하지 않을까 염려하고 있었다. 신장 5피트 6인치(168cm), 체중 150파운드(68kg), 스쿼트 1RM은 대략 140파운드(64kg), 수직 점프 10인치(25cm), 40야드(37m) 달리기 7.0초인 그녀는 지난 4개월 동안 저항 훈련을 해왔다. 그녀는 아래 사항을 원했다.

1. 네트에 접근할 때의 스피드 향상
2. 상해 위험의 감소

만약 고객의 기술이 적절하지 못하다면, 퍼스널 트레이너는 고객이 운동을 수행하는 동안 적절한 기술을 구사하고 유지할 수 있을 때까지 강도를 낮춰야만 한다.

플라이오메트릭 시작 단계에서의 운동강도는 낮은 단계로 유지되어야 한다. 더블 레그 제자리 점프, 더블 레그 스탠딩 점프, 그리고 단순한 스키핑이 이러한 참가자들에게 적합하다. 어린이나 청소년 고객은 반드시 매 세트마다 완벽한 자세로 반복한다는 가정 하에 6~8번 반복으로 1~2세트 정도 진행하는 것이 적절하다. 어린 고객에게 판단이 잘 서지 않을 경우에는 그들의 신체적 능력을 과소평가하여 더 적은 반복을 수행하는 것이 오히려 더 낫다. 고객이 더 높은 단계 훈련을 수행할 준비가 되었을 때는 운동의 강도를 높이는 것에 집중하기보다는, 상해를 예방하기 위해 적절한 기술을 확실히 하는 데 노력을 기울여야 한다. 박스 점프 또는 뎁스 점프의 경우 착지점의 높이를 높이거나 보폭의 거리를 늘리고 한 다리 점프를 가미시켜 실시함으로써 강도를 올릴 수 있다. 훈련에 익숙해진 고객에게는 가벼운 무게를 들게 하거나, 중량 조끼를 입힘으로써 강도를 올릴 수 있다(표 17.5 참고). 만약 신장기 동안 과도한 중량으로 인해 아모티제이션 단계가 길어진다면, 플라이오메트릭 운동의 이득이 반감될 수 있다는 것을 명심해야 한다.[19,78]

운동빈도

'운동빈도'는 주당 플라이오메트릭 훈련의 횟수를 의미하며, 고객의 연령, 능력 그리고 목표에 그 기반을 둔다.[22] 종종 운동빈도와 운동강도는 반비례 관계이다.[19] 빈도가 증가하는 만큼 강도는 감소한다. 반대의 경우 또한 그렇다. 그러므로 적은 반복횟수의 낮은 강도 플라이오메트릭 운동은 일주일에 여러 번 수행할 수 있게 된다.

표 17.3 하체 플라이오메트릭 연습

점프의 형태	정의	예
제자리 점프	점프 사이에 휴식 없이 반복적으로 이루어지는 동일 지점에서의 점프와 착지	스쿼트 점프, 턱(tuck) 점프, 스플릿 스쿼트 점프
스탠딩 점프	수직적, 수평적 요소를 포함한 최대 노력 점프 반복 사이에 휴식시간을 둠	더블 레그 버티컬 점프, 스탠딩 롱 점프, 프론트 베리어 홉
복합적인 홉과 점프	반복적인 움직임을 포함한 연습 주로 제자리뛰기와 스탠딩 점프의 조합으로 이루어짐	더블 레그 홉, 프론트 베리어 홉
바운드	과장된 움직임과 함께 다른 연습과는 달리 최대한의 수평적 스피드가 요구됨 뛰어오르기의 연습량은 전형적으로 거리로 측정되며, 보통 30미터(98피드) 이상	스킵과 얼터네이트 레그바운드, 래터럴 바운딩
상자를 이용한 연습	상자를 이용한 복합적인 홉과 점프 상자의 높이는 고객의 체격과 착지 표면, 프로그램의 목적에 따라 다름	점프 투 박스, 점프 프롬 박스
뎁스 점프	상자 위에서 뛰어내려 착지하는 즉시 수직, 수평 또는 다른 상자로 점프하는 연습	뎁스 점프, 뎁스 점프 투 세컨 박스

표 17.4 강도에 따른 플라이오메트릭 운동 목록

저강도	중강도	고강도
앵클 플립(Ankle flip) 스킵(Skip) 스탠딩 롱 점프(Standing long jump) 더블 레그 버티컬 점프(Double-leg vertical jump) 체스트 패스(Chest pass) 점프 투 박스(Jump to box)	더블 레그 턱 점프(Double-leg tuck jump) 더블 레그 홉(Double leg hop) 스플릿 스쿼트 점프(Split squat jump) 얼터네이트 레그바운드(Alternate-legbounding) 프론트 베리어 홉(Front barrier hop) 점프 프롬 박스(Jump from box) 뎁스 푸시업(Depth push-up) 디그리 싯업(Degree sit-up)	뎁스 점프(Depth jump) 싱글 레그 점프(Single-leg jump) 레터럴 바운딩(Lateral bounding)

표 17.5 하체 플라이오메트릭 연습의 강도에 영향을 미치는 요소

요소	플라이오메트릭 연습 강도를 증가시킬 수 있는 방법
접촉 지점	두 다리에서 한 다리로 지탱하는 식으로 진행한다.
속도	연습의 움직임 속도를 증가시킨다.
다양한 반응 추가	착지 지면을 다양하게 해 정지한 상태에서 움직일 때 아모티제이션을 감소시킨다.
연습의 높이	연습의 높이를 올림으로써 신체의 중심을 상승시킨다(예: 뎁스 점프).
참가자의 중량	중량 조끼를 입거나 발목과 손목의 중량을 증가시킨다.
연습의 거리	연습의 강도를 올리기 위해 수평적 요소를 추가한다.

또한 중간 강도의 플라이오메트릭 훈련은 일주일에 두 번 정도 훈련하는 것이 점프 능력, 점프 접촉 시간(jump contact times), 최대의 단축성 그리고 등장성 수축력, 22야드(20m) 전력질주 시간 단축에 가장 큰 효과를 보인다고 최근의 연구는 보여준다.[19,33] 어린이와 청소년기 고객에게는 연속적이지 않게 일주일에 최대 2번 훈련하는 것이 가장 적절하다.

회복

퍼스널 트레이너는 운동 '빈도'에 집중하기보다, '회복 시간'(반복, 세트 그리고 운동 사이의 시간)에 더 심혈을 기울여야 한다.[21,22,23,25] 플라이오메트릭 훈련은 종종 최대의 노력으로 무산소성 파워를 향상시키는 활동을 포함하고 있기에 완전하고 적절한 회복이 요구된다.[19,84,114] 세트 사이 휴식시간은 훈련과 휴식의 적정 비율(예: 1:5~1:10)에 의해서 결정되며,[22,39,104] 현재 수행되고 있는 훈련의 양과 형태에 따라 달라진다. 즉, 더 높은 강도의 훈련일수록 고객에게는 더 많은 시간의 휴식이 요구된다. 예를 들어 플라이오메트릭 스킵(skip)의 휴식시간은 뎁스 점프 세트 사이 휴식보다 짧다.[22] 뎁스 점프의 회복 시간 범위는 한 회 반복당 5~10초, 세트당 2~3분 정도가 적당하다.

세트 사이 회복 시간이 부족하다면 완전한 회복을 할 수 없고, 잠재적 혜택이 줄어들 것이다. 플라이오메트릭은 신경근 반응, 폭발성, 순발력을 향상시키고 특정한 방향으로 힘을 생성해내는 능력을 위해 특별히 설계된 무산소성 활동이다.[22,97] 반복되는 매번의 플라이오메트릭을 효과적이게 하기 위해서 최대의 그리고 양질의 노력이 요구되고,[104] 일반적으로 매 세트 사이 완벽 혹은 완벽에 가까운 회복을 위해서는 60~120초 정도의 시간이 필요하다고 한다.[98] 또한 매 플라이오메트릭 훈련 사이에는 48~72시간 정도의 회복기간이 플라이오메트릭 운동을 처방할 때의 전형적인 지침이 된다.[21,22,23,25,104] 이것은 특히 적어도 48시간 이상을 쉬어야 하는 초심자에게 적용되어야 한다.[22] 이러한 전형적인 회복 시간을 활용함으로써, 대부분의 고객은 주당 1~3회 정도의 플라이오메트릭 훈련을 수행하게 된다.

훈련량

플라이오메트릭의 '훈련량'은 운동 한 세션당 수행된 운동량의 총합이며,[19,22] 이것은 반복수와 세트의 수로 표현한다. 보통 플라이오메트릭의 훈련량은 각 동작당 접촉하는 횟수(각 발이 지면에 접촉하는 횟수, 양발의 접촉 횟수 또는 손이 표면에 닿는 횟수)로 표현하며,[1,19,21,22,23,25] 또한 플라이오메트릭 바운딩(Bounding)처럼 이동한 거리로도 표현된다. 예를 들어 고객이 플라이오메트릭 훈련 초기에는 더블 암 바운드(Double arm bound)로 각 반복당 33야드(30m)를 이동했는데, 지금은 연습을 통해 109야드(100m)를 이동할 정도로 향상되었다.[22] 하체 플라이오메트릭의 훈련량은 고객의 다양한 조건(예: 고객의 연령과 목표, 저항 훈련과 플라이오메트릭 훈련의 경험)에 따라 표 17.6에서처럼 다양하게 제시된다. 상체 플라이오메트릭의 훈련량은 전형적으로 매 동작시 던지기 또는 받기의 횟수로 표현된다. 횟수는 매 세트당 8~12회 정도 반복하도록 권고한다. 만일 반복횟수가 이보다 적다면, 강도를 높이고 반복횟수가 이보다 많다면, 강도를 낮춘다.[98]

초심자를 위한 플라이오메트릭 운동 세션은 알맞은 준비 운동과 마무리 운동을 반드시 포함해야 하며, 30분을 초과해서는 안 된다. 만일 숙련된 고객이 더 긴 시간 운동을 한다면, 그만큼 더 긴 회복 시간을 주어야 한다.[22] 플라이오메트릭의 운동 효과는 고객이 느끼는 피로의 정도로 판단해서는 안 된다. 피로도를 지침으로 삼는다면 종종 오버 트레이닝, 통증 그리고 남용 부상의 결과를 초래할 수 있다. 운동의 양이 아닌 질에 집중하는 것이 파워에 가장 큰 향상을 제공할 것이다.[22,104] 플라이오메트

표 17.6 연령과 경험에 기반을 둔 일반적인 플라이오메트릭 훈련량 지침

연령	저항 훈련 경험 없음	3개월 이상의 일반적인 저항 훈련 경험	3개월 이상의 순발력 운동을 포함한 저항 훈련 경험	1년 이상의 일반적인 저항 훈련 경험	1년 이상의 순발력 운동을 포함한 저항 훈련 경험	플라이오메트릭 훈련 없이 저항 훈련만 경험	1년 이상 전에 저항 훈련과 플라이오메트릭 훈련	지난 1년 내에 저항 훈련과 플라이오메트릭 훈련
≤13	Nr*	Nr	Nr	Nr	Nr	Nr	Nr	Nr
14~17	Nr	40~60	40~60	60~80	80~100	40~60	60~80	80~100
18~30	Nr	60~80	60~80	80~100	100~120	80~100	100~120	120~140
31~40	Nr	40~60	60~80	60~80	80~100	60~80	80~100	100~120
41~60	Nr	40~60	40~60	60~80	60~80	40~60	60~80	80~100

훈련량은 발 접촉 횟수(하체 플라이오메트릭) 또는 던지기와 받기 횟수(상체 플라이오메트릭)로 표현되었다. 시작 단계의 훈련량은 다양한 요소들에 기반을 둔다. 이 표에 포함된 훈련량은 고객의 목표나 능력에 따라 변경될 수 있다.
Nr* – 추천할 수 없음(이러한 조건의 참가자에게 맞는 플라이오메트릭 훈련은 없음)

릭 세션의 훈련량은 훈련의 강도와 반비례 관계이다. 만일 플라이오메트릭의 강도가 낮거나 보통일 경우에는 발의 지면 접촉 횟수의 총합이 더 높아질 수 있다. 훈련량은 오직 통증과 같은 어떠한 부정적인 효과가 없이 적절한 기술을 유지할 수 있다는 가정 하에만 증가시켜야 한다.[19]

최대한의 이익을 얻기 위해서는 플라이오메트릭 운동이 반드시 정확히 실시되어야만 한다. 그렇기에 운동 프로그램 안에 플라이오메트릭 훈련을 배치한다면, 그 어떠한 운동보다 먼저 수행되어야만 한다. 그렇게 한다면 올바르게 반복횟수를 채워가는 것만으로도 고객은 큰 이익을 볼 것이다.[22,97] 그러나 다른 운동이 선행된 후에 플라이오메트릭 훈련을 한다면, 이미 피로해진 근육과 건이 플라이오메트릭 운동의 높은 자극에 의해 과도한 스트레스를 받을 수 있다. 그리고 이것이 오버 트레이닝과 상해를 유발할 수 있다.[98]

이제 표 17.1에 예시된 고객에게 운동의 형태, 강도, 빈도, 그리고 양의 지침을 적용할 수 있게 되었다. 표 17.2에 이러한 고객을 위해 설계된 플라이오메트릭 프로그램 샘플을 살펴보자.

프로그레션

플라이오메트릭 운동은 저항 훈련의 한 형태이기 때문에 훈련의 빈도, 양, 강도를 다양하게 결합하여 체계적으로 부하를 증가시키는 점진적 과부하의 원리로 실시해야 한다. 일반적으로 강도가 증가하면 훈련량은 감소한다. 낮은 강도의 플라이오메트릭에서는 훈련량을 적은 양에서 적당한 정도까지 점차적으로 증가시키며, 또 중강도에서 고강도의 플라이오메트릭 또한 적은 양에서 적당한 정도까지 진행한다. 플라이오메트릭은 반드시 체계적으로 진행되어야 한다. 초심자는 적절한 착지자세를 익혀야 하고, 적절한 착지자세가 갖춰진 고객에게는 수평적 또는 수직적인 구성요소를 더할 수 있다. 이 고객들은 천천히 진행을 해나가며, 스키핑, 8인치(20cm) 콘 더블 레그 홉, 스쿼트 점프 그리고 스플릿 점프 등과 같은 그들이 할 수 있는 낮은 강도의 플라이오메트릭 프로그램에 집중한다.[22,98] 고객이 플라이오메트릭 훈련이 주는 부하에 완전히 적응이 되기 전까지 모든 플라이오메트릭 활동은 양발로 이루어져야 한다. 웨이트 트레이닝의 경험이 있는 중급자 수준의 고등학생 고객은 스플릿 점프 또는 바운딩과 같은 중간 강도의 플라이오메트릭 훈련을 시작할 수 있다. 또, 중간 강도의 플라이오메트릭 운동에 숙달하고 강한 저항 훈련의 경험이 있는 성인 고객은 한 다리로 수행하는 플라이오메트릭, 뎁스 점프 그리고 외부 저항 운동과 수직 또는 수평적인 요소가 포함된 높은 강도의 플라이오메트릭을 운동 프로그램 안에 배치시킬 수 있다.[22]

준비 운동

다른 훈련 프로그램과 마찬가지로, 플라이오메트릭 운동 세션은 반드시 일반적이고 특정한 준비 운동들(12장에 언급된 준비 운동 참고)로 시작해야만 한다. 일반적인 준비 운동은 낮은 강도의 조깅이나 고정된 자전거 타기 등으로 구성된 반면에, 특정한 준비 운동은 플라이오메트릭 운동시에 수행하는 동작과 유사한 낮은 강도의 동적인 움직임으로 구성되어야 한다. 표 17.7에 대부분의 고객

표 17.7 플라이오메트릭 준비 운동 연습

동적인 준비 운동 연습	설 명
런지	■ 다양한 자세로 고객이 움직일 수 있는 능력을 향상한다. ■ 다양한 방향으로 수행(예: 앞, 옆, 뒤)한다.
토 조깅	조깅하는 동안 뒤꿈치가 바닥에 닿아서는 안 된다
스트레이트 레그 조깅	조깅하는 동안 무릎을 완전히 펴거나, 거의 편 상태를 유지한다.
버트 키커	조깅하는 동안 다리를 굽혀서 뒤꿈치를 엉덩이에 닿게 한다.
스키핑	상체와 하체의 상반된 움직임을 과장한다.
풋워크	방향 전환에 요구되는 다양한 연습(예: 셔플, 슬라이딩, 카리오카[carioca], 뒤로 달리기)

고객의 사례 17.2

고객의 사례에 대한 플라이오메트릭 프로그램 예시

고객	운동 형태	운동강도*	운동빈도 (주당 수업 횟수)	훈련량*	특정 운동 연습**
스포츠 고객 A	하체	중간	2	100회 접촉	– 더블 레그 턱 점프 – 스탠딩 롱 점프 – 더블 레그 버티컬 점프 – 더블 레그 홉 – 점프 투 박스 – 점프 프롬 박스
스포츠 고객 B	상하체	낮음	1	60회 접촉 상체: 20회 던지기	– 스탠딩 롱 점프 – 더블 레그 홉 – 스킵 – 점프 투 박스 – 체스트 패스
직장인 고객 A	상하체	중간–높음	2	하체: 100회 접촉 상체: 20회 던지기	– 스플릿 스쿼트 점프 – 스탠딩 롱 점프 – 더블 레그 버티컬 점프 – 싱글 레그 점프 – 점프 투 박스 – 체스트 패스 – 뎁스 푸시 업
직장인 고객 B	이 고객은 플라이오메트릭 훈련으로 이득을 얻을 수 있을지라도, 저항 훈련 프로그램에 참여한 경험이 없기 때문에 반드시 저항 훈련부터 시작해야만 하며, 3개월 후에 플라이오메트릭 훈련으로 진전될 수 있다.				
상해 예방 고객 A	하체	낮음	1	40회 접촉	– 스플릿 스쿼트 점프 – 더블 레그 버티컬 점프 – 스킵
상해 예방 고객 B	상하체	낮음–중간	1	40회 접촉	– 스플릿 스쿼트 점프 – 스탠딩 롱 점프 – 싱글 레그 점프 – 레터럴 바운드

* 이 변수의 값은 시작 단계를 나타낸다. 각각은 참가자의 인내력과 수행 능력에 따라 진전될 것이다(고객의 사례 17.1의 이 참가자들에 대한 서술을 볼 것).

** 각 고객들에게 제공된 훈련은 고객의 배경, 목표, 경험을 토대로 한 적절한 운동의 예이다. 고객들은 프로그램에 제시된 모든 운동을 다 할 필요는 없다.

에게 알맞는 일반적인 동적 준비 운동이 묘사되어 있다.

> 플라이오메트릭 프로그램은 효과적인 프로그램 설계를 위해 많은 필수 요소들을 포함해야만 한다. 요구 분석에 따라 운동의 유형, 강도, 빈도, 회복, 훈련량, 프로그램 길이, 진행 그리고 준비 운동 등 프로그램 설계에 포함되는 다양한 변수들을 반영해야 한다.

플라이오메트릭을 위한 시작 단계 설정

고객이 플라이오메트릭 운동을 할 준비가 되었다고 간주되는 경우, 몇 가지의 검사가 고객이 버티컬 점프, 뎁스 점프, 박스 점프 그리고 메디신 볼 토스와 같은 운동을 완수할 수 있는 단계를 결정하는 데 도움을 줄 수 있다.[97,98]

버티컬 점프는 고객이 벽 옆에 서서 평평한 바닥에 양발로 선 채로 수행된다. 고객은 손을 끝까지 뻗어 벽을 짚는다. 그 지점이 측정시 기준점으로 쓰인다. 고객은 제자리에서 두 다리로 점프를 한 뒤에 벽의 가장 높은 지점을 터치한다. 처음 손을 뻗었던 기준점과 점프의 가장 높은 지점에서 손을 짚은 점의 거리가 고객의 버티컬 점프 높이이다. 5번 시도를 해서 3번의 가장 좋은 기록을 고른다.[97,98] 그 결과로 뎁스 점프를 할 때 쓰일 상자의 높이를 결정한다.

뎁스 점프를 수행하기 위해 고객은 다양한 높이의 상자에서 단단히 고정되어 있거나 풀이 있는 바닥으로 뛰어내려야 한다. 처음 시작할 때는 반드시 12인치(30cm)의 상자에서 실시해야 한다. 상자에서 뛰어내린 뒤 착지와 동시에, 고객은 즉각 버티컬 점프 검사에서 표시해두었넌 곳에 닿거나, 혹은 그 이상으로 점프를 시도한다. 상자의 높이는 고객이 더 이상 버티컬 점프의 높이까지 뛰지 못할 때까지 최대 6인치(15cm)까지 늘릴 수 있다. 각 점프 사이 쉬는 시간은 반드시 1~2분이어야 한다. 버티컬 점프에서 최대로 달성한 상자의 높이는 고객이 이 운동을 위해 훈련해야만 하는 높이가 된다. 만약 고객이 12인치 상자에서 뛰어 버티컬 점프의 높이에 닿지 못한다거나, 버티컬 점프 높이의 상자에서도 닿지 못한다면, 상자의 높이를 낮추거나 고객이 충분히 강해질 때까지 뎁스 점프를 피해야만 한다.[22,98,98]

퍼스널 트레이너는 플라이오메트릭 훈련에서 박스 점프에 쓰일 상자의 최대 높이를 박스 점프 검사를 통해 결정할 수 있다. 고객은 상자의 앞에 팔 길이 정도 떨어져 선다. 상자 위로 점프를 한 뒤에 깔끔하고 부드럽게 착지한다. 매 시도가 성공적이라면, 상자의 높이를 점프를 뛰기 아주 어려울 때까지 높인다. 고객이 성공적으로 착지를 할 수 있는 가장 높은 높이가 박스 점프 훈련에 사용될 상자의 높이가 된다. 상자 주변에는 매트가 깔려 있어야 하며, 고객이 불안전한 착지나 시도를 할 때 즉각적으로 잡아줄 수 있는 보조자가 주변에 위치해 있어야 한다.[97]

메디신 볼 체스트 패스를 할 때 쓰일 메디신 볼의 무게를 결정하기 위해서, 퍼스널 트레이너는 고객을 등받이 의자에 벨트를 묶은 채로 앉혀야 한다. 고객은 그 상태에서 중량이 있는 메디신 볼로 가능한 최선을 다해서 채스트 패스를 한다. 만약 메디신 볼이 12피트(3.7m) 이상 날아가면, 고객은 더 무거운 메디신 볼로 다시 한 번 실시한다. 볼이 날아가는 거리가 10피드(3m) 이하면, 고객은 더 가벼운 메디신 볼을 사용해 채스트 패스한다.[97]

스피드 훈련의 역학과 생리학

대부분의 스포츠는 수행 속도에 의존한다. 예를 들어 고객이 단거리 육상선수든, 크로스 컨트리 주자든 혹은 수영 선수이든지 간에 성공은 주어진 임무를 가장 짧은 시간 내에 수행하는 능력에 달려 있다. 스피드 훈련은 스포츠 기능을 향상시키기 위해 사용하는 전통적인 방법으로 여겨져 왔다. 게다가 다음 단락에서 논의될 다양한 훈련 방법은 스포츠에 종사하지 않는 사람들을 위한 퍼스널 트레이닝에 대입하기 어렵다. 예를 들어 축구와 야구 베이스 러닝의 스피드 향상을 위한 트레이닝의 적절성은 명확해 보이지만, 작업 환경에서의 스피드 향상을 위한 트레이닝은 계획하기도 어렵고, 퍼스널 트레이너가 계획한 적절한 운동 형태를 그대로 따르기도 어렵다. 그렇기에 다음 단락에서는 주로 운동 환경과 상황들을 예시로 들 것이지만, 또한 비스포츠인을 위한 적용 방법도 제시할 것이다.

스피드 훈련의 정의

스피드 훈련은 기본적으로 최소 시간 안에 다양한 방법으로 성취한 최대의 힘을 발휘하는 것이다. 간단히 말하자면, 고객이 더 신속하게 움직이기 위해서는 발이 지면 위에 있을 때 '폭발적으로' 발을 디뎌야 한다는 것이다. **스피드 근력**(Speed-strength)이란 고속에서 최대의 힘을 발휘하는 것을 의미한다.[109,110] 사람들은 저항이 있거나 없는 상황에서 신속하게 움직임을 수행함으로써, 그들이 순발력을 기르는 방법과 근본적으로 동일한 방법으로 스피드 근력을 향상시킨다. 예를 들면 역도 유형의 움직임(예: 파워 클린, 행 클린, 스내치)과 여러 플라이오메트릭 운동을 들 수 있다. 각 운동의 형태는 저장된 탄성 에너지의 방출과 신전 반사를 통하여 근력의 상승을 도모하기 위해 아주 신속하게 수행된다. 그러므로 스피드 근력의 향상을 위한 훈련에서는 느린 움직임을 요구하는 운동은 되도록 피하고, 반드시 강력한 운동 처방에 집중해야 한다.[105]

스피드 지구력(speed-endurance)은 러닝 스피드를 보다 '긴 시간(보통 6초 이상) 유지할 수 있는 능력'을 말한다. 스피드 지구력의 발달은 고객이 최대 스피드로 움직이는 동안 점점 느려지는 것을 방지할 수 있다. 드리블 중 다른 선수에게 따라잡힌 축구선수나, 도망가는 용의자를 따라잡지 못하는 경찰관을 생각해보자. 이들이 스피드 지구력의 부족의 예이다. 이들은 각각 점점 느려졌거나, 피로로 인하여 가속하지 못했을 것이다.

스프린팅 기술

기술 평가는 움직임의 효율성을 평가하거나 궁극적으로 스피드 향상을 위한 훈련을 평가할 때 사용되는 중요한 수단이다. 기본적인 달리기 기술은 14장에 제시되어 있다. 스피드를 위한 달리기와 전력질주는 비슷해 보이지만 훈련의 형태가 다르다. 달리기처럼 전력질주 역시 자연스러운 활동이지만, 그것은 일반적인 달리기보다 더 다양한 방식으로 수행할 수 있다. 이러한 상관관계로, 처음 기술 훈련을 시작할 때는 자세의 최적화와 잘못된 자세를 수정하는 데 초점이 맞추어져야 한다.[24] 완전히 새로운 패턴의 움직임 패턴을 배우는 것은 불필요하기 때문이다. 특징적으로 교정이 필요한 폼과 오류는 주로 자세와 팔과 다리의 움직임에 있다. 따라서 전력질주의 스피드를 최대화하는 것은 최적화된 자세와 팔과 다리의 움직임에 중점을 둔다(그림 17.2 a와 b).[35,51,61,74,92,103]

자세

가속 구간에서는 신체를 대략 45도 정도 앞으로 기울인 채로 13~16야드(12~15m) 정도 달린다. 가속하고 있는 사람을 관찰해보면, 아랫다리와 발 사이의 각도가 최대 속도일 때보다 더 큰 것을 볼 수 있다. 13~16야드의 가속 구간 뒤에, 최대속도 구간에서는 신속하게 신체의 각도를 5도 이하로 줄인다(허리의 각도가 아닌, 지면 위에서의 신체 각도이다). 신체는 직립자세로 긴장되어 있지 말아야

그림 17.2 적절한 스프린팅 기술. (a) 초기 가속, 몸이 거의 45도 정도 앞으로 기울어져야 한다. 그리고 (b) 신속하게 5도 이하로 몸을 바로 세워야 한다.

하며, 머리와 몸통 그리고 다리는 항상 나란해야 한다. 비록 앞으로 넘어지는 것처럼 보일지라도,[13] 전력질주는 '탄도성 걸음을 신체를 반복적으로 전방으로 발사하듯이 실시한다'로 더 정확히 묘사된다.[95] 머리는 긴장하지 않은 채 최소한으로 움직여야 한다. 그리고 시선은 항상 정면을 바라봐야 한다.

다리 동작

스프린팅 기술에는 드라이빙(driving) 단계와 리커버리(recovery) 단계라는 학술적으로 설명된 두 가지의 주요 단계가 있다.[28] 드라이빙 또는 서포트(support) 단계에서 리드하는 발은 고관절 신전근(둔근)에 의해 작동하며, 무게중심의 바로 앞쪽인 전족부의 측면으로 착지한다. 발을 구를 때, 무릎을 과도하게 굽힘으로써 탄성에너지가 소실되는 것을 막기 위해 대퇴사두근은 반드시 수축해야만 한다. 발목은 반드시 배측 굴곡이 유지되어야 하며, 발가락은 크게 신전되어야 한다. 둔근과 햄스트링은 고객이 커다란 몸의 중심으로 스스로를 끌어당기기 위해 수축해야 한다. 고객은 발가락이 땅에서 떨어지기 전까지 발을 교차하며 발목의 저측 굴곡을 시작해야 한다. 폭발적인 다리의 움직임을 위해서 지면 접촉 시간을 최소화해야 한다.

리커버리 단계는 고객의 발이 완전히 지면에서 떨어졌을 때 시작된다. 고객은 리커버리 단계에 진입한 즉시 발목의 배측 굴곡과 발가락의 커다란 신전을 만들어야만 한다. 지면과 접촉시에, 지면이 다시 몸을 밀어낼 수 있도록 다리를 적절한 위치에 놓는다. 고객은 앞으로 나아가기 위해 지면 반발력을 이용할 수 있지만, 발이 지면에서 너무 오래 떠나 있으면 효과적으로 움직일 수 있게 도와주는 지면 반발력을 발이 지나치게 흡수하게 된다.[91] 고객은 반드시 무릎을 구부려야 하며, 발을 엉덩이 쪽으로 가져와야 한다. 이 동작은 다리를 빠르게 앞으로 휘저을 수 있도록 하는 짧은 지레가 된다.[28,91] 참가자의 반대쪽 발이 땅을 디디려 할 때 뒤꿈치는 엉덩이 쪽으로 움직이며, 다리는 점점 앞으로 가져간다. 무릎은 대략 90도 정도로 펴지며 발이 앞과 아래로 진행될수록 무릎과 거의 직선에 가깝게 펴진다. 이어서 다시 한 번 고관절 신전근으로 땅을 차고 나아간다. 빨라진 스프린팅 스피드는 엉덩이 쪽으로 움직이는 발의 높이를 증가시킨다(발꿈치 차기).

앞발의 측면으로 착지하는 것이 아닌 뒤꿈치로 착지하고 발가락까지 사용하여 달리는 것은 흔하게 발생하는 실수이다. 이것은 균형 문제뿐만 아니라 햄스트링의 상해를 일으키는 하체 구조에 의한 지면 반발력의 부적절한 흡수도 야기할 수 있다.[28] 또한 참가자의 유연성이 부족할 경우에는 뒤꿈치를 엉덩이 쪽으로 움직이는 데 어려움을 겪을 수 있다.

팔 동작

이완한 팔꿈치는 대략 90도 정도 굴곡한다.[28,91] 어깨에서부터 움직임을 만들어 팔을 앞뒤로 적극적으로 움직인다. 이때 관상면에서의 움직임은 최소화해야 한다. 팔의 움직임은 반드시 적극적으로 망치질 또는 펀치를 날리듯 뒤로 향해야 한다. 그리고 균형 지지와 다리에 가속을 제공하기 위해서 다리의 움직임과는 반대로 팔을 움직여야 한다.[28,91]

또한 참가자가 적극적으로 손을 뒤로 휘두른다면 어깨에 신장 반사가 생길 것이고, 자동적으로 팔이 앞으로 향하게 될 것이다. 앞쪽에 있는 손의 높이는 어깨 정도까지 올라와야 하며, 뒤쪽으로 넘어갈 때는 엉덩이 정도의 높이를 지나쳐야 한다.

팔 동작에서 발생하는 흔한 실수는 (a) 상박을 고정시키고 어깨로부터 나오는 움직임이 아닌 오로지 하박으로만 팔을 휘두른다. (b) 팔이 몸의 중심선을 넘어간다. (c) 부적절한 팔 스윙의 거리, (d) 팔의 뒤쪽 움직임보다 앞쪽을 향하는 움직임만을 강조하는 것이 있다.[28,91] 만약 참가자의 팔이 몸의 중심선을 넘어갈 경우 상체의 회전이 일어나 속도가 느려지게 된다. 팔 스윙의 거리에 관한 문제는 백 스윙시 손을 지나치게 올리거나(어깨 높이까지), 손을 몸 뒤로 충분히 멀리 보내지 않는 것(예: 엉덩이 부분에서 손이 멈춘다)이 있다.

가속

일반적으로 참가자는 적절한 기술에 도달하기 위해서 대략 13~16야드(12~15m) 정도 가속한다.[27] 첫 구간에서 참가자는 속도와 보폭을 늘리는 데 집중한다. 처음의 발구름은 무게중심의 앞쪽보다 몸의 뒤에서 발생한다. 그러나 이것은 13~16야드 이후 급격하게 변화한다. 또한 참가자의 몸의 각도가 상승하며, 스프린팅 기술 중 복구단계보다는 디딤 구간에 집중하게 된다.[27,28] 이렇게 상승한 몸의 각도로 인하여, 참가자는 전면 달리기역학(예: 무릎 들기의 높이, 배측 굴곡)에 더 많은 집중을 할 수 있고 동시에 후면부 역학(예: 배측 굴곡, 뒤꿈치 엉덩이 닿기)을 최소화할 수 있다.

스프린팅시 지지 시간은 짧게 유지하며 지면 접촉에 의한 제동력을 최소화해야 한다. 그리고 종아리와 발의 지면 접촉시 후방으로의 움직임 속도를 최대한 빠르게 해야 한다. 스프린팅의 최대 속도는 적절한 자세 및 다리와 팔의 조화로운 움직임에 의해 좌우된다.

스피드 훈련 프로그램 설계

플라이오메트릭 운동의 처방과 마찬가지로, 스피드 훈련 프로그램 설계에 대한 연구도 부족한 상황이다. 그러므로 실제 경험이 반드시 지침이 되어야 한다. 스피드 훈련 운동 처방은 고객의 스피드를 안전하고 효율적으로 향상시키기 위해 전형적인 프로그램 설계 변인을 사용한다.

운동 유형

스피드 훈련의 '운동 유형'은 스피드 특성에 의해 결정된다. 스피드 특성이란, 스피드를 향상시키기 위해 설계된 훈련을 말한다. 스피드 훈련은 자세, 걸음의 수, 보폭 등의 세 가지 영역에 집중한다. 스프린팅 기술은 스프린팅 수행, 걸음 분석, 그리고 특정한 자세 연습 등 다양한 방법을 통해 향상된다. 이 장 마지막 부분에 자세를 향상시키기 위해 설계된 운동이 제시되어 있다. 느린 속도로 수행되는 자세 연습은 실제 스프린팅 훈련을 대체하지 못하기 때문에 준비 운동에 포함되는 것이 좋다.[28]

달리기 속도를 분석해보면, 걸음의 수와 보폭이 직접적으로 연관되어 있다. 일반적으로 걸음의 수(주어진 시간 안에 발을 디딘 횟수)와 보폭(한 걸음으로 가는 거리)이 증가하면, 달리기 속도도 빨라진다. 출발시에 스피드는 보폭의 길이에 크게 좌우된다. 보폭 훈련은 스프린터의 걸음 리듬 향상에 도움이 된다.[29] 퍼스널 트레이너는 먼저 고객의 다리 길이를 바닥에서 대퇴부의 대전자까지의 길이로 측정한 뒤에, 여성의 경우 2.3~2.5, 남성의 경우에는 2.5~2.7을 곱한다. 이것이 고객의 적절한 보폭 기준이다. 예를 들어 다리의 길이가 36인치(90cm)인 참가자가 있다면, 36인치에 2.5를 곱하여 나오는 90인치(230cm)가 적절한 보폭의 길이이다. 이 훈련은 장소와 상관없이 적절한 보폭 길이의 60~105% 정도로 수행되어야 하지만, 연습 동안 고객이 적절한 목표에 발을 위치시킬 수 있도록 최적의 보폭 길이를 표시해두어야 한다.[29] 예를 들어 최적의 보폭이 90인치라면, 90의 60%는 54인치(137cm) 그리고 105%는 94.5인치(240cm)이기 때문에 보폭 훈련은 매 걸음이 54인치와 94.5인치 사이여야 한다.

스프린팅의 스피드를 올리는 것에 관해서는 걸음의 수가 더 중요한 변수로 작용한다.[79,88,89,104,119] 보폭의 길이는 신장과 다리 길이에 좌우되지만, 걸음의 수는 훈련에 의해 좌우되는 정도가 크기 때문이다.[79,81] **스프린트 보조 훈련**(Sprint-assisted training, 고객이 독립적으로 성취할 수 있는 속도보다 더 빠르게 달리는 것[31])과 **저항 스프린팅**(Resisted sprinting)[29]이라는 빠른 다리 훈련에 의해 보폭의 수는 전형적으로 증가하게 된다. 스프린트 보조 훈련에서 극한의 스피드를 내기 위해 고객은 익숙한 기존의 스프린트 훈련에서보다 많은 걸음을 뛰어야 한다. 기존 스프린팅의 보폭을 유지한다고 가정하면, 걸음의 수를 증가시키는 것은 달리기 속도 향상에 도움을 주게 될 것이다. 스프린트 보조 훈련 방법에는 내리막 스프린팅(3~7°), 빠르게 끌어주기 그리고 높은 스피드의 트레드밀에서 달리기 등을 포함한다. 어떤 훈련 방법이든, 스프린트 보조 훈련의 속도를 고객 최대 스피드의 10% 이상 향상시켜서는 안 된다.

스프린트 보조 훈련은 퍼스널 트레이너에게 사려깊은 지도와 시범을 요구하며, 고객의 명확한 이해가 동반되어야 하는 고난이도의 기술이다. 스프린트 보조 훈련은 고객의 기술을 향상시킬 수 있고, 그러한 효과는 보조 없이 달리는 중에도 나타날 것이다. 마지막으로 이 모든 세션에 앞서, 적절한 준비 운동은 반드시 필수적으로 고려되야 한다.

저항 스프린팅(Resisted sprinting)은 스피드의 가장 중요한 결정 요인인[105] 서포트 단계(드라이빙 단계)에서의 지면반발력 생산성을 증가시킴으로써 보폭의 길이뿐만 아니라, 스피드 근력의 향상에도 도움을 준다.[32,35,40,51,56,61,67,71,100] 다시 말하면 저항 스프린팅은 고객이 적절한 폼을 유지하며 오르막길을 전력질주한다거나, 모래나 물에서 달리는 것, 썰매, 탄성 튜브, 보조자, 낙하산 등을 끄는 것을 의미한다.[29,31,80] 저항 스프린팅은 전력질주 중 특히 가속 구간의 속도를 향상시키는 데 이용된다.[32] 저항 끌기와 오르막길 달리기는 몸을 앞으로 더 기울이고, 자세 지속시간을 증가시키며 자세의 추진 구간 동안에 수평적 힘 생산을 증가시킴으로써 전력질주 중 가속 구간의 향상에 매우 효과적이다.[32,53] 저항 스프린팅은 외부 저항을 10% 이상 증가시켜서는 안 된다.[95] 퍼스널 트레이너는 목적이 가속 구간의 향상일 때는 더 무거운 중량을 사용도 되지만, 최대속력의 증가가 목적일 때는 더 가벼운 중량을 사용해야만 한다.[32] 지나친 외부 저항은 기술의 변형(예: 지면 접촉 시간의 증가, 보폭 길이의 감소 또는 고관절 신전의 감소)을 가져올 수 있기 때문에 운동 수행력에 손상을 가져올 수 있다.[29] 또 다른 적절한 저항의 양을 측정하는 방법은 고객 체중의 15% 이하 또는 체중과 동일한 외부 부하를 사용하는 것이다. 이 경우 또한, 적절한 저항의 정도를 측정하려면 운동 수행력을 관찰한다. 만약 10% 이상의 부하에서 운동 수행력이 감소한다면, 사용되는 부하가 너무 무거운 것이고, 스프린팅 기술에도 영향을 미치게 될 것이다. 저항 스프린팅은 11~33야드(10~30m) 정도의 짧은 구간에서 수행되어야 한다.[85]

다른 스피드 훈련 기술들과 마찬가지로, 저항 스프린팅의 목표는 스피드 근력의 향상을 원하는 고객들이다. 하지만 스포츠 종사자가 아닌 고객에게 적용하더라도 효과를 볼 것이다. 예를 들어 70세의 노년 고객에게 탄성 튜브를 착용시켜 저항을 더한 채 걷게 하면, 오르막길을 오르는 능력이 향상되며, 걷는 동안 자신감이 증대되어 낙상으로 인한 상해 위험을 감소시킬 수 있다. 또 건축인부에게 무게가 나가는 도구나 썰매를 밀게 하면 시멘트로 가득 찬 일륜차를 미는 능력이 향상될 것이다.

비록 거의 모든 고객이 자세 연습을 수행할 수 있을지라도, 스프린트 보조 훈련이나 저항 스프린팅 훈련이 누군가에게는 벅찰 수도 있다. 모든 고객이 쉽게 수행할 수 있는 더욱 일반적인 운동의 형태는 인터벌 스프린팅이다. 고객은 주어진 거리나, 시간 안에 가능한 빠르게 전력질주(개인의 능력에 따라 달리거나 걷는다)한 뒤에 휴식을 취한다. 휴식을 취한 뒤에 이를 다시 한 번 반복한다. 인터벌 트레이닝을 수행할 때, 고객이 고강도의 운동(예: 전력질주, 달리기, 걷기)을 유지할 수 있도록 쉬는 시간을 중간에 배치시킨다.[45]

운동강도

스피드 훈련의 운동 '강도'는 주어진 훈련을 수행하는 동안 요구되는 육체적 노력을 말하며, 수행되는 운동의 형태와 거리에 의해 조절된다. 스피드 훈련 운동강도의 범위는 낮은 단계의 자세 연습에서부터 몸에 상당한 무리를 주는 스프린트 보조 훈련과 저항 스프린팅 트레이닝까지 넓다. 스프린팅은 적절한 스프린팅 역학, 보폭의 길이, 걸음의 수를 명확하게 하기 위해 반드시 최대 속도에 가깝게 수행되어야 한다.[29] 거리는 고객의 목표에 따라 결정한다. 가속 훈련은 짧은 거리를 요구하며, 최대 속도 훈련은 보다 긴 거리를 필요로 한다.[29]

운동빈도

스피드 훈련의 운동 '빈도'는 고객의 목표에 기반하여 1주 동안 시행되는 각 운동 세션의 수를 의미한다. 다른 프로그램 변수와 마찬가지로, 최적의 스피드 훈련 운동빈도에 대한 연구가 미흡한 실정이다. 적절한 운동빈도를 결정할 때는 퍼스널 트레이너의 실제적 경험에 기반을 두는 것이 반드시 필요하다. 스포츠 활동에 참여하는 운동선수는 주당 2~4회, 비스포츠 종사자인 평범한 고객은 주당 1~2회의 세션을 실시하는 것이 효과적이다.

회복

스피드 훈련 연습은 스피드와 무산소성 파워의 향상을 위해 최대의 노력을 해야 하기 때문에 매 반복마다 전력을 다하기 위해서 완전한 '회복'(반복 사이와 세트 사이의 시간)이 동반되어야 한다.[84,114] 반복 사이의 시간은 적절한 운동과 휴식의 비율(예: 1:5~1:10)로 결정되며, 실시되는 훈련의 형태와 운동량에 의해 명확해진다. 즉, 더 높은 강도의 운동일수록 더 많은 휴식이 필요하다. 자세를 위한 훈련에서의 회복이 가장 적은 반면, 내리막 달리기의 반복 사이 휴식은 2~3분 정도로 유지되어야 한다. 스피드 훈련을 하는 고객이 완전히 회복하지 못한 것이 괜찮아 보이기도 하고, 비록 매 반복횟수에 최선을 장담할 정도로 완전에 가까운 회복이 되었을지라도, 스피드 훈련은 매우 특정한 운동이기 때문에 완전히 회복해야만 한다. 피로한 상태에서 지속적으로 스피드 훈련을 하면 최적의 결과를 장담하지 못한다.[113] 사실, 피로한 상태에서 지속적으로 훈련하는 것은 고객을 느리게 만들고, 이러한 현상은 고객의 몸에 느리게 달리는 법을 가르치게 된다. 이것은 또한 신체협응성을 방해하고, 부족한 스피드 기술을 훈련하게 되는 결과를 초래한다.[28,29] 세션이 끝난 뒤에 회복 시간은 24~48시간 정도 유지되어야 하고, 이전 훈련의 강도에 의거하여 회복을 하도록 한다.

훈련량

스피드 훈련의 '훈련량'은 전형적으로 한 세션 동안 수행된 반복과 세트의 수를 말하며, 보통 수행된 거리로 표현한다. 예를 들어 스피드 훈련의 시작 단계인 참가자는 33야드(30m)로 스프린트 훈련을 하지만, 숙련자는 같은 훈련을 109야드(100m)까지 매 반복당 실시한다. 훈련강도와 마찬가지로, 훈련량 역시 고객의 목표에 따라 달라진다.

프로그레션

스피드 훈련은 운동빈도, 훈련량 그리고 강도의 다양한 조합을 통해 조직적인 향상을 위해 점진적 과부화의 원리를 반드시 따라야 한다. 전형적으로 강도가 증가하면, 훈련량은 낮아져야 한다. 훈련 프로그램의 강도는 다음과 같이 진행되어야 한다.

1. 낮은 강도의 스피드 훈련(예: 제자리 팔 스윙)은 낮음에서 높은 훈련량까지 진행한다.
2. 적당한 강도의 스피드 훈련(예: 프론트 베리어 홉)은 낮음에서 높은 훈련량까지 진행한다.
3. 적당한 강도에서 고강도의 스피드 훈련(예: 다운힐 스프린팅)은 낮음에서 높은 훈련량까지 진행한다.

준비 운동

어느 훈련 프로그램과 마찬가지로 스피드 훈련 세션 역시 일반적이고 특정한 준비 운동으로 시작해야 한다(12장에 논의된 준비 운동 참조). 스피드 훈련을 위한 특정한 준비 운동은 낮은 강도와 역동적인 움직임으로 이루어져 있어야만 한다. 일단 숙달된 뒤에는, 이 장의 마지막에 제시된 많은 자세 연습들을 준비 운동을 위한 훈련으로 적용할 수 있다.

스피드 훈련 안전 고려사항

본래 스피드 훈련은 위험하지 않지만, 다른 모든 형태의 운동들과 같이 고객들은 상해의 위험에 노출되어 있다. 스피드 훈련 도중 발생하는 상해는 흔히 근력 또는 유연성의 부족, 부적절한 지도와 감독, 그리고 알맞지 않은 운동 환경에 의해 발생한다.

훈련 전 평가

스피드 훈련 프로그램 참여시 상해의 위험을 줄이기 위해서, 고객은 적절한 기술을 이해하고 있어야 하며, 기본적인 근력과 유연성을 가지고 있어야 한다. 또한 스피드 훈련에 참여하기에 충분한 준비가 되어있어야 한다. 이어지는 평가 요소들은 고객이 준비가 되었는지 여부를 판단하는 데 도움을 줄 것이다.

신체적 특성

다른 형태의 운동과 마찬가지로, 스피드 훈련 프로그램 시작 전에 고객의 관절 구조, 자세, 체형 그리고 이전의 상해 경력 등을 검사하고 재검토하는 것이 필수적이다. 이전의 상해나 척추, 상지, 하지의 이상은 스피드 훈련 프로그램 참여시 상해의 위험을 증가시킨다. 심히 고려해야 하는 부분은 햄스트링의 유연성과 근력이다. 훈련이 이뤄지는 지면에서 떨어져 스윙 하는 다리가 신장성 근수축에서 단축성 근수축으로 전환하는 지점(아모티제이션)에서, 햄스트링은 그와 거의 동시에 일어나는 단축성 근수축에 의해(또는 움직임의 신장기에 의해) 발생되는 엄청난 양의 신장을 받아낼 준비가 되어 있어야 한다. 만약 햄스트링의 근력과 유연성이 충분히 준비되어 있지 않다면, 상해를 입을 수도 있다.

기술과 감독

고객이 스피드 훈련 연습을 수행하려고 할 때, 앞서 말한 대로 퍼스널 트레이너는 훈련의 효과를 최대화하고, 상해의 위험을 최소화하기 위해 필수적으로 적절한 스프린트 기술 시범을 보이고, 움직임 패턴을 관찰해야 한다. 적절한 기술은 효과와 러닝 스피드의 향상을 보장하는 반면, 부적절한 기술은 고객을 느리게 할 뿐만 아니라, 고객의 근육과 건에 과부하로 인한 부상을 초래한다.[28]

자세와 적절한 팔과 다리의 동작은 퍼스널 트레이너가 관찰해야 하는 특히 중요한 특성들이다. 고객이 적절한 기술을 보여주지 못할 경우, 각 훈련을 완벽히 성공해낼 때까지 강도를 낮춰야만 한다. 각 연습에서 일어나는 흔한 기술 오류가 이 장의 마지막 부분에 기술되어 있다.

운동 표면과 신발

고객의 체력, 건강 기술뿐만 아니라, 고객이 스피드 훈련 연습을 수행하는 장소 또한 안전에 중요한 영향을 끼친다. 상해를 예방하기 위해서 스피드 훈련 연습에 사용되는 착지 표면은 반드시 충격을 적절히 흡수할 수 있어야 하지만, 신전-단축 주기(SSC)의 신장기와 단축기 사이의 시간을 늘릴 만큼 부드러워서는 안 된다. 잔디밭, 마룻바닥 그리고 고무매트는 좋은 표면에 해당한다.[60] 아모티제이션 단계를 늘리거나, 신장 반사 사용 효율을 줄일 만큼 두꺼운 매트(6인치[15cm] 또는 그 이상)는 피하도록 한다. 또한 신발은 발목과 족궁의 지지를 잘해 주며, 넓고, 바닥이 미끄럽지 않은 것이 좋다.[84,114]

다른 형태의 운동과 플라이오메트릭 및 스피드 훈련의 조합

플라이오메트릭과 스피드 훈련은 단지 고객의 전반적인 훈련 프로그램의 한부분일 뿐이다. 많은 스포츠와 활동은 다양한 에너지 체계를 사용하고, 운동선수들의 목표를 성취하거나 경쟁을 적절히 준비하기 위해 여러 가지 형태의 운동이 필요하다. 잘 설계된 훈련 프로그램은 각각의 에너지 시스템과 훈련이 필요로 하는 것들을 반드시 포함해야 한다.

저항, 플라이오메트릭, 스피드 훈련

플라이오메트릭과 스피드 훈련을 저항 훈련과 조합하는 것은 운동 수행력을 최대화하면서 회복을 최적화시키기 위해 주의 깊게 고려해야 한다. 아래의 목록과 표 17.8은 다르지만 보완할 수 있는 훈련의 형태들을 조합한 프로그램을 개발하기 위한 적절한 지침을 제시한다.

- 일반적으로 고객은 주어진 날에 하체 플라이오메트릭 훈련과 스피드 훈련, 혹은 하체 저항 훈련중 하나를 실시해야 하며, 같은 날 한 가지 종류 이상의 운동을 실시하면 안 된다.
- 하체 저항 훈련과 상체 플라이오메트릭이나, 상체 저항 훈련과 하체 플라이오메트릭을 조합하는 것은 적절하다.
- 무거운 저항 훈련과 플라이오메트릭을 같은 날 수행하는 것은 추천하지 않는다.[17,56] 하지만 몇몇의 운동선수들은 플라이오메트릭 수행 뒤에 고강도의 저항 훈련을 하는 **컴플렉스 훈련**(complex training, 저항 훈련과 플라이오메트릭 훈련의 조합)을 수행함으로써 이득을 보기도 한다. 만약 이러한 트레이닝이 필요할 경우 스피드 훈련을 포함한 여러 고강도 하체 훈련과 플라이오메트릭 사이에 적절한 회복을 갖는 것이 필수적이다.
- 더 강한 순발력을 얻기 위해 전통적인 저항 훈련 운동과 플라이오메트릭을 조합하기도 한다.[117,118] 예를 들어 외부 저항으로 1RM의 30% 정도의 무게로 스쿼트 점프를 실시하면, 운동 수행력이 더욱 증가한다.[117,118] 이것은 더욱 진보된 복합 트레이닝으로, 오직 고강도의 플라이오메트릭 훈련 프로그램 수행 경험이 있는 고객만을 대상으로 수행되어야 한다.

플라이오메트릭과 유산소 운동

많은 스포츠와 활동들은 파워와 유산소적인 요소 모두를 요구한다. 다양한 형태의 트레이닝 조합은 위와 같은 스포츠에 종사하는 고객을 최상의 준비 상태로 만드는데 필수적이다. 유산소성 운동은 주어진 세션 동안 순발력 생산에 부정적인 영향을 미칠 수 있기 때문에[17] 유산소성 지구력 훈련에 앞서 플라이오메트릭 운동을 수행하는 것이 타당하다. 설계 변인은 경기를 위한 운동선수 트레이닝에 가장 효과적이면서 고객의 목표성취를 위해 상호보완적이어야 하고, 변하지 않아야 한다. 최근의 연구에서 플라이오메트릭이 장거리 달리기 수행력을 향상시키고, 상해의 위험을 감소시키는 것이 밝혀졌다.[30,106,115] 그러므로 달리기를 쉬는 날에 낮은 강도의 바운딩 타입 훈련을 가미시킨다면, 장거리 달리기 수행력이 향상될 것이다.

> 플라이오메트릭 운동은 전반적인 훈련 프로그램에 통합되어야 하고, 근력 운동과 유산소성 운동을 포함해야 한다. 스피드 훈련은 플라이오메트릭 그리고 저항 훈련과 조합되어야 하지만, 최대의 운동 수행중 최적의 회복 상태로 회복하기 위해 주의깊게 계획해야 한다.

표 17.8 저항, 플라이오메트릭 그리고 스피드 훈련의 일정 사례

요일	저항 훈련	플라이오메트릭 훈련	스피드 훈련
월	상체	하체	휴식
화	하체	상체	휴식
수	휴식	휴식	기술과 스프린트 보조 연습
목	상체	하체	휴식
금	하체	상체	휴식
토	휴식	휴식	기술과 스프린트 보조 연습
일	휴식	휴식	휴식

결론

대부분의 스포츠 활동과 다양한 직업에 도움이 될 수 있는 신속한 힘을 적용하고, 주동근에 과부하를 제공할 수 있는 능력을 기르는 것이 플라이오메트릭의 주 목표이다. 더욱이, 빠르게 움직이는 능력은 스포츠에서 주로 요구되기 때문에 스피드 훈련은 고객의 경쟁과 놀이 스포츠 활동을 위한 또 다른 중요한 구성요소로 포함된다. 이 각각의 형태의 운동을 수행할 때는 최소의 시간 안에 지면의 힘을 적절하게 적용하는 것이 필수적이다. 만약 힘이 부족하거나 힘을 생산하는 데 너무 오랜 시간이 걸린다면, 효율적인 가속과 방향 전환 또는 상대방을 따라잡는 능력을 잃게 된다.

스포츠 활동중에 성공을 위한 잠재력 향상 이외에, 스피드 그리고 특히 플라이오메트릭 훈련은 직업 활동에서의 기능 향상과 상해의 위험을 감소시킬 수 있다. 많은 노동자는 더 큰 물건을 들거나 옮기기, 빠르게 움직이기 또는 다른 의미에서의 폭발적인 움직임을 수행해야 한다. 서술된 플라이오메트릭과 스피드 훈련의 원리를 이용하는 것은 다양한 활동중 중요한 스피드 근력의 질을 향상시키는 이상적인 방법이다. 효율적인 감속 능력과 통제 능력은 고객의 상해 위험을 감소시키기 위해 없어서는 안 되는 능력이다. 참가자는 적절한 플라이오메트릭 훈련의 수행을 통해서 점프 후 착지할 때나, 방향을 바꿀 때 어떻게 감속하여야 하는지 배울 수 있다.

플라이오메트릭 훈련과 스피드 훈련은 그 자체가 아닌 전반적인 프로그램(저항 훈련뿐만 아니라, 유연성 그리고 유산소성 지구력 훈련과 적절한 영양 등)의 일부분으로 고려되어야 한다. 적절한 근력을 가진 고객은 플라이오메트릭과 스피드 훈련을 보다 성공적으로 수행할 수 있다. 더욱이 고객이 이러한 형태의 운동과 다른 운동을 병행한다면, 스포츠 활동뿐만 아니라 여러 방면에서의 활동 조건과 관계없이 운동 수행력을 최적화할 수 있다.

플라이오메트릭과 스피드 연습

하체 플라이오메트릭 연습

상체 플라이오메트릭 연습

보폭의 빈도와 스피드 연습

보폭의 길이 스피드 연습

하체 플라이오메트릭 연습(Lover Body Plyometric Drills)

앵클 플립(Ankle Flip)

- 운동강도: 하
- 도약 방향: 수직
- 시작 자세: 발은 어깨너비로 선다. 몸은 곧게 펴 있어야 한다.
- 팔 동작: 양팔을 동시에 사용
- 사전 동작: 없음
- 상승 동작: 발목만을 사용하여 뛰어오른다. 매 점프마다 발목을 최대한 저측 굴곡한다.
- 하강 동작: 시작 자세로 착지한다. 동작을 반복한다.

흔히 하는 실수

- 반동을 사용하는 것
- 최대한의 발목 저측 굴곡을 수행하지 않는 것
- 착지와 점프의 타이밍이 맞지 않는 것

스킵(Skip)

- 운동강도: 하
- 도약 방향: 수직과 수평
- 시작 자세: 엉덩이와 무릎을 굽혀 한쪽 다리를 90도로 들어올린다.
- 팔 동작: 한쪽 다리를 들 때 반대쪽 팔을 든다.
- 사전 동작: 반동으로 시작한다.
- 상승 동작: 한쪽 다리로 앞으로 점프한다. 반대쪽 다리는 착지할 때까지 시작 자세를 유지한다. 앞다리의 발가락을 위로 당기며 무릎을 앞으로 내밀고, 뒤꿈치는 엉덩이 아래에 위치한다.
- 하강 동작: 같은 다리로 시작 자세와 같이 착지한다. 반대쪽 다리로 동작을 반복한다.
- 응용 동작: 이 연습을 뒤로 할 수도 있다. 한쪽 다리로 뒤로 점프한다. 같은 다리로 시작 자세와 같이 착지한다. 반대쪽 다리로 동작을 반복한다.

흔히 하는 실수

- 다리를 바꿀 때 협응이 어렵다.

스탠딩 롱 점프(Standing Long Jump)

- 운동강도: 하
- 도약 방향: 수평
- 시작 자세: 양발을 어깨너비로 두고 하프 스쿼트(half- squat) 자세를 취한다.
- 팔 동작: 양팔을 동시에 사용한다.
- 사전 동작: 반동으로 시작한다.
- 상승 동작: 양발을 이용하여 최대한 앞쪽으로 점프한다. 이때 양팔의 도움을 받는다.
- 하강 동작: 시작 자세로 착지하고 반복한다. 반복 사이 충분한 휴식을 취한다.
- 응용 동작: 점프 사이에 정지 없이 여러 번의 점프를 진행한다. 착지한 즉시 다시 앞으로 점프한다. 착지 시간을 짧게 유지한다. 반복시 양팔을 빠르게 스윙한다. 위와 같이 실시하면 강도는 '중'으로 올라간다.

흔히 하는 실수

- 고객의 점프와 착지가 비동기화된다. 즉 양발이 동시에 지면에서 떨어지지 않거나 접촉하지 않는다.

더블 레그 버티컬 점프(Double-Leg Vertical Jump)

- 운동강도: 하
- 도약 방향: 수직
- 시작 자세: 편안하게 양발을 어깨너비로 벌려 똑바로 선다.
- 팔 동작: 양팔을 동시에 사용한다.
- 사전 동작: 반동으로 시작한다.
- 상승 동작: 양팔을 목표에 닿으려는 것처럼 최대한 위로 뻗으면서 양다리로 최대한 높이 점프한다.
- 하강 동작: 시작 자세로 착지하고 점프를 반복한다. 반복 사이 충분히 휴식한다.
- 응용 동작: 점프 사이에 휴식시간 없이 수행함으로써 운동의 강도를 높인다. 착지와 동시에 즉각적으로 다시 점프한다. 점프 사이 지면 접촉 시간을 최소화한다. 운동강도는 중강도로 변한다. 고강도로 하자면 한쪽 다리만 사용한다.

흔히 하는 실수

- 고객이 점프했던 자리에 착지하지 않는다.
- 반동이 지나치게 깊다.
- 반동이 지나치게 얕다.

점프 투 박스(Jump to Box)

- 운동강도: 하
- 준비물: 플라이오메트릭 상자(높이 15~107cm)
- 도약 방향: 수직과 약간의 수평
- 시작 자세: 플라이오메트릭 상자를 마주본 채 양발을 어깨너비로 벌리고 편안하게 똑바로 선다.
- 팔 동작: 양팔을 동시에 사용한다.
- 사전 동작: 반동으로 시작한다.
- 상승 동작: 두 발을 사용하여 박스 위로 뛰어오른다.
- 하강 동작: 양발로 세미 스쿼트(semi-squat) 자세로 착지한 다음 상자에서 걸어 내려와 동작을 반복한다.
- 응용 동작: 점프의 강도를 높이기 위해서 양손을 뒤통수에 깍지를 끼고 점프하거나, 상자의 높이를 높인다.

흔히 하는 실수

- 장애물을 뛰어넘으려다 무릎과 발이 벌어진다.
- 반동이 지나치게 깊다.
- 고객의 키나 능력에 비해 상자가 높다.

더블 레그 홉(Double-Leg Hop)

- 운동강도: 중
- 도약 방향: 수평
- 시작 자세: 편안하게 양발을 어깨너비로 벌리고 무릎을 살짝 구부린 채 팔은 옆에 둔다.
- 팔 동작: 양팔을 동시에 사용한다.
- 사전 동작: 신속한 반동으로 시작한다.
- 상승 동작: 엉덩이, 발가락, 무릎 그리고 뒷꿈치를 수직 점프하듯이 신전시키며 전방을 향해 점프한다. 착지하는 즉시 동작을 반복하며, 점프 간 지면 접촉 시간을 최소화한다.
- 하강 동작: 시작 자세로 착지하며, 엉덩이와 무릎은 약간 굽힌다.
- 응용 동작: 한 다리로만 동작을 진행한다. 이 경우 연습의 강도가 중강도에서 고강도로 올라간다.

흔히 하는 실수

- 점프 간 아모티제이션(지면과 접촉 시간)이 지나치게 길다.
- 적절한 자세 유지가 되지 않는다.
- 전방으로 점프를 지나치게 멀리 뛰어서 민첩성이 떨어진다.

얼터네이트 레그 바운드 더블 암(Alternate-Leg Bound-Double Arm)

- 운동강도: 중
- 도약 방향: 수평 그리고 수직
- 시작 자세: 편안하게 양발을 어깨너비로 벌려 똑바로 선다.
- 팔 동작: 두 팔을 동시에 사용한다.
- 사전 동작: 편안한 속도로 뛰기 시작하되, 왼발 먼저 내딛는다.
- 상승 동작: 왼발로 지면을 내딛는다. 지면을 밀어낸다. 지면을 밀어내 몸이 떠오르면, 허벅지를 지면과 90도가 되도록 굽히고, 무릎을 90도 굽힌 채 앞으로 내민다. 공중에 떠 있을 동안 양팔을 앞으로 뻗는다.
- 하강 동작: 오른발로 착지한 후, 즉시 반대발로 동작을 반복한다.
- 주의: 이 운동은 달리기의 과장된 형태이므로 가능한 보폭을 크게 한다.
- 응용 동작: 떠 있는 동안 양팔을 앞으로 뻗는 대신에, 떠 있는 발의 반대쪽 한팔만 앞으로 내민다.

흔히 하는 실수

- 점프시 수직과 수평 구성 요소의 균형을 적절히 유지하지 못한다.

스플릿 스쿼트 점프(Split Squat Jump)

- 운동강도: 중
- 도약 방향: 수직
- 시작 자세: 한쪽 다리를 앞으로 내밀어 런지 자세를 취하고(이때 엉덩이와 무릎을 90도로 굽히고, 무릎은 발의 바로 위에 둔다), 다른 쪽 다리는 몸통의 중앙선 뒤에 둔다.
- 팔 동작: 두 팔을 동시에 움직이거나, 움직이지 않는다.
- 사전 동작: 반동으로 시작한다.
- 상승 동작: 필요한 만큼 팔의 반동을 이용하여 최대한 높이 점프한다. 최대의 높이와 파워로 실시한다.
- 하강 동작: 같은 쪽 다리로 착지하여 런지 자세를 유지한 후 즉시 반복한다.
- 주의: 세트가 끝나면 휴식 후 다리를 바꾼다.
- 응용 동작: 지면에서 발이 떨어질 때 양쪽 다리의 앞뒤 위치를 바꾼다. 착지할 때 런지 자세(반대쪽 다리를 앞으로)를 유지하고, 즉시 동작을 반복한다.

흔히 하는 실수

- 런지 자세가 지나치게 얕다.
- 아모티제이션 단계(지면과 접촉 시간)가 지나치게 길다.
- 고객이 같은 위치에 착지하지 않고, 전후좌후로 과도하게 움직인다.
- 어깨가 엉덩이와 나란히 유지되지 못해, 안정성이 감소된다.

더블 레그 턱 점프(Double-Leg Tuck Jump)

- 운동강도: 중
- 도약 방향: 수직
- 시작 자세: 양발을 어깨너비로 벌리고 편안하게 선다. 무릎은 약간 굽히고, 가슴을 펴고, 어깨는 뒤로 당긴다. 손은 가슴 높이에 두고, 손바닥은 아래를 향하게 한다.
- 팔 동작: 양팔을 동시에 사용한다.
- 사전 동작: 신속한 반동으로 시작한다.
- 상승 동작: 폭발적으로 점프하며 무릎을 가슴 쪽으로 당긴다. 신속하게 양손으로 무릎을 끌어안았다가 착지 전에 놓는다.
- 하강 동작: 시작 자세로 착지한 뒤에 즉각적으로 점프를 반복한다. 점프 사이 지면 접촉 시간을 최소화한다.
- 응용 동작: 점프 사이에 쉬는 시간 없이 한 다리로 점프를 수행해 훈련의 강도를 고강도로 높인다.

흔히 하는 실수

- 아모티제이션(지면과 접촉 시간)이 지나치게 길다.
- 같은 자리에서 점프와 착지를 수행하지 못하고, 전후좌우로 과도하게 움직인다.

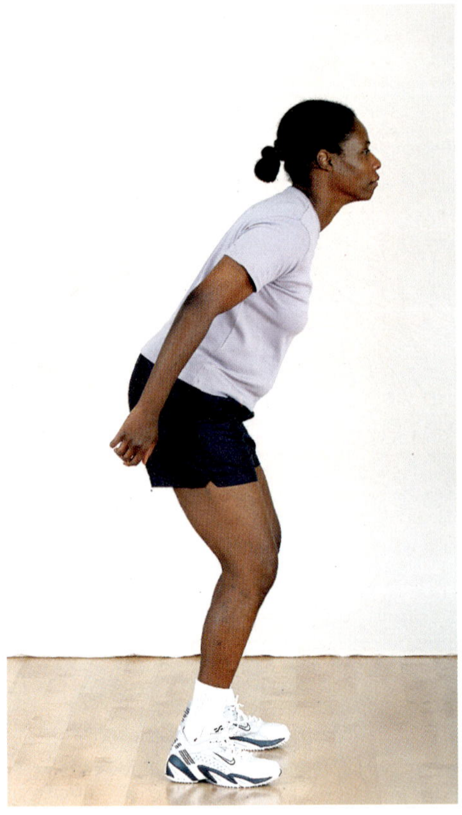

프론트 베리어 홉(Front Barrier Hop)

- 운동강도: 중
- 도약 방향: 수평 그리고 수직
- 시작 자세: 장애물을 마주보고 양발을 어깨너비로 두고, 편안하게 선다.
- 팔 동작: 두 팔을 동시에 사용한다.
- 사전 동작: 반동으로 시작한다.
- 상승 동작: 먼저 엉덩이와 무릎을 굽히면서 장애물을 뛰어넘는다. 무릎과 발은 한 측면으로 치우치지 않아야 한다.
- 하강 동작: 시작 자세로 착지한 즉시 다음 장애물을 뛰어넘는 것을 반복한다.
- 응용 동작: 이 연습은 측면으로도 수행이 가능하다. 장애물을 옆에 두고 선 뒤에 장애물을 뛰어넘은 뒤, 착지하자마자 시작했던 쪽으로 다시 장애물을 뛰어넘는다.
- 고급 동작: 장애물 뛰어넘기의 강도를 높이기 위해서는 장애물의 높이를 조절하거나(예: 콘에서 허들로), 한 발로 동작을 수행한다. 운동강도가 중강도에서 고강도로 바뀐다.

흔히 하는 실수

- 아모티제이션(지면과 접촉 시간)이 지나치게 길다.
- 장애물을 뛰어넘기 위해 무릎과 발이 벌어진다.

점프 프롬 박스(Jump From Box)

- 운동강도: 중
- 준비물: 플라이오메트릭 상자(높이 30~107cm)
- 도약 방향: 수직
- 시작 자세: 플라이오메트릭 상자 위에서 양발을 어깨너비로 벌리고 편안하게 선다.
- 팔 동작: 없음
- 사전 동작: 상자에서 걸어 내려온다.
- 하강 동작: 접촉할 때의 충격을 신속하게 흡수하며 양발로 착지한다. 중족부 바깥면이 먼저 지면에 닿고, 이어서 신속하게 전족부의 내측이 닿는다. 다시 상자 위로 올라가 반복한다.

흔히 하는 실수

- 두 발로 동시에 착지하지 않는다.
- 상자의 높이가 고객의 키와 능력에 비해 너무 높다.

뎁스 점프(Depth Jump)

- 운동강도: 고
- 준비물: 플라이오메트릭 상자(높이 30~107cm)
- 도약 방향: 수직
- 시작 자세: 상자 위에서 양발을 어깨너비로 두고 편안하게 선다. 발끝은 상자 모서리에 가깝게 둔다.
- 팔 동작: 양팔을 동시에 사용한다.
- 사전 동작: 상자에서 걸어 내려온다.
- 하강 동작: 두 발로 바닥에 착지한다.
- 상승 동작: 착지한 즉시 가능한 높게 점프를 한다.
- 주의: 지면에서의 시간을 가능한 최소화해야만 한다.
- 주의: 운동강도를 상승시키기 위해서 상자의 높이를 높인다. 상자 높이는 30cm부터 시작한다.

흔히 하는 실수

- 아모티제이션(지면과 접촉 시간)이 지나치게 길다.
- 같은 자리에서 점프와 착지를 수행하지 못하고, 착지 후 전후좌우로 과도하게 움직인다.
- 상자의 높이가 고객의 키와 능력에 비해 너무 높다.

레터럴 바운딩(Lateral Bounding)

- 운동강도: 고
- 도약 방향: 측면
- 시작 자세: 한 다리로 선다.
- 팔 동작: 두 팔을 동시에 사용한다.
- 상승 동작: 딛고 있지 않은 다리와 상지를 점프의 방향(딛지 않은 다리 방향)으로 움직인다. 딛고 있는 발을 이용해 딛고 있지 않은 다리 방향으로 가능한 멀리 점프를 한다.
- 하강 동작: 점프를 한 다리의 반대쪽 발로 착지한다. 착지한 즉시 시작한 방향으로 다시 점프한다. 이를 반복하며, 점프 사이 쉬는 시간을 최소화한다.

흔히 하는 실수

- 아모티제이션(지면과 접촉 시간)이 지나치게 길다.
- 측면 움직임을 벗어나게 점프를 한다.
- 불균형하게 착지한다.

상체 플라이오메트릭 연습(Upper Body Plyometric Drills)

체스트 패스(Chest Pass)

- 운동강도: 저
- 준비물: 메디신 볼 또는 플라이오메트릭 볼(1~3.6kg)
- 던지는 방향: 앞쪽
- 시작 자세: 양발을 어깨너비로 벌리고 편안하게 똑바로 선다. 이때 퍼스널 트레이너나 파트너와 약 3미터 거리를 두고 마주본다. 팔꿈치를 굽혀 볼을 가슴 높이까지 들어올린다.
- 사전 동작: 예비 동작으로 시작한다(플라이오메트릭으로 던지고, 실시자가 팔을 '꺾기(cock)' 위해서 예비 동작이 필요하다. 즉, 실제로 볼을 던지기 전에 두 팔을 약간 뒤쪽으로 가져간다).
- 팔 동작: 두 팔의 팔꿈치를 펴서 볼을 퍼스널 트레이너나 파트너에게 던진다(혹은 민다). 파트너가 볼을 돌려주면 볼을 잡자마자 즉시 처음 자세로 던지기 동작을 반복한다.
- 주의: 메디신 볼의 무게를 증가시켜 운동강도를 높일 수 있다. 1kg(2파운드)짜리부터 시작한다.

흔히 하는 실수

- 아모티제이션 단계(볼이 손에 있는 시간)가 지나치게 길다.
- 볼이 지나치게 무겁다.

뎁스 푸시업(Depth Push-up)

- 운동강도: 중
- 준비물: 메디신 볼
- 운동방향: 수직
- 시작 자세: 두 손을 메디신 볼 위에 두고 팔꿈치를 편 상태에서 팔굽혀펴기 자세를 취한다.
- 사전 동작: 없음
- 하강 동작: 메디신 볼 위에 둔 손을 재빨리 바닥에 내려놓는다. 손은 어깨너비보다 조금 넓게 짚고 팔꿈치는 약간 구부린다. 가슴이 볼에 닿을 정도로 상체를 내린다.
- 상승 동작: 팔꿈치를 최대한 펴서 힘껏 몸을 일으키고, 재빨리 손바닥을 메디신 볼 위에 올려놓으며, 동작을 반복한다.
- 주의: 상승 동작시 상체가 최고 높이에 달했을 때 손이 메디신 볼보다 위에 있어야 한다.
- 주의: 볼의 크기를 증가시킴으로써 운동강도를 높일 수 있다. 2.3kg 볼부터 시작한다.
- 응용 동작: 운동강도를 높이기 위해 발의 높이를 높여서 실시한다(예: 플라이오메트릭 상자).

흔히 하는 실수

- 아모티제이션 단계(예: 손이 땅에 닿아 있는 시간)가 지나치게 길다.
- 볼이 너무 커 시작 자세에서 바닥으로 하강하기까지의 거리가 너무 멀다.

45도 싯업(45-Degree Sit-Up)

- 운동강도: 중
- 준비물: 메디신 볼 또는 플라이오메트릭 볼
- 시작 자세: 상체를 바닥에서 45도 가량 기울인 상태로 바닥에 앉는다. 퍼스널 트레이너나 파트너는 볼을 들고 앞에 선다.
- 사전 동작: 파트너가 앞 사람의 짝 편 손을 향해 볼을 던진다.
- 하강 동작: 몸을 살짝 뒤로 젖히면서 양손으로 파트너가 던진 공을 받는다. 받는 즉시 파트너에게 다시 던진다.
- 주의: 볼의 무게를 증가시켜 운동강도를 높일 수 있다. 1kg의 볼로 시작한다.
- 주의: 파트너에게 볼을 던질 때의 힘은 반드시 복부 근육에서 나와야 한다.

흔히 하는 실수

- 신장성 단계(몸통이 펴져 있는 시간)가 지나치게 길다.
- 볼이 너무 무겁다.

보폭의 빈도와 스피드 연습(Stride Frequency Speed Drills)

스테이셔너리 암 스윙(Stationary Arm Swing)

- 운동강도: 저
- 준비물: 없음
- 훈련 목적: 적절한 팔 스윙의 기술과 상체 조절을 가르친다.
- 시작 자세: 처음에는 앉아서 시작하고, 점차 무릎 꿇은 자세, 선 자세, 걷는 자세, 마지막 조깅 순으로 진행한다. 곧게 앉는다. 팔꿈치는 90도로 구부리고 오른손은 오른쪽 엉덩이 옆에, 왼손은 왼쪽 어깨 앞에 둔다.
- 동작: 팔꿈치를 90도로 구부린 채 손은 가볍게 이완하고, 스프린팅할 때처럼 팔을 앞뒤로 흔든다. 손은 반드시 전면의 어깨높이에서부터 후면의 엉덩이를 지나치며 호를 그려야 한다.
- 응용 동작: 앉은 자세에서부터 무릎 꿇은 자세, 선 자세, 걷기, 마침내 조깅까지의 진행은 각 단계에서의 코어와 신체 조절 능력을 향상하기 위한 적절한 연습이 될 수 있고, 이로부터 조깅시에도 좋은 자세를 유지할 수 있다.

흔히 하는 실수

- 팔이 종종 신체 라인을 가로지르는 경우가 있다. 팔은 시상면(sagittal plane)을 따라 움직여야 한다.
- 팔의 움직임의 어깨에서 시작하지 않는다.
- 팔의 스윙이 어깨보다 지나치게 높거나, 엉덩이 쪽으로 충분히 젖혀지지 않는다.
- 팔 스윙이 강하지 않다. 동작을 망치질이나 펀치처럼 강력하게 유지해야 한다.

앵클링(Ankling)

- 운동강도: 저
- 준비물: 없음
- 훈련 목적: 스프린팅시에 어떻게 발을 지면으로부터 떼고, 다시 적절히 딛는지 가르친다. 적절한 발의 위치는 지면에서의 접촉 시간과, 지면으로 힘이 소실되는 것을 최소화한다. 그리고 지면 접촉 시간이 길어질수록 신체가 부담해야 하는 추가적인 스트레스로부터 상해를 최소화한다.
- 시작 자세: 발은 엉덩이 넓이로 벌리고 자연스럽게 선 자세에서 시작한다. 한 번에 한 다리에만 집중하며, 다리는 단단하게 유지한다.
- 시작 동작: 엉덩이가 발을 지나칠 때까지 앞으로 움직인다. 오른쪽 발뒤꿈치가 땅에서 떨어지자마자 발목의 배측 굴곡을 90도 정도로 만들고 엄지발가락을 신전하며 발을 뗀다. 엉덩이에서 움직임이 시작되게끔 하여 다리를 약간 앞으로(발 길이의 1/4 정도) 움직인다. 그 후에 즉시 오른발을 신속하게 저측 굴곡시킴과 동시에 전족부 측면과 발볼을 지면과 접촉시키며 신체를 발 쪽으로 당긴다. 즉각적으로 이 동작을 반복한다. 이 연습 내내 다리를 곧게 유지한다. 발을 지면에서 신속하게 떼는 것뿐만 아니라, 발목의 움직임에 집중한다. 오른발로 배측 굴곡과 저측 굴곡을 반복하며 10m 정도 가능한 많은 지면과 접촉하며 진행한다. 보폭은 발 길이의 1/4보다 크면 안 된다. 발을 바꿔 실시한다.
- 응용 동작: ① 걸으며 한 발씩 번갈아 실시한다. ② 한 번에 한 다리에 집중하며, 앵클링 중에 곧게 뻗은 다리를 바운딩한다. ③ 한 다리씩 번갈아 앵클링 중에 곧게 뻗은 다리를 바운딩한다. ④ 한 다리씩 번갈아 앵클링하며 달린다.

흔히 하는 실수

- 엄지발가락을 신전하여 90도로 발목을 배측 굴곡한 채 발이 지면과 접촉할 때까지 유지하기 어렵다.
- 앞발로 지면에 착지하거나 신체 중심을 발로 가져가기보다 발가락을 이용해 달린다.
- 다리를 곧게 유지하지 못한다.
- 보폭이 발 길이의 1/4을 넘는다.
- 각 지면 접촉 사이에, 발볼이 지나치게 오래 지면과 맞닿아 있다.

버트 키커(Butt Kicker)

- 운동강도: 저
- 준비물: 없음
- 훈련 목적: 뒤꿈치가 엉덩이에 닿자마자 즉각적으로 발목의 저측 굴곡을 만들게 함으로써 스프린팅시의 발목 움직임을 연습한다.
- 시작 자세: 양발을 어깨너비로 벌리고 편안하게 똑바로 선다. 가볍게 조깅을 시작한다.
- 동작: 종아리를 뒤쪽으로 스윙하며 발뒤꿈치를 엉덩이 쪽으로 햄스트링을 수축해 끌어당긴다. 발뒤꿈치가 엉덩이로부터 '튀어나오도록(bounce)' 한다.
- 응용 동작: 벽을 등지고 선 것처럼, 뒤꿈치를 엉덩이 뒤쪽으로 가져가는 것 대신에 상상의 벽을 따라 움직이도록 엉덩이 차기를 수행한다. 복구 단계에 있는 다리의 뒤꿈치가 엉덩이 앞쪽에 머물도록 한다. 이 응용 동작은 스프린팅시 떠 있는 구간에서 무릎을 들어올리는 능력을 향상시킨다. 이렇게 짧아진 다리 지레는 회전축에 더 가까워짐으로써 스프린팅시에 다리가 전방으로 향하는 주기를 보다 빠르게 해준다.

흔히 하는 실수

- 발뒤꿈치를 엉덩이 쪽으로 자연스럽게 들어올리는 대신, 뒤꿈치에 힘을 주어 강제로 엉덩이 쪽으로 가게 할 수 있다.
- 허벅지를 과도하게 움직인다. 허벅지 대신 무릎과 엉덩이 관절의 움직임에 집중해야 한다.

하이 니 드릴(High Knee Drill)

- 운동강도: 저에서 중
- 준비물: 없음
- 훈련 목적: 엉덩이굽힘근을 단련하고 앵클링 연습 동안 배웠던 발의 위치 선정 능력을 보강함으로써, 배측 굴곡의 보강과 엉덩이굽힘근의 컨디셔닝으로 전면부 역학을 향상시킨다.
- 시작 자세: 양발을 어깨너비로 두고 편안한 자세로 똑바로 선다. 보행을 시작하면 한 번에 한 다리에만 집중한다.
- 동작: 고관절이 발 위를 넘어갈 때 오른쪽 발목을 저측 굴곡시킨다. 발뒤꿈치가 지면에서 떨어지자마자 배측 굴곡을 만들며 앵클링 연습에서 했던 것과 같이 엄지발가락을 신전시킨다. 그와 동시에 고관절을 허벅지가 지면과 평행이 될 때까지 굽힌다. 배측 굴곡과 발가락의 신전을 유지하며 엉덩이를 사용하여 발을 지면으로 가져간다. 앞발의 측면이 엉덩이보다 약간 앞쪽에 오도록 위치시킨다.
- 응용 동작: ① 팔의 움직임 없이 한 번에 한 다리에만 집중한다. ② 앞 동작을 팔의 스윙을 더해 반복한다. ③ 팔의 움직임 없이 한 다리씩 번갈아 걷는다. ④ 앞 동작을 팔의 스윙을 더해 반복한다. ⑤ 팔의 움직임 없이 한 번에 한 다리에만 집중하여 스킵한다. ⑥ 앞 동작을 팔의 스윙을 더해 반복한다. ⑦ 팔의 움직임 없이 한 다리씩 번갈아 스킵한다. ⑧ 앞 동작을 팔의 스윙을 더해 반복한다. ⑨ 팔의 움직임 없이 한 다리씩 번갈아 달린다. ⑩ 앞 동작을 팔의 스윙을 더해 반복한다.

흔히 하는 실수

- 약한 고관절굴곡근과 코어로 인해 똑바로 서 있을 수 없다(고관절이 굽혀지면 몸통도 굽혀진다).
- 고관절을 굽힐 때, 배측 굴곡과 발가락의 강한 신전을 유지할 수 없다.

패스트 레그 드릴(Fast Leg Drill)

- 운동강도: 고
- 준비물: 없음
- 목적: 일반적인 달리기 때보다 하지를 더 빠른 속도로 움직임
- 시작 자세: 걷다가 오른발부터 시작한다.
- 동작: 세 걸음 정도 움직인 다음 배측굴곡과 발가락의 강한 신전을 유지한 채로 엉덩이 차기처럼 뒤꿈치를 엉덩이로 가져간다. 오른쪽 무릎을 반대발을 넘어가듯 앞으로 가져간다. 이때 고관절을 굽혀 허벅지는 지면과 평행하게 한다. 그 후 다리를 편 채로 무릎 높이 들기처럼 발을 지면으로 가져간다. 이 과정을 신속하게 수행하며, 세 걸음마다 반복한다.
- 응용 동작: ① 세 걸음 동안 앵클링을 수행한 다음 빠른 다리 동작을 한 번 실시한다. 한 다리만 수행한다. ② 세 걸음 동안 앵클링을 수행하고, 빠른 다리 동작을 한 번 실시한다. 이번에는 한 다리씩 번갈아 실시한다. ③ 두 걸음 앵클링을 수행하고, 빠른 다리 동작을 한 번 실시한다. 한 다리씩 번갈아 진행한다. ④ 스트레이트 레그 바운딩(straight-leg bounding)을 세 번 실시한 다음 빠른 다리 동작을 한 번 실시한다. 빠른 다리 동작은 한 다리만 수행한다. ⑤ 다리를 곧게 펴고 바운딩을 두 번 실시한 뒤에 빠른 다리 동작을 한 번 실시한다. 한 다리씩 번갈아가며 실시한다. ⑥ 다리를 곧게 펴고 바운딩을 한 번 실시하고, 빠른 다리 동작을 한 번 실시한다. 빠른 다리 동작은 한 다리만 수행한다. ⑦ 빠른 다리 동작을 연속적으로 실시한다.

업힐 스프린트(Uphill Sprint)

- 운동강도: 고
- 준비물: 3~7도 경사의 오르막길
- 시작 자세: 오르막이 시작되는 곳에서 양발을 어깨너비로 벌리고 편안하게 똑바로 선다.
- 동작: 올바른 자세와 기술을 유지하면서 30~50m의 오르막을 전력질주한다.

흔히 하는 실수

- 스프린팅의 속도가 10% 이상 감속될 경우, 경사는 7도를 넘지 않아야 하며, 속도가 계속 떨어지면 경사를 줄여야 한다.
- 적절한 자세를 유지할 수 없다면, 적절한 자세가 돌아올 때까지 경사를 줄인다.

파트너 저항 스프린팅(Partner-Resisted Sprinting)

- 운동강도: 고
- 준비물: 10~20m의 고무튜브
- 훈련 목적: 보폭의 길이를 늘리고, 최대치의 고관절 신전과 최소의 지면 접촉 시간을 얻는다.
- 시작 자세: 고객이 앞쪽에 위치하고, 퍼스널 트레이너나 파트너가 고객을 고무튜브에 걸고 튜브 반대쪽과 끝부분을 잡은 채 자세를 유지한다. 그동안 참여자는 5.50야드(5m) 정도 앞쪽으로 움직인다.
- 동작: 시작 자세의 간격을 유지한 채로 파트너가 저항하는 동안 고객은 스프린팅을 시작한다. 파트너는 고객의 속도가 10% 정도 느려질 정도로 저항을 주면 충분하다. 참가자는 10~15m 정도 스프린팅을 해야 한다.

흔히 하는 실수

- 스프린팅의 속도가 10% 이상 감속되면 적절한 기술을 구사할 수 있을 때까지 저항을 줄인다.
- 적절한 자세를 유지할 수 없다면, 적절한 자세가 돌아올 때까지 거리를 줄인다.

보폭의 길이 스피드 연습(Stride Length Speed Drills)

다운힐 스프린트(Downhill Sprint)

- 운동강도: 고
- 준비물: 3~7도 경사의 내리막길
- 훈련 목적: 원래 가능한 달리기 속도보다 더 빠른 속도로 달리기 위함. 이 훈련은 신체가 저항이 없거나, 평평한 바닥에서 스프린팅할 때 보다 더 이상적인 걸음의 빈도를 익히는 데 도움이 된다.
- 시작 자세: 내리막이 시작되는 정상에서 양발을 어깨너비로 벌리고 편안하게 똑바로 선다.
- 동작: 올바른 자세와 기술을 유지하면서 30~50m의 내리막을 전력 질주한다. 최고 속도의 106~110%를 넘지 않도록 한다.

흔히 하는 실수

- 과도한 제동이나 감속: 경사는 7도를 넘지 않아야 하며, 제동시간이 길어질 경우, 경사를 줄인다.
- 적절한 자세를 유지할 수 없다면, 적절한 자세가 돌아올 때까지 경사를 줄이도록 한다.

파트너 보조 토잉(Partner-Assisted Towing)

- 운동강도: 고
- 준비물: 10~20m의 고무튜브 또는 번지
- 훈련 목적: 원래 가능한 달리기 속도보다 더 빠른 속도로 달리기 위함. 이 훈련은 신체가 저항이 없거나, 평평한 바닥에서 스프린팅을 할 때 보다 더 이상적인 보폭의 빈도를 익히는 데 도움이 된다.
- 시작 자세: 파트너가 앞에 위치한 채로 튜브나 번지로 고객과 서로 연결한다. 파트너가 앞으로 5m 정도 이동하는 동안 고객은 시작 자세를 유지한다.
- 동작: 파트너가 먼저 달리기 시작하고 고객은 똑바로 선 자세에서 약간 몸을 앞으로 기울인 채, 반대쪽 무릎을 타고 넘어가는데 집중해 공중에 뜬 발을 배측 굴곡하고, 발볼을 땅에 디디며, 힘차고 바르게 팔을 흔든다.

흔히 하는 실수

- 비효율적인 보조: 파트너 또는 퍼스널 트레이너가 적어도 고객만큼은 빨라야 한다.
- 상승된 속도에서는 적절한 자세를 유지하기가 어렵다. 고객이 점점 느려지면, 발볼 대신 뒤꿈치로 지면과 접촉하게 된다. 이 경우, 고객의 지면 접촉 시간이 지나치게 길어져 보폭의 길이가 감소한다. 그 결과 속도는 느려지고, 시간이 흐를수록 고객은 과사용 부상을 입을 수 있다. 따라서 파트너는 고객이 적절한 기술로 되돌아올 때까지 스프린팅 속도를 줄여야만 한다.

연구 문제

1. 다음 중 신전-단축 주기(SSC)를 통하여 가장 큰 효과를 볼 수 있는 운동은?

   A. 푸시 프레스
   B. 데드리프트
   C. 백 스쿼트
   D. 프론트 스쿼트

2. 다음 중 플라이오메트릭 훈련 프로그램에 참가하고자 할 때 고려해야 할 사항은?

   A. 최소 18세 이상
   B. 1년 이상 순발력 운동 실시
   C. 최소 3개월 일반적인 저항 운동 실시
   D. 50세 이하

3. 고객의 아모티제이션 단계가 너무 길어 참가자가 뎁스 점프를 정확하게 실시하기 어려울 경우, 다음 설명 중 적절한 것을?

   A. 뎁스 점프를 중지한다.
   B. 참여자가 한쪽 다리로만 점프하도록 한다.
   C. 착지시 충격 흡수에 집중한다.
   D. 상자의 높이를 낮춘다.

4. 퍼스널 트레이너가 고객이 스프린팅시 스텝이 짧고 변동이 심하다는 것을 알아차렸다. 다음 훈련 형태 중 이 고객의 보폭을 향상시키는 데 도움이 되는 것을 고른다면?

   I. 저항 스프린팅
   II. 보조 스프린팅
   III. 기술 트레이닝
   IV. 플라이오메트릭 훈련

   A. I , III　　B. II , IV
   C. I, III, IV　　D. I, II, III

응용 지식 문제

파트타임 에어로빅 강사인 35세의 건강한 여성이 스포츠 에어로빅 시합에 참가하기 위해 훈련 프로그램을 시작하고자 한다. 이 여성은 대학 이후부터 저항 훈련을 해오고 있으며, 플라이오메트릭 연습 방법을 잘 알고 있다. 그녀는 키 5피트 5인치(165cm), 체중 130파운드(59kg)에 백 스쿼트 1RM이 195파운드(87kg)이다. 그녀가 가르치는 매주 수업 중 한 시간 동안 그녀는 뎁스 점프와 푸시업, 에어로빅 스텝을 실시한다.

고객에 대한 설명과 목표를 토대로 간단한 플라이오메트릭 훈련 프로그램을 설명하기 위하여 다음의 도표를 채워 보시오.

운동 형태	
특정한 활동 연습과 강도	
운동빈도	
훈련량(표 17.6)	

참고문헌

1. Allerheiligen, B., and R. Rogers. 1995. Plyometrics program design. *Strength and Conditioning* 17: 26-31.
2. Asmussen, E., and F. Bonde-Peterson. 1974. Storage of elastic energy in skeletal muscles in man. *Acta Physiologica Scandinavica* 91: 385-392.
3. Aura, O., and J.T. Vitasalo. 1989. Biomechanical characteristics of jumping. *International Journal of Sport Biomechanics* 5 (1): 89-97.
4. Berg, K., R.W. Latin, and T.R. Baechle. 1990. Physical and performance characteristics of NCAA division I football players. *Research Quarterly for Exercise and Sport* 61: 395-401.
5. Berg, K., R.W. Latin, and T.R. Baechle. 1992. Physical fitness of NCAA division I football players. *National Strength and Conditioning Association Journal* 14: 68-72.
6. Blattner, S., and L. Noble. 1979. Relative effects of isokinetic and plyometric training on vertical jumping performance. *Research Quarterly* 50 (4): 583-588.
7. Bobbert, M.F., K.G.M. Gerritsen, M.C.A Litjens, and A.J. Van Soest. 1996. Why is countermovement jump height greater than squat jump height? *Medicine and Science in Sports and Exercise* 28: 1402-1412.
8. Borkowski, J. 1990. Prevention of pre-season muscle soreness: Plyometric exercise (abstract). *Athletic Training* 25 (2): 122.
9. Bosco, C., A. Ito, P.V. Komi, P. Luhtanen, P. Rahkila, H. Rusko, and J.T. Vitasalo. 1982. Neuromuscular function and mechanical efficiency of human leg extensor muscles during jumping exercises. *Acta Physiologica Scandinavica* 114: 543-550.
10. Bosco, C., and P.V. Komi. 1979. Potentiation of the mechanical behavior of the human skeletal muscle through prestretching. *Acta Physiologica Scandinavica* 106: 467-472.
11. Bosco, C., P.V. Komi, and A. Ito. 1981. Pre-stretch potentiation of human skeletal muscle during ballistic movement. *Acta Physiologica Scandinavica* 111: 135-140.
12. Bosco, C., J.T. Vitasalo, P.V. Komi, and P. Luhtanen. 1982. Combined effect of elastic energy and myoelectrical potentiation during stretch shortening cycle exercise. *Acta Physiologica Scandinavica* 114: 557-565.
13. Brown, L.E., V.A. Ferrigno, and J.C. Santana. 2000. *Training for Speed, Agility, and Quickness*. Champaign, IL: Human Kinetics.
14. Cavagna, G.A. 1977. Storage and utilization of elastic energy in skeletal muscle. In: *Exercise and Sport Science Reviews*, vol. 5, R.S. Hutton, ed. Santa Barbara, CA: Journal Affiliates. pp. 80-129.
15. Cavagna, G.A., B. Dusman, and R. Margaria. 1968. Positive work done by a previously stretched muscle. *Journal of Applied Physiology* 24: 21-32.
16. Cavagna, G.A., F.P. Saibere, and R. Margaria. 1965. Effect of negative work on the amount of positive work performed by an isolated muscle. *Journal of Applied Physiology* 20: 157-158.
17. Chambers, C., T.D. Noakes, E.V. Lambert, and M.I. Lambert. 1998. Time course of recovery of vertical jump height and heart rate versus running speed after a 90-km foot race. *Journal of Sports Sciences* 16: 645-651.
18. Chimera, N.J., K.A. Swanik, C.B. Swanik, and S.J. Straub. 2004. Effects of plyometric training on muscle-activation strategies and performance in female athletes. *Journal of Athletic Training* 39 (1): 24-31.
19. Chmielewski, T.L., G.D. Myer, D. Kaufman, and S. M. Tillman. 2006. Plyometric exercise in the rehabilitation of athletes: Physiological responses and clinical application. *Journal of Orthopaedic and Sports Physical Therapy* 36 (5): 308-319.
20. Chu, D. 1983. Plyometrics: The link between strength and speed. *National Strength and Conditioning Association Journal* 5 (2): 20-21.
21. Chu, D. 1984. Plyometric exercise. *National Strength and Conditioning Association Journal* 5 (6): 56-59, 61-64.
22. Chu, D. 1998. *Jumping Into Plyometrics,* 2nd ed. Champaign, IL: Human Kinetics.
23. Chu, D., and F. Costello. 1985. Jumping into plyometrics. *National Strength and Conditioning Association Journal* 7 (3): 65.
24. Chu, D., and R. Korchemny. 1989. Sprinting stride actions: Analysis and evaluation. *National Strength and Conditioning Association Journal* 11 (6): 6-8, 82-85.
25. Chu, D., and R. Panariello. 1986. Jumping into plyometrics. *National Strength and Conditioning Association Journal* 8 (5): 73.
26. Chu, D., and L. Plummer. 1984. Jumping into plyometrics: The language of plyometrics. *National Strength and Conditioning Association Journal* 6 (5): 30-31.
27. Cissik, J. 2002. Technique and speed development for running. *NSCA Performance Training Journal* 1(8): 18-21.
28. Cissik, J.M. 2004. Means and methods of speed training: Part I. *Strength and Conditioning Journal* 26 (4): 24-29.
29. Cissik, J. 2005. Means and methods of speed training: Part II. *Strength and Conditioning Journal* 27 (1): 18-25.
30. Clark, M.A., and T. Wallace. 2003. Plyometric training with elastic resistance. In: *The Scientific and Clinical Application of Elastic Resistance,* P. Page and T.S. Ellenbecker, eds. Champaign, IL: Human Kinetics. pp. 119-129.
31. Costello, F. 1985. Training for speed using resisted and assisted methods. *National Strength and Conditioning Association Journal* 7 (1): 74-75.
32. Cronin, J., and K.T. Hansen. 2006. Resisted sprint training for the acceleration phase of sprinting. *Strength and Conditioning Journal* 28 (4): 42-51.
33. de Villarreal, E.S.S., J.J. González-Badillo, and M. Izquierdo. 2008. Low and moderate plyometric training frequency produces greater jumping and sprinting gains compared with high frequency. *Journal of Strength and Conditioning Research* 22 (3): 715-725.
34. de Vos, N.J., N.A. Singh, D.A. Ross, T. M. Stavrinos, R. Orr, and M.A.F. Singh. 2005. Optimal load for increasing muscle power during explosive resistance training in older adults. *Journal of Gerontology* 60A (5): 638-647.
35. Dick, F.W. 1987. *Sprints and Relays*. London: British Amateur Athletic Board.
36. Dillman, C.J., G.S. Fleisig, and J.R. Andrews. 1993. Biomechanics of pitching with emphasis upon shoulder kinematics. *Journal of Orthopaedic and Sports Physical Therapy* 18 (2): 402-408.
37. Dintiman, G.B., R.D. Ward, and T. Tellez. 1998. *Sports Speed*. Champaign, IL: Human Kinetics.
38. Dursenev, L., and L. Raeysky. 1979. Strength training for jumpers. *Soviet Sports Review* 14 (2): 53-55.
39. Ebben W., 2007. Practical guidelines for plyometric intensity. *NCSA's Performance Training Journal.* 6(5): 12-16.
40. Enoka, R.W. 1994. *Neuromechanical Basis of Kinesiology.*

Champaign, IL: Human Kinetics.

41. Faccioni, A. 1994. Assisted and resisted methods for speed development (part II). *Modern Athlete Coach* 32 (3): 8-11.

42. Faigenbaum A. 2006. Plyometrics for Kids: Facts and Fallacies. *NSCA's Performance Training Journal.* 5(2): 13–16.

43. Faigenbaum A., W. Kraemer, C.J.R. Blimkie, I. Jeffreys, L.J. Micheli, M. Nitka, and T.W. Rowland. 2009. Youth resistance training: Updated position statement paper from the National Strength and Conditioning Association. *Journal of Strength and Conditioning Research.* Supplement to 23(5): S60-S79.

44. Feltner, M., and J. Dapena. 1986. Dynamics of the shoulder and elbow joints of the throwing arm during a baseball pitch. *International Journal of Sport Biomechanics* 2: 235.

45. Fleck, S. 1983. Interval training: Physiological basis. *National Strength and Conditioning Association Journal* 5 (5): 40, 57-63.

46. Fleck, S., and W. Kraemer. 1997. *Designing Resistance Training Programs.* Champaign, IL: Human Kinetics.

47. Fleisig, G.S., S.W. Barrentine, N. Zheng, R.F. Escamilla, and J.R. Andrews. 1999. Kinematic and kinetic comparison of baseball pitching among various levels of development. *Journal of Biomechanics* 32 (12): 1371-1375.

48. Fowler, N.E., A. Lees, and T. Reilly. 1994. Spinal shrinkage in unloaded and loaded drop-jumping. *Ergonomics* 37: 133-139.

49. Fowler, N.E., A. Lees, and T. Reilly. 1997. Changes in stature following plyometric drop-jump and pendulum exercises. *Ergonomics* 40: 1279-1286.

50. Gambetta, V. 1978. Plyometric training. *Track and Field Quarterly Review* 80 (4): 56-57.

51. Gambetta, V., G. Winckler, J. Rogers, J. Orognen, L. Seagrave, and S. Jolly. 1989. Sprints and relays. In: *TAC Track and Field Coaching Manual,* 2nd ed., TAC Development Committees and V. Gambetta, eds. Champaign, IL: Leisure Press. pp. 55-70.

52. Gamble, P. 2008. Approaching physical preparation for youth team-sports players. *Strength and Conditioning Journal* 30 (1): 29-42.

53. Gottschall, J.S. and Kram, R. 2005. Ground reaction forces during downhill and uphill running. *Journal of Biomechanics* 38: 445-452.

54. Guyton, A.C., and J.E. Hall. 1995. *Textbook of Medical Physiology,* 9th ed. Philadelphia: Saunders.

55. Harman, E.A., M.T. Rosenstein, P.N. Frykman, and R.M. Rosenstein. 1990. The effects of arms and countermovement on vertical jumping. *Medicine and Science in Sports and Exercise* 22: 825-833.

56. Harre, D., ed. 1982. *Principles of Sports Training.* Berlin: Sportverlag.

57. Hewett, T.E., T.N. Lindenfeld, J.V. Riccobene, and F.R. Noyes. 1999. The effect of neuromuscular training on the incidence of knee injury in female athletes. A prospective study. *American Journal of Sports Medicine* 27: 699-706.

58. Hewett, T.E., A.L. Stroupe, T.A. Nance, and F.R. Noyes. 1996. Plyometric training in female athletes. *American Journal of Sports Medicine* 24: 765-773.

59. Hill, A.V. 1970. *First and Last Experiments in Muscle Mechanics.* Cambridge: Cambridge University Press.

60. Holcomb, W.R., D.M. Kleiner, and D.A. Chu. 1998. Plyometrics: Considerations for safe and effective training. *Strength and Conditioning* 20 (3): 36-39.

61. Jarver, J., ed. 1990. *Sprints and Relays: Contemporary Theory, Technique and Training,* 3rd ed. Los Altos, CA: Tafnews Press.

62. Judge, L.W. 2007. Developing speed strength: In-season training program for the collegiate thrower. *Strength and Conditioning Journal* 29 (5): 42-54.

63. Kaeding, C.C., and R. Whitehead. 1998. Musculoskeletal injuries in adolescents. *Primary Care* 25 (1): 211-23.

64. Kilani, H.A., S.S. Palmer, M.J. Adrian, and J.J. Gapsis. 1989. Block of the stretch reflex of vastus lateralis during vertical jump. *Human Movement Science* 8: 247-269.

65. Korchemny, R. 1985. Evaluation of sprinters. *National Strength and Conditioning Association Journal* 7 (4): 38-42.

66. Kotzamanidis, C. 2006. Effect of plyometric training on running performance and vertical jumping on prepubertal boys. *Journal of Strength and Conditioning Research* 20 (2): 441-445.

67. Kozlov, I., and V. Muravyev. 1992. Muscles and the sprint. *Soviet Sports Review* 27 (6): 192-195.

68. Kraemer, W.J., S.A. Mazzetti, B.C. Nindl, L.A. Gotshalk, J.S. Volek, J.A. Bush, J.O. Marx, K. Dohi, A.L. Gomez, M. Miles, S.J. Fleck, R.U. Newton, and K. Häkkinen. 2001. Effect of resistance training on women's strength/power and occupational performances. *Medicine and Science in Sports and Exercise* 33 (6): 1011-1025.

69. LaChance, P. 1995. Plyometric exercise. *Strength and Conditioning* 17: 16-23.

70. Latin, R.W., K. Berg, and T.R. Baechle. 1994. Physical and performance characteristics of NCAA division I male basketball players. *Journal of Strength and Conditioning Research* 8: 214-218.

71. Lavrienko, A., J. Kravstev, and Z. Petrova. 1990. New approaches to sprint training. *Modern Athlete Coach* 28 (3): 3-5.

72. Lipp, E.J. 1998. Athletic epiphyseal injury in children and adolescents. *Orthopaedic Nursing* 17 (2): 17-22.

73. Luhtanen, P., and P. Komi. 1978. Mechanical factors influencing running speed. In: *Biomechanics* VI-B, E. Asmussen, ed. Baltimore: University Park Press. pp. 23-29.

74. Mach, G. 1985. The individual sprint events. In: *Athletes in Action: The Official International Amateur Athletic Federation Book on Track and Field Techniques.* London: Pelham Books. pp. 12-34.

75. Matavulj, D., M. Kukolj, D. Ugarkovic, J. Tihanyi, and S. Jaric. 2001. Effects of plyometric training on jumping performance in junior basketball players. *Journal of Sports Medicine and Physical Fitness* 41 (2): 159-164.

76. Matthews, P.B.C. 1990. The knee jerk: Still an enigma? *Canadian Journal of Physiology and Pharmacology* 68: 347-354.

77. McBride, J.M., G.O. McCaulley, and P. Cormie. 2008. Influence of preactivity and eccentric muscle activity on concentric performance during vertical jumping. *Journal of Strength and Conditioning Research* 22 (3): 750-757.

78. McNeely, E. 2005. Introduction to plyometrics: Converting strength to power. *NSCA Performance Training Journal* 6 (5): 19-22.

79. Mero, A., P.V. Komi, and R.J. Gregor. 1992. Biomechanics of sprint running: A review. *Sports Medicine* 13 (6): 376-392.

80. Miller, J.M., S.C. Hilbert, and L.E. Brown. 2001. Speed, quickness, and agility training for senior tennis players. *Strength and Conditioning Journal* 23 (5): 62-66.

81. Moravec, P., J. Ruzicka, P. Susanka, E. Dostal, M. Kodejs, and M. Nosek. 1988. The 1987 International Athletic Foundation/IAAF scientific project report: Time analysis of the 100 metres events at the II World Championships in athletics. *New Studies Athletics* 3 (3): 61-96.

82. Myer, G.D., K.R. Ford, S.G. McLean, and T.E. Hewett. 2006. The effects of plyometric versus dynamic stabilization and balance training on lower extremity biomechanics. *American Journal of Sports Medicine* 34 (3): 445-455.

83. Myer, G.D., M.V. Paterno, K.R. Ford, and T.E. Hewett. 2008 Neuromuscular training techniques to target deficits before return to sport after anterior cruciate ligament reconstruction. *Journal of Strength and Conditioning Research* 22 (3): 987-1014.

84. National Strength and Conditioning Association. 1993. Position statement: Explosive/plyometric exercises. *National Strength and Conditioning Association Journal* 15 (3): 16.

85. Newman, B. 2007. Speed development through resisted sprinting. *NSCA Performance Training Journal* 6 (3): 12-13.

86. Newton, R.U., W.J. Kraemer, and K. Häkkinen. 1999. Effects of ballistic training on preseason preparation of elite volleyball players. *Medicine and Science in Sports and Exercise* 31 (2): 323-330.

87. Newton, R.U., A.J. Murphy, B.J. Humphries, G.J. Wilson, W.J. Kraemer, and K. Häkkinen. 1997. Influence of load and stretch shortening cycle on the kinematics, kinetics and muscle activation that occurs during explosive upperbody movements. *European Journal of Applied Physiology* 75: 333-342.

88. Ozolin, E. 1986. Contemporary sprint technique (part 1). *Soviet Sports Review* 21 (3): 109-114.

89. Ozolin, E. 1986. Contemporary sprint technique (part 2). *Soviet Sports Review* 21 (4): 190-195.

90. Pappas, A.M., R.M. Zawacki, and T.J. Sullivan. 1985. Biomechanics of baseball pitching: A preliminary report. *American Journal of Sports Medicine* 13: 216-222.

91. Phelps, S. 2001 Speed training. *Strength and Conditioning Journal* 23(2): 57-58.

92. Piper, T., and T. Teichelman. 2003. Organizational and motivational strategies for prepubescent athletes. *Strength and Conditioning Journal* 25 (4): 54-57.

93. Plattner, S., and L. Noble. 1979. Relative effects of isokinetic and plyometric training on vertical jumping performance. *Research Quarterly* 50 (4): 583-588.

94. Plisk, S.S. 1995. Theories, concepts and methodology of speed development as they relate to sports performance. Presented at the NSCA Certification Commission's Essential Principles of Strength Training and Conditioning Symposium, Phoenix, June.

95. Plisk, S.S. 2002. Personal communication, March 2002.

96. Potteiger, J.A., R.H. Lockwood, M.D. Haub, B.A. Dolezal, K.S. Almuzaini, J.M. Schroeder, and C.J. Zebas. 1999. Muscle power and fiber characteristics following 8 weeks of plyometric training. *Journal of Strength and Conditioning Research* 13 (3): 275-279.

97. Radcliffe, J.C., and R.C. Farentinos. 1985. *Plyometrics.* Champaign, IL: Human Kinetics.

98. Radcliffe, J.C., and R.C. Farentinos. 1999. *High-Powered Plyometrics.* Champaign, IL: Human Kinetics.

99. Radcliffe, J.C., and L.R. Osternig. 1995. Effects on performance of variable eccentric loads during depth jumps. *Journal of Sport Rehabilitation* 4: 31-41.

100. Romanova, N. 1990. The sprint: Nontraditional means of training (a review of scientific studies). *Soviet Sports Review* 25 (2): 99-102.

101. Sandler, R., and S. Robinovitch. 2001. An analysis of the effect of lower extremity strength on impact severity during a backward fall. *Journal of Biomechanical Engineering* 123 (6): 590-598.

102. Santos, E.J.A.M., and M.A.A.S. Janeira. 2008. Effects of complex training on explosive strength in adolescent male basketball players. *Journal of Strength and Conditioning Research* 22 (3): 903-909.

103. Schmolinsky, G., ed. 2000. *Track and Field: The East German Textbook of Athletics.* Toronto: Sport Books.

104. Shiner, J., T. Bishop, and A.J. Cosgarea. 2005. Integrating low-intensity plyometrics into strength and conditioning programs. *Strength and Conditioning Journal* 27 (6): 10-20.

105. Siff, M.C. 2000. *Supertraining,* 5th ed. Denver: Supertraining Institute.

106. Sinnett, A.M., K. Berg, R.W. Latin, and J.M. Noble. 2001. The relationship between field tests of anaerobic power and 10-km run performance. *Journal of Strength and Conditioning Research* 15 (4): 405-412.

107. Svantesson, U., G. Grimby, and R. Thome. 1994. Potentiation of concentric plantar flexion torque following eccentric and isometric muscle actions. *Acta Physiologica Scandinavica* 152: 287-293.

108. Turner, A.M., M. Owings, and J.A. Schwane. 2003. Improvement in running economy after 6 weeks of plyometric training. *Journal of Strength and Conditioning Research* 17 (1): 60-67.

109. Verkhoshansky, Y. 1969. Perspectives in the improvement of speed-strength preparation of jumpers. *Yessis Review of Soviet Physical Education and Sports* 4 (2): 28-29.

110. Verkhoshansky, Y., and V. Tatyan. 1983. Speed-strength preparation of future champions. *Soviet Sports Review* 18 (4): 166-170.

111. Voight, M.L., P. Draovitch, and S. Tippett. 1995. Plyometrics. In: *Eccentric Muscle Training in Sports and Orthopaedics,* M. Albert, ed. New York: Churchill Livingstone. pp. 61-88.

112. Walshe, A.D., G.J. Wilson, and G.J.C. Ettema. 1998. Stretchshorten cycle compared with isometric preload: Contributions to enhanced muscular performance. *Journal of Applied Physiology* 84: 97-106.

113. Warpeha, J.M. 2007. Principles of speed training. *NSCA Performance Training Journal* 6 (3): 6-8.

114. Wathen, D. 1993. Literature review: Plyometric exercise. *National Strength and Conditioning Association Journal* 15 (3): 17-19.

115. Wilk, K.E., and M. Voight. 1993. Plyometrics for the overhead athlete. In: *The Athletic Shoulder,* J.R. Andrews and K.E. Wilk, eds. New York: Churchill Livingstone.

116. Wilk, K.E., M.L. Voight, M.A. Keirns, V. Gambetta, J.R. Andrews, and C.J. Dillman. 1993. Stretch-shortening drills for the upper extremities: Theory and clinical application. *Journal of Orthopaedic and Sports Physical Therapy* 17: 225-239.

117. Wilson, G.J., A.J. Murphy, and A. Giorgi. 1996. Weight and plyometric training: Effects on eccentric and concentric force production. *Canadian Journal of Applied Physiology* 21: 301-315.

118. Wilson, G.J., R.U. Newton, A.J. Murphy, and B.J. Humphries. 1993. The optimal training load for the development of dynamic athletic performance. *Medicine and Science in Sports and Exercise* 25: 1279-1286.

119. Wilt, F. 1968. Training for competitive running. In: *Exercise Physiology,* H.B. Falls, ed. New York: Academic Press. pp. 395-414.

120. Witzke, K.A., and C.M. Snow. 2000. Effects of plyometric jump training on bone mass in adolescent girls. *Medicine and Science in Sports and Exercise* 32 (6): 1051-1017.

121. Zazulak, B., J. Cholewicki, and N.P. Reeves. 2008. Neuromuscular control of trunk stability: Clinical implications for sports injury prevention. *Journal of the American Academy of Orthopaedic Surgeons* 16 (9): 497-505.

PART V

특별한 요구사항을 가진 고객

18

사춘기 전 아동, 노인, 임산부 고객

Wayne L. Westcott, PhD, and Avery D. Faigenbaum, EdD

학습 목표

- 특정 연령에 따른 요구 및 고려 사항을 이해하고, 사춘기 때의 적절한 신체 발달과 신체활동 프로그램을 설명할 수 있다.
- 노인 체육의 건강상 이점을 설명하고, 노인을 위한 운동 지침을 파악할 수 있다.
- 임산부를 위한 권장 운동과 미리 주의해야 할 점을 논의할 수 있다.

이 장의 목적은 체력 훈련의 장점을 극대화시키고 부상위험을 최소화하기 위해 일반적으로 운동을 수정할 필요가 있는 세 집단을 위해 운동시 일반적인 고려사항과 특별한 운동 지침을 제공하는 것이다. 사춘기 이전의 청소년, 노인, 임산부들은 근골격계의 체력 증진을 위한, 저항 운동 및 심혈관계 개선을 위한 유산소 지구성 운동을 안전하게 수행할 수 있다. 그러나 이런 특별한 집단 각각은 특별한 특성을 가지고 있기 때문에 퍼스널 트레이너는 사춘기 아동, 노인, 임산부를 위한 운동 프로그램에 많은 권장사항을 반영해야 한다.

사춘기 이전의 아동

사춘기 전(preadolescence)이라 함은 2차 성징이 발달하기 전(예: 음모와 생식기의 발달)의 시기를 말하며, 여아인 경우 6~11세, 남아인 경우 6~13세에 해당한다. 사춘기 이전의 아동들(이 장에서는 어린이라고도 함)에게는 지구력, 근력, 유연성과 기술에 연관된 신체 능력(예: 민첩성, 균형성, 협응력, 반응시간, 스피드와 순발력)을 향상시킬 수 있는 다양한 신체활동에 참여하도록 권장해야 한다. 신체활동 프로그램에 정기적으로 참여하면 청소년의 건강 및 기술에 관련된 신체 건강 요소를 개선할 수 있고, 취학 연령인 청소년의 정서적 행복을 향상시킬 수 있다고 알려졌다.[139,153,165] 또한 학교에서의 체육 수업 및 학교 밖에서의 규칙적인 신체활동은 학업성취도를 도울 수도 있다.[165] 건강보건 단체는 참가자의 요구와 능력에 부합하는 신체활동 프로그램에 어린이가 참여하도록 지원하고 권장한다.[30,45,133,142] 청소년의 신체활동을 촉진하는 것은 주요한 공중보건 문제가 되었는데, 이는 전 세계적으로 과체중 혹은 비만인 아동이 계속 증가하고 있고, 그들 대부분의 신체활동 수준이 떨어졌기 때문이다.[28,31,146,179] 과체중인 아동의 비율이 지난 20년 동안 2배 이상 증가했으며, 과체중인 많은 아동들은 심혈관계 질환에 대한 하나 이상의 위험 요소를 가지고 있다.[66,135] 지난 몇 년 동안 아이들이 전자매체(텔레비전, 비디오 게임, 컴퓨터)와 함께 보내는 시간이 크게 증가하였으며, 어린이의 15% 미만만이 걸어서 등하교한다.[25,31] 요즘 전례 없는 인터넷과 휴대전화 접속으로 인해 아이들은 방과 후에 친구들과 대화하기 위해 집을 떠날 필요가 없어졌다.

소아비만과 줄어든 신체활동이 건강에 미치는 부정적 영향에는 죽상동맥경화증의 출현과 어린이와 청소년에게서 '성인병'인 제2형 당뇨병의 발병이 포함된다.[92] 특히 청소년기에 제2형 당뇨병의 발병률이 증가하는 것은 큰 문제가 되는데, 이는 신부전, 실명, 사지절단 등과 같이 통제하기 힘든 당뇨병 합병증과 관련되기 때문이다. 이러한 연구 결과를 바탕으로 일부 연구원들은 현대에 관찰된 전반적인 기대수명이 심장 질환, 당뇨병, 암 등과 같은 비만에 관련한 합병증의 유행으로 인해 감소할 수 있다고 예측한다.[136]

어린 시절 형성된 긍정적이거나 부정적인 행동양식이 성인이 되어서까지 유지되는 경향이 있기 때문에,[45,96,115] 핵심은 신체활동의 중요성을 높이 평가하고 어린 나이에 건강한 습관과 행동 양식을 개발하는 것이다. 안전하고, 재미있고, 문화적 규범에 걸맞는 적절한 신체활동의 모범이 되고, 그 활동에 참여하도록 독려하는 퍼스널 트레이너는 어린이의 건강과 활동습관에 큰 영향을 미칠 수 있다. 청소년에게 신체활동의 단순한 즐거움을 경험할 수 있는 기회를 제공하는 잘 짜여진 훈련시간은 그들의 건강과 안녕에 장기적인 영향을 미칠 수 있다. 따라서 청소년 건강 프로그램의 목표는 연령에 적합한 게임과 다양한 활동에서 그들을 참여시키는 것뿐 아니라, 청소년이 스포츠의 본질적 가치와 신체활동의 혜택을 인식하고 운동과 스포츠에 정기적으로 참여하는 성인으로 자라도록 하는 것이다. 6세 이상의 어린이의 규칙적인 신체활동은 건강 및 체력을 개선하기 위해 취할 수 있는 가장 중요한 단계 중 하나로 인식되고 있다.[45,139]

아동 신체활동

아이들은 어른과는 다른 요구 조건을 가지고 있고, 다른 방식으로 활동하기 때문에 아동들에게 어른들의 운동 지침과 원리를 적용해서는 안 된다. 운동장에서 놀고 있는 아이들을 관찰해보면, 낮은 강도의 활동이나 필요한 만큼의 휴식을 취하면서 이루어지는 중강도에서 고강도의 활동이 산발적으로 폭발하듯 이어진다는 특징을 알아낼 수 있다. 성인은 종종 미리 정해진 목표 심박율 범위 내에서 운동하는 반면,[5] 아이들은 간헐적으로 활동하며, 종종 우발적인 운동강도의 증강이 특징인 인터벌 유형으로 운동한다.[9] 그러므로 퍼스널 트레이너는 사춘기 전의 아동들이 어른과 같은 방식으로 운동하기를 기대해서는 안 된다.[9] 아이들이 단지 신체활동을 계속 수행하지 않기 때문에 비활동적이라는 추측은 정확하지 않다.

이것은 미리 설정된 목표 심박수(예: 최대심박수의 70~85%) 범위에서 30분 이상의 운동을 지속하는 것이 아동들에게는 유익하지 않다는 것을 의미하지 않는다. 그보다 이 방법은 사춘기 전 아동들을 훈련시키는데 적합하지 않다는 것을 의미하며, 그 이유는 대부분의 어린이들은 장기간의 유산소 지구력 훈련을 통해 혜택을 볼 수 없기 때문이다. 게다가 증가된 유산소 능력과 같은 심혈관계 적응력은 어른과 비교할 때 눈에 덜 띄기 때문에, 장기간의 고강도 운동은 아이들에게 미래의 신체활동에 대한 흥미를 증가시키지 못하고 오히려 감소시킨다. 아동들이 청소년기에 접어들면서, 일부 아이들은 자신들의 요구, 목표, 능력에 따라 성인 수준의 목표 심박수를 고수하고 싶어할지도 모른다.

퍼스널 트레이너는 또한 어른과 아동의 생리적 차이를 알아야 한다. 아이들은 성인과 비교하여 모든 운동강도에서 성인보다 일회 호흡량은 낮고 호흡 빈도는 높다.[153] 그러므로 건강한 아이들이 체력 운동을 하는 동안 빠르게 숨을 쉬는 것은 정상이다.[153] 아동은 모든 운동강도에서 낮은 심박출량과 높은 심장박동수를 보인다.[153] 최대심박수는 아동기에 많이 변경되지 않으며, 체력 운동을 하는 동안 심박수가 200beat/min를 넘는 것은 드문 일이 아니다. 건강 전문가들은 아이들이 운동 성과와 관련하여 '대사성 비전문가(metabolic nonspecialists)'가 되는 경향이 있다고 밝혔다.[12] 역도나 장거리 달리기 같이 다양한 스포츠에 특화되는 성인들과 달리 학급에서 가장 강한 아이는 장거리 달리기와 같은 지구력 운동에서 최고가 될 가능성이 높다. 퍼스널 트레이너는 아동의 대사가 전문적으로 특화되지 않았다는 것을 인식해야 하며, 이 발달 기간 동안 다양한 스포츠 활동에 아이들을 참여시켜야 한다.

비록 청소년의 체력을 유지하고 성취하는 데 필요한 절대적인 신체활동 수준은 아직 결정되지 않았지만, 지난 몇 년 동안 여러 조직과 위원회는 청소년 신체활동 지침을 개발했다.[30,45,165] 아이들은 발달학적으로 적절하고, 즐겁고, 다양한 활동을 수반하는, 중강도에서 고강도의 신체활동을 매일 60분 이상 하는 것이 권장된다.[165] 체육 수업과 같은 구조화된 프로그램에 참여하는 것 외에도, 개인 훈련 및 팀 스포츠, 놀이 게임 등 생활 신체활동이나 등하교 길의 산책이나 자전거 타기, 집안일 역시 아이들의 신체활동 시간을 늘리는 데 기여할 수 있다. 아이들의 텔레비전 시청, 비디오 게임, 인터넷 서핑의 시간을 줄임으로써 신체활동을 할 수 있는 시간을 상당히 늘일 수 있다.[71]

대부분의 아이들은 운동강도가 세션 내내 변하고 필요할 때 짧게 휴식할 수 있다면 30분 이상 신체활동을 할 수 있다. 심지어 좌식생활이 익숙한 아이들조차도 중강도와 고강도의 신체활동을 번갈아 하면서 짧은 휴식과 회복 시간을 갖는다면 비교적 큰 운동량을 수행할 수 있다. 퍼스널 트레이너는 30분의 조깅 대신, 줄넘기, 몸무게를 이용한 운동(팔굽혀펴기, 스쿼트, 점프 잭), 매디신 볼 활동, 균형 잡기 운동, 왕복 달리기 등을 포함해 8~12가지 순환 운동을 실시할 수 있다. 아동들의 체력 수준이 향상됨에 따라, 운동 사이 휴식시간을 줄이고 각 운동을 더 어렵게 만드는 것이 가능해진다. 자격 있는 교육, 열정적인 지도력, 안전에 대한 숙지를 통하여 아이들은 안전하게 기초적인 체력 능력을 향상시킬 수 있고, 오락활동과 스포츠에서의 성공적이고 즐거운 평가를 준비할 수 있다.

> 아이들은 놀이나 게임, 스포츠, 통학, 학교 활동을 포함해 매일 60분 이상의 신체활동 참여하도록 권장해야 한다.

아동을 위한 저항 훈련

아동을 위한 운동 프로그램은 조깅, 수영, 댄스, 태그 게임 등과 같은 유산소 운동에 초점을 맞추어 왔다. 하지만 이제 적절한 지침을 따른다면 어린이의 저항 훈련이 안전하고, 효과적이며, 가치 있는 훈련 방법이 될 수 있다는 설득력 있는 증거가 제시되고 있다.[53,57,63,117] 저항 운동이 어린이에게 부적절하거나 안전하지 않다는 전통적인 믿음에도 불구하고, 의료 및 피트니스 단체가 주관하는 청소년 저항 훈련을 위한 자격 인정은 널리 보급되고 있다.[2,5,14,22,55] 저항 훈련이 어린이의 성장판을 손상시키거나 어린 훈련생의 키 성장을 방해할 수 있다는 오래된 우려 때문에 어떤 이들은 아이들이 저항 훈련에 참가하지 않도록 권장했다. 그러나 지난 십 년간 과학보고서와 공중보건 권고사항은 근육의 힘을 강화하고 유지시키는 신체활동에 정기적으로 참여하는 어린이의 수를 증가시키는 것을 목표로 하고 있다.[45,53,175] 예를 들어 미국보건복지부는 아동들이 매일 60분 이상의 신체활동의 일부로 '근육 강화'와 '뼈 강화' 활동에 참여할 것을 권장하고 있다.[45]

최근의 연구에서는 저항 훈련에 참여하는 사춘기 이전 남아와 여아에게 저항 훈련이 키 성장을 저해한다는 증거가 없으며, 현재까지 발표된 청소년 저항 훈련 연구에 그들의 성장판 파열 또한 보고된 바 없다. 완벽한 감독과 잘 설계된 청소년 저항 훈련 프로그램이 아이들이 정기적으로 참여하는 다른 여가 활동에 비해 더 위험하다는 과학적 증거는 없다.[57,79,117] 그러나 아이들은 자격을 갖춘 전문가의 지도 없이 혼자 저항 운동을 해서는 안 된다. 이는 아이들이 안전하지 않은 행동과 장비의 오작동, 성인의 감독 부족으로 성인들보다 가정용 운동 장비에서 다칠 가능성이 더 높다고 보고되었기 때문이다.[98,132] 이러한 발견은 모든 아동의 저항 훈련 프로그램에 세심한 감독 및 안전한 훈련 장비를 제공하는 것의 중요성을 강조한다.

근육 강화 효과 및 기타 이점

많은 연구는 어린이들이 잘 설계된 저항 훈련 프로그램에 참여함으로써 성장과 성숙을 도모하는 것 이상으로 근육의 힘을 증가시킬 수 있다는 것을 설득력 있게 보여준다.[53,63,117] 단기(8~12주) 저항 훈련 프로그램에 참여한 아동의 약 30~40%에게서 근력 향상이 관찰되었다. 다양하게 세트와 반복을 조합하고, 여러 가지 훈련 유형-아동용 중량기구, 프리웨이트(역기와 아령), 메디신 볼, 고무밴드 및 여타 체중 이용 운동을 사용하는 것이 건강한 어린이를 위한 컨디셔닝 방법으로 안전하고 효과적이라는 것이 입증되었다.[32,60,123]

어린이에게는 근비대를 자극할 만큼 충분한 수준의 안드로겐이 부족하기 때문에 신경적응은 주로 훈련을 통해 발생하는 근력 증가에 의존하는 것으로 보인다.[140,149] 운동 능력 향상과 그에 관련한 근육군의 협응력뿐 아니라 근원적인 근육적응(예: 수축-결합 연결, 근원섬유 충전 밀도, 근육섬유 조성의 변화) 또한 힘의 증가에 기여할 수 있다.[149] 더 오랜 훈련과 더 정밀한 기술의 측정(예: 컴퓨터화된 영상)으로 사춘기 이전의 청소년에게 훈련으로 유도할 수 있는 근비대 가능성을 발견할 수 있다.

근력 강화 훈련에 정기적으로 참여하는 것은 근력 강화 이외에도 몇 가지 측정 가능한 건강 및 운동 지수에 긍정적인 영향을 줄 수 있다.[53] 보고서에 따르면 청소년 저항 훈련 프로그램에 정기적으로 참여하면 골밀도가 증가하고,[37,130] 심폐 기능이 향상되고,[181] 운동 능력 기술(예: 수직 점프와 스프린트 속도)이 발달되고,[114] 혈액지질이 낮아진다[182]고 한다. 다른 보고서는 저항 운동과 유산소성 게임을 포함한 신체활동 프로그램에 참여한 아이들의 기분과 자기평가 요인이 크게 개선되었음을 지적하였다.[6]

최근에는 과체중 청소년이 저항 운동에 참여해서 혜택을 볼 수 있다고 보고되었다.[59] 과체중인 청소년은 운동 지속시간이 짧고, 그 사이 잠시 휴식을 취하는 것이 특징인 저항 훈련을 즐기는 듯하다. 비록 저항 훈련이 높은 칼로리 소모를 유발하지는 않더라도, 이러한 유형의 훈련은 운동 능력과 신체활동이 부족한 과체중 청소년을 위한 체중 관리 프로그램의 주요 구성요소인 것으로 밝혀졌다.[16,157,162,180] 명백히 과체중 청소년에게 운동하도록 격려하는 중요한 첫걸음은 그들의 육체활동에 대한 자신감을 높이는 것이며, 이로 인해 신체활동을 증가시키고 신체구성을 향상시킬 수 있다. 일반적으로 과체중인 청소년은 짜여진 운동 프로그램에 참여하는 데 제한되었던 경험이 있으므로 특히 중요하다.

스포츠 관련 부상 감소

많은 스포츠가 눈에 띄게 힘 혹은 순발력 요소를 포함하기 때문에, 강하고 힘이 넘치는 아이가 운동을 더 잘 수행할 것이라는 가정은 매력적이다. 저항 훈련이 청소년 운동 수행에 미치는 영향에 대한 더 많은 연구가 필요하지만 저항 훈련을 하는 어린 선수는 그렇지 않은 선수보다 성공을 경험하고, 좌절감, 당혹감, 실패 등으로 인해 운동을 포기하지 않을 확률이 높다.[1,75,83]

점점 더 많은 젊은 운동선수들이 스포츠 훈련과 경쟁에 대한 요구에 대비하지 못하는 것으로 보인다.[50,127] 속도계를 기준으로 한 연구 결과에 따르면 6~11세 청소년의 42%만이 권장 신체활동 수준을 채우는 것으로 나타났다.[169] 스포츠 훈련과 경쟁에 여학생과 남학생을 보다 잘 준비시키기 위해 과거 2~3개월 동안 육체적으로 활동한 경험이 없는 아동(예: 레크리에이션 활동이나 스포츠에 정기적으로 참여하지 않은 아동)은 근력 강화 활동, 유산소성 훈련, 유연성 운동, 민첩성-균형감-협응력-순발력을 강화하는 연습을 포함하는 '시즌 전' 컨디셔닝 프로그램(주당 2~3회)에 참여하도록 권장해야 한다. 어떤 경우에는 스포츠 훈련 전에 건강에 관련한 기초를 확립하기 위해 청소년은 스포츠 관련 기술을 연습하기보다 근본적인 체력을 향상시켜야 할 수도 있다. 아이들 자신의 신체 능력에 대한 자신감과 능력을 향상시키고 신체활동의 잠재적인 건강과 육체적 혜택을 진정으로 느끼기 시작하면 이후로도 스포츠에 참여할 가능성이 더 높다.[151]

저항 훈련을 포함한 포괄적인 컨디셔닝 프로그램은 청소년 운동선수의 스포츠 관련 부상을 줄이는 효과적인 전략으로 입증되었으며 어린이에게도 유사한 효과가 관찰되었다.[82,84,118] 청소년의 스포츠 관련 부상을 완전히 없애는 것은 비현실적인 목표지만, 스포츠 특화된 기술보다 기초적인 운동 능력(예: 힘, 순발력, 유산소성 지구력, 민첩성)을 강화하는 데 초점을 맞춘다면 청소년의 운동과 관련한 급성 및 과도한 사용으로 인한 상해의 약 15~50%를 예방할 수 있다.[127] 이러한 고려는 특히 무릎 부상에 민감한 젊은 여성 운동선수에게 중요하다.[150] 스포츠와 관련된 부상을 줄이기 위한 최선의 방법을 결정하기 위해서는 추가적인 임상실험이 필요하지만, 퍼스널 트레이너는 청소년이 스포츠에 참여하기 최소한 6~8주 이전부터 예비 체력 관리에 참여하도록 권장하는 것이 적절하다.

청소년 저항 훈련 지침

저항 훈련이 어린이에게 안전하지 않거나 부적절하다는 믿음은 어린이의 요구 및 이러한 유형의 훈련과 관련되어 발표된 혜택과 일치하지 않는다.[53,57,117] 청소년 저항 훈련 프로그램에 참여할 수 있는 최소 연령 제한은 없지만 모든 참가자는 훈련 방향을 이해하고 따를 만큼 정서적으로 성숙해야 하고, 이 유형의 훈련과 관련된 혜택과 위험을 이해할 수 있어야 한다. 일반적으로 어린이가 레크리에이션 또는 스포츠 활동에 참여하려는 경우(보통 7~8세) 어떤 종류의 저항 훈련을 받을 준비가 되어 있어야 한다. 비록 건강한 어린이에게는 저항 훈련 프로그램에 참여하기 전 의학적 신체검사가 필수인 것은 아니지만 질병의 징후나 증상이 있는 청소년 또는 질병이 있는 청소년에게는 시행하는 것이 좋다.[2]

청소년은 그들의 신체 능력과 비례한 수준에서 시작하는 것이 중요하다. 너무 자주, 어린이의 능력을 넘어선 훈련의 양과 강도로 훈련한다면 운동 사이에 배정된 휴식시간이 너무 짧아 적절한 회복을 취할 수 없다. 이러한 접근은 저항 훈련 경험의 즐거움을 저해하고 상해의 위험을 증가시킬 수 있다. 청소년이 저항 훈련을 시작하는 경우 그들의 능력을 과대평가하고 부상위험을 과소평가하는 것보다 항상 그들의 능력을 과소평가하는 것이 좋다. 10~15번 정도 반복할 수 있는 가볍거나 중강도의 무게는 어린이가 저항 훈련 프로그램 입문에 참가할 때 시작하기에 좋은 무게로 간주된다.[54,61] 다음은 청소년 저항 훈련을 위한 일반적인 지침이다.

- 자격을 갖춘 성인이 관리 및 감독해야 한다.
- 훈련 환경은 안전하고 위험하지 않아야 한다.
- 저항 훈련은 5~10분의 준비 운동 후에 해야 한다.
- 6~15 반복으로 1~3세트 수행할 수 있는 다양한 운동을 수행한다.
- 상체, 하체, 몸통 운동을 포함한다.
- 근력 강화를 위해 저항을 점진적으로 증가시킨다(예: 약 5~10%).
- 저항 훈련은 일주일에 두세 번 비연속적으로 한다.
- 어린이의 정리 운동은 약한 체조 및 정적 스트레칭으로 한다.
- 저항 운동의 혜택을 극대화하고 지루하지 않게 하기 위해 점차적으로 훈련 프로그램을 다양하게 한다.

어린이 그룹을 지도하는 퍼스널 트레이너는 한 그룹 내 어린이들에게 하나의 운동부하를 설정(예: 팔굽혀펴기 10개 혹은 9kg 부하로 체스트 프레스 운동)하기보다 각 개인에게 개별적으로 운동부하를 부여하고 그들에게 할당된 시간 내에 최선을 다하도록 지도해야 한다. 각 어린이의 필요와 능력에 따라 가장 적절한 운동부하를 설정하기 위해 퍼스널 트레이너와 아이들은 함께 노력해야 한다. 어떤 어린이는 첫 운동에서 자신이 얼마나 무거운 무게를 들 수 있는지 궁금해할지도 모르지만, 그들의 에너지와 열정으로 다양한 운동에 대한 적절한 자세와 기술을 개발하도록 방향을 전환해야 한다. 그리고 체육관 예절에 대한 기본 교육, 현실적인 결과, 적절한 보조 도움 및 장비보관과 같은 안전 문제 또한 모든 청소년 저항 훈련 프로그램의 일부로 다루어야 한다.

어린이가 얼마나 크고 강한가에 상관없이 어린 저항 훈련 고객에게 성인과 같은 지침과 훈련 철학을 요구해서는 안 된다. 어린이와 함께하는 부모, 선생님, 코치, 퍼스널 트레이너는 저항 훈련을 비롯한 모든 유형의 육체적 활동에서 재미를 찾고 긍정적인 태도를 기르는 것의 중요성을 간과해서는 안 된다.[47] 아이들 스스로 그들의 활동에 만족하고 최선을 다할 때 어떤 유형의 운동 프로그램이든 장기간 지속할 수 있는 가능성이 높아진다. 자격을 갖춘 성인이 감독하고 나이에 적절한 교육지침을 따른다면 저항 훈련은 청소년기의 소년소녀들이 즐기기에 안전하고 효과적이며 즐거운 체력 훈련법이다.

사춘기 청소년 교육

소년소녀들은 정기적인 신체활동과 관련한 건강 및 피트니스 혜택을 이미 알고 있어야 하지만, 열정적인 지도, 창의적인 프로그래밍, 연령별 교육전략으로 인해 신체활동에 '눈을 뜨게' 될 가능성이 더 크다. 퍼스널 트레이너는 청소년의 생각이 어른들의 생각과 다르다는 사실을 인식하고 아이들의 감정을 존중해야 한다. 퍼스널 트레이너는 어린이가 배우는 방법 중 하나인 놀이의 중요성을 잊어서는 안 된다.[24] 퍼스널 트레이너가 육체적인 생기를 보이고 긍정적인 태도로 아이들과 관계를 맺으며, 그들의 생각을 이해하고 함께 활동에 참여한다면 아이들의 노력은 보다 가치 있는 형태로 오래 지속될 것이다. 468쪽에 있는 목록은 어린이와 함께 일하는 퍼스널 트레이너를 위한 일반적인 권장사항이다.

체력 운동을 위해 아이들이 준비할 것은 낮은 강도의 유산소성 운동과 정적 스트레칭에 그치지 않는다. 잘 구성된 준비 운동은 훈련 세션을 위한 분위기를 조성하고 이어질 활동에 원하는 템포를 설정할 수 있다. 준비 운동이 느리고 단조로울 경우 이어질 주요 신체활동 수행중의 능력이 예상보다 낮을 수 있다. 그러나 준비 운동이 활기차고, 흥미진진하며, 다양하다면 신체활동중의 능력은 기대 이상일 것이다. 또한 적극적이고 참여를 유도하며 도전적일 뿐 아니라 기본적인 운동기술을 수행하는 능력에 대한 자신감을 획득할 기회를 제공하는 역동적인 준비 운동은 전통적인 '이완-유지' 활동보다 즐겁다.[56] 준비 운동에 동적 활동을, 정리 운동에 정적 스트레칭을 수행하는 것이 합리적이다.

청소년 운동 프로그램의 주요 목표는 신체활동이 아동의 일상생활의 일부가 되도록 하는 것이기 때문에 퍼스널 트레이너는 각 참가자가 신체적 능력에 대한 자기효능감 또는 자신감을 높일 수 있도록 노력해야 한다. 이 목표를 달성하기 위해 퍼스널 트레이너는 참가자가 새로운 운동을 배우고, 성공을 경험하고, 특정 기술을 숙달하는 감각을 키울 수 있도록 명확한 지침과 시연을 제공해야 한다. 따라서 개인 훈련 세션의 초점은 대부분의 어린이들이 실패하는, 스트레스가 많은 경쟁이 아닌 긍정적인 경험이 되어야 한다. 어린이가 지침을 이해하지 못했거나 운동을 수행할 수 없는 경우, 체력 프로그램을 계속 진행할 가능성은 거의 없다. 성공적인 청소년 프로그램을 개발하기 위해서는 스트레스를 견딜 수 있는 개인차를 고려하고 그에 따라 준비, 조정해야 한다.

어린이와 함께 일하는 퍼스널 트레이너를 위한 권장사항

- 철저히 감독하고 각 아이들의 고려사항을 주의깊게 듣는다.
- 아이들이 알아들을 수 있는 언어로 말한다.
- 아이들을 맞이할 때 그들의 이름을 부른다.
- 잘했을 때 칭찬한다.
- 아이들은 어른들과 다른 방향으로 활기차다는 것을 인지한다.
- 참여도와 즐거움이 동등하게 보장되도록 활동을 구성한다.
- 체력 프로그램을 점진적으로 진행한다.
- 경쟁은 줄이고 기술 향상, 개인적인 성취, 즐거움에 집중한다.
- 어린이에게 새로운 기술을 배우고 신체를 구성하는 데는 시간이 걸린다는 것을 인지시킨다.
- 규격화된 방식을 피하고 다양한 활동을 제공한다.
- 적절한 수분 보충의 중요성을 강조한다.
- 부모에게 정기적인 육체활동의 중요성을 알린다.

아이들이 재미를 느끼고, 친구를 사귀며 성공을 경험할 때, 그들이 일상적으로 신체활동에 참여할 가능성은 더 높아진다.

노년층

일반적으로 연장자 혹은 어르신이라 불리는 50세 이상의 남성과 여성은 심폐건강을 발달시키기 위한 유산소성 지구력 훈련과 근력 강화를 위한 저항 훈련을 포함하는 합리적인 컨디셔닝 프로그램을 시작할 수 있다. 그러나 노인 사이에서 흔히 볼 수 있는 다양한 의학적 상태는 의사의 승인과 실행 방법에 대한 적절한 수정을 요구한다. 여기에는 심혈관 질환, 암, 당뇨병, 골다공증, 요통, 관절염, 우울증, 비만 및 전반적인 쇠약을 포함한다.

유산소 운동의 이점

아마도 50세 이상 그룹보다 운동으로 인한 건강 혜택을 크게 경험할 수 있는 다른 연령 그룹은 없을 것이다.[144,189] 유산소 운동에 관련된 여러 가지 건강상의 이점은 이미 잘 알려져 있기 때문에 이 장에서는 이러한 이점을 요약한 다음 저항 훈련과 관련하여 비등하게 중요한 건강상 이점에 대한 자세한 정보를 제공할 것이다.

걷기, 조깅, 자전거 타기와 같은 유산소성 지구력 운동이 칼로리를 소모하고 심폐 기능을 향상시키는 데 효과적이라는 것은 이미 잘 알려져 있다.[3,5,52] 심폐 기능 연구에 따르면 6개월간 표준 지구력 운동으로 노인의 유산소성 능력(최대산소섭취량)을 17%까지 증가시킬 수 있다고 한다.[158] 높은 강도 단계(산소섭취량 최고점의 70~80%)에서 3개월 훈련한다면 최대산소섭취량의 거의 25%까지 증가시킬 수 있다. 게다가 유산소성 지구력 운동은 칼로리 소비를 증가시키는 데 탁월한 방법이며, 체중 감소는 고혈압, 제2형 당뇨병 및 비만의 위험을 줄일 수 있다.[3,5] 유산소 운동의 다른 이점으로는 심혈관 질환, 뇌졸중, 골다공증, 특정 유형의 암, 심리적 스트레스의 위험 감소뿐 아니라 수면, 소화 및 배설을 개선시킨다.[144,189] 최근 정기적인 유산소 활동을 6개월간 지속할 경우 뇌의 여러 부위에서 회백질(gray and white matter)의 양이 증가한다는 사실이 발견되었다.[35]

저항 훈련의 이점

잘 알려지지는 않았지만, 저항 운동의 건강상 이점이 노년 남성과 여성에게서 똑같이 인상적으로 나타난다. 이 장에서는 저항 훈련이 노인들이 자주 겪는 많은 질병과 쇠약 상태의 위험성을 줄일 수 있다는 최근 연구 결과를 살펴본다.

심혈관 질환

미국에서 가장 큰 의학적 문제인 관상동맥 질환은 특히 노년 남성과 여성에게 흔히 발견된다. 대부분의 관상동맥경화증 환자에게 저항 훈련은 근육의 건강과 신체활동을 향상시키고 적절한 몸무게와 긍정적인 자아상을 유지하기 위한 안전하고 생산적인 수단으로 여겨진다. 많은 연구가 이러한 환자들이 저항 훈련하는 것을 지지한다.[2,6,58,68,77,86,101,120,163,173] 예방과 관련하여 저항 훈련은 심혈관

질환의 위험을 낮추고 조기 사망원인의 확률 또한 낮추는 것으로 나타났다.[91,154]

저항 훈련이 심혈관 질환의 위험을 낮추는 네 가지 방법이 있다. 이것들 중 가장 중요한 것은 규칙적인 저항 훈련을 통해 체지방이 감소하여 제2형 당뇨병과 심혈관 질환을 예방할 수 있다는 것이다.[27,88,121,147,183] 저항 훈련은 휴식기 대사율에 긍정적인 영향을 주기 때문에 유산소성 활동보다 지방 손실에 더 큰 영향을 끼칠 수 있다.[27,76,88,144,147]

둘째로는 저항 훈련이 혈압(수축기, 이완기, 혹은 둘 다)을 낮추는 것이다.[39,80,89,102,103] 몇 주간의 규칙적인 저항 훈련 후 이완기 혈압은 평균 4% 감소한다. 수축기 혈압은 비슷한 훈련 기간 동안 평균 3% 감소하며,[102] 두 달간의 서킷 저항 훈련은 수축기 혈압을 최대 7mmHg까지 감소시킬 수 있다.[185] 실제로 일부 연구에서는 서킷 저항 훈련이 휴식기 혈압을 낮추는 데 유산소 운동만큼 효과적일 수 있음을 보여주었다.[18,160]

저항 훈련이 심혈관 건강을 향상시키는 세 번째 방법은 혈중 지질을 개선하는 것이다. 일부 연구에서는 혈중 지질 농도가 크게 변하지 않았지만,[109,110,160] 다른 연구에서는 40~55세 남성에게서 저밀도 지단백 콜레스테롤(LDL-콜레스테롤)이 현저하게 감소한 것으로 나타났다.[90] 몇몇 연구는 다양한 저항 훈련 프로그램에 따라 혈중 지질이 향상될 수 있다고 보고했으며,[20,104,164,170,172] 다른 연구는 저항 훈련으로도 유산소 운동과 비슷하게 혈중 지질에 영향을 끼칠 수 있음을 발견했다.[17,96,160]

넷째로는 저항 훈련이 동맥혈의 흐름을 원활하게 하는 것이다.[137] 근본적인 기전은 완전히 이해되지 않았지만, 근력 훈련은 혈관 내피 기능을 향상시키고 주요한 심혈관 적응인 상완동맥에서의 혈류 조절에 의한 혈관 확장을 촉진시키는 것으로 보인다. 적절한 저항 훈련과 관련된 유익한 심혈관 적응은 대사증후군[99,188]과 심혈관 질병[21]의 위험을 유의미하게 감소시킨다.

연구에 따르면 노인들은 규칙적인 저항 훈련을 통해 심혈관 건강을 크게 향상시킬 수 있다.

대장암

느린 위장 통과 속도는 대장암의 위험이 증가하는 것과 관련이 있기 때문에,[89] 내장을 통해 음식이 더 빨리 움직여야 이 질병의 발병율이 줄어든다. 달리기[38]와 저항 훈련[108]은 모두 음식물이 위장을 통과하는 속도를 빠르게 하는 것으로 나타났다. 그러므로 저항 훈련은 대장암의 위험을 줄일 뿐 아니라 연령에 관련된 위장장애 치료에 효과적인 수단이 될 수 있다.

제2형 당뇨병

주로 앉아서 생활하는 방식이 보편화됨에 따라 제2형 당뇨병이 모든 연령대의 남성과 여성에게 널리 퍼지고 있다. 운동은 포도당 이용을 촉진하고, 유산소 활동은 포도당 흡수를 향상시키기 때문에 전통적으로 권장되어왔다.[40] 그러나 저항 훈련에 대한 연구는 저항 운동이 포도당 이용을 향상시키는 데 유산소 운동과 동일하게 효과적일 수 있음을 시사한다.[48,86,129] 저항 훈련은 인슐린 반응을 향상시키고,[42,128,155] 혈당 조절을 개선하고,[10,29,51] 노인의 포도당 이용을 증가시킨다.[64,90] 더 많은 근육이 포도당을 흡수하도록 자극하는 것[115] 외에도, 저항 훈련은 제지방을 유지하고[11] 근육병증을 치료[49]함으로써 제2형 당뇨병의 위험을 감소시키는 데 도움이 될 수 있다.

골다공증

골다공증은 뼈 단백질과 무기질 손실의 진행으로 인한 골격계의 퇴행성 질환이다. 몇몇 연구는 저항 훈련이 쇠약과 골다공증에 대항하는 강하고 기능적인 근골격계를 유지하는 데 효과적임을 보여준다.[15,36,112,156,161] 실제로 노년 남성[126]과 폐경기 여성[134,167]을 대상으로 한 연구에 따르면 규칙적인 저항 훈련을 통해 뼈 손실을 뼈 증가로 바꿀 수 있는 것으로 나타났다.

허리 통증

생명을 위협하는 것은 아니지만 요통은 미국에서 가장 흔한 의학적 문제이며 성인 다섯 명 중 네 명에게 평생에 한 번은 영향을 미친다. 연구[97]는 약한 허리근육과 허리 통증 사이에 강한 긍정적 관계를 보여준다. 허리근육(몸통신전근)을 강화하면 일부 환자의 요통을 완화하거나 제거할 수 있다.[152] 예방에 관련해서는 강한 허리근육으로 더 나은 근골격 기능을 제공-지지-조절하고, 충격을 흡수하여 허리 손상과 구조적 퇴행의 위험을 줄여야 한다.[72,131]

관절염

연구 결과에 따르면[119,148] 강한 근육이 관절 기능을 향상시키고 관절염의 불편함을 감소시킬 수 있음을 나타낸다. 실제로 연구자들은 무릎골관절염이 진행중인 환자가 저항 훈련으로 더 큰 혜택을 볼 수 있으며,[107] 저항 훈련은 실제로 골관절염 및 류머티즘관절염의 통증을 완화한다는 것을 발견했다.[94,111,171]

우울증

노년층의 우울증은 기능적인 저하와 관련이 있을 수 있다. 한 연구[159]에서 노년 피험자는 10주간의 저항 훈련 후 우울증의 유의미한 감소를 경험했다. 이 분야에서 더 많은 연구가 필요하지만, 저항 훈련은 노인의 자신감을 높이고 우울증을 완화시키는 데 유익한 것으로 보인다.[7,8]

근육 손실 및 대사율 감소

다양한 퇴행성 질환의 위험을 줄이는 것 외에도, 저항 훈련은 근육조직을 재건하고 신진대사를 재충전하는 것으로 노년층에게 더 큰 혜택을 제공한다. 이것은 아마 나이가 들어감에 따라 남녀에게 영향을 미치는 가장 근본적인 문제일 것이다. 성인은 30, 40대에 연간 약 0.22kg의 근육을 잃는다. 이 근육 손실의 과정을 근육감소증이라고 한다.[52,73] 더욱 불안한 것은, 50세 이상의 사람들에게는 이 근육손실률이 연간 0.45kg, 즉 두 배로 증가한다는 것이다.[134] 그림 18.1은 많은 성인에게 나타나는, 점차적으로 더 많은 지방이 축적됨에 따라 점점 체중이 증가하는 과정을 보여준다.

평균적인 미국 성인층은 성인이 된 후 10년마다 약 4.5kg의 체중이 증가하지만, 이는 사실 약 2~4.5kg의 근육이 손실되고 7~9kg 지방을 얻는 것이다. 게다가 근육의 손실이 부분적으로는 지방의 증가로 인해 발생했을 수 있다. 연구자들은[52,106] 근육조직량의 감소로 인해 휴식시 신진대사율이 매 십 년마다 2~4%씩 감소하는 것을 발견했다. 느려진 휴식시 신진대사는 높은 에너지의 근육조직이 사용했던 칼로리가 더 이상 필요하지 않으므로 곧 지방으로 저장된다는 것을 의미한다.

분명한 것은 사람들이 근육 손실과 대사저하를 예방하기 위해 기본적인 저항 운동을 수행하는 것이 매우 바람직하다는 것이다. 저항 훈련은 노년 동안 신체적 활

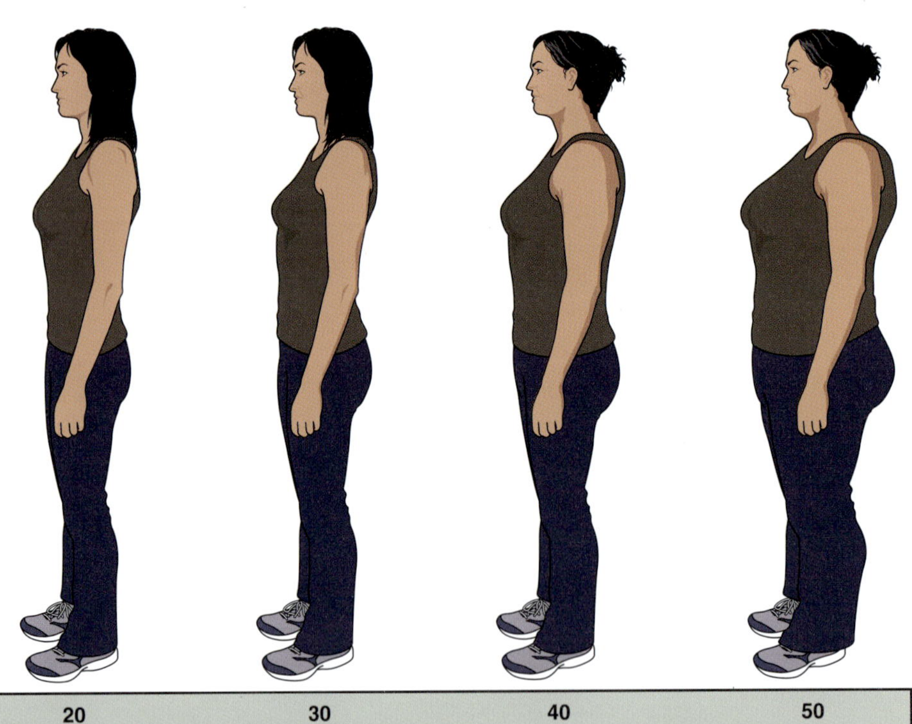

BW:	20	30	40	50
BW	126	136	146	156
MW	45	40	35	30
FW	29	44	59	74
%fat	23	32	40	47

BW(body weight): 체중, FW(fat weight): 지방 무게, MW(muscle weight): 근육 무게, %fat(percent fat): 지방백분률

그림 18.1 성인들의 일생을 통한 체중과 신체 구성의 변화

동을 가능하게 하고 에너지 사용을 향상시키는 근육조직을 유지하는 데 도움이 될 수 있다. 실제로 저항 훈련은 나이가 들어감에 따라 근육과 신진대사를 유지할 수 있는 유일한 형태의 운동이므로 모든 노년층 운동 프로그램의 필수 구성요소가 되어야 한다. 수많은 연구[65,67,74,78,85,93,122,168,177,183,186]가 수주간의 표준 근력 훈련 후 근육 질량의 상당한 증가를 보여주었고, 또 다른 많은 연구[23,27,88,113,147,174] 또한 저항 훈련으로 인한 휴식기 신진대사율의 높은 상승을 나타내었다. 휴식기 에너지 소비량은 평균 7% 증가하며 처음 몇 번의 운동 후에 그 효과가 나타난다.[27,76,88,124,147,174] 게다가 저항 훈련은 운동 세션중이나 후에 지방 사용을 증가시키는 것으로 나타났다.[138]

미토콘드리아 기능

서킷 근력 훈련은 참가자들이 일련의 한 근육 그룹(예: 대퇴사두근) 운동을 한 후(최소한의 휴식과 함께) 다른 근육그룹(예: 슬굴곡근) 운동을 수행하며 주요 근육군 8~12개를 누적해 운동하는 시간-효율적인 방법이다. 각 운동은 무산소성 운동으로 나타나지만 연속되는 운동 사이의 짧은 휴식시간은 서킷 근력 훈련(일반적으로 20~30분 소요)에 유산소성 요소를 부여한다. 최근의 연구는 서킷 근력 훈련이 운동한 근육조직의 미토콘드리아 함량과 산화능력을 증가시킬 수 있음을 시사하였다.[141,144,166] 미토콘드리아는 각 근육세포의 힘의 원천(powerhouse)이다. 노화는 에너지 생산 및 근육의 기능과 관련하여 다양한 정도로 미토콘드리아 장애를 일으키는 유전적 변화와 관련이 있다. 한 연구는 6개월간의 점진적 저항 운동을 통해 미토콘드리아 기능 장애에서 역전 현상을 보였다.[125] 이 연구에서 노년층(평균 연령 68세)은 나이와 운동에 관련한 179개의 유전자에서 유전자 발현의 역전 현상을 경험하여 보통의 활동적인 젊은 성인(평균 연령 24세)과 유사한 미토콘드리아 특징을 나타냈다. 이것은 노년층의 남성과 여성이 보통의 저항 운동뿐 아니라 서킷 근력 훈련에도 참여해야 하는 강력한 이유이다.

> 저항 훈련은 근육감소증, 골감소증, 고혈압, 좋지 않은 혈중 지질상태, 인슐린 저항성, 느려진 소화, 요통, 대사증후군을 포함한 노인들에게 공통적으로 나타나는 여러 가지 퇴행성 문제의 위험을 감소시키는 것으로 나타났다.

기능적 능력

대다수의 노인들은 일상생활에 부정적인 영향을 미치는 기능적 능력의 저하를 경험한다. 저항 운동은 근육의 힘, 순발력, 수행요소를 증가시킴으로써 좌식생활로 인한 신체의 기능 장애를 효과적으로 반전시킬 수 있다는 수 많은 연구 결과가 있다.[13,21,87,88,100,178]

노인을 위한 저항 훈련지침

일반적으로 노인들은 일주일에 두세 번 비연속적으로 저항 훈련을 수행해야 한다. 대퇴사두근, 슬굴곡근, 둔근, 대흉근, 광배근, 삼각근, 이두근, 삼두근, 척추기립근, 복직근은 단관절 운동과 다관절 운동 모두를 사용한 다양한 형태의 운동으로, 한 세트 혹은 여러 세트 수행할 수 있다. 퍼스널 트레이너는 노인이 조절된 속도(일반적으로 한 반복당 4~6초)로 움직이고, 최대한의 범위로 움직이도록(불편한 자세 제외) 지도해야 한다.

노인은 자신의 경험과 신체조건에 따라 넓은 범위로 반복 훈련할 수 있다. 초보자거나 체력이 약한 노인은 가

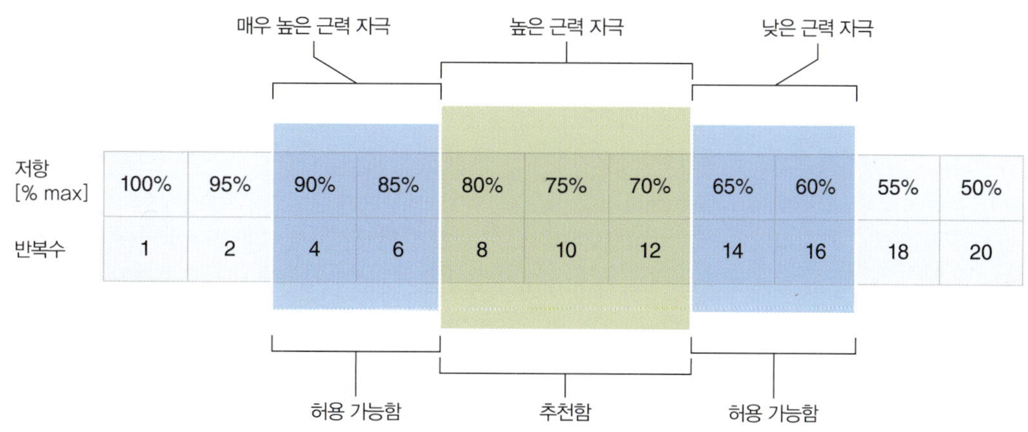

그림 18.2 노인들을 위한 저항 훈련 방법에 관련된 저항과 반복횟수의 관계

노년층을 가르치기 위한 지도 예시

운동하는 노년층을 위한 성공적인 교육 및 동기부여 전략은 다음을 포함해야 한다.

- 이해할 수 있는 수행 목표
- 정확한 시연을 동반한 간결한 지시
- 주의 깊은 감독
- 적절한 보조
- 한 번에 하나씩 수행하도록 요청
- 복잡할 경우 점진적으로 진행
- 올바른 수행에 따른 긍정적인 보강
- 특정한 피드백
- 신중한 질문
- 운동하기 전과 후의 대화(인사와 감사의 표현, 고객의 이름과 같은 주요 문구를 항상 포함해야 함)

벼운 무게로 여러 번 반복하고, 숙련되고 건강한 노인은 무거운 무게로 덜 반복하도록 한다.[5] 그림 18.2에서 볼 수 있듯 받아들일 수 있는 저항 범위는 60%에서 90%까지 넓게 나타날 수 있다. 일반적으로 노년층은 최대 저항의 60%에서 대략 16번 반복할 수 있고, 최대 저항의 90%에서 대략 4번 반복할 수 있다.[184] 노년층은 최대 저항의 약 75~60%에 해당하는 운동 저항을 10~15회 반복할 수 있는 강도로 근력 훈련 프로그램을 시작하는 것이 좋다. 15번 반복할 수 있다면 저항을 약 5% 증가해야 한다.[5] 노년층의 안전하고 성공적인 저항 훈련 경험을 위한 열쇠는 유능한 지도와 세심한 감독이다. 지도법에 관련해서는 위의 '노년층을 가르치기 위한 지도 예시'를 추천한다.

노인을 위한 유산소성 지구력 훈련 지침

모든 연령대의 성인은 심폐 기능의 건강과 체력을 위해 유산소성 지구력 운동을 수행하는 것이 좋다.[5] 권장되는 훈련 빈도는 주당 2~5일이며 권장 운동시간은 세션당 20~60분이다. 운동강도는 최대심박수의 60~90%까지 운동할 수 있지만 보편적으로 최대심박수 75%의 훈련을 권장한다.[5] 나이가 들어감에 따라 최대심박수가 떨어지므로(대략 10년에 10박동), 성인의 연령에 따라 상대적 운동강도는 기본적으로 동일해야 한다. 물론, 심혈관 건강에 제약이 있는 노인의 경우 지속시간은 짧고, 강도는 낮게 운동해야 한다. 일부 고령자의 경우 이것은 최대심박수의 약 40%로 오직 5~10분의 육체적 활동일 수 있다.

미국스포츠의학회(American College of Sports Medicine)과 미국심장협회가 최근 개정한 권고안[81]에는 서로 다른 훈련일에 개별적으로 혹은 교대로 시행할 수 있는 두 가지 유산소 운동 계획이 제시되어 있다. 첫 번째 프로그램은 일주일에 5일, 중간 강도의 지구력 운동(예: 걷기)을 30분간 지속하는 것이다. 두 번째는 일주일에 3일, 격렬한 강도의 지구력 운동(예: 조깅)을 20분간 지속하는 것이다. 운동 프로그램을 시작하는 노인은 더 짧은 시간 동안 더 강한 노력의 유산소 활동(예: 20분 동안 격렬한 강도의 활동)으로 진행하기 전에 더 긴 시간 동안 더 적은 노력의 유산소 활동(예: 30분 동안 중강도의 활동)을 먼저 수행하는 것이 좋다. 또한 월요일과 금요일에는 격렬한 강도로 수행하고, 수요일과 토요일엔 중강도로 수행하는 등 훈련 방법을 결합하는 것이 권장된다.

최대심박수의 백분율을 기준으로 한 훈련 방법은 모니터링하기 쉽고 일반적으로 노인에게 적합하지만, 이 방법에는 일정한 제한이 있다. 예를 들어 심장 기능이 정상적인 고령자는 220 빼기 연령 공식[187]에 따라 예측한 것보다 최대 30회/분을 넘어서거나 못 미치는 최대심박수를 갖고 있을 수 있다. 또한 베타차단제와 같은 특정 약물을 복용하는 경우 약물에 의한 서맥으로 최대심박수가 낮다. 결과적으로 고령자의 심박수 반응과 개인적인 노력 수준 모두로 그들의 운동강도를 평가하는 것이 좋다. 후자는 심장박동 모니터링을 보완하는 주관적 평가를 제공하는 인지 노력의 보그(Borg) 척도[19]를 통해 가장 잘 평가할 수 있다. 이상적으로 최대심박수의 약 75%에서 운동하는 건강한 노인은 이 척도의 약 13에 해당한다(인지 운동[RPE] 척도의 원래 등급에서 12~14에 해당). 그러나 연령에 따른 심박최고치의 75%를 넘어서지만 인지 운동 척도의 낮은 단계(예: 10~11, 비교적 가벼운)에 해당하는 건강한 노년층은 훈련 강도를 줄이지 않도록 해야 한다. 반면에 연령에 따른 심박최고치의 75%를 넘어서지 않고 인지 운동 척도의 높은 단계(예: 15~16, 힘듦)에 해당하는 노년층은 반드시 훈련 강도를 줄이도록 해야 한다(RPE 척도에 대한 자세한 내용은 16장 참고).

노인의 운동 능력을 모니터링하는 또 다른 방법은 대화 검사(talk test)이다. 운동중에 짧거나 중간 정도 길이의 문장으로 이야기할 수 있는 노인은 아마도 적절한 수준의 유산소 활동을 하고 있는 것이다. 만약 활동 도중 간단한 대화를 나누는 데도 어려움을 겪는다면 필요한 수준보다 더 힘들게 운동하고 있을 가능성이 크다.

노년층을 위한 검사와 프로그램 구성

저항 훈련은 노년층에게 필수적인 신체활동이다. 근육량, 근력, 휴식기 신진대사를 증가시키는 것 외에도 저항 운동은 근골격계, 심혈관계, 소화기계, 내분비계에 이점을 제공한다. 유산소성 지구력 훈련은 고령의 남성과 여성에게 심장 건강을 강화하고 체중 관리를 돕기 위해 똑같이 중요하다. 불행히도 일부 나이든 사람들은 이미 보통의 저항 훈련과 유산소 운동 프로그램에 참여하기 어렵게 만드는 육체적 혹은 정신적 상태를 경험했을 수 있다. 모든 경우 첫 번째 단계는 고객의 주치의와 구체적인 운동 가이드라인과 수정사항을 확인하는 것이다. 이러한 정보를 활용하여 퍼스널 트레이너는 노년층에게 안전하고 적합한 개별 프로그램을 구성할 수 있다. 노년층과 훈련할 때, 퍼스널 트레이너는 당연히 어떠한 운동 금기나 바람직하지 않은 근골격계 혹은 심폐 반응에 특히 유의해야 한다. 퍼스널 트레이너는 노년 고객의 운동 세션 및 건강 평가에 대한 신중하고 상세한 기록을 갖고 있어야 한다. 이러한 정보는 향후 프로그램을 구성할 때 중요한 교육자료를 제공하며 노인 고객에게 강력한 동기를 부여한다.

운동순서

노인이 저항 훈련과 유산소 운동을 함께 수행하는 경우, 유산소 활동(준비 운동과 정리 운동 단계를 포함하는)으로 시작한 후 저항 훈련을 하고 정적 스트레칭으로 마무리한다. 저항 훈련만 하는 경우에는 그 전에 약 5~10분 정도 가벼운 유산소 활동을 해야 한다. 두 운동순서 모두 덜 격렬한 유산소 활동이 더 격렬한 저항 훈련을 위한 준비 운동이 된다. 훈련 세션을 근육을 이완하는 것으로 마치기 위해 유연성 운동을 저항 운동 후에 수행해야 한다.

표 18.1 노년층에게 흔히 나타나는 상태와 조정 방안

상태	조정 방안
건조한 피부	팔꿈치와 무릎 같은 운동시 바닥과 접촉하는 피부에 로션을 바른다.
부족한 균형성	부하를 버티는 프리웨이트 운동이나 기능적 훈련으로 진행하기 전 부하의 보조를 받는 기계 운동을 선행한다.
	트레드밀이나 계단오르기 기계와 같은 부하를 견디는 기계를 사용하기 전 고정식 자전거와 같은 부하를 보조하는 유산소성 지구력 운동을 선행한다.
	런지나 스텝 운동 같은 균형 잡기 어려운 운동을 피한다.
	서서 하는 동작 대신 앉거나 누워서 하는 동작을 수행한다.
상해 방지	반드시 정리된 시설에서 훈련한다.
	고객이 조절할 수 있는 속도로 움직인다.
	석설한 자세와 운동 포지셔닝을 강조한다.
감기 및 독감 감염 가능성	충분한 양의 수분을 섭취한다.
	충분한 휴식과 수면을 취한다(적어도 8시간 이상).
	운동을 마친 후 샤워하거나 얼굴과 손을 씻는다.
제한된 유연성	운동 전 5~10분 준비 운동을 한다.
	훈련 세션 마지막에 적절한 스트레칭 운동을 한다.
	런지와 같은 과도한 움직임 범위를 요구하는 운동을 피한다.
열과 습도에 대한 내성 감소	언제든 환경을 조절할 수 있는 시설에서 훈련한다.
	하루 중 일찍 훈련하도록 계획한다.
	충분한 양의 수분을 섭취하되 특히 물을 많이 마신다.
	가볍고 밝은 색의 운동복을 입는다.
보고 듣는 것의 어려움	퍼스널 트레이너는 적절한 크기로 명확하고 간결히 말한다.
	크게 쓰인 자료나 운동 카드를 사용한다.
	퍼스널 트레이너는 정확하게 운동을 시연하고 필요한 경우 수기로 돕는다.
	퍼스널 트레이너는 고객이 지시사항을 이해하고 운동절차를 수행하는지 가급적 자주 질문한다.

안전과 편안함

노인에게 공통으로 나타나는 특정 상태는 운동의 편안함과 안전에 영향을 미칠 수 있다. 표 18.1에 이러한 상태와 고객 혹은 퍼스널 트레이너가 안전하게 운동 경험을 하기 위한 조정 방안이 나열되어 있다.

임산부

임신한 여성은 여러 가지 이유로 운동이 필요할 수 있다. 그들은 스스로 변화하는 신체에 대해 자각하고, 건강한 아이를 낳으며, 임신 기간 동안 몸 상태를 유지하고, 고통스러운 출산과 분만의 과정을 신체적으로 잘 이겨내고 싶어하거나, 추가적인 사회적 관계 혹은 삶의 새로운 단계를 위한 지원이 필요하다고 느낄 수 있다. 합병증이 없는 건강한 임산부는 규칙적인 운동을 통해 적절하게 조절된 신체활동 세션에 계속 참여함으로써 임신과 산후 전체에 걸쳐 심혈관 및 근육의 건강을 유지할 수 있다.[4,5]

임신 이전 비활동적이었던 임산부에게 규칙적인 운동은 도움이 될 수 있지만, 신체 능력에 맞는 프로그램에는 전문적인 지도, 동기부여, 신체활동의 점진적 증가가 포함되어야 한다. 주목할 점은, 일부 임산부는 메스꺼움, 구토, 피로를 동반하는 첫 번째 삼분기를 지나 두 번째 삼분기부터 운동하기를 선호한다는 것이다.[105] 어느 경우든 임산부는 운동 프로그램을 시작하거나 현재의 프로그램을 수정하기 전에 건강관리사와 상담해야 한다. 산과적(obstetric) 또는 의학적 합병증이 있는 경우, 산부인과 주치의의 뜻에 따라 훈련 프로그램을 변경해야 할 수 있다.

임신중 운동의 이점

의사의 권고를 따르는 대부분의 임산부는 최소한의 위험으로 태아를 성장시키기 위한 산모의 건강과 신체적 건강을 얻을 수 있다.[5] 다음은 적절하게 구성된 산전 운동 프로그램에 참여하는 임산부를 위한 운동 프로그램의 몇 가지 이점이다.[5,145]

- 심폐 기능 및 근력의 향상
- 출산 후 회복 촉진
- 임신 전 체중, 근력, 유연성으로 빠른 회복
- 임신중 복부 둘레 감소
- 기력 증진
- 더 적은 산과적(obstetric) 개입
- 더 짧은 출산시간과 통증 감소
- 더 적은 체중 증가
- 기분과 자기개념의 개선
- 스트레스, 불안, 우울의 감소
- 건강한 생활습관을 영구적으로 유지할 가능성이 높아짐

운동 프로그램에 참여하면 **전자간증**(preeclampsia, 임신성 고혈압)과 임신성 당뇨병(임신중에 처음 당뇨병으로 진단받은 경우)을 포함한 임신과 관련된 질환이 발생할 위험이 줄어들 수 있다.[44,145] 규칙적인 신체활동과 관련된 신체적, 정신적 혜택이 전자간증의 위험을 감소시키는 데 중요한 역할을 하는 것으로 보인다.[145] 또한 인슐린 분비, 인슐린 민감도, 포도당 대사에 영향을 미치는 규칙적인 신체활동의 효과는 당부하를 향상시켜 임신성 당뇨병의 발병 위험을 감소시킬 수 있다. 운동 훈련은 요통, 골반기저근의 기능 장애, 임신 관련 요실금 및 만성근골격계 질환을 비롯한 기타 질병의 예방 또는 치료에도 도움이 될 수 있다.[145] 의학적 혹은 산과적 합병증이 없는 상태에서 임신중 운동은 비임신 여성에게서 전형적으로 관찰되는 많은 신체적, 정신-사회적 건강상의 이점과 관련이 있는 것으로 보인다.

> 건강한 임산부는 임신 기간 내 매일 육체적 활동에 참여하도록 권장되어야 한다.

운동이 태아에 미치는 효과

일부 연구에 따르면 어머니가 임신 기간 동안 고강도 운동을 한 경우 아기의 출산시 체중이 감소한 것으로 밝혀졌다.[33] 출생시 더 줄어든 체중은 약 300~350g이었으며 이는 신생아의 피하지방 감소로 인한 것으로 보인다. 따라서 임산부에게는 보다 적절한 강도의 운동이 권고된다.

임신중의 활발한 운동은 태아의 심박수를 분당 5~15회 상승시키는 것과 관련이 있지만 운동으로 인한 태아의 심박수 변화와 관련하여 발표된 부작용은 아직 없다.[4] 조기진통과 관련하여 미국산부인과대학은 조기진통 위험 요소가 없는 건강한 임산부 대다수에게 운동이 표준의 자궁 활동 또는 조기출산 혹은 분만을 증가시키지는 않는다고 한다.[4]

임신중 역학적 혹은 생리적 변화의 수용

의료 및 피트니스 단체는 정상 임신 기간 동안 경험하는 심혈관, 호흡기, 기계적, 대사적, 체온조절의 변화를 수용하기 위해 다음과 같은 권장사항을 제공한다.[4,5]

심혈관 반응

임신으로 인해 심박수와 소화하는 산소 사이의 관계가 변화할 수는 있지만 임산부를 위해 적당한 강도의 운동에 해당하는 일반적인 심박수 범위가 개발되었다. 예를 들어 20세에서 29세 사이의 여성과 30세에서 39세 사이의 여성에게 권장하는 심박수 범위는 각각 분당 135~150회 및 분당 130~145회이다.[5,43] 또한 퍼스널 트레이너는 RPE 척도를 사용하여 유산소 운동의 강도를 처방할 수 있다.[19] 일반적으로 RPE 척도의 12~14 사이(다소 힘듬) 강도가 임신중 유산소 운동에 적당한 것으로 보인다.[5] 이러한 강도라면 임산부가 운동중 대화를 할 수 있어야 한다. 물론 운동 프로그램은 개별적으로 처방해야 하며, 여성이 느끼는 정도에 따라 그날의 운동강도, 지속시간 혹은 둘 모두를 조정해야 할 수도 있다.

임신중 첫 번째 삼분기 후에, 뒤로 누워 있는 자세는 점차 커지는 자궁으로 인해 심장으로 흐르는 정맥혈을 제한하는 결과를 낳는다. 이 자세는 심박출량을 감소시키고 누운 자세 저혈압증후군(supine hypotensive syndrome)을 일으킬 수 있다. 결과적으로 두 번째 삼분기가 시작되기 전에 고객의 훈련 프로그램에서 누워서 수행하는 운동을 제외해야 한다. 여기에는 복부 운동, 벤치 프레스, 짐볼에 누워서 하는 운동, 바닥에 누워서 하는 스트레칭 운동이 포함된다.

대신 임산부는 안전과 지지를 위해 복부에 부목을 대듯 손으로 둘러 감싼 후 천천히 등을 대고 내려갈 수 있다(그림 18.3 참조). 또한 엎드려 기는 자세나 옆으로 누운 자세로 복부 운동을(그림 18.4와 18.5 참조), 혹은 앉은 자세로 상체와 하체 저항 운동을 수행할 수 있다. 예를 들어 상체 근력을 강화하기 위해 바벨 벤치 프레스 운동

그림 18.3 양팔로 배를 감싸고 하는 컬 다운 운동. (a) 시작 자세, (b) 마지막 자세

그림 18.4 기는 자세로 하는 복부 운동. (a) 시작 자세, (b) 마지막 자세

그림 18.5 옆으로 누운 자세로 하는 복부 운동 (a) 시작 자세, (b) 마지막 자세

대신에, 임산부는 같은 근육군을 위해 버티컬 체스트 프레스 기계나 벽을 이용한 팔굽혀펴기, 앉은 자세에서 하는 고무밴드 운동으로 대체할 수 있다.

임신 후반기에는 중력에 대한 인체의 중심이 변화하기 때문에 일부 임산부는 프리웨이트 운동보다 더 안정적으로 보조할 수 있는 중량 운동기계를 사용할 것을 권장한다(예: 서서 하는 덤벨 컬보다 기구를 이용한 바이셉 컬). 이 권장사항은 저항 훈련을 하고 싶어하는 임신 전 비활동적이었던 여성에게 더욱 중요할 수 있다.

호흡기 반응

임산부는 분당 환기량이 거의 50% 증가되어, 휴식기 산소 사용량이 10~20% 늘어날 수 있다.[4] 결과적으로 유산소 활동시 더 적은 산소가 필요하게 된다. 게다가 임신이 진행됨에 따라, 자궁이 커지면서 횡격막 운동이 방해받아 호흡에 추가적인 노력이 필요하고, 주관적인 운동부하와 최대 운동 수행력이 감소한다. 퍼스널 트레이너는 높은 수준의 피로나 육체적 고갈 상태를 피하기 위해 임산부의 운동 프로그램을 적절히 조정해야 한다. 임산부는 힘을 가하는 동안 호흡을 참음으로써 복부와 골반기저근에 과도한 압력을 가하는 발살바 호흡을 피해야 한다. 일반적인 저항 훈련 권고사항은 힘을 쓰거나 모든 운동을 반복할 때 '드는' 구간에서 숨을 내쉬도록 한다(추가적인 호흡지침은 13장 참조).

기계적 반응

임신중에는 자궁과 가슴이 커짐에 따라 여성의 신체중심이 바뀌게 된다. 이것은 일부 신체활동중 그들의 균형감, 신체조절, 운동역학에 악영향을 미칠 수 있다. 결과적으로 균형과 민첩성이 필요한 운동은 면밀히 처방해야 하며, 특히 세 번째 삼분기 중 활동 선택에 특별한 주의를 기울여야 한다.

넘어지거나 가벼운 복부의 외상이 나타날 수 있는 활동은 피해야 하지만, 신체균형을 향상시키기 위해 고안된 일부 활동은 임산부에게 도움이 될 수 있다. 예를 들어 퍼스널 트레이너는 신체균형, 깊은 복식호흡 및 정신집중과 같은 '집중' 활동을 처방하여 임신중에 신체의 균형을 이루고, 운동중 신체 움직임을 더 잘 알아차릴 수 있도록 도울 수 있다.[41] 임신중 이완된 관절로 인해 관절이 손상되기 쉽기 때문에, 운동은 천천히 그리고 통제된 방식으로 이루어져야 한다. 또한 임산부는 넘어지거나 복부의 외상 위험이 높은 활동에 참여하는 것을 피해야 한다. 또한 태아에게 영향을 미치는 감압병의 위험으로 인해 스쿠버다이빙 또한 피해야 한다.[4]

모든 주요 근육군을 강화하는 것이 중요하지만, 퍼스널 트레이너는 특히 복부 및 골반기저근의 힘을 강조해야 한다. 이 근육이 자세를 유지하기 위한 기반을 제공하고, 출산을 위한 준비가 되기 때문이다.[41] 예를 들어 복직근과 복사근 아래에 있는 가장 깊은 복부근육인 복횡근을 강화하면 요추를 지지하고 출산시 밀어내는 단계를 준비하는 데 도움이 된다. 임산부는 복부를 압박하면서 이를 통해 공기를 내뱉음으로써 복횡근을 강화시킬 수 있다. 이 운동을 위해 떠올리기 좋은 예는 복부를 '빨아들여' 배꼽과 척추 사이의 거리를 좁히는 것이다. 이 운동은 앉은 자세 혹은 손과 무릎으로 기는 자세로 수행할 수 있다.

골반기저근 운동(Kegels)은 임신중 저항 운동의 또 다른 중요한 요소이다. 이 운동은 골반 주변 근육군을 수축하거나 이완하는 것과 관련이 있다. 올바른 훈련을 통해 여성은 이러한 근육을 수축하는 방법뿐 아니라, 아기를 더 쉽게 낳을 수 있게끔 긴장을 푸는 방법을 배울 수 있다.[41] 케겔 운동을 위한 구체적인 지침은 이 장에서 다루는 범위를 벗어나지만 임신에 관련된 대부분의 책에서 참고할 수 있다.

대사적 반응

임신중 더 많은 산소가 필요한 것은 더 많은 에너지 기질에 대한 필요와 병행한다. 임산부는 일반적으로 확장된 생활기능 항상성에 대한 대사 요구사항을 충족시키기 위해 하루 300킬로칼로리를 추가로 사용한다. 운동중에 임산부는 임신하지 않은 여성보다 탄수화물을 더 높은 비율로 소비한다.[34] 분명한 지침은 임신한 고객은 영양이 풍부한 식품을 적절하게 섭취하고, 균형잡혔을 뿐 아니라 확대된 영양 프로그램을 통해 수분을 충분히 섭취하는 것이다. 건강한 출산을 위해 임산부는 충분한 양의 칼슘, 비타민 D, 철분, 엽산을 섭취해야 한다.[176] 임산부의 영양결핍은 치명적일 수 있기 때문에, 모든 임산부는 산후까지 이어질 수 있는 건강한 습관을 형성하기 위해 자격 있는 전문가로부터 영양상담을 받아야 한다.

체온 조절 변화

임신은 여성의 기초대사율과 열 생산을 증가시킨다. 이는 운동으로 더 증가할 수도 있다. 운동과 관련한 체온상승은 임신 초기에 가장 높을 수 있다. 이 기간 동안 임산부는 적절한 수분 섭취, 의복, 최적의 환경을 통해 열방출을 촉진시켜야 한다. 고객이 운동중 너무 덥거나 피곤하다고 느낀다면 퍼스널 트레이너는 운동강도를 줄이고 정리 운동을 시작해야 한다. 심한 두통, 어지러움, 방향감각 상실은 고객의 건강관리사에게 의뢰해야 하는, 잠재적으로 심각한 건강 상태 징후이다. 분명히, 임산부는 안전한 운동지침을 숙지해야 하며 운동강도를 줄이거나 운동을 중단해야 하는 시기를 알아야 한다.

운동 금기

산과적 혹은 의학적 합병증이 없는 여성은 임신중에도 운동을 계속해서 건강상의 혜택을 얻을 수 있다.[4] 하지만 어떤 조건은 운동을 하는 데 절대적인 금기를 나타낸다. 여기에는 다음이 포함된다.

- 임신으로 인한 고혈압(전자간증)
- 질막 파열
- 현재 임신중 조기진통
- 12수차 후 지속적인 출혈
- 예정보다 빠른 자궁팽창(자궁경부무력증)
- 심각한 심장 질환 혹은 제한적 폐 질환
- 조기출산의 위험을 초래하는 다태임신(Multiple-birth pregnancy)
- 26주 이후 자궁경부를 막는 태반

또한 운동에 참여하기 전 고객의 주치의가 평가해야 하는 운동에 대한 상대적 금기사항이 있다.

- 조절하기 어려운 제1형 당뇨병, 발작, 고혈압, 갑상선기능항진증
- 병적 비만
- 매우 낮은 체중(12kg/m^2보다 낮은 신체질량 지수)
- 매우 비활동적인 과거
- 진단받지 않은 임신중 심장박동 장애
- 현재 임신중 자궁 내 성장 제한
- 심한 빈혈
- 과도한 흡연
- 만성기관지염
- 정형외과적 제한

또한 다음 조건 중 하나가 나타날 때 운동을 중단하고 임신중 의학적 조언을 구해야 한다.[5]

- 모든 질내 출혈 징후
- 운동 전 호흡곤란
- 두통 혹은 설명할 수 없는 현기증
- 흉통
- 근육 약화
- 종아리 통증이나 부종
- 조산
- 태아 움직임의 감소
- 양수 누출

운동 지침

임산부를 위한 일반적인 운동 안전지침은 478쪽에 설명되어 있다. 산모와 태아에 영향을 끼치는 운동 유형, 빈도, 강도의 영향을 자세히 조사하기 위해 추가적인 임상시험이 필요하지만, 운동 금기사항이 없는 건강한 임산부에게는 다음의 운동지침이 적용된다.[4,5]

- 매일 중간 강도의 신체활동을 최소 15분간 수행하고, 매일이 아니더라도 최소 일주일에 3일은 점진적으로 운동시간을 30분으로 증가시킨다.
- 대근육군을 위한 저항 훈련시 여러 번 반복(예: 12~15회)하는 지침을 따르고, 등척성 수축은 피

임산부를 위한 일반적인 운동 안전지침

- 운동시작 전에 건강관리 전문가와 의논하라.
- 대화를 할 수 있는 편안한 수준으로 운동하라.
- 열이 발생하면 운동을 하지 마라.
- 출혈, 많은 양의 유출, 얼굴 및 손의 부종 등이 있을 경우, 건강관리 전문가를 찾아라.
- 임신 3개월 후에는 등을 대고 눕는 것을 피하라.
- 신체가 불편한 정도까지 근육을 긴장 또는 이완시키는 것을 피하라.
- 좋은 상태의 장비를 사용하라.
- 매일 8잔의 물(2L)을 마시며, 덥거나 눅눅한 상태에서 운동하는 것을 피하라.
- 피로와 과도한 트레이닝을 피하라.

한다.

- 첫 번째 삼주기 이후로 누운 자세에서 운동하지 않는다.
- 피로 지점을 지나 운동을 계속해서는 안 되며, 완전히 탈진한 상태까지 진행하지 않는다.
- 임신 기간 동안 부상위험을 줄이고, 운동 프로그램을 지속하기 위해 고정식 자전거 타기 또는 걷기와 같은 동적이고 리드미컬한 신체활동이 선호된다.
- 경미한 복부외상이나 균형감각을 상실할 수 있는 스포츠와 활동을 피한다. 피해야 하는 스포츠의 예로는 축구, 농구, 승마, 스쿠버다이빙, 인라인 스케이트, 야외자전거 타기, 플라이오메트릭 훈련 등이 있다.
- 운동중 적절한 수분 공급, 의복 및 적절한 환경조성을 통해 체온이 큰 폭으로 상승하는 것을 최소화해야 한다.
- 임신중 많은 생리적, 형태적 변화가 산후 4~6주간 지속되기 때문에 임신 초기 체력 수준이 달성될 때까지 여성은 점차적으로 신체활동 프로그램을 시작해야 한다.

결론

사춘기 이전의 아동, 노인, 임산부는 심혈관 및 근골격계의 건강을 향상시키고 유지하는 신체활동 프로그램에 정기적으로 참여하도록 권장해야 한다. 운동 훈련의 기본원칙은 모든 연령대와 능력을 아울러 비슷하지만, 각 집단마다 고유하게 고려해야 할 사항이 있다. 퍼스널 트레이너는 고객의 개인적인 요구와 관심사를 이해하고 인식하여 사춘기 이전의 아동, 노인, 임산부의 요구, 능력, 관심사에 일치하는 안전하고 효과적이며 즐거운 신체활동 프로그램을 개발할 수 있다.

연구 문제

1. 8주간 정기적으로 근력 훈련을 한 결과, 10세 소년의 체스트 프레스와 레그 프레스 수행력이 상당히 상승했다. 다음 중 근력 강화 훈련으로 인한 혜택의 가장 큰 요인은 무엇인가?

   A. 근비대
   B. 근증식
   C. 신경적응
   D. 향상된 신체조성

2. 다음 중 어떤 저항 훈련 적응이 70세 고객의 심혈관계 질환 위험을 낮추는가?

   I. 체지방 감소
   II. 안정시 수축기 혈압의 감소
   III. 개선된 혈관의 내피 기능
   IV. 감소된 고밀도 지단백질 콜레스테롤

   A. I, II와 III만 　B. I, II와 IV만
   C. I, III와 IV만 　D. II, III와 IV만

3. 다음 훈련 계획 중 이전까지 비활동적이었던 노인에게 가장 적합한 목표는 무엇인가?

A. 일주일에 5번 유산소 운동만 실시
B. 일주일에 4번 저항 운동만 실시
C. 일주일에 4번 저항 운동과 2번의 유산소 운동 실시
D. 일주일에 2번 저항 운동과 3번의 유산소 운동 실시

4. 다음 중 건강한 임산부 고객에게 적합한 운동 권장사항은 무엇인가?

I. 일주일에 적어도 3일 신체활동을 하루 30분으로, 점차적으로 증가시킨다.
II. 주요 근육군에 대한 근력 훈련을 여러 번의 반복횟수(예: 12~15회)를 통하여 수행한다.
III. 승마, 인라인 스케이팅, 야외자전거 타기 등의 활동은 중강도의 운동을 제공한다.
IV. 임신 중기 전에는 누운 자세에서의 운동을 피한다.

A. I과 IV만 B. I과 II만
C. II과 III만 D. III과 IV만

5. 다음 가슴 운동 중 임신 제2 삼주기에 가장 적합한 것은 무엇인가?

A. 덤벨 벤치 프레스
B. 스텐딩 케이블 크로스오버
C. 덤벨 체스트 플라이
D. 바벨 벤치 프레스

응용 지식 문제

8세 여아, 65세 남자 노인, 건강한 임신 여성의 일반적인 저항 운동 지침 및 안전 문제, 그리고 준수하여야 할 운동 전략을 각각 설명하라.

참고문헌

1. Abernethy, L., and C. Bleakley. 2007. Strategies to prevent injury in adolescent sport: A systematic review. *British Journal of Sports Medicine* 41: 627-638.
2. American Academy of Pediatrics. 2008. Strength training by children and adolescents. *Pediatrics* 121: 835-840.
3. American Association of Cardiovascular and Pulmonary Rehabilitation. 2006. *AACVPR Cardiac Rehabilitation Resource Manual.* Champaign, IL: Human Kinetics.
4. American College of Obstetricians and Gynecologists. 2002. Exercise during pregnancy and the postpartum period. *International Journal of Gynecology and Obstetrics* 77: 79-81.
5. American College of Sports Medicine. 2010. *ACSM's Guidelines for Exercise Testing and Prescription,* 8th ed. Philadelphia: Lippincott Williams & Wilkins.
6. Annesi, J., A. Faigenbaum, W. Westcott, A. Smith, J. Unruh, and G. Franklin. 2007. Effects of the Youth Fit For Life protocol on physiological, mood, self-appraisal, and voluntary physical activity changes in African American preadolescents: Contrasting after-school care and physical education formats. *International Journal of Clinical and Health Psychology* 7: 641-659.
7. Annesi, J., and W. Westcott. 2007. Relations of physical selfconcept and muscular strength with resistance exerciseinduced feeling state scores in older women. *Perceptual and Motor Skills* 104: 183-190.
8. Annesi, J., W. Westcott, and S. Gann. 2004. Preliminary evaluation of a 10-week resistance and cardiovascular exercise protocol on physiological and psychological measures for a sample of older women. *Perceptual and Motor Skills* 98: 163-170.
9. Bailey, R., J. Olsen, S. Pepper, J. Porszasz, T. Barstow, and D. Cooper. 1995. The level and tempo of children's physical activities: An observational study. *Medicine and Science in Sports and Exercise* 27: 1033-1041.
10. Baldi, J., and N. Snowling. 2003. Resistance training improves glycemic control in obese type 2 diabetic men. *International Journal of Sports Medicine* 24: 419-423.
11. Ballor, D., V. Katch, M. Becque, and C. Marks. 1988. Resistance weight training during caloric restriction enhances lean body weight maintenance. *American Journal of Clinical Nutrition* 47: 19-25.
12. Bar-Or, O. 1983. *Sports Medicine for the Practitioner.* New York: Springer-Verlag.
13. Barry, B., and R. Carson. 2004. The consequences of resistance training for movement control in older adults. *Journals of Gerontology Series A: Biological Sciences and Medical Sciences* 59: 730-754.
14. Behm, D., A. Faigenbaum, B. Falk, and P. Klentrou. 2008. Canadian Society for Exercise Physiology position paper. Resistance training in children and adolescents. *Appl Physiol Nutr Metab* 33: 547-561.
15. Bell, N., R. Godsen, and D. Henry. 1988. The effects of muscle-building exercise on vitamin D and mineral metabolism. *Journal of Bone and Mineral Research* 3: 369-373.

16. Benson, A., M. Torade, and M. Fiatarone Singh. 2008. The effect of high-intensity progressive resistance training on adiposity in children: A randomized controlled trial. *International Journal of Obesity* 32:1016-1027.

17. Blessing, D., M. Stone, and R. Byrd. 1987. Blood lipid and hormonal changes from jogging and weight training of middle-aged men. *Journal of Applied Sport Science Research* 1: 25-29.

18. Blumenthal, J., W. Siegel, and M. Appelbaum. 1991. Failure of exercise to reduce blood pressure in patients with mild hypertension. *Journal of the American Medical Association* 266: 2098-2101.

19. Borg, G. 1998. *Borg's Perceived Exertion and Pain Scales.* Champaign, IL: Human Kinetics.

20. Boyden, T., R. Pamenter, S. Going, T. Lohman, M. Hall, L. Houtkooper, J. Bunt, C. Ritenbaugh, and M. Aickin. 1993. Resistance exercise training is associated with decreases in serum low-density lipoprotein cholesterol levels in premenopausal women. *Archives of Internal Medicine* 153: 97-100.

21. Braith, R., and K. Stewart. 2006. Resistance exercise training: Its role in the prevention of cardiovascular disease. *Circulation* 113: 2642-2650.

22. British Association of Exercise and Sport Sciences. 2004. BASES position statement on guidelines for resistance exercise in young people. *Journal of Sports Sciences* 22: 383-390.

23. Broeder, C., K. Burrhus, L. Svanevik, and J. Wilmore. 1992. The effects of either high-intensity resistance or endurance training on resting metabolic rate. *American Journal of Clinical Nutrition* 55: 802-810.

24. Burdette, H., and R. Whitaker. 2005. Resurrecting free play in young children. *Archives of Pediatric and Adolescence Medicine* 159: 46-50.

25. Bureau of Transportation Statistics. 2003. National household travel survey. www.bts.gov/programs/national_household_travel_survey. Accessed December 8, 2009.

26. Butler, R., W. Baierwalter, and F. Rogers. 1987. The cardiovascular response to circuit weight training in patients with cardiac disease. *Journal of Cardiopulmonary Rehabilitation* 7: 402-409.

27. Campbell, W., M. Crim, V. Young, and W. Evans. 1994. Increased energy requirements and changes in body composition with resistance training in older adults. *American Journal of Clinical Nutrition* 60: 167-175.

28. Carnethon, M., M. Gulati, and P. Greenland. Prevalence and cardiovascular disease correlates of low cardiorespiratory fitness in adolescents and adults. *Journal of the American Medical Association* 294: 2981-2988.

29. Castaneda, C., J. Layne, L. Munoz-Orians, P. Gordon, J. Walsmith, M. Foldvari, R. Roubenoff, K. Tucker, and M. Nelson. 2002. A randomized controlled trial of resistance exercise training to improve glycemic control in older adults with type 2 diabetes. *Diabetes Care* 25: 2335-2341.

30. Cavil, N., S. Biddle, and J. Sallis. 2001, Health enhancing physical activity for young people. Statement of the United Kingdom Expert Consensus Conference. *Pediatric Exercise Science* 13: 12-25.

31. Centers for Disease Control and Prevention. 2005. Participation in high school physical education – United States, 1991-2003. *Journal of School Health* 75: 47-49.

32. Chu, D., A. Faigenbaum, and J. Falkel. 2006. *Progressive Plyometrics for Kids.* Monterey, CA: Healthy Learning.

33. Clapp, J., and E. Capeless. 1990. Neonatal morphometrics after endurance exercise during pregnancy. *American Journal of Obstetrics and Gynecology* 163: 1805-1811.

34. Clapp, J., B. Seaward, R. Sleamaker, and J. Hiser. 1988. Maternal physiologic adaptations to early human pregnancy. *American Journal of Obstetrics and Gynecology* 159: 1456-1460.

35. Colcombe, S., K. Erickson, P. Scalf, J. Kim, R. Prakash, E. McAuley, S. Elavsky, D. Marquez, L. Hu, and A. Kramer. 2006. Aerobic exercise training increases brain volume in aging humans. *Journals of Gerontology Series A: Biological Sciences and Medical Science* 61: 1166-1170.

36. Colletti, L., J. Edwards, L. Gordon, J. Shary, and N. Bell. 1989. The effects of muscle-building exercise on bone mineral density of the radius, spine and hip in young men. *Calcified Tissue International* 45: 12-14.

37. Conroy, B., W. Kraemer, C. Maresh, S. Fleck, M. Stone, A. Fry, P. Miller, and G. Dalsky. 1993. Bone mineral density in elite junior Olympic weightlifters. *Medicine and Science in Sports and Exercise* 25: 1103-1109.

38. Cordain, L., R. Latin, and J. Behnke. 1986. The effects of an aerobic running program on bowel transit time. *Journal of Sports Medicine* 26: 101-104.

39. Cornelissen, V., and R. Fagard. 2005. Effect of resistance training on resting blood pressure: A meta-analysis of randomized controlled trials. *Journal of Hypertension* 23: 251-259.

40. Council on Exercise of the American Diabetes Association. 1990. Technical review: Exercise and NIDDM. *Diabetes Care* 13: 785-789.

41. Cowlin, A.F. 2002. *Women's Fitness Program Development.* Champaign, IL: Human Kinetics.

42. Craig, B., J. Everhart, and R. Brown. 1989. The influence of high-resistance training on glucose tolerance in young and elderly subjects. *Mechanisms of Ageing and Development* 49: 147-157.

43. Davies, G.L., M. Wolfe, F. Mottola, and C. MacKinnon. 2003. Society of Obstetricians and Gynecologists of Canada, SOGC Clinical Practice Obstetrics Committee. Joint SOGC/CSEP clinical practice guideline. Exercise in pregnancy in the postpartum period. *Canadian Journal of Applied Physiology* 28: 330-341.

44. Dempsey, J., C. Butler, and M. Williams. 2005. No need for a pregnant pause: Physical activity may reduce the occurrence of gestational diabetes and preeclampsia. *Exercise and Sport Sciences Reviews* 33: 141-149.

45. Department of Health and Human Services. 2008. *Physical Activity Guidelines for Americans.* Washington, DC: Author.

46. Dietz, W. Overweight in childhood and adolescence. 2004. *New England Journal of Medicine* 350: 855-857.

47. Dishman, R., R. Motl, R. Saunders, G. Felton, D. Ward, M. Dowda, and R. Pate. 2005. Enjoyment mediates effects of a school-based physical-activity intervention. *Medicine and Science in Sports and Exercise* 37: 478-487.

48. Durak, E. 1989. Exercise for specific populations: Diabetes mellitus. *Sports Training, Medicine and Rehabilitation* 1: 175-180.

49. Durak, E., L. Jovanovis-Peterson, and C. Peterson. 1990. Randomized crossover study of effect of resistance training on glycemic control, muscular strength, and cholesterol in Type I diabetic men. *Diabetes Care* 13: 1039-1042.

50. Emery, C., W. Meeuwisse, and J. McAllister. 2006. Survey of sports participation and sport injury risk in Calgary and area high schools. *Clinical Journal of Sports Medicine* 16: 20-26.

51. Eriksson, J., S. Taimela, K. Eriksson, S. Parvoinen, J. Peltonen, and U. Kujala. 1997. Resistance training in the treatment

of non-insulin dependent diabetes mellitus. *International Journal of Sports Medicine* 18: 242-246.

52. Evans, W., and I. Rosenberg. 1992. *Biomarkers*. New York: Simon and Schuster.

53. Faigenbaum, A. 2007. Resistance training for children and adolescents: Are there health outcomes? *American Journal of Lifestyle Medicine* 1: 190-200.

54. Faigenbaum, A., R. Loud, J. O'Connell, S. Glover, J. O'Connell, and W. Westcott. 2001. Effects of different resistance training protocols on upper body strength and endurance development in children. *Journal of Strength and Conditioning Research* 15: 459-465.

55. Faigenbaum, A., W. Kraemer, C. Blimkie, I. Jeffreys, L. Micheli, M. Nitka, and T. Rowland. 2009. Youth resistance training: Updated position statement paper from the National Strength and Conditioning Association. *Journal of Strength and Conditioning Research* 23 (Suppl 5): S60-S79.

56. Faigenbaum, A., and J. McFarland. 2007. Guidelines for implementing a dynamic warm-up for physical education. *Journal of Physical Education, Recreation and Dance* 78: 25-28.

57. Faigenbaum, A., and G. Myer. 2010. Resistance training among young athletes: Safety, efficacy and injury prevention effects. *British Journal of Sports Medicine* 44: 56-63.

58. Faigenbaum, A., G. Skrinar, W. Cesare, W. Kraemer, and H. Thomas. 1990. Physiologic and symptomatic responses of cardiac patients to resistance exercise. *Archives of Physical Medicine and Rehabilitation* 70: 395-398.

59. Faigenbaum, A., and W. Westcott. 2007. Resistance training for obese children and adolescents. *President's Council on Physical Fitness and Sports Research Digest* 8: 1-8.

60. Faigenbaum, A., and W. Westcott. 2009. *Youth Strength Training*. Champaign, IL: Human Kinetics.

61. Faigenbaum, A., W. Westcott, R. Loud, and C. Long. 1999. The effects of different resistance training protocols on muscular strength and endurance development in children. *Pediatrics* 104: e5.

62. Falk, B., and A. Eliakim. 2003. Resistance training, skeletal muscle and growth. *Pediatric Endocrinology Reviews* 1: 120-127.

63. Falk, B., and G. Tenenbaum. 1996. The effectiveness of resistance training in children: A meta-analysis. *Sports Medicine* 22: 176-186.

64. Ferrara, C., A. Goldberg, H. Ortmeyer, and A. Ryan. 2006. Effects of aerobic and resistive exercise training on glucose disposal and skeletal muscle metabolism in older men. *Journals of Gerontology Series A: Biological Sciences and Medical Sciences* 61: 480-487.

65. Fiatarone, M., E. Marks, N. Ryan, C. Meredith, L. Lipsitz, and W. Evans. 1990. High-intensity strength training in nonagenarians. *Journal of the American Medical Association* 263: 3029-3034.

66. Freedman, D., W. Dietz, S. Srinivasan, and G. Berenson. 1999. The relationship of overweight to cardiovascular risk factors among children and adolescents: The Bogalusa heart study. *Pediatrics* 103: 1175-1182.

67. Frontera, W., C. Meredith, K. O'Reilly, H. Knuttgen, and W. Evans. 1988. Strength conditioning in older men: Skeletal muscle hypertrophy and improved function. *Journal of Applied Physiology* 64: 1038-1044.

68. Ghilarducci, L., R. Holly, and E. Amsterdam. 1989. Effects of high resistance training in coronary heart disease. *American Journal of Cardiology* 64: 866-870.

69. Goldberg, L., L. Elliot, R. Schultz, and F. Kloste. 1984. Changes in lipid and lipoprotein levels after weight training. *Journal of the American Medical Association* 252: 504-506.

70. Gordon, B., A. Benson, S. Bird, and S. Fraser. 2009. Resistance training improves metabolic health in type 2 diabetes: A systematic review. *Diabetes Research and Clinical Practice* 83: 157-175.

71. Gortmaker, S., A. Must, A. Sobol, K. Peterson, G. Colditz, and W. Dietz. 1996. Television viewing as a cause of increasing obesity among children in the United States, 1986-1990. *Archives of Pediatric and Adolescent Medicine* 150: 356-362.

72. Graves, J., M. Pollock, and D. Foster. 1990. Effects of training frequency and specificity on isometric lumbar extension strength. *Spine* 15: 504-509.

73. Greenlund, L., and K. Nair. 2003. Sarcopenia-consequences, mechanisms, and potential therapies. *Mechanisms of Ageing and Development* 124: 287-299.

74. Grimby, G., A. Aniansson, M. Hedberg, G. Henning, U. Granguard, and H. Kvist. 1992. Training can improve muscle strength and endurance in 78 to 84 year old men. *Journal of Applied Physiology* 73: 2517-2523.

75. Grimmer, K., D. Jones, and J. Williams. 2000. Prevalence of adolescence injury from recreational exercise: An Australian perspective. *Journal of Adolescent Health* 27: 266-272.

76. Hackney, K., H. Engels, and R. Gretebeck. 2008. Resting energy expenditure and delayed-onset muscle soreness after full-body resistance training with an eccentric concentration. *Journal of Strength and Conditioning Research* 22: 1602-1609.

77. Haennel, R., H. Quinney, and C. Kappogoda. 1991. Effects of hydraulic circuit training following coronary artery bypass surgery. *Medicine and Science in Sports and Exercise* 23: 158-165.

78. Hagerman, F., S. Walsh, R. Staron, R. Hikida, R. Gilders, T. Murray, K. Toma, and K. Ragg. 2000. Effects of highintensity resistance training on untrained older men. I. Strength, cardiovascular, and metabolic responses. *Journals of Gerontology Series A: Biological Sciences and Medical Sciences* 55: B336-346.

79. Hamill, B. 1994. Relative safety of weight lifting and weight training. *Journal of Strength and Conditioning Research* 8: 53-57.

80. Harris, K., and R. Holly. 1987. Physiological response to circuit weight training in borderline hypertensive subjects. *Medicine and Science in Sports and Exercise* 10: 246-252.

81. Haskel, W., I. Lee, R. Pate, K. Powell, S. Blair, B. Franklin, C. Macera, G. Heath, P. Thompson, and A. Bauman. 2007. Physical activity and public health: Updated recommendation for adults from the American College of Sports Medicine and the American Heart Association. *Circulation* 116: 1081-1093.

82. Heidt, R., L. Sweeterman, R. Carlonas, J. Traub, and F. Tekulve. 2000. Avoidance of soccer injuries with preseason conditioning. *American Journal of Sports Medicine* 28: 659-662.

83. Hewett, T., G. Myer, and K. Ford. 2005. Reducing knee and anterior cruciate ligament injuries among female athletes. *Journal of Knee Surgery* 18: 82-88.

84. Hewett, T., A. Stroupe, T. Nance, and F. Noyes. 1996. Plyometric training in female athletes. *American Journal of Sports Medicine* 24: 765-773.

85. Hikida, R., R. Staron, F. Hagerman, S. Walsh, E. Kaiser, S. Shell, and S. Hervey. 2000. Effects of high-intensity resistance training on untrained older men. II. Muscle fiber characteristics and nucleo-cytoplasmic relationships. *Journals of Gerontology Series A: Biological Sciences and Medical Sciences* 55: B347-354.

86. Holten, M., M. Zacho, M. Gaster, C. Juel, J. Wojaszewskil, and F. Dela. 2004. Strength training increases insulin-mediated glucose uptake, GLUT4 content, and insulin signaling in skeletal muscle in patients with type 2 diabetes. *Diabetes* 53: 294-305.

87. Hunter, G., J. McCarthy, and M. Bamman. 2004. Effects of resistance training on older adults. *Sports Medicine* 34: 329-348.

88. Hunter, G., C. Wetzstein, D. Fields, A. Brown, and M. Bamman. 2000. Resistance training increases total energy expenditure and free-living physical activity in older adults. *Journal of Applied Physiology* 89: 977-984.

89. Hurley, B. 1994. Does strength training improve health status? *Strength and Conditioning* 16: 7-13.

90. Hurley, B., J. Hagberg, A. Goldberg, D. Seals, A. Ehsani, R. Brennan, and J. Holloszy. 1988. Resistance training can reduce coronary risk factors without altering VO2 max or percent body fat. *Medicine and Science in Sports and Exercise* 20: 150-154.

91. Hurley, B., and S. Roth. 2000. Strength training in the elderly: Effects on risk factors for age-related diseases. Sports Medicine 30: 249-268.

92. Institute of Medicine of the National Academies. 2005. *Preventing Childhood Obesity. Health in the Balance.* Washington, DC: National Academies Press. pp. 21-53.

93. Ivey, F., S. Roth, R. Ferrell, B. Tracy, J. Lemmer, D. Hurlbut, G. Martel, E. Siegel, J. Fozard, E. Metter, J. Fleg, and B. Hurley. 2000. Effects of age, gender, and myostatin genotype on the hypertrophic responses to heavy resistance strength training. *Journals of Gerontology Series A: Biological Sciences and Medical Sciences* 55: M641-648.

94. Jan, M., J. Lin, J. Liau, Y. Lin, and D. Lin. 2008. Investigation of clinical effects of high- and low-resistance training for patients with knee osteoarthritis: A randomized controlled trial. *Physical Therapy* 88: 427-436.

95. Janz, K., J. Dawson, and L. Mahoney. 2000. Tracking physical fitness and physical activity from childhood to adolescence: The Muscatine study. *Medicine and Science in Sports and Exercise* 32: 1250-1257.

96. Johnson, C., M. Stone, S. Lopez, J. Hebert, L. Kilgoe, and R. Byrd. 1982. Diet and exercise in middle-aged men. *Journal of the Dietetic Association* 81: 695-701.

97. Jones, A., M. Pollock, J. Graves, M. Fulton, W. Jones, M. MacMillan, D. Baldwin, and J. Cirulli. 1988. *Safe, Specific Testing and Rehabilitative Exercise for Muscles of the Lumbar Spine.* Santa Barbara, CA: Sequoia Communications.

98. Jones, C., C. Christensen, and M. Young. 2000. Weight training injury trends. *Physician and Sportsmedicine* 28: 61-72.

99. Jurca, R., M. LaMonte, T. Church, C. Earnest, S. Fitzgerald, C. Barlow, A. Jordan, J. Dampert, and S. Blaire. 2004. Associations with muscle strength and aerobic fitness with metabolic syndrome in men. *Medicine and Science in Sports and Exercise* 36: 1301-1307.

100. Kalapotharakos, V., M. Michalopoulos, S. Tokmakisis, G. Godolias, and V. Gourgoulis. 2005. Effects of heavy and moderate resistance training on functional performance in older adults. *Journal of Strength and Conditioning Research* 19: 652-657.

101. Kelemen, M., K. Stewart, R. Gillilan, C. Ewart, S. Valenti, J. Manley, and M. Kelemen. 1986. Circuit weight training in cardiac patients. *Journal of the American College of Cardiology* 7: 38-42.

102. Kelley, G. 1997. Dynamic resistance exercise and resting blood pressure in healthy adults: A meta-analysis. *Journal of Applied Physiology* 82: 1559-1565.

103. Kelley, G., and K. Kelley. 2000. Progressive resistance exercise and resting blood pressure: A meta-analysis of randomized controlled trials. *Hypertension* 35: 838-843.

104. Kelley, G., and K. Kelley. 2009. Impact of progressive resistance training on lipids and lipoproteins in adults: A meta-analysis of randomized controlled trials. *Preventive Medicine* 48: 9-19.

105. Kelly, A. 2005. Practical exercise advice during pregnancy. *Physician and Sportsmedicine* 33: 24-31.

106. Keys, A., H. Taylor, and F. Grande. 1973. Basal metabolism and age of adult man. *Metabolism* 22: 579-587.

107. King, L., T. Birmingham, C. Kean, I. Jones, D. Bryant, and J. Giffin. 2008. Resistance training for medial compartment knee osteoarthritis and malalignment. *Medicine and Science in Sports and Exercise* 40: 1376-1384.

108. Koffler, K., A. Menkes, R. Redmond, W. Whitehead, R. Pratley, and B. Hurley. 1992. Strength training accelerates gastrointestinal transit in middle-aged and older men. *Medicine and Science in Sports and Exercise* 24: 415-419.

109. Kokkinos, P., B. Hurley, M. Smutok, C. Farmer, C. Reece, R. Shulman, C. Charabogos, J. Patterson, S. Will, J. DeVane-Bell, and A. Goldberg. 1991. Strength training does not improve lipoprotein lipid profiles in men at risk for CHD. *Medicine and Science in Sports and Exercise* 23: 1134-1139.

110. Kokkinos, P., B. Hurley, P. Vaccaro, J. Patterson, L. Gardner, S. Ostrove, and A. Goldberg. 1998. Effects of low and high repetition resistive training on lipoprotein-lipid profiles. *Medicine and Science in Sports and Exercise* 20: 50-54.

111. Lange, A., B. Vanwanseele, and M. Fiatarone Singh. 2008. Strength training for treatment of osteoarthritis of the knee: A systematic review. *Arthritis and Rheumatism* 59: 1488-1494.

112. Layne, J., and M. Nelson. 1999. The effects of progressive resistance training on bone density: A review. *Medicine and Science in Sports and Exercise* 31: 25-30.

113. Lemmer, J., F. Ivey, A. Ryan, G. Martel, D. Hurlbut, J. Metter, J. Fozard, J. Fleg, and B. Hurley. 2001. Effect of strength training on resting metabolic rate and physical activity. *Medicine and Science in Sports and Exercise* 33: 532-541.

114. Lillegard, W., E. Brown, D. Wilson, R. Henderson, and E. Lewis. 1997. Efficacy of strength training in prepubescent to early postpubescent males and females: Effects of gender and maturity. *Pediatric Rehabilitation* 1: 147-157.

115. Lohmann, D., and F. Liebold. 1978. Diminished insulin response in highly trained athletes. *Metabolism* 27: 521-523.

116. Malina, R. 2001. Tracking of physical activity across the lifespan. *President's Council on Physical Fitness and Sports Research Digest* 3: 1-8.

117. Malina, R. 2006. Weight training in youth-growth, maturation and safety: An evidenced based review. *Clinical Journal of Sport Medicine* 16: 478-487.

118. Mandelbaum, B., H. Silvers, D. Watanabe, J. Knarr, S. Thomas, L. Griffin, D. Kirkendall, and W. Garrett. 2005. Effectiveness of a neuromuscular and proprioceptive training program in preventing anterior cruciate ligament injuries in female athletes. *American Journal of Sports Medicine* 33: 1003-1010.

119. Marks, R. 1993. The effects of isometric quadriceps strength training in mid-range for osteoarthritis of the knee. *Arthritis Care Research* 6: 52-56.

120. Marzolini, S., P. Oh, S. Thomas, and J. Goodman. 2008. Aerobic and resistance training in coronary disease: Single versus multiple sets. *Medicine and Science in Sports and Exercise* 40: 1557-1564.

121. Mason, C., S. Brien, C. Craig, L. Gauvin, and P. Katzmarzyk. 2007. Musculoskeletal fitness and weight gain. *Medicine and Science in Sports and Exercise* 39: 38-43.

122. McCartney, N., A. Hicks, J. Martin, and C. Webber. 1996. A longitudinal trial of weight training in the elderly—continued improvements in year two. *Journals of Gerontology Series A: Biological Sciences and Medical Sciences* 51: B425-B433.

123. Mediate, P., and A. Faigenbaum. 2007. *Medicine Ball for All Kids.* Monterey, CA: Healthy Learning.

124. Melby, C., C. Scholl, G. Edwards, and R. Bullough. 1993. Effect of acute resistance exercise on postexercise energy expenditure and resting metabolic rate. *Journal of Applied Physiology* 75: 1847-1853.

125. Melov, S., M. Tarnopolsky, K. Beckman, K. Felkey, and A. Hubbard. 2007. Resistance exercise reverses aging in human skeletal muscle. *PLoS ONE* 2: e465.

126. Menkes, A., S. Mazel, R. Redmond, K. Koffler, C. Libanati, C. Gunberg, T. Zizic, J. Hagberg, R. Pratley, and B. Hurley. 1993. Strength training increases regional bone mineral density and bone remodeling in middle-aged and older men. *Journal of Applied Physiology* 74: 2478-2484.

127. Micheli L. 2006. Preventing injuries in sports: What the team physician needs to know. In: *F.I.M.S. Team Physician Manual,* 2nd ed., K. Chan, L. Micheli, A. Smith, C. Rolf, N. Bachl, W. Frontera, and T. Alenabi, eds. Hong Kong: CD Concept. pp. 555-572.

128. Miller, J., R. Pratley, A. Goldberg, P. Gordon, M. Rubin, M. Treuth, A. Ryan, and B. Hurley. 1994. Strength training increases insulin action in healthy 50 to 65 year-old men. *Journal of Applied Physiology* 77: 1122-1127.

129. Miller, W., W. Sherman, and J. Ivy. 1984. Effect of strength training on glucose tolerance and post glucose insulin response. *Medicine and Science in Sports and Exercise* 16: 539-543.

130. Morris, F., G. Naughton, J. Gibbs, J. Carlson, and J. Wark. 1997. Prospective ten-month exercise intervention in premenarcheal girls: Positive effects on bone and lean mass. *Journal of Bone and Mineral Research* 12: 1453-1462.

131. Morrow, J. 1997. Relationship of low back pain to exercise habits. Paper presented at ACSM conference, Denver, May 31.

132. Myer G., C. Quatman, J. Khoury, E. Wall, and T. Hewett. 2009. Youth vs. adult "weightlifting" injuries presented to United States emergency rooms: Accidental vs. nonaccidental mechanisms. *Journal of Strength and Conditioning Research* 23: 2054-2060.

133. National Association for Sport and Physical Education. 2005. *Physical Education for Lifelong Fitness,* 2nd ed. Champaign, IL: Human Kinetics.

134. Nelson, M., M. Fiatarone, C. Morganti, I. Trice, R. Greenberg, and W. Evans. 1994. Effects of high-intensity strength training on multiple risk factors for osteoporotic fractures. *Journal of the American Medical Association* 272: 1909-1914.

135. Ogden, C., M. Carroll, and K. Flegal. 2008. High body mass index for age among US children and adolescents, 2003-2006. *Journal of the American Medical Association* 299: 2401-2405.

136. Olshansky, S., D. Passaro, R. Hershow, J. Layden, B. Carnes, J. Brody, L. Hayflick, R. Butler, D. Allison, and D. Ludwig. 2005. A potential decline in life expectancy in the United States in the 21st century. *New England Journal of Medicine* 352: 1138-1145.

137. Olson, T., D. Dengel, A. Leon, and K. Schmitz. 2006. Moderate resistance training and vascular health in overweight women. *Medicine and Science in Sports and Exercise* 38: 1558-1564.

138. Ormsbee, M., J. Thyfault, E. Johnson, R. Kraus, M. Choi, and R. Hickner. 2007. Fat metabolism and acute resistance exercise in trained men. *Journal of Applied Physiology* 102: 1767-1772.

139. Ortega, F., J. Ruiz, M. Castillo, and M. Sjostrom. 2008. Physical fitness in childhood and adolescence: A powerful marker of health. *International Journal of Obesity* 32: 1-11.

140. Ozmun, J., A. Mikesky, and P. Surburg. 1994. Neuromuscular adaptations following prepubescent strength training. *Medicine and Science in Sports and Exercise* 26: 510-514.

141. Parise, G., A. Brose, and M. Tarnopolsky. 2005. Resistance exercise training decreases oxidative damage to DNA and increases cytochrome oxidase activity in older adults. *Experimental Gerontology* 40: 173-180.

142. Pate, R., M. Davis., T. Robinson, E. Stone, T. McKenzie, and J. Young. 2006. Promoting physical activity in children and youth. *Circulation* 114: 1214-1224.

143. Payne, G., and J. Morrow. 1993. Exercise and VO2 max in children: A meta-analysis. *Research Quarterly for Exercise and Sport* 64: 305-313.

144. Phillips, S. 2007. Resistance exercise: Good for more than just Grandma and Grandpa's muscles. *Applied Physiology, Nutrition, and Metabolism* 32: 1198-1205.

145. Pivarnik, J., H. Chambliss, J. Clapp, S. Dugan, M. Hatch, C. Lovelady, M. Mottola, and M. Williams. 2006. Impact of physical activity during pregnancy and postpartum on chronic disease risk. *Medicine and Science in Sports and Exercise* 38: 989-1006.

146. Powell, K., A. Roberts, J. Ross, M. Phillips, D. Ujamma, and M. Zhou. 2009. Low physical fitness among fifth- and seventh-grade students, Georgia, 2006. *American Journal of Preventive Medicine* 36: 304-310.

147. Pratley, R., B. Nicklas, M. Rubin, J. Miller, A. Smith, M. Smith, B. Hurley, and A. Goldberg. 1994. Strength training increases resting metabolic rate and norepinephrine levels in healthy 50 to 65 year old men. *Journal of Applied Physiology* 76: 133-137.

148. Quirk, A., R. Newman, and K. Newman. 1985. An evaluation of interferential therapy, shortwave diathermy and exercise in the treatment of osteoarthritis of the knee. *Physiotherapy* 71: 55-57.

149. Ramsay, J., C. Blimkie, K. Smith, S. Garner, J. Macdougall, and D. Sale. 1990. Strength training effects in prepubescent boys. *Medicine and Science in Sports and Exercise* 22: 605-614.

150. Renstrom P., A. Ljungqvist, E. Arendt, B. Beynnon, T. Fukubayashi, W. Garrett, T. Georgoulis, T. Hewett, R. Johnson, T. Krosshaug, B. Mandelbaum, L. Micheli, G. Myklebust, E. Roos, H. Roos, P. Schamasch, S. Shultz, S. Werner, E. Wojtys, and L. Engebretsen. 2008. Non-contact ACL injuries in female athletes: An International Olympic Committee current concepts statement. *British Journal of Sports Medicine* 42: 394-424.

151. Reynolds, K., J. Killen, S. Bryson, D. Maron, C. Taylor, N. Maccoby, and J. Farquhar. 1990. Psychosocial predictors of physical activity in adolescents. *Preventive Medicine* 19: 541-551.

152. Risch, S., N. Norvell, M. Polock, E. Risch, H. Langer, M. Fulton, M. Graves, and S. Leggett. 1993. Lumbar strengthening in chronic low back pain patients. *Spine* 18: 232-238.

153. Rowland, T. 2005. *Children's Exercise Physiology,* 2nd ed. Champaign, IL: Human Kinetics. pp. 181-195.

154. Ruiz, J., X. Sui, F. Lobelo, J. Morrow, A. Jackson, M. Sjostrom, and S. Blair. 2008. Association between muscular strength and mortality in men: Prospective cohort study. *British Medical Journal* 337: a439.

155. Ryan, A., D. Hurlbut, M. Lott, F. Ivey, J. Fleg, B. Hurley, and A. Goldberg. 2001. Insulin action after resistance training in insulin resistant older men and women. *Journal of the American Geriatric Society* 49: 247-253.

156. Ryan, A., M. Treuth, M. Rubin, J. Miller, B. Nicklas, D. Landis, R. Pratley, C. Libanati, C. Grundberg, and B. Hurley. 1994. Effects

of strength training on bone mineral density: Hormonal and bone turnover relationships. *Journal of Applied Physiology* 77: 1678-1684.

157. Shaibi, G., M. Cruz, G. Ball, M. Weigensberg, G. Salem, N. Crespo, and M. Goran. 2006. Effects of resistance training on insulin sensitivity in overweight Latino Adolescent males. *Medicine and Science in Sports and Exercise* 38: 1208-1215.

158. Shephard, R. 2009. Maximal oxygen intake and independence in old age, *British Journal of Sports Medicine,* 43: 342-346.

159. Singh, N., K. Clements, and M. Fiatarone. 1997. A randomized controlled trial of progressive resistance training in depressed elders. *Journal of Gerontology* 52A: M27-M35.

160. Smutok, M., C. Reece, P. Kokkinos, C. Farmer, P. Dawson, R. Shulman, J. De Vane-Bell, J. Patterson, C. Charabogos, A. Goldley, and B. Hurley. 1993. Aerobic vs. strength training for risk factor intervention in middle-aged men at high risk for coronary heart disease. *Metabolism* 42: 177-184.

161. Snow-Harter, C., M. Bouxsein, B. Lewis, D. Carter, and R. Marcus. 1992. Effects of resistance and endurance exercise on bone mineral status of young women. A randomized exercise intervention trial. *Journal of Bone and Mineral Research* 7: 761-769.

162. Sothern, M., M. Loftin, J. Udall, R. Suskind, T. Ewing, S. Tang, and U. Blecker. 1999. Inclusion of resistance exercise in a multidisciplinary outpatient treatment program for preadolescent obese children. *Southern Medical Journal* 92: 585-592.

163. Stewart, K., M. Mason, and M. Kelemen. 1988. Three-year participation in circuit weight training improves muscular strength and self-efficacy in cardiac patients. *Journal of Cardiopulmonary Rehabilitation* 8: 292-296.

164. Stone, M., D. Blessing, R. Byrd, J. Tew, and D. Boatwright. 1982. Physiological effects of a short term resistance training program on middle-aged untrained men. *National Strength Coaches Association Journal* 4: 16-20.

165. Strong, W., R. Malina, C. Blimkie, S. Daniels, R. Dishman, B. Gutin, A. Hergenroeder, A. Must, P. Nixon, J. Pivarnik, T. Rowland, S. Trost, and F. Trudeau. 2005. Evidence based physical activity for school-age youth. *Journal of Pediatrics* 146: 732-737.

166. Tang, J., J. Hartman, and S. Phillips. 2006. Increased muscle oxidative potential following resistance training induced fiber hypertrophy in young men. *Applied Physiology, Nutrition, and Metabolism* 31: 495-501.

167. Taunton, J., A. Martin, E. Rhodes, L. Wolski, M. Donnelly, and J. Elliot. 1997. Exercise for older women: Choosing the right prescription. *British Journal of Sports Medicine* 31: 5-10.

168. Trappe, S., D. Williamson, M. Godard, and P. Gallagher. 2001. Maintenance of whole muscle strength and size following resistance training in older men. *Medicine and Science in Sports and Exercise* 33: S147.

169. Troiano, R., D. Berrigan, K. Dodd, L. Masse, T. Tilert, and M. McDowell. 2008. Physical activity in the United States measured by accelerometer. *Medicine and Science in Sports and Exercise* 40: 181-188.

170. Tucker, L., and L. Silvester. 1996. Strength training and hypercholesterolemia: An epidemiologic study of 8499 employed men. *American Journal of Health Promotion* 11: 35-41.

171. *Tufts University Diet and Nutrition Letter.* 1994. Never too late to build up your muscle. 12 (September): 6-7.

172. Ulrich, I., C. Reid, and R. Yeater. 1987. Increased HDLcholesterol levels with a weight training program. *Southern Medical Journal* 80: 328-331.

173. Vander, L., B. Franklin, D. Wrisley, and M. Rubenfire. 1986. Acute cardiovascular responses in cardiac patients: Implications for exercise training. *Annals of Sports Medicine* 2: 165-169.

174. Van Etten, L., K. Westerterp, F. Verstappen, B. Boon, and W Saris. 1997. Effect of an 18-week weight-training program on energy expenditure and physical activity. *Journal of Applied Physiology* 82 (1): 298-304.

175. Vaughn, J., and L. Micheli. 2008. Strength training recommendations for the young athlete. *Physical Medicine and Rehabilitation Clinics of North America* 19: 235-245.

176. Vause, T., P. Martz, F. Ricjard, and L. Gramlich. 2006. Nutrition for healthy pregnancy outcomes. *Applied Physiology, Nutrition, and Metabolism* 31: 12-20.

177. Verdijk, L., B. Gleeson, R. Jonkers, K. Meijer, H. Savelberg, P. Dendale, and L. van Loon. 2009. Skeletal muscle hypertrophy following resistance training is accompanied by a fiber type-specific increase in satellite cell content in elderly men. *Journals of Gerontology Series A: Biological Sciences and Medical Sciences* 64: 332-339.

178. Vincent, K., R. Braith, R. Feldman, P. Magyari, R. Cutler, S. Persin, S. Lennon, A. Gabr, and D. Lowenthal. 2002. Resistance exercise and physical performance in adults aged 60 to 83. *Journal of the American Geriatric Society* 50: 1100-1107.

179. Wang, Y., and T. Lobstein. 2006. Worldwide trends in childhood overweight and obesity. *International Journal of Pediatric Obesity* 1: 11-25.

180. Watts, K., P. Beye, A. Siafarikas, E. Davis, T. Jones, G. O'Driscoll, and D. Green. 2004. Exercise training normalizes vascular dysfunction and improves central adiposity in obese adolescents. *Journal of the American College of Cardiology* 43: 1823-1827.

181. Weltman, A., C. Janney, C. Rians, K. Strand, B. Berg, S. Tippit, J. Wise, B. Cahill, and F. Katch. 1986. The effects of hydraulic resistance strength training in pre-pubertal males. *Medicine and Science in Sports and Exercise* 18: 629-638.

182. Weltman, A., C. Janney, C. Rians, K. Strand, and F. Katch. 1987. Effects of hydraulic-resistance strength training on serum lipid levels in prepubertal boys. *American Journal of Diseases in Children* 141: 777-780.

183. Westcott, W. 2009. ACSM strength training guidelines: Role in body composition and health enhancement. *ACSM's Health & Fitness Journal* 13: 14-22.

184. Westcott, W., and T. Baechle. 1999. *Strength Training for Seniors*. Champaign, IL: Human Kinetics. Updated as Baechle, T. and W. Westcott. *The Fitness Professional's Guide to Strength Training Older Adults,* 2nd ed. Champaign, IL: Human Kinetics.

185. Westcott, W., F. Dolan, and T. Cavicchi. 1996. Golf and strength training are compatible activities. *Strength and Conditioning* 18: 54-56.

186. Westcott, W., and J. Guy. 1996. A physical evolution: Sedentary adults see marked improvements in as little as two days a week. *IDEA Today* 14: 58-65.

187. Whaley, M., L. Kaminsky, G. Dwyer, L. Getchell, and J. Norton. 1992. Predictors of over- and underachievement of age-predicted maximal heart rate. *Medicine and Science in Sports and Exercise* 24: 1173-1179.

188. Wijndaele, K., N. Duvigneaud, L. Matton, W. Duquet, M. Thomis, G. Beunen, J. Lefevre, and R. Phillippaerts. 2007. Muscular strength, aerobic fitness, and metabolic syndrome risk in Flemish adults. *Medicine and Science in Sports and Exercise* 39: 233-240.

189. Wolfe, R. 2006. The underappreciated role of muscle in health and disease. *American Journal of Clinical Nutrition* 84: 475-482.

19

영양과 대사적 고려가 필요한 고객

Douglas B. Smith, PhD, and Ryan Fiddler, MS

학습 목표

- 영양학적, 대사적으로 문제가 있는 사람들을 훈련시키는 퍼스널 트레이너가 수행할 수 있는 직무 범위를 한정할 수 있다.
- 비만이나 과체중인 사람들 혹은 고지혈증, 식습관 장애나 당뇨병과 같은 질환을 가지고 있는 사람들을 위한 적절한 운동 프로그램 설계와 운동 처방에 대해 논의할 수 있다.
- 이러한 영양학적, 대사적 문제가 있는 사람들을 위한 일반적인 영양학적 지침을 설명할 수 있다.
- 영양학적, 대사적 문제가 있는 사람들의 건강 상태를 향상시키기 위한 일상생활의 변화 방법(식습관, 운동, 행동 변화)을 논의할 수 있다.

기술의 발달과 산업화 그리고 자동화는 격렬한 신체적 활동의 필요성을 줄이고, 더 많은 여가시간을 가능하게 했으며, 더 많은 양의 음식과 그 종류를 즐길 수 있게 해주었다. 어떤 측면에서는 긍정적이지만 다른 측면으로는 인구의 건강에 부정적인 영향을 끼쳤다. 이러한 사회적 변화는 비만, 고지혈증 그리고 당뇨병의 발병을 더욱 증가시켰으며, 음식섭취의 장애와 식이장애를 동반하게 되었다.

퍼스널 트레이너는 이러한 한두 가지 이상의 영양학적 문제를 안고 있는 사람들을 만나게 될 것이다. 퍼스널 트레이너는 9장에서 설명하였듯이 이러한 상태를 파악하고 있어야 하며, 필요하다면 의학적으로 안전한가를 확인해야 할 것이다.[25] 이 장에서 언급되는 고객들은 의학적인 관리를 위해 의사의 진단과 함께 임상영양사를 통해 영양처방을 받도록 해야 할 것이다. 왜냐하면 퍼스널 트레이너의 역할은 생활습관을 바꿀 수 있도록 도와주며, 프로그램을 설계하고 수행하는 것에 한정되기 때문이다. 퍼스널 트레이너는 자신의 경험과 지식의 한계 범위를 넘는 의학적 상태를 가지고 있는 고객들을 받아들여 훈련시키거나 이들에 대한 진단과 처방을 해서는 안 될 것이다. 대신, 퍼스널 트레이너는 그러한 고객들이 적절한 건강관리 전문가들을 찾아갈 수 있도록 도와야 한다.

> 퍼스널 트레이너는 자신의 경험과 지식의 한계 범위를 넘는 의학적 상태를 가진 고객을 받아들여 훈련시키거나 이들에 대한 진단과 처방을 해서는 안 된다. 대신 퍼스널 트레이너는 그러한 고객들에게 적절한 건강관리 전문가를 소개해주어야 한다.

과체중과 비만

어린이와 성인 모두의 경우에 비만과 과체중은 '전 세계적 질환'이 되었다.[62] 산업국가와 개발도상국을 대상으로 한 설문에 따르면, 아동과 성인의 과체중과 비만 인구는 더욱 증가하고 있는 추세이다.[62] 대부분의 서유럽국가 10~25%에 해당하는 성인과 북미의 20~25%, 그리고 서태평양의 몇몇 섬 국가의 50%가 비만인구이긴 하지만, 비만뿐만 아니라 과체중인 성인의 비율로 따진다면 문제는 더욱 심각해지는 것으로 나타나고 있다.[62] 가장 최근의 미국건강영양평가조사(U.S National Health and Nutrition Examination Survey, NHANES 2007~2008)에 의하면 미국 남성의 32.2%, 여성의 35.5%가 비만이었으며(BMI≥30) 20세 이상 성인의 68%가 과체중(BMI≥25) 혹은 비만인(BMI≥30) 것으로 나타났다.[46]

이러한 수치들이 미래에는 더욱 증가할 것으로 보인다. 미국의 조사에 의하면 아동기와 청소년기의 비만은 지난 40년 동안 6~11세 사이의 아동기에서 4배 그리고 12~19세 사이의 청소년기에 3배 이상 증가해왔다고 한다.[37] 미국의무감실(The Office of the Surgeon General)에서는 중요한 것들을 발견했다.[61] 첫째 고콜레스테롤과 고혈압과 같은 심장병의 위험 요소들은 적정 체중을 유지한 건강한 아이들에 비해 과체중인 아이들과 청소년들에게서 더 빈번하게 증가하였다. 둘째, 성인병으로 간주되었던 2형 당뇨병이 아동기와 청소년기에 극적으로 증가하였다. 셋째, 과체중인 청소년들은 성인이 되었을 때 과체중이나 비만이 될 확률이 70%이며, 만약 부모 중 한 명 혹은 둘 다 과체중이나 비만일 경우, 과체중이나 비만이 될 확률은 80%까지 증가한다. 넷째, 아이들 스스로 인지하는 과체중의 즉각적인 결과는 사회적인 차별이다.

과체중 또는 비만이 고혈압, 고지혈증, 제2형 당뇨병, 관상동맥성 심장질환(CHD), 뇌졸중, 담질환, 골관절염, 수면무호흡증 또는 호흡기 문제, 자궁내막염, 유방암, 전립선, 대장암에 의한 사망률을 증가시킴으로써 사회보건적인 측면에서의 문제로 대두되고 있다.[41,46] 게다가 체중의 증가는 모든 사망률 증가의 원인과 관계가 있다. 미국에서 과체중과 비만은 두 번째로 예방 가능한 사망 원인으로 꼽히고 있다.[41,42]

과체중과 비만의 정의와 주요 차이

과체중은 신체질량 지수(BMI)가 25~29.9kg/m^2, 비만은 30kg/m^2 이상이다.[41] 신체질량 지수는 신장에 대한 체중의 상대적 수치이며, 총 체지방량과 유의한 상관관계가 있다. 근육이 많은 체형을 가진 사람에게 신체질량 지수를 사용하는 데는 한계가 있으며(체지방의 과대평가), 나이가 들어 근육량이 줄어든 사람(체지방의 과소평가)에게도 적용하는 데 한계가 있다.[42] 신체질량 지수는 체중의 변화를 관찰하면서 비만과 과체중을 평가하는 데 사용되어야 할 것이다.[41,42,62]

신체질량 지수는 체중(kg)을 신장의 제곱(m^2)으로 나눈 값이다. 파운드와 인치로 신체질량 지수를 계산하려면 [체중(파운드)÷신장(인치^2)]×703 공식으로 구한다. 미국국립심장폐혈액연구원(NHLBI)에서 협의된 신체질량 지수에 의한 체중분류표 19.1을 참고하라. 487쪽에 나온 비미터 환산법과 미터 환산법을 사용한 신체질량 지수 계산법의 예시를 참고하도록 한다.

적절한 예방 전략을 설정하고 효과적인 운동 프로그

표 19.1 신체질량 지수, 허리 둘레 그리고 관련 질환 위험 요소에 의한 과체중과 비만 분류

			정상 체중과 허리 둘레에 관련된 질병 위험도*	
	BMI(kg/m^2)	비만 단계	남성≤40in.(≤102cm) 여성≤35in.(≤88cm)	남성>40in.(>102cm) 여성>35in.(>88cm)
저체중	<18.5		–	–
정상**	18.5~24.9		–	–
과체중	25.0~29.9		증가	높음
비만	30.0~34.9	1	높음	매우 높음
	35.0~39.9	2	매우 높음	매우 높음
고도비만	≥40.0	3	극도로 높음	극도로 높음

*제2형 당뇨, 고혈압, 관상동맥성 심장질환의 위험도

**허리 둘레 수치가 높다면 정상체중인 경우에도 위험도가 올라갈 가능성이 있다.

신체질량 지수 계산법

비미터 환산법

비미터 단위로 신체질량 지수를 계산하려면 다음 공식을 사용한다.

$$체중(파운드) \div 신장제곱(inch^2) \times 703 \quad (19.1)$$

예를 들어 체중 164파운드에 신장 68인치인 사람의 신체질량 지수는 25이다.

$$(164 \div 68^2) \times 703 = 25$$

미터 환산법

미터 단위로부터 신체질량 지수를 계산하려면 다음 공식을 사용한다.

$$체중(kg) \div 신장제곱(m^2) \quad (19.2)$$

예를 들어 체중 78.93kg에 신장 177cm인 사람의 신체질량 지수는 25이다.

$$78.93 \div 1.77^2 = 25$$

100cm = 1m를 기억한다.

램을 계획하기 위해 퍼스널 트레이너는 과체중과 비만의 복합적이고 중요한 차이점을 이해해야 한다.[16]

- 비만인 사람은 상당히 과도한 체중을 가지고 있으며 과체중인 사람들에 비해 지방 조직량이 훨씬 과다하게 분포되어 있다. 체지방 조직의 양이 제지방 조직에 비해 상대적으로 더 높다. 이는 비만인 사람은 근육량이 함께 늘어난 것이 아닌 지방의 증가가 훨씬 더 많았다는 것을 의미한다.[14]
- 일반적으로 비만인 사람은 과체중인 사람에 비해 장기간 동안 더 큰 양 에너지 균형(positive energy balance)을 보인다. 양 에너지 균형은 신체활동의 감소뿐만 아니라 음식섭취의 증가로도 나타난다.[14] 에너지 균형은 섭취량과 소비량 사이의 적절한 균형을 말하며, 이때 체중의 변화는 없다. 양 에너지 균형 혹은 섭취량이 소비량보다 많은 경우 체중은 증가하며, 음 에너지 균형(negative energy balance) 혹은 섭취량이 소비량보다 적은 경우, 체중은 감소한다.
- 평균적으로 비만인 사람은 정상인 사람이나 과체중인 사람에 비해 안정시 대사량이 더 높고 활동시 에너지 소비량도 더 높게 나타난다. 그 이유는 무거운 체중을 움직이려면 더 많은 에너지가 필요하기 때문이다.[14]

앞에 제시된 사항을 고려해보았을 때 좌식생활이나 낮은 수준의 활동량은 성인 과체중의 중요한 기전으로 보인다.[13,14] 즉, 하루에 더 많은 음식을 섭취하지 않았더라도 단지 신체활동의 감소만으로 과체중이 되는 것이 가능하다는 것이다.

이렇게 과체중인 사람들에게는 운동 프로그램을 포함한 초기 중재와 신체활동을 증가시키는 것이 중요하다. 가능하다면 과체중인 사람들이 비만이 되기 전에 퍼스널 트레이너와 함께 운동을 시작하는 것이 가장 이상적이다. 과거 활동 수준으로 돌아가거나 그 이상의 활동을 하게 된다면 적어도 비만이 되는 상황은 막을 수 있을 것이며, 더 나아가 유의한 수준으로 체중 감소를 기대할 수 있을 것이고, 따라서 보통의 또는 극한 수준으로 에너지 섭취를 제한하지 않고도 정상 체중 수준으로 돌아갈 수 있을 것이다.

반면 심각한 비만을 가진 사람(BMI 35 이상)은 최소 몇 년 이상의 장기간 동안 양 에너지 균형을 유지한 경우이다. 이는 대부분 에너지 섭취의 증가(음식섭취 증가)와 에너지 소비의 감소(신체활동)로 인한 결과이다. 그러므로 고도비만의 경우 줄어든 신체활동이 중요한 원인이며, 이는 과다 음식섭취와 함께 나타나기도 한다. 결과적으로 비만인 사람들에게는 열량섭취의 제한과 활동량의 증가 모두가 강조되어야 한다.

과체중인 사람은 간단한 신체활동 증가와 약간의 식이조절을 통해 효과를 볼 수 있다. 비만인 사람들에게는 열량섭취를 줄이는 것과 신체활동을 증가시키는 것 두 가지 모두가 강조되어야 한다.

과체중과 비만의 원인과 연관성

한 가지 이론만으로 어떻게, 왜 비만이 발생하는지에 대해 설명할 수는 없다. 열량이 높은 음식이 많이 존재하고 좌업생활에 의한 양 에너지 균형이 전 세계적으로 비만 인구를 증가시키는 주요 원인으로 여겨지고 있지만, 이러한 원인들 외에 기타 고려해야 할 것들이 있다.[62] 미국의무감이 발표한 '과체중과 비만(Overweight and Obesity)'에 따르면 체중은 유전, 대사, 행동, 환경, 문화 그리고 사회경제적 영향의 복합적인 문제들로 결정되며 그 중 행동적인 요인과 사회적인 요인이 과체중과 비만에 가장 큰 영향을 끼친다고 발표하였다. 이 두 가지 요인들은 치료와 예방에 대한 중재역할을 하는데 중대한 도움이 될 수 있다.[57]

환경적인 요인은 음식의 존재 여부, 사회경제적 수준 그리고 운동장이나 체육관과 같은 운동 시설 접근성 부족 등이 포함된다. 행동적인 요인은 개인의 선호에 따른 섭취 성향, 민족적 배경, 과다섭취나 신경성 식욕부진증(거식증) 그리고 활동성향을 포함한다. 유전적 그리고 대사적인 요인들은 안정시 대사량의 차이, 지단백질 리파제 또는 다른 효소의 수치, 교감신경계 활동, 음식섭취에 의한 열 생산을 포함하기도 한다. 이러한 변인들은 체지방 증가의 예측인자로 사용되기도 하며, 위험인자로 분류되기도 한다. 또 다른 경우를 보자면 과학자들은 아직 이러한 관계가 비만의 원인이 되는지 아니면 이차적인 연관성이 있는지 파악하지 못하고 있다. 대부분의 경우 이러한 관계는 실제로 이차적인 관계이거나 비만의 결과이다.[14]

슈테펜(steffen)과 그의 동료들은 최근에 아동 및 청소년들의 과체중과 TV시청과의 관계, 다른 한편으로는 부모의 체중과의 관계를 조사하였다. 그 결과 TV시청은 아이들이 과체중이 되는 것과 직접적으로 관련이 있다라고 발표한 이전 연구[16,33,19,23,31,50,58]와 동일한 결론이 나왔다. 게다가 TV시청이 1시간 증가하거나 하루당 총 시청 시간이 증가하였을 때 이 그룹이 과체중이 될 확률은 20~30%까지 증가되었고, 비만은 가족적인 문제라는 결론을 발표하였다.[56] 옌(Yen)과 그의 동료들이 발표한 또 다른 최근 연구에서 인터넷 사용의 증가와 TV시청의 증가는 청소년기의 증가된 신체질량 지수와 밀접한 관련이 있다는 결론을 내렸다.[63]

지방 분포

고객이 과체중 또는 비만의 분류에서 어디에 속하는지 파악하는 것뿐만 아니라 지방 분포의 형태를 구분하는 것 또한 중요하다. 두 종류의 지방 분포 형태가 있는데 남성형과 여성형 비만이 그것이다. 여성형 비만(배 형태)은 많은 양의 체지방이 엉덩이와 허벅지 부위에 축적되어 있는 것을 말하며, 남성형 비만(사과 형태)은 체지방이 대부분 몸통과 복부에 축적되는 것을 말한다. 과다한 지방이 복부에 분포되어 있다면, 이는 제2형 당뇨병, 고혈압, 심혈관 질환의 독립적 예측인자로 활용된다.

복부지방 측정

연구자들은 복부비만(내장비만)이 일반 비만(지방이 골고루 분산되어 있는 비만)보다 심혈관 질환 위험 요인을 더 많이 갖는다고 말한다. 그리고 허리 둘레와 허리/엉덩이 비율(waist/hip ratio)은 신체질량 지수보다 동맥경화와 심혈관 질환 위험 요인의 더 좋은 예측 변수가 될 수 있다.[38] 게다가 복부지방량과 허리 둘레 측정치는 상관관계가 높다. 퍼스널 트레이너는 체중 감소 프로그램을 진행하기 전 또는 도중에 고객의 복부지방량을 평가하기 위해 이러한 수치를 활용할 수 있다.[41,42]

허리 둘레를 측정하는 정확한 방법은 11장, 211쪽에서 이미 설명한 바 있다. BMI 25~34.9kg/m^{2}인 성인의 경우 허리 둘레 40인치(102cm)를 초과하는 남성과 허리 둘레 35인치(88cm)를 초과하는 여성은 제2형 당뇨병, 이상지질혈증, 고혈압 그리고 심혈관 질환을 유발할 수 있는 높은 위험 요소를 가진다.[41,42] 이러한 허리 둘레는 신체질량 지수가 ≥35kg/m^{2}인 사람에게는 위험을 예측하는 데 유용하지 않다는 것을 명심해야 한다. 왜냐하면 그들의 과하게 높은 체중은 이미 일정한 범주의 한계를 자연적으로 초과했기 때문이다. 다음에 '과체중과 비만인을 대상으로 하는 복부지방 평가'가 자세히 나와 있다.

비만인을 대상으로 피하지방을 측정하는 것은 매우 어렵다. 캘리퍼를 정확한 위치에 고정하는 기술은 많은 경험이 필요하다. 게다가 스킨폴드의 측정 범위 제한점으로 인해 비만인에게 이러한 방법은 별 의미가 없다. 신체질량 지수와 허리 둘레 측정의 활용성이 높기 때문에, 퍼스널 트레이너는 이 두 가지 측정 방법을 초기 평가와

과체중과 비만인을 대상으로 하는 복부지방 평가

- 허리 둘레와 신체질량 지수 측정치를 사용하고 추가적으로 피하지방 측정법을 사용한다.
- 다른 사람들이 고객에 대한 측정 결과를 알지 못하도록 개별적으로 측정한다.
- 실측치로 하되, 정확한 방법을 동원하여 측정한다. 불편한 농담은 피한다.
- 대상자가 허리 측정에 대해 과한 창피함을 느끼는 경우 충분한 설명 후 자신이 측정할 수 있도록 배려한다.
- 대상자에게 아주 얇은 옷을 착용하도록 하고, 만약 측정 과정에서 옷을 벗기 불편해 한다면 옷을 입은 채로 측정하도록 배려한다. 측정이 정확하지 않더라도 이러한 방식이 시작 단계이므로, 창피함을 피할 수 있도록 해준다.
- 다음의 범주는 신체질량 지수가 25에서 34.9kg/m^{2}인 사람의 경우에 제2형 당뇨병, 이상지지혈증, 고혈압, 심혈관 질환의 위험을 증가시키는 것을 의미한다.
  남성: >40inches(>102cm)
  여성: >35inches(>88cm)

사후평가에 적극적으로 사용할 것이 권장된다. 실제로 둘레 수치의 감소가 운동 고객들에게는 더욱 의미 있는 것이 될 수 있다. 엉덩이, 팔, 허벅지 등 다른 신체 부위의 둘레를 측정하여 체중감량의 과정을 알아볼 수 있다. 최근 이중에너지방사선흡수계측법(DXA)으로 과체중인 사람들의 골밀도 상태와 연조직의 구성 상태가 측정 가능하다고 검토되고 있다.[15] 게이틀리(Gately)와 그의 동료들은 배기량과 이중에너지방사선흡수계측법은 과체중 및 비만 아동의 신체지방 측정을 위해 가장 유망한 방법일지 모른다고 제안했다.[27] 그러나 이 분야에서 많은 사람들에게 모든 제한점을 고려할 수 있는 더 많은 연구들이 필요해 보인다. 게다가 브라운빌(Brownbill)과 일리치(Ilich)는 일반적인 이중에너지방사선흡수계측법 장비의 부족한 스캔 영역 때문에 일부 비만이나 과체중인 사람들을 수용할 수 없을지도 모른다고 언급하였다.[15]

심혈관 위험인자의 조절

표 19.1에서는 신체질량 지수에 대한 질환 위험에 추가해 복부비만의 증가에 따른 질환 위험이 나와 있다.[41,42] 복부지방 분포의 증가는 과체중 또는 1단계 비만군에 속한 사람을 더욱 심한 질환 위험에 처하게 할 수 있다.[41,42] 이 표에 나타난 분류는 절대적인 위험이 아닌 상대적인 위험을 나타내는 것이다. 다시 말해 위험의 비교는 정상 체중에 대한 상대적인 위험이다. 이것은 위험인자의 통합을 통해 예측되는 질환에 대한 절대적인 위험의 계산과는 상반되는 것이다.[41,42]

과체중 고객을 다루는 퍼스널 트레이너는 전반적인 프로그램을 통해 체중 감소를 강조하는 만큼 심혈관 질환 위험인자의 조절에 대해서도 강조해야 한다.[42] 다시 말해 고객은 체중 감소와는 별개로 신체활동 증가, 금연, 심장에 도움을 주는 음식을 섭취함에 따라 건강 상태를 호전시킬 수 있다는 것을 이해해야 한다. 사실상, 고객이 생활방식을 변화시키지 않는다 하더라도 체력을 일정 수준 혹은 더 높게 향상시킨다면 심혈관 질환과 여러 요인에 의한 사망률이 감소될 것이다.[12] 이로써 체중 감소뿐만 아니라 긍정적인 행동의 변화로 운동 프로그램의 성공 여부를 측정할 수 있게 되는 것이다.

체중감량 프로그램에서 운동의 이점

체중감량 프로그램에 있어서 신체활동을 포함시키는 것은 신체적 그리고 심리적 이점을 제공한다. 비록 어떠한 신체활동이 체중을 감소시키는지, 어느 정도까지 체중 감소에 영향을 미치는지에 대한 정확한 기전은 아직 완전히 밝혀지지 않았지만, 운동이 체중감량 프로그램에 포함되어야 하며, 이는 더 나은 결과를 가져다준다. 연구에 의하면 신체활동에 참여한 비만 성인에게서 약간의 체중감량과 심혈관 질환의 위험 요인들이 낮아지는 효과가 나타났다.[41]

운동의 신체적 이점은 과거에 생각되었던 체중감량 효과처럼 크게 보이지 않는다. 예를 들면 체형이 망가진 비만 상태의 사람은 충분한 시간과 충분한 강도로 운동을 수행하기 어렵기에 하루에 필요한 열량소비량을 충분히 소비하기가 어렵다. 따라서 운동시간이 중요하더라도 열량섭취의 제한이 체중감량에 더욱 큰 영향을 미치게 되는 것이다. 아래 리스트에서 보여주는 것처럼 운동 프로그램은 신체적, 심리적 이점뿐만 아니라 심혈관 질환의 위험인자를 줄이는 매우 긍정적인 효과를 보여주고 있다.

체중감량 프로그램에서 운동의 이점

- 에너지 소비량을 증가시킨다.
- 체중감량만 했을 때보다 심장 질환 요인을 더 크게 감소시킨다.
- 체중감량만 했을 때보다 체지방을 더 많이 줄일 수 있고 근육량의 감소도 예방할 수 있다.
- 복부지방을 감소시킬 수 있다.
- 인슐린 저항성이 감소된다.
- 칼로리 섭취를 줄이면서 더 좋은 식단에 기여할 수 있다.
- 저열량 식단으로 인한 안정시 대사율의 저하를 막을 수는 없어도 그 감소량을 최소화시킬 수 있다.
- 기분과 행복감을 향상시킨다.
- 외적인 모습이 향상된다.
- 자부심과 자기효능감이 증가된다.
- 대처 전략이 향상된다.

미국국립보건원, 미국국립심장폐혈액연구원 2000(42); Baker and brownwell 2000 (10).

운동의 심리적이고 감성적인 효과와 동기부여, 참여, 심리적 효과에 대해 아직 더 많은 연구들이 필요하지만, 현재까지의 연구 결과들과 경험으로 보면 이러한 효과가 발생하는 것으로 보인다. 동기부여와 참여에 대한 의지를 향상시키는 운동 프로그램의 심리적 효과의 결과는 행복감과 기분, 신체적 자부심, 자아효능감 그리고 대처 능력 향상을 가져온다.[10] 예를 들어 신체활동에 의해 향상된 행복감과 자부심은 개선된 식이요법을 이끌 수 있다. 즉 고객은 더 생산적이고 자신의 삶을 잘 조절할 수 있고, 음식의 양과 종류에 있어서 더 좋은 선택을 할 수 있게 될 것이다.

그림 19.1[10]은 운동이 성공적인 체중 조절을 초래하는 과정이 가능한 기전의 개요를 보여준다. 체중 관리 프로그램의 체중감량 단계에서 신체활동의 이점을 뒷받침하는 연구 결과들의 의견이 엇갈리긴 하지만, 장기적으로 체중을 유지하기 위해 신체활동의 역할이 필수적이라는 것을 뒷받침하는 증거는 확실히 존재한다.[55] 규칙적인 신체활동은 체중 조절 프로그램에서 체중 감소가 나타나는 동안 체중 감소와 체력을 향상시키는 데 도움을 줄 뿐 아니라, 장기적으로 목표 체중을 유지하는 데도 필요하다. 퍼스널 트레이너의 중요한 목표 중 하나는 고객이 계속해서 운동습관을 유지하도록 도와주는 것이다.

신체활동은 고객의 체중감량에 도움을 주거나 혹은 주지 않을 수도 있지만 비만과 연관된 많은 위험인자를 줄여주고 장기적인 체중 유지에 중요한 역할을 한다.

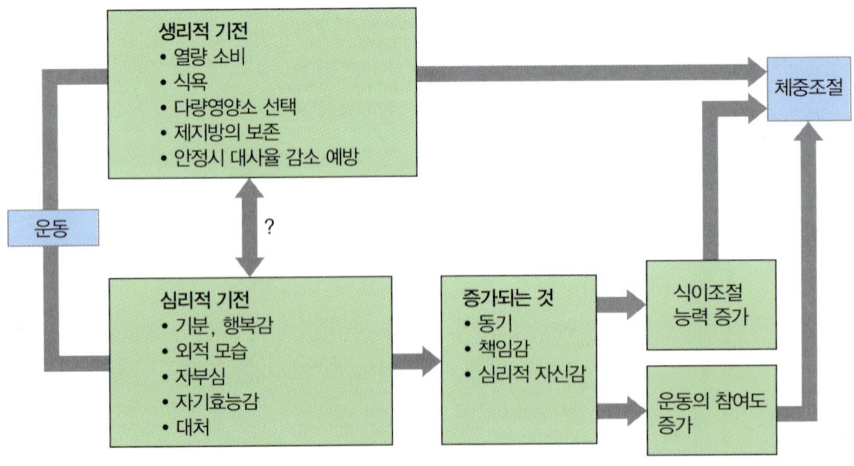

그림 19.1 운동 및 체중 조절과 관련된 기전

비만을 위한 생활방식의 변화 프로그램

일반적으로 가장 성공적인 체중 관리 프로그램은 식생활의 변화, 신체활동의 증가 그리고 생활방식의 변화를 모두 포함한다.[41,42] 퍼스널 트레이너는 단지 운동 참여를 증가시킬 뿐만 아니라 생활방식이 변하도록 도움을 주어야 한다.

식습관 변형과 저열량 식이

과체중이나 비만인 대부분의 사람들은 체중감량을 위해 열량을 제한하는 식이조절을 해야 한다. 퍼스널 트레이너는 이러한 고객들을 영양사에게 보내야 한다. 영양사들은 이러한 사람들의 식습관을 평가하여 열량은 줄이지만 충분한 영양소를 공급할 수 있는 식단을 만들어 주고, 식습관 변형을 주기적으로 관리해주고, 질문과 여러 의문사항에 대해 답해주어 여러 가지 문제 해결을 도와주어야 한다. 비만이나 콜레스테롤 수치가 높은 고객들을 영양사에게 의뢰하는 것은 매우 중요한데 특히 당뇨가 있는 고객들을 영양사에게 의뢰하는 것은 필수적이다(당뇨병은 일반적으로 영양사와 의사에 의해 관리된다).

효과적인 식단을 위해 대상자의 문화적 배경와 인종적 배경을 고려해야 한다. 그리고 대상자의 음식선호도와 음식의 가격 그리고 쉽게 구할 수 있는지도 고려해야 하며, 음식을 통해 다른 심혈관 질환 위험 요인과 관련이 있거나 이러한 위험인자를 줄일 수 있는 음식의 조성으로 이루어져야 할 것이다.[42] 또한 고객 개개인의 생활방식과도 어울려야 하며, 모든 영양권장량도 맞춰야 할 것이다. 특히 저열량 식단을 해야 하는 고객들에게는 비타민 보충제 등도 필요하다. 일단 고객의 필요와 요구에 맞는 개별화된 식단이 정해지면 퍼스널 트레이너는 고객들이 식단을 잘 지킬 수 있도록 도와주고 격려해야 한다.

비만인의 체중 감소 대부분은 주로 감소된 열량섭취 때문이다. 미국국립심장폐혈액연구원(NHLBI) 지침에서는 주당 약 1~2파운드(0.45~0.9kg)를 줄이기 위해 하루에 500에서 1000kcal를 줄여야 하는 개별적 식단이 필요하다고 권장한다. 이러한 열량 감소는 느리지만 점진적인 체중감량을 위해 권장되는 방법이다. 과다한 체중은 이러한 열량섭취 수준을 통해 점진적으로 감소될 것이다(목표하는 체중감량의 정도는 고객의 하루 운동량에 달려 있다. 즉 고객이 하루에 운동으로 250kcal를 소비하는 식사에 의한 열량 제한은 하루에 약 250~750kcal로 줄어들어 주당 약 1~2파운드를 줄일 수 있는 것이다. 이렇게 적은 양의 열량 제한은 식단을 계속적으로 유지하는 데 훨씬 쉽도록 도와준다).

개인의 정확한 열량 계산법은 7장 114쪽에 나온 공식을 사용한다. 여러 번의 시행착오가 발생할 수 있을 것이다. 열량의 제한은 유지하고자 하는 체중에 필요한 수준까지 줄인다.

일반적으로 여성들은 하루에 1000~1200kcal 이하로 떨어지지 않도록 음식을 섭취한다. 남성들은 하루에 1200~1600kcal 이하로 떨어지지 않도록 한다. 여성의 경우에도 체중이 165파운드(75kg) 이상이거나, 규칙적으로 운동을 하고 있다면 하루 1200~1600kcal 이상을 섭취하는 것이 적절할 것이다.[42] 만약 하루 1600kcal를 섭취하고도 체중이 빠지지 않는다면, 하루 1200kcal 섭취 방법을 고려해볼 필요가 있을 것이다. 반대로 저열량 식이로 인해 배고픔을 느끼거나 하루에 충분한 에너지 공급이 이루어지지 않거나 혹은 운동을 실시하고 있다면 추가적으로 하루에 100~200kcal를 섭취할 필요가 있다.[42]

게다가 **저열량식이**(LCD, low-calorie diet)를 사용하면, 하루 800kcal 이하로 섭취하는 초저열량식이(VLCDs, very low-calorie diets)를 사용할 때 나타나는 급격한 체중 감소에 비해 더 많은 제지방을 보존할 수 있다. 초저열량식이의 사용은 식이요법에 특별한 관찰과 보충제가 필수적이고 특수한 개인에게만 적용되어야 하기에 풍부한 경험과 자격을 갖춘 의사의 관리 아래 실시되어야 한다.[44] 실제로 임상적 연구에서는 1년 후 저열량식이가 초저열량식이와 동등한 정도의 체중 감소를 나타내었다.[61]

표 19.2에서는 미국국립심장폐혈액연구원에서 권장하는 저열량 1단계 식이지침을 보여주고 있으며, 이를 통해 일반적인 저열량식이의 지침을 제시한다. 이 식이에서는 혈중 콜레스테롤과 고혈압과 같은 심혈관 질환 위험 요소들을 감소시키는 영양소 성분을 포함하고 있다.

초기에 합리적인 체중감량 프로그램의 목표는 체중의 10% 정도를 감량하는 것이다. 그리고 이 목표를 성취하기 위한 적절한 시간은 6개월이다.[42] 6개월 후 퍼스널 트레이너는 영양사와 의사와 함께 새로운 목표를 설정해 주어야 한다. 만약 초기 10% 체중감량을 성취하고 그 체중을 유지했다면, 그 고객은 비만과 관련된 위험 요소의 심각성을 상당히 줄인 것으로 볼 수 있다.[41,42] 사실상 연구에 의하면 체중의 약 3~5%의 감소는 건강상의 위험 요소를 줄이는 데 충분하다고 말한다.[6]

표 19.2 저열량 식이 1단계

영양소	하루 권장 섭취량
열량[1]	일상 섭취량에서 약 500~1000kcal 감소
총 지방[2]	총 열량의 30% 또는 그 이하
포화지방산[3]	총 열량의 8~10%
단일 불포화지방산	총 열량의 15%까지
다수 불포화지방산	총 열량의 10%까지
콜레스테롤[3]	< 300mg
단백질[4]	총 열량의 약 15%
탄수화물[5]	총 열량의 55% 또는 그 이상
나트륨	100mmol 이하(약 2.4g의 나트륨이나 약 6g의 염화나트륨)
칼슘[6]	1000~1500mg
섬유소[5]	20~30g

[1] 하루에 500~1000kcal를 제한하는 것은 주당 1~2파운드의 무게를 줄이는 데 도움이 될 것이다. 음주는 불필요한 칼로리를 섭취하게 하여 보다 영양가 있는 음식의 섭취를 막는다. 알코올 섭취는 식이 섭취의 열량을 증가시킬 뿐만 아니라 비만과 관련성이 높다는 것이 실험실 연구뿐만 아니라 병력학 연구에서도 밝혔다. 개인이 섭취하는 전체 열량 중 섭취된 알코올이 주는 영향을 평가하고 적절하게 조절해야 한다.

[2] 가공유지 식품은 전체 지방 섭취를 떨어뜨리기 위한 전략인데, 이러한 음식은 칼로리가 낮지만 다른 음식으로 그 칼로리를 대체하지 않을 경우에만 효과가 있을 것이다.

[3] 혈중 콜레스테롤 수치가 높은 환자들은 저밀도 지단백 콜레스테롤 수치를 감소시키는 2단계 식이요법이 필요할 것이다. 2단계 식이요법은 포화지방산을 총 칼로리의 7% 이하로 줄이고 콜레스테롤 수치를 하루에 200mg 이하로 줄인다. 그 외 다른 영양소들은 1단계와 동일하다.

[4] 단백질은 식물성 원료에서 얻어야 하며 동물성 단백질은 기름기가 적어야 한다.

[5] 다양한 야채와 과일 그리고 모든 곡물에 함유되어 있는 복합탄수화물은 비타민, 미네랄 그리고 섬유소의 좋은 원료이다. 귀리시리얼, 콩류 그리고 대부분의 과일과 야채를 포함한 수용성 섬유질의 풍부한 섭취는 혈중 콜레스테롤 수치를 감소시키는 데 영향을 줄 수 있다. 섬유질의 모든 종류에 있어 고다이어트는 칼로리와 지방 섭취의 수치를 감소시켜 체중 조절을 도와줄 것이다. 하루에 20~30g을 권장하고 35g 이상은 섭취하지 않는다.

[6] 체중을 줄이는 동안 비타민과 미네랄의 적절한 섭취를 계속해서 유지해야 한다. 칼슘은 하루에 1000~1500mg 섭취할 것을 권장한다. 특히 골다공증에 걸리기 쉬운 여성들에게 매우 중요한 사항이다.

체중감량에 있어 초기 목표는 6개월 동안 체중의 10%를 감량하는 수준이 적절하다. 그리고 새로운 목표가 설정되어야 한다. 짧은 시간에 빠르게 체중을 감량하는 것은 결국 원래 체중으로 돌아갈 수 있기 때문에 장기간 적정 수준의 체중을 감량하는 것이 더 좋은 방법이다.

많은 고객들이 첫 6개월이 지난 후 체중을 감량하는 것이 어렵다는 것을 알게 된다. 왜냐하면 안정시 대사율이 떨어지고 식단과 운동을 지속적으로 지키는 것이 어렵기 때문이다. 게다가 체중이 감소하면서 에너지 필요량 또한 감소하게 된다(체중이 감소하면 활동하는 데 더 적은 에너지가 요구된다). 그래서 더 줄어든 체중에서 에너지 소비가 커지기 위해서는 식이조절량이 더 커지고(더 많은 식이제한이 필요), 운동의 양 역시 더 커져야(더 많은 양의 운동이 필요) 할 필요가 있다.[42]

초기 목표인 10%의 체중감량을 이룬 다음 퍼스널 트레이너는 고객과 함께 적정한 수준에서 새로운 목표를 세워야 한다. 장시간에 걸쳐 적정 수준의 체중을 감량하는 것은 짧은 시간 안에 빠르게 체중을 감량하는 것보다 더 많은 이점을 가지고 있다. 왜냐하면 후자의 경우 원래 체중으로 다시 증가하기 때문이다. 원래 체중으로의 변화가 여러 차례 반복되면, 체중 조절 프로그램에 참여하는 데 사용된 시간과 경제적 지출, 건강상 피해가 커지고, 자기존중감이 하락할 것이다.[42]

고객에게 식이상담이나 식이처방을 하는 것은 퍼스널 트레이너의 영역에서 벗어나는 일이기는 하지만, 영양적 지식과 교육을 제공함으로써 고객의 노력에 도움을 주어야 할 것이다. 주제는 저열량 음식의 선택, 저지방 음식 준비 방법, 음식 라벨 읽는 방법, 휴일의 음식섭취 전략, 적절한 수분 섭취, 과일과 야채를 좀 더 포함시키는 방법 등이 있다.

식이 처방이나 상담은 퍼스널 트레이너의 영역 밖의 일이지만, 대신 영양적인 교육을 제공해줄 수는 있다.

신체활동

과체중이나 비만인 고객 혹은 운동 프로그램을 처음 시작하는 고객들은 주당 거의 매일, 최소 30분 이상 중강도의 신체활동을 실시할 것을 권장한다.[45,46] 중강도의 신체활동은 하루 약 150kcal, 주당 약 1,000kcal의 에너지를 소비하는 수준을 의미한다.[41,42] 사실상, 질병통제예방센터(Centers for Disease Control and Prevention), 미국스포츠의학회, 미국의무감, 미국국립보건원(National Institutes of Health) 그리고 미국국립심장폐혈액연구원은 '모든 성인은 한 주당, 가능하면 매일, 적어도 한 번에 30분 이상의 중강도 신체활동을 하는 것을 장기적인 목표로 세워야 한다'[42,48,45]라는 권장사항을 만들었다. 이 주제를 다루는 대부분의 최근 문헌은 이러한 가이드라인을 강조하고 있다.

미국스포츠의학회의 〈운동검사와 처방을 위한 가이드라인〉(2010년, 8판)은 비만이나 과체중인 사람들의 체중이 늘어나는 것을 효과적으로 예방하기 위해 주당 최소 150~250분의 중강도(최대여유산소소비량, $\dot{V}O_2R$ 혹은 여유심박수,HRR의 40~60%)에서 고강도($\dot{V}O_2R$ 혹은 HRR의 50~70%) 신체활동을 권장한다. 뿐만 아니라 이 지침은 과체중이나 비만인 고객들이 장기적으로 체중감량을 유지하기 위해 주당 250~300분, 혹은 하루에 50~60분씩, 주당 5일로 신체활동을 증가시켜야 한다고 제안한다. 어떤 사람들의 경우 체중 감량을 위해 하루에 60~90분, 중강도에서 고강도 신체활동에 참여해야 할 필요가 있다. 중강도 신체활동의 예는 표 19.3을 참조한다.

고객을 위한 신체활동 프로그램을 계획할 때 발전단계에 대한 개념을 고려하는 것이 매우 중요하다. 비만인 많은 고객들은 처음부터 중등도 강도의 운동으로 시작하기가 어렵다. 이러한 고객들을 위해 초기 강도는 낮게 설정해야 하며 심지어 어떠한 경우는 단순히 일상생활의 활동을 증가시키는 쪽으로 접근해야 한다. 예를 들면 다음과 같다.

- 점심 식사 후 산책
- 동료에게 전화를 거는 대신에 직접 찾아가기
- 에스컬레이터나 엘리베이터 대신 계단 이용하기
- 식사는 배달을 시키기보다 직접 사오기
- 버스나 지하철을 탈 때 최소 한 정거장 일찍 내려서 걸어가기
- 입구에서 먼 곳에 주차 후 걸어가기
- 짧은 거리는 차를 타지 않고 걸어가기
- 애완견과 산책하기
- 마당에서 일하기
- 아이들과 활동적으로 놀아주기

잘 계획된 발전형 프로그램은 사고로 인한 부상을 예방할 수 있어야 할 뿐 아니라, 운동 프로그램의 시작시 편하고 견딜 만한 프로그램이어야 한다. 비만인은 좌업생활로 인해 기능적인 능력이 상당히 떨어져 있다. 퍼스널 트레이너에게는 적절한 수준의 운동강도와 운동량이라도 비만인 고객들에게는 매우 도전적인 운동이 될 수 있다.

체력적으로 너무 부담이 되는 운동 프로그램은 이전에 경험해보지 못한 근육통을 유발할 수 있다. 이렇게 불편한 느낌은 그들의 의지를 좌절시키고, 프로그램을 지속하는 데 부정적인 영향을 끼칠 수도 있다.

고객의 체중이 감소하고 기능적인 능력이 향상되면 운동강도와 운동시간을 증가시킬 수 있다. 중강도의 운동(예: 걷기)을 오랜 시간 동안 해서 고강도의 운동(예: 런

표 19.3 중강도 신체활동량의 예시

일상적인 일	스포츠 활동	덜 격렬하게, 오래*
45~60분간 세차	45~60분간 배구	↑
45~60분간 창문이나 바닥 청소	45분간 축구	
30~45분간 정원 손질	35분간 1~1.75마일 걷기(20min/mile)	
30~40분간 휠체어 타기	30분간 농구 슈팅	
30~40분간 1.5마일 유모차 밀기	30분간 5마일 자전거 타기	
30분간 낙엽 쓸기	30분간 열정적으로 춤추기(사교댄스)	
30분간 2마일 걷기(15min/mile)	30분간 아쿠아로빅	
15분간 눈 쓸기	20분간 경영	
15분간 계단오르기	15~20분간 농구 시합	
	15분간 줄넘기	↓
	15분간 1.5마일 런닝(10min/mile)	더 격렬하게, 짧게

중강도의 신체활동은 보통 하루에 약 150kcal 또는 일주일에 1000kcal를 소모하는 정도의 신체활동이다.
*몇몇 활동들은 다양한 강도로 실행할 수 있다. 제시된 지속시간은 예상되는 노력의 강도에 해당한다.

닝)을 짧은 시간 동안 하는 것과 비슷한 수준의 운동량과 에너지 소비량을 유도할 수 있지만, 부상을 방지하고 운동 프로그램을 오래 유지하기 위해서는 저강도로 장시간 운동하는 것(적어도 프로그램 초기에는)이 최선의 방법이다. 저항 운동과 유연성 훈련을 포함한 걷기, 수영, 수중 운동, 실내 혹은 실외 자전거 타기, 로잉, 하이킹, 스퀘어 댄스, 에어로빅 댄스 등이 좋은 예이다.

일상이나 여가활동에서 하루에 100~200kcal를 추가로 더 소비하는 것은 체지방 감량, 기능적 능력 향상, 제지방 증가 및 더 큰 열량 손실을 증진시킬 수 있을 것이다.[42] 잘 설계된 운동 프로그램 세션에 따라 이렇게 증가된 모든 활동들은 체중감량과 그 후의 체중유지에 필수적인 열량 소비를 보장하고 기여할 것이다.

> 중강도의 운동(예: 걷기)을 오랜 시간 동안 해서 고강도의 운동(예: 런닝)을 짧은 시간 동안 하는 것과 비슷한 수준의 운동량과 에너지 소비량을 유도할 수 있지만, 부상을 방지하고 운동 프로그램을 오래 유지하기 위해서는 저강도로 장시간 운동하는 것(적어도 프로그램 초기에는)이 최선의 방법이다.

생활습관의 변화

생활습관의 변화는 고객이 신체활동과 식이조절 프로그램을 지속적으로 유지할 수 있도록 도와주는 다양한 방법들로 구성되어 있다. 생활습관의 변화는 고객이 프로그램을 진행하지 못하게 만드는 장애물을 식별하고 극복하는 전략을 수립하고 구현하기 위한 해결 방법을 제시한다. 누구에게나 자신을 위해 잘 확립된 행동으로 바꾸고 이 변화에 따른 장애율을 극복하는 것은 쉽지 않다. 특히 셀프 모니터링, 보상, 목표 설정, 자극 조절, 식습관 변화 방법은 현재 체중을 감량하고 체중 조절 프로그램을 고객이 계속해서 할 수 있도록 도와줄 것이다.[46]

셀프 모니터링: 고객이 자신의 활동과 식이 행위를 기록하는 것을 셀프 모니터링이라고 한다. 음식과 열량섭취, 운동이나 신체활동, 식사시 기분, 식사 장소, 체중 변화 등을 기록하는 것은 퍼스널 트레이너와 고객 모두에게 중요한 정보를 제공한다. 때로는 단지 셀프 모니터링을 하는 것만으로도 고객이 자신의 행위를 명확히 파악하여 스스로 무엇을 하고 있으며, 어떤 것을 변화시킬 수 있는지 알게 해준다. 퍼스널 트레이너는 고객에게 495쪽에 제시되어 있는 '작은 습관… 큰 변화, 식이활동 기록'과 같은 셀프 모니터링 양식을 제공할 수 있다. 셀프 모니터링을 통해 고객과 퍼스널 트레이너는 다음과 같은 도움을 얻을 수 있다.

- 프로그램의 성공을 방해하는 요인을 확인할 수 있다.
- 신체활동과 건강한 식사를 방해하는 요인을 확인할 수 있다.
- 고객에게 동기를 부여하고 보상체계의 토대를 제공해준다.

위험한 행위를 식별하는 예로, 섭취한 음식, 식사시간, 식사 장소, 그리고 당시의 기분까지 적는 식이 기록 양식은 고객이 TV 앞에 앉아 많은 양의 고열량 음식을 섭취하는 행동을 막아준다. 이로 인해 고객들은 갓 손질한 신선한 야채, 혹은 버터를 뺀 팝콘을 대신 먹도록 식습관을 조절할 수 있다. 혹은 고객이 퇴근하고 집에 오자마자 냉장고에서 무엇이든 먹을 수 있는 것을 꺼내 먹는 자신의 모습을 발견할지도 모른다. 하지만 그들은 퇴근하고 집에 오는 길에 약간의 과일을 먹음으로써 계획된 식단이 차려질 때까지 기다려 이 문제를 해결할 수 있다.

운동을 셀프 모니터링하는 것 또한 미리 짜여진 신체활동을 저해하는 장애물을 찾을 수 있게 도와준다. 예를 들면 고객과 퍼스널 트레이너가 일주일에 두 번씩 만나 웨이트 트레이닝을 실시하고, 고객은 다른 날에 하루 30~45분간의 걷기 운동을 하기로 했다고 하자. 운동 셀프 모니터링 운동을 보면, 고객은 출근하기 전 아침에 계획한 대로 산책했다는 것을 알 수 있다. 반대로 고객이 오후에 산책을 계획하였을 땐, 직장일 때문에 수행하지 못했고, 퇴근 후에는 너무 피곤해서 운동을 할 수 없었다. 이 고객은 운동 프로그램을 아침에 계획해야 할 것이다.

보상: 보상은 고객의 행동 목적이나 특정 결과를 장려하고 달성하는 데 사용될 수 있다. 효과적인 보상은 고객에게 바람직한 것이어야 하며, 적시에 이루어져야 하고, 목표를 달성할 때마다 주어져야 한다.

보상은 클 수도 있고 작을 수도 있고, 눈에 보이는 것일 수도 있고 보이지 않는 것일 수도 있으며, 가족으로부터, 혹은 스스로, 혹은 퍼스널 트레이너로부터 받을 수도 있다. 눈에 보이는 보상은 새로운 블라우스, 운동복, 책 등이며, 눈에 보이지 않는 보상은 시간을 내서 낚시를 가거나, 장을 보러 가거나, 조용히 책을 읽거나, 교외에서

작은 습관… 큰 변화, 식이활동 기록

이름: ______________________________ 날짜: ______________________________

시간	섭취 음식 또는 활동 내용	식사시간 또는 활동 시간	장소	생각과 느낌

음식

1. 간식이나 식사를 먹은 시간을 기록한다. 그리고 먹는 데 걸린 시간을 기록한다.
2. 먹은 음식과 양을 기록한다.
3. 먹은 장소와 먹을 때의 느낌 혹은 기분을 기록한다(긍정적, 부정적 혹은 보통).

운동과 활동

1. 참여한 모든 공식 운동을 기록한다(예: 걷기, 에어로빅, 사이클, 저항 운동, 아쿠아 운동 등).
2. 그리고 운동을 언제, 얼마나 했는지 적고, 그때의 느낌을 적는다(긍정적, 부정적 혹은 보통).
3. 다른 신체적 활동 또한 언제, 얼마나 했는지 적는다(예: 계단오르기, 빗자루질, 걸레질, 마당일, 창닦기 등).

휴식을 취하는 것을 포함한다. 보편적으로 작은 보상은 목표한 범위 내에서 작은 성취나 단기간의 목표달성 후에 받는 것이 좋으며, 큰 보상은 6개월간 10%의 체중감량을 성취하는 것과 같은 장기간의 목표를 달성했을 때 주어진다.

목표 설정: 목표 설정은 8장에서 다룬 바 있다. 비만이거나 과체중인 사람과 함께할 때는 현실적인 목표 설정이 중요하고, 장기 목표에 부합하는 단기 목표를 세우는 것이 중요하다. 예를 들면 고객은 6개월 동안 20파운드(9kg)를 감량하는 것을 목표로 할 수 있다. 이것을 한 달에 3~4파운드(1.3~1.8kg)로 나누어 달마다 성취된 각각의 목표를 축하할 수 있다. 만약 고객이 6개월 동안 설정한 목표를 달성하지 못했다 할지라도, 단기 목표를 성취하였기 때문에 계속 지속하겠다는 동기부여를 받게 될 것이다.[59]

그러나 행동의 변화 없이 단지 체중을 감량하는 것에만 목표를 둔다면 실패할 수 있다. 체중감량의 목표에 더해 행동 변화의 목표를 설정했을 때 체중감량에 실패해도 계속해서 프로그램을 지속할 수 있도록 도와줄 것이다. 예를 들면 주당 최소 4번, 한 번에 40분 이상 걷는 것을 목표로 세우고 그것을 성취했을 때 이는 체중감량과 관계없이 성공한 것이다.

목표 설정은 셀프 모니터링과 보상이 함께 이루어진다. 또한 고객은 자신과의 약속에 충실할 수 있어야 한다. 자신과의 계약에서 고객은 희망하는 목표나 행동을 스스로와 약속한다(예: 주당 0.2kg을 줄이고 한 달에 약 0.9kg을 줄이고, 주당 최소 4회, 한 번에 30분씩 걷기). 그리고 목표달성에 대한 보상을 정해야 한다. 497쪽에 나온 '활동과 운동 서약'이 자신과의 약속의 한 예이다.

자극제어: 자극제어는 바람직하지 못한 식습관과 신체활동에 참가하지 못하게 하는 사회적 혹은 환경적인 문제를 찾아내고, 그것을 고치는 것이다.[5] 때론 '환경적인 계기'라는 용어가 '자극' 대신 사용되기도 하며, 이는 특정 환경에서 정확하게 어떠한 행동이 발생한다는 것을 나타낸다. 환경적인 조건에서 때로는 원치 않는 행위가 나타나기도 하여, 이에 따라 고객들은 원치 않은 식습관을 갖게 되기도 한다. 예를 들면 고객은 배가 고프지 않은 상황임에도 불구하고 영화관에서 탄산음료와 팝콘을 먹고, 뷔페에서 과식을 하거나, 사무실에서 무언가를 먹기도 하며, 특정 친구들과 식사를 하러갈 때 열량이 높은 디저트를 먹는 경향이 있을 수 있다.

셀프 모니터링이나 그에 따른 반성, 혹은 그 두 가지 모두를 사용하여 고객은 주변에 존재하는 이러한 문제점들을 찾아서 해결하고 현재의 상태를 조절할 수 있다. 예를 들면 배고프지도 않으면서 영화관에서 팝콘을 먹는 고객은, 영화관 입장 전 간단한 식사를 한다. 혹은 약간의 샐러드를 먹고 나서 팝콘을 먹는 것이다. 만약 고객이 뷔페에서 많은 양의 음식을 먹는다면, 메뉴를 선택해서 먹는 일반 식당을 이용하도록 한다. 자기도 모르게 사무실 책상에 앉아 음식을 먹는 습관이 있다면, 책상에서 음식을 먹지 않는 규칙을 정할 수도 있다. 많은 음식을 먹게 되는 특정 친구들을 만날 때는, 식사와 관련없는 쇼핑센터나 영화관에서 만나도록 한다. 문제를 해결하는 단계는 이러한 원인을 제거하거나 과다섭취를 피하는 방법으로 관리하는 것이다.

음식섭취 행동 변화: 음식섭취 행동 변화는 고객이 박탈감을 느끼지 않고도 적게 먹도록 도울 수 있다.[42] 너무 급하게 빨리 먹는 사람은 식사가 끝나기 전에 신체가 포만감을 느낄 수 있는 충분한 시간적 여유를 주지 않는다. 이런 고객은 상대적으로 음식이 크게 보이기 위해서 작은 접시를 사용할 수 있다. 뷔페에서도 한 번에 많은 음식을 담아오는 것보다는, 작은 접시를 사용하도록 권장한다. 어떤 고객은 과도한 간식 섭취를 제한하기 위해 하루에 세 끼만 먹도록 하고, 어떤 고객은 하루에 4~6회 소식하면서 하루 세 끼 먹을 때 과식하던 습관을 고치도록 한다. 끼니를 거르거나 미룬 후 지나치게 배가 고픈 나머지 한 번에 과식하는 경향이 있는 사람은 이런 문제를 피하기 위해 식사시간을 엄격히 지키도록 노력해야 한다. 모든 고객은 각자가 다른 성향을 가지고 있기 때문에, 모두에게 들어맞는 식습관은 없다. 시행착오를 통해 퍼스널 트레이너와 고객은 가장 알맞은 방법을 찾게 될 것이다.

과체중이거나 비만인 고객을 위한 운동 고려사항

과체중이거나 비만인 사람과 프로그램을 진행할 때는 몇 가지 생리학적, 생물적인 문제를 고려해야 한다. 다음과 같은 고려사항들은 운동 프로그램을 설계하고, 운동 선택 후 지도에 이르기까지 영향을 끼칠 수 있다.[54] 열과민증, 제한된 움직임과 가동성, 체중 지지에 따른 스트레스, 자세 문제, 허리 통증, 평형력 문제, 과호흡과 호흡곤란 등이 있다.

활동과 운동 서약

나는 ____________주 동안 매일, 혹은 매주 다음과 같은 ______________________________ 활동이나 운동을 할 것이다.

기타 신체활동* 나는 매일 다음과 같은 활동을 할 것이다.

활동	장소	시간	활동 횟수	소요시간

정식 운동** 다음과 같은 운동을 할 것이다.

운동명	장소	시간	운동시간	주당 횟수

*예를 들어 직장에서 계단을 이용하거나, 점심식사 후 10분 동안 산책
**예를 들어 퍼스널 트레이너와 함께 운동하기, 산책 30분, 에어로빅, 수영

만약 내가 한 주 동안 이를 성취한다면, 나는 내 자신에게 아래의 것을 보상한다.

____

____

____

서명: ______________________________ 날짜: ______________

열과민증

열내성은 과도한 지방에 의해 단열층이 생긴 결과이다. 특히 더위나 습도가 높은 조건에서 비만인 사람은 정상 체중의 사람에 비해 체온조절을 하기가 어렵다.[53] 퍼스널 트레이너는 온도가 높은 곳에서 고객이 면으로 된 옷을 입도록 해야 하며, 가능하다면 짧은 바지와 티셔츠를 입도록 권장해야 한다(비록 짧은 옷이 길게 신체 부위를 넓는다고 할지라도, 짧은 옷을 입는 것이 어떤 사람들에게는 창피하게 느껴질 수도 있을 것이다. 만약 짧은 옷을 입는 것을 꺼려한다면 가볍고 헐렁한 면바지를 입도록 권장한다).

특히 덥거나 습한 날에 퍼스널 트레이너는 다음과 같은 변형을 고려해야 한다. 불편함을 덜고 열기로 인한 응급상황을 피하기 위해 운동강도를 낮추고, 온도를 조절할 수 있는 환경에서 운동하며, 운동 프로그램에 수영이나 아쿠아 운동과 같은 심혈관 운동을 포함시키고, 물속에서 저항 운동을 하며, 물속에서 걷기나 조깅을 하도록 한다. 퍼스널 트레이너는 고객이 운동 전이나 운동중, 운동 후에 시원한 물을 충분히 섭취하도록 해야 한다(7장 권장사항 참조).

제한된 움직임과 가동성

비만인 경우 과다한 지방으로 인한 제한된 움직임 가동

성은 다양한 운동의 변형이 필요할 수 있다.[7] 예를 들면 허벅지와 종아리의 과다한 지방 때문에 다리를 뒤로 뻗고 대퇴사두근(넙다리네갈래근)을 스트레칭하며, 발뒤꿈치로 엉덩이를 누르는 동작이 어려울 것이다. 보다 효과적인 대퇴사두근 스트레칭를 위해서는 뒷무릎을 굽히고 정강이 스트레칭에서 엉덩이를 앞으로 내밀 수 있다. 또는 햄스트링 근육을 이용하여 무릎을 최대한 뒤로 굽힌 후, 지방에 방해받지 않는 한도 내에서 고관절이 신전이 되도록 골반 경사를 만들어 대퇴사두근을 능동적으로 스트레칭하는 것이다(그림 19.2). 비록 이렇게 변형된 방법으로는 대퇴사두근을 완전히 스트레칭할 수 없을지라도, 어느 정도의 유연성 훈련 효과를 제공할 수 있다.

다른 예로, 고객이 누워서 햄스트링 근육을 스트레칭할 때, 가슴 쪽으로 다리를 당기기 위해 손을 뻗지만 복부 지방으로 인해 손이 닿지 않을 수도 있다. 이러한 경우, 허벅지 뒤쪽을 수건으로 감싸서 보조받는 수동적 스트레칭을 실시한다(그림 19.3). 혹은 고관절 굴곡근들을 사용하여 다리를 스트레치 자세로 두고 햄스트링을 능동적으로 스트레칭할 수 있게 지도한다. 퍼스널 트레이너는 고객의 제한을 구체적으로 수정하기 위해 그들이 다양한 스트레칭과 운동하는 모습을 잘 관찰해야 한다(그림 19.4).

그림 19.2 변형된 대퇴사두근 스트레칭시 똑바로 선 상태에서 오른쪽 무릎을 가능한 많이 굴곡시킨 후 오른쪽 고관절을 앞뒤로 움직이거나 앞으로 밀어 능동적 스트레칭을 실시한다.

체중 지지에 따른 스트레스

관절염이나 근골격계 문제를 가지고 있는 과체중 혹은 비만 고객에게 관절에 가해지는 체중을 지지하기 위한 스트레스는 확실하게 문제가 된다.[53] 반드시 강도가 낮을 필요가 없는 저충격 운동은 이러한 스트레스를 예방할 수 있다. 예를 들면 걷기 운동은 조깅이나 런닝보다 관절에 스트레스를 덜 준다. 또 실내외 사이클, 수영, 아쿠아로빅, 얕은 물에서의 걷기, 조깅, 에어로빅, 깊은 물에서의 러닝, 하이킹, 로잉(지방에 의해 움직임이 제한된다면 권장되지 않음)과 같은 운동들도 관절에 부담을 주지 않는 운동이다.

지속적으로 한 발로 지지해야 하는 활동은(반대쪽 다리로 운동을 실행하는 동안 한 다리로 선 자세가 계속 유지되는 운동) 관절, 특히 고관절에 스트레스를 과도하게 줄 수 있다. 전통적인 많은 유산소 운동이나 밸런스 운동은 이러한 선 자세에서의 다리 운동들을 포함한다. 이 상황을 피하기 위해서는 지지하는 다리를 자주 번갈아가며 실시한다.

자세 문제와 허리 통증

복부 지방의 무게로 인해 척추에 가해진 스트레스와 복부 근육의 부족한 근력 때문에, 자세 문제와 허리 통증은 비만인 사람에게 나타나는 경우가 많다. 이러한 현상은 윗등의 후만과 함께 허리의 전만을 유발하거나, 다른 자세의 변화를 일으킨다. 게다가 비만인의 고관절 굴곡근은 무거운 다리를 움직이며 발생하는 반복적인 하중 때문에 매우 강해질 수 있으며, 이로 인해 복부의 근육은 약해지고 근육은 불균형해질 수 있다. 그러므로 퍼스널 트레이너는 프로그램에 복부 근육을 강화시키는 다양한 운동을 포함함과 동시에 고관절 굴곡근(예: 장요근)을 유연하게 하는 운동도 포함시켜야 한다(예: 장요근). 무거운 지방의 무게와 약해진 복근으로 인해 복근 운동을 변형시켜야 할 수도 있다. 또한 상부 등 근육을 강화시키고 가슴근육의 유연성을 향상시키는 운동이 포함되어야 한다. 심각하거나 만성적인 요통을 가진 고객은 정형외과 의사의 진단을 받아야 한다. 퍼스널 트레이닝과 더불어 의사는 고객에게 요통에 대한 교육 및 재활 프로그램을 물리치료사에게 의뢰할 수도 있다.

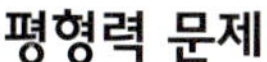

그림 19.3 변형된 햄스트링 스트레칭시 고객은 무릎을 신전시키면서(과신전은 안 됨) 수건을 이용해 오른쪽 다리를 가슴쪽으로 끌어당긴다.

그림 19.4 변형된 엉덩이 굴곡근 스트레칭시 고객은 오른쪽 뒤꿈치를 바닥에 대고 런지 자세를 만든다. 그 다음 오른쪽 고관절을 앞뒤로 움직이거나 앞으로 밀어 능동적으로 고관절 굴곡근들을 늘려준다. 오른쪽 무릎은 약간 혹은 많이 구부려줄 수 있다.

평형력 문제

비만인 고객들은 많이 움직여본 경험이나 스포츠에 참여한 경험이 거의 없었기에, 평형력을 발달시킬 만한 기회가 없었을 수 있다. 안타깝게도 움직일 때의 평형력이 부족하거나, 과도한 체중, 고유수용 능력을 조정해본 경험 부족, 적절한 근력이 부족한 경우로 인해 잘 넘어지는 고객이 이러한 것들을 스스로 교정하기는 매우 어려울 것이다. 그러므로 퍼스널 트레이너는 단계별로 평형성 운동을 포함한다. 그때 고객을 관찰하고, 고정하고 도와주어야 한다.

과호흡과 호흡곤란증

운동중의 과호흡과 호흡곤란증은 불편할 뿐만 아니라, 비만인 사람에게 불안감을 줄 수 있다.[53] 과호흡(증가된 호흡수) 혹은 호흡곤란증(힘든 호흡)은 운동중에 일어날 수 있는 일이지만, 비만인 사람은 낮아진 기능 때문에 이러한 현상을 더욱 자주 경험할 수 있다. 이러한 상황은 그들로 하여금 두려움 때문에 훈련을 포기하게 할 정도로 불안하고 불편할 수 있다. 퍼스널 트레이너는 운동자각도(16장 참조)를 통해 적절한 운동강도를 확인함으로써 고객이 운동참여를 계속 유지할 수 있도록 해서 이 부분의 문제를 방지할 수 있다. 변형된 인터벌 트레이닝은 특히 운동 프로그램의 초기 단계에 매우 추천된다. 휴식시간 동안(활동적이든 비활동적이든) 고객은 호흡을 고를 수 있다. 시간이 지나면서 운동시간을 늘이고, 휴식시간을 줄일 수 있다.

과체중이거나 비만인의 운동 처방과 프로그램 설계

과체중이거나 비만인 사람을 위한 잘 짜여진 운동 프로그램의 구성요소는 유산소 훈련, 저항 훈련, 유연성 훈련을 포함한다(표 19.4). 퍼스널 트레이너와 고객은 우선 주당 몇 회를 운동할 것인지 그리고 어떠한 운동을 포함할 것인지 서로 상의해야 한다. 예를 들면 퍼스널 트레이닝 중 세 가지 운동을 모두 포함하거나 준비 운동 후 저항 운동이나 유연성 운동을 포함할 수도 있다. 이는 고객이 유산소 운동을 퍼스널 트레이닝하는 날과 번갈아 하거나 혹은 퍼스널 트레이닝을 하기 전, 혹은 두 가지 모두 한다는 것을 의미한다. 초기 단계에 퍼스널 트레이너가 고객이 심혈관 훈련 프로그램을 정확하고 효율적으로 수행하는지를 감독, 지도, 동기부여, 확인할 수 있도록 유산소 운동을 포함해야 한다. 만약 고객이 심혈관 프로그램을 감당할 수 없다면 이 요소는 퍼스널 트레이닝시 수행하도록 한다.

표 19.4 비만인을 위한 운동 처방

유형	빈도/강도/지속시간	지침/유의사항
유산소 운동	■ 최소 권고 = 거의 매일 30분씩(주당 150분) ■ 열량 소비를 최대화하기 위해 한 주에 5일 이상 ■ 최종 목표 = 주당 300분 ■ 중강도($\dot{V}O_2R$ 혹은 HRR의 40~60%)에서 고강도($\dot{V}O_2R$ 혹은 HRR의 50~75%) ■ 적어도 10분 이상 운동하는 간헐적 운동은 운동을 지속하기 위한 효과적인 대안이다.	■ 충격을 적게 주는 동작을 사용한다. ■ 정형외과적인 상해, 심혈관 질환, 이상고열 등 발생할 수 있는 위험을 적절히 주의한다. ■ 초기에는 효과적인 열량 소비를 위해 운동강도보다는 운동 지속시간을 강조한다. ■ 필요에 따라 장비 조절(예: 사이클 에르고미터나 로잉 머신의 의자를 넓힘)
저항 훈련	■ 격일로 주 2~3일 ■ 초기에 1세트로 시작해 점차 2~4세트로 늘리기, 세트당 10~15회 ■ 주 근육군 위주로 운동(가슴, 어깨, 등 상부, 등 하부, 복부, 엉덩이, 다리) ■ 점차 부하를 늘인다.	■ 체중을 이용한 운동으로 시작한다. ■ 유산소 운동과 교차할 수 있다. ■ 필요에 따라 장비를 바꾼다(예: 더 큰 프레임). ■ 유산소 운동을 보완할 수 있다(예: 몸무게를 줄이거나 유지하기 위해).
유연성 훈련	■ 주 2~3일 ■ 근육군 4회 이상 ■ 정적 스트레칭은 15~60초 유지한다.	

유산소 운동

과체중이나 비만인 고객을 위한 전형적인 운동 처방은 유산소 운동 프로그램에 5일 동안 참여하게 하는 것이고, 이를 통해 고객이 일주일 동안 소비할 수 있는 열량을 최대로 소비하고, 규칙적인 신체활동 습관을 세우도록 한다. 어떤 고객은 운동 프로그램의 심혈관 운동을 시작하지 못할 수도 있다. 이러한 경우 시작하는 강도가 낮아야만 하며, 이미 설명했던 것처럼 고객은 매일 일상생활 활동을 증가시켜 운동량을 늘일 수 있다. 고객이 모든 운동을 다 했다 하더라도, 그들이 더 많은 칼로리를 소모하도록 하루의 활동 수준을 높이도록 권장하는 것이 중요하다.

어떤 사람들은 체력이 너무 떨어져서 휴식 없이는 운동장 한 바퀴를 채 다 걷지 못할 수도 있다. 이러한 경우 퍼스널 트레이너는 인터벌 트레이닝을 고려해야 한다. 예를 들면 고객이 운동장 반 바퀴를 돌고, 가벼운 체조나 밴드 운동을 한 후 나머지 반 바퀴를 도는 방식으로 1마일(1.6km)을 걸을 때까지 10~20회 반복한다. 고객은 시간이 지날수록 절반의 저항 운동을 하기 전까지 0.8km를 걷고, 나머지 절반의 저항 운동을 완성하기 전 또 0.8km를 걸음으로써 결국 운동하기 전 멈추지 않고 1.6km를 걸을 수 있게 될 것이다.

저항 훈련

최근 미국스포츠의학회에서는[5] '비록 저항 훈련이 체중이나 신체 조성에 끼치는 영향은 미미하지만, 눈에 띄는 체중 감소가 없더라도 심혈관 질환의 위험 요인을 개선하는 데에 관련이 있다'라고 발표했다. 뿐만 아니라 저항 훈련은 다음과 같은 이점이 있다고 밝혔다. '고밀도 지단백 콜레스테롤(HDL-C) 수치,[36] 저밀도 지단백 콜레스테롤(LDL-C) 수치,[28,32] 그리고 중성지방 수치를 개선시킬 수 있고,[27] 인슐린 민감도를 개선시킬 수 있다.[22,36] 또한 혈장 인슐린 농도를 감소시키고,[32] 수축기 이완기 혈압도 감소시킨다.[34,35]' 저항 훈련 프로그램의 설계는 고객의 능력 및 한계와 더불어 이용 가능한 장비에 따라 달라진다. 퍼스널 트레이너는 고객에게 어떠한 정형외과적인 문제, 예를 들면 엉덩이, 등, 무릎 부상이 있는지를 확인하고 그에 따라 프로그램과 특정 운동을 변형시켜야 한다. 고객은 자신의 체중을 이용한 운동부터 시작할 수 있고(예: 그림 19.5 참조) 기계 또는 가벼운 프리웨이트를 진행할 수 있다. 퍼스널 트레이너는 고객들이 과다한 체중으로 인해 이미 높은 운동부하를 가지고 있다는 것을 명심해야 한다.

비만인 사람들은 종종 과도한 체중을 이동시키기 위해 몸이 적응한 결과 강한 하체를 갖고 있기도 하다. 따라서 훈련 과정에서 상체 근력 훈련의 중요성 또한 강조되어야 한다. 물론 저항 훈련의 주 목표는 열량을 소비하고 근육량을 늘리는 데 있으므로 코어 운동을 강조해야 하며, 고객은 작은 근육군에 많은 시간을 소비하지 않아야 한다. 일반적으로 13장과 15장에 제시된 저항 운동 훈

그림 19.5 일반적으로 바닥에서 하는 푸시업을 수행할 수 없는 고객들은 벽을 밀면서 하는 푸시업으로 바꿔줄 수 있다.

련 지침을 따르도록 한다.

유연성 훈련

스트레칭 운동이 많은 에너지를 소비하지 못한다 하더라도 부상을 예방하고 관절의 가동범위를 유지하는 데 있어 중요하다. 가벼운 스트레칭은 준비 운동에 포함될 수 있으며, 유연성을 향상시킬 수 있는 더 강한 스트레칭은 다양한 저항 운동이 끝나거나 운동의 제일 마지막 부분에 포함시킬 수 있다. 이러한 시간 구성은 근육이 잘 데워져서 더 유연해지도록 해준다. 스트레칭은 모든 큰 근육들을 위주로 수행해야 한다.

스트레칭은 고객의 구조적, 생리학적인 한계에 따라 수정되어야 한다. 498, 499쪽에서 변형 방법 예시를 볼 수 있다. 퍼스널 트레이너는 과체중이나 비만인 고객이 움직임 범위가 제한되어 있음을 인지하고 있어야 한다. 예를 들어 앉아서 발가락을 터치할 때, 고객은 난지 손으로 무릎 정도까지 뻗을 수도 있다. 이때 목표는 발끝에 손이 닿는 것 대신에 약간의 긴장이 느껴질 때까지 스트레칭 하는것이다.

섭식장애

우리 사회는 날씬한 몸매에 대한 엄청난 압박이 존재한다. 많은 소녀와 여성, 심지어 남성들도 날씬해지기 위해 자신의 건강을 해치고 있다.

청소년과 젊은 여성들 중 약 1~5%는 섭식장애를 가지고 있다.[40] 모든 사회와 인종에서 식습관 장애를 가진 경우를 많이 보지만 특히 중산층 백인여성에게서 가장 많이 나타나는 것으로 보인다. 남자의 경우 임상적 연구 대상의 약 5~10%만 섭식장애를 갖고 있다.[40] 현재 사회적 문화적 환경을 고려할 때, 앞으로 그 수치는 더 증가할 것이나.

퍼스널 트레이너는 고객에게 섭식장애의 위험성에 대해 교육해야 할 뿐 아니라, 체중을 감량하기 위해 위험하거나 불필요한 행동을 시도하지 않도록 하고, 비현실적인 목표를 세워 식습관 장애의 패턴이 조성되지 않도록 해야 할 것이다. 고객의 섭식장애가 퍼스널 트레이너만의 잘못이라고 말하기는 어렵지만(고객이 이미 섭식장애를 가진 경우) 부적절한 지적이나 목표는 그들로 하여금 섭식장애 습관을 다시 일깨울 수 있으며 궁극적으로 식습관 장애가 나타날 수 있다.

퍼스널 트레이너는 고객에게 남자와 여자는 유전적으로 체형과 신체 구성이 다르다는 것을 인식시켜야 한다. 퍼스널 트레이너는 각각의 고객이 각자의 신진대사와 신체 조성에 지대한 영향을 미치는 자신의 유전자 구성에 맞는, 현실적이고 유전적으로 적절한 목표를 세울 수 있도록 도와야 한다. 캐롤 오티스(Carol Otis) 박사에 따르면 "여러분에게 이상적인 체중은 자신이 건강하고 튼튼하다고 생각되는 범위이다. 그리고 체중을 유지하는 데 섭식장애의 증세가 보이지 않으며 건강한 면역체계와 생식체계를 가지고 있을 때"라고 한다.[47]

> 퍼스널 트레이너는 고객에게 식이장애의 위험성에 대해 교육시키고, 위험한 체중 감량 행동 습관 또는 비현실적인 목표 설정을 피하도록 도와줄 의무가 있다.

이상식이

섭식상애의 발날은 대개 다이어트, 무분별한 식사, 그리고 완전한 섭식장애의 단계를 거친다. 고객은 체중을 줄이기 위해 다이어트를 시작하는데, 체중이 충분히 줄어들지 않거나 눈에 띄게 현저하지 않을 때 상당히 좌절한다. 이러한 좌절과 심지어 절박함은 그들이 식사를 더욱 제한하게 만든다. 만약 이러한 행위에도 불구하고 그들의 관점에서 체중 감소가 나타나지 않을 때, 이뇨제(소변 배출을 증대시켜 탈수를 조장), 다이어트 약, 의도적인 구토, 유행을 따르는 음식섭취(사과 다이어트, 자몽 다이어트와 같은 원푸드 다이어트), 단식, 땀 배출을 위한 사우나, 음식을 씹은 후 뱉거나, 심지어 관장에 이르기까지 좀 더 위험한 방법으로 섭식장애를 경험한다.[47] 불행하게도 이러한 행동은 효과가 없다. 약간의 체중은 줄어들지 모르나, 그 수치는 수분이나 제지방의 감소에 의한 결과일 수 있다.

이상식이가 일어나는 빈도는 다양하다. 어떤 사람은 위에서 설명한 방법 중의 하나를 드물게 행하기도 하고, 어떤 사람들은 하루에도 수차례 실행하기도 한다. 이러한 이상식이가 신경성 식욕부진증이나 폭식증 같은 섭식장애로 발전한다.

섭식장애의 발달을 예방하는 핵심은 퍼스널 트레이너와 고객 모두 이 보편적이고 복잡한 상황을 잘 인식하는 것이다. 퍼스널 트레이너는 단지 고객과 그의 식습관에 대해 대화를 나누거나, 고객이 며칠 혹은 몇 주 동안 셀프 모니터링 양식을 작성하게 함으로써 그의 이상식이 행동을 알아차릴 수 있다. 대부분의 섭식장애는 셀프 모니터링 양식을 통해 알아차리기 어렵지만, 최소한 어떤 음식을 섭취하는지 확인할 수 있다. 요점은 퍼스널 트레이너가 고객을 올바르게 교육하고 적정한 목표를 제시하면, 어쩌면 고객이 완전히 섭식장애로 발달하기 전에 건강한 식습관으로 돌아오도록 할 수 있다.

우려되는 것은 섭식장애를 가진 사람들이 단기적으로나 장기적으로 신경성 식욕부진증과 폭식증을 앓는 것과 같은 의학적 심리적 상태를 경험한다는 것이다. 이러한 문제는 우울증, 자기효능감의 저하, 위소화 장애, 생리불순, 심장 질환을 포함해 심장마비나 자살과 같은 결과로 이어질 수도 있다.[47] 빨리 도움을 청할수록 섭식장애를 예방하고 치료할 가능성이 높아진다.

신경성 식욕부진증

신경성 식욕부진증(anorexia nervosa)은 저체중과 체형에 대한 잘못된 인식, 그리고 **무월경**(amenorrhea, 최소 3주기 연속으로 생리를 하지 않음)이 나타남에도 불구하고, 극단적인 체중감량, 체중유지에 대한 거부 그리고 체중증가와 비만에 대한 강렬한 두려움을 갖는 경우를 말한다.[8] 체중감량은 대개 과도한 운동과 음식섭취를 제한함으로써 촉진되며, 앞서 언급한 무분별한 식습관을 포함할 수도 있다. 신경성 식욕부진증은 심리적이고 감정적인 문제와도 연관되어, 낮은 자존감과 왜곡된 신체이미지를 포함할 수도 있다. 게다가 극단적으로 영양이 결핍된 사람의 상태는 무감각, 혼란, 사회적 고립, 무응답 등의 증상으로 이어질 수 있다.[40]

신경성 식욕부진증의 두 가지 유형은 '식사제한형'과 '폭식-구토형'이다.[40] 식사제한형은 주기적으로 폭식-구토하거나 설사약, 관장제 등을 남용하지는 않지만, 먹는 음식의 종류나 양을 극단적으로 제한한다.[40] 이 유형이 신경성 식욕부진증의 가장 일반적인 유형이다. 반면, 폭식-구토형은 주기적으로 폭식 후 바로 구토한다.[40]

퍼스널 트레이너가 고객에게 아래 '신경성 식욕부진증의 경고 징후' 목록 중 하나를 발견했다면, 의학적, 식이 및 정신적 상담을 위해 그를 전문가 집단(의사, 영양사, 심리학자, 종교적 카운셀러)에 소개하는 것이 중요하다. 신경성 식욕부진증 환자들은 그들에게 문제가 있다는 것을 인정하기 힘들어할 수도 있다. 따라서 퍼스널 트레이너는 고객이 도움을 받을 수 있도록 이 항목들을 고객과 함께 살펴보아야 한다.

폭식증

폭식증(bulimia nervosa)은 폭식에 이어 구토 행위를 되풀이하는 복잡한 장애이다. 폭식을 하는 동안에는 짧은 시간에 많은 양의 음식을 섭취한다. 그리고 고의적으로 구토하고, 설사약, 관장제를 복용하며 열량 소비를 위해 강박적으로 과도한 운동을 한다.[40,47] 신경성 식욕부진증 환자는 음식섭취를 극도로 제한하는 반면, 폭식증 환자는 조절 능력을 상실한 상태이다.[40,47]

최소 3개월 동안 평균적으로 주당 최소 두 번 이상 과식과 구토 행위를 한 경우 폭식증으로 진단한다. 폭식 단계에서는 2시간 내에 매우 많은 양의 음식을 섭취하며, 먹는 것을 멈출 수 있는 조절력 또는 무엇을 얼마만큼 먹을지에 대한 조절력이 상실된다. 또한 폭식증 진단을 위한 추가 기준으로, 하나 혹은 그 이상의 방법으로 구토하거나 혹은 과다한 운동이나 금식과 같은 보상 행위를 하며, 체형과 체중을 과도하게 신경쓰는 것을 포함한다.[8] 앞서 설명한 것보다 더 적은 빈도로 폭식과 구토 행위를 한다고 해도, 이러한 행위를 예방하고 만족하지 않게 하는 데 초점을 두어야 한다. 이러한 상태를 미리 알아차리고 반복되지 않도록 하는 것이 육체적으로나 정신적으로 그리고 영적으로 영구적인 손상을 예방하는 방법이다.

신경성 식용부진증의 경고 징후

- 급격한 체중 감소가 나타난다(예상 범위의 15% 이상).
- 부정. 날씬함에도 불구하고 뚱뚱하다고 여기고 체중, 식이, 외형에 집착한다.
- 음식을 동반한 만남을 피한다.
- 추위에 민감해진다.
- 체중이 감소한 것을 감추기 위해 헐렁한 옷을 입는다.
- 피로(다음 단계에)
- 직장과 학교에서 혹은 경기력이 저하된다.
- 배냇솜털이 얼굴과 몸 전체에 자라난다.
- 피부, 손바닥, 발바닥이 노랗게 된다.
- 머리카락이 빠지거나 건조해지고, 피부가 건조해지며, 손톱이 쉽게 깨진다.
- 근육의 탄력과 양이 줄어든다.
- 생리가 멈춘다(무월경).
- 안정시 심박이 느려지고, 갑자기 일어설 때 가벼운 어지럼증이 나타난다.
- 변비가 된다.

Otis and Goldingay 2000.

폭식증의 경고 징후

- 고의적으로 구토한다(최소 3개월간 1주에 두 번).
- 완하제, 이뇨제, 관장제를 사용한다.
- 운동을 과도하게 한다.
- 체형에 대해 지나치게 신경쓴다.
- 10파운드(4.5kg) 이상 체중이 변한다.
- 호흡시 구토 냄새가 난다.
- 손마디에 상처가 있다.
- 얼굴과 볼이 지속적으로 부어 있다.
- 얼굴과 눈의 혈관이 터져 있다.
- 목구멍이 쓰리고 치아에 문제가 있다.
- 복부 증상
- 밤새 체중이 2~5파운드(0.9~2.5kg) 정도 급격히 변한다.
- 일, 운동, 공부할 때 나타나는 성과가 불규칙하다.
- 생리주기가 불규칙하거나 거른다.
- 구강 내에 찢어진 상처가 있다.
- 설사
- 변비
- 피로
- 전해질 장애
- 부정맥
- 위경련

Otis and Goldingay 2000.

폭식증을 인지하는 것은 쉽지 않다. 사실, 그것은 종종 발견되지 않는다. 폭식증을 겪는 사람들은 종종 자신의 문제를 친구나 가족에게 숨기려고 한다. 폭식증을 겪는 사람들은 정상 혹은 약간의 과체중 범주에서, 다양한 배경의 사람들로 구성되고 여러 가지 식이 행위를 보인다. 이들의 체중 변화는 폭식과 구토를 반복하기 때문에 10파운드(4.5kg)가 넘어가기도 한다. 퍼스널 트레이너는 폭식증과 연관된 징후나 영향, 행동을 잘 인지하고, 이를 통해 고객의 상태를 파악하고 도움을 요청하는 것이 중요하다('폭식증의 경고 징후' 참조).

여성 운동선수에게 나타나는 세 가지 징후

섭식장애는 여성 운동선수에게 다음과 같은 서로 관련된 세 가지 질환을 야기한다.

- 이상식이
- 무월경
- 골다공증

'선수'라는 단어가 포함된 이유는 이러한 현상이 젊은 여자선수들에게서 처음 발견되었기 때문이다. 하지만 실제로 이 현상은 여자선수들뿐 아니라 많은 여성들에게도 영향을 끼치고 있다.[5] 이는 세 가지 징후가 운동이나 스포츠에 참여하기 때문이 아닌, 비현실적으로 날씬해야

경기력을 향상시키거나 외모를 낫게 할 것이라는 잘못된 목표 설정 때문이다.[47]

여성들은 이상식이로 시작해서 결국 자신의 몸을 에너지 부족 상태로 만들고, 이는 시간이 지남에 따라 무월경을 초래한다. 무월경으로 인해 정상적이라면 태어나서 30세까지 지속되는 뼈의 밀도 증가에 절대적으로 필요한 호르몬이 감소하게 되어 심각한 의학적 문제를 일으킨다. 불행하게도 이러한 현상은 정상적인 뼈 형성의 부족, 되돌릴 수 없는 골 질량의 손실로 이어지고, 결국 골다공증이나 기타 합병증을 초래한다.[4,49] 퍼스널 트레이너는 여성 운동선수에게 나타나는 세 가지 징후를 발견하면 그들에게 알리고 의사의 진단을 받을 수 있도록 해야 한다.

> 여성 운동선수의 세 가지 징후는 이상식이로부터 시작하여, 무월경을 초래하고 골다공증으로 이어진다. 이는 선수뿐 아니라 다양한 범위의 여성들에게서 나타난다.

섭식장애를 극복하고 있는 고객을 위한 운동 처방과 프로그램 설계

섭식장애로 진단받은 고객은 운동 프로그램에 참여하기 전 의사의 동의를 얻어야 한다. 운동 프로그램은 육체적으로나 정신적으로 유익할 수 있지만 안전하게 설계되어야 하고, 운동이 열량 소비의 목적으로 되돌아가지 않아야 한다. 의사는 고객이 다시 운동을 해도 괜찮을지, 그렇다면 언제 운동을 시작하는 것이 의학적으로 안전한지에 대한 여부를 결정해야 한다.

고객의 운동 프로그램을 다시 시작할 때, 퍼스널 트레이너는 고객을 재평가해야 한다. 어떤 고객은 골다공증으로 인한 피로골절을 가지고 있을 수도 있으니, 나을 때까지 수영이나 깊은 물에서의 달리기와 같은 충격이 없는 대체 운동 프로그램을 찾아야 한다. 요가나 필라테스도 고려해볼 만하다. 섭식장애로 인한 합병증(정상적이지 않은 전해질, 부정맥, 실신 등)을 경험한 고객은 이러한 문제들이 해결되거나 완화될 때까지 운동을 할 수 없다. 세 가지 징후를 가진 여성이 운동에 복귀했을 때, 심박수와 혈압을 관찰하는 것이 중요하다.

운동 프로그램은 체중감량을 강조하던 것에서 벗어나 적은 에너지를 소비하는 운동으로 강조해야 한다.[2] 많은 열량을 소비하는 운동은 의사의 동의가 있을 때까지 연기해야 한다. 고객이 열량과 영양소를 적절하게 섭취하지 않는다면 저항 운동의 효과는 떨어지겠지만, 제지

식이장애로부터 회복중인 고객을 위한 프로그램 구성

- 식이장애로부터 회복중인 고객은 운동 프로그램을 다시 시작하거나 지속하기 전에 의학적 검사를 필수적으로 받아야 한다.
- 격렬한 운동 프로그램을 하지 않는다.
- 유산소성 운동, 저항 운동, 유연성 운동이 골고루 포함된 프로그램을 제공한다.
- 충분한 수분 섭취 및 보충을 하도록 권장한다.
- 충분한 영양을 섭취하도록 권장한다.
- 운동 세션 이후 30~90분 사이에 200~400kcal의 복합탄수화물을 섭취하도록 권장한다.
- 고객이 매일 운동하지 않고 주당 2~3일은 휴식을 취할 수 있도록 운동 스케줄을 짠다.
- 고객의 혈압과 맥박을 확인한다.
- 피로골절이 있는 고객의 경우 충격을 주는 운동을 시키지 않는다.
- 고객의 주치의, 영양사, 다른 의료전문가들과 정기적으로 의사소통을 한다.
- 고객에게 다음과 같은 증상이나 징후가 있을 경우 운동 프로그램을 지속하기 전에 의사의 상담을 받도록 한다. 어지러움, 불규칙적인 심박수, 메스꺼움, 부상, 비정상적인 혈압 또는 맥박.

방을 유지하기 위해 꼭 포함되어야 한다.

퍼스널 트레이너는 섭식장애를 겪고 있지만 의사를 만나고 싫어하지 않는 고객을 만날 수도 있다. 퍼스널 트레이너는 고객과 만나는 극소수의 사람으로서, 지속적으로 이들을 훈련시키고 싶은 충동이 있겠지만 훈련을 계속하기 전 의사의 동의를 받아야 한다. 고객이 의사의 진료를 거부할 경우, 퍼스널 트레이너는 운동을 진행할 수 없다.

고지질혈증

심혈관 질환은 선진국의 주요 사망 원인이며, 미국에서만 연간 100만 명 이상이 이로 인해 사망한다. 혈중 지질 질환은 동맥경화로 발전하는 주요 위험 요인이며 이는 관상동맥 질환, 협심증, 심근경색, 급성심장마비, 만성심부전 등을 유발한다.

혈중 지질 질환은 고지질혈증과 이상지질혈증을 포함한다. **고지질혈증**(Hyperlipidemia)은 콜레스테롤, **트리글리세라이드**(triglycerides), 지단백질과 같은 혈액 내 지방의 일부 또는 전체의 농도가 증가한 것을 일컫는다.

표 19.5 LDL, HDL, 총 콜레스테롤 그리고 중성지방에 대한 ATP Ⅲ 분류(mg/dl)

LDL 콜레스테롤	
100 미만	최적
100~129	최적에 가까운
130~159	경계보다 높음
160~189	높음
190 이상	매우 높음
총 콜레스테롤	
200 미만	바람직
200~239	경계보다 높음
240 이상	높음
HDL 콜레스테롤	
40 미만	낮음
60 이상	높음
혈청 중성지방 농도	
150 미만	보통
150~199	경계보다 높음
200~499	높음
500 이상	매우 높음

NIH and NHLBI 2001 (43).

이 용어는 일반적으로 **저밀도 지단백**(LDLs, low-density lipoproteins)과 **초저밀도 지단백질**(VLDLs, very low density lipoprotein)이 높다는 것을 의미한다. **이상지질혈증**은 혈중에 비정상적 지질(지방) 수준이나 지방질 성분 또는 두 가지 모두를 의미한다.

2001년 미국국립보건원(NIH)에서는 콜레스테롤의 검출, 평가, 처리를 위한 지침서인 〈국립 콜레스테롤 교육 프로그램 성인용 치료 제3판〉을 발표했다.[43] 이 지침에서는 저밀도 지단백(LDLs) 수치를 낮추고, **고밀도 지단백**(HDLs, high-density lipoprotein)의 수치는 높이며, 중성지방의 분류 마지노선은 낮추는 것을 목표로 하고 있다. 표 19.5를 참조한다.

이 지침서는 또한 대부분의 질환을 치료하는 첫번째 방법으로 **치료적 생활양식 변화**(TLC, therapeutic liftsyle change)를 권장한다. TLC는 식단, 신체활동, 체중 감소를 포함한다, 약물치료는 위험도가 높은 사람이나 TLC가 잘 듣지 않는 사람들에게 필요할 수 있다. 퍼스널 트레이너는 효과적인 신체활동 프로그램을 설계하고, 고객의 주치의가 지질 수치 및 CVD의 위험 요소를 개선하고자 규정한 다른 필수적인 생활양식 변화를 촉진하기 위해 이러한 지침을 숙지해야 한다.

고지질혈증의 가능한 원인들

상당히 많은 연구에 의하면 높은 LDL 수치가 관상동맥 질환의 주원인으로 나타나고 있다.[43] 게다가 임상실험은 LDL 수치를 떨어뜨리는 치료가 관상심장병의 주원인을 줄인다는 증거를 제공한다. 따라서 ATP Ⅲ 지침서는 저밀도 지단백 수치의 증가가 콜레스테롤을 낮추는 치료에 가장 좋은 치료법이라고 제시한다.[43] 당뇨나 관상심장병이 없는 성인 대다수의 목표는 130mg/dl 미만인 반면, 당뇨와 선천심장병을 가진 성인은 100mg/dl 미만을 목표로 한다.

ATP Ⅲ 지침서는 또한 관상심장병의 강한 독립예측인자로 40mg/dl 미만의 낮은 HDL 수치를 지정하였다. 인슐린 저항성과 상관관계를 갖고 있는 낮은 HDL 수치의 원인은 높은 중성지방, 과체중 비만, 신체활동의 감소와 제2형 당뇨병을 포함한다. 다른 원인으로는 흡연, 탄수화물 과다섭취(특히 단당류), 특정 약물(예: 베타차단제, 아나볼릭 스테로이드, 프로제스테이션성 약물) 등이 있다. 낮은 HDL 수치를 증가시키기 위한 치료는 두 가지를 목표로 한다. 식사나 약물를 통해 LDL 수치를 낮추거나, 혹은 이 두 가지를 함께하는 것이다. 그리고 대사증후군을 가진 사람들의 경우에는 신체활동을 증가하고 체중을 감량한다(508쪽에 나타난 것처럼 관상동맥 질환과 당뇨병의 위험을 증가시키는 세 가지 이상의 요인을 가지고 있는 것으로 의사에 의해 진단되는 경우).[43]

높은 중성지방은 독립적인 선천심장병 위험인자로 나타났기 때문에 추가적인 우려사항이다.[43] 일반적인 사람들의 중성지방 수치를 정상 수준보다 더 높게 만드는 요인으로는 여러 가지 질병들(제2형 당뇨, 만성신부전, 특정 약물로 인한 신장염)과 유전적 질환뿐만 아니라 비만과 과체중, 부족한 신체활동, 흡연, 과음, 고탄수화물 식이 등이 주요 요인으로 꼽힌다(퍼스널 트레이너는 이러한 원인을 잘 알고 고객에게 TLC 프로그램 동안 추가적으로 술을 적게 마시거나 단 음식이나 탄수화물을 적게 먹거나, 금연하는 등의 잘못된 습관을 수정하도록 장려할 수 있다).

표 19.6은 나쁜 LDL, HDL 그리고 중성지방의 비정상적인 수치의 원인과 그에 따른 치료법을 보여주고 있다.

식단과 체중감량은 LDL 수치와 중성지방을 낮추는 데 중요한 역할을 하기에, 고지질혈증 환자들은 정기적으로 병원을 방문하는 것 외에도 공인된 영양사와 상담을 해야 한다. 영양사는 고객에게 영양학적 치료 방법인 의학영양 치료를 제공하고, 공인된 영양사에 의한 지침을 제공할 것이다. 혈액지질 질환을 위한 의학적 영양 치료는 고객의 현재 식습관을 평가하고 체중을 조절하는 것뿐만 아니라 LDL 수치와 중성지방 수치를 낮추는 식단을 짜기 위해 ATP Ⅲ 지침서를 사용하고, 이러한 식단을 유지할 수 있게 하는 행위적인 변화의 전략을 제공한다. 후속 교육은 식단 프로그램의 성공에 크게 기여한다.

퍼스널 트레이너는 TLC 프로그램을 구현하고 성공하는 데 있어서 효율적인 역할을 할 수 있다. 앞서 설명한 것처럼 다양한 측면에서의 접근은 식단, 신체활동

표 19.6 비정상적인 지질 수치의 원인과 치료 전략

지질	원인	치료 전략*
높은 LDL 수치	■ 복부 비만 ■ 좌식생활 ■ 과체중과 비만 ■ 아테롬성(Atherogenic) 식이** ■ 인슐린 저항성 ■ 당불내성 ■ 유전적 소인 ■ 유전적 장애 ■ 다른 질환(예: 갑상선 부전증, 폐색성 간질환, 만성신부전증) ■ 특정 약물(예: 프로게스틴, 아나볼릭 스테로이드, 코르티코스테로이드)	■ 체중감량 ■ 포화 지방과 콜레스테롤 섭취량 조절을 포함하는 TLC 식이 ■ 적절한 열량섭취 ■ 수용성 섬유의 섭취 증가(하루에 10~25g) ■ 신체활동 증가 ■ 약물치료 ■ 다른 위험 요인 조절(예: 흡연, 고혈압)
낮은 HDL 수치	■ 과체중과 비만 ■ 좌식생활 ■ 높은 중성지방 ■ 인슐린 저항성 ■ 제2형 당뇨 ■ 흡연 ■ 탄수화물 과다섭취(열량의 60% 초과) ■ 특정 약물(베타차단제, 아나볼릭 스테로이드, 프로게스테로성 제제)	■ 저밀도 지단백 콜레스테롤(LDL) 수치 조절 ■ 체중감량 ■ 신체활동 ■ 금연 ■ 열량과 탄수화물 섭취량 조절을 포함하는 TLC 식이 ■ 약물치료
중성지방	■ 과체중과 비만 ■ 좌식생활 ■ 흡연 ■ 탄수화물 과다섭취(열량의 60% 초과) ■ 인슐린 저항성 ■ 다른 질환(예: 제2형 당뇨, 만성신부전증, 신장염 등) ■ 특정 약물(코르티고스테로이드, 에스트로겐, 레틴노이드, 베타아드레날린차단제의 과다복용) ■ 유전적 장애	■ 저밀도 지단백 콜레스테롤(LDL) 수치 조절 ■ 신체활동 ■ 체중감량 ■ 열량과 탄수화물 섭취량 조절을 포함하는 TLC 식이 ■ 과음 제한 ■ 약물 치료 ■ 높은중성지방 수치(≥500mg/dl)를 위한 저지방 식이

*고객의 의사는 각 환자의 특성 상태와 그 심한 정도에 따라 치료법을 결정할 것이다.
**아테롬성 식이는 높은 지방, 높은 포화지방, 높은 콜레스테롤, 높은 지방산, 높은 칼로리, 적은 양의 과일이나 채소, 이것들의 복합체이다.
NH and NHLBI 2001(43).

의 증가, 체중감량으로 이루어진다. 퍼스널 트레이너는 HDL 수치를 상승시키며, 중성지방을 낮추고, 체중감량을 촉진하는 데 긍정적인 효과를 줄 수 있는 운동 프로그램을 촉진하는 역할을 한다. 공인된 영양사에 의한 후속 식이상담을 통해 의사가 처방한 TLC 식단을 고객이 준수하도록 동기부여 하는 데 도움이 되는 역할을 할 수 있다.

치료적 생활양식변화(TLC) 식이

높은 LDL 수치에 대해 TLC가 가장 강조하고 중요하게 여기는 것은 항동맥경화 식단(antiatherogenic diet)를 실시하는 것이다.[43] '항동맥경화 식단' 또는 TLC 식단은 신체활동과 체중감량과 함께 실시된다면 콜레스테롤을 낮추는 데 더 효과적이기 때문에 '건강한 심장을 만드는 식이'로 불린다.

TLC 식단의 핵심은 포화지방(총 열량의 7% 미만)과 콜레스테롤(하루에 200mg미만)의 섭취를 제한하는 것이다. 표 19.7은 식단의 전반적인 구성을 보여준다.

실질적으로 표 19.7의 권장사항은 지방섭취량과 포화지방을 줄이면서 콜레스테롤을 낮추고, 적절히 영양소를 섭취하며, 과일과 채소, 통곡물을 충분히 섭취하는 것이다.

표 19.7 TLC식단의 영양소 구성

영양소	권장량
포화지방*	총 열량의 7% 미만
고도불포화지방	총 열량의 10%까지
단일불포화지방	총 열량의 20%까지
총 지방	총 열량의 25~35%
탄수화물**	총 열량의 50~60%
섬유질	하루에 20~30g
단백질	총 열량의 약 15%
콜레스테롤	하루 200mg 미만
총 열량	적절한 체중을 유지하고 체중 증가를 예방하기 위해 에너지 소비량과 섭취량의 균형을 맞춰야 한다.***

*트랜스지방산은 또 다른 LDL 콜레스테롤 수치를 증가시키는 지방이므로 적게 섭취해야 한다.
**탄수화물은 곡물이나 과일 채소와 같은 복합탄수화물이 많은 음식을 우선으로 섭취해야 한다.
*** 일일 에너지 소비는 적어도 중등도 강도의 신체활동(하루에 약 200kcal 소비)을 포함해야 한다.
NIH and NHLBI 2001 (43).

TLC 신체활동: 고지질혈증을 가진 고객을 위한 운동 처방과 프로그램 설계

ATP Ⅲ 지침서에서 물리적으로 덜 움직이는 것은 관상심장병의 주요한 근본 위험인자로, 치료 대상 중 하나라고 하였다. 규칙적인 신체활동은 VLDL 수치를 감소시켜 결과적으로 중성지방을 감소하고 HDL을 증가시키며, 어떤 사람에게는 LDL 수치를 낮춤으로써 위험을 낮춘다.[41] 선천심장병의 또 다른 위험인자도 신체활동에 의해 감소되는데, 이 활동을 통해 혈압과 인슐린 저항성이 감소하고, 심혈관 기능이 향상하기 때문이다. 이러한 이유로 ATP Ⅲ 지침서는 규칙적인 운동이 혈청에 콜레스테롤이 쌓이는 것을 조절하는 중요한 요인이라고 하였다.[41,48]

한 번의 유산소 운동으로도 긍정적인 지단백 변화가 나타나지만, 목표하는 결과를 달성하고 유지하려면 그 이후에도 지속적인 운동이 필요한데 최소 1년 이상의 장기적이고 규칙적인 참여가 필요하다.[11,32] 게다가 이러한 규칙적인 운동이 48시간에서 72시간까지 그 효과를 지속시켜 인슐린 활동과 지질 수치가 호전되는 것으로 나타났기 때문에 프로그램은 일주일에 상대적으로 높은 빈도의 운동을 포함해야 한다. 지질 수치를 개선시키기 위한 목표 운동 지침은 표 19.8을 참고한다.

비록 그 증거가 결정적인 것은 아니지만, 저항 운동은 지질 수치, 당뇨병, 비만, 과체중과 같은 선천심장병의 다른 부수적 위험인자에 긍정적인 효과를 미칠 수 있다.[18,49] 저항 훈련 프로그램은 15장의 권장사항을 따른다. 이러한 이점에 비추어볼 때, 퍼스널 트레이너는 고객에게 유산소 운동, 저항 운동 그리고 유연성 훈련을 포함한 종합적인 운동 프로그램을 신중히 제공해야 한다.

표 19.8 고지혈증 고객을 위한 운동 처방

방법	빈도, 강도, 지속시간	지침과 유의사항
유산소 운동	▪ 주당 5일 이상, 열량 소비 최대화 ▪ 하루에 30~60분 ▪ 최종 목표 : 체중감량을 증진시키거나 유지하기 위해 하루에 50~60분 ▪ $\dot{V}O_2R$이나 HRR의 40~75%	▪ 비만인에게 운동 유형을 제한시킨다. ▪ 최선의 열량 소비를 위해 운동 초기에는 강도보다는 지속시간을 강조한다.

ACSM 2010.

TLC 체중감량

운동과 식단 프로그램을 포함한 체중감량은 LDLs 수치를 더 크게 낮추고 HDL 수치를 증가시키며, 총 콜레스테롤 수치를 낮출 수 있다.[47] 퍼스널 트레이너는 고객에게 체중감량이 고지질혈증에 얼마나 중요한지를 인지시켜야 한다. 안전한 체중감량에 대한 정보는 이 장의 앞부분에 포함되어 있다.

대사증후군

막코스(Magkos)와 그의 동료들은[39] **대사증후군(metabolic syndrome)**을 비만, 인슐린 저항성, 당불내성, 이상지질혈증, 고혈압과 같은 심혈관 위험 요소들과 비정상적인 대사로 인해 문제가 된 임상적인 특성으로 설명하였다. 대사증후군의 정확한 정의에 대해서는 여러 논쟁들이 있었다. 대부분 정의는 복부비만, 고중성지질혈증, 낮은 HDL 콜레스테롤, 고혈압, 높아진 공복시 혈당을 포함해왔다.[41] 이 증후군은 'X증후군(Syndrome X)' 혹은 '이상지질혈증성 고혈압', '인슐린저항증후'라고도 언급되었다. 대사증후군인 사람들은 당뇨병과 심혈관 질환으로의 발전 가능성이 높고, 심혈관 질환과 다른 복합 질환으로 인하여 사망률도 높아질 수 있다. 성인의 높은 콜레스테롤 검출, 평가 및 처리에 관한 전문가 집단의 세 번째 보고서(ATP III)는 최근에 이러한 증후군에 대해 합의된 정의를 내렸다. 즉 아래의 항목에서 세 가지 이상의 증상이 나타날 경우 대사증후군으로 규정한다.[26]

1. 복부비만: 남자 허리 둘레 102cm(40인치) 초과, 여자 허리 둘레 88cm(35인치) 초과
2. 고중성지방혈증: 150mg/dl(1.69mmol · L) 이상
3. 감소된 HDL 콜레스테롤 수치
   남자 40mg/dl(1.04mmol · L) 미만
   여자 50mg/dl(1.04mmol · L) 미만
4. 혈압의 증가: 130/85mmHg 이하
5. 공복시 혈당의 증가: 110mg/dl(6.1mml · L) 이하

대사증후군의 유병률은 미국 성인 인구의 약 27%이다.[38] 심혈관 질환의 사망률과 뇌졸중이 2~4배 증가된 것은 대사증후군과의 관련성 높다.[38] 이 증후군은 지난 몇십 년 이상 널리 유행했고, 비만, 제2형 당뇨병과 함께 증가세를 보인다.[7] 현재 이러한 질환들은 근본적으로 병리생리학의 메커니즘과 관련되어 있다고 여겨진다.[35] 인슐린 저항성으로 인한 비정상적인 혈당 조절이 대사증후군의 근본적인 원인으로 여겨진다. 인슐린은 인체의 세포가 혈액으로부터 포도당을 흡수하도록 자극하는 중요한 호르몬이다. 인슐린은 세포의 표면에 있는 특정 수용체와 결합하면서 이와 같은 기능을 수행한다. 대사증후군을 가진 사람들은 일반적으로 혈중 인슐린 수치가 높은 **고인슐린혈증**(hyperinsulinemia)을 갖고 있다. 인슐린 저항성 때문에 인슐린 수치가 높은 것으로 보이는데, 이는 세포가 인슐린에 적절하게 반응하지 않기 때문이다. 인슐린 수용체는 인슐린에 비해 더 적어지고, 둔감해지기 때문에, 인슐린이 세포에 결합하지 않고 혈중에 남게 되는 것이다. 반면에 수용체는 포도당이 세포 안으로 들어가는 것을 인슐린이 돕지 못해서 혈당 수치 또한 높아지게 된다.

대사증후군을 겪는 사람들은 종종 '사과형' 혹은 '남성형' 체형을 갖고 있는데, 이는 지방이 몸통과 복부에 축적되어 나타나는 것이다. 연구원들은 복부지방 세포가 다량의 중성지방을 혈류로 축적하는 것을 발견하였다. 이 지방을 흡수한 간이 VLDL 분자를 생산하여 중성지방을 인체의 세포로 운반한다. 중성지방을 잃으면, VLDL은 LDL로 전환된다. LDL 분자는 다량의 콜레스테롤을 운반하고 신체의 각 부위에 저장한다. 따라서 높은 LDL 수치는 죽상동맥경화증의 진행으로 인한 관상동맥 심장질환과 뇌졸중 위험성을 높인다. 중성지방의 증가는 혈당 조절 또한 방해하는 것으로 여겨진다. 이에 따라 인슐린 수치가 상승하면 결국 교감신경계의 조절을 자극하여 혈압이 높아진다. 이러한 현상의 조합이 대사증후군이라고 불리는 건강하지 못한 상태, 즉 높은 혈당 수치, 혈중 지질 수치의 상승, 고혈압 그리고 비만의 총체로 이어진다.

관상동맥 심장질환처럼 대사증후군은 의료적인 치료가 필요할 때까지는 느리게 발전하는데 심지어는 몇 년에 걸쳐 발달하기도 한다. 안타깝게도 비정상적인 포도당 수치, 혈압, 지방, 혈중 지질 수치가 높은 사람은 심장병과 뇌졸중에 걸릴 위험이 높다. 그러므로 복부비만이나 당뇨병의 가족력이 있다면 대사증후군 초기 증상에 특히 주의해야 한다.

대사증후군은 유전적 요소와 행동적 요소를 모두 갖고 있다. 가족력은 흡연, 신체활동의 부족, 음주, 나쁜 식습관, 스트레스와 더불어 이러한 위험을 증가시킨다. 식이요법과 신체활동의 증가를 통해 체중감량을 포함한 초기 대응은 이 증후군의 발달을 상당히 지연시키거나 예방할 수 있다.

운동은 이 질환을 구성하는 모든 요소에 영향을 주기 때문에 대사증후군 치료의 첫번째 치료법이다. 규칙적인 신체활동은 과다한 지방을 감소시키고, 인슐린에 대한 세포민감도를 향상시키며, 따라서 혈중 인슐린 수치와 혈당 수치를 낮춘다. 또한 혈압을 감소시키고, HDL 콜레스테롤 수치가 증가한다. 로스와 데스프레스는[51] 최근 주요 보건기구들이 대사증후군 관리를 위한 치료 전략으로 신체활동을 늘리는 것을 권장한다고 발표하였다. 퍼스널 트레이너는 대사증후군의 다양한 조건을 개선시키고자 하는 고객을 다루기 위해 의사나 영양사와 함께 노력해야 한다.[1,22,29,30]

식단 변화를 위한 체중 감소와 신체활동 증가와 같은 초기 대응은 대사증후군의 발달을 지연시키고 예방할 수 있다.

당뇨병

당뇨병은 과하게 높은(또는 조절할 수 없는) 혈당 수치가 특징인 대사 질환 중 하나이다. 당뇨병의 징후와 증세는 다음과 같다.

- 배뇨 빈도 증가
- 자주 목이 마름
- 식욕 증진
- 일반적 쇠약

당뇨병의 진단은 공복 혈당 수치가 126mg/dl 또는 그 이상일 때 혹은 75g의 포도당 섭취 후 2시간째 혈당 측정 결과 200mg/dl 또는 그 이상일 때, 혹은 식사시간과 무관하게 측정한 혈당이 200mg/dl을 넘을 때로 규정한다. 만성적으로 조절되지 않는 당뇨병은 눈, 신장, 신경, 심장, 혈관을 포함한 다양한 신체기관에 장기적인 손상을 입힌다. 당뇨병은 실명, 신부전증, 하지 절단의 주원인이다.

당뇨병의 유형

당뇨병은 크게 제1형과 제2형 그리고 임신형으로 나뉜다. **제1형 당뇨병**(Type 1 diabetes mellitus)은 인슐린 의존성 당뇨병(IDDM)으로, 자가면역의 과정에 의한 췌장 베타 세포와 연관되어 있으며, 대개 인슐린 결합을 파괴한다. 당뇨병 환자의 약 10%가 제1형에 속하고, 이들 중 대부분은 25세 이전에 발병한다. 그들이 계속 살아가기 위해선 체외에서 인위적으로 주사나 펌프를 통해 인슐린을 주입해야 한다. 제1형 당뇨병을 통제할 수 없거나 최근에 제1형 당뇨병으로 판정받은 사람은 당뇨성 케톤산성혈증이 나타날 수 있다. 당뇨성 케톤산성혈증은 극단적으로 떨어진 인슐린 수치로 인해 발생하는 케톤이 축적되어 발병하는 대사적 산성혈증이다. 초기 증세는 배뇨의 빈도 증가, 어지러움, 구토, 복부 통증 그리고 무기력해지는 것이다. 치료를 하지 않으면 혼수 상태에 빠질 수도 있다.

인슐린 비의존성 당뇨병(NIDDM)으로 알려진 **제2형 당뇨병**(Type 2 diabetes mellitus)은 말초조직에서의 인슐린 저항과 췌장 베타 세포의 부족한 인슐린 분비로 인해 나타난다. 이는 당뇨병의 가장 흔한 형태이고(전체 당뇨병의 약 90%), 가족력, 연령, 비만, 운동 부족과 밀접한 관련이 있다. 제2형 당뇨병의 치료는 식단조절, 체중 조절, 규칙적인 운동, 경구 혈당강하제의 사용 등이 있다.

임신성 당뇨병은 임신 전에 당뇨병을 진단받지 않았던 여성이 임신중 혈당 수치가 상승하고 다른 당뇨병 증

당뇨병 환자의 운동 금기사항

- 제1형 당뇨병 환자로 혈당 250mg/dl 이상이고 소변에서 케톤체가 검출되는 경우[7]
- 제1형 당뇨병 환자로 케톤체가 없어도 혈당 300mg/dl 이상인 경우
- 제2형 당뇨병 환자는 자신의 현재 상태를 잘 파악할 수 있고 수분 섭취를 충분히 한다면 운동에 참가해도 좋다.
- 증식성 망막증을 가진 환자는 격렬한 고강도 운동을 피해야 한다.
- 심각한 신장 질환
- 발에 감각이 떨어지는 환자들(말초신경 장애)은 야외에서 걷거나 뛰는 것을 피해야 한다. 이런 환자들에게는 수영이나 자전거 타기가 더 권장된다.
- 급성 질환, 전염병, 발열 증상이 있는 경우
- 의학적 증거는 없지만 잠재적으로 심혈관 질환이 나타날 때

세가 나타나는 경우이다. 임신성 당뇨병은 인슐린의 부족이 아닌, 인슐린 저항에 의한 것이다. 모든 당뇨병 증세는 출산 후에 사라지지만, 그후 산모는 제2형 당뇨병에 걸릴 위험이 높아진다.

미국의 모든 임신부 중 약 2~5% 정도가 임신성 당뇨병을 앓는다. 임신성 당뇨병의 치료법은 식이요법, 운동, 인슐린 주사 등이 있다.

당뇨병 환자의 운동 처방과 프로그램 설계

운동은 당뇨병 관리의 필수적인 요소이다. 두 형태의 당뇨병 모두, 운동은 인슐린 민감도를 향상시키고 포도당 사용을 증가시켜 혈당 수치를 감소시킨다. 게다가 규칙적인 신체활동은 고혈압, 이상지질혈증, 비만과 같은 심혈관 질환과 관련된 위험인자를 낮추어준다. 비록 운동이 당뇨병 환자에게 유익하다 할지라도, **저혈당**(hypoglycemia, 혈당 수치 65mg/dl 이하)과 같은 부작용이 나타날 수도 있다. 퍼스널 트레이너는 운동 프로그램을 설계하고 감독할 때 이러한 것들에 대해 잘 알고 있어야 한다.[17]

운동 프로그램을 시작하기 전, 당뇨병이 있는 고객은 그들의 포도당 조절 능력을 평가하고, 운동에 의해 악화될 수 있는 합병증을 검사하기 위해 의학적 평가를 받아야 한다. 또한 의료전문가가 실시하는 심장 스트레스 검사는 중강도의 운동에 참여하려는 당뇨병 환자나 심장병이 있는 사람들에게 추천된다. 이 검사의 대상은 제2형 당뇨병의 경우 10년 이상, 제1형 당뇨병의 경우 15년 이상 앓아온 35세 이상의 고객이며, 미세혈관 질환(망막 장애, 신장 장애 등)을 가진 사람들을 포함한다.[17]

장기적인 당뇨병으로 인해 장기에 손상을 입은 사람의 경우 주의해야 하며, 특정 운동을 자제해야 한다. 예를 들면 말초신경 장애가 있는 고객은 감각이 떨어지고 회복력이 떨어지기 때문에 궤양과 발에 감염의 위험이 증가한다. 따라서 이러한 경우는 걷기나 조깅보다 충격이 덜한 수영과 자전거 타기가 더 적합하다. 또한 발에 잘 맞고 편한 신발은 물집이나 기타 발 부상을 막는 데 효과적이다. 현기증이 나거나, 허약해지거나, 숨이 가빠질 때, 퍼스널 트레이너에게 심장 질환의 가능성과 의학적인 평가가 필요함을 알려야 한다. 당뇨병 환자의 운동 금기사항은 509쪽을 확인한다.

혈당 조절

당뇨병을 가진 사람들이 운동을 할 때 가장 주의해야 할 점은 저혈당(혈당 65mg/dl)이다. 이는 제2형 당뇨병 환자보다는 제1형 당뇨병 환자에게서 잘 나타난다. 다음은 운동중 저혈당 증상이 나타나는 요인이다.

저혈당

저혈당의 증상과 징후

- 발한
- 빈맥
- 현기증
- 경련
- 배고픔
- 불안
- 흐려진 시야
- 기절
- 두근거림
- 떨림
- 정신착란
- 혼수 상태
- 두통

저혈당 환자를 위한 처치

1. 119 신고 고려
2. 즉각적인 탄수화물 처치 필요
3. 혈당측정기로 혈당을 측정한다(가능하다면).
4. 만약 혈당 수치가 70mg 미만이거나 환자 스스로 당뇨병이 있다는 것을 알고, 저혈당 증상 혹은 징후라는 것을 인식한다면, 탄수화물 15g(아래 목록과 같은 용량)을 제공한다.
   - 글루코스 정제제 약 3~4개
   - 청량음료나 과일주스 반 컵
   - 짭짤한 크래커 약 6조각
   - 설탕이나 꿀 1테이블스푼
5. 15분 후 재측정했을 때 혈당 수치가 여전히 70mg/dl 미만이면, 탄수화물 15g을 다시 제공한다. 혈당 수치가 70mg/dl 이상으로 증가할 때까지 위 과정을 반복한다.

- 운동강도의 증가
- 운동시간의 증가
- 운동 전 불충분한 영양섭취
- 과도한 인슐린 투어
- 운동하고 있는 근육에 인슐린 주사
- 추운 환경

운동으로 인해 유발되는 저혈당의 메커니즘은 운동이 체외에서 투입한 인슐린의 흡수를 강화하고, 근육의 포도당 사용을 증가시켜 혈중 포도당 이동을 악화시킨다는 사실과 관련이 있다. 저혈당 증상은 집중력 저하, 떨거나 땀을 흘리고, 심장 박동이 빨라지며, 의식을 잃는 것이다. 저혈당의 증상과 징후는 아래 박스를 확인한다. 당뇨병 환자에게 운동을 지도하는 퍼스널 트레이너는 저혈당 증세와 징후를 잘 알고 있어야 하며, 저혈당 환자들이 자기 자신을 조절하지 못하는 경우 포도당이나 과당 음식과 음료로 그들을 관리할 수 있어야 한다. 510쪽에 권고된 저혈당에 대한 대응 방법을 참조한다. 당뇨병 환자들은 항상 저혈당 반응에 대비해서 사람들의 눈에 잘 띄도록 의료적 경고 식별 팔찌를 차고 있어야 한다.[24]

휴대용 혈당측정기를 사용한 혈당 측정은 운동 처방에 있어 필수적인 부분이다. 고객들은 운동 전후에 그리고 장기간 운동시에 30분마다 자신의 혈당 수치를 모니터해야 한다. 미국당뇨병협회에 따르면, 제1형 당뇨병을 앓고 있는 경우 포도당 수치가 300mg/dl를 넘거나 250mg/dl를 넘으면서 요케톤이 있는 경우 운동을 해서는 안 된다.[7] 미국스포츠의학회는 제2형 당뇨병 환자는 요케톤 없이 혈당 수치가 300mg/dl을 넘는 경우 조심해야 하지만, 환자 스스로 현재 상태를 잘 느낄 수 있고 수분 섭취를 충분히 한다면 운동에 참여할 수 있다고 권고하였다.[6]

만약 이와 같은 수준에서 운동을 한다면 저혈당 현상을 악화시키고, 케톤증과 산성증을 촉진시킬 수 있다. 반면에 운동 전 혈당 수치가 100mg/dl 아래라면 운동중 혹은 운동 후에 저혈당에 걸릴 위험이 있다. 따라서 이들은 운동 전에 탄수화물 간식을 섭취해야 한다.

적절한 때 식사하는 것뿐 아니라, 인슐린이나 경구 혈당약 같은 약물복용량을 조절하는 것은 신체활동중에 혈당 수치를 조절하는 중요한 요인이다. 운동은 약 식사 1~2시간 후, 혹은 저혈당 치료 과정이 그 최고치에 달하지 않은 시간대에 하는 것이 바람직하다. 운동 후에는 운동 시간과 강도에 따라 탄수화물을 재보충해야 한다. 고객의 주치의가 고객의 인슐린 사용에 대해 지시할 것이다. 이것은 일반적으로 영양사와 함께 이루어지는데, 운동중 저혈당 증상을 피하기 위함이다. 퍼스널 트레이너는 어떠한 경우에도 고객에게 인슐린의 사용이나 식사시간에 대해 조언해서는 안 된다. 고객이 정기적으로 혈당을 조절하기 어려울 경우 의사에게 보내 치료를 받도록 해야 한다.

마지막으로 당뇨병을 가진 고객은 운동에 대한 자신만의 대사적 반응이 있다. 안전하고 즐거운 운동을 촉진하기 위한 각자의 개별 계획을 개발할 때, 현명한 자기관리와 정기적인 혈당 수치 모니터링을 대신하는 일반적인 지침은 자기 스스로의 관찰을 넘어설 수 없을 것이다. 유산소 운동과 저항 운동에 대한 지침은 표 19.9에 제시되어 있다.

표 19.9 당뇨병 환자를 위한 운동 처방

방법	강도/빈도/지속시간	지침/유의사항
유산소 운동	■ 주당 3~7일 ■ 하루에 20~60분(주당 150분) ■ 최종 목표 : 주당 300분 ■ $\dot{V}O_2R$이나 HRR의 50~60% (6~20스케일이 RPE에서 12~16과 일치한다)	■ 운동 전 간식이 필요할 수 있다. ■ 운동 전후로 혈당을 측정한다. ■ 5~10분의 준비 운동과 정리 운동을 포함한다. ■ 심박수에 영향을 미치는 약물을 섭취하는 환자는 RPE로 강도를 측정한다.
저항 훈련	■ 주당 격일로 2 또는 3회 ■ 2 또는 3세트, 세트당 8~12회(1RM의 60~80%) ■ 모두 주요 근육들을 위한 8~10가지이 복합관절 운동, 한 세션에 전신을 다 운동하거나 세션마다 근육군을 나눠서 실시	■ 자신의 체중을 이용한 운동으로 시작해서 점진적으로 프리웨이트나 저항 장비를 이용한다. ■ 당뇨병을 잘 관리하고 있는 고객은 스트렝스 훈련의 강도를 증가시킬 수 있다(예: 부하 증가, 반복횟수 감소).
유연성 훈련	■ 주당 2~3회* 이상 ■ 근육군당 4회 이상	

*15~60초 동안 정적스트레칭
ACSM 2010(2).

유산소 운동

당뇨병 환자를 위한 운동 처방은 주당 3~7회의 빈도로 하루에 20~60분의 $\dot{V}O_2R$ 혹은 HRR의 50~80% 강도로 하는 유산소 운동을 포함하여야 한다.[2,3] $\dot{V}O_2R$은 최대산소섭취량과 안정시 산소섭취량의 차이이다.[2,3] 체력이 약한 사람은 적어도 체력이 향상될 때까지는 저강도에서 더 오랜 시간 운동할 수 있다. 운동은 저강도의 준비 운동과 근육 스트레칭으로 시작해서 정리 운동으로 끝나야 한다. 이러한 활동은 휴식과 운동 사이의 심혈관 기능의 전이를 쉽게 하고, 근육과 관절의 상해를 예방한다. 발두치와 동료들은[9] 최근에 제2형 당뇨병 환자들에게 규칙적인 유산소 운동이 주는 영향에 대해 보고했다. 그들은 규칙적인 유산소 운동으로 혈당 조절, 지질단백질과 지질 조절, 체중 조절과 인슐린 민감도를 개선시킬 수 있으며, 또한 고강도 운동이 중저강도 운동보다 더 많은 이점이 있다고 발표하였다. 고객은 탈진이 아닌 자의적인 피로를 느낄 때까지 운동하도록 지도받아야 한다.

저항 훈련

저항 훈련은 주당 2~3일, 주요 근육군을 이용한 8~10가지의 운동을 적어도 한 세트씩 포함시키도록 권장한다. 각 세트는 약 8~12회 반복하고, 12회 이상 반복이 가능한 경우 부하를 증가시킨다. 50세 이상의 당뇨병 환자나 고혈압과 같은 다른 질환을 앓고 있는 고객의 경우, 낮은 무게로 더 많은 횟수를 반복(12~15회)한다.[2,48] 발두치와 그의 동료들은[9] 규칙적으로 저항 훈련 프로그램에 참여하는 것은 규칙적인 유산소 운동을 시행했을 때와 마찬가지로 혈당 조절 능력 향상, 인슐린 민감도 증가, 제지방 증가 그리고 전반적인 기능을 향상하는 이점을 제공한다고 발표하였다. 게다가 유산소 운동과 저항 훈련 프로그램을 함께 실시했을 경우 한 가지만 실시했을 때보다 혈당 수치 조절을 개선하는 데 더 큰 이점을 제공할 수 있다고 발표하였다.

결론

퍼스널 트레이너는 비만, 섭식장애, 고지질혈증 당뇨병 환자들이 건강한 식단과 잘 설계된 운동 프로그램을 통해 체력과 건강의 목표를 달성하도록 돕는 데 중요한 역할을 한다. 퍼스널 트레이너는 고객의 성공을 위해 고객의 주치의, 영양사와 함께 일하는 것을 적극적으로 고려해야 한다. 이를 통해 퍼스널 트레이너는 고객의 건강관리팀의 한 일원으로서 중요한 역할을 할 수 있을 것이다.

연구 문제

1. 환산된 신체질량 지수(BMI)에 근거하여, 신장 175cm, 체중 90kg, 허리 둘레 104cm인 남성의 질병 위험은 다음 중 어디에 속하는가?

   A. 없음
   B. 증가됨
   C. 높음
   D. 매우 높음

2. 다음 중 과체중인 사람에게 적용할 수 있는 식단 조절에 대한 바른 설명이 아닌 것은?

   A. 첫 6개월 동안 체중감량의 목표를 체중의 10%로 정한다.
   B. 열량과 지방 섭취를 줄이기 위해 음식 선택을 바꾼다.
   C. 주당 0.45~0.9kg의 체중 감소를 목표로 한다.
   D. 하루에 1,200kcal를 섭취하는 계획을 세운다.

3. 다음 중 바람직하지 않은 혈중 지질 수치는?

   Ⅰ. 총 콜레스테롤 250mg/dl
   Ⅱ. 중성지방 200mg/dl
   Ⅲ. LDLs 100mg/dl
   Ⅳ. HDLs 50mg/dl

   A. Ⅰ, Ⅳ　　B. Ⅰ, Ⅱ
   C. Ⅱ, Ⅲ　　D. Ⅲ, Ⅳ

4. 다음 중 제1형 당뇨병과 제2형 당뇨병의 차이를 설명한 것은?

   A. 제1형 당뇨병 환자만이 임신성 당뇨병을 가질 수 있다.
   B. 제1형 당뇨병 환자가 더 많다.
   C. 제2형 당뇨병 환자는 인슐린을 생산할 수 있다.
   D. 제2형 당뇨병 환자만이 체외로 인슐린을 투여할 수 있다.

응용 지식 문제

비만인 고객을 위해 식이요법, 운동 프로그램 지침, 생활방식 변화에 도움을 주는 방법을 설명하시오.

참고문헌

1. Alberti, K.G., P. Zimmet, and J. Shaw. 2006. Metabolic syndrome—a new world-wide definition. A consensus statement from the international diabetes federation. *Diabetic Medicine* 23: 469-480.
2. American College of Sports Medicine. 2010. *ACSM's Guidelines for Exercise Testing and Prescription*. 8th ed. Philadelphia: Lippincott Williams & Wilkin.
3. American College of Sports Medicine. 2010. *ACSM's Resource Manual for Guidelines for Exercise Testing and Prescription*. 8th ed. Philadelphia: Lippincott Williams & Wilkins.
4. American College of Sports Medicine. 2007. Position stand: The female athlete triad. *Medicine and Science in Sports and Exercise* 39 (10): 1867-1882.
5. American College of Sports Medicine. 2009. Position stand: Appropriate physical activity intervention strategies for weight loss and prevention of weight regain for adults. *Medicine and Science in Sports and Exercise* 41 (2): 459-471.
6. American College of Sports Medicine and American Diabetics Association. 2010. Position stand: Exercise and type 2 diabetes. *Medicine and Science in Sports and Exercise* 42 (12): 2282-2303.
7. American Diabetes Association. 2002. Position statement: Diabetes mellitus and exercise. *Diabetes Care* 25 (Suppl 1): S64.
8. American Psychiatric Association. 1994. *Diagnostic and Statistical Manual of Mental Disorders (DSMV IV)*, 4th ed. Washington, DC: APA.
9. Balducci, S., S. Zanuso, F. Fernando, S. Falluccaa, F. Fallucca, and G. Pugliese. 2009. Physical activity/exercise training in type 2 diabetes. The role of the Italian diabetes and exercise study. *Diabetes Metabolism Research and Reviews* 25: S29-S33.
10. Baker, C., and K.D. Brownwell. 2000. Physical activity and maintenance of weight loss: Physiological and psychological mechanisms. In: *Physical Activity and Obesity*, C. Bouchard, ed. Champaign, IL: Human Kinetics. pp. 311-328.
11. Berg, A., I. Frey, M.W. Baumstark, H. Halle, and J. Keul. 1994. Physical activity and lipoprotein lipid disorders. *Sports Medicine* 17 (1): 6-21.
12. Blair, S.N., J.B. Kampert, H.W. Kohl, C.E. Barlow, C.A. Macera, R.S. Paffenbarger, and L.W. Gibbons. 1996. Influences of cardiorespiratory fitness and other precursors on cardiovascular disease and all-cause mortality in men and women. *Journal of the American Medical Association* 276 (3): 205-210.
13. Blair, S., and M.Z. Nichaman. 2002. The public health problem of increasing prevalence rates of obesity and what should be done about it. *Mayo Clinic Proceedings* 77: 109-113.
14. Bouchard, C. 2000. Introduction. In: *Physical Activity and Obesity*, C. Bouchard, ed. Champaign, IL: Human Kinetics. pp. 3-19.
15. Brownbill, R.A., and J.Z. Ilich. 2005. Measuring body composition in overweight individuals by dual energy x-ray absorptiometry. *BMC Medical Imaging* 5: 1.
16. Caballero, B. 2004. Obesity prevention in children: Opportunities and challenges. *International Journal of Obesity and Related Metabolic Disorders* 28 (3S): S90-95.
17. Colberg, S.R., and D.P. Swain. 2000. Exercise and diabetic control. *Physician and Sportsmedicine* 28 (4): 63-81.
18. Conley, M.S., and R. Rozenek. 2001. National Strength and Conditioning Association position statement: Health aspects of resistance exercise and training. *Strength and Conditioning Journal* 23 (6): 9-23.
19. Delva, J., L.D. Johnston, and P.M. O'Malley. 2007. The epidemiology of overweight and related lifestyle behaviors: Racial/ethnic and socioeconomic status differences among American youth. *American Journal of Preventative Medicine* 33 (4S): S178-S186.
20. De Pietro, L., J. Dziura, C.W. Yeckel, and P.D. Neufer. 2006. Exercise and improved insulin sensitivity in older women: Evidence of the enduring benefits of higher intensity training. *Journal of Applied Physiology* 100: 142-149.
21. Despres, J.P., and B. Lamarche. 2000. Physical activity and the metabolic complications of obesity. In: *Physical Activity and Obesity*, C. Bouchard, ed. Champaign, IL: Human Kinetics. pp. 329-354.
22. Despres, J.P., I. Lemieux, and D. Prud'homme. 2001. Treatment of obesity: Need to focus on high risk abdominally obese patients. *British Medical Journal* 322: 716-720.
23. Dietz, W.H. Jr., and S.L. Gortmaker. 1995. Do we fatten our children at the television set? Obesity and television viewing in children and adolescents. *Pediatrics* 75: 807-812.
24. Drazin, M.B. 2002. Type 1 diabetes and sports participation. *Physician and Sportsmedicine* 28 (12): 49-66.
25. Eickhoff-Shemek, J. 2002. Scope of practice. *ACSM's Health and Fitness Journal* 6 (5): 28-31.
26. Ford, E.S., W.H. Giles, and W.H. Dietz. 2002. Prevalence of the metabolic syndrome among US adults: Findings from the Third National Health and Nutrition Examination Survey. *Journal of the American Medical Association* 287: 356-359.
27. Gately, P.J., D. Radley, C.B. Cooke, S. Carroll, B. Oldroyd, J.G. Truscott, W.A. Coward, and A. Wright. 2003. Comparison of body composition methods in overweight and obese children. *Journal of Applied Physiology* 95: 2039-2046.
28. Goldberg, L., D.L. Elliott, R.W. Schutz, and F.E. Kloster. 1984. Changes in lipid and lipoprotein levels after weight training. *Journal of the American Medical Association* 252: 504-506.
29. Grundy, S.M., H.B. Brewer Jr., J.I. Cleeman, S.C. Smith Jr., and C. Lenfant. 2004. Definition of metabolic syndrome: Report of the National Heart, Lung, and Blood Institute/American Heart Association conference on scientific issues related to definition. *Circulation* 109: 433-438.
30. Grundy, S.M., B. Hansen, S.C. Smith Jr., J.I. Cleeman, and R.A. Kahn. 2004. Clinical management of metabolic syndrome: Report of the American Heart Association/National Heart, Lung, and Blood Institute/American Diabetes Association conference on scientific issues related to management. *Circulation* 109: 551-556.
31. Hancox, R.J., and R. Poulton. 2006. Watching television is associated with childhood obesity: But is it clinically important? *International Journal of Obesity* 30: 171-175.

32. Hurley, B.F., J.M. Hagberg, A.P. Goldberg, et al. 2005. Resistive training can reduce coronary risk factors without altering VO2max or percent body fat. *Medicine and Science in Sports and Exercise* 20 (2): 150-154.

33. Ibanez, J., M. Izquierdo, I. Arguelles, et al. 2005. Twiceweekly progressive resistance training decreases abdominal fat and improves insulin sensitivity in older men with type 2 diabetes. *Diabetes Care* 28: 662-667.

34. Kelley, G. 1997. Dynamic resistance exercise and resting blood pressure in adults: A meta-analysis. *Journal of Applied Physiology* 82 (5): 1559-1565.

35. Klem, M.L., R.R. Wing, M.T. McGuire, H.M. Seagle, and J.O. Hill. 1997. A descriptive study of individuals successful at long-term maintenance of substantial weight loss. *American Journal of Clinical Nutrition* 66: 239-246.

36. Kokkinos, P.F., and B. Fernhall. 1999. Physical activity and high density lipoprotein cholesterol levels. *Sports Medicine* 28: 307-314.

37. Koplan J.P., C.T. Liverman, and V.I. Kraak. 2005. Preventing childhood obesity: Health in the balance: Executive summary. *Journal of the American Dietetic Association* 105 (1): 131-138.

38. Lavie, C.J., R.V. Milani, S.M. Artham, D.A. Patel, and H.O. Ventura. 2009. The obesity paradox, weight loss, and coronary disease. *American Journal of Medicine* 122 (12): 1106-1114.

39. Magkos, F., M. Yannakoulia, J.L. Chan, and C.S. Mantzoros. 2009. Management of the metabolic syndrome and type 2 diabetes through lifestyle modification. *Annual Review of Nutrition* 29: 223-256.

40. Magrann, S., and S. Radford Keagy. 2001. *Weight Control and Eating Disorders*. Eureka, CA: Nutrition Dimension.

41. National Institutes of Health and National Heart, Lung, and Blood Institute. 1998. *Clinical Guidelines on the Identification, Evaluation, and Treatment of Overweight and Obesity in Adults*. NIH Pub. No. 98-4083. www.nhlbi.nih.gov/guidelines/obesity/ob_gdlns.pdf. Accessed January 13, 2003.

42. National Institutes of Health and National Heart, Lung, and Blood Institute. 2000. *The Practical Guide: Identification, Evaluation, and Treatment of Overweight and Obesity in Adults*. NIH Pub. No. 00-4084. www.nhlbi.nih.gov/guidelines/obesity/prctgd_c.pdf. Accessed November 21, 2002.

43. National Institutes of Health and National Heart, Lung, and Blood Institute. 2001. *Third Report of the National Cholesterol Education Program (NCEP) Expert Panel on Detection, Evaluation, and Treatment of High Blood Cholesterol in Adults (Adult Treatment Panel III) Executive Summary*. NIH Pub. No. 01-3670. www.nhlbi.nih.gov/guidelines/cholesterol/atp3xsum.pdf. Accessed November 21, 2002.

44. National Task Force on the Prevention and Treatment of Obesity, National Institutes of Health. 1993. Very lowcalorie diets. *Journal of the American Medical Association* 270: 967-974.

45. Norris, R., D. Carroll, and R. Cochrane. 1990. The effect of aerobic and anaerobic training on fitness, blood pressure, and psychological stress and well-being. *Journal of Psychosomatic Research* 34: 367-375.

46. Ogden, C.L., M.D. Carroll, M.A. McDowell, and M.K. Flegal. 2007. Obesity among adults in the United States--no statistically significant change since 2003-2004. *NCHS Data Brief* (1): 1-8.

47. Otis, C., and R. Goldingay. 2000. *The Athletic Woman's Survival Guide*. Champaign, IL: Human Kinetics.

48. Pate, R.R., M. Pratt, S.N. Blair, W.L. Haskell, C.A. Macera, C. Bouchard, D. Buchner, W. Ettinger, G.W. Heath, and A.C. King. 1995. Physical activity and public health: A recommendation from the Centers for Disease Control and Prevention and the American College of Sports Medicine. *Journal of the American Medical Association* 273: 402-407.

49. Pollock, M.L., B.A. Franklin, G.J. Balady, B.L. Chaitman, J.L. Fleg, B. Fletcher, M. Limacher, I. Pi-a, R.A. Stein, M. Williams, and T. Bazzarre. 2000. AHA Science Advisory. Resistance exercise in individuals with and without cardiovascular disease: Benefits, rationale, safety, and prescription. *Circulation* 101 (7): 828-833.

50. Proctor, M.H., L.L. Moore, D. Gao, et al. 2003. Television viewing and change in body fat from preschool to early adolescents: The Framingham Children's Study. *International Journal of Obesity and Related Metabolic Disorders* 27: 827-833.

51. Pronk, N.P., and R.R. Wing. 1994. Physical activity and long-term maintenance of weight loss. *Obesity Research* 2: 587-599.

52. Ross, R., and F.P. Despres. 2009. Abdominal obesity, insulin resistance, and the metabolic syndrome: Contribution of physical activity/exercise. Obesity 17: S1-S2.

53. Steffen, L.M., , S. Dai, J.E. Fulton, and D.R. Labarthe. 2009. Overweight in children and adolescents associated with TV viewing and parental weight. *American Journal of Preventative Medicine* 37: S50-S55.

54. Storlie, J., and H.A. Jordan, eds. 1984. *Behavioral Management of Obesity*. Champaign, IL: Human Kinetics.

55. U.S. Department of Health and Human Services. 1996. Historical background, terminology, evolution of recommendations, and measurement, Appendix B, NIH consensus conference statement. In: *Physical Activity and Health: A Report of the Surgeon General*. Atlanta: U.S. Department of Health and Human Services, Centers for Disease Control and Prevention, National Center for Chronic Disease Prevention and Health Promotion. p. 47.

56. U.S. Department of Health and Human Services. 2007. *Overweight and Obesity: At a Glance: The Surgeon General's Call to Action to Prevent and Decrease Overweight and Obesity*. Washington, DC: U.S. Department of Health and Human Services, Office of Surgeon General.

57. U.S. Department of Health and Human Services. 2007. *Overweight and Obesity: Health Consequences: The Surgeon General's Call to Action to Prevent and Decrease Overweight and Obesity*. Washington, DC: U.S. Department of Health and Human Services, Office of Surgeon General.

58. Vanderwater, E.A., and X. Haung. 2006. Parental weight status as a moderator of the relationship between television viewing and childhood overweight. *Archives of Pediatrics and Adolescent Medicine* 160: 622-627.

59. Vega, C.L. 1991. Taking small steps . . . to big changes. *IDEA Today* 2: 20-22.

60. Vega, C.L. 2001. Nutrition. In *Aquatic Fitness Instructor Fitness Manual*. Nokomis, FL: Aquatic Exercise Association.

61. Wadden, T.A., G.D. Forester, and K.A. Letizia. 1994. Oneyear behavioral treatment of obesity: Comparison of moderate and severe caloric restriction and the effects of weight maintenance therapy. *Journal of Consulting and Clinical Psychology* 621: 165-171.

62. World Health Organization. 1998. *Obesity: Preventing and Managing the Global Epidemic*. Report of a WHO Consultation on Obesity. Geneva: WHO.

63. Yen, C.F., R.C. Hsiao, C.H. Ko, J.Y. Yen, C.F. Huang, S.C. Liu, and S.Y. Wang. 2010. The relationships between body mass index and television viewing, internet use and cellular phone use: The moderating effects of socio-demographic characteristics and exercise. *International Journal of Eating Disorders* 43 (6): 565-571.

20

심혈관 및 호흡기 문제를 가진 고객

Moh H. Malek, PhD

학습 목표

- 고혈압, 심근경색, 뇌혈관 사고, 말초혈관 질환, 천식, 운동 유발성 천식의 병태생리와 위험인자에 대해 이해한다.
- 다양한 질환들의 질병단계 및 어떻게 운동이 고객의 삶의 질을 강화시킬 수 있을지 이해한다.
- 언제 의료전문가에게 고객을 보내는 것이 적절한지를 안다.

심혈관계 질환과 호흡기계 질환은 전통적인 의료인 뿐만 아니라 퍼스널 트레이너에게도 문제가 된다. 심혈관계와 뇌혈관계 질환과 관련된 미국 내 사망이 줄어들고 있지만, 만성 폐쇄성폐질환(COPD)을 포함한 폐 질환과 사망은 증가 추세에 있다(그림 20.1 참조).[33] 고혈압은 심혈관계 질환의 가장 큰 위험인자이며, 심근경색(심장마비)과 뇌혈관 사고(뇌졸중)와 함께 퍼스널 트레이너가 맞닥뜨리는 가장 흔한 심혈관계 질환이다. 이런 흔한 상황에 대한 정보를 제공하는 것뿐만 아니라, 이 장은 말초혈관 질환을 가지고 있는 고객들의 훈련에 관한 정보를 포함하고 있다. 예를 들면 그런 고객들은 저강도 유산소 컨디셔닝 훈련으로 큰 이득을 볼 수 있다.

일반적으로 호흡기계 질환을 다루는 것은 이 장의 논점에서 벗어난다. 이 장에서는 퍼스널 트레이닝 고객들에게서 가장 흔하게 나타나는 천식과 운동 유발성 천식에 대해서 다룬다. 만성 폐 질환 환자의 재활과 훈련 프로그램은 퍼스널 트레이너보다 고도의 교육을 받은 호흡기계 재활 전문가의 감독이 필요하다.

호흡기 질환 환자를 올바르게 이끌고, 교육하고 훈련하기 위해서 퍼스널 트레이너는 질환의 병태생리를 이해하여야 하며, 훈련중에 나타나는 혈액순환 장애나 호흡곤란의 초기 징후를 파악할 수 있어야 한다. 이는 고객에 대해 세심하게 신경을 쓴다면, 퍼스널 트레이너가 고객의 삶의 질에 긍정적인 영향을 줄 수 있나는 의미이다. 추가적으로 퍼스널 트레이너는 의료진을 리더로 하는 팀의 일원으로서 운동 처방에 접근을 하는 것이 중요하다. 의료적인 문제나 질환을 가지고 있는 고객은 누구나 의료진에게서 승인을 받아야 한다. 물론 참여하는 모든 구성원은 드물게 발생할 수 있는 문제에 대해서 최대한의 법적인 보호를 위해 면책조항문서에 서명해야 한다(25장 참조).

건강 검사와 위험도 계층 분류

건강 검사(health screening) 과정은 체력 평가나 훈련 처방을 시작하기 전에 우선되어야 하는 요소이다. 더욱이 의학적인 문제를 가지고 있는 고객을 훈련하기 전에, 의료진의 허가가 있어야 한다. 9장에서 다룬 것처

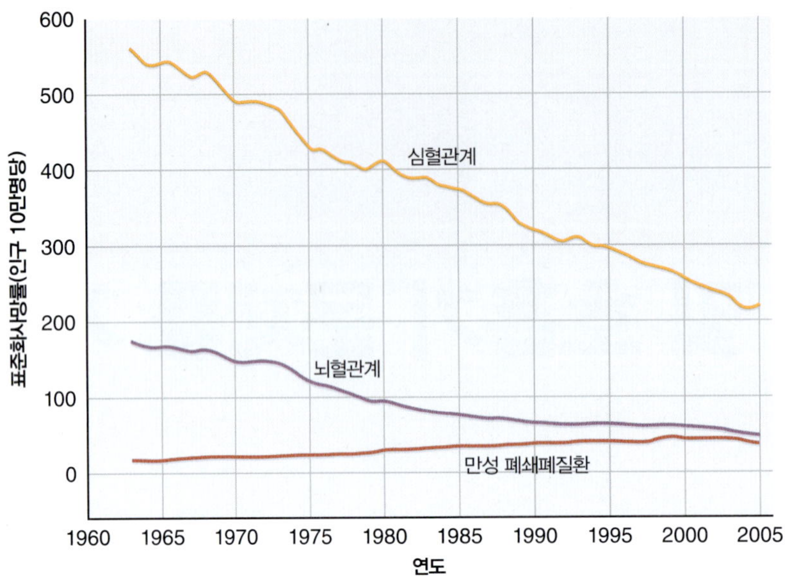

그림 20.1 심혈관 질환, 뇌혈관 질환, 만성 폐쇄성폐질환(COPD)때문에 발생하는 표준화사망률(Age-adjusted death rate)

럼 고객은 운동 전 건강설문지(PAR-Q, Physical Activity Readiness Questionnaire)를 작성해야 하고, 구체적인 건강기록을 작성 완료해야 한다. 건강력 설문에 기초하여 고객은 저위험(low), 보통위험(moderate), 고위험(high)군으로 분류된다. 임상 환자들을 훈련시키려는 트레이너는 그 질환의 기전에 대한 교육과 그 질환과 관련된 흔한 징후와 증상에 관련된 추가적인 훈련을 꼭 받아야 한다. 예를 들면 암환자를 관리하는 퍼스널 트레이너는 다양한 종류의 치료(예: 항암 화학요법이나 방사선 치료)가 심혈관계, 호흡계, 근골격계 기능에 미치는 부작용에 대해서 깊이 이해하고 있어야 한다. 이 장은 심혈관계 질환이나 호흡기계 질환을 가지고 있는 고객들에 초점을 맞출 것이다.

고혈압

고혈압은 노인들뿐만 아니라 젊은 사람에게도 있는 질환이다.[26,27,28] 수축기 혈압 140mmHg 이상이나 이완기 혈압 90mmHg 이상, 혹은 둘 모두에 해당하는 경우로 정의되는 이 질환은 6세 이상의 5천만 명이 넘는 미국인들이 가지고 있다.[2] 고혈압은 특발성 질환이다. 특발성 질환이라 함은 알려진 병인(이유) 없이 일어난다는 뜻이다. 이것이 고혈압이 '조용한 살인자(silent killer)'라고 간주되는 이유이다. 방에 10명이 있다고 할 때, 그 어떤 사람도, 심지어 의사조차도, 누가 고혈압이 있는지 없는지를 골라낼 수 없다. 고혈압 환자의 90%가 특발성이다. 나머지 치료 가능한 10%는 이차적인 이유, 즉 다른 질환에 의해서 발생한다.

이차적인 원인에는 갑상선항진증, 갈색세포종, 고코르티솔혈증, 고알도스테론혈증, 신장 동맥 협착이 속한다. 이 질환들 각각은 하부 분류를 가지고 있지만, 이 글의 논점에서 벗어난다. 그러나 두 가지 중요한 점이 있다. ① 35세 이하에서 고혈압을 가지고 있는 사람은 의사에게 위 진단들 중에 속하지 않는지 적극적으로 평가되어야 하며, ② 고혈압을 가지고 있는 것으로 보이는 고객은 의사에게 의뢰되어 추가적인 평가와 치료를 받아야 한다는 것이다. 고혈압을 진단받는 35세 이하의 환자들은 이차적인 원인에 의한 발병률이 매우 큰 것으로 알려져 있다.

혈압이 높은 사람은 심장마비, 뇌졸중, 혹은 둘 다 생길 위험성이 높다. (오랜 기간 동안) 미약하게 상승되어 있는 혈압도 신장 질환과 전신적인 혈관 질환을 발생시킬 수 있다. 사람들은 자신의 느낌에 근거해서 얼마나 자신의 혈압이 높은지 알 수 없다. 만약 정말 어떤 사람이 본인의 혈압이 높은 것을 인식할 수 있다면, 흉통, 시야혼탁, 신경학적 결손 혹은 이들 중 조합이 동반되는 고혈압 위기(hypertensive crisis) 상황일 가능성이 높다.

혈압 위험도 분류는 표 20.1에 나와 있다. 이 병기

표 20.1 성인 혈압의 분류와 조절*

혈압 분류	SBP* mmHg	DBP* mmHg	생활습관 개선	초기 약물치료 적극적 적응증이 없는 경우	적극적 적응증이 있는 경우**
정상	<120	and <80	권장	항고혈압 제재의 적응증이 되지 않음	적극적 적응증에 대한 약물‡
고혈압 전단계	120~139	또는 80~89	적용		
1기 고혈압	140~159	or 90~99	적용	대개 Thiazide 계열 이뇨제, ACEI, ARB, BB, CCB나 혼합 처방을 고려할 수 있음	적극적 적응증에 대한 약물‡ 필요한 다른 항고혈압 제재(이뇨제, ACEI, ARB, BB, CCB)
2기 고혈압	≥160	or ≥100	적용	대개 두 종류 약물을 혼합(대개 Thiazide 계열 이뇨제와 함께 ACEI, ARB, BB, CCB)	

SBP: 수축기 혈압, DBP: 이완기 혈압
약물 약어: ACEI-앤지오텐신전환효소억제제, ARB-앤지오텐신수용체차단제, BB-베타차단제, CCB-칼슘채널차단제
* 가장 높은 혈압의 범주에 따라 치료
** 적극적 적응증은 심부전, 심근경색 후, 높은 관상동맥 질환 위험도, 당뇨병, 만성 신장 질환, 반복되는 뇌졸중 예방 중인 경우
† 초기 혼합약물치료는 기립성 저혈압의 위험에 주의해야 한다.
‡ 만성 신장 질환이나, 당뇨병을 가지고 있는 환자는 130/80mmHg를 목표로 혈압을 조절한다.

(stages)는 정상(normal), 고혈압전단계(prehypertension), 1기와 2기 고혈압으로 분류한다. 이 분류는 주요 위험인자(예: 흡연, 이상지질혈증, 당뇨병, 60세 이상의 연령, 남자, 폐경기 여성, 가족력)와 표적기관손상(TOD, target organ damage), 임상적 심혈관계 질환(CCD, clinical cardiovascular disease)의 존재 여부를 기반으로 하고 있다. 1기 이상으로 판독되는 환자는 운동 계획을 시작하기 전에 의료진에게 혈압을 치료받고, 운동에 대한 허가를 받아야 한다.[4,6]

표적기관 손상에는 심장, 뇌, 신장, 말초혈관, 망막의 질환이 있다. 표적기관 심장 손상에는 고혈압을 치료하지 않거나, 부적절하게 치료되어 생기는 좌심실 두꺼워짐이나 비대증의 경우, 운동중 흉통이나 협심증이 온 적이 있는 경우, 심장마비를 겪은 경우, 재관류수술(reperfusion surgery, 예를 들어 관상동맥우회수술, 스텐트나 풍선 혈관성형술)을 받은 경우, 전반적인 심장 기능 이상(심부전증)의 경우가 있다. 뇌졸중과 말초혈관 질환은 관상동맥의 병태생리에서 유사하다. 신장 질환은 사구체 기능이상을 일으키고, 신장이 혈액을 청소하는 기능을 떨어뜨리며, 신장으로 오가는 혈류에 영향을 주고, 이런 이상은 고혈압을 발생시킬 수 있다. 망막 질환은 높은 혈압으로 인한 출혈로 발생하며, 시야에 영향을 주고, 시력 상실의 위험도 있다.

정상범위 내에서 높은 것(high normal)으로 판정받은 환자는(주요 위험인자나 TOD나 CCD에 속하지 않는 경우) 생활습관 개선으로 치료한다. 고혈압 전단계(당뇨를 제외한 1개 이상의 주요 위험인자, TOD나 CCD에 속하지 않는 경우)도 같은 방법으로 치료한다. TOD/CCD 혹은 당뇨 혹은 둘 다 가지는 1기와 2기는 다른 위험인자의 유무에 상관없이 치료와 허가를 위한 의료인의 개입이 필요하다.

> 1기 이상의 판정(≥140/≥90)을 받은 고객은 의료진이 고혈압을 조절하고 운동에 대해서 허가하기 전까지 훈련을 시작해서는 안 된다.

고혈압 관리

고혈압을 가진 고객의 생활습관 개선은 비약물적인 치료를 포함하며, 적절한 운동, 체중감량, 식이조절 등이 있다. 전반적인 생활습관 조절에는 적절한 양의 수면, 1티스푼(~2300mg) 정도까지 나트륨(sodium) 섭취 감량, 적절한 칼륨(potassium) 섭취, 필요한 경우의 체중감량, 음주 제한, 일주일에 4일 이상 30~45분의 유산소 활동, 포화지방과 콜레스테롤 감소 식이, 금연이 속한다.

DASH 식이요법은 혈압을 낮추는 데 있어 매우 평판이 좋다. 이 식이는 포화지방, 콜레스테롤, 총지방 섭취량을 줄이도록 한다. 더 많은 과일과, 채소, 저지방 유제품, 더 많은 통곡물류 제품과, 어류, 가금류와 견과류를 섭취하도록 강조하며, 붉은 육류, 당류, 설탕 포함 음료 제품을 줄일 것을 강조한다. 마그네슘과 칼륨, 칼슘, 단백질, 섬유질은 더 섭취하도록 강조한다.

고혈압을 가진 고객은 한 개 이상의 다양한 종류의 약물을 섭취할 것이다. 약물의 분류에는 **베타차단제**(beta blocker), **칼슘통로차단제**(calcium channel blocker), 엔

지오텐신전환효소억제제(ACE, angiotensin converting enzyme inhibitors), 엔지오텐신수용체차단제(ARBs, angiotensin receptor blockers), 이뇨제, **알파차단제(alpha blocker)**가 속한다. 모두 혈압을 낮춰준다는 사실 외에 이 약물들의 구체적 작용 기점은 이 장의 논점에서 벗어난다. 이뇨제는 체액 용적 상실(volume depletion, 수분과 염분의 소실로 체액의 용적 감소)을 일으킨다. 하지만 트레이너가 고객의 수분 섭취를 제한하거나, 전해질 음료을 이용하는 것을 걱정하지 말아야 한다. 알파, 베타, 그리고 칼슘 통로 차단제는 혈관을 확장시키며, 혈액을 저류(blood pooling)시킬 가능성이 있다. 엔지오텐신전환효소억제제와 ARBs는 신장의 혈관 구조물에 작용한다. 이 약들은 혈액의 저류를 일으킬 수 있으며, 그런 경우에 특히 트레드밀 보행, 조깅, 서킷 웨이트 트레이닝 후에 더 긴 쿨다운주기(period for cool-down)가 필요하다. 추가적으로 베타차단제는 심박수를 느리게 할 뿐만 아니라, 운동에 대한 정상반응보다 심박수의 상승을 막는다. 이런 현상은 심박수를 강도 측정의 지표로 사용하기 어렵게 하며, 대신 운동자각도를 사용하게 한다.

고혈압을 가진 고객의 안전을 위해 고려할 사항

고객들에게 좋으며, 퍼스널 트레이너에게도 기쁜 이야기는 고혈압을 관리하면 운동하는 데 제한이 적다는 것이다. 간단한 주의사항만 지킨다면 어떤 방식을 적용해도 된다. 운동은 신체에 수많은 이점을 가져다주지만, 고혈압을 가진 고객에게는 특히 유익하다. 장기간의 운동 이후에 휴식기 혈압이 유의하게 감소한다는 많은 연구 결과들이 있다. 한 메타분석을 통한 문헌연구보고서는 장기간의 저항과 유산소 운동으로 인한 수축기와 이완기 혈압의 감소를 각각 4.5/3.8mmHg와 4.7/3.1mmHg로 추정한다.[7,9,12,13,14,15,16,17,18] 지금부터 생겨나는 질문들은 다음과 같다.

1. 원하는 반응을 얻기 위해서 고객을 어느 수준의 강도로 맞출 것인가?
2. 금기되는 운동은 없는가?
3. 어떤 운동을 고객에게 시킬 것인가?

고혈압을 세심히 관리한다면 운동을 하는 데 제한이 적다.

강도

최대산소섭취량의 40%에서 50%의 강도로 훈련한 사람들은 운동에 대한 긍정적인 적응 현상이 나타난다. 다시 말해 휴식기 혈압을 낮출 수 있다고 보여지므로,[5,25] 퍼스널 트레이너는 고객의 위험을 증가시키지 않고, 적응이 일어날 수 있도록 계획을 설계해야 한다. 연구에 따르면 저강도의 운동이 보통강도의 훈련보다 효과적으로 휴식기 혈압과 스트레스에 대한 혈압의 반응을 줄이는 것으로 보인다.

운동에 대한 의학적 허가를 받았지만 퍼스털 트레이너가 판단하기에 격렬한 운동 프로그램을 시작할 '체력 상태'가 아닌 고객의 경우 이 점은 매우 중요하다. 퍼스널 트레이너는 그런 고객에게 지나치게 생리적인 부담감을 주거나 심장과 신경학적인 급성 문제를 일으키지 않고, 저강도의 훈련을 시작함으로써 안정감을 얻을 수 있다.

금기사항

흉곽 내 압력을 높임으로써 심장으로 가는 혈류를 줄이고, 그에 상응하여 심박출량을 줄이는 운동은 어느 형태의 운동이라도 금기가 된다. 지속적인 발살바호흡법(1~2초 이상 지속되는 경우)이 특히 이 경우에 해당된다. 퍼스널 트레이너는 고객이 기술적으로 올바르게 수행하고 있는지뿐만 아니라 적절하게 호흡을 하고 있는지를 확인해야 한다(추가적인 호흡에 대한 지침을 위해서는 13장 참조).

안전한 운동

고혈압을 관리하는 고객은 다양한 훈련에 참여할 수 있다. 프리웨이트, 웨이트 머신, 체중부하 운동, 탄력밴드 운동, 유산소 운동(걷기, 조깅, 수영), 서킷 웨이트 트레이닝뿐만 아니라 모든 운동이 가능하다.[3] 만약 고혈압을 가진 고객이 다른 문제가 같이 있다면 운동은 변경되거나 제한될 수 있다. 동반될 수 있는 질환은 다음과 같다.

1. 근골격계 문제 혹은 질환: 퇴행성 관절염, 류머티스성 질환
2. 신경학적인 문제: 뇌졸중, 중증근무력증, 근육위축
3. 혈관 질환: 관상동맥 질환, 심장 문제, 동맥류

고혈압 고객을 위한 운동 가이드라인

만약 혈압이 1기 이상이라면 세션을 취소하고, 고객에게 의사와 상의하도록 조언하는 것이 중요하다. 만약 고객

이 **정상혈압**(normotensive)이라면 세션을 다시 계획하고, 다음 운동 수업 전에 앞에서 이야기한 것을 다시 확인한다.

유산소 운동

유산소 프로그램의 목표는 $\dot{V}O_2max$와 호흡역치(ventilator threshold, 숨이 가빠지는 것이 느껴지기 직전까지의 시간을 증가시킨다)를 증가시키는 데 있다.[29] 게다가 고객은 최대일부하량과 지구력 수준 또한 향상될 것이다. 칼로리 소모가 커지고, (필요하다면) 더 큰 체중 감소 효과를 볼 수 있다. 덧붙이자면, 저강도에서 보통강도의 훈련은 혈압을 낮춰주는 것으로 보인다.[21] 운동강도는 $\dot{V}O_2max$의 40~50%에서 시작하며, 궁극적으로 50~85%를 얻도록 권고된다.[2] 운동자각도(RPE)는 8~10(6~20척도 기준)으로 시작하여 11~13을 목표로 한다. 각각의 세션은 15~30분 동안 지속하도록 하며, 궁극적으로 30에서 60분을 목표로 한다. 빈도는 일주일에 3~7일로 한다. 매주 칼로리 소비는 700~2000Kcal로 한다. 이 목표를 4~6개월의 기간 동안 성취하도록 한다. 그러나 모든 프로그램은 개인에 맞추어 조절되어야 한다.

저항 훈련

프로그램의 나머지 부분으로 저항 운동을 들 수 있다.[19] 일관성을 유지하기 위해 고객은 세트당 16~20회의 반복 수행으로 시작한다. 이것은 1RM(1회 최대수행량)의 50~60% 수행하는 것이며, 유산소 운동과 같은 지침 내에서 행한다.[2]

휴식 간격은 2~3분 혹은 더 길게 시작하며, 세트 사이에 고객이 충분히 휴식할 수 있도록 해야 한다. 이것은 운동에서 생리학적인 보상 작용을 가능할 수 있게 하고, 특히 고혈압 조절을 위해 처방받은 약물사용 가능성 때문에 더 필요하다.[20] 한 운동당 1세트로 시작하여, 최대 3세트까지 할 수 있다. 운동 형태로는 초기에 큰 근육, 다관절 동작을 선택하는 것이 안전하다.

고혈압이 있는 환자들의 목표

- $\dot{V}O_2max$와 호흡역치를 증가시킨다.
- 최대 운동량과 지구력을 증가시킨다.
- 칼로리 소모를 증가시킨다.
- 혈압을 조절한다.
- 근지구력을 증가시킨다.

시간이 경과하면(4~6개월) 반복횟수를 8~12회로 감소시킬 수 있다. 운동빈도는 주마다 2~3회로 하며, 수업당 30~60분으로 한다.

심근경색, 뇌졸중, 말초혈관 질환

심근경색(MI), 뇌졸중, 말초혈관 질환(PVD)은 고객의 생리적인 그리고 심리적인 면에 심각한 영향을 준다.[23,24] 생리적으로는 가지고 있는 질환으로 인해 실제 결핍이나 결점이 몸에 존재하는 것이다. 생리적인 영향 이외에도 고객이 의식적으로 알고 있든지 아니든지 간에 심리적인 문제점들이 존재한다. 이런 문제점은 다양한 형태로 나타나며, 운동에 대한 공포(예: 또 다른 응급사고가 일어날 것을 두려워하는 것)에서부터 겁없음(fearlessness)까지의 다양한 스팩트럼이 있다. 이런 고객들과 일할 때는 '내가 보여줄게. 난 이걸 해낼 수 있어. 난 장벽을 뚫고 갈 거야'라는 태도는 주의해야 한다. 그러므로 퍼스널 트레이너는 능동적으로 고객에게 귀 기울여야 하며, 비언어적인 신호나 암시를 통해서 전달되는 메시지에 주의해야 한다.

병태생리

세 질환은 근본적으로 병태생리가 같다. 왜냐하면 이 질환들은 몸의 다양한 위치 즉 심장이나 뇌, 일반 혈관 계통에서 발생한 혈관 폐쇄성 질환의 마지막 결과에 해당되기 때문이다.[11] 죽상반(artheromatous plaque, 지질-콜레스테롤로 이루어짐)이 혈관 내강 안에 형성되며, 국소 염증이 죽상반 주변에 일어나고, 불안정성이 생긴다. 시간이 경과하면, 콜라겐 덮개가 생겨서 해당 부위를 안정시키며, 그 다음에 평활근세포(정상적인 혈관의 내부층을 이룸)가 덮게 된다. 시간의 경과에 따라 결과는 매우 달라진다.

만약 콜라겐 덮개와 평활근이 안정화 지점까지 자란다면, 혈관의 내경은 매우 감소한다. 이 변화는 혈류를 느리게 하며 와류가 생기게 하고, 순환을 정체시키며, 혈전을 발생시켜 혈관 내강을 막거나, 깨져 흘러들어가 더 먼 부위를 막아버릴 위험이 있다. 콜라겐 덮개가 아직 약하고 불안정할 때는 파열될 수 있고 모든 내부 성분이 하류로 흘러가 급성 폐쇄성 질환을 일으킬 수 있다. '성숙된' 콜라겐 덮개는 앞서 문단에서 표현된 것과 같이 파열되기 어렵고, 더 안정적이어서 임계점에 도달하는 것을 막는다. 항트롬빈 III의 항상성 기전이 이 보호 역할을 한다. 콜라겐 덮개 파열은 덮개 내 내용물이 원위부로 흘러가면, 갑작스러운 급성심근경색이나 뇌혈관 사고를 일으킬 수 있으므로 훨씬 위험하다. 안정화된 콜라겐 덮개는 전형적으로 말초혈관 문제와 연관이 있으며, **협심증**(angina)과 같이 관상동맥에서도 나타난다.

위험인자

위험인자에는 고혈압, 고콜레스테롤혈증, 당뇨, 흡연, 비만, 가족력이 있다. 높은 혈압은 전신 혈관 저항(systemic vascular resistance)을 증가시키며, 심실 수축을 위해서 좌심실 내부의 심장 내 압력을 증가시킨다. 심장이 수축할 동안 심장과 연결되는 심장 혈관이 눌리게 된다. 압력이 특정 역치를 넘어서게 되면, 심장 내부 구조물로 가는 혈류를 감소시키고, 결과적으로 흉통이 일어난다. 물론 고콜레스테롤과 덮개(cap) 형성에 의하여 파열이 일어날 수 있으며 같은 최종 결과가 나타난다. 이것도 관상동맥에서 일어날 수 있다.

당뇨병은 혈관 질환의 과정을 가속화시키며, 심장마비의 병태생리에 독립적인 영향을 준다. 니코틴(흡연)은 전신혈관저항, 즉 혈압을 증가시키며, 앞에 이야기한 것과 유사한 효과를 낸다. 비만인 사람들은 지방세포에 공급하기 위한 더 많은 혈관이 필요하다. 이런 점은 심장의 일부하를 증가시키며, 심장 펌핑 동작의 순환효율성에 영향을 미친다. 이 경우 시간이 지나면서 다양한 종류의 심근병과 심부전을 일으킨다. 일촌(부모나 자손) 중 한 사람이 남성 55세, 여성 65세 미만에 심장 질환을 진단 받은 가족력이 있다면 위험도가 증가한다.

심근경색

심근경색이 일어날 때, 심장 근육은 잠재적으로 죽는다. 의료전문가는 손상받은 조직의 일부를 살리려고 노력하거나, 전체 과정을 뒤집으려고 시도한다. 그러나 퍼스널 트레이너는 심장마비가 있었고, 심장재활을 거쳤으며, 의료진으로부터 퇴원하여 운동 프로그램을 계속하려는 고객과 일하게 될 것이다. 따라서 퍼스널 트레이너는 고객의 최근 검사 결과를 얻을 수 있는 기회가 있다. 운동부하 검사의 결과, 심초음파의 결과, 심장전문의로부터 받은 허가 문서나, 권고사항들이 이에 해당한다.

이 보고서들은 퍼스널 트레이너에게 어디까지 의사가 마무리했고, 어디부터 퍼스널 트레이너가 시작을 해야 할지 등의 필요한 정보를 준다(예: 다른 변수들 중에 운동강도). 부하검사(stress test)는 최대산소섭취량을 알려주고, 이것으로 운동강도를 결정할 수 있도록 한다. 또한 관상동맥 질환 고객 중 활동시 흉통이 없는 집단을 파악하는 것이 중요하다. 이 부류에 속한 사람들은 관상동맥 경련, 급성심장발작, 심장 박동이 갑자기 멈추는 지점까지 운동을 해서, 돌연사할 위험이 있는 사람들이다. 다시 말해 부하검사는 개인이 이 집단에 속하는지 알려줄 수 있다. 퍼스널 트레이너는 이런 고객들을 훈련하지 말아야 한다. 이런 고객들은 의학적으로 감시할 수 있는 시설에서 운동해야 한다.

> 퍼스널 트레이너는 관련된 흉통이 없는 심근경색이 있었거나, 관상동맥 질환을 가진 고객을 훈련시켜서는 안 된다. 그런 고객들은 운동하는 동한 의학적인 감시가 필요하다.

심근경색 후 고객을 위한 운동 지침

심근경색 후 고객은 그들의 심장전문의나 심장외과의, 혹은 둘 다에게 승인을 받기 전까지는 훈련해서는 안 된다.[1] 그런 점에 있어서 의료전문가는 같이 일할 퍼스널 트레이너에게 강도와 훈련 범위에 대해 알려주어야 한다. 의료전문가는 MET나 $\dot{V}O_2max$에 대해 알려주어 프로그램을 설계하는 데 기초로 사용할 수 있게 해야 한다. 프로그램은 다시 의사에게 보내져 승인받거나, 최소한 고객의 의료기록에 첨부되어야 한다.

가장 중요한 것은 트레이너가 비정상적인 징후와 증상에 대해서 인식하고 감시하는 것이다. 그런 징후와 증상 중에는 흉통, 심계항진, 호흡곤란, 발한, 구역감, 목 통증, 팔 통증(왼쪽이나 오른쪽), 등의 통증, 죽을 것 같은 느낌이 있다.

한 가지 주의할 점은 심근경색을 겪은 많은 고객이 당뇨나 말초혈관 질환 같은 동반된 질환이 있다는 것이다. 말초혈관 질환은 나중에 이 장에서 이야기하며, 당뇨병 고객을 위한 프로그래밍은 19장에서 이야기한다.

심근경색을 겪은 고객을 위한 목표

- 유산소 능력의 증대
- 혈압의 감소
- 관상동맥 질환의 위험도 감소
- 레저, 직업, 일상생활에서 능력 증대
- 근력과 근지구력의 향상

심근경색 후 고객의 운동 프로그램의 요소

의학적 허가를 받은 이후에는, $\dot{V}O_2max$와 혈압감소, 추가적인 관상동맥 질환에 의한 사고 위험을 줄이는 것을 목표로 한다. 유산소 운동을 위한 훈련 강도는 대개 $\dot{V}O_2max$의 40%나 운동자각도(RPE) 9~10(6~20 척도 기준)의 수준에서 시작한다. 수업시간은 15~40분 사이로 유지하며, 일주일에 3~4회로 한다. 웜업과 쿨다운을 위한 시간은 추가적으로 내야 한다. 목표는 추가적인 사고를 방지하면서 심장근육을 강화하는 것이기 때문에, 목표달성을 위해 정해진 시간은 없다. 심장전문의가 경과관찰을 위해 시행하는 부하검사를 통해 운동 종결 지점에 대한 정보를 알 수 있다.

많은 심근경색을 겪은 환자들은 일상생활의 간단한 활동에도 공포를 가지기 때문에, 특정한 작업을 할 수 있다는 자신감을 형성하는 것을 목표로 한다. 예를 들면 우유곽을 들거나, 오렌지주스를 따르거나, 핸드백을 들거나, 쇼핑카트를 미는 일들이다.

저항 운동을 수행함으로써, 고객들은 본인의 근력 능력에 대해 즉각적인 피드백을 받을 수 있다. 이런 점은 실제 근력의 증가라기보다는 심리적인 격려 작용에 가깝다. 프로그램은 세트당 20회 반복, 1~3세트, 주당 2~3일로 시작한다. 퍼스널 트레이너와 의료진은 현실적인 목표에 대해서 의견을 나누어야 하고, 고객은 발살바호흡을 절대 하지 말도록 지도받아야 한다.

심근경색 병력이 있는 고객은 발살바호흡을 절대 수행해서는 안 된다.

뇌혈관 사고

뇌졸중이나 뇌혈관 사고(Cerebrovascular accident)를 겪은 고객은 질병의 혈관폐쇄 질환의 특성 이외에 고려할 점들이 더 있다. 이런 환자들은 흔히 신경학적인 결손을 가지고 있으며, 의료전문가의 관찰 아래 다루어지는 것이 제일 좋다. 하지만 신경학적인 결손이 없고, 의료진이 비감시환경 아래 운동을 해도 좋다고 했다면, 퍼스널 트레이너는 여기에서 이야기하는 프로그램 설계 지침에 따라 환자가 향상점을 얻는 데 도움을 줄 수 있다.

뇌혈관 사고 후 고객들을 위한 운동지침

뇌혈관 사고 후 고객들은 많은 어려움에 직면하며, 모든 것은 뇌의 어느 부분이 영향을 받았는지에 따라 달라진다. 상당한 수의 사람들이 뇌혈관 사고 이후에, 주로 팔이나 다리, 얼굴, 입 등의 운동 기능을 상실하여 일상생활에 어려움을 느낀다. 또 다른 사람들은 듣거나, 말하거나, 주변 공간을 인지하는 데 어려움을 가지거나 심지어 자신의 몸 한쪽을 인지하지 못하기도 한다. 여기서 논의할 고객들은 좌측 뇌혈관 사고를 겪고, 오른쪽 팔이나 다리 혹은 둘 다에 운동 능력 결손이 있는 환자들로 한정한다.

적절하게 시작한 운동 프로그램이 뇌혈관 사고를 겪었던 사람들의 생활을 크게 향상시켜줄 것임은 의심할 여지가 없다. 하지만 뇌혈관 사고 후 재활을 마치고 운동 프로그램을 시작해야 한다. 따라서 퍼스널 트레이너는 재활 팀과 긴밀히 상의하여 재활 후 훈련 방향과 목표를 정해야 한다.

운동은 뇌졸중을 겪었던 환자들의 삶을 크게 향상시킬 수 있다. 퍼스널 트레이너는 신경학적인 결손이 없는 뇌혈관 사고 후 환자들이나 의료진이 비감시 하에 운동을 하도록 허락한 환자들을 훈련할 수 있다.

뇌졸중 사고 이후 고객의 운동 프로그램 구성요소

뇌졸중 후 고객들의 유산소 컨디셔닝을 위해서는 체력측정장치(에르고미터, ergometers. 역자주-주로 실내자전거를 가리키며 로잉머신 등의 실내 운동기구를 포함하기도 함)가 필요하다. 트레드밀을 이용할 수 있는 심근경색 후 고객들의 환경과 대조된다. 팔다리 기능에 문제점이 있는 경우 근력뿐만 아니라 균형감에도 문제가 있다. 뇌졸중 후 고객들은 급격히 체력이 감소되기 때문에, 운동강도는 최고 $\dot{V}O_2$(peak $\dot{V}O_2$)의 30%에서 시작한다. 흥미롭게도 이것이 뇌혈관 사고 이후 환자들의 $\dot{V}O_2max$가 정해져 있지 않은 이유이다. 환자들은 $\dot{V}O_2max$를 측정하지 못할 정도로 체력이 저하되어 있어서 최고 $\dot{V}O_2$라는 용어를 사용하게 된다. 뇌졸중 환자는 최종적으로는 최고 $\dot{V}O_2$의 40~70%로 운동을 할 수 있다. 한편으로는 어떤 활동이라도 고객의 운동 능력을 향상시킬 수 있다. 수업시산은 개인에 따라 달라지지만, 5분에서 60분으로 할 수 있으며, 빈도는 주당 최소 3회로 하는 것이 보통이다.

저항 운동은 전반적인 행복감의 향상에도 도움을 주고, 질환에 영향받은 사지의 휴면하는 통로를 사용하게 함으로써 새로운 신경학적 경로를 발달시키는 데 도움이 된다. 게다가 정상 사지의 저항 훈련은 손상된 사지에 교차효과를 줄 수 있다. 중량을 결정할 때 1RM을 측정할

뇌혈관 사고(뇌졸중) 후 고객을 위한 목표

- 일상생활 활동을 증가시킨다.
- 관련된 사지와 관련되지 않은 사지의 힘을 증가시킨다.
- 손상받은 쪽의 가동범위를 증가시킨다.
- 관절의 구축을 막는다.

수 없으므로 천천히 신중하게 시작 부하량을 평가하는 것은 퍼스널 트레이너의 책임이다. 그렇다 하더라도, 최종적으로 일주일에 2~3일, 세트당 8~12회 반복하는 세 세트를 수행하는 것을 독려해야 한다. 이 집단에서 유연성 훈련을 하는 목적은 명확하다. 유연성 훈련은 건강한 사지에서는 가동성을 유지하는 데 도움을 주며, 손실된 사지의 가동범위를 증가시킬 가능성이 있다. 뇌졸중 후 환자들은 관절의 움직임 부족으로 인해서 관절이 구축되는 것이 매우 흔하다. 이는 관절이 얼어 있는 것으로 생각할 수 있다. 시간이 지나면, 골파괴세포(osteoclast)와 골생성세포(osteoblast)가 리모델링 작용을 하여 관절이 석회화된다. 초기 관절범위 훈련은 이런 문제점을 예방할 수 있다. 가동범위 운동은 각 훈련 수업의 전후(최소한 5분 정도)에 시행하며, 훈련하지 않는 날에도 한다.

협응력과 균형 훈련이 프로그램에 추가될 수 있다. 한 다리로 서 있기나, 손가락에 코를 짚는 동작이나, 움직이는 물체에 손가락을 대는 동작들이 예제이다. 진정으로 개별화된 프로그램을 설계하기 위해서 퍼스널 트레이너가 창의력을 발휘해야 한다.

말초혈관 질환

말초혈관 질환을 가진 고객을 훈련시키는 것은 매우 어렵다. 그러나 이 집단에 속한 고객들은 그들의 능력에 매우 인상적인 향상을 만들 잠재력이 있다. 기본적으로 말초혈관 질환을 가진 사람은 보행할 때 통증이 있다. 전형적인 사람들은 종아리의 타는 듯한 통증 때문에, 2~5분 이상 멈추어 쉬지 않고 걸을 수 없다. 목표는 활동 거리를 증가시켜 삶의 질을 향상시키고, 가능하다면 수술적인 처치가 필요한 상황을 피하는 것이다. 말초혈관 증상의 상세한 내용을 위해서는 표 20.2를 참조하라.

말초혈관 질환의 약물사용에 대해 고려할 점은 고혈압이 있는 사람들과 같다. 추가로 주목할 만한 점은 의료진이 질산염 즉 니트로글리세린을 흉통을 위해 처방한 경우이다. 니트로글리세린 알약이나 스프레이는 혀 밑에 넣어 사용한다. 만약 약물이 작용한다면 쓴맛이 날 수 있고, 뒤이어 두통이 있을 수 있다. 만약 고객이 심장 문제를 시사하는 증상(예: 흉통, 통증, 호흡곤란 등)을 경험한다면 즉시 운동을 멈추고 앉히거나 눕히고, 니트로글리세린을 사용하고, 그동안 누군가는 응급서비스(미국에서는 보통 911)에 연락해야 한다. 도와줄 사람이 있다면 전화를 걸게 하거나 환자와 같이 있도록 하고 그렇지 않다면 퍼스널 트레이너가 응급처치 이전에 전화를 걸어야 한다.

말초혈관 질환을 가지고 있는 환자를 위한 운동지침

말초혈관 질환의 병태생리는 신체 전체에 나타나므로, 퍼스널 트레이너는 말초혈관 질환을 가진 고객은 심장 문제를 일으킬 수 있다는 것을 알아야 한다. 그러므로 말초혈관 질환을 지닌 고객은 훈련 프로그램에 참여하기 전에 운동부하 검사를 통해 심장 문제에 대해 확인을 해야 한다. 같은 이유로 심장과 뇌졸중 문제를 가지고 있는 환자는 고지혈증 관리를 포함하여 적극적인 생활습관 개

표 20.2 말초혈관 질환의 분류

Fontaine 척도			Rutherford 척도	
단계	설명	Grade	카테고리	설명
I	무증상	0	0	무증상
IIa	보행시 약한 통증	I	1	보행시 약한 통증
IIb	보행시 보통에서 심한 통증	I	2	보행시 중등도 통증
		I	3	보행시 심한 통증
III	휴식할 때도 통증	II	4	휴식할 때도 통증
IV	조직 손실	III	5	약간의 조직 손실
		IV	6	중등도에서 심한 정도의 조직 손실

말초혈관 질환을 가진 고객들의 목표

- 통증 반응을 호전시킨다. 더 긴 시간 동안 활동 가능하게 한다.
- 관상동맥 질환의 위험도를 줄인다.
- 걸음걸이를 개선한다.
- 일상생활 활동을 증진시킨다.
- 수행잠재력(work potential)을 증진시킨다.
- 삶의 질을 개선한다.

선을 해야 한다.

일반적으로 환자들이 운동을 시작할 때, 운동하는 근육의 산소요구량이 증가한다. 따라서 환자들의 통증 지수가 증가할 수 있지만, 통증을 감내하는 수준에 따라서 환자 각각의 반응도 달라질 수 있음을 알아야 한다. 그렇다 하더라도 건강 피트니스 지도자는 환자 의료진의 요구에 맞추어 일해야 한다.

말초혈관 질환을 가진 고객의 운동 프로그램 구성요소

고객에게 유산소 컨디셔닝이 필요한 이유는 간단하다. 더 먼 거리를 통증 없이 걷기 위해서이다. 파행(claudication)이나 걸을 때 발생하는 종아리 통증은 가장 영향을 주는 인자이다. 통증은 정상적인 생활을 방해한다. 고객은 약간 아프다고 하지 않고, 심하게 아프다고 말할 것이다. 고객은 통증을 이겨내고 걸을 수 없다. 오히려 멈춰서고, 앉아서 휴식을 취할 것이다. 어떤 사람들은 1분만 걸어도 멈추어서 쉬어야 한다. 그러므로 프로그램 설계는 단순해진다. 아플 때까지 걷고 멈춘 다음 그것을 계속해서 반복한다. 걷는 시간은 10~30분이 되어야 하고, 목표는 한 번에 길게 연속적으로 활동할 수 있을 때까지 걷는 시간을 늘리고, 휴식시간을 줄인다.

저항 훈련의 반복횟수 범위, 세트수, 휴식 주기에 대해서는 고혈압 고객과 같은 권고사항을 적용한다.

협심증을 가진 고객에 대한 논의는 이 장에서는 생략한다. 왜냐하면 이런 집단을 일반적인 헬스클럽이나 홈짐 환경에서 일하는 퍼스널 트레이너가 다루는 것은 너무 위험하다고 생각되기 때문이다. 이런 고객들의 훈련은 응급보조지원체계가 갖추어져 있는 의료시설에서 적절하게 훈련된 사람의 감독 하에 시행되어야 한다.

만성 폐쇄성폐질환

'만성 폐쇄성폐질환(COPD, chronic obstructive disease)'이라는 용어는 폐 질환이 점진적으로 악화되어, 완전히 되돌릴 수 없을 때 사용한다.[8] '만성기류제한(chronic airflow limitation)'이라는 용어를 COPD 대신에 사용하기도 한다. 따라서 만성 폐쇄성폐질환은 기류가 막히는 수많은 질환을 아우르는 용어이며, 그런 질환에는 천식, 폐기종, 만성기관지염 등이 있다. 미국에서 4번째로 높은 사망원인이며, 2020년에는 3번재로 높은 사망원인이 될 것으로 예측된다. 그러므로 COPD는 감소하기보다는 증가하는 중요한 질환이다. COPD의 선형적인 특징으로 골격근에 기능이상이 있고, 이것으로 인하여 COPD 환자의 활동 수준이 떨어지고, 결과적으로 삶의 질이 떨어진다. COP 환자의 외측 대퇴근(vastus lateralis)에서 시행한 근육 생검에서 이 집단은 I형 근섬유가 소실되며, 석신산염 합성효소와 같은 산화효소들이 감소하였다.

전통적으로 COPD를 가진 사람들은 다양한 유산소 운동 등을 통하여 폐재활을 해왔다. 그러나 가장 최근의 연구에서는 저항 운동 역시 폐재활의 중요한 구성요소로 알려졌다. 더욱이 유산소 운동과 중량 훈련을 혼합한 가정 기반의 운동 프로그램이 근육과 호흡근을 강화해서 삶의 질을 개선시키는 것으로 보인다.

COPD 환자들은 퍼스널 트레이너의 지도 하가 아닌 공식 폐 및 호흡 재활시설에서 운동해야 한다.

천식

천식은 정의에 따르면 기도 과민성과 관련한 가역적인 질환이며, 기관지 경련이나 수축 혹은 둘 다를 일으키기 쉬운 특징을 가지고 있다. 매우 흔한 천식의 하위 분류 중 하나는 운동 유발성 천식(EIA, exercise-induced asthma)이다.[30] 더 흔한 다른 천식 종류에 비해 운동 유발성 천식은 대개 자기 제한적(self-limited, 역자주-증상이 특별한 치료 없이 호전된다)이며, 입원치료가 필요한 경우는 드물다. 운동을 시작한 시 15~20분(몇몇 경우에는 5분 정도만 지나도) 정도에 발생하며, 연관된 기침이나 천명(wheezing, 역자주-쌕쌕거리는 숨소리), 혹은 둘 다를 가지고 있다. 치료하지 않고 두었을 경우 운동을 멈춘 후 10~30분 사이에 증상이 사라진다. 성인 고객들은 어린이들이 비해서 운동 세션 후반에 발생하며, 증상이 더 길게 지속된다.

두 가지 종류의 천식 고객들은 비슷한 증상을 경험하나, 전형적인 천식 고객들은 휴식기나 비운동기에도 증상을 경험하는 점에서 다르다. 흡입 기관지확장제 이외의 약물을 써야 하는 심각한 형태의 천식 종류가 있다는 것을 알아야 한다. 그런 약들에는 흡입 혹은 경구 스테로이드가 있다. 몇몇 천식을 가진 환자들은 기도의 점액 덩어리 때문에 응급상황을 경험하기도 한다(예: 천식 지속 상태, status asthmaticus). 그러나 이런 사람들은 재활 프로그램을 감독하는 폐전문의에 의해 관리된다.

천식과 EIA에서 기관지 경련은 초기 단계와 후기 단계에 일어난다. 초기 단계는 기관지수축의 결과이며, 흡입 기관지확장제에 잘 반응한다. 운동을 시작하기 15~20분 전에 기관지확장제를 사용하여 예방할 수 있다. 후기 단계는 1~6시간 후에 발생하며, 기도 부종 때문이다. 이것은 흡기 스테로이드로 잘 조절된다. 후기 단계 구성요소를 가진 고객들은 운동 후 2~3시간 후에 처치하는 것이 가장 좋다.

천식을 가진 고객을 위한 운동지침

천식을 가지고 있는 고객과 일할 때, 운동강도를 감시하는 가장 최선의 방법은 운동자각도와 호흡곤란감을 이용하는 것이다. 이는 많은 고객들이 '훈련' 심박수를 성취하기는 힘들어도 객관적인 생리적 이득을 볼 수 있기 때문에 필요하다. 전신적으로 스테로이드를 사용하고 있는 고객들은 호흡 근육에 문제를 가지고 있을 수 있으며, 이 경우 부하 중의 호흡에 더 많은 어려움이 있다.

천식 고객은 자연적으로 낮 시간 동안 부신샘으로부터 코티솔이 분비되기 때문에, 느즈막한 아침 시간에 운동을 하는 것이 더 좋다. 주변 공기나 흡입공기로 인해 기관지 경련이 일어날 수 있기 때문에, 극단적인 온도를 피해야 한다. 높은 습도도 비슷한 영향을 줄 수 있다. 천식 고객들에게 호흡곤란감은 큰 불안감과 우울감, 운동에 대한 공포감을 일으킬 수 있음을 명심해야 한다.

> 천식이 있는 고객의 운동강도는 운동자각도나 호흡곤란감으로 감독한다. 이 고객들은 훈련심박수에 이를 수 없어도 생리적으로 개선되는 것을 보여준다.

천식이 있는 고객을 위한 운동 구성요소

큰 근육 유산소 활동이 $\dot{V}O_2max$의 증가와 그에 의한 유산소 능력과 지구력을 개선하는 데 도움이 된다. 이에 따라 젖산과 호흡역치가 증가할 뿐 아니라, 호흡곤란(dyspnea, shortness of breath)에 대한 탈감각(desensitization)이 이루어진다. 호흡곤란감이 줄어들면서, 일상생활 활동도가 결과적으로 증가한다.

11~13의 운동자각도(RPE)가 유지되어야 하며, 호흡곤란에 대해서 지속적으로 감시해야 한다.

수업은 매일 1~2회, 일주일에 3~7일 시행한다. 각 수업은 30분 동안 유지하도록 하나 초기에는 5~10분 정도만 수행 가능할 수도 있다. 고객을 호흡곤란으로부터 탈감각시키기 위해서 지속시간과 강도에 중점을 두어야 하며, 일반적인 저항 운동 프로그램이 추천된다. 최대반복횟수를 증가시키거나, 훈련의 양을 증가시키거나, 지방 외 체중량을 증가시키는 것을 목표로 한다. 초기 훈련 프로그램은 더 많은 반복수(16회 미만)을 위해서 가벼운 부하를 사용하며, 1주당 2~3일을 한다.

천식을 가진 고객은 일반적인 유연성 프로그램에 따라야 한다.

결론

심혈관계와 호흡기계 문제를 가진 고객들과 일할 때는 독특한 문제점들이 제기된다. 이 장의 지침은 매우 복잡할 수 있는 주제를 단순화하여 나타내고 있다. 퍼스널 트레이너는 프로그램 구성의 선두에 서서 체력에 대한 요구와 진정한 프로그램 차별화를 이루어야 한다. 항상 지나치다 싶을 정도로 보수적인 것이 최선이다. 확신이 서지 않는다면, 지침보다 더 낮은 강도로 프로그램을 시작한다. 이러는 편이 고객들(이미 운동에 대한 공포를 가지고 있을지도 모르는)이 손상의 위험이나 기저질환의 악화 없이 개선될 가능성이 높아진다. 쉽게 성취할 수 있는 목표를 설정하여 목표에 도달하는 것이 부작용의 위험을 최소화할 뿐만 아니라, 고객이 심리적으로 훈련을 지속하기를 원하도록 도와준다.

연구 문제

1. 이전에 운동을 전혀 하지 않았던 고혈압(144/92)이 있는 44세 남자가 운동 프로그램을 시작하려고 한다. 그의 의사는 운동에 참여하도록 허락하였다. 다음 중 어떤 것이 이 고객에게 시작 운동 강도로 가장 적당한가?

   A. 트레드밀 걷기, RPE 14
   B. 백 스쿼트, 1RM의 75%로 10회 반복
   C. 일립티컬 트레이너, $\dot{V}O_2max$의 65%
   D. 덤벨 벤치 프레스, 1RM의 50%로 16회 반복

2. 3개월 전에 심장마비가 있었던 52세 고객이 의사로부터 저강도 훈련 프로그램을 수행하도록 허락받았다. 다음 운동, 강도, 지속시간 조합 중에서 어떤 것이 가장 이 고객에게 적당한가?

운동수단	강도	지속시간
A. 고정 자전거	RPE 12	15분
B. 트레드밀 걷기	40% $\dot{V}O_2max$	20분
C. 계단오르기 기구	70% HRmax	25분
D. 일립티컬 트레이너	RPE 8	10분

3. 말초혈관 질환을 가진 63세 고객이 5분 이상 걸으면 큰 통증을 호소한다. 다음 중 어떤 프로그램이 통증 없이 걸을 수 있는 시간을 증가시키는데 도움일 될 것인가?

   A. 통증이 시작된 이후에 고객이 통증을 참으면서 2분 동안 걷게 한다.
   B. 같은 강도에서 2분으로 지속시간을 줄인다.
   C. 통증이 시작되면 고객에게 짧게 쉬라고 하고, 그리고 나서 통증이 생길 때까지 다시 걷게 한다.
   D. 너무 통증이 크기 때문에, 운동으로써의 걷기는 중단한다.

4. 지난 몇 년간 주로 저항 훈련을 해오던 운동 유발성 천식이 있는 고객이 이제는 자신의 체력(stamina)를 개선하는 데 도움을 받고 싶어 한다. 어떤 유산소강도감독법을 이 고객에게 사용해야 하는가?

   I. 목표 심박수
   II. 호흡곤란감
   III. METs
   IV. RPE

   A. I, III만　　B. II, IV만
   C. I, II, III만　　D. II, III, IV만

응용 지식 문제

질환을 가지고 있는 고객들의 시작운동 프로그램 권고사항 및 퍼스널 트레이너가 알고 있어야 할 운동 관련 중요 사항에 대한 다음의 차트를 채워라.

	초기 운동 프로그램				운동 주의사항
	운동 방법	강도	빈도	지속시간	
고혈압					
심근경색					
뇌졸중					
말초혈관 질환					
천식					

참고문헌

1. American College of Sports Medicine. 2010. *ACSM's Guidelines for Exercise Testing and Prescription,* 8th ed. Philadelphia: Lippincott Williams & Williams.
2. American College of Sports Medicine. 2003. *Exercise Management for Persons With Chronic Diseases and Disabilities,* 3rd ed. Champaign, IL: Human Kinetics.
3. American Heart Association. 2001. Exercise standards for testing and training: A statement for healthcare professionals from the American Heart Association. *Circulation* 104 (14): 1694-1740.
4. Arakawa, K. 1996. Effect of exercise on hypertension and associated complications. *Hypertension Research* 19 (Suppl 1): S87-S91.
5. Arakawa, K. 1999. Exercise, a measure to lower blood pressure and reduce other risks. *Clinical and Experimental Hypertension* 21 (5-6): 797-803.
6. Blumenthal, J.A., E.T. Thyrum, E.D. Gullette, A. Sherwood, and R. Waugh. 1995. Do exercise and weight loss reduce blood pressure in patients with mild hypertension? *North Carolina Medical Journal* 56 (2): 92-95.
7. Borhani, N.O. 1996. Significance of physical activity for prevention and control of hypertension. *Journal of Human Hypertension* 10 (Suppl 2): S7-S11.
8. CIBA-GEIGY Corporation. 1991. *Hazards of Smoking: A Patient Guide to COPD and Lung Cancer.* Peapack, NJ: Tim Peters and Company.
9. Conley, M., and R. Rozeneck. 2001. Health aspects of resistance exercise and training: NSCA position statement. *Strength and Conditioning Journal* 23 (6): 9-23.
10. Engstrom, G., B. Hedblad, and L. Janzon. 1999. Hypertensive men who exercise regularly have lower rate of cardiovascular mortality. *Journal of Hypertension* 17 (6): 737-742.
11. Fauci, A.S., E. Braunwald, K.J. Isselbacher, et al., eds. 1998. Disorders of the cardiovascular system. In: *Harrison's Principles of Internal Medicine,* 14th ed. New York: McGraw-Hill. pp. 1345-1352.
12. Hagberg, J.M., A.A. Ehsoni, and D. Goldring. 1984. Effect of weight training on blood pressure and haemodynamics in hypertensive adolescents. *Journal of Pediatrics* 104: 147-151.
13. Hagberg, J.M., J.J. Park, and M.D. Brown. 2000. The role of exercise training in the treatment of hypertension: An update. *Sports Medicine* 30 (3): 193-206.
14. Halbert, J.A., C.A. Silagy, R.T. Withers, P.A. Hamdorf, and G.R. Andrews. 1997. The effectiveness of exercise in lowering blood pressure: A meta-analysis of randomized controlled trials of 4 weeks or longer. *Journal of Human Hypertension* 11 (10): 641-649.
15. Harris, K.A., and R.G. Holly. 1987. Physiological responses to circuit weight training in borderline hypertensive subjects. *Medicine and Science in Sports and Exercise* 19: 246-252.
16. Kelley, G. 1997. Dynamic resistance exercise and resting blood pressure in adults: A meta-analysis. *Journal of Applied Physiology* 82 (5): 1559-1565.
17. Kelley, G.A., and K.A. Kelley. 2000. Progressive resistance exercise and resting blood pressure: A meta-analysis of randomized controlled trials. *Hypertension* 35 (3): 838-843.
18. Kokkinos, P.F., and V. Papademetriou. 2000. Exercise and hypertension. *Coronary Artery Disease* 11 (2): 99-102.
19. Majahalme, S., V. Turjanmaa, M. Tuomisto, H. Kautiainen, and A. Uusitalo. 1997. Intra-arterial blood pressure during exercise and left ventricular indices in normotension and borderline and mild hypertension. *Blood Pressure* 6 (1): 5-12.
20. Manolas, J. 1997. Patterns of diastolic abnormalities during isometric stress in patients with systemic hypertension. *Cardiology* 88 (1): 36-47.
21. Mughal, M.A., I.A. Alvi, I.A. Akhund, and A.K. Ansari. 2001. The effect of aerobic exercise training on resting blood pressure in hypertensive patients. *Journal of the Pakistan Medical Association* 51 (6): 222-226.
22. National High Blood Pressure Education Program. 2003 JNC 7 Express: The Seventh Report of the Joint National Committee on Prevention, Detection, Evaluation, and Treatment of High Blood Pressure (JNC 7). NIH Publication No.03-5233.
23. Papademetriou, V., and P.F. Kokkinos. 1996. The role of exercise in the control of hypertension and cardiovascular risk. *Current Opinion in Nephrology and Hypertension* 5 (5): 459-462.
24. Roberts, S. 1992. Resistance training: Guidelines for individuals with heart disease. *Conditioning Instructor* 2 (3): 4-6.
25. Rogers, M.W., M.M. Probst, J.J. Gruber, R. Berger, and J.B. Boone. 1996. Differential effects of exercise training intensity on blood pressure and cardiovascular responses to stress in borderline hypertensive humans. *Journal of Hypertension* 14 (11): 1369-1375.
26. Roos, R.J. 1997. The Surgeon General's report: A prime source for exercise advocates. *Physician and Sportsmedicine* 25 (4): 122-131.
27. Sallis, R.E., ed. 1997. *Essentials of Sports Medicine.* St. Louis: Mosby Year Book.
28. Sallis, R.E., M. Allen, and F. Massimino, eds. 1997. *Sports Medicine Review.* St. Louis: Mosby Year Book.
29. Seals, D.R., H.G. Silverman, M.J. Reiling, and K.P. Davy. 1997. Effect of regular aerobic exercise on elevated blood pressure in postmenopausal women. *American Journal of Cardiology* 80 (1): 49-55.
30. Storms, W., and D.M. Joyner. 1997. Update on exerciseinduced asthma. *Physician and Sportsmedicine* 25 (3): 45-55.
31. TransAtlantic Inter-Society Consensus (TASC). 2000. Management of peripheral arterial disease (PAD). *J Vasc Surg* 31 (1): 1.
32. Tulio, S., S. Egle, and G. Greily. 1995. Blood pressure response to exercise of obese and lean hypertensive and normotensive male adolescents. *Journal of Human Hypertension* 9 (12): 953-958.
33. U.S. National Center for Health Statistics. 2006. *National Vital Statistics Reports* (June 28) 54 (19).

21

정형외과, 부상, 재활 고려가 필요한 고객

Kyle T. Ebersole, PhD, LAT, and David T. Beine, MS, LAT

학습 목표

- 흔한 종류의 부상과 정형외과적 문제를 파악한다.
- 신체 기능에 대한 부상의 영향을 이해한다.
- 조직 치유 각 단계의 목표를 서술할 수 있다.
- 특정 정형외과, 부상, 재활 문제와 관련하여 퍼스널 트레이너의 역할을 서술할 수 있다.

퍼스널 트레이너라는 직업이 점점 더 자연스럽게 받아들여지고 있으며, 건강보험 범위의 제한이 넓어짐에 따라서 퍼스널 트레이너에게 정형외과적 부상에서 회복하는 사람들을 다루는 독특한 기회가 생기고 있다. 많은 경우, 정형외과적 부상에서 기능과 움직임을 완전히 회복하고, 고객이 원하는 활동 목표로 돌아가는 데 필요한 시간은 의료인의 보험으로 변제할 수 있는 한도를 초과한다. 따라서 사람들은 충분한 회복을 돕고, 활동으로 돌아가는 것을 도울, 개별화되고 안전하며 효과적인 프로그램을 설계하기 위해 퍼스널 트레이너의 전문 기술을 빈번히 필요로 한다. 이런 고객 집단의 요구를 성공적으로 관리하기 위해 퍼스널 트레이너는 다양한 종류의 정형외과적 부상, 조직 회복 과정, 부상 회복에 필요한 심리학적 요인들, 부상이 어떻게 움직임과 기능에 영향을 주는지에 대한 내용들에 대해서 알아야 한다. 회복 과정의 틀을 파악하지 못한다면, 회복 과정을 느리게 하며 궁극적으로는 고객 기능의 완전한 회복을 방해할 것이다.

이 장은 특정 부상에 관한 상세한 재활 프로토콜을 제공하려 하지 않았고, 자격을 갖춘 건강관리 전문가에게 받는 의료적 조언을 대체하기 위해 계획되지도 않았다. 오히려 정형외과적인 부상이나 문제를 가지고 있는 고객들의 독특한 요구를 충족시키기 위해서 퍼스널 트레이닝 서비스 제공 지침에 대한 일반적인 틀을 제시하려 했다. 이 장에 담고 있는 정보는 궁극적으로는 건강관리 전문가의 협조적인 의사소통이나 노력에 의해서 강화되고, 그에 따라 고객의 기능과 결과를 극대화할 수 있다.

부상 분류

근골격계 부상은 발생 시기와 손상받은 조직의 종류를 포함한 여러 가지 요소에 의해서 특징지어지고 분류된다. 거대외상(macrotrauma)와 미세외상(microtrauma)

은 부상 발생을 분류하기 위한 작용기전에 기반한 용어이다. '거대외상'은 조직의 과부화와 그에 따른 부상을 동반한 갑작스럽고 명백한 사건이 있는 손상을 말한다. 거대외상의 급성도(acuteness)는 잠행성 발생(insidious onset, 시작 시점을 모르게 천천히 발생한 것)이나 흔한 미세외상의 만성적인 성격과는 다르다.[67] 명확한 외상(overt trauma)이 없는 경우에는 장시간 동안 조직 손상이 누적되어 발생한 미세외상을 암시한다. 그런 이유로 미세외상은 종종 '과사용 손상(overuse injury)'으로 언급된다. 그러나 '과사용'과는 다르게 '미세외상'이 꼭 반복된 신체활동으로 발생했다는 것을 의미하지는 않는다.[30] 따라서 모든 미세외상이 휴식만으로 회복할 수 있는 것은 아니다. 예를 들어 '과사용' 손상은 훈련에서의 문제점(예: 안 좋은 프로그램 설계, 너무 빠른 진행 속도)이나 최적화되지 않은 훈련 장소(예: 너무 딱하거나 고르지 못한 경우), 수행 과정 도중 잘못된 생역학적이거나 기술적 문제, 충분하지 못한 운동조절이나, 유연성 부족, 근골격 정렬의 문제들 때문일 수 있다.[29]

부상의 종류(예: 근육좌상[muscle strain], **염좌[sprain]**, 골절)는 관련된 조직에 의해서 결정된다(예: 근육, 힘줄, 관절, 뼈). 흔한 정형외과적 부상 분류를 이해하는 것은 조직 회복의 경과를 이해하게 해주고, 운동 프로그램의 설계와 진행에 관한 결정을 하는 데 정보를 준다. 표 21.1은 흔한 근골격계 질환을 나타내고 있다.

표 21.1 흔한 근골격계 손상

손상	설명
근육타박상 (muscle contusion)	보통 타박상(bruise, 멍)으로 이야기되며, 몸에 갑작스럽고 강한 타격을 받아서 발생한다. 결과적으로 손상된 근육 주변으로 혈종(피로 된 덩어리)을 형성한다. 회복 속도는 손상과 내부 출혈의 정도에 따라 달라진다. 좌상은 손상된 근육의 움직임을 크게 제한할 수 있다.
근육좌상	흔히 비정상적인 근육의 동작이 근섬유의 스트레칭이나 파열을 만든다. 긴장은 손상의 심각도를 나타내기 위해서 등급(grades)이나 정도(degrees)를 나눈다. 1단계 혹은 2단계 긴장은 부분 파열이며, 3단계는 근육조직의 완전 파열을 나타낸다. 통증, 근력 제한, 움직임 제한이 단계에 따라서 증가한다.
건병증(tendinopathy)	최근에 사용하는 용어로 건염과 건증을 포함한다.
건염(tendinitis)	건의 염증. 이 미세손상 부상은, 손상당한 건 주위의 명확한 부종 및 통증과 관련이 있다. 교정되지 않고 남아 있거나, 완전히 치유되지 못했을 때, 건증을 일으킬 수 있다.
건증(tendinosis)	건염의 조직학적인 정의를 표현한 것이며, 부상당한 건의 손상과 구조적인 퇴행성 변화를 포함한다.
인대 염좌(ligament sprain)	뼈들을 연결시키고, 관절의 안정성에 기여하는 조직에 대한 외상. 인대 염좌는 과도한 힘(움직임 방향을 바꾸기 때문에)이 관절의 해부학적 한계를 넘어서 움직이게 만들고, 인대를 스트레칭시킬 때 일어난다. 인대 염좌는 손상의 중증도를 나타내기 위해 등급(1,2,3)을 나눈다. 등급이 높아질수록 더 큰 통증과 압통, 부종, 관절 불안정성, 기능의 소실과 연관되어 있다.
관절 탈구(joint dislocation)	관절 탈구는 윤활 관절이 관절의 정상적인 해부학적 한계를 넘어서 움직일 때 발생한다. 탈구는 두 개의 분류로 나눌 수 있다. 아탈구(subluxation)와 탈구(luxation). 아탈구는 관절을 이루는 뼈 표면의 부분적인 전위(displacement) 혹은 분리(separation)이다. 탈구는 관절을 이루는 두 뼈 표면이 완전히 분리되는 전위이다.
골연골증(osteochondrosis)	골연골증은 뼈 골단(epiphyses)의 퇴행성 변화이며, 특히 소아의 중요한 성장기 동안에 일어난다. 골연골증의 정확한 원인에 대해서는 아직 충분히 밝혀지지 않았다. 골연골증의 여러 형태를 표현하는 데 흔히 사용하는 용어로 박리성 골연골염(osteochondritis dissecans)과 골단염(apophysitis)이 있다.
골관절염(osteoarthritis)	관절 혹은 관절 안 초자연골(hyaline cartilage)의 퇴행성 변화. 어느 관절에나 발생할 수 있으나 고관절, 무릎 발목과 같이 체중을 지탱하는 관절에 가장 흔히 발생한다.
점액낭염(bursitis)	점액낭은 작고 액체로 차 있는 활액막 주머니이며, 건이나 뼈와 같은 조직 사이의 마찰을 줄이기 위하여 만들어졌다. 자극이 되었을 때, 점액낭은 염증을 일으키고, 점액낭염이 발생한다. 점액낭염은 흔히 고관절, 무릎, 팔꿈치, 어깨에서 발생하며, 부종, 통증, 기능의 부분적인 소실을 동반한다.
골절(bone fracture)	직접적인 타격에 의한 골의 부분적인 혹은 완전한 파열
스트레스 골절 (bone stress fracture)	미세외상에 의한 부상이며, 비정상적인 근육 작용, 피로와 관련된 뼈 전체의 스트레스 분배 실패, 운동이나 훈련 표면의 큰 변화(예: 나무에서 잔디), 과도한 훈련의 양, 혹은 이 중에 두 가지 이상의 원인으로 발생할 수 있다. 최근 문헌에 따르면, 영양이 스트레스 골절에 주요한 역할을 담당한다고 한다.

기능에 대한 부상의 영향

부상은 흔히 몇 가지 신체적인 기능 이상을 초래하는데, 관절 운동 범위(ROM)의 제한, 근력, 균형감, 협응된 기능적 움직임 패턴의 제한이 이에 속한다. 덧붙여 개인의 부상 및 그에 따른 회복 과정과 시간 경과에 대한 심리적인 영향에 대해서 인식하는 것이 중요하다.

부상은 모든 조직에 변화를 일으키기 때문에, 가동범위는 특히 영향을 잘 받는다. 손상 후에 손상의 부산물(byproduct, 삼출액)과 콜라겐 교차결합(흉터 조직)이 생긴다. 기저물질(ground substace, 젤 같은 물질)은 줄어들고 섬유화(fibrosis, 조직이 덜 유연하고, 더 치밀하고, 단단하고, 수축하게 된 상태)를 일으켜서, 결합 조직의 유연성이 제한된다. 부상 발생 후에 고정을 한 기간이 있거나, 나이나 의학적인 문제로 인하여 순환장애가 있을 경우에 가동범위 제한 문제가 더 크게 일어날 수 있다. 가동범위의 진행이나 스트레칭 운동은 조직의 종류, 부상의 중증도, 회복 단계, 개인의 동기부여에 따라 다르다. 만약 부상이 중하지 않고, 발생 이후 짧은 시간 내에 움직일 수 있는 경우 능동 동작이나 가동범위 운동이 우선적으로 사용되며, 이것은 외부의 보조를 필요로 하지 않기 때문에 선호된다. 만약 부상 이후 활동이 감소되거나 고정을 한 기간이 있는 경우에는 콜라겐 교차결합이 더 심하게 형성되며, ROM을 회복하고 충분한 ROM을 얻은 후에도 유지하기 위해서 반복적으로 길이를 늘리는 스트레칭이 필요할 수 있다. 축적된 콜라겐이 생긴 지 얼마 되지 않은 경우에는 유연하며 단기간의 능동 혹은 수동 스트레칭에 잘 반응할 것이다. 만약 부상 후 수개월이 지난 상태라면, 조직은 유연하지 않을 것이고, ROM이 부족하여 더 오랫동안 스트레칭이 필요할 수 있다.

근력에 대한 부상의 영향 정도는 부상의 정도나 손상을 받은 조직의 종류와 위치, 고정을 하거나 사용하지 못한 기간의 정도 혹은 이것들 중 혼합된 이유에 의해 영향을 받는다. 근육 자체에 손상이 있을 수도 있고, 통증이나 부종이 근육이나 근육군들을 억제할 수도 있다.[43,47] 부상 후에는 근육의 증가율보다 손실률이 더 커진다. 따라서 근력은 부상 후에 가장 변수로 많이 쓰인다.[49,56,67]

신경근 조절이나, 고유수용성 감각의 부상 관련 결손은 '구심로 차단(deafferentation)'이라고 불리는 연부 조직의 미세한 신경 손상과, 관절 안정화와 신경근 협응 작용에 사용되는 감각 피드백 경로의 손상 때문이다.[67,68,90] 더 간단하게 이야기하자면, 부상 부위를 보호하기 위해 말초감각을 정상적으로 해석하는 능력과 적절한 근육의 협응반응력의 영향을 받는다. 따라서 손상된 조직과 그와 관련된 구조(예: 관절)는 재손상되기 쉽고, 올바르지 않은 대체 패턴들을 발생시킨다.

부상 후 신경근 조절 과정의 결손과 비슷하게, 균형감과 자세 조절에 관련된 보상도 나타난다. 균형감은 단순한 작업으로 인식될 수도 있으나, 근육 약화를 비롯하여 고유수용체성 감각 결손와 가동범위 결손은 지지 기반 위로 무게중심점을 적절하게 느끼는 개인의 능력을 바꿀 수 있고, 결과적으로 균형을 잃게 할 수 있다.[67] 손상은 연부조직과 그곳의 신경조직에 피해를 주고, 결과적으로 손상받은 사지의 적절한 신경 피드백에 문제를 일으키고, 균형을 유지하는 고유수용체성 감각을 감소시킨다.[3,25,32]

부상이 생리적인 문제와 작용들에 관련되어 있지만, 심리적인 문제도 간과할 수 없다. 심리적인 반응과 적응은 부상과 재활의 정도에 영향을 받는다.[67] 단기간의 부상과 재활에서조차 조급한 반응을 보이는 사람뿐만 아니라 심지어 활동 복귀에 낙관적인 사람에게조차도 약간의 불편함을 느끼게 할 수 있다. 그러나 장기간의 부상과 재활은, 몇 가지만 예를 들자면, 분노, 좌절, 공포, 심지어는 고독감까지 생길 수 있다. 이것은 결과적으로 의욕상실, 소외감, 비이성적인 사고, 불안, 치료자에 대한 의존성, 비의존성 등의 행동을 일으킨다. 이 모든 것들은 개인의 대처 기술, 사회적 지지, 부상의 경험, 개인적 성향의 영향을 받는다. 즉 각각의 사람들이 어떤 부상에 대해서 비슷하거나 동일하게 반응하지는 않으며, 따라서 훈련 프로그램은 개별적으로 관리되어야 한다.[72] 덧붙여 대상자와 친밀감을 형성하고, 진정한 관계를 구축하는 것이 최적의 회복을 위한 촉매로 작용할 수 있다.[86]

부상 후 조직 치유

상당한 양의 문헌과 정보가 있음에도 불구하고, 조직 회복의 특정한 면에 대해 많은 의문점들이 남아 있다. 일반적으로 모든 조직들은 염증, 증식, 재형성의 세 단계의 형태를 거친다고 한다. 각각의 단계들은 알려진 결과들과 관련이 있지만, 조직 치유는 각 단계의 정확한 시작점이나 종결점 없이 상당 부분이 중첩되어 있는 연속체로 일어난다. 손상된 조직이 부하나 스트레스를 견딜 준비가 되기 전에 일이나 운동을 시작하면, 충분한 치유를 방해하거나 추가적인 손상을 줄 수 있기 때문에, 조직 치유 과정을 이해하는 것이 중요하다. 그림 21.1은 중첩되는 성격의 치유 단계에 대해서 요약하고 나타내고 있다.

염증기

염증은 손상에 대한 신체의 최초 반응이며, 정상 치유가 일어나기 위해서 필요하다. 염증기(inflammation phase) 동안에는 조직의 치유와 기능 감소를 일으키는 몇 가지 일들이 일어난다. 조직이 손상을 입은 후에 히스타민(histamine)과 브라디키닌(bradykinin)과 같은 염증 매개체들이 방출된다. 이런 물질들은 혈류를 증가시키고, 말초혈관 투과성을 증가시켜 부종(주변 조직으로 액체들이 나오는 것)을 발생시킨다. 부종은 수축조직의 기능을 억제하며, 부상당한 고객의 활동 수준을 크게 제한한다. 게다가 염증 물질들은 감각신경섬유를 유해하게 자극하고, 통증을 유발하여 기능을 감소시킨다. 급성 손상 후에 이 시기는 전형적으로 2~3일 정도 지속되며, 혈액순환 문제나 더 심한 구조적인 손상이 있거나, 수술을 할 경우에는 5~7일 정도로 길어질 수 있다.[67] 염증기가 상처 회복에 중요하더라도, 적당한 시간 내에 끝나지 않으면 치유가 일어나지 않으며, 재활 과정을 지연시킬 수 있다.

염증기 동안의 목표는 조직 치유의 후속 단계들을 위한 새로운 조직을 생성하는 것이다.[66] 새로운 조직의 재생과 형성을 위한 건강한 환경이, 염증의 지연과 새로운 혈관과 콜라겐 생성 억제를 막기 위해서 필수적이다. 이 목표를 성취하기 위해서는 관련된 휴식과 얼음, 압박, 거상 등의 수동적인 수단들이 우선적인 치료 방법이다. 부상 전의 활동으로 빠르게 돌아가는 것이 중요하지만, 손상받은 조직의 추가적인 손상을 막기 위해 휴식을 취하는 것도 필요하다. 따라서 손상받은 부위의 능동적인 치료 방법은 이 시기에는 추천되지 않는다.

휴식은 염증 단계의 자연적이고 생리적인 과정을 극대화하고, 적절한 조직 치료를 돕는다.

회복기

염증기가 지속된다고 하더라도, 조직 회복은 부상 3~5일 후부터 시작되며, 심한 부상의 경우 시작하는 데 7일까지도 걸릴 수 있고, 지속 기간은 수주에서 2개월까지 지속될 수 있다. 정확한 염증기의 끝이나 회복기(Repair phase, 역자 주: 증식기[Proliferation]라고 하기도 함)의 정확한 시작은 없으며 이행해가는 흐름이라는 것을 아는 것이 중요하다. 치유의 회복기에는 부상이나 수술 후 죽은 조직들에 대한 교체가 일어난다.[67] 조직의 통합성을 개선하기 위한 시도로 손상받은 조직의 재생이 일어난다(예: 흉터 조직이 형성됨). 새로운 모세혈관과 결합 조직이 해당 부위에 형성되며, 콜라겐 섬유(새로운 조직을 이루는 구조적 구성물)가 회복기가 일어나는 곳에 틀(framework)로 작용하기 위해서 불규칙적으로 들어선다.[27] 콜라겐 섬유들은 평행하고, 스트레스의 일차 방향(primary line of stress)에 대해 종적(longitudinally)으로 놓이는 것이 가장 강하지만, 새로운 섬유의 대부분은 횡방향(transeversely)으로 늘어서게 된다. 이런 불규칙한 정렬은 새로운 조직이 최적의 강도를 내지 못하게 하고, 힘을 전달하고 수용할 수 있는 능력을 제한하게 된다.

회복기 동안의 목표는 손상 부위의 과도한 근육 위축과 관절 퇴행을 막고, 콜라겐 생성을 증진시키며, 새롭게 형성된 콜라겐 섬유의 파괴를 막는 것이다.[67] 이러한 주의사항들과 더불어 콜라겐 생성을 증진시키고, 관절 운동의 소실을 막기 위한 저강도 부하 운동을 점진적으로 시작해야 한다. 새롭게 형성된, 상대적으로 약한 콜라겐 섬유를 보호하기 위해서 손상된 조직에 영향을 주는 저항 운동은 피해야 한다. 특정 운동들은 고객의 의료

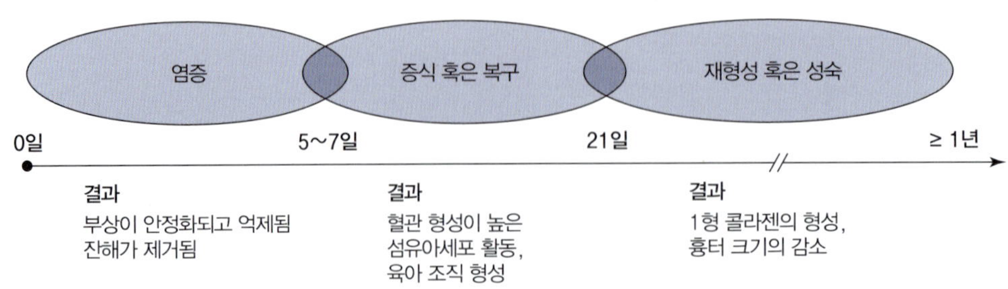

그림 21.1 치유 단계별 생리적 결과

진이나, 선수 트레이너나, 물리치료사 혹은 둘 이상에게 자문을 구한 후에 행해야 한다. 통증이 없거나, 다른 문제가 없는 한에서 최대하 등척성 운동이 수행될 수 있다. 최대하 등척성 운동은 근력을 기를 수 있지만, 새로 생성된 콜라겐 섬유들이 파열되지 않을 만큼 저강도로 수행해야 한다.

재형성기

회복기 동안 생산된, 약해진 조직은 치료중 재형성기(remodeling phase) 동안 강해진다. 이전의 염증기에서 회복기로 이행하는 단계와 같이 회복기에서 재형성기로의 변화도 정확한 시작과 끝이 있는 것이 아닌 점진적으로 행해지는 이행 과정이다. 재형성기에 콜라겐 섬유의 생산은 크게 줄어들고, 새로 형성된 조직들은 스스로의 구조와 강도, 기능을 강화시킬 기회를 가지게 된다. 증가하는 부하와 함께, 새로 형성된 흉터 조직의 콜라겐 섬유는 두꺼워지기 시작하고(커지거나 성장함) 스스로를 스트레스 선에 나란히 배열시켜 새로 형성된 조직들의 강도를 증가시키고, 부상당한 고객들이 기능적으로 돌아갈 수 있게 한다. 콜라겐 섬유의 강도가 크게 증가하더라도, 새로 형성된 조직이 기존의 조직만큼 강해질 수는 없다.[1,14,27] 조직 재형성기는 2~4달 동안 지속되고, 중증도, 관련 조직의 종류와 위치, 이전의 부상, 행해진 수술, 합병증, 고객의 나이, 그밖의 것에 영향을 받아 손상 후 1년이 넘어가게 지속될 수도 있다.[48]

조직 기능을 최적화하는 것이 치유의 최종 단계 동안의 우선 목표이다. 회복기 동안의 지속적 운동과, 손상된 조직에 점진적 스트레스를 줄 수 있는 고난이도의 활동특이적인 운동을 더하여 고객의 기능을 향상시킬 수 있다. 점진적인 조직의 부하는 콜라겐 섬유의 정렬과 섬유의 비대를 향상시키고 흉터의 긴장 강도를 최적화한다. 궁극적으로 재활과 재컨디셔닝 운동은 활동으로의 복귀를 촉진시키는 데 있어서 기능적이어야 한다. 근력강화는 일반적인 운동에서 활동 특이적인 운동으로 이행되어야 하고, 그 운동들은 특화된 운동이나 활동의 흔한 동작과 유사하게 설계되어야 한다.

> 부상 후 조직 기능의 완전한 회복은, 조직 치유의 생리적인 단계와 맞추어 주의 깊게 활동을 배열함으로써 극대화할 수 있다.

정형외과적 문제와 퍼스널 트레이너

퍼스널 트레이너가 고객의 부상력에 대한 이야기를 듣는 것은 흔한 일이다. 따라서 퍼스널 트레이너는 흔한 부상과 정형외과적인 문제에 대한 기초적인 지식을 가져야 한다. 하지만 움직임이나 운동제한을 결정하는 것은 퍼스널 트레이너의 책임이 아닌 것과 같이, 퍼스널 트레이너가 실무에 대한 스스로의 제한점이나 능력 범위를 이해하는 것이 중요하다. 오히려 퍼스널 트레이너는 의료진, 선수 트레이너, 물리치료사를 포함한 고객의 건강관리 팀에게 받은 자문이나, 손상과 관련된 흔한 움직임 제한이나 한계점에 기초하여 적절한 운동진략을 결정할 수 있어야 한다. 여러 가지 상황에서 고객의 건강관리 팀은 영양사나 스포츠 심리학자에 의해 보강될 수 있다. 정형외과적인 손상을 가진 고객의 운동활동에 대해서 중요한 개선을 하기 전에는 전체 건강관리 팀과 효율적인 의사소통을 해야 하고, 자주 자문을 구해야 한다.

부상 문제를 가지고 있는 고객에게 적절한 운동을 적용하는 것이 어려울 수도 있다. 부상으로부터 회복중인 사람의 운동과 활동을 선택할 때는 계속되는 부상의 합병증을 암시하는 징후나 증상이 없는지 잘 관찰해야 하고, 부상의 시간적인 경과에 대한 정보를 얻어야 한다. 가장 쉽게 관찰할 수 있고 중요한 징후는 통증, 부종, 열감과 색, ROM의 감소, 유연성, 감소한 근력과 기능이다. 이런 고전적인 징후나 증상들 중 보이는 것이 있다면 너무 빨리 진행을 하였거나, 부적절한 운동에 대한 반응으로 나타난 것일 수 있다.

한 번에 한 운동변수만을 증가시키는 것이, 부정적인 반응이 일어났을 때 어떤 점이 문제를 발생시켰는지 판단하기 쉽다. 표 21.2는 운동 선택을 돕기 위해 치유의 생리학적인 내용을 이용하는 방법을 독자들이 이해하는 데 도움을 줄 것이다.

정형외과적인 손상, 외과적인 시술 혹은 질병의 경과의 종류에 따른 기저 병태생리는 적응사항, 금기사항, 주의사항에 기초를 두어 특정 운동과 움직임을 정하는 지침에 영향을 준다. **적응사항**(indication)은 부상당한 고객에게 이득이 되는 활동이다.[66] 예를 들어 최근에 무릎관절 치환술을 받은 고객들은 상지 기능을 유지해야 하기 때문에, 퍼스널 트레이너는 고객이 무릎 재활을 하는 동안 상지 근력 훈련 운동을 하는 프로그램을 설계할 수 있다. **금기사항**(contraindication)은 가지고 있는 부상으로 인해서 권할 만한 것이 못 되거나, 금지되는 활동이나

표 21.2 치유 시간 순서에 따른 재활 목표의 설정

재활 목표	염증기	증식기	재형성기
통증과 염증의 조절(PRICE)	×		
ROM, 유연성		×	유지
균형, 고유수용 감각, 신경근 조절		×	×
근력 강화		×	×
기능적 근력 강화			×
활동으로 복귀			×

연습이다.[66] 예를 들면 무릎의 전방 십자인대 재건 수술 후 재활을 하고 있는 동안, 고객은 전방 십자인대 이식편(grafts)을 보호해야 하기 때문에 닫힌 사슬 활동이 더 적합하고, 특정 치유 기간 동안에는 열린 사슬 활동이 금기된다. 그러므로 다리 신전 운동의 마지막 30도는 이식편을 문제가 생기는 위치에 놓을 수 있기 때문에 금기시 된다. 이것은 고객의 의료진, 선수 트레이너, 물리치료사와의 의사소통이 부상의 예후에 중요한 상황인 훌륭한 예이기도 하다. **주의사항(precaution)**은 자격이 있는 퍼스널 트레이너의 감독 하에 고객의 제한점과 나타나는 증상에 따라서 시행하여야 하는 활동이다.[66] 예를 들면 일반적으로 권하지는 않지만, 전방 어깨 불안정성이 있는 고객은 벤치 프레스를 수행할 때, 과도한 수평 외전을 피하고(즉 상완이 몸과 평행이 되는 지점보다 위에 위치), 적절하게 중량을 증가시켜야 한다.

현재 사용되는 많은 다른 수술 절차 때문에, 수술 후 고객의 운동 프로그램을 설계하는 데는 어려운 점이 있다. 전형적으로 이런 고객들은 어떤 종류의 정식 재활을 거치거나, 수술 후 가정 운동 프로그램을 지도받는다. 불행히도 재활 운동 프로그램 중에 고객이 완전한 기능으로 돌아가는 데 자주 실패하는데, 보험 적용의 제한 또는 고객 순응도의 부족 때문이다. 이런 점에서 퍼스널 트레이너는 전통적이거나 비전통적인 프로그램을 사용하여 기능을 향상시킬 수 있는 이상적인 위치에 있다. 이런 프로그램을 설계하기 전에 퍼스널 트레이너는 전반적으로 수술적인 절차를 이해할 뿐만 아니라 수술에 의한 금기사항과 주의사항에 대해서 이해하고 따라야 한다.

모든 손상과 수술 절차, 질병 과정에 대해서 깊게 이야기하는 것은 이 장의 범위에서 벗어난다. 마찬가지로 모든 손상에 특화된, 가능한 운동과 움직임 지침을 제공하는 것도 어렵다. 이후 나오는 부분들은 흔한 정형외과적 부상이나 문제에 대한 일반적인 설명과, 이런 고객들의 운동 프로그램을 설계하는 데 필요한 지침을 제공한다. 이 장의 나머지 부분의 정보가 부상이나 수술 후 프로토콜을 대신할 수는 없다. 의료진의 지침을 대신할 수도 없다. 오히려 몇 가지 부상과 다른 정형외과적인 문제에 대해 간결한 논의를 함으로써 퍼스널 트레이너의 지식 기반을 강화하여 의료진과의 의사소통을 개선하고, 고객 기능 회복을 안전하고 효과적인 방법으로 돕는 목적이 있다. 운동 프로그램 시작 전에 퍼스널 트레이너가 고객의 의료진, 선수 트레이너, 물리 치료사와 접촉하여 부상과 수술에 대한 내용과 허용 가능한 움직임이나 운동 지침을 얻는 것이 중요하다.

> 치유의 생리에 대한 이해는 고객의 충분한 회복을 보조하고, 적절한 운동을 선택할 수 있게 한다.

허리

통증과 장애의 주요한 원인으로써,[5] 허리 통증은 의료진뿐만 아니라 이 진단을 가지고 있는 고객에 의해 고용된 퍼스널 트레이너에게도 중요한 관심사가 되었다. '허리 통증'은 여러 가지 다른 진단들을 포함하는 포괄적인 용어이다. 이 진단들에는 디스크 기능이상(disc dysfunction), 근육좌상, 요추협착증(spinal stenosis 즉, 조직 압박으로 인해 척추 내 공간이 좁아짐), 척추전위증(spondylolisthesis)을 포함하며, 여기에 나온 것 이외의 것도 포함한다. 이런 진단들은 각각 다르게 나타나며, 다른 치료 접근 방법이 필요하다. 그러나 통증을 증가 또는 더 넓은 범위로 방사시킬 수 있는 동작을 피하는 것뿐만 아니라, 통증을 감소시키는 자세와 움직임을 배우고 보강함으로써 논리적으로 각각의 질환을 다룰 수 있다. 예를 들어 고객이 허리를 앞으로 숙일 때 통증이 있다면 그

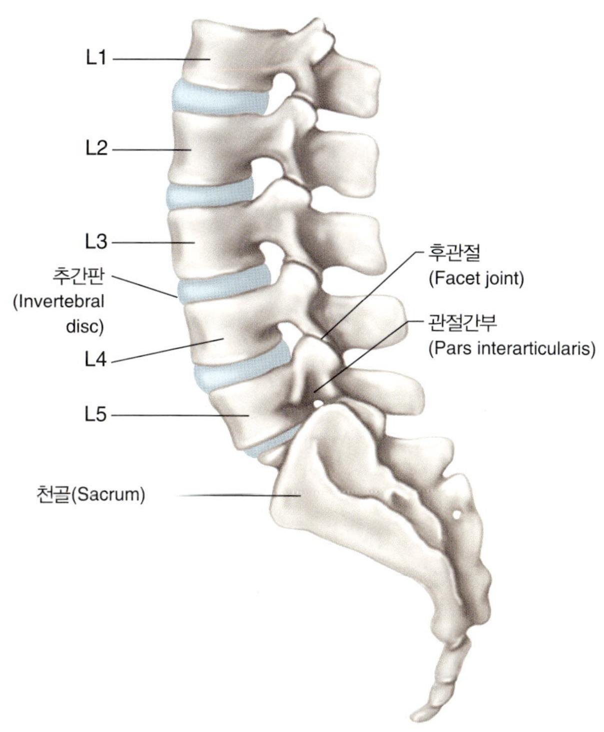

그림 21.2 요추의 해부학적 구조

동작을 피하고, 통증을 만들어내지 않는 허리 신전 운동을 추천할 수 있다. 대개 디스크탈출증이 있는 사람은 요천추의 신전 관련 운동에 좋은 결과를 보이고, 요추 협착증을 진단받은 사람은 굴곡 운동에 좋은 반응을 보인다.[64] 이 단원의 목표는 어떤 진단을 받은 고객들에게 적절하거나 부적절한 동작을 퍼스널 트레이너에게 알리는 것이다. 그림 21.2는 요천추 척추의 기본적인 해부학에 대해 보여주고 있으므로 이 단원 전체에 걸쳐 참고할 수 있다.

허리 통증

허리 통증(low back pain)은 급성이거나 만성일 수 있고, 몇 가지만 이야기해본다면, 근육좌상, 염좌, 타이트한 근육이나 통증유발점(trigger point), 저가동성(hypomobility), 과가동성(hypermobility), 척추장골이상(sacroiliac dysfunction)에 의한 것일 수도 있다. 어떤 경우라도 허리 통증에 관여하는 비슷한 기여인자들이 있다. 허리 통증은 통증, 기능 감소, 근육 보조의 감소라는 악순환을 일으킬 수 있으며, 근육 보조의 감소는 적절히 회복하지 못하면 흔하게 재발한다. 허리 통증은 특히 다열근, 요추기립근, 요근, 복횡근과 같은 근육을 억제한다. 이 근육들 모두 보통 자동적으로 조절되며, 척추분절의 조절과 안정화를 제공하는 중요한 근육이다.[71] 일단 억제가 일어나면 근육은 약해지며 기능을 제대로 수행할 수 없다. 통증이 감소해도 이 근육들은 약해진 채로 남으며, 통증이 멈추어도 기능이 자동적이지 못하게 된다. 따라서 이런 점들이 향후 반복되는 허리 통증과 기능이상을 일으키게 된다.[39]

움직임과 운동 지침

허리 혹은 몸통은 흔히 코어라고 불리는, 기능적 근육해부학 구조를 가지고 있고, 수행력의 중요한 부분이다. 비슷하게 근처 근육 구조물들은 적절한 허리 기능에 큰 영향을 준다. 따라서 한부분의 저가동성과 인접한 한 부분에서 과가동성을 가지는 것은 드문 일이 아니다. 예를 들어 하지의 근육군에 속하는 햄스트링은 골반을 뒤로 당기기 때문에, 특히 움직임이 있는 동안에 요추 부분의 과도한 전방 굴곡을 발생시킬 수 있으며, 결과적으로 허리 통증을 발생시킨다. 이런 점에서 권장되는 것은 햄스트링을 늘이기 위한 스트레칭이나 운동을 하는 것으로 단순화할 수 있다.

허리의 통증은 척추 안정화 운동, 자세 교정, 유연성 운동에 잘 반응한다. 영향을 주는 근육 구조들의 긴장이나, 약해짐을 적절히 평가하는 것이 필수적이며, 흔한 원인은 고관절(hip)에 위치하고 있다. 그곳에는 고관절 굴곡근, 고관절 외회전근(둔근), 햄스트링이 있다.[67] 허리의 신전근들과 복부 근육들은 안정성과 지지를 제공하는 데 필수적이며, 이 부분을 강화하는 것이 필요하다. 또한 허리의 부상이 없는 사람들은 발목으로 안정화하거나 지렛대로 사용하는 경향이 있으나, 허리 통증을 가지고 있는 사람들은 균형을 맞추어 선 자세를 유지하기 위해서 고관절과 허리를 안정화하거나 지렛대로 사용하는 경향이 있다. 그래서 자세의 흔들림이나 균형을 조절할 때, 더 어려움을 느낀다.[60] 따라서 허리 통증을 가지고 있는 사람들, 특히 과가동성이나 불안정성 문제가 있는 사람들은 프로그램에 균형 운동을 포함시켜야 한다.[62]

보통 유연성이나 가동성과 같이 영향을 주는 문제들을 적절히 측정해야 한다. ROM에 문제점이 있는 부위의 유연성 운동은 자주 행할 수 있고, 통증을 발생시키지 않아야 되며, 통증이 있는 반대 방향의 동작도 시행하는 것이 필요하다. 통증이 없는 허리와 골반의 안정화 운동과 생역학을 확립하는 것이 힘 강화의 주된 목표이다. 그리고 나서 체간 강화 운동으로, 궁극적으로는 더 어려운 안정성과 역동적인 운동으로 진행한다.[67] 고객이 허리 통증이나 허리 부상, 혹은 심해지는 부상의 병력이 있는 경우거나 퍼스널 트레이너가 문제점이나 상태를 명확하게 알 수 없는 경우, 의료공급자(예: 선수 트레이너, 물리치료사나 혹은 의사)의 자문을 구하는 것이 정당하다.

요추 디스크 손상

척주의 모든 부분에서, 척추 각각의 몸통은 추간판(intervertebral discs, 그림 21.3)으로 서로 연결되어 있다. 이 디스크들은 충격을 흡수하고, 과도한 전단력(shear force)을 방지하여 척주를 안정시키도록 만들어져 있다. 각각의 디스크들은 본질적으로 두 가지 층으로 되어 있다. 섬유륜(annulus fibrosus)은 튼튼한 바깥쪽 층이며, 젤라틴과 같은 안쪽 층인 수핵(nucleus pulposus)을 감싸고 있다.[65] 등의 요추 부분에서, 섬유륜의 앞부분은 강한 전방 종인대(anterior longitudinal ligament)으로 보강되며, 후방 종인대(posterior longitudinal ligament)는 요추 부분의 폭이 좁아서, 추간판의 후방에 제공할 수 있는 지지 기능이 제한되어 있다.

추간판 탈출이 있으면 수핵의 일부분이 섬유륜을 뚫고 나오게 되고 염증을 일으킨다. 이 염증은 결과적으로 척추신경근을 자극하게 된다.[73] 자극은 몇 가지 방식으로 나타난다. 고객이 허리에 통증을 느낄 수도 있고, 통증이나 비정상적인 감각, 위약감과 같은 하지의 변화를 느낄 수도 있다. 디스크 탈출을 억제하기에 약한 후방역학적 구조에 더해, 자세는 요추 디스크 기능이상과 손상에 중요한 역할을 한다. 과도한 굴곡(즉, 전방 굽힘)은 디스크 핵의 내용물을 후방으로 밀어내는 경향이 있고, 정상적인 경계를 넘어서 척추관이나 신경근 쪽으로 움직이도록 한다. 추간판 탈출이 있는 경우 고객은 의료진으로부터 치료 방법을 찾아야 하고, 그 치료 계획은 치료적인 운동을 포함할 수 있다.

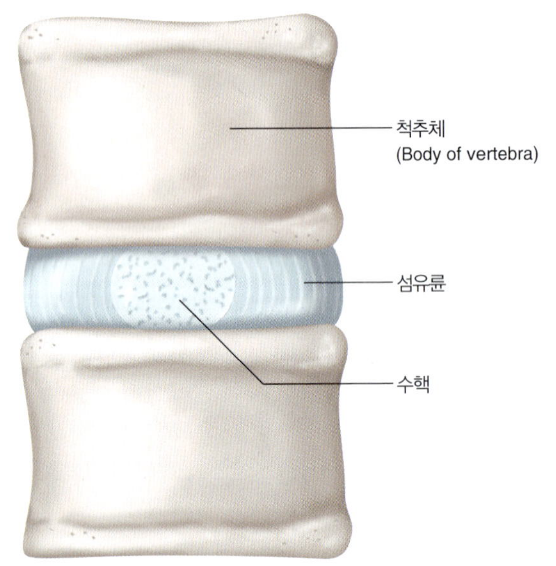

그림 21.3 추간판의 구성 요소

움직임과 운동 지침

방금 이야기한 이유들 때문에 요추간판 탈출을 가진 고객은 대개, 요추굴곡을 피하고 신전을 하게 함으로써 디스크 내용물의 후방돌출을 방지한다.[89]

따라서 그런 사람들은 크게 요추를 굽히는 동작을 포함한 운동을 피해야 하고, 골반을 중립으로 안정화시키고 강화시키는 활동을 수행해야 한다. 저항 운동 금기사항으로는 풀싯업(full sit-up)이 포함되며, 주의를 기울여야 하는 운동으로 스쿼트, 모든 로잉 동작(예: 시티드 로우, 벤트 오버 로우), 데드리프트가 있다. 주의를 기울여야 할 유산소 운동에는 자전거 타기(앞으로 기울이는 자세로 굴곡을 증가시킬 수 있기 때문에), 로잉 에르고미터, 유산소 댄스 중 굴곡에 기반한 동작들이 있다. 유연성은 추간판 탈출이 있는 고객들에게 중요하지만, 굴곡을 포함한 스트레칭 운동은 신중하게 사용되어야 한다. 금기되는 유연성 운동으로는 요추 굴곡을 심하게 할 수 있는 햄스트링 스트레칭(예: 서서 발끝에 닿기)과 요추에 비슷한 움직임을 일으키는 다른 동작들이 있다. 주의를 기울여야 하는 동작에는 둔근, 고관절 내전근, 등 상부의 스트레칭이 포함된다.

근육좌상

앞에서 이야기한 바와 같이, 근육좌상은 근섬유가 끊어지는 것이다. 요천추의 근육좌상은 꽤 흔하게 있으며, 직접적인 외상에서 과사용까지 다양한 원인들이 있다. 외상성 근육좌상은 고객의 의료 담당인의 지침에 따라 손상입은 근육에서 조직 치유의 여러 단계를 거쳐야 한다. 반면에 과사용 손상은 고객이 부적절한 자세나 움직임 패턴을 교정하는 것이 필요하다. 원래 의도된 방법으로 기능할 수 있도록 근육을 재훈련시키는 것이 근육을 더 효율적으로 작동할 수 있도록 해주고 근육의 비정상적인 부하를 감소시킨다.

움직임과 운동 지침

근육좌상 후 움직임과 운동제한은 손상받은 근육과 밀접

한 관련이 있다. 어떤 근육에 염좌가 왔는지 의료진이 파악하고 나서, 해당 근육에 대한 운동과 움직임은 피해야 한다. 예를 들어 척추 기립근 근육들에 염좌가 일어났다면, 요추 신전 운동(예: 과신전)과 정상 요추 전만을 정적으로 유지해야 하는 운동들(벤트 오버 바벨 로우, 일립티컬 트레이너)은 조직 치유의 초기 단계에서는 피해야 한다. 이와 같은 운동들은 손상된 근육이 주기능을 할 때 통증이 없는 재형성기의 운동 프로그램에 포함될 수 있다.

척추분리증과 척추전방전위증

척추분리증(spondylosis)은 요추부의 협부(관절간부)의 결손 혹은 골절이다(상부와 하부 후관절을 이어주는 아치 부분. 그림 21.1 참조).[37,40] 척추전방전위증은 척추분리증에서 더 진행되어 발생할 수 있으며 한 척추체 위의 다른 척추체가 앞으로 미끄러지는 것이다.[49,80] 원인은 다양하지만, 요추 신전 손상 후나 요추 신전이 필요한 활동(예: 다이버, 풋볼라인맨)에 참여하는 사람들에서 흔하게 발생한다. 척추분리증이나 척추전방전위증을 가지고 있는 고객들은 허리 통증을 호소하며, 하지의 방사통이나 감각 이상, 근육의 위약감 등을 호소할 수도 있다. 불편한 점들은 주로 허리를 신전시킬 때 일어나고, 굴곡시에 호전된다.

움직임과 운동 지침

척추관 협착증을 가진 고객처럼 척추분리증이나 척추전방전위증을 가진 고객들도 척추를 둘러싸고 있는 근육들을 강화시키는 데 중점을 두어야 하고, 척추 신전과 관련된 운동을 피해야만 한다. 대부분의 복부 운동, 특히 복횡근과 복사근을 사용하는 크런치 운동은 짐볼 위에서 실시하는 안정화 유형의 운동(요추 신전이 발생하지 않는) 만큼이나 적절한 효과가 있다. 요추관 협착증의 경우와는 대조적으로 걷기나 다른 종류의 서서 하는 심혈관 운동은 척추분리증이나 척추전방전위증을 가진 고객에게 금기가 되지 않는다. 오히려 이런 형태의 운동을 하는 것이 도움이 된다. 고객 각각의 필요성에 맞추기 위해서 변형이 필요할 수는 있다. 예를 들어 어떤 고객이 허리 통증의 증가로 인해서 스텝퍼를 10분 이상 수행할 수 없다면, 운동 지속시간을 그 수준보다 낮추어야 하며 견딜 수 있을 만큼 점진적으로 증가시켜야 한다. 덧붙여 운동변수의(즉 빈도, 강도, 시간의 길이, 활동의 종류, 지면 등등) 빠른 증가나 변화는 훈련된 운동선수에게조차 증상을 발생시킬 수 있다. 표 21.3은 허리 통증을 가진 고객을 위한 움직임 지침을 보여준다.

자세와 움직임 문제에 대한 효과적인 평가는 적정한 통증 없는 허리와 골반 중립 안정화, 그리고 유연성 운동을 위해 필수적이다.

어깨

어깨는 본래 가동성을 가지고 있기 때문에 적절한 기능을 위해 동적 안정성을 필요로 하며, 부상이나 수술 후에 특정한 운동이 고객의 전반적인 기능에 아주 큰 영향을 미칠 수 있는 곳이다. 어깨의 해부학적인 구조는 관절의 큰 가동을 가능하게 하지만, 부상이 쉽게 일어날 수 있다. 부상은 급성이거나 외상성이거나, 비외상성이거나, 만성이거나 과사용에 의한 것일 수 있다. 어깨에서 자세, 근육 균형, 견갑흉곽 조절, 가동성, 몸통이나 고관절과의 관계(고도로 조화롭고 균형잡힌 복합 운동을 수행하는 관절이

표 21.3 요통에 대한 움직임과 운동 지침

진단	움직임 금기 사항	운동 금기 사항	운동 적응 사항
디스크 손상	■ 요추부 굴곡 ■ 요추부 회전	■ 윗몸 일으키기 ■ 니 투 체스트 스트레칭 (knee-to-chest stretch) ■ 척추 꼬기(spinal twist)	■ 수동적인 요추 신전 스트레칭 ■ 복근과 신전근의 등척성 강화 운동에서 척추 안정화 프로그램으로 진행
근육좌상	■ 수동적인 요추 굴곡(염증기 동안) ■ 능동적인 요추 신전(염증기 동안)	니 투 체스트 스트레칭 (knee-to-chest stretch)	염증기 동안에는 하지 않으며, 신전근 강화 운동 후 부드러운 굴곡 스트레칭으로 진행
척추분리증과 척추전방전위증	■ 요추 신전	■ 스쿼트 ■ 숄더 프레스 ■ 푸시 프레스	■ 니 투 체스트 스트레칭 ■ 앱도미널 크런치 ■ 골반 중립 안정화 운동

므로) 등을 고려하는 것이 필요하다.

몸통과 고관절은 어깨 기능에 중요한 역할을 하며, 다리와 몸통은 오버헤드 동작을 위한 전체 역학적 에너지와 전체 힘의 51~55%를 제공한다.[44] 결과적으로 어깨를 위한 프로그램은 고관절 회전근, 고관절 외전근, 고관절 신전근과 복부와 허리의 안정 근육을 강화시키는 운동을 포함해야 한다.

어깨 기능에 필수적인 다른 면은 자세를 교정하는 것이다. 어깨 운동을 수행하거나, 부상의 병력이 있는 경우 자세 평가가 필요하다. 헤드포워드 또는 라운드 숄더(후만 자세, kyphotic posture)와 같은 자세가 흔히 잘못된 자세이며, 이는 상완골의 내회전과 어깨의 전인뿐만 아니라 어깨 후방부(견갑골 후인근과 외회전근)의 약화 그리고 전방부(전인근과 내회전근)의 긴장을 유발한다.[67] 이것은 상완골의 최대 거상 동작을 막고 견봉하 충돌이나, 회전근개 염증이나 파열에 기여한다.

근육 불균형은 관절 안의 짝힘(force coupling)에 영향을 미쳐 어깨 부상을 초래한다. 관절와상완 관절(glenohumeral joint)에서는 내회전근이 외회전근과 짝힘을 이루고, 회전근개와 삼각근이 짝힘을 이룬다. 회전근개가 어깨의 움직임을 만드는 것뿐만 아니라, 관절와(glenoid fossa)로 상완골 골두를 눌러 관절의 안정성과 적절한 움직임을 만드는 데 보조적인 역할을 하기 때문에, 이런 근육 균형은 중요하다. 견갑흉곽 부위(scapulothoracic region)에서는 상부 승모근과 견갑거근이 견갑골을 상승시키고, 중간 승모근과 능형근은 견갑골을 내전시킨다. 하부 승모근은 견갑골을 내전시키고 하강시키며. 전거근은 견갑골을 외전시키고 위쪽으로 회전시킨다. 소흉근은 견갑골을 하강시킨다. 관절와상완 부위와 견갑흉곽 부위 근육들은 집합적으로 작용하여 어깨 움직임을 만들기 위한 동시적이고 일관적인 관계를 제공한다.[66] 흔한 근육의 불균형은 외회전 대 내회전 비율이 감소하고, 상부 승모근과 삼각근의 활동도가 증가하며, 하부 승모근의 활동도가 감소되고, 전거근이 억제되어 있는 경우이다.[66,76] 이런 점들을 고려할 때, 저부하의 저항으로 회전근개를 강화하는 것이 중요하다. 부하를 증가시킬 경우에는 삼각근의 활동도를 증가시키게 되고, 회전근개 강화의 역효과를 내며, 원치 않는 상완골의 상부 전위를 만들어내서 회전근개 운동에 악영향을 주고 충돌이 더 잘 일어나게 한다.[12] 덧붙여 견갑 근육들의 피로도는 어깨 기능에 영향을 주므로 지구력 운동이 포함되어야 하고, 특히 이 운동을 닫힌 사슬 운동으로 행함으로써 어깨 안정성을 강화시킬 수 있다.[67] 다시 이야기하지만, 적절한 운동이나 진행에 대한 확신이 서지 않으면 의료팀에게 자문을 구해야 한다.

이후 부분들은 각 손상이나 수술 후의 개괄적인 내용을 보여주며, 이후에 특정 운동 적응사항과 금기사항에 대해서 보여준다. 가장 적절한 운동사용 중 일반적으로 걸리는 기간에 대한 추정치도 포함하고 있다. 이 장에서 서술하고 있는 모든 문제들에 대해서 퍼스널 트레이너는 고객에게 어떤 운동에 대해 조언하기에 앞서, 의료진, 선수 트레이너, 물리치료사를 포함하는 고객의 건강관리팀에 자문을 구해야 한다.

충돌증후군

충돌증후군(Impingement syndrome)은 극상근, 이두근의 장두, 혹은 견봉하 점액낭이 견봉아치 밑에 '끼여서 눌리는 것'이다(그림 21.4). 충돌은 많은 원인 요소가 있으며, 그 중 몇몇은 보존적인 치료로 바꿀 수 있고, 다른 것들은 수술적인 치료가 필요하다(예: 견봉하 감압술). 수술이 필요한 원인 요소로는 해부학적이나 뼈의 이상이 있다(예: 견봉하 구조물들을 누르는 '갈고리 모양'의 견봉). 몇몇 요소들은 바뀔 수 있는데, 근육 불균형이나 나쁜 자세, 견갑 조절, 부적절한 운동기술, 어깨의 과사용, 특히 오버헤드 활동(예: 야구 투수, 수영 선수)이 여기에 속한다.

많은 운동선수 트레이너나 물리치료사들은, 염증이 가라앉은 후에 근육의 불균형이나 지구력, ROM(제한이 있는 경우), 견갑 조절, 자세 개선을 위해서 운동하는 데

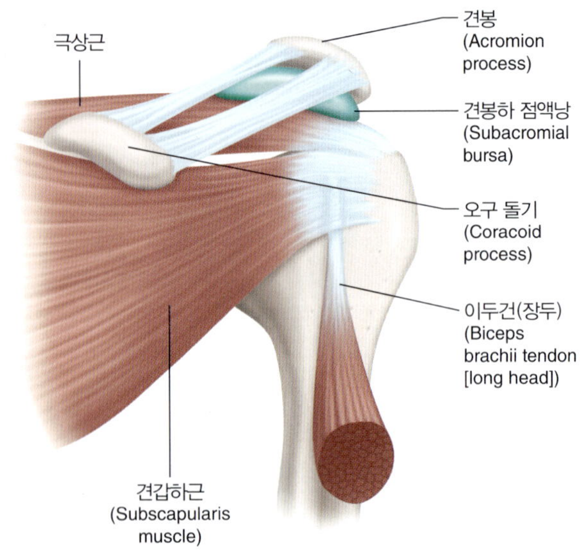

그림 21.4 어깨의 앞쪽 면

중점을 둔다. 정식 재활 과정이 끝나고 나서 퍼스널 트레이너는 재활 기간 동안에 시행한 운동을 지속해야 하는 중요한 책임이 있다. 회전근개의 근력이 돌아오고 견갑 안정성이 돌아온 후 고객의 통증이 크게 줄어들거나 없어졌을 때, 퍼스널 트레이너는 점진적으로 전형적인 저항 훈련 운동을 추가할 수 있다.

회전근개 근육들은 얕은 관절와에 상완골을 위치시키고, 견봉으로 상완골이 위로 이동하는 것을 막도록 작용한다. 견갑대에 붙어 있는 근육(우선적으로 상부와 하부 승모근, 전거근, 견갑거근 근육들)은 머리 위 움직임(overhead movements) 동안 견갑골을 적절하게 돌리는 기능을 해야 한다. 이 근육들 중 어떤 것이라도 약해져 제대로 기능하는 데 실패하면 충돌이 일어난다.

움직임과 운동 지침

그림 21.5~21.9는 일련의 회전근개 운동을 보여주고 있으며, 이 운동은 다른 근육군의 보상 작용을 최소화하는 반면, 회전근개의 높은 활성도를 이끌어낸다.[6,67] 이런 운동은 비수술적 또는 수술 후 어깨 재활 프로그램의 주된 내용이며[18] 회전근개 강화를 지속하고, 적절한 근육 균형을 유지하기 위한 재활 후 훈련 프로그램에도 해당한다. 회전근개 근육은 일차적으로 지구력이 필요하기 때문에, 저중량(종종 4파운드[1.8kg] 이상으로), 고반복(15~20회 반복)으로 수행한다. 이런 운동은 근육 활성화 특성과, 어깨의 안전한 위치, 90도 거상 밑 중립적인 환경과 팔을 몸에 비해 앞쪽으로 두는 위치(관상면보다 앞쪽) 등을 고려하여 선별되었다. 이런 자세는 회전근개 충돌을 최소화하고, 대부분의 사람들이 통증 없이 운동을 할 수 있게 한다.

충돌증후군이 있었던 고객들은 회전근개와 견갑대 운동을 지속하는 데 집중해야 한다. 능형근과 중부, 하부 승모근을 목표로 하고, 견갑의 후인과 하강에 집중하는 다양한 종류의 로잉 운동들이 추천된다. 머리 위로 밀어 올리는 운동(overhead pressing exercise, 예를 들어 숄더

그림 21.5 옆으로 누워서 하는 외회전. (a) 시작 자세, (b) 끝 자세.

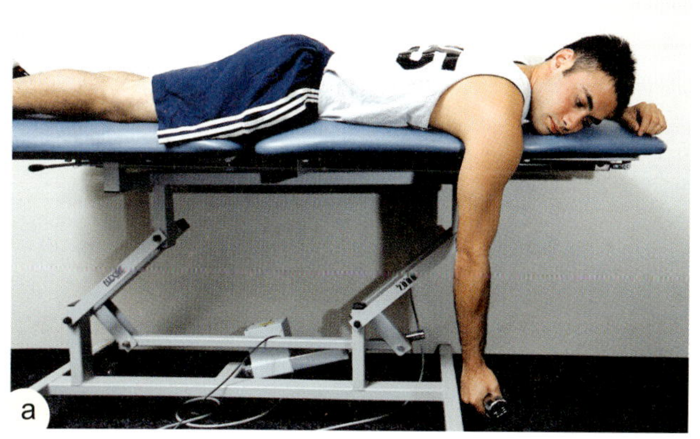

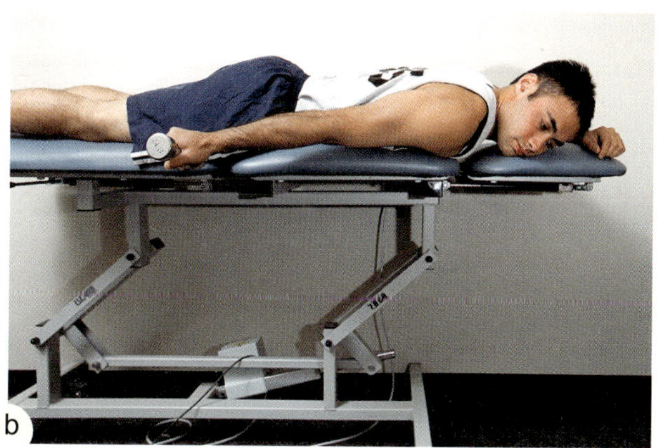

그림 21.6 엎드려서 하는 신전. (a) 시작 자세, (b) 끝 자세.

그림 21.7 엎드려서 수평 외전. (a) 시작 자세, (b) 끝 자세.

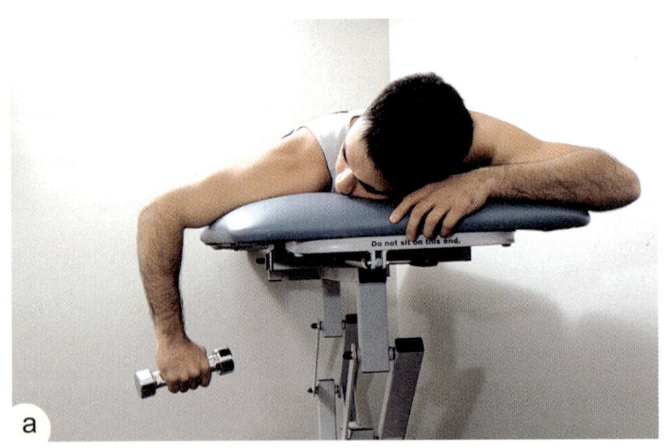

그림 21.8 엎드려서 90도/90도 외회전. (a) 시작 자세, (b) 끝 자세.

그림 21.9 Standing empty can

프레스)과 모든 종류의 벤치 프레스 운동은 주의깊게 행해져야 한다. 디클라인 벤치 프레스는 이 부위에 최소한의 부하를 주기 때문에, 벤치 프레스를 재도입하는데 적당한 선택이 된다. 업라이트 로우는 신중하게 시행해야 하고, 너무 높게(팔꿈치를 너무 높게) 올리는 동작은 충돌에 의한 통증을 악화시킬 수 있다. 렛풀 다운과 같은 운동은 안전할 수 있는데, 목 뒤보다는 가슴 앞으로 광배근의 활성에 집중하면서 한다.

몇몇 심혈관 운동들은 고객이 어깨 충돌을 회복하는데 있어 자세로 인한 문제를 가질 수 있다. 베르사클라이머(VersaClimber)의 사용은 충돌되기 좋은 위치(즉 머리 위로)에 어깨를 놓기 때문에 금기되는데, 회전근개와 견갑 안정근의 근력이 돌아오지 않았을 때 특히 그렇다. 테니스 서브나 라켓볼 스매시와 같은 오버헤드 동작이 포함된 라켓 스포츠는 어깨 내 충돌 가능성을 높이기 때문에 주의해야 한다.

전방 불안정성

어깨(관절와상완 관절)의 전방 불안정성이 있을 때, 상완골의 골두 부분이 너무 멀리 앞으로 이동한다면, 부상이나 탈구를 유발할 수 있다.[21] 이런 문제점을 가진 사람들을 다루는 것은 오늘날 정형외과 스포츠 의학이 직면하는 큰 도전으로 남아 있다. 후방 불안정성은 덜 흔하게 일어나기 때문에, 여기서의 논의는 전방 불안정성 관리에 국한하겠다. 그러나 불안정성의 모든 방향에 따른 지침은 표 21.4에 나열되어 있다.

연구에 따르면 전방 탈구 후 발생하는 재탈구 경우가 중년의 30~50%인 반면에, 젊고 활동적인 사람은 90%에서 발생한다고 나타난다. 최근 어깨 불안정성을 가지고 있는 사람들을 치료하기 위한 재활이나, 수술적 방법에서 엄청난 진보가 있었다. 어깨 불안정성의 수술적 치료는 일차적으로 관절경을 사용하는 술기와 관절와 내에 상완골 골두를 안정시키기 위해 문자 그대로 관절낭을 축소(열 관절낭 축소술)시키는 고도의 장비까지 발전하였다.

움직임과 운동 지침

불안정성에 적응사항이 되는 운동(회전근개와 견갑 강화 운동)은 충돌증후군을 위한 운동과 비슷하다. 궁극적으로 회전근개는 관절와상완 관절의 주된 역동적 안정화 장치이기 때문이다. 그림 21.5~21.9와 표 21.4에 나와 있는 금기사항들은 안전한 방법으로 운동을 수행하는 지침이 될 것이다. 90도 이상의 거상 운동이나 손이나 팔을 어깨 뒤쪽에 두는 운동(즉 관상면에서 앞쪽으로 90도)은 어깨를 불안정한 상태로 두기 때문에 위험할 수 있다. 이런 어깨 운동의 기준들에 의해서 어깨를 90도 미만으로 들어올리고, 손과 팔은 몸의 관상면보다 앞으로 놓는 것으로 묘사하는 안전 영역을 이용하도록 한다(그림 21.10).[19]

불안정한 어깨를 가진 고객은 불안정성에 대한 치료 방법으로 운동 기반의 보존적 치료 방법 또는 수술을 선택할 수 있다. 불안정한 어깨를 가진 사람들은 보존적으로 치료받거나 수술적으로 치료받은 두 경우 모두, 흔히 전통적인 근력 훈련이나 유산소 컨디셔닝 활동 혹은 둘 다로 복귀하기를 원한다. 수술로 인해 고쳐진 구조물을 보호하기 위해서 운동의 변형을 포함시키는 것이 중요하다. 어깨 불안정성의 문제를 발생시키지 않게 하기 위해서 이런 운동의 변형을 개인의 리프팅 프로그램에 영구적인 요소로 넣어야 하는 것으로 입증되어 있다(그림 21.11).[31]

일단 고객의 불안정한 어깨에 대한 치료가 끝나면, 대부분의 유산소 훈련 활동은 일반적으로 안전하게 수행할 수 있으나, 몇 가지 유산소 댄스 스텝, 수영(특히 자유형이나, 배영, 접영), 라켓 스포츠 몇 가지는 예외로 한다. 앞에서 언급한 안전 영역을 벗어나 어깨를 위치하게 하는 유연성 운동(손을 등 뒤로 두는 스트레칭이나, 목 뒤로 놓는 스트레칭)은 이미 불안정한 어깨에 안 좋은 부하를 가할 수 있으므로 금기사항이 된다. 표 21.4는 어깨 이상을 경험한 고객들을 위한 움직임 지침을 보여준다.

표 21.4 어깨 움직임과 운동 지침

진단	움직임 금기사항*	운동 금기사항*	운동 적응사항
충돌증후군	어깨가 내회전되면서 머리 위로 드는 동작 혹은 통증이 있는 동작	▪ 숄더 프레스 ▪ 어깨를 내회전시킨 상태에서 라테랄 덤벨 레이즈 ▪ 어깨 높이 위로 하는 업라이트 로우 ▪ 인클라인 벤치 프레스	▪ 회전근개 강화 운동 ▪ 통증 없는 운동들
불안정성	▪ 전방: 외회전과 >90도 외전의 복합적으로 있는 경우, 수평 외전 ▪ 후방: 내회전과 수평 내전, 굴곡이 복합적인 경우 ▪ 하방: 최대거상, 팔이 매달려 있는 것	▪ 벤치 프레스** ▪ 펙 덱** ▪ 푸시업** ▪ 비하인드 넥 랫 풀 다운과 숄더 프레스	▪ 회전근개 강화 운동 ▪ 견갑 강화 운동 ▪ 안정화: 정적에서 동적으로
회전근개 병변 (Rotator cuff pathology)	저항이 있는 머리 위로 든 자세	통증 있는 운동, 초기 빠른 신장성 동작	회전근개 강화 운동(수술 후 초기 4~6주 후에)*

*특정 고객에게 이 동작들이 금기가 되는지 여부와 언제부터 시작할 수 있을지에 대해선 의료전문가에게 자문하라.
**손을 어깨너비보다 넓게 벌리지 않으며, 마지막 10~20도의 어깨 신전을 피하고, 잡은 두 손 위치를 가깝게 한다.

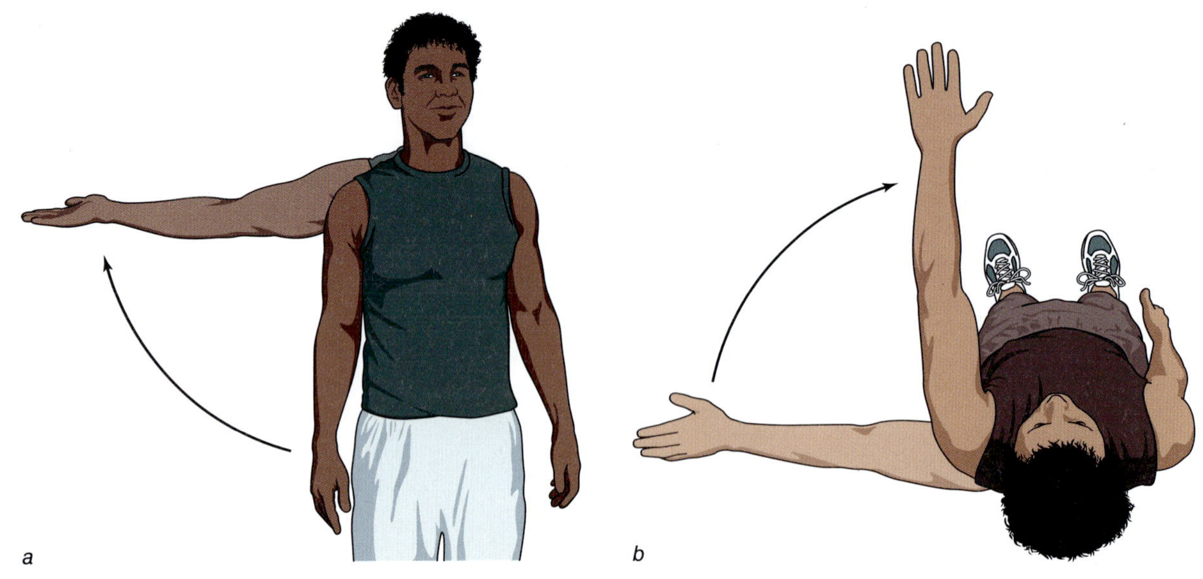

그림 21.10 안전한 운동 범위 자세. 자세는 (a) 어깨 높이보다 밑이어야 하고, (b) 몸의 관상면에 위치해야 한다.

회전근개 봉합술

회전근개 봉합술(rotator cuff repair)은 흔히 회전근개 건이 손상받았을 때 시행하며, 주로 극상근의 건이 손상을 받는 경우가 많고, '전층파열'이 포함된다. 전층파열은 건이 해어진 것뿐만 아니라, 전부 끊어졌을 때를 의미한다. 이런 파열은 관절역학에 큰 변화를 주며[63] 전통적으로 봉합사나 봉합 나사못(suture anchor)을 이용하여(찢어진 건의 삽입 부위에 건이 붙을 수 있도록 매어놓는 것), 개방절개(open incision)나 관절경(arthroscopy)으로 시행한다.

추가적인 개방절개나 회전근개의 더 심한 손상은 회전근개 봉합술 후의 팔걸이로 고정하는 시기를 증가시킨다. 움직이지 않고 팔걸이로 고정하는 정확한 기간(보통 2일에서 6주)은 외과의에 의해서 정해지며, 환자의 나이, 조직의 질, 수술시 발견된 추가적인 손상 부위의 영향을 받는다.

움직임과 운동 지침

지나치게 열성적인 고객의 활동과 부적절한 운동의 시작으로 인해 회전근개 봉합에 실패하게 되면, 처참한 결과를 가져온다. 견갑골의 근육과 회전근개를 위한 운동(그림 21.5~21.9)은 이런 고객들에게도 사용될 수 있으나, 수술 후 4~6주 동안에는 해서는 안 된다. 보통 회전근개 봉합 후 3~4개월 동안의 정상 재활 과정을 거쳐서 치료를 종료한다. 그림 21.5~21.9에 있는 운동은 지속적인 회전근개 구조를 자극하기 위해서 재활 후 프로그램 설계에서 지속적으로 강조되어야 한다.

이런 고객들에게 금기되는 운동은 표 21.4에 나열되어 있다. 오버헤드 리프팅과 푸시업, 벤치 프레스는 어깨가 부하를 받는 자세에서 회전근개에 과부하를 주게 된다. 불편감과 통증을 일으키는(예: 수영, 베르사클라이머) 유산소 지구력 활동은 제한되어야 한다. 전형적으로, 걷기, 달리기, 계단오르기와 같은 하체를 이용한 유산소 지구력 훈련은 잘 견뎌낼 수 있으며, 어깨 재활 기간 도중에도 안전하다. 추가적으로 회전근개 수술 후에 합병증 중 하나로 가동범위(ROM) 소실이 있으며, 그 정도는 수술 후 고정한 기간의 길이에 달려 있다. ROM 소실은 외회전, 내회전, 외전 형태가 포함된다. 이런 점들은 향후에 어깨와 팔을 머리 뒤쪽에 놓게 되는 전통적인 운동들의 수행 능력에 영향을 미친다.

이 부분에서 논의된 몇 종류의 어깨 문제는 표준적인 상지의 근력 훈련 운동 수행을 방해한다. 퍼스널 트레이너의 책임감 있는 개입에는 이런 운동들을 수행하면 위험할 사람이 누구인지 선별해 내는 것이 포함된다. 표 21.5는 흔한 운동과 움직임을, 어깨 관절에 원치 않는 부하를 감소시키기 위해 적절하게 변경하는 법을 보여준다. 어떤 상지 훈련 프로그램이라도 회전근개와 견갑 운동을 '핵심' 부분으로 적용하기를 추천한다. 왜냐하면 어깨 복합체의 안정화와 움직임에 이 근육들이 중요한 역할을 수행하기 때문이다.

그림 21.11 운동변형과 전방 관절낭 부하. 좌측에 있는 사진들은 전방 관절낭에 부하를 주지 않고 바르게 수행된 운동을 보여준다. 해로운 전방 관절낭 부하는 이런 운동들을 틀리게 수행했을 때 발생하며, 오른쪽에 놓인 사진과 같다.
(a) 바른 테크닉: 얼굴 전방에서 숄더 프레스, (b) 틀린 테크닉: 비하인드 넥 숄더 프레스, (c) 바른 테크닉: 펙 덱, (d) 틀린 테크닉: 과도한 수평 외전을 하는 펙덱, (e) 바른 테크닉: 얼굴 전방에서 랫 풀 다운, (f) 틀린 테크닉: 비하인드 넥 랫 풀 다운.

표 21.5 어깨 운동의 변형

운동	변형
숄더 프레스	바벨을 내렸을 때, 바가 고객의 머리 앞쪽을 지나도록 하여, 어깨 전방 부하를 최소화시킨다.
벤치 프레스	바를 내렸을 때, 어깨 기능 이상을 가진 고객이 가슴에 바가 닿도록 내리지 않게 하여, 어깨의 전방 부하를 최소화한다.
	상완을 몸 옆에 가까이 위치하여, 수평 외전을 제한하고, 어깨의 부하를 감소시킨다.
펙 덱	신장성 수축기에서, 어깨에 기능 이상이 있는 고객들은 패드가 몸 뒤쪽으로 지나지 않게 하여, 어깨의 전방 부하를 최소화한다.
랫 풀다운	바를 끌어내릴 때, 바가 고객의 머리 앞쪽을 지나도록 하여 어깨의 전방 부하를 최소화한다. 리버스 그립(회외 위치)을 사용하여 어깨의 관절 부하를 감소시킨다.

어깨 운동은 기능적인 움직임 동안에 견갑과 회전근개를 사용하여 관절의 안정성을 얻을 수 있는 접근 방법에 기반해야 한다.

발목

발목 염좌는 모든 운동선수 부상 중 10~28%를 차지할 정도로 가장 흔한 부상 중 하나이다.[41,73,74] 발목 염좌는 흔히 갑자기 멈추거나 방향을 바꾸고, 점프를 하는 축구나 야구와 같은 스포츠와 연관이 있다. 바깥쪽 인대에 손상을 주는 내번 염좌(inversion sprain)가 가장 흔하게 보고된다. 발목의 바깥쪽은 일차적으로 세 가지 인대에 의해 안정화되며, 그 인대에는 전방 거비인대(anterior talofibular ligament), 후방 거비인대(posterior talofibular ligament), 종비인대(calcaneofibular ligament)가 있다(그림 21.12).[41,73,74] 대부분의 발목 바깥쪽 염좌는 전방 거비인대에 손상이 오는데, 이것은 이 인대가 상대적으로 약

어깨 운동 변형이 필요한 상태

다음과 같은 상태를 가진 고객들은 운동이 금기되지 않는다. 그러나 각각의 상황에서 운동에 참여하기 위해서는 특정한 변형이 필요하다.

- 회전근개 봉합
- 회전근개 **건염**
- 관절와상완골 관절 불안정성(이전의 탈구 혹은 **아탈구**)
- 견봉쇄골 관절 손상(분리)
- 관절와상완 관절 관절염

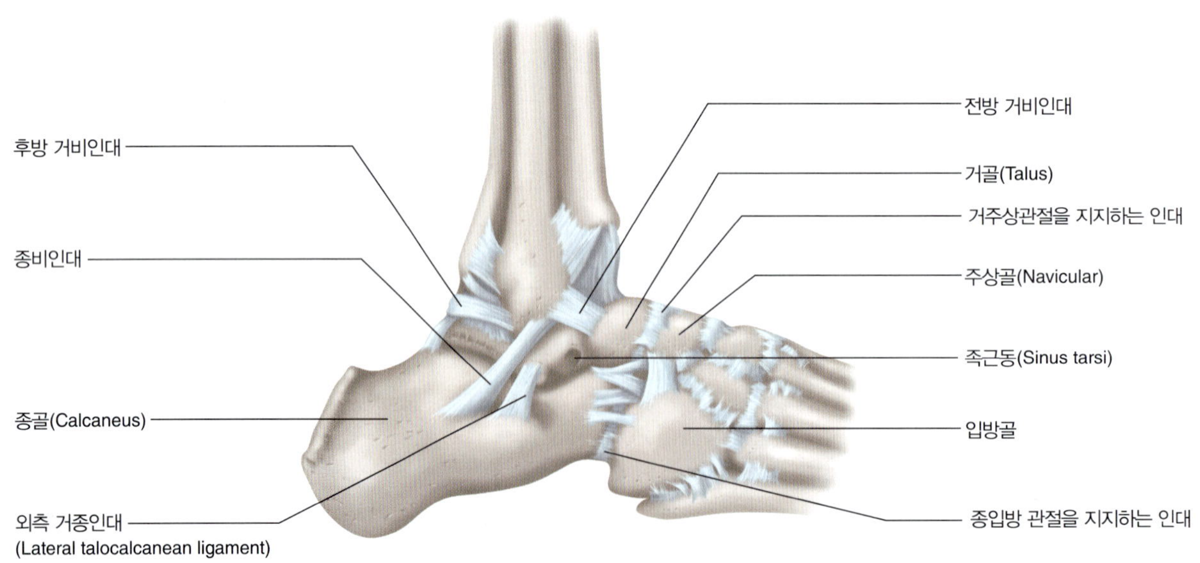

그림 21.12 발목의 인대

하며, 내번, 족저굴곡, 내회전된 상태에서 발목에 가해지는 힘을 버티기 힘들기 때문이다. 후방 거비인대와 종비인대도 손상받을 가능성이 있으나 이 인대들까지 다치려면 높은 수준의 내반력이 작용해야 한다. 따라서 후방 종비인대나 거비인대 손상도 있는 염좌는 심각할 가능성이 많다. 발목 염좌의 흔한 발병으로 인해, 많은 사람들이 기능적 손상이 적은 염좌는 자가치료하는 것을 선택한다. 따라서 퍼스널 트레이너는 가벼운 발목 염좌를 자가치료하였거나, 심한 염좌에 대해서는 정식 재활을 받고 퇴원하였을 고객들과 일하게 된다. 그러나 부적절하게 관리된 발목 염좌는 만성적인 발목 불안정성으로 이어질 수 있다. 발목에 만성적인 문제가 일어날 가능성을 최소화하기 위해서는 운동을 계획하기 전에 고객이 의사나 임상가에 의해서 문제점을 찾도록 퍼스널 트레이너가 격려해야 할 필요가 있다.

움직임과 운동 지침

왕성한 운동은 발목 재활의 초기 단계에서는 하지 말아야 하며, 통증과 염증을 조절하며, 인대가 회복할 수 있도록 관절을 보호하는 데 중점을 두어야 한다.[43] 발목에 체중을 얼마나 싣도록 허용할지는 발목 손상의 정도에 따라 달라진다. 대개 조금이라도 일찍 보행을 하도록 격려하며, 이는 약간의 스트레스가 더 완전한 조직 치료를 촉진하기 때문이다. 회복의 초기 시기 동안, 고객은 근육의 위축과 함께 균형감과 자세 조절 능력의 상실을 경험하게 된다. 다른 근골격계 손상과 마찬가지로, 기능 결손의 정도는 부상의 중증도에 달려 있다. 부종과 통증이 가라앉고 나서, 운동과 활동은 좀 더 공격적으로 할 수 있다. 심폐지구력(실내 고정자전거 등)을 유지하며, ROM, 근력, 고유수용 감각을 회복하는 데 중점을 두고 좀 더 기능적인(간단한 것과 복잡한 것 모두) 작업으로 진행해야 한다.[43,82]

최근 계획적인 균형 훈련 프로그램에 참여하는 것이 발목 염좌의 위험도를 줄이는 것으로 판명되었다.[52,84] 균형 운동 프로그램(balance program)은 다른 훈련 패러다임과 마찬가지로 점진적으로 설계해야 하며, 점차 다양한 고급 동작들을 포함시켜야 한다. 선수들을 위해서는 시즌 내에 적은 볼륨과 빈도를 적용하도록 프로그램을 전환해야 한다.[84] 다른 하지의 문제와 부상을 위한 운동 프로토콜로 사용되는 균형과 자세 제어에 대한 작업의 대부분은 발목에도 적용할 수 있다. 예를 들면 한 다리로 서서 균형 잡기를 안정적인 지면에서 하다가 불안정한 표면(폼 패드, 보수볼 등) 위로 진행하며 이것을 눈을 뜨거나 감고서 하는 것, 플라이오메트릭 점프, 민첩성 운동, 달리기 진행(일직선으로 달리는 것에서 방향을 바꾸어 달리는 것으로 진행하는 등)은 부상당한 발목의 기능을 회복하는 데 효율적일 수 있다.[3,43,69,73,74,82] 표 21.6은 가측 발목 염좌에 대한 움직임 지침을 제공한다.

부상당한 발목을 비체중부하에서 체중부하 활동으로, 이후에 근력과 ROM, 균형 운동으로 진행하는 것이 보다 기능적인 관절 활동을 적절히 준비하는 방법이다.

무릎

어깨와 마찬가지로, 무릎에도 다양한 종류의 손상과 외과적인 수술이 존재한다. 여기에서 우리는 세 가지 흔한 무릎의 문제인 전방 무릎 통증, 전방 십자인대 손상, 인공관절에 대해서 논의한다. 다시 말하면 우리는 부상의 병태생리와 외과적인 수술 과정에 대한 자세한 설명을 제공하지 않는다. 오히려 이 과정에 대한 전반적인 개요를 제공하고, 일반적인 재활을 논하며, 정식 재활 후에 고려해야 할 운동(적응사항과 금기사항)의 윤곽을 잡는다. 그림 21.13은 무릎의 인대를 나타낸 것이다.

전방 무릎 통증

'전방 무릎 통증'이라는 용어는 때로는 '러너무릎(runner's knee)'이라고도 바꿔 사용되며, 임상적으로는 슬개대퇴통증증후군(PFPS, patellofemoral pain syndrome)이라고 하며, 젊은 성인에게 흔한 임상 진단이

표 21.6 발목의 움직임과 운동 지침

진단	움직임 금기사항	운동 금기사항	운동 적응사항
내반 염좌* (inversion sprain)	체중부하를 동반한 내반	부하나 전 체중부하가 필요한 활동들	체중부하가 허용될 때까지 열린 사슬 가동범위와 근력 운동

*급성 내반 염좌에 기초한 정보이며, 초기 단계 회복기임을 강조함. 염좌의 중증도에 따라 허용 가능한 활동 수준이 결정됨. 일단 전 체중부하가 가능하면, 닫힌 사슬 운동과 좀 더 기능적인 운동에 참여 가능함.

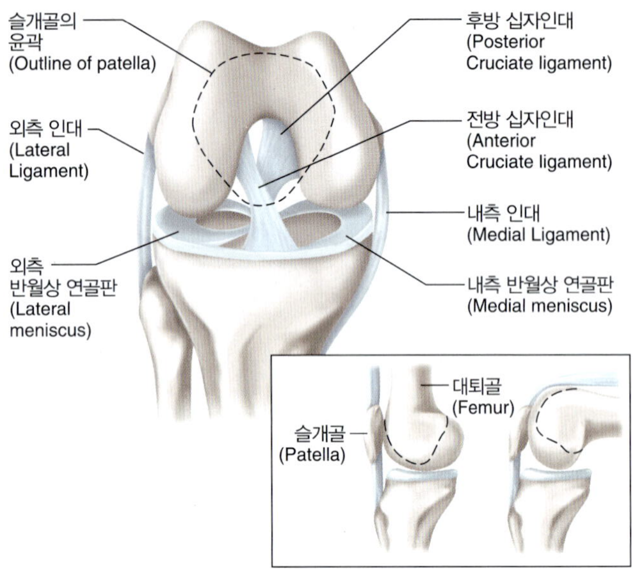

그림 21.13 무릎 관절의 인대, 오른쪽 무릎의 전면, 무릎을 90도로 구부린 상태이며, 관절낭 내의 십자인대를 보여주기 위하여 슬개골은 제거된 상태이며, 반월상 연골판을 보여주기 위해서 대퇴골 과를 약간 들어올린 상태. 측부 인대는 관절의 중심(center)에 위치해 있으나, 관절 강 바깥쪽에 놓여 있다.

다. 이 진단은 다른 명확한 병리적 문제가 없는 전방 혹은 슬개골 뒤쪽의 무릎 통증과 연관이 있다.[17,67,88] 슬개대퇴통증증후군은 여러 가지 요인에 의한 상태이며, 내부적인 요소로 하지의 정렬 이상, 대퇴사두근 약화, 허벅지의 근육 구조에 대한 신경근적인 문제(혹은 이것들 중 복합적인 요인으로)가 있다.[17,42,88] 전방 무릎 통증은 퍼스널 트레이너 고객들 사이에서 흔한 병이며, 다양한 진단과 연관이 있다(예: 연골연화증, 장경인대마찰증후군, 추벽증후군, 슬개건염). 전방 무릎 통증을 가진 고객은 흔히 장시간 앉아 있을 때와 계단을 오르내릴 때 무릎의 통증을 호소한다. 그러나 전방 무릎 통증의 원인과 치료에 대해서는 문헌상의 합의가 부족하다. 이런 합의가 부족한 것은 이 질환이 여러 인자에 의한 병인을 가진 성격과 연관이 있으며, 제시된 원인들로는 과사용(특히 달리기), 과부하, 생역학적인 문제, 근육 불균형이 있다. 전방 무릎 통증은 흔한 진단이지만, 치료는 개별화된 접근이 필요하며, 기저에 깔려 있는 유발인자와, 고객의 개별적인 동반 손상에 기초해야 한다. 그렇지만 몇몇 공통적인 치료 방법과 재활 방법이 존재하며, 이것은 통증과 염증을 줄이고, 생역학적인 문제점을 교정하고, 조직 기능을 최적화하는 것이다.

움직임과 운동 지침

전방 무릎 통증은 '나쁜 정렬 증후군(miserable alignment syndrome)'이라고 언급되어 왔고, 대퇴염전(femoral anteversion), 슬개골 부정렬(patellar malalingment), 증가된 대퇴사두근각(Q-angle), 경골 외회전(tibial external rotation)[17]이 원인으로 알려졌다.[17] 과사용과 적합하지 않은 표면에서의 훈련은 전방 무릎 통증의 흔한 원인이 되며, 달리기나 점핑, 자전거 타기 활동 등과 관련해서도 흔하게 일어난다. 종합적으로 보면 이런 요인들은 슬개골의 궤도를 바꾸고, 주변 조직의 타이트함(예: 외측인대, 장경인대)이나, 슬개골에 작용하는 힘의 불균형, 발의 생역학적 변화(예: 과도하거나 부적절한 회내나 회외)가 원인이 된다.[17,51] 따라서 적절한 달리기 환경(콘크리트 vs 아스팔트 vs 트레드밀), 적절한 신발, 크로스트레이닝의 이점에 대한 교육이 과사용 문제를 다루는 데 중요하다.

전방 무릎 통증에 영향을 주는 근육 불균형은 흔히 외측광근과 내측광근의 한 부분인 내사광근(vastus medialis obliquus, VMO)과 흔히 관련이 있다. 외측광근의 힘이 내사근보다 커서 슬개를 과도하게 당기고, 이 때문에 대퇴사두근이 활성화될 때 슬개가 외측으로 움직이게 된다는 것이 일반적인 생각이다. 이런 근육 불균형 상태에서 존재하는 것이 가능할지라도, 치료에 대해서는 논란이 있다. 이런 균형을 개선시키기 위해서는 VMO를 강화하는 것이 논리적으로 맞아 보이나, 선택적인 VMO 동원이 가능할지에 대해서는 연구로 증명하지 못했다. 더 최근의 연구는 대퇴사두근의 근력과 기능에 덧붙여, 근위부의 근육 약화(중둔근)가 전방 무릎 통증에 영향을 미치는 인자라고 제안하고 있다. 특히 중둔근의 약화는 반대쪽 골반이 떨어지게 하고, 지지하는 다리의 대퇴골과 경골이 내회전되게 한다.[17,42] 골반, 대퇴골, 경골의 정렬에서 이런 변화는 발의 과회내(hyperpronation)을 만들고, 이미 나쁜 정렬 상태를 악화시킨다.[17]

대퇴사두근은 계단을 올라갈 때나 걸을 때와 계단을 내려갈 때 몸의 감속을 보조하기 때문에, 일반적인 대퇴사두근 강화는 슬개대퇴 기능을 증가시키고, 전방 무릎 통증을 감소시킨다. 그러나 근위부 근육의 약화는, 특히 역동적인 동작에서 하지를 안정화시키는 전반적인 능력을 감소시킨다. 따라서 편측의 균형을 잡는 능력을 강화하고, 고관절 근력을 목표로 하는 운동은 전방 무릎 통증을 치료하고 예방하는 데 필수적인 요소로 판단된다. 그렇지만 슬개대퇴 관절에 부정적인 부하를 주지 않는 운

표 21.7 무릎 움직임과 운동 지침

진단	움직임 금기사항	운동 금기사항	운동 적응사항
무릎 전방 통증*	90도 이상 굴곡하는 닫힌 사슬 무릎 움직임	풀 스쿼트, 풀 런지	1/4~1/2 스쿼트와 레그 프레스
	굴곡 0~30도 사이의 열린 사슬 움직임	가동범위 끝까지의 다리 신전 운동	부분 런지, 레그 컬
		높은 층계의 스텝퍼	낮고 짧은 층계의 스텝퍼
전방 십자인대 재건	45도 미만 굴곡하는 열린 사슬 무릎 움직임	가동범위 끝까지 다리 신전 운동	▪ 3/4 스쿼트와 레그 프레스 ▪ 스텝 업 ▪ 레그 컬 ▪ 스티프 레그 데드리프트 ▪ 일립티컬 트레이너
슬관절 인공관절 전치환술	▪ 100도 이상 굴곡을 하는 닫힌 사슬 무릎 움직임 ▪ 무릎 꿇고 앉기	▪ 풀 스쿼트 ▪ 풀 런지	▪ 1/4~1/2 스쿼트와 레그 프레스 ▪ 부분 런시 ▪ 다리 신전과 레그 컬 ▪ 고정 자전거 ▪ 수중 운동, 수영

*이런 움직임과 운동 금기 사항이 흔히 적용되지만, 고객 개인에 따라서 전방 무릎 통증에 대한 반응은 다르다는 것을 기억해야 한다. 따라서 이런 포괄적인 진단을 가진 고객들에게는 가동범위와 운동을 상대적으로 사용해야 한다. 전방 무릎 통증을 일으키는 운동과 움직임은 금기가 되며, 고객의 운동 프로그램으로부터 제거되어야 한다.

동을 하도록 주의를 기울여야 한다. 전방 무릎 통증을 가진 고객에게 명백하게 금기가 되는 운동은 없다. 하지만 몇몇 운동은 신중을 기해야 한다. 딥스쿼트와 무릎이 90도 이상 구부러져야 하는 닫힌 사슬 운동은 주의하며 처방되어야 하는데 이 운동들이 대퇴골과 슬개골 사이의 압력을 증가시키기 때문이다. 덧붙여 니익스텐션과 같은 열린 사슬 운동의 경우 마지막 30도 정도에서 슬개대퇴 관절의 부하를 증가시킬 수 있으므로 피해야 한다. 충격이 큰 에어로빅 댄스나, 스탭에어로빅와 같은 유산소 지구력 활동과 런지나 스쿼트처럼 무릎을 깊게 구부리는 동자이 포함된 유산소 지구력 훈련은 금기가 된다. 보통 사이클링(의자 높이를 적절히 조절한 채로)과 물에서 하는 유산소 훈련이 추천되며, 이런 훈련으로 훈련 기간 동안 유산소 활동을 유지하고, 무릎의 충격과 외상을 최소화할 수 있다. 전방 무릎 통증을 가진 고객에게 일종의 테이핑(예: McConnell), 보조기, 슬개골을 안정화시키며 적절한 기계적인 정렬을 보조하는 교정기 등을 흔히 사용한다. 표 21.7은 전방 무릎 통증이나 다른 무릎 문제에 대한 움직임 지침을 제공한다.

전방 십자인대 재건술

전방 십자인대는 무릎의 중요한 안정화 구조이다. ACL의 손상은 착지나 축회전시 관절에 불안정성을 유발할 수 있다.[7,16,50] ACL은 일차적으로 경골의 전방 전위나 대퇴골에 대한 상대적인 회전을 억제한다.[7,16,50] 이런 중요한 기능을 하기 때문에 관절이 느슨하거나 기능적인 불안정성이 있을 때, 특히 활동적이고 경쟁적인 사람들이나 높은 기능이 요구되는 직업(예: 소방, 건설)을 가진 사람들이 흔히 재건수술을 선택한다.

외과적인 술기의 발전과 좀 더 적극적이고 가속화된 수술 후 재활 프로그램은 사람들을 과거보다 더 빠르게 기능적인 활동으로, 더 적은 합병증과 함께 복귀할 수 있게 했다.[78] 전방 십자인대 재건술 술기는 흔히 슬개건(patellar tendon)의 중심 삼 분의 일 또는 햄스트링(반건양근, 박근)을 이식편으로 사용한다. 이식편 각각의 상대적인 강도에 대해서는 서로 상충되는 증거들이 있다.[2,4,24] 또한 각각의 이식편은 그 나름의 장점과 단점을 가지고 있다. 어떤 경우든 ACL 재건 후의 운동은 기능적인 상태로 빨리 복귀하고, 전방 십자인대 부상을 예방하는 데 매우 중요한 역할을 한다.

움직임과 운동 지침

두 종류의 이식편에 대한 재활, 재활 후 금기, 주의사항은 유사하다. 두 이식편 사이의 주된 차이점은 햄스트링 근육을 사용할 수 있는 능력에 있다. 반건양근과 박근 이식편을 사용할 경우, 수술 직후의 능동 혹은 저항성 무릎 굴곡 운동을 수술 후 4~6주가 지날 때까지 할 수 없게 된다(사용하는 햄스트링 이식편의 종류와 상관없이). 슬개건이나 햄스트링 이식편 둘 다 정식 재활을 마치고 치료를 종료하는데, 수술 후 3~4개월이 걸릴 정도로 빨라졌

그림 21.14 다리 신전과 굴곡에 대한 열린 사슬 운동의 예

그림 21.15 대퇴사두근과 둔근에 대한 닫힌 사슬 운동의 예

다. 이상적으로 환자들은 치료 종료시에 하지의 완전한 ROM과 근력을 회복하고, 정적이고 동적인 균형 유지 능력을 재확립해야 한다.[38]

재활에는 열린 사슬 운동과 닫힌 사슬 운동 둘 다 전체 프로그램의 중요한 요소이다. **열린 운동사슬**(open kinetic chain) 동작(그림 21.14)은 다리의 원위부가 공중에 뜬채로 있는 운동이다.[13,20] 하지 직거상 운동(straight-leg raise), 레그 컬(leg curl), 고관절의 굴곡, 신전, 외전, 내전은 열린 운동사슬의 예에 속한다. 열린 사슬 레그 익스텐션 운동은 신중하게 이용해야 한다. 연구에 따르면, 많은 양의 경골의 전방 전위가 (ACL이식편에 큰 부하가 가해지는) 열린 운동사슬로 수행될 경우 마지막 30도에서 일어난다.[87] 그러므로 열린 사슬 레그 익스텐션은 ACL이식편에 가해지는 부하를 줄이기 위해서 90~45도까지의 무릎 굴곡 가동범위에서 행해져야 한다. 고객들은 수술 후 6개월에서 1년 동안 이식편이 성숙되고, 부하가 가해지는 것을 막기 위해서 적어도 이런 중요한 변경 사항을 고수해야 한다.

닫힌 운동사슬(closed kinetic chain) 동작(그림 21.15)은 하체가 고정식 또는 이동식 물체에 고정되어 발생한다.[13,20] 닫힌 사슬 운동은 레그 프레스, 스쿼트, 다양한 방향의 런지, 스텝 업, 한쪽 다리로 선 운동들을 포함한다. 닫힌 사슬 운동 동안 대퇴골에 대한 경골의 전위는 체중부하와 근육 수축(대퇴사두근과 햄스트링 근육)에 의해서 최소화된다. 더 나아가 이런 운동들은 여러 관절과 근육군을 동시에 훈련시킬 수 있다. 최근 연구[58]는 ACL 재건술을 받은 사람들이 양측성 닫힌 사슬 운동을 수행할 때, 손상받은 다리로의 체중부하를 피하며 많은 퍼센트의 체중부하를 손상받지 않은 다리에 두게 된다는 것을 보여준다. 이런 움직임은 자유의지가 아닌 무의식중에 일어난다. 그러므로 ACL재건술을 받은 사람들에서 양측성 닫힌 사슬 운동에만 의존하는 것은 손상받은 다리에 부적절한 훈련 자극을 줄 수 있고, 최적화되지 못한 부하를 줄 수 있다. 한 다리 스쿼트와 스텝 업과 같은 한쪽 다리 자세와 운동 패턴을 사용하는 것이 이런 훈련 보상을 일으키지 않게 할 수 있다.[13]

ACL 수술 후 회복하는 운동선수들의 훈련 프로그램에 폭발적인 파워와 빠른 방향 전환 능력 향상을 위한 플라이오메트릭 훈련을 포함시키는 것이 필요하다. 그러나 고객은 플라이오메트릭 운동을 시작하거나 진행해나가기 전에 적절한 착지 기전을 이해하고 확립하는 것이 중요하다.

퍼스널 트레이너는 운동 수업을 위해서 이런 고객들에게 동적인 준비 운동을 고려해야 한다.[70] 동적인 준비 운동을 도입하여, 자세, 균형, 안정성, 유연성을 증진시킬 수 있다.[70] 이런 것들은 ACL 수술 후 고객들의 필요사항을 충족하는 데 필수적이다. 동적 준비 운동은 고객 개개인의 능력과 체력 수준을 충족시키기 위해 조정되어야 하며, 모든 주요 관절들의 완전한 ROM을 강조하며, 일반적이고 스포츠 특이적인 운동기술을 필요로 하는 동적인 운동들을 포함해야 한다. 예를 들어 Gambetta[28]는 고관절 기능에 대한 직접적 준비 운동인 걷기 밴드 운동들

(walking band exercises)을 ACL 재활과 예방 프로그램의 중요한 요소로 기술하였다.

이야기한 정보를 요약해보자면, ACL재건술 후 금기가 되는 운동은 전 가동범위(full ROM) 열린 사슬 하지 신전이고, 90도 이상 무릎을 구부리는 닫힌 사슬 운동들이다. 반건양근과 박근 이식편을 사용한 ACL재건술에는 능동과 저항성 햄스트링 운동이 첫 4~6주 동안 금기된다. 이 운동은 재활 후 근력 훈련와 컨디셔닝에서 퍼스널 트레이너가 주의를 기울여 실행해야 할 운동이 된다. 덧붙여 슬개건 이식편을 사용한 경우에는 슬개골과 슬개건이 약해지기 때문에, 대퇴사두근에 크게 의존하는 운동은 주의해야 한다(예: 풀 스쿼트와 런지, 높이 디뎌야 하는 계단오르기). 자전거와 일립티컬 트레이너, 스텝퍼는 얕은 스텝을 이용해야 하며, 수영은 ACL재건술 후 이식편의 종류와 상관없이 적절한 운동이다. 표 21.7은 ACL 손상에 대한 움직임 지침을 보여준다.

포괄적인 ACL 예방 프로그램은 적절한 메커니즘을 강조하고, 역동적인 활동중 신경근 조절력 발달을 목표로 하는 근력과 균형, 플라이오메트릭 운동을 포함해야 한다.

무릎 인공관절 전치환술

오랜 세월 동안의 무릎에 대한 반복적인 부하는 원위 대퇴골과 근위 경골의 관절면 퇴행과 침식을 일으킨다. 퇴행은 특이하게 무릎 관절의 내측이나 외측에서 일어나고, 이는 마모 패턴이나, 더 특이하게는 개인의 하지 정렬에 따라 달라진다. 다리가 바깥쪽으로 휜(bow-legged) 사람(외반슬, genu varum)이거나 안으로 휜(knock-kneed) 사람(내반슬, genu valgum), 혹은 무릎에 심각한 부상(예: 관절까지 침범한 골절이나, 반월상 연골판 병변, 고쳐지지 않았거나 고치는 데 실패한 인대 구조로 인한 무릎 불안정성)을 가지고 있는 사람은 흔히 무릎 인공관절 전치환술의 후보자가 된다.

무릎 인공관절 전치환술(TKA, Total knee arthroplasty)은 큰 중앙 절개를 이용한 관절의 광범위한 노출이 필요하다. 인공 삽입물이 선택되어, 대퇴골과 경골 양측 끝의 닳은 부위를 덮기 위해 삽입된다. 관절 가동범위에 초점을 맞추어 재활이 속시 시작된다. 수술을 받은 사람은 정식 외래 재활에 앞서, 집과 병원에서 열린 사슬과 닫힌 사슬 운동을 시작하게 된다.

움직임과 운동 지침

정식 재활을 마치고 치료를 종료한 고객들은 주로 100~120도의 무릎 굴곡과 거의 완전한 무릎 신전을 할 수 있다. 사이클링, 수영, 지구력 기반 운동들이 적응사항이 되며, 지구력 기반 운동은 관절의 충격 부하를 최소화하고, 근기능과 심혈관계 기능 및 피트니스 수준을 증가시키는 운동들이어야 한다. 저저항 고반복 형식의 레그 프레스, 다방향 고관절 강화 운동, 카프레이즈, 무릎 굴곡 신전 운동이 추천된다. 예를 들어 보수 볼(그림 21.16) 위에서 하는 런지 동작은 근력 강화를 위한 전략일 뿐만 아니라 전체 운동사슬을 위한 균형 감각과 고유수용 감각에 유익하다.

앞서 이야기한 것을 반복하자면, 무릎을 100도 이상 구부리게 하는 닫힌 사슬 운동은 위험하며, 무릎에 추가적인 스트레스를 준다. TKA 이후 첫 수주 동안은 무릎을 꿇고 앉는 자세(kneeling)는 금기시되기 때문에, 그런 자세를 필요로 하는 운동들(예: 무릎 꿇고 앉아서 하는 랫 풀다운, 벤치를 이용한 벤트 오버 덤벨 로우)과 원치 않게 무릎을 꿇을 수 있는 운동(예: 너무 깊게 앉는 런지 동작)들은 피해야 한다. 열린 사슬 운동과 닫힌 사슬 운동 모두 90

그림 21.16 평평한 면을 밑으로 하여 보수볼 위에서 시행하는 런지는 원위부 운동사슬에 대해 더 큰 도전이 된다. 대체할 수 있는 방법은 보수볼의 돔 부분을 바닥으로 두는 것이 근위부 운동사슬에 더 큰 도전이 된다.

도보다 작게 구부리는 운동자세를 추천한다. 표 21.7은 무릎 통증을 경험한 고객들에 대한 움직임 지침을 보여준다.

> 부상 후나 수술 후 고객이 완전한 기능을 회복하기 위해서는 각각의 무릎 구조물에 특정 종류의 운동들이 필요하다. 예를 들면 전방 무릎 통증의 경우 염증과 통증을 줄이는 데 초점을 맞추며, TKA 후의 경우에는 ROM을 강조한다. 대퇴사두근과 고관절의 강화는 모든 무릎 부상 재활의 목표이며, 부상 후 정상 기능으로 회복하는 열쇠이다.

고관절

고관절 이상이 발생하기는 하지만, 퍼스널 트레이너는 무릎이나 어깨에 발생하는 부상에 비하여 고관절의 부상과 수술 상황을 상대적으로 덜 만나게 된다. 고관절 병리가 드문 이유는 고관절의 타고난 큰 안정성 때문이다. 같은 종류의 관절로 어깨가 있지만, 고관절은 훨씬 깊은 비구(acetabulum) 혹은 구멍(socket)을 가지고 있어서 훨씬 더 안정적인 관절이 된다. 안정성은 비정상적인 마모 패턴의 대부분을 방지하고, 다른 관절들이 경험하는 많은 종류의 외상을 방지하여, 수술을 받는 일이 훨씬 적다. 이런 좋은 조건에도 고관절 부상을 경험할 수 있고, 안 좋은 정렬이 있을 수 있으며, 이로 인해 골관절염과 통증이 생길 수 있다.

고관절 관절경

최근의 고관절 관절경 발전은 고관절 부상, 특히 운동선수의 고관절 부상의 대해 혁명적인 치료 방법을 가져왔다. 고관절 관절경은 최소한의 외과적 방법으로 활동으로의 빠른 회복을 돕는다.[10,21] 이 수술 술기는 관절강 내 유리체를 제거하거나 찢어진 비구순을 고치는 데 사용한다.[10] 여전히 발전 단계에 있는 기술이지만, 고관절 관절경은 고관절 병리와 관련된 병리역학에 대한 이해도 증가에 도움을 받았다. 수술 술기는 재활 지침에 관한 문헌들보다 훨씬 빠르게 발전하고 있다. 그럼에도 불구하고 고관절 관절경 후 재활의 일반적인 접근은, 다른 수술 후 재활과 마찬가지로 ROM, 근력, 걸음걸이의 회복을 중요시하며 이에 집중하게 된다.[21,79] 덧붙여 운동선수를 위한 재활 프로토콜은 파워, 속도, 민첩성을 점진적으로 더 도전적이고 난이도 있게 계속하여 발전시키도록 강조한다.[15]

움직임과 운동 지침

고관절 관절경의 이점이 상대적 빠른 활동 복귀지만, 치료된 조직과 관절에 과도하고 해로운 스트레스를 최소화하기 위해서는 조직 치료 일정을 엄격히 고수해야 한다. 일반적으로 보고된 바에 의하면, 활동으로 복귀하는 데 필요한 총 시간은 대략 16~32주이나, 수술적 처치의 정도(예: 유리체, 비구순 파열, 골성형술, 미세골절술)와 활동 복귀의 필요성에 따라 달라진다.[10,21,79] 그럼에도 불구하고 합병증 없이 수술적 처치를 받고 동기부여가 된 사람들은 매우 짧은 시간에 회복한다. 예를 들어 대략 10~12주 동안 감독 하에 재활을 마치는 것은 드물지 않으며, 스포츠 특이적인 훈련을 시작할 수 있을 가능성이 높다. 앞에서 이야기한 다른 손상들과 같이, 퍼스널 트레이너는 고관절 관절경 수술 후 고객들이 활동으로 완전히 복귀하는 데 중요한 역할을 한다. 그러나 이것은 퍼스널 트레이너가 재활을 끝낸 고객들과 일하는 것을 가정한 것이다. 따라서 고객은 완전한 ROM과 체중을 부하하는 점진적인 저항 운동을 수행할 수 있는 능력을 가지고 있을 것이다. 수술 후 회복의 스포츠 특이적 훈련 단계는 한쪽 혹은 양쪽의 균형과 기능성 운동을 포함해야 하며, 이 운동들은 지속해서 동적 회전 안정성을 재확립하고, 중둔근의 활성화와 근력에 초점을 맞추며, 점진적으로 좀 더 어렵고 모든 운동면의 움직임을 필요로 하는 스포츠 특이적 기술을 강조해야 한다.[15,21,79] 운동의 예를 들면 다방향 런지와 측면 민첩성 동작, 컷과 대각선 패턴을 포함한 점진적인 달리기, 카리오카, 불안정한 표면에서의 활동이 있다. 표 21.8은 관절경 수술을 위한 움직임 지침을 제공한다.

표 21.8 고관절 관절경에 대한 움직임과 운동 지침

진단	움직임 금기사항	운동 금기사항	운동 적응사항
고관절 관절경*	강한 고관절 굴곡 고관절 외전과 회전(재활 초기)	탄성 혹은 힘을 가하는 스트레칭 (Ballistic or forced stretching)	수중 걷기

*금기사항과 적응사항은 어떤 특정 관절경 시술을 시행했는지에 따라서 달라진다(비구순 봉합, 미세골절술 등).

조직 치유가 진행될수록, 고관절 관절경 후 재활은 점진적으로 하지 전체를 위한 근력, 균형감, 스포츠 특이적 훈련을 다루어야 한다.

고관절 전치환술

흔히 고관절 치환술(hip replacement)이라고 이야기하는 고관절 인공관절 전치환술(THA, Total hip arthroplasty)은 고관절의 골관절염에 대해서 비수술적인 치료 방법(약물치료, 물리치료 등)이 실패하였을 때 선택하는 수술 방법이다. 해마다 100,000개가 넘는 고관절 인공관절이 삽입된다. 이는 골관절염에 의한 동증을 해소시키기 위해서이며, 15년 이상 통증의 호전이 지속된다. 크게 두 가지 종류의 인공관절이 있는데, 시멘트성과 비시멘트성이 있다. 다양한 수술 방법들(후방, 전측방, 경전자 접근법)이 인공관절 수술 동안 사용되며, 각각의 방법에 따라 움직임과 운동에 대한 특별한 적응사항과 금기사항이 있다.

시멘트성 인공관절은 대퇴와 관골구 부품을 골시멘트를 이용하여 붙이는 반면 비시멘트성 인공관절은 부품을 뼈에 직접 붙인다. 각각의 인공관절은 그 나름의 장점과 단점이 있다. 그러나 가장 큰 차이는 수술 후 체중부하 제한 여부이다. 시멘트성 인공관절은 수술 후 즉시 체중부하가 허락되며, 비시멘트성 인공관절은 6~12주 동안 체중부하 제한이 필요하다.

인공관절의 선택 사항과 마찬가지로, 각각의 수술 접근법에 따라 명확한 이점과 단점이 있다. 퍼스널 트레이너에게 가장 중요한 점은 각각의 방법에 따른 움직임 제한이다. 각각의 술기는 다른 방향에서 고관절에 접근하며, 고관절 관절낭에 들어가는 지점의 근력이 감소한다. 예를 들어 후방접근법(미국에서 가장 흔하게 사용되는)은 관절낭의 후방 부위를 약하게 하며, 관절이 탈구될 위험이 있다. 환자들은 보통 최소 6주의 제한사항을 지켜야 하며, 이는 외과의의 프로토콜에 따라 달라진다.

다양한 고관절 전치환술의 수술 방법이 있을지라도, 첫 6주 동안 또는 기능적인 움직임을 할 때는 다음과 같은 공통적인 움직임 제한이 있다.

- 90도 이상의 고관절 굴곡 금지
- 중립을 넘어서는 고관절 내전 금지
- 고관절 내회전 금지

THA 이후의 정식 재활은 이전에 논의한 수술들만큼 자주 언급되지 않는다. 수술 후에 고관절과 하지의 근력운동(외과의 프로토콜에 따라 다름)을 진행해야 하고, 걸음걸이 패턴을 개선시키는 데 집중해야 한다. 프로그램을 예를 든다면, 상처가 완전히 치유되면 아쿠아 치료로 걸음걸이 훈련을 시작하고, 이어서 땅에서 하는 훈련, 그리고 중량을 가하는 운동으로 진행해나간다. 이런 과정이 관절의 부하, 낙상에 대한 공포, 근성 방어를 줄여줄 것이다.

움직임과 운동 지침

THA 수술을 받은 고객과 일할 때 퍼스널 트레이너는 수술을 시행한 의사와 접촉하여, 지속적으로 제한해야 하는 움직임이 있는지를 상의해야 한다. 운동을 처방할 때, 퍼스널 트레이너는 고충격의 활동(예: 달리기, 스텝 에어로빅, 플라이오메트릭)을 피해야 한다. 저충격 활동(예: 수영, 걷기, 계단오르기, 일립티컬 트레이너)은 수술 후 기능 향상을 위한 적응사항이 된다. 고관절 수술 이후 중량 훈련이 금기된 건 아니지만, 몇몇 특정 운동들은 고객의 신체적인 능력이나 제한을 고려하여 변형되어야 한다. 움직임과 운동 선택에 의문점이 있다면, 외과의에게 문의하는 것이 필수적이다. 표 21.9는 THA 이후 운동 적응사항과 금기사항의 목록을 제공한다.

표 21.9 고관절 인공관절 치환술과 움직임 운동 지침

수술 접근법	체중부하 여부	ROM 제한	기능적인 움직임 주의사항
후외방	즉시 전 체중부하	굴곡>90도, 외전, 내회전	의자에 앉거나 일어날 때, 고관절 굴곡(신발 신을 때)
전외방	6주 이상 체중부하 제한	신전, 내전, 외회전	수술받은 관절에서 먼 쪽으로 돌아서는 것
경전자	6주 이상 체중부하 제한	신전, 내전, 외회전	수술받은 관절에서 먼 쪽으로 돌아서는 것

관절염

'관절염(arthritis)'은 여러 개의 다른 질환을 포함하는 일반적인 용어이다. 우선적으로 분류되는 두 가지 관절염으로 골관절염과 류머티스 관절염이 있다. 양쪽 모두 관절과 연관이 있지만, 두 질환은 상당히 다르다. 골관절염는 흔히 퇴행성 관절 질환이라고 불리며, 관절의 관절면 연골(관절면의 표면을 덮고 있는 연골)의 파괴가 진행되는 것이다. 반면에 류머티스 관절염(RA, Rheumatoid arthritis)은 전신 염증 질환이며, 관절면뿐만 아니라 결합조직(관절낭, 인대 등)에도 영향을 준다. 관절염 각각의 형태와 적절한 운동 선택에 대한 제한된 논의를 이후 부분에서 다룰 것이다.

골관절염

골관절염은 관절의 연골로 된 체중부하면의 악화와 연골하골의 경화, 관절 경계의 새로운 뼈 생성을 특징으로 하는 관절의 퇴행 상태이다.[11,22,23,53,54] 가시(spur) 혹은 골극(osteophyte)으로 나타나는 새로운 뼈의 생성은 정상적인 관절의 기능을 방해하고, 통증과 관절 운동 범위의 제한을 초래할 수 있다. 골관절염은 여성 성인의 15%, 남성 성인의 11%에서 나타나며, 어떤 형태의 OA는 몇가지 형태로 55세 이상 사람들의 대다수에 나타난다.[8,22,53,54]

제시된 OA의 병태생리는 미세골절을 유발하는 기계적인 부하를 포함한다. 미세골절은 연골세포의 대사 과정을 바꾸어놓고 이것은 연골의 손실을 초래하며 관절 구조를 바꾸어놓고 골극을 생산한다.[11] 관절 연골의 소실은 뼈끼리 접촉하게 만들어 염증이 생기게 한다.

관절 기능을 향상시키기 위하여 식이보충제를 사용하는 것은 거의 모든 종류의 OA에 추천된다. 흔한 처방 없이 살 수 있는 식이보충제인 콘드로이친황산염, 글루코사민, 히알루론산이 체중부하 관절의 골관절염 치료에 추천된다.[11] 이러한 보충제들의 작용기전과 가장 효과적인 적용시기에 대한 추가적인 연구가 필요하다.

움직임과 운동 지침

OA를 가지고 있는 사람들의 운동 적응사항에는 관절면의 부하를 줄일 수 있는 저저항, 고반복 운동 프로그램이 포함된다. 관절염을 가진 고객들에게 특히 도움이 될 수 있는 응용 방법에는 수중 운동이 있다. 물의 자연스러운 부력 때문에, 다른 종류의 운동보다 훨씬 적은 관절 부하로 운동을 할 수 있다.[81,83] 추가적인 운동 적응사항으로는 관절면을 보호하고 충격 부하를 줄이기 위하여 제한된 체중부하로 하는 심혈관훈련 운동을 포함시킬 수 있으며, 자전거 타기나 일립티컬 트레이너, 수영 등도 있다. 심혈관 운동을 통해 얻는 근지구력뿐만 아니라 체중 조절은 OA가 있는 고객에게 큰 이득이 된다(표 21.10).

상지에 대해서는 대개 열린 사슬 운동을 이용한 저항 운동이 추천된다. 푸시업과 같은 닫힌 사슬 운동은 관절와상완 관절에 압축력이 가해지는 운동 성격 때문에 금기된다. 하지에서는 열린 사슬 운동이 주로 적응사항이 되며, 예외적으로 슬개대퇴관절 OA를 가지고 있는 환자는 최대 가동범위 신전 운동을 피하도록 한다. 앞에서 논의한 바와 같이, 이런 열린 사슬 운동의 변형으로 90도에서 45도 혹은 0도에서 30도의 가동범위를 이용하는 방법이 있으며, 이런 방법으로 슬개대퇴 압축력이 손상을 주는 것을 최소화할 수 있다.[51]

고객들은 통증의 존재 여부와 개인의 인내력에 따라 가벼운 닫힌 사슬 운동을 수행할 수 있다. 고객의 고유수용 감각과 운동조절 향상을 위해 균형 훈련을 포함시키는 것이 추천될 수 있다. 이런 훈련은 균형에 흔히 문제를 가지고 있는 나이든 사람들을 위해서 특히 효과적이다.

류머티스 관절염

류머티스 관절염은 염증성의 자가면역 질환이며, 많은 관절들과 종종 여러 다른 신체 체계에 영향을 미친다. 박테리아나 바이러스 촉진제에 의해 발생되기도 하지만 류머티스의 병인은 아직 알려져 있지 않다. 가장 가능성 있는 원인은, 관절의 염증과 파괴를 일으키는 비정상적인 T세포 조절이다.[8,22,23,61]

표 21.10 골관절염 움직임과 운동 지침

움직임 금기사항	운동 금기사항	운동 적응사항
고충격 활동	▪ 달리기 ▪ 스키 ▪ 조깅	▪ 자전거 ▪ 층계 오르기 ▪ 일립티컬 트레이너 ▪ 수중 운동, 수영

류머티스 관절염은 관절의 활액막에 염증과 증식이 일어난다. 이런 증식 혹은 두꺼워짐은 관절 압력을 증가시키고, 류머티스 판누스(rheumatoid pannus, 콜라겐을 녹이는 조직)와 같이 작용하여, 관절 영양 상태를 나쁘게 만들고, 관절을 붓게 하며, 근육을 억제시킨다. 염증 반응과 부종, 영양 부족은 관절낭과 인대로 구성된 안정 장치를 약하게 하며, 더 나아가 같은 이유로 관절면(관절 연골)을 악화시킨다. 이런 모든 점들이 과가동성인, 혹은 느슨한, 그리고 잠재적으로 불안정한 관절을 만든다. 고객이 관절의 불안정을 의심할 경우 퍼스널 트레이너는 고객이 일차 의료제공자에게 추가적인 평가와 운동 프로그램을 의뢰하도록 가르쳐야 한다. 이런 변화들은 통증을 일으키는데, 흔히 RA를 가진 사람들은 통증을 피하기 위해 활동이 제한되고, 불용성 근위축을 일으킨다.[77,85] 움직임이 없는 상태는 지속적인 연골의 퇴행성 변화에 일조하며, 통증과 관절 표면 구조물의 약화를 증가시킨다.[33,34] 이런 식으로 일차적인 관절의 악화로부터, 근력, 유산소 지구력, 유연성의 감소와 같은 RA로 인한 이차적인 문제를 일으킨다.

RA 발현은 다양한데 악화(exacerbation, 통증, 부종, 뻣뻣함이 증가하며 갑자기 심해짐)와 완화(remission, 비교적 편안하고, 뚜렷한 염증의 징후가 없는 시기)가 있다. RA 악화 시기에 고객들은 보통 열감이 있고, 부은 관절과 조조강직을 이야기한다. 이런 질병 주기에 더하여 RA는 진행하는 질환으로 간주된다. 나타나는 형태로는 골다공증, 근육 위축, 관절 주위 결절, 관절 변형, 종국에 나타나는 관절 강직이 포함된다.

RA가 주로 영향을 미치는 곳에는 목, 어깨, 손목, 손이 있다. 목의 상부와 중간 경추 부분은 염증이 일어나는 흔한 부분이며, 앞에서 언급된 조직 퇴행이 일어난다.[45,55] 첫 번째 두 경추를 지지하는 인대의 퇴행이나 파열은 생명이 위협되는 상황을 만들기도 한다. 이런 이유로 목에 관련된 운동은 금기가 되거나 의료전문가의 감독 하에서만 시행되어야 한다.

RA는 관절뿐만 아니라, 근육과 점액낭에도 영향을 미친다. 어깨 관절과 관련 구조물들(예: 회전근개 근육과 건)의 퇴행성 변화는 관절의 느슨함을 만들고, 비정상적인 움직임 패턴을 낳아서 불안정한 어깨 관절이 될 가능성이 있다. 회전근개 파열은 RA 환자의 30%~40%에서 일어난다.[26,57] 인대와 관절낭의 퇴행성 변화는 불안정한 손목 관절을 만들 수 있다. 더 나아가 손가락과 엄지의 관절은 흔하게 붓고, 고객의 악력을 약화시킨다.

움직임과 운동 지침

OA에서와 같이 RA의 병리는 일단 시작되고 나면 예방될 수 없다. 그러나 RA의 이차적인 문제점들(근력, 유산소 지구력, 유연성 감소)에 의한 약화를 느리게 하는 것은 가능하다. RA가 있는 고객들을 위한 운동 목표는 일상생활에서의 기능 개선, 전반적인 건강 개선, 문제가 있는 관절의 보호에 초점을 맞춘다. 근력, 유산소 지구력, 관절과 근육과 건의 유연성, 기능적인 균형, 신체 조성비를 유지하는 것이 이런 목표들을 달성하게 한다. 그리고 퍼스널 트레이너가 이런 문제들을 잘 다룰 수 있도록 준비되어야 하는 영역들이다.

이런 목석들을 달성하기 위해 적절하게 설계된 운동 프로그램은 고객의 통증을 증가시키지 않고, 오히려 통증을 감소시킨다.[53,81] 저항 훈련은 RA를 가지고 있는 고객의 적응사항이 되기도 한다. 등척성과 역동성 저항 훈련 방식 둘 다 적절하며,[33,34,35,59,85] 등척성 저항 운동은 병이 악화되는 시기에 적절할 수 있다.[77] 덧붙여 이야기하자면, 놀랍게도 왕성한 유산소 지구력 운동은 금기되지 않는다. 실제로 RA를 가지고 있는 고객들은 고강도 운동을 감내할 수 있을 뿐만 아니라, 이런 종류의 운동들이 염증을 줄이고 통증을 호전시키는 효과가 있다.[22,23,36,53,85] 하지만 관절 염증을 겪고 있는 고객은 왕성한 유산소 지구력 훈련을 피해야 한다. 유연성 훈련은 RA를 가진 고객에게 적합한 또 다른 종류의 운동이다.[53] 퍼스널 트레이너는 느슨하거나 불안정한 관절을 과도하게 스트레칭하지 않도록 강조해야 하며, RA를 가진 고객들은 적절한 관절 움직임을 유지하기 위하여 유연성 운동을 수행해야 한다.[53,59] 고객들은 매일 스트레칭을 시행해야 하며, 악화기에는 통증이 없는 범위 내에서 시행해야 한다. 흔하게 영향을 받는 부위(경추, 어깨, 손목)에는 운동 프로그램의 변형이 필요하다. 경추를 포함한 운동은 피해야 하며(스트레칭이나 수동적으로 저항을 주는 목 근력 운동 등), 어깨를 충돌하기 쉬운 위치(업라이트 로우)에 놓거나, 그림 21.10에 나타난 안전지대 바깥으로 위치하게 하는 운동(비하인드 넥 숄더 프레스 등)은 피해야 한다. 마지막 지침은 손목과 손을 포함하는 운동에 대한 것인데, 손과 손목이 영향을 받기 때문에, RA를 가진 고객들은 바나 덤벨, 손잡이의 직경을 크게 하여, 악해신 악력을 보충해야 한다. 예를 들어 고객이 덤벨 바이셉스 컬을 하기 힘들어 한다면, 테이프나 패드를 대어 덤벨 손잡이를 쥐는 직경을 키워서, 고객이 덤벨을 쥐고 유지하는 능력을 개선시켜야 한다.

표 21.11 류머티스 관절염의 움직임과 운동 지침

움직임 금기사항	운동 금기사항	운동 적응사항
■ 고충격 심혈관 운동 ■ 목의 불안정성 병력이 있는 고객의 목 유연성 혹은 강화 운동 ■ 안전 범위 외의 운동	■ 달리기 혹은 조깅 ■ 상부 승모근 스트레칭 ■ 손으로 저항을 주는 목 근력 강화 운동 ■ 비하인드 넥 숄더 프레스	■ 중등도 강도(60~80% 최대심박수)[54] 유산소 지구력 운동(고정 자전거, 일립티컬 트레이너, 층계 오르기 등) ■ 가동범위 유연성 운동 ■ 등척성 운동(불안정한 관절에 대하여) ■ 수중 에어로빅 ■ 고정 자전거

통증과 기능적인 이상이 변하는 주기 때문에, RA를 가진 고객들의 운동과 강도를 선택하는 것은 개인의 내성에 따라 달라진다. 고객들은 악화 시기가 발생한 것을 알아야만 하고, 활동과 운동을 그에 맞춰 조절해야 한다. 특히 관절에 염증이 생긴 경우 휴식을 해야 한다.[53,54] 표 21.11은 RA를 진단받은 고객들에게 적당하거나 적당하지 않은 운동 리스트를 제공한다.

OA나 RA를 가진 고객들 둘 다 근력 강화와 유산소 운동을 통해 이득을 얻을 수 있다. 이 둘의 차이점은 활동에 대한 몸의 반응에 있다. 운동은 어떤 그룹에도 통증을 증가시키지 않는다. RA를 가진 고객은 악화 시기 동안 특별한 주의를 기울여야 한다.

결론

퍼스널 트레이너는 다양한 고객들과 일한다. 그중 부상을 당한 적이 있거나 수술 경험이 있는 사람은 수정된 운동 처방 접근법이 필요하다. 이 집단의 운동 프로그램을 설계할 때 부상의 기본 종류와, 모든 근골격계 조직에서 일어나는 치유의 단계에 대해 이해하는 것이 중요하다. 퍼스널 트레이너와 다른 건강관리 전문가들 사이의 의사소통 및 치유의 진행 단계와 개인의 부상, 수술적 치료, 질병 경과 과정에 대해 친숙한 것은 이러한 고객들의 운동 프로그램을 안전하고 적절하게 시행하는 데 도움을 준다.

연구 문제

1. 요추와 복부의 전방 굴곡이 금기되는 것은 다음 중 어떤 병력을 가진 환자인가?

   A. 척추전방전위증(spondylolisthesis)
   B. 허리 신전근 긴장(low back extensor strain)
   C. 후방으로 탈출한 디스크(Posteriorly herniated disc)
   D. 척추분리증(spondylolysis)

2. 레크레이션 소프트볼에 참여하는 고객이 과거에 어깨가 탈구된 이력이 있다. 다음 중 어떤 운동이 이 고객에게 가장 적당한가?

   A. 회전근개 강화
   B. 푸시업
   C. 비하인드넥 랫 풀 다운
   D. 오버헤드 프레스

3. 농구를 하는 고객이 발목의 바깥측 염좌(lateral sprain)를 당했다. 그가 기능적인 활동을 시작할 준비가 되었다고 가정할 때 다음 중 적절한 진행이 아닌 것은?

   A. 눈을 감고 바닥에서 균형을 잡고, 에어패드 위에서 눈을 뜨고 균형을 잡는 것으로 진행한다.
   B. 12인치(30cm) 박스 점프에서 18인치(45cm) 박스 점프로 진행한다.
   C. 사선과 측면 달리기 훈련에서, 직선 조깅 훈련으로 진행한다.
   D. 마루, 포워드 런지, 돔형 기구에서 측면 런지로 진행한다.

4. 달리기를 하는 30세 고객이 주기적인 무릎 통증을 호소한다. 퍼스널 트레이너는 달릴 때 그녀의 무릎이 약간 내측으로 이동한다는 것을 알아차렸다. 무릎과 발의 정렬이 유지된다는 가정 아래 다음 운동중 어떤 운동이 적합한가?

   A. 딥 스쿼트
   B. 전방으로 6인치(15cm) 발판 오르기
   C. 모든 ROM을 쓰는 열린 사슬 다리(무릎) 신전 운동
   D. 계단 달리기

5. 59세 남성이 고관절 전치환술 후, 재활을 성공적으로 시행했다. 그는 심혈관계 운동에 흥미를 지니고 있다. 다음 중 적합하지 않은 것은?

   A. 수영
   B. 계단오르기
   C. 스텝 에어로빅
   D. 고정 자전거

응용 지식 문제

1. 소방관이 발목 염좌에서 회복중이다. 그는 일로 복귀하도록 승인을 받았으나, 사다리를 오를 때 불안정한 느낌을 호소한다. 어떤 운동과 활동이, 사다리를 오를 때와 무거운 장비를 옮길 때 그의 근력과 균형감을 호전시킬 수 있을지 설명하라.

2. 최근에 여성 축구 선수가 ACL 수술 이후 9개월간의 재활 프로그램을 마쳤다. 다가오는 시즌을 준비하면서 ACL 부상 방지 프로그램으로 어떤 운동을 할 수 있는지 질문하였다. 하지의 신경근 조절 발달을 위하여 당신은 어떤 종류의 운동을 제안할 것인가?

참고문헌

1. Amadio, P.C. 1992. Tendon and ligament. In: *Wound Healing: Biochemical and Clinical Aspects,* I.K. Cohen, R.F. Diegelmann, and W.J. Lindblad, eds. Philadelphia: Saunders. p. 384.
2. Anderson, A.F., R.B. Snyder, and A.B. Lipscomb Jr. 2001. Anterior cruciate ligament reconstruction. A prospective randomized study of three surgical methods. *American Journal of Sports Medicine* 29 (3): 272-279.
3. Barrett, D. 1991. Proprioception and function after anterior cruciate reconstruction. *Journal of Bone and Joint Surgery (British)* 73: 833-837.
4. Barrett, G.R., F.K. Noojin, C.W. Hartzog, and C.R. Nash. 2002. Reconstruction of the anterior cruciate ligament in females: A comparison of hamstring versus patellar tendon autograft. *Arthroscopy* 18 (1): 46-54.
5. Berkowitz, M., and C. Greene. 1989. Disability expenditures. *American Rehabilitation* 15 (1): 7.
6. Blackburn, T.A., W.E. McLeod, B. White, and L. Wofford. 1990. EMG analysis of posterior rotator cuff exercises. *Athletic Training* 25: 40-45.
7. Boden, B.P., G.S. Dean, J.A. Feagin, and W.E. Garrett. 2000. Mechanisms of anterior cruciate ligament injury. *Orthopedics* 23 (6): 573-578.
8. Breedveld, F.C. 1998. New insights in the pathogenesis of rheumatoid arthritis. *Journal of Rheumatology* (Suppl) 53: 3-7.
9. Burkhart, S.S., D.L. Diaz Pagan, M.A. Wirth, and K.A. Athanasiou. 1997. Cyclic loading of anchor-based rotator cuff repairs. *Arthroscopy* 13 (2): 720-724.
10. Byrd, J.W.T. 2006. The role of hip arthroscopy in the athletic hip. *Clinics in Sports Medicine* 25: 255-278.
11. Carfagno, D., and T.S. Ellenbecker. 2002. Osteoarthritis of the glenohumeral joint: Nonsurgical treatment options. *Physician and Sportsmedicine* 30 (4, April): 19-32.
12. Clisby, E.F., N.L. Bitter, M.J. Sandow, M.A. Jones, M.E. Magarey, and S. Jaberzadeh. 2008. Relative contributions of infraspinatus and deltoid during external rotation with symptomatic subacromial impingement. *Journal of Shoulder and Elbow Surgery* 17 (1 Suppl): 87S-92S.
13. Cook, G. 2003. *Athletic Body in Balance.* Champaign, IL: Human Kinetics.
14. Curwin, S., and W. Stanish. 1984. *Tendinitis: Its Etiology and Treatment.* Lexington, MA: Collamore Press.
15. DePalma, B. 2001. Rehabilitation of the groin, hip, and thigh. In: *Techniques in Musculoskeletal Rehabilitation,* 1st ed., W.E. Prentice and M.L. Voight, eds. New York: McGraw-Hill.
16. Dodds, J.A., and S.P. Arnoczky. 1994. Anatomy of the anterior cruciate ligament: A blueprint for repair and reconstruction. *Arthroscopy* 10 (2): 132-139.
17. Earl, J.E., and C.S. Vetter. 2007. Patellofemoral pain. *Physical Medicine and Rehabilitation Clinics of North America* 18: 439-458.
18. Ellenbecker, T.S. 1995. Rehabilitation of shoulder and elbow injuries in tennis players. *Clinics in Sports Medicine* 14 (1): 87-110.
19. Ellenbecker, T.S. 2000. Postrehabilitation: Shoulder conditioning for tennis. *IDEA Personal Trainer* (March): 18-27.

20. Ellenbecker, T.S., and G.J. Davies. 2001. *Closed Kinetic Chain Rehabilitation*. Champaign, IL: Human Kinetics.

21. Enseki, K.R., R.L. Martin, P. Draovitch, B.T. Kelly, M.J. Philippon, and M.L. Schenker. 2006. The hip joint: Arthroscopic procedures and postoperative rehabilitation. *Journal of Orthopaedic and Sports Physical Therapy* 36 (7): 516-525.

22. Feldmann, M., F.M. Brennan, and R.N. Maini. 1996. Rheumatoid arthritis. *Cell* 85 (3): 307-310.

23. Feldmann, S.V. 1996. *Exercise for the Person with Rheumatoid Arthritis. Rehabilitation of Persons with Rheumatoid Arthritis*. Gaithersburg, MD: Aspen.

24. Feller, J.A., K.E. Webster, and B. Gavin. 2001. Early postoperative morbidity following anterior cruciate ligament reconstruction: Patellar tendon versus hamstring graft. *Knee Surgery, Sports Traumatology, Arthroscopy* 9 (5, September): 260-266.

25. Freeman, M., M. Dean, and I. Hanham. 1965 The etiology and prevention of functional instability of the foot. *Journal of Bone and Joint Surgery* 47B: 669-677.

26. Friedman, R.J. 1990. Total shoulder arthroplasty in rheumatoid arthritis. In: *Shoulder Reconstruction*. Philadelphia: Saunders. p. 158.

27. Galin, J.I., I.M. Goldstein, and R. Snyderman. 1988. *Inflammation: Basic Principles and Clinical Correlates*. New York: Raven Press.

28. Gambetta, V. 2007. *Athletic Development: The Art and Science of Functional Sports Conditioning*. Champaign, IL: Human Kinetics.

29. Giladi, M., C. Milgrom, A. Simkin, and Y. Danon. 1991. Stress fractures: Identifiable risk factors. *American Journal of Sports Medicine* 19 (6): 647-652.

30. Gregory, P.L. 2002. "Overuse" – an overused term. *British Journal of Sports Medicine* 36: 83-84.

31. Gross, M.L., S.L. Brenner, I. Esformes, and J.J. Sonzogni. 1993. Anterior shoulder instability in weight lifters. *American Journal of Sports Medicine* 21 (4): 599-603.

32. Guskiewicz, K.M., and D.H. Perrin. 1996. Effect of orthotics on postural sway following inversion ankle sprain. *Journal of Orthopaedic and Sports Physical Therapy* 23 (5): 326-331.

33. Häkkinen, A., K. Häkkinen, and P. Hannonen. 1994. Effects of strength training on neuromuscular function and disease activity in patients with recent-onset inflammatory arthritis. *Scandinavian Journal of Rheumatology* 23 (5): 237-242.

34. Häkkinen, A., T. Sokka, A. Kotaniemi, H. Kautiainen, I. Jappinen, L. Laitinen, and P. Hannonen. 1999. Dynamic strength training in patients with early rheumatoid arthritis increases muscle strength but not bone density. *Journal of Rheumatology* 26: 1257-1263.

35. Harkcom, T.M., R.M. Lampman, B.F. Banwell, and C.W. Castor. 1985. Therapeutic value of graded aerobic exercise training in rheumatoid arthritis. *Arthritis and Rheumatism* 28 (1): 32-39.

36. Hazes, J.M., and C.H.M. van den Ende. 1996. How vigorously should we exercise our rheumatoid arthritis patients? *Annals of Rheumatic Diseases* 55: 861-862.

37. Hensinger, R.N. 1989. Spondylolysis and spondylolisthesis in children and adolescents. *Journal of Bone and Joint Surgery* 71A: 1098-1107.

38. Hewett, T.E. 2007. *Understanding and Preventing Noncontact ACL Injuries,* T. Hewett, S. Shultz, and L. Griffin, eds. Champaign, IL: Human Kinetics.

39. Hides, J.A., C.A. Richardson, and G.A. Jeull. 1996. Multifidus muscle recovery is not automatic after resolution of acute, first-episode low back pain. *Spine* 21 (23): 2763-2769.

40. Hoshina, H. 1980. Spondylolysis in athletes. *Physician and Sportsmedicine* 8 (9): 75-79.

41. Hunter, S., and W.E. Prentice. 2001. Rehabilitation of the ankle and foot. In: *Techniques in Musculoskeletal Rehabilitation,* 1st ed., W.E. Prentice and M.L. Voight, eds. New York: McGraw-Hill.

42. Ireland, M.L., J.D. Willson, B.T. Ballantyne, and I.M. Davis. 2003. Hip strength in females with and without patellofemoral pain. *Journal of Orthopaedic and Sports Physical Therapy* 33 (11): 671-676.

43. Johansson, H., P. Sjolander, and P. Soljka. 1991. A sensory role for the cruciate ligaments. *Clinical Orthopedics and Related Research* 268: 161-178.

44. Kibler, W.B. 1995. Biomechanical analysis of the shoulder during tennis activities. *Clinics in Sports Medicine* 14: 79-85.

45. Kramer, J., F. Jolesz, and J. Kleefield. 1991. Rheumatoid arthritis of the cervical spine. *Rheumatic Diseases Clinics of North America* 17: 757.

46. Kraus, D.R., and D. Shapiro. 1989. The symptomatic lumbar spine in the athlete. *Clinics in Sports Medicine* 8: 59-69.

47. Kuland, D.N. 1983. The injured athletes' pain. *Current Concepts in Pain* 1: 3-10.

48. Leadbetter, W.B. 1992. Cell-matrix response in tendon injury. *Clinics in Sports Medicine* 11 (3): 533-578.

49. MacDougall, J.D., G.C.B. Elder, D.G. Sale, J.R. Moroz, and J.R. Sutton. 1980. Effect of strength training and immobilization on human muscle fibers. *European Journal of Applied Physiology* 43: 25-34.

50. Mandelbaum, B.R., H.J. Silvers, D.S. Watanabe, J.F. Knarr, S.D. Thomas, L.Y. Griffin, D.T. Kirkendall, and W. Garrett Jr. 2005. Effectiveness of a neuromuscular and proprioceptive training program in preventing anterior cruciate ligament injuries in female athletes: 2-year follow-up. *American Journal of Sports Medicine* 33 (7): 1003-1010.

51. McConnell, J. 2000. Patellofemoral joint complications and considerations. In: *Knee Ligament Rehabilitation,* 2nd ed., T.S. Ellenbecker, ed. Philadelphia: Churchill Livingstone.

52. McGuine, T.A., and J.S. Keene. 2006. The effect of a balance training program on the risk of ankle sprains in high school athletes. *American Journal of Sports Medicine* 34 (7): 1103-1111.

53. Minor, M.A., J.E. Hewett, R.R. Webel, S.K. Anderson, and D.R. Kay. 1989. Efficacy of physical conditioning exercises in patients with rheumatoid arthritis and osteoarthritis. *Arthritis and Rheumatism* 32: 1396-1405.

54. Minor, M.A., and D.R. Kay. 2003. Arthritis. In: *ACSM's Exercise Management for Persons with Chronic Diseases and Disabilities,* 2nd ed., J.L. Durstine and G.E. Moore, eds. Champaign, IL: Human Kinetics.

55. Moncur, D., and H.J. Williams. 1988. Cervical spine management in patients with rheumatoid arthritis. *Physical Therapy* 68: 509.

56. Muller, E.A. 1970. Influence of training and of inactivity on muscle strength. *Archives in Physical Medicine and Rehabilitation* 51: 449-462.

57. Neer, C.S., K.C. Weston, and F.J. Stanton. 1982. Recent experience in total shoulder replacement. *Journal of Bone and Joint Surgery* 64A: 319.

58. Neitzel, J.A., T. Kernozek, and G.J. Davies. 2002. Loading response following ACL reconstruction during parallel squat exercise. *Clinical Biomechanics* 17: 551-554.

59. Nieman, D.C. 2000. Exercise soothes arthritis joint effects. *ACSM's Health and Fitness Journal* 4: 20-27.

60. Nies-Byl, N., and P.L. Sinnott. 1991. Variations in balance and body sway in middle-aged adults: Subjects with healthy backs compared with subjects with low-back dysfunction. *Spine* 16: 325-330.

61. Panayi, G.S. 1997. T-cell-dependent pathways in rheumatoid arthritis. *Current Opinion in Rheumatology* 9 (3): 236-240.

62. Panjabi, M.M. 1992. The stabilizing system of the spine. Part I. Function, dysfunction, adaptation, and enhancement. *Journal of Spinal Disorders* 5: 383-389.

63. Parsons, I.M., M. Apreleva, F.H. Fu, and S.L. Woo. 2002. The effect of rotator cuff tears on reaction forces at the glenohumeral joint. *Journal of Orthopaedic Research* 20: 439-446.

64. Petersen, T., P. Kryger, C. Ekdahl, S. Olsen, and S. Jacobsen. 2002. The effect of McKenzie therapy as compared with that of intensive strengthening training for the treatment of patients with subacute or chronic low back pain: A randomized controlled trial. *Spine* 27 (16, August 15): 1702-1709.

65. Porterfield, J.A., and C. DeRosa. 1998. Mechanical low back pain. In: *Perspectives in Functional Anatomy,* 2nd ed. Philadelphia: Saunders.

66. Potach, D.H., and R. Borden. 2000. Rehabilitation and reconditioning. In: *Essentials of Strength Training and Conditioning,* 2nd ed., T.R. Baechle and R.W. Earle, eds. Champaign, IL: Human Kinetics.

67. Prentice, W.E. 2006. *Arnheim's Principles of Athletic Training,* 12th ed. New York: McGraw-Hill.

68. Rack, P.M.H., and D.R. Westbury. 1974. The short range stiffness of active mammalian muscle and its effect on mechanical properties. *Journal of Physiology* 240: 331-350.

69. Radcliffe, J.C. 1999. *High-Powered Plyometrics.* Champaign, IL: Human Kinetics.

70. Radcliffe, J.C. 2007. *Functional Training for Athletes at All Levels.* Berkeley, CA: Ulysses Press.

71. Richardson, C.A., C.J. Snijders, J.A. Hides, L. Damen, M.S. Pas, and J. Storm. 2002. The relationship between the transversus abdominis muscles, sacroiliac joint mechanics, and low back pain. *Spine* 27 (4): 399-405.

72. Rotella, R.J. 1985. Psychological care of the injured athlete. In: *The Injured Athlete,* 2nd ed., D. Kuland, ed. Philadelphia: Lippincott.

73. Saal, J. 1995. The role of inflammation in lumbar pain. *Spine* 20: 1821-1827.

74. Safran, M.R., R.S. Bendetti, A.R. Bartolozzi, et al. 1999. Lateral ankle sprains: A comprehensive review part 1: Etiology, pathoanatomy, histopathogenesis, and diagnosis. *Medicine and Science in Sports and Exercise* 31: S429-437.

75. Safran, M.R., R.S. Bendetti, A.R. Bartolozzi, et al. 1999. Lateral ankle sprains: A comprehensive review part 2: Treatment and rehabilitation with emphasis on the athlete. *Medicine and Science in Sports and Exercise* 31: S438-447.

76. Scovazzo, M.L., A. Browne, M. Pink, F.W. Jobe, and J. Kerrigan. 1991. The painful shoulder during freestyle swimming. An electromyographic cinematographic analysis of twelve muscles. *American Journal of Sports Medicine* 19 (6): 577-582.

77. Semble, E.L., R.F. Loeser, and C.M. Wise. 1990. Therapeutic exercise for rheumatoid arthritis and osteoarthritis. *Seminars in Arthritis and Rheumatism* 20: 32-40.

78. Shelbourne, K.D., and R.V. Trumper. 2000. Anterior cruciate ligament reconstruction: Evolution of rehabilitation. In: *Knee Ligament Rehabilitation,* 2nd ed., T.S. Ellenbecker, ed. Philadelphia: Churchill Livingstone.

79. Stalzer, S., M. Wahoff, and M. Scanlan. 2006. Rehabilitation following hip arthroscopy. *Clinics in Sports Medicine* 25: 337-357.

80. Standaert, C.J. 2002. Spondylolysis in the adolescent athlete. *Clinical Journal of Sport Medicine* 12 (2, March): 119-122.

81. Stenstrom, C. 1994. Therapeutic exercise in rheumatoid arthritis. *Arthritis Care Research* 7: 190-197.

82. Thacker, S.B., D.F. Stroup, C.M. Branche, J. Gilchrist, R.A. Goodman, and E.A. Weitman. 1999. The prevention of ankle sprains in sports. *American Journal of Sports Medicine* 27 (6): 753-760.

83. Thein, J.M., and L. Thein-Brody. 2000. Aquatic therapy. In: *Knee Ligament Rehabilitation,* 2nd ed., T.S. Ellenbecker, ed. Philadelphia: Churchill Livingstone.

84. Valovich-McLeod, T.C. 2008. The effectiveness of balance training programs on reducing the incidence of ankle sprains in adolescent athletes. *Journal of Sport Rehabilitation* 17: 1-8.

85. van den Ende, C.H.M., J.M.W. Hazes, S. le Cessie, W.J. Mulder, D.G. Belfor, F.C. Breedveld, and B.A. Dijkmans. 1996. Comparison of high and low intensity training in well controlled rheumatoid arthritis. Results of a randomized clinical trial. *Annals of Rheumatic Diseases* 55: 798-805.

86. Warner, M.J., and H.K. Amato. 1997. The mind: An essential healing tool for rehabilitation. *Athletic Therapy Today* (May): 37-41.

87. Wilk, K.E., and J.R. Andrews. 1990. The effects of pad placement and angular velocity on tibial displacement during isokinetic exercise. *Journal of Orthopaedic and Sports Physical Therapy* 17 (1): 24-30.

88. Wilk, K.E., G.J. Davies, and R.E. Mangine. 1998. Patellofemoral disorders: A classification system and clinical guidelines for non operative rehabilitation. *Journal of Orthopaedic and Sports Physical Therapy* 28: 307-322.

89. Williams, M.M., J.A. Hawley, R.A. McKenzie, and P.M. van Wijmen. 1991. A comparison of the effects of two sitting postures on back and referred pain. *Spine* 16 (10, October): 1185-1191.

90. Young, A., M. Stokes and J.F. Iles. 1987. Effects of joint pathology on muscle. *Clinical Orthopedics and Related Research* 47: 678-685.

22

척수 손상, 다발성 경화증, 간질, 뇌성마비를 가진 고객

Paul Sorace, MS, Peter Ronai, MS, and Tom LaFontaine, PhD

학습 목표

- 척수 손상과, 다발성 경화증, 간질, 뇌성마비의 기본적인 병인과 역학을 이해할 수 있다.
- 척수 손상이나, 다발성 경화증, 간질, 뇌성마비에 의해서 발생하거나 악화되는 생리적이고 기능적인 건강 관련 문제들을 파악할 수 있다.
- 이런 질환을 가진 고객들에게서 볼 수 있는 기초 생리 반응을 이해할 수 있다.
- 이런 질환을 가진 고객이 운동에 대해 보이는 비정상적인 생리 반응을 파악할 수 있다.
- 이런 질환을 가진 고객들의 운동이나 신체활동 프로그램을 계획하고 시작할 때, 필요한 주의사항을 안다.
- 이런 질환을 가진 고객들이 규칙적인 운동에 의해 얻을 수 있는 기능과 건강에 대한 잠재적인 이익을 이해할 수 있다.

건강한 사람들 사이에서는 규칙적인 운동이 많은 이득을 준다는 사실이 잘 알려져 있다. 최근 여러 연구들에 따르면 다양한 만성 질환과 장애를 가진 사람들 역시 규칙적이고, 체계적인 운동 프로그램을 통해 건강과 체력에 대한 이득을 얻을 수 있다. 이 장은 네 가지 만성신경근 질환(척수 손상, 다발성 경화증, 간질, 뇌성마비)에 대한 정보를 전달한다. 이 장은 이 질환의 역학과 병리적인 내용, 장애점들을 비롯하여, 이 질환을 가진 사람들의 운동에 대한 반응, 알려진 운동의 이점들, 운동검사와 훈련 가이드라인에 대해서 다룬다.

척수 손상

척수 손상(SCI, spinal cord injury)은 척추관 내 신경조직에 대한 비가역적인 손상에 의하여, 몸통과 사지에서의 운동 기능, 감각 기능, 혹은 둘 다에 장애를 초래한다.[32] 완전 혹은 불완전으로 분류할 수 있을 뿐 아니라, 다양한 정도의 등급으로 SCI를 분류할 수 있다. 완전한 형태의 마비에서, 만약 손상이 고위 흉추(T-1)에서 고위 경추(C-1) 사이에서 발생한다면, 팔, 몸통, 다리, 골반 내 기관의 장애가 일어난다(**사지마비, quadriplegia, tetraplagia**). 손상이 흉추 분절 T-2에서 T-12 사이에서 발생한다면, 몸통, 다리, 골반 내 기관 중 하나 혹은 둘 이상의 장애를 발생시킬 수 있다(**하반신 마비, paraplegia**). 하반신 마비는 척추의 요천추(마미, cauda equine) 분절의 비가역적인 SCI의 결과일 수도 있다.

일반적으로 손상받은 위치가 높을수록 더 광범위한 결손을 발생시킨다. 만약 SCI가 불완전하다면, 척수 손상이 부분적인 것일 수 있다. 완전 SCI가 있는 사람과 비교해볼 때, 불완전 SCI가 있는 사람은 척수 손상 높이 아래로 부분적으로나마 더 많은 감각과 운동 기능을 가지고 있다. 이런 경우, 어떤 근육과 감각이 남아 있는지에 대해서 의료진의 설명을 요청하는 것이 최선이다.

임상 양상

SCI 급성기의 임상 양상은 많고 다양하다. 혈전색전증 사고(thromboembolic event)나, 부정맥(dysrhythmias)이 증가한다.[73] 자율신경계의 파괴는 혈관긴장도의 감소와 미주신경계의 균형을 잃은 과활성화를 발생시킬 수 있다. T-3/T-4 이상의, 고위 병변을 가진 사람은 증상을 보이는 **서맥(bradycardia, 낮은 심박수)**, 일차성심정지, 심각한 심장전도 장애를 보일 가능성이 많다.

퍼스널 트레이너와 더 실제적으로 관련이 있는 것은 SCI의 만성 단계와 연관된 임상 양상이다. 특히 중요한 것은 잠재적인 심혈관 문제와 사고이다. 다음은 만성 SCI를 가진 사람에게서 관찰되는 흔한 심혈관계 문제이다.

- 기립성 저혈압(orthostatic hypertension, 즉, 압력수용체 장애[baroreceptor insufficiency])
- 자율신경계 반사부전(Autonomic dysreflexia)
- 심인성 통증의 전달 이상(Impaired transmission of cardiogenic pain, T-4병변 이상)
- 반사성심가속(reflex cardiac acceleration)의 소실(T-1~T-4, 그리고 그 이상)
- 사지마비성 심위축(Quadriplegic cardiac atrophy, 좌심실 질량 감소)
- 심방세동과 다른 심장 전도 장애
- 울혈성 심부전
- 가성 심근경색(비정상적인 ST-wave 변화)
- 무수축으로 인한 급사(Sudden death due to asystole)
- 죽상경화증(Atherosclerosis)과, 협심증(angina pectoris) 및 심근경색의 임상 양상

퍼스널 트레이너가 알아야 할 필요가 있는 상대적으로 흔한 SCI의 임상 양상은 **자율신경계 반사부전(AD, autonomic dysreflexia)**이다. 척수 손상은 동맥의 혈압에 대한 신경의 정상적인 조절을 파괴하며, 특히 사지마비나 T-6 수준 이상의 병변을 가진 사람에게 그런 현상이 나타난다.[73] 자율신경계 반사부전은 팽창된 방광이나 장, 죄는 옷, 감염 등의 유해성 자극으로부터 갑작스런 고혈압을 발생시키는 높은 교감신경계 활동을 만들어낸다. 559쪽에서는 AD의 전형적인 임상 양상과 촉진요소들을 나열하고 있다.[73]

자율신경계 반사부전은 생명을 위협할 수 있다. AD의 예방을 위해서, 퍼스널 트레이너는 SCI가 있는 고객에게 각 수업마다 두통이나, 시야 흐려짐, 소름, 불안이 없는지 물어봐야 하고, 수업 전후에 혈압을 측정해야 하며, 수업을 시작하기 전에, 장과 방광을 비우도록 해야 할 것이다. 퍼스널 트레이너는 치료하지 않은 휴식기 고혈압이나, 운동 후 회복하는 동안 지속되는 고혈압을 찾아야 한다. 이완기 혈압은 15분 이내에 기준점으로 돌아와야 한다. 운동선수의 수축기 혈압이 20~40mmHg 혹은 그 이상 상승하는 것은 '부스팅(boosting, 장거리 경주에서 수행력 향상을 위해서 자발적으로 만들어낸 AD)'일 수도 있다.

퍼스널 트레이너는 AD의 반영일 수 있는 갑작스런 혈압 상승에 대해 주의할 필요가 있다. 덧붙여 SCI가 있는 운동선수 고객은 경기에 앞서 이런 현상을 이끌어 내어(부스팅) 이점을 노리려는 시도를 한다. 이런 시도는 잠재적으로 위험한 결과를 가져올 수 있고, 만류되어야 한다. SCI가 있는 고객은 일반적으로 높은 심박수와 낮은 혈압을 보인다. 수행중 부스팅 혹은 순환 기능을 최대화하기 위하여, SCI가 있는 일부 운동선수 고객들은 소변을 참아 방광을 팽창시키거나, 반사를 일으킬 정도로 자신을 심하게 꼬집는 것과 같은 방법을 통해, AD를 유발시키고, 혈압을 증가시키려는 시도를 한다. 한 연구는 이런 시도들이 휠체어 경주나 수영에서 9.7%의 수행력 향상을 일으킬 수 있다고 보여줬다.[69]

척수 손상을 가진 고객의 부상예방

SCI가 있는 사람들에서 가장 흔하게 발생하는 운동 관련 부상은 어깨, 손목, 팔꿈치에 일어나며, 대개 과사용 부상이다. 미국휠체어운동선수연합(National Wheelchair Athletic Association)의 운동선수 사이에서 보고된 부상의 57%는 어깨와 팔꿈치에 관한 것이었다.[27] 수근관증후군(CTS, carpal tunnel syndrome)은 휠체어 운동선수 사

자율신경계 반사부전증

자율신경계 반사부전은 생명을 위협할 수 있다. 퍼스널 트레이너는 높은 혈압이나 부스팅의 징후를 잘 찾아야 한다.

자율신경계 반사부전의 징후와 증상

- 20~40mmHg 이상 증가되는 갑작스런 수축기 혈압의 상승
- 머리가 깨질 것 같은 두통
- 다량의 땀과 부상당한 척수레벨 위에 덮쳐 있는 피부의 홍조, 특히 머리, 목, 어깨
- 털이 곤두서는 것, 소름
- 시야에 점이 생기면서 흐려지는 것
- 비충혈(nasal congestion)
- 불안한 느낌
- 심부정맥(cardiac dysarrhytmias)−심방 세동(atrial fibrillation), 조기심실탈분극(premature ventricular depolarizations), 전도 이상(conduction abnormalities)

자율신경계 반사부전의 흔한 촉진제

- 방광 팽창, 요로 감염, 방광과 신장의 결석
- 부고환이나 고환의 압박
- 장 팽창 혹은 충격
- 담석
- 위궤양, 위염, 위와 장의 자극, 충수염
- 생리, 질염, 임신
- 성교 혹은 사정
- 심부정맥 혈전증과 폐색전증
- 온도 변화
- 압박성 궤양, 내향성 발톱, 햇볕에 탄 화상, 물집, 벌레 물림
- 조이는 옷, 신발, 기구
- 통증, 골절, 다른 외상
- 손상 수준 이하로의 어떤 통증이나 자극

이에서는 흔한 질환이며, 한 연구에서는 23%가 CTS를 보고했다.[9] 육체적으로 장애가 있는 운동선수들에 있어서 내과적인 문제와 부상에 대해서 검토를 한, 한 뛰어난 보고서[82]는 이런 종류의 부상이 예상된다고 하더라도, 대부분의 것들이 적절한 컨디셔닝과 훈련 기술, 적절한 보호장비, 훌륭한 고객과 퍼스널 트레이너의 의사소통에 의해서 예방될 수 있다고 강조하였다. 예를 들어 어깨의 전방 근육 구조들에 대한 스트레칭과 후방부 근육 구조의 강화 훈련은 어깨 부상과 통증을 크게 감소시킬 수 있다.[15]

SCI가 있는 고객과 일하는 트레이너는 이런 것들과 잠재적인 다른 부상에 대해서 인식하고 있어야 한다. 적절한 운동 테크닉과 운동생리학적 원칙(강도, 지속시간, 빈도, 운동을 고르는 데 있어 균형, 진행, 휴식, 회복에 관한 원칙)을 지키는 것은 이런 집단에서 부상을 예방하고, 최적의 생리적 적응을 위해서 필수적이다.

어깨, 손목, 팔꿈치의 과사용 부상은 SCI를 가진 사람에게 흔하다. 이런 부상은 견갑대 앞쪽 근육군 스트레칭과 뒤쪽 근육군이 강화를 통하여 예방될 수 있다

척수 손상 집단의 운동시 주의점

SCI 집단의 운동에 있어서, 다른 사람들에 비하여 높은 심박수와 낮은 혈압뿐만 아니라 몇몇 특별한 문제에 주의를 기울여야 하는데, 온도 조절과 정맥환류가 이에 해당한다. 퍼스널 트레이너는 SCI를 가진 고객들의 운동에

있어서 잠재적인 부작용에 대해 경계를 해야 한다.

온도 조절

온도 조절에 대한 문제점은 SCI를 가진 사람에게서 나타날 수 있으며, 특히 T-6 이상의 병변을 가진 사람에게서 나타날 수 있다. 매우 덥고 차가운 환경에서, T-6 이상의 병변을 가진 고객들은 땀을 흘리거나 몸을 떪으로써 적절한 온도 조절을 할 수가 없다.[95] 온도에 대한 난관이 있는 환경에서 이러한 고객들이 경기를 하기 위해 필요한 적응 방법에는 차가운 풀에서 잠수복을 입고, 덥고 습기찬 환경에서 트랙 경주를 하는 동안 차가운 물을 뒤집어쓰는 방법들이 있다. 뜨거운 월풀과 비슷한, 극한 온도 환경은 피해야 한다. 냉찜질팩으로인해 동상을 입거나, 열찜질팩으로 인해 부상을 입지 않도록 하는 것이 중요하다.

운동을 하는 SCI를 가진 고객은 적절하게 수분 보충을 유지하며, 환경 변화에 점진적으로 적응을 하는 것이 중요하다. 탈수는 고체온증이나 저체온증의 위험을 증가시킨다. 퍼스널 트레이너는 이런 고객들이 질 좋은 영양 섭취와 수분 보충을 할 수 있도록 특별히 주의를 기울여야 한다. 운동에 안락함을 더하기 위해 트레이너가 할 수 있는 방법은 가능한 운동 환경을 일정하게 유지하는 방법이 있다. 고객에게 느슨하고, 가볍고, 숨쉴 수 있는 재질의 옷을 입히고, 차가운 물이나 스포츠 음료를 이용할 수 있도록 한다.

> SCI가 있는 사람, 특히 고위 병변이 있는 경우, 마비된 부위의 피부 혈류를 증가시킬 수 없다. 이것은 대사열을 제거하는 능력에 문제를 일으키고, 열 관련 손상에 위험도를 높인다. 이런 현상은 그들을 추위 관련 손상의 위험에도 역시 노출시키게 된다.

정맥환류

SCI 환자는 특히 앉아 있거나 서 있는 자세에서 정맥환류가 원활치 못하며, 이는 교감신경톤의 부족과 정맥 '근육 펌프'의 부재에 따른 하지의 정맥저류 때문이다. 이런 점은 심혈관계 훈련 가능성 정도를 제한할 뿐만 아니라, 운동중 저혈압(낮은 혈압)을 일으킬 수 있고, 어지러움, 실신할 것 같은 현기증 증상과 함께, 1회 박출량과 심박출량을 유지할 수 없게 된다. 연구에 의하면 SCI를 가진 사람을 엎드린 자세에서 훈련시키면 이런 문제들을 최소화하여 상반신 팔 운동에서 효율성을 증가시킬 수 있다.[33,54] 점진적으로 압박하는 스타킹류를 사용하는 것이 도움이 될 수 있고, 하지의 부종도 막아줄 수 있다. 운동 중 혈압을 관찰하는 것이 추천된다.

척수 손상을 가진 사람들의 전반적인 건강 문제

SCI를 가진 사람은 몇몇 대사 문제의 위험성이 높다. 상대적인 비활동성의 결과로 근육량이 감소하고 지방이 증가하여, SCI를 가진 사람들 중 많은 이가 경구 탄수화물 처리에 문제가 있어, 인슐린 저항성이나, 고인슐린혈증을 일으킨다.[4] SCI를 가진 사람은 SCI가 없는 집단보다 약간 높은 빈도의 이상지질혈증, 고혈압, 심혈관계 질환를 가진다.[73]

사지마비에서는 심장 근육의 위축이 흔하게 일어난다. 이것은 심장 기능이상을 일으키고, 더 나아가 운동 내구성에 문제를 일으키고, 울혈성 심부전의 위험도를 증가시킨다. 이런 위축은 신경근 이상과 비활동성에 연관되어 있을 가능성이 있고, 마비된 하지 근육을 전기로 자극하고, 팔 운동을 하여 감소시킬 수 있다.[61]

SCI를 가진 사람들이 허혈성 심장 통증을 인식할 수는 없을지라도, 평소와 다른 호흡곤란, 과도한 발한, 피로, 어지러움이나 실신하는 감각, 가슴 두근거림과 같은 다른 징후와 증상들은 일어날 수 있다. 이런 증상이 나타날 경우, 운동 수업을 시작하지 말아야 하거나 즉시 마쳐야 하고, 의료적인 진료를 즉시 받도록 해야 한다. 관상동맥 심장 질환이 의심되거나 알려진 고객의 경우 활동적인 운동 프로그램을 시작하기 전에, 의료진의 감독하에 임상적인 진단을 위한 운동검사가 시행되어야 한다.

척수 손상을 가진 고객의 검사와 훈련

SCI를 가진 사람들의 운동에 대한 반응은 일반인들과 거의 유사하다. 하지만 시설, 장비, 인도에 대한 접근성과 같은 휠체어 사용 관련 문제들로 인해 SCI를 가진 사람이 규칙적인 운동을 지속하기란 매우 어렵다. 퍼스널 트레이너는 이런 종류의 문제점들에 대해서 인식하고 있을 필요가 있다. 덧붙여, 이런 집단의 운동에 대한 급성과 만성 반응에 대한 올바르고 기초적인 이해는 안전하고 효과적인 운동 프로그램을 시작하는 데 중요하다.

SCI가 있는 사람들이 운동 훈련에 참여하고 적응하는 능력을 제한하는 가장 큰 병태생리적인 문제는 광범위한 골격근 마비[3,4]와 교감 자율신경계 이상이다. 이런 기능의 문제점들은 높은 빈도의 호흡수, 심박수, 심박출량, 대사를 지탱할 수 있는 수용력을 감소시킨다. 이런 요소들은 신경근계 질환의 영향으로 생기는 상대적 비활동적 생활방식(sedentary lifestyle)과 결합하여 심폐와 근골격계 건강 상태를 크게 감소시킨다.

SCI가 있는 사람들에게 주어진 '비활동적인 생활방식-건강의 본보기를 잃어버린' 상태에서는 자율신경 기능이상과 제한된 신체활동으로 인하여 체력저하와 근골격계 및 심폐 건강의 소실이 나타난다.[20] SCI가 있는 사람들의 대부분은 동일 연령대와 성별의 건강한 사람들에 비해서 신체적인 건강이 크게 감소되어 있다. '비활동적인 생활방식-건강의 본보기를 잃어버린 상태'는 이런 현상을 이해하는 데 중요한 역할을 하며, SCI를 가진 고객들이 운동 프로그램을 시작할 필요성에 대해 명확한 인식을 제공한다.

운동검사

SCI를 가진 사람을 위한 운동검사의 가장 흔한 형태는 암 크랭크 에르고미터(arm crank erogmeter)이다. 이런 집단은 심혈관계 이상이 생길 수 있는 위험도가 높기 때문에, 최대로 하는 운동검사는 의료 환경에서만 시행해야 한다. 그러나 적절한 선별과 의료적인 승인 하에서 능력 있는 퍼스널 트레이너는 최대하 심폐 기능 검사를 시행할 수 있다. 이 논의의 범위를 넘어서는 이야기지만, SCI가 있는 사람에 대한 표준 암 에르고메터 검사의 프로토콜과 기준이 개발되어 있다.[19,46]

하반신마비를 가진 사람의 최고산소섭취량($\dot{V}O_2$peak)을 예측할 수 있는 12분 휠체어추진거리 검사가 개발되었다.[35] 그러나 이 검사는 중요한 스킬, 동기와 휠체어 사용자의 기초적인 체력이 필요하다. 개인별 가변성 또한 상당하다. 또한 이런 검사들은 퍼스널 트레이너의 실용 범위를 넘어서는 상당한 노력을 필요로 한다. SCI가 있는 사람들을 위한 운동검사용 휠체어 에르고미터도 개발되어 있지만, 이 기구의 이용 가능성과 실용성은 매우 제한되어 있다.

> SCI를 가진 고객의 최대운동검사는 적절하게 전문적인 의료진의 감독 하에 관리되어야 한다.

척수 손상이 있는 사람들의 신체적인 활동과 체력 수준

SCI를 가진 고객들의 체력 저하는 신체 상태에 의해 활동이 적은 생활방식[20]뿐만 아니라 손상 높이(level of injury)와 신경근 이상의 정도와도 관련이 있다. 1980년대의 여러 연구들은 SCI의 특정 위치(T-7, T-8, L-1 등)에 따라 분류를 했을 때, T-6 이하의 병변을 가진 사람들은 신체적인 수행 능력과, 심폐 기능, 근력의 차이가 크게 없음을 보여줬다. 그러나 T-6 이상에 병변(사지마비가 있는 사람)이 있는 사람들은 T-6 이하에 병변을 가진 사람들에 비하여 크게 감소된 심폐 기능 체력($\dot{V}O_2$peak와 근력으로 측정되는)을 가지고 있었다.[42]

그러나 다른 연구자들은 체력 차이의 상당 부분은 병변 높이에 의해 정해지는 신경근 이상의 영향을 받는다고 주장하였다.[8] 한 그룹은 $\dot{V}O_2$peak 변이의 46%는 손상 높이에 의해서 설명될 수 있다고 보고하였고, 이는 신경의 파괴와 심폐 기능 사이의 관계가 중등도에서 강한 정도의 연관성을 지님을 보여준다.

다른 집단과 마찬가지로 SCI를 가진 사람들의 신체활동 수준, $\dot{V}O_2$peak와 상체 근력 및 지구력 사이에는 강한 연관성이 있다. 일상 신체활동 수준이 높을수록 $\dot{V}O_2$peak와 근력 및 지구력도 높다.[23,25] 연구에 따르면 SCI를 가진 사람 중 신체적으로 활동적인 사람은, 비활동적인 생활방식을 가진 사람들보다 최대심박출량이 13~23%, 1회 박출량이 16~22% 정도 각각 높았다. 따라서 SCI를 가진 사람의 심폐 기능과 근골격계 체력이 감소하는 원인에 대해서는 논란이 있을지라도, 습관적인 신체활동 수준, $\dot{V}O_2$peak, 근력, 그리고 체력의 다른 측정 수치들 사이에는 강한 연관성이 있는 것으로 보인다.

특히 사지마비가 있는 사람들은 중심 순환이나 심장에 부하를 줄 정도로 충분히 많은 양의 근육을 동원하기가 어렵다. 예를 들어 사지마비가 있는 사람들의 암 크랭크 훈련에 의해서 개선되는 심폐 기능의 대부분은 말초적인 것들이다(미토콘드리아 밀도, 유산소 효소, 마이오글로빈, 모세혈관 밀도의 증가).[30] 그럼에도 불구하고 체력이 떨어진, 사지마비가 있는 사람들에게는 상체 유산소 운동을 통해 얻는 자극도 최대심박출량과 1회 박출량을 상당히 증가시키기에 충분할 수 있다.[29]

사지마비는 심폐 훈련에 있어서 독특한 문제를 보여준다. 특히 똑바로 선 자세에서, 암 크랭크 에르고미터에 대한 혈역학적 반응은 크게 줄어든다. 최고심박수는 120~130회/분을 넘지 않으며, 심박출량, 1회 박출량, 혈압도 주어진 산소섭취량에 비해서 정상을 밑돈다.[32] SCI를 가진 사람들, 특히 사지마비를 가진 사람들은 운동을 하는 동안에 자율신경 이상과 하지와 몸통의 근육 펌프 부족으로 과도한 하지와 몸통의 정맥저류를 가지고 있다. 또한 운동중 일어나는 상체 말초혈관 이완에 수반되는 하지 혈관 수축 보상 작용이 적절히 발생하지 않는다.[30] 이것은 중심 순환 양을 줄이며, 운동에 대한 혈역학적 반응을 제한한다. 이런 기능이상 증후군은 '저운동성 순환(hypokinetic circulation)'으로 불리고 있다.[24,37,38]

강제폐활량(forced vital capacity, 강제로 내쉴 수 있는 공기의 총 부피)은 고위 사지마비를 가지고 있는 사람의 50%는 감소되어 있다.[51] 최근 연구는 저항성 흡기 근육 훈련(RIMT, resistive inspiratory muscle training)이 사지마비를 가진 사람들의 폐 기능을 향상시킬 수 있다는 것을 보여준다.[50] 따라서 RIMT는 이득이 될 수 있으며, 이런 고객들을 위한 운동 프로그램을 계획하는 퍼스널 트레이너는 RIMT를 고려해야 한다(RIMT에 대해 더 정보를 얻고 싶은 독자들은 Liaw와 그 동료들[50]의 자료를 참조하라).

운동 처방

일반적으로 빈도, 강도, 시간, 종류의 원칙은 SCI를 가진 사람에서도 다른 사람들과 같다. 처음에는 심폐 훈련을 위하여 최대산소섭취량의 40~60% 강도와, 10~20분의 지속시간, 빈도는 일주일에 3회 혹은 이틀에 한 번씩 하는 것이 추천된다. 저항 훈련을 위해서 적합한 시작 프로그램은 1RM의 40~60%로 8~12개의 운동을 하며, 8~12회의 반복수로 2~3세트를 수행하고, 세트 간 휴식은 1~2분으로 한다. 운동 프로그램은 다른 군과 마찬가지로 점진적인 진행, 특수성, 과부하의 원칙을 지켜야 한다. 일반적인 운동 테크닉과 처방에 관해서는 12~16장을 보라.

SCI를 가진 사람들은 결국 최종적으로는 최소 30분 이상의 신체적 활동을 일주일의 대부분, 가능하다면 매일 할 수 있게 해야 한다. SCI가 있는 사람들의 목표는 다른 사람들과 다르지 않다. 기능적인 능력을 증가시키고, 건강 위험인자들을 개선하고, 자아상과 자신감을 강화하는 등의 것들이다. SCI를 가진 고객은 **강직**(spasticity, 과장된 근육긴장과 반사)을 보이기 쉬워 운동 능력에 문제를 일으킬 수 있다. 저항 운동시 천천히 준비운동을 하고, 체계적이고 점진적으로 강도를 증가시키고 근수축의 속도를 늦추는 등의 방법 등으로 강직을 제한할 수 있다. 과도하게 자주 강직이 발생한다면 의료적 치료시 적절한 조치를 받아야 한다.

결과적으로 SCI를 가진 사람이 체계적이고, 점진적이고 종합적인 운동 프로그램을 통하여 이득을 볼 수 있다는 점은 명확하다. 여러 출판물들에서 SCI를 가진 사람들을 위한 운동에 대해 더 많은 정보를 얻을 수 있다.[5,7,49,53,94]

척수 손상이 있는 고객을 위한 운동 지침

퍼스널 트레이너들이 SCI를 가진 고객을 위해 유산소, 유연성, 저항 운동을 계획할 때 명심해야 하는 몇 가지 지침들이 있다.

- 기능이 있는 관절들을 회복하거나 강화하기 위한 운동을 포함시킨다. 특히 어깨 뒤쪽 근육과 등 상부의 근육 강화 운동과 어깨 앞쪽 근육을 스트레칭을 한다.
- 모든 기능적인 근육군에 8~12회 반복을 3세트, 일주일에 2~3회 하는, 전통적인 저항 운동 프로그램이 추천된다. 그럼에도 불구하고, 고객은 8~12가지 운동들을 8~12회 반복으로 피로할 때까지 싱글 세트로 반복하며, 일주일에 2~3회 하는 프로그램으로도 이득을 볼 수 있다.
- 다른 저항 운동 프로그램과 마찬가지로 최대 가동범위 적절한 운동 테크닉, 숨 참는 것을 피하는 것, 조절된 움직임이 강조되어야 한다.
- 어깨, 팔꿈치 손목의 과사용 손상 위험 때문에, 강도와 운동량을 주의 깊게 선택하는 것이 필요하다.
- SCI가 있는 사람은 종종 강직을 보이며, 강직이 심할 경우에는 저항 운동을 삼가할 필요가 있다(의료팀에게 의뢰하는 것이 필요하다).[31]
- 비정상적인 근육긴장을 일으키는 운동은 중지하고, 피해야 한다.[31]
- SCI를 가진 어린이가 저항 운동을 하는 데 주의를 기울여야 할 점은 자라는 뼈에 과부하를 주지 말아야 하며, 빠른 성장 기간 동안에는 저항 훈련을 가능하면 제한하고, 유연성과 유산소 훈련을 강조하는 것이다.[31]
- 유연성 훈련에 대한 표준지침을 적용하며, 특히 어깨와 손목, 팔, 몸통, 하지에 대해 주의를 기울여야 한다(유연성 훈련에 대해서는 12장을 보라).
- 유산소 운동은 중등도 수준에서 시작되어야 하며, 지속시간과 빈도 및 강도에 있어서, 점진적으로 진행하여, 일주일에 30분씩 4일 이상 하는 것을 목표로 한다.

표 22.1 척수 손상이 있는 사람들이 흔히 사용하는 약물

약 종류	약	목적 혹은 작용	잠재적인 부작용
진경제 (Spasmolytics)	바클로펜, 티자니딘, 디아제팜, 클로니딘, 단트롤린	경직성을 줄인다.	높은 용량에서 근 위약과 피로, 저혈압, 서맥, 현기증, 진정
진경제	옥시부티닌 염산염, 페녹시벤자민	방광충만과 배뇨를 개선시킨다. 자율신경 이상 반사를 예방한다.	빈맥, 저혈압
항혈전제, 항응고제	와파린, 헤파린나트륨	혈전이 생기는 것을 방지하거나 제거한다.	멍, 출혈
항생제	설파에톡사졸과 트리메소프림	감염을 예방하거나 치료한다 (예: 요로).	해당 없음

- 심폐 훈련 방법은 다음과 같은 방법들을 포함한다. 암 크랭킹, 휠체어 에르고미터, 트레드밀이나 롤러(휠체어를 이용하는 잘 훈련된 고객들), 혹은 접근 가능한 인도나 실내외 트랙, 혹은 트레일 지표에서의 휠체어 추진, 수영, 휠체어 농구와 같은 스포츠, 목발이나 보조기를 이용해 걷는 것, 손 힘으로 가는 자전거 타기, 기능적인 전기 자극 혹은 기구로 보조되는 트레드밀 걷기(일반적으로 연구나 재활 시설에서)
- SCI 집단에서 심박수를 이용하여 유산소 운동강도를 관찰하는 것은 여러 이유로 문제를 일으킬 수 있다(예: 활성화된 근육 양의 다양한 차이, 심박수의 자율신경 조절).[34] 운동자각도가 유산소 운동강도를 측정하는 데 적절한 대체 수단이 될 수 있다.
- SCI를 가진 사람은 운동을 하는 동안 감독을 받아야 하며, 기구의 조절 및 이동 등의 사항에 보조를 필요로 할 가능성이 높다.
- SCI를 가진 사람의 대부분은 그들 마다 방광-장에 관한 프로그램을 가지고 있고, 운동에 앞서 이를 비워야 한다.
- 특히 선 자세에서 운동을 할 때, 운동으로 유발되는 저혈압을 피하기 위하여 휴식시에는 정기적으로, 운동시에도 자주 혈압을 관찰해야 한다.
- 기구 사용이 가능한 경우, 사지마비를 가진 고객에겐 엎드려서 하는 암 크랭킹이 선호된다.
- 식사 후 2~3시간 내에는 운동을 피한다. 소화작용은 운동하는 동안 작용하는 근육으로 피가 가는 것을 막을 수 있고, 제한된 심박출량과 혈류 사이에서 경쟁을 만들어내, 운동중 위장관 장애를 일으킬 수 있다.
- 근육 기능의 소실, 몸통 조절과 균형감의 소실, 마비된 부위의 감각 소실 때문에, 기구의 추가적인 패딩이나 장갑, 탄력 붕대, 좌석 벨트, 벨크로스트랩과 같은 특별한 장비들이 필요할 수 있다.
- 오래 앉아 있는 자세나, 찰과상을 피해야 하며, 특히 고관절, 좌골, 천골, 미골의 체중부하 면을 주의해야 한다. 이는 잘 낫지 않는 압력성 궤양의 위험 때문이다.
- 감기나 독감, 방광 감염, 변비, 발열의 상태 동안에 운동은 피해야만 하고, 강직이 증가하는 기간에는 유산소 운동과 저항 운동을 제한해야 한다(부드러운 스트레칭은 강직을 줄일 수 있지만, 고객의 의료진으로부터 받은 지침과 지시에 따라서 퍼스널 트레이너에 의해서만 시행되어야 한다).
- 휠체어에서 운동기구로의 이동은, 반복성 긴장장애의 위험성을 줄이기 위하여 최소화되어야 한다.[89]
- 고객의 정기적인 약물 복용과 그 부작용에 대해서 알아야 한다. SCI를 위하여 사용되는 흔한 약물에 관해서는 표 22.1을 참조하라.
- 온도 조절 요인은 항상 고려되어야 한다.[1] 가볍고 느슨한 옷차림, 적절한 수분 공급, 시원한 운동 환경, 분무는 열 내구력을 증가시킬 수 있다.
- 퍼스널 트레이너는 SCI를 가진 고객에게 동기를 제공하고 운동을 지속하도록 하며, 일상적인 신체활동을 늘릴 수 있도록 격려하고, 정기적으로 이런 활동들을 고객이 보고할 수 있도록 지지해 줄 수 있어야 한다.

다발성 경화증

다발성 경화증(MS, multiple sclerosis)는 면역에 의해 생기는 (자가면역성의) 질환으로 유전적 소인이 있는 사람에게서 일어난다. MS의 병인은 불명확하지만, 최근의 증거들은 엡스타인 바(Epstein-Barr) 바이러스와 같은 바이러스 요인에 의한 것이라고 제시하고 있다.[3] MS는 염증과 수초(myelin sheath)의 점진적인 퇴행성 변화의 특징을 보여주며, 이것은 주로 눈, 뇌, 뇌실 주위 회색질, 소뇌, 뇌간, 척수의 신경에 주로 나타난다.[65]

MS의 초기 증상(감각 이상, 피로와 위약감, 동측성 시각신경염[ipsilateral optical neuritis]), 운동실조(gait atxia), 신경인성 장과 방광, 목을 굴곡하면 발생되는 몸통과 사지의 감각 이상)은 축삭의 탈수초화(axonal demyelination)에 의해서 신경 전도가 느려지거나, 막힘으로써 생기는 결과라고 생각되고 있다.[65] MS는 전형적으로 초기 성인기(20~40세)에 시작되며, 다양한 임상 경과와 예후를 가진다. 이들 중 80%는 재발-완화 형태의 MS이며, 20%는 만성적(일차성) 진행형 MS이다.[65] 재발-완화 형태는 양성, 고전적 재발-재완화, 만성-재발 형태로 세부 분류할 수 있다. 표 22.2는 MS의 임상적 분류에 대해 나와 있다.[41]

MS는 파괴적이며, 잠재적으로 쇠약화를 일으키는 질환이다. 알려진 치료 방법이 없을지라도, 초기 진단과, 재활, 내과적 치료, 운동을 포함한 치료 방법들은 MS를 가진 많은 사람들의 삶의 질과, 기능적 상태, 장기 예후를 개선할 수 있다.[16,45,52,64,71,76,77,84]

다발성 경화증의 내과적 치료

근본적으로 MS의 치료에는 네 가지 측면이 있다. 첫째는 이 병의 과정, 진행, 예후, 관리는 방법에 관하여 개인과 가족들을 교육하는 것이다. 이런 면은 우선적으로 고객의 의료진과 건강관리팀의 책임이다. 하지만 지식을 갖춘 퍼스널 트레이너는 이런 정보와 권고사항들을 강화해 줄 수 있다.

MS 치료의 두 번째 사항은 증상과 이차적인 합병증을 관리하는 것이며, 이차적인 합병증에는 **근경련**(dystonic spasms, 짧고 반복적인, 한 개 이상의 사지의 통증이 있는 움직임), 전반적인 강직, 실조증, 조화 운동실조, 우울증, 다른 감정 장애, 방광과 장의 기능이상, 관련된 통증증후군들이 있다.

치료의 세 번째 사항은 질병 과정의 관리에 관한 것이다. MS가 있는 사람은 질환과 관련된 염증을 조절하고, 질병 과정을 수정할 수 있는 약을 먹게 될 것이다.[3,4] MS의 내과적인 치료는 매우 복잡하고, 대부분의 개인들은 신경과 의사의 관리를 받고 있다. 퍼스널 트레이너는 MS를 가진 사람들이 먹을 수 있는 약들에 대해서 알 필요가 있으며, 고객의 의료팀이나, PDR(Physician's desk reference)과 같은 자료의 보조를 찾아서, 운동치료의 안정성과 효용성에 대해서 파악해야 한다. 표 22.3은 MS의 증상을 관리하기 위해 사용되는 흔한 약물과 잠재적인 부작용에 대해서 보여준다.

MS 치료의 네번째 사항은 운동이다. MS를 가진 사람은 일반적으로 활동량이 적으며, 이는 대개 움직임의 어려움과 관련된 피로와 위약 때문이다. 한 연구에 따르면 유산소 지구력 훈련 프로그램은 심폐 기능을 22% 상승시킬 수 있다고 한다.[70] 다른 연구자는 MS를 가진 사람

표 22.2 MS의 주요 임상 분류들과 특징들

분류	특징들
재발-완화성 MS Relapsing-remitting MS(RRMS)	RRMS는 진행(증상의 악화)과 그 뒤 따라오는 완화(회복기)가 특징적이다. 증상은 경도에서 중증으로 다양하며, 재발과 완화는 수일에서 수개월 동안 지속될 수 있다. MS를 가진 사람의 80%가 재발 완화 주기를 가지고 시작된다.
2차 진행성 MS Secondary-progressive MS(SPMS)	SPMS는 재발완화성 MS를 가진 사람들에게서 종종 발생한다. SPMS에서 재발과 부분적인 회복이 일어나지만, 주기 사이에 장애가 사라지지 않는다. 대신에 점점 악화되어, 지속적인 장애의 진행이 악화의 주기를 대신하게 된다.
일차 진행성 MS Primary-progressive MS(PPMS)	PPMS는 발병시부터 지속적으로 천천히 진행한다. 완화의 시기가 없으며, 증상이 완화되지 않는다. MS를 가진 사람의 약 15%가 PPMS를 가지고 있다.
진행-재발성 MS Progressive-relapsing MS(PRMS)	MS의 비교적 드문 형태로, 사람들은 완화 시기 동안에도, 지속적인 증상과 악화를 둘 다 경험한다.

Reprinted from MayoClinic.org (www.mayoclinic.org/multiple-sclerosis/types.html).
For more information see Jackson and Mulchare 2009 (41).

표 22.3 다발성 경화증 증상을 조절하기 위해 흔히 사용되는 약물

약물 종류	약물	목적 혹은 작용	잠재적인 부작용
부신피질호르몬	프리드니손, 메틸프레드니손	다발성 경화증 악화의 횟수, 지속 기간, 중증도를 감소시키기 위하여	여드름, 체중증가, 고혈압, 골다공증, 당뇨, 감염 증가
베타 인터페론	베타세론, 에보넥스, 레비프	악화의 횟수와 중증도를 감소시키고, 질병 진행을 느리게 함	발열, 오한, 발한, 근육통, 피로, 우울감
면역 억제제			세균과 바이러스 감염 증가
아미노피리딘(Aminopyridine [fampridine])	아미노피리딘(팜프리딘)	신경 흥분 전도의 강화, 조화운동과 보행 능력의 강화	
합성 미엘린 기초 단백(Synthetic myelin basic protein)	코폴리메르 1(코팍손)	MS의 증상과 재발률을 감소시키기 위하여	부작용 거의 없음
진경제	바클로펜, 티자니딘, 디아제팜, 클로나제팜, 단트롤렌	경직성 치료를 위하여	고용량에서의 근위약과 피로감, 저혈압, 어지러움증
항우울제	아만타딘, 페몰린, 아미트리프틸린	피로감 치료를 위하여	잠재적인 발작의 위험성
진통제	아세트아미노펜	통증 완화	
항염증제	아스피린		
	코데인		

Data from National Institute of Neurological Disorders and Stroke 2009 (62); Jackson and Mulcare 2009 (41).

에게 있어서 유산소 지구력 훈련이 유산소 능력의 30%를 증가시킬 수 있지만, 수주에서 수개월 동안 시행한 같은 프로그램에 대한 반응이 2%에서 54%까지의 개인차가 있었다는 것을 보여줬다.[74] 지속적인 피로감을 경험하는 MS를 가진 사람을 위한 관리 전략으로 운동 치료와 행동 치료가 추천된다.[12] 규칙적인 스트레칭은, 관절의 가동범위와 조직의 탄성을 유지하기 위하여 필수적이다. 저항 훈련은 근력과 지구력을 향상시킬 수 있으며[16,77,92] 근위축을 막을 수 있다. 태극권이나 요가와 같은 운동 방법들도 역시 효과적이다.

다발성 경화증을 가진 고객의 운동검사와 훈련

다발성 경화증을 가진 고객에게 유산소 운동이 유익한 것은 명확하다. 다발성 경화증을 가진 사람들에서 유산소 지구력 훈련은 $\dot{V}O_2$peak, 상하체 근력, 체성분, CVD의 위험인자를 개선시킬 수 있다.[16,41,56,78,84,85] 15주간의 유산소 지구력 훈련 이후, 다발성 경화증을 가진 그룹은 분노와 우울, 피로 수준의 큰 감소를 보여줬으며(POMS, profile of Mood State에서), SIP(Sickness Impact Profile) 측정에서 총 점수와, 구성요소 개수(신체 차원 측정 지수, 사회적 상호작용, 감정 행동, 취미활동)에서 개선을 보여줬다.[70] 이에 더하여, 운동 훈련은 전반적인 행복감을 강화하며, 피로, 스트레스, 우울감과 같이 MS를 가진 사람에게 흔한 심리적인 어려움을 상쇄시킨다.[84]

MS를 가진 많은 사람들이 열에 대한 민감성을 경험하며, 이것은 임상 징후와 증상의 일시적인 증가와도 연관되어 있다. 이것은 MS를 가진 사람들이 대사열을 증가시키는 규칙적인 운동에 참여하는 것을 불가능하게 하거나 단념시킬 수 있다. 그럼에도 불구하고, MS를 가진 사람들에 대한 대부분의 연구들이 55세 이상의 대상자가 거의 없는 연구들이지만 몇몇 연구들은 이런 문제에 대하여 긍정적인 결과를 내놓았다. 운동 전의 선냉각 과정(찬물 샤워나 월풀, 차게 식힌 수건을 목에 두르는 것, 혹은 냉각시키는 목칼라를 두르는 것, 운동 전이나 중간의 찬물 스프레이)은 MS가 있는 온도에 민감한 사람들에서 운동에서 냉각 처치를 하지 않은 사람에 비해 직장 체온과 심박수, 운동자각도를 더 낮출 수 있었다.[91]

> MS가 있는 사람들은 열에 대한 내구성이 약하다. 운동 전에 미리 냉각을 하고, 운동을 위해 시원하고 안락한 환경을 갖추는 방법은 생리적인 이득이 있으며, 운동을 유지할 수 있게 해준다. MS가 있는 사람들에게 적절한 수분 공급은 온도 균형 유지하는 데 중요한 역할을 한다.

운동검사

MS를 가진 사람의 운동검사는 극도의 주의를 기울여 관리해야 한다. CVD의 위험이 있는 MS 환자를 선별해야 하고, 운동에 앞서 허혈과 관상동맥 심장 질환을 배제하기 위해서 전문적인 의료진의 감독 하에 임상 운동검사가 시행되어야 한다. 그러나 적절한 의학적 허가가 있으면, 퍼스널 트레이너도 안전하게 최대하운동검사를 시행하여 미래의 비교를 위한 기준점을 세울 수 있다. 조화운동불능(incoordination)과 경직성이 발생할 수 있기 때문에 다리나 팔 에르고미터가 측정 방법으로 선호된다. 앉아서 팔을 뻗는(sit and reach) 것과 같은 유연성 검사는 테크닉에 깊은 주의를 기울인다면 안전하게 시행될 수 있다. MS를 가진 사람들의 최대 1RM 혹은 다른 종류의 등척성 근력 혹은 지구력 검사의 안정성과 효용성은 잘 알려져 있지 않다. 권고되는 사항으로는 최대근력이나 근지구력 훈련시 피로에 주의해야 하는 것이나, 이런 과정의 위험도나 안정성, 효용성을 입증할 만한 데이터가 제한적이다.

저항 훈련

상대적으로 저항 훈련에 대한 연구가 별로 없지만, 새로운 증거들은 MS와 경도에서 중등도의 장애를 가지고 있는 사람들에게 저항 훈련이 안전하고 효과적인 운동의 형태임을 나타내고 있다.[52,77,92] 8주의 점진적인 저항 운동 훈련 프로그램(최대 자발적 수축[maximal voluntary contraction])의 70%로 반복수 10~15회의 한 세트로 구성되어 있음)에 참여하고 나서, 대상자는 무릎 신전과 족저굴곡, 계단오르기 수행력이 상대적으로 각각 7.4%, 52%, 8.7%가 개선되었다.[92] 6개월의 무작위 통제된 운동 프로그램(매주 1개의 유산소 컨디셔닝과 3개의 저항 훈련이 있음)에 참여한 이후, 참여자들은 걷기 속도와, 무릎 굴곡 근력, 상지 근지구력에서 큰 개선을 보였다.[77] 최근의 한 선행 연구에서 3개월간 그룹과 가정에서의 복합적인 근력 강화 프로그램에 참여한 참가자들은 표준화된 평가 항목으로 측정된 운동 능력, 삶의 질, 피로 점수에서 큰 개선을 보였다.[52] 현장에서의 경험에 따르면, MS를 가진 사람들을 위한 일반적인 저항 훈련 프로그램 지침은 MS가 없는 훈련받지 않은 사람들을 위한 것과 유사하다.[16,41] 한 표준화된 점진적 저항 훈련 프로그램(8~10가지 운동으로 구성, 1RM 부하의 60~80%, 8~15 반복수로 1~3세트 시행, 모든 주요 근육군)은 MS를 가진 사람들에게 위험도가 적거나 없는 채로 유익한 결과를 가져왔다. MS를 가진 사람의 저항 훈련 프로그램의 목표는 일반적인 근력을 향상시키고, 근 긴장도를 개선하며, 작용-길항 근육의 근력을 같게 하고 강직을 줄이는 데 있다.[41] 진행은 병이 없는 사람들의 속도의 대략 50%에 맞추어서 진행한다(즉, 1~2주 대신에 3~4주마다 부하를 증가시킨다). 덧붙여 관절 가동범위를 증가시키고, 경직성을 상쇄하며, 균형감을 개선시키기 위하여, 매일 스트레칭을 해야 한다.[16,41]

유산소 체력 훈련

과거에 운동 훈련은 MS를 가진 사람들에게 추천되지 않았는데, 이것은 운동이 MS와 연관된 피로를 증가시킨다고 믿었기 때문이다. MS를 가진 사람들을 위한 운동 프로그램은 과부하와 점진적인 저항의 원칙을 지키며, 심폐과 근골격계 기능에 적절한 자극을 주기 위해서 신중하게 설계되어야 한다. 그럼에도 불구하고 피로를 악화시키거나, 신경 전달 차단, 혹은 그 둘 다를 일으키지 않기 위해 과부하는 점진적으로 주어야 한다.

최대하의 유산소 운동에 대한 MS를 가진 사람의 반응은 질병 진행의 병기와 중증도에 따라 다양하게 달라지는 것으로 보인다. 두 연구는 MS가 있는 사람이 최대하 트레드밀 워킹을 하는 동안 연령과 성별로 짝지어진 다른 사람보다 심박수, 호흡, 산소섭취량이 높고, 최종 에너지 소비량이 2~3배 컸다.[67,68] 그러나 더 최근의 연구는 MS가 있고 중등도의 이상이 있는(moderately impaired) 사람들은 유사한 준최대의 일부하에서 연령과 성별로 짝지어진 대조군에 비해 중대한 최종 에너지 소비량의 차이를 보여주지 못했다.[86] 추가적인 연구들에서는 중등 강도의 유산소 운동이 체력[6]과 가동성[45,81] 걷기 속도와 수용력,[77] 운동 내구성을[76] 개선시킨다고 하였으며, 피로와[52] 장애를 감소시킨다고 하였다.[45,76] 이런 연구들은 경도에서 중등도의 일부하를 지키는 유산소 운동강도의 신중한 처방이 필요함을 나타내고 있다. 추천되는 유산소 강도는 최고심박수의 60~80%, $\dot{V}O_2$peak의 50~70%이다.[16,41] 이에 대한 대체로, 여유심박수나 $\dot{V}O_2$ 여유의 40~60%를 사용할 수도 있다. 초기 운동 지속시간은 10~40분이 추천되며, 이는 개인의 장애 수준에 따라서 달라진다.[16] 처음 몇 달 동안에는 훈련 시간이나 추가적인 훈련일을 더하여 훈련량을 증가시키면서 시행한다.[16] MS를 가진 대부분의 사람들은 $\dot{V}O_2$max 혹은 HRR의 40~50%에서 시작하는 것이 권장되며, 3~6개월 동안 고객이 적응하는 대로 50~70%까지 진행한다. MS를 가진 사람의 유산소 체력 훈련의 목표는 심혈관 기능을 향상시키고, CVD의 위험도를 줄이며, 활동으로 생기는 피로감을 감소시키는 데 있다.

MS를 가진 고객은 쉽게 피로를 느끼며, 이것이 장애가 될 수 있다. 주의해야 할 점은 전통적인 권장치의 최저 수준에서 시작하여, 건강한 성인보다 50% 느린 속도로 진행하는 체계적인 프로그램을 제공하는 것이다. 더 많은 정보를 위해서 독자는 MS를 가진 사람들의 신체활동에 대해 출판된 권고 사항들을 참조할 수 있다.[71]

마지막으로 MS를 가진 사람들이 열에 대한 내구력이 약할지라도 적절한 주의사항을 지키면, 온수 아쿠아 치료와 같은 것으로 피로감을 가중시키거나 열과 관련된 문제의 위험을 높이지 않고 이득을 줄 수 있을 것이다.[41,62,72]

MS를 가진 고객들은 탈진할 정도로 운동을 하는 것은 피해야 한다. 2일 이상 계속되는 지속적인 피로감은 운동 프로그램이 과도하다는 경고 징후이다.

다발성 경화증 환자를 위한 운동검사와 훈련 지침

MS를 가진 고객의 운동검사와 훈련에 대한 몇몇 주의사항과 지침은 다음과 같다.

- 복잡한 기술이 필요한 운동은 MS를 가진 사람들의 대다수에서 피해야 한다. 이는 부분적으로는 고유수용 감각, 혹은 공간에서 근육과 관절의 위치를 인식하는 능력의 소실 때문이다.
- MS를 가진 사람들은 걷는 데 소비하는 에너지가 정상인에 비하여 2~3배 된다. 특히 진행된 질환을 가지고 있는 사람들이 그러하다. 따라서 60~75%의 최대심박수를 유지하도록 부하의 조정이 필요하다.
- MS를 가진 사람들은 온도에 민감하며, 열과 냉기 둘 다와 관련된 손상의 위험도가 높다. 이것은 적절한 수분 섭취를 확인하고, MS를 가진 사람들이 열중립적인 환경에서 운동을 하도록 할 필요성을 가중시킨다. 덧붙여 운동중 탈수는 방광 기능이상(요실금 혹은 요의를 느끼는 요긴박감, 혹은 둘 다)이 있고 때때로 수분 섭취를 제한하는 사람들에서 악화될 수 있다.
- 근육 경직이 특히 고관절 외전근과 내전근에 심하게 나타날 수 있으므로, 하지의 큰 근육 운동에 주의하는 것이 중요하다.
- 감각 소실은 고객이 바를 효과적으로 잡을 능력이 없기 때문에, 프리웨이트와 같은 운동은 할 수 없어, 다른 형태의 운동으로 변형이 필요할 수 있다.
- 만약 더 심한 경직성이 나타난다면 고정시키는 것(straping)이 필요할 수 있다.
- 몇몇 근거들에 따르면 생물학적 주기의 체온이 아침에 제일 낮기 때문에, 운동을 하는 시간으로 선호된다.
- 누워서 타는 자전거는 몸을 세워서 하는 자전거 타기보다 균형 문제가 있는 고객에게서 선호된다.
- 주동근과 길항근 근육 사이의 불균형은 흔하다.
- 근위약이 하지와 체간 근육에서 가장 큰 경향이 있다.
- 하수족(foot drop)과 같은 신경근 문제가 좀 더 진행된 사례에서 나타날 수 있다.
- 일부 고객들은 인지 결손(cognitive deficit)이 있으며, 우울증에 빠지기 쉽다. 이런 사람들의 교육에 주의를 기울여야 하며, 순응도를 강화하기 위한 지속적인 심리 강화가 MS를 가진 고객에게 필요하다.
- 다양한 양상의 MS 증상과 진행 과정 때문에, 퍼스널 트레이너는 매일 운동 프로그램을 조절할 필요가 있다.
- 적절한 대사 강도와 자극을 확인하기 위하여, 운동 전, 중, 후에 심박수를 측정하는 것이 추천된다.
- 순응도를 촉진시키고 운동 처방을 적절히 조정하기 위해 진행 상태를 확인하는 규칙적 후속조치가 필요하다.
- 악화되는 사례에서는 완전 관해(remission)가 올 때까지 운동을 중지해야 한다.
- MS를 가진 일부 사람들은 인지 장애를 가지고 있기 때문에, 글과 그림 형식으로 정보와 지시를 제공할 필요가 있다. 운동, 기술, 적절한 기구 사용을 자주 상기시키는 것이 필요하다.
- 만약 고객이 상지와 하지에 조화운동불능을 가지고 있다면, 하지와 상지가 연동된 에르고미터를 사용하는 것이 팔과 다리가 약한 사지를 보조할 수 있도록 하여 운동 수행력을 향상시킬 수 있다.
- 피로감을 피하기 위해서 저항 훈련은 지구력 훈련을 하지 않는 날에 수행한다.

표 22.4 다발성 경화증을 가진 고객을 위한 일반적인 운동 수업 프로그래밍 지침

운동 구성	지침
유산소 훈련	
방법	고정 자전거, 리컴번트(누워서 타는) 자전거, 리컴번트 스테핑(Nustep), 수중 에어로빅, 상체 에르고미터, 걷기
강도	최고심박수의 60~80%, 여유심박수의 40~60%, $\dot{V}O_2$peak의 50~70%, $\dot{V}O_2$reserve의 40~60%
지속시간	30분/세션, 초기에는 일당 10분 세션을 3회 누적하여 시행해야 할 수도 있다.
빈도	비저항 훈련일에 주당 2~3일
저항 훈련	
방법	머신, 프리웨이트, 저항밴드, 튜브, 도르래, 필라테스
근육군	8~10가지 운동, 모든 주요 근육군을 훈련하며, 작용-길항근 근육들의 균형을 맞추려고 해야 한다.
강도	8~15회 반복, 1RM의 60~80%
세트수	근육군마다 1세트 이상, 견딜 수 있는 만큼
휴식 주기	세트와 운동 사이에는 최소한 1분 휴식
유연성 훈련	
방법	능동 가동범위, 수동 가동범위, 요가, 태극권
지속시간	30~60초 동안 스트레칭을 유지한다. 스트레칭은 경동에서 중등도의 긴장으로 유지해야 하며, 지속시간 내에 불편함이 없어야 한다.
빈도	하루 1~2회 부드러운 스트레칭을 수행한다.
근육군	모든 주요 근육군을 스트레칭하며, 고관절 굴곡근, 햄스트링, 고관절 내전근, 족저굴곡근, 전방 견갑대 근육을 우선적으로 한다.

Data from Dalgas, Stenager, and Tingemann-Hansen 2008 (16); Jackson and Mulcare 2009 (41).

- 균형감에 문제가 있다면, 저항 훈련은 앉은 자세에서 행한다.
- 유연성 운동은 앉은 자세 혹은 누운 자세 둘 다에서 수행될 수 있다.[16,41,56]

일반적인 운동 수업 프로그램 지침은 표 22.4에 나열되어 있다.

간질

간질(epilepsy)은 의학적으로 2번 이상의 특별한 이유 없이 발생한 반복적 발작으로 정의된다.[43] **발작**(seizure)은 뇌 어느 부분에서의 조절되지 않은 전기적 방전을 말하며, 이로 인해 신체적, 정신적 증상이 나타나고 경련이 일어날 수도 있다. 발작은 움직임, 감각 인식, 인지 행동의 비자발적인 변화, 의식 소실(LOC, loss of consciousness), 혹은 이들 중 몇 가지의 조합을 일으킨다. 표 22.5는 발작의 분류 및 특징적인 징후와 증상에 대해 정의하고 있다.[13,14] 간질은 미국 내에서 유방암만큼 흔하여, 매년 200,000명의 미국인이 발작 또는 간질(혹은 둘 다)로 진단될 정도(www.epilepsyfoundation.org)이다. 따라서 이것은 양호한 상황과는 거리가 멀다.

간질 지속 상태(status epilepticus)는 발작이 30분 이상 지속되거나, 일련의 발작들이 의식이 회복되지 않은 상태에서 심하게 자주 발생하는 것으로 정의된다.[43] 간질 지속 상태는 의료적인 응급 상황이며, 119에 전화하거나 지역 응급 전화번호에 전화를 하고, 병원 응급실로 후송을 하는 응급 프로토콜을 활성화해야 할 필요가 있다.

특발성 혹은 이차적인 발작을 하는 고객에 대해 퍼스널 트레이너가 흔한 촉진 인자(원인 혹은 방아쇠)를 이해하고 인식하는 것이 중요하다. 표 22.6은 몇몇 알려진 촉진 인자와 수업 변형의 권고사항들을 요약하고 있다.

입증되지 않은 보고서들에 따르면 신체적인 활동도 발작의 촉진 인자가 될 수 있다.[48,66,79] 그러나 체계적인 연구들은 신체적인 활동과 스포츠가 대다수의 간질을 가진 고객에게서 발작 재발의 부작용을 일으키지 않으며, 실제로 발작 조절에 도움을 줄 수 있음을 보여주었다.[58,59] 하지만 연구들에 따르면 간질환자의 대략 10% 정도는 운동을 발작 요인으로 가지고 있을 수 있으므로 퍼스널

표 22.5 간질 질환의 분류와 흔한 징후 및 증상

간질의 종류	징후와 증상
부분 발작: 한쪽 뇌만 영향을 받음	
단순	이 발작은 의식 소실을 유발하지 않는다. 감정 변화나 시각, 후각, 촉각, 미각, 청각을 바꿀 수 있다. 팔이나 다리와 같은 신체 부위의 비자발적인 갑작스런 움직임(jerking), 콕콕 쑤시는 것과 같은 감각(tingling), 현훈(vertigo), 빛 번쩍거림을 유발할 수 있다.
복합	이 발작은 의식을 바꾸어놓으며, 각성 상태에 문제를 발생시킨다. 복합 부분 발작은 흔히 멍하니 바라보거나 목적 없는 움직임을 유발하며, 그런 움직임에는 손 비빔(hand rubbing), 꿈틀댐(twitching), 씹는 동작, 삼키는 동작, 원을 그리며 걷기 등이 있다.
전신 발작: 뇌의 양쪽 모두에서 발생	
결신성(소발작)	이 발작은 멍하니 바라보는 동작과 미묘한 신체 움직임이 특징적이며, 짧은(2~15초) 의식 소실을 발생시킬 수 있다.
근간대성	이 발작은 대개 팔과 다리의 매우 짧은 갑작스런 동작이나 꿈틀대는 동작으로 나타난다.
강직-간대성(대발작)	모든 발작 종류 중에 가장 높은 강도, 의식 소실과 몸의 뻣뻣해짐과 흔들림, 방광 조절의 소실이 특징적이다.
무긴장성	'넘어짐 발작(drop attacks)'으로도 알려져 있음. 짧은(<15초) 발작으로 정상 근육긴장도를 잃고, 갑작스럽게 무너지거나 넘어진다.

Adapted from MayoClinic.com (www.mayoclinic.com/health/epilepsy).

표 22.6 발작의 촉진 인자와 운동변형

흔한 발작의 촉진 인자	권장되는 운동 변경 사항
감정적 스트레스	강도를 낮은 수준으로 변경
과호흡	호흡 테크닉과 조절을 가르침
생리	강도를 낮은 수준으로 변경
수면 부족	운동을 피함
발열	운동을 피함
광자극(사진기 플래쉬[strobe light], TV, 기타 등등)	운동중 해당 상황을 피함
알코올 과다 혹은 금단	강도를 낮은 수준으로 변경

트레이너는 이를 유념해야 한다. 이것은 특히 외상이나 감염, 뇌졸중으로 인한 이차적인 발작을 가진 고객에서 발생하는 경향이 크다.

간질을 가진 많은 사람들은 발작 유발과, 발작과 관련된 부상, 혹은 둘 다에 대한 공포 때문에 불필요할 정도로 신체적인 활동과 스포츠를 피한다. 일반적으로 연구들에 의하면 간질을 가진 사람들은 보통 인구 집단보다 덜 활동적이지만 그 결과는 큰 차이가 없다. 예를 들어 한 노르웨이 연구 집단은 간질이 있는 사람들과 일반 인구들 사이에서 신체활동 수준의 차이를 발견할 수 없었다.[59] 간질을 가진 사람의 운동과 스포츠 참여가 제한되지 말아야 할 뿐만 아니라, 격려되어야 한다는 것이 전문가들 사이에 일치된 견해이다.[36,83] 퍼스널 트레이너는 이런 문제점들에 대해서 알고 있어야 할 뿐 아니라, 간질을 가진 고객들이 그들의 신체활동 수준을 증가시킬 수 있도록 부드럽게 격려할 필요가 있다.

간질을 가진 많은 사람들에게 규칙적인 유산소 운동이 발작 조절에 도움을 줄 수 있다. 그러나 10% 정도의 사람들은 강한 운동이 발작의 촉진 인자가 될 수 있다.

발작의 내과적 치료

발작에 대한 내과적 치료는 사례들의 대략 67~75%에서 완전히 효과적이다.[44] 의료진은 발작의 종류와 고객이 부작용을 견디는 정도에 기초하여 약물을 선택한다. 내과적인 치료에 반응하지 않는 25~33%의 간질 사례에는 외과적인 방법이 효과적이다.[44] 이런 치료 방법에 대한 것까지 설명하는 것은 이 장의 견지에서 벗어나며, 더 많은 정보를 원한다면 간질협회 웹사이트(www.epilepsyfoundation.org)를 방문하라. 첨부된 상자에 이

런 수술적 치료 중 두 가지에 대해서 간략히 기술해놓았다. 퍼스널 트레이너는 고객이 복용하고 있는 약물에 대해서 알 필요가 있으며, 약물과 그 부작용에 대한 설명을 위해서 PDR과 같은 자료를 볼 필요가 있다. 퍼스널 트레이너는 운동 주의사항이나, 금기사항, 약물 또는 외관적 치료와 운동의 부정적인 상호작용 가능성에 대해 고객의 주치의와 의사소통을 할 필요가 있다. 이 부분에서 논의하는 간질을 가진 사람의 운동 훈련은 오직 약 80%의 내과적 외과적 혹은 혼합치료로 잘 조절이 되는 사람들에게만 적용 가능하다는 점을 강조한다. 표 22.7은 간질 치료에 사용되는 가장 흔한 약물들과 흔한 부작용들에 대한 리스트를 제공한다.

간질을 가진 고객의 운동검사와 훈련

대부분의 간질을 가진 사람들은 불행하게도 비활동적인 생활을 하며, 이에 따라 낮은 체력을 가지고 있다. 대부분의 경우 신체활동이나 다른 취미활동이 발작의 촉진인자가 아니며, 발작과 관련된 부상을 증가시키지 않는 경우임에도 그러하다.[55,60] 실제로 노르웨이의 연구에서는 간질을 가진 사람들의 36%는 규칙적인 운동이 발작 조절에 도움을 준다고 보여준다.[59]

그러나 이 논의의 초반에 언급된 것과 같이 연구들에 따르면 간질을 가진 사람들 중 소수(~10%), 특히 감염, 외상, 뇌졸중에 대한 이차적인 발작을 가진 사람들에게 운동이 발작 촉진 인자로 작용할 수 있다고 한다. 체력 수준이 낮은 간질환자들은 운동유발성 발작을 더 일으키기 쉽다.[59] 퍼스널 트레이너는 고객이 가지고 있는

표 22.7 간질 치료를 위해 흔히 사용되는 약물과 흔한 부작용들

약물	목적	흔한 부작용
테그레톨 또는 카르바트롤	부분, 전신성, 강직간대성, 그리고 혼합 발작에 대한 일차 치료제	피로, 시야 변화, 구역감, 어지러움, 발진
자로틴	결신 발작을 치료하기 위해 사용	구역감, 구토, 식욕 감퇴, 체중 감소
펠바톨	부분, 일부 전신 발작	식욕 감소, 체중 감소, 불면증, 두통, 우울감
가비트릴	부분과 일부 전신 발작에 사용. 주로 다른 항발작 약물과 혼합하여 사용됨	어지러움, 피로, 위약감, 흥분성, 혼란, 불안감
케프라	부분 발작에 대하여 다른 항발작 약물과 혼합하여 사용	피곤함, 위약감, 행동 변화
라믹탈	부분과 일부 전신 발작에 사용	가능한 어지러움, 발진, 불면증 외에 부작용이 거의 없음
리리카	부분 발작 치료를 위해 사용됨	어지러움증, 졸림, 입마름, 말초 부종, 시야 흐려짐, 체중 증가, 집중력 감퇴
뉴로틴	부분과 일부 전신 발작에 사용. 주로 다른 항발작 약물과 혼합하여 사용됨	특정인에서 치료 첫주 동안의 피로함과 어지러움을 제외하고, 지속성 부작용은 거의 없음
페니토인	부분 발작과 강직성 간대성 발작에 사용됨	어지러움, 피로, 말 느려짐, 여드름, 발진, 다모증(hirsutism), 장기 복용시 뼈 얇아짐
토파맥스	부분 혹은 전신성 강직성 간대 발작을 치료하기 위해 다른 항발작 약물과 같이 사용됨	어지러움, 피로, 언어 장애, 초조함, 기억 장애, 시야 장애, 체중 감소
트리렙탈	부분 발작 치료를 위해 사용됨	피로, 어지러움, 두통, 복시(double vision)
데파코트	부분, 결신, 전신성 강직성 간대 발작을 치료하기 위해 사용됨	어지러움, 구역감, 구토, 진전, 탈모, 체중 증가, 성인에서 우울감, 아이에서 흥분성 증가, 집중력 감소, 때때로 인지 장애, 장기 복용시 뼈 얇아짐, 발목 부종, 청력 소실, 간 손상, 혈소판 감소, 이자 이상(pancreas problem)
조네그란	부분 발작을 치료하기 위하여 다른 항발작 약물과 같이 사용됨	졸림, 어지러움, 걸음걸이 불안정, 신장결석, 복부 불편감, 두통, 발진
발륨, 클로노핀, 트란진	응급실에서와 같은 곳에서 단기 발작 조절에 효과적임	피로, 걸음걸이 불안정, 구역감, 우울감, 식욕감소, 아이의 경우 침흘림이나 과활동성

치료 불응성 간질에 대한 외과적 치료 방법들의 예

가장 흔한 형태의 간질 수술은 뇌엽절제술(lobectomy)과 피질절제술(cortical resection)이다. 이런 치료는 좌엽이나 우엽의 전체 혹은 부분(단순 혹은 복합 부분 발작의 흔한 위치, 이것들 중 일부에서 전체 뇌피질로 파급된다)이 외과적으로 제거될 수 있다.

약으로 발작이 조절되지 않는 사람들 중 선별된 사람들에서 또 다른 치료 옵션으로 미주신경 자극(VNS, vagal nerve stimulation)이 있다. 이 수술 방법은 납작하고 실버 달러 크기의 둥근 배터리를 흉벽에 심는 것을 포함한다. 얇은 전선이 피부와 수술 상처 밑을 지나가 목에 있는 미주신경을 감싼다. 만약 환자가 전조 증상이 있으면서 발작이 오는 것을 느낄 경우, 작은 자석을 배터리 위에 대어서 VNS 장치를 활성화시키면 미주신경으로 신호를 보내게 된다. VNS 시스템의 효과는 불완전하다. 이식을 한 32,000명 중 33%는 큰 개선을 경험했으나, 33%는 일부 개선되고, 33%는 효과가 없었다.

퍼스널 트레이너는 이런 방법과 다른 수술적인 치료 방법과 그 효과, 부작용 등에 대해서 더 많은 정보를 알기 위해 간질협회(Epilepsy Foundation, www.epilepsyfoundation.org)를 방문할 수 있다.

이런 종류의 발작 질환에 대해서 알아야 하며, 발작을 암시하는 징후나 증상에 대해서 경계해야 한다. 많은 간질을 가진 사람들이 발작 전에 전조 증상을 가지고 있다. 퍼스널 트레이너는 그의 고객을 알아야 하며, 발작이 임박함을 보여주는 징후나 증상에 대해서도 알아차릴 수 있어야 한다.

일반적으로 간질이 잘 조절되는 사람들에 대해서는 운동의 금기나 제한이 없다. 실제로 발작 관리가 잘 되고 있다면 제한을 최소화한 스포츠나 규칙적 운동은 오히려 장려되어야 한다.

퍼스널 트레이너는 간질을 가진 사람들에게 다른 건강한 사람들에게 추천되는 것과 같은 운동 원칙을 적용할 수 있다. 신체활동과 체중 조절에 대해서 점진적이고 순차적으로 진행하는 접근 방법이 추천된다. 적절한 의료적인 승인과 표준지침을 잘 따른다면, 심폐 기능과 근력, 근지구력, 유연성, 체성분의 기준점을 설정하기 위한 최대하운동검사를 시행할 수 있다. 체중 조절에 관해서는, 10파운드(4.5kg) 정도 되는 약간의 체중 조절도 항발작 약물의 생물학적 이용도에 영향을 줄 수 있고, 부작용의 위험성을 증가시킬 수 있다는 점을 주의하는 것이 중요하다. 간질을 가진 일부 사람들은 '케톤성 식이(저탄수화물, 고지방, 적당량의 단백질)'를 하는 중일 수 있다는 것을 아는 것도 중요하다. 2008년 한 무작위 임상시험에서 이 식이가 치료가 어려운 어린이의 간질에 명확한 효과가 있음을 밝혔다. 그리고 성인에게도 역시 이득이 있을 수 있다는 제한적인 증거가 있다.[63]

마지막으로 퍼스널 트레이너는 발작, 특히 긴장성 간대(대발작, grand mal) 형태에 대한 응급처치를 알아야 한다. '발작에 대한 응급처치'는 발작 도중과 **발작 후 상태**(postictal state, 발작 직후의 시기)의 기초적인 응급처치 단계에 대해 묘사하고 있다.

발작에 대한 응급처치

1. 가능하면 얼굴을 밑으로 하여 고객을 엎드린 자세로 놓는다.
2. 안경과 같은 부서지고 부상을 일으킬 만한 물건들을 제거한다.
3. 조이는 옷은 느슨하게 풀어놓고, 특히 목 주위를 신경 쓴다.
4. 고객을 결박하지 않는다.
5. 고객의 경로에서 장애물을 치운다.
6. 고객의 입에 어떤 것도 넣지 않는다.
7. 발작 후에 고객을 회복 자세(CPR지침에 따른다)로 옆으로 돌려놓아 흡인(aspiration)을 막는다.
8. 고객이 완전히 깰 때까지 관찰한다.
9. 고객은 운동으로 복귀할 수 있으나, 각 사례에 대해 고객의 담당의와 함께 평가하는 것이 필요하다.

10파운드(4.5kg)의 체중감량은 항발작 약물의 생체 내 이용율을 증가시킬 수 있어서, 부작용의 위험을 증가시킬 수 있다.

뇌성마비

뇌성마비(CP, cerebral palsy)는 만성적인 근골격계의 결손으로 신체 움직임이나, 근 조화 운동에 이상이 있는 집단을 가리키는 용어이다. 이것은 태아가 발달할 동안이나 출산 과정 중 혹은 직후, 혹은 초기 유아기에서 뇌에 한군데 혹은 여러 군데에 손상을 입어 발생한다.[88]

CP는 움직임, 평형감, 협응력, 자세 유지 능력에 제한이 생기는 특징을 가지고 있다. 이는 근육 기능과 척수 반사를 조절하는 뇌의 운동 영역에 손상이 있기 때문이다. 뇌의 질환이 악화되지 않기 때문에 이것은 진행하는 질환이 아니다. 그러나 강직과 같은 이차적인 문제들은 잘 관리되지 않으면 종종 악화되고, 관절 움직임이나 가동성의 추가적인 손실과 잠재적인 구축(영구적으로 근육과 건이 짧아지는 것)을 일으킨다. 'CP 관련 용어의 정의'를 보면 관련 용어의 정의가 나와 있다.

CP의 특징적인 징후와 증상에는 근육의 타이트함, 경직성, 비자발적인 근육 움직임, 보행 장애, 근육 약화, 조화 운동 불능, 말과 삼킴 장애가 포함된다. 다른 주목해야 할 징후와 증상에는 감각과 인식의 결손, 시야와 청각(혹은 둘 다)의 이상, 발작, 인지 기능 장애, 학습 장애, 자세 변형에 의한 이차적인 호흡 장애 등이 있다.

의학적으로 CP는 관찰되는 근육 이상의 특정한 형태에 따라서 분류할 수 있다. 덧붙여, 근육 이상의 형태는 뇌 손상의 위치를 암시한다.

- 현저한 경직성을 가진 고객은 대뇌(cerebrum)의 운동 영역에 손상이 있을 가능성이 높다.[10,28]
- 무정위 운동은 중뇌(midbrain) 손상을 암시한다.
- 실조증은 소뇌(cerebellum)의 손상을 암시한다.
- 이상운동증은 기저핵(basal ganglia)의 손상을 암시한다.

혼합된 형태에서는 손상 역시 여러 군데에 발생했을 수 있다.[10,28]

스포츠를 위한 CP 분류에 대한 더 많은 정보를 위해서는 www.cpisra.org에서 CPISRA 매뉴얼 10판을 보라. 원래는 스포츠 참여를 위해 디자인되었지만, 이 분류 체계는 퍼스널 트레이너에게 CP를 가진 사람들의 기능 범위에 대한 통찰력을 준다.

CP가 고쳐질 수는 없지만, 합병증을 예방하고, 기능과 독립성의 추가 손실을 막기 위해서 관리되어야 한다. 내과적인 치료는 강직이 존재하면 이를 줄이고, 신경과 근육의 조정 능력을 증진시키는 데 초점을 둔다. 물리치료와 재활은 성장과 발달을 최적화하고, 장애를 예방하며, 근육과 이동 능력 기능이상을 최소화하기 위해서 필수적이다. 지속하는 운동 프로그램은 CP를 가진 사람들이 독립적이고 생산적인 사회 구성원이 되고 유지하는 데 큰 보조를 할 것이다.

> CP는 비가역적인 문제이며, 내과적 치료와 재활치료는 강직과 무정위 운동을 조절하고, 기능과 신경근 조정 능력을 개선시키는 데 초점을 둔다.

CP의 의학적 치료

CP의 내과적 치료는 비가역적인 병변에 의한 이차적인 합병증을 관리하는 것이 주를 이룬다. 발작과 발작 경향은 CP를 가진 사람의 60%에서 발생한다. 따라서 CP를 가진 사람은 항발작 약물, 항경직 약물, 근육이완제를 복용할 가능성이 있다. 이에 더하여, CP를 가진 많은 사람들은 다른 이차적인 합병증으로 관절 통증, 고관절과 허리의 변형, 방광과 장의 기능이상, 위식도역류가 있을 수 있고, 이에 대한 약을 복용할 수 있다. 마지막으로 CP를

CP 관련 용어의 정의

실행증(apraxia): 협동적이고 자발적인 크고 작은 움직임 기술들을 실행할 수 없음

실조증(ataxia): 비조화적인 자발적 움직임들, 실조증이 있는 고객들은 전반슬(genu recurvatum) 혹은 '과신전된 무릎(hyperextended knee)'과 함께 다리 간격이 넓게 벌어진 걸음걸이를 보이며 약한 기도 진전(intention tremor, 역자주: 의도적으로 움직이려고 하면 떨리는 것)이 있다.

무정위 운동(athetosis): 사지의 근육(appendicular musculature)이 느리고, 몸을 비틀며(writhing), 뒤틀리는 것 같은 움직임을 보이는 것.

무도증(chorea): 과도하게 저절로 생기는 움직임 상태. 불규칙한 간격으로 반복적이지 않고 갑작스럽다. 고객이 자발적인 근육 수축을 유지할 수 없다.

이상운동증(dyskinesis): 비틀거나 반복적인 움직임이나 비정상적인 자세를 발생시키는 지속적인 근육 수축

근간대경련(myoclous): 근육의 한 부분이나 전체 근육 혹은 근육군에서 발생하는, 쇼크와 같은 동시 혹은 비동시적인 수축

강직: 근육의 긴장이 증가된 상태로, 심부 건반사의 증가를 특징으로 한다.

가진 사람들은 일반적으로 비활동적이며, CVD의 몇몇 위험인자를 가지기 쉽다.

CP를 가진 고객의 운동검사와 훈련

CP를 가진 사람들의 운동에 대한 반응과 효과에 관해 시행된 연구는 매우 적다. 역사적으로 CP를 가진 사람들이 공식적 또는 비공식적으로 신체활동 프로그램에 참여한 적이 거의 없기 때문이다. 그러나 CP를 가진 여성에 대한 최근의 조사는 독립적인 생활을 하는 여성들의 큰 비율이 규칙적인 운동을 하고 있다고 보고했다(43%의 응답자가 지난 일주일 동안 가동범위 운동이나 유산소 운동을 하였다고 대답하였다).[87]

CP를 가진 사람들의 운동검사와 훈련은 이 질환에 의해 흔히 동반된 변형, 무정위 운동, 실조증, 조화 운동 불능, 경직성에 의해서 복잡해진다. 그러나 CP를 가진 사람에게 규칙적인 신체활동으로 인한 이득이 없다는 병리학적인 근거는 없으며, 규칙적인 운동은 격려되어야 한다. 이 분야의 연구가 증가하고 있으며, 명확한 것은 CP를 가진 사람들은 이 질환이 없는 사람들과 같이 규칙적인 신체활동 프로그램으로부터 이득을 얻을 수 있다는 것이다. 버츄렌(Verchuren)과 그 동료들은 최근에 CP를 가진 어린이와 청소년을 대상으로 한 무작위 시험의 결과를 보고하였다.[90] 대근육 운동 기능(Gross Motor Function) 레벨 I, II로 분류되는 CP를 가진 86명의 젊은이를 유산소와 무산소 혼합 운동을 각 45분씩 주 2회로 훈련하는 그룹과 대조군에 무작위 배치하였다. 이 연구는 8개월 동안 지속되었고, 대조군에 비하여 혼합 운동 그룹에서 무산소와 유산소 능력 모두 크게 증가하였다. 숄츠(Scholtes)와 동료들은 CP를 가진 어린이에서 하지의 근력 강화 운동에 대한 무작위 시험을 시작하였으나 이 결과들은 아직 출판 발표되지 않았다.[80] 다음의 리스트는 CP를 가진 사람의 훈련 가능성에 대해 다룬 연구들로부터 몇 가지 발견한 점들을 요약한 것이다.

- 일상생활의 활동들을 수행하는 능력이 개선됨[28]
- 행복감과 신체 이미지, 체력, 삶의 질이 개선됨[28,90]
- 강직과 무정위 운동과 같은 증상의 중증도가 명백히 감소함[28]
- 최고 산소섭취량, 호흡 역치, 최대하 심박수의 일률, 가동범위, 운동 조화, 움직임 기술이 개선됨[28]
- 근비대를 포함하여 근력과 근지구력이 증가함[17,18]
- 대퇴 경부의 골밀도가 증가함[11]
- 5~7세 어린이의 호흡환기량(ventilatory capacity)이 증가함[40]
- 저항 훈련 후 근력의 대칭성이 개선되고 걷는 속도가 빨라짐[17]
- 유치원을 다니는 어린이의 경우 수영 후 물에서의 방향 감각과 자아 개념이 개선됨[39]

CP를 가진 사람들은 모두 근골격계 이상을 비롯한 CVD와 죽상경화증, 당뇨, 관절염, 고혈압과 같은 만성 질환의 위험 인자에 대해서 적절한 선별 검사를 받아야 한다.[2] CVD에 대하여 2개 이상의 위험인자(고혈압, 이상지질혈증, 흡연, 활발하지 않은 생활, 40세 이상, 비만, 당뇨)나 증상(흉통, 호흡곤란, 위약감과 피로의 증가, 가슴 두근거림)을 가진 고위험군 환자들은 의료전문가에 의해 감독되는 심전도 감시하 등급별 운동검사와 같은 임상적인 검사를 받아야 한다. 고객은 중등도 강도 이상의 운동 프로그램을 시작하기 전에 의학적 허가를 받아야 한다. 또 CP를 가진 많은 사람들은 강직이나, 발작, 기분장애, 그밖의 다른 문제들에 대한 약을 복용중일 수 있다. 표 22.8에는 CP를 가진 사람들에게 처방될 수 있는 흔한 약물 몇 종류와, 그 목적, 흔한 부작용에 대해서 요약해 놓았다. 표준화된 최대하 체력 검사는 CP가 있는 사람들 중에서 저위험도이며, 적절하게 위험에 대한 선별 검사를 받고 의학적으로 승인받은 사람들에게 추천될 수 있다. 유능한 퍼스널 트레이너는 이런 상황에서 최대하의 검사를 시행할 수 있다.

걸어다닐 수 있는 CP를 가진 사람들에 대해서는 다리 에르고미터나 팔과 다리 에르고미터가 운동검사 방법으로 선호된다. 트레드밀은 CP를 가진 사람들 중 균형감과 운동 조화 능력이 좋은 사람들에서 사용될 수 있다. 강직이나 무정위 운동 때문에 고객의 발은 페달에 스트랩으로 고정될 필요가 있으며, 좋은 수행력을 위해서는 충분한 연습이 필요하다. 걸어다닐 수 없는 CP를 가진 사람들에서는 암 크랭크 에르고미터와 가능하다면 휠체어 에르고미터가 최대하 검사 방법으로 선호된다. 특히 휠체어를 사용하는 사람들은 피부 찰과상을 예방하기 위해서 장갑을 착용해야 한다. 유산소 지구력을 측정하기 위해서는 6~12분 동안의 걷기나 휠체어 밀기가 적절하다 그러나 이런 검사들은 목표가 고객들이 '가능한 먼 거리'를 이동하는 것이므로 최대 노력을 하고 있다고 가정한다. 따라서 이런 검사들은 저위험도의 적절히 선별된 고객들에서만 시행되어야 한다.

표 22.8 뇌성마비를 가진 사람에게서 흔히 사용되는 약물들

약물	목적	흔한 부작용
바클로펜	항경직성, 근육이완제	졸림, 구역감, 두통, 근위약감, 현기증. 대부분의 부작용은 일시적임
단트리움	항경직성, 근육이완제	간 손상을 일으킬 수 있음, 내과적으로 지속 관찰 필요함. 설사, 어지러움, 졸림, 피로, 막연히 아픈 느낌(vague feeling of illness), 위약감
보톡스	항경직성, 주사로 투여함	주사 후의 두통이나 근육통
플렉세릴	항경직성, 근육이완제	졸림, 어지러움, 불면증
데파겐	항발작약	간 손상을 일으킬 수 있음. 내과적으로 지속 관찰 필요함. 구역감, 구토, 소화불량
발륨	진정제, 한경련제, 근육이완제, 항불안제	졸림, 무기력함, 우울감, 두통, 혼란, 어지러움, 호흡 억제 가능성
다일란틴	항발작약	졸림, 어지러움, 구역감, 수면 장애, 두통
에피발	항발작약	간 손상을 일으킬 수 있음. 내과적으로 지속 관찰 필요함. 10세 이하 어린이는 주의 필요함. 2세 미만은 금지. 혈액 장애를 일으킬 수 있음
클로노핀	항발작약	간 손상을 일으킬 수 있음. 내과적으로 지속 관찰 필요함. 졸림, 행동 변화, 침 흘림
테그레톨	항발작약, 신경 손상에 의한 이차적인 통증과 기분 장애에도 사용 가능함	부종, 혈압 증가, 말 느려짐, 다리 경련, 입마름
자로틴	항발작약, 특히 소발작에 사용됨	어지러움, 구역감, 졸림, 무기력함

앉아서 팔 뻗기와 1RM과 같은 유연성 검사와 근 기능의 흔한 검사들은 안전하게 시행될 수 있다. 마지막으로, 스킨폴드 측정이 여러 부위에서 시행될 수 있고, 병에 이환되지 않은 신체 부위가 선호되며, 점수를 모두 합하여 체성분의 변화를 측정하기 위한 기준을 세울 수 있다. 이 집단에서 스킨폴드 측정을 통한 체지방 퍼센트 예측을 할 수 있는 유효한 수식은 없지만, 7~8군데의 피부 두께 총합이 변화를 관찰하는 데 사용될 수 있다.

> CP를 가진 사람들은 체계적인 운동을 통하여 CP가 없는 사람들과 같이 건강과 체력의 향상을 기대할 수 있다.

CP를 가진 고객들의 운동검사와 훈련 지침

CP를 가진 사람들의 운동 처방 지침에 대한 연구가 제한적일지라도, 이 그룹이 다른 사람들과 다르게 반응할 것이라는 명백한 증거는 없다. CP를 가진 사람들의 운동검사와 훈련에 대한 기본 지침과 주의사항은 다음과 같다.

- CP를 가진 사람들의 제한점 때문에 퍼스널 트레이너는 창의적이어야 하며 자주 장비와 운동을 변형할 필요가 있다.
- CP를 가진 대부분의 사람들은 유연성, 근력, 근지구력, 심폐 기능을 균형 있게 다루는 방법으로 이득을 얻을 수 있다.
- 다른 고객들처럼, 심폐 훈련의 표준지침이 적용될 수 있다. $\dot{V}O_2max$나 HRR 50~85%의 중등도에서 강한 강도로 회당 30분 이상, 주마다 4일 이상을 목표로 해야 한다. 이 질환이 없는 활동량이 적은 사람처럼 점진적인 진행이 추천된다. CP를 가진 사람 중 체력이 매우 떨어져 있는 사람들은 5~10분, 일 2회, 주 4일 이상으로 시작하는 것이 추천된다. 일상생활에서 신체적인 움직임을 증가시키는 것 또한 목표이다.
- CP가 있는 사람들은 몇몇 운동에 대한 변형 동작이 필요하지만, 표준 중간 강도의 훈련(8~12가지의 운동, 1~3세트, 세트당 8~12회 반복, 주 2~3일, 최대 강도의 40~60%)을 수행할 수 있다. 일반적으로 최대 부하는 CP를 가진 대부분의 사람들에게 사용하지 않는다.
- 무정위 운동과 강직 때문에 CP를 가진 사람들에게는 프리웨이트를 추천하지 않는다. 만약 CP를 가진 고객이 프리웨이트를 이용한다면, 극도의 주의와 주의 깊은 보조가 필요하다.
- 숨을 참는 것을 피하고, 같은 근육군 운동은 48시간 간격을 두며, 최대 가동범위, 조절된 움직임 등의 모든 표준 원칙들은 CP를 가진 사람들에게서

주의 깊게 적용되어야 한다.

- 근육의 불균형에 주의를 기울이는 것이 중요하며, 결점들을 개선시키기 위해 운동을 선택해야 한다.
- CP를 가진 사람들은 유산소 준비 운동(10~15분)과 스트레칭 시간을 운동 전에 가지고, 저항 훈련 후에는 추가적인 스트레칭을 포함한 정리 운동을 하는 것이 중요하다. CP를 가진 사람들은 관절 가동범위가 줄어들 위험성이 크기 때문이다.
- 강직 현상으로 인하여 이 집단의 유연성 훈련에는 모든 근육군을 긴장점에서 60~120초 동안 유지하는 스트레칭이 포함되어야 한다. 운동 범위가 제한된 부위는 특별한 주의를 기울여야 한다. 보조를 받는 스트레칭이 신중하게 시행될 경우에 유용할 수 있다. 일상생활에 문제를 일으키는 근육들은 매일 스트레칭을 해야 한다.
- 퍼스널 트레이너는 CP를 가진 많은 사람들이 인지, 시력, 청력, 말하는 데 어려움이 있다는 것을 알고 민감하게 인식해야 한다.
- 균형과 조화 운동 문제 때문에 트레드밀이나 일립티컬 트레이너, 크로스 컨트리 스키 머신과 같은 기구를 이용할 때는 감독이 필요하다.
- 퍼스널 트레이너는 CP를 가진 사람에게서 적절한 영양을 강조해야 하며, 특히 과체중인 고객들 사이에서 그렇다.

결론

퍼스널 트레이너의 업무 범위는 빠르게 확장되고 있다. 근거들이 누적되어 여러 신경근 장애를 가지고 있는 사람들을 포함한 많은 특정 인구집단에 운동을 적용하는 것을 뒷받침하고 있다. SCI, MS, CP, 간질을 가지고 있는 사람들에게 중등도에서 고강도의 신체활동을 증가시키고 유지하는 것은 강력히 추천된다. 안전하고 효과적으로 행해지기만 한다면, 이런 집단에서 규칙적인 운동으로 얻을 수 있는 기능적, 건강적 이득은 다른 사람들에서와 같다. 이 그룹에 속하는 많은 사람들은 만성 대사성 질환의 위험도가 증가하고 있으며, 그 이유 중 일부는 이 집단 내의 높은 빈도의 신체적 비활동성 때문이다.

의료전문가의 지침 아래 일하는 퍼스널 트레이너는 이 장에서 이야기한 질환을 가지고 있는 사람들에게 서비스를 제공하도록 노력해야 한다. 이런 신경근 질환과 파킨슨, 근위축증, 소아마비(post-polio syndrome)와 같은 질환을 가진 고객과 일하는 내적인 보상은 다른 고객들(운동선수와 비운동선수)에게서 얻는 것만큼 크고 의미 있는 것이다. 마지막으로 이런 특별한 집단과 일하는 퍼스널 트레이너의 서재에 갖추어야 할 두 가지 중요 문헌으로 『ACSM의 만성 질환과 장애를 가진 사람들을 위한 운동관리(ACSM's Exercise Management forPersons with Chronic Diseases and Disabilities)』와 『ACSM의 임상운동생리학(ACSM's Resources for Clinical Exercise Physiology)』이 있다.[26,57]

연구 문제

1. 심박수의 자율신경계 조정과 활동근량의 변화 문제로 인하여 유산소 운동강도를 관찰하는 방법으로 RPE를 사용해야 하는 질환은 다음 중 무엇인가?

   A. 척수 손상　　B. 다발성 경화증
   C. 간질　　D. 뇌성마비

2. 당신의 38세 고객은 다발성 경화증으로 진단받았으며, 일하면서 걷고 계단을 오를 때 다리 근육의 피로를 호소하는 토목 기사(civil engineer)이다. 그녀는 누워서 하는 스테핑(recumbent stepping), 팔다리 복합 사이클 에르고미터, 상체 에르고미터를 90~100회/분의 심박수로 수행한다. 또 그녀는 랫 풀다운, 시티드 로우, 니 익스텐션(knee extension), 체스트 프레스를 1RM의 70%로 수행한다. 다음 중 어떤 운동이 다음 운동 수업에 추가되어야 하는가?

   A. 조깅과 점프 스쿼트
   B. 로잉 에르고미터(rowing ergometry)와 시티드 힙 어덕션(seated hip adduction)
   C. 트레드밀 걷기, 레그 프레스
   D. 줄넘기, 박스 점프

3. 퍼스널 트레이너가 최근 3개월 동안 부분 복합 발작의 병력을 가진 고객의 체중감량을 위해 일하고 있다. 그녀에게 권고되는 체중 감소는 22파운드(10kg)이다. 체성분 검사를 통하여 퍼스널 트레이너는 그녀가 9.9파운드(4.5kg)를 감량한 것을 발견하였다. 체성분 검사는 8.8파운드(4kg)의 체지방(body fat)과 1.1파운드의 제지방이 감량된 것으로 나타났다. 다음 중 퍼스널 트레이너가 우선적으로 신경써야 할 것은?

   A. 체중 감소 속도가 너무 빠르다.
   B. 체중 감소는 그녀가 탈수되었다는 것을 의미한다.
   C. 체중 감소는 항발작 약물의 부작용 위험도를 증가시킨다.
   D. 이 체중 감소의 결과로 특별히 걱정할 것은 없다.

4. 뇌성마비로 진단받은 고객이 그의 다리를 기능적으로 사용하고 있다. 다음 제시된 운동 방법 중, 감독이 거의 필요하지 않은 것은?

   A. 트레드밀 걷기
   B. 계단오르기
   C. 고정 자전거
   D. 일립티컬 트레이너

응용 지식 문제

척수 손상, 다발성 경화증, 간질, 뇌성마비를 가진 고객에게, 일반적인 운동 금기사항과 고객의 안전 문제에 대해서 다음 표를 채워서 서술하라.

조건	운동 금기사항	안전 문제
척수 손상		
다발성 경화증		
간질		
뇌성마비		

참고문헌

1. American College of Sports Medicine. 2007. Position stand. Exertional heat illness during training and competition. *Medicine and Science in Sports and Exercise* 39 (3): 556-572.
2. Anderson, M.A., and J.J. Laskin. 2009. Cerebral palsy. In: *ACSM's Resources for Clinical Exercise Physiology,* 2nd ed., J. Myers and D. Nieman, eds. Baltimore: Lippincott Williams & Wilkins. Chapter 2, pp. 19-33.
3. Ascherio, A., K.L. Munger, E.T. Lennette, D. Spiegelman, M.A. Hernan, M.J. Olek, S.E. Hankinson, and D.J. Hunter. 2001. Epstein-Barr virus antibodies and risk of multiple sclerosis. *Journal of the American Medical Association* 286: 3083-3088.
4. Bauman, W.A., and A.M. Spungen. 2000. Metabolic changes in persons after spinal cord injury. *Physical Medicine and Rehabilitation Clinics of North America* 11: 109-140.
5. Birk, T.J., E. Nieshoff, G. Gray, J. Steeby, and K. Jablonski. 2001. Metabolic and cardiopulmonary responses to acute progressive resistive exercise in a person with C4 spinal cord injury. *Spinal Cord* 39: 336-339.
6. Bjarnadottir, O.H., A.D Konradsdottir, K. Reynisdottir, and E. Olasfsson. 2007. Multiple sclerosis and brief moderate exercise. A randomized study. *Multiple Sclerosis* 13 (6): 776-782.
7. Bradley-Popovich, G.E., K.R. Abshire, C.M. Crookston, and G.G. Frounfelter. 2000. Resistance training in paraplegia: Rationale and recommendations. *Strength and Conditioning Journal* 22: 31-34.
8. Burkett, L.N., J. Chisum, W. Stone, and B. Fernhall. 1990. Exercise capacity of untrained spinal cord injured individuals and the relationship of peak oxygen uptake and level of injury. *Paraplegia* 28: 512-521.
9. Burnham, R.S., and R.D. Steadrand. 1994. Nerve entrapment in wheelchair athletes. *Archives of Physical Medicine and Rehabilitation* 75: 519-524.
10. Cerebral Palsy International Sports and Recreation Association. 1991. *Classification and Sports Rules Manual,* 5th ed. Nottingham, England: CPISRA.
11. Chad, K.E., D.A. Bailey, H.A. McKay, G.A. Zello, and R.E. Snyder. 1999. The effect of a weight-bearing physical activity program on bone mineral content and estimated volumetric density in children with spastic cerebral palsy. *Journal of Pediatrics* 135: 115-117.
12. Comi, G., L. Leocani, P. Rossi, and B. Columbo. 2001. Physiopathology and treatment of fatigue in multiple sclerosis. *Journal of Neurology* 248: 174-179.
13. Commission on Classification and Terminology of the International League Against Epilepsy. 1981. Proposal for revised classification of epilepsies and epileptic seizures. *Epilepsia* 22: 389-399.

14. Commission on Classification and Terminology of the International League Against Epilepsy. 1989. Proposal for revised clinical and electroencephalopathic classification of epileptic seizures. *Epilepsia* 22: 489-501.

15. Curtis, K.A., T.M. Tyner, L. Zachary, G. Lentell, D. Brink, T. Didyk, K. Gean, J. Hall, M. Hooper, J. Klos, S. Lesina, and B. Pacillas. 1999. Effect of a standard exercise protocol on shoulder pain in long-term wheelchair users. *Spinal Cord* 37: 421-429.

16. Dalgas, U., E. Stenager, and T. Ingemann-Hansen. 2008. Multiple sclerosis and physical exercise: Recommendations for the application of resistance, endurance, and combined training. *Multiple Sclerosis* 14 (1): 35-53.

17. Damiano, D.L., and M.F. Abel. 1998. Functional outcomes of strength training in spastic cerebral palsy. *Archives of Physical Medicine and Rehabilitation* 79: 119-125.

18. Damiano, D.L., C.L. Vaughn, and M.F. Abel. 1995. Muscle response to heavy resistance training in spastic cerebral palsy. *Developmental Medicine and Child Neurology* 75: 658-671.

19. Davis, G.M. 1993. Exercise capacity of individuals with paraplegia. *Medicine and Science in Sports and Exercise* 25: 423-432.

20. Davis, G.M., and R.M. Glaser. 1990. Cardiorespiratory fitness following spinal cord injury. In: *Key Issues in Neurological Physiotherapy,* L. Ada and C. Canning, eds. Sydney: Butterworth-Heinemann. pp. 155-196.

21. Davis, G.M., and R.J. Shepard. 1988. Cardiorespiratory fitness in highly active versus less active paraplegics. *Medicine and Science in Sports and Exercise* 20: 963-968.

22. Davis, G.M., R.J. Shepard, and F.H.H. Leenen. 1987. Cardiac effects of short-term arm crank training in paraplegics: Echocardiographic evidence. *European Journal of Applied Physiology* 56: 90-96.

23. Davis, G.M., R.J. Shepard, and R.W. Jackson. 1981. Cardiorespiratory fitness and muscular strength in lower-limb disabled. *Canadian Journal of Applied Sport Sciences* 6: 159-165.

24. Davis, G.M., R.J. Shepard, and R.W. Jackson. 1991. Exercise capacity following spinal cord injury. In: *Cardiovascular and Respiratory Responses to Exercise in Health and Disease,* J.R. Sutton and R. Balnave, eds. Sydney: University of Sydney. pp. 179-192.

25. Davis, G.M., S.J. Tupling, and R.J. Shepard. 1986. Dynamic strength and physical activity in wheelchair users. In: *1984 Olympic Scientific Congress—ports and Disabled Athletes,* C. Sherrill, ed. Champaign, IL: Human Kinetics. pp. 139-148.

26. Durstine, J.L. 2002. *ACSM's Exercise Management for Persons with Chronic Diseases and Disabilities,* 2nd ed. Champaign, IL: Human Kinetics.

27. Ferrara, M.S., W.E. Buelly, B.C. McCann, T.S. Limbird, J.W. Powell, and R. Robl. 1992. The injury experience of the competitive athlete with a disability: Prevention implications. *Medicine and Science in Sports and Exercise* 24: 184-188.

28. Ferrara, M., and J. Laskin. 1997. Cerebral palsy. In: *ACSM's Exercise Management of Persons with Chronic Diseases and Disabilities,* J.L. Durstine, ed. Champaign, IL: Human Kinetics. pp. 206-211.

29. Figoni, S.F. 1986. Circulorespiratory effects of arm training and detraining in one C5-6 quadriplegic man. *Physical Therapy* 66: 779.

30. Figoni, S.F. 1993. Exercise responses and quadriplegia. *Medicine and Science in Sports and Exercise* 25: 433-441.

31. igoni, S.F. 1997. Spinal cord injury. In: *ACSM's Exercise Management for Persons with Chronic Diseases and Disabilities,* 1st ed., J.L. Durstine, ed. Champaign, IL: Human Kinetics. pp. 175-179.

32. Figoni, S.F., R.A. Boileau, B.H. Massey, and J.R. Larsen. 1988. Physiological responses of quadriplegics and able-bodied men during exercise at the same oxygen uptake. *Adapted Physical Activity Quarterly* 5: 130-139.

33. Figoni, S.F., C.G. Gupta, and R.M. Glaser. 1999. Effects of posture on arm exercise performance of adults with tetraplegia. *Clinical Exercise Physiology* 1: 74-85.

34. Figoni, S.F., B.J. Kiratli, and R. Sasaki. 2009. Spinal cord dysfunction. In: *ACSM's Resources for Clinical Exercise Physiology,* 2nd ed., J. Myers and D. Nieman, eds. Baltimore: Lippincott Williams & Wilkins. pp. 58-78.

35. Franklin, B.A., K.I. Swentek, K. Grais, K.S. Johnston, S. Gordon, and G.C. Timmis. 1990. Field test of maximum oxygen consumption in wheelchair users. *Archives of Physical Medicine and Rehabilitation* 71: 574-578.

36. Gates, J.R., and R.H. Spiegel. 1993. Epilepsy, sports, and exercise. *Sports Medicine* 15: 1-5.

37. Hjentnes, N. 1977. Oxygen uptake and cardiac output in graded arm exercise in paraplegics with low level spinal lesions. *Scandinavian Journal of Rehabilitation Medicine* 9: 107-113.

38. Hjentnes, N. 1984. Control of medical rehabilitation of para and tetraplegics by repeated evaluation of endurance capacity. *International Journal of Sports Medicine* 5: 171-174.

39. Hutzler, Y.A., A. Chacham, U. Bergman, and I. Reches. 1998. Effects of a movement and swimming program on water orientation skills and self-concept of kindergarten children with cerebral palsy. *Perceptual and Motor Skills* 86: 111-118.

40. Hutzler, Y., A. Chacham, U. Bergman, and A. Szeinberg. 1998. Effects of a movement and swimming program on vital capacity and water orientation skills of children with cerebral palsy. *Developmental Medicine and Child Neurology* 40: 176-178.

41. Jackson, K., and J. Mulcare. 2009. Multiple sclerosis. In: *ACSM's Resources for Clinical Exercise Physiology,* 2nd ed., J. Myers and D. Nieman, eds. Baltimore: Lippincott Williams & Wilkins. pp. 34-43.

42. Jackson, R.W., G.M. Davis, P.R. Kofsky, R.J. Shepard, and G.C.R. Keene. 1981. Fitness levels in lower limb disabled. *Transactions of the 27th Annual Meeting of the Orthopedic Society* 6: 12-14.

43. Kammerman, S., and L. Wasserman. 2001. Seizure diagnosis: Part 1. Classification and diagnosis. *Western Journal of Medicine* 175: 99-103.

44. Kammerman, S., and L. Wasserman. 2001. Seizure disorders: Part 2. Treatment. *Western Journal of Medicine* 175: 184-188.

45. Kilef, J., and A. Ashburn. 2005. A pilot study of the effect of aerobic exercise on people with moderate disability multiple sclerosis. *Clinical Rehabilitation* 19: 165-169.

46. Kofsky, P.R., G.M. Davis, G.C. Jackson, C.R. Keene, and R.J. Shepard. 1983. Field testing: Assessment of physically disabled adults. *European Journal of Applied Physiology* 15: 109-120.

47. Kofsky, P.R., R.J. Shepard, G.M. Davis, and R.W. Jackson. 1986. Classification of aerobic power and muscular strength for disabled individuals with differing patterns of habitual physical activity. In: *1984 Olympic Scientific Congress—ports and Disabled Athletes.* Champaign, IL: Human Kinetics. pp. 147-156.

48. Korczya, A.D. 1979. Participation of epileptic patients in sports. *Journal of Sports Medicine* 19: 195-198.

49. Laskowski, E.R. 1994. Strength training in the physically challenged population. *Strength and Conditioning* 16: 66-69.

50. Liaw, M.Y., A.C. Lin, P.T. Cheng, M.K. Wong, and F.T. Tang. 2000. Resistive inspiratory muscle training: Its effectiveness in patients with acute complete cervical cord injury. *Archives of Physical Medicine and Rehabilitation* 81: 752-756.

51. Linn, W.S., A.M. Spungen, H. Gong Jr., R.H. Adkins, W.A. Bauman, and R.L. Waters. 2001. Forced vital capacity in two large outpatient populations with chronic spinal cord injury. *Spinal Cord* 39: 263-268.

52. McCullagh, R., A.P. Fitzgerald, R.P. Murphy, and G. Cooke. 2008. Long-term benefits of exercising on quality of life and fatigue in multiple sclerosis patients with mild disability: A pilot study. *Clinical Rehabilitation* 22 (3): 206-214.

53. McLean, K.P., P.P. Jones, and J.S. Skinner. 1995. Exercise prescription for sitting and supine exercise in individuals with tetraplegia. *Medicine and Science in Sports and Exercise* 27: 15-21.

54. McLean, K.P., and J.S. Skinner. 1995. Effect of training position on outcomes of an aerobic training study on individuals with quadriplegia. *Archives of Physical Medicine and Rehabilitation* 76: 139-150.

55. Mellett, C.J., A.C. Johnson, P.J. Thompson, and D.R. Fish. 2001. The relationship between participation in common leisure activities and seizure occurrence. *Acta Neurologica Scandinavica* 103: 300-303.

56. Mulcare, J.A. 2002. Multiple sclerosis. In: *ACSM's Exercise Management for Persons with Chronic Diseases and Disabilities,* J.L. Durstine, ed. Champaign, IL: Human Kinetics. pp. 267-272.

57. Myers, J., W. Herbert, and R. Humphrey, eds. 2002. *ACSM's Resources for Clinical Exercise Physiology: Musculoskeletal, Neuromuscular, Neoplastic, Immunologic, and Hematologic Conditions,* 1st ed. Baltimore: Lippincott Williams & Wilkins.

58. Nakken, K.O. 1999. Physical exercise in outpatients with epilepsy. *Epilepsia* 40: 643-651.

59. Nakken, K.O., P.G. Bjorholt, S.L. Johannssen, T. Loyning, and E. Lind. 1990. Effect of physical training on aerobic capacity, seizure occurrence, and serum level of antiepileptic drugs in adults with epilepsy. *Epilepsia* 31: 88-94.

60. Nakken, K.O., and R. Lossius. 1993. Seizure-related injuries in multihandicapped patients with therapy-resistant epilepsy. *Epilepsia* 34: 846-850.

61. Nash, M.S., S. Bilsker, and A.E. Marcillo. 1991. Reversal of adaptive left ventricular atrophy following electrically stimulated exercise training in human tetraplegics. *Paraplegia* 29: 590-599.

62. National Institute of Neurological Disorders and Stroke (NINDS), National Institutes of Health. Multiple sclerosis: Hope through research. Updated July 1, 2010. www.ninds.nih.gov/disorders/multiple_sclerosis/detail_multiple_sclerosis.htm. Accessed October 20, 2010.

63. Neal, E.G., H. Chaffe, R.H. Schwartz, et al. 2008. The ketogenic diet for the treatment of childhood epilepsy: A randomized controlled trial. *Lancet Neurology* 7: 500-506.

64. Newman, M.A., H. Dawes, M. van den Berg, D.T. Ward, et al. 2007. Can aerobic treadmill training reduce the effort of walking and fatigue in people with multiple sclerosis: A pilot study. *Multiple Sclerosis* 13 (1): 113-119.

65. Noseworthy, J.H., C. Lucchinetti, M. Rodriguez, and B.G. Weinshenker. 2000. Multiple sclerosis. *New England Journal of Medicine* 343: 938-952.

66. Ogyniemi, A.O., M.R. Gomez, and D.K. Klass. 1988. Seizures induced by exercise. *Neurology* 38: 633-634.

67. Oligati, R., J.M. Burgunder, and M. Mumenthaler. 1988. Increased energy cost of walking in multiple sclerosis: Effect of spasticity, ataxia, and weakness. *Archives of Physical Medicine and Rehabilitation* 69: 846-849.

68. Oligati, R., J. Jacquet, and P.E. Di Prampero. 1986. Energy cost of walking and exertional dyspnea in multiple sclerosis. *American Review of Respiratory Disease* 134: 1005-1010.

69. Peck, D.M., and D.B. McKeag. 1994. Athletes with disabilities: Removing barriers. *Physician and Sportsmedicine* 24: 59-62.

70. Petajan, J.H., E. Gappmaier, A.T. White, M.K. Spencer, I. Mino, and R.W. Hicks. 1996. Impact of aerobic training on fitness and quality of life in multiple sclerosis. *Annals of Neurology* 39: 432-441.

71. Petajan, J.H., and A.T. White. 1999. Recommendations for physical activity in patients with multiple sclerosis. *Sports Medicine* 27: 179-191.

72. Peterson, C. 2001. Exercise in 94 degrees F water for a patient with multiple sclerosis. *Physical Therapy* 81: 1049-1058.

73. Phillips, W.T., B.J. Kiratli, M. Sarkarati, G. Weraarchakul, J. Myers, B.A. Franklin, I. Parkash, and V. Froelicher. 1998. Effect of spinal cord injury on the heart and cardiovascular fitness. *Current Problems in Cardiology* 23: 649-704.

74. Ponichtera-Mulcare, J.A. 1993. Exercise and multiple sclerosis. *Medicine and Science in Sports and Exercise* 25: 451-465.

75. Poser, C.M., D.W. Paty, and L. Scheinberg. 1983. New diagnostic criteria for multiple sclerosis: Guidelines for research protocols. *Annals of Neurology* 13: 227-231.

76. Rampello, A., M. Franceschini, M. Piepoli, R. Antenucci, et al. 2007. Effect of aerobic training on walking capacity and maximal exercise tolerance in patients with multiple sclerosis: A randomized crossover controlled study. *Physical Therapy* 5: 545-555.

77. Romberg, A., A. Virtanen, J. Ruutiainen, S. Aunola, et al. 2004. Effects of a 6-month exercise program on patients with multiple sclerosis: A randomized study. *Neurology* 63: 2034-2038.

78. Sadovnick, A.D., P.A. Baird, and R.H. Ward. 1988. Multiple sclerosis: Updated risks for relatives. *American Journal of Medical Genetics* 29: 533-541.

79. Schmitt, B., L. Thun-Hohenstein, L. Vontobel, and E. Boltshauser. 1994. Seizures induced by physical exercise: Report of two cases. *Neuropediatrics* 25: 51-53.

80. Scholtes, V.A., A.J. Dallmeijer, E.A. Rameckers, et al. 2008. Lower limb strength training in children with cerebral palsy: A randomized controlled trial protocol for functional strength training based on progressive resistance exercise principles. *BMC Pediatrics* 8: 41-48.

81. Snook, EM., and RW. Moti. 2009. Effect of exercise training on walking mobility in multiple sclerosis: A meta-analysis. *Neurorehabilitation and Neural Repair* 23 (2): 108-116.

82. Sopka, C. 1998. Sports medical concerns for conditioning athletes with disabilities. *Strength and Conditioning* 20: 24-31.

83. Spiegel, R.H., and J.R. Gates. 1997. Epilepsy. In: *ACSM's Exercise Management for Persons with Chronic Diseases and Disabilities,* J.L. Durstine, ed. Champaign, IL: Human Kinetics. pp. 185-188.

84. Sutherland, G.J., and M.B. Anderson. 2001. Exercise and multiple sclerosis: Physiological, psychological, and quality of life issues. *Journal of Sports Medicine and Physical Fitness* 41: 421-432.

85. Svenson, B., B. Gerdle, and J. Elert. 1994. Endurance training

in patients with multiple sclerosis: Five case studies. *Physical Therapy* 74: 1017-1026.

86. Tantucci, C., M. Massucci, R. Piperno, V. Grassi, and C.A. Sorbini. 1996. Energy cost of exercise in multiple sclerosis patients with low degree of disability. *Multiple Sclerosis* 2: 161-167.

87. Turk, M.A., C.A. Geremski, P.F. Rosenbaum, and R.J. Weber. 1997. The health status of women with cerebral palsy. *Archives of Physical Medicine and Rehabilitation* 78: S10-17.

88. United Cerebral Palsy, UCP Net. Cerebral palsy – facts & figures. www.ucp.org/ucp_generaldoc.cfm/1/3/43/43-43/447. Accessed November 1, 2010.

89. Van Drongelen, S., L.H. van der Woude, T.W. Janssen, E.L. Angenot, E.K. Chadwiock, and D.H. Veeger. 2005. Glenohumeral contact forces and muscle forces evaluated in wheelchair-related activities of daily living in able-bodied subjects versus subjects with paraplegia and tetraplegia. *Archives of Physical Medicine and Rehabilitation* 86 (7, July): 1434-1440.

90. Verschuren, O., M. Ketelaar, J.W. Gorter, et al. 2007. Exercise training program in children and adolescents with cerebral palsy: A randomized controlled trial. *Archives of Pediatrics and Adolescent Medicine* 161: 1075-1081.

91. White, A.T., T.E. Wilson, S.L. Davis, and J.H. Petajen. 2000. Effect of precooling on physical performance in multiple sclerosis. *Multiple Sclerosis* 6: 176-180.

92. White, L.J., S.C. McCoy, V. Castellano, G. Gutierez, et al. 2004. Resistance training improves strength and functional capacity in persons with multiple sclerosis. *Multiple Sclerosis* 10 (6): 668-674.

93. Winnich, J.P., and F.X. Short. 1984. The physical fitness of youngsters with spinal neuromuscular conditions. *Adapted Physical Activity Quarterly* 1: 37-51.

94. Wise, J.B. 1996. Weight training for those with physical disabilities at Idaho State University. *Strength and Conditioning* 18: 67-71.

95. Yamasaki, M., K.T. Kim, S.W. Choi, S. Muraki, M. Shiokawa, and T. Kurokawa. 2001. Characteristics of body heat balance of paraplegics during exercise in a hot environment. *Journal of Physiological Anthropology in Applied Human Sciences* 20: 227-232.

23

운동선수 고객을 위한 저항 훈련

David R. Pearson, PhD, and John F. Graham, MS

학습 목표

- 스포츠를 위해 훈련하는 고객의 저항 훈련 프로그램에 과부하와 특수성을 어떻게 적용해야 하는지 이해한다.
- 주기화 훈련 프로그램의 가치, 역할, 응용에 대해서 이해한다.
- 주기화 훈련 프로그램의 주기와 단계에 대해서 서술할 수 있다.
- 선형과 비선형 주기화 모델에서 부하와 반복수를 어떻게 조절해야 하는지 이해한다.
- 선형과 비선형 주기화 프로그램을 디자인한다.

퍼스널 트레이너는 매우 다양한 고객들과 일할 기회를 가지게 된다. 많은 고객들은 활동이 제한적인 좌식생활을 하고 있고, 때때로, 심혈관계 혹은 대사성 의료 문제를 가지고 있을 정도로 체력이 떨어져 있기도 하다. 다른 한편으로 어떤 고객들은 신체적으로 일과 개인적인 시간 모두에서 활동적이며, 경쟁적인 목표와 열망을 가지고 있다. 이런 운동선수 고객의 훈련 목표는 일반적인 사람들과는 크게 다르다. 15장에서 상술된 저항 훈련 프로그램 설계 원칙을 기초로 하고, 그에 더하여 이 장에서는 운동선수인 고객의 경쟁적인 목표를 충족시키는 것을 돕기 위해서 어떻게 더 진보된 주기화 프로그램을 개발할지에 대해서 서술한다.

프로그램 설계의 요소들

저항 훈련 프로그램은 경기자의 수행력을 강화시키기 위한 통합 운동 프로그램의 필수적인 한 부분으로 이용되어 왔다. 과거 20년 동안 신체 발달과 스포츠 수행력을 향상시키기 위한 방법으로, 신중하게 계획된 저항 훈련 프로그램의 효율성은 과학적인 문헌들을 기초로 하여 인정받아 왔다.[1,2,21,22,30,35,36] 저항 훈련의 두 가지 중요한 원칙인 과부하와 특수성의 원칙을 체계적이고 적절하게 적용하여 상당한 이득을 얻을 수 있다. 운동 자극의 최적화를 위해 주기화 원칙이 통합된 저항 훈련 프로그램은, 근 수행 능력을 증가시키고, 스포츠 수행력을 개선하며, 부상 방지를 도와주는 가장 강력하고 효율적인 방법이다.[9,13,35]

과부하의 원칙

과부하의 원칙은, 운동선수는 신경근계에 주어지는 더 큰 생리적인 요구에 적응을 해야 한다는 개념에 기초하고 있다. 따라서 근육에 주어지는 훈련 스트레스 혹은 부하는 점진적으로 증가시켜야 이득을 얻을 수 있다.[13,30,35] 15장에서 설명하였듯이 퍼스널 트레이너는 운동에서 들

표 23.1 스포츠 특이적 운동의 예

스포츠 기술	관련된 스포츠 특이적 운동들
볼 드리블과 패스 (Ball dribbling and passing)	체스트 패스, 리버스 컬, 클로즈 그립 벤치 프레스, 트라이셉스 푸시 다운, 뎁스 푸시업
볼 킥(Ball kicking)	스플릿 스쿼트, 스플릿 스쿼트 점프, 케이블 힙 애브덕션, 케이블 힙 어덕션, 레그 레이즈
자유형	랫 풀다운, 포워드 런지, 벤트 오버 래터럴 레이즈, 스탠딩 롱 점프, 더블 레그 버티컬 점프
점핑(jumping)	파워 클린, 저크, 백 스쿼트, 파워 스내치, 더블 레그 턱 점프, 점프 투 박스, 프론트 베리어 홉
라켓으로 치기(racket stroke)	덤벨 플라이, 리버스 플라이, 리스트 컬, 리버스 리스트 컬, 리스트 수피네이션, 리스트 프로네이션
로잉(rowing)	앵글드 레그 프레스, 로우 풀리 로우, 바벨 벤트 오버 로우, 더블 레그 턱 점프, 벤트 니 싯업, 45도 싯업
러닝/스프린팅	런지, 박스 스텝 업, 싱글 레그 스트레이트 레그 데드리프트, 파워 클린, 버트 키커, 스테이셔내리 암 스윙, 다운힐 스프린트, 파트너 어시스티드 토잉, 업힐 스프린트, 파트너 리저스터드 스프린팅
던지기(throwing/pitching)	덤벨 풀오버, 트라이셉스 익스텐션, 프론트 레이즈, 숄더 인터널/익스터널 로테이션

이것은 총망라한 목록은 아니며, 많은 스포츠 특이적 운동이 이용될 수 있다.

어올리는 중량을 증가시키거나, 주당 더 많은 워크아웃에 참여시키거나, 더 많은(더 어려운) 운동을 포함시키거나, 워크아웃 내 1개 이상의 운동 세트를 추가하여 과부하를 적용시킬 수 있다.

훈련의 특수성

특수성은, 특정한 방법의 훈련이 특정 변화나 결과를 가져온다는 사실에 관한 것이다. 특히, 실제 스포츠 움직임에 가까운 훈련을 할수록, 스포츠에 좋은 결과를 가져올 가능성이 높다.[3,8,14,17,18,24,34] 운동선수가 스포츠 특이적이지 않은 프로그램으로 스피드와 파워를 강화할 수 있지만,[27] 가장 효과적인 프로그램은 스포츠 활동에 훈련 프로그램의 대사적, 생역학적 특성을 일치시키는 것이다. 해당 스포츠의 관절 속도와 각 운동량을 복제한 운동을 포함시킨다면 대사 시스템을 적절하게 훈련시킬 수 있다. 따라서 퍼스널 트레이너는 저항 훈련 프로그램이 운동선수 스포츠에서 중요한 기술의 각 움직임 패턴을 모방한 운동을 최소한 한 개 이상 포함시킬 수 있도록 설계해야 한다(예: 표 23.1).

무거운 부하를 들어올리는 것을 포함한 모든 프로그램은 보통 1회 최대근력을 증가시킬 수 있지만, 매우 빠른 속도에서 힘을 내는 능력을 개선하기 위해서는 높은 속력에서의 훈련이 필요하다.[16] 따라서 고전적인 무거운 저속 저항 훈련으로 1RM을 개선시키는 것으로는 탄도성 스포츠 움직임(ballistic sprots movement, 예를 들어 농구 점프슛, 야구 피칭, 배구 스파이크)의 힘 발생을 개선한다고 확신할 수 없다. 대신에 퍼스널 트레이너는 파워 운동을 선택하고, 중간 정도의 부하를 설정하여, 운동선수가 폭발적인 움직임을 수행할 수 있도록 해야 한다.[3]

> 훈련 활동이 실제 스포츠 움직임과 유사할수록, 스포츠에 좋은 결과를 가져올 가능성이 높다. 따라서 퍼스널 트레이너는 저항 훈련 프로그램에 해당 스포츠의 중요 기술을 모방한 운동이 한 개 이상 포함되도록 설계해야 한다.

저항 훈련의 주기화

스포츠 훈련 원리의 가장 중요한 발달 중 하나는 주기화와 관련된 개념의 진보이다. **주기화**(periodization)는 훈련 주기 동안에 저항 훈련 프로그램에 계획된 변화를 주는 체계적인 과정이다.[12,13,30,35] 주기화의 주된 목표는 적절하게 훈련량과 강도를 조절하고, 효과적으로 운동을 선택함으로써 충족될 수 있다. 많은 양의 연구들이 이 개념이 훈련에 대한 적응을 최적화한다는 것을 보여줬다.[10,20] 이 훈련 접근법의 가장 큰 이득은 신체와 정신의 회복을 위한 목적성 있는 시간을 두어 과훈련의 위험을 줄일 수 있다는 것이다.[13,23,30] 전형적으로 한 개의 핵심 운동만 주기화하지만, 다른 운동들도 강도와 훈련의 양에 변화를 줄 수 있다.[13,29,30,35]

> 주기화는 훈련 주기 동안 저항 훈련 프로그램에 계획된 변화를 주는 체계적인 과정이다.

주기와 단계

주기화된 프로그램은 전형적으로 구별되는 세 가지의 단계로 나뉜다. **매크로사이클**(macrocycle)은 가장 큰 부분으로 전체 훈련이 연 단위로 구성되며, 4년 주기가 되기도 한다(예: 올림픽 선수). 매크로사이클은 전형적으로 2개 이상의 **메조사이클**(mesocycle)로 구성되며, 수 주에서 몇 개월 정도로 나뉜다. 메조사이클의 숫자는 운동선수의 목표 그리고 주기 내의 운동 경기 수에 의해서 영향을 받는다. 각각의 메조사이클은 **마이크로사이클**(microcycle)로 나뉘며, 1~4주 정도로, 매일과 매주 훈련에 변화를 준다.[5,6,7,11,13,30,32]

1981년의 미국에서, 스톤(Stone)과 동료들은[31] 소련 연방과 동유럽 국가들에 의해서[35,36] 개발된 주기화 프로그램을 변형함으로써, 미국형 근력과 파워 스포츠의 모델을 만들었다. 이 접근 방법은 저항 훈련 프로그램을 4개의 메조사이클로 나누는데, 각각의 우선적인 목표나 초점은 다음과 같다.

- **근비대기**(hypertrophy phase): 추후 더 고강도의 훈련을 위해서 근육과 대사의 기초를 발달시키며, 스포츠 특이적이거나 비특이적인 운동을 저강도 고훈련량으로 하는 것을 포함한 저항 훈련 프로그램을 사용한다.
- **근력기**(strength phase): 최대근력을 증가시키기 위해서 중간 훈련량과 중간 강도의 스포츠 특이적인 운동에 초점을 맞추는 저항 훈련 프로그램을 사용한다.
- **근력/파워기**(strength/power phase): 힘을 내는 속도와 파워를 증가시키기 위하여, 필수적인 스포츠 특이적인 파워/폭발성 운동을 저훈련량과 고강도로 한다.
- **시합 혹은 절정기**(competition or peaking phase): 최고 근력과 파워를 얻기 위하여 극고강도와 극저훈련량의 스포츠 특이적인 저항 훈련 프로그램을 한다.
- **능동적 휴식기**(active rest phase): 생리적, 정신적인 휴식을 위해서 제한된 저훈련량 저강도의 저항 훈련 프로그램이나, 스포츠와 관련 없는 신체 활동 수행을 이용한다.

1년에 한 번 이상 다섯 개의 메조사이클을 반복함으로써 큰 근력과 파워를 얻을 수 있다는 것이 알려졌다.[13,30] 다양화의 개념이 핵심요소로, 훈련 단계의 전 과정을 일년에 세 번 수행하는 것이 단 한 번 수행하는 것보다 더 이점이 크다는 것을 나타낸다.

운동 선택의 다양화

경험에 의거한 증거들은 같은 근육군에 대한 운동 선택의 다양화가 변화를 주지 않을 때보다 근력과 파워를 더 증가시킬 수 있다고 말한다. 이것은 퍼스널 트레이너가 매 훈련 수업마다 운동을 바꿀 필요성이 있다거나, 한 번 변화를 줄 때 모든 운동을 바꿔야 한다는 것을 의미하는 것은 아니다. 그럼에도 불구하고 매 2~3주마다 운동에 변화를 줄 수 있고, 일부 운동들은 훈련 수업 격일로 변화를 줄 수 있다(즉 두 가지 다른 어떤 훈련 수업을 교대로 수행하거나). 그렇다 하더라도, 특정 핵심 운동은 훈련 프로그램을 통틀어 유지되어 주요 운동에 대한 진행은 지속할 수 있어야 한다.

> 같은 근육군에 대한 운동 선택의 다양화는 변화를 주지 않을 때보다 근력과 파워를 더 증가시킬 수 있다.

주기화 저항 훈련의 선형 및 비선형 모델

고전적인 주기화 모델은 일반적으로 선형 프로그램이다. 즉, 한 메조사이클에서 다음 주기로 건너갈수록 훈련 강도를 점진적이고 지속적으로 증가시키고, 훈련량은 점진적이고 지속적으로 감소시킨다. 만약 1주 혹은 마이크로사이클 내 부하량의 변화가 있다면, 주어진 운동의 세트수와 반복수는 변화시키지 않는다. 선형 모델의 변형으로, 한 주 내 또는 마이크로사이클 내에 대부분(또는 모든) 핵심 운동의 훈련부하와 볼륨에 동요를 주는 방법이 있다. 이런 형태의 주기화 모델을 **파형**(undulating) 또는 비선형 모델이라고 말한다.[4,13,28]

선형 주기화 모델

선형 모델에서는, 주간 핵심 운동의 변동이 다음과 같다. 하루는 최대반복횟수(RM) 수준(즉, 할당된 훈련부하의 100%)으로 훈련한다(이를 헤비데이라고 한다). 같은 주, 같은 운동에 대한 이어지는 훈련은 가벼운 수준(헤비데이보다 10~30% 가벼운 무게), 또는 중간 수준(헤비데이보다 5~10% 가벼운 무게), 또는 둘 다(주당 훈련횟수가 2회인지 3

회인지에 따라 달라진다)로 수행하며, 모두 같은 세트와 같은 반복횟수로 훈련한다(더 자세한 설명은 368쪽의 '주 내의 변화' 참조). 선형화 프로그램의 예로(일주일 분량만 나와 있지만) 15장(표 15.23)의 '근력 프로그램의 예'가 있다. 라이트데이 또는 헤비데이 RM 부하의 80%만을 수행한다. 하지만 세트수와 반복수(즉 훈련량)는 워크아웃 전체에 걸쳐서 같다. 선형으로 주기화된 프로그램을 진행시키기 위해서는 여러 주(혹은 마이크로사이클)에 걸쳐서 강도를 점진적으로 증가시킨다. 대개 2~4주 동안에는 특정 강도 부하 범위에 전념한다. 프로그램은 또 다른 완전한 훈련 주기나 시즌(경쟁기)기를 시작하기 전에 능동적 휴식기로 끝난다.

선형 주기화 프로그램은 한 마이크로사이클에서 다음 마이크로사이클로 넘어가갈 때마다 점진적이고 지속적인 훈련 강도의 증가와 점진적이고 지속적인 훈련 볼륨의 감소를 포함한다. 하지만 각 마이크로사이클 내의 세트수와 반복수의 변화는 없다.

선형 주기화 프로그램의 예

주기화 프로그램을 시작하기 전에, 퍼스널 트레이너는 선수가 저강도의 4~6주 기초 훈련 프로그램을 마칠 것을 추천해야 한다. 이 도입 프로그램은 선수가 운동 테크닉을 배우고, 저항 운동 스트레스에 초기 적응을 하며, 첫 훈련 주기를 준비할 수 있게 해준다. 부하는 전형적으로 매우 가볍게 한다(예: 15~20RMs). 이 기초 프로그램은 특히 초심자에게 중요하며, 경험이 있고 훈련된 선수에게는 사용할 수도, 안 할 수도 있다. 선형 주기화 단계들의 변수들에 대한 요약이 표 23.2에 나와 있으며 프로그램의 예가 표 23.3에 나와 있다.

- **근비대/지구력기** 이 2~4주간의 단계로 주기화 프로그램이 정식으로 시작된다. 퍼스널 트레이너는 선수가 각 운동당 3~5회의 세트를 8~12회 반복할 수 있는 강도(1RM의 75%)로 수행하며, 세트와 운동 간에는 1~3분의 휴식을 갖도록 지시해야 한다. 이런 훈련은 고훈련량, 저강도의 자극을 만들 것이다.
- **근력기** 2~4주 간의 같은 길이의 주기를 사용하여, 선수는 1RM의 85% 강도로 세트당 5~6회씩 3~5세트를 수행한다. 3~5분간의 휴식 주기가 세트와 운동 사이에 허용된다.
- **근력/파워기** 다음 2~4주 동안에 선수는 오직 3~4회의 반복수로 3~5회의 세트를 1RM의 90~93%의 강도로 수행한다. 퍼스널 트레이너는 빠르고 폭발적인 움직임을 내기 위하여 조금 가벼운 부하[3]로 수행하는 파워 운동(예: 푸시 프레스, 파워 클린)을 포함시킬 수 있다. 적절한 회복을 위해 세트 사이에 더 긴 휴식 주기가 필요하다.
- **시합기** 2~3주 주기 동안에 퍼스널 트레이너는 부하를 더 증가시켜서 1RM의 95% 이상에서 오직 1~2회 반복이 될 정도로 한다(파워 운동을 위해서는 조금 가벼운 부하를 이용한다[31]). 선수는 각 운동을 3~4세트로, 세트와 운동 간 휴식을 3~5분으로 하여 수행한다. 이 단계는 특히 최대근력과 빠른 힘 발생을 요하는 스포츠에 중요한 근력과 파워 능력을 최고조로 끌어올릴 수 있게 해준다.
- **능동적 휴식기** 이 시점에서 선수는 1주의 능동

표 23.2 선형 주기화 프로그램 설계의 요약(핵심 운동)

단계	길이(주수)	세트수	목표(반복수)	휴식 주기(시간)	할당 부하량
근비대	2~3	3~5	8~12	1~2분	~75% 1RM 80~100% 8~12RM
근력	2~3	3~5	5~6	3~5분	~85% 1RM 80~100% 5~6RM
근력/파워	2~3	3~5	3~4	2~3분*	90~93% 1RM 80~100% 3~4RM**
경기	2~3	3~4	1~2	3~5분	≥95% 1RM 80~90% 1~2RM**
능동 휴식	1	저항 훈련 없음	저항 훈련 없음	저항 훈련 없음	저항 훈련 없음

1RM: 1회 반복 가능한 최대 중량, RM: 할당된 반복수가 가능한 최대 중량
*몇몇 운동과 상황에서는 휴식이 5분까지 필요할 수 있다.
**파워 운동의 부하(예: 푸시 프레스, 파워 클린)는 폭발적이고 빠른 움직임이 가능한 정도여야 한다(파워 운동을 위한 할당 부하량에 대한 자세한 내용은 15장을 참조하라).

표 23.3 3일 선형 프로그램의 예

단계	길이 (주 수)	세트수	목표* (반복수)	휴식 주기 (시간)	월요일 무거운 날 할당 부하량의 100%	수요일 가벼운 날 할당 부하량의 80%***	금요일 중간 날 할당 부하량의 90%***
근비대	1	3	12	1	67% 1RM, 100% 12RM	54% 1RM, 80% 12RM	60% 1RM, 90% 12RM
	2	3	10	1.5	75% 1RM, 100% 10RM	60% 1RM, 80% 10RM	68% 1RM, 90% 10RM
	3	4	8	1.5	80% 1RM, 100% 8RM	64% 1RM, 80% 8RM	72% 1RM, 90% 8RM
근력	4	3	6	3*	85% 1RM, 100% 6RM	68% 1RM, 80% 6RM	77% 1RM, 90% 6RM
	5	4	5	3*	87% 1RM, 100% 5RM	70% 1RM, 80% 5RM	78% 1RM, 90% 5RM
	6	5	5	3*	87% 1RM, 100% 5RM	70% 1RM, 80% 5RM	78% 1RM, 90% 5RM
근력/파워	7	3	4	3*	90% 1RM, 100% 4RM**	72% 1RM, 80% 4RM	81% 1RM, 90% 4RM
	8	4	3	3*	93% 1RM, 100% 3RM**	74% 1RM, 80% 3RM	84% 1RM, 90% 3RM
	9	5	3	3*	93% 1RM, 100% 3RM**	74% 1RM, 80% 3RM	84% 1RM, 90% 3RM
경기	10	3	2	5	95% 1RM, 100% 2RM**	76% 1RM, 80% 2RM	86% 1RM, 90% 2RM
	11	4	2	5	95% 1RM, 100% 2RM**	76% 1RM, 80% 2RM	86% 1RM, 90% 2RM
	12	4	1	5	100% 1RM, 100% 1RM**	80% 1RM, 80% 1RM	90% 1RM, 90% 1RM
능동 휴식	13				저항 훈련 없음		

1RM: 1회 반복 가능한 최대 중량, RM: 할당된 반복수가 가능한 최대 중량. 이 지침은 핵심 운동에만 적용한다. 부하량 할당을 위해서는, 15장의 1RM의 퍼센트와 흔히 수행 가능한 반복수의 관계에 대한 설명을 참조하라.
*몇몇 운동과 상황에서는 휴식이 5분까지 필요할 수 있다.
**파워 운동의 부하(예: 푸시 프레스, 파워 클린)는 폭발적이고 빠른 움직임이 가능하도록 약간 가벼워야 한다(15장을 보라).
*** 운동선수는 같은 수의 목표 반복수를 완수해야 한다. 부하가 더 가벼워지기 때문이다. 이 원칙은 무거운 날의 할당량보다 가벼운 부하를 쓰는 파워 운동에도 똑같이 적용된다. 가벼운 날과 중간 날에 나와 있는 %1RM은 무거운 날의 %1RM에 각각 0.80과 0.90을 곱하여 계산한다.

휴식 후 경기 시즌으로 진입하거나, 1~3주의 능동 휴식 후 주기화 프로그램을 반복하기 위해 비대기로 돌아간다.

비선형 주기화 모델

비선형 주기화 모델에서는 그 주 동안 핵심 운동의 강도(부하)와 볼륨을 변화시킨다. 이것은 선형 주기화 모델이 부하를 조정하지만 훈련량을 유지하는 것과는 대조적이다. 예를 들어 4일 프로그램의 강도는 월요일은 무겁게, 화요일은 가볍게, 목요일은 파워, 금요일은 중간 강도로 할 수 있다(나머지는 휴식일이다). 이것을 시합 기간이나 1~2주의 능동 휴식기가 시작되기 전에 주어진 시간 동안 계속한다.

비선형 혹은 파형 주기화 프로그램은 주 내 혹은 마이크로사이클 내에서 훈련부하와 훈련량에 변화를 준다.

비선형 주기화 프로그램의 예

선형 주기화 프로그램의 시작에 앞서 추천되는 것과 같이, 선수는 4~6주의 기초 훈련 프로그램을 마치는 것이 필요하다. 기초 훈련 프로그램에서는 가벼운 부하(15~20RMs)로 많은 반복수를 수행하여 적절한 운동 테크닉을 보강하고, 이후 단계들의 기초를 제공한다. 비선형 주기화 프로그램은 선형 주기화 모델(즉 12~16주)과 같은 시간 주기를 사용한다. 다른 훈련 세션들을 7일(혹은 이상의) 마이크로사이클 내에서 배열하거나 순환시킨다. 비선형 주기화 워크아웃의 특성은 표 23.4에 나열되어 있으며, 프로그램의 예는 표 23.5에 나와 있다.

- **월요일(헤비 데이)** 이 워크아웃은 각 운동당 3~4세트를 3~6RM 부하로 할당하여 근력을 강조한다. 회복을 도모하기 위하여 퍼스널 트레이너는 3~5분 휴식 주기를 허용해야 한다.
- **화요일(라이트 데이)** 이 워크아웃은 부하를 가볍게 하여 더 많은 반복수를 가능하게 한다. 그러나 최대반복수를 유지한다(예: 10~15RMs). 선수는 각 운동당 2~4세트를 수행하며, 세트와 운동 사이에 1~2분의 휴식 주기를 준다.
- **목요일(파워 훈련날[power day])** 이 워크아웃에 대해서 부하와 반복에 대한 두 가지 계획이 있으며, 운동에 따라 다르다. 파워 운동을 위해서 선수는 3~4세트를 2~4회의 반복수로 수행하며, 높은 움직임 속도를 내기 위하여 1RM의 30~60%로 한다. 다른 모든 핵심 운동은 같은 수의 세트로 하지만 2~4RM으로 한다. 이에 더하여 퍼스널 트레이너는 플라이오메트릭 파워 운동(예: 메디신 볼)을 포함시켜서, 훈련되거나 숙련된 선수들의 훈련 프로그램의 파워 구성을 향상시킬 수 있다. 세트간 2~3분의 휴식 주기가 파워 운동의 적절한 휴식을 위하여 추천된다. 그러나 2~4RM 세트는 추가적인 회복 시간을 필요로 할 수 있다.
- **금요일(중강도)** 이 훈련에는 헤비 데이보다 5~10% 가벼운 부하를 사용하거나, 최소한 각 운동을 8~10회 반복수로 2~4세트 수행할 수 있는 감소된 강도를 사용한다. 1~2분의 휴식 주기가 세트와 운동 사이에 추천된다.

3일 비선형 주기화 프로그램의 예를 들어보면, 그 주의 첫 훈련일(헤비 데이)에는 3RM 부하로 5세트를 수행하고, 다음 훈련일(라이트 데이)에는 10RM 부하로 3세트를 수행하며, 마지막 훈련일(중강도)에는 6RM 부하로 4세트를 수행한다. 다시 말하면, 훈련부하와 훈련 볼륨 모두 그 주 내에서 변화를 준다.

선형과 비선형 주기화 프로그램의 효과

주기화 프로그램이 효과적인 이유는 선수가 적절하게 지정된 부하로부터 회복할 수 있도록 해주는 체계적인 변화 덕택이다. 종종 비선형 주기화 방법을 사용하여 시즌기에도 훈련을 지속하기도 한다. 이는 특히 긴 시즌을 가지고 있는 스포츠에서 중요하다(예: 테니스, 레슬링, 농구,

표 23.4 비선형 주기화 프로그램의 프로그램 설계의 요약(핵심 운동)

단계	세트수	목표 반복수	휴식 주기 길이	할당 부하량
헤비	3~4	3~6	3~4분	85~93% 1RM 90~100% 3~6RM
라이트	2~4	10~15	1~2분	63~75% 1RM 70~80% 10~15RM
파워	3~4	2~4	2~3분*	파워 운동 30~60% 1RM** 50~80% 2~4RM 다른 핵심 운동 90~95% 1RM** 90~100% 2~4RM
중강도	2~4	8~10	1~2분	75~80% 1RM 80~90% 8~10RM***

1RM: 1회 반복 가능한 최대 중량, RM: 할당된 반복수가 가능한 최대 중량
*몇몇 운동과 상황에서는 휴식이 5분까지 필요할 수 있다.
** 파워 운동을 위해서 퍼스널 트레이너는 1RM의 30~60%나 RM의 60~80% 부하량을 할당하여서 선수가 폭발적으로 수행할 수 있게 하여야 한다(파워 운동의 할당 부하량을 위해서는 참고문헌 3 참조).
다른 핵심 운동은 2~4RM 부하로 할당한다.
***혹은 무거운 날 부하량보다 5~10% 적게 한다.

표 23.5 비선형 주기화 프로그램의 예

	1일 헤비 데이				2일 라이트 데이				3일 파워훈련일					4일 중강도			
주수	세트수	목표 반복수	휴식 (분)	부하	세트수	목표 반복수	휴식 (분)	부하	세트수	목표 반복수	휴식 (분)	부하* (power)	부하* (other)	세트수	목표 반복수	휴식 (분)	부하***
1	3	6	4	85% 1RM 90% 6RM	2	15	1	65% 1RM 70% 15RM	3	4	3	30% 1RM 50% 4RM	90% 1RM 90% 4RM	2	10	1.5	75% 1RM 80% 10RM
2	3	6	4	85% 1RM 95% 6RM	3	15	1	65% 1RM 72.5% 15RM	3	4	3	32.5% 1RM 52.5% 4RM	90% 1RM 92.5% 4RM	3	10	1.5	75% 1RM 82.5% 10RM
3	4	6	4	85% 1RM 100% 6RM	3	15	1	65% 1RM 75% 15RM	4	4	3	35% 1RM 55% 4RM	90% 1RM 95% 4RM	3	10	1.5	75% 1RM 85% 10RM
4	3	5	5	87% 1RM 92.5% 5RM	4	15	1	65% 1RM 77.5% 15RM	4	4	3	37.5% 1RM 57.5% 4RM	90% 1RM 97.5% 4RM	4	10	1.5	75% 1RM 87.5% 10RM
5	3	5	5	87% 1RM 95% 5RM	4	15	1	65% 1RM 80% 15RM	4	4	3	40% 1RM 60% 4RM	90% 1RM 100% 4RM	4	10	1.5	75% 1RM 90% 10RM
6	4	5	5	87% 1RM 97.5% 5RM	2	12	1.5	67% 1RM 70% 12RM	3	3	3	45% 1RM 65% 3RM	93% 1RM 90% 3RM	2	9	2	77% 1RM 80% 9RM
7	4	5	5	87% 1RM 100% 5RM	3	12	1.5	67% 1RM 72.5% 12RM	3	3	3	47.5% 1RM 67.5% 3RM	93% 1RM 92.5% 3RM	2	9	2	77% 1RM 82.5% 9RM
8	3	4	5	90% 1RM 92.5% 4RM	3	12	1.5	67% 1RM 75% 12RM	4	3	3	50% 1RM 70% 3RM	93% 1RM 95% 3RM	3	9	2	77% 1RM 85% 9RM
9	3	4	5	90% 1RM 95% 4RM	4	12	1.5	67% 1RM 77.5% 12RM	4	3	3	52.5% 1RM 72.5% 3RM	93% 1RM 97.5% 3RM	4	9	2	77% 1RM 87.5% RM
10	4	4	5	90% 1RM 97.5% 4RM	4	12	1.5	67% 1RM 80% 12RM	4	3	3	55% 1RM 75% 3RM	93% 1RM 100% 3RM	4	9	2	77% 1RM 90% 9RM
11	4	4	5	90% 1RM 100% 4RM	2	10	1.5	75% 1RM 70% 10RM	3	2	3	50% 1RM 70% 2RM	95% 1RM 90% 2RM	2	8	2	80% 1RM 80% 8RM
12	3	3	5	93% 1RM 92.5% 3RM	3	10	1.5	75% 1RM 72.5% 10RM	3	2	3	52.5% 1RM 72.5% 2RM	95% 1RM 92.5% 2RM	3	8	2	80% 1RM 82.5% 8RM
13	3	3	5	93% 1RM 95% 3RM	3	10	1.5	75% 1RM 75% 10RM	4	2	3	55% 1RM 75% 2RM	95% 1RM 95% 2RM	3	8	2	80% 1RM 85% 8RM
14	4	3	5	93% 1RM 97.5% 3RM	4	10	1.5	75% 1RM 77.5% 10RM	4	2	3	57.5% 1RM 77.5% 2RM	95% 1RM 97.5% 2RM	4	8	2	80% 1RM 87.5% 8RM
15	4	3	5	93% 1RM 100% 3RM	4	10	1.5	75% 1RM 80% 10RM	4	2	3	60% 1RM 80% 2RM	90% 1RM 100% 8RM	4	8	2	80% 1RM 90% 8RM
16	능동적 휴식																

1RM: 1회 반복 가능한 최대 중량, RM: 할당된 반복수가 가능한 최대 중량. 이 지침은 핵심 운동에만 적용한다. 부하량 할당을 위해서는, 15장의 1RM 퍼센트와 흔히 수행 가능한 반복수의 관계에 대한 설명을 참조하라.
* 파워 운동을 위해서 퍼스널 트레이너는 1RM의 30~60%나 RM의 60~80% 부하량을 할당하여 선수가 폭발적으로 수행할 수 있게 하여야 한다(파워 운동의 할당 부하량을 위해서는 참고문헌 3을 참조한다).
다른 핵심 운동은 2~4RM 부하로 할당한다.
**몇몇 운동과 상황에서는 휴식이 5분까지 필요할 수 있다.
***혹은 무거운 날 부하량보다 5~10% 적게 한다.

하기). 전형적으로 시즌 내 프로그램에서 훈련의 빈도는 감소하고, 운동량은 경기의 양이나, 스포츠 연습의 양에 따라서 조절한다. 이런 종류의 훈련 프로그램의 핵심요소는 훈련이나 경기 주기 후에 휴식할 수 있도록 변화를 주는 것이다.[25]

더 나아가 몇몇 자료들은 차이가 없다고 이야기하지만,[4] 비선형 모델이 선형 모델보다 근력 증가를 촉진하는데 더 효과적인 것으로 보인다.[20,28,33] 그 이유로 선수들이 큰 훈련 강도에 지속적으로 노출되지 않는다는 점을 들 수 있다. 비선형 주기화 프로그램은 훈련 스트레스로 인한 신경 피로 누적이 덜하다.[19] 그 대신에 퍼스널 트레이너는 비선형 프로그램을 수행하는 숙련된 선수를 관찰해야 할 필요가 있으며, 그 이유는 예를 들어 가벼운 날에도 RM 부하를 포함하는 상대적으로 높은 부하 때문이다.[3]

시즌 동안에 훈련 빈도는 감소하고, 운동량은 경기의 수나 스포츠 연습의 양에 따라서 조절된다.

결론

한 종류의 워크아웃이 모든 선수들에게 같은 방식으로 유익하지 않기 때문에, 퍼스널 트레이너는 현존하는 운동 과학 지식(예: 특수성과 과부하의 원칙 고수)에 실제적인 요구사항을 더하여 개별화된 운동 프로그램을 만들어야 한다. 이것을 위하여 퍼스널 트레이너는, 선수의 요구사항을 충족시키고 개인의 스포츠를 위한 특수 요구사항을 다루는 주기화 저항 훈련 프로그램을 디자인할 수 있다.

연구 문제

1. 다음 중 어떤 것이 배구 선수를 위한 가장 스포츠 특이적인 저항 훈련 운동인가?

   A. 푸시 프레스
   B. 레터럴 숄더 레이즈(lateral shoulder raise)
   C. 시티드 숄더 프레스(seated shoulder press)
   D. 레그 프레스

2. 다음 중 어떤 것인 짧은 것에서 긴 것 순서로 배열되어 있는가?

   A. 메조사이클, 마이크로사이클, 매크로사이클
   B. 매크로사이클, 마이크로사이클, 메조사이클
   C. 마이크로사이클, 메조사이클, 매크로사이클
   D. 마이크로사이클, 매크로사이클, 메조사이클

3. 다음 중 어떤 것이 주기화 프로그램 단계의 순서인가?

   I. 근력/파워　　II. 근비대
   III. 능동적 휴식　　IV. 시합
   V. 근력

   A. I, II, III, V, IV　　B. IV, III, II, I, V
   C. III, IV, II, V, I　　D. II, V, I, IV, III

4. 퍼스널 트레이너는 백 스쿼트 운동을 선수의 선형 주기화 저항 훈련 프로그램에 포함시켰다. 만약 선수의 1RM이 400파운드(182kg)이며 세트당 반복수가 4회일 때, 중간 훈련날의 부하는 어떻게 해야 하는가?

   A. 360파운드(164kg)　B. 325파운드(148kg)
   C. 285파운드(130kg)　D. 255파운드(116kg)

5. 225파운드(102kg)로 백 스쿼트 운동을 최대 5회 수행 가능한 선수가 5RM의 80%로 백 스쿼트를 수행하도록 요구되었을 때, 다음 중 어떤 워크아웃을 사용해야 하는가?

   A. 5회 반복, 225파운드(102kg)
   B. 1회 반복, 225파운드(102kg)
   C. 5회 반복, 180파운드(82kg)
   D. 1회 반복, 180파운드(82kg)

응용 지식 문제

표 23.3을 이용하여 수련된 선수의 선형 주기화 저항 훈련 프로그램으로 벤치 프레스를 하기 위한 할당 부하량을 다음 표에 채워라. 그의 1RM은 195파운드이다(끝자리는 내림한다). 실제로 시간이 지날수록 선수의 1RM이 증가하지만, 훈련 단계 동안에 선수의 근력은 증가하지 않는다고 가정한다. 또한, 표 15.51을 참조하여 1RM의 퍼센트와 흔히 수행되는 반복수 사이의 상관관계를 결정한다.

단계	주	목표 반복수	화요일 (헤비 데이)	목요일 (라이트 데이)	토요일 (중강도)
근비대/지구력	1	12			
	2	10			
	3	8			
근력	4	6			
	5	6			
	6	5			
근력/파워	7	4			
	8	4			
	9	3			
경기	10	2			
	11	2			
	12	1			

참고문헌

1. American College of Sports Medicine. 1998. Position stand: The recommended quantity and quality of exercise for developing and maintaining cardiorespiratory and muscular fitness, and flexibility in healthy adults. *Medicine and Science in Sports and Exercise* 30 (6): 975-991.
2. Atha, J. 1981. Strengthening muscle. *Exercise and Sport Science Reviews* 9: 1-73.
3. Baechle, T.R. and R.W. Earle. 2008. Resistance training. In: *Essentials of Strength Training and Conditioning*, 3rd ed., T.R. Baechle and R.W. Earle, eds. Champaign, IL: Human Kinetics.
4. Baker, D., G. Wilson, and R. Carlyon. 1994. Periodization: The effect on strength of manipulating volume and intensity. *Journal of Strength and Conditioning Research* 8: 235-242.
5. Chargina, A., M.S. Stone, J. Piedmonte, H.S. O'Bryant, W.J. Kraemer, V. Gambetta, H. Newton, G. Palmeri, and D. Pfoff. 1986. Periodization roundtable. *National Strength and Conditioning Association Journal* 8 (5): 12-23.
6. Chargina, A., M.S. Stone, J. Piedmonte, H.S. O'Bryant, W.J. Kraemer, V. Gambetta, H. Newton, G. Palmeri, and D. Pfoff. 1987. Periodization roundtable. *National Strength and Conditioning Association Journal* 8 (6): 17-25.
7. Chargina, A., M.S. Stone, J. Piedmonte, H.S. O'Bryant, W.J. Kraemer, V. Gambetta, H. Newton, G. Palmeri, and D. Pfoff. 1987. Periodization roundtable. *National Strength and Conditioning Association Journal* 9 (1): 16-27.
8. Coyle, E.F., D.C. Feiring, T.C. Rotkis, R.W. Cote, F.B. Roby, W. Lee, and J.H. Wilmore. 1981. Specificity of power improvements through slow and fast isokinetic training. *Journal of Applied Physiology* 51: 1437-1442.
9. DeLorme, P. 1945. Restoration of muscle power by heavy resistance exercises. *Journal of Bone and Joint Surgery* 27: 645-667.
10. Fleck, S.J. 1999. Periodized strength training: A critical review. *Journal of Strength and Conditioning Research* 13 (1): 82-89.
11. Fleck, S.J., and W.J. Kraemer. 1988. Resistance training: Exercise prescription. *Physician and Sportsmedicine* 16: 69-81.
12. Fleck, S.J., and W.J. Kraemer. 1996. *Periodization Breakthrough!* Ronkonkoma, NY: Advanced Research Press.
13. Fleck, S.J., and W.J. Kraemer. 1997. *Designing Resistance Training Programs,* 2nd ed. Champaign, IL: Human Kinetics.
14. Gardner, G. 1963. Specificity of strength changes of the exercised and nonexercised limb following isometric training. *Research Quarterly* 34: 98-101.
15. Graham, J.F. 2002. Periodization research and an example application. *Strength and Conditioning Journal* 24 (6): 62-70.
16. Häkkinen, K., P.V. Komi, M. Alen, and H. Kauhanen. 1987. EMG, muscle fibre and force production characteristics during a 1 year training period in elite weightlifters. *European Journal of Applied Physiology* 56: 419-427.
17. Kanehisa, H., and M. Miyashita. 1983. Specificity of velocity in strength training. *European Journal of Applied Physiology* 52: 104-106.
18. Knapik, J.J., R.H. Mawdsley, and M.U. Ramos. 1983. Angular specificity and test mode specificity of isometric and isokinetic strength training. *Journal of Orthopedic and Sports Physical Therapy* 5: 58-65.
19. Komi, P.V. 1986. Training of muscle strength and power: Interaction of neuromotoric, hypertrophic, and mechanical factors. *International Journal of Sports Medicine* 7 (Suppl): 101-105.
20. Kraemer, W.J. 1997. A series of studies: The physiological basis for strength training in American football: Fact over philosophy. *Journal of Strength and Conditioning Research* 11 (3): 131-142.
21. Kraemer, W.J., M.R. Deschenes, and S.J. Fleck. 1988. Physiological adaptations to resistance exercise: Implications

for athletic conditioning. *Sports Medicine* 6: 246-256.

22. Kraemer, W.J., S.J. Fleck, and W.J. Evans. 1996. Strength and power: Physiological mechanisms of adaptation. *Exercise and Sport Science Reviews* 24: 363-397.
23. Kraemer, W.J., and B.A. Nindl. 1998. Factors involved with overtraining for strength and power. In: *Overtraining in Athletic Conditioning*. Champaign, IL: Human Kinetics.
24. Moffroid, M.T., and R.H. Whipple. 1970. Specificity of speed of exercise. *Physical Therapy* 50: 1693-1699.
25. Pearson, D. 1997. Weight training. In: *Physical Education Handbook,* 9th ed., N. Schmottlach and J. McManama, eds. New York: Prentice Hall.
26. Pearson, D., A. Faigenbaum, M. Conley, and W.J. Kraemer. 2000. National Strength and Conditioning Association's basic guidelines for the resistance training of athletes. *Strength and Conditioning Journal* 22 (4): 14-27.
27. Pearson, D., and G. Gehlsen. 1998. Athletic performance enhancement: A study with college football players. *Strength and Conditioning* 20 (3): 70-73.
28. Poliquin, C. 1988. Five steps to increasing the effectiveness of your strength training program. *National Strength and Conditioning Association Journal* 10 (3): 34-39.
29. Sale, D.G., J.D. MacDougall, A.R.M. Upton, and A.J. McComas. 1983. Effects of strength training upon motor neuron excitability in man. *Medicine and Science in Sports and Exercise* 15: 57-62.
30. Stone, M.H., and H.S. O'Bryant. 1987. *Weight Training: A Scientific Approach*. Minneapolis: Burgess.
31. Stone, M.H., H.S. O'Bryant, and J. Garhammer. 1981. A hypothetical model for strength training. *Journal of Sports Medicine and Physical Fitness* 21: 342-351.
32. Stone, M.H., H.S. O'Bryant, J. Garhammer, J. McMillan, and R. Rozenek. 1982. A theoretical model of strength training. *National Strength Coaches Association Journal* 4 (4): 36-40.
33. Stone, M.H., J. Potteiger, K.C. Pierce, C.M. Proulx, H.S. O'Bryant, and R.L. Johnson. 1997. Comparison of the effects of three different weight training programs on the 1RM squat: A preliminary study. Presentation at the National Strength and Conditioning Association Conference, Las Vegas, NV, June.
34. Thepaut-Mathieu, C., J. Van Hoecke, and B. Maton. 1988. Myoelectrical and mechanical changes linked to length specificity during isometric training. *Journal of Applied Physiology* 64: 1500-1505.
35. Wathen, D., T.R. Baechle, and R.W. Earle. 2008. Periodization. In: *Essentials of Strength Training and Conditioning,* 3rd ed., T.R. Baechle and R.W. Earle, eds. Champaign, IL: Human Kinetics.
36. Zatsiorsky, V. 1995. *Science and Practice of Strength Training*. Champaign, IL: Human Kinetics.

PART VI

안전과 법적 문제

Safety and Legal Issues

24

시설 및 장비의 배치와 관리

Shinya Takahashi, PhD

학습 목표

- 운동 시설 설계와 계획 과정, 설비 사양 지침, 운동 장비 선택 과정 및 헬스 그리고 피트니스 시설 간 요구사항을 이해할 수 있다.
- 가정 운동 시설에 필요한 장비 배치와 유지에 대한 필요성을 이해할 수 있다.
- 적절한 관리 및 청결 유지에 대한 중요성을 이해할 수 있다.

퍼스널 트레이닝의 필수 요소는 위험 평가, 적절한 체력 평가의 선택, 평가의 정확한 관리 및 결과의 해석, 적절한 운동 프로그램 설계 그리고 안전하고 효과적인 교육과 코칭을 포함한다. 또한 퍼스널 트레이너는 헬스 및 피트니스 시설의 디자인뿐만 아니라 시설 내 운동 장비의 관리에도 책임이 있다. 이 장에서는 시설 설계와 장비 배치 및 관리에 대해 다룬다.

시설 설계와 계획

효과적인 시설 설계는 조직된 계획 하에 이루어져야 한다. 시설의 디자인과 계획은 네 가지 단계를 포함한다. 설계 전 단계(predesign Phase), 설계 단계(eesign Phase), 건설단계(construction Phase), 그리고 가동 전 단계(preoperation Phase)[8] 이러한 단계를 시작하기 전에 시설설계위원회가 구성되어야 한다. 위원회는 관리자, 시설 관리 인력, 건축가, 계약자와 변호사에 한정하지 않고 시설 사용자 및 퍼스널 트레이너를 포함한 다양한 전문가로 이루어져야 한다.[8] 이러한 단계에서 위원회는 새로운 시설을 짓거나 기존 시설의 설비를 보강하는지 여부를 검토한다.

퍼스널 트레이너는 헬스 및 피트니스 설비의 디자인과 계획의 네 가지 주요 단계(설계 전, 설계, 건설 그리고 가동 전 단계)에 참여해야 한다.

설계 전 단계

설계 전 단계에서 위원회는 요구사항 분석 및 타당성 조사를 실시해야 한다. 위원회는 또한 기본계획을 세우고, 건축가를 선택하고, 추후 확장 가능성과 시설 내 다른 용도로의 사용을 고려해야 한다. 요구사항을 분석할 때 위원회는 다음과 같은 질문을 해보아야 한다.[8,11]

- 시설의 고객은 누구인가?
- 예상 최대 사용자 수는 얼마인가? 첫 해 이후의 사용자 수는 얼마인가?

- 어디에 위치해 있는가? 지리적 특성을 고려하였는가? (예: 시내, 주거단지, 도로에 가까운지, 근처에 경쟁업체가 있는지)
- 어떤 프로그램과 서비스가 필요한가?
- 가능한 예산은 얼마인가?
- 잠재 고객의 특정 요구사항은 무엇인가?
- 시설은 어디에 초점을 맞출 것인가?
- 누가 감독하고 시설을 유지할 것인가?
- 언제 시설이 완공되고 사용될 것인가?
- 시설의 예상 수명은 얼마인가?

위원회가 요구사항 조사를 마치면, 다음 단계는 사업 착수 여부를 결정하는 타당성 조사를 수행하는 것이다. 타당성 조사의 일환으로, 위원회는 비용, 시설 위치, 프로그램 요구사항 및 시설의 예상 사용량을 결정한다. **스와트 분석**(SWOT analysis: Strength 강점, Weakness 약점, Opportunities 기회, Threat 위협)은 타당성 조사의 일환으로 종종 실시된다.[8]

요구 분석 및 타당성 조사가 긍정적일 경우, 위원회는 구체적으로 프로젝트의 목표와 그 목표를 달성하는 데 필요한 절차가 있는 기본 계획을 개발한다. 위원회는 새로운 시설의 주요 목적을 명시한 뒤[11], 운동기구의 요구사항과 같은 작은 목표들을 세워야 한다. 유산소 운동기구 및 프리웨이트 장비의 종류와 양, 검사 기구, 재활 장비들이 필요할 것이다. 이러한 과정의 일환으로, 현재 사용 가능한 장비 및 시설에 대한 정보를 분석해야 한다.[11] 시설 확장이 주요 목표인 경우, 이러한 정보들은 유용하게 사용될 것이다.

설계자가 선정되어야 하고, 선택은 위원회가 비용과 경험을 평가한 입찰 과정을 기반으로 한다. 우수한 자격과 업무 기록이 있는 설계자가 선정되어야 한다.[8]

이 과정에서, 위원회는 미래의 확장과 다른 시설로의 변경도 고려해야 한다. 이것은 기본 계획의 일부일 수도 있고, 내부나 다른 건물로 추후 확장할 계획을 포함할 수 있다. 일반적인 실수는 미래의 요구사항을 고려하지 않고 현재의 요구사항에만 맞추어 시설을 계획하는 것이다.[8,20]

설계 단계

설계 단계는 수개월이 걸릴 수 있으며 최종 결과물은 새로운 시설의 자세한 청사진이 되어야 한다. 위원회는 퍼스널 트레이너를 포함하여 설계자, 시설 관리자, 시설 설계자와 건강 전문가와 함께 시설의 자세한 청사진을 완성해야 한다. 설계는 장비와 시설 공간을 고려하여야 하며, 해당 지역의 건강, 안전, 법적 요건을 따라야 한다.

건설 단계

건설 단계에서 대부분의 시간이 소요된다. 건설 단계를 통해, 시설 설계 위원회는 기본 계획이 잘 수행되고 있는지, 마감이 적시에 이루어지고 있는지를 검토해야 하며, 건설 감독도 수행해야 한다.[8]

가동 전 단계

시설을 위한 직원 및 직원 개발은 가동 전 단계에서 중요하다. 다음과 같은 사항들이 고려되어야 한다.[8]

- 얼마나 많은 직원들이 필요한가(전문 직원, 파트타임 직원, 관리 직원, 인턴 등)?
- 어떤 자격 요건들이 해당 직위에 요구되는가?
- 어떻게 채용할 것인가?
- 어떤 인터뷰를 할 것인가?
- 직원 근무 계획은 어떻게 할 것인가?
- 직원 계획을 어떻게 할 것인가?

시설의 구체적인 지침

퍼스널 트레이너는 헬스 및 피트니스 설비의 세부사항에 대해 잘 알고 있어야 한다. 다음은 헬스 및 피트니스 설비의 설계에 대한 지침으로, 설비의 전반적인 사항부터 저항 훈련 구역과 같이 세부적인 내용까지 설명할 것이다.

일반적인 헬스 및 피트니스 시설의 지침

유산소 기구 영역, 저항 훈련 공간, 스트레칭 공간 및 다른 훈련 영역을 포함하는 전반적인 시설에 적용될 많은 지침들이 있다.

- 통로: 미국 장애인법(ADA, Americanswith Disabilities Act)에 따르면 통로 폭은 휠체어를 수용하기 위해 적어도 91cm(36인치)여야 한다.[8,21] 복도와 순환 통로는 최소 152cm(60인치)의 너비가 되어야 한다.[21] 바닥은 문 입구와 같은 높이여야 한다(즉, 바닥의 문턱은 바닥보다 높지 않아야 함). 만약 문턱이 1.3cm(0.5인치)를 초과하면, 시설의 접근을 위하여 2.5cm(1인치)당 1피트의 경사로나 엘리베이터를 설치해야 한다.[8] 비상구 간판은 장

애물로 가려지면 안 되며, 가시성을 확보하여야 한다(예: 충분한 조명).[8]

■ 자연광과 창문: 자연광은 운동하는 사람의 동기부여를 높이며,[19] 유산소성 운동기구는 창문 바로 옆에 놓는 것이 바람직하다. 개방감과 자연광은 유산소성 운동을 하는 사람에게 좋은 영향을 미친다. 하지만 높은 창문과 채광창이 있다면, 설치 위치가 중요하다.[14] 눈부심이 문제가 될 경우, 창문 필름, 가리개 또는 블라인드를 통해 빛을 조절할 수 있다.

■ 수리 및 관리 매장: 크고 무거운 장비의 이동이 필요할 경우[14] 수리 및 관리 매장이 운동 시설과 가까이 있는 것이 편리하다.

■ 급수대: 급수대는 주요 운동 공간의 입구에 가깝게 설치하는 것을 권장한다. 하지만 고객의 이동에 방해가 되는 곳에는 설치하면 안 된다. ADA에서는 모든 급수대를 휠체어를 탄 사람이 접근할 수 있는 높이에 설치할 것을 권장한다.[21]

■ 비상 응급처치 키트 및 **자동제세동기**(AED, automated external defibrillator): 자동제세동기로 알려진 비상 응급처치 키트는 즉시 접근할 수 있는 운동 공간이나 근처에 설치하는 것을 권장한다. 시설 내 자동제세동기는 사고가 일어날 수 있는 지점에서 걸어서 90초 이내 거리에 위치해야 한다.[21] ADA에서는 모든 자동제세동기는 휠체어를 탄 사람이 접근할 수 있는 높이에 설치할 것을 권장한다.[21]

■ 배경 음악과 소음: 헬스 및 피트니스 시설은 70데시벨 이하의 소음 수준이 유지되도록 설계하고, 절대로 90데시벨을 넘어서는 안 된다.[21] 또한 작업자의 시간가중평균(TWA, time-weighted average) 노출은 8시간당 85데시벨이 권장사항이다.[17] 이 이상의 소음에 노출되는 것은 위험하다. 균형 잡힌 음악 소리를 위해, 스피커는 구역의 모든 구석에 높게 설치되어야 한다.[10] 천장이 높고 잡음이 있는 공간의 경우, 이러한 문제를 해결하기 위한 음향 패널을 고려할 수 있다. 저항 훈련 공간에서는 중량을 다루는 그 자체가 소음원이 될 수 있다. 우레탄 코팅 장비는 금속 장비들보다 더 비싸지만 소음을 줄여준다.

■ 전기시설 요구사항: 몇몇 유산소 운동기구는 220볼트의 콘센트가 필요하기 때문에 운동 시설에 110볼트 및 220볼트 콘센트 모두 설치하는 것을 권장한다.[14] 전기시설의 요구사항을 만족시키기 위해, 최종 장비 구입 결정 이전에 제조회사와 상의하여야 한다. 청소, 세정 및 다른 목적을 위한 추가적인 콘센트가 있으면 편리하다. 또한, 접지고장회로 차단기는 물이나 절연으로 인한 전기 누전시 전원을 차단하는 필수 안전장비이다.[14,21]

■ 온도 및 습도 조절: 근력 및 컨디셔닝 훈련 시설의 권장 온도는 22~26℃(72~78℉)이다.[2] 다른 시설의 권장 온도는 20~22℃(68~72℉)이다.[21] 온도는 시설의 구조뿐만 아니라 사용하는 상황(예: 창문, 문, 보온재 및 운동하는 사람의 수)에 따라 크게 달라질 수 있다. 또한, 동시에 사용하는 동력 장치의 양도 온도에 영향을 미친다. 지역 난방 및 냉각 시스템이 비용 측면에서 가장 효율적이고 사용자 친화적인 방법이다.[14] 환기 시스템의 용량은 시간당 8~10이며, 최적의 범위는 12~15이다.[14] 또한, 시설 내부에 외부의 신선한 공기와 내부 순환 공기가 충분히 섞일 수 있도록 하는 것이 바람직하다.[8] 최적의 공기 순환을 위해 천장에 선풍기를 사용할 수 있다. 예를 들어 두 개 이상의 팬은 111m^2(1,200평방피트) 시설의 공기 순환을 시킬 수 있다. 운동 구역의 적정 습도는 50% 이하이며 60%를 넘어서는 안 된다.[21] 또한, 악취가 있는 곳에서는 방향제를 사용할 수 있다.

■ 표지판: 운영 정책, 시설 규칙, 안전 지침, 입구와 출구 및 화장실 등의 표지판이 잘 보이도록 설치되어야 한다.[20, 21]

■ 안내판: 안내판 또는 모니터는 다가올 행사, 공지 및 교육 자료들을 표시할 수 있다. 사람들이 쉽게 볼 수 있도록 시설의 입구에 설치하되, 사람들이 다니는 것을 방해하지 않아야 한다.

■ 전화: 전화는 비상용으로 사무실에 위치해야 한다. 추가 전화기를 입구에 설치할 수 있으며, 휠체어를 탄 사람이 접근할 수 있도록 최대 1.2m(4피트) 높이에 설치되어야 한다.[21]

■ 건의함: 건의함은 헬스 및 피트니스 시설의 주요 출입구 근처에 놓는다.

저항 훈련실을 위한 지침

저항 훈련실을 위해서는 다음과 같은 지침이 요구된다.

■ 저항 훈련실의 위치: 저항 훈련실은 탈의실과 입구에 가까운 1층에 위치하는 것이 편리한 장비의 이동을 위해 이상적이며,[14] 저항 훈련실은 교실, 도서관, 컴퓨터실 또는 호텔 객실과 같이 소음이 없어야 하는 개인 공간으로부터 떨어져 있는 것이 이상적이다.

■ 관리자를 위한 공간: 관리 사무실은 관리자가 훈련실 전체를 볼 수 있도록 저항 훈련실 내에 위치하는 것이 이상적이며, 아니더라도 접근이 쉬워야 한다. 관리 사무실은 탁 트인 전망의 큰 창문이 있는 저항 훈련실 내에 있을 것을 권장한다.

■ 직원과 고객 비율: 저항 훈련실에서 직원과 운동하는 사람의 비율은 1:10이다.[1,9,14] 중학교의 근력 및 컨디셔닝 훈련 시설에서는 1:10을 권장하며, 중고등학교는 1:15를 넘지 않아야 한다. 고등학생보다 나이가 많은 운동선수 및 고객의 경우 1:20을 넘지 않아야 한다.[2]

■ 천장 높이: 저항 훈련실의 이상적인 천장 높이는 3.7~4.3m(12~14피트)이다.[14] 저항 훈련실의 천장 높이 선택시 하는 일반적인 실수는 냉난방 시설, 조명 기구, 케이블, 전선 및 배관 구조물들 위한 충분한 공간을 고려하지 않는 것이다.[14]

■ 창문: 저항 훈련실에서 창문은 바닥으로부터 최소 51cm(20인치)에 있어야[14] 바벨 원판이나 덤벨로 인한 파손을 줄일 수 있다. 가능하다면, 사람들이 기댈 수 있는 곳에는 창문을 설치하지 않는 것이 좋다.[14]

■ 문: 저항 훈련실의 크고 무거운 장비를 쉽게 옮기기 위해 2개의 문을 설치하는 것이 이상적이다.[14] 또한 대청소시, 저항 훈련실의 장비를 이동시켜 청소하기 위해 큰 개방구가 권장된다.

■ 조명: 저항 훈련실의 조명은 교실이나 사무실보다 높은 것이 이상적이다(예: 50fc 또는 538lux). 권장량은 75~100fc 또는 807~1,076lux이다.[16,21] ADA는 모든 조명 스위치는 휠체어를 탄 사람이 접근 가능한 높이에 있을 것을 요구한다.[21]

■ 창고: 저항 훈련실에는 생각보다 많은 창고가 필요하다.[8] 창고는 청소 도구, 직원 의류, 수건 및 작은 운동기구들을 보관한다.

■ 거울: 바벨 원판과 덤벨이 굴러와 손상되지 않도록 저항 훈련실의 거울은 최소 바닥에서 51cm(20인치) 이상에 설치되어 있어야 한다(일반적인 45파운드 올림픽 원판은 46cm[18인치]의 직경).[14] 덤벨 거치대와 다른 중량 장비는 파손의 위험을 줄이기 위해 거울로부터 최소 15cm(6인치)는 떨어져 있어야 한다.[14] 덤벨 거치대가 거울 쪽으로 기우는 경향이 있다면 볼트로 고정하여 움직이지 않게 할 필요가 있다. 거울을 보호하기 위해 보호 레일이나 특별한 보호 완충재를 이용해 바닥에 고정할 수 있다.[2]

■ 저항 훈련실에 있는 거울은 여러 가지 장점이 있다. 거울은 고객들에게 운동중 즉각적인 피드백을 제공한다. 또한, 고객이 운동중에 보이지 않는 곳에 대해 퍼스널 트레이너에게 피드백을 제공한다. 고객들의 신체 개선 및 변화를 볼 수 있기 때문에 거울은 동기 부여가 된다. 더불어 거울은 저항 훈련실을 더욱 넓어 보이게 한다.

그러나 거울은 잠재적인 부정적인 효과 또한 가지고 있다. 고객이 거울을 보고 산만해지거나, 운동에 집중하지 못할 수 있다. 또한, 일부 고객들은 거울 속의 자신을 보고 싶어하지 않는다.

■ 바닥: 저항 훈련실의 바닥재 중 카펫은 가장 저렴하고, 다양한 색상과 형태가 있다.[5] 고무 매트와 카펫을 연동해서 사용할 경우 더 큰 쿠션과 내구성을 제공한다. 하지만 먼지, 모래나 기타 이물질 등이 매트 사이의 공간에 낄 수 있다.[13] 더러운 먼지와 얼룩이 덜 보이기 때문에 바닥재로는 어두운 색상을 추천한다.[4] 고무바닥은 가장 비싸지만, 좋은 쿠션과 내구성을 제공하기 때문에 가장 좋은 선택이다.[13]

나무 바닥은 매끄럽고, 좋은 접지력을 제공하며 평평한 표면을 가지고 있기 때문에 역도에 가장 좋은 선택이다.[2] 바닥의 표면은 충격을 흡수할 수 있어야 하고, 큰 충격이나 떨어지는 위험을 최소화할 수 있어야 한다. 마룻바닥이나 고무 바닥은 플라이오매트릭 훈련에 적합하다. 콘크리트, 아스팔트, 타일 그리고 나무 바닥을 포함한 딱딱한 표면은 높은 충격의 운동에는 적합하지 않다.[10] 만약 저항 훈련실이 1층이 아니라면, 무거운 운동기구를 거치하고 고중량의 기구가 떨어질 경우 발생하는 손상을 방지하기 위하여 1m^{2}당 488kg 이상(100 lb/fT$_2$)의 하중 지지 능력이 필요하다.

■ 벽: 저항 훈련실의 벽은 통행과 활동에 지장이 없도록 케이블, 전구, 파손된 유리, 선반 및 다른 고정물과 같은 장애물이 없어야 한다.[7]

안전하고 효과적인 운동 환경을 제공하기 위해, 퍼스널 트레이너들은 헬스 및 피트니스 시설의 모든 부분을 잘 알고 있어야 한다.

운동 장비 선정

헬스 및 피트니스 시설을 위한 장비 평가는 세 단계를 포함한다. 장비의 기능 기준 개발, 장비의 효율성과 사양 평가 그리고 제조업체의 사업력 평가이다.[12] 또한 이 과정에서 두 가지 다른 평가 도구가 사용된다. 임시 평면도와 우선순위 목록[13]이다. 임시 평면도는 시설 설계의 크고 작은 모든 목표를 반영한다. 또한 필요한 장비의 양과 종류를 결정한다.[13] 우선순위 목록은 시설의 요구 분석을 바탕으로 결정되어야 한다. 헬스 및 피트니스 시설에서의 가장 높은 목표는 안전과 부상 방지이다.

> 퍼스널 트레이너는 장비 선정 과정의 모든 단계에 참여해야 한다. 장비의 기능 기준 개발, 장비의 효율성과 사양 평가 그리고 제조업체의 사업력 평가를 말한다.

1단계: 장비의 기능 기준 개발

운동기구를 선택하는 데 있어 첫 번째 단계는 사용자의 기능적 요구를 만족하는 기준을 개발하는 것이다. 저항 운동기구를 선택할 때, 그 장비의 메커니즘을 이해하는 것이 중요하다(예: 수압, 공기압, 중량 적치, 원판, 스프링, 유압 및 전기 장비를 포함한 cam 시스템, 지렛대 시스템, 저항 시스템). 또한 설계자는 최종 결정 이전에 사용될 움직임의 종류들을 분석해야 한다(예: 동적 상수 외부 저항[DCER, dynamic constantexternal resistance], 단일면 대 다면의 등속 및 한쪽 또는 양쪽의 움직임)

반대로 유산소 장비를 선택할 때는 다양한 집단의 요구를 충족시킬 수 있도록 가장 대중적이고 인기 있는 장비를 선택하는 것이 중요하다(예: 트레드밀은 속도를 다양하게 조절할 수 있는 것, 일립티컬 머신은 보폭을 조절 가능한 것).

2단계: 장비의 효율성과 사양 평가

설비의 요구 분석에 기초하여, 장비 선택 과정에서 다음과 같은 질문을 할 수 있다.

- 어떤 연령대와 운동 수준의 사용자가 장비를 사용하게 될 것인가?
- 운동 장비 구입시 고려해야 할 우선순위가 있는가(예: 유산소 운동 vs 저항 훈련 장비)?
- 시설의 고유한 판매처를 고려하여야 하는가?
- 색상 조정이 가능한가?
- 장비 비용은 얼마인가?
- 장비의 보증 기간은 얼마인가?
- 회사가 유지 보수 교육을 제공하는가?
- 회사는 주기적으로 유지 보수 서비스를 제공하는가?
- 부품의 교체 주기는 얼마인가?

저항 훈련 장비의 경우, 다음 네 가지 사항들을 고려하여야 한다.

- 구조의 재료(예: 철골 구조의 사이즈와 치수)
- 연결재의 재료(예: 용접부, 볼트, 너트, 슬리브, 윤활장치, 이음 고리, 가스켓, 와셔, 클램프)
- 기능에 영향을 미치는 재료(예: 베어링, 부싱, 레일, 도드래, 케이블, 벨트, 핸들, 스프링, 절연체, 윤활장치, 도장재, 장식, 도금 연마 및 충전재)

헬스 및 피트니스 시설에 필요한 장비를 구매하기 전에 수량을 파악하는 것이 중요하다. 대부분의 경우, 유산소 장비는 헬스 및 피트니스 시설의 필수 구성요소이며, 얼마나 많은 유산소 장비를 구매할 것인가가 우선순위이다. 피트니스 산업에서, 유산소 장비가 얼마나 필요한지에 대한 정확한 기준과 지침은 없지만, 다음 단계를 따르는 것이 일반적이다. 첫 번째 단계는 전체 회원수의 25%를 계산하여 두 시간 동안 시설을 사용할 회원수를 추정하는 것이다. 두 번째 단계는 첫 번째 단계에서 구한 수의 33%를 계산해 매일 시설을 이용할 회원수를 알아내는 것이다. 세 번째 단계는 앞 단계에서 구한 1일 사용자를 이용해 얼마나 많은 장비를 구매할 것인지 이전에 확립된 표준을 사용한다. 예를 들면 시설이 매 5명의 1일 사용자당 유산소 운동을 구비하겠다는 기준을 세웠을 경우, 2000명의 회원이 있는 경우 총 33개의 유산소 장비를 구비해야 한다.

공간의 사용을 최대화하기 위해서는 무선 유산소 장비가 좋다. 전원 코드가 있는 장비는 위치가 제한되는 반면, 무선 장비는 시설의 어느 곳에나 설치할 수 있다. 몇몇 제조업체는 유산소 장비에 TV를 부착한다. 어떤 제조업체는 TV와 인터넷에 연결할 수 있는 컴퓨터 장치를 제공하나 이는 값이 비싸다. 유산소 공간의 벽에 큰 TV를 설치하거나, 천장에 달 수도 있다. 케이블이나 위성 TV에 연결해야 할 경우, 위치 선택이 제한될 수 있다. 전산화된 운동 추적 시스템이 각 중량 운동기구 및 유산소 운동기구에 필요할 경우, 추가적인 전선이나 전원이 필요할 수 있다.

얼마나 많은 저항 훈련 기구를 구비해야 하는지에 대한 기준과 지침은 없지만, 총 시설 면적과 회원의 통계적 특성(예: 나이, 성별, 신체 능력), 회원의 요구사항과 선호도 및 사용 빈도에 따라 결정할 수 있다. 일반적으로 1000명의 사용자당 최소 하나의 서킷 훈련 공간이 필요하다.[21]

최종 결정 이전에, 가능하다면 장비를 사용해보는 것이 이상적이다. 최종 결정으로 고려되는 장비가 다른 지역 설비에서 사용되는 경우, 해당 시설을 방문하여 추후 평가를 하는 것이 일반적이다. 지역 헬스 및 피트니스 판매자뿐만 아니라 몇몇 제조회사에서 시범 사용을 제공하기도 한다. 운동 장비 전시회 및 헬스 피트니스 컨퍼런스에 참가하는 것은 장비를 살펴보고 해당 장비에 대한 정보를 얻는 좋은 방법이다. 특별한 컨퍼런스의 경우 할인율이 제공되기도 한다. 최근에 지어진 헬스 및 피트니스 시설의 경우 운동 시설에 평방피트당 약 15~25달러의 예산이 책정되었다.[22]

또한 운동 장비 회사나 판매자에게 더 낮은 가격으로 구매할 수 있는지 문의해 보는 것이 좋으며, 임대도 고려할 수 있다.

3단계: 제조업체의 사업력 평가

운동 장비 제조업체 평가의 첫 번째 단계는 사업 기록, 제품 품질, 고객 서비스 및 전반적인 가치를 검토하는 것이다. 다양한 회사의 제품 및 서비스에 대해 알아보기 위해 가능한 영업 담당자에게 문의하는 것이 중요하다. 제조사나 판매자는 특정 장비가 사용되는 시설 목록을 제공할 수 있어야 한다. 장비와 서비스의 추가적인 평가를 위하여 전화를 해보는 것 또한 도움이 된다. 나쁜 품질의 제품, 나쁜 고객 서비스, 나쁜 사업 관행이 있는 제조사나 판매자는 고려 대상이 아니다.[13]

같은 회사에서 장비를 대량으로 구입하는 것으로 비용을 낮출 수 있다. 배송 비용 또한 중량에 따른 체적을 기준으로 결정되기 때문에 하나의 회사에서 다량의 장비를 주문할 경우, 운송비를 낮출 수 있다. 하지만 제조사 각각의 전문성을 가지고 있기 때문에 하나의 제조사로부터 최상의 품질을 갖는 모든 장비를 구입하는 것은 거의 불가능하다.

모든 장비의 사양을 결정한 이후에, 입찰을 위한 제조사와 판매자를 결정해야 한다. 모든 입찰이 끝난 후, 입찰을 평가하고 최적의 제안을 결정한다(예: 장비의 최고 품질을 위한 최상의 가격). 구매 주문이 필요할 수 있다.[3] 주문시에 50%의 계약금을 결제하는 것이 일반적이다. 제조사나 판매자와 배송 일시, 설치 사항 및 지불 방법에 대해 명확히 하는 것이 중요하다.

새로운 운동 장비의 주문 후: 배송 및 도착

새로운 운동 장비의 주문 이후, 정확한 배송 날짜와 시간을 정해야 한다.[20] 대량으로 장비를 운송하기 위해 제조사가 운송업체를 고용하는 것이 일반적이다. 제조사와 운송업체에 배송 날짜와 시간을 확인하는 문의를 하는 것은 필수적이다. 운송회사의 주요 책임은 장비의 배송이지 설치가 아니다. 배송 전에 새로운 장비의 설치 책임자를 알아두어야 한다. 장비 주문시에는 이러한 사항들을 명확히 해야 한다.

배달 시점에 필요한 직원 수, 해당 구역으로 어떻게 장비를 이동할지, 배송 과정 중 시설의 전체나 일부를 닫아야 하는지, 카트나 팔레트와 같은 추가적인 도구나 장비가 필요한지 고려해야 한다. 새로운 장비가 설치되는 즉시 주의 깊게 검사해야 한다. 결함이 있다면 가능한 상세히 기록하거나 촬영해야 한다. 제조사나 판매자에게 하자 있는 장비의 교환을 위해 최대한 빨리 연락을 해야 한다. 장비의 일련번호와 모델 번호를 기록하여 제출하는 것은 좋은 방법이다.

평면도와 장비 구성

헬스 및 피트니스 시설에서는 일반적으로 세 가지 장비가 사용된다. 저항 훈련 장비, 유산소 장비, 스트레칭 및 체중부하 운동 장비. 장비 정리와 관련된 사항은 다음과 같다.

- 유산소 장비, 선택화된 기구, 프리웨이트, 역도 플랫폼, 스트레칭, 체중부하 운동 및 재활 운동을 위한 구역이 분리되어야 한다.
- 유산소 훈련 기구들은 신체 부위에 따른(가슴, 어깨, 등, 팔, 다리, 복부) 저항 훈련실 내 분리된 공간에 배치되어야 한다. 색상 시스템(예: 다른 실내 장식 색상)은 사용자가 선택화된 기구들이 어떤 근육군을 위한 것인지 쉽게 식별할 수 있게 해준다. 또한, 특정 저항 훈련 기구들이 위치한 지도가 비치되어야 한다.

- 순환 운동 영역은 모든 근육군을 시간 효율적인 방식으로 훈련할 수 있도록 배치되어야 한다.
- 저항 훈련 기구 및 유산소 기구는 브랜드나 제조사에 따라 배치되어야 한다. 두 개 이상의 회사로부터 장비를 구입할 경우, 이러한 배치가 바람직할 수 있다.
- 유산소 기구는 트레드밀, 일립티컬 머신, 자전거, 로잉 머신과 스텝퍼와 같이 종류에 따라 배치한다. 배치는 전원 콘센트 필요 여부에 의해 영향을 받을 수 있다.
- 장애인을 위한 접근성과 포괄적인 환경을 장비 배치에 고려하여야 한다.
- 설비의 크기 및 필요한 사용자에 따라, 장비 종류에 근거한 운동 공간 배치가 효율적일 수 있다.[14] 더 많은 고객을 위한 큰 시설은 더 많고 큰 장비를 가지고 있으며, 신체 부위에 따른 장비를 나누어놓는 것이 기능 및 접근성을 향상시킨다.

퍼스널 트레이너는 안전한 운동 환경 및 효과적인 감독을 위하여 장비의 위치와 공간 지침에 익숙해야 한다.

장비 배치

- 운동 시설에 장비 배치시 다음과 같은 지침을 따라야 한다. 보다 구체적인 예는 표 24.1 '운동기구의 이용자 공간 및 안전 완충 공간에 대한 지침'에 기술되어 있다.
- 보조자가 필요한 운동기구는 다른 고객과의 충돌 및 혼잡을 피하기 위해 창문, 거울 그리고 문에서부터 멀리 위치해야 한다. 대신 그들을 쉽게 관찰하고, 접근할 수 있는 위치에 있어야 한다.
- 키가 큰 기구(예: 렛 풀다운, 케이블 컬럼)나 여러 가지로 이루어진 기구(예: 스쿼트 랙, 파워 랙)는 가시성 확보를 위해 벽을 따라 설치하고 또 안전을 위해 벽이나 바닥에 볼트로 고정시켜야 한다.
- 덤벨 랙 및 중량 거치대는 벽을 따라 설치되어야 한다. 크기가 작은 장비는 눈에 잘 띄고 공간 활용을 증대시키기 위해 중앙에 설치되어야 한다. 한 층 또는 여러 층의 덤벨 랙을 구입하여 사용할 수 있다. 얼마나 많은 공간과 덤벨들이 사용될 것인지에 따라서 결정한다.
- 순환 운동을 위한 저항 운동기구는 일반적으로 대근육군을 먼저 운동하고 소근육군을 나중에 운동할 수 있도록 배치한다.[19] 또한 다른 근육을 번갈아 운동할 경우(예: 체스트 프레스 후 레그 프레스), 순환 운동기구를 사용자가 근육이나 근육군에 따라 배치하는 방법은 운동 간 불필요한 휴식을 줄일 수 있다.
- 스트레칭을 위한 구역은 모든 운동기구로부터 충분히 떨어져 있는 공간에 배치한다. 특히 스트레칭 구역은 조용하고 덜 붐비는 공간에 있어야 한다. 큰 시설 내의 스트레칭 구역에는 개인 스트레칭 매트가 있는 것이 이상적이다(예: 스트레칭 구역이 너무 혼잡할 경우 매트를 가지고 다른 곳으로 갈 수 있다).
- 서서 이용하는 운동기구(예: 트레드밀, 계단오르기 기구, 크로스 컨트리 스키)는 낮은 자세로 운동하는 기구(예: 로잉 머신, 고정 자전거, 경사진 등받이 자전거)의 뒤에 설치한다. 즉, 키가 큰 기구들이 벽 쪽에 배치되어야 낮은 자세로 운동하는 고객들 시야(예: TV 시청)를 방해하지 않을 수 있다.
- 움직이는 부분이 밖으로 드러나 있는 트레드밀과 다른 유산소 운동기구는 안전상의 이유로 충분한 공간이 있어야 한다. 또한 트레드밀 근처에 메디신 볼이나 짐볼을 두면 안 된다. 바닥에 있는 볼은 트레드밀 벨트 아래에 빨려 들어가 심각한 상해를 입힐 수 있다.
- 모든 운동기구들은 거울에서 최소한 15cm(6인치) 거리를 두고 배치한다.

기구의 간격

적절한 장비 간격은 운동기구에 쉽게 접근하고, 더 나은 이동과 안전한 운동을 가능하게 한다. 적절한 장비 간격은 또한 퍼스널 트레이너들에게 시설을 관리하고, 안전하고 효과적으로 고객과 소통할 수 있도록 해준다.

적절한 장비 간격은 두 가지 주요 기능이 있다. 첫째, 장비의 적절한 간격은 퍼스널 트레이너에게는 감독 능력을 향상시켜주고, 고객에게는 안전하게 운동할 수 있는 여유(**사용자 공간, user space**)를 제공해준다. 둘째, 적절한 공간은 또한 운동기구에 대한 우수한 접근성(**안전 확보 공간, Safety space cushion**)을 보장하며 주변의 통행 흐름을 원활하게 하도록 해야 한다.

피트니스 공간에는 바닥에서 기구당 7.6~15.2m^2(25~50평방피트)가 필요하다.[21] 휠체어를 사용하는 고객의 효율성을 위해 장비 주변에 91cm(3피트)가 요구될 수 있다. ADA는 각 장비당 최소 76~122cm(30~48인치)의 인접한 공간이 있어야 할 것을 요구한다.[21]

표 24.1은 미국체력과근력학회(NSCA, National Strength and ConditioningAssociation)가 제시한 다양한 종류의 운동기구[14, 21]에 대한 모든 공간 요구사항(사용자 공간과 안전 확보 공간)을 보여준다.[5,8]

통행을 위한 시설

- 고객이나 퍼스널 트레이너가 기구에 쉽게 접근할 수 있도록 통로는 무산소 운동기구와 유산소 운동기구의 가장자리 주변으로 배치한다. 구역별 통로를 식별할 수 있도록 서로 다른 색깔의 바닥 또는 카펫을 사용하는 것이 효과적이다. 휠체어를 사용하는 고객을 위하여 91cm(3피트) 이상이 필요할 수 있다.
- 응급상황이 발생할 경우, 운동 시설의 안이나 밖으로 빠져나올 수 있도록 공간을 가로지르는 통로를 한 개 이상 확보해야 한다.
- 미국의 연방, 주, 지방법에 따르면 독립된 통로는 91cm(3피트)의 폭을 유지하여야 한다고 명시되어 있다. 저항 운동기구와 유산소 운동기구는 통행에 불편을 주지 않아야 한다.
- 천장 높이는 직접적으로 통행 흐름에 영향을 미치지 않지만, 천장에 낮게 매달려 있는 장치들(대들보, 배관, 전등 표지판 등)은 고객이 머리 위로 하는 운동이나 점핑 운동을 자유롭게 할 수 있도록 충분한 공간을 확보하여야 한다. 가능하다면 최소한 3.7m(12피트) 높이를 유지할 것을 권장한다.

스트레칭과 체중부하 운동 구역

- 스트레칭과 준비 운동 구역은 1인당 12~18m^2 (40~60평방피트)가 적당하며,[21] 49m^{2}가 이상적이다.[7]
- 퍼스널 트레이너가 고객의 스트레칭을 도와줄 경우(예: 고유수용성 신경근 촉진 운동) 더 넓은 면적이 필요하다.

저항 운동기구 영역

- 모든 저항 운동기구는 다른 운동기구들로부터 최소한 61cm(2피트), 가능하면 91cm(3피트) 정도의 간격을 두어야 한다.
- 만일 프리웨이트 운동을 저항 운동기구 구역(순환 운동구역)에서 수행할 경우, 바벨과 주변의 모든 장비 사이에 필요한 91cm(3피트) 이상의 안전 완충 공간을 확보하여야 한다.[14]
- 저항 훈련실의 모양, 장비 배치와 사용 가능한 공간 때문에 복합 운동기구는 좋은 선택이 될 수 있다. 복합 운동기구는 단순 운동기구에 비해 더 많은 공간이 필요하다. 가능하다면, 복합 운동기구와 단순 운동기구 사이에는 최소한 91cm(3피트) 이상의 공간을 두는 것이 바람직하다.

저항 운동을 위한 프리웨이트 구역

- 랙 위의 모든 올림픽 바와 고정 중량 바벨의 끝은 91cm(3피트) 이상 떨어져 있어야 한다.
- 프리웨이트를 위한 구역은 3~4명이 사용할 수 있어야 한다.
- 저항 훈련 장비 중 중량 랙(예: 스쿼트 랙, 파워 랙)이 없는 경우, 중량 거치대는 원판을 꽂는 기구에 가까이 설치되어야 하지만 91cm(3피트) 이상이어야 한다.
- 덤벨 랙은 거울의 파손을 막기 위해 최소 15cm(6인치) 떨어져서 설치하여야 한다.[14] 거울을 향해 움직일 경우 랙을 볼트로 고정해야 한다. 사용자가 덤벨을 놓을 때 랙이 움직일 수 있다.

올림픽 리프팅 공간

- 올림픽 리프팅 플랫폼 주변의 통로는 91~1.2m (3~4피트) 폭을 유지하여야 한다.[8]
- 올림픽 리프팅 구역에는 3.3m^2(36평방피트)의 공간이 필요하다.[15]

유산소 운동 구역

- 고객의 안전을 확보하고 고객과 퍼스널 트레이너의 접근성을 확보하기 위해 모든 유산소 운동기구 주변에 91cm(3피트)의 안전 확보 공간이 제공되어야 한다.
- 표 24.1은 정확한 간격을 위한 지침을 제시해주는데, 일반적으로 자전거와 스텝퍼는 2.2m^2(24평방피트), 자전거는 0.6m^2(6평방피트), 로잉 머신 3.7m^2(40평방피트), 트레드밀은 4.2m^2(45평방피트)의 면적이 확보되어야 한다.[6] 이 면적에는 기구와 기구 사이에 필요한 안전 확보 공간이 포함되어 있다.

표 24.1 운동기구의 이용자 공간 및 안전 완충 공간에 대한 지침

운동 및 기구 유형	혼자 수행할 경우 요구되는 사용자 공간 및 안전 확보 공간
눕거나 엎드려서 하는 운동 (예: 벤치 프레스, 라잉 트라이셉스 익스텐션)	**공식** [벤치 실제 길이(1.8~2.4m의 이용자 공간)+양옆의 안전 완충 공간 각 0.9m*]×[실제 바 길이(1.2~2.1m 넓이의 이용자 공간)+양옆의 안전 완충 공간 각 0.9m*] **예** 올림픽 바와 1.8m 길이의 웨이트 벤치를 이용한 벤치 프레스 [1.8m+0.9m+0.9m]×[2.1m+0.9m+0.9m] = 14m^2
서서 하는 운동 (예: 바이셉스 컬, 업라이트 로우)	**공식** [서서 하는 운동의 이용자 공간(1.2m)+양옆의 안전 완충 공간 각 0.9m*]×[실제 바 길이(1.2~2.1m 넓이의 이용자 공간+양옆의 안전 완충 공간 각 0.9m*] **예** 1.2m 길이의 바를 이용한 바이셉스 컬 [1.2m+0.9m+0.9m]×[1.2m+0.9m+0.9m] = 9m^2
랙에 서서 하는 운동 (예: 백 스쿼트, 숄더 프레스)	**공식** [랙 안에서 서서 하는 운동의 이용자 공간(1.2~1.8m)+양옆의 안전 완충 공간 각 0.9m*]×[올림픽 바 길이(2.1m 넓이의 이용자 공간)+양옆의 안전 완충 공간 각 0.9m*] **예** 올림픽 바와 1.8m 길이의 너비를 파워 랙을 이용한 백 스쿼트 웨이트 벤치를 이용한 벤치 프레스 [1.2m+0.9m+0.9m]×[2.1m+0.9m+0.9m] = 11.7m^2
올림픽 리프팅 구역 (예: 파워 클린, 런지**, 스텝 업**)	**공식** [리프팅 플랫폼 길이(보통 2.4m의 이용자 공간)+양옆의 안전 완충 공간 각 0.9m~1.2m*]×[리프팅 플랫폼 길이(보통 2.4m의 이용자 공간)+양옆의 안전 완충 공간 각 0.9m~1.2m*] **예** 1.2m의 안전 완충 공간을 포함한 올림픽 리프팅 플랫폼에서의 파워 클린 운동 [2.4m+1.2m+1.2m]×[2.4m+1.2m+1.2m] = 23m^2
스트레칭 및 준비 운동	**공식** [이용자 공간 길이 2.1m]×[이용자 공간 넓이 2.1m] **예** 허들러스트레칭 [2.1m]×[2.1m] = 4.4m^2
유산소 운동 및 저항 운동기구	**공식** [머신 길이(1.2~2.4m의 이용자 공간)+양옆의 안전 완충 공간 각 0.9m*]×[머신의 넓이(0.45~1.8m의 이용자 공간)+양옆의 안전 완충 공간 각 0.9~1.2m*] **예** 트레드밀 운동 [2.1m+0.9m+0.9m]×[0.9m+0.9m+0.9m] = 10.5m^2 시티드 체스트 프레스 [1.5m+0.9m+0.9m]×[1.2m+0.9m+0.9m] = 9.9m^2
가정의 운동 시설: 에어로빅 댄스, 킥복싱, 유연체조, 체중부하 운동	**공식** [이용자 공간 길이(보통 1.5~2.1m)]+[이용자 공간 넓이(보통 1.5~2.1m)] **예** 가정에서 에어로빅 댄스 1.8m×1.8m = 3.2m^2

*만일 각 해당 운동이나 기구가 비슷한 기구와 같이 위치해 있다면 안전 완충 공간은 0.9m의 한쪽 공간만 필요할 것이다. 왜냐하면 옆에 있는 기구가 다른 한쪽의 안전 완충 공간을 확보해주기 때문이다. 이런 경우 공식은 [이용자 공간 길이+0.9m]×[이용자 공간 넓이+0.9m]가 된다.

** 비록 런지와 스텝 업이 과격하고 강하지 않아서 플랫폼 위에서 하지 않더라도, 움직이는 동작이라는 특성 때문에 올림픽 플랫폼을 통해 공간을 분리하는 것은 운동시 안전 확보에 많은 도움을 준다.

NSCA(2008)의 승인을 통해 적용

가정에서 운동기구 설치시 주의사항

상업적인 스포츠 시설 설치에 요구되는 많은 고려요인들이 가정의 운동 시설 설치에서도 적용되지만, 가정에서는 사용 가능한 공간과 장비의 규모가 작다는 것을 염두에 두어야 한다. 따라서 가정에서는 공간 효율성을 극대화하여 장비를 배치하는 것이 매우 중요하다. 사실 고객들은 가정에서 사용할 장비를 구입할 때 장비 배치에 대해 퍼스널 트레이너의 조언을 필요로 할 수도 있다. 또한 고객과 퍼스널 트레이너는 가정의 특정한 상황(예: 조명, 온도, 습도 등)에 대한 문제와 아이들과 애완동물에 대해 안전한 환경을 조성하기 위해 다양한 측면을 고려해야 할 필요가 있다.

> 퍼스널 트레이너는 집안 환경 및 공간과 장비 배치를 고려한 가정용 운동기구 구매에 대해 잘 알고 있어야 한다.

가정용 운동기구의 구입

가정에서 사용하기에 적합한 운동기구를 구입하는 문제이다. 일단, 가정용 운동기구를 구입하기로 결정되면, 최종 결정을 위한 기구의 분석과 평가는 필수적이다.

가정용 운동 장비를 구입하기 전에 몇 가지 중요한 결정을 해야 한다. 첫 번째 고려사항은 예산에 따른 고객의 요구사항이다. 천장 높이, 문 넓이 및 다른 구조적인 문제를 포함하여 이용 가능한 공간에 대해 고려하여야 한다. 세 번째로 신뢰할 만한 회사로부터 여러 가정용 운동기구를 분석해야 한다. 인터넷은 좋은 방법이지만, 지역 상점에서 장비를 사용해볼 수 있는 경우 사용해보는 것이 좋다. 또한, 운동기구는 무겁기 때문에 운송 및 취급 비용도 최종 결정에 고려해야 한다. 네 번째, 가격은 언제나 중요하지만 다양성, 포괄성, 이동성 및 공간 효율성 또한 매우 중요한 고려사항이다. 일부 퍼스널 트레이너는 고객이 구매한 장비를 제거하거나 시야에서 벗어난 곳에 쌓아두는 것에 대해 경고한다. 이러한 행위는 고객의 운동 목표를 달성하는 데 큰 장벽이 될 수 있기 때문이다. 시야에서 벗어나 있는 운동기구는 운동이 마음에서 멀어지게 한다.

가정 환경 문제

가정용 운동기구 배치시 나타나는 추가적인 안전 문제는 어린이와 애완동물의 접근성 문제이다. 전기 문제 또한 고려해야 한다.

- 심각한 부상을 방지하기 위해, 어린이와 애완동물은 전기 콘센트 및 운동기구에서 충분한 안전거리를 확보해야 한다.
- 안팎을 볼 수 있는 출입문은 안전한 운동 환경을 조성하는 데 큰 도움이 된다.
- 기구를 사용하지 않는 경우, 운동기구에 접근할 수 있는 모든 문과 창문은 잠그는 것이 좋다. 이처럼 안전 문제의 확보가 가능하지 않다면, 퍼스널 트레이너와 고객은 기구를 다른 장소로 옮겨야 한다. 모든 운동기구를 이동시키는 것이 불가능하다면, 안전성 확보를 위해서 다양한 조치(예: 트레드밀의 전원코드 제거, 기구로부터 중량핀 제거, 바벨로부터 원판 제거, 바를 통행로 밖에 위치)를 취해 아이들이 무심코 기구를 작동시킬 수 없도록 해야 한다.
- 고객과 퍼스널 트레이너는 가정용 운동기구에 충분한 전기 공급과 접근성이 필요하다는 것도 확인하여야 한다.[19]
- 가능하면 전원에는 110 및 220 볼트 전압을 보호할 수 있는 **누전차단기**(GFCI: ground fault circuit interrupter)를 설치하여 전기 과부하의 경우 전원이 자동 차단될 수 있도록 하여야 한다.[14] 또한 진공청소기와 다른 전기 기구를 사용할 수 있도록 여분의 전원을 마련하여야 한다.
- 고객은 고정된 카페트 공간에 습기가 차지 않도록 완충 매트를 사용하는 것이 바람직하다.

가정의 운동기구 배치

가정용 운동기구는 상업용 운동기구보다는 대체적으로 크기가 작고 많은 수량을 구입하지 않기 때문에, 고정시킬 수 있는 모든 운동기구(유산소 운동기구, 덤벨 랙)는 벽면과 가장 가까이 배치하는 것이 이상적이다. 부상과 집안 시설의 구조적인 손상을 방지하기 위한 예는 그림 24.1에 나타나 있다.

- 시설 주위의 안전 확보 공간을 보통 91cm(3피트) 대신 46cm(1.5피트)로 줄인다.
- 가정용 운동기구를 배치할 때 추가적으로 유의해야 할 사항은 에어로빅 댄스, 킥복싱, 체조 및 체중부하 운동을 위한 2.4~4.6m^2(49평방피트)의 공간이 확보되어야 한다는 것이다.[21]
- 고객이 운동 관련 자료를 시청하거나 음악이나

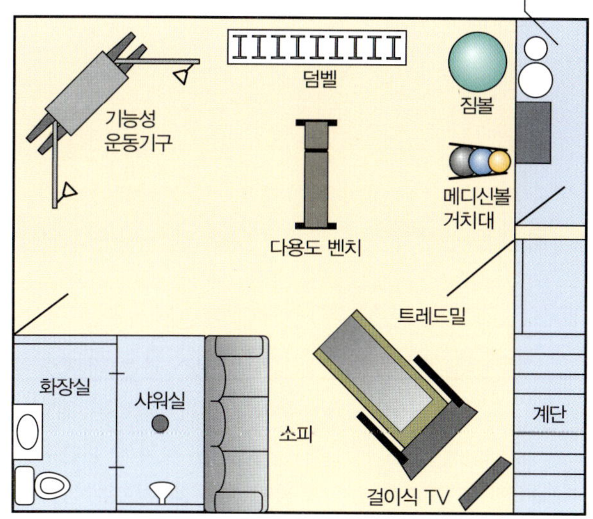

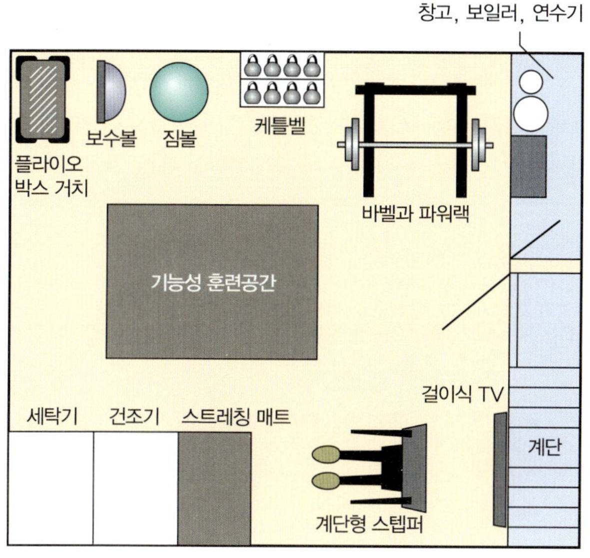

그림 24.1 가정용 운동기구 배치도의 두 가지 예

뉴스를 들을 수 있도록 TV, VCR, DVD, 라디오, CD 플레이어나 다른 기구들을 설치할 수 있는 공간을 확보하는 것이 좋다. 대체적으로 이러한 시설들은 벽면 또는 천장에 배치하는 것이 좋다.[21]

시설 및 장비 관리

시설과 장비의 유지보수는 사전 예방 차원에서 중요하다. 안전한 운동 환경을 제공하기 위해, 예방 유지 보수 절차가 중요하다. 정기적인 유지 보수 및 청소 절차는 안전한 환경을 제공할 뿐만 아니라 운동기구의 수명을 향상시킬 수 있다. 체계적인 일일, 주간, 월간의 검사, 유지보수 및 청소 계획이 수립되어야 한다. 이것은 고객의 안전과 장비의 적절한 기능을 보장한다. 고객을 잠재적인 부상으로부터 보호하고 소송을 방지하기 위해 퍼스널 트레이너는 장비 검사, 유지보수 및 청소 단계의 모든 측면에 대해 잘 알고 있어야 한다.

정기적인 관리와 청소에 대한 계획은 안전성과 기능성에 있어 탁월한 운동 환경을 만들고 운동 장비의 수명을 연장시키는 데 큰 도움이 된다.

시설 관리

대부분의 경우, 많은 회원들이 저항 운동실을 주로 사용한다. 따라서 저항 훈련 시설은 전체 시설의 대표가 된다. 운동 장비 아래나 사이는 청소하기 힘들 수 있다. 따라서 헬스 및 피트니스 시설의 유지보수 및 청소는 각 구역의 표면에 따른 청소 평가로부터 시작한다.

- 퍼스널 트레이너는 자주 바닥, 벽면, 천장의 상태뿐 아니라 접근성, 장비의 안전한 위치를 확인해야 한다.
- 상업적인 운동 시설을 청소하는 것은 직원뿐 아니라 퍼스널 트레이너의 일이기도 하다. 또 다른 옵션은 전문 청소회사를 고용하는 것이다.
- 가정 운동 시설은 집 소유주나 퍼스널 트레이너가 청소할 수 있다. 퍼스널 트레이너 고객 가정의 체육관을 사용하고 그곳에서 퍼스널 트레이닝을 할 경우, 청소 의무 사항을 고객과 의논하여 결정하여야 한다.

바닥

- 퍼스널 트레이너는 정기적으로 바닥을 점검하고 청결 상태가 지속적으로 유지될 수 있도록 해야 한다.
- 나무 바닥에 있는 부서진 조각, 구멍, 튀어나온 못, 울퉁불퉁한 판 그리고 풀린 나사들을 점검하고 제거해야 한다. 잠재적으로 문제가 발생할 수 있는 부분은 청소 시간을 할애하여 매일 실시해야 한다.
- 타일 바닥은 항진 및 항균성 재질(특히 유산소 운동 구역)을 이용해야 하며 또한 미끄럼과 습기가 방지되어야 하고, 초크나 먼지가 쌓이지 않도록

해야 한다.

- 프리웨이트 운동 구역의 탄력 고무 바닥은 유산소 운동 구역과 마찬가지로 항진 및 항균 처리가 되어야 한다. 고무 바닥은 큰 틈, 잘림, 낡은 흠 등이 없도록 관리해야 한다.
- 조립 매트는 튀어나오거나 한쪽으로 밀려 주름이 생기지 않도록 안전하게 설치해야 한다.
- 스트레칭 구역은 먼지가 쌓이지 않도록 관리해야 하며, 매트나 카페트는 냄새나 습기 등을 흡수하지 않는 것으로 배치하고 항진 및 항균 처리해야 한다.
- 카페트는 찢어진 부분이 없어야 하고 통로나 통행이 잦은 구역은 보조 매트를 설치해야 한다. 모든 구역은 정해진 청소 스케줄에 따라 쓸고 진공청소기로 청소하며 밀대로 닦아야 한다.
- 바닥재는 접착제로 견고하게 고정시키고, 고정식 운동기구들은 바닥에 튼튼하게 고정시켜야 한다.

벽면

- 퍼스널 트레이너는 벽면을 점검, 관리하고, 청결을 유지해야 한다. 벽면은 거울, 창문, 출구, 창고 및 선반을 포함한다. 벽면은 필요에 따라 일주일에 두세 번 청소해야 한다.

천장

- 퍼스널 트레이너는 천장을 점검, 관리하고 청결을 유지해야 한다. 운동 시설의 천장 유지 보수 및 청소는 종종 간과된다. 천장 관리에는 조명, 에어컨, 히터 및 환풍기 등의 고정물과 부착물도 포함한다.
- 타일로 된 천장은 청결하게 유지되어야 하고 손상이 되었거나 빠진 타일은 필요시 교체해야 한다. 배관 등이 노출된 벽은 정기적인 먼지 제거 작업이 요구되지는 않지만 필요할 경우 청소 작업을 해야 한다.

미국체력관리학회는 시설 관리 업무와 청결 유지 스케줄에 대한 목록으로 '운동 시설 기구의 관리에 대한 점검 사항' 사용을 제시하고 있다(609쪽).

운동 장비 관리

운동 장비의 관리는 기구가 제대로 작동되게 하고 청결하고 안전하게 이용할 수 있도록 하는 것이다. 지속적으로 사용하는 장비 중 청결 상태가 좋지 않거나 관리되지 않는 장비는 고객과 트레이너에게 위험 요소가 된다.

- 상업적인 운동 시설에서 퍼스널 트레이너와 장비업체는 운동 장비를 지속적으로 관리해야 한다.
- 운동 장비 주변에 일회용 청소 타올 및 청소 세제를 두어 사용 전후에 운동 장비를 청소하도록 유도할 수 있다. 또한 땀 등의 체액을 청소할 때, 쉽게 사용할 수 있는 일회용 라텍스 또는 라텍스 프리 장갑 사용을 권장한다. 아니면 장비의 땀이나 체액 세척 후, 비누와 물로 손을 세척해야 한다.
- 헬스 및 피트니스 시설의 가벼운 청소는 고객이 수행할 수 있으나, 정기적으로 청소하고 관리하는 것은 퍼스널 트레이너의 책임이다.

미국체력관리학회는 시설 관리 업무와 청결 유지 스케줄에 대한 목록으로 '운동 시설 기구의 관리에 대한 점검 사항' 사용을 제시하고 있다(609쪽).

스트레칭 구역

스트레칭에는 일반적으로 푹신한 패딩 매트, 스트레칭용 나무봉, 탄력 밴드, 벽면 사다리 등의 장비가 이용된다.

- 스트레칭 구역의 매트는 매일 청소하고 소독해야 한다.
- 매트는 찢어지거나 갈라지지 않도록 해야 한다.
- 매트 사이는 먼지와 흙이 쌓이지 않도록 매일 쓸고 진공청소기로 청소해야 한다.
- 스트레칭 구역이 혼잡해지지 않도록 벤치, 덤벨 및 기타 장비들을 배치하지 않아야 한다. 이는 매트 표면의 찢어짐도 방지한다. 모든 장비는 사용 후 반드시 제자리에 갖다놓도록 하며, 탄력 밴드는 마모 상태를 확인하고 필요하면 바로 교체해야 한다.
- 매트 사용 후 청소 세제 및 걸레를 사용할 수 있다. 이러한 청소용품은 가깝게 두되, 위험하지 않은 위치에 두어야 한다.

체중부하 운동 구역

체중부하 운동 구역에서는 보통 짐볼, 메디신 볼, 플라이오메트릭 박스, 사다리, 콘, 밸런스 훈련 장비, 다기능 벤치, 하이퍼익스텐션 벤치 및 점프 로프가 사용된다.

- 모든 매트와 벤치는 매일 소독해야 하고, 균열과 습기가 없도록 해야 한다.
- 플라이오메트릭 박스의 상단과 바닥은 안전한 사용을 위해 미끄럼 방지 처리를 해야 하며, 매달 마모 정도를 점검해야 한다.
- 다른 장비와 부품들은 안전을 위해 정기적으로 점검하고 수명을 연장하기 위해 청결에 주의를 기울여야 한다.

저항 운동기구 구역

다양한 저항 운동기구(예: 캠, 풀리, 케이블, 체인, 원판 이용 기구, 핀으로 부하를 조절하는 기구, 등속성 장비, 공압식 장비)는 단순 운동기구 및 복합 운동기구로 설계되어 있다.

- 벤치와 머신 표면은 사용자와 피부 접촉이 있으므로 매일 소독하고 손상된 부분이 없도록 해야 한다.
- 핀으로 부하를 조절하는 기구의 미끄럼 막대 부분은 일주일에 두 번 정도 청소하고 기름칠을 해야 한다.
- 어떠한 기구도 볼트, 나사, 케이블, 체인 등 부품이 없거나 낡아서는 안 되며 이러한 일이 발생했을 경우 교체하거나 제거해야 한다.
- 원판은 손상이 없는지 매주 점검한다.
- 핀으로 부하를 조절하는 기구와 벨트의 L 또는 T 모양의 핀은 항상 제자리에 두어서 사용자가 안전하지 않은 상황에서 임시로 사용하는 것을 방지해야 한다.
- 체인, 케이블, 풀리 등은 배열, 장력, 부드러움 등이 올바르게 되어 있는지 매주 점검해야 하며, 잘못된 상태로 계속 이용하면 벨트와 케이블이 조기에 낡고 손상되는 원인이 된다.

저항 운동을 위한 프리웨이트 구역

프리웨이트 저항 운동은 바, 벤치(경사와 랙이 있는 것과 없는 것), 스쿼트 랙, 파워 랙, 바벨, 덤벨 그리고 표준에서부터 올림픽 원판을 위한 거치대 등 다양한 운동기구들을 이용하게 된다.

- 안전 장비(벨트, 스트랩, 랩, 패드, 체인, 장갑, 자물쇠, 안전 바)를 포함한 모든 장비는 사용 후 통행에 방해되지 않도록 반드시 지정된 장소에 되돌려 놓아야 한다.
- 모든 벤치, 랙은 매달 혹은 필요할 때마다 점검해야 한다.
- 스쿼트 랙과 파워 랙 안팎 그리고 바닥 주변은 미끄러지지 않도록 규칙적으로 청소해야 한다.
- 덤벨은 볼트, 너트 등과 같은 부속품의 풀림과 파손 상태를 수시로 점검해야 한다.
- 파손되거나 고장난 장비는 '고장'이라는 표시를 반드시 해야 하며(가정 운동기구 포함), 더 바람직한 것은 파손된 운동 장비는 운동 구역에서 제거하여 고객들이 사용하지 못하도록 조치하는 것이다.
- 보호용 패드와 커버는 찢어졌거나 갈라졌는지 수시로 점검해야 하며, 청결 상태를 유지할 수 있도록 매일 청소하고 소독해야 한다.

올림픽 리프팅 구역

모든 시설들이 올림픽 리프팅 구역을 가지고 있는 것은 아니지만, 올림픽 리프팅 구역에는 일반적으로 나무로 된 리프팅 플랫폼, 올림픽 바, 범퍼 플레이트, 랙, 잠금장치, 초크 상자 등이 비치되어 있다. 이 구역은 규칙적으로 관리하고 청결을 유지해야 한다.

- 올림픽 바는 적당히 기름칠을 해야 하며 회전하는 바의 끝을 지탱할 수 있게 조여주어야 한다.
- 휘어진 올림픽 바는 즉시 교체하여야 한다.
- 올림픽 바의 널링(거친 손잡이 부분)은 부스러기나 초크가 쌓이지 않도록 수시로 청소해주어야 한다. 널링의 초크 잔여물 제거를 위해 와이어 브러시를 사용할 수 있다.
- 플랫폼은 외관상 틈새가 있거나, 갈라지거나, 찢기고 잘려 있는지의 결함 상태를 점검하여야 하며, 초크를 제거하기 위해 수시로 걸레질을 하거나 닦아주어야 한다. 마모된 경우, 나무 플랫폼 위에 우레탄과 같은 코팅 물질을 덧씌울 수 있다.
- 플랫폼 영역은 고객들이 고강도 운동을 안전하게 수행할 수 있는 공간을 충분히 제공해야 하기 때문에 벤치나 박스 등 다른 도구들이 놓여 있지 않도록 해야 한다.

유산소 운동 구역

유산소 운동 장비는 헬스 및 피트니스 센터에서 두 번째로 인기 있는 운동기구이며, 특히 시설 확장에 가장 중요하다.[21] 자전거, 트레드밀, 로잉 머신, 기대서 타는 자전거, 스프린트 머신, 계단오르기 기구, 엘립티컬 머신, 스키 머신 등과 같이 다양한 유산소 운동기구들이 있다.

- 고객의 피부와 직접적으로 접촉되는 운동 장비의 표면은 자주 청소하고 주기적으로 소독해주어야 한다. 특히, 장비를 이용한 고강도 운동을 수행한 이후에는 더욱 주의해야 한다. 유산소 운동 구역에서의 청소와 소독은 고객의 건강 상태 유지 및 비위생적인 시설 분위기를 방지하는 것뿐만 아니라, 장비의 외형을 유지하고 수명을 연장하는 데도 도움이 된다. 청소 장비를 비치하는 것 또한 가능하다. 장비의 과사용이 예상될 경우, 사용자가 운동 후 장비를 청소할 수 있도록 청소 장비를 두는 것이 적절하다. 입구에 바닥 매트를 배치하면 물, 모래, 먼지나 다른 이물질들로 인한 더러움을 방지할 수 있다.
- 가동 부분(벨트, 조인트, 체인, 플라이 휠 등)은 주 2~3회 혹은 필요시 적당히 기름칠을 하고 청소해주어야 한다.
- 청소하는 동안에 가죽 끝, 벨트 연결 볼트 그리고 나사 조임, 풀림 상태 및 마모 정도를 점검하며, 파손되거나 낡은 기구는 교체하도록 한다.
- 특히, RPM 측정계 같은 장치는 정기적으로 관리해야 하며, 제조업체에서도 수시로 이 작업을 수행해야 한다. 땀과 먼지를 정기적으로 제거함으로써 기구의 수명을 늘릴 수 있다.
- 의자와 벤치와 같은 장비 부분은 이용자에 맞게 움직이기 쉬워야 한다.
- 예산이 허용하는 경우, 신속한 교체를 위해 추가 장비 부품을 유지하는 것이 좋다. 판매자에게 문의하거나 제조사에 주문하고 기다리는 시간을 줄일 수 있다.

결론

성공적인 설비 설계를 위해서는 노력과 체계적인 계획이 필수적이다. 헬스 및 피트니스 시설 설계의 네 가지 주요 단계는 설계 전 단계, 설계 단계, 건설 단계, 가동 전 단계이다. 퍼스널 트레이너는 안전하고 기능적인 시설 설계를 위해 모든 시설의 규격 지침에 대해 잘 알고 있어야 한다. 시설의 운동기구를 선택하는 것은 다각적인 과정이다. 세 가지 주요 단계는 장비의 기능 기준 개발, 장비의 효율성과 사양 평가, 제조업체의 사업력 평가이다. 잠정적인 평면도 및 우선순위 목록은 적합한 장비 최종 선정에 사용되어야 한다. 운동 장비 사이에 적절한 공간을 만드는 것은 통행을 원활하게 하고, 안전하게 운동할 수 있고, 퍼스널 트레이너와 고객이 소통하는 것을 도와준다. 가정용 운동 시설에는 소규모의 시설 설계 및 설비의 배열이 적용되지만, 고객과 퍼스널 트레이너에게는 어린이와 애완동물의 안전과 같은 특별한 환경 문제가 존재하므로 서로가 긴밀하게 협의하여 시행하여야 한다. 퍼스널 트레이너는 계획된 평가지표를 기본으로 모든 운동 장비와 관련된 시설물을 관리하고 청결하게 유지하기 위해 효과적인 계획을 수립할 수 있어야 한다.

연구 문제

1. 한 헬스 및 피트니스 시설에는 총 3,000명의 회원이 있고, 시설의 설계 기준은 회원 4명당 하나의 유산소 운동기구를 갖추는 것이다. 일반적인 헬스 및 피트니스 산업 기준으로 얼마나 많은 유산소 기구가 필요한가?

   A. 56
   B. 62
   C. 72
   D. 81

2. 피트니스 시설에서 거울의 배치 방법으로 가장 알맞은 기준은 무엇인가?

   I. 장비로부터 6인치(15cm)
   II. 장비로부터 20인치(51cm)
   III. 바닥 위로 6인치(15cm)
   IV. 바닥 위로 20인치(51cm)

   A. I, III　　B. I, IV
   C. II, III　　D. II, IV

3. 헬스 및 피트니스 운동기구 배치 시, 퍼스널 트레이너는 다음 중 어떤 지침을 따라야 하는가?

I. 더 나은 가시성을 위하여 저항 훈련 구역에 키가 큰 저항 훈련 기계를 놓음

II. 감시인이 필요한 운동기구는 창, 거울, 문에서 멀리 위치시킴

III. 모든 올림픽 바의 끝은 3피트(91cm)를 간격을 둠

IV. 모든 저항 훈련 기구는 적어도 3피트(91cm) 이격 혹은 4피트(121cm) 간격을 두는 것이 권장됨

A. I, III　　B. I, IV

C. II, III　　D. II, IV

4. 머리 위로 기구를 올리는 운동을 위한 최소한의 천장 높이는?

A. 7피트(212cm)

B. 9피트(273cm)

C. 11피트(334cm)

D. 12피트(364cm)

응용 지식 문제

아래와 같이 제시된 운동을 수행할 때 필요한 공간을 계산하라.

A. 한 고객이 앉아서 하는 숄더 프레스 운동을 하고 있다(길이 4피트[1.2m], 너비 3피트[0.9m]).

B. 한 고객이 5피트(1.5m) 길이의 바를 이용하여 업라이트 로우를 하고 있다.

C. 한 고객이 4피트(1.2m) 이지 컬 바에서 라잉 트라이셉스 익스텐션을 하기 위해 5피트(1.5m) 길이의 웨이트 벤치를 사용하고 있다.

D. 한 고객이 3피트(0.9m) 안전 공간에서 8피트(2.4m) 올림픽 리프팅 플랫폼으로 스텝 업 운동을 하고 있다.

E. 한 고객이 올림픽 바를 이용하여 4.5피트(1.4m) 파워 랙으로 프론트 스쿼트 운동을 하고 있다.

F. 한 고객이 스테어 머신(길이 5피트[1.5m], 너비 3피트[0.9m])에서 운동을 하고 있다.

G. 한 고객이 앉아서 토터치 스트레칭 운동을 하고 있다.

참고문헌

1. Armitage-Johnson, S. 1989. Maintenance and safety: Maintaining a safe environment in the strength facility. *National Strength and Conditioning Association Journal* 11: 56-57.
2. Armitage-Johnson, S. 1994. Providing a safe training environment for participants, part I. *Strength and Conditioning* 16: 64-65.
3. Bates, M. 2008. Choosing the right equipment. In: *Health Fitness Management,* 2nd ed., M. Bates, ed. Champaign, IL: Human Kinetics.
4. Centers for Disease Control and Prevention. 2002. Nonfatal sports- and recreation-related injuries treated in emergency departments - United States, July 2000-June 2001. *Journal of the American Medical Association* 288: 1977-1979.
5. Coker, E. 1989. Weightroom flooring. *National Strength and Conditioning Association Journal* 11: 26-27.
6. Greenwood, M. 2000. Facility maintenance and risk management. In: *Essentials of Strength Training and Conditioning,* 2nd ed., T. Baechle and R. Earle, eds. Champaign, IL: Human Kinetics.
7. Greenwood, M. 2004. Facility and equipment layout and maintenance. In: *NSCA's Essentials of Personal Training,* R. Earle and T. Baechle, eds. Champaign, IL: Human Kinetics.
8. Greenwood, M. 2008. Facility organization and risk management. In: *Essentials of Strength Training and Conditioning,* 3rd ed., T. Baechle, and R. Earle, eds. Champaign, IL: Human Kinetics.
9. Hillman, A., and D. Pearson. 1995. Supervision: The key to strength training success. *Strength and Conditioning* 17: 67-71.
10. Holcomb, W., D. Kleiner, and D. Chu. 1998. Plyometrics: Considerations for safe and effective training. *Strength and Conditioning* 20: 36-41.
11. Kroll, B. 1989. Facility design: Developing the strength training facility. *National Strength and Conditioning Association Journal* 11: 53-55.
12. Kroll, B. 1990. Facility design: Evaluating strength training equipment. *National Strength and Conditioning Association*

Journal 12: 56-65.

13. Kroll, B. 1990. Facility design: Selecting strength training equipment. *National Strength and Conditioning Association Journal* 12: 65-70.
14. Kroll, B. 1991. Facility design: Structural and functional considerations in designing the facility: Part II. *National Strength and Conditioning Association Journal* 13: 51-57.
15. Kroll, B. 1991. Structural and functional considerations in designing the facility: Part I. *National Strength and Conditioning Association Journal* 13: 51-58.
16. Kroll, W. 1991. Facility design: Aesthetics of the strength training facility. *National Strength and Conditioning Association Journal* 13: 55-58.
17. National Institute for Occupational Safety and Health. 1998. *Criteria for a Recommended Standard: Occupational Noise Exposure*. NIOSH Pub. No. 98-126. Cincinnati, OH: Author.
18. Patton, R., W. Grantham, R. Gerson, and L. Gettman. 1989. *Developing and Managing Health/Fitness Facilities*. Champaign, IL: Human Kinetics.
19. Polson, G. 1995. Weight room safety strategic planning -part IV. *Strength and Conditioning* 17: 35-37.
20. Sawyer, T., and D. Stowe. 2005. Strength and cardiovascular training facility. In: *Facility Design and Management for Health, Fitness, Physical Activity, Recreation, and Sports Facility Development,* 11th ed., T. Sawyer, ed. Champaign, IL: Sagamore.
21. Tharrett, S., K. McInnis, and J. Peterson. 2007. *ACSM's Health/Fitness Facility Standards and Guidelines,* 3rd ed. Champaign, IL: Human Kinetics.
22. Tharrett, S., and J. Peterson. 2006. *Fitness Management: A Comprehensive Resource for Developing, Leading, Managing, and Operating a Successful Health/Fitness Club*. Monterey, CA: Healthy Learning.

운동 시설 기구의 관리에 대한 점검 사항 -미국체력관리학회(NSCA) -

운동 시설

바닥

- □ 매일 청결한 상태를 유지하는가?
- □ 나무 바닥에 부서진 조각, 구멍, 튀어나온 못, 풀린 나사는 없는가?
- □ 타일 바닥은 미끄럽지 않은가? (물기가 있거나 초크가 쌓여 있는가?)
- □ 고무바닥에 잘린 곳, 찢어진 곳 그리고 틈은 없는가?
- □ 연결된 매트는 안전하며, 튀어나온 곳 없이 잘 배열되어 있는가?
- □ 카펫에 찢어진 곳은 없는가?
- □ 규정에 맞게 진공청소기를 돌리고 밀대로 닦고 청소하는가?
- □ 바닥의 접착 부분과 못은 단단하게 고정되어 있는가?

벽

- □ 벽면 청소는 일주일에 2~3회(혹은 필요시 더 자주) 실시하고 있는가?
- □ 자주 사용하는 벽면이 튀어나온 기구, 장비 또는 벽 장식으로부터 안전한가?
- □ 거울이나 선반은 벽에 안전하게 고정되어 있는가?
- □ 거울과 창문은 정기적으로 청소하는가?
- □ 거울이 있는 장소는 바닥이 있는 모든 곳에서 최소한 51cm(20인치) 정도 떨어져 있는가?
- □ 거울에 흠이나 갈라진 틈은 없는가?

천장

- □ 천장에 있는 부착물의 먼지는 제거하는가?
- □ 천장 타일은 깨끗하게 유지되는가?
- □ 손상되거나 없어진 천장 타일은 즉시 교체하는가?
- □ 천장에 드러나 있는 조각이나 배관은 정기적으로 청소하는가?

운동 장비

스트레칭과 웨이트 운동 구역

- □ 벤치나 장비가 놓여 있는 곳에 매트가 깔려 있는가?
- □ 매트와 커버에 찢어지거나 갈라진 곳은 없는가?
- □ 스트레칭 매트 사이에 틈은 없는가?
- □ 청소와 소독은 매일 하는가?
- □ 장비는 사용 후 제자리에 놓여 있는가?
- □ 탄성 밴드가 낡았는지 확인하고 매듭은 안전하게 매어 있는지 점검하는가?
- □ 피부와 접촉되는 부분은 매일 씻고 소독하는가?
- □ 플라이오메트릭 박스의 위와 바닥은 미끄럽지 않은가?
- □ 기구를 위로 들어올릴 경우, 천장까지 충분한 공간이 확보되어 있는가(최소 3.7m[12피트])? 다른 구조물들(빔, 배관, 조명, 표지판)에 영향은 없는가?

저항 운동기구 구역

- ☐ 기구와 기구 사이에 접근성이 용이한가(최소 61cm[2피트])?
- ☐ 풀린 볼트나 나사, 느슨한 케이블, 체인은 없는가?
- ☐ 적당한 변속판을 사용하고 있는가?
- ☐ 안전하고 제대로 된 스트랩을 사용하는가?
- ☐ 운동기구가 부드럽게 작동하도록 적당히 기름칠을 하거나 청소를 하는가?
- ☐ 보호 패드가 찢어지거나 갈라지지 않았는가?
- ☐ 피부가 접촉되는 표면은 매일 소독하고 청소하는가?
- ☐ 튀어나온 나사는 조이고 제거하는가?
- ☐ 벨트, 체인, 케이블은 정리하고 있는가?
- ☐ 낡은 부분은 없는가(낡은 케이블, 느슨한 체인, 낡은 볼트, 깨진 연결부 등)?

저항 훈련을 위한 프리웨이트 구역

- ☐ 벤치에서 다른 곳까지 접근성은 용이한가(최소 61cm[2피트])?
- ☐ 올림픽 바의 끝 사이에 적당한 공간(91cm[3피트])이 있는가?
- ☐ 모든 기구들은 사용 후 제자리에 놓여 있는가?
- ☐ 안전장치(벨트, 칼라, 안전 바)는 사용 후 제자리에 갖다놓는가?
- ☐ 보호 패드는 찢어지거나 갈라지지 않았는가?
- ☐ 피부가 닿는 표면은 매일 소독하고 청소하는가?
- ☐ 안전을 위한 볼트나 다른 부분(칼라, 컬 바)은 조여 있는가?
- ☐ 스쿼트 랙 바닥은 미끄러지지 않도록 매트가 깔려 있는가?
- ☐ 올림픽 바의 적절한 사용을 위하여 기름칠되고 조여 있는가?
- ☐ 벤치나 웨이트 랙, 마루, 벽면은 안전한가?
- ☐ 작동이 되지 않거나 고장이 난 장비는 제거하였는가?
- ☐ 기구를 위로 들어올릴 경우, 천장에 충분한 공간이 확보되어 있는가(최소 3.7m[12피트])? 다른 구조물들(빔, 배관, 조명, 표지판)에 영향은 없는가?

올림픽 리프팅 구역

- ☐ 올림픽 바의 끝과 끝 사이의 공간(91cm[3피트])은 충분한가?
- ☐ 모든 기구들은 사용 후 제자리에 갖다놓는가?
- ☐ 올림픽 바의 적절한 사용을 위하여 기름칠되고 조여 있는가?
- ☐ 굽은 올림픽 바는 교체하고 홈의 부스러기는 제거하는가?
- ☐ 칼라는 제대로인가?
- ☐ 사용할 초크는 충분히 준비되어 있는가?
- ☐ 손목 보호대, 무릎 보호대의 필요 수량이 배치되어 있는가?
- ☐ 리프팅 구역으로부터 벤치, 의자, 박스는 떨어져 있는가?
- ☐ 매트는 틈새가 있거나 갈라지거나 찢어지고 잘려 있지 않은가?
- ☐ 초크 제거를 위해 걸레질하거나 닦는가?
- ☐ 기구를 위로 들어올릴 경우, 천장에 충분한 공간이 확보되어 있는가?(최소 3.7m[12피트]) 다른 구조물들(빔, 배관, 조명, 표지판)에 영향은 없는가?

유산소 운동 구역

- ☐ 각 구역으로의 접근성이 용이한가(최소 61cm[2피트], 권장사항 91cm[3피트])?
- ☐ 풀린 나사나 볼트는 없는가?
- ☐ 기능적인 부분은 쉽게 조정이 가능한가?

□ 운동기구가 부드럽게 작동되도록 적당하게 기름칠을 하는가?
□ 발과 몸을 매는 끈은 안전하며 찢어진 곳은 없는가?
□ 시간, 심박수를 체크하기 위해 측정 장치를 사용하는가?
□ 피부가 표면에 직접 닿는 곳은 매일 소독하고 청소하는가?

청소와 관리 업무의 빈도

매일

□ 손상된 마루는 없는가?
□ 모든 바닥을 청소하는가(걸레질, 닦아내기, 진공청소기 및 소독)?
□ 실내 기구들은 소독하고 청소하는가?
□ 급수대는 소독하고 청소하는가?
□ 마루에 기구들이 단단하게 고정되어 있는가?
□ 피부와 직접 접촉되는 기구의 표면은 소독하고 청소하고 있는가?
□ 거울은 닦고 있는가?
□ 창문은 닦고 있는가?
□ 거울이 파손되지 않았는가?
□ 파손된 장비들은 없는가(벨트, 나사, 케이블, 체인이 느슨한지, 발과 몸을 매는 끈은 안전하고 제대로 작동하는지, 부착물, 핀, 다른 장비들이 제대로 작동하고 사용되고 있는지)?
□ 가동 부분은 청소하고 기름칠해주는가?
□ 보호 패드는 찢어지고 갈라진 곳이 없는가?
□ 미끄럼 방지 기구와 매트는 제자리에 있는가? 손상되거나 마모되지 않았는가?
□ 쓰레기는 버리고 있는가?
□ 조명 커버, 환풍기, 시계, 스피커를 청소하는가?
□ 기구 사용 후 제자리에 보관하는가?

주 2~3회

□ 변속하는 기구의 가동 부분을 청소하고 기름칠하는가?

주 1회

□ 천장의 부착물과 부속물을 청소하는가?
□ 천장의 타일은 청소하는가?

필요시

□ 전구는 교체하고 있는가?
□ 벽면은 청소하는가?
□ 손상된 천장 타일은 교체하고 있는가?
□ 천장 안의 송수관과 노출된 부분은 청소하는가?
□ 고장난 기구는 치우거나 표시를 해두는가?
□ 초크는 충분한가?
□ 올림픽 바의 널링을 청소하는가?
□ 바닥, 원판, 바와 기구들의 녹을 제거하는가?

25

퍼스널 트레이닝의 법적 문제

David L. Herbert, JD

학습 목표

- 퍼스널 트레이닝을 제공하는 데 있어 법률, 특정 불법행위, 법의 기본 양상 및 법적 체제를 설명할 수 있다.
- 퍼스널 트레이너를 상대로 과실 소송을 제기할 경우 반드시 입증해야만 하는 네 가지 요소를 알 수 있다.
- 퍼스널 트레이너의 전문적이고 법적인 책임이 무엇인지 파악할 수 있다.
- 퍼스널 트레이닝에서의 보상 청구와 소송의 위험을 최소화하기 위한 위험관리 전략을 개발하고 수행할 수 있다.

이 장에서는 전문적 능력과 안전 관리 차원에서 퍼스널 트레이닝의 법적인 측면을 제시하고자 한다. 퍼스널 트레이너들은 일반적으로 **관리기준**(standard of care)에 의해 평가된다.[1] 이 장에서는 또한 퍼스널 트레이너에 대한 과실과 소송에 대해 설명한다. 형법의 원칙과 요구사항뿐만 아니라 법률 행위 및 계약법과 같은 미국 및 각 주의 원칙들을 검토한다('성문법'). 다른 나라의 경우 각 나라의 법이 적용된다. 결과적으로 다른 나라의 퍼스널 트레이너는 자기 나라의 법률 정보와 조언을 검토해야 한다. 또한, 이 장에서는 법적인 문제를 피하거나 최소화하기 위한 **위험관리**(risk management) 전략을 다룬다. 이 장과 다른 출처로부터의 자료는 전문적인 법률 자문을 대신하지 않으며, 퍼스널 트레이너는 개인의 상황에 맞추어 적용하여야 한다.

이러한 맥락에서 위험관리는 퍼스널 트레이닝에 적용될 수 있는, 내외부 감사를 통해 얻은 다양한 위험들을 인지하는 것이다. 그리고 찾아낸 위험 요소들을 줄이거나 없애거나 변화시켜 안전한 서비스를 제공할 수 있도록 하여, 궁극적으로 부적절한 상황이나 소송들에 대처한다. 위험 회피 및 최소화 전략은 고객의 적절한 처방이나 운동 처방의 안전과 효과적인 심사에 초점을 맞추며, 필요시 적절한 조항, 훈련 감독 및 비상 대응의 효과적인 제공 등을 검토한다. 모든 것은 허용 기준 및 지침을 따른다. 퍼스널 트레이너가 고객에게 서비스를 제공하는 것과 관련된 법적인 요구사항을 이해하고, 그들의 과실 행위나 잘못이 고객에게 피해를 입히고 소송에 걸릴 수 있다는 것을 알게 되면, 전문적인 영역에서 발생하는 법적인 위험을 줄이며 고객에 대한 위험을 최소화할 수 있다.[2]

과실의 개념과 원칙을 여기에서 검토하여 퍼스널 트레이너가 일어날 수 있는 위험들을 인식하고 위험을 최소화할 수 있게 한다. '방어선' 또한 제시되며 퍼스널 트레이너는 부적절한 상황과 그와 동반되는 보상 청구 및 소송에서 스스로를 보호할 수 있다. 이러한 방어선에는 **위험인수**(assumption of risk) 형식 및 법적 책임에 대한 전문적인 기준과 지침 및 고객과의 보호 법률 문서의 사용을 포함한다. 책임보험 또한 퍼스널 트레이너를 고객의 보상 청구로부터 보호해줄, 중요하고 대표적인 보호책이다.

> 퍼스널 트레이너는 고객의 안전과 고비용의 소송을 방지하기 위하여 위험관리 원칙을 사용해야 한다.

보상 청구와 소송

대부분의 퍼스널 트레이너들은 고객의 보상 청구와 서비스 제공과 관련된 소송에 휘말리지 않을 것이지만, 몇몇은 이러한 보상 청구와 소송을 받을 것이다. 결론적으로 퍼스널 트레이너에게 있어 이러한 보상 청구 및 소송 과정과 이러한 문제를 해결하는 방식 그리고 고객의 보상 청구와 소송의 궁극적인 해결과 관련된 원칙과 법적 개념을 이해하는 것이 중요하다.

보상 청구와 소송은 소송을 제기하는 측에도 굉장한 스트레스를 주지만 소송에 대응해야 하는 트레이너들에게도 상당한 스트레스를 안겨준다. 사법적 판결이 나기 이전에 소송에 대응하고 서류를 준비하는 것은 물론이고, 단순히 소송을 제기받는 것조차 상당히 힘든 일이다.

피트니스 전문가, 특히나 퍼스널 트레이너에 대한 소송 제기가 늘어나고 있다는 명확하고 실증적인 증거는 없지만, 이러한 소송이 증가하고 있는 것으로 보인다. 그 이유는 여러 가지가 있겠지만, 무엇인가 잘못되면 무조건 보상을 바라는 일반적인 경향 또한 없진 않다. 이러한 감정은 '나쁜 일이 나에게 생기면, 그것은 다른 사람의 잘못'이라는 개념을 포함한다. 또한 고객을 대신하여 보상 청구 및 소송을 하는 변호사들이 어느 때보다 많아졌다. 퍼스널 트레이닝 서비스의 적절한 제공에 관한 '규칙' 또한 최근에 개발되어 현재는 일반인들에게 퍼스널 트레이닝 서비스의 예상되는 수준과 만족 여부 또한 더욱 명확해졌다.

이러한 모든 요인들보다 인구의 증가, 인구의 고령화, 그리고 피트니스 활동에 참여하는 인구의 증가는 그 어느 때보다 더 '부상을 입기 쉬운(fragile)' 그룹의 참가자들을 신체활동에 참여시켜 신체활동과 관련된 부적절한 사건들이 많이 발생하고, 따라서 더 많은 보상 청구와 소송들이 발생하게 되었다. 하지만 퍼스널 트레이닝 전문가들이 제대로 준비한다면, 보상 청구와 소송에 관련된 문제를 피하거나 줄이거나 적절하게 대비할 수 있다.

보상 청구와 소송에 대한 피트니스 업계의 대응

피트니스 전문가, 특히 퍼스널 트레이너를 상대로 관련 서비스 제공에 대한 보상 청구 및 소송이 증가하는 가운데, 업계에서는 이러한 서비스 제공을 개선하기 위해 노력중이다. 이러한 노력은 적어도 세 가지 기본적인 형태를 가지고 있다.

첫 번째로 업계는 서비스 제공에 적용되는 적절한 기준과 지침을 개발했다. 많은 단체들 가운데 미국스포츠의학회(ACSM)와 미국체력관리학회(NSCA)는 이러한 노력의 최전선에 있다. ACSM은 1992년에 첫 번째 기준을,[3] NSCA는 2001년에 기준을 개발했다.[4] 다른 전문 단체 및 협회에 의해 개발된 유사한 문서와 같은 맥락으로, 이러한 두 가지 기준은 고객에게 제공하는 피트니스 서비스 제공의 질을 높일 것을 제안하고 있다. 2011년부터 국제 NSF 앤 아보르(Ann Arbor)에 의해 종합적인 피트니스 산업 기준이 개발중이며, 미래에는 이를 이용하여 헬스와 피트니스 시설을 승인하게 될 수도 있다. 이 개발 중인 표준은 시설 평가와 승인의 기준점을 제공할 것이다.[5] 의료피트니스협회(MFA, Medical Fitness Association)는 의학 기반의 헬스 및 피트니스 시설의 인증을 위하여 자신들의 기준과 지침을 기반으로 이러한 노력을 해오고 있다.[6] 1991년부터 ACSM은 업계 표준 및 지침을 두 번에 걸쳐 업데이트해오고 있으며, NSCA는 2009년에 지침을 업데이트하였다.

두 번째로 업계는 피트니스 전문성, 주로 퍼스널 트레이너의 교육, 훈련 및 인증에 대해 개선시켜왔다. 2002년 국제건강및스포츠클럽협회(IHRSA, The International Health, Racquet & Sportsclub Association)는 많은 피트니스 단체들을 호출해, 미국에서 퍼스널 트레이너가 제공하는 피트니스 서비스 품질을 개선하기 위한 권장사항을 제공하였다. IHRSA는 처음에 ACS, NSCA, 미국운동위원회(ACE, the American Council on Exercise), 미국유산소운동과체력협회(AFAA, Aerobic and Fitness Association of America)와 쿠퍼 인스티튜트(Cooper Institute)로 시작하여 나중에 대중에게 비슷한 서비스를 제공하는 다른 유사 단체들을 더 참여시켰다. 이러한 IHRSA의 노력의 결과로, IHRSA는 2006년에 최종 결의안을 채택하였고, 조직의 구성 단체들에게 다음과 같은 사항을 권장하였다.

IHRSA는 헬스 및 피트니스 그리고 스포츠클럽에서 퍼스널 트레이닝의 중요성이 늘어남에 따라, 2006년 1월 1일부로 다음과 같은 사항을 권장했다. 회원사는 현재 경험적이고 독립적인 그리고 전국적으로 인정받는 공인 기관의 자격증을 하나 이상 가지고 있는 퍼스널 트레이너를 고용한다.

또한 기관 인증을 위한 품질 기준 확립에 전념하는 조직으로 26년의 역사가 있는 역량 검증을 위한 국가기구(NOCA, National Organization for Competency Assurance. 지금은 자격심사우수연구소[ICE, Institute for Credentialing ExcellenceInstitute for Credentialing Excellence]로 알려져 있음)에 따라 IHRSA는 미국자격기관위원회(NCCA, National Commission for Certifying Agencies) 및 NOCA의 승인 부서를 허용 공인 기관으로 지정한다.

IHRSA는 독립적이고 타사 인증을 제공하는 목적으로 고등 교육 및 미국교육부의 승인 부서의 인정 상태에 따라 다른 동등한 공식 파견 기관을 인정한다.

NSCA는 1993년에 NCCA의 첫 번째 공인 기관이 되었다.

기준과 지침은 퍼스널 트레이닝에 있어 적절한 특성을 설정하게 한다. 인증은 특정 직업인에 대한 능력의 평가이다. 승인은 조직의 교육 프로그램이나 인증시험이(혹은 둘 다) 특정 기준을 만족하는지에 대한 공식적인 인정이다.

마지막으로, 앞서 언급한 두 가지 노력뿐만 아니라 많은 국회의원들이 퍼스널 트레이너의 제한과 등록에 대한 법률을 제안하였다. 이러한 제안은 캘리포니아, 매사추세츠, 조지아, 메릴랜드, 뉴저지 그리고 컬럼비아 특별구에 명시되었다. 2009년 1분기 말까지 이러한 제안은 입법화되지 않았다. 하지만 캘리포니아의 제안법은 호의적으로 2009년 4월 23일에 캘리포니아 주상원에서 투표되었다. 이러한 노력은 피트니스 산업이 국가 위임 입법의 형태로 움직이게 되었다는 것이다. 이러한 법안이 어떤 주에서 통과한다면, 그러한 조치는 비슷한 제안으로 다른 주에 박차를 가할 것이다. 퍼스널 트레이너 등록에 대한 법률을 채택하는 경우, 이러한 법령 고객에 대한 피트니스 전문가들의 **주의 의무**(duty of care)에 대해서도 정리할 수 있다. 다소 불안한 영향을 끼치는 일부 일치하지 않는 법원의 판결이 고객에 대한 의무를 만들었다. 이러한 문제에 대한 법원의 결정에 대해 이 장에서 다룰 것이다.

이러한 과정을 통해 피트니스 전문가의 전문적인 지위를 높이기 위한 노력은, 피트니스 전문가들이 고객들에게 향상된 서비스 제공함으로써 법적 기대 기준의 증가로 이어질 수 있다. 법적인 기준을 미래의 퍼스널 트레이너에게도 적용하여, 장단기적으로 모두 전문적인 행위를 판단하는 보상 청구 및 소송에 사용될 수 있다.

면허교부(licensure)란 법에 의해 규정되고 승인된 과정으로, 이를 통해 자격을 가지고 있는 전문가는 특정 서비스를 제공할 수 있는 권한을 갖게 된다.

헬스 및 피트니스 활동에 대한 보상 청구

주의 최선의 규정에도 불구하고, 의학을 포함한 다른 직업과 마찬가지로 헬스 및 피트니스 산업에서도 때로는 부적절한 사건과 그에 따른 보상 청구 및 소송이 발생한다. 일반적으로 이러한 보상 청구는 빈번한 특정 문제들과 관련이 있다. 이는 다음과 같은 사항이 있다.

- 특정 피트니스 서비스를 제공하는 데 있어 권고, 기준 및 지침의 적용
- 고객에 대한 의무와 책임의 선별
- 고객의 운동 전 평가나 기능 검사
- 고객에게 운동 및 피트니스 활동 처방 및 추천
- 고객의 운동 활동 감독
- 고객의 사용을 위한 운동기구의 선택, 조립, 설치 및 유지 보수 그리고 시설의 설계와 유지 보수
- 비상대응
- 보험
- 면책약관 및 권리포기서
- 기록과 윤리

이러한 광범위한 주제는 헬스 및 피트니스 전문가의 모든 보상 청구 및 소송을 차지한다. 때때로 형법과 관련된 문제도 발생한다. 후자의 경우, 거의 항상 고객 재산 도난, 고객의 폭행 또는 구타, 부적절한 강도 그리고 성희롱이나 성추행과 같은 성적인 법적 문제와 관련되어 있다. 또한 허가받지 않은 의료 행위나 타인의 면허를 이용한 건강 관리 등도 있다. 피트니스 업계에 관련된 보상

청구는 또한 해당 주의 법률을 따르지 않고 무단으로 식이요법이나 영양 처방을 하는 것 등이다.

일반적으로 헬스 및 피트니스 전문가와 관련된 보상 청구는 의무와 책임을 검사하고 평가하라고 요청된 검사와 배심원을 통해 미국의 **민법제도**(civil system)에 의해 평가된다. 의무와 책임이 결정될 경우, 판사나 배심원은 잘못에 대한 배상을 하라고 요청한다. 관련 문제의 범죄적인 측면에서, 형법에 따라 범죄의 유무와 처벌 여부를 결정한다. 민법제도의 측면에서, 계약법(contract law)과 불법행위관련법(tort law)이라는 두 가지 광범위한 법률이 적용된다.

형법

법 제도의 범죄적인 측면에서, 형법은 때로 미 연방 또는 주 법률 혹은 두 가지 모두에 의해 금지되거나 범죄가 될 수 있는 문제들에 적용된다. 범죄 행위는 불법행위로, 의회 또는 주 입법 기관에 의해 벌금, 징역 또는 사형 처벌을 받는다. 예를 들면 어떤 주에서는 합법인 퍼스널 트레이너에 의한 의료 보조제나 의료 서비스 제공이 다른 주에서는 범죄가 될 수 있다. 마찬가지로 고객에게 개인적으로 허가받지 않은 약물 처방 규정 또한 연방법 그리고 주법에 따라 불법이 될 수 있다. 결론적으로 퍼스널 트레이너는 이러한 형법 위반을 피하기 위해, 제공하는 서비스가 금지 범위에 해당하는지 뿐만 아니라 이러한 법에 대해 잘 이해하고 있어야 한다.

계약법

계약(contract)이란 때때로 합의(agreement)라고 하기도 하여, 적어도 어떤 고려사항에 관련된 두 당사자 사이에서의 약속이나 성능 협상 및 흥정을 포함한다. 예를 들어 퍼스널 트레이너는 일주일의 운동 제공을 약속하고 고객은 그 서비스 비용을 지불할 것을 약속하는 것을 법적 계약이라고 한다. 퍼스널 트레이너에게 있어서 서비스는 일반적으로 이러한 계약에 의해 제공되고, 계약이 당사자에 의해 이행되지 않은 경우에는 종종 민법제도로 이러한 분쟁 해결을 요청한다. 퍼스널 트레이너가 서비스를 제공하지 않은 경우 또는 고객이 서비스에 대한 지불을 하지 않은 경우, 계약 위반이 발생한다. 또한, 계약법에는 면책약관(releases), 권리포기서(waivers), 사전동의서(informed consents)와 같은 다양한 문서가 사용될 수 있다.

불법행위관련법

반면 불법행위관련법은 관련 당사자, 즉 퍼스널 트레이너와 고객 사이에 발생하는 불법행위 또는 태만에 대한 것이다. 이러한 행위나 태만은 종종 개인적인 부상이나 부당한 사망을 포함한다. '불법행위'라는 단어는 '잘못'을 의미하며, 불법행위 제도는 이러한 잘못을 해결하기 위한 사법 체계의 일부이다. 고객 피트니스 전문가 및 퍼스널 트레이너들은 고객의 개인적인 상해나 부당한 죽음의 경우에 이러한 시스템에 따라 소송에 참여하게 된다.

과실보상청구

피트니스 산업에서, 불법행위에 대한 보상 청구는 일반적으로 **과실**(negligence)에 대한 청구를 포함한다. 과실보상청구는 소송 당사자인 **원고**(plaintiff)가 특정 요소 증거를 소송 방어자인 **피고**(defendant)에게 제시하는 것이 필요하다. 이러한 요소는 다음과 같은 증거를 기반으로 구성된다.

- 의무
- **직무태만**(breach of duty)
- **근인**(proximate cause, 부상을 일으킨 행동 또는 불이행의)
- 상해나 손상

> '과실'이란 다른 사람을 보호해야 할 법적 의무를 준수하지 못하는 것을 의미하며, 이로 인해 다른 사람이 상해를 입는 원인이 발생한다.

피트니스 전문가를 상대로 한 불법행위와 과실에 대한 보상 청구의 대부분은 서비스를 받는 동안에 고객이 입은 상해와 연관되어 있다. 이러한 경우는 대부분 퍼스널 트레이너의 고객에 대한 의무 위반 여부에 대해 다룬다. 판사에 의해 그러한 의무가 존재했다는 것이 밝혀지면 배심원은 퍼스널 트레이너가 그 의무를 위반하지 않았는지를 판단하며, 만일 위반했다면 **손해배상금**(damages)(그 액수)의 제공 여부를 판단한다.

의무를 결정할 때 판사는 당사자 또는 다른 당사자와의 관계뿐만 아니라 주 법률, 사회 전반적인 관습 및 정의의 옳고 그른 개념의 관점에서 고려한다. 또한 판사는 때로 의무의 개념과 조정자를 평가하기 위해 업계 표준과 지침을 고려한다. 배심원은 또한 이러한 표준과 지침이 의무 위반되었는지를(다른 말로는 퍼스널 트레이너의 서비스 제공이 제대로 이루어졌는지를) 결정하기 위해 사용할 수 있다. 이러한 결정이 이루어질 경우, 원고는 피고에 대한 손해배상액을 지급해야 한다.

피트니스와 퍼스널 트레이너 산업에서, 보상 청구는 여러 가지 문제에 대한 법률들을 포함한다. 일반적으로 퍼스널 트레이너에 대한 보상 청구는 다음과 같은 사항들에 의한 것이다. 운동 시작 전 고객에 대한 확인, 평가에 대한 실패, 운동이나 피트니스 활동 처방 또는 추천 과정에서의 실수, 고객의 잦은 부상, 고객에게 의료 서비스를 제공하는 실수, 고객에 대한 적절한 비상 대응 확보 실패, 심폐소생술 과정이나 자동외부제세동기(AED, automated external defibrillation) 제공 실패, 위험 예상, 부적절한 사생활 침해 또는 사적 문서 유출, 권리포기서나 면책 약관의 부적절한 사용 등이 그것이다. 이러한 분야에서의 소송과 실제 사건이 몇 가지 규칙을 가지고 최소한 하나의 출판물에 실제 사례 보고되었다.

2009년 말, 퍼스널 트레이닝은 미국의 어떠한 주에서도 연방 또는 주 차원에서 규제의 대상이 되지 않았다. 결론적으로 퍼스널 트레이너가 고객에게 서비스를 제공함에 있어 법적으로 할 수 있는 것과 없는 것을 정의하는 미연방법 또는 주법이나 연방법규가 없다. 그러나 모든 주에서 건강 관련 종사자에 관련된 법률과 규제가 무허가 의료 서비스로부터 일반 대중들을 보호하고 있다. 결론적으로 퍼스널 트레이너는 면허로 규제되는 영역의 서비스를 제공할 수 없다. 여러 질병의 치료와 관련된 사항은 금지된 활동에 해당한다. 이러한 법에 따라, 심지어 질병 예방을 위한 서비스 제공 또한 금지될 수 있다. 예를 들어 특정 운동이나 활동을 특정 질환 재발 방지 목적으로 추천하는 것과 같은 것이다.[8] 또한 많은 국가의 법에 따라, 비인가 개인은 국가면허 영양사의 영역인 영양이나 식이에 대한 조언을 할 수 있는 권한이 없다.[9] 결과적으로 퍼스널 트레이너가 제공하는 서비스가 다른 허가받은 전문가의 영역을 침해하지 않도록 해야 한다. 이러한 관점에서 변호사와의 상담이 필요할 수 있다.

법원은 때때로 고객과 퍼스널 트레이너에 의한 헬스 및 피트니스 활동의 법적 의무 결정과 싸우게 된다. 물론 정부차원의 위임 허가나 퍼스널 트레이너에 대한 규제의 부족이 영향을 미치는 하나의 요인일 수 있다. 실제 법원의 결정은 이 장 뒷부분에서 언급되고, 퍼스널 트레이너에게 과실 행위에 대응하는 위험 인지 방어가 필요할 때, 다음과 같은 사항들을 고려하는 것이 중요하다.

■ 퍼스널 트레이너는 법적인 기준과 지침을 준수할 의무가 요구되지 않더라도 고객에게 윤리적인 서비스를 제공하여야 한다. NSCA와 같은 대부분의 피트니스협회와 표준 개발자는 윤리적인 측면과 퍼스널 트레이닝의 서비스 제공에 적용되는 기준을 작성하고 게시했다. 일부 법원이 아직 고객에 대한 퍼스널 트레이너의 **법적 의무(legal duty)**를 공인하지 않았거나, 사법적으로 공인되었더라도 구체화되지 않은 곳이 많다 하더라도, 퍼스널 트레이너가 고객에게 적절한 서비스를 제공하지 않을 경우 부정적인 결과를 가져올 수 있다. 인증된 퍼스널 트레이너나 회사로 구성된 전문가협회는 퍼스널 트레이너 고용주와 시설에 책임보험을 제공할 수 있다. 또한 이러한 인증의 조건과, 책임보험의 발급 또는 유지 보수에 대한 전제 조건 및 전문 그룹의 구성원을 유지하고 고용하는 조건을 윤리 기준, 서면 표준이나 지침(또는 둘 다)에 요구할 수 있다.

■ 사법 시스템은 고객에 대한 퍼스널 트레이너의 특정 의무와 완벽히 일치하지 않는다. 또한, 현재까지 발행된 판결 중 일부만이 이러한 직업에 대한 지침을 제공하기 위해 발행되었다. 시간이 지남에 따라 법은 계속 개정되고 변한다. 특별한 사건에서 다른 사실은 의무 문제와 잠재적인 책임에 특별한 법정 반응을 발생시킬 수 있다. 이외의 사실과 다른 경우는 그렇지 않을 수 있다. 주 법원의 결정은 다른 여러 주의 판결과 일치하지 않을 수 있으며, 어떤 주법(특정 주의 최고 법원)은 특정 사건에 판결을 내리지 않을 수 있다. 결과적으로 법은 이러한 점에서 불확실하다.

■ 퍼스널 트레이너와 고객 사이의 부상이나 사망은 과거에도 있어왔으며 불행하게도 미래에도 발생할 것이다. 이러한 상황은 의심할 여지없이 언론의 주목을 받을 것이며, 이는 퍼스널 트레이너의 의무 및 관리의 특정 지침을 입법 혹은 사법(혹은 둘 다)의 측면에서 더 엄격하게 규제하게 될 것이다. 예를 들어 언론은 1998년 퍼스널 트레이너와 운동하다 사망한 뉴욕의 앤 마리 카파티에 주목하였다. 퍼스널 트레이너는 현재는 FDA의 금지 물질인 마황을 포함한 보충제를 카파티에게 추천하였다. 이 이야기로 인해 많은 언론의 관심이 퍼스널 트레이닝이라는 직업과 피트니스 산업에 집중하게 되었다. 카파티의 죽음으로 퍼스널 트레이너와 그 서비스를 제공하는 피트니스 시설에 3억2천만 달러를 청구했다.[10] 이 사건은 언론에 의해 철저하게 파헤쳐졌지만 재판 이전에 총 4백만

달러 이상의 금액이 확정되었다.[11] 이 사건은 1998년 이전의 피트니스 산업 상황을 전문적인 영역으로 옮기는 데 기여했다.

과실 행위에 대한 변호

이전에 언급한 바와 같이, 퍼스널 트레이너를 포함한 피트니스 담당자의 과실은 자주 발생하며 재발한다. 이러한 소송에 대응하여, 퍼스널 트레이너를 포함한 피트니스 담당자는 일반적으로 변호사를 선임한다. 변호 업무는 일반적으로 다음을 포함한다.

- 업계 표준 및 지침 준수
- 검사를 위한 적절한 사전동의서 접수
- 고객에 의한 위험 사항 가정
- 운동 전 고객으로부터 작성된 면책약관 또는 권리포기서

산업 표준 및 지침에 대한 준수

산업 표준 및 지침의 중요성은 이미 논의되었지만, 특히 퍼스널 트레이너가 고객의 과실에 대응해 변호할 때 이러한 기준에 따라 서비스를 제공했다는 것을 입증해야 한다. 업계에서 이러한 많은 지침들이 발간되었기 때문에, 인증된 퍼스널 트레이너가 관련된 표준을 수행하는 것은 중요하다. 그들이 NSCA에 인증받은 경우, 그들의 지침을 따라야 한다. 그들이 하나 이상 혹은 유사한 자격이 있는 경우, 가장 권위 있거나 가장 보수적인 내용을 고객 서비스에 고려하여야 한다. 이러한 표준을 준수하는 것이 고객의 소송으로부터 퍼스널 트레이너를 보호할 수는 없지만, 법적인 변호를 가능하게 해 준다.

검사를 위한 적절한 동의서 확보

퍼스널 트레이닝 서비스 제공이 기존 의료 보건 산업의 일부는 아니지만, 점점 의료 서비스의 일부가 되거나 제휴하는 방향으로 변하고 있다. 퍼스널 트레이닝에 관련된 면허가 생기고 관련된 법적 의무가 생긴다면, 의료 보건 산업은 더욱 중요해질 것이다. 어떠한 경우라도 퍼스널 트레이너가 고객을 대상으로 운동검사 서비스를 제공하기 전에 미리 사전동의서를 받는다. **사전동의서(informed consent)**는 고객이 서명한 종잇조각이 아니라 과정이다. 사실 '동의서'라고 적힌 종이에 고객이 서명하는 것은 필수적이지 않지만 일반적으로 권장된다. 동의서가 제대로 작성되어 있는 경우, 과정 완료를 의미하는 서명된 종이는 요구사항을 준수했다는 좋은 증거가 된다.

> 퍼스널 트레이닝에 있어서 사전동의서란 특정 절차, 보통 운동 테스트에 대해 고객에게 그 위험성과 혜택을 설명해주는 과정을 말하며, 이 과정과 질의응답을 통해 고객은 그 절차에 대한 참여 여부를 결정하게 된다.

의료 서비스 참여자들에 대한 동의서 과정은 필요한 기본 절차의 일부이다. 시술뿐만 아니라 수술과 검사의 경우에 적용되며, 피트니스 담당자에 의해 수행되는 운동 전 검사 같은 경우에도 해당한다. 그리고 교육 프로그램 기록의 일부이기도 하다. 피트니스 산업 전문협회에 의해 개발된 표준 및 지침에는 이러한 사항이 포함되어 있다.

동의서 과정은 퍼스널 트레이너가 고객과 무엇을 할 것인지에 대한(특히 동의가 필요한 전통적인 피트니스 관련 운동검사) 정보 제공으로 이루어져 있다. 이 과정에는 앞으로 어떤 운동을 할 것인지, 운동의 위험이 무엇인지, 가능한 대안이 무엇인지에 대한 충분한 정보가 포함된다.

이러한 문제에 대한 정보가 제공되면, 고객은 전문가에게 질문하고 답변받을 수 있다. 이러한 과정 후, 고객의 판단 하에 해당 절차를 거칠 것인지 여부를 결정할 수 있다. 고객이 결정을 내리기에 충분한 정보를 제공받았는지 여부는 모든 사법적 측면에서 판단되며, 이는 당사자가 추후에 어떻게 결정을 내릴 것인가가 아닌, 합리적인 사람은 이러한 상황에서 어떻게 할 것인가를 참조하여 판단한다.

동의서 과정의 관리에 있어서, 정보 공개, 고객의 질의응답 그리고 고객의 결정은 문서화되어야 하며 동의서뿐만 아니라 고객 기록에도 기재되어야 한다. 운동 테스트를 위한 동의서와 훈련 프로그램 참여자를 위한 동의서의 예제는 이 장의 끝에 수록되어 있다(624~627쪽).

위험인수

주변 상황에 의해 사용자의 부상이나 부당한 사망에 대한 보상 청구가 있을 때, 잠재된 위험인수에 대한 방어는 고객에게 의도적이거나 고의적인 상해를 방지하는 것 이외에도 의무나 책임을 준하는 것으로 피트니스 관련자들을 안도시킬 수 있다. 즉, 이러한 방어는 개인 고객에게 퍼스널 트레이너와 같은 서비스 제공자에 의해 제공되는 의무 요건 완화를 포함한다. 의무가 없으면, 발생하는 부상에 대해 어떠한 책임도 없다.

과실 행위에 대한 위험인수 방어는 '참가자가 특정 활동과 연관된 일반적이고 타당한 위험이 있음을 자발적으로 인지하고 이해하며 동의함'을 기반으로 한다.[12] 이러한 신조는 스포츠와 위험한 여가활동에 자주 적용되었을 뿐만 아니라, 헬스 및 피트니스 전문가에 대한 소송에서 엇갈리는 결과를 나타내고 있다.

뉴욕의 매티스(Mathis)와 뉴욕 헬스클럽 사건에서[13] 원고는 그의 운동을 담당한 퍼스널 트레이너의 지도 하에 웨이트 트레이닝 기구에서 부상을 당했다고 주장하고 소송을 제기했다. 이런 소송에 대응하여, 피고인과 헬스클럽 트레이너는 법원에서 원고가 부상을 야기한 활동과 관련된 잠재적 위험을 인지하고 있었다고 주장했다. 법원은 거부했으나, 이러한 주장은 계속되었다. 항소심에서 법원은 이러한 의혹과 법률들을 검토하고 판결하였다.

> 피고는 소송기각을 제안했고, 그들의 발의를 지지하는 주장은 원고가 자발적으로 운동의 잠재적인 위험을 가정했다는 점이다. 반면 원고는 자신이 웨이트 프로그램의 초보자가 아니며, 잠재적 위험을 인정한 것은 일반적으로 적절한 감독 하에 훈련이 이루어질 경우를 인정한 것이지, 평소보다 과도한 활동, 특히나 트레이너의 판단 착오로 인해 증가된 위험성에 대해 인정했다고 말할 수 없다고 주장했다. 원고에 따르면 피고 트레이너는 기구의 무게를 증가시켜 원고가 270파운드로 운동하게 했으며, 이렇게 많은 무게를 다룰 수 있는지에 대한 원고의 반복된 의심 표현에도 불구하고 원고가 반복하도록 촉구했다고 주장했다. 이러한 시나리오를 감안할 때 문제는 원고의 부상이 발생했다는 점이며, 원고의 능력에 비해 너무 많은 무게로 운동을 하게 한 피고의 잘못된 판단에 의해 웨이트 트레이닝의 잠재 위험이 부당하게 증가하게 되었다는 점이다.[14]

따라서 항소 법원은 이러한 웨이트 트레이닝 운동에서 일반적으로 발생할 수 있는 위험이 있지만 퍼스널 트레이너의 '판단 착오'에 기인한 위험에 대해서는 안내하지 않았으며 이에 따라 고객은 이러한 변호를 기반으로 소송을 할 수 있다고 하였다. 본질적으로 법원은 퍼스널 트레이너에게 고객에 대해 이러한 의무가 있다고 판단을 했다.

하지만 2006년 캘리포니아의 경우 또 다른 항소심에서 다른 시각을 나타냈다. 이 로스타(Rostai) 대 네스티 엔터프라이즈(Nesti Enterprise) 사건의 경우[15] 고객은 퍼스널 트레이너가 첫 번째 수업에서 격렬한 운동을 시켰고 그에 따른 평가에 실패해 고객이 불필요한 심장마비를 겪었다고 주장했다. 퍼스널 트레이너와 클럽은 이 소송에 대한 변호로 위험인수 정책을 주장했다. 이러한 변호의 주장에 대응하여 약식 판결에서 피고의 동의와 원고의 항소를 승인했다. 항소심에서 법원은 다음과 같이 판결했다.

> 원고의 고소에서 원고는 피고가 제공하는 맞춤 체력 프로그램으로 계약을 체결했다. 피고는 현재 신체 상태와 심장 위험인자를 포함한 원고의 건강 이력을 조사할 의무가 있다. 2002년 9월 11일, 원고는 골드짐에서 피고 슐츠의 첫 트레이닝 수업에 참여하였다. 피고 슐츠는 원고가 신체적으로 건강하지 못하고 과체중임을 알고 있었다. 피고 슐츠는 원고의 트레이닝이 과격했으며, 60분에 가까운 운동이 끝날 때까지 원고가 휴식시간이 필요하다고 수차례 건의한 후, 원고는 심장마비를 일으켰다. 피고의 과실로 인해 원고의 부상이 발생했다.
>
> 원고의 소송에 대한 그들의 대답 중, 피고는 원고의 부상이 격렬한 신체활동이 가진 고유한 위험의 결과이며, 위험을 증가시키거나 은폐한 것이 아니며, 그러므로 원고의 소송에 위험을 기본으로 가정하는 신조가 위배된다고 변호하였다. 피고는 원고의 항소에 대해 약식판결에서 승소하였다. 이것에 대해 설명하는 이유는 확실하다.
>
> 퍼스널 트레이너와 함께 운동하는 명확한 목적은 신체 능력과 외모를 향상시키기 위함이다. 이러한 목표를 달성하기 위해 참여자들은 격렬한 신체활동에 참여해야 한다. 이러한 격렬한 신체활동에 참여하는 위험은 일반적인 고통을 포함하며, 특히 팔이나 다리와 같이 근육이 드러나는 부위의 근육통, 염좌, 찢어짐과 당김뿐만 아니라 심장과 같이 덜 드러나는 부위에도 해당한다. 퍼스널 트레이너와 함께 하는 체력 훈련의 필수적인 부분으로 물리적 활동의 결과인 심혈관 시스템의 스트레스는 격렬한 활동에 내재된 위험이다. 그 위험을 없애려면 운동의 기본 원칙을 변경시켜야 한다.

법원은 다음과 같이 덧붙였다.

비록 원고는 피고 슐츠가 원고의 신체적인 상태 및 특히 심혈관 위험 요소에 대해 평가하는 것에 실패했다고 주장하고 있지만, 원고의 소송의 핵심은 퍼스널 트레이너로서의 슐츠가 원고의 신체 능력 이상의 수행에 도전하게 했다는 것이다. 하지만 이러한 도전은 체력 훈련의 목적이며, 퍼스널 트레이너의 서비스에 대해 돈을 지불하는 이유이다. 다른 스포츠나 신체활동에 있어서의 코치들과 같이, 퍼스널 트레이너의 체력 훈련 목적은 적절한 운동을 시키는 것이 아니라 육체적으로 더 건강해질 수 있도록 적합한 훈련 프로그램을 개발하는 것이다. 실제로 훈련 과정에서의 퍼스널 트레이너의 역할은 참가자를 자신의 한계에 도전할 수 있게 하며, 물리적 심리적인 장벽을 극복하게 하는 것이다. 그 과정에서 퍼스널 트레이너가 참가자의 능력을 정확히 평가하지 않을 경우 잠재적인 위험이 있고, 그 결과 참가자는 부상을 당할 수 있다.

원고의 주장에도 불구하고 뉴욕 법원에서의 매티스의 경우와 달리 캘리포니아 항소 법원은 고객 능력에 대한 정확한 평가가 없었다 하더라도 위험인수 방어에 근거하여 퍼스널 트레이너의 잘못이 없다고 판단했다.

이러한 법원 결정의 차이와 관계없이, 운동 전에 위험인수 문서를 고객에게 제공하는 것 같은 방어는 대부분의 상황에서 퍼스널 트레이너에게 유용하다. 이러한 문서를 고객에게 제공하는 것은 고객이 위험을 가정하고 있었다는 확실한 증거가 된다. 위험인수 문서는 퍼스널 트레이너가 권리포기서 및 면책 약관의 유효성 및 실효성을 인정하지 않는 주에 거주할 경우, 고객의 과실 행위에 대한 방어로써 매우 중요하게 사용된다. 위험 가정과 관계되는 기권 문서의 예는 이 장의 마지막에 포함되어 있다(628쪽). 전향적인 기권 문서가 인식되지 않거나 금지된 상황에서 위험 가정 문서는 독립적인 문서여야 하고, 기권 문서의 형태는 이러한 양식에서 제외되어야 한다.

장래를 고려한 권리포기서 및 면책 약관

몇 년 전, 장래를 고려한 책임의 **권리포기서**(waiver) 또는 기권(release) 문서는 운동시의 잠재적 위험에 대한 참가자의 권리포기서와 기권에 대한 증거로써 운동이나 여가활동 이전에 제공되었으나, 미국 법원에 의해 인정되지 않았다. 이러한 결정은 아마 일부 보호주의나 온정주의와 관련된 법적 개념, 법적으로 금지된 사항들, 사회적으로 장려되지 않는 불법행위나 무모한 행위와 관련된 사법적인 결정들과 같은 고려사항들이 많았기 때문이었다. 그러나 오늘날 대부분의 주에서는 제대로 작성되고 관리된 권리포기서 및 면책 문서를(퍼스널 트레이너에 의해 수행되는 헬스 및 피트니스 운동을 포함한) 운동 전에 작성하는 것에 법적인 효력이 있다.

운동기구의 사용,[16] 웨이트 트레이닝 루틴,[17] 심지어 퍼스널 트레이닝 활동[18]에 대해 장래의 책임에 대한 권리포기서를 사용하는 것은 몇몇 주에서 유효하다. 그러나 이러한 문서는 모든 주에서 유효하지는 않으며,[19] 법적 계약 능력이 부족한(18세 미만의) 미성년자에 의해 서명되었을 경우 유효하지 않는다.[20] 하지만 일부 주에서는 미성년자 자녀를 대신하여 부모가 서명한 경우에는 유효하다.[21] 또한 일부 주에서는 이러한 기권 문서들이 법적으로 유효하지 않을 수 있기 때문에, 만약 당사자가 이에 동의하는 문서에 서명하고 사망한 경우 그의 배우자[22], 재산, 또는 상속자에게 법이 집행될 수 있다.[23]

일부 주에서는 장래의 책임에 대한 기권 문서에는 과실 행위에 대한 사항이 특별히 언급되어 있어야 하나,[24] 이것은 모든 주에서의 의무사항은 아니다. 권리포기 문서는 중대한 과실이거나 계획적이고 고의적이거나 범죄 행위를 제외하고는 일반적으로 적용되지 않는다. 버지니아와 몇몇 다른 주에서는[25] 법원이 공공정책에 반하는 것으로 결정하여 면책 문서를 허용하지 않는다.

권리포기서와 면책 문서는 적절하게 작성되고, 관리되며, 제대로 실행되어야 한다(또는 고객이 읽을 수 있고, 고객과 논의 하며, 합법적으로 실행되어야 한다). 잠재된 위험사항을 적절히 반영한 권리포기서와 면책 문서의 예는 이 장 끝에 포함되어 있다.

퍼스널 트레이닝에서 권리포기서(또는 면책 약관)는 당사자가 운동 이전에 추후 운동중 부상을 당해도 항의나 소송을 하지 않겠다는 약속을 말한다.

과실 행위와 누락에 대한 보상

모든 퍼스널 트레이너는 고객의 부상이나 사망 소송을 보상하기 위해 보험사가 제공하는 안전한 책임보험을 유지하고 있어야 한다. 또한 이러한 보험은 피보험자의 배상을 제공해야 하며, 소송에서 발생하는 비용까지 부담해야 한다.

퍼스널 트레이너는 전문적인 영역에 대한 활동을 보

장할 수 있는 책임보험에 대해 보험대리점 또는 개인 법률 고문과 상의해야 한다. 몇몇 보험은 모든 서비스에 대해 보장하지 않으며, 이러한 경우라면 보험을 가지고 있지 않은 것이나 마찬가지이다.

많은 퍼스널트레이너인증협회와 다른 전문 멤버십 그룹은 특별한 가격에 안전한 책임보험 기회를 제공한다. 일부 기업은 인증받은 개인과 단체의 트레이너들에게 특별한 할인을 제공한다. 이러한 직업에서 책임보험은 필수적이다.

보험은 특정 책임의 위험으로부터 방어하고 보상하기 위해 보험회사와의 계약이다. 이러한 대가로 보험회사에 보험료를 지불한다.

트레이너 기록의 기밀과 개인정보 보호와 관계없이, 이러한 기록들은 비밀로 유지해야 한다. 이러한 기록은 대부분 개인적이고 의료 문제와 관련이 있다. 결론적으로, 이러한 기록은 보안저장장치에 보관해야 한다. 최소한 주민등록번호와 신용카드 정보(연방 및 주 법률이 이러한 정보보호를 위해 적용됨)와 같은 개인 식별 정보, 건강 기록 문서나 이와 유사한 문서는 기밀로 유지해야 한다. 이러한 종류의 정보 공개는 고객의 개인정보보호나 계약 요구사항을 위반하는 것으로, 불필요한 소송으로 이어질 수 있다. 소위 법령들이 제한되어 적용되거나 되지 않거나, 소송 제기시 법에 명시된 한계가 좁혀지거나 확장되어 주법과 법원의 해석 차이가 있음을 감안하면, 기록들은 개별 법문 자문에 따라 최대한 오래 보관해야 한다.

기록 및 문서

기록에 관련된 소송에 참여하는 많은 변호사는 적절한 관행에 따라 기록이 작성 되었는지에 대해 질문하도록 훈련을 받는다. 이러한 변호사들은 또한 법정에서 불완전하고 완벽하지 않은 기록들에 대해 의문을 제기한다. 이러한 법적 실무자들은 종종 '기록되지 않은 것은 일어난 일이 아니다'라거나, '볼 수 없다면 존재하지 않는다'라거나 '기록하지 않았다면 행동에 옮기지 않았거나 중요한 일이 아니라는 것을 뜻한다'라고 생각한다. 이러한 신념은 기록, 녹음 또는 문서를 판결하는 중요한 소송의 결과에 영향을 미친다.

확실히 판사와 배심원을 포함한 많은 사람들은 실존하고, 기록된 증거들을 믿는다. 좋은 기록이 있는 경우, 이는 권리를 보강하고 지원해 줄 수 있으며, 반대로 이러한 기록이 관리 기준을 준수했다는 사실을 뒷받침해 준다면 소송을 방어하는데 도움을 줄 수 있다. 그러나 기록이 없거나 불완전하고 완벽하지 않은 기록들의 경우 원고의 소송을 지원하고 성공적인 기소 소송으로 이어질 수 있다. 이러한 개념은 특히 환자나 고객에게 서비스를 제공하는 직업을 가진 사람들에게 중요하다. 의학, 치의학, 물리치료학과 퍼스널 트레이닝을 포함한 다른 유사 업종에 있어서 특히 그러하다. 특정 의학적 기반 피트니스 프로그램을 포함한 이러한 직업들의 일부는 특정한 방식으로 기록들 작성하고 유지하는 것이 요구됨에도 불구하고 대부분의 퍼스널 트레이닝 프로그램에는 이러한 요구사항이 없다.[27]

연방 또는 주의 법률 권한이나 피트니스와 퍼스널

윤리강령

대부분의 헬스 및 피트니스, 퍼스널 트레이닝 회원 기관에는 인증된 트레이너가 동의하고 그들의 전문적인 관행에 적용할 수 있는 윤리강령이 있다. NSCA의 윤리강령은 www.nsca. com/Publications/CodeofEthics. pdf에서 확인할 수 있다. 네 가지 주요 사항은 다음과 같다.

1. 성별, 인종, 국적, 나이에 따른 차별을 금지한다. 모든 고객은 동등하게 대해야 하며, 비밀을 보호해야 한다.
2. 퍼스널 트레이너는 모든 기관의 지침과 NSCA의 조례, 정책 및 절차뿐만 아니라 모든 관련 연방, 주, 지방 법을 준수해야 한다.
3. 퍼스널 트레이너는 자신의 능력, 교육 인증 사항을 제대로 나타내야 하며, 자격이 있는 서비스만을 제공해야 한다.
4. 퍼스널 트레이너는 NSCA에 부정적인 영향을 미치는 개인 행동을 하지 않아야 한다. 예를 들어 그들은 고객의 복지를 통해 개인적인 금전적 이익을 챙겨서는 안 되며, 약물남용을 피하도록 해야 한다.

NSCA의 윤리위원회는 이러한 강령의 잠재적인 위반을 조사하는 데 책임이 있으며, 위반 사항에 대해서는 징계 조치를 취한다. 위반 사항이 공식적으로 발견된 퍼스널 트레이너는 견책되어야 하며, NSCA는 회원 자격 및 원칙 준수를 요구하는 위치에서 자격을 박탈할 수 있다.

NSCA의 윤리강령과 다른 단체의 유사 강령 검토를 통해 쉽게 알 수 있는 것은, 피트니스 전문가는 이러한 사항을 심각하게 받아들이고 이러한 요구사항을 따라야 한다는 점이다. 위반은 불필요한 징계 절차로 이어질 수 있고, 이러한 모든 문제와 마찬가지로, 좋은 직업인으로서 법적 논쟁의 다른 종류와 연결되지 않는 경우에도 이러한 위반들은 피해야 한다.

결론

법적인 문제는 헬스 및 피트니스 전문가와 퍼스널 트레이너에게 많은 영향을 미친다. 이와 관련하여 NSCA와 같은 저명한 전문협회의 권위 있는 기준과 지침의 준수를 포함한 전문적인 정책이 있다. 예상되는 위험 양식과 장래의 면책 서류나 권리포기서의 작성을 통해 입증되는 보호 법률 문서의 사용, 고객을 위한 전문가에 의해 수행되는 실제 트레이닝 활동을 보장하는 적절한 책임보험, 고객과 다른 전문적인 사항에 대한 기록과 보관, 적용되는 법률과 법규 및 규정 준수, 직업 윤리강령 및 행위 규범 준수. 이러한 행동들은 고객들에게 안전하고 효과적인 서비스 활동을 제공하게 하며, 퍼스널 트레이너 활동의 위험을 줄일 수 있다.

연구 문제

1. 다음 중 개인 부상 및 사망 사례를 결정하는 법률 시스템은 무엇인가?

   A. 형사사법제도
   B. 불법행위법에 초점을 맞춘 민법제도
   C. 계약법에 초점을 맞춘 민법제도
   D. 형평법에 초점을 맞춘 민법제도

2. 다음 중 퍼스널 트레이너가 합법적으로 조언을 할 수 있는 상황은 무엇인가?

   A. 운동기구의 사용 방법
   B. 고객의 질병을 치료하는 다양한 운동법
   C. 고객의 고혈압을 낮추는 특정 운동
   D. 질병 방지를 위한 의료 절차의 사용

3. 위험 추정이나 보상 청구 및 소송의 권리포기서/면책 문서는 어떤 상황에서 사용되는가?

   A. 대부분의 주에서
   B. 주법에서 승인된 경우에만
   C. 판사에 의해 승인된 경우
   D. 참여자가 서명하도록 운동 시설에서 돈을 지불한 경우

4. 다음 중 어떤 것이 퍼스널 트레이너의 실무 영역의 전문적인 기준에 해당하는가?

   A. 서비스 제공시 퍼스널 트레이너를 돕는 것
   B. 환자를 위한 의사의 진단 서비스를 돕는 것
   C. 환자의 물리치료 서비스를 위해 퍼스널 트레이너 자격을 취득하는 것
   D. 특정 주에서 허가받은 퍼스널 트레이너 자격을 취득하는 것

응용 지식 문제

좌식생활을 하고 제2당뇨병을 가진 50세 남성은 퍼스널 트레이닝 서비스를 제공하는 헬스클럽의 멤버십에 가입했다. 하지만 그는 앞서 말한 그의 건강 상태를 제외한 다른 건강상의 정보를 제공하는 것과 PAR-Q 양식을 작성하는 것을 거부했다. 그는 시설의 다양한 운동기구 사용시 퍼스널 트레이너의 지시에도 불구하고 계속 고집을 부렸다. 그는 또한 퍼스널 트레이너에게 금연과 체중감량에 대한 조언을 구했으며 지속되는 무릎 통증에 대해서도 조언을 구했는데, 이는 고등학생 때부터 가지고 있던 통증이었으며 의사가 수술을 권했지만 무시하고 있는 상태였다. 이러한 상황에서 퍼스널 트레이너는 어떻게 대응해야 하는가?

참고문헌

1. Additional information on legal aspects of personal training can be found at D.L. Herbert and W.G. Herbert. 2002. *Legal Aspects of Preventive, Rehabilitative and Recreational Exercise Programs,* 4th ed. Canton, OH: PRC.
2. Risk management for personal trainers is also discussed in Eickhoff-Shemek, Herbert, and Connaughton. 2008. *Risk Management for Health/Fitness Professionals: Legal Issues and Strategies.* Philadelphia: Lippincott Williams & Wilkins. See also *The Exercise Standards and Malpractice Reporter,* published six times per year by PRC (Canton, OH). www.prcpublishingcorp.com.
3. *ACSM's Health/Fitness Facility Standards and Guidelines.* 1992. Champaign, IL: Human Kinetics.
4. www.nsca-lift.org/Publications/SCStandards.pdf
5. http://standards.nsf.org/apps/group_public/download.php?document_id=4126.
6. Medical Fitness Association. *Medical Fitness Association's Standards and Guidelines for Medical Fitness Center Facilities.* 2009. Monterey, CA: Author.
7. *The Exercise Standards and Malpractice Reporter,* published six times per year by PRC (Canton, OH). www.prcpublishingcorp.com.
8. See, e.g., *Stetino v. State Medical Licensing Board,* 513 N.E. 2d, 1234 (Ind. App. 2 Dist. K87); *State v. Winterich,* 157 Ohio St. 414 (1952).
9. See, e.g., Ohio Revise Code Adm. sect. 4759, 2006.
10. *Capati v. Crunch Fitness International, et al.,* analyzed in Herbert, 1999, "$320 million Lawsuit Filed Against Health Club," *The Exercise Standards and Malpractice Reporter* 13: 33-36.
11. *Capati v. Crunch Fitness International, et al.,* analyzed in Herbert, 2006, "Wrongful Death Case of Anne Marie Capati Settles for in Excess of $4 million," The Exercise Standards and Malpractice Reporter 20: 36.
12. Eickhoff-Shemek, Herbert, and Connaughton. 2009. *Risk Management for Health/Fitness Professionals.* Baltimore: Wolters Kluwer Health, Lippincott Williams & Wilkins.
13. 261 A.D. 2d 345 (NY App. Div., 1999).
14. Id.
15. *Rostai v. Neste Enterprises* (2006), 138 Cal.App.4th 326 (41 Cal.Rptr.3d 411).
16. *Neumann v. Gloria Marshall Figure Salon,* 500 N.E. 2d 1011 (Ill. App. Ct. 1964).
17. *Garrison v. Combined Fitness Center, Ltd.,* 201 Ill. App. 3d 581 (Ill. App. Ct. 1990).
18. *Avant v. Community Hospital* (2005), 826 NE 2d 7, analyzed in Herbert, 2006, "Personal Trainer's Fitness Routine Leads to Suit," *The Exercise Standards and Malpractice Reporter* 20 (6), 81, 85-86.
19. Cotton and Cotton. 1997. *Legal Aspects of Waivers in Sport, Recreation and Fitness Activities.* Canton, OH: PRC.
20. *Bowen v. Kil-Kare, Inc.,* 585 N.E. 2d 384 (Ohio 1992); but see *Byrd v. Matthews,* 571 So. 2d 258 (Miss. 1990).
21. *Dilallo v. Riding Safely, Inc.,* 687 So. 2d 353 (Fla. Dist. Ct. 1997).
22. *Zivich v. Mentor Soccer Club,* 82 Ohio St. 3d 367 (Ohio 1998).
23. See, e.g., Kissinger v. Kissinger, 2002-Ohio-3083; but see *Wade v. Watson,* 527 F. Supp. 1049 (N.D. Ga. 1981), *affirmed* 731 F. 2d 5890 (11th Ca. 1984).
24. D.L. Herbert and W.G. Herbert. 2002. *Legal Aspects of Preventive, Rehabilitative and Recreational Exercise Programs,* 4th ed. Canton, OH: PRC. pp. 348-349.
25. Cotton and Cotton. 1997. *Legal Aspects of Waivers in Sport, Recreation and Fitness Activities.* Canton, OH: PRC.
26. See, e.g., The Health Insurance Portability and Accountability Act (HIPAA) of 1996, Public Law 104-191.

건강한 성인의 운동검사를 위한 동의서(심장 질환이 없는 경우)

이름: ______________________________

1. 검사에 대한 목적과 설명

본인은 자발적으로 내순환기 및 호흡기의 적합성을 평가하기 위한 운동부하 검사의 참여에 동의한다. 본인은 또한 적합한 산소소비량을 측정하기 위해 운동을 하는 동안 호흡기 공기 샘플 체취에 동의한다. 또한 필요한 경우 폐 기능과 체지방(피하지방) 시험의 혈액 화학 분석을 위해 팔에서 바늘로 소량의 혈액 샘플을 수집하는 것에 동의한다. 얻어진 정보는 차후의 신체활동과 수행하는 스포츠 활동을 평가하기 위한 것임을 이해한다.

검사에 참여하기 전, 본인은 건강한 상태이며, 최근 __________개월간 허가된 의료전문가에 의해 신체검사를 받았음을 증명한다. 또한, 본인은 사전검사 기록 인터뷰를 완료하여 프로그램을 통지받았으며 검사자의 질문에 정확하게 답변하였다. 검사자나 다른 사람에 의해 검사를 진행중 검사가 부적절하거나 안전하지 않다고 판단될 경우 검사 도중 진행 여부를 결정할 수 있다. 따라서, 본인은 검사자에게 완전하고 정확한 답변을 제공하며, 본인의 실패로 검사 중 불필요한 부상이 이어질 수 있음을 인지하고 있다.

본인이 수행하게 될 검사는 모터로 구동되는 트레드밀이나 사이클에서 점진적인 활동의 양을 측정하는 것이다. 본인이 이해한 바와 같이 피로, 호흡곤란과 같이 나타날 수 있는 불편한 증상을 검사자에게 언급할 때까지 활동은 계속적으로 증가한다. 본인이 불편하거나 피로감을 느끼고 검사를 중단해야 할 시점을 알리는 것은 본인의 권리임을 알고 있다. 본인은 이러한 증상이 나타나는 즉시, 혹은 선택에 따라 어떤 시점에서든 검사를 중지할 의사를 검사자에게 알릴 수 있다. 이 경우, 본인의 요구대로 검사는 중지된다.

검사를 시작하기에 앞서, 심장 활동을 모니터링하는 프로그램 활성화를 위해 심전도를 기록하는 전극과 케이블을 연결할 것이며 검사 중 숙련된 관찰자가 본인의 혈압, 심전도 그리고 활동에 대한 반응을 계속해서 확인할 것임을 알고 있다. 본인의 운동 능력을 제대로 측정하는 것은 피로 지점으로 진행하는 것임을 인식하고 있다. 검사가 완료되고 처음 24시간 이내에 일어날 수 있는 일반적인 증상들에 대한 지시를 받을 것이며, 해당 지시를 이해하고 이러한 증상이 일어날 경우 즉시 프로그램 담당자 혹은 의료진에게 연락하는 것에 동의한다.

2. 위험

본인은 실제 검사시 불가피한 변화가 일어날 수 있다는 것을 알고 있다. 이러한 변화로 비정상적인 혈압, 실신, 심장박동, 뇌졸중 및 심장마비 혹은 드물게 사망에까지 이를 수도 있다는 것을 고지받았다. 본인은 예비검사, 예방 및 관찰을 통해 이러한 모든 활동이 검사 중 불가피한 변화를 최소화할 수 있다는 것을 고지받았다. 또한 이러한 비정상적인 상황에 대처하기 위해 응급장비와 인력을 사용할 수 있다는 것을 고지받았다. 본인은 이 검사의 결과로 부상, 심장마비 혹은 심지어 사망의 위험이 있다는 것을 알고 있으며, 이러한 위험을 인지하고 자발적으로 해당 검사를 시행한다.

3. 예측 가능한 운동검사 절차의 장점

이 검사의 결과는 본인에게 도움이 되지 않을 수 있다. 검사의 잠재적인 장점은 개인적인 동기부여에 주로 관련되어 있다. 즉, 일반인들이 본인의 운동 능력을 알고 특정 스포츠와 여가활동을 위한 체력을 이해하고 신체 조절 프로그램을 계획하거나 신체활동 습관의 영향을 평가하는 것이다. 예를 들어, 벤치 스텝 검사나 야외 달리기 검사와 같은 대체 수단으로 체력 검사를 실시할 수도 있지만, 이는 러닝머신이나 사이클 검사만큼 정확한 피트니스 검사 결과를 제공할 수 없거나 옵션에 따른 정확한 모니터링을 제공할 수 없다.

4. 정보의 기밀 및 사용

본인은 이 검사에서 수집된 정보는 기밀로 취급되며 본인의 서면 동의 없이는 사람들에게 공개되지 않음을 고지받았다. 반면, 연구나 통계의 목적으로 정보가 사용될 수 있음에는 동의한다. 수집된 정보는 본인의 운동 상태나 요구를 평가하는 프로그램을 위해서만 사용된다.

5. 연구와 특권에 대한 동의

본인은 절차에 대한 특정 질문들을 고지받았다. 검사자에 의해 고지되는 질문들은 다음과 같다.

____

____

____

____

____

____

본인은 또한 이러한 절차를 따르는 도중에 발생할 수 있는 위험에 대해 고지받았다. 모든 위험성을 알고 있음에도 불구하고, 검사를 진행하고자 한다.

본인은 이 문서 전체를 읽었거나, 읽을 수 없는 경우 해당 내용을 고지받았음을 인정한다.

여기에 설명된 바와 같이 본인은 프로그램 담당자에 의해 진행되는 모든 서비스의 절차 및 진행에 동의한다.

날짜 ______________________

참가자 서명 ____

목격자 서명 ____

검사 감독자 서명 ____

건강한 성인의 퍼스널 트레이닝 참여를 위한 사전동의서(심장 질환이 없는 경우)

이름: ______________________________

1. 검사에 대한 목적과 설명

본인은 자발적으로 퍼스널 트레이닝 참여에 동의한다. 본인은 또한 일반적인 건강 증진을 위해 추천되는 퍼스널 트레이닝 프로그램 활동에 참여하는 것에 동의한다. 이러한 활동에는 식생활 상담, 스트레스 관리, 건강 관련 교육 활동이 포함된다. 본인이 수행하게 될 운동의 수준은 본인의 심폐 능력 및 근육의 건강을 기반으로 한다. 퍼스널 트레이닝 프로그램을 시작하기 전, 현재 본인의 건강 수준을 평가하기 위해 운동 평가 테스트 및 다른 건강 테스트를 필수적으로 받아야 할 수도 있다는 사실을 이해하고 있다. 본인은 하게 될 운동의 종류와 시간에 대해 맞춤별 안내를 받게 될 것이다. 나는 주 3회 공식적인 운동 세션에 참여하는 것에 동의한다. 전문적인 교육을 받은 퍼스널 트레이너가 활동 지시, 훈련 감독, 그외 운동강도 등에 대한 정보를 제공할 것이다. 본인의 건강 상태에 따라, 적절한 운동강도 유지를 위해 훈련 도중 혈압과 심박수 확인을 요구받을 수도 있음을 알고 있다. 본인은 모든 세션에 참여해야 하며, 운동, 식생활, 스트레스 관리, 다른 건강 관련 프로그램에 대해 담당자의 지시를 따라한다는 것을 이해한다. 처방받은 약을 복용중일 경우, 프로그램 담당자에게 이를 이미 공지하였음을 확인하며, 앞으로 의사의 판단 아래 약 복용에 대한 변화가 생길시 즉시 담당자에게 알릴 것을 약속한다. 또한 본인은 최초 프로그램 시작 이후 주기적으로 재검사와 평가를 받게 될 것이다. 퍼스널 트레이닝 프로그램 참여 도중 피로, 호흡곤란, 가슴 통증, 또는 이와 유사한 상황이 발생하지 않는 한 운동 프로그램을 완전히 끝마쳐야 한다는 사실에 대해 동의한다. 만일 그러한 상황이 발생하면 운동강도를 줄이거나 중단하도록 하는 것은 나의 권리이며, 담당 트레이너에게 이러한 증상을 알리는 것은 나의 의무라는 사실을 공지받았다. 이러한 증상이 약화될 시, 퍼스널 트레이닝 프로그램 담당자에게 알려야 한다는 사실을 확인했으며 이에 동의한다.

운동하는 도중, 담당 트레이너는 진행 상황 평가를 목적으로 본인의 수행 능력을 주기적으로 확인할 것이며 맥박과 혈압 또는 힘든 정도를 평가할 수 있다는 사실을 이해한다. 또한 담당 트레이너는 이러한 정보를 바탕으로 본인의 안전을 위해 운동 프로그램을 중단시키거나 강도를 낮출 수 있다는 것 또한 알고 있다.

또한 운동 프로그램 수행 도중, 퍼스널 트레이너는 본인의 근육 상태 및 신체 반응을 정확하게 평가하고, 기술과 신체 정렬을 확실하게 만들기 위해 신체적인 접촉을 할 수도 있다는 사실을 알고 있다. 이러한 이유로 신체적인 접촉이 발생할 수 있음에 분명히 동의한다.

2. 위험

운동 도중 비정상적인 혈압, 실신, 어지러움, 불규칙한 심장박동 그리고 드물지만 심장마비, 뇌졸중 또는 사망 그리고 앞에 열거되지 않은 부정적인 변화가 발생할 가능성이 존재한다는 사실에 대해 사전에 공지받았으며 이를 이해하고 있다. 또한 근육, 인대, 건, 관절 그리고 앞에 언급되지 않은 신체 부위의 부상이 발생할 가능성이 있다는 사실 또한 사전에 공지받았으며 이해하고 있다. 이러한 경우를 최소화하기 위해 전문가가 운동 세션 시작 전에 신체 상태에 대해 평가할 것이며, 운동중 감독할 것이며, 본인 스스로 운동 정도에 대해 조심스럽게 조절해야 한다는 사실을 공지받았다. 신체적 부상의 위험, 심장마비, 뇌졸중, 사망 등을 포함한 운동의 위험성에 대해 충분히 인지하였고, 자발적으로 퍼스널 트레이닝에 참여한다.

3. 예상되는 운동의 혜택 및 가능한 대안

본인은 이 프로그램이 개인의 체력과 건강 상태에 혜택을 주지 못할 수도 있음을 이해한다. 운동 프로그램 및 퍼스널 트레이닝 세션에 참여함으로써 체력 운동 수행, 운동기구의 사용, 신체활동을 조절하는 올바른 방법을 배울 수 있다는 사실을 인지하고 있다. 본인의 신체적 제한이 다양한 신체활동을 수행하는 개인의 능력에 어떠한 영향을 주는지 인지하는 경험을 통해 혜택을 얻을 수 있다는 것을 이해한다. 또한 프로그램의 지시사항을 면밀히 따른다면 3~6개월 후 개인 운동 능력 및 체력 수준이 향상될 가능성이 높다는 것을 알고 있다.

4. 정보의 기밀 및 사용

본인은 이 퍼스널 트레이닝 프로그램에서 수집된 정보는 기밀로 취급되며 본인의 서면 동의 없이는 다른 사람에게 공개되지 않음을 고지받았다. 하지만 본인이 드러나지 않는 정보의 사용과 개인정보 및 본인임을 추정할 수 있는 정보를 제공하지 않는다면 연구나 통계를 목적으로 사용하는 것에는 동의한다. 또한 본인의 주치의를 포함한 다른 건강 전문가와의 상담 목적으로 정보를 사용하는 것에 동의한다. 하지만 모든 정보는 담당 트레이너가 본인을 위한 운동을 처방하고 프로그램 진행 상황을 평가하는 용도로만 사용되어야 한다.

5. 질문 및 자발적 의사에 대한 합의

본인은 이 절차에 대해 질문을 할 기회를 부여받았다. 인터뷰하는 사람이 이러한 요청을 받아들였으며, 그에 대한 대답은 다음과 같다.

____

____

____

____

____

____

본인은 퍼스널 트레이닝 프로그램에 따른 추후 위험이 발생할 수도 있다는 것 또한 고지받았다. 모든 위험 가능성에 대한 완전한 설명이 제공되지 않았음에도 자발적으로 프로그램에 참여한다.

본인은 이 문서 전체를 읽었거나, 읽을 수 없는 경우 해당 내용을 고지받았음을 인정한다.

이와 같이 본인은 프로그램 담당자에 의해 설명된 모든 서비스의 절차 및 진행에 동의한다.

날짜 ____________________

고객 서명 ____

위임 대표 ____

[클럽 이름]

[주소]

[주소]

사용자의 모든 위험인수 및 면책동의서

계약의 목적

이 문서를 읽고 서명하는 것은 때로 '귀하' 또는 '사용자'가 [클럽 명] ('클럽' 혹은 '우리')의 동의서의 내용에 동의하는 것을 의미한다. 그리고 클럽의 모든 시설, 위치 또는 서비스의 사용과 관련하여 사람이나 재산에 대해 청구, 상해, 손상, 행동이나 원인에 대한 모든 책임을 가정하고 있다. 이 계약 및 동의서는 클럽, 직원, 대리인, 개인 계약자, 클럽의 다른 사용자와 클럽 소재지에 있는 모든 사람을 위한 것이다. 이 동의서는 이러한 사람들로부터의 상해, 손상 혹은 사망과 같은 책임에 대한 동의서를 포함하고 있다. 왜냐하면 이런 부적절한 행위는 이러한 통상적인 과실에 관련되어 있기 때문이다. 이 계약은 또한 클럽 사용의 중요한 조항을 포함한다.

A. 조항

서명을 하는 귀하는 (a) 클럽의 건물, 시설, 장비, 서비스 및 프로그램을 사용하는 것은 사람과 재산 상의 위험을 포함한다는 것을 이해하고 있으며 (b) 클럽의 장비와 시설을 이용하는 데 있어 부상이나 건강의 위험이 없으며 건강한 신체 상태에서 장애, 질병이 있거나 운동을 하지 못하는 상태가 아니며 (c) 운동 프로그램에 대해 의사와 상담을 하였으며 그 프로그램이 건강에 영향을 미치거나 부상의 위험을 감수하지 않는다는 것에 동의한다. 이러한 부상의 위험은 다른 운동기구나 머신의 사용, 탈의실, 스파 혹은 젖은 구역과 같은 곳에서 일어날 수 있는 부상을 포함한다. 부상은 본인 혹은 타인이 클럽의 감독 하 혹은 자율 운동이나 프로그램에 의해 발생할 수 있다.

심장마비, 뇌졸중, 갑작스런 심혈관 질환, 염좌, 긴장, 골절, 근육, 힘줄, 인대 손상을 포함한 부상과 의료 장애의 발생은 클럽 시설의 사용 중에 발생할 수 있다. 부상은 로비, 복도, 운동 공간, 탈의실, 수영장, 자쿠지, 사우나와 같은 클럽의 어디에서든 일어날 수 있다. 본인 혹은 타인에 의해 미끄러지거나 넘어지는 사고로 발생하는 부상을 포함한다. 특별 운동의 요구사항이나 제한사항이 있는 경우, 사용하기 전에 클럽의 시설 사용에 동의해야 한다. 운동 프로그램의 수립에 도움을 받고자 하는 경우, 클럽의 시설, 서비스, 프로그램 및 기물의 사용에 대한 책임은 귀하에게 있다는 것에 동의한다. 여기에서 사용된 "포함", "포함된" 그리고 이와 유사한 단어는 해당 내용을 설명하기 위함이며, 기술된 내용만을 제한하는 것은 아니다.

귀하는 클럽 시설을 사용하는 것에 있어 관리자가 없는 동안 이러한 위험이 증가할 수 있다는 것을 또한 인지하고 있다. 자율 이용 시간에 클럽을 사용하는 경우 비상 대처가 필요한 상황에서도 불가하거나 지연될 수 있다는 것을 인지하고 있다. 자율 이용 시간에는 동반자와 함께 클럽 시설을 사용하는 것을 권장하며, 동반자가 없을 경우 응급처치 및 비상 대응 제공의 지연으로 더 큰 상해나 장애를 초래할 수 있으며 사망에까지 이를 수 있다는 것을 인지하고 있다. 원인 불명의 위험에 동의하더라도 귀하의 운동을 감독할 수 있는 사람 혹은 타인이 없는 클럽의 사용은 권장되지 않고 허용되지 않는다.

귀하는 앞서 설명된 조항과 조건을 이해하였으며 해당 내용에 동의함.

서명 : ____________________________

B. 모든 위험의 가정

귀하는 우리에게 클럽에서의 다양한 활동에 참여하고 상해, 장해, 사망의 위험을 포함한 클럽 장비/설비의 사용에 관련된 위험에 대해 이해하고 있으며 이를 인정하였다. 귀하는 또한 자율 이용 시간 동안 클럽을 사용하기로 한 경우, 더 큰 위험이 발생할 수 있음을 인지하고 있다. 이러한 더 큰 위험이 발생할 수 있다는 것을 알고 있다는 것은, 귀하가 클럽의 모든 시설/장비를 사용하는 데에 있어 명시된 모든 위험을 가정하고 사용한다는 것이다.

귀하는 장비를 사용한 스트랭스, 유연성 그리고 유산소 운동이 잠재적인 위험을 가지고 있는 운동이라는 것을 알고 있다. 귀하는 또한 자발적인 활동에 참여하여 장비나 기구를 사용함으로써 부상이나 사망에까지 이를 수 있는 위험이 발생할 수 있다는 것을 알고 있다. 이 계약서에 서명을 하기 이전에, 우리는 귀하와 함께 위험성에 대해 검토하였으며, 귀하의 질문에 대해 대답하였다. 귀하는 명시된 시설의 장비의 사용 및 활동에 참여하는 것에 있어 통상적인 과실과 관련 있는 책임 중 부상과 사망의 모든 위험을 수용하는 것에 동의한다. 이 계약은 모든 장비 및 시설과 관련된 명령, 사용 및 사용 감독, 선택, 구매, 설치, 유지 보수에서 통상된 과실과 관련된 모든 사항을 포함한다.

귀하는 앞서 설명된 조항과 조건을 이해하였으며 해당 내용에 동의함.
서명 : ______________________________

C 계약 및 면책 동의서

클럽의 프로그램이나 활동에 참여하거나, 장비 및 시설을 사용하는 것에 추가적인 요금을 지불하는 경우, 귀하는 명시된 클럽과 클럽의 이사, 임원, 대리인, 직원, 대리인, 승계인, 양수인, 관리자 및 모든 다른 책임자들의 활동과 상기 언급된 활동에 참여하거나 관계된 장비/시설 또는 시설의 사용에 따라 발생할 수 있는 모든 책임을 감수하는 것에 동의한다. 또한 상기 언급된 모든 상황 이외에도 클럽에 관련된 활동에 참여하여 본인 또는 타인의 과실 행위로 인해 어떠한 부상이나 손상이 발생하는 것에 대해 본인의 책임을 따른다. 이 규정은 일반적인 행위에는 적용이 되나, 고의적 혹은 의도적이거나 범죄적인 성격을 가지고 있는 행위에는 해당되지 않는다.

귀하는 앞서 설명된 조항과 조건을 이해하였으며 해당 내용에 동의함.
서명 : ______________________________

D. 재산의 손실이나 도난

클럽은 분실하거나 도난당한 물품에 대해 책임을 지지 않는다. 시설을 사용하는 동안 귀하는 귀중품을 함께 보관해야 한다. 저장 공간이나 사물함은 귀중품을 보관하기 위한 것이 아니다. 따라서, 본 계약에 명시된 바와 같이 귀하는 소지품의 보관 및 분실에 대한 책임에 동의한다. 본인과 가족을 대신하여 의도적이거나 클럽에 대한 과실을 포함하여 분실하거나 도난당한 재산에 대해 모든 청구 및 소송을 제기할 권리를 갖지 않는다. 귀하는 클럽 내에서 일어난 재산의 도난 혹은 손실에 대해 클럽과 관련된 개인에 대한 소송, 고소 혹은 변제청구를 하지 않을 것에 동의한다. 귀하의 소송에 따른 변호사 비용을 포함한 모든 비용 및 수수료에 대해 클럽은 면제된다.

귀하는 앞서 설명된 조항과 조건을 이해하였으며 해당 내용에 동의함.
서명 : ______________________________

사용자는 동의서에 성명 날인과 사인을 하고 동일한 복사본을 수령한다.

귀하는 앞서 설명된 조항과 조건을 이해하였으며 해당 내용에 동의함.
서명 : ______________________________

본 계약서는 주 법률에 따라야 한다. 계약서의 일부가 주의 최종 판결에 따라야 할 경우, 나머지 계약서의 부분은 유효하다.

귀하는 앞서 설명된 조항과 조건을 이해하였으며 해당 내용에 동의함.
서명 : ______________________________

승인

본인은 본 계약서의 완성본과 사본을 읽었으며, 참고 및 인용된 모든 클럽의 규칙을 제공받았다. 또한 본인은 약관 및 계약의 조건과 규칙에 준수할 것을 동의한다. 본 계약서는 본인 및 배우자, 상속자, 재산 관리자 혹은 양도 및 양수인에 대해 구속력을 가진다. 본인은 이 계약서가 본인 및 이들을 부상, 사망, 손실과 같은 사고로부터 소송을 제기하는 것을 방지하기 위해 만들어졌다는 것을 인지하고 있다.

이름: ______________________________ 날짜: ______________________________

주소: ______________________________

전화번호: ______________________________

연구 문제 해답

CHAPTER 1

1. A; 2. C; 3. B; 4. B; 5. D

CHAPTER 2

1. A; 2. A; 3. D; 4. D; 5. D

CHAPTER 3

1. A; 2. A; 3. D; 4. A

CHAPTER 4

1. B; 2. A; 3. D; 4. C

CHAPTER 5

1. A; 2. B; 3. C; 4. D

CHAPTER 6

1. C; 2. B; 3. A; 4. C

CHAPTER 7

1. D; 2. B; 3. C; 4. C

CHAPTER 8

1. B; 2. C; 3. A; 4. B

CHAPTER 9

1. B; 2. B; 3. C; 4. D; 5. B

CHAPTER 10

1. D; 2. D; 3. C; 4. D

CHAPTER 11

1. C; 2. B; 3. C; 4. A

CHAPTER 12

1. C; 2. B; 3. B; 4. C

CHAPTER 13

1. C; 2. B; 3. C; 4. A

CHAPTER 14

1. C; 2. B; 3. D; 4. B

CHAPTER 15

1. D; 2. D; 3. C; 4. A; 5. B

CHAPTER 16

1. C; 2. B; 3. B; 4. A

CHAPTER 17

1. A; 2. C; 3. D; 4. C

CHAPTER 18

1. C; 2. A; 3. D; 4. B; 5. B

CHAPTER 19

1. C; 2. D; 3. B; 4. C

CHAPTER 20

1. D; 2. B; 3. C; 4. D

CHAPTER 21

1. C; 2. A; 3. C; 4. B; 5. C

CHAPTER 22

1. A; 2. C; 3. C; 4. C

CHAPTER 23

1. A; 2. C; 3. D; 4. B; 5. C

CHAPTER 24

1. B; 2. B; 3. C; 4. D

CHAPTER 25

1. B; 2. A; 3. A; 4. A

응용 지식 문제 해답

Chapter 1

- 유산소성 체력을 위한 운동을 선택할 때는 체중지지 운동을 선택한다(걷기, 조깅 등).
- 운동 프로그램에 저항 훈련을 포함시키고, 모든 주요 근육근을 훈련할 수 있는 다양한 운동을 수행한다.
- 저항 훈련중 신장성 수축 단계를 강조한다.

Chapter 2

이 문제는 픽 방정식 활용 지식을 확인하기 위한 것이다(2.6).

$\dot{V}O_2$ = (HR×SV)×a-vO_2

절대 $\dot{V}O_2$ = (160 beats/min×100 ml/beat)×(13 ml O_2 ml/100 ml blood)

= (160 ml/min)×(13 ml O_2 ml/100 ml blood)

= 2,080 ml O_2/min

상대 $\dot{V}O_2$ = (절대 $\dot{V}O_2$)/(킬로그램 몸무게)

= (2,080 ml O_2/min)/(77.10 kg)

= 26.97 ml $O_2 \cdot kg^{-1} \cdot min^{-1}$

Chapter 3

활동	탄수화물	지방
고객이 의자에 앉아서 퍼스널 트레이너에게 얘기를 듣는 동안	최소	최대
트레드밀 검사 시작 후 처음 몇 초 간	최대	최소
고객이 항정 상태 단계에 도달했을 때	최소	최대(지방으로 전환)
고객이 최대치에 도달한 검사의 마지막 단계	최대(탄수화물로 전환)	최소

Chapter 4

외부 힘의 유형	예
프리웨이트	바벨, 덤벨, 맨몸 운동
지속적 저항 기구	풀리, 카운터 밸런스 기구
가변 저항 기구	다양한 캠 기구
탄성 물질	엘라스틱 튜브, 스트레치 밴드, 스프링
등 저항 운동 장비	등속성 동력계, 플라이휠, 공압식 기구

Chapter 5

체계	두 가지 적응 현상
신경계	• EMG 진폭 상승 • 기술 향상 • 운동 단위 동원 상승 • 운동 단위 발화율 상승 • 동시 수축 감소 • 운동 단위 동기화 증가
근육계	• 단면적 증가 • 크기 증가 • IIx에서 IIa로 섬유 하부 형태 변화
골격계	• 뼈 형성/질량 증가
신진대사 체계	• ATP와 CP의 증가 가능성 • 크레아틴 키나아제와 마이오키나아제 농도 증가 가능성
호르몬 체계	• 테스토스테론 농도 상승 • 에피네프린 반응 변화 • 수용체 부위 민감도 상승
심폐 체계	• 지구력과 달리기 효율 발달의 증대 • 모세혈관화 증가 • 미오글로빈과 미토콘드리아 밀도 감소

Chapter 6

시스템	두 가지 적응 현상
호흡계	• 최대하 운동 폐환기 감소 • 최대 운동 폐환기 증가 • 호흡근 유산소성 효소의 증가
대사계	• 최대유산소성 파워($\dot{V}O_2max$) 증가 • 젖산역치 증가 • 최대하 운동중 지방 활용 증가 • 최대하 운동중 탄수화물 활용 감소
골격근계	• 모세혈관 밀도 증가 • 미토콘드리아 밀도 증가 • 산화효소 증가 • 글리코겐 저장 증가
심혈관계	• 안정기 일회박출량 증가 • 최대하 운동 일회박출량 증가 • 최대 일회박출량 증가 • 최대심박출량 증가 • 안정기 심박수 감소 • 최대하 운동 심박수 감소 • 혈액량 증가 • 좌심실 확장기말 직경 증가
내분비계	• 최대하 운동중 에프네프린과 노르에피네프린 혈장 수준 상승 감소 • 최대하 운동중 인슐린의 혈장 수준 하락 감소

Chapter 7

영양소	일반적인 일일 요구량
칼로리(kcal)	4,667~5,600(표 7.3, 활발한 활동 생활유형)
단백질(g)	131~218(1.2~2g/kg)
탄수화물(g)	545~763(5~7g/kg; 7g/kg을 넘을 경우, 칼로리 섭취량에서 지방과 단백질 섭취를 위한 여분이 남지 않을 것이다.)
지방(전체 칼로리 양의 %)	20~30%(칼로리 섭취량을 기본으로 한 범위는 99~164g)
단일 불포화지방(전체 지방 섭취량의 %)	약 10%
다 불포화지방(전체 지방 섭취량의 %)	약 10%
포화지방(전체 지방 섭취량의 %)	〈 10%
비타민 A	하루 900μg
비타민 E	하루 15mg
칼슘	하루 1000mg
철분	하루 8mg

Chapter 8

1. 목표를 구체적으로, 측정 가능하고, 식별 가능하게 하라.
   - 고객은 1RM을 90파운드(약 41kg) 증가시킨다는 구체적인 목표를 세웠다.
   - 증가 목표는 측정 가능하다(즉, 목표는 특정한 수치의 부하이다).
   - 목표는 관찰 가능하다. 고객과 퍼스널 트레이너는 레그 프레스에 목표 무게의 부하가 실렸는지, 1RM 시도가 성공했는지 혹은 실패했는지 시각적으로 볼 수 있다. 애매하지 않다.
2. 시간의 제약을 명확하게 알아야 한다.
   - 고객은 6개월의 시간을 명시하였다.
3. 적당히 어려운 목표를 설정하라.
   - 90파운드라는 증가 목표는 매우 크기 때문에 수정해야 할 수도 있다(고객의 훈련 상태가 언급되지는 않았지만, 대개 상대적으로 훈련되지 않은 건강한 남자는 이 목표를 성취할 수 있을지도 모르나 다른 유형의 고객들은 어려울 수 있다).
4. 목표를 기록하고 진전 상태를 살펴라.
   - 진전 상태를 살피기 위해 매 4주에서 8주마다 고객을 다시 테스트할 수 있다.
   - 워크아웃 카드나 벽 포스터 등은 훌륭한 시각적 동기부여가 될 수 있다.
5. 진전 상태, 수행력, 결과를 다양화하라.
   - 만약 고객이 수용 가능하다면, 주기화된 저항 훈련 프로그램(15장과 23장 참조)이 가장 효과적인 방법이 될 것이다.
6. 장기 목표를 성취하기 위한 단기 목표를 설정하라.
   - 고객을 8주(2개월)마다 다시 테스트한다면, 단기 목표는 2개월 안에 255파운드(약 102kg), 4개월 안에 285파운드(약 130kg), 그리고 6개월 안에 315파운드(약 143kg)의 1RM을 성취하는 것이 될 수 있다.
7. 목표를 내면화하라.
   - 고객이 스스로 목표를 설정했기 때문에, 스스로 내면화했을 가능성이 높다.
   - 퍼스널 트레이너는 고객이 왜 이러한 목표를 설정했는지 알아내기 위해 목표에 대한 대화를 나눠야 한다. 그렇게 함으로써 트레이너는 고객에게 적합한 유형의 피드백과 동기부여 방법을 결정할 수 있다(예를 들어 고객의 친구가 310파운드의 1RM을 가지고 있기 때문에 315파운드의 목표를 설정한 것이라면 자존심에 의한 목표 설정 경향을 나타내는 것일 수 있다).

Chapter 9

관상동맥 질환 위험 요인 기준(표 9.1)을 바탕으로 한 비교

- 가족력: 위험 요인 아님 — 아버지의 심장마비는 55세 이후에 발생(할머니의 심장마비는 위험 요인이 아님)
- 흡연: 위험 요인 아님 — 비흡연자
- 고혈압: 위험 요인 아님 — 혈압이 140/90mmHg 이하임
- 고콜레스테롤혈증: 위험 요인 — 콜레스테롤 수치가 200mg/dl 기준을 넘으며 HDL 수치가 35mg/dl으로 기준치임
- 공복 혈당 수치: 위험 요인 아님 — 기준치 110mg/dl 이하
- 비만: 위험 요인 아님 — BMI가 30kg/m2 이하임
- 좌식생활습관: 위험 요인 — 좌식생활을 함

위험층화 분류(표 9.2)에 근거하여, 이 고객은 중위험군이다.

Chapter 10

고객	설명	체력 요소	검사 1	검사 2
27세 남성	3년간 5km 달리기에 참여	심폐지구력	1.5마일(2.4km) 달리기	12분 달리기
33세 여성	10년간 꾸준히 저항 훈련 참여	근력	1RM 벤치 프레스	1RM 백 스쿼트
41세 여성	의사로부터 비만으로 진단받음	체성분	허리 둘레 측정	BMI 또는 허리 엉덩이 둘레 비율
11세 남성	운동 경험 없음	근지구력	1분 싯업 검사	푸시업 검사

Chapter 11

체력 평가 자료에 따르면 고객의 유산소 능력이 매우 낮은 것을 알 수 있다.
$26ml \cdot kg^{-1} \cdot min^{-1}$의 $\dot{V}O_2max$의 수치는 이 고객의 연령대 10번째 백분위수보다 낮다.

Chapter 12

훈련 프로그램은 다음과 같다. 모두 고관절 신전근 훈련을 포함한다.

a. 정적 유연성 운동
- 전방 런지(Forward Lunge)
- 누워서 무릎 가슴닿기(Lying Knee to Chest)

b. 동적 유연성 운동
- 런지 걷기(Lunge Walk)
- 뒤로 런지 걷기(Reverse Lunge Walk)
- 하키 런지 걷기(Hockey Lunge Walk)
- 측면 런지 걷기(Walking Side Lunge)
- 걸으며 무릎 접기(Walking Knee Tuck)

c. 맨몸 운동(고관절 신전근 강화를 위한)
- 스텝 업(Step-up)

d. 짐볼 운동(고관절 신전근을 동적으로 또는 단축성으로 훈련하기 위한)

- 누워서 다리 굽히기(Supine Leg Curl)
- 누워서 엉덩이 들어올리기(Supine Hip Lift)
- 엎드려 다리 들기(Reverse Back Hyperextensions)

Chapter 13

시작 자세

- 발을 어깨너비로 벌리고 무릎을 살짝 구부린 상태로 바벨의 양끝에 선다.
- 손바닥이 위를 향하도록 하고 양손으로 바벨의 끝을 쥔다.
- 고객이 신호를 주면, 바벨을 들고 균형을 잡아 랙에서 나오는 것을 돕는다.
- 다른 보조자와 함께 호흡을 맞춰 부드럽게 바벨에서 손을 뗀다.
- 바벨 끝에서 2~3인치(5~8cm)가량 떨어진 곳에 손을 유지한다.
- 고객이 뒤로 움직이는 것에 따라 다른 보조자와 함께 호흡을 맞춰 옆으로 물러난다.
- 일단 고객이 자세를 잡으면 몸통을 세우고 무릎을 살짝 구부린 채로 골반너비로 선다.

하방 움직임

- 바벨이 아래로 내려가는 것에 맞춰 손을 바벨에 가깝게 유지하지만 건드리지는 않는다.
- 무릎과 고관절은 살짝 구부리고 몸통과 허리는 곧게 유지하며 바벨을 따라간다.

상방 움직임

- 바벨이 위로 올라가는 것에 따라 손을 바벨에 가깝게 유지하지만 건드리지는 않는다.
- 무릎과 고관절을 약간 펴고 몸통과 허리는 곧게 유지하며 바벨을 따라간다.

Chapter 14

	걷기	달리기
신체 위치	• 머리의 위치를 바르게 하고 시선은 전방을 본다 • 어깨는 이완되어 있지만 앞으로 구부러져 있지 않다. • 상체는 고관절 바로 위에 위치한다. • 몸통을 고관절 바로 위에 위치한 채로 몸을 똑바로 세운다.	• 걷기와 동일하다. 거기에 더하여, • 허리의 아치가 과도하면 안 된다.
발 착지	• 발뒤꿈치가 바닥에 착지하면 발뒤꿈치-발볼 구르기 동작을 부드럽게 실시하여 체중이 즉시 발로 분산되도록 한다. • 이러한 발뒤꿈치-발볼 구르기 동작은 처음에 발뒤꿈치 바깥쪽에서 시작하여 푸시오프에서 전방으로, 그리고 발볼 중앙을 향해 살짝 안쪽으로 이어진다.	• 걷기와 동일하다. 거기에 더하여, • 매걸음마다 튀어오르는 동작은 피해야 한다. 걷기와의 차이점: • 엘리트 달리기 선수들은 주로 발볼-발뒤꿈치 방법을 사용한다.
팔 동작	• 오른발이 앞으로 나갈 때 왼팔이 앞으로 나간다. • 왼발이 앞으로 나갈 때 오른팔이 앞으로 나간다. • 어깨를 이완한 채로 팔을 흔든다. • 팔꿈치를 90도로 구부려야 한다. • 팔꿈치를 옆에 가깝게 붙인다. • 팔은 앞뒤로 흔든다. • 손이 몸의 중심선을 넘어가면 안 된다. • 팔이 앞쪽으로 나갈 때 손은 가슴의 젖꼭지 높이까지 올라온다. • 팔이 뒤쪽으로 갈 때 손은 몸 측면의 고관절까지 간다. • 손은 느슨하게 주먹을 쥔다.	• 걷기와 동일하다. 걷기와의 차이점: • 어깨에서부터 발생하는 팔 동작은 적다. • 대부분의 팔 동작은 아래팔에서 발생한다. • 팔꿈치는 완전히 펴지지 않는다. • 팔꿈치 각도는 팔이 아래로 내려갈 때 벌어지고 팔이 위로 올라갈 때는 좁아진다. • 전완 위치는 허리와 가슴 사이로 유지한다.

Chapter 15

최초 상담과 체력 평가	초기 훈련 상태와 경력	
	체력 평가	1RM 추정을 위한 10RM 측정
	초기 저항 훈련 목표	근비대

부하 역량 평가	**10RM 부하와 1RM 추정치**		
	운동 종류(캠머신)	10RM(파운드)	1RM 추정치(파운드)
	버티컬 체스트 프레스	60	80
	시티드 로우	50	65
	숄더 프레스	45	60
	바이셉스 컬	35	45
	트라이셉스 컬	30	40
	레그 (니) 익스텐션	70	90
	레그 (니) 컬	60	80

부하 설정	
	훈련 목표성취를 위한 반복횟수 범위: 세트당 6에서 12회
	목표 반복횟수: 8회
	훈련 목표성취를 위한 부하(% 1RM): 67%에서 85%
	목표 반복횟수 8회를 위한 % 1RM: 80% 1RM

1RM 추정치를 통해 계산한 훈련부하	운동(캠머신)	1RM 추정치 (파운드)	×	목표 반복횟수 8회를 위한 % 1RM	=	계산된 훈련부하	훈련부하 (반내림)
	버티컬 체스트 프레스	80	×	80	=	64	60
	시티드 로우	65	×	80	=	52	50
	숄더 프레스	60	×	80	=	48	45
	바이셉스 컬	45	×	80	=	36	35
	트라이셉스 컬	40	×	80	=	32	30
	레그 (니) 익스텐션	90	×	80	=	72	70
	레그 (니) 컬	80	×	80	=	64	60

Chapter 16

종류	강도	지속시간	빈도	목표
느린 속도의 장거리 달리기	정상보다 낮음: 50~85% HRR	정상보다 김: 30분~2시간	주당 2회 이하	무산소성 역치 향상, 관련된 근육의 지구력 향상, 지방 사용 촉진, 글리코겐 저장 능력 향상
페이스/템포: 간헐적	젖산역치에서: RPE 13~14(또는 4~5, 기준에 따라 다름)	운동 인터벌 3~5분과 휴식 인터벌 30~90초를 번갈아서 반복	주당 1~2회	$\dot{V}O_2max$ 향상
페이스/템포: 지속적	젖산역치에서: RPE 13~14(또는 4~5, 기준에 따라 다름)	한 세션당 20~30분	주당 1~2회	$\dot{V}O_2max$ 향상
인터벌	젖산역치와 $\dot{V}O_2max$ 또는 그 이상에서: 90~100% HRR	3에서 5분의 운동 인터벌과 운동: 휴식의 비율 1:1~1:3으로 번갈아 반복	주당 1~2회	연속적인 운동 세션에서 보다 높은 강도로 보다 많은 훈련 수행, 젖산을 없애는 신체 능력 향상

Chapter 17

운동 형태	• 스쿼트 1RM이 몸무게 1.5배이기 때문에 하체 플라이오메트릭 훈련 수행이 가능하다. • 벤치 프레스 1RM에 대한 정보 없이 상체 플라이오메트릭 드릴을 안전하게 수행할 수 있는지에 대해서는 확실히 알 수 없다.
특정한 활동 연습과 강도	다음의 하체 드릴 중에서 선택 가능하다. • 앵클 플립(강도: 낮음) • 더블 레그 버티컬 점프(강도: 낮음) • 스킵(강도: 낮음) • 점프 투 박스(강도: 낮음) • 더블 레그 턱 점프(강도: 중간) • 스플릿 스쿼트 점프(강도: 중간) • 더블 레그 홉(강도: 중간) • 점프 프롬 박스(강도: 중간) • 뎁스 섬프(강도: 높음) • 뎁스 점프 투 세컨드 박스(강도: 높음) 만일 상체 플라이오메트릭 훈련을 할 수 있다면 다음과 같은 운동을 포함시킬 수 있다. • 뎁스 푸시업(강도: 중간) • 파워 드롭(강도: 높음)
운동빈도	• 주당 2~3회(유산소 클래스를 가르치는 횟수로 인해 과다훈련을 유발하지 않는다는 조건 하에)
훈련량(표 17.6)	• 총 100~120(발) 컨택(저항 훈련에 익숙하며 지금 수업을 하는 도중 플라이오메트릭을 수행하기 때문에)

Chapter 18

어린이, 노인, 임신중인 여성은 저항 훈련을 통해 많은 혜택을 볼 수 있다. 이러한 저항 훈련은 잘 설계된 프로그램을 가지고 있어야 하며 점진적으로 난이도가 증가함과 동시에 자격이 있는 전문가의 지도가 필수적이다. 참여자는 적절한 복장을 갖추어야 하며, 운동 공간은 안전하고 위험 요소가 없으며 언제든 온도 조절이 가능해야 한다. 모든 훈련 세션은 웜업 동작으로 시작하며, 쿨다운시에는 강도가 낮은 동작 위주로 구성되어야 한다. 저항 운동에 대한 가이드라인은 개개인의 요구, 목적, 능력에 따라 달라질 수 있지만 이는 어린이, 노인, 임신중인 여성을 위한 일반적인 권고사항이다.

어린이

- 다양한 운동을 6~15회 3세트 수행한다.
- 근력이 증가함에 따라 저항을 점진적(예: 약 5~10%)으로 증가시킨다.
- 상체, 하체, 몸통을 위한 운동을 포함시킨다.
- 주당 2 또는 3회 사이에 휴식일을 두고 저항 훈련을 한다.
- 기술 향상, 개인적인 성장에 집중하며 즐겁게 훈련한다.
- 어린이들에게 잘하고 있다고 칭찬해준다.
- 엄격한 규율을 적용하기 보다는 다양한 활동을 제공한다.

노인

- 고객의 주치의에게 개별적인 운동 가이드라인을 확인한다.
- 10~15회 반복할 수 있는 저항을 이용하여 8~10가지 가량의 운동으로 시작한다.
- 훈련 프로그램에 단관절, 다관절 움직임을 포함시킨다.
- 움직임을 조절할 수 있을 정도의 속도로 저항 훈련을 수행하도록 한다.
- 균형감각이 부족한 고객들을 위해서는, 체중을 지지하는 프리웨이트 운동으로 나아가기 앞서 체중을 보조해주는 기구 운동을 먼저 한다.

- 각 움직임의 질적인 부분과 적절한 호흡 패턴에 집중한다.
- 고객들이 지시사항 및 운동 수행 절차에 대해 이해하고 있는지 자주 물어본다.
- 기술을 수정할 수 있는 긍정적이고 구체적인 피드백을 제공한다.

임신중인 여성

- 고객에게 운동을 시키기에 앞서 의료전문가의 확인을 받는다.
- 여러 번(예: 12~15회) 반복 가능한 주요 근육군에 대한 저항 운동을 하되 등척성 수축을 피한다.
- 골반기저근 운동(케겔)은 임신중 훈련의 주요한 요소이다.
- 3개월이 지난 후에는 등을 대고 눕는 것을 피해야 한다.
- 저항 훈련중에는 발살바 호흡법을 피해야 한다. 힘을 쓰는 동안 호흡을 참으면 복부와 골반기저근에 압박이 가해지기 때문이다.
- 임신중인 여성은 안전한 운동 가이드라인을 인지하고 언제 운동강도를 줄이고 운동을 멈춰야 할지 알고 있어야 한다.

Chapter 19

식이생활 수정사항

- 자격이 있는 영양사에게 의뢰한다.
- 고객의 문화적, 인종적 배경과 알맞는 음식을 선택한다.
- CVD 위험 요인을 감소시키는 데 도움이 되는 음식을 선택한다(예: TLC 식단을 따른다).
- 하루 500~1,000kcal 정도 섭취를 줄이도록 한다.
- 여성: 하루 1,000~1,200kcal(체중 75kg이 넘거나 운동을 규칙적으로 하는 여성의 경우 하루 1,200~1,600kcal)보다 적게 섭취해서는 안 된다.
- 처음 6개월 동안은 체중의 10%를 감소하는 것을 목표로 하고 그 다음에 새로운 목표를 설정한다.
- 주당 1~2파운드(0.45~0.9kg)를 감소하는 것을 목표로 한다.
- 칼로리가 보다 낮고 지방이 적은 음식으로 바꾼다.

운동 프로그램 가이드라인

- 하루 500~1000kcal 가량의 음식섭취 감소에 기여할 수 있을 정도로 에너지 소모량을 증가시킨다.
- 하루 최소 150kcal(주당 1000kcal)를 소모할 수 있을 정도의 운동 종류, 강도, 시간을 목표로 하고 하루 300kcal(주당 2,000kcal)로 점점 늘린다.
- 모든 운동은 저강도에서부터 시작한다.
- 유산소 운동
  - 종류: 저강도 활동
  - 빈도: 주당 5일(또는 매일)
  - 지속시간: 하루 20~30분씩 두 세션에서 시작한다. 나중에는 하루 40~60분으로 발전시키는 것을 목표로 한다.
  - 강도: 40% 또는 50~70% $\dot{V}O_2max$
- 저항 운동
  - 맨몸 운동으로 시작한다.
  - 유산소 운동 사이에 배치한다.
- 유연성 훈련
  - 빈도: 매일(또는 최소 주당 5일)

생활습관 개선을 위한 권고사항

- 자가감독
  - 생활과 식이행동, 습관, 태도 등을 기록한다(예: '작은 습관… 큰 변화, 식이와 활동 다이어리'를 사용한다).
  - 정기적인 운동을 방해하는 장애물을 알아낸다.
- 보상
  - 크거나 작은, 물질적이거나 그렇지 않은 보상을 제공한다(퍼스널 트레이너, 고객 또는 그 고객의 가족과 주변인들로부터).
  - 작은 보상은 작은 목표를 달성하기 위해서이고 큰 보상을 큰 목표를 성취하기 위해서이다.
- 목표 설정
  - 크고 장기적인 목표에 도달하기 위해 현실적이고 실현 가능한 단기 목표를 설정한다.
  - 스스로 운동 및 실천에 대한 계약서를 작성하고 서명한다.
- 자극 조절
  - 원치 않는 반응을 유발하는 사회적, 환경적 신호를 밝혀낸다.
  - 이러한 신호들을 수정하고 상황을 관리할 수 있는 방법을 알아낸다.
- 음식섭취 행동을 개선한다.
  - 보다 천천히 먹는다.
  - 보다 작은 접시를 사용한다.
  - 식사를 거르지 않는다.
  - 특정 고객에게 효과가 있는 방법들을 개발해낸다.

Chapter 20

	초기 운동 프로그램				운동 주의사항
	운동 방법	강도	빈도	지속시간	
고혈압	유산소 운동 • 걷기 • 조깅 • 수영 저항 운동(다관절 운동) • 웨이트 머신 • 탄성 밴드 • 서킷 훈련	유산소 운동 • 40% VO2max • 8RPE(6~20스케일) • 주당 700kcal 소비 저항 운동 • 16~20회 • 50% 1RM • 1세트	유산소 운동 • 주 3일 저항 운동 • 주 2일	유산소 운동 • 15분 저항 운동 • 30분	• 고혈압이 1단계라면 운동 세션을 취소하고 의사를 만나도록 권고 • 발살바 호흡법을 피한다.
심근경색	유산소 운동 • 제한은 없지만 가능하다면 트레드밀 걷기 운동을 포함시킬 것	유산소 운동 • 40% $\dot{V}O_2max$ • 9RPE(6~20 스케일) 저항 운동 • 20회 • 1세트	유산소 운동 • 주 3일 저항 운동 • 주 2일	유산소 운동 • 15분	• 환자가 협심증, 심계항진, 숨가쁨, 발한, 메스꺼움, 목 통증, 팔 통증, 허리 통증, 죽을 것 같은 느낌 등의 증상이 있는지 감독한다. • 발살바 호흡법을 피한다.
뇌졸중	유산소 운동 • 에르고미터 저항 운동 유연성 운동 협응력과 균형 운동	유산소 운동 • 30% $\dot{V}O_2peak$ (max가 아님) • 9RPE(6~20 스케일) 저항 운동 • 최종적으로 8~12회 2세트를 성취하도록 노력	유산소 운동 • 주 3일 저항 운동 • 주2일	유산소 운동 • 5분 유연성 운동 • 매 운동 세션 전과 후 (최소 5분)	• 균형감과 근력이 손상되어 있다. • 1RM 측정이 불가하므로 저항 훈련부하를 매우 가벼운 무게로 시작한다.

	초기 운동 프로그램				운동 주의사항
	운동 방법	강도	빈도	지속시간	
말초혈관 질환	유산소 운동 • 걷기 저항 운동 • 고혈압 환자와 같다.	유산소 운동 • 걷다가 통증을 느끼면 멈췄다가 다시 걷는 것을 반복한다.	유산소 운동 • 거의 매일	유산소 운동 • 10분	• 말초혈관 질환 환자의 경우 종아리 통증 때문에 멈췄다 쉬지 않고는 2~5분 이상 걸을 수 없다.
천식	유산소 운동 • 걷기 • 조깅 • 수영 저항 운동 • 일반적 저항 훈련	유산소 운동 • 11RPE (6~20스케일) 저항 운동 • 16~24회	유산소 운동 • 주 3일 저항 운동 • 주 2일	유산소 운동 • 5분	• RPE와 숨가쁜 느낌을 통해 강도를 감독한다. • 극단적인 온도를 피한다.

Chapter 21

1. 업무복귀에 따른 움직임 제한사항이 있는지에 대해 의사, 물리치료사, 또는 선수 트레이너의 확인을 받는다. 이러한 경우 대개는 견딜 수 있는 범위 내의 모든 활동을 수행해도 좋다는 허가를 받았을 것이다. 하체 근력 운동은 고관절, 무릎, 발목 주변의 근육을 강조하는 것이어야 한다. 무거운 장비를 상체에 맨 채로 발목을 지지하여 올라가는 활동을 하기 때문에 몸통 근육을 더 발달시키고 보강하는 것이 필요하다. 마지막으로, 소방업무를 수행하는 데 필요한 근력과 파워를 보강해주는 기능적 활동을 운동 프로그램에 포함시켜야 한다. 양측성 스탠스와 움직임 패턴에 관련된 균형 운동과 플라이오메트릭을 포함시키는 것이 도움이 될 것이다.
2. 퍼스널 트레이너는 담당의와 함께 어떤 수술적 절차를 수행했는지(즉, 슬개건 이식편, 햄스트링 이식편 또는 그 이외의 것) 또는 치료 종료 후 계속해서 주의를 기울여야 할 회복 조건이 있는지 등에 관한 이야기를 나누어야 한다. 또한 하지, 특히 고관절과 무릎 관절에 대한 ROM, 유연성, 근력에 대한 평가를 얻는 것이 도움이 될 것이다. 현존하는 결함이나 움직임 패턴의 비대칭이 없다면, 이 고객은 점진적인 기능적 예방 프로그램에 참여할 준비가 되어 있다고 할 수 있다. 효과적인 예방 프로그램에는 편측성과 양측성, 다방향 움직임 패턴을 강조하는 근력, 균형감각, 플라이오메트릭 운동이 포함되어야 하며, 이러한 패턴은 적절한 움직임 역학, 기술, 조절 능력으로 수행되어야 한다. 무릎을 수술한 쪽 다리가 공을 차는 쪽인지 지지하는 쪽(공을 차는 동안)인지를 고려하여 관련된 기술들을 프로그램에 포함시키는 것 또한 도움이 된다. 전형적인 예방 프로그램은 주당 1~3 세션씩 약 6주가량 지속된다.

Chapter 22

조건	운동 금기사항	안전 문제
척수 손상	• 식후 2~3시간이 지나기 전에 운동하는 것 • 아플 때 운동하는 것	• 어깨, 손목, 팔꿈치의 과사용 부상 • 열 또는 추위에 관련된 부상 • 원활하지 못한 정맥환류 • 강직 • 운동으로 인한 저혈압 • 장비에 추가적인 충전물 부착
다발성 경화증	• 근력 검사시 위험할 수 있음 • 빠르게 저항 훈련부하를 증가시키는 것 • 고강도 유산소 훈련(지칠 때까지 운동하는 것) • 복합적인 기술을 요구하는 운동 • 병이 악화되었을 때 훈련하는 것	• 열 민감도와 과민성 • 피로 • 탈수 • 고관절 외전/내전근의 강직 • 감각 상실, 균형감 이상 • 관절의 근육 불균형(주동근 대 길항근) • 우울증

조건	운동 금기사항	안전 문제
간질	• 매우 강한 운동시 위험할 수 있음	• 체중 감소로 인한 약물의 부작용 • 발작
뇌성마비	• 유산소성 준비 운동과 스트레칭을 안 하거나 너무 짧게 하는 것	• 발작 • 구축 • 협응력과 균형감 이상 • 관절 통증 • 강직

Chapter 23

단계	주	목표 반복수	화요일 (헤비 데이)	목요일 (라이트 데이)	토요일 (중강도)
근비대/지구력	1	12	130 lb	100 lb	115 lb
	2	10	145 lb	115 lb	130 lb
	3	8	155 lb	120 lb	140 lb
근력	4	6	165 lb	130 lb	145 lb
	5	6	165 lb	130 lb	145 lb
	6	5	170 lb	135 lb	150 lb
근력/파워	7	4	175 lb	140 lb	155 lb
	8	4	175 lb	140 lb	155 lb
	9	3	180 lb	140 lb	160 lb
경기	10	2	185 lb	145 lb	165 lb
	11	2	185 lb	145 lb	165 lb
	12	1	195 lb	155 lb	175 lb

Chapter 24

A. (4피트+3피트+3피트)×(3피트+3피트+3피트) = 90평방피트
B. (4피트+3피트+3피트)×(5피트+3피트+3피트) = 110평방피트
C. (5피트+3피트+3피트)×(4피트+3피트+3피트) = 110평방피트
D. (8피트+3피트+3피트)×(8피트+3피트+3피트) = 196평방피트
E. (4.5피트+3피트+3피트)×(7피트+3피트+3피트) = 136.5평방피트
F. (5피트+3피트+3피트)×(3피트+3피트+3피트) = 99평방피트
G. (7피트)×(7피트) = 49평방피트

Chapter 25

대부분 시행되고 있는 실무 기준에 따르면, 고객이 PAR-Q 또는 검사를 위해 필요한 다른 정보들을 완전히 제공하지 않았을 경우, 서비스를 제공하기 전에 권리포기서/면책 문서 또는 최소한 위험추정 문서를 받아놓아야 한다. 퍼스널 트레이너는 고객을 진료하거나 고객의 의학적 상태를 치료하기 위한 프로그램을 추천해서는 안 된다. 퍼스널 트레이너는 그 고객의 무릎 재활을 위한 프로그램을 만들어서는 안 된다.

용어사전

가소성(plasticity): 수동적 스트레치 후 그 저항이 없어지고 나서도 근육이 새롭게 늘어난 길이를 유지하려는 성향

가속(acceleration): 속도의 증가

각 속도(angular velocity): 한 물체의 회전 스피드

각 운동(angular motion): 몸이 축을 중심으로 회전하는 운동

간질(epilepsy): 두 번 이상 특정한 이유 없이 반복 발생한 발작

간질 지속 상태(status epilepticus): 30분 이상 지속되는 발작 또는 너무 자주 발생하여 의식이 회복되지 않는 발작

간헐적 운동(intermittent exercise): 사이사이에 휴식을 배치하는 여러 번의 짧은 운동

감속(deceleration): 속도를 줄임

강제 반복(forced repetitions): 보조자의 도움을 받아 성공적으로 완수하는 반복횟수

강제폐활량(forced vital capacity): 최대 흡기와 호기로 인해 이동하는 공기의 부피

강직(spasticity): 근육의 긴장도가 상승된 상태로 심부건 반사 작용이 고조되는 특징이 있다.

강화(reinforcement): 미래에 목표행동이 발생할 가능성을 증가시키는 행동, 물체 또는 사건(목표행동 후 강화가 뒤따를 때)

건강 평가(health appraisal): 고객의 만성 심혈관계, 호흡기, 대사, 정형외과적 질환의 위험성을 확인하는 과정. 이로써 운동검사와 참여시 안정을 최적화할 수 있다.

건염(tendinitis): 건의 염증

검사 프로토콜(test protocol): 신뢰도 있는 검사를 수행하기 위해 필요한 절차

검사-재검사 방법(test-retest method): 동일한 개인 또는 그룹에 반복적으로 검사를 실시하여 신뢰성을 높이는 방법

결과 목표(outcome goal): 사회적 비교를 통해 평가할 수 있는 목표(예를 들어 상대방을 이기고자 하는 갈망)

계약(contract): 특정한 가치가 있는 어떠한 것에 의해 뒷받침되는 약속이나 행위의 상호교환에 의해 주어지는 법적 구속력이 있는 약속이나 행위

고밀도 지단백(high-density lipoproteins, HDLs): 간에서 생산되는 단백질로 최대 단백질과 최소 콜레스테롤을 함유하고 있다. 이 수치가 올라가면 관상동맥 질환 발생 감소에 기여한다.

고유수용성 신경근 촉진법(proprioceptive neuromuscular facilitation, PNF): 수동적, 능동적(수축성과 등척성) 근동작을 모두 이용하여 파트너와 함께 하는 스트레칭 유형

고인슐린혈증(hyperinsulinemia): 혈중 인슐린 수치가 높은 것

고혈압(hypertension): 수축기 혈압이 140mmHg 이상 또는 확장기 혈압이 90mmHg 이상(또는 둘 다 해당)

곡선 운동(curvilinear motion): 곡선을 그리며 움직이는 운동

골다공증(osteoporosis): 뼈 조직의 미네랄이 빠져나가서 발생하는 질병으로 이로 인해 뼈 밀도가 감소한다.

골지건기관(Golgi tendon organ): 건과 근육이 연결되는 부분에 위치한 감각기관으로 근육 내 긴장의 변화를 감지한다.

과보폭(overstriding): 발이 몸의 무게중심보다 너무 앞에 착지하여 제동이 걸리는 걷기 또는 달리기 움직임

과부하(overload): 고객에게 이미 익숙한 것보다 더 큰 훈련 스트레스나 강도

과소보폭(understriding): 너무 짧은 보폭을 취하여 에너지가 낭비되는 걷기 또는 달리기 자세

과실(negligence): 일반적으로 기대되는 기준을 따르지 못했거나, 특정한 상황에서 합리적으로 현명하게 행동하지 못한 것

과이완(hyperlaxity): 신체 관절이 정상 가동범위를 초과하는 상태

과정 목표(process goal): 행동 중 노력의 양 또는 질로 평가할 수 있는 목표(예: 완벽한 운동기술을 구사하고자 하는 갈망)

과지질혈증(hyperlipidemia): 콜레스테롤, 트리글리세라이드, 지질단백질의 포화도가 상승하는 것

과훈련(overtraining): 훈련을 너무 과하게 하거나 휴식이 너무 적은 경우 또는 둘 다에 해당되는 것을 말하며 이로 인해 운동 능력이 감소하고 부상이나 질병이 발생한다.

관리 기준(standard of care): 퍼스널 트레이너의 올바른 임무에 대한 기준. 업무 범위 참조

관상동맥 질환 위험 요인(coronary risk factor): 심혈관계질환에 문제가 발생할 가능성에 영향을 주는 특성, 특징 또는 행동

관상동맥 질환(coronary artery disease, CAD): 심혈관계 질환 또는 기능부전(예: 아테롬성 동맥경화증, 심근경색, 협심증)

관상면(frontal plane): 신체를 앞뒤로 나누는 수직면

교감신경계(sympathetic nervous system): 신경계의 한 부분으로, 자극을 받으면 신체의 다양한 시스템의 속도를 높인다(심박수를 높인다).

교차 그립(alternated grip): 한 손은 회내, 다른 손은 회외된 그립

구성 개념(construct): 직접 관찰할 수는 없지만 행동 관찰을 통해 간접적으로 반드시 관찰해야 할 신경 과정

구조적 운동(structural exercise): 몸통(척주)에 부하를 주고 허리에 스트레스를 주는 운동

권리포기서(waiver): 부상당한 고객이 과실에 대한 소송을 걸 권리를 포기한다는 증거로 사용되는 계약

그립너비(grip width): 바를 잡을 때 손과 손 사이의 거리

근각(신장)반사(myotatic [stretch] reflex): 이전에 늘어난 방추외 근섬유의 활성화. 근섬유 신장에 대한 반응으로 발생한다.

근경련(dystonic spasm): 뒤틀리거나 반복적인 움직임 또는 비정상적인 자세로 인해 발생하는 짧고 반복적인 근수축

근내막(근육 속 막, endomysium): 각각의 근섬유를 감싸고 있는 연결 조직

근방추(muscle spindle): 근섬유에 내에 있는 감각기관. 근육이 늘어나는 길이와 속도에 대한 감각 정보를 중추신경계에 전달한다.

근비대(hypertrophy): 근섬유 단면적의 증가

근섬유(muscle fiber): 근육의 구조 단위. 근육 세포를 의미한다.

근섬유다발(fasciculus or fascicle): 근섬유의 다발. fasciculi는 fasciculus의 복수형이다.

근소포체(근세포질망, sarcoplasmic reticulum): 칼슘 이온을 저장하는 근섬유 내 매우 특별한 네트워크 시스템

근수축 증강(potentiation): 근방추의 반사적 반응과 저장된 탄성 에너지의 방출에 의한 주동근 활동의 증가

근염좌(strain): 근육의 부상

근외막(근육 바깥 막, epimysium): 근육 전체를 감싸고 있는 연결 조직

근원섬유(myofibrils): 주로 액틴과 신으로 이루어진 근섬유의 구성요소

근육감소증(sarcopenia): 노화로 인한 근육 감소

근육다발막(perimysium): 근섬유 다발을 감싸고 있는 연결 조직

근인(proximate cause): 즉각적인 효력을 일으킨 원인

근적외선측정법(near-infrared interactance, NIR): 다양한 해부학적 지점에서 빛 흡수 변화를 측정하여 신체조성을 검사하는 방법

근절(근육원 섬유 마디, sarcomere): 인접한 두 Z-선(대) 사이에 있는 근원섬유의 부분으로, 골격근의 기능적 단위를 나타낸다.

근증식(hyperplasia): 근섬유 수의 증가

근지구력 훈련(muscular endurance training): 한 근육 또

는 근육군이 일정 시간 동안 반복적으로 수축되는 능력을 증가시키기 위한 저항 훈련 프로그램. 근력 지구력 훈련이라고 하기도 한다.

근필라멘트(myofilaments): 근원섬유 내 두 가지 주된 단백질(즉, 액틴과 미오신)

글루코스 신생 합성(gluconeogenesis): 젖산과 비탄수화물 물질로부터 글루코스를 형성하는 것

글리코겐(glycogen): 글루코스의 저장 형태

글리코겐 분해(glycogenolysis): 글리코겐의 분해

금기사항(contraindication): 특정한 부상을 입었을 때 권하지 않거나 금기해야 할 행동

급성심장사(sudden cardiac death): 갑작스럽게 또는 발현 1시간 이내에 심장 질병으로 사망하는 것

기계적 확대율(mechanical advantage): 근육 힘이 작용하는 모멘트 암의 길이와 저항 힘이 작용하는 모멘트 암의 길이 비율

기능해부학(functional anatomy): 신체구조 및 움직임과 관련된 기능의 관계

기능적 용량(functional capacity): 최대산소섭취량 참조

길항근(antagonist): 해부학적으로 주동근과 반대되는 근육으로 주동근의 동작을 멈추거나 늦출 수 있다.

깃각(pennation angle): 근섬유 방향과 근육의 기시점과 정지점을 연결한 가상의 선의 각도

뇌성마비(cerebral palsy): 신체 움직임과 근 협응력에 손상을 일으키는 만성적 근골격계 장애의 집합적 개념

누전차단기(ground-fault circuit interrupter, GFCI): 감전사를 예방하기 위한 장치로써, 장비로 들어가고 나가는 전력의 양에 차이가 있을 경우 전류를 차단하는 역할을 한다.

다관절 운동(multijoint exercise): 두 개 이상의 주동 관절이 사용되는 운동

다발성 경화증(multiple sclerosis): 면역매개(자가면역) 질환으로 신경조직에 염증이 발생하거나 점진적인 퇴화가 이루어지는 특징이 있다.

다양성(variation): 고객을 새롭거나 다른 훈련 자극에 노출시키기 위한 목적으로 프로그램 구성의 가변적 요소에 변화를 주는 것

단기 목표(short-term goal): 장기 목표에 가까워질 수 있도록 도와주는 성취 가능한 단계

단일관절 운동(single-joint exercise): 한 개의 주동 관절만 관여하는 운동

단축성 근활동(concentric muscle action): 근육의 단축을 통해 저항을 이겨내는 근동작

닫힌 그립(closed grip): 손바닥으로 완전히 바를 잡을 수 있도록 엄지가 바를 감싸는 그립

닫힌 운동 사슬(closed kinetic chain): 몸 말단 부위의 동작이 매우 제한되거나 고정된 움직임을 말한다. 종종 발(또는 손)이 바닥에 고정된 상태로 하체(또는 상체)에서 움직임이 발생한다.

대동맥판막협착증(aortic stenosis): 대동맥이 좁아지는 것

대사당량(metabolic equivalent, MET): 휴식시 산소섭취량, 일반적으로 3.5 ml $O_2 \cdot kg^{-1}$이 추정된다.

대사증후군(metabolic syndrome): 다음의 건강하지 못한 조건이 세 개 이상 결합되는 것. 복부비만, 높은 트리글리세라이드, 낮은 HDL, 고혈압, 높은 공복 혈당

동기부여(motivation): 심리학적 구성개념으로 행동, 노력, 태도, 운동 욕구에 영향을 준다.

동역학(kinetics): 힘, 그리고 힘과 관련된 측정치를 고려하는 움직임 평가

동원(recruitment): 더 많은 힘이 필요할 때 더 많은 운동단위를 활성화시키는 과정

동적 스트레칭(dynamic stretching): 움직임의 스피드를 이용한다는 면에서 탄성 스트레칭과 유사하지만, 동적 스트레칭은 특화된 스포츠 또는 움직임 패턴을 사용하며 반동을 주지 않는다.

동정맥혈 산소함량차(arteriovenous oxygen difference, a-$\dot{V}O_2$ difference): 동맥과 정맥의 산소함유량의 차이를 말하며, 100밀리미터의 혈액당 산소 함량을 밀리리터로 나타낸다.

동화작용(anabolic): 작은 분자로부터 더 큰 분자를 합성하는 것

등속성(isokinetic): 관절이 가동범위 내에서 일정한 속도로 움직이는 동적 근육 작용

등척성 근활동(isometric muscle action): 근육이 저항에 대항하여 힘을 만들지만 그 힘에 의해 압도되지 않을 때 발생하는 근동작. 따라서 움직임이 발생하지 않는다.

리프트오프(liftoff): 고객이 바벨을 벤치 또는 랙으로부터 운동 시작 위치로 움직이는 것

마르판증후군(Marfan syndrome): 결합조직의 유전적 질환. 증상으로는 불규칙적이고 불안정한 걸음걸이, 손가락과 발가락이 길며 키가 크고 마른 체형, 비정상적 관절 유연성, 평발, 구부정한 어깨, 수정체 이탈 등이 있다. 합병증으로 대동맥 약화가 있으며 치료하지 않을 경우 파열될 수 있다.

마이크로사이클(microcycle): 1주에서 4주 동안 이어지는 주기화 프로그램의 한부분으로 일간 및 주간 훈련 변화가 포함되어 있다.

마이플레이트(MyPlate): USDA에서 권고하는 하루 섭취 음식의 유형과 양을 보여주는 시각적인 묘사

마찰(friction): 맞닿아 있는 물체 또는 표면의 움직임 저항

만성 폐쇄성폐질환(chronic obstructive pulmonary disease, COPD): 폐계 질환이나 기능 장애(예: 만성 기관지염, 폐기종, 천식)

매크로사이클(macrocycle): 가장 큰 주기화의 분할, 대개 두 개 이상의 메조사이클로 구성되어 있다.

맨몸 운동(body weight exercises): 자신의 체중을 저항으로 사용하는 저항 훈련

메조사이클(mesocycle): 몇 주 또는 몇 개월간 지속되는 주기화 프로그램의 한부분

면허 교부(licensure): 국가로부터 허가받은 자격 단체가 특정 서비스를 제공할 수 있는 전문가의 자격을 부여하는 공식적인 과정

모멘트 암(moment arm): 회전축에서 힘의 작용선까지의 수직 거리

목표 반복횟수(goal repetitions): 한 운동에 대해 고객에게 설정된 반복횟수

목표 설정(goal setting): 참가자의 수준을 증가시키거나 행동의 변화를 일으키는 전략

목표 심박수 범위(target heart rate range, THRR): 유산소 운동 한 세션에 할당된 시간 단위당 최소와 최고심박수

목표 행동(target behavior): 변화 또는 발전에 초점을 둔 행동. 자발적 행동이라고 부르기도 한다.

무월경(amenorrhea): 최소 세 번 연속적인 월경주기 동안 월경을 하지 않는 것

미오글로빈(myoglobin): 근세포 내 철을 함유하고 있는 단백질로 세포 호흡에 사용되는 산소를 저장한다.

미오신(굵은 근육 미세 섬유, myosin): 두 가지 주된 근필라멘트 중 하나. 근육 동작을 일으키기 위해 액틴과 결합한다.

미토콘드리아(mitochondria): 유산소성 대사 반응이 발생하는 특정 세포 기관

민법제도(civil system): 개인 간의 문제를 다룰 때 인식하고 따라야 할 개인의 책임과 의무. 즉 개인의 권리에 적용되는 사법체계.

바로 누운 자세(supine): 얼굴이 위를 향하게 등을 대고 누운 자세

반복횟수(repetitions [or reps]): 움직임이나 운동을 반복하는 횟수

받침점(fulcrum): 지레가 그 주변을 회전하는 점

발살바 호흡법(Valsalva maneuver): 복강내압을 유지하기 위해 호흡을 참는 방법. 고객은 '닫힌 목구멍'으로 호흡을 내쉬려고 노력한다.

발작(seizure): 뇌 어떠한 부분에서의 조절되지 않는 전기적 방전을 말하며, 경련과 같은 신체적 또는 정신적 증상을 일으킨다.

발작 후 상태(postictal state): 발작 직후의 시기

백분위수(percentile): 고객의 점수와 동일한 또는 낮은 득점자의 백분율

법적 의무(legal duty): 정해진 기준에 따른 행동을 요구하는, 법에 의해 정해진 의무

베타 산화(beta oxidation): 지방산을 아세틸조효소(acetyl-CoA)로 변화시키는 연쇄적 반응. 그 후 크렙스 사이클로 들어가 APT를 생산할 수 있다.

베타 차단제(beta blocker): 베타 수용체의 교감신경계

말단에서 방출되는 노르에피네프린의 흥분성 효과를 저지하는 약물. 협심증, 고혈압, 부정맥, 편두통의 치료제로 사용된다.

보조 운동(assistance exercises): 하나의 주된 관절에서만 움직임이 일어나며, 작은 근육근 또는 하나의 큰 근육군만을 동원하는 운동

보폭 길이(stride length): 한 걸음의 길이

보폭 빈도(stride frequency): 분당 걸음 수

볼륨(volume): 한 훈련 세션에서 들어올린 무게의 총량(즉, 총반복횟수×반복횟수당 들어올린 무게) 또는 한 훈련 세션에서 완수한 총반복횟수(즉, 각 세트에서 수행한 반복횟수×세트수)

볼프의 법칙(Wolff's law): 뼈의 밀도는 역학적 스트레스에 대한 반응으로 증가한다는 법칙

부하(load): 한 운동 세트에 부과된 무게

분할 루틴(split routine): 매 훈련일 또는 훈련 세션에 다른 근육군을 훈련하는 운동 루틴

불법행위(tort): 민사상의 권리 침해나 부상을 일으킬 수 있는 법적 의무 위반 행위로 손해배상 민사소송의 근거가 될 수 있다.

비대심장근육병(hypertrophic cardiomyopathy): 알 수 없는 이유로 심근의 일부분이 두꺼워지는 질환

비율 부호화(rate coding): 운동 단위 발화율의 조절(즉, 단위 시간당 활동 전위의 수)

빈도(frequency): 일정 기간(보통 일주일) 동안 수행되는 훈련 횟수

빈맥(**빠른맥**, tachycardia): 100beats/min보다 높은 휴식기 심박수

사용자 공간(user space): 고객이 안전하게 운동을 수행하기 위해 필요하다고 권장되는 공간

사전동의서(informed consent): 체력 테스트와 운동 프로그램 참여에 내재된 위험 가능성이 있음을 고객에게 알려주는 법적 문서

사지골격(**팔다리 뼈대**, appendicular skeleton): 어깨, 팔, 다리, 골반 등을 포함한 골격 부분

사지마비(quadriplegia): 가장 위쪽 흉추(T-1)와 가장 위쪽 경추(C-1) 사이에 발생한 부상으로 팔, 몸통, 다리, 골반 기관에 장애를 유발한다.

사지마비(tetraplegia): 사지마비(quadriplegia) 참조

사춘기 전(preadolescence): 제2차 성징 전의 시기로 여성은 주로 6~11세, 남성은 6~13세를 말한다.

산소결핍(oxygen deficit): 운동에 필요한 산소량과 운동 중 실제 소비되는 산소량의 차이

산소부채(oxygen debt): 운동 후 초과산소섭취량(EPOC) 참조

산화 시스템(oxidative system): ATP 생산에 사용되는 화학적 반응 과정으로 다양한 에너지원을 사용하는 유산소성 방법이다.

상대평가(norm-referenced standard): 데이터를 비교할 때, 한 고객의 수행 능력을 같은 범주에 속한 다른 사람들의 수행 능력과 비교하는 방식(백분위수)

상태 불안(state anxiety): 걱정이나 불안의 느낌으로 특징지을 수 있는 실제 불안의 경험. 생리적 각성이 증가된다.

생체에너지학(bioenergetics): 신진대사의 에너지 경로

생체전기저항측정법(bioelectrical impedance analysis, BIA): 작고 통증 없는 전류에 대한 임피던스 또는 저항의 양을 측정하는 신체 조성 검사

서맥(bradycardia): 안정기 심박수가 60beats/min보다 낮은 것

선 운동(linear motion): 직선 또는 곡선을 따라 움직이는 운동

성과목표(performance goal): 개인적인 수행력을 기준을 참고로 하여 판단할 수 있는 목표(예를 들면 스스로의 개인 기록을 깨고자 하는 열망)

세트(set): 연속적으로 수행하는 반복횟수의 묶음

속도제한 단계(rate-limiting step): 일련의 반응 내에서 가장 느린 반응

손해배상금(damages): 부상으로 인한 경제적 또는 비경제적 손실. 계약위반의 경우 위반한 측에서 배상해야 할 금액

수동적 준비 운동(passive warm-up): 외부적인 열을 이

용하거나 조직에 자극을 가하는 유형의 준비 운동(예: 뜨거운 샤워, 온열패드, 마사지)

수축기 혈압(systolic blood pressure): 심실수축 중 혈액이 강하게 뿜어져 나올 때 동맥벽에 가해지는 압력

스와트 분석(SWOT analysis): 강점(strengths), 약점(weaknesses), 기회(opportunities), 위협(threats) 등의 요소로 구성된 분석을 위한 전략적 방법

스티킹 포인트(sticking point): 운동에서 가장 어려운 부분으로 대개 신장성에서 단축성 단계로의 전환 바로 이후에 발생한다.

스프린트 보조 훈련(sprint-assisted training): 보폭 빈도를 증가시키기 위한 방법으로 고객에게 본인이 스스로 달성할 수 있는 속도보다 빠르게 달리도록 하는 방법으로 훈련한다.

스피드 근력(speed-strength): 높은 속도에서 최대근력을 적용하거나 발달시키는 것

스피드 지구력(speed-endurance): 특정 시간 동안(대개 6초 이상) 달리는 속도를 유지하는 능력

승모판 탈출증(mitral valve prolapse): 심장판막 질환으로, 비정상적으로 두꺼워진 승모판이 수축기에 좌심방으로 빠지는 증상이다.

시각화(visualization): 심상을 그리고 불러낼 수 있는 뇌의 능력. 긍정적 감정 반응을 만들어내고 동기부여를 향상시킬 수 있다.

시도 부하(trial load): 고객 몸무게의 백분율을 근거로 추정된 부하

시상면(sagittal plane): 신체를 좌우로 나누는 수직면

식이성 발열 효과(thermic effect of food): 음식의 소화와 흡수로 휴식대사율보다 에너지 소비가 증가하는 것

신경지배(innervation): 운동신경에 의한 근세포 자극

신뢰성(reliability): 검사의 반복 가능성 또는 반복된 검사의 일관성을 나타내는 것

신장 반사(stretch reflex): 근육이 빠르게 늘어날 때 즉각적으로 그 근육이 수축하는 현상

신장성 근활동(eccentric muscle action): 근육이 충분한 긴장을 만들어낼 수 없어 외부의 힘에 의해 압도될 때, 점진적으로 길어지며 발생하는 근동작

신전-단축 주기(stretch-shortening cycle, SSC): 플라이오메트릭 움직임에 대한 역학적, 신경생리학적 반응으로 세 단계로 이루어져 있다.

신체 5부위 접촉 자세(five-point body contact position): 등을 대고 눕거나 앉아서 하는 운동에서 안정성을 최대화하고 척추를 지지하기 위해 알맞은 신체 자세

심근경색증(myocardial infarction): 혈액 공급이 막혀 심장 조직이 괴사하는 것. 심장마비라고도 한다.

심근산소소비량(rate-pressure product): 심장부하 추정치(즉 심근산소소비량, HR×SBP).

심근염(myocarditis): 심장 근육의 염증

심박출량(cardiac output ($\dot{Q}$)): 심장에서 1분 동안 박출하는 혈액의 양. 리터 또는 밀리리터로 나타낸다(즉, SV×HR).

심방(atrium): 심장의 위쪽에 위치한 방으로, 심장의 아래쪽 방(즉, 심실)으로 혈액을 펌핑하는 기능을 한다.

심실(ventricle): 심장의 아래쪽에 위치한 방으로 심장으로부터 혈액을 펌핑한다(우심실은 폐로, 좌심실은 몸으로 펌핑한다).

아데노신삼인산(adenosine triphosphate, ATP): 에너지를 운반하는 보편적인 분자. 살아 있는 모든 세포에서 에너지를 획득하고 저장하는 수단으로 생성된다.

아데노신트리포스파타아제(adenosine triphosphatase, ATPase): ATP를 가수분해하여 에너지를 방출하도록 하는 효소

아모티제이션 단계(amortization phase): 신장성 수축과 단축성 수축 단계 사이의 시간

아탈구(subluxation): 관절 표면의 부분적인 어긋남

아테롬성 동맥경화증(atherosclerosis): 동맥의 내벽이 딱딱해지고 탄력을 잃으면서 점진적으로 퇴화되는 과정

안전 확보 공간(safety space cushion): 운동 시설 주변에 이동을 원할하게 하기 위해 필요한 장비들 간의 공간

안정기 심박수(resting heart rate, RHR): 안정기 대사율과 관련된 심박수. 휴식 대사율 참조

알파차단제(alpha blocker): 알파수용체의 교감신경계 말단에서 방출되는 노르에피네프린의 흥분성 효과를 저지하는 약물. 혈관을 확장시켜 혈압을 감소시킨다.

액틴(actin): 두 가지 주된 근필라멘트 중 하나. 근육 동작을 일으키기 위해 미오신과 결합한다.

언더핸드 그립(underhand grip): 회외 그립 참조

업무 범위(scope of practice): 퍼스널 트레이너의 전문적 역할 범위를 결정짓는 법적 경계

엎드린 자세(prone): 얼굴을 아래로 하고 누운 자세

여유심박수(heart rate reserve, HRR): 최대 심박수와 안정시 심박수의 차이(즉, APMHR-RHR)

역학적 에너지(mechanical energy): 역학적 일을 하기 위한 능력 또는 용적

연령 추정 최대심박수(age-predicted maximal heart rate, APMHR): 나이로 추정하는 최대심박수(즉, 220 - 나이)

열린 그립(open grip): 폴스 그립 참조

열린 운동 사슬(open kinetic chain): 몸의 가장 먼 쪽이 자유롭게 움직이는 것. 보통 발(또는 손)이 바닥에서 떨어진 채 하체(또는 상체)의 움직임이 발생하는 것으로, 기계에서 밀고 당기는 동작이 해당된다.

염좌(삠, sprain): 인대에 발생한 부상

영양섭취기준(Dietary Reference Intakes, DRIs): 비타민과 미네랄의 현재 섭취권고량. 영양권장량(Recommended Dietary Allowances)의 대체 기준

오버핸드 그립(overhand grip): 손바닥이 아래로 향하고 손등 부분이 위를 향하도록 바를 잡는 방법

운동 강도(intensity): 운동 세션의 요구 사항 또는 난이도로 운동 지속시간과 훈련 빈도를 결정짓는다.

운동 단위(motor unit): 한 운동신경과 그 신경지배를 받는 모든 근섬유

운동량(momentum): 질량과 속도에 의해 결정되는 몸의 움직임 양

운동 유형(mode): 세션중에 수행될 운동 또는 활동의 특정한 유형

운동자각도(rating of perceived exertion, RPE): 특정 운동강도에 대한 신체 반응을 스스로 평가하는 시스템

운동학(kinematics): 힘이나 토크를 고려하지 않고 공간이나 시간에 관련하여 움직임을 서술하는 학문

운동 후 초과산소섭취량(excesspostexerciseoxygenconsumption, EPOC): 운동 전 상태로 몸을 회복시키기 위해 산소섭취량이 안정기 수치보다 높아지는 것

원고(plaintiff): 소송을 제기한 '부상당한' 사람

위험관리(risk management): 고객의 부상위험을 줄이고 관리하여 법적 책임에 노출되는 것을 줄이기 위해 만들어진 비상시 대책. 위험관리는 발생 가능한 문제를 규명하기 위한 내부 및 외부 감사에 대한 내용, 그리고 안전 서비스 향상 및 뜻밖의 상황과 잠재적 소송을 감소하기 위한 지침들을 포함한다.

위험인수(assumption of risk): 퍼스널 트레이너를 위한 방어책으로, 고객이 활동 참여에 위험이 내재되어 있음을 인지한 상태에서 자발적으로 참여할 것을 결정했다는 것을 말한다.

위험층화(risk stratification): 초기에 고객의 관상동맥 질환, 말초혈관 질환, 대사 질환에 대한 위험도를 저, 중, 고로 분류하기 위한 방법

유산소 능력(aerobic capacity): 최대산소섭취량 참조

유연성(flexibility): 관절이 최고의 가동범위로 움직일 수 있는 능력

의학적 허가(medical clearance): 고객이 운동을 할 정도의 건강 상태라는 것을 나타내는 의사의 허가

이상지질혈증(dyslipidemia): 혈액 내 또는 지질 단백질 조성 또는 둘 다에서 나타나는 비정상적인 지질(지방) 수준

이화작용(catabolic): 더 큰 분자가 작은 분자로 분해되는 것

인원질 시스템(phosphagen system): ATP 생산을 위해 필요한 가장 단순한 화학적 반응 과정

인체측정학(anthropometry): 인체를 측정하는 학문으로, 일반적으로 키, 몸무게, 신체 둘레를 측정한다.

일 대 휴식 비율(work-to-rest ratio): 운동시간과 회복시간 사이의 관계

일(work): 물체에 가해진 힘과 물체가 움직임 거리의 곱(즉, 힘×거리)

일반적 준비 운동(general warm-up): 주요 근육근을 움직일 수 있는 기본적 동작을 수행하는 유형의 준비 운

동(예: 조깅, 자전거, 줄넘기)

일회박출량(stroke volume): 좌심실에서 박출되는 혈액의 양을 말하며, 한 번 심장이 뛸 때 몇 밀리미터의 혈액이 박출되는가로 표현한다.

일회호흡량(tidal volume): 각 흡기 또는 호기 동안 움직이는 공기의 양

임신성 당뇨병(gestational diabetes mellitus): 임신중에만 발생하는 당뇨 증세

자기결정(self-determination): 다른 사람의 기대를 충족시키기 위한 것이 아닌, 스스로의 만족을 위해 행동하고자 하는 욕구

자기대화(self-talk): 고객의 '내면의 목소리'

자기효능감(self-efficacy): 성공적인 결과 도출을 위한 구체적인 행동(예: 단기 목표에 도달하는 것)을 수행할 수 있는 자신의 능력에 대한 믿음

자동제세동기(automated external defibrillator, AED): 심장의 리듬을 인식하는 휴대용 장비. 올바른 반응을 지시하기 위해 소리 또는 시각적 신호 또는 둘 다를 사용하며, 필요시에는 적절한 충격을 가하는 역할을 한다.

자유형(프론트 크롤, freestyle[front crawl]): 몸을 곧게 한 채 엎드린 상태로 팔을 머리 위로 움직이며 발로 물장구를 치는 수영 방법

자율신경계 반사부전(autonomic dysreflexia): 척수 부상의 징후로, 동맥혈압의 정상적 조절에 지장을 준다.

장기 목표(long-term goal): 고객의 수된 복표에 도달하기 위해 단기 목표를 연결하고 조합한 계획

저밀도 지단백(low-density lipoproteins, LDLs): 주로 콜레스테롤을 운반하는 단백질로, 수치가 올라가면 관상동맥 질환 발생을 증가시키는 데 기여한다.

저칼로리 식이(low-calorie diet, LCD): 칼로리 결손을 이루기 위해 칼로리가 적지만 영양이 풍부한 음식을 섭취하는 식단

저항 스프린팅(resisted sprinting): 보폭과 스피드 근력을 상승시키기 위한 방법으로 서포트 단계 동안 지면 반력 생산을 증가시키는 것을 이용한다.

저혈당(hypoglycemia): 혈중 글루코스 수치가 65mg/dl 이하인 것

적응사항(indication): 부상입은 고객에게 도움이 되는 활동

전자간증(preeclampsia): 임신 때문에 발생하는 고혈압

전자전달계(electron transport chain, ETC): ADP를 ATP로 재인산화하는 일련의 산화반응

절대평가(criterion-referenced standard): 구체적인 성취의 수준을 규명하기 위해 표준적인 데이터와 전문가의 판단을 조합하여 비교하는 방식

점진적 과부하(progressive overload): 고객이 구체적 훈련 목표에 지속적으로 도달할 수 있도록 훈련 자극을 변경하는 과정을 말한다.

정맥환류(venous return): 몸(말초)에서 우심방으로 혈액이 돌아오는 것

정상혈압(normotensive): 혈압이 정상인 상태

정적 스트레칭(static stretching): 끝 지점에서 30초간 머무르며 느리고 일정한 속도로 실시하는 스트레칭. 이완과 동시에 길이를 늘리는 것을 말한다.

젖산(lactate): 해당 과정의 최종 부산물. 운동중 무산소성 대사 증가의 가장 흔한 표식이다.

젖산역치(lactate threshold, LT): 혈중 젖산이 기준 농도를 급격히 뛰어넘기 시작하는 운동강도

제1형 당뇨(type 1 diabetes mellitus): 췌장의 베타 세포가 자가 면역 과정에서 파괴되는 질병으로 인슐린의 절대값이 부족해진다. 기존에는 인슐린의존성 당뇨병(IDDM)이라고 불렸다.

제2형 당뇨(type 2 diabetes mellitus): 말초 조직의 인슐린 저항성과 췌장 베타 세포의 인슐린 생산 부족을 만들어내는 질병으로 기존에는 인슐린비의존성 당뇨병(NIDDM)이라고 불렀다.

주기화(periodization): 한 훈련 사이클 동안의 저항 훈련 프로그램으로, 변화를 계획하는 체계적인 과정

주동근(agonist): 단축성 동작 수행을 위해 짧아지는 근육

주요 운동(core exercise): 두 개 이상의 관절 움직임과 하나 이상의 큰 근육근이 동원되는 운동

주의사항(precaution): 부상당한 고객의 제한점이나 반복 증상에 맞추어 자격이 있는 퍼스널 트레이너의 감독 하에 수행되는 활동

주의 의무(duty of care): 올바른 기준의 주의를 기울여야 하는 의무

준비 단계(stage of readiness): 고객이 운동 프로그램을 시작할 준비가 되어 있는 정도

중립 그립(neutral grip): 악수하듯이 손바닥을 안으로 마주 보고 손등 부분이 바깥쪽을 향하도록 잡는 방법

중심점(pivot): 받침점 참조

지속시간(duration): 한 운동 세션이 지속되는 시간의 기준

직렬 탄성 성분(series elastic component, SEC): 신장시 에너지를 저장하는 능력을 가지고 있는 구조로써, 저장된 에너지는 즉각적 단축성 근수축 활동에 의해 방출될 수 있다.

직무태만(breach of duty): 서비스 기준과 일치하지 않는 퍼스널 트레이너의 행동

직선 운동(rectilinear motion): 직선을 따라 움직이는 동작

처벌(punishment): 미래에 목표행동이 발생할 가능성을 감소시키는 행동, 물체 또는 사건(목표행동 후 처벌이 뒤따를 때)

청진(auscultate): 청진기를 사용하여 신체의 소리를 듣는 것

초과달성(overreaching): 한 개인의 능력을 초과하여 충분한 회복이 이루어지지 않은 채 하는 단기간의 훈련

초저밀도 지단백질(very low-density lipoproteins, VLDLs): 주로 트리글리세라이드를 운반하는 단백질로 수치가 높아지면 관상동맥 질환 발생의 증가에 기여한다.

총말초저항(total peripheral resistance): 운동, 신경자극, 대사작용, 환경적 스트레스 등에 의해 유발되는 혈류의 저항

최대반복횟수(repetition maximum, RM): 올바른 기술을 사용하여 특정 횟수를 반복하여 들 수 있는 가장 무거운 무게

최대반복횟수 지점(repetition maximum zone[RM target zone]): 가능한 가장 무거운 무게로 수행할 수 있는 반복횟수의 범위

최대산소섭취량(maximal oxygen uptake, $\dot{V}O_2$max): 최대의 격렬한 신체활동 동안 몸이 소비하는 최대한의 산소섭취 또는 그 능력. 유산소 능력(aerobic capacity), 최대유산소성 파워(maximal aerobic power), 최대산소섭취량(maximal oxygen consumption) 또는 $\dot{V}O_2$max. 기능적 용적(functional capacity)이라고 하기도 한다.

최대심박수(maximal heart rate, MHR): 실제 최대 심박수

축성 골격(몸통 뼈대, axial skeleton**)**: 두개골, 척주, 흉곽(갈비뼈)을 포함한 골격 부분

측정 표준 오차(standard error of measurement): 측정된 점수(측정 결과)와 실제 점수(이론적으로 오차가 없는 점수)의 차이

치료적 생활양식 변화(therapeutic lifestyle change, TLC): 식이, 신체활동, 체중 감소를 포함하는 생활방식의 수정

카르보넨 공식(Karvonen formula): 운동 심박수를 결정짓는 방법으로, 고객의 나이와 휴식기 심박수를 고려하는 방식

칼슘통로차단제(calcium channel blocker): 혈관의 평활근 세포에 직접적으로 작용하는 칼슘 길항제로 혈관을 확장시켜 협심증과 고혈압의 치료제로 사용된다.

컴파운드 세트(compound set): 같은 주동근 군에 대한 두 가지 다른 운동을 휴식시간 없이 연달아 수행하는 것

컴플렉스 훈련(complex training): 저항 훈련과 플라이오메트릭 훈련의 조합

케겔 운동(Kegels): 골반기저근들을 사용하는 운동으로 골반 주변 근육들의 수축과 이완을 번갈아 반복한다.

케톤증(ketosis): 지방산의 불완전한 분해로 인한 혈류 내 케톤 수치가 높아지는 것

코로트코프 음(Korotkoff sounds): 수축된 동맥을 통한 혈류로 인한 진동으로, 청진기를 통해 들을 수 있다.

코리사이클(Cori cycle): 간에서 발생하는 글루코스 신생합성을 말하며, 이 과정에서 젖산이 글루코스로 전환된다.

크기 원리(size principle): 힘 생산 요구의 증가에 대한 반응으로 보다 크고 많은 운동 단위가 동원되는 것

크렙스 사이클(Krebs cycle): ATP 생산에 사용되는 일련의 반응으로, 아세틸-CoA 변환 후 간접적으로 탄수화물, 지방, 단백질을 에너지원으로 활용한다.

크로스 트레이닝(cross-training): 한 가지 운동 프로그램

내에서 다양한 운동 방법을 조합하는 방법

타당성(validity): 검사 또는 검사 항목이 측정하고자 하는 바를 측정하는 정도

탄성 스트레칭(ballistic stretching): 신체 부분에 빠르게 반동을 주는 움직임. 가속도를 이용하여 한계점에 도달할 때까지 근육의 가동범위를 스트레치한다.

탄성(elasticity): 근섬유가 수동적 스트레치 이후 본래의 길이로 되돌아오는 능력

토크(torque): 물체를 받침점 주변으로 회전시키려는 힘의 성향

트로포닌(troponin): 트로포미오신에 붙는 단백질로, 활성화되면 트로포미오신을 움직여 액틴이 미오신 교차다리와 결합하도록 한다.

트로포미오신(tropomyosin): 액틴에 붙는 단백질로, 액틴이 미오신 교차다리에 결합하는 것을 막는다.

트리글리세라이드(triglycerides): 혈류 내에 순환하는 지방 복합체군으로 지방의 형태가 지배적이다.

특성불안(trait anxiety): 불안을 발생시킬 수 있는 특정 상황에 대한 잠재적 인식 또는 가능성

특수성(specificity): 특정 고객에게 특정한 변화 또는 결과를 내기 위한 훈련을 시키는 전략

특수적 준비 운동(specific warm-up): 스포츠 동작이나 활동과 유사한 움직임을 수행하는 유형의 준비 운동 (예: 육상 전에 가벼운 조깅 또는 실제 훈련할 부하보다 가벼운 바벨로 벤치 프레스)

파워(또는 폭발적) 운동(power [or explosive] exercise): 의도적으로 매우 빠르게 수행하는 구조적 주요 운동

파워(power): 수행하는 일의 속도. 일 나누기 시간 또는 힘 곱하기 속도로 나타낼 수 있다.

파형(undulating): 한 주 내 또는 마이크로사이클 내에서 훈련부하와 볼륨에 변화를 주는 주기화 훈련 프로그램 유형

페이스/템포 훈련(pace/tempo training): 젖산역치 운동강도에서 하는 훈련 프로그램 유형

평균 동맥압(mean arterial pressure): 심장주기 내의 평균혈압(즉 [(SBP-DBP)÷3]+DBP).

폴스 그립(false grip): 엄지손가락으로 바를 감싸지 않고 검지손가락 옆에 두도록 잡는 방법

프랭크-스탈링 법칙(Frank-Starling mechanism): 심장의 1회 박출량은 혈액충전량(확장 말기 용적)에 비례하여 증가한다는 법칙

프로그램 구성 변수(program design variable): 운동 프로그램의 다양한 측면으로 적절히 조절되며 안전하고 효과적이면 목표에 알맞는 결과를 가져다준다.

프로그레션(progression): 운동 프로그램에서 점진적이고 지속적으로 강도를 증가시키는 것

플루이드 볼(fluid ball): 복부의 체액과 조직으로, 척주를 안에서부터 밖으로 지지하기 위해 횡격막과 복부 근육에 의해 압력이 유지된다.

피고(defendant): 법정 내에서 소송 또는 고소를 당한 사람

피드백(feedback): 결과에 대한 인식 또는 성공과 실패에 대한 인지

피루빈산염(pyruvate): 해당 과정 최종 단계에서 발생하는 젖산의 전구체

픽 방정식(Fick equation): $Q=\dot{V}O_2$÷(동정맥혈 산소함량차)

하반신마비(paraplegia): 흉추의 2번째 분절(T-2)에서 12번째(T-12) 사이에 발생하는 부상으로 몸통, 다리, 골반 기관 중 하나 또는 둘 이상의 장애를 유발한다.

해당 과정(glycolysis): ATP를 생산해내는 데 사용되는 연속적인 반응. 글루코스와 글리코겐만을 에너지원으로 사용한다.

해부학적 자세(anatomical position): 사람이 팔을 양옆으로 내리고 손바닥이 정면을 향한 채 서 있는 자세

현장검사(field test): 실험실 밖에서 수행되는 평가로, 긴 훈련 또는 비싼 장비를 필요로 하지 않는다.

혈압측정법(sphygmomanometry): 주입식 공기주머니 커프와 청진기를 사용하여 코로트코프 음을 청진하는 혈압측정 방법

혈전 폐색(thrombotic occlusion): 혈전으로 인한 폐색

혈중 젖산 축적 지점(onset of blood lactate accumulation, OBLA): 운동강도가 올라가면서 혈중 젖산 농도가 4 mmol/L에 도달하는 지점

협심증(angina): 심장동맥순환의 감소와 관련된 가슴 통증. 심장 또는 동맥 질환으로 발전될 수도 있다.

호흡교환비율(respiratory exchange ratio, RER): 입을 통해서 측정되는 이산화탄소 배출량과 산소소비량의 비율

확장기 혈압(diastolic blood pressure): 심장으로부터 또는 혈관을 통해 분출되는 피가 없을 때(확장기) 맥박 사이에 동맥벽에 가해지는 압력

확장기말용적(end-diastolic volume): 좌심실이 펌핑 가능한 좌심방으로부터의 혈액양

활동전위(action potential): 근육 또는 신경 세포가 자극을 받았을 때 전하가 일시적으로 변화(전환)하는 것

회내 그립(pronated grip): 오버핸드 그립 참조

회외 그립(supinated grip): 손바닥이 위로, 손등 부분이 아래로 향하게 바를 잡는 방법

회전 운동(rotational motion): 물체가 한 정점 주위를 회전하는 운동

회전축(axis of rotation): 관절 회전이 발생하는 데 대한 가상의 선

횡단면(transverse plane): 신체를 상하로 나누는 수평면

효율(efficiency): 같은 양의 대사적 투입으로 만들어내는 역학적 생산량

휴식 간격(rest interval): 두 세트 사이의 시간 간격

휴식대사율(resting metabolic rate, RMR): 보통의 대사율을 유지하기 위해 필요한 칼로리 측정치

힘(force): 신체에 가해지는 역학적인 활동을 말하며 주로 가속을 만들어낸다.

힘의 모멘트(moment of force): 토크 참조

힘의 작용선(line of force action): 힘의 작용점을 지나 힘의 방향으로 연결한 선

1종 지레(first-class lever): 받침점의 양끝에서 작용 힘과 저항 힘이 가해지는 지레

1회 반복 최대무게(1-repetition maximum, 1RM): 올바른 기술을 사용하여 단 한 번 들어올릴 수 있는 최대무게

2:2 법칙(2-for-2 rule): 부하를 늘릴 때 사용되는 지침으로, 한 운동 종목의 마지막 세트에서 두 번 세션을 연달아 목표 반복횟수보다 두 번 또는 그 이상 더 들어올렸을 때 부하를 늘리는 법칙

2종 지레(second-class lever): 받침점을 중심으로 같은 쪽에서 작용 힘과 저항 힘이 가해지는 지레. 하지만 작용 힘의 모멘트 암이 저항 힘의 모멘트 암보다 길다.

3종 지레(third-class lever): 받침점을 중심으로 같은 쪽에서 작용 힘과 저항 힘이 가해지는 지레. 하지만 저항 힘의 모멘트 암이 작용 힘의 모멘트 암보다 길다.

APMHR 퍼센트 방식(percent of APMHR method): 운동 심박수를 결정짓는 방식으로 고객의 나이를 고려한다.

PAR-Q(Physical Activity Readiness Questionnaire): 저강도 운동에 참여하길 원하는 고객 중 건강상 문제가 없어보이는 고객을 최초 검사하고, 추가적 의학 검사가 필요한 고객을 가려내는 평가 도구

type I 근섬유(type I muscle fiber): 근섬유의 한 종류. 활성과 이완의 속도가 느리고 유산소성 대사활동이 높으며 피로에 강한 특징을 가지고 있다. 느린 유산소성 섬유 또는 지근이라고 하기도 한다.

type IIa 근섬유(type IIa muscle fiber): 근섬유의 한 종류. 활성과 이완의 속도가 빠르고 적당한 유산소성 대사활동과 높은 해당 작용 대사활동을 하며 피로에 대한 탄력성은 중간 정도이다. 빠른 산화적 해당 작용 섬유로 부르기도 한다.

type IIx 근섬유(type IIx muscle fiber): 근섬유의 한 종류. 활성과 이완의 속도가 빠르고 높은 해당 작용 대사활동을 하며 피로에 약하다. 빠른 해당 작용 섬유로 부르기도 한다.

편집자에 대해

제러드 W. 코번

제러드 W. 코번(Jared W. Coburn, PhD, CSCS,*D, FNSCA, FACSM)은 풀러턴시의 캘리포니아주립대학 운동학 교수로, 이 대학에서 수많은 우수 교수상 및 연구상을 수상하였다. 코번은 학계에 입문하기 전, 퍼스널 트레이너, 스트렝스 & 컨디셔닝 코치, 물리치료 클리닉과 피트니스센터의 책임자로 일하였다. 고객과 선수들의 훈련에 과학적 원칙을 적용하려는 그의 노력은 실무자로서의 경험을 바탕으로 하고 있다.

코번은 훈련에 연관된 주제를 가지고 폭넓은 강의와 출판을 해오고 있다. 그는 특히나 근력, 파워, 지구력 훈련 중 근육의 기능에 대해 연구하는 것에 관심을 가지고 있으며, 본인의 연구 결과를 동료 심사 학술지 및 교과서에 기고하였다. 코번은 1984년도부터 NSCA의 정회원으로 활동하고 있다. 그는 풀러턴시의 캘리포니아주립대학에서 학사 및 석사 학위를 취득했으며 링컨시의 네브래스카 대학에서 박사 학위를 취득하였다.

코번은 부인 타마라와 두 아이들과 함께 캘리포니아 노르코에서 살고 있다.

모 H. 말렉

모 H. 말렉(Moh H. Malek, PhD, CSCS,*D, NSCA-CPT,*D, FNSCA, FACSM)은 미시건주 디트로이트에 있는 웨인주립대학 운동통합생리학연구소의 감독이자 약학대 부교수이다.

말렉은 인간과 동물을 모델로 한 근피로의 기본적인 메커니즘에 대한 연구를 진행한다. 2010년 말렉은 NSCA의 테리 J. 후쉬 올해의 젊은 연구가상(Terry J. Housh Outstanding Young Investigator of the Year Award)을 수상했다. 그는 운동생리학과 관련된 60개 이상의 동료 심사 논문을 발표했으며, 2004년부터 NSCA 내셔널 컨퍼런스에 연구 결과를 발표하고 있다. 말렉은 2007년부터 〈스트렝스 & 컨디셔닝 리서치〉 학술지의 부편집자로 일하고 있으며 〈스포츠 & 운동〉 과학학술지의 편집국에서 일하고 있다. 말렉은 피처대학에서 생물학과 심리학 학사, 풀러턴시 캘리포니아주립대학에서 운동학 석사, 링컨시 네브래스카대학에서 운동생리학 박사를 취득하였다.

말렉은 부인 브리짓과 함께 미시간주 노스빌에 살고 있으며, 축구, 피트니스 트레이닝, 독서를 즐긴다.

NSCA's essentials of personal training / Jared W. Coburn and Moh H. Malek, editors. -- 2nd ed.

제2판

NSCA 퍼스널 트레이닝의 정수

NSCA Essentials of Personal Training

1판 1쇄 펴냄: 2018년 11월 5일

편　집: NSCA 제러드 W. 코번, 모 H. 말렉
옮긴이: 김다해, 김대하, 김수웅, 윤동욱, 이우제, 조욱래, 차민기, 최현진, 최혁준, 황현지
펴낸이: 권오현
펴낸곳: 대성의학사

출판등록 2009년 6월 22일(제301-2013-095호)
서울특별시 중구 을지로 126-1 (을지로3가, 3층)
전화 02)2279-3444 / 팩스 02)2285-0108
Homepage: www.medibook.co.kr

값 80,000원

ISBN 978-89-97436-87-3(13690)